国家出版基金项目
NATIONAL PUBLICATION FOUNDATION

# 中華博物通考

總主編 張述錚

## 氣象卷

上

本卷主編
焦秋生

上海交通大學出版社

圖書在版編目（CIP）數據

中華博物通考. 氣象卷 / 張述錚總主編；焦秋生本
卷主編.—上海：上海交通大學出版社, 2024.1
ISBN 978-7-313-24696-7

Ⅰ.①中⋯ Ⅱ.①張⋯ ②焦⋯ Ⅲ.①百科全書—中
國—現代②氣象學—歷史—中國 Ⅳ.①Z227②P4-092

中國國家版本館CIP數據核字(2023)第238287號

**特約編審**：占旭東
**責任編輯**：王化文
**裝幀設計**：姜　明

中華博物通考·氣象卷

總 主 編：張述錚
本卷主編：焦秋生
出版發行：上海交通大學出版社　　　地　　址：上海市番禺路951號
郵政編碼：200030　　　　　　　　　電　　話：021-64071208
印　　製：蘇州市越洋印刷有限公司　經　　銷：全國新華書店
開　　本：890mm×1240mm　1／16　印　　張：46.25
字　　數：946千字
版　　次：2024年1月第1版　　　　　印　　次：2024年1月第1次印刷
書　　號：ISBN 978-7-313-24696-7
定　　價：568.00元（全兩冊）

# 《中華博物通考》學術顧問

# 導　論

## ——縱論中華博物學的沉淪與重建

## 引　言

　　在中國當代，西方博物學影響至巨，自鴉片戰爭以來，屈指已歷百載。何謂“西方博物學”？“西方博物學”是以研究動植物、礦物等自然物爲主體的學科，但不包含社會領域的社會生活，至 19 世紀後期已完成學術使命，成爲一種保護大自然的公益活動，但國人却一直承襲至今。中華久有自家的博物學，已久被忘却，無人問津，這一狀況實是令人不安。前日偶見《故宮裏的博物學》問世，精裝三册，喜出望外，以爲我中華博物學終得重生，展卷之後始知，該書是依據清乾隆時期皇室的藏書《清宮獸譜》《清宮鳥譜》《清宮海錯圖》（“海錯”多指海中錯雜的魚鱉蝦蟹之類）繪製而成，其中一些并非實有，乃是神話傳說之物。其内容提要稱“是專爲孩子打造的中華文化通識讀本”，而對博物院内琳琅滿目的海量藏品則隻字未提。這就是說，博物院雖有海量藏品，却與故宮裏的博物學毫不相干，或曰并不屬於博物學的研究範圍。此書的編纂者是我國的著名專家，未料我國這些著名專家所認定的博物學仍是西方的博物學。此書得以《故宮裏的博物學》的名義出版，又證我國的出版界對於此一命題的認同，竟然不知我中華久有自家的博物學。此書如若改稱《故宮裏的皇室動物圖譜》，則名正言順，十分精彩，不失爲一部別具情趣的兒童讀物，但原書名却無意間形成一種誤導，孩子們可能會據此認定：唯有鳥獸蟲魚之類才是中華文化中的大學問，故而稱之爲"博物學"，最終會在其幼小心靈裏留下西方博物學的深深印記。

何以出現這般狀況？因爲許多國人對於傳統的中華博物及中華博物學，實在是太過陌生！那麼，何謂"博物"？本文指稱的"博物"，是指隸屬或關涉我中華文化的一切可見或可感知之物體物品。何謂"中華博物學"？"中華博物學"的研究主體是除却自然界諸物之外，更關涉了中國社會的各個方面各個領域，進而關涉了我中華民族的生息繁衍，關涉了作爲文明古國的盛衰起落，足可爲當代或後世提供必要的藉鑒，是我國獨有、無可替代的學術體系。故而重建中華博物學，具有歷史的、現實的多方面實用價值。我中華博物學起源久遠，至遲已有兩千年歷史，祇是初始没有"博物學"之名而已。時至明代，始見"博物之學"一詞。如明楊士奇《東里續集》卷一八評述宋陸佃《埤雅》曰："此書於博物之學蓋有助焉。"此一"博物之學"，可視爲"中華博物學"的最早稱謂。又，《四庫全書總目提要》卷一三六評清陳元龍《格致鏡原》曰："〔此書〕分三十類：曰乾象，曰坤輿，曰身體，曰冠服，曰宮室，曰飲食，曰布帛，曰舟車，曰朝制，曰珍寶，曰文具，曰武備，曰禮器，曰樂器，曰耕織器物，曰日用器物，曰居處器物，曰香奩器物，曰燕賞器物，曰玩戲器物，曰穀，曰蔬，曰木，曰草，曰花，曰果，曰鳥，曰獸，曰水族，曰昆蟲，皆博物之學。"此即古籍述及的"中華博物學"最爲明確、最爲全面的定義。重建的博物學於"身體"之外，另增《函籍》《珍奇》《科技》等，可以更全面地融匯古今。在擴展了傳統博物學天地之外，又致力於探索浩浩博物的淵源、流變，以及同物異名與同名異物的研究，致力於物、名之間的生衍關係的考辨。"博物學"本無須冠以"中華"或"中國"字樣，在當代爲區別於西方的"博物學"，遂定名爲"中華博物學"，或曰"中華古典博物學"。"中華博物學"，國人本當最爲熟悉，事實却是大出所料，近世此學已成了過眼雲烟，少有問津者，西方博物學反而風靡於中國。何以形成如此狀況？何以如此本末倒置？這就不能不從噩夢般的中國近代史談起。

## 一、喪權辱國尋自保，走投無路求西化

清王朝自鴉片戰爭喪權辱國之後，面對列强的進逼，毫無氣節，連連退讓，其後又遭

甲午戰爭之慘敗，走投無路，於是由所謂“師夷之長技”，轉而向日本求取西化的捷徑，以便苟延殘喘。日本自 19 世紀始，城鄉不斷發生市民、農民暴動，國内一片混亂。1854 年 3 月，又在美國鐵艦火炮脅迫之下，簽訂《神奈川條約》。四年後再度被迫與美國簽訂通商條約。繼此以往，荷、俄、英、法，相繼入侵，條約不斷，同百年前的中國一樣，徹底淪爲半封建半殖民地社會，當權的幕府聲威喪盡。1868 年 1 月，天皇睦仁（即明治天皇）下達《王政復古大號令》，廢除幕府制度，但值得注意的是仍然堅守“大和精神”，并未全部廢除自家原有傳統。同年 10 月，改元明治，此後的一系列變革措施，即稱之爲“明治維新”。維新之後，否定了“近習華夏”，衝决了“東亞文化圈”，上自天皇，下至黎民，勠力同心，在“富國强兵、置産興業”的前提之下，遠法泰西，大力引入嶄新的科學技術，從而迅速崛起，廢除了與列强的一切不平等條約，成爲令人矚目的世界强國之一。可見“明治維新”之前，日本内憂外患的遭遇，與當時的中國非常相似。在此民族存亡的關鍵時刻，中國維新派代表人物不失時機，遠渡東洋，以日本爲鏡鑒，在引進其先進科技的同時，也引進了日本人按照英文 natural history 的語意翻譯成的漢語“博物學”，雖并不準確，但因出於頂禮膜拜，已無暇顧及。況且，自甲午戰爭至民國前期，日源語詞已成爲漢語外來語詞庫中的魁首，遠超英法俄諸語，且無任何外來語痕迹，最難識別。如“民主”“科學”“法律”“政府”“美感”“浪漫”“藝術界”“思想界”“無神論”“現代化”等，不勝枚舉。國人曾試圖自創新詞，但敗多勝少，祇能望洋興嘆。究其原因，并非民智的高下，也并非語種的優劣，實則是國力强弱的較量，國强則國威，國威則必擁有强勢文化，而强勢文化勢必涌入弱國，面對强勢文化，弱國豈有話語權？西方的“博物學”進入中國，遒勁而又自然。

那麼，西方博物學源於何時何地？又經歷了怎樣的發展變化？答曰：西方博物學發端於古希臘亞里士多德（公元前 384—前 322）《動物志》之類著述，又經古羅馬老普林尼（公元 23—79）的《自然史》，輾轉傳至歐洲各國。其所謂博物除却動植物外，更有天文、地理、人體諸類。這是西方的文化背景與知識譜系，西人習以爲常，喜聞樂見。在歐洲文藝復興和美洲地理大發現之後，見到別樣的動物、植物以及礦物，博物學得到長足發展。至 19 世紀前半期，博物學形成了動物學、植物學和礦物學三大體系，達於鼎盛。至 19 世紀後期，動物學、植物學獨立出來，成爲生物學，礦物學則擴展爲地質學，博物學已被架空。至 20 世紀，博物學已不再屬於什麼科學研究，而完全變成一種生態與環境探索，以供民衆休閑安居的社會活動。其時，除却發端於亞里士多德的"博物學"之外，也有後起的"文化博物學"（Cultural Museology），這是一門非主流的綜合性學科，旨在研究人類一切文化遺産，試圖展示并解釋歷史的傳承與發展，但在題材視野、表達主旨等方面與中華傳統博物學仍甚有差異。面對此類非主流論説，當年的譯者或視而不見，或有意摒弃，其志在振興我中華。

在尋求救國的路途中，仁人志士們目睹了西方先進文化，身感心受，嚮往久之。"試航東西洋一游，見彼之物質文明，莊嚴燦爛，而回首宗邦，黯然無色，已足明興衰存亡之由，長此以往，何堪設想？"（吳冰心《博物學雜誌》發刊詞，1914 年 1 月，第 1 ~ 4 頁），此時仁人志士們滿腔熱血，一心救國。但如何救國，却茫茫然，如墮五里霧中。這一救國之路從表象上觀察似乎一切皆以日本爲鏡鑒，實則迥别於"明治維新"之路，未能把握"富國强兵、置産興業"之首要方嚮，而當年的執政者却衹顧個人權勢的得失，亦無此遠大志嚮。仁人志士們雖振臂疾呼，含泪呐喊，衹飄摇於上層精英之間，因一度失去民族自信、文化自信，而不知所措，矛頭直指孔子及千載儒學，進而直指傳統文化。五四運動前夜，北京大學著名教授錢玄同即正告國人"欲驅除一般人之幼稚的野蠻的頑固的思想"，就必須要"廢孔學"，必須要"廢漢文"（錢玄同《中國今後的文字問題》，載 1918 年 4 月 15 日《新青年》第 4 卷第 4 號）。翌年，五四運動爆發，仁人志士們高舉"德謨克拉西"（民主）、"賽因斯"（科學）兩面大旗，掀起反帝反封建的狂濤巨瀾，成爲中國近現代史上的偉大里程碑，中國人民自此視野大開。這兩面大旗指明了國家强弱成敗的方嚮。但與此同時，仁人志士們又毫不猶豫，全力以赴，要堅决"打倒孔家店"。於是，孔子及其儒家學説成了國弱民窮的替罪羊！接踵而至的就是對於漢字及其代表的漢文化的徹底否定。偉大革命思想家魯迅也一直抨擊傳統觀念、傳統體制，1936 年 10 月，在他逝世前夕《病中答救亡情報訪員》一文中，竟然斷言："漢字不滅，中國必亡！"而新文化運動的主要人物之一胡適更是語出驚人："我們必須承認我們自己百事不如人，不但物質機械上不如人，不但政治制度不如人，并且道德不如人，知識不如人，文學不如人，音樂不如人，藝術不如人，身體不如人。"中華民族是"又愚又懶的民族"，是"一分像人，九分像鬼的不長進民族"（胡適《介紹我自己的思想》，1930 年 12 月亞東圖書館初版《胡適文選》自序）。這是五四運動前後一代精英們的實見實感，本意在於革故鼎新，但這些通盤否定傳統文化的主張，不啻是在緊要歷史關頭的一次群情失控，是中國文化史中的一次失智！在這樣的歷史背景、這樣的歷史氣勢之下，接受西方"博物學"就成了必然，有誰會顧及古老的傳統博物學？

在引進西方博物學之後，國人紛予效法，試圖建立所謂中華自家的博物學，於是圍繞植物學、動物學兩大方面遍搜古今，窮盡群書，着眼於有關動植物之類典籍的縱橫搜求，但這并非我中華的博物全貌，也并非我中華博物學，況且在中華古典博物學中，也罕見西方礦物學之類著作，可見，試圖以西方的博物學體系，另建中華古典博物學，實在是削足適履、邯鄲學步。自 1902 年始，晚清推行學制改革，先後頒布了"壬寅學制""癸卯學制"。1905 年，根據《奏定學堂章程》，已將西方博物學納入中學的課程設置。其課程分爲植物、動物、礦物、人體生理學四種，分四年講授。1912 年中華民國成立後，江浙等地出現過博物學會和期刊，稍後武昌高等師範學校設立了博物學系，出版過《博物學雜誌》，主要研究動物學、植物學及人體生理學，隨後又將博物學系改稱生物學系，《博物學雜誌》也相應改稱《生物學雜誌》，重走了西方的老路。北京高等師範學校也有類似經歷，甚爲盲目而混亂。至 30 年代，發現西方博物學自 20 世紀始，已轉型爲生態與環境探索，國人因再無興趣，對西方博物學的大規模推廣、學習在中國遂告停止，但因影响至深，其餘風猶存。

## 二、中華典籍浩如海，博物古學何處覓？

應當指出，中國古代典籍所載之草木、鳥獸、蟲魚之類，亦有別於西方，除却其自身屬性特徵外，又常常被人格化，或表親近，或加贊賞，體現了另一種精神情愫。如動物龜、鶴，寓意長壽（其後，龜又派生了貶義）；豺、狼、烏鴉、貓頭鷹，或表殘忍，或表不祥；其他如十二生肖，亦各有象徵，各有寓意。而那些無血肉、無情感的植物，同樣也被賦予人文色彩。如漢班固《白虎通·崩薨》載："《春秋含文嘉》曰：天子墳高三仞，樹以松；諸侯半之，樹以柏；大夫八尺，樹以欒；士四尺，樹以槐；庶人無墳，樹以楊、柳。"足見在我國古老的典制禮俗中，松、柏、欒、槐、楊、柳，已被賦予了不同的屬性，被分爲五等，楊、柳最爲低賤；就連如何埋葬也分爲五等，嚴於區別，從墳高三仞到無墳，成爲天子到庶人的埋葬標志。實則墳墓分爲等級，早在公元前 3300 年至公元前 2300 年的良渚古城遺址已經發現。這些浩浩博物，廣泛涉及了古老民族和古老國度的典制與禮俗，我國學人也難盡知，西方的博物學又當如何表述？

　　可見西方博物學絕難取代中華古典博物學，中華古典博物學的研究範圍，遠超西方博物學，或可説中華古典博物學大可包容西方博物學。如今，這一命題漸引起國内一些有識之士、專家學者的關注。那麼，中華古典博物學究竟發端於何時何地？有無相對成型的體系？如何重建？答曰：若就人類辨物創器而言，上古即已有之，環宇盡同。若僅就我中華文獻記載而言，有的學者認爲當發端於《周易》，因爲"易道廣大，無所不包"（《四庫全書總目提要》卷九），或認爲發端於《書·禹貢》，因爲此書廣載九州山河、人民與物産。《周易》《禹貢》當然可以視爲中華博物學的源頭。而作爲中華博物學體系的領銜專著，則普遍認爲始於晋代張華《博物志》。而論者則認爲，中華博物學成爲一門相對獨立的學科體系，當始於秦漢間唐蒙的《博物記》，此書南北朝以來屢見引用，張華《博物志》不過是續作而已。對此，前人久有論述。如《四庫全書總目提要》卷一四二曰："劉昭《續漢志》注《律曆志》引《博物記》一條，《輿服志》引《博物記》一条，《五行志》引《博物記》二條，《郡國志》引《博物記》二十九條……今觀裴松之《三國志》注（《魏志·太祖紀》《文帝紀》《吳志·孫賁傳》等）引《博物志》四條，又於《魏志·凉茂傳》中引《博物記》一條，灼然二書，更無疑義。"再如宋周密《齊東野語·野婆》曰："《後漢·郡國志》引《博物記》曰：'日南出野女，群行不見夫，其狀晶且白，裸袒無衣襦。'得非此乎？《博物記》當是秦漢間古書，張茂先（張華，字茂先）蓋取其名而爲《志》也。"再如明楊慎《丹鉛總録》卷一一："漢有《博物記》，非張華《博物志》也，周公謹云不知誰著。考《後漢書》注，始知《博物記》爲唐蒙作。"如前所述，此書南北朝典籍中多有引用，如僅在南朝梁劉昭《續漢志》注中，《博物記》之名即先後出現了三十三次之多。據有關古籍記載，其内包括了律曆、五行、郡國、山川、人物、輿服、禮俗等，盡皆實有所指，無一虛幻。故在明代有關前代典籍分類中，已將唐蒙《博物記》與三國魏張揖《古今字詁》、晋吕静《韻集》、南朝梁阮孝緒《古今文詁》、唐顏元孫《干禄字書》、宋洪适《隸釋》等字書、韵書并列（見明顧起元《説略》卷一五），足見其學術地位之高，而張華《博物志》則未被録入。

　　至西晋已還，佛道二教廣泛流傳，神仙方士之説大興，於是張華又衍《博物記》爲《博物志》，其書内容劇增，自卷一至卷六，記載山川地理、歷史人物、草木蟲魚，這些當是紀要考訂之屬，合乎本文指稱的名副其實的博物學系統。此外，又力仿《山海經》的體例，旨在記載异物、妙境、奇人、靈怪，以及殊俗、瑣聞等，諸多素材語式，亦幾與《山海經》盡同，若“羽民國，民有翼，飛不遠……去九嶷四萬三千里”云云，并非“浩博實物”，已近於“志怪”小説。張華自序稱其書旨在“博物之士覽而鑒焉”，張序指稱的“博物之士”，義同前引《左傳》之“博物君子”，其“博物”是指“博通諸種事物”，虚虚實實，紛紛紜紜，無所不包。此類記述，正合世風，因而《博物志》大行其道，《博物記》則漸被冷落，南北朝之後已失傳，其殘章斷簡偶見於他書，可輯佚者甚微。後世輾轉相引，又常與《博物志》混同。《博物志》至宋代亦失傳，今本十卷爲采摭佚文、剽掇他書而成，真僞雜糅，亦非原作。其後又有唐人林登《續博物志》十卷，緊接《博物志》之後，更拓其虚幻内容，以記神异故事爲主，多是叙述性文字，其條目篇幅較長，宋代之後也已亡佚。再後宋人李石又有同名《續博物志》十卷，其自序稱：“次第仿華書，一事續一事。”實則并不盡然，華書首設“地理”，李書改增爲“天象”，其他内容，間有與華書重複者，所續多是後世雜籍，宋世逸聞。此書雖有舛亂附會之弊，仍不失爲一部難得的繼補之作。李書之後，又有明人游潛《博物志補》三卷，仍係補張華之《志》，旨趣體例略如李石之《續志》，但頗散漫，時補時闕，猥雜冗濫。李、游一續一補，盡皆因仍張《志》，繼其孑遺。以上諸書之所謂“博物”，一脉相承，注重珍稀之物而外，多以臚列奇事异聞爲主旨，同“浩博實物”的考釋頗有差异。游潛稍後，明董斯張之《廣博物志》五十卷問世，始一改舊例，設有二十二類，下列子目一百六十七種，所載博物始於上古，達於隋末，不再因仍張《志》而爲之續補，已是擴而廣之，另闢山林，重在追溯事物起源，其中包括職官、人倫、高逸、方技、典制，等等。其後，清人陳逢衡著有《續博物志疏證》十卷、《續博物志補遺》一卷，對李石《續志》逐條研究探索，并又加入新增條目，成爲最系統、最深入的《續》説。其後，徐壽基又著有《續廣博物志》十六卷，繼董《志》餘緒，於隋代之後，逐一相繼，直至明清，頗似李石之續張華。但《廣志》《續廣志》之類，仍非以專考釋“浩博實物”爲主旨。我國第一部以“博物”命名而研究實物的專著，當爲明末谷應泰之《博物要覽》。該書十六卷，惜所涉亦不過碑版、書畫、銅器、窰器、瑪瑙、珊瑚、珠玉、奇石等玩賞之器物，皆係作者隨所見聞，摭録成帙；所列未廣，其中碑版書畫，尤爲簡陋，難稱浩博，其影響遠不及前述諸《志》，但所創之寫實體例，則非同尋常。而最具權威者，當是明末黄道周所著《博物典彙》，該書共二十卷，所涉博物，始自遠古，達於當朝，上自天文地理，下至草木蟲魚，盡予囊括，并以其所在時代最新的觀點、視野，對歷代博物著述進行了彙總研究。如卷一關於"天文"之考釋，下設"渾天""七曜"，"七曜"下又設"日""月""五星"，再後又有"經星圖""緯星圖""二十八宿"。又如卷七關於"后妃"，下設"宮闈內外之分""宮闈預政之誠"，緊隨其後的即教育"儲貳"之法，等等，甚爲周嚴。

以上諸書就是以"博物"命名的博物學專著。在晚清之前，代代相繼，發展有序，并時有新的建樹。

與這些博物學專著相并行，相匹配，另有以"事"或"事物"命名，旨在探索事物起源的博物學專著。初始之作爲北魏劉懋《物祖》十五卷，稍後有隋謝昊《物始》十卷，是對《物祖》的一次重大補正。《物始》之後，有唐劉孝孫等《事始》三卷，又有五代馮鑑《續事始》十卷，是對《事始》的全面擴展與開拓。《續事始》之後，另有宋高承《事物紀原》十卷，此書分五十五個類目，上自"天地生植"，中經"樂舞聲歌""輿駕羽衛""冠冕首飾""酒醴飲食"，直至"草木花果""蟲魚禽獸"，較《物祖》《物始》尤爲完備，遂成博物學的百代經典。接踵而來者有明王三聘《古今事物考》八卷，效法《紀原》之體，自古至今，上至天文地理，下至昆蟲草木，中有朝制禮儀、民生器用、宮室舟車，力求完備，較之他書尤得要領，類居目列，條理分明，重在古今考釋，一事一物，莫不求源溯始，考核精審。此書載錄服飾資料尤爲豐富，如卷一有上古禮制之種種服式，非常全面，卷六所載後世之巾冠、衣、佩、帶、襪、履舄、僧衣、頭飾、妝飾、軍服等百餘種，考證多引原書原文，確然有據，甚爲難得。就全書而言，略顯單薄。明徐炬又有《古今事物原始》三十卷，此書仿高承《紀原》之體，又參《事物考》之章法，以考釋制度器物爲主，古今上下，盡考其淵源，更有所得，凡日月星辰、山川草木，亦必確究其淵源流變，但此與天地共生之浩浩博物，四百餘年前的一介書生，豈可臆測而妄斷？爲此而輾轉援引，頗顯紛亂。且鳥獸花草之起首，或加偶語一聯，或加律詩二句，而後逐一闡釋，實乃蛇足。其書雖有此瑕疵，却不掩大成。與王、徐同代的還有羅頎《物原》二卷（《四庫》本作一卷），羅氏以《紀原》不能黜妄崇真，故更訂爲十八門，列二百九十三條，條條錘實。如，刻漏、雨傘、鋦子（用於連合破裂器物的兩脚釘）、酒、豆腐之類的由來，多有創見。惜違《紀原》明記出典之體，又背《事物考》之道，凡有考釋，則溷集衆說爲一。如，烏孫公主作琵琶，張華作苔紙，皆茫然不知所本。不過章法雖有差失，未臻完美，但其功業甚巨，《物原》成爲一部研究記述我國先民發明創造的專著。時至清代，陳元龍又撰

《格致鏡原》一百卷。何謂"格致鏡原"？意即格物致知，以求其本原。此書的子目多達一千七百餘種，明代以前天地間萬事萬物盡予羅致，一事一物，必究其原委，詳其名號，廣博而精審，終成中華古典博物學的巔峰之作。

以上兩大系列專著，自秦漢以來，連續兩千載，一脉相承，這并非十三經、二十六史之類的敕編敕修，無人號令，無人支持，完全出自一種無形的力量，出自文化大國、中華文脉自惜自愛的傳承精神，從而構成浩大的博物學體系。在我國學術研究史中，在我國圖書編纂史中，乃至於世界文化史中，當屬大纛獨立，舉世無雙！本當如江河之奔，生生不息，終因清廷喪權辱國、全盤西化而戛然中斷。

## 三、博物古學歷磨難，科技起落何可悲！

回顧我國漫長的文化史可知，中華博物學是在傳統的"重道輕器"等陳腐觀念桎梏下，以强大的民族自覺精神、民族意志爲推動力，砥礪前行，千載相繼，方成獨立體系，因而愈加難得，愈加可貴。

"重道輕器"觀念是如何出現的？何謂"道器"？兩者究竟是何關係？《周易·繫辭上》曰："形而上者謂之道，形而下者謂之器。"何謂"道"？所謂道乃"先天地生"，無形無象、無聲無色、無始無終、無可名狀，爲"萬物之所然也，萬理之所稽也"（見《韓非子·解老》），是指形成宇宙萬物之本原，是形成一切事理的依據與根由。何謂"器"？器即宇宙間實有的萬物，包括一切科技發明，至巨至大，至細至微，充斥天地間，而盡皆不虛，或有實物可見，或有形體可指。器即博物，博物即器。"道器關係"本是一種有形無形、可見與不可見的生衍關係，并無高下之分，但在傳統文化中却另有解釋。如《周禮·考工記序》曰："坐而論道，謂之王公；作而行之，謂之士大夫；審曲面執，以飭五材，以辨民器，謂之百工。"又曰："智者創物，巧者述之，守之世，謂之百工。百工之事，皆聖人之作也。"此文突顯了"道"對於"器"的指導與規範地位。"坐而論道"，可以無所不論，民生、朝政、國運、天下事，當然亦在所論之中。"道"實則是指整體人世間的一種法則、一種定律，或說是我古老的中華民族所創造的另一種學說。所謂"論道者"，古代通常理解爲"王公"或"聖人"，實則是代指一代哲人。《考工記序》却將論道與製器兩者截然分開，明確地予以區別，貶低萬衆的創造力，旨在維護專制統治，從而確定人們的身份地位。坐而論道者貴爲王公，親身製器者屬末流之百工（"審曲面執，以飭五材、以辨民器"，謂觀察金、木、皮、玉、土之曲直、性狀，據以製造民人所需之器物）。《考工記序》所記雖名爲"考工"，實則是周代禮制、官制之反映，對芸芸衆生而言，這種等級關係之誘惑力超乎尋常，絕難抵禦，先民樂於遵從，樂於接受，故而崇敬王公，崇敬聖人，百代不休。因而在中國古代，科學技術大受其創。

"重道輕器"的陳腐觀念，在中國古代影響廣遠，"器"必須在"道"的限定之下進行，不得隨意製作，不得超常發揮，"道"漸演化爲統治者實施專政的得力手段。"坐而論道"，似乎奧妙無盡。魏晋時期，藉儒入道，張揚"玄之又玄"，乃至於魏晋人不解魏晋文章，本朝人爲本朝人作注，史稱"玄學"。兩宋由論道轉而談理，一代理學宗師應運而生，闡理思辨，超乎想象，就連虛幻縹緲的天宮，亦可談得妙理聯翩，後世道家竟繪出著名的《天宮圖》來。事越千載，五四運動時期，那些新文化運動主將們聯手痛搗"孔家店"，却不攻玄理，"論道""崇道""樂道""惜道"，滾滾而來，遂成千古"道"統，已經背離《易》《老》的本義。出於這樣的觀念，如何會看重"形而下"的博物與博物學？

那麼，古代先民又是如何看待與博物學密切相關的科學技術？《書・泰誓下》載，殷紂王曾作"奇技淫巧，以悦婦人"，爲百代不齒，萬世唾罵。何謂"奇技淫巧"？唐人孔穎達釋之曰："奇技謂奇異技能，淫巧謂過度工巧……技據人身，巧指器物。"所謂"奇技淫巧"，今大底可釋爲超常的創造發明，或可直釋爲科學技術。論者認爲，"百代不齒，萬世唾罵"者并不在於"奇技淫巧"這一超常的創造發明，而在於紂王奢靡無度，用以取悦婦人的種種罪孽。至於紂王是否奢靡無度，"以悦婦人"，今學界另有考證。紂王當時之所以能稱雄天下，正是由於其科技的先進，軍事的强大，其失敗在於大拓疆土，窮兵黷武，導致内外哀怨，決戰之際又遭際叛亂。所謂"以悦婦人"之妲己，祇是戰敗國的一種"貢品"而已，對於年過半百的老人并無多大"媚力"。關於殷商及妲己的史料，最早見於戰國時期成書的《國語・晋語一》，前後僅有二十七字，并無"酒池肉林""炮烙之刑"之類記載，後世史書所謂紂王對妲己的種種寵愛，實是一種演繹，意在宣揚"紅顔禍水"之説（此説最早亦源於前書。"紅顔禍水"，實當稱之爲"紅顔薄命"）。在中國古代推崇"紅顔禍水"論，進而排斥"奇技淫巧"，從而否定了科技的力量，否定了科技强弱與國家强弱的關係。時至周代，對於這種"奇技淫巧"，已有明確的法律限定："作淫聲、異服、奇技、奇器以疑衆，殺！"（見《禮記・王制》）這也就是説，要杜絕一切新奇的創造發明，連同歌聲、服飾也不得超乎常規，否則即犯殺罪！此文自漢代始，多有注疏，今擇其一二，以見其要。"淫聲"者，如春秋戰國時鄭、衛常有男女私會，謳歌相引，被斥爲淫靡之聲；"奇技"者，如年輕的公輸班曾"請以機窆"，即以起重機落葬棺木，因違反當時人力牽挽的埋葬禮節，被視爲不恭。一言以蔽之，凡有違禮制的新奇科技、新奇藝術，皆被視爲疑惑民衆，必判以重罪。這就是所謂"維護禮制"，其要害就是維護統治者的統治地位，故而衣食住行所需器物的質材及數量，無不在尊卑貴賤的等級制約之中。如規定平民不得衣錦綉，不得鼎食，商人、藝人不得乘車馬，就連權貴們娛樂時選定舞蹈的行列亦不可違制，違制即意味着不軌，意味着僭越。杜絕"奇技淫巧"，始自商周，直至明清而未衰。我國著名的四大發明，千載流傳，未料却如同國寶大熊猫一樣，竟由後世西方科學家代爲發現，實在可悲！四大發明、大熊猫之類，或因史籍隱冷，疏於查閱，或因地處山野，難以發現，姑可不論，但其他很多非常具體的發明創造，雖有群書連續記載，也常被無視，或竟予扼殺。如漢代即有超常的"女布"，因出自未嫁少女之手而得名（見《後漢書·王符傳》），南北朝時已久負盛名，稱"女子布"（見南朝宋盛弘之《荆州記》）。宋代又稱"女兒布"，被贊爲"布帛之品……其尤細者也"（見宋羅濬《寶慶四明志·郡志四》）。其後歷代製作，不斷創新，及至明清終於出現空前的妙品"女兒葛"。"女兒葛"爲細葛布的一種，其物纖細如蟬翼紗，又如傳説中的"蛟女絹"，僅重三四兩，捲其一端，整匹女兒葛便可出入筆管之中，精美絕倫，明代弘治之後曾發現於四川鄰水縣，但却被斷然禁止。明皇甫録《下陴記談》卷上："女兒葛，出鄰水縣，極纖細，必五越月而後成，不減所謂蟬紗、魚子纈之類，蓋十縑之力也。予以爲淫巧，下令禁止，無敢作者。"對此美妙的"女兒葛"，時任順慶府知府的皇甫録，并没給予必要的支持、鼓勵，反而謹遵古訓，以杜絕"奇技淫巧"爲己任，堅決下達禁令，并引以爲榮。皇甫録乃弘治九年（1496）進士，爲官清正，面對"奇技淫巧"也如此"果斷"！此後清代康熙年間，"女兒葛"再現於廣東增城縣一帶，其具體情狀，清屈大均《廣東新語·貨語·葛布》中有翔實描述，但其遭遇同樣可悲，今"女兒葛"終於銷聲匿迹。在中國古代，類似的遭遇，又何止"女兒葛"？杜絕"奇技淫巧"之風，一脉相承，何可悲也。

　　但縱觀我華夏全部歷史可知，一些所謂的"奇技淫巧"之類，雖屢遭統治者的禁弃，實則是禁而難止，況統治者自身對禁令也時或難以遵從，歷代帝王皇室之衣食住行，幾乎無一不恣意追求舒適美好，爲了貪圖享樂，就不得不重視科技，就不得不啓用科技。如

"被中香爐"（爐內置有炭火、香料，可隨意旋轉以取暖，香氣縷縷不絕。發明於漢代）、"長信宮燈"（燈內裝有虹管，可防空氣污染。亦發明於漢代）的誕生，即明證。歷代王朝所禁絕的多是認定可能危及社稷之類的"奇技淫巧"，并未禁止那些有利於民生的重大發明，也没有壓抑摧殘黎民百姓的靈智（歷史中偶有以愚民爲國策者，衹是偶或所見的特例而已）。帝王們爲維護其統治地位，以求長治久安，在"重道輕器"的同時，也極重天文、曆算、農桑、醫藥等領域的研究，凡善於治國的當權者，爲謀求其國勢得以强盛，則必定大力倡導科技，《後漢書·和熹鄧皇后紀》所載即爲顯例。和熹皇后鄧綏（公元 81—121），深諳治國之道，兼通天文、算數。永元十四年（102），漢和帝死後，東漢面臨種種滅頂之災，鄧綏先後擁立漢殤帝和漢安帝，以"女君"之名親政長達十六年，克服了有史以來最嚴重的十年天災，剿滅海盜，平定西羌，收服嶺南三十六個民族，將九真郡外的蠻夷夜郎等納入版圖，恢復東漢對西域的羈縻，征服南匈奴、鮮卑、烏桓等，平息了内憂外患，使危機四伏的東漢王朝轉危爲安。正是在這期間，鄧綏大力發展科技，勉勵蔡倫改進造紙術，任用張衡研製渾天儀、地動儀等儀器，并製造了中尚方弩機，這一可以連續發射的弩機，其射程與命中率令時人驚嘆，成爲當時世界上最具殺傷力的先進武器（此外，鄧綏又破除男女授受不親的陳腐觀念，創辦了史上最早的男女同校學堂，并通過支持文字校正與字詞研究，推動了世界第一部字典《説文解字》問世）。這就爲傳統的博物研究提供了巨大的空間，因而先後出現了今人所謂的"四大發明"之類。實際上何止是"四大發明"？天文、曆算等領域的發明創造，可略而不論。鄧綏之前，魯班曾"請以機窆"的起重機，出現於春秋時期，早於西方七百餘年。徐州東洞山西漢墓出土的青銅透光鏡，歐洲和日本人稱其爲"魔鏡"，當一束光綫照射鏡面而投影在墙壁上時，墙上的光亮圈内就出現了銅鏡背面的美麗圖案和吉祥銘文。這一"透光鏡"比日本"魔鏡"早出現一千六百餘年，而歐洲的學者直到 19 世紀纔開始發現，大爲驚奇，經全力研究，得出自由曲面光學效應理論，將其廣泛運用於宇宙探索中。今日，國人已能够恢復這一失傳兩千餘載的原始工藝，千古瑰寶終得重放异彩！鄧綏之後，又創造了"噴水魚洗"，亦甚奇妙，令人大開眼界。東漢已有"雙魚洗"之名（見明梅鼎祚《東漢文紀》卷三二引《雙魚洗銘》），未知當時是否可以噴水。"噴水魚洗"形似現今的臉盆。盆内多刻雙魚或四魚，盆的上沿兩側有一對提耳，提耳的設置，不衹是爲了便於提動，同時又具有另外一個功用，即當手掌撫摩時，盆内還能噴射出兩尺高的水柱，水面形成一片浪花，同時會發出樂曲般的聲響，十分神奇。今可確知，"噴水魚洗"興起於唐宋之間（見宋王明清《揮麈前録》卷三、宋何薳《春渚紀聞》卷九），當是皇家或貴族所用盥洗用具。魚洗能够噴水，其道理何在？美國、日本的物理學家曾用各種現代科學儀器反復檢測查看，試圖找出其導熱、傳感及噴射發音的構造原理，雖經全力研究，但仍難得以完整的解釋，也難以再現其效果。面對中國古代科技創造的這一奇迹，現代科學遭遇了空前挑戰，祇能"望盆興嘆"。

中華民族，中華博物學，就是在這樣複雜多變的背景之下跌宕起伏，生存發展，在晚清之前，兩千餘年來，從未停止前進的步伐，這又成爲中華民族的民族性與中華博物學的一大特點。

## 四、西化流弊何時休，誰解古老博物學？

自晚清以還，中華博物學沉淪百年之久，本當早已復蘇，時至今日，幸逢盛世，正益修典，又何以總是步履維艱？豈料經由西學東漸之後，在我國國內一些學人認定科學決定一切，無與倫比，日積月纍，漸漸形成了一種偏激觀念——"唯科學主義"，即以所謂是否合於科學，來判定萬事萬物的是非曲直，科學擁有了絶對的話語權。"唯科學主義"通常表現爲三種態度：一、否認物質之外的非物質。凡難以認知的物質，則稱之爲"暗物質"。這一"暗"字用得非常巧妙，"暗"，難見也！於是"暗物質"取代了"非物質"；二、否認科學之外的其他發現。凡是遇到無從解釋的難題，面對別家探索的結論，一律斥爲"僞科學"。三、否認科學範圍以外的其他一切生産力，唯有科學可以帶動社會發展，萬事萬物必須以科學爲推手。

何謂"科學"？中國古代本有一種認識論的命題，稱之爲"格致"，意謂"格物致知"，指深究事物原理以求得知識，從而認識各種客觀現象，掌握其變化規律。這種哲學我國先秦諸子久已有之，雖已歷千載百代，但却未得應有的重視，終被西方科學所取代。自16世紀始，歐洲由於文藝復興，挣脱了天主教會的長期禁錮，轉向於對大自然的實用性的探索，其代表作即哥白尼的"日心説"與伽利略天文望遠鏡的發明，同時出現牛頓的力學，這是西方的第一次科技革命。這一時期已有"科學"其實，尚無後世"科學"之名，起始定名爲英語science一詞，源於拉丁文，本意謂人世間的各種學問，隸屬於古希臘的哲學思想，是一種對於宇宙間萬事萬物的生衍關係的一種想象、一種臆解，原本無甚稀奇，此時已反響於歐洲，得以廣泛流傳。至18世紀，新興的資產階級取得政權，爲推行資本主義，又大力發展科學，西方科學已處於世界領先地位。時至19世紀60年代後期及20世紀初，歐洲發生了以電力、化學及鋼鐵爲新興產業的第二次科技革命，英語science一詞迅速擴展於北美和亞洲。日本明治維新時期，赴歐留學的日本學者將science譯成"科學"，學界認爲是藉用了中國科舉制度中"分科之學"的"科學"一詞，如同將英文natural history的語意翻譯成漢語"博物學"一樣，也并不準確，中國的變法派訪日時，對之頂禮膜拜，欣然接受，自家固有的"格致"一詞，如同國學中的其他語詞一樣被弃而不用，"科學"一詞因得以廣泛流傳。"科學"當如何定義？今日之"科學"包括了自然科學、社會科學、思維科學以及交叉科學。除却嚴謹的形式邏輯系統之外，本是一種具體的以實踐爲手段的實證之學。實踐與實證的結果，日積月纍，就形成了人類關於自然、社會和思維的認知體系，成爲人類評斷事物是非真偽的依據。但科學不可能將浩渺無盡的宇宙及宇宙間的萬事萬物盡皆予以實踐、實證，能够實踐、實證者甚微，因而科學總是在不斷地探索，不斷地補正，不斷地自我完善之中，其所能研究的領域與功能實在有限。當代科學可以在指甲似的晶片上，一次性地裝載五百億電晶體，可以將重達六噸以上的太空船射向太空，并按照既定指令進行各種探索，但却不能造出一粒原始的細胞來，因爲這原始細胞結構的複雜神秘，所藴含的奇妙智慧，人類雖竭盡全力，却至今無法破解。細胞來自何處？是如何形成的？科學完全失去了話語權！造不出一粒原始的細胞，造一片樹葉尤無可能，造一棵大樹更是幻想，遑論萬千物種，足證"科學"并非萬能的唯一學問。況且，"暗物質"之外，至少在中國哲學體系中尚有"非物質"。何謂"非物質"？"非物質"是與"物質"相對而言，區別於"暗物質"的另一種存在，正如前文所述，它"無形無象、無聲無色、無始無終、無可名狀"，在中國古代稱之爲"道"。"道"可以不遵循因果關係，可以無中生有，爲"萬物之所然也，萬理之所稽也"，可以解釋萬物的由來，可以解釋宇宙的形成。今以天體學的的視野略加分析，亦可見"唯科學主義"的是非。人類賴以生存的地球，其直徑約爲12 742公里，是太陽系中的第三顆小行星。太陽系的直徑約爲2光年，太陽是銀河系中數千億恒星之一，銀河系的直徑約爲10萬光年，包括1千億至4千億顆恒星，而宇宙中有一千至兩千億銀河系，宇宙有930億光年。一光年約等於9.46萬億公里。地球在宇宙中祇是一粒微塵，如此渺小的地球人能創造出破解一切的偉大科學，那是癡人説夢！中華先賢面對諸多奧妙，面對諸多不可思議的現象，提出這一"無可名狀"之"道"，當然并非憑空想象，自有其觀測與推理的依據，這顯然不同於源自西方的科學，或曰是西方科學所包容不了的。先賢提出的"無可名狀"的"道"，已超越物質的範圍，或曰"道"絕非"暗物質"所能替代的。這一"無可名狀"的"道"，在當今的別樣的時空維度中已得到初步驗證（在這非物質的維度中滿富玄機）。論者提出這一古老學說，旨在證明"唯科學主義"排斥其他一切學說，過分張揚，不足稱道，絕無否定或輕忽科學之意。百年前西學東漸，尤其是西方科學的傳入，乃是我中華民族思維與實踐領域的空前創獲，是實踐與思維領域的一座嶄新的燈塔，如今已是家喻户曉，人人稱贊，任誰也不會否認科學的偉大，但却不能與偏激的"唯科學主義"混同。後世"科學"一詞，又常常與"技術"連稱爲"科學技術"，簡稱"科技"。何謂"技術"？"技術"一詞來源於希臘文"techs"，通常指個人的技能或技藝，是人類利用現有實物形成新事物，或改變原有事物屬性、功能的方法，或可簡言之曰發明創造。科學技術不同於科學，也不同於技術，也不是科學與技術的簡單相加。科學技術是科學與技術的有機結合體系，既是人類認識世界和改造世界的成果或產物，又是人類認識世界和改造世界最有力的工具或手段，兩者實難分割。某些技術本身可能祇是一種技法，而高深技術的背後則必定是科學。

出於上述"唯科學主義"偏激觀念，重建中華博物學就遭致了質疑或否定，如有學者認爲，中國古代祇有技術而没有科學，哪有什麽中華博物學？中華博物學被看作"前科學時代的粗糙的知識和技能的雜燴"，是一種"非科學性思考"，没有什麽科學價值，當然也就没有重建的必要，因爲西方博物學久已存在，無可替代。中國古代當真"祇有技術而没有科學"麽？前文已論及"科學"與"技術"很難分割，在中國古代不祇有"技術"，同樣也有"科學"。回眸世界之歷史長河，僅就中西方的興替發展脉絡略作比較，就可以看到以下史實：當我中華處於夏禹已劃定九州、建有天下之際，西方社會多處於尚未開化的蠻荒歲月；當我中華已處於春秋戰國鋼鐵文化興起之際，整個西方尚處於引進古羅馬文明的青銅器時代；當我宋代以百萬册的印數印刷書籍之際，中世紀的西方仍然憑藉修士們成年纍月在羊皮卷上抄寫複製；著名的火藥、指南針等其他重大發明姑且不論，單就中國歷朝歷代任何一件發明創造而言，之於西方社會也毫不遜色，直至清代中葉，中國的科技一直處於世界領先地位。英國科學家李約瑟主編的七卷巨著《中國科學技術史》，即認爲西方古代科學技術85%以上皆源於中國。這是西方人自發的没有任何背景、没有任何色彩的論斷，甚爲客觀，迄今未見异議。此外又有學者指出，中華傳統博物學不祇擁有科技，又超越了科技的範疇，它是"關於物象（外部事物）以及人與物的關係的整體認知、研究範式與心智體驗的集合"，"這種傳統根本無法用科學去理解和統攝"，中華古典博物學"給我們提供的'非科學性思考'，恰恰是它的價值所在"（余欣《中國博物學傳統的重建》，載《中國圖書評論》，2013 年第 10 期，第 45 ～ 53 頁）。這無疑是對"唯科學主義"最有力的批駁！是的，本書極重"科技"研究，又不拘泥於"科技"，同樣重視"非科學性思考"。

中華古典博物學的研究主體是"博物"，是"博物史"，通過對"博物""博物史"的探索，而展現的是人，是人的生存、生活的具體狀況，是人的直觀發展史。中華傳統博物學構成了物我同類、天人合一的博大的獨立知識體系，是理解和詮釋世界的另一視野，這種視野中的諸多"非科學性思考"的博物，科學無法全面解讀，但却是真真切切的客觀存在。所謂傳統博物學是"前科學時代的粗糙的知識和技能的雜燴"，是"非科學性思考"的評價，甚是武斷，祇不過是一種不自覺的"唯科學主義"觀念而已。另將"科學"與"技術"分割開來，強調什麼"科學"與否，這一提法本身就不太"科學"。對此，本書前文已論及，無須複述。我國作為一個古老國度，在其漫長的生衍過程中，理所當然地包容了"粗糙的知識和技能"。這一狀況世界所有古國盡有經歷，并非中國獨有。"粗糙的知識"的表述似乎也并不恰當，"知識"可有高下深淺之分，未聞有粗糙細緻之別。這所謂"粗糙"，大約是指"成熟"與否，實際上中華傳統博物學所涉之"知識和技能"，并非那麼"粗糙"，常常是合於"科學"的，有些則是非常的"科學"。英國科學家李約瑟等認定古代中國涌現了諸多"黑科技"。何謂"黑科技"？這是當前國際間盛行的術語，即意想不到的超越科技之科技，可見學界也是將"科學"與"技術"連體而稱，而并非稱"黑科學"。認定中國古代"祇有技術而沒有科學"，傳統博物學是"前科學時代的粗糙的知識和技能的雜燴"之說，頗有些"粗糙"，準確地説頗有些膚淺！這位學者將傳統博物學統稱為"前科學時代"的産物，亦是一種妄斷，也頗有些隨心所欲！何謂"前科學時代"？"前科學時代"是指形成科學之前人們僅憑五官而形成的一種感知，這種感知在原始社會時有所見，但也并非全部如此，如鑽木取火、天氣預測、曆法的訂立、灸砭的運用等，皆超越了一般的感知，已經形成了各自相對獨立的科學。看來這位學者并不怎麼瞭解中國古代科技史，并不太瞭解自家的傳統文化，實屬自誤而誤人。

中華博物學的形成及發展歷程，與西方顯然不同。西方博物學萌生於上古哲人的學説，其後則以自然科學爲研究主體，遍及整個歐洲，全面進入國民的生活領域。在這樣的文化背景之下，西方日益强大，直接影響和推動了社會的發展，因而步入世界前列。我中華悠悠數千載，所涉博物，形形色色，浩浩蕩蕩，逐漸形成了中華獨有的博物學體系，但面臨的背景却非常複雜，與西方比較是另一番天地，那就是貫穿數千載的"重道輕器"觀念與排斥"奇技淫巧"之國風，這一觀念、這一國風，其表現形式就是重文輕理，且愈演愈烈。如中國久遠的科舉制度，應試士子們本可"上談禮樂祖姬孔，下議制度輕儺玄"（見明高啓《送貢士會試京師》詩），縱論古今國事，是非得失，而朝廷則可藉此擇取英才，因而國家得以强盛。時至明代後期，舉國推行的科舉制度竟然定型爲千篇一律的八股文，泯滅了朝廷取才之道，一代宗師顧炎武稱八股之禍勝似"焚書坑儒"（見《日知録·擬題》）。清代後期爲維護其獨裁統治，手段尤爲專橫强硬，又向以"天朝"自居，哪裏會重視什麼西方的"科學技術"？"科學技術"的落伍最終導致文明古國一敗塗地，這也就是"李約瑟難題"的答案！"科學"之所以成爲"科學"，是因爲其出自實踐、實證，實踐、實證是科學的生命。實踐、實證又必須以物質爲基礎，這正與我中華博物學以浩浩博物爲研究主體相合！但中華博物學，或曰博物研究，始終被置於正統的國學之外，這一觀念與國風，極大地制約了中華博物學的發展。制約的結果如何？可以毫不誇張地説，直接阻礙了中國古代社會的歷史進程。

## 五、中華博物知多少，皓首難解千古謎

中華博物如繁星麗天，難以勝計，其中有諸多別樣博物，可稱之爲"黑科技"者，令人百思不得其解。如八十餘年前四川廣漢西北發現的三星堆古蜀文化遺址，距今約四千八百年至三千年左右，所在範圍非常遼闊，遠超典籍記載的成都平原一帶，此後不斷探索，不斷有新的發現，成爲 20 世紀人類最偉大的考古發現之一。該遺址内三種不同面貌而又連續發展的三期考古學文化，以規模壯闊的商代古城和高度發達的青銅文明爲代表的二期文化最具特點。二期文化中青銅器具占據主導地位，極爲神奇。衆多的青銅人頭象、青銅面具，千姿百態。還有舉世罕見的青銅神樹，該樹有八棵，最高者近 4 米，共分三層，樹枝上栖息有九隻神鳥，應是我國古籍所載"九日居下枝"的體現；斷裂的頂部，當有"一日居上枝"的另一神鳥，寓意九隻之外，另一隻正在高空當班。青銅樹三層

九鳥，與《山海經・海外東經》中所載"扶桑""若木""九日居下枝，一日居上枝"正同。上古時代，先民認爲天上的太陽是由飛鳥所背負，可知九隻神鳥即代表了九個太陽。其《南經》又曰："有木，其狀如牛，引之有皮，若纓、黃蛇。其葉如羅，其實如欒，其木若菑，其名曰建木。"何謂"建木"？先民認爲"建木"具有通天本能，傳説中伏羲、黃帝等盡皆憑藉"建木"來往神界與人間。由《山海經》的記載可知，這神奇物又來源於傳統文化，大量青銅文化明顯地受到夏商文明、長江中游文明及陝南文明的影響。那些金器、玉器等禮器更鮮明地展現出華夏中土固有的民族色彩。如此浩大盛壯，如此神奇，這一古蜀國究竟是怎樣形成的？又是怎樣突然消失的？詩人李白在《蜀道難》中曾有絕代一問："蠶叢及魚鳧，開國何茫然？"意謂蠶叢與魚鳧兩位先帝，是在什麼時代開創了古蜀國？何以如此茫茫然令人難解？今論者續其問曰："開國何茫然，失國又何年？開失兩難知，千古一謎團。"三星堆的發掘并非全貌，僅占遺址總面積的千分之一左右，只是古蜀文化的小小一角而已，更有浩瀚的未知數，國人面臨的將是另一個陌生的驚人世界。中華民族襟懷如海，廣納百川，中外文化相容并包，故而博大精深。這些百思不得其解的神奇之物，向無答案，確屬於所謂"非科學性思考"，當代專家學者亦爲之拍案。"唯科學主義"面臨這些"黑科技"的挑戰，當然也絕難詮釋。以下再就已見出土，或久已傳世之實物爲例。上世紀 80 年代，臨潼始皇陵西側出土了兩乘銅車馬，其物距今已有兩千二百餘年，造型之豪華精美，被譽爲世界"青銅之冠"，姑且不論。兩輛車的車傘，厚度僅 0.1 ～ 0.4 厘米，一號車古稱"立車"或"戎車"，傘面爲 1.12 平方米，二號車傘面爲 2.23 平方米，而且皆用渾鑄法一次性鑄出，整體呈穹隆形，均勻而輕薄，這一鑄法迄今亦是絕技，無法超越。而更絕的是一號立車的大傘，看似遮風擋雨所用，實則充滿玄機，此傘的傘座和手柄皆爲自鎖式封閉結構，既可以鎖死，又可以打開，同時可以靈活旋轉 180 度，隨太陽的方位變化而變化，亦可取下插入野外，遮烈日，擋風雨，賞心隨意。令人尤爲稱奇的是，打開傘柄處的雙環插銷，傘柄與傘蓋可各獨立，傘柄就成了一把尖鋭的矛，傘蓋就成了盾，可攻可守。這一 0.1 ～ 0.4 厘米厚的盾，其抗擊力又遠勝今人的製造技術，令今人望塵莫及，故國際友人贊之爲罕見的"黑科技"。此外分存於西安與鎮江東西兩方的北宋石刻《禹迹圖》，尤爲奇異。此圖參閲了唐賈耽《海内華夷圖》，并非單純地反映宋代行政區劃及華夷之間的關係，而是上溯至《禹貢》中的山川、河流、州郡分布，下至北宋當世，已將經典與現實融爲一體。此圖長方約 1 平方米，宋朝行政區劃即達三百八十個之多，五個大湖，七十座山峰，更有蜿蜒數千里的長江、黃河等江川八十餘條；不衹是中原的地域，尚有與之接壤的大理、吐蕃、西夏、遼等區域，這些區域的山野江河亦有精準的繪製。作爲北宋時代的製圖人，即使能够遍踏域内、域外，也絶難僅憑一己的目力俯瞰全景。此圖由五千一百一十個小方格組成，每一小方格皆爲一百平方公里，所有城市、山野江河的大小距離，盡包容在這些格子裏，全部可以明確無誤地測算出來，其比例尺與今世幾無差異。如此細密精準，必須具有衛星定位之類的高科技纔能繪製出來，九百年前的宋人是憑藉什麼儀器完成的？此一《禹迹圖》較之秦陵銅車馬，更超乎想象，詭异神奇，故而英國學者李約瑟評之爲“世界上最神秘、最杰出的地圖”，美國國家圖書館將一幅19世紀據西安圖打製的拓本作爲館藏珍品。中國古代“黑科技”，又何止臨潼銅車馬與《禹迹圖》？

除却上述文獻記載與出土及傳世之物外，另一些則是實見於中華大地的奇特自然景觀，這些百思不得其解的神奇之物，散處天南海北，自古迄今，向無答案，亦屬於所謂“非科學性思考”，當代專家學者亦爲之拍案。“唯科學主義”面臨這些“黑科技”的挑戰，當然也絶難詮釋。我中華大地這些神奇之物，在當世尤應引起重視，國人必須迎接“超科技時代”的到來。如“應潮井”，地處南京市東紫金山南麓定林寺前。此井雖遠在深山之間，却與五公里外的長江江潮相應，江水漲則井水升，江水退則井水降，同處其他諸井皆無此現象。唐宋以來，已有典籍記載，如《江南通志·輿地志·江寧府》引唐段成式《酉陽雜俎》：“蔣山有應潮井，在半山之間，俗傳云與江潮相應，嘗有破船朽板自井中出。”《景定建康志·山川志三·井泉》：“應潮井在蔣山頭陁寺山頂第一峰佛殿後。《蔣山塔記》云：‘梁大同元年，後閤舍人石興造山峰佛殿，殿後有一井，其泉與江潮盈縮增减相應。’”何以如此，自發現以來，已歷千載，迄今無解。以上的奇特之物，多有記載，名揚天下，而另一些奇物，却久遭冷落，默默無聞。如“靈通石”，亦稱“神石”“報警石”，俗稱“猪叫石”。該石位於太行大峽谷林縣境内高家臺輝伏巖村。石體方正，紫紅色，裸露於地面約4立方米，高寬各3米，厚2米，象是一頭體積龐大的臥猪，且能發聲如猪叫。傳聞每逢大事（包括自然灾害、重大變革等）來臨之前，常常“鳴叫”不止，大事大叫數十天，小事則小叫數日，聲音忽高忽低，一次可叫百餘聲，百米之内清晰可聞。但其叫聲衹能現場聆聽，不可録音。何以如此怪异？同樣不得而知！中華博物浩浩洋洋，漫漫無涯，可謂無奇不有，作爲博物之學，亦必全力探究，這也正是中華博物學承担的使命。

## 六、中華博物學的研究範圍與狀況，新建學科的指嚮與體式如何？

中國當代尚未建立博物學會，也沒有相應的報刊，人們熟知的則是博物院館，而博物院館的職責在於收藏、研究并展出傳世的博物，面對日月星辰、萬物繁衍以及先民生息起居等數千年的古籍記載（包括失傳之物），豈能勝任？中華博物全方位研究的歷史使命祇能由新興的博物學承擔。古老中華，悠悠五千載，博物浩茫，疑難連篇，實難解讀，而新興的博物學却不容迴避，必須做出回答。

本書指稱的博物，包括那些自然物，但并不限於對其形體、屬性的研究，體現了博物古學固有的格致觀念，且常常懷有濃厚的人文情結，可謂奧妙無窮，這又迴別於西方博物學。

如"天宇"，當做何解釋？在中國傳統文化中是與"宇宙"并存的稱謂，重在强調可見的天體和所有星際空間。前已述及，天體直徑可達930億光年以上，實際上可能遠超想象。這就出現了絕世難題：究竟何謂天體？天體何來？戰國詩人屈原在其《天問》篇中，曾連連問天："上下未形，何由考之？""馮翼惟象，何以識之？""明明闇闇，惟時何爲？"千古之問，何人何時可以作答？天宇研究在古代即甚冷僻，被稱爲"絕學"。中國是天宇觀測探索最爲細密的文明古國之一，天象觀測歷史也最爲悠遠，殷墟甲骨、《書》《易》諸經，盡有記載，而歷代正史又設有天文、曆律之類專志，皇家設有司天監之類專職機構，憑此"觀天象、測天意"，以決國策。於是，天文之學遂成諸學之首。天宇研究的主體是天空中的各種現象，這些現象又以各種星體的位置、明暗、形狀等的變化爲主，稱之爲星象。星象極其繁複，難以辨識。於是，在天空位置相對穩定的恒星就成爲必要的定位標志。在人們目力所及的範圍內，恒星數以千計，簡單命名仍不便查找和定位，我華夏先民又將天空劃分爲若干層級的區域，將漫天看似雜亂無章的恒星位置相近者予以組合并命名，這些組合的星群稱之爲星宿。古人視天上諸星如人間職官，有大小、尊卑之分，故又稱星官，因而就有了三垣二十八宿，成爲古天宇學最重要理論依據，這一理論西方天文學絕難取代。

再如古代類書中指稱的"蟲豸"，當代辭書亦少有確解。何謂"蟲豸"？舉凡當今動物學中的昆蟲綱、蛛形綱、多足綱，以及爬行動物中的綫形動物、扁形動物、環節動物、軟體動物中形體微小者，皆爲蟲豸之屬。蟲豸形雖微小，然其生存之久、種類之繁、分布之廣、形態之多、數量之巨，從生物、生態、應用、文化等角度，其意義和價值都大异於其他各類動物，或説是其他各類動物所不能比擬的。蟲豸之屬，既能飛於空，亦能游於水，既能潛於土，亦能藏於山，形態萬千，且各具靈性，情趣互异，故古代典籍遍見記叙，不僅常載於詩文，且多見筆記、小説中。先民又常憑藉其築穴或搬遷之類活動，以預測氣象變化或靈异别端，同樣展現了一幅具體生動的蟲文化畫卷，既有學術價值，又充滿趣味性。自《詩》始，就出現了咏蟲詩，其後歷代從蝶舞蟬鳴、蟻行蛇爬中得到靈感者代不乏人，或以蟲言志，或以蟲抒懷，或以蟲爲比，或以蟲爲興，甚至直以蟲名入於詞牌、曲牌，如僅蝴蝶就有“蝴蝶兒”“玉蝴蝶”“粉蝶兒”“蝶戀花”“撲蝴蝶”“撲粉蝶”等名類。唐歐陽詢《藝文類聚》收集有關蟬、蠅、蚊、蝶、螢、叩頭蟲、蛾、蜂、蟋蟀、尺蠖、螳、蝗等蟲類的詩、賦、贊等數量浩繁，後世仿其體例者甚多，如《事物紀原》《五雜俎》《淵鑑類函》《古今圖書集成·禽蟲典》等，洋洋大觀。不僅詩詞歌賦，在成語、俗語中，言及蟲豸者，亦不可勝數，如莊周夢蝶、螓首蛾眉、金蟬脱殼、螳螂捕蟬、螳臂當車、蚍蜉撼樹、作繭自縛、飛蛾撲火（詞牌名爲“撲燈蛾”）等；不僅見諸歷代詩文，今世辭章以蟲爲喻者，仍沿襲不衰，如以蝸喻居、以蝶喻舞、以蟬翼喻輕薄、以蛇蠍喻狠毒等，比比皆是，不勝枚舉。

本博物學所指稱博物又包括了人類社會生活的各方面、領域，自史前達於清末民初，有的則可直達近現代，至巨至微，錯綜複雜。而對於某一具體實物，必須從其初始形態、初始用途的探討入手，而後追逐其發展演變過程，這樣纔能有縱横全面的認定，從而作出相應的結論，這正是新興博物學的使命之一。今僅就我中華民族時有關涉者予以考釋。今日，國人對於古代社會生活實在太過陌生，現當代權威工具書所收録的諸多重要的常見詞目，常常不知其由來，遭致誤導。如“祭壇”一詞，《漢語大詞典·示部》釋文曰：

> 祭壇：供祭禮或宗教祈禱用的臺。劉大傑《中國文學發展史》第一章三：“無論藝術哲學都得屈服於宗教意識之下，在祭壇下面得着其發展生命了。”艾青《吹號者》詩：“今日的原野呵，已用展向無限去的暗緑的苗草，給我們布置成莊嚴的祭壇了。”亦指上壇祭祀。侯寶林《改行》：“趕上皇上齋戒忌辰，或是皇上出來祭壇，你都得歇工（下略）。”

以上引用的三個書證全部是現代漢語，檢索此條的讀者可能會認定“祭壇”乃無淵源的新興詞，與古漢語無關。豈不知《晋書·禮志下》《舊唐書·禮儀志三》《明史·崔亮傳》

諸書皆有"祭壇"一詞，又皆爲正史，并不冷僻。《漢語大詞典》爲證實"祭壇"一詞的存在，廣予網羅，頗費思索，連同侯寶林的相聲也用作重要書證。侯氏雖被贊爲現代語言大師，但此處的"祭壇"，并非"供祭禮或宗教祈禱用的臺"，"祭"與"壇"爲動賓語結構，并非名詞，不足爲據。還應指出，"祭壇"作爲人們祭祀或祈禱所用實體的臺，早在史前即已出現，初始之時不過是壘土爲臺罷了。

此外，直接關涉華夏文化傳播形式的諸多博物更是大异於西方。如"文具"初稱"書具"，其稱漢代大儒鄭玄在《禮記·曲禮上》注中已見行用。千載之後，宋人陶穀《清異錄·文用》中始用"文具"一詞。文具泛指用於書寫繪畫的案頭用具及與之相應的輔助用具。國人憑藉這些文具，創造了最具特色的筆墨文化、筆墨藝術，憑藉這些文具得以描述華夏五千載的燦爛歷史。中華傳統文具究有多少？國人最爲熟悉的莫過於"文房四寶"，實際又何止"文房四寶"？另有十八種文房用具，定名爲"十八學士"，宋代林洪曾仿唐韓愈《毛穎傳》作《文房職方圖贊》（簡稱《文房圖贊》，即逐一作圖爲之贊）。實際上遠超十八種，如筆筒、筆插、筆捴、筆洗、墨水匣、墨床、水注、水承、水牌、硯滴、硯屏、印盒、帖架、鎮紙、裁刀、鉛槧、算袋、照袋、書床、筆擱、高閣，等等，已達三十種之多。

"文房四寶""十八學士"之類中華獨具的傳統文化，今國人熟知者已不甚多，西方博物又何從涉及？何可包容？

## 七、新興博物學的表述特點，其古今考辨的啟迪價值

當代新興博物學所展現的是中華博物本身的生衍變化以及其同物异名、同名异物等，其主旨之一在於探尋我古老的中華民族的真實歷史面貌，溫故知新，從而更加熱愛我們偉大的中華文明。

偉大的中華民族，在歷史上產生過許多杰出的思想觀念，比如，我中華民族風行百代的正統觀念是"君爲輕，民爲本，社稷次之"（見《孟子·盡心下》），這就是強調人民高於君王，高於社稷（猶"國家"），人民高於一切！古老的中華正統對人民如此愛護，如此尊崇，在當今世界也堪稱難得。縱觀朝代更迭的全部歷史可知，每朝每代總有其興起及消亡的過程，有盛必有衰。在這部《通考》中，常有實例可證，如有關商代都城"商邑"的

記載，就頗具代表性。試看，《詩·商頌·殷武》："商邑翼翼，四方之極。"鄭玄箋："極，中也。商邑之禮俗翼翼然……乃四方之中正也。"孔穎達疏："言商王之都邑翼翼然，皆能禮讓恭敬，誠可法則，乃爲四方之中正也。"《詩》文謂商都富饒繁華，禮俗興盛，足可爲全國各地的學習楷模。"禮俗"在上古的地位如何？《周禮·天官·大宰》曰："以八則治都鄙：一曰祭祀，以馭其神……六曰禮俗，以馭其民。"這是説周代統治者以禮俗馭其民，如同以祭祀馭鬼神一樣，未敢輕忽怠慢，禮俗之地位絕不可等閑視之。古訓曰："倉廩實而知禮節，衣食足而知榮辱。"（見《史記·管晏列傳》）此處的"禮節"是禮俗的核心内容，可見禮俗源於"倉廩實"。"倉廩實"展現的是國富民强，而國富民强，必重禮俗，禮俗展現了國家的面貌。早在三千年前的商代，已如此重視禮俗。"商邑翼翼"所反映的是上古時期商都全盛時期的繁華昌明，其後歷代亦多有可以稱道的興盛時期，如"漢武盛世""文景盛世"、唐"貞觀盛世""開元盛世"、宋"嘉祐盛世"、明"永宣盛世"、清"康乾盛世"等，其中更有"夜不閉户，路不拾遺"的佳話。盛世總是多於亂世，或曰温飽時代總是多於飢寒歲月。唐代興盛時期，君臣上下已萌生了甚爲隨和的禮儀狀態，不喜三拜九叩之制，宋元還出現了"衣食父母"之類敬詞（見宋祝穆《古今事物類聚別集》卷二〇、元關漢卿《竇娥冤》第二折），這正體現了"王者以民爲天，民以食爲天"（見《漢書·酈食其傳》）的傳統觀念。中國歷史上的黎民百姓并非一直生活在水深火熱之中，在漫長的歲月中也常有温飽寧静的生活，因而涌現了諸多忠心報國的詩詞。如"但使龍城飛將在，不教胡馬度陰山"（唐王昌齡《出塞二首》之一）；"忘身辭鳳闕，報國取龍庭"（王維《送趙都督赴代州得青字》）；"僵卧孤村不自哀，尚思爲國戍輪臺"（宋陸游《十一月四日風雨大作》）；"奇謀報國，可憐無用，塵昏白羽"（宋朱敦儒《水龍吟·放船千里凌波去》）。

　　久已沉淪的傳統博物學今得重建，可藉以知曉我中華兒女擁有的是何樣偉大而可愛的祖國！偉大而可愛的祖國，江山壯麗，蘭心大智，光前裕後，莘莘學子尤當珍惜，尤當自豪！回眸古典博物學的沉淪又可確知，鴉片戰争給中華民族帶來的是空前的傷害，不衹是漢唐氣度蕩然無存，國勢極度衰微，最爲可怕的是傷害了民族自信，爲害甚烈。傷害了民族自信，則必會輕視或否定傳統文化，百代信守的忠義觀念、仁義之道，必消失殆盡，代之而來的則是少廉寡恥，爾虞我詐，以崇洋媚外爲榮，這一狀況久有持續，對青少年的影響尤甚，怎不令人痛心！時至當代，正全力弘揚中華優秀傳統文化，全力推行科技創新，踔厲奮發，重振國風，這又怎不令人慶幸！

　　新興博物學在展現中華博物本身的生衍變化進而展現古代真切的社會生活之外，又展現了一種獨具中華風采的文化體系。如常見語詞"揚州瘦馬"，其來歷如何？祇因元馬致遠《天净沙・秋思》中有"西風古道瘦馬"之句。自 2008 年山西吕梁市興縣康寧鎮紅峪村發現元代壁畫墓以來，其中的一首《西江月》小令："瘦藤高樹昏鴉，小橋流水人家，古道西風瘦馬，夕陽西下，已獨不在天涯。"在學界引發了關於《天净沙・秋思》的爭論熱議。由《西江月》小令聯想元代的另一版本："瘦藤老樹昏鴉，遠山流水人家，古道西風瘦馬，夕陽西下，斷腸人去天涯。"於是有學人又認爲此一"瘦馬"當指"揚州藝妓"，意謂形單影隻的青樓女子思念遠赴天涯的情郎——"斷腸人"，但這小令中的"瘦馬"之前，何以要冠以"古道西風"四字？則不得而知。通行本狀寫天涯游子的冷落凄涼情景，堪稱千古絕唱，無可置疑。那麼何以稱藝妓爲"瘦馬"？"瘦馬"一詞，初見於唐白居易《有感》詩三首之二："莫養瘦馬駒，莫教小妓女。後事在目前，不信君看取。馬肥快行走，妓長能歌舞。三年五年間，已聞換一主。"金董解元《西廂記諸宮調》中的《仙吕・賞花時》又載："落日平林噪晚鴉，風袖翩翩吹瘦馬。"此處的"瘦馬"無疑確指藝妓。稱妓女爲人人可騎的馬，後世又稱之爲"馬子"，是一種侮辱性的比擬。何以稱"瘦"？在中國古代常以"瘦"爲美，"瘦"本指腰肢纖細，故漢民歌曰："楚王好細腰，宮中多餓死。""細腰"強調的是苗條美麗。"好細腰"之舉，在南方尤甚，揚州的西湖所以稱之爲"瘦西湖"，不祇是因其狹長緊連京杭大運河，實則是因湖邊楊柳依依，芳草萋萋，又有荷花池、釣魚臺、五亭、二十四橋，美不勝收，較之杭州西湖有一種別樣的美麗。國人何以推崇揚州？《禹貢》劃定九州之中就有揚州，今之揚州已有兩千五百餘年的歷史。其主城區位於長江下游北岸，可追溯至公元前 486 年。春秋時期，吳王夫差在此開鑿了世界最早的運河——邗溝，建立邗城，孕育了唯一與邗溝同齡的運河城；因水網密布，氣候温潤，公元前 319 年，楚懷王熊槐在此建立廣陵城（今揚州仍沿稱"廣陵"），遂成爲中華歷史名城之一。此後歷經魏晉等朝代多次重修，至隋文帝開皇九年（589），廣陵改稱揚州。揚州除却政治地位顯赫之外，又是美女輩出之地，歷史上曾有漢趙飛燕、唐上官婉兒及南唐風流帝王李煜先後兩任皇后周薔、周薇，號稱"四大美女"。隋煬帝楊廣又在此開鑿大運河，貫通至京都洛陽旁連涿郡，藉此運河三下揚州，尋歡作樂。時至唐代，揚州更是江河交匯，四海通達，成爲全國性的交通要衝，故有"故人西辭黄鶴樓，煙花三月下揚州。孤帆遠影碧空盡，唯見長江天際流” 的著名詩篇（唐李白《黃鶴樓送孟浩然之廣陵》，今之揚州已遠離長江）。揚州在唐代是除却長安之外的最爲繁華的大都會，商旅雲聚，青樓大興，成爲文壇才士、豪門公子醉生夢死之地。唐王建《夜看揚州市》詩贊曰：“夜市千燈照碧雲，高樓紅袖客紛紛。” 詩人杜牧《遣懷》更有名作：“落魄江湖載酒行，楚腰纖細掌中輕。十年一覺揚州夢，贏得青樓薄幸名。” 此 “楚腰纖細掌中輕” 之用典，即直涉楚靈王好細腰與趙飛燕的所謂 “掌中舞” 兩事。杜牧憑藉豪放而婉約的詩作，贏得百世贊頌，此詩實是一種自嘲、以書懷才不遇之作，却曾遭致史家 “放浪薄情” 的詬病。大唐之揚州，確是令人嚮往，令人心醉，故而詩人張祜有 “人生只合揚州死”（見其所作《縱游淮南》）之感嘆。元代再度大修的京杭大運河弃洛陽直達北京，揚州之地位愈加顯赫。總之，世界這一最古最長的大運河歷代修建，始終離不開揚州。時至明清，揚州經濟依然十分繁盛，仍是達官貴人喜於擇居之地，兩淮鹽商亦集聚於此，富甲一方，由此振興了園林業、餐飲業，娛樂中的色情業也應運而生，養 “瘦馬” 就是其中的一種，一些投機者低價買進窮苦人家的美麗苗條幼女，令其學習言行禮儀、歌舞繪畫及其他媚人技能技巧，而後以高價賣至青樓或權貴豪門，大發其財。除却 “揚州瘦馬” 之外，又催生了著名的 “揚州八怪”，文化藝術色彩愈加分明。

“揚州瘦馬” 本是一種當被摒弃的陋習，不足爲訓，但這一陋習所反映出的却是關聯揚州的一種別樣的文化，反映了揚州古今社會的經濟發展與變化，這當然也是西方博物學替代不了的。

# 結　語

綜上所述可知，中華博物學是學術研究中的另一方天地，無可替代，必須重建，且勢在必行。如何重建？如何展現我中華博物獨有的神貌？答曰：中華博物絕非僅指博物館的收藏物，必須是全方位的，無論是宮廷裏，無論是山野間，無論是人工物，無論是天然品，無論是社會中，無論是自然界裏，皆應廣予收錄考釋。考釋的主旨，乃探索我中華浩浩博物的淵源、流變。此一博物學甚重 “物” 的形體、屬性及其淵源流變，同時又關注其得名由來，重視兩者間的生衍關係。通常而言（非通常情況當作別論），在人類社會中有其物必當有其名，有其名亦必有其物。此外，更有同物異名，或同名異物之別。探究"物"本體的淵源流變并釐清名物關係，這就是中國古典博物學的使命，這也正是最爲嚴密的格物致知，也正是最爲嚴肅的科學體系。但中國古典博物學，又必須體現《博物記》以還的國學傳統，必須體現博大的天人視野及民胞物與情懷，有助於我中華的再度振起，乃至於世界的安寧和諧。而那些神怪虛無之物，則不得納入新的博物學中，祇能作爲附錄以備考。如何具體裁定，如何通盤布局，并非易事，遠超想象。因我中華民族是喜愛并嚮往神話的古老民族，又常常憑藉豐富的想象對某種博物作出判斷與解讀，判斷與解讀的結果，除却導致無稽的荒誕之外，又時或引發別樣的思考，常出乎人們的所料，具有別樣的價值。如水族中的"比目魚"，亦稱"王餘魚""兩鮙""拖沙魚""鞋底魚""板魚""箬葉"，俗稱"偏口魚"，爲鰈形目魚類之古稱。成魚身體扁平而闊，兩眼移於頭的另一端，習慣於側卧，朝上的一面有顏色鮮明的眼睛，朝下一面似無眼睛，先民誤以爲祇有一眼，必須相互比并而行。此一判斷與解讀，始自漢代《爾雅・釋地》："東方有比目魚焉，不比不行。"郭璞注："狀似牛脾……一眼，兩片相合乃得行。今水中所在有之，江東又稱爲王餘魚。"事過千載，直至明代李時珍《本草綱目》問世，盡皆認定比目魚僅有一隻眼，出行必須各藉他魚另一眼（見《本草綱目・鱗四・比目魚》）。傳統詩文中用比目魚以比喻形影不離的情侶或好友，先民爭相傳頌，百代不休，直至1917年徐珂的《清稗類鈔》問世，始知比目魚兩眼皆可用，不必兩兩并游（《清稗類鈔・動物篇》）。古人憑藉想象，又認爲尚有與比目魚相對應的"比翼鳥"，見於《爾雅・釋地》："南方有比翼鳥焉，不比不飛。"這一"比翼鳥"，僅一目一翼，須雌雄并翼飛行，如同比目魚一樣，亦用以比喻形影不離的情侶或好友。"比目魚""比翼鳥"之類虛幻者外，後世又派生了所謂"連理枝"，著名詩作有唐白居易《長恨歌》曰："在天願爲比翼鳥，在地願爲連理枝。"何謂"連理枝"？"連理枝"是指自然界中罕見的偶然形成的枝和幹連爲一體的樹木。"連理枝"之外，又出現了"并蒂蓮"之類。"并蒂蓮"亦稱"并頭蓮""合歡蓮"等，是指一莖生兩花，花各有蒂，蒂在花莖上連在一起的蓮花。這種"連理枝""并蒂蓮"，難以納入下述的世界通行的階元系統，也難依照林奈創立的雙名命名法命名，但却又是一種不可忽視的實物，是大自然所形成的另一種奇妙的實物。此一"并蒂蓮"如同"比目魚""連理枝"一樣，亦用以喻情侶或好友，同樣廣見於傳統詩文。歲月悠悠，始於遠古，達於近世，先民對於我中華博物的無限想象以及與之并行的細密觀察探索，令人嘆爲觀止，凡天地生靈、袞袞萬物，無所不及，超乎想象，從而構成了一幅文明古國的壯闊燦爛畫卷。

這當是歷經百年沉淪、今得復蘇的我國傳統的博物學，這當是重建的嶄新的全方位的中華博物學。

中華博物學除却遵循發揚傳統的名物學、訓詁學、考據學及近世的考古學之外，也廣泛汲取了當代天文、地理、生物、礦物、農學、醫學、藥學諸學的既有成就，其中動植物的本名依照世界通行的階元系統，分爲界、門、綱、目、科、屬、種七類。又依照瑞典卡爾·馮·林奈（瑞文 Carl von Linné）創立的雙名命名法命名。"連理枝""并蒂蓮""比目魚""比翼鳥"之屬旁及龍、鳳、麒麟、貔貅等傳説之物，則作爲附録，劃歸相應的動物或植物卷中。這樣的研究章法，這樣的分類與標注，避免了傳統分類及形狀描述的訛誤或不確定性，即可與國際接軌。綜合古今中外，論者認爲《中華博物通考》的研究主體，可劃歸三十六大類，依次排列如下：

《天宇》《氣象》《地輿》《木果》《穀蔬》《花卉》《獸畜》《禽鳥》《水族》《蟲豸》《國法》《朝制》《武備》《教育》《禮俗》《宗教》《農耕》《漁獵》《紡織》《醫藥》《科技》《冠服》《香奩》《飲食》《居處》《城關》《交通》《日用》《資産》《珍奇》《貨幣》《巧藝》《雕繪》《樂舞》《文具》《函籍》。

存史啓智，以文育人，乃我中華千載國風。新時代習近平總書記甚重民族自信、文化自信，極力倡導"舊邦新命"，明確指出要"盛世修文"，怎不令人振奮，令人鼓舞！今日，我輩老少三代前後聯手、辛苦三十餘載、三千餘萬言的皇皇巨著——《中华博物通考》欣幸面世，并得到國家出版基金資助。這就昭示了沉淪百載的中華傳統博物學終得復蘇，這就是重建的全新中華博物學。"舊邦新命""盛世修文"，重建博物學，旨在賡續中華文脉，發揚優秀傳統文化，汲取生生不息的精神力量，再現偉大民族的深邃智慧，展我生平志，圓我强國夢！

張述錚

乙丑夾仲首書於山東師範大學映月亭
甲辰南吕增補於歷下龍泉山莊東籬齋

# 總　說

## ——漫議重建中華博物學的歷史意義與現實價值

## 緣　起

　　《中華博物通考》（下稱《通考》）是一部通代史論性的華夏物態文化專著，係"九五""十五""十四五"國家重點出版物專項規劃項目，并得到 2020 年度國家出版基金資助。全書共三十六卷，另有附錄一卷，其中有許多卷又分上下或上中下，計有五十餘册，逾三千萬字。《通考》的編纂，擬稿於 1990 年夏，展開於 1992 年春，迄今已歷三十餘載，初始定名爲《中華博物源流大典》，原分三十二門類（即三十二卷）。此後，歷經斟酌修補，終成今日規模。三十餘載矣，清苦繁難，步履維艱，而大江南北，海峽兩岸，衆多學人，三代相繼，千里聯手，任勞任怨，無一退縮，何也？因本書關涉了古老國度學術發展的重大命題，足可爲當今社會所藉鑒，作者們深知自家承擔的是何樣的重任，未敢輕忽，未敢怠慢。

　　何謂中華物態文化？中華物態文化的研究主體就是中華浩博實物。其歷史若何？就文字記載而言，中華物態文化史應上溯於傳說中的三皇五帝時期，隸屬於原始社會。"三皇五帝"究竟爲何人，我國史家多有不同見解，大抵有三說：一曰"人間君主說"，"三皇"分别指天皇、地皇、人皇，"五帝"分别指炎帝烈山氏、黄帝有熊氏、顓頊高陽氏、帝堯陶唐氏和帝舜有虞氏；二曰“開創天下説”，三皇分別指有巢氏、燧人氏、伏羲氏，“五帝”分別指炎帝烈山氏、黄帝有熊氏、顓頊高陽氏、帝堯陶唐氏和帝舜有虞氏；三曰“道治德化説”，認爲“三皇以道治，五帝以德治”，“三皇”是遠古三位有道的君主，分別指太昊伏羲氏、炎帝神農氏及黄帝軒轅氏，五帝則是少昊金天氏、顓頊高陽氏、帝嚳高辛氏、帝堯陶唐氏和帝舜有虞氏。有關三皇五帝的組合方式，典籍記載亦不盡相同，大抵有四種，在此不予臚列。“三皇五帝”所處時間如何劃定，學界通常認爲有巢、燧人、伏羲屬於舊石器時代，有巢、燧人爲早期，伏羲爲晚期，其餘皆屬新石器時代，炎帝、黄帝、少昊、顓頊等大致同時，屬仰韶文化後期和龍山文化早期。“三皇五帝”後期，已萌生并逐步邁進文明史時代。

中華文明史，國際上通常認定爲三千七百年（主要以文字的誕生與城邑的出現等爲標志），國人則認定爲逾五千年，今又有九千年乃至萬年之説。後者可以上溯至新石器時代，如隸屬裴李崗文化的河南省舞陽縣賈湖村出土了上千粒碳化稻米，約有九千年歷史，是世界最早的栽培粳稻種子。經鑒定其中百分之八十以上不同於野生稻，近似現代栽培稻種，可證其時已孕育了農耕文化。其中發現的含有稻米、山楂、葡萄、蜂蜜的古啤酒也有九千年以上的歷史，可證其時已掌握了釀造術。賈湖又先後出土了幾十支骨笛，也有七千八百年至九千年的歷史，其中保存最爲完整者，可奏出六聲音階的樂曲，反映了九千年前，中華民族已具有相當高度的生產力與創造力、具有相當高度的文化藝術水準與審美情趣。有美酒品嘗，有音樂欣賞，彼時已知今人所稱道的“享受生活”，當非原始人所能爲。賈湖遺址的發現并非偶然，近來上山文化晚期浙江義烏橋頭遺址，除却出土了古啤酒之外，又發現諸多彩陶，彩陶上還繪有伏羲氏族所創立的八卦圖紋飾，故而國人認爲這一時期中華文明已開始形成，至少連續了九千載。中華文明的久遠，當爲世界四大文明古國之首，徹底否定了中華文明西來之説。九千載之説雖非定論，却已引起舉世關注。此外，江西省上饒市萬年縣大源鄉仙人洞遺址發現的古陶器則產生於一萬九千至兩萬年前，又遠超前述的出土物的製作時間。雖有部分學界人士認爲仙人洞遺址隸屬於舊石器遺址，并未進入文明時代，但其也足可證中華博物史的久遠。

## 一、何謂"博物"與《中華博物通考》？《通考》的要義與章法何在？

何謂"博物"？"博物"一詞，首見於《左傳·昭公元年》："晋侯聞子産之言，曰：'博物君子也。'"其他典籍也時有記載，如《漢書·楚元王傳贊》："自孔子後，綴文之士衆也，唯孟軻、孫況、董仲舒、司馬遷、劉向、揚雄此數公者，皆博物洽聞，通達古今。"《周書·蘇綽傳》："太祖與公卿往昆明池觀魚，行至城西漢故倉地，顧問左右莫有知者。或曰：'蘇綽博物多通，請問之。'"以上"博物"指博通諸種事物，一般釋爲"知識淵博"。此外，《三國志·魏書·國淵傳》："《二京賦》博物之書也，世人忽略，少有其師可求。"唐釋玄奘《大唐西域記·摩臘婆國》："昔此邑中有婆邏門，生知博物，學冠時彦，内外典籍，究極幽微，曆數玄文，若視諸掌。"明王禕《司馬相如解客難》："借曰多識博物，賦頌所託，勸百而風一。"這些典籍所載之"博物"，即可釋爲今義之"浩博實物"。這一浩博實物，任一博物館盡皆無法全部收藏。本《通考》指稱的"博物"既可以是天然的，也可以是人工的；既可以是静態的，也可以是動態的；既可以是斷代的，也可以是歷時的，是古今并存，巨細俱備，時空縱横，浩浩蕩蕩，但必須是我中華獨有，或是中土化的。研究這浩蕩博物的淵源流變以及同物异名或同名异物之著述即《博物通考》，而爲與西方博物學相區别，故稱之爲《中華博物通考》。

在中國古代久有《皇覽》《北堂書鈔》等類書、《儒學警語》《四庫全書》等叢書以及《爾雅》《説文》等辭書，所涉甚廣，却皆非傳統博物典籍。本書草創之際，唯有《中國學術百科全書》《中華百科全書》《中國大百科全書》之類風行於世，這類百科全書亦皆非博物學專著。專題博物學著作甚爲罕見，僅有今人印嘉祥《物源百科辭書》，俞松年、毛大倫《生活名物史話》，抒鳴、鋭鏵《世界萬物之由來》等幾種，多者收詞約三千條，少者僅一百八十餘款，或洋洋灑灑，或鳳毛麟角，各有千秋，難能可貴。《物源百科辭書》譽稱"我國第一部物源工具書"（見該書序），此書中外兼蓄，虚實并存，堪稱廣博，惜略顯雜蕪。本《通考》則另闢蹊徑，别有建樹，可稱之爲當代第一部"中華古典博物學"。

《通考》甚重對先賢靈智的追踪與考釋。中華民族是滿富慧心的偉大民族，極善觀察探索，即使一些不足挂齒的微末之物也未忽視，且載於典籍，十分翔實生動。如對常見的鳥類飛行方式即有以下描述：鳥學飛曰翎，頻頻試飛曰習，振翅高飛曰翥，向上直飛曰翀，張翼扶摇上飛曰羿，鳥舒緩而飛、不高不疾曰翐、曰翂，快速飛行曰爽，水上飛行曰摴，高飛曰翰，輕飛曰翻，振羽飛行曰翻，等等，不一而足。如此細密的觀察探隱，堪稱世界之最，令人嘆服！而關於禽鳥分類學，在中國古代也有獨到見解。明代李時珍所著《本草綱目》已建立了階梯生態分類系統，將禽鳥劃分爲水禽、原禽、林禽、山禽等生態類別，具有劃時代意義。這一生態分類法較瑞典生物學家林奈的《自然系統》（第十版）中的分類要早一百六十餘年，充分展示了我國古代鳥類分類學的輝煌成就，駁正了中國傳統生物學一貫陳腐落後的舊有觀念。此外，那些目力難及、浩瀚的天體，也盡在先民的觀察探索之中，如關於南天極附近的星象，遠在漢代即有記載。漢武帝元鼎六年（公元前 111），滅南越國，置日南九郡事，《漢書》及顏注、酈道元《水經注》有關“日南”的定名中皆有詳述，而西方於 15 世紀始有發現，晚中國一千四百餘年。再如，關於太陽黑子，在我國漢代亦有記載，《漢書·五行志》載：“日黑居仄，大如彈丸。”其後《晉書·天文志中》亦載：“日中有黑子、黑氣、黑雲。”而西方於 17 世紀始有發現，晚於中國一千六百餘年。惜自清朝入關之後，對於中原民族，對於漢民族長期排斥壓抑，致使靈智難展，尤其是中後期以來的專制國策，遭致國弱民窮，導致久有的科技一蹶不振，於是在列強的視野下，中華民族變成了一個愚昧的“劣等”民族。受此影響，一些居留國外或留學國外的學人，亦曾自卑自弃，本書《導論》曾引胡適的評語：中華民族是“又愚又懶的民族”，是“一分像人，九分像鬼的不長進民族”（見胡適《介紹我自己的思想》，1930年 12 月亞東圖書館初版《胡適文選》自序）。本《通考》有關民族靈智的追踪考索，巨細無遺，成爲另一大特點。

《通考》遵從以下學術體系：宗法樸學，不尚空論，既重典籍記載，亦重實物（包括傳世與出土文物）考察，除却既有博物類專著自身外，今將博物研究所涉文獻歸納爲十大系統：一曰史志系統，即史書中與紀傳體并列，所設相對獨立的諸志。如《禮樂志》《刑法志》《藝文志》《輿服志》等，頗便檢用。二曰政書類書系統。重在掌握典制的沿革，廣求佚書異文。三曰考證系統。如《古今注》《中華古今注》《敬齋古今黈》等，其書數量無多，見重實物，頗重考辨。四曰博古系統。如《刀劍錄》《過眼雲煙錄》《水雲錄》《墨林快事》等，這些可視爲博物研究散在的子書，各有側重，雖常具玩賞性，却足資藉鑒。五曰本草系統。其書草木蟲魚、水土金石，羅致廣博，雖爲藥用，已似百科全書。六曰注疏系統。爲古代典籍的詮釋與發揮。如《易》王弼注、《詩》毛亨傳、《史記》裴駰集解、《老子》魏源本義、《楚辭》王夫之通釋、《三國志》裴松之注、《水經》酈道元注、《世說新語》

劉孝標注等。七曰雅學系統、許學系統，或直稱之爲訓詁系統，其主體就是名物研究，後世稱爲“名物學”。八曰异名辨析系統。已成爲名物學的獨立體系。如《事物异名》《事物异名録》等，旨在同物异名辨析。九曰説部系統。包括了古代筆記、小説、話本、雜劇之類被正統學者輕視的讀物，這是正統文化之外，隱逸文化、民間文化的淵藪，一些世俗的衣、食、住、行之類日常器物，多藉此得見生動描述。十曰文物考古系統，這是博物研究中至爲重要的最具震撼力的另一方天地，因爲這是以歷代實物遺存爲依據的，足可印證文獻的真僞、糾正其失誤，多有創獲。

## 二、《通考》内容究如何，今世當作何解讀?

《通考》内容極爲豐富，所涉範圍極廣，古今上下，時空縱横，實難詳盡論説，今略予概括，主要可分兩大方面，一爲自然諸物，二爲社科諸物，兹逐一分述如下:

（一）自然諸物:包括了天地生殖及人力之外的一切實體、實物，浩博無涯，可謂應有盡有。

如“太陽”“月亮”，在我中華凡是太空中的發光體（包括反射光體）皆被稱爲“星”，因此漢語在吸納現代天文學時，承襲了這一習慣，將“太陽”這類自身發光的等離子物體命名爲恒星。《天宇卷》研究的主體就是天空中的各種星象。星象就是指各種星體的位置、明暗、形狀等的變化。星象極其繁複，難以辨識。於是，在天空中位置相對穩定的恒星就成爲必要的定位標志。在人們目力所及的範圍内，恒星數以千計，先民將漫天看似雜亂無章的恒星位置相近者予以組合并命名，這些組合的星群稱之爲星宿，因而就有了三垣二十八宿之説。在远古難以對宇宙進行深入探索的時代，先民未能建立起完整的天體概念，也不知彼此的運動關係，僅憑藉直感認知，將所見的最强發光體——“太陽”本能地給予更多的關注，作出不同於西方的别樣解釋。視太陽爲天神，太陽的出没也被演繹成天神駕車巡游，而夸父追日、后羿射日等典故，則承載了諸多遠古信息。先民依據太陽的陰陽屬性、形體形象、光熱情况、時序變化、神話傳説及俗稱俗語等特點，賦予了諸多别名和异稱，其數量達一百九十餘種，如“陽精”“丙火”“赤輪”“扶桑”“東君”“摩泥珠”等，可見先民對太陽是何等的尊崇。對人們習見的“月亮”，《天宇卷》同樣考釋了其异名别稱及其得名由來。今知月亮异名别稱竟達二百二十餘種，較之“太陽”所收尤爲宏富。如

"太陰""玉鏡""嬋娟""姮娥""顧兔""桂影""玉蟾蜍""清凉宫"，等等。而關於"月亮"的所見所想，所涉傳聞佳話，連綿不絕，超乎所料。掩卷沉思，無盡感慨！中華民族是一個明潔温婉、追求自由、嚮往和平、極具夢想的偉大民族。愛月、咏月、賞月、拜月，深情綿綿，與月亮别有一番不解之緣！饒有趣味者，爲東君太陽神驅使六龍馭車的羲和，如同爲太陰元君駕車的望舒一樣，竟也是一位女子，可見先民對於女性的信賴與尊崇。何以如此？是母系社會的遺風流韵麽？不得而知！足證《通考》探討"博物"的意義并不衹在"博物"自身，而是關乎"博物"所承載的傳統文化。

再如古代出現的"雪""雹"之類，國人多認定與今世無多大差異，實則不然。《氣象卷》收有"天山雪""陰山雪""燕山雪""嵩山雪""塞北雪""南秦雪""秦淮雪""廬山雪""嶺南雪""犬吠雪"（偏遠的南方之雪。因犬見而驚吠，故稱），等等，這些雪域不衹在長城内外，又達於大江南北，可謂遍及全國各地，令人眼界大開。這些雪域的出現，又并非遠古間事，所見文字記載盡在南北朝之後，而"嶺南雪"竟見於明清時期，致使今人難以置信。若就人們對雪的愛惡而言，有"瑞雪""喜雪""灾雪""惡雪"；若就雪的屬性而言，有"乾雪""濕雪""霧雪""雷雪"；若就降雪時間長短而言，有"連旬雪""連二旬雪""連三旬雪""連四旬雪"；若就雪的危害而言，有"致人凍死雪""致人相食雪"等，不一而足。此外，雪另有色彩之别，本卷收有"紅雪""綠雪""褐雪""黑雪"諸文，何以出現紅、綠、褐、黑等顏色？這是由於大地上各類各色耐寒的藻類植物被捲入高空，與雪片相遇，從而形成不同色彩。對此，先民已有細微觀察，生動描述，但未究其成因。1892 年冬，意大利曾有漫天黑雪飄落，經國際氣象學家研究測定，此一現象乃是高空中億萬針尖樣小蟲，在飛翔時與雪片粘連所致。這與藻類植物被捲入高空，導致顏色的變幻同理。或問，今世何以不見彩色之雪？因往昔大地之藻類及針尖樣小蟲，由於生態環境的破壞而消失殆盡。就氣象學而言，古代出現彩雪，是正常中的不正常，現代衹有白雪，則是不正常中的正常。本卷中有關雹的考釋，同樣頗具情趣，十分精彩。依雹的顏色有"白色雹""赤色雹""黑色雹""赤黑色雹"，依形狀有"杵狀雹""馬頭狀雹""車輪狀雹""有柄多角雹"，依長度有"長徑尺雹""長尺八雹"，依重量有"重四五斤雹""重十餘斤雹"，依危害則有"傷禾折木雹""擊殺鳥雀雹""擊殺獐鹿雹""擊死牛馬雹""壞屋殺人雹"等，這些記載并非出自戲曲小説，而是全部源於史書或方志，時間地點十分明確，毋庸置疑。古今氣象何以如此不同？何以如此反常？衹嘆中國古代的科研體系多注重對現象的觀察，而不求其成因，祇是將以上現象置於史志之中，予以記載而已。本《通考》對中華“博物”的考辨，不祇是展現了大自然的原貌、大自然的古今變幻，而且也提供了社會的更迭興替和民生的禍福起落等諸多耐人尋味的思考。

另如，《水族卷》中收有棘皮動物“海參”，其物在當代國人心目中，是難得的美味佳餚和滋補珍品。《水族卷》還原其本真面貌，明確指出海參爲海洋動物中的棘皮動物門，海參綱之統稱，而後依據古代典籍，考證其物及得名由來：三國吳沈瑩《臨海水土異物志》：“土肉，正黑，如小兒臂大，中有腹，無口目……炙食。”其時貶稱“土肉”，祇是“炙食”而已。既貶稱爲“土”，又止用於燒烤而食，此即其初始的“身份”“地位”，實是無足稱道。直至明代謝肇淛《五雜俎·物部一》中，始見較高評價，并稱其爲“海參”：“海參，遼東海濱有之，一名海男子。其狀如男子勢然，淡菜之對也。其性溫補，足敵人參，故名海參。”“男子勢”，舊注曰“男根”，因海參形如男性生殖器，俗名“海男子”，正與形如女性生殖器的淡菜（又稱“海牝”“東海夫人”，即厚殼貽貝）相對應。此一形似“男根”之物，何以又被重視起來？國人對食療養生素有“以形補形”的觀念，如“芹菜象筋骼，吃了骨頭硬；核桃象大腦，吃了思維靈”之類，而因海參似男根，故認定其有補腎壯陽的功能，這就是“足敵人參”的主要根據之一。謝氏在贊其“足敵人參”的同時，又特別標示了其不雅的綽號“海男子”，則又從另一側面反映了明代對於海參仍非那麼珍視，故而在其當代權威的醫典《本草綱目》中未予記載。“海參”在清朝的國宴“滿漢全席”中始露頭角，漸得青睞。本卷作者在還其本真面貌的過程中，又十分自然地釐清了海參自三國之後的異名別稱。如，“土肉”“海男子”之後，又有“虰”“沙噀”“戚車”“龜魚”“刺參”“光參”“海鼠”“海瓜”“海瓜皮”“白參”“牛腎”“水參”“春皮”“伏皮”諸稱，“虰”字之外，其他十三個异名別稱，古今辭書無一收録，唯一收録的“虰”字，又含混不清。而“海參”喻稱“海瓜”，則爲英文 sea cucumber 的中文義譯，較中文之喻稱“海男子”似有异曲同工之妙，又可證西人對海參也并不那麼重視。

全書三十六卷，卷卷不同。本書設有《珍奇卷》，別具研究價值。如“孕子石”，發現於江蘇省溧陽市蘇溧地區。此石呈灰黃色，質地堅硬，其外表平凡無奇，但當人們把石頭敲開時，裏面會滾出許多圓形石彈子，直徑 21 厘米左右，和母石相較，顏色稍淺，但成分一致。因石中另包小石，好似母石生下的子石，故稱“孕子石”。這種“石頭孕子”史志無載，首次發現，地質學家們同樣百思而不得其解，祇能“望石興嘆”。再如“預報天旱井”，位於廣西全州縣內，每年大旱來臨前二十天，水井會流出渾水，長達兩天之久，附近村民見狀，便知大旱將臨，便提前做好抗旱準備。此外，該井每二十四小時漲潮六次，每次約漲五十分鐘，水量約增加兩倍。此井如同“孕子石”一樣，史志無載，首次發現，對此井的奇特現象有關專家同樣百思不得其解，也衹能“望井興嘆”。

（二）社科諸物：自然物外，中華博物中的社科諸物漫布於社會生活之中，其形成發展、古今變化，尤爲多彩，展現了一種別樣的國情特徵和民族靈智。

如《國法卷》，何謂“國法”？國法係指國家之法紀、法規。國法其詞作爲漢語語詞起源甚爲久遠，先秦典籍《周禮・秋官・朝士》中即已出現，“國法”之“法”字作“灋”，其文曰：“凡民同貨財者，令以國灋行之，犯令者刑罰之。”同書《地官・泉府》中又有另詞“國服”，其文曰：“凡民之貸者，與其有司辨而授之，以國服爲之息。”此“國服”言民間貿易必須服從國法，故稱“國服”。作爲語詞，“國法”“國服”互爲匹配。國法爲人而設，國服隨法而施，有其法必有其服，有法無服，則法罔立，有服無法，舉世罔聞。今“國法”一詞存而未改，“國服”則罕見使用。就世界範圍而言，中國的國法自成體系，具有國體特色與民族精神，故西方學者稱之爲“中華法系”或“東方法系”。本《國法卷》即以“中華法系”爲中心論題，全面考釋，以現其固有特色與精神。中華法系如同世界諸文明古國法系一樣，源於宗教，興於禮俗，而最終成爲法律，遂具有指令性、強制性。中華法系一經形成，即迥異於西方，因其從不以“永恒不變的人人平等的行爲準則”自詡，也沒有立法依據的總體理論闡釋，而是明確標示法律應維護帝王及權貴的利益。在中國古代，從沒出現過如古希臘或古羅馬的所謂絕對公正的“自然法”，毋須在“自然法”指導下制定“實在法”。中國古代的全部法律皆爲正在施行的“實在法”，但却有不可撼動的權威理論——“君權天授”說支撐。“天”，在先民心目中是無可比擬的最神秘、最巨大的力量。“天”，莊重而仁慈，嚴厲而公正，無所不察，無所不能。上自聖賢哲人，下至黎民百姓，少有不“敬天意”、不“畏天命”者，帝王既稱“天子”，且設有皇皇國法，條文森然，何人敢於反叛？天下黔首，非處垂死之地，絕不揭竿而起，妄與“天”鬥！故而在中國古代，帝王擁有最高立法權與司法權，享有無盡的威嚴與尊貴。今知西周時又強化了宗族關係，即血緣關係。血緣關係又分爲近親、遠親、异姓之親等。血緣關係成爲一切社會關係的核心，由血緣關係擴而廣之，又有師生、朋友及當體恤的其他人等關係。由血緣關係又進而強化了尊卑關係，即君臣關係、臣民關係，這些關係較之血緣關係更爲細密，爲此而設有"八辟"之法，規定帝王之親朋、故舊、近臣等八種人，可以享有減免刑罰之特權。漢代改稱"八議"，三國魏正式載入法典。其後，歷代常有沿襲。這一血緣關係在我國可謂根深蒂固，直至今世而未衰。爲維護這尊卑關係，西周之法典又設有《九刑》，以"不忠"爲首罪。另有《八刑》以"不孝"爲首罪。"忠"，指忠君，"孝"指孝敬父母，兩者難以分割。《九刑》《八刑》雖爲時過境遷之古法，但其倡導的"忠孝"，已成爲中華民族的一種處世觀念，一種道德規範。作爲個人若輕忽"忠孝"，則必極端自私，害及民衆；作爲執政者若輕忽"忠孝"，則必妄行無忌，危及國家。今世早已摒弃愚忠愚孝之舉，但仍然繼承并發揚了"忠孝"的傳統。"忠"不再是"忠君"，而是忠於祖國，忠於人民，或是忠於信守的理想；"孝"謂善事父母，直承百代，迄今不衰。"忠孝"是人們發自心底的感恩之情，唯知感恩，始有報恩，人間纔有真情往還，纔有心靈交融。佛家箴言警語曰"上報四重恩，下濟三途苦"（見《大乘本生心地觀經》），"四重恩"指父母恩、師長恩、國土恩、衆生恩（衆生包括動植物等一切生靈）。我國傳統忠孝文化中又融入了佛家的這一經典旨意，可謂相得益彰。"忠孝"乃我文明古國屹立不敗的根基，絕不可視之爲"封建觀念"。縱觀我中華信史可知，舉凡國家昌盛時代，必是忠孝振興歲月，古今如一，堪稱鐵律。國家可敬又可愛，所激起的正是人們的家國情懷！"忠孝"這一處世觀念，這一道德規範，直涉人際關係，直涉國家命運，成爲我中華獨有、舉世無雙的文化傳統。

中國之國法，并非僅靠威懾之力，更有"禮治"之宣導，而關乎禮治的宣導今人常常忽略。前已述及中華法系如同世界諸文明古國法系一樣，源於宗教，興於禮俗，由禮俗演進爲禮治，禮治早於刑法之前已經萌生。自商周始，《湯刑》《吕刑》（按，《湯刑》《吕刑》之"刑"當釋爲"法"）相繼問世，尤重"禮治"，何謂"禮治"？"禮治"指遵守禮儀道德與社會規範，破除"禮不下庶人"的舊制，將仁義禮智信作爲基本的行爲規範，《孟子·公孫丑上》曰："辭讓之心，禮之端也。""辭讓"指謙和之道，尊重他人，由"禮讓"而漸發展爲"禮制"。至西周時，"禮治"已成定制。這一立法思想備受推崇。夏商以來，三千餘載，王朝更替，如同百戲，雖脚色各异，却多高揚禮制之大旗，以期社會和諧，民生安樂。不瞭解中國之禮治，也就難以瞭解中華法制史，就難以瞭解中國文化史。此後"禮治"配以"刑治"，相輔相成，久行不衰。"禮刑相輔"何以行使？答曰：升平之世，統治者無不强調禮制之作用，藉此以示仁政；若逢亂世，則用重典，施酷刑（下將述及），軟硬兩手交替使用。這就組成了一張巨大的不可錯亂、不可逾越的法律之網，這就是中華民族百代信守的國家法制的核心，這就是中華民族有史以來建國治國之道。這一"禮刑相輔"的治國之道，迥別與西方，爲我中華所獨有，在漫長而多樣的世界法制史中居於前沿地位。

在我古老國度中，國家既已形成，於是又具有了不同尋常的歷史意義與價值觀。自先秦以來，"國家"一詞意味着莊嚴與信賴。在國人心目中，"國"與"家"難以分割，直與身家性命連爲一體，故"報效國家"爲中華民族的最高志節，而"國破家亡"則爲全民族的最大不幸。三十年前本人曾是《漢語大詞典》主要執筆者之一，撰寫"國家"條文時，已注意了先民曾把皇帝直稱爲"國家"。如《東觀漢紀·祭遵傳》："國家知將軍不易，亦不遺力。"《晋書·陶侃傳》："國家年小，不出胸懷。"稱皇帝爲"國家"，以皇帝爲國家的代表或國家的象徵，較之稱皇帝爲天子，更具親切感，更具號召力。中國歷史上的一些明君仁主也多以維護國家法制爲最高宗旨，秦皇、漢武皆曾憑藉堅定地立法與執法而國勢强盛，得以稱雄天下，這對始於西周的"八辟"之法，無疑是一大突破。本書《國法卷》第一章概論論及隋唐五代立法思想時，有以下論述：據《隋書·王誼傳》及文帝相關諸子傳載，文帝楊堅少時同王誼爲摯友，長而將第五女嫁王誼之子，相處極歡，後王誼被控"大逆不道，罪當死"，文帝遂下詔"禁暴除惡"，"賜死於家"。《隋書·文四子傳》又載，文帝三子秦王楊俊，少而英武，曾總管四十四州軍事，頗有令名，文帝甚爲愛惜，獎勵有加。後楊俊漸奢侈，違制度，出錢求息，窮治宮室，文帝免其官。左武衛將軍劉升、重臣楊素，先後力諫曰："秦王非有他過，但費官物、營廨舍而已。"文帝答曰："法不可違！"劉、楊又先後諫曰："秦王之過，不應至此，願陛下詳之。"文帝答曰："我是五兒之父，若如公意，何不別制天子兒律？"文帝四子、五子皆因違法，被廢爲庶民，文帝處置毫不猶豫，毫不留情。隋文帝身爲人君，以萬乘之尊，率先力行，實踐了"王子犯法，與民同罪"的古訓。在位期間，創建"開皇之治"，人丁大增，百業昌盛，國人視文帝爲真龍天子，少數民族則尊稱其爲聖人可汗。《國法卷》主編對歷史上身爲人君的這種舉措，有"忍割親朋私情，立法爲公"的簡要評論。這一評論對於中國這種以宗族故交爲關係網的大國而論，正是切中要害。此後，唐太宗李世民、玄宗李隆基、憲宗李純等君王皆有類似之舉，終成輝煌盛世。時至明代，面對一片混亂腐敗的吏治，明太祖朱元璋更設有"炮烙""剥皮"之類酷刑嚴法，懲治的貪官污吏達十五萬之衆，即便自家的親朋故舊，也毫不留情。如進士出身的駙馬，朱元璋的愛婿歐陽倫只因販茶違法，就直接判以死刑，儘管安慶公主及儲君朱允炆苦苦哀求，也絕不饒恕。據《明史·循吏傳序》載："〔官吏〕一時受令畏法，潔己愛民，以當上指……民人安樂、吏治澄清者百餘年。"其時，士子們甘願謀求他職，而不敢輕率爲官，而諸多官員却學會了種田或捕魚，呈現了古今難得一見的別樣的政治生態。明太祖的這類嚴酷法令雖是過當，却勝於放縱，故而明朝一度成爲世界經濟大國、經濟强國。中國歷史上的諸多建國之名君仁主，執法雖未若隋文帝之果決，未若明太祖之嚴酷，但無一不重視國家安危。這些建國名君仁主"上以社稷爲重，下以蒼生在念"（見《舊唐書·桓彦範傳》），故而赢得臣民的擁戴。今之世人多以爲帝王之所以成爲帝王，盡皆爲皇室一己之私利，祇貪圖自家的享榮華富貴而已，實則并非盡皆如此。歷代君王既已建國，亦必全力保國，并垂範後世，以求長治久安。品讀本書《國法卷》，可藉以瞭解我國固有的國情狀況，瞭解我國歷史中的明君仁主如何治理國家，其方策何在，今世仍有藉鑒價值。縱觀我國漫長的歷史進程，有的連續數代，稱爲盛世；有的衰而復起，稱爲中興；有的則二世而亡，如曇花一現。一切取決於先主與後主是否一脉相繼，一切取決於執法是否穩定。要而言之：嚴守國法，則國家興盛，嚴守國法，則社會祥和，此乃舉世不二之又一鐵律。

《國法卷》雖以國法爲研究主體，却力求超越法律研究自身，力求探索法律背後的正反驅動力量，其旨義更加廣遠。因而本卷又區別於常見的法律專著。

另如《巧藝卷》，在《通考》全書中未占多大分量，但在日常社會生活中却有無可替代的獨特地位，藉此大可飽覽先民的生活境遇和精神世界。何謂"巧藝"？古代文獻中無此定義。所謂"巧藝"，專指巧智與技藝性的娛樂及各種健身活動，同時展現了與之相應的家國關係。中華民族的"巧藝"別具特色，所涉内容十分廣泛，除却一般游戲活動外，又包涵了棋類、牌類、養生、武術、四季休閑、宴飲娛樂、動物馴化等等。細閱本卷所載，常爲古人之智巧所折服。如西漢東方朔"射覆"之奇妙，今已成千古佳話。據《漢書·東方朔傳》載，漢武帝嘗覆守宫（即壁虎）於杯盂之下，令衆方士百般揣度，各顯其能，并無一言中的者，而東方朔却可輕易解密，有如神算，令滿座驚呼。何謂"射覆"？"射覆"爲古代猜測覆物的游戲。射，揣度；覆，覆蓋。"射覆"之戲，至明清始衰，其間頗多高手。這些高手似乎出於特異功能，是古人勝於今人麽？當作何解釋？學界認爲這些高手多善《易》學，故而超乎常人，但今世精於《易》學者并非罕見，却未見有如東方朔者，何也？難以作答，且可不論，但古代對動物的馴化，又何以特別精彩，令今人嘆服？

著名的唐代象舞、馬舞，久負盛名，這些大動物似通人性，故可不論，而那些似乎笨拙的小動物，如"烏龜疊塔""蛤蟆説法"之類的馴養，也常常勝過今人，足可展現先民的巧智，"'疊塔''説法'，固教習之功，但其質性蠢蠢，非他禽鳥可比，誠難矣哉！"（見明陶宗儀《輟耕録 · 禽戲》）古人終將蠢蠢之蟲馴化得如此聰明可愛，藉此可見古人之扎實沉着，心智之專一，少有後世浮躁之風。目前，國人甚喜馴養，寵物遍地，却未見馴出如同上述的"疊塔"之烏龜與"説法"之蛤蟆，今之馬戲或雜技團體，爲現代專業機構，也未見絶技面世。

《巧藝卷》的條目詮釋，大有建樹，絶不因襲他人成説，明確關聯了具體事物形成的歷史淵源與社會背景。如"踏青"，《漢語大詞典》引用了唐代的書證，并稱其爲"清明節前後，郊野游覽的習俗"。本卷則明確指出，"踏青"是由遠古的"春戲"演變而來。西周時曾爲禮制。漢代已有"人日郊外踏青"之俗，同時指出"踏青"還有"游春"的別稱。《漢語大詞典》與本卷的釋文内容差異如此之大，實出常人之所料。何謂"春戲"？所有辭書皆未收録。本卷有翔實考證，兹録如下：

春戲：古代民間春季娛樂活動。以繁衍後代和期盼農作物豐收爲目的的男女歡會活動。始於原始社會末期，西周時仍很流行。《周禮 · 地官 · 司徒》："中春之月，令會男女。於是時也，奔者不禁。若無故而不用令者，罰之。司男女之無夫家者而會之。"《墨子 · 明鬼篇》："燕之有祖，當齊之社稷。宋之有桑林，楚之雲夢也，此男女之所屬而觀也。"《詩 · 鄭風 · 溱洧》："溱與洧，瀏其清矣。士與女，殷其盈矣。女曰：'觀乎？'士曰：'既且。''且往觀乎！洧之外，洵訏且樂。'維士與女，伊其將謔，贈之以芍藥。"《楚辭 · 九歌 · 少司命》："秋蘭兮麋蕪，羅生兮堂下。緑葉兮素枝，芳菲菲兮襲予。夫人兮自有美子，蓀何以兮愁苦？"戰國以後逐漸演變爲單純的春游活動"踏青"。

《巧藝卷》精心地援引了以上經典，可證在中國上古時期男女歡會非常自然，而且是具有相當規模的群體性活動。此舉在中國遠古時代已有所見，青海大通縣上孫家寨出土的舞蹈紋彩陶盆，已展現了男女携手共舞的親密生動場景，那是馬家窑文化的代表，距今已有五千年歷史，但必須明確，這并非蒙昧時期的亂性之舉。這是一種男女交往的公開宣示。前述《周禮 · 地官 · 司徒》曰："中春之月，令會男女……司男女無夫之家者而會之。"其要點是"男女無夫之家者"。這是明確的法律規定，故而作者的篇首語曰："以繁衍後代和期盼農作物豐收爲目的。"這就撥正了後世對於中國古代奴隸社會或封建社會有關男女關係的一些偏頗見解，可證本卷之"巧藝"非同一般的娛樂，所展現的是中華先民多方位的生活狀態。

## 三、博物研究遭質疑，古老科技又誰知？

《通考》所涉博物盡有所據，無一虛指，如繁星麗天，構成了浩大的博物學體系，千載一脉，本當生生不息，如瀑布之直下，但却似大河之九曲，時有峽谷，時有險灘，終因清廷喪權辱國、全盤西化而戛然中斷，故而迥异於西方。由於西方科技的巨大影響，致使一些學人缺少文化自信，多認爲中國古老的博物學，無甚價值。豈知我中華民族從不乏才俊、精英，從不乏偉大的發明，很多衹是不知其名而已。如《淮南子·泰族訓》："欲知遠近而不能，教之以金目則快射。"漢代高誘注曰："金目，深目。所以望遠近射準也。"何謂"金目"？據高注可知，就是深目。"深目"之"深"，謂深遠也（又說稱"金目"爲黄金之目，用以喻其貴重，恐非是）。"金目"當是現代望遠鏡或眼鏡之類的始祖。"金目"其物，在古代萬千典籍中僅見於《淮南子》一書，别無他載。因屬古代統治者杜絶的"奇技淫巧"，又甚難製作，故此物宫廷不傳，民間絶踪，遂成奇品。上世紀 80 年代，揚州邗江縣東漢廣陵王劉荆墓中出土一枚凸透鏡，此鏡之鏡片直徑 1.3 厘米，鑲嵌在用黄金精製而成的小圓環内，視物可放大四五倍，此鏡至遲亦有兩千餘年的歷史。廣陵墓之外，安徽亳州曹操宗族墓等處，亦有出土。是否就是"金目"已難考證。作爲眼鏡其物，發展到宋代，始有明確的文字記載，其時稱之爲"靉靆"（見明方以智《通雅·器用·雜用諸器》引宋趙希鵠《洞天清録》）。今日學者皆將眼鏡視爲西方舶來品，一説來自阿拉伯，又説來自英國，如猜謎語，不一而足；西方的眼鏡實則是由中國傳入的，如若説是西方自家發明，也晚於中國千年之久。

"金目"其物的出現絶非偶然，《墨子》中的《經下》《經説下》已有關於光的直綫傳播、反射、折射、小孔成象、凹凸透鏡成象等連續的科學論述，這一原理的提出，必當有各式透體器物，如鏡片之類爲實驗依據，這類器物的名稱曰何今已不得而知，但製造出金目一類望遠物，是情理之中的必然結果。據上述《經下》《經説下》記載可知，早在戰國時期，先賢已有光學研究的成就，與後世西方光學原理盡同。在中國漫長的古代日常生活中，隨時可見新奇的創造發明，這類創造發明所展現的正是中國獨有的科學。《導論》中所述"被中香爐""長信宮燈"之外，更有"博山爐"（一種形似傳說中神山"博山"的香爐，當香料在爐內點燃時，烟霧通過鏤空的山體宛然飄出，形成群山蒙蒙、衆獸浮動的奇妙景象，約發明於漢代）、"走馬燈"（一種竹木扎成的傳統佳節所用風車狀燈具，外貼人馬等圖案，藉燈內點燃蠟燭的熱力引發空氣對流，輪軸上的人馬圖案隨之旋轉，投身於燈屏上，形成人馬不斷追逐、物換景移的壯觀情景，約發明於隋唐時期）之類。古老中華何止是"四大發明"？此外，約七千年前，在天災人禍、形勢多變的時代背景之下，先民爲預測未來，指導行爲方嚮，始創有易學，形成於商周之際，今列爲十三經之首，稱爲《周易》，這是今世的科學不能完全解釋的另一門"科學"，其功用不斷地爲當世諸多領域所驗證，在我華夏、乃至歐美，研究者甚衆，本《通考》對此雖有涉及，而未立專論。

那麼，在近現代，國人又是如何對待古代的"奇技奇器"的呢？著名的古代"四大發明"，今已家喻户曉，婦幼皆知，但却如同可愛的國寶大熊猫一樣，乃是西方學者代爲發現。我仁人志士，爲喚醒"東方睡獅"，藉此"四大發明"，竭力張揚，以振奮民族精神。這"四大發明"影響非凡，但在中國傳統文化中亦無重要地位，其中"火藥"見載於唐孫思邈《丹經》，"指南針""印刷術"同見載於宋沈括《夢溪筆談》，皆非要籍鴻篇，唯造紙術見於正史，全文亦僅七十一字，緊要文字祇有可憐的四十三字（見《後漢書·宦者傳·蔡倫》）。而這"四大發明"中有兩大發明，不知爲何人所爲。

在古老中國的歷史長河中，更有另一種科學技術，當今學界稱之爲"黑科技"（意謂超越當今之科技，出於人類的想象之外。按，稱之爲"超科技"，似更易理解，更準確），那就是現代科學技術望塵莫及、無法破解的那些千古之謎。如徐州市龜山西漢楚襄王墓北壁的西邊牆上，非常清晰地顯示一真人大小的影子，酷似一位老者，身着漢服，峨冠博帶，面東而立，作揖手迎客之狀。人們稱其爲"楚王迎賓圖"。最初考古人員發掘清理棺室時，并無壁影。自從設立了旅游區正式開放後，壁影纔逐漸地顯現出來，仿佛是楚王的魂魄顯靈，親自出來歡迎來此參觀的游人一樣。楚襄王名劉注，是西漢第六代楚王，死後葬於此。劉注墓還有五謎，今擇其三：一、工程精度之謎。龜山漢墓南甬道長 55.665 米，北甬道長爲 55.784 米，沿中綫開鑿，最大偏差僅爲 5 毫米，精度達 1/10000；兩甬道相距 19 米，夾角 20 秒，誤差爲 1/16000，其平行度誤差之小，大約需要從徐州一直延伸到西安纔能使兩甬道相交。按當時的技術水準，這樣的墓道是何人如何修建的？二、崖洞墓開鑿之謎。龜山漢墓爲典型的崖洞墓，其墓室和墓道總面積達到 700 多平方米，容積達 2600 多立方米，幾乎掏空了整個山體。勘察發現，劉注墓原棺室的室頂正對着龜山的最高處，劉注府庫中的擎天石柱也正位於南北甬道的中軸綫上。龜山漢墓的工程人員是利用什麽樣的勘探技術掌握龜山的山體石質和結構？三、防盜塞石之謎。南甬道由 26 塊塞石堵塞，分上下兩層，每塊重達六至七噸，兩層塞石接縫非常嚴密，一枚硬幣也難以塞入。漢墓的甬道處於龜山的半山腰，當時生産力低下，人們是用什麽方法把這些龐大的塞石運來并嵌進甬道的？今皆不得而知。

斷言"中國古代衹有技術而没有科學"者，對中國歷史的瞭解實在是太過膚淺，并不瞭解在中國古代不衹有科技，而且竟然有超越科學技術的"黑科技"。

## 四、當世灾難甚可懼，人間正道何處覓？

在《通考》的編纂過程中，常遇到的重要命題，那就是以上論及的"科技"。今之"科技"，在中國上古曾被混稱爲"奇技奇器"，直至清廷覆亡，迄未得到應有的重視，導致國勢衰微，外寇侵略，民不聊生。這正是西方視之爲愚昧落後，敢於長驅直入，爲所欲爲的原因。因而一個國家、一個民族，要立於不敗之地，必須擁有自家的科技！世人當如何評定"科技"？如何面對"科技"？本書《導論》已有"道器論"，今《總説》以此"道器論"爲據，就現代人類面臨的種種危機，論釋如下：

何謂"道器"？所謂"道"是指形成宇宙萬物之原本，是形成一切事理的依據與根由。何謂"器"？"器"即宇宙間實有的萬物，包括一切科技，一切發明，至巨至大，至細至微，充斥天地間，而盡皆不虚。科技衍生於器，驗證於器，多以器爲載體，是推進或毀壞人類社會的一種無窮力量，故而又必須在人間正道的制約之下。此即本書道器并重之緣由，或可視爲天下之通理也。英國自 18 世紀第一次工業革命以來，其科學技術得以高速而全方位地發展，引起西方乃至全世界的密切關注與重視，影響廣遠。這一時期，英帝國統治者睥睨全球，居高臨下，自我膨脹，發表了"生存競爭，勝者執政"等一系列宏論；托馬斯·馬爾薩斯的《人口論》亦應時而起，其核心理論是："貧富强弱，難以避免。承認現實，存在即合理。"甚而提出"必須控制人口的大量增長，而戰争、饑荒、瘟疫是最後抑制人口增長的必要手段"（這一理論在以儒學爲主體的傳統文化中被視爲離經叛道，滅絕人性，而在清廷走投無路全面西化之後，國人亦有崇信者，直至20年代初猶見其餘緒）。在這樣的時代背景下，查爾斯·達爾文所著《物種起源》得以衝破基督教的束縛，順利出版，暢行無阻。該書除却大量引用我國典籍《齊民要術》《天工開物》與《本草綱目》之外，還鄭重表明受到馬爾薩斯《人口論》的啓示和影響。《物種起源》的問世，形成了著名的進化理論："物競天擇、優勝劣汰，弱肉强食，適者生存。"（近世對其學説已有諸多評論，此略）進化學説在人們的社會生活中留下了深刻的印迹，在世界範圍内引起巨大反響，當時英國及其他列强利用了自然界"生存法則"的進化理論，將其推行於對外擴張的殖民戰爭中，打破了世界原有生態格局，在巨大的聲威之下，暢行無阻，遍及天下。縱觀人類的發展史，尤其是近世以來的發展史可知，科技的高下決定了國家的强弱，以强凌弱，已成定勢，在高科技强國的聲威之下，無盡的搜羅，無盡的采伐，無盡的探測實驗（包括核試驗），自然資源和自然環境漸遭破壞，各種弊端漸次顯露。時至20世紀中後期，以原子能、電子電腦、信息技術、空間技術等發明和應用爲標志、第三次科技革命的到來，學界稱之爲"科技革命的紅燈時刻"，其勢如風馳電掣，所向披靡，人類社會發生了翻天覆地的變化，時至21世紀，又凸顯了另一灾難，即瘟疫肆虐，病毒猖獗，危及整個人類。這一系列禍患緣何而生？天灾之外，罪魁爲人。何也？世間萬種生靈，習性歸一，盡皆順從於大自然，但求自身生息而已，別無他求，而作爲"萬物之靈"的人類，在茹毛飲血，跨越耕獵時代之後，却欲壑難填，毫無節制！爲追求享樂、滿足一己之貪婪，塗炭萬種生靈，任你山中野外，任你江面海底，任你晝藏夜出，任你天飛地走，皆得作我盤中佳餚。閑暇之日，又喜魚竿獵槍，目睹异類掙扎慘死，以爲暢快，以爲樂趣，若爲一己之喜慶，更可"磨刀霍霍向猪羊"，視之爲正常！"萬物之靈"的人類，永無休止，地表搜刮之外，還有地下的搜索挖掘，如世界著名的南非姆波尼格金礦，雖其開采僅起始於百年前，憑藉當代最先進的科技，挖掘深度已超4000米（我國的招遠金礦，北宋真宗年間已進行開采，至今深度不過2000米左右），現有370千米軌道，用以運送巨大的設備與成噸重的礦石，而每次開采都必須用兩千多公斤的炸藥爆破，可謂地動山搖！金礦之外，又有銀礦、鐵礦、銅礦、煤礦、水晶礦（如墨西哥的奈咯水晶洞，俗稱"神仙水晶礦"，其中一根重達50噸，挖出者一夜暴富），種種礦藏數以萬計。此外尚有對石油、純净水，乃至無形的天然氣等的無盡索取，山林破壞，大地沙化，水污染、大氣污染、核污染，地球已是百孔千瘡，而挖掘索取，仍未甘休，愈演愈烈，故今之地球信息科學已經發現地球性能的變异以及由此帶來可怕的全球性灾難。今日世界，各國執政者憑仗高科技，多是從一國、一族或一己之私利出發，或結邦，或聯盟，爭强鬥勝，互不相顧，國際關係日趨惡化，人類時刻面臨可怕的威脅，面臨毀滅性的核戰爭。凡此種種，怎不令人憂慮，令人悲痛？故而有學者宣稱："科技確實偉大，也確實可怕。一旦失控，後患無窮。"又稱："人類擁有了科技，必警惕成爲科技的奴隸。"此語并非危言聳聽，應是當世的警鐘，因爲人類面對强大的科技，常常難以自控，這是科技發展必然的結果。而作爲"萬物之靈"的人類，具有高智慧，能夠擁有高科技，確乎超越了萬物，居於萬物主宰的地位，而執政者一旦擁有失控的權力，肆意孤行，其最終結局必將是自戕自毀，必將與萬物同歸於盡。一言以蔽之，毀滅世界的罪魁禍首是人類自己，而并非他類。

　　面對這多變的現實與可怕的未來，面對這全球性的灾難，中外科學家作了不懈努力，而收效甚微。1988 年 1 月，七十五位諾貝爾獲獎者及世界著名學者齊聚巴黎，探討了 21 世紀科學的發展與人類面臨的種種難題，提出了應對方略。在隆重的新聞發布會上，瑞典物理學家漢内斯·阿爾文發表了鄭重的演説："如果人類要在 21 世紀生存下去，必須回頭到兩千五百年前去汲取孔子的智慧。"（見 1988 年 1 月 24 日澳大利亞《堪培拉時報》原文——《諾貝爾獎獲得者説要汲取孔子的智慧》）這是何等驚人的預見，又是何等嚴正的警示！這七十五位諾貝爾獲獎者没有一位是我華夏同胞，他們對孔子的認知與崇敬，非常客觀，非常深刻，超乎我們的想象。這種高屋建瓴式的睿智呼籲，振聾發聵，可惜并没有警醒世人，也没有引起足夠多的各國領導人的重視。

　　人類爲了自救，不能不從人類自身發展史中尋求答案。在人類發展史中，不乏偉大的聖人，孔子是少有的没有被神化、起於底層的聖人（今有稱其爲"草根聖人"者），他生於春秋末期，幼年失父，家境貧寒，又正值天下分裂，戰亂不斷，在這樣的不幸世道裏，孔子及其弟子大力宣導"克己復禮"，這是人類歷史上最切實際的空前壯舉。何謂"禮"？《説文·示部》曰："禮，履也。所以事神致福也。"禮本來是上古祭祀鬼神和先祖的儀式。史稱文、武、成王、周公據禮"以設制度"，此即"周禮"。"周禮"的内容極爲廣泛，舉凡國家的政治、經濟、軍事、行政、法律、宗教、教育、倫理、習俗、行爲規範，以及吉、凶、軍、賓、嘉五類禮儀制度，均被納入禮的範疇。周禮在當時社會中的地位與指導作用，《禮記·曲禮》中有明確記載："分争辯訟，非禮不決；君臣上下、父子兄弟，非禮不定；宦學事師，非禮不親；班朝治軍、涖官行法，非禮威嚴不行。"當然也維護了“君臣朝廷尊卑貴賤之序，下及黎庶車輿衣服宮室飲食嫁娶喪祭之分”（見《史記・禮書》），這符合於那個時代的階級統治背景。孔子提出“克己復禮”，期望世人克服一己之私欲，以應有的禮儀禮節規範自己的言行，建立一個理想的中庸和諧社會，這已跨越了歷史局限。孔子的核心思想是“敬天愛人”，何謂“敬天”？孔子強調“巍巍乎唯天爲大”（見《論語・泰伯》），又曰：“天何言哉？四時行焉，百物生焉，天何言哉！”（見《論語・陽貨》）孔子所言之“天”，并非指主宰人類命運的上蒼或上帝，并非是孔子的迷信，因“子不語怪力亂神”（見《論語・述而》）。孔子認爲四季變化、百物生長，皆有自己的運行規律，人類應謹慎遵從，應當敬畏，不得違背。孔子指稱的“天”，實則指他所認知的宇宙。此即孔子的天人觀、宇宙觀。“巍巍乎唯天爲大”，在此昊天之下，人是何樣的微弱，面臨小小的細菌、病毒，即可淒淒然成片倒下。何謂“愛人”？孔子推行“仁義之道”，何謂“仁”？子曰：“仁者，愛人！”（《論語・顏淵》）即人人相親、相愛。又曰：“己所不欲，勿施於人。”意即重正義，絕不損人利己。何謂“義”？“義”指公正的道理、正直的行爲。子曰：“不義而富且貴，於我如浮雲。”（見《論語・述而》）這就是孔子的道德觀與道德規範，當作爲今世處理人與自然、人與社會的規範與行動指南。其弟子又提出“親親而仁民，仁民而愛物”（見《孟子・盡心上》），漢代大儒又有“天人之際，合而爲一”的主張（董仲舒在《春秋繁露・深察名號》中，爲維護皇權的需要而建立了皇權天授的觀念），這種主張已遠遠超越了維護皇權的需要，成爲了一種可貴的哲理。時至宋代，大儒張載再度發揚孟子“親親而仁民，仁民而愛物”的襟怀，又有“民吾同胞，物吾與也”（見其所著《西銘》）之名言箴語，即將天下所有的人皆當作同胞，世間萬物盡視爲同類，最終形成了著名的另一宏大的儒學系統，其主旨則是“天人合一”論。何謂“天人合一”？“天人合一”有兩層意義：一曰天人一致，天是一大宇宙，人則如同一小宇宙，也就是說人類同天體各有獨立而相似之處；二是天人相應，這是說人與天體在本質上是相通的，是相互相連的。因此，一切人事應順乎自然規律，從而達到人與自然的和諧。達到人與自然的和諧統一，當作爲今世處理人與自然、人與社會的明確規範與行動指南。這是真正的“人間正道”，唯有遵循這一“人間正道”，人際關係纔能融洽，社會纔能和諧，天下纔能太平。

　　古老中國在形成“孔子智慧”之前，早已重視人與自然的關係。約在七千年前，我中華先祖已能夠通過對於蟲鳥之類的物候觀察，熟練地確定天氣、季節的變幻，相當完美地適應了生產、生活、繁衍發展的需求，這一遠古的測算應變之舉，處於世界領先地位。約四千年前，夏禹之時，已建有令今人嚮往的廣袤的綠野濕地。如《書‧禹貢》即記載了"雷夏""大野""彭蠡""震澤""菏澤""孟豬""豬野""雲夢"諸澤的形成及其利用情況，如其中指出："淮海惟揚州，彭蠡既豬（瀦），陽鳥攸居；三江既入，震澤厎定。篠簜既敷，厥草惟夭，厥木惟喬……厥貢惟金三品，瑤琨篠簜，齒革羽毛，惟木。"這是説揚州有彭蠡、震澤兩方綠野濕地，適合於鴻雁類禽鳥居住，適合於篠竹（箭竹）、簜竹（大竹）生長，青草繁茂，樹木高大，向君主進貢物品有金銀銅等三品，又有瑤琨美玉、箭竹、大竹以及象齒皮革與孔雀、翡翠等禽鳥羽毛。所謂"大禹治水"，并非祇是被動的抗災自救，實則是大治山川，廣理田野，調整人與大自然的關係，使之相得益彰。《逸周書‧大聚解》又載，夏禹之時"且以并農力，執成男女之功，夫然則有生不失其宜，萬物不失其性，人不失其事，天不失其時……放此爲人，此謂正德"，此即所謂夏禹"劃定九州"之功業所在。其中"放此爲人，此謂正德"的論定，已蘊含了後世儒家初始的"天人合一"的觀念。西周初期，已設定掌管國土資源的官職"虞衡"，掌山澤者謂"虞"，掌川林者稱"衡"（見《周禮‧天官‧太宰》及賈疏）。後世民眾，繼往開來，對於保護生態環境，保護大自然，采取了各種措施，又設有專司觀察氣象、觀察環境的機構，并有方士之類的"巫祝史與望氣者"，多管道、多方位進行探測研究，從而防患於未然。《墨子‧號令篇》（一説此篇非墨子所作，乃是研究墨學者取以益其書）曰："巫祝史與望氣者，必以善言告民，以請（讀爲'情'）上報守（一説即太守），上守獨知其請（情）。無［巫］與望氣，妄爲不善言，驚恐民，斷弗赦。"這裏明確地指出，由"巫祝史與望氣者"負責預告各種災情，但不得驚恐民眾，否則即處以重刑，絕不饒恕。愛惜生態，保護自然，這是何樣的遠見卓識，這又是何樣的撫民情懷！

是的，自夏禹以來，先民對於大自然、對於與蒼生，有一種別樣的愛惜、保護之舉措，防範措施非常細密，非常全面而嚴厲。《逸周書‧大聚解》有以下記載：夏禹時期設定禁令，大力保護山林、川澤，春季不准帶斧頭上山砍伐初生的林木；夏季不准用漁網撈取幼小的魚鱉，此即世界最早的環境保護法。《韓非子‧內儲説上》又載：殷商時期，在街道上揚弃垃圾，必斬斷其手。西周時又有更爲具體規定：如，何時可以狩獵，何時禁止狩獵，何樣的動物可以獵殺，何樣的動物禁止獵殺；何時可以捕魚，何時禁止捕魚，何樣的魚可以捕取，何樣的魚禁止捕取，皆有明文規定，甚而連網眼的大小也依季節不同而嚴予區別。并特別强調：不准搗毀鳥巢，不准殺死剛學飛的幼鳥和剛出生的幼獸。春耕季節不准大興土木。《禮記・月令》又載："毋變天之道，毋絕地之理，毋亂人之紀。"這一"毋變""毋絕""毋亂"之結語，更是展現了後世儒家宣導并嚮往的"天人合一"說。至春秋戰國之際，法律法規的範圍更加全面，特別嚴厲。這一時期已經注意到有關礦山的開發利用，若發現了藏有金銀銅鐵的礦山，立即封禁，"有動封山者，罪死而不赦。有犯令者，左足入，左足斷，右足入，右足斷"（見《管子・地數》）。古人認爲輕罪重罰，最易執行，也最見成效，勝過重罪重罰。這些古老的嚴厲法令，雖是殘酷，實際却是一聲斷喝，讓人止步於犯罪之前，因而犯罪者甚微。這就最大限度地保護了大自然，同時也最大限度地保護了人類自己。而早在西周建立前夕，又曾頒布了令人欽敬的《伐崇令》："文王欲伐崇，先宣言曰……令毋殺人，毋壞室，毋填井，毋伐樹木，毋動六畜，有不如令者，死無赦！崇人聞之，因請降。"（見漢劉向《説苑・指武》）這是指在殘酷的血火較量中，對於敵方人民、財産及生靈的愛惜與保護。我中華上古時期這一《伐崇令》，是世界戰争史中的奇迹，是人類應永恒遵守的法則！當今世界日趨文明，闊步前進，而戰争却日趨野蠻，屠殺對方不擇手段，實是可怖可悲！我華夏先祖所展現的這些大智慧、大慈悲，爲後世留下了賴以繁衍生息的楚山漢水，留下了令人神往的華夏聖地，我國遂成爲幸存至今、世界唯一的文明古國。

## 五、筆墨革命難預料？卅載成書又何易？

《通考》選題因國内罕見，無所藉鑒，期望成爲經典性的學術專著，難度之大，出乎想象，初創伊始，即邀前輩學者南京大學老校長匡亞明先生主其事。這期間微信尚未興起，寧濟千里，諸多不便，盛岱仁、康戰燕伉儷滿腔熱情，聯絡於匡老與筆者之間，得到先生的熱情鼓勵與全力支持，每逢疑難，必親予答復，但表示難做具體工作，在經濟方面也難以爲力。因爲先生於擔任國家古籍整理領導小組組長之外，又全面主持南京大學中國思想家研究中心的工作，正在編纂《中國思想家評傳》，百卷書稿須親自逐一審定，難堪重任。筆者初赴南大之日，老人家親自接待，就餐時當場現金付款，沒有讓服務員公款記賬，筆者深受感動，終生難以忘懷。此後在匡老激勵之下，筆者全力以赴，進而邀得數百作者并肩携手，全面合作，并納入國家"九五"重點出版規劃中。1996 年 12 月，匡老驟然病逝，筆者悲痛不已，孤身隻影，砥礪前行，本書再度確定爲國家"十五"重點出版規劃項目，并將初名更爲今名。那時，作者們盡皆恪守傳統著述方式，憑藏書以考釋，藉筆墨以達志。盛暑寒冬，孜孜矻矻，無敢逸豫。爲尋一詞，急切切，一目十行，翻盡千頁而難得；爲求善本，又常千里奔波，因限定手抄，不得複印，纍日難歸！諸君任勞任怨，潛心典籍，閱書，運筆，晝夜伏案，恂恂然若千年古儒。至上世紀末，一些年輕作者已擁有個人電腦，各種信息，數以億計，中文要籍，一覽無餘，天下藏書，“千頃齋”“萬卷樓”之屬，皆可盡納其中，無須跋涉遠求。搜集檢索，祇需“指點”，瞬息可得；形成文章，亦祇需“指點”，頃刻可就。在這世紀之交，面臨書寫載體的轉換，老一輩學人步入了一個陌生的電腦世界，遭遇了空前的挑戰。當代作家余秋雨在其名篇《筆墨祭》中有如下陳述：“五四新文化運動就遇到過一場載體的轉換，即以白話文代替文言文；這場轉換還有一種更本源性的物質基礎，即以‘鋼筆文化’代替‘毛筆文化’。”由“毛筆文化”向“鋼筆文化”的轉換，經歷了漫長的數千載，而今日再由“鋼筆文化”向“電腦文化”轉換，却僅僅是二十年左右，其所彰顯的是科學技術的力量、“奇技奇器”的力量。作家所謂的“筆墨”，係指毛筆與烟膠之墨，《筆墨祭》祇在祭五四運動之前的“毛筆文化”。今日當將毛筆文化與鋼筆文化并祭，乃最徹底的“筆墨祭”。面對這世紀性的“筆耕文化”向“電腦文化”的轉換，面對這徹底的“筆墨祭”，老一輩學人沒有觀望，没有退縮，同青年作者一道，毅然決然，全力以赴，終於跟上了時代的步伐！筆者爲我老一輩學人驕傲！回眸曩日，步履維艱，隨同筆墨轉型，書稿也隨之經歷了大修改、大增補，其繁雜艱辛，實難言喻。天地逆旅，百代過客，如夢如幻，三十餘年來，那些老一輩學人全部白了頭，却無暇“含飴弄孫”，又在指導後代參與其事。那些“知天命”之年的碩博生導師們皆已年過花甲，却偏喜“舞文弄墨”，又在尋覓指導下一代弟子同步前進。如此前啓後追，無怨無悔，這是何樣的襟懷？憶昔乾嘉學派，人才輩出，時有“高郵王父子，棲霞郝夫婦”投入之佳話，今《通考》團隊，於父子合作、夫婦合作之外，更有舉家投入者，四方學人，全力以赴。但蒼天無情，繼匡老之後，另有幾位同仁亦撒手人寰。上海那位《天宇卷》主編年富力强，却在貧病交加、孩子的驚呼聲中，英年早逝。筆者的另一位老友爲追求舊稿的完美，於深夜手握鼠標闃然永訣，此前他的夫人曾勸其好好休息，答説“我没有那麽多時間”！可謂鞠躬盡瘁，死而後已，這又是何樣的壯志，思之怎能不令人心酸！這就是我的同仁，令我驕傲的同仁！

　　自 2012 年之後，因面臨多種意外的形勢變化，筆者連同本書回歸原所在單位山東師範大學，于是增加了第一位副總主編——文學院副院長、古籍整理研究所所長韓品玉，解決了編務與財力方面的諸多困難，改變了多年來的孤苦狀況。時至 2017 年春，爲盡快出版、選定新的出版社，又增加了天津人民出版社總編輯、南開大學客座教授陳益民，中國職工教育研究院常務副院長、全國職工教育首席專家俞陽，臺北大學人文學院東西哲學與詮釋學研究中心主任賴賢宗教授三位爲副總主編，於是形成了現今的編纂委員會。

在全書編纂過程中，編纂委員會和學術顧問，以及分卷正副主編、主要作者所在單位計有：中國國家博物館、中國國家圖書館、中央文史研究館、中國佛教圖書文物館、全國總工會、中聯口述歷史研究中心、河北省文物與古建築保護研究院、河北省文物考古研究院、河北閱讀傳媒有限責任公司、北京大學、浙江大學、南京大學、南京師範大學、東北師範大學、鄭州大學、河北大學、河北師範大學、河北醫科大學、廈門大學、佛山大學、山東大學、中國海洋大學、山東師範大學、曲阜師範大學、山東中醫藥大學、濟南大學、山東財經大學、山東體育學院、山東藝術學院、山東工藝美術學院、山東省社會科學院、山東博物館、山東省圖書館、山東省自然資源廳、山東省林業保護和發展服務中心、濟南市園林和林業綠化局、濟南市神通寺、聊城市護國隆興寺、臺北大學、臺灣成功大學、臺灣大同大學、臺北中國文化大學、臺灣中華倫理教育學會，以及澳大利亞國立伊迪斯科文大學等，在此表示由衷的謝忱！

本書出版方——上海交通大學領導以及上海交通大學出版社領導，高瞻遠矚，認定《通考》的編纂出版，不祇是可推動古籍整理、考古研究的成果轉化，在傳承歷史智慧，弘揚中華文明，增强民族凝聚力和認同感，彰顯民族文化自信等各個方面具有重要意義。出版方在組織京滬兩地專家學者審校文字的同時，又付出時間精力，投入了相當的資金，增補了不少插圖，這些插圖多來自古籍，如《考工記解》《考工記圖解》《考工記圖說》《考古圖》《續考古圖》《西清古鑑》《西清續鑑》《毛詩名物圖說》《河工器具圖說》等等，藉此亦可見出版方打造《通考》這一精品工程的決心。而山東師範大學各級領導同樣十分重視，社科處高景海處長一再告知筆者：“需要辦什麽事情，儘管吩咐。”諸多問題常迎刃而解，可謂足智善斷。筆者所屬文學院孫書文院長更親行親爲，給予了全面支持，多方關懷，令筆者備感親切，深受鼓舞，壯心未老，必酬千里之志。此前，著名出版家和龔先生早已對本書作出權威鑑定，并建議由三十二卷改爲三十六卷。本書在學術界漂游了三十餘載終得面世，并引起學界的關注。今有國人贊之曰：《通考》是中華優秀傳統文化創造性轉化、創新性發展的優异成果，是一部具有極高人文價值的通代史論性的華夏物態文化專著，凝聚了中華民族的深層記憶，積澱了民族精神和傳統文化的精髓。又有國際友人贊之曰：《通考》如同古老中國一樣，是世界唯一一部記述連續數千載生機盎然的人類生活史。國内外的評論衹是就本書的總體面貌而言，但細予探究，缺憾甚爲明顯，因本書起步於三十餘年前，三十餘年以來，學術界有諸多新的研究成果未得汲取，田野考古又多有新的發現，國内外的各類典藏空前豐富，且檢索方式空前便捷，而本書作者年齡與身體狀況又各自不同，多已是古稀之年，或已作古，或已難執筆，交稿又有先後之别，故而三十六卷未能統一步伐與時俱進，所涉名物，其語源、釋文難能確切，一些舊有地名或相關數據，亦未及修改，而有些同物异名又未及增補。這就不能不有所抱憾，實難稱完美！以上，就是本書編纂團隊的基本面貌，也是本書學術成就的得失狀况。

　　筆者無盡感慨，卅載一瞬渾似夢，襟懷未展，鬢髮盡斑，萬端心緒何曾了？長卷浩浩，古奥繁難，有幾多知音翻閲？何處求慰藉？人道是紅袖衹揾英雄泪！歲月無情，韶光易逝，幾位分卷主編未見班師，已倏而永别，何人知曉老夫悲苦心情？今藉本書的面世，聊以告慰匡老前輩暨謝世的同仁在天之靈！

張述錚

丙子中呂初稿於山東師範大學映月亭
甲辰南吕增補於歷下龍泉山莊東籬齋

# 凡　例

一、本書係通代史性的中華物態文化學術專著，旨在對構成中華博物的名物進行考釋。全書三十六卷，另有附錄一卷。各卷之基本體例：第一章爲概論，其後據內容設章，章下分節，爲研究考釋文字，其下分列考釋詞目。

二、本書所涉博物，分兩種類型：一曰“同物異名”，二曰“同名異物”。前者如“女墻”，隨從而來者有“女垣”“女堞”“女陴”“城堞”“城雉”“陴堞”等，盡皆爲“女墻”的同物異名；後者如“衽”，其右上分別角標有阿拉伯數字，分別作“衽¹”（指衣襟）、“衽²”（指衣服胸前交領部分）、“衽³”（指衣服兩旁掩裳際處）、“衽⁴”（指衣袖）、“衽⁵”（指下裳）等，皆爲“衽”的同名異物。

三、各卷詞目分主條、次條、附條三種。次條、附條的詞頭字型較主條小，并用【　】括起。主條對其得名由來、產生年代、形制體貌、歷史演進做全面考釋，然後列舉古代文獻或實物爲證，并對疑難加以考辨，或列舉諸家之説；次條往往僅用作簡要交代，補主條不足，申説相佐；附條一般祇用作説明，格式如即“××”、同“××”、通“××”、“××”之單稱、“××”之省稱，等等。

四、各卷名物，或見諸文獻記載，或見諸傳世實物，循名責實，依物稽名，於其本稱、別稱、單稱、省稱，務求詳備，代稱、雅稱、謔稱、俗稱、譯稱，旁搜博采。因中華博物的形成、演化有自身規律，實難做人爲的斷代分割。如“朝制”之類名物，隨同帝王的興起而興起，隨同帝王的消亡而消亡，因而其下限達於辛亥革命；"禮俗"之類名物起源於上古，其流緒直達今世；而"冠服"之類名物，有的則起源甚晚，如"中山裝"之類。故各卷收詞時限一般上起史前，下迄清末民初，有的則可達現當代。

五、各卷考釋條目中的文獻書證一般以時代先後爲序；關乎名物之最早的書證，或揭示其淵源成因之書證，尤爲本書所重，必多方鈎索羅致；二十五史除却《史記》《漢書》外，其他諸史皆非同朝人編纂，其書證行用時間則以書名所標時代爲準；引書以古籍爲主，探其語源，逐其流變，間或有近現代書證爲後起之語源者，亦予扼要采用。所引典籍文獻名按學術界的傳統標法。如《詩》不作《詩經》，《書》不作《尚書》，《説文》不作《説文解字》等；若作者自家行文爲了强調或區別於他書，亦可稱《詩經》《尚書》《説文解字》等。文獻卷次用中文小寫數字：不用"千""百""十"，如卷三三一，不作卷三百三十一；"十"作〇，如卷四〇，不作卷四十。

六、本書使用繁體字。根據 1992 年 7 月 7 日新聞出版署、國家語言文字工作委員會發布的《出版物漢字使用規定》第七條第三款、2001 年 1 月 1 日施行的《中華人民共和國通用語言文字法》第二章第十七條第五款之規定，本書作爲大量引徵古籍文獻的考釋性學術專著，既重視博物的源流演變，又重視對同物異名、同名異物的考辨，故所有考釋條目之詞頭及文獻引文，保留典籍原有用字，包括異體字，除明顯錯別字（必要時括注正字訂誤）之外，一仍其舊。其中作者自家釋文，則用正體，不用異體，但關涉次條、附條等異體字詞頭等，仍予保留。繁體字、異體字的確定，以《規範字與繁體字、異體字對照表》（國發〔2013〕23 號附件一）及《通用規範漢字字典》爲依據。

七、行文叙述中的數字一律采用漢字小寫，但標示公元紀年及現代度量衡單位時，用阿拉伯數字。如"三十六計"，不作"36 計"；"36 米"，不作"三十六米"。

八、各卷對所收考釋詞條設音序索引，附於卷末，以便檢索。

# 目　録

# 序　言

　　《中華博物通考》(下稱《通考》)是一部通代史論性的華夏物態文化專著，係"十四五"國家重點出版物出版專項規劃項目，并得到 2020 年度國家出版基金資助。全書共三十六卷，另有附錄一卷，達三千萬字，《氣象卷》即其中的一卷。

　　何謂"氣象"？ "氣象"指大氣的變化狀態及所呈現的一切現象。人類自誕生之日始，爲了適應環境，觀察氣象就成爲生活之必需。大約七千年前，中華先祖已能通過物候觀察確定氣候的周期性。據後世記載，黃帝時代曾以鳥爲圖騰，以候鳥的遷徙測驗推斷季節變化，到了顓頊時代，就能通過觀星辰、測日月，制定與年紀、四季更迭相關的曆法。先秦時相傳有所謂"古六曆"，即黃帝曆、顓頊曆、夏曆、殷曆、周曆、魯曆。漢太史令司馬遷曾發起并參與制定"太初曆"，該曆法修正了漢初所用顓頊曆，是中國第一部有完整文字記載的曆法，因其將一日劃爲八十一分，故又稱"八十一分律曆志"。該曆第一次將二十四節氣定入曆法，以没有"中氣"的月份爲閏月，推算出一百三十五月有二十三交食的周期。雖然該曆從漢武帝太初元年（公元前 104）行至東漢章帝元和二年（85），僅一百八十八年，但其影響却達兩千餘載，與今天的陰曆關係至爲密切。

　　成書於上古的《易》，就是一部與天文氣象密切相關的哲學典籍，其中構成八卦的基本要素即"氣象"。八卦指乾、坤、震、巽、坎、離、艮、兑。乾，表天、表陽，亦表晴天；坤，表地、表陰，亦表陰天；震，表雷；巽，表風；坎，表水；離，表火，亦表乾旱；艮，表山；兑，表澤。八卦又代表八個不同方位，從而確定了四時八節；各季節風響不同，由四方風推爲八方風，四季、二十四節氣皆與八卦配位，存在對應關係。

在中國有關"氣象"的史實，早在殷商時代就有多次文字記載。從甲骨文的"驗辭"中可知，其時不止記錄了天氣變化，而且已能進行天氣預報，但并未見"氣象"一詞。"氣象"一詞何時出現？《墨子·號令》中有以下記述："巫祝史與望氣者，必以善言告民，以請上報守。"文中之"望氣"，即觀氣象（包括方士測吉凶的所謂"氣象"）。此"氣"字，就是"氣象"的單稱，或曰初稱。在古漢語中，單稱爲常態，居統治地位，合稱、連稱則爲變式。作爲後起之本詞，南北朝時始見行用。如《梁書·徐勉傳》："古往今來，理運之常數；春榮秋落，氣象之定期。人居其間，譬諸逆旅，生寄死歸，著於通論。"當代權威辭書多以宋蘇軾《與章子厚書》爲語源，甚誤！

通常認爲，中國古代的氣象與今世無多大差异，實則不然。本卷收有"天山雪""陰山雪""燕山雪""嵩山雪""塞北雪""南秦雪""秦淮雪""廬山雪""嶺南雪"，這些雪域不祇在長城內外，且達於大江南北，可謂遍及全國，令今人眼界大開。這些雪域的出現，又并非上古間事，所有文字記載盡在南北朝之後，而"嶺南雪"竟見於明清人的筆下。此外，又有多形奇雹，各色彩雹，又怎不令人驚异！祇嘆中國古代的氣象通論，并沒有引起足够重視，多將此現象單列於"灾害錄"中！

不過，在中國古代祇是將"氣象"視爲"天文"的一部分，歷代正史中所設"天文志"，即爲"氣象"之淵藪。"氣象"作爲相對獨立的學科，起於近現代，其標志即1924年10月10日成立的中國氣象學會。因此，本書遂將氣象獨立爲一卷，列於《天宇卷》之後，并汲取新的科研成果。

本卷共九章，於《概論》之外，自天雲、雨雪、冰雹、霰露、霜霧直至光暈虹霓、四季變換中的諸種名物，可謂應有盡有。其中的《概論》在綜述了"中國古代氣象學之發展與成就"之後，全面闡釋了中國古代氣象學概念的建構、氣象因果聯繫的認知、態勢語義表達、氣象術語中的擬人和擬物、氣象術語中的時間特性、氣象術語中的空間特性、氣象術語中的色彩描述、氣象術語中的鬼神觀念，生動地體現了中華古老國度獨有的國體特點與民族觀念。

本卷之考釋，以古代氣象爲主體，遍求群書，參以西學，所涉之廣博，探索之細密，堪稱空前。如"風"有"時令風""八方風""大風""旋風""好風""惡風""雜風"。"雨"

有“時令雨”“小雨”“大雨”“久雨”“多雨”“好雨”“惡雨”“雜雨”。“霜”則有“早霜”“晚霜”“春霜”“夏霜”“秋霜”“冬霜”。以上是就“霜”的季節先後而言，若就農事而言，則有“時霜”“非時霜”之別。“時霜”指秋末冬初、春末穀雨之前所降之霜，“非時霜”則與之相反，皆以是否合於時宜而言，可謂精到細密。而後，列出“三月霜”直至“九月霜”，逐一指出其對人民生活的不同影響。“雪”則有“瑞雪”“喜雪”“灾雪”“惡雪”“乾雪”“濕雪”“霧雪”“雷雪”“朔雪”（偏遠的北方之雪）、“犬吠雪”（偏遠的南方之雪）。同“三月霜”一樣，先後列出“三月雪”直至“九月雪”，又增“十月雪”，達於落雪的正常月份，其後則有“連旬雪”“連二旬雪”“連三旬雪”“連四旬雪”“致人凍死雪”“致人相食雪”，不一而足。下文另有專論，此不贅述。如前所述，其中“雹”的考釋、論述尤爲精彩。“雹”體依形狀有“杵狀雹”“馬頭狀雹”“車輪狀雹”“有柄多角雹”；依顏色有“白色雹”“赤色雹”“黑色雹”“赤黑色雹”（可參見下文“彩雪”之論述）；依長度有“長徑尺雹”“長尺八雹”；依重量有“重四五斤雹”“重十餘斤雹”；依危害則有“傷禾折木雹”“擊殺鳥雀雹”“擊殺獐鹿雹”“擊死牛馬雹”“壞屋殺人雹”；等等。這些記載并非出自戲曲小説，全部源自史書或方志，時間、地點十分明確，毋庸置疑。

本卷收詞立目，廣博細密；在名物研究、名物考證方面，亦頗見功力。如上述之“雪”，除却形態、屬性之外，尚有色彩之別，本卷更設有“紅雪”“黃雪”“綠雪”“褐雪”“黑雪”諸條。對於异色之雪，古人常以爲灾异之象。本卷作者没有在每條之下逐一做出解釋，而是在雪的起始考釋文中，統一做出論斷：紅、黃、綠、褐、黑等顏色，原是大地上耐寒的藻類植物被捲入高空，與雪片相遇，從而形成各種色彩。1892 年冬，意大利曾有漫天黑雪飄落，經研究，乃是高空中億萬針尖狀小蟲，在飛翔時與雪片粘連所致，與藻類植物被捲入高空同理。

雹的顏色形成，可據雪類推，爲避重複，本卷未另做解釋。或問，今世何以不見彩色之雪雹？因往昔大地之藻類及高空小蟲由於生態環境的破壞而消失殆盡，隨之而來的則是如今的一片純白！就氣象而言，古代出現彩雪彩雹，乃正常中的不正常；現代衹有白雪、白雹，則是不正常中的正常。

又，中國古代衹有小雪、大雪、暴雪之稱，無“中雪”一詞。今人多不知其何以區分，當代辭書與相關著述也多失於關注，本卷則獨有考釋。兹録於下：

　　大雪　古指平地深一尺餘之雪爲大雪。《春秋左傳·僖公十年》：“冬，大雨雪。”

杜預注："平地尺爲大雪。"《晋書·孝愍帝紀》："〔建興元年冬十月〕己巳大雨雹，庚午大雪。"《舊唐書·高宗紀下》："〔咸亨元年〕冬十月癸酉大雪，平地三尺餘，行人凍死者贈帛，給棺木。"《元史·太宗紀》："〔四年壬辰春〕丙辰大雪，丁酉又雪。"《明史·莊烈帝紀之一》："〔崇禎四年〕是冬，延安、慶陽大雪，民饑，盜賊益熾。"《安溪縣志》卷一二："皇清順治十二年春，雨赤水，十三年正月大雪。"清楊思聖《山信》詩："邊風吹碣石，大雪滿燕關。"

古代以"平地尺"爲"大雪"的定量，小雪、特大雪可據此推知。爲給讀者以清晰概念，本卷又補以今時科學定量："地面積雪深度等於或大於 5 厘米。"作者在"大雪"的釋文中隨筆提及今世尚有"中雪"的定量。在"大雪"的釋文之後，又列有"暴雪"條，同樣給予古今對應的闡釋，全面而周嚴。

本卷糾正當代辭書的諸多失誤。如"秦雪"，《漢語大詞典·禾部》："秦地之雪。亦泛指白雪。明徐渭《丁卯六月十六日五鼓夢一憲公更訊予獄》詩：'太白高秦雪，材官選漢都。'按，太白山位於秦地，山上積雪終年不化，故稱。"本卷釋文如下：

南秦雪　省稱"秦雪"，亦稱"秦嶺雪"。南秦太白山一帶四季可見大雪。泛指終年不化之雪。太白山位於秦地，山上積雪終年不化，故稱。唐元稹《南秦雪》詩："纔見嶺頭雲似蓋，已驚嚴下雪如塵。"唐尚顏《冬暮送人》詩："射衣秦嶺雪，搖月漢江船。"金王渥《餐秀軒》詩："野人窗戶終日開，要看千秋秦嶺雪。"明徐渭《丁卯六月十六日五鼓夢一憲公更訊予獄》詩："太白高秦雪，材官選漢都。"明何喬新《東河驛寄京師諸友》詩："使節畫衝秦嶺雪，征驂曉踏渭橋霜。"

秦嶺雪　即南秦雪。此稱唐代已行用。見該文。

秦雪　"南秦雪"之省稱。此稱明代已行用。見該文。

又如"鯉魚風"，《漢語大詞典·魚部》釋爲："九月風；秋風。南朝梁簡文帝《艷歌篇》：'燈生陽燧火，塵散鯉魚風。'唐李商隱《河內詩》之二：'後溪暗起鯉魚風，船旗閃斷芙蓉幹。'馮浩箋注引《提要錄》：'鯉魚風，乃九月風也。'（下略）"新版《辭源·魚部》略同。本卷之釋文較前二書尤爲詳備，作爲"秋風"義項之一，標注爲"鯉魚風[2]"。因與現有辭書并無本質差異，故不複舉證。但本卷却另有發現，別舉新說，試看：

鯉魚風[2]　省稱"鯉風"。指秋末的風，九月的風。據說其時鯉魚最爲肥美，故稱。南朝梁簡文帝《艷歌篇》："燈生陽燧火，塵散鯉魚風。"吳兆宜注引《提要錄》

曰：“鯉魚風，九月風也。”唐冀駕《九秋》詩：“鯉魚風緊蘆花起，漁笛閑吹聲不止。”唐李商隱《河內詩》之二：“後溪暗起鯉魚風，船旗閃斷芙蓉幹。”宋張九成《次施彦執韵》詩：“幾歲不堪青草瘴，今朝還喜鯉魚風。”元吕誠《秋江晚霽圖》詩：“一帶寒沙秋水白，荻花吹老鯉魚風。”明謝應芳《和許君善郊居》詩：“秋色蒼茫日落斜，鯉魚風起荻飛花。”清陳錫金《庚子秋懷》詩：“鯉風雁雨四山秋，蜃霧蛟煙萬古愁。”

本卷除却對氣象專用術語的考釋糾謬之外，尚就一些冷僻氣象用語及罕見氣象進行辨析。如“析翳”，《漢語大詞典·木部》釋爲：“指虹霓。《尸子》卷下：‘虹霓爲析翳。’”本卷重釋如次：

> 析翳　指虹霓。《尸子》卷下：“虹霓爲析翳。”清陳元龍《格致鏡原》卷四：“《尸子》：虹霓爲析翳。《文子》：天二氣即成虹。《漢天文志》：虹蜺者陰陽之精也。《史記》：虹者陽氣之動。”

本卷的另一顯著特點，則是對同物異名的辨析與考證。如“雪”，其異名有“飛白”“玉蛾”“玉妃”“玉戲”“雨花”“六出”“六花”“仙藻”“凝瑛”“瓊瑶”“鷺鶴”“散天花”“細玉羅紋”“輕瓊冷絮”等，二百餘種。“風”之異名則有“噫氣”“蘋末”“虚籟”“孟婆”“風禽”“風馬”等，五百七十餘種。如此細密周全，堪稱空前。

《通考》三十六卷中，《天宇》《氣象》兩卷的編纂可謂與衆不同，頗多意外，驚喜交集。《通考》全書初創之際，并未設《天宇卷》，以“天宇”非我中華所專屬，因之也未設《氣象卷》。2017 年 6 月初，本書的鑒定者、序者的知音和龔理事長派員與序者相商，可否予以增補？序者作爲本書總主編曾頗爲猶豫、作難，而在座的山東大學徐傳武教授却欣然接受了此一重任，且信心百倍。因二十餘年前，序者主編《中國古代名物大典》時，徐教授曾率其在校弟子胡真編撰了其中的《天象卷》，而《天象卷》就包括了一些氣象方面的内容，對徐君而言，應是駕輕就熟。於是，徐君邀請了遠在上海的當年高足胡真，千里聯手，再度合作。可嘆徐君已年逾古稀，且體弱多病，中途又因雙目患疾，先後經歷兩次手術，而其高足胡君又遽然謝世，終於輟筆，實出所料。其時，《氣象卷》尚未及回審研磨，致使源流考辨有失深切探索，缺乏理論性、系統性、豐富性，條目的排列也有些雜蕪，且缺失古圖説明。時至 2020 年 6 月，序者又邀請本校地理環境學院專家焦秋生出任古籍研究所特聘研究員，由本所碩士研究生李明陽予以協助，決定重新編纂。焦君一諾千金，以帶病之身，廢寢忘食，日夜兼程，傾力於氣象名物的羅致，巨細無遺，可謂窮盡古今文獻；在十餘萬字的基礎上，重整全書結構，交付了本卷《概論》、各章節前分論、百餘萬字的古詞語考證以及配置三百餘幅古圖的全稿。釋文古今一脈之傳承、考證詞語洋洋之豐富，又出所料。焦君這種學術功力，這種拼搏精神，令序者欽佩不已。學生李明陽在最繁忙的讀博期間，慎終如始，任勞任怨，作爲《氣象卷》撰稿人，一直協助焦君，如是之學子，亦當贊揚。

　　本書幸得知音，復得專家學子相助，却又痛失英才，萬千感慨，權此一序！

張述錚

太歲上章困敦應鍾下浣初稿於歷下龍泉山莊東籬齋
太歲玄黓攝格桐月中浣定稿於歷下龍泉山莊東籬齋

# 第一章　概　論

## 第一節　中國古代氣象學之發展與成就

　　遠古人類就已開始進行采集、狩獵等活動，以滿足生活與繁衍的需求。除此之外，還要進行政治、軍事、貿易、文化等各項社會活動，以促進人類文明的發展。而這一切都離不開古人對氣象問題的關注與研究。早在夏代，已有觀象授時之説，設有"天地四時之官"。《夏小正》以夏代十二月爲綱，記述了每月星象、氣象、物象及所應從事的農事和政事。《墨子·號令》："巫祝史與望氣者，必以善言告民，以請上報守。""望氣"就是觀氣象；"善言告民"是讓民衆獲知可能的氣象變化，做好生活和生産等人類活動的準備。《論語·陽貨》："天何言哉，四時行焉，百物生焉。"《尸子》："正四時之制，萬物咸利。"古之賢人看重氣象，强調四季氣候變化給人們生産和生活

古人觀天
（宋馬遠《松濤圖》局部）

古人常指天、望天、談天
（明文徵明《仿趙伯驌後赤壁圖》局部）

所帶來的影響。中國乃世界四大文明古國之一，自上古開始，就發展出一套具有中國特色的氣象學知識體系，儘管這一體系不完備，但對於幾千年農耕社會文明的延續具有重要意義。

《書·洪範》："庶民唯星，星有好風，星有好雨。日月之行則有冬夏，月之從星則以風雨。"由於日、月、星辰等天象變化的周期性，古人觀察到它們與氣象周期性變化的關係，形成季節的觀念，從而發展出曆法，來指導農事等人類活動。世界各民族氣象科學的發展大都經歷了這一相似的過程。大約在七千年前，中華先民先是通過觀察物候確定氣候的周期性。如少昊時代以鳥爲圖騰，利用候鳥季節性遷徙來確定季節。到了顓頊時代，就多以觀測天象爲重點，通過觀星辰、測日月，制定了與年紀輪迴、四季更迭有關聯的曆法。先秦有所謂"古六曆"，即黃帝曆、顓頊曆、夏曆、殷曆、周曆、魯曆。漢司馬遷做太史令時，曾發起并參與制定太初曆，該曆法修正了漢初所用的顓頊曆，是中國第一部有完整文字記載的曆法，其最重要的進展是使月份與實際氣候配合得更好。這一方法兩千年來一直沿用，與今天仍在使用的陰曆頗有關聯。

殷代，已用月份區分四季，甲骨文中已有"春""秋"字樣。春秋時代，開始用土圭測日影的辦法定季節，有了春分、秋分、夏至、冬至四個節氣。《呂氏春秋·十二月紀》中記載了立春、春分、立夏、夏至、立秋、秋分、立冬、冬至等八個節氣名稱。姜尚（約公元前1139—前1010），爲周代開國功臣，是傳說史之後有文獻可考的第一位軍事氣象大家。他主張在指揮作戰時要充分利用氣象環境，創造了三十節氣系統，即太公古法，對後來二十四節氣的形成起到先導作用。《淮南子·天文訓》中已有二十四節氣的全部名稱。《逸周書·時訓解》中將一年分爲七十二候，每個節氣爲三候，每候五天，各有一相應的物候現象；這是中國最早形成的結合天文、氣象、物候知識指導農事活動的曆法。

先秦時代的《南風歌》中有"南風之時"，期待溫暖濕潤的夏季風到來；《詩·豳風·七月》"四月秀葽，五月鳴蜩"，又云"八月剝棗，十月穫稻"，涉及物候；《秦風·蒹葭》"蒹葭蒼蒼，白露爲霜"，涉及露、霜；《鄘風·蝃蝀》"蝃蝀在東……崇朝其雨"，涉及虹、雨；《邶風·北風》"北風其喈，雨雪其霏"，涉及風、雨、雪、霏；《小雅·正月》

"正月繁霜，我心憂傷"，涉及霜、季節。《楚辭·天問》中亦追問："何所冬暖？何所夏寒？"因農事活動而被古人極爲關注的季節、天氣、物候，在古代詩歌等藝術領域大量體現出來。

在軍事氣象領域，除了上面提到的姜尚之外，著名的軍事家還有先秦孫武、三國蜀漢諸葛亮等人，他們都注重利用氣象條件進行戰爭。姜尚在《司馬法》中云："凡戰，背風背高。"《孫子·火攻》："火發上風，無攻下風。晝風久，夜風止。"又《孫子·攻謀》："知天知地，勝乃不窮。"是說要想勝利，必須瞭解環境，包括地形、氣象、植被、水文等。這些先秦時的軍事理論，成就了後來諸葛亮"藉東風"火燒連營等著名戰例。

"八卦"是古人涉及地理系統的一種思維認知。《易》最早成書於漁獵向農耕過渡的時代，或成書於夏；亦有學者認爲成書於殷末至周初，是一部與天文氣象密切相關的古書。構成《易》卦的基本要素是氣象。八卦，即乾、震、坎、艮、坤、巽、離、兑。其中"巽"表風；"震"表雷；"乾"表天亦表陽，抑或晴天；"坤"表地亦表陰，抑或陰天；"離"表火，亦表乾旱；其他"艮""兑""坎"則表自然環境中的山山水水。八卦又代表八個方位，從而確定了四時八節。各季節風嚮不同，由四方風推爲八方風。又，四季、二十四節氣亦與八卦相配存在對應關係。唐代學者孔穎達在《周易正義》中這樣評價："聖人有以仰觀俯察，象天地而育羣品；雲行雨施，效四時以生萬物。若用之以順，則兩儀序而百物和；若行之逆，則六位傾而五行亂。故王者動必則天地之道，不使一物失其性；行必協陰陽之宜，不使一物受其害。"道出了人的行爲與氣象要素之間關係的要義。

"陰陽"學説是古人解釋一些氣候現象的依據。漢戴德《大戴禮記》以陰陽學説解釋氣象："陰陽之氣各從其所，則靜矣。……陽氣勝，則散爲雨露；陰氣勝，則凝爲霜雪。陽之專氣爲雹，陰之專氣爲霰。霰雹者，一氣之化也。"宋朱熹（《朱子語類》）以陰陽學説解釋雷電："陰氣凝聚，陽在內者不得出，則奮擊而爲雷霆，陽氣伏於陰氣之內不得出，故爆開而爲雷也。"又，我國位處世界最大洋與最大陸交匯處的東亞季風區。季風氣候是包括我國在內的東亞地區的一個顯著的氣候，夏季風來臨時濕熱多雨，冬季風來臨時寒冷乾燥。古人亦早已注意到這一氣候現象。先秦《管子》認爲："春夏秋冬，陰陽之推移也。"這一陰陽理論解釋了我國冬夏交替氣候特徵，頗與今日之季風氣候理論相仿。管子還將氣候知識應用於土地開發、農業抗灾，其制定的旱澇等級和根據天氣灾害執行的減稅比例是世界最早的。

探查雲氣的古人
（清《補繪蕭雲從離騷全圖》局部）

"氣"，作爲我國古代物質生成與演化之抽象概念，被古代諸多思想家、道教等宗教人士認可并研究。《列子·天瑞》："天，積氣耳，亡處亡氣。若屈伸呼吸，終日在天中行止。"又云："虹蜺也，雲霧也，風雨也，四時也，此積氣之成乎天者也。"又《呂氏春秋·明理》："其氣，……春則黃，夏則黑，秋則蒼，冬則赤。"又《黃帝内經·素問·陰陽應象大論》："故清陽爲天，濁陰爲地，地氣上爲雲，天氣下爲雨，雨出地氣，雲出天氣。"這一段論述證明，在兩千多年前，古代中國人就對天、地、雲、雨之間的因果與時空關係有了正確認知，與現代氣象理論相一致。又漢劉歆《西京雜記》："氣上薄爲雨，下薄爲霧，風其噫也，雲其氣也，雷其相擊之聲也，電其相擊之光也。"另外，漢王充在《論衡》一書中有不少篇章專門論述氣象和自然灾害的問題，對大氣層中出現的雷、電、風、雲等天氣現象之成因做了理論探討，認爲"氣"是自然界原始物質的基礎，自然風雨都因"氣"而生；對"天雨穀""龍登玄雲"（龍捲風）等奇异天氣現象做了實地調查和科學的解釋，批判了"天雨穀者凶"的灾异論，爲當時較具科學性的解釋。

"五行"是中國古代道教哲學的一種物質觀、系統觀，廣泛用於中醫、堪輿、命理、相術和占卜等方面。"五行"的意義包含陰陽演變過程的五種基本動態：水（代表潤下）、火（代表炎上）、金（代表收斂）、木（代表伸展）、土（代表中和）。就季節（節令）而言，又分別代表春木、夏火、秋金、冬水，以及每季末月土。除了五行，還有"五卜""五徵""五事"。相對五行而言，"五卜"謂驛、蒙、雨、霽、克；"五徵"謂寒、燠、雨、暘（陽）、風；"五事"謂聽、視、貌、言、思。五行爲本，統攝天象、氣象之五卜、五徵，而五事則爲實踐和思考的方式。在漢代鄭玄所注《洪範篇》中以五行解釋氣象之五徵："雨，木氣也，春始施生，故木氣爲雨。暘，金氣也，秋物成而堅，故金氣爲暘。燠，火氣也。寒，水氣也。風，土氣也。凡氣非風不行，猶金木水火非土不處，故土氣爲風。"

在古氣候學以及大氣物理現象的研究方面，宋代沈括獨樹一幟。他精通天文、氣象，著《夢溪筆談》二十八卷，在任司天監時曾改造渾儀、浮漏、景表等一些觀象設備，并改進曆法。他善於觀察天氣現象，預測天氣演變，對虹霓、蜃氣等大氣光象做了科學解釋。值得稱道的是，他在古氣候學、古生物學、古地理學等方面也做出了貢獻。他用南北各地古生動植物化石説明滄海桑田的地理變化，推斷古氣候之變遷，在古氣候學研究領域，領先世界多年。

在進行氣象預報方面，中國古人亦早有作爲。甲骨文中有預測風、雲、雨、雪、雹、霧、霰、霜、雷、電、虹等氣候現象的卜辭，是世界最早的氣象記録之一。

短期天氣預報，最早行於殷代。董作賓在 1936 年對一片出土於殷墟甲骨文卜辭進行了研究，結果證明其爲殷王文丁六年三月二十日癸亥（公元前 1217 年 3 月 20 日）的一次"貞旬"的"驗辭"，表明那時不僅預報了連續十天的氣象，而且事後還逐日驗證，形成十天的氣象記録。《周禮》："前期十日，帥執事而卜日。"周代繼承了殷代禮法，設"天官冢宰"，就是進行十天之天氣預報的職官。而職官"地官司徒"的一項重要任務是"以土圭之法測土深，正日景以求地中。日南則景短，多暑；日北則景長，多寒；日東則景夕，多風；日西則景朝，多風。日至之景尺有五寸，謂之地中。天地之所合也，四時之所交也，陰陽之所合也"。另，"春官宗伯"雖是處理人與人、人與天關係的禮官，但常與風師、雨師一起"帥執事而卜日"，預測天氣。其他如管理原野、森林之火的職官"夏官司馬"，管理手工業的職官"冬官司空"及其手下造玉璞的玉人，建造房屋、宮殿、街道的匠人，製作弓的弓人等，他們從采集原料到進行製作都與氣象條件有關。先秦《詩》中亦有預報短期雨雪天氣的詩句："如彼雨雪，先集維霰。"又云："零雨其濛，鸛鳴于垤。"漢劉安等人在《淮南子》中云："風雨之變，可以音律知之。"漢代王充在所著《論衡》中亦認同："天且雨，琴弦緩。"北魏賈思勰《齊民要術》載："天氣新晴，是夜必霜。"這些文獻記述了氣象諺語，并提及熏煙防霜、積雪殺蟲等方法。宋蘇洵《辨奸論》預報風雨："月暈而風，礎潤而雨。"

在長期天氣預報方面，古籍中亦多有記載。例如，漢代就提出了"梅雨""信風"等氣象名稱，并科學解釋了雷電、降水等季節性氣候現象，闡明了二十四節氣及七十二物候。漢應劭《風俗通》曰："五月有落梅風，江淮以爲信風。又其霖霪，號爲梅雨，沾衣服皆敗黦。"關於預報之方法，先秦計然在《計倪子》中云："太陰，三歲（即三年）處金則穰，三歲處水則毀，三歲處木則康，三歲處火則旱。故散有時積，糴有時領。則決萬物，不過三歲而發矣。以智論之，以決斷之，以道佐之。斷長續短，一歲再倍，其次一倍，其次而反。水則資車，旱則資舟，物之理也。天下六歲一穰，六歲一康，凡十二歲一饑，是以民相離也。故聖人早知天地之反，爲之預備。故湯之時，比七年旱而民不饑；禹之時，比九年水而民不流。"這裏提出了氣候規律分析與超長天氣預報之方法。現代科學所説的厄爾尼諾現象，其出現頻率并不規則，但平均每三至四年發生一次，且在每一周期輪迴中，强度、態勢有所不同，因而所造成的旱澇災害的程度亦有所不同。這一點與計然所預測的大致相同，然這已是越王勾踐時代的事了。

在製作氣象測量儀器方面，古人亦有建樹。甲骨文中有"俔"字，意爲測量風嚮的羽毛，後演化爲"綄"字。綄是古代一種測風儀，用鷄毛、布錦等繫於高竿頂上，并規定"五兩"爲比較風力的基本單位。漢代人最早發明了濕度計、風速器等氣象儀器。《淮南子》記載了測量大氣濕度的方法："懸羽與炭，而知燥濕之氣。"在對大氣降水測量與研究方面，宋秦九韶《數書九章》中所述天池測雨、圓罌測雨、峻積驗雪、竹器驗雪等降水量測量和計算問題，較爲嚴密。他用"平地得雨之數"量度雨水，是世界最早的雨量測定。又，在對大氣濕度的研究和測量方面，清代發明家黃履莊設計製造了"驗冷熱器"和"驗燥濕器"（即温度計和濕度計），是氣象科學中十分關鍵的儀器。他運用《論衡》中"琴弦

建於金正隆三年（1158）圓覺寺塔頂的候風鳥

緩"的測濕原理，將鹿腸綫製造成懸弦式濕度計。漢劉歆在《西京雜記》中記載了長安靈臺相風銅烏，具有"千里風則動"之性能。唐代李淳風在其所作《乙巳占·候風法》中，總結了對測風環境的要求和在不同情況下測風工具的選擇及具體應用方法，規定了需要注意的距地面高度和環境。他還劃分了零至十一級風力等級，比英國人弗朗西斯·蒲福於1805 年擬定的"蒲福風力等級"早1160 年。關於風，不得不説的是，古人雖然没有大氣圈層、大氣環流的概念，但早在兩千多年前，就已猜測到高空風的存在。《吕氏春秋·下賢》云："風乎，其高無極也。"

# 第二節　中國古代氣象學最基本抽象概念的建構

人類在建構自我語言體系過程中，會形成一個個學科抽象概念的認知結構體系，中國古代的氣象學也不例外。所謂"抽象概念"，是指人在認識自然與社會事物的過程中，將具體事物的特徵或屬性抽離出來，形成能表達諸多具體事物的基本概念，并用一些詞彙加以指代。由於中國地域遼闊，又經歷了多個朝代，民族之間的語言亦不斷交替融合，因而在表現同一個事物時就會有不同的詞語表達，或對同一個概念用不同詞語表達。例如"雨"這一概念，包括"大雨""中雨""小雨"，以及"鋒面雨""地形雨""氣旋雨"等不同種類降水概念詞語，"雨"就是這些詞語的最基本的抽象概念詞語。而"霝""雩""零""霅""霖""霡""靁""霢""霈""霤""豐澤"等古詞語，都與"雨"字爲同物異名之最基本的概念詞語，即它們的外延相同，内涵都具有水汽上升時，遇冷凝爲雲，然後生成細小水珠，積重下降等特徵。又如"大雨"亦有同物異名的古概念詞語。如"霅""霤""霈""霶""霪""霔""澤""霖霪""大潤""水潦"等，它們與"大雨"這一概念詞語的外延相同，均爲各地、各種具體之大雨的抽象概念詞語，内涵都具有在一定時間内降水量較大的特徵（現代氣象學規定：日降水量爲 25~49.9 毫米的降雨或者一小時降水量爲 8.1~16.0 毫米的雨爲大雨）。本卷中通過對古氣象文化的考證，整理出一些具有代表性的抽象氣象概念術語，以展示古人對天氣、氣候之認知，厘清歷代氣象學科傳承之脉絡。

## 雲之基本抽象名類

除"雲"之外，還包括"靉""靈爽""雲物""雲氣""霄""靆""靄"等古詞語。《説文·雨部》："雲，山川氣也。"《玉篇·雨部》："霏，雲也。"晋陸雲《谷風贈鄭曼季》詩："玄澤墜潤，靈爽煙熅。"《左傳·昭公二十年》：'梓慎望氛。"鄭玄注："時魯侯不行登臺之禮，使梓慎望氛。"清王夫之《九昭》："駭哀吟之宵顧兮，鬱薄霄乎夕靉。"儘管表雲之古詞語較多，但延續至今，爲現代氣象科學所用的抽象概念，祇有"雲"一字。

## 風之基本抽象名類

除"風"之外，還包括"飌""颮""颭""颮""飈""飀""飂""飍""飍""飀飍""虛籟""噫氣"等古詞語。氣流謂之風。《玉篇·風部》："飌，古文風。"又"颭，風也"。又"颭，風也"。又"飈，風也"。又"飀，風也"。《集韵·魂韵》："颭，風也。"又《幽韵》："飍，風也。"漢劉向《說苑·敬慎》："樹欲静乎風不定，子欲養乎親不待。"《六書故·動物四》："天地八方之氣吹嘘鼓動者命之曰風。"《集韵·曷韵》："飍，飀飍，風也。"《莊子·齊物論》："大塊噫氣，其名爲風。""風"字，在當今日常用語中，應用的頻率最高，其他皆已淘汰。在當今科學用語中，風常被"氣流""氣旋""大氣環流"等詞語指代，但亦與其他字詞構成單詞，用於科學與日常生活，例如"颶風""颱風"等。

觀察風嚮調整船帆的船夫
（宋張擇端《清明上河圖》局部）

## 雨之基本抽象名類

除"雨"之外，還包括"羸""雫""零""霅""霖""霂""霑""霟""霈""雹""雨水""豐澤"等古詞語。水汽上升，遇冷凝爲細小水珠，積重下降，則爲雨。《玉篇·雨部》："雫，雨也。"又"霅，雨也"。又"霖，雨"。又"霂，雨。霂，同霖"。又"霟，雨也"。又"霈，雨也"。又"雹，雨也"。《龍龕手鑑·雨部》"羸"，古文"雨"字。《周易·乾象》："雲行雨施，品物流形。"《詩·小雅·大田》："有渰萋萋，興雨祁祁。"求雨之祭稱爲"雩"，一説爲霓虹，異體字爲"雩""雩""雩"等，始於夏代。《說文·雨部》："夏祭樂於赤帝，以祈甘雨。"古代與"雨"字同物异名之抽象古詞語有十餘個，如今祇有"雨""雨水"較爲常用。

## 雪之基本抽象名類

"雪"之同物异名抽象詞語較少，或因古代降雪比降雨地域範圍小得多，故造詞甚少，僅包括"䨮""雪"兩個名詞。《禮記·月令第六》："行夏令則水潦敗國，時雪不降，冰凍消釋。"《詩·曹風·蜉蝣》："蜉蝣掘閲，麻衣如雪。"《説文·雨部》："䨮，凝雨。"今唯用"雪"字，"䨮"字雖然至清代仍見行用，但後亦被淘汰。

## 霜之基本抽象名類

除"霜"之外，還包括"䨪""霜華""清霜"等古詞語，表近地空氣中水汽溫度降至冰點下凝成的白色晶體。《詩·秦風·蒹葭》："蒹葭蒼蒼，白露爲霜。"毛傳："白露凝戾爲霜，然後歲事成。"《春秋·定公元年》："冬十月，隕霜殺菽。"《玉篇·雨部》："䨪，霜也。"在今天的日常及科學用語中，"霜"字是唯一抽象指代字詞，并與其他字詞拼寫成一些相關詞語，例如"早霜""夜來霜""瓦上霜""三月霜""五月飛霜"等。

## 露之基本抽象名類

除"露"之外，還包括"䨓""露水""露華""雲露""霄露""白露""清露"等古詞語。露是接近地面之水汽遇冷，在物體上凝結成的水珠。《玉篇·雨部》："䨓，露也。"《廣韵·暮韵》："露，《五經通義》曰：'和氣津凝爲露也。'蔡邕《月令》曰：'露者，陰之液也。'"南朝梁簡文帝《七勵》："洗以三危之露水，調以大夏之香鹽。""露水""露""白露"常用於今天的日常生活，其中"露"爲現代氣象科學的專用詞語。

## 霧之基本抽象名類

除"霧"之外，還包括"霿""雺""霿""䨴""霚""霂""霡""霃"等古詞語。接近地面之水氣遇冷凝結成微細水珠，如雲煙彌漫空中，即爲霧。古以爲地氣發而成霧。《爾雅·釋天》："天氣下，地不應曰雺。地氣發，天不應曰霧。霧謂之晦。"《廣韵·上有》："霂，霧霂。"《集韵·卦韵》："霃，霧也。"《龍龕手鑑·雨部》："霡，霧之俗字。"《莊子·大宗師》：“孰能登天游霧，撓挑無極。”《古文苑·周宣王石鼓文九》：“不輸霿。”《說文·雨部》：“霿，地氣發。”段玉裁注：“霿，今之霧字。”今衹用“霧”字，并組詞，例如“迷霧”“大霧”“霧霾”等。

## 雹之基本抽象名類

除“雹”之外，還包括“霜”“霓”“霓”“霰”“霾”“苞”“冰雹”“冰子”“雹霰”等古詞語。《左傳·昭公四年》：“大雨雹。季武子問于申豐曰：‘雹可禦乎？’”《史記·孝景本紀》：“秋，衡山雨雹，大者五寸，深者二尺。”《漢書·王莽傳》：“〔天鳳元年〕四月，隕霜，殺草木，海瀕尤甚。六月，黃霧四塞。七月，大風拔樹，飛北闕直城門屋瓦。雨雹，殺牛羊。”唐韓愈等《納涼聯句》：“仰懼失交泰，非時結冰雹。”前蜀貫休《義士行》詩：“黃昏雨雹空似鹽，別我不知何處去。”現在民間常說“下雹子”，科學術語用“冰雹”。

## 虹之基本抽象名類

除“虹”之外，還包括“蚳”“虹霓”“絳”“雩”“霖”等古詞語。《禮記·月令》：“〔季春之月〕虹始見，萍始生。”《爾雅·釋天》：“螮蝀謂之雩。螮蝀，虹也。”南朝宋劉敬叔《異苑》卷一：“古語有之曰：古者有夫妻二人荒年菜食而死，俱化成青絳，故俗呼美人虹。”明董斯張《廣博物志》卷三：“日傍氣，白者爲虹。”《集韻·東韻》：“虹，或書作蚳。”清蒲松齡《聊齋俚曲集·〈蓬萊宴〉第六回》：“這個時節纔上了八碗菜，忽然見半空中一條白霖直插到座。”“虹”作爲一個氣象學抽象概念，自先秦延續至今，成爲現代氣象學中的常用概念。

## 霞之基本抽象名類

除“霞”之外，還包括“瑕”“碬”“太霞”“霞文”等古詞語。《漢書·揚雄傳上》：“噏清雲之流瑕兮，飲若木之落英。”顔師古注：“瑕，謂日旁赤氣也。”又《天文志》：“夫雷電碬蚳，辟歷夜明者，陽氣之動者也。”晉左思《蜀都賦》：“干青霄而秀出，舒丹氣而爲霞。”《文選·郭璞〈江賦〉》：“絕岸萬丈，壁立碬駁。”李善注：“碬駁，如碬之駁也。碬，古霞字。"按,清鄭珍認爲"霞"本作"瑕",漢代改"椵",後出現"霞"字。沿用至今。

## 雷之基本抽象名類

除"雷"之外,還包括"靁""雷""靄""霹""天雷""靁""震""雷震"等古詞語。它們的本質屬性皆爲雲體之間或雲地之間互相摩擦劇烈放電并產生高溫,使大氣急劇膨脹發出的巨響。《荀子·儒效》:"天下應之如雷霆。"《詩·大雅·常武》:"如雷如霆,徐方震驚。"又《召南·殷其靁》:"殷其靁,在南山之陽。"陳奐傳疏:"靁,古雷字。"《廣雅·釋天》:"霹,雷也。"《禮記·月令》:"仲春,雷乃發聲。仲秋,雷始收聲。"《周易·說卦》:"雷以動之,風以散之,雨以潤之。"古人認爲,雷這種氣象爲陰陽交互所致,《春秋元命苞》:"陰陽合爲雷。"漢許慎《說文》:"雷,陰陽薄動,雷雨生物者也。"《白虎通》:"雷者,陰中之陽也。"《史記·孝景本紀》:"十二月晦,雷。"裴駰集解引徐廣曰:"一作靁字。""雷"字以及若干組詞,自先秦至今一直沿用,其他皆廢。

## 電之基本抽象名類

除"電"之外,同物異名的抽象詞語較多,包括"電""電""電火""火電""電光""電耀""電影""電燄""電烻""電眸""電瞳""震電""礚碝""閃""天閃""閃電""閃""電閃""打閃""霍閃""霆""霆"等古詞語。《莊子·天運》:"吾驚之以雷霆。"陸德明釋文:"霆,電也。"《淮南子·兵略訓》:"疾雷不及塞耳,疾霆不暇掩目。"《玉篇·雨部》:"霆,電也。"宋孫穆《雞林類事》:"方言:電曰閃。"現代科學或口語中常用的詞語是"閃電""打閃"或"閃"。

今天所說的雲、雨、風、雪、霧、露、霜、霞、雷、電、虹等,皆爲氣象學中最基本的抽象概念,從這些抽象概念詞語可以引申出更多關於氣象的概念詞語。它們大都出自《楚辭》《列子》《易》《詩》《爾雅》《管子》《莊子》等先秦名篇,其形成與運用都歷經了幾千年。文明之傳承,科學文化之進步,在今天許多自然、社會科學著作、論文中,它們成爲正式的科學用語,而在人們的日常話語中,其運用亦非常頻繁。表一列出了氣象學抽象詞語及其出處、行用朝代、同物異名、古文釋義等內容。

## 表一　古氣象基本術語列表

| 抽象名類 | 出　處 | 行用時期 | 同物異名 | 古文釋義 |
|---|---|---|---|---|
| 气 | 甲骨文。又《墨子・號令》："巫祝史與望氣者，必以善言告民，以請上報守。" | 先秦 | 氣 | 〔气〕雲氣也。象形。凡气之屬皆從气。（漢許慎） |
| 雲 | 《周易・乾》："雲行雨施，品物流形。" | 先秦 | "靉""靈爽""雲物""雲氣""霄""靄""靄"等 | 山川氣也。（漢許慎）地氣上爲雲。（《黃帝內經・素問》） |
| 霞 | 《楚辭・遠游》："餐六氣而飲沆瀣兮，漱正陽而含朝霞。" | 先秦 | "瑕""椵""太霞""霞""霞文"等 | 謂日旁赤氣也。（唐顏師古） |
| 虹 | 《列子・天瑞》："虹霓也，雲霧也，風雨也，四時也，此積氣之成乎天者也。"《説文》："虹，螮蝀也。" | 先秦 | "蛋""虹霓""絳""霏""雩"等 | 虹，日中水影也。日照雨，則有之。（宋沈括） |
| 霜 | 《周易・坤》："履霜堅冰至。"《詩・秦風・蒹葭》："白露爲霜。" | 先秦 | "霜""雷""霜華""清霜"等 | 喪也，成物者。（漢許慎） |
| 雪 | 《詩・小雅・采薇》："今我來思，雨雪霏霏。" | 先秦 | "霅""雪"等 | 雪，綏也，水下遇寒氣而凝，綏綏然（下）也。（漢劉熙）霅，凝雨。（漢許慎） |
| 露 | 《詩・秦風・蒹葭》："白露爲霜。" | 先秦 | "霹""露水""露華""雲露""霄露""白露""清露"等 | "和氣津凝爲露也。"（《五經通義》）"露者，陰之液也。"（《禮記・月令》） |
| 霧 | 《爾雅・釋天》："霧謂之晦。" | 先秦 | "霿""霖""雰""霚""霜""霂""霏""霖""霜"等 | 霚，地氣發。（漢許慎） |
| 雹 | 《黃帝內經・素問・六元正紀大論》："寒水勝火，則爲冰雹。" | 先秦 | "霤""霓""霓""靄""雹""苞""冰雹""冰子""雹霰"等 | 雹者，陰脅陽之象也。（《穀梁傳》）陰氣暴上，雨則凝結成雹焉。（《西京雜記》） |

（續表）

| 抽象名類 | 出　處 | 行用時期 | 同物异名 | 古文釋義 |
|---|---|---|---|---|
| 雨 | 《管子·形勢解》："雨，濡物者也。"《説文》："雨，水从雲下也。" | 先秦 | "霝""雩""零""霡""霂""霝""霤""霞""霏""霅""雨水""豐澤"等 | 故清陽爲天，濁陰爲地，地氣上爲雲，天氣下爲雨，雨出地氣，雲出天氣。（《黃帝内經·素問》） |
| 風 | 《莊子·齊物論》："大塊噫氣，其名爲風。"《周易·繫辭》："風以散之。" | 先秦 | "飄""颸""颭""颮""颴""飉""飈""飀""飇""飋""虛籟""噫氣"等 | 夫大塊噫氣，其名爲風。（《莊子》） |
| 雷 | 《詩·大雅·常武》："如雷如霆，徐方震驚。" | 先秦 | "靁""靁""雷""霆""天雷""霆""震""雷震"等 | 陰陽相薄爲雷。（宋洪邁） |
| 電 | 《禮記·月令》："〔仲春之月〕雷而發生，始電。" | 先秦 | "電""電""電火""電閃""電光""電耀""電影""電燄""電綖""閃"等 | 電，陰陽激燿也。（漢許慎） |

# 第三節　中國古代對氣象因果聯繫的認知

自古人們就對天氣與氣候現象成因的探究極感興趣。《楚辭·天問》："薜號起雨，何以興之？"每種天氣與氣候現象，都對應某種或某幾種形成原因，探究這些成因，是現代氣象學中的重要内容。例如對於風、雲、雨、霧、露、冰、霜等氣象要素的形成和類型，現代科學必然要研究氣壓、地形、下墊面物質等因素。通過對古氣象術語特徵的分析研究，可以瞭解古人對天氣與氣候現象的形成原因以及造成結果的認知。縱觀古代歷史文獻，對於氣象原因的解釋，大多認爲"氣"爲本源，陰陽使然。應指出的是，古人研究成因，還未深入事物的本質，就氣象成因而言，多是從現象到現象。例如《黃帝内經·素問·天元紀大論》："故在天爲氣。"《左傳·昭公元年》："天有六氣……六氣曰陰、陽、風、雨、晦、明也。"《禮記·月令》："天氣下降，地氣上騰。"《易》是研究陰陽互動而推知未來的書，又是中國最早的一部氣象書，許多天氣現象被解釋爲陰陽相互作用而生成。《春秋穀梁傳》：

"雹者，陰脅陽之象也。"《淮南子・墜形訓》："陰陽相薄爲雷。"漢戴德《大戴禮記・曾子天圓》："陰陽之氣，各從其所，則靜矣。偏則風，俱則雷，交則電，亂則霧，和則雨。陽氣勝，則散爲雨露；陰氣勝，則凝爲霜雪。陽之專氣爲雹，陰之專氣爲霰。霰雹者，一氣之化也。"古人研究氣象之因果關係，還可梳理爲以下四種類型。

## 以某種氣象要素爲果，究其生成之因

關於風的成因，《莊子・齊物論》："夫大塊噫氣，其名爲風。"大塊指大地，噫氣指嘆氣，因而颳起了風。古人已知，風的形成與大地有關。又《六書故・動物四》："天地八方之氣吹噓鼓動者命之曰風。"古人已知，氣之流動爲風。

關於雲的成因有"石雲""山雲"。舊謂雲自山石間生出，山區爲因，雲爲果。又"水雲"，指江河湖海上水氣形成之雲。又"雲根"，通指雲氣生成處。霧的生成亦如此，《説文・雨部》"霧，地氣發"，是説霧的産生與大地有密切關聯。生霧之處，或是岑嵐，或是江河，或在竹林花間。唐王勃《別人》詩之二："江上風煙積，山幽雲霧多。"

關於雨、雪的成因。漢王充《論衡・説日篇》："雲霧，雨之徵也。夏則爲露，冬則爲霜，温則爲雨，寒則爲雪。雨露凍凝者，皆由地發，不從天降也。"又云："儒者又曰：'雨從天下，謂正從天墜也。'如當論之，雨從地上，不從天下。見雨從上集，則謂從天下矣，其實地上也。"漢代就知，雲霧不僅是降水形成的條件，亦爲露、霜形成的條件，且隨温度變化而分別形成雨、雪。更令人贊嘆的是，王充指出了下墊面（地面）纔是各類氣象形成的重要因素。《釋名・釋天》解釋曰："雪，綏也，水下遇寒氣而凝，綏綏然（下）也。"是説雪這種事物，是水在下落過程中與冷空氣凝結而成的，這已經接近現代科學的解釋了。當然亦有欲探本質之理論，認爲陰陽之氣，乃萬物形成之本。例如"陰液"抑或"陰雨"，指雨水。古人以爲雨爲陰氣之液，天有陰雲方降雨，陰氣、陰雲是降水的原因。《金石萃編》卷八一引唐《龐履温碑》："陽光昏亢，陰液乖旬。"元傅若金《題宜春鍾清卿清露軒》詩："時聞陰液墜，暗識商飈度。"在探討氣象之因果的問題時，更多的原因歸於神靈，例如"龍潤"指雨。作爲結果，古人以爲雨乃龍作。宋陶穀《清異録・天文》："李煜在國時，自作《祈雨文》曰：'尚乖龍潤之祥。'"此内容詳見《概論》第九節。有些成因，純屬形象，而非實際。例如"虹飲"一詞意爲降雨之水是由彩虹從地面水體中吸取的。《漢書·燕刺王劉旦傳》："是時天雨，虹下屬宮中飲井水，井水竭。"南朝梁江淹《敕爲朝賢答劉休範書》："聞彼虹飲鼠舞之異，早見物徵；河北隴上之謠，已露童咏。"

關於冰雹的成因。漢董仲舒著有《雨雹對》，解釋了冰雹的成因，認爲冰雹是"陰氣協陽氣"造成的。除此之外，他還用陰陽二氣的推移等方法論解釋各種天氣現象的產生。如對風的形成、雷電產生等天氣現象及雲雨形成等，他認爲"寒有高下"，即在大氣層中，溫度垂直分布是不均勻的，因而會引起雨、雪、雹、霰等天氣現象的生成與差異。

關於露的成因。古人認爲露是由氣凝結而成。《五經通義》曰："和氣津凝爲露也。"《月令》曰："露者，陰之液也。"

關於霜的成因。《説文·雨部》："霜，露所凝也。土氣津液從地而生，薄以寒氣則結爲霜。"換成現代科學語言：霜是由冰晶組成的，和露的出現過程是一樣的，都是空氣中的相對濕度達到100%時，水分從空氣中析出的現象。它們的差別祇在於露點（水汽液化成露的溫度）高於冰點，而霜點（水汽凝華成霜的溫度）低於冰點，因此祇有近地表的溫度低於0℃時，纔會結霜。此漢代之語已與現代科學定義極爲接近。

關於季節的成因。《禮記·月令》："天氣上騰，地氣下降，天地不通閉塞而成冬。"《神農本草》曰："春夏爲陽，秋冬爲陰。"唐柳宗元《天説》："寒而暑者，世謂之陰陽。"

## 以某種氣象要素爲因，視爲某種自然灾害之果

許多氣象所導致的灾害，被記錄在各朝歷代的史書中。大風引起的自然灾害巨大。《史記·孝景本紀》："〔前元五年〕五月，江都大暴風從西方來，壞城十二丈。"《舊唐書·五行志》："〔大曆十年〕七月己未夜，杭州大風，海水翻潮，飄蕩州郭五千餘家，船千餘隻，全家陷溺者百餘户，死者四百餘人。"嘉靖《廣東通志》卷七○："〔嘉靖三十一年〕六月二十八日，颶風大作，□火紛飛雨中，洪潮翻箕撼城，民淹没者萬計，岸堤崩塌，大傷廬舍田畜。"暴雨、大雪的破壞力亦極大。《漢書·元帝紀》："〔建昭二年〕冬十一月，齊楚地震，大雨雪，樹折屋壞。"順治《徐州志》卷八："〔嘉靖四十一年〕六月十六日夜，大水驟發，大雨傾盆，陷没城池，官署民舍蕩盡，人溺死不計其數，暫遷治小神集。"霜是一種可導致自然灾害的天氣現象。《明史·五行志》："〔弘治八年〕四月庚申，榆社、陵川、襄垣、長子、沁源隕霜，殺麥豆桑。"雹導致的自然灾害極爲可怕，如《漢書·五行志》：

"四月，楚國雨雹，大如斧，蜚鳥死。"《魏書·靈徵志》："世宗景明元年六月，雍、青二州大雨雹，殺獐鹿。"

## 以某種氣象要素爲因，推測某種氣象變化之果

看雲預測天氣，自古有之。例如，"老鯉斑雲"的出現可預測未來爲晴天。明徐光啓《農政全書》卷一一："冬天近晚，忽有老鯉斑雲起，漸合成濃陰者，必無雨，名曰護霜天。"又如民間諺語"瑞雪兆豐年"是説：冬季瑞雪預示未來風調雨順，亦即爲後續氣象過程之因。又"旦日雨""雨月額"等，指農曆月初清晨的一陣小雨，俗以爲乾旱之徵兆。南朝梁元帝《金樓子·自序》："余初至荆州卜雨，時孟秋之月，陽亢日久，月旦雖雨，俄而便晴。有人云：諺曰'雨月額，千里赤'。蓋旱之徵也。""甲子雨"，謂甲子日所下之雨，古以爲可兆天時人事。唐杜甫《雨》詩："冥冥甲子雨，已度立春時。"更多案例見本卷附録之三《氣象諺語》之内容。

古人亦運用星辰進行氣象預測。例如，馬王堆帛書《五星占·水星》："木（星），左右進退之經度，日行二十分，十二日而行一度。……列星監正，九州次之，歲十二者，天也。"又云："其出早於時爲月食，其出晚於時爲天矢彗星。其出不當其效，其時當旱反雨，當雨反旱；當温反寒，當寒反温。"

## 以某種氣象要素爲因，預示吉祥凶兆之果

以大氣現象預知吉凶，是一種在科學不發達的古代人們對自然現象進行神秘解讀的方式。例如"朱飆""赤風"，謂夏季之熱風；五色配五時，夏爲朱赤，古或以爲兵亂、旱災之兆。唐王昌齡《失題》詩："赤風蕩中原，烈火無遺巢。"又"雌風"，給街巷帶來蕪穢的卑惡風。先秦宋玉《風賦》："夫庶人之風，塕然起於窮巷之間，堀堁揚塵，勃鬱煩冤，衝孔襲門……此所謂庶人之雌風也。"劉良注："雌風，卑惡之風。"又"韶風"，美好之風。唐李白《上安州李長史書》："伏惟君侯，明奪秋月，和均韶風。"王琦注："韶風，和風也。"宋方岳《次韵謝兄立春戲擬春帖子》之三："曉供帖子瓊幡重，携得韶風下殿來。"又"景風""永風""瑞風"，皆謂祥和之風。《尸子·仁意》："其風春爲發生，夏爲長嬴，秋爲方盛，冬爲安静，四氣和爲通正，此之謂永風。"《列子·湯問》："景風翔，慶雲浮。"

又"壞雲"，是預示吉凶之雲氣或灾害不祥之雲氣。又"五色慶雲"，爲多彩繽紛之雲，古以爲喜慶、吉祥之氣，亦預示美好未來。

在古籍中，大多數表雪詞語，是以雪爲因，預示其吉祥凶兆之結果。這些結果多與人們的日常生活息息相關。例如，"瑞雪""瑞白""喬雪""瑞物""瑞葉""花瑞""喜雪""佳雪"等，皆表來年五穀豐登的祥瑞之雪。唐韓愈《御史臺上論天旱人饑狀》："今瑞雪頻降，來年必豐。"有些詞語則視其爲凶兆之雪，如"苦雪"，表帶來許多灾難之雪，人以之爲苦，故稱。宋薛師魯有《苦雪》詩曰："喜心翻作厭，瑞物恐爲殃。"

又"賊霧""惡霧""妖霧"，謂惡毒而有害的雲霧，會傷害肌體。宋梁安世《秦碑一紙并古詩呈王梅溪太守》詩："魍魎木客忌人到，陰霾賊霧迷羊歧。"

又"十月雷"，農曆十月之雷，農曆十月已是深秋，抑或初冬，一般無雷，爲罕見的天象，或以爲凶年之兆。唐杜甫《雷》詩："巫峽中宵動，滄江十月雷。龍蛇不成蟄，天地劃争迴。"俗語曰："十月打雷，遍地是賊。"

## 第四節 中國古代氣象術語中的態勢語義表達

所謂"態勢"，主要指氣象事物的大小、厚薄、輕重、規模、氣勢等。地球表層的大氣層，氣象萬變，千姿百態。有的平淡無奇，有的奇形怪狀。有的纖弱細小，有的濃重厚實。有的範圍較小，有的碩大遼闊。有的沉静安然，有的驚天動地。有的行動舒緩，有的呼嘯狂奔。古人對氣象的觀察細緻入微，包括對其形狀、静態、動態特徵等方面的觀察。

### 氣象現象之動態詞語表達

古人在抽象的氣象詞語之前加一些表現動態的字詞，就形成了運動的氣象詞語。例如，"渫雲"，指飄散之雲片。又"行雲""歸雲""游雲""游氛""浮雲""蚩雲"等，指飄行流動的雲。又"隮"，指上升之雲氣。又"閑雲"，指悠然飄浮的雲。又"垂露"，表露水的動態特徵，即表垂下的露珠，或露珠下滴態。又，表現雪花動態之詞語包括"霏雪""飛雪""飛花""飛霜""迴雪""飛絮""撒鹽""鹽絮""冷飛白""六飛"等。又"飛

煙""浮煙""游霧""游氛""風花"，皆指飄動的霧氣。又"霧噴"，指噴涌的霧氣。又
"醉霜"，表胡亂飛舞之霜。又"浮銀"，指漂浮的冰塊。又"飛雹"，迅疾飛落的冰雹。又
"流霰""驚霰"，指飛流態之霰珠。又"旋風""颶風""颭"，指螺旋狀動態旋轉之風。又
"橫雨"，表風雨交加，橫斜之動態。

## 氣象現象之靜態詞語表達

古人在抽象的氣象詞語前綴加一些表現靜態的詞語，就形成了靜止的氣象詞語。例
如，"癡雲""頑雲"，指停滯不動的雲或凝滯不散之雲。又"積雪""積素""積霰""銀
砌""積粉""宿雪""凝酥"等，均指沉積狀態的雪。又"斂霧"，指正在收斂之霧氣。又
"日暈再重"，是天空中出現由冰晶組成的捲層雲時，往往出現以太陽爲中心的多個彩色光
環；根據形成層的彩色光環數量，又稱爲"日暈二重""日暈三重""日暈四匝""日暈五
重"等。

## 氣象現象之氣勢、規模較小之詞語表達

現代科學慣以數字來量化氣象之氣勢、規模，古人則在表現弱小的氣象時，用語豐富
多彩。例如，"積雲""輕雲""薄雲""疏雲""纖雲""纖翳""纖凝"等，指柔軟的雲或
輕淡、淡薄之雲。又"濛雨""濛濛雨""麻麻雨""麻花雨""浡溦""霡溦""細雨""微
雨""小雨""屑雨""疏雨""雨栖""煙雨""濛雨"，謂雨勢小、態弱。又"小風""輕
風""微風"，指風力小，給人舒適感覺的風。又"輕雷"，指響聲不大的雷，或隱隱的雷
聲。又"薄霧""輕煙""輕靄""淡靄""霧縠""霧綃""濛濛霧"，皆指輕淡的霧氣。

## 氣象現象之氣勢、規模較大之詞語表達

在表現強勢氣象時，古人的用語更是驚人。例如，"雲帳""雲幔""通天薄雲"等，
指遮蔽天際之雲。又"皓露""涓露""碧露""泣露""陰液""露屑"等，表密集濃重態
的露水。又"霧海"，若海洋般漫漫大霧態。又"霾曀"，指天色陰暗，灰霾蔽天。又"大
霧""濃霧""凝霧""連煙""霾霧""苦霧""鬱霧""積霧"等，皆指重霧、密霧。又"繁

霜""玄霜"，表霜態濃重。又"長霓""隱虹""橫霓""霓旄"，表虹霓態勢長亘於天。又
"潦水""豐雨""潦雨""爛雨"等，皆表大雨之態勢。又"驟雨""暴雨"，謂雨勢凶猛
突然。又"暴忽""風暴"，指暴而急之大風。又"烈風"，謂猛疾之風。又"颶風""懼
風""具風""大颶""颶""飈""風颶""海颶"，指發生在海上之強烈暴風。又"疾雷""迅
雷""疾霆""霆""雷霆""靁霆""震霆""霹""震"等，謂有迅猛之勢的暴烈之雷。又"晴
天霹靂""晴天雷""無雲雷""月明雷""旱雷""焦霹靂""焦雷"等，皆指晴天響起雷鳴，
其聲極其響亮。

## 第五節　中國古代氣象術語中的擬人和擬物

現象是事物表面的諸多形態，抑或屬性。人們通過對事物表面形態、屬性的觀察與思
考而獲得對事物本質的認知。擬人與擬物就是通過與其他事物形態、屬性的對比，獲得一
些可類比的要素，以便更好地區分、記憶、理解事物。借助擬物、擬人等修辭方式，達到
對各類氣象現象的描述、記錄與認知，是古人氣象術語造詞的重要方式之一。例如，在對
雲的觀測中，《呂氏春秋·季夏紀》："其雲狀，有若犬、若馬、若白鵠、若眾車……有其狀
若懸釜而赤，其名曰雲旞。"

### 擬器物之氣象詞語

在人們的日常生活中，會經常使用名目繁多的各類器物。它們就在身邊，人們非常熟
悉，因而就容易用這些器物與一些氣象現象進行類比，形成帶有某個器物名稱的氣象詞
語。例如，"斧狀雹"，是一種大小形狀如斧頭的冰雹。又"車輪狀雹"，謂大小形狀如車
輪的冰雹。又"礪狀雹"，謂大小形狀如粗磨刀石的冰雹。又"杵狀雹"，謂大小形狀如舂
米用的杵棒的冰雹。又"切夢刀"，喻指深夜之風，能破人夢境。又"甕雪"，謂大雪壅蔽
門窗，裏面的人如處甕中。又"簷齊雪"，謂降雪沉積起來堪比屋簷高。又"磚狀雪"等
詞語，表達雪片大若磚塊。又"傾盆雨""傾盆"，以盆潑出來的水作喻。又"磨刀雨""磨
刀水"，相傳農曆五月十三日為三國蜀將關羽磨刀過江與吳將相會之期，屆時必雨，故

稱。又"杓雲"（杓，曳引），狀如繩索曳引之雲。又"杼雲"（杼，織布梭），狀如織梭之雲。又"鈎雲"，指形如彎鈎之雲。又"雲旂""雲旌"，狀如旌旗之雲。又"車輪狀雲"，形狀如同車輪。又"華蓋狀雲"，形狀如同車上綢傘。又"戟雲"，狀如矛戟之雲氣，舊謂主兵。又"劍霜"，比喻霜爲劍。又"風刀"，指寒風，鋒利如刀之風。又"翦燈風"，可吹滅燈火的風。又"雷車"，響聲隆隆如車行走。又"天鼓""引鼓""雷鼓"，指響雷，其響似擂鼓，古人以爲天神所擊。又"銀繩""銀索"，其光閃蜿蜒如繩索。又"電策""雷鞭""電鞭"，電光蜿蜒如長鞭。又"狂矢"，狀如飛箭。又"日暈背弓"，日暈的一種，半個暈圈猶如弓背。又"戟氣"，指日暈時周圍出現似戟的光，多在日暈的左右兩邊。又"履氣"，日暈的一種，出現在太陽下方，形如鞋。又"暈鈎"，指日暈時太陽周圍出現的似彎鈎的光。

## 擬玉石之氣象詞語

玉石乃吉祥富貴之物，人們經常把玩佩戴，而玉的一些特徵也被用來與氣象進行類比，形成了諸多氣象詞語。例如，"寒浸玉"，指寒冷的冰塊，具有玉之清涼特徵。又"玉繩"，指雨絲。又"玉液"，雨水的美稱。又"玉霜"，比喻霜爲玉，亦秋霜之美稱。"玉花""玉蕊""白蕊"，指雪花，因其潔白如玉，故稱。又"玉雪"，指白雪。又"玉塵""玉屑""玉沙""玉絮"，雪花潔白如玉，細小如砂屑塵末，或飄如絮。又"玉妃"，擬仙女，藉指自天而降之雪花。又"玉英""瑶花""璿花""瑶華""瓊花""瓊英""瓊芳""瓊瑶""碎瓊"等，皆藉玉石之美，擬指雪花。又"珠雨"，擬雨如玉珠，雨之美稱。

## 擬織物、棉絮、粉粒之氣象詞語

例如，"飛綿"，指雪花。"天公絮"，遠看如絮，似爲天公所造，故稱。又"天衣"，如天之衣衫，故稱。又"雲旌"，狀如旌旗之雲，故稱。又"雲羅"，形如羅幕，故稱。又"霧帳""霧幕""霧幬"，霧籠罩猶如帳幕。又"霓裳""霞衣""雲衣"等，以輕薄紗衣喻指雲霧。"迷空步障""迷天步障"，指霧，因其彌漫天空，猶如遮天大幕，故稱。又"霧網"，謂密如羅網的霧。又"匹練狀光"，如呈匹練絹飄飛狀之大氣中异光。又"雪絲"，指像絲綫一樣細而長的雪花。又"雪粉""雲粉""雪點""雪粒"等，因雪花形態較小，如細碎粉粒，故稱。

## 擬建築物之氣象詞語

例如，"堤岸狀雲"，形狀如同堤岸之雲。又"陣雲"，形如墻垣之雲。又"雲關"，遠望雲天如關卡。又"堡狀高積雲"，如城堡一樣的雲層。

## 擬煙、波、流之氣象詞語

例如，"雲煙""雲靄""煙靄""煙埃""煙嵐"，指狀如煙的雲霧，皆呈繚繞之狀，故稱。又"雲濤"，如浪之雲，故稱。又"雲海"，指廣闊無垠如海濤起伏的雲，於山頂下視，雲鋪如海，故稱。又"天波"，雲層望之如波。又"長煙""迷霧""迷煙"等，謂彌漫於空中之霧氣，若煙飄蕩。又"霧海"，霧氣浩渺，涌動如海洋。又"煙霞"，猶煙雲般的彩霞。又"流霞""流瑕""流霓"，霞若江河流動。又"平煙"，謂平地而起之煙霧，現代科學解釋爲輻射霧。又"石煙"，指山石間生成之煙霧。

## 擬植物之氣象詞語

例如，"飛花狀雲"，形狀如同飛舞的花朵。又"玉葉"，雲姿態仿佛飄在田中的如玉之葉。又"雲朵""雲片""雲花"，擬雲若花朵。又"百花霜"，比喻霜爲花。又"六出花""六出冰花"等，因雪花之態多爲結晶的六角形，似花非花。又"梨花雲"，指雪花。"粉葉"，雪花如粉白色的樹葉。又"筠風竹風""竹林之風"，謂清美之風。又"杉風"，秋天吹動杉樹之風。又"松風"，松林之風，又謂清美之風。又"荷風"，夏天吹動荷葉之風。又"巨樹狀光"，如大樹幹支生長延伸。又"瓜狀雹"，大小形狀如瓜的冰雹。又"榴狀雹"，大小形狀如石榴的冰雹。又"李狀雹"，大小形狀如李子的冰雹。又"栗棗狀雹"，大小形狀如栗子或棗子的冰雹。又"豆狀雹"，大小形狀如豆粒的冰雹。

## 擬動物之氣象詞語

例如，"鵝毛雪""鵝毛碎""磚狀雪"等，表達雪片之大。又"雲翼"，因其來迴飄動，如有翼翅，故稱。又"衆赤烏狀雲"，形狀如同一群赤紅色烏鴉之雲。又"白衣蒼狗""白雲蒼狗”，謂變幻無常之浮雲，或如白衣，或如蒼狗。又“虹霓”“蛋”雄虹”“螮蝀”“蜥蝀”“蚳蝀”“曲虹”“蜺”“䗖”“雌虹”“屈虹”“陰虹”等詞語都有“虫”字旁，《説文》：“虹，螮蝀也，狀似蟲。”又“玉蝶”“玉蛾”，謂雪花飄舞如蛾如蝶。又“鯉魚風”，指秋末的風，九月的風，據説其時鯉魚最肥美，故稱。又“雁風”，大雁南飛，時當秋末，故以雁風指凉冷之秋風。又“黄雀風”，仲夏時東南季候風，相傳其時海魚變爲黄雀，故稱。又“風馬”，風奔若馬，呼嘯而過。又“玉虎鳴”，雷之別稱，其響甚巨，猶虎吼。又“金蛇”“紫金蛇”，閃電蜿蜒猶如紫金蛇飛舞。又“蛟電”，閃電曲折如蛟。又“龍形光”“蛇形光”，指如龍舞蛇動之大氣中的异光。又“鷄子狀雹”，大小形狀如鷄蛋的冰雹。又“鵝卵狀雹”，大小形狀如鵝蛋的冰雹。又“牛目狀雹”，指大小形狀如牛眼睛的冰雹。

## 擬人之氣象詞語

例如，“夢雨”，如夢如幻之細雨，擬人者也。又“苦雨”“愁霖”，久雨使人愁苦，故稱。又“雯”“雯華”，若人指紋之雲。又“雲牙”，雲態微小，或擬雲若人之牙齒。又“雲掌”，片狀之雲，猶如手掌，故稱。又“雲脚”，指接近地面的雲氣。又“飆亂鬢狀雲”，如被狂風吹亂了頭髮之雲。又“癢絲狀雲”，狀如使人瘙癢細絲之雲。又“蒼衣赤首狀雲”，狀如赤紅頭面而着青黑色衣裳的怪人，故稱。又“紅淚”，謂露水如眼淚。又“雨足”“雨脚”，指觸及地面部分的雨，雨絲長垂至地，若人之脚，隨雲行走，故稱。又“神女雨”，指傍晚所降之和雨，清爽如仙女下凡。又“打頭風”，指迎頭逆風。又“雷公”“電母”“風婆婆”“推雲童子”等，皆爲雷電的擬人之稱。又“怒雷”，形容雷聲如人之呐喊。又“奔電”“走電”“飛電”“奔霆”，雷電擬人或謂如禽獸之奔、走、飛，狀皆疾速。又“天開眼”，如同老天睁開天眼、放射出强烈光綫的大氣光現象。又“人形异光”，指放射出的光芒如人形狀的大氣异光現象。又“卧霞”“衡雲”“傾雲”“立雲”，其狀如人站立或横卧之雲。又“奔霆”“奔雷”“走雷”，謂雷霆若壯士奔走之態。又“珥”“日珥”“珥氣”“彩珥”“直珥”“日兩珥”“日左珥”“日右珥”“日左右珥”，日暈的一種，指完整日暈外側的小段暈弧，如人耳狀。又“抱日”“抱氣”“負抱”“抱負”，日珥在太陽周圍，如同抱日於懷中。又“人頭狀雹”，大小形狀如人頭的冰雹。又“人面狀雹”，大小形狀如人臉的冰雹。又“拳狀雹”，大小形狀如人拳頭的冰雹。

# 第六節　中國古代氣象術語中的時間特性

在氣象學中，有兩個基本概念，也是上位的概念，一是"氣候"，二是"天氣"。氣候是指大氣長期變化過程之物理現象，一般以季節、年度為單位，具有一定的周期性；天氣是指大氣短期變化過程之物理現象，一般以天、星期和月份為單位。中國古人在對氣象進行觀察與研究過程中，區分了這兩類概念。

## 天氣概念的時間歸類

古人常在一天的早、中午、晚、夜等几個時間段中對天氣進行觀察。更為細緻的觀察以十二時辰為單位，每一時辰相當於現在的兩個小時。例如，"曉雲""晚雲""宿雲"等，分別表示清晨、黃昏和夜晚出現的雲。又"朝霞""曙霞""晨顙""晨霞"，皆為日出前後出現的彩色雲霞。又"晚霞""落霞""暮霞""殘霞""殘燒""流霞""流瑕""流稷"，皆為日落前後出現的彩色雲霞。又"燒霞""赤燒"，亦指晚霞，因其紅艷如烈火燃燒，故稱。又"火燒雲"，日出或日落時出現的赤色雲霞。又"曉嵐"，表拂曉時的霧氣。又"暮靄""夕霏"，表傍晚之雲霧。又"宵霧""宵煙""宿霧""宿煙"，表夜間之霧氣。又"朝露""晨露""夙露""曉露""宵露""暗滴""沆瀣"等，分別表示夜晚、清晨和即刻形成的露。又"曉嵐"，表拂曉時的霧氣。又"暮靄""夕霏"，表傍晚之雲霧。又"宵霧""宵煙""宿霧""宿煙"，表夜間之霧氣。又"夜來霜""朝霜""新霜"等，分別表示夜晚、清晨和即刻形成的霜。又"時雪"，適時而下、應時而下之雪。又"夜雪"，指夜晚的雪。又"舊雪"，相對新雪而言，指沉積之雪或以前所下之雪。又"新雪"，相對舊雪而言，指新近所下之雪。又"雪前鋒"，指霰，常常先於雪降落形成。又"宿凍"，指夜晚的冰。又"晨風""曉風"，表清晨破曉時的風。又"晚風"，謂傍晚之風。又"社風"，古吳地稱社日前後之大風。又"朝雨""曉雨"等，謂早晨之雨。又"旦日雨""雨月額"等，指農曆月初清晨的一陣小雨，民間以為乾旱之徵兆。又"暮雨""晚雨""宿雨""睡雨""夜雨"等，指夜晚之雨。又"寅時雨"，指寅時下雨，卯時打雷，先雨後雷，主大雨。又"甲子雨"，指甲子日所下之雨，古以為可兆天時、人事。又"社翁雨""社公雨"，指社日所降之雨，社日即祭祀土神之日，一般在立春、立秋後第五個戊日。又"黃昏陣"，俗稱六月初三夜黃昏之雨。又"洗車雨""灑淚雨"，舊稱"七夕"前後所降之雨，似爲相會之牛郎、織女洗刷車駕，故稱。又"洊雷""連鼓"，指相繼而作之雷。又"打頭雷"，沒下雨先響雷，主無雨。又"卯時雷"，謂卯時打雷。又"卯前雷"，卯時前打雷，主有雨。

## 氣候概念的時間歸類

我國疆域主要位於季風氣候區，冬夏兩季風嚮相反、溫差較大，季節降水等氣候現象亦差异較大，同時，氣候周期性變化會影響到社會層面的政治、商貿、軍事、農事等活動。古人充分注意到氣候變化之特徵，形成大量具有周期性氣候特徵的詞語，歸類如下。

季節風的詞語：

"信風"，亦稱"風信"，指隨時令變化定期、定嚮而至之風，來有準期，故稱信。又"鳥信"，謂農曆三月之風，其時正值候鳥北來，故稱。又"麥信""麥風""麥穗風"，皆指農曆五月之風，其時正值麥子黃熟，故稱。又"潮信""上信"，謂農曆七八月之東北信風。

"春風"，泛指春天的風。春季之風包括"花信風""開花風""花轎扇""二十四番風信""二十四番花信風"等。由小寒至穀雨，凡四個月，共八個節氣，一百二十日，五日爲一候，風應花期而至，計二十四番，每候應以一種花，其來有信。又"協風"，謂立春時之和風。又"梅風"，指早春之風，時梅花盛開。又"元宵風"，指元宵節前後之寒風。又"杏花風"，指杏花開放時行運之風。又"楊柳風"，指春風，春天楊柳茂盛，微風吹動，枝條搖曳，故稱。又"吹花擘柳風""擘柳風""吹花風"，指春天之暴風，因其摧殘花木，故名。又"柳絮風"，謂柳絮飄飛時節之風。又"鯉魚風"，指春夏間的風，其時群鯉游於江面，是爲風徵，故名。表達春天微風之意的詞語有"細柳風""柳風""綠楊風"等，春天楊柳盛長，微風吹動，枝條搖曳，故稱。另有"和風""柔風""暄風"，風態略同。

夏季之風有"雕風"，謂初夏之風。又"舶趠風""舶棹風""颶颱風"，江南人謂梅雨結束、夏季開始之際強盛的東南季風，此風似與船舶同至。又"落梅風""梅風"，夏初梅子黃熟將落時的風。又"杓風""颮風"，兩湖一帶夏季之大風，主旱，如杓勺水。又"鹽南風""鹽風"，古解爲夏秋間之大風，吹鹽澤成鹽。又"朱颲""赤風"，謂夏季之熱風，五色配五時，夏爲朱赤，故稱。又"哭雨風"，特指夏至猛烈之西南風，常帶來驟雨。又"炎風"，多指夏季熱風。又"沮風"，謂夏季炎熱、濕潤之風。

秋風亦作“秋吹”，即秋天所吹之風。又“金風”“金飆”“金颸”，即秋風。五行配五時，秋爲金。自古悲秋，古亦有擬人之秋風詞語。例如，“商風”“商吹”“商信”“商飆”“商飈”“商颸”“商飈”“商飈”“寒商”“悲商”“清商”“素風”“白風”等，皆指秋天的風抑或西風。五音與五時、五方相配，商音配秋天，配西方。商爲古代五音之一，其調凄清悲凉，按五行配合律屬秋；秋風凄清，如同商聲。又“悲風”，指秋冬凄厲之寒風。又“颸”，指孤零瑟瑟之秋風。又“高風”，秋高氣爽，故稱。又“雁風”，大雁南飛，時當秋末，故以雁風指凉冷之秋風。亦有與風物、時節相聯繫的秋風之物候詞語，例如“裂葉風”“落葉風”“槐風”“露風”“蒲風”“杉風”“鯉魚風”等。

冬天的風寒而乾。“寒颸”“颸颸”“冽風”，指深秋和冬天寒潮來襲的寒風。又“黑風”“尖風”“風斤”“嚴風”，指嚴冬寒風。又“臘風”，指臘月的寒風。

季節降雨的詞語：

春雨。《莊子·外物》：“春雨日時，草木怒生。”古人表春雨之詞語頗多。例如按五行說，木屬東方，屬青，屬春，故特以“青雨”指春雨。又“潑火雨”“清明雨”“潑火”等，舊俗寒食節前一二日禁火。一些降雨名類與植物花期或候鳥有關。例如“催花雨”，指春雨，春雨促使百花開放。又“杏花雨”“杏雨”，指杏花盛開時所降之雨。又“沾衣雨”“沾巾雨”，指沾衣欲濕的春雨。又“桃花雨”“桃雨”，桃花盛開時節之雨。又“梨花雨”，指春天梨花盛開時下的雨。又“榆莢雨”，指榆樹結莢時節下的雨，時當農曆三月。

夏季之雨包括“黃梅雨”“梅雨”“梅黃雨”“黴雨”“梅霖”“燒鵝汁”等，皆指夏初梅子黃熟時節一段時間的降雨。又“迎梅雨”，指江南三月梅子初成之時雨。又“洗梅雨”，梅雨後所降之雨。又“送梅雨”，江南五月梅子成熟欲落，其時雨之稱。又“啞黃梅”，指無雷聲之梅雨。又“麥雨”，指麥子將熟時所下之雨。又“隔轍雨”“分龍雨”“牛脊雨”，指夏季降雨有時，一轍或龍之隔，晴雨各异，故稱。又“荷花雨”，謂荷花盛開時所降之雨，時值農曆六月。又“磨刀雨”“磨刀水”，相傳農曆五月十三日爲三國蜀將關羽磨刀過江與吳將相會之期，屆時必雨。又“錦雨”，指夏日之澍雨。又“三時雨”，指六月所降之雨。

秋季之雨。如“秋霖”“秋霖雨”等，指秋天所降之雨。又“豆花雨”，俗稱農曆八月豆花正盛時所降之雨。又“芭蕉雨”，指芭蕉茂盛時所降之雨，時當秋天。又“松雨”，水降松林，雨聲如濤，稱爲松雨，時當秋天。又“解霜雨”，指蕎麥結實時所降之雨。又

"凉雨",謂秋凉時雨。又"㴱露",指農曆八月有露水後所下之雨。又"黄雀雨",指農曆九月之雨。

冬季降雨較少。例如"液雨""藥雨",舊俗以立冬後壬日爲入液,小雪爲出液,其間所降之雨謂之"液雨",亦曰"藥雨"。

季節降雪的詞語:

如"潤骨丹",特指春雪。又"夏雪",即夏天之雪。又"六月雪",謂農曆六月份下的雪。又"臘雪",指冬至後立春前下的雪,即臘月的雪。又"冬至雪",指農曆冬至時下的雪。又"元旦雪",指農曆大年初一時下的雪。又"除夕雪",指農曆大年夜下的雪。又"寒食日雪",指寒食節時下的雪。又"清明雪",指清明節時下的雪。又"三月雪",謂農曆三月份下的雪。又"三月桃花雪",謂農曆三月天氣有時還會冷到下雪,三月又是桃花盛開的季節,故稱。又"四月雪",指農曆四月份下的雪。又"小滿雪",指小滿時節所下之雪,一般在農曆的四月份。又"九月雪",指農曆九月份下的雪。又"連旬雪",謂接連不斷地降了二十多天的雪。

季節雲的詞語:

如"商雲""秋雲",指秋天的雲彩。"寒雲""凍雲""冬雲""嚴雲"等,指冬寒之雲。又"暖雲""暖靄""春雲"等,謂春天之雲彩。又"夏雲""火雲",謂夏天之雲彩。

季節霜、霧、露水的詞語:

如"三霜""燕霜""春霜""夏霜""三月霜""九月霜"等,分別表示不同季節和月份形成的霜。又"冬霰""寒霰",謂冬天嚴寒之霰。又"凉煙""凉霏",謂秋霧。又"春露""秋露""桂露""鶴露""警露"等,分別表示不同季節形成的露。

季節雷電的詞語:

雷電現象多出現在夏季大氣對流旺盛的季節。而"春雷""春靁""春霆""屯雷""凍雷",驚醒蟄眠蟲獸,兆顯春意已濃,特指春天之雷。又"冬雷""冬月雷""雪雷""冬十二月雷""正月雷""臘月雷",冬天之雷。冬天一般無雷,冬雷爲罕見的天象。關於雷的季節性,漢王充在《論衡·雷虛篇》中曰:"實説雷者,太陽之激氣也。何以明之?正月陽動,故正月始雷;五月陽盛,故五月雷迅;秋冬陽衰,故秋冬雷潛。盛夏之時,太陽用事,陰氣乘之。陰陽分事(争)則相校軫,校軫則激射,激射爲毒,中人輒死,中木木折,中屋屋壞。"

# 第七節 中國古代氣象術語中的空間特性

古人對氣象要素的空間區域分布早有認知。漢王充《論衡·雷虛篇》："千里不同風，百里不同雷。"氣象之空間特性要從三個方面進行論述：一是位置特性，抑或自然區域特性，是指某種氣象生成和變化所處的自然地理位置或區域，無非位於天上地下、山地陰陽、江河上下、林中草間，等等。二是方位特性，即氣象現象所在的方嚮或方位，基本方位包括東、南、西、北，以及東北、東南、西北、西南、中央等。三是行政區劃含義的空間區域特性。中國古代之區域，先有古九州之分，又有始於秦代的郡縣之分。在古代地方志中，一些特殊、極端的氣象事件被大量記錄下來。

## 生成位置的表述

風、雲、雨、雪等天氣現象的生成，總是與具體區域位置有關聯，古人注意到這一點，因而在遣詞造句中亦注意加入一些表具體位置的字詞，進行形象表述。例如，"空穴風"，指洞穴吹進來的風。又"溪風"，溪邊吹來的風。又"江風"，江上吹來的風。又"海風"，海上吹來的風。又"筠風""竹風"，謂竹林之風、清美之風。又"松風""五粒風"，謂松林之風、清美之風。又"江雲"，特指江上之雲。又"山雲""山帶""岫雲""雲帶"等，謂圍繞山嶺之雲。又"野雲"，特指野外之雲。又"雲表""雲末"，謂雲天高處。又"雲端"，指雲上、雲頭部位。又"雲脚"，指接近地面的雲氣。又"層雲""曾雲"，指積聚重疊的高空陰雲。又"溪溢雨""山水漲漫雨""河溢雨""江漲雨""湖溢雨""海溢雨"，均表雨漲之地點，亦表雨多漲溢之態勢。又"地中雷"，指潛藏地下的雷聲。又"海中雷"，指海洋中的震雷。又"芝露"，指附在靈芝上面的露水。又"草露""草頭露"，附在草葉上的露。又"煙虹"，指彩虹位於雲天中。又"凝樹霜""草上霜""瓦上霜""柿葉霜"等，分別表不同事物位置上形成的霜。又"嵐""嵐氣""嵐靄""嵐霧""嵐煙""嵐霏"等，皆表山林之霧氣。又"嵐翠""青嵐"，指竹木間青綠色的霧氣。又"花霧"，謂花叢中之煙霧。又"霧瘴""嵐瘴"，指山林湖海間滋生的濕熱之氣。又"豹霧""隱霧""豹隱""連山霧""豹藏霧""南山霧"等，指人迹難覓的山野深處之霧。又"天霧"，指空中的煙霧。又"江霧"，指江面上的霧。又"松雪"，謂松樹上的積雪。又"庭霰"，指落在庭院裏的雪花。又 "冰淞"，漂浮於水面呈細針狀或極薄片狀的冰晶，在流動中常聚集成鬆散的小片或小團，多在岸邊出現的透明易碎的薄冰。又 "雨淞" "冰挂"，指極冷的水滴同物體接觸形成的冰，或在低於冰點的情況下雨落地表在物體上形成的冰層。又 "木冰" "木介"，謂雨雪霜沾附於樹木遇寒而凝結成冰。又 "岸冰"，指沿湖岸河岸凍結的冰帶。又 "陽冰"，結於水面之冰。又 "陰冰"，結於地下之冰。又 "淵冰"，深淵之冰。又 "地冰" "地凍"，地面結的冰。又 "下地凌"，指地面以下結的冰。又 "井冰"，指汲水井中的水結成之冰。又 "泉冰"，指泉眼處結成之冰。又 "水澤冰" "湖泖冰"，指湖沼中的水結成之冰。"江海冰"，指江海中結成之冰（參見本書《地輿卷》）。

## 方位的表述

方位之確定對於古代人類活動尤爲重要。有了方位的概念，人們就可以爲地表各類事物確定位置，包括氣象要素。例如 "八方風"，亦作 "八風" "八面風"，指從東方、東南、南方、西南、西方、西北、北方、東北等八個不同方嚮吹來的風。《左傳·隱公五年》："夫舞所以節八音，而行八風。"《呂氏春秋·有始》："何謂八風？東北曰炎風，東方曰滔風，東南曰熏風，南方曰巨風，西南曰凄風，西方曰飂風，西北曰厲風，北方曰寒風。"八風的變化，或是季風的轉換，在這一點上，《史記·律書》表達得更明確："不周風"居西北，十月也。"廣莫風"居北方，十一月也。"條風"居東北，正月也。"明庶風"居東方，二月也。"清明風"居東南維，四月也。"景風"居南方，五月也。"凉風"居西南維，六月也。"閶闔風"居西方，九月也。這一段論述不僅指出了風的方位，亦粗略地説明東亞季風轉換之時間。又 "無厚"，東方閃電名。又 "順流"，南方閃電名。又 "墮光明"，西方閃電名。又 "百生樹"，北方閃電名。又 "電脚"，與地相接的閃電。唐釋道世《法苑珠林》卷四："東方有電名曰無厚，南方有電名順流，西方有電名墮光明，北方有電名曰百生樹。"宋趙福元《減字木蘭花·贈草書顛》詞："電脚搖光，驟雨旋風聲滿堂。"又 "東虹"，表彩虹位於東方之天空。

## 區域分布的詞語

許多極端氣象的發生地區，被記錄在不同朝代的文獻中。例如 "彰德大雪"。彰德位於今河南省安陽市。《元史·五行志》："三月，彰德大雪，寒甚於冬，民多凍死。"又"吳江大雪"。吳江位於今蘇州市最南端。康熙二十四年《吳江縣志》卷四三："春，吳江大雪，平地丈餘，草木鳥獸凍死無算。"又"朔漠大風雪"。朔漠爲北方沙漠地帶。《元史·拜住傳》："延祐間，朔漠大風雪，羊馬駝畜盡死，人民流散。"又"大鄂爾多斯風雪灾"。《續文獻通考·物異考》："三月，大鄂爾多斯風雪爲灾，馬多死。"又"頹屋風"。雍正《屯留縣志》卷一："〔正德六年〕春，大風頹屋。"又"致捍海塘壞風"。捍海塘，沿海岸以塊石或條石等砌築呈陡墻形的擋潮、防浪的堤。萬曆《蕭山縣志》卷六："〔洪武二十一年〕大風，捍海塘壞，潮抵於市。"又"致死人衆風"。《魏書·靈徵志》："〔景明元年〕二月癸巳，幽州暴風，殺一百六十一人。"又"濟河冰"，即濟河的水結成之冰。又"姚江冰"，即姚江的水結成之冰。又"漢江水冰"，即漢江中的水結成之冰。"錦江冰"，即錦江的水結成之冰。"灘江冰"，即灘江的水結成之冰。萬曆《廣西通志》卷四一："〔正德七年〕冬十一月，靈川縣灘江冰合。"又"黃河冰"，即黃河的水結成之冰。又"巢湖冰"，即巢湖中的水結成之冰。又"震澤冰"，即太湖中的水結成之冰。又"尺厚流冰"，謂洞庭湖水流中有至尺厚的冰塊。又"致黃河南徙雨"，"徙"指遷移和移動。康熙《鹿邑縣志》卷八："〔嘉靖二十一年〕夏六月，淫雨浹四旬，黃河南徙，平地水深丈餘，民溺死。"又"瘴雨"，指南方密林中含有瘴氣的雨。唐殷堯藩《九日》詩："瘴雨蠻煙朝暮景，平蕪野草古今愁。"

# 第八節　中國古代氣象術語中的色彩描述

面對氣象萬千，多彩多姿天氣和氣候現象，古人發揮了充分的想象力，尤其在色彩方面，幾乎對每一種天氣與氣候現象，都會用某些表現色彩方面的詞語予以表達。古人常常根據氣象色彩的不同，來確定天體變化的類型，揭示吉凶，預兆未來。以下通過對色彩詞語的歸類，瞭解古人通過色彩對氣象的觀察和探索。

## 表氣象現象爲白色或無色的古詞語

例如，"白雲"，謂之白色之雲。"蒼白雲"，謂青色和白色相間雜之雲。又"白露"，表露水。《月令七十二候集解》解釋白露曰："白者露之色，而氣始寒也。"又"白霧""霜霏""霜繒""鶴霧"，表白色之霧。又"白色雹"，謂呈現白顏色的冰雹。又"素風""白風"，五色配五時，白爲秋，故稱。按，五時謂春、夏（即農曆四、五月）、季夏（即農曆六月）、秋、冬五個時令，泛指一年四季。春用青，夏用朱，季夏用黃，秋用白，冬用黑。古代以此五色定爲正色。又"白虹""白蜺""素蜺"，謂白色之虹霓。

## 表氣象現象爲黑色的古詞語

例如，"玄雲""玄霄""黑雲""烏雲"等皆爲黑色之雲或黑色濃雲。又"軍精"，謂之守城上空之黑雲。又"黑風"，即冬風，五時配五色，冬爲黑。《太平御覽》卷九引《養性經》："修身之道春避青風，夏避赤風，秋避白風，冬避黑風。"又"日濃厚暈"，顏色濃重厚實在日暈，以黑顏色爲主調的日暈。又"日黑暈"，以黑顏色爲主調的日暈。又"黑雨""墨雨""冥雨"，降暴雨時濃雲翻滾，天昏地暗。唐韓偓《江行》詩："浪蹙青山江北岸，雲含黑雨日西邊。"又"黑霧"，表黑色之霧氣。又"黑雪"，謂黑色的雪。萬曆《黃岡縣志》卷一〇："冬十月，大霧，北風寒勁，雨黑雪，竹柏皆枯。"又"黑色雹"，指烏黑色的冰雹。又"赤黑色雹"，謂呈現紅黑顏色的冰雹。

## 表氣象現象爲紅（赤、朱色）的古詞語

例如，"紅雲""紅氣""赤雲""丹雲"等，皆指赤紅色之雲。又"赤風""紅風"，天赤有大風；紅色的風。又"日赤暈"，以紅顏色爲主調的日暈。又"朱電"，指閃電。因爲閃電發出朱紅色的光亮，或以爲傳説中夫人電母是朱佩娘，故稱。又"丹霞""丹氣""朱霞""紅霞"，指色彩偏重紅色的霞。又"露紅"，表意爲落在紅花上的露水，使得露水呈現紅色。又"丹霜""紅霜"之類，實則表意爲由於霜打葉子，形成紅葉之過程。又"絳雺""絳氛""丹霧""紅霧"，皆表赤色之霧氣。又"紅霾"，指紅色的陰霾。又"赤雪""紅雪"，謂紅色的雪。又"赤色雹"，指赤紅色的冰雹。又"紅雨""赤雨"，謂紅色之雨。又"赤風"，夏季熱風。五色配五時，夏爲朱赤，故稱。又"天酒虹"，謂偏酒紅色之虹霓。又"赤虹""絳虹"，偏紅色之虹霓。又"紅氣""虹氣""灑血""蔽天血"等，皆表放射出十分强烈的漫天紅色光綫的大氣异光現象。

## 表氣象現象爲黃色的古詞語

例如 "黃雲" "黃霽"，謂黃色之雲。"日黃暈"，以黃色爲主調的日暈。又 "日黃白暈"，以黃顏色和白顏色相雜爲主調的日暈。又 "黃霧"，表黃色之霧氣。又 "黃霾"，謂黃色煙塵爲主形成的黃色陰霾。又 "黃雪"，謂黃色的雪。又 "榮光"，黃色光彩之大氣异光。

## 表氣象現象爲綠或青碧色、青蒼色的古詞語

青色是在可見光譜中介於綠色和藍色之間的顏色。青色，古代本義是藍色。青碧色謂山色、煙色、天色之翠色，青蒼色謂山色、煙色、天色之深邃色。"青雲" "青氣" "碧雲" "碧煙" "翠雲" 等，皆爲青碧色之雲。又 "碧霧" "青霧" "青靄" "青氛" "煙翠" "碧氛" "碧雰" 等，皆表青碧色之霧氣。又 "青風"，指春風，五時配五色，春爲青，亦爲草木青綠之季，故稱。又 "碧霞"，指偏青碧色的雲霞，多出現於高山密林處。又 "日青暈"，以青黑顏色爲主調的日暈。又 "青霞"，指偏青黑色的雲霞。又 "蒼虹"，偏蒼青色之虹霓。又 "青黑虹"，青黑色之虹霓。又 "青虹"，偏青藍色之虹霓。又 "綠雨"，謂綠色之雨。康熙《徐聞縣志》卷一："〔嘉靖二十七年〕秋九月，地震，是月雨色綠。"

## 表氣象現象爲紫色的古詞語

例如，"紫霞"，指紫色的雲霞。又 "紫霧" "紫氛" "紫煙" 等，皆表紫色霧氣。又 "紫雲" "紫氣" 等，指紫色的雲氣。古人以紫煙繚繞、紫氣東來表神聖與吉祥的氛圍。

## 表氣象現象爲金、銀或玉色的古詞語

例如，"金風"，指秋風，五行配五時，秋爲金，故稱。又 "金蛇" "紫金蛇"，閃電蜿蜒猶如紫金蛇飛舞。又 "玉竿銀索"，指大雨，因其白亮如銀玉，連續不斷如竹竿、繩索。又 "銀粟" "銀沙" "銀砂"，指銀白色的粟米狀雪。又 "銀砌"，指積雪。又 "白雨"，指暴雨，雨水於空氣交匯呈銀白色。又 "銀竹"，指大雨，其色白亮，其降如竹。又 "銀繩"，謂閃電，謂其色銀白如長繩。

### 表氣象現象爲雜色的古詞語

例如，"赤黄氣雲""黄赤雲"，謂紅色和黄色相間雜之雲氣。又"黑赤黄雲"，謂黑色、紅色和黄色相間雜之雲。又"青白赤黑雲"，具有青、白、赤、黑等四種顏色之雲。又"五雲""五色""五彩""五色雲""五色氣"等，皆指青、白、赤、黑、黄等五色之雲。又"彩雲""九華雲""彤雲""慶雲""雲文""五彩慶雲""八色卿雲"，皆表繽紛彩雲。又"日青赤暈"，以青色和紅色相雜爲主調的日暈。又"日青赤黄暈"，以青色、紅色和黄色相雜爲主調的日暈。又"日五色暈"，呈現五彩繽紛的日暈。又"雲錦""雲霞""明霞""碧霞"，皆指色彩鮮艷的霞。又"駁霞"，指斑駁艷麗之彩霞。又"瑞霞"，謂象徵吉祥之彩霞。又"五色霞"，指五色繽紛的彩霞。又"五色光""五采光""五色祥光""五色帶""美光""景光""神光"等，皆指五顏六色、燦爛多彩的美麗光芒，又多被用來預示吉祥美好之心願。又"錦虹""文虹""五彩虹"，謂色澤鮮艷之虹霓。

## 第九節　中國古代氣象術語中的神鬼觀念

商代之前，長期處於刀耕火種的生産力階段，人們利用季節變化，擇機焚燒坡野，種植穀物。從商代開始，中國逐漸進入農耕社會，天氣變化與糧食收成關係密切。古人總期盼風調雨順，亦畏懼風雨乾旱等天氣帶來的災難，自然就産生了對氣象之神的崇拜以及諸多傳說。最著名的要數后羿射日的傳說。此或是發生於夏代某些年份，當時氣候極爲乾燥，天上似有十個太陽（可能是假日、暈圈等大氣物理現象），烤焦大地，莊稼無收，草木枯萎，人獸飢惶；后羿挺身而出，射下九日，使大地氣温驟降，方解大難。《山海經·大荒經》中提到夸父："夸父不自量，欲追日影，逮之於禺谷。……棄其杖，化爲鄧林。"雖然夸父渴死在路上，但其手杖長成一片森林，森林可調節環境，使降水增多，使乾旱的氣候變得濕潤。這一傳說亦證明，上古時期，人們就已經意識到了森林生態系統與氣象系統的内在關係。

關於古代氣象神靈，林林總總，包括如下類型。

雲神："雲師""豐隆""屏翳""推雲童子"等，皆爲傳說中掌管雲的神。

雨神："雨師""萍翳""蔣翳""玄冥""畢星""商羊""赤松子""雨神""馮脩""雨

神陳華天”“雨神李靖”“雨師應龍”“四海龍王”“涇河龍王”“蒼山龍”“巫山神女”“河伯”“唤雨鳩”等，皆爲古代中國神話中主管下雨的神。亦有現實中的人物被奉爲知曉天象的“神人”，例如諸葛亮等。

風神：“風婆婆”“冷風韓婆”“犬狀風神”“戌神”“方天君”“孟婆”“風神”“風師”“風伯”等，皆爲傳説中掌管風的神。

雪神：“玄冥”“滕六”“雪姐”“玉妃”等，是傳説中掌管雪的神。

霜神：“青女霜妃”，是傳説中掌管霜的女神。

霧神：“五里霧張楷”“三里霧裴優”“布霧郎君”等，是傳説中掌管下霧的神。

雹神：“李左車”“冰神”“降雹武后”，是傳説中掌管冰雹的神。

虹神：“虹女”，謂變化爲虹的仙女。“吐虹怪物”等，謂傳説中能口吐虹霓的怪物。

雷神：“九天應元雷聲普化天尊”“雷公”“雷師”“屏翳”“豐隆”“謝仙”“雷祖”“鄧元帥”“燚火”“畢元帥”“辛元帥”“龐元帥”“飆火”“大神石”“大將軍”“雷王”“夔牛”“袁千里”等，皆爲古代中國神話中主管打雷的神。

電神：“電父”“電母”“朱佩娘”“影刀娘”“閃電娘娘”“金光聖母”“電母秀天君”“掃晴娘”等，皆爲古代中國神話中主管閃電的神。

對應人間，神靈也有階層之分。例如“九天應元雷聲普化天尊”，民間稱“雷祖”，爲雷部最高天神，掌管複雜的雷神組織。總部爲神霄玉清府，下設三省九司、三十六内院中司、東西華臺、玄館妙閣、四府六院及諸司，各分曹局。九天雷公將軍、八方雲雷將軍、五方蠻雷使者、雷部總兵使者都是九天應元雷聲普化天尊的手下；諸司中有三十六名雷公，代天打雷，均聽九天應元雷聲普化天尊的號令。此外，各種氣象神靈亦有區域分布。例如能呼風唤雨的龍王，遍布中華，均有守土之責。諸天有龍（天龍八部）；四海有龍，《西游記》中稱東海龍王敖廣、南海龍王敖欽、北海龍王敖順、西海龍王敖閏；五方有龍，即青帝、赤帝、白帝、黑帝、黄帝；三十八山有龍；二十四嚮有龍；凡是有水的地方，無論湖海河川，還是淵潭池沼以及井、泉之内都有龍王駐守。一説，共有五十四個龍王名號。另説，共有六十二個龍王名號。

古代因科學技術知識的不足，認爲許多天氣、氣候現象或是鬼神之行爲與法力所致，因此許多古籍在描述和解釋一些天氣、氣候現象時，常常加入神鬼之内容。許多氣象名類亦有鬼怪神靈之詞語切入其中。例如，“鬼雨”“怪雨”，謂凄慘之陰雨，使人感到悲愴畏懼。唐李賀《感諷五首》之三：“南山何其悲，鬼雨灑空草。”宋范浚《送茂瞻兄機宜之官廣東》詩：“黄蘆槭槭秋風腓，鬼雨灑空滿山悲。”又“天泣”，上天哭泣，謂無雲而雨。《新唐書·五行志二》：“元和十二年正月乙酉，星見而雨。占曰：‘無雲而雨，是謂天泣。’”宋張齊賢《洛陽搢紳舊聞記·梁太祖優待文士》：“〔梁祖〕謂杜（荀鶴）曰：‘秀才曾見無雲雨否？’荀鶴答言未曾見。梁祖笑曰：‘此所謂無雲而雨，謂之天泣。’”又“挂龍雨”“龍起雲”，伴有龍捲風之大雨，遠看積雨雲呈漏斗狀舒捲下垂，似天龍下挂吸水。宋惠洪《大風夕懷道夫敦素》詩：“方收一霎挂龍雨，忽作千林擷鵃風。”萬曆《廣東通志》卷七二：“〔嘉靖十七年〕七月朔日，會同里洞村前忽見田中風號，木噴煙騰聲，旋轉轟烈，疾如飛電，上有飛蜓萬千，鄉中老幼過客觀者以萬計。初疑爲鬼風，俄而過山嘴，田禾草木林葉如故，復下田溪，聲勢愈烈，飛草揚泥，散亂滿空。少頃雷聲微吼，與勢交振，陰雲四下，靉靆下際，未幾而化，田中寂然。仰目視之，微見半身及尾數丈翱翔於空中，始知其爲龍起雲，因改里洞村爲起龍村。”又如表旱災的氣象之怪的詞語有“旱魃”“魃”“旱鬼”“暵魃”等。《詩·大雅·雲漢》：“旱魃爲虐，如惔如焚。”又“鬼火”，夜晚在墓地或郊野大氣中出現的磷光，迷信者以爲是幽靈之火，故稱。嘉靖《太原縣志》卷三：嘉靖二十九年八月二十九日“夜，有鬼火如列炬，自西南往東北，長二三十里，人皆見之”。又“業風”，指劫末大風災時及地獄等所吹之風。唐顧況《歸陽蕭寺有丁行者能修無生忍擔水施僧況歸命稽首作詩》：“業風吹其魂，猛火燒其煙。”又“天威”，指雷電，古人以其象徵天之威怒，故稱。晋潘岳《狹室賦》：“若乃重陰晦冥，天威震曜。”又“天鼓”，亦稱“雷鼓”“引鼓”“乾雷聲”，指響雷。其響似連鼓，古人以爲天神所擊，故稱。晋葛洪《抱朴子》曰：“雷曰天鼓，雷神曰雷公。”

# 第二章　雲　説

## 第一節　雲氛考

　　本節主要彙集、考證"雲"概念及表現雲形態的古詞語。雲，指地面水蒸氣上升遇冷凝結成的細小水點或冰晶聚合體，呈現爲團狀、波狀或層狀。《説文·雨部》："雲，山川气也。从雨，云象，雲回轉形。"《周易·乾象》："雲行雨施，品物流行。"古人通過觀察雲，形成了諸多關於雲的抽象詞語。例如"霏""氛""氣""雰""靉""靈爽""雲物""雲氣""雲氛""霄""靄""靄"等。自先秦以來，"氣""氛""靈爽""雲氣""雲氛"等詞語大量出現在各類古籍中。而傳承到近現代的祇有"云"與"雲"字。"云"字是"雲"字的簡體，與甲骨文相仿，其形上爲天，下面像旋捲的氣流，表示旋捲之氣升空飄移。顯然在殷商時代，中國先民就意識到大氣擾動與雲之間的某種聯繫。

　　古人辨雲常常運用類比思維，可分爲擬物雲態和擬人雲態。例如，"天公絮"，指雲，遠看如絮，似爲天公所造。又"天衣"，指雲，如天神之衣衫。又"玉葉"，雲之美稱，仿佛飄在天空中的如玉

甲骨文"雲"字，
似旋捲上升到天空
之氣流
(《甲骨文合集》13385)

之葉。又"天波",指雲,望之如波。"天膜",雲氣如膜,故稱。又"雲煙""雲靄""煙靄""煙埃""煙嵐",指狀如煙的雲霧,皆呈繚繞之狀。又"杓雲"(杓,曳引),狀如繩索曳引之雲,故稱。又"杼雲"(杼,織布梭),狀如織梭之雲。又"陣雲",形如墻垣之雲。"戟雲",狀如矛戟之雲氣,舊謂主兵。又"軸雲""杼軸雲",形如織箔之雲。又"雲濤",如浪之雲。又"雲海",指廣闊無垠如海濤起伏的雲,於山頂下視,雲鋪如海。又"雲旂""雲旌",狀如旌旗之雲。又"雲掌",片狀之雲,猶如手掌。又"雲關",遠望雲天如關卡,故

古畫中描繪的雲
(元代山西永樂宮壁畫《朝元圖》局部)

稱。又"雲篆",狀如篆書之雲。又"雲羅",形如羅幕。又"雯""雯華",指紋形之雲。又"鈎雲",指形如彎鈎之雲。又"滑馬",狀如眾馬相鬥之雲。又"蜺雲",形似虹霓之雲。又"蒼衣赤首狀雲",狀如赤紅頭面而着青黑色衣裳的怪人模樣。又"白衣蒼狗""白雲蒼狗",指變幻無常之浮雲,或如白衣,或如蒼狗。又"飆亂鬢狀雲",如狂風吹亂了頭髮之雲。又"雲朵""雲牙""雲片""雲花",擬雲若花朵、牙齒等。又"雲翼",因雲來迴飄動,如有翼翅。又"癢絲狀雲",狀如使人瘙癢細絲,故稱。又"履底狀雲",狀如同鞋底。又"車輪狀雲",狀如同車輪。又"華蓋狀雲",狀如同車上綢傘。又"堤岸狀雲",狀如同堤岸。"眾赤烏狀雲",狀如同一群赤紅色烏鴉。又"飛花狀雲",狀如同飛舞的花朵。

古人常常依照雲的姿態、質地辨雲。例如"傾雲",指側斜之雲。又"立雲",指狀如站立之雲。又"衡雲",指狀如橫臥之雲。又"閑雲",指悠然飄浮的雲。又"密雲""盛雲""濃雲""霮霴""黮霴""鬱雲""膩雲"等,指盛密濃厚之雲。又"行雲""歸雲""游雲""游氛""浮雲""蜚雲"等,指飄行流動的雲。又"無心雲",喻往來無定之浮雲。"孤雲",

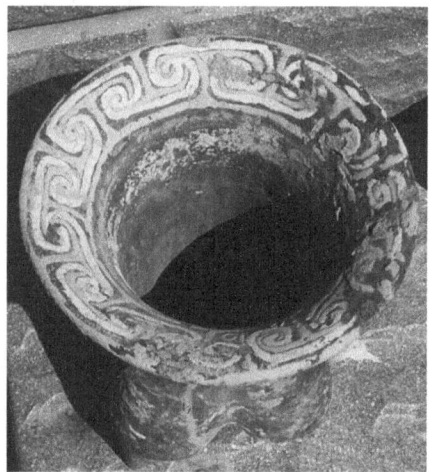

陶器上的雲紋
(約公元前1500年,夏家店遺址出土)

指單獨飄浮的雲片。又“渫雲”，指飄散之雲片。“殘雲”，指稀疏零落之雲。又“暫雲”，指須臾即散之浮雲。又“雲帳”“雲幔”“通天薄雲”等，指遮蔽天際之雲。“隮”，指上升之雲氣。又“癡雲”“頑雲”，指停滯不動的雲或凝滯不散之雲。“層雲”“曾雲”“曾陰”“疊雲”等，指積聚重疊的高空陰雲。又“積雲”“輕雲”“薄雲”“疏雲”“纖雲”“纖翳”“纖凝”等，指柔軟的雲或輕薄之雲。

古人在長期的采獵、耕作、運輸、商品交換等社會實踐中，對雲等天氣現象產生了期盼和敬畏，形成了雲紋這種文化抽象形式，并廣泛應用在建築、服飾、彩陶和青銅器等裝飾中。例如夏家店遺址出土彩陶上描繪的雲紋就是十分典型的抽象幾何紋。

## 雲概念

### 雲

本字“云”。亦稱“靁”等。指天上雲氣。謂地面水蒸氣上升遇冷凝結成細小水點或冰晶聚合而成呈團狀、波狀或層狀者。雲，甲骨文的寫法是上爲天，下面像旋捲的氣流，表示旋捲之氣升空飄移。《黃帝内經·素問·陰陽應象大論》：“地氣上爲雲。”《詩·小雅·信南山》詩：“上天同雲，雨雪雰雰。”《周易·乾象》：“雲行雨施，品物流行。”《楚辭·離騷》：“吾令豐隆乘雲兮，求宓妃之所在。”《呂氏春秋·明理》：“有其狀若懸釜而赤，其名曰雲。”《説文·雨部》：“雲，山川气也。從雨，云象，雲回轉形。”按：《説文》用“雲”作字條標題，解釋文中“云”“雲”混用。漢劉向《戰國策·秦策四》：“楚燕之兵雲翔不敢校，王之功亦多矣。”南朝梁顧野王《玉篇·雨部》：“靁，雲也。”晋陶潛《擬古》之七：“日暮天無雲，春風扇微和。”唐李白《獨坐敬亭山》詩：“衆鳥高飛盡，孤雲獨去閑。”《正字通·二部》：“云，雲本字。”宋蘇軾《書夢中靴銘》：“天步所臨，雲蒸霧起。”金張斛《巫山對月》詩其一：“雲開千里月，風動一天星。”明丁鶴年《題筠軒（爲定海胡處士賦）》詩：“薄雲通雨氣，清夜動秋聲。”清于範《雙調望江南·秋悵》詞：“潮落吴江秋月冷，雲連芳草故園迷。”

雲與山水、植被、人文融爲一體
（明仇英《仙山樓閣圖》局部）

【云】

即雲。此體先秦時期已行用。見該文。

【霔】

即雲。此稱南北朝時期已行用。見該文。

【靉】

即雲。晋潘尼《逸民吟》中已有"靉"字出現。參見本卷"靉靆"詞條。宋歐陽修《和徐生假山》詩："靉若氣融結，突如鬼鏤鐫。"元吳澄《江西秋闈分韵》："一天秋意滿，淡泊散微靉。"明郎瑛《七修類稿・奇謔類》："香靉滿空，飄小雨數點而散。"明佚名《道法會元》："月魄靉蕭，芬艷翳寥。"清王夫之《九昭》："駭哀吟之宵顜兮，鬱薄霄乎夕靉。"清弘曆《避暑山莊三十六景詩・雲容水態》詩："波輕含蔚靉，煙細結漪紋。"一説，靉謂雲盛貌。《集韵・海韵》："靉，雲盛兒。"常與"靆"組詞爲"靉靆"。參見本卷《天雲説・雲氛考》"靉靆"文。

【靈爽】

即雲。《山海經》："沈所東海，靈爽西邁。"晋陸雲《贈鄭曼季・谷風》詩："玄澤墜潤，靈爽煙熅。"《文選・郭璞〈江賦〉》："奇相得道而宅神，乃協靈爽於湘娥。"北周武帝宇文邕《無上秘要》："高上清靈爽，悲歌朗太空。"唐佚名《郊廟歌辭・享太廟樂章》："眇嘉樂，授靈爽。感若來，思如往。休氣散，回風上。"宋張君房《雲笈七籤》："氣者陰陽之太和，萬物之靈爽也。"元張玉娘《幽居四景・窗月》詩："四壁寂無聲，合座生靈爽。"明徐熥《喪車行》："靈爽歸山丘，枯髏別華屋。"明查志隆《岱史》："靈爽咫尺，鑒察絲毫。"《雲南通志》卷二九："雲洞深秀，天梯嶙峋，倘佯其間，靈爽常存。"

【氛】[1]

亦作"雰"。即雲、雲氣。亦指霧氣。《詩・小雅・信南山》："雨雪雰雰。"按，雰雰，或爲雨雪之時，雲霧濃貌態。亦爲雨雪盛貌態。《説文・雨部》："雰，氛，或从雨。"《黃帝内經・素問・六玄正紀大論》："寒氛結爲霜雪。"漢劉向《九嘆・惜賢》："俟時風之清澈兮，愈氛霧其如塵。"晋陶潛《和郭主簿》詩之二："露凝無游氛，天高風景澈。"南朝宋謝惠連《西陵遇風獻康樂》詩："浮氛晦崖巘，積素惑原疇。"唐韓愈《龜山操》："龜之氛兮，不能雲雨。"宋劉敞《秋晴西樓》詩："清風卷氛翳，廣野露秋毫。"金趙秉文《九日登繁臺寺》詩："波澄無餘滓，天清廓游氛。"明丁鶴年《太守兄遺紙帳仍贈以詩次韵奉謝》詩："湘娥剪水霜刀匀，虛室生白無纖氛。"清李元鼎《南歌子・和秋宵寓滄浪亭聞捷四首》詞："爲看清輝依舊，海氛平。"

【雰】[1]

即氛[1]。此體先秦已行用。見該文。

【雲物】[1]

即雲。晋葛洪《抱朴子・知止》："若夫善卷、巢、許、管、胡之徒，咸蹈雲物以高騖，依龍鳳以竦迹。"北魏丘遲《九日侍宴樂游苑詩》："雲物游飀，光景高麗。"唐皇甫枚《三水小牘》："夏四月朔旦，雲物暴起於西北隅，瞬息間濃雲四塞，大風壞屋拔木，雨且雹。"唐杜甫《敬贈鄭諫議十韵》："思飄雲物外，律中鬼神驚。"宋范成大《光相寺》詩："雲物爲人布世界，日輪同我行虛空。"金元好問《婆羅門引・過孟津河山亭故基》詞："寂寞高秋雲物，殘照半林明。"明劉克正《飛來寺》詩其一："天邊雲物浮千嶂，嶺外風煙散百蠻。"清彭孫貽《吞海亭二首》其二："天門落海影，雲物互吞吐。"

【霄】[1]

又作"雲霄"。即雲。亦表高空。漢揚雄《甘泉賦》："騰清霄而軼浮景兮，夫何旟旐郅偈之旖旎也！"晉郭璞《江賦》："流風蒸雷，騰虹揚霄。"晉阮籍《詠懷》其十五："奇顔雲霄閑，揮袖凌虛翔。"《後漢書·張衡傳》："霄，雲也。"唐高適《同群公秋登琴臺》詩："萬象歸白帝，平川橫赤霄。"唐馬雲奇《九日同諸公殊俗之作》詩："登高乍似雲霄近，寓目仍驚草樹低。"宋劉之翰《水調歌頭·獻田都統》詞："獨鶴歸來晚，聲在碧霄中。"金趙秉文《游崆峒四絶·仙人橋》詩："偶携青竹杖，平步到雲霄。"明丁鶴年《奉懷九靈先生就次其留別舊韵二首》其一："晴霞麗層霄，淑景媚清曙。"清廓露《疊彩山》詩："靈洞出霄半，颯爽涼風生。"

【雲霄】

即霄[1]。此稱晉代已行用。見該文。

【靄】[1]

亦作"藹""𩃧"。即雲，亦表雲狀。氣象學稱輕霧爲靄。"𩃧"，當爲"靄"之訛字。晉陶潛《時運》："山滌餘靄，宇暖微霄。"又《挽歌》："悲風徽行軌，傾雲結流藹。"李善注："《文字集略》曰：'藹，雲雨狀也。'藹與靄，古字同。"南朝宋謝惠連《雪賦》："於是河海生雲，朔漠飛沙，連氛纍靄，掩日韜霞。"南朝梁顧野王《玉篇·雨部》："靄，雲狀。"唐佚名詩："遠岫開翠氛，遥山卷青靄。"宋姚述堯《太平歡·聖節賜宴》詞："和滿乾坤，春回草木，瑞靄凝金闕。"明梁寅《病起言懷三首》其二："落落朝霞紅冠林，紛紛山靄翠迷岑。"清王夫之《冬夕》詩："薄靄孤星出，林風幾葉飛。"清黃宗羲《過雲木冰記》："自雪竇返至過雲，霧靄洪濁，蒸滿山谷。"

【藹】

"靄"之古字。此體晉代已行用。見該文。

【𩃧】

同"靄[1]"。此體清代已行用。見該文。

【氣】

亦作"气"。即雲。"氣"字最早見於商代甲骨文，其古字形態類比雲層的樣子，演化到戰國的文字至小篆，"氣"又有了自地面升騰成雲的象形表意，説明古人已意識到天空之雲源於地氣（水汽蒸發）。"气"是"氣"的古字。氣字從米、气聲，本義是饋贈給客人的米糧，假借爲雲氣之用。《墨子·號令》："巫祝史與望氣者，必以善言告民，以請上報守。"《説文·气部》："〔气〕雲氣也。象形。凡气之屬皆从气。"段玉裁注："气、氣，古今字。"南朝宋謝惠連《泛湖歸出樓中玩月》詩："斐斐氣幕岫，泫泫露盈條。"唐杜甫《秋興》詩之五："西望瑶池降王母，東來紫氣滿函關。"金李晏《游龍門回投超化寺二首》其二："冷瀝泉初動，春巉氣欲浮。"明凌雲翰《怡雲軒爲魏良賦》："氣逐龍身遠，光搖鶴髮明。"清何鞏道《殘臘自欖回邑舟中滯雨復送式祖侄》詩："雨氣連空轉，江聲入夢飛。"一説，爲大氣、空氣。《墨子·備穴》："然炭杜之，滿鑪而蓋之，毋令氣出。"《列子·天瑞》："天，積氣耳，亡處亡氣。"漢王充《論衡·道虛》："致生息之物密器之中，覆蓋其口，漆塗其隙，中外氣隔，息不得泄，有頃死也。"

## 【气】

"氣"之古字。此體先秦時期已行用。見該文。又爲今"氣"字之簡體。

## 【雲氣】

亦稱"霠"。即雲，或亦雲亦霧。《管子·水地》："欲上則凌於雲氣，欲下則入於深泉，變化無日，上下無時。"《史記·律書》正義："凡兩軍相敵，上皆有雲氣及日暈。"漢王褒《聖主得賢臣頌》："虎嘯而谷風洌，龍興而致雲氣。"晋阮籍《咏懷》："裳衣佩雲氣，言語究靈神。"南朝陳張正見《和衡陽王秋夜詩》："睢苑凉風舉，章臺雲氣收。"唐馬戴《落照》詩："金霞與雲氣，散漫復相和。"宋文天祥《亂礁洋》詩："雲氣東南密，龍騰上碧空。"《集韵·腫韵》："霠，雲氣。"元成廷珪《送李子威代祀嵩衡淮海》詩："群生望甘澤，五嶽雲氣通。"明危素《送朱尊師》詩："月波流空寒似雪，雲氣拔地高於山。"清王夫之《擬阮步兵咏懷二十四首》其十六："雲氣浮遠白，西南接蒼梧。"

## 【霠】

即雲氣。此稱宋代已行用。見該文。

## 【雲霧】[1]

即雲，或亦雲亦霧。《韓非子·難勢》："飛龍乘雲，騰蛇游霧，吾不以龍蛇爲不託於雲霧之勢也。"漢王逸《九思·逢尤》詩："雲霧會兮日冥晦，飄風起兮揚塵埃。"三國魏曹植《飛龍篇》："晨游泰山，雲霧窈窕。"唐王勃《別人四首》其二："江上風煙積，山幽雲霧多。"宋丁開《漂泊岳陽遇張中行因泛舟洞庭晚宿君山聯句》詩："日月互吞吐，雲霧自生滅。"金李晏《通州道中》詩："塵埃山色斷，雲霧日光寒。"明舒頔《雨窗偶成》："雨壓中天雲霧低，華陽閣外草萋萋。"清符秉忠《黄鶴樓石柱聯》："爽氣西來，雲霧掃開天地憾；大江東去，波濤洗净古今愁。"

## 【雲膚】

即雲。晋潘尼《苦雨賦》："氣觸石而結蒸兮，雲膚合而仰浮。"按：雲膚，原意爲雲氣逐漸集合，後以"雲膚"指雲氣。唐李嶠《雨》詩："西北雲膚起，東南雨足來。"宋蘇頌《次韵簽判梁寺丞阻水見寄》詩："荒郊逢轍涸，激水待雲膚。"元李道謙《甘水仙源録》："雲膚寸而雨，公密禱於天。"明謝遷《喜雨仍前韵》："雲膚觸石起前山，甘雨崇朝遍兩間。"清譚廷獻《吼山同陶方琦子珍》詩："下削雲膚幾千尺，東宕鳥啼西宕聞。"

# 雲　態

## 雲朵

亦稱"雲花"。如花朵之態的雲。或因局部上升氣流，或因高空局部氣壓場變化形成的相對獨立之雲。南朝齊王融《永明樂》詩之六："香風流梵琯，澤雨散雲花。"唐曹松《貽住山僧》詩："雲朵緣崖發，峰陰截水清。"唐盧照鄰《三月曲水宴得樽字》詩："日影巖前落，雲花江上翻。"宋晁公遡《啖荔子戲作》詩："高攀上帝紅雲朵，笑撮仙人白玉丹。"宋白玉蟾《秋宵辭》詩其一："雲花遠縹緲，月影寒寂寥。"金馬鈺《踏雲行·贈馮守慈》："浮名浮利浮雲朵。萬緣一撒恰如無，長生路上修仙果。"

元觀音奴《栖霞洞》詩："聽泉消俗慮，拂石看雲花。"明王越《晚翠軒枇杷》詩："清氣吹寒上畫屏，隔窗影亂香雲朵。"明王恭《題冶城開元寺》詩："鳥邊祇樹人煙近，象外雲花野照深。"清劉繹《舟中苦熱》詩："偶然見日陰，前山冒雲朵。"清覺羅崇恩《净業湖雨小憩僧舍得句有懷李四侍郎次雷字韵》詩："黑白雲花涌作堆，芙蓉塘外殷輕雷。"

【雲花】

即雲朵。此稱南北朝時期已行用。見該文。

【雲片】[1]

即雲朵。唐劉禹錫《海陽十咏·飛練瀑》："瓊枝曲不折，雲片晴猶下。"宋沈廷瑞《贈僧昭瑩》詩："雲片隨天闊，泉聲落石孤。"元瞿智《次韵監郡魯公二首》詩其一："蓉花簇簇開巖岫，雲片飛飛起鸊鵜。"明袁宗道《晴晚編書》："風收雲片薄，雨洗月痕鮮。"清弘曆《曉行即景》："氣壓不能升，結作白雲片。"

【雲翼】

即雲朵。因其來回飄動，如有翼翅，故稱。晉郭璞《江賦》："眇若雲翼絶嶺。"又《游仙詩十九首》其八："仰思舉雲翼，延首矯玉掌。"

敦煌壁畫中描繪的雲朵

南朝宋王素《學阮步兵體詩》："聯綿共雲翼，燕婉相携持。"唐盧綸《書情上大尹十兄》詩："海鱗方潑刺，雲翼暫徘徊。"宋喻良能《次韵劉淳叟見寄二首》其一："九萬垂雲翼，胡爲乃倦飛。"元劉子房《石門山》詩："獨向霧中來，遥遥羡雲翼。"明釋今壁《沈融谷重游丹霞賦贈》詩："千峰鳥道攀雲翼，一榻春燈對夜禪。"清章甫《賀陳仲義長郎穎臣入泮》詩："鯤鵬倏忽化神奇，雲翼摩空争快睹。"

## 雲牙

以牙喻小，指小片雲，或爲"雲絲"狀。《隋書·禮儀志五》："皇帝、皇后之輅……畫輪轂、軿衡以雲牙。"唐陸龜蒙《和襲美江南道中懷茅山廣文南陽博士三首次韵》之一："天寒夜漱雲牙净，雪壞晴梳石髮香。"《黄庭遁甲緣身經》："雲牙者，五老之精氣，太極之霞姻。"明張時徹《九仙山》詩："朱闌懸海蜃，玉笛動雲牙。"清韓鳳儀《玉笋峰》詩："雲牙交迸出巉巖，秀挺依稀玉笋尖。"

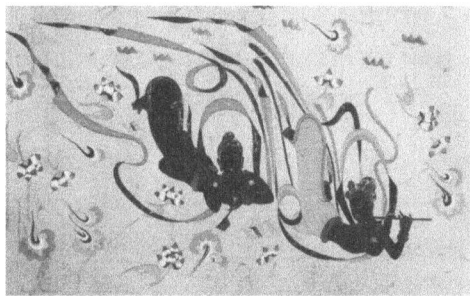

雲　牙
（甘肅敦煌壁畫）

## 孤雲

指單獨飄浮的雲片、雲朵。即在高氣壓控制的區域，偶有局部氣流上升形成的雲。晉陶潛《咏貧士》："萬族各有託，孤雲獨無依。"《漢魏南北朝墓志彙編·北魏》："孤雲爲伍，野雀是群，珠光易墜，逝水無停。"唐李白《獨坐敬亭山》詩："衆鳥高飛盡，孤雲獨去閑。"唐杜牧《將赴吳興登樂游原》詩："清時有味是無能，閑愛孤雲静愛僧。"宋蘇軾《虔州八境圖》詩："勸客登臨無限思，孤雲落日是長安。"元王結《再次從字韵》："野鶴孤雲應笑我，幾時能了濟時功？"明李贄《焚書·送方外上人》詩："今日還從江上來，孤雲野鶴在山寺。"清蒲松齡《聊齋志異·成仙》："孤雲野鶴，栖無定所。"

## 浮雲

指飄浮在天空中的雲彩。或指飄動不定之雲。《楚辭·九辯》："塊獨守此無澤兮，仰浮雲而永嘆。"《古詩十九首·西北有高樓》："西北有高樓，上與浮雲齊。"《周書·蕭大圜傳》："嗟乎！人生若浮雲朝露。"宋王安石《登飛來峰》詩："不畏浮雲遮望眼，自緣身在最高層。"清陳恭尹《雜詩》："浮雲無定所，舒捲任秋風。"

【蜚雲】

即浮雲。唐柳宗元《閔生賦》："波淫溢以不反兮，蒼梧鬱其蜚雲。"宋陳造《鄆州守風二首》其一："驚風清旦捲黃沙，薄暮蜚雲尚砲車。"元鄭元祐《天台山圖》："絲聲落澗秋潺潺

浮　雲
（清末民初祁崑繪畫）

潺，曲終蜚雲舞玄鶴。"清弘曆《題周鯤仿唐寅終南十景圖·滌煩磯》詩："萬木鬱蜚雲，衆泉泌鳴玉。"

## 行雲

飄行的雲；流動的雲。《列子·湯問》："聲振林木，響遏行雲。"三國魏曹植《王仲宣誄》："行雲徘徊，游魚失浪。"晉王讚《三月三日》詩："亹亹不舍，如彼行雲。"唐元稹《咏廿四氣詩·夏至五月中》："過雨頻飛電，行雲屢帶虹。"宋劉鎮《玉樓春·東山探梅》詞："疏風淡月有來時，流水行雲無覓處。"元白樸《水龍吟》詞："風起魚龍浪捲，望行雲、飄然不見。"元張昱《別春次揚州成廷珪韵》詩："爲晉爲秦花幾度，行雲行雨日千回。"清佚名《嵌名贈妓聯》詩："待月莫如花下坐，行雲有意夢中來。"

【歸雲】

即行雲。飄流猶似歸去，故稱。《漢書·禮樂志》："流星隕，感惟風，籋歸雲，撫懷心。"晉潘岳《西征賦》："吐清風之厲戾，納歸雲之鬱蓊。"唐靈一《送王穎悟歸左綿》詩："荒郊極望歸雲盡，瘦馬空嘶落日殘。"宋柳永《少年游》詞："歸雲一去無蹤迹，何處是前期？"元周權《雜興》詩其十二："歸雲不肯栖，浩蕩弄山翠。"明郭鈺《風雨舟中作》詩："歸雲亂擁青山樹，飛雨斜穿白浪風。"清彭孫貽《春日登遠人樓》詩："春光一片圍村樹，不放歸雲過遠巒。"

【游氛】[1]

即行雲。晉陶潛《和郭主簿二首》其二："露凝無游氛，天高肅景澈。"唐李嶠《早發苦竹觀》詩："行看遠星稀，漸覺游氛少。"宋劉才邵《贈吾彦逸》詩："游氛洗盡天宇空，山色

湖光相媚嫵。”元盧摯《贈陝西李廉使古意二首》其二：“悲鳴動遥夜，天衢屏游氛。”明何景明《逐鹿道中》詩：“日氣夕冷陰，游氛浩無極。”清潘耒《華峰頂》詩：“游氛豁盡日當午，洞視八表無纖埃。”

【游雲】

即行雲。《漢書·高帝紀》：“用陳平計，乃僞游雲夢。”晉成公綏《嘯賦》：“飄游雲於泰清，集長風乎萬里。”南朝宋劉義慶《世說新語·容止》：“飄如游雲，矯若驚龍。”唐李白《觀博平王志安少府山水粉圖》詩：“游雲不知歸，日見白鷗在。”宋李彌遜《次韵王才元陪季申樞密諸公游東山之作》詩：“游雲本無心，時爲晴山留。”元王冕《初夏閑興》詩：“推窗看游雲，山花墜紅雨。”清嚴啓煜《留別吳門諸子》詩其一：“游雲變滅元無定，盤谷寬閑實見招。”

【流雲】

即行雲。雲層較低，速度較快。南朝宋顔延之《直東宮答鄭尚書道子》詩：“流雲藹青闕，皓月鑒丹宫。”唐宋之問《龍門應制》詩：“宿雨霽氛埃，流雲度城闕。”宋王灼《長相思·來匆匆》詞：“山重重，水重重。飛絮流雲西復東。”《西游記》第三五回：“行似流雲離海嶽，聲如霹靂震山川。”明陸人龍《三刻拍案驚奇》序：“斜陽映水，峰際流雲。”

【飛雲】

快速流動的雲。即行雲。晉張翼《咏德三首》其二：“靈飆起回浪，飛雲騰逆鱗。”南朝宋鮑照《岐陽守風》詩：“飛雲日東西，別鶴方楚越。”唐小白《羅浮》詩：“游人莫着單衣去，六月飛雲帶雪寒。”宋張先《御街行·送蜀客》

詞：“更獨自、盡上高臺望，望盡飛雲斷。”明佚名《英烈傳》第七六回：“懸崖峭壁勢欲傾，惟見飛雲空冉冉。”明孟稱舜《嬌紅記·要盟》：“暗想當時情已去，一霎飛雲過雨。”

【無心雲】

往來無定之浮雲。即行雲。唐李白《同王昌齡送族弟襄歸桂陽二首》其一：“終然無心雲，海上同飛翻。”又《送韓準裴政孔巢父還山》詩：“時時或乘興，往往雲無心。”唐杜甫《白水崔少府十九翁高齋三十韵》：“上有無心雲，下有欲落石。”宋辛棄疾《玉樓春》詞：

流動飄行的無心雲
（宋金大受《十六羅漢圖》之五局部）

“無心雲自來還去，元共青山相爾汝。”清陶元藻《英德峽》詩：“幾片無心雲，時來渡頭歇。”按，無心雲之詞義出自晉陶潛《歸去來辭》：“雲無心而出岫，鳥倦飛而知還。”

【閑雲】

悠然飄浮的雲。即行雲。唐佚名《晦日同志昆明池泛舟》詩：“曉吹兼漁笛，閑雲伴客

閑雲野鶴
（清顔嶧《松群鶴圖》局部）

愁。"唐王勃《滕王閣序》詩："閑雲潭影日悠悠，物換星移幾度秋。"唐釋處默《憶廬山舊居》詩："獨鶴祇爲山客伴，閑雲常在野僧家。"宋黃彥平《宿香嚴寺》其二："山北山南時一過，閑雲野鶴故人心。"元耶律楚材《過青塚用先君文獻公韵》："幽怨半和青塚月，閑雲常鎖黑河秋。"明張居正《答藩伯王麟洲書》："閑雲出岫，倦翼投林，何容心於意必乎！"清彭孫貽《真相寺登大悲閣唱和詩遥和黃梅南和尚范隱君文白》其六："閑雲隨客住，野水到門深。"

## 傾雲

形態側斜之雲。與地形有關。晋陸機《挽歌》："悲風徽行軌，傾雲結流藹。"唐皎然《哭吳縣房聳明府》詩："傾雲爲慘結，吊鶴共聯翩。"宋李綱《九日登山亭會飲》："傾雲山藹，佳色風林。"宋姜特立《梅山續稿》卷一七："金虵照夜三千尺，銀竹傾雲百萬條。"《太上三洞神咒》："飛砂走石，倒海傾雲。"明章潢《圖書編》卷五六："傾雲隨東風起，風定雨方止。"清毛奇齡《謝舒漢文贈佳履名酒》詩："剪毳紅籠襪，傾雲綠滿杯。"

## 衡雲

狀如橫卧之雲。與地形有關。又作衡山之雲。馬王堆帛書《天文氣象雜占》："衡雲穿之，有命兵。北宮。"顧鐵符注："衡，通'橫'字。"唐歐陽詢等《藝文類聚》卷四八："衡雲霏霏，以承蓋旐，聯翩以飄，飆旌繽紛。"宋文天祥《湘潭道中贈丁碧眼相士》其二："收拾衡雲作羽衣，便如屈子遠游歸。"元周巽《江南弄》其四："北去馬蹄衝塞雪，南來雁字隔衡雲。"明王世貞《寄萬郎中恤刑楚中》其一："躡履衡雲外，裁詩峽色中。"清李興銳《挽曾

橫卧之傾雲、衡雲
（宋李唐《坐石看雲圖》局部）

國荃聯》："竹林增老淚，衡雲湘水倍銷魂。"

## 屯雲

指積聚之雲氣。《列子·周穆王》："出雲雨之上，而不知下之據，望之若屯雲焉。"晋傅玄《雨》詩："屯雲結不解，長溜周四阿。"唐武元衡《幕中諸公有觀獵之作因繼之》詩："刀州城北劍山東，甲士屯雲騎散風。"宋衛宗武《墳院新篁》詩其二："嬋娟色媚已映月，團欒氣合行屯雲。"元耶律鑄《大川行》詩："屯雲黑色日將莫，晦明揮霍雨如注。"明劉嵩《感時和王以方》詩："屯雲蔽白日，澤國生暮愁。"清彭孫貽《雨泊魯港》詩："一雨太陰黑，屯雲衆山冠。"

## 【聚雲】

即屯雲。《史記·封禪書》："自古以雍州積高，神明之隩，故立畤郊上帝，諸神祠皆聚雲。"南朝宋鮑照《苦雨》詩："密霧冥下溪，聚雲屯高岸。"南朝陳叔寶《昭君》詩："狼山聚雲暗，龍沙飛雪輕。"《隋書·天文志》："日暈而兩珥在外，有聚雲在內與外，不出三日，城圍出戰。"唐釋皎然《舂陵登望》詩："西底空流水，東垣但聚雲。"宋徐照《游雁蕩山·寶冠寺》："水響常如雨，林寒忽聚雲。"明歐大任《秋日粵秀山寺禮毗盧遮那佛》詩："惚恍聚

雲狀，岐崒疏峰形。"清李調元《南越筆記》卷一四："諸魚望之而聚雲。"

【族雲】

即屯雲。南朝宋鮑照《喜雨》詩："族雲飛泉室，震風沈羽鄉。"《南齊書·樂志》："族雲蓊鬱温風煽，興雨祁祁黍苗遍。"元劉大彬《茅山志》："酒有族雲浮紫，旱鶴呈素，盹暖高垂，徘徊迴屬。"明戴良《對雨金達可送酒至》："族雲起泉室，零雨下陽臺。"《欽定熱河志》："過午特炎蒸，情知當有雨。西南升族雲，氣應西北宇。"

【積雲】

即屯雲。該詞語傳承至今，爲現代氣象學所用。即在大氣對流作用下，雲體垂直向上發展成的上部突出的雲朵。可分爲淡積雲、濃積雲。濃積雲又可發展爲積雨雲。漢王褒《甘泉頌》："却而望之，鬱乎似積雲。"《漢書·睢兩夏侯京翼李傳》："起風，積雲，又錯以山崩地動，河不用其道。"唐張祜《觀潮十韵》詩："草微淹澤莽，沙漲積雲堆。"宋葉適《毛希元隱居廬山卧龍瀑》詩："登高一長望，萬里皆積雲。"金周昂《翠屏口七首》其七："積雲鴉度久，荒岸馬歸齊。"明危素《越麥日祥文來奉贈一首》詩："積雲起層巒，大雪被長坂。"清趙執信《游碧落洞》詩："杳冥積雲日，闔辟生晝夜。"

底平而上部突起的積雲
（元《捶丸圖畫壁》局部）

## 靉靆

雲盛貌，亦指雲霧飄拂貌、繚繞貌。晋潘尼《逸民吟》其一："朝雲靉靆，行露未晞。"南朝梁王僧孺《慧印三昧及濟方等學二經續讚》："覆其靉靆，浸此熙漣。"唐釋玄應等《一切經音義》卷六○："靉靆，雲盛兒。"唐劉禹錫《和汴州令狐相公到鎮改月偶書所懷二十二韵》："衣風飄靉靆，燭淚滴巉巖。"《敦煌變文集·頻婆娑羅王后宮綵女功德意供養塔生天因緣變》："先鋪靉靆之雲，後降潑墨之雨。"元卞思義《溪山春雨圖》詩："雲林靉靆春日低，小橋流水行人稀。"明王錂《尋親記·對雪》："彤雲靉靆，茅屋頓成銀界。"清周亮工《將樂玉華洞》詩："天階尋玉華，風急雲靉靆。"

靉靆之雲態
（明王勤《天龍八部羅義女衆仙》局部）

## 雲帳

指蔽天之雲。即大尺度天氣系統形成的雲系。以雲喻幔帳，故稱。漢劉歆《西京雜記》卷一："成帝設雲帳、雲幄、雲幕於甘泉紫殿，世謂三雲殿。"南北朝佚名《太上大道玉清經》："仙花薦地，雲帳羅空。"唐劉禹錫《七夕》詩之二："天衢啓雲帳，神馭上星橋。"唐李沇《巫山高》詩："巫妝不治獨西望，暗泣紅蕉抱雲帳。"宋文同《慈濟院雙楠》詩："佛現寶幢經幾劫，天開雲帳待何人。"元宋褧《燕石集》卷四："掃粉浴蘭雲帳底，三十六宮寒似水。"明岑萬《宿龍泉再用簡州韵》詩："芙蓉雲帳望中微，碧樹青莎静掩扉。"清呆翁行悦《列祖提綱錄》："是日霜風亘天壤，一聲振忽雷，前星墮雲帳。"

【雲幔】

指如幔帳蔽天之雲。即雲帳。唐杜甫《西閣雨望》詩："樓雨霑雲幔，山寒著水城。"宋吳文英《玉漏遲·瓜涇度中秋夕賦》詞："萬里嬋娟，幾許霧屏雲幔。"明查志隆《岱史》："凌晨雲幔天涯白，子夜晴搖海日紅。"清陸求可《紅林檎近·舟雨》詩："四面雲幔凄清。艤棹近前汀。"

【雲羅】

蓋天之雲，形如羅幕，故稱。即雲帳。南朝梁江淹《雜體詩三十首·嵇中散言志》："曠哉宇宙惠，雲羅更四陳。"唐李商隱《春雨》詩："玉璫緘札何由達，萬里雲羅一雁飛。"宋劉敞《再和鄰幾》詩："煙素長誰引，雲羅薄自

浮。"金元好問《行香子》詞："漫漫晴波，澹澹雲羅。"明黎民表《豫章江行》其二："鷗來搖水鏡，鴻去避雲羅。"清文廷式《憶舊游·秋雁庚子八月作》詩："望極雲羅縹緲，孤影幾回驚。"

## 天膜

指雲層。宋蘇舜欽《依韵和伯鎮中秋見月九日遇雨之作》詩："豈如秋風勁利劇刀劍，颭破天膜清光開。"清錢謙益《效歐陽詹玩月》詩："疾雷掉車天膜破，急雨迎陳陽歊收。"

## 密雲

盛密濃厚之雲。或爲較强空氣對流形成的積雨雲或大範圍鋒面動力抬升形成的雲層。《周易·小畜》："密雲不雨，自我西郊。"《後漢書·桓帝紀》："頃雨不沾澤，密雲復散。"《後漢書·鍾離意傳》："〔永平三年〕夏旱，而大起北宮，意詣闕免冠上疏曰：'比日密雲，遂無大潤，豈政有未得應天心者邪？'詔因謝公卿百僚，遂應時澍雨焉。"晋曹攄《思友人》詩："密雲翳陽景，霖潦淹庭除。"唐易静《兵要望江南·占雨第八》詩："密雲現，雨陣黑濃濃。"宋周邦彦《望江南·春遊》詞："芳草懷煙迷水曲，密雲銜雨暗城西。"正德《淮安府志》卷

雲幔、雲羅等
（明仇英《神仙圖》局部）

密雲（今稱"濃積雲"）
（唐吳道子《香月潮音圖》局部）

一五：“〔正德六年〕清河縣元旦乾隅黑氣突起，俄而密雲四布，雷雨大作，忽明忽晦者至巳，氣如炎暑。”

**【周雲】**

周，猶稠也。指盛密濃厚、將雨之雲。即密雲。《淮南子·俶真訓》：“譬若周雲之蘢蓯，遼巢彭濞而爲雨。”高誘注：“周雲，密雨雲也。”明楊承鯤《十月一日二十六韻》：“黔贏更不密，震雷周雲端。”一説，指朝雲。參閲俞樾《諸子平議·淮南内篇一》。

**【委雲】**

即密雲。《管子·侈靡》：“雲平而雨不甚，無委雲，雨則遽已。”唐白居易《續古詩十首》其十：“陽光委雲上，傾心欲何依。”宋王安石《我所思寄黃吉甫》詩：“委雲半飛泉，挂龍尾跳空。”元虞集《題張希孟凝雲石》詩：“海口不盈握，隤然如委雲。”明區懷瑞《入岨尋洗耳庵二首》其二：“松風洗煙無不爾，蘚花紛紛委雲紫。”清胤禛《織圖二十三首·裁衣》詩：“刀尺迎風寒，元黃委雲滿。”郭沫若等集校：“委雲，猶言‘垂天之雲’。稠雲萃積，雨乃驟至，如稠雲散則雨速止。”

**【盛雲】**

即密雲。《韓非子·勢難》：“夫有盛雲濃霧之勢而不能乘游者，螾螘之薄材也。”唐陸龜蒙《奉和襲美酬前進士崔璐盛制見寄因贈至一百四十言》詩：“南山盛雲雨，東序堆瓊琚。”宋洪芻《同師川過李三十九湖上宅用師川韵》：“多書唐鄴侯，藹藹盛雲來。”明湯顯祖《南旺分泉》詩：“依陰發泉墾，開陽盛雲雷。”雍正《浙江通志》卷二二：“東南之盛，雲擁雉堞。”

**【膩雲】**

指濃厚的雲層。即密雲。宋秦觀《沁園春·春思》詞：“宿靄迷空，膩雲籠日，晝景漸長。”宋聞人符《題習清閣》詩：“膩雲留宿潤，膏雨沐春容。”清《欽定熱河志》卷一〇：“傍午膩雲散，寥天朗日。”清弘曆《董源溪山風雨》詩：“膩雲落脚雨森森，山色模糊樹影沉。”

**【鬱雲】**

指鬱積之濃雲。即密雲。三國魏曹植《贈徐幹》詩：“文昌鬱雲興，迎風高中天。”南北朝孔欣《祠太廟》詩：“峨峨高堂上，層構鬱雲起。”宋周紫芝《齊山有巖穴宛轉山間秀色可喜號小九華》詩：“鬱雲開層巔，飛瀑挂蒼壁。”金李經《雜詩五首》其四：“巖椒鬱雲，日夕生陰。”明楊士奇《武昌游道院分韵二首·客字》詩：“仙宫鬱雲興，邈與紅塵隔。”清陳子升《寄方密之學士》詩：“桂林西去雲雱雱，皖國殘山轉鬱雲。”

**【靅靆】**

亦稱“繁雲”“霳”“靅”。即密雲。本爲雲貌，亦指濃雲。漢王延壽《魯靈光殿賦》：“雲覆靅靆，洞杳冥分。”吕延濟注：“靅靆，繁雲貌。”晋張協《雜詩十首》其四：“翳翳結繁雲，森森散雨足。”南朝宋鮑照《還都道中》詩：“靅靆冥隅岫，濛昧江上霧。”唐齊己《夏雨》詩：“靅靆蔽穹蒼，冥濛自一方。”北周庾信《對雨》詩：“繁雲猶暗嶺，積雨未開庭。”《集韵·感韵》：“霳，靅靆，繁雲。亦作靅。”宋俞德鄰《獨孤檜》詩：“根盤九地蟄蛟螭，幹聳層霄浮靅靆。”宋强至《次韵元恕苦寒之什》詩：“繁雲凝不散，朔吹動無涯。”元黃石翁《題米元暉湖山煙雨圖并序》詩：“偶然墨雲起靅靆，風雨偃林生暮寒。"明夏完淳《南浦》詩："靅沛兮馳虛無，橫海兮伏波。"明嚴嵩《喜雨和胡都憲》詩："靅霴總隨和氣洽，蕭森時逐遠風沉。"清奕欣《琉璃河口占》詩："山尖靅霴含青靄，林外蒼茫罨曉煙。"

**【繁雲】**

即靅霴。此稱晋代已行用。見該文。

**【霴】**

即靅霴。此稱宋代已行用。見該文。

**【靅】**

即靅霴。此稱宋代已行用。見該文。

**【疊雲】**

積聚重疊的陰雲。即密雲。晋支遁《四月八日贊佛》詩："三春迭云謝，首夏含朱明。"唐韋應物《立夏日憶京師諸弟》詩："長風始飄閣，疊雲纔吐嶺。"宋蔡襄《夏晚南墅》詩："疊雲封日茜，斜雨著虹明。"明王阜《早秋寄箬溪故人》詩："吟邊晚岫疊雲屏，醉裏寒溪澄素練。"清過澤充《宿中竺山房》詩："溜竹斜通澗，懸厓半疊雲。"

## 龍起雲

亦稱"龍起陰雲"。空中似龍翱翔之雲。近地面局部區域，或高空局部大氣强烈對流或湍流形成的雲層。唐羅鄴《九華山協濟祠》詩："龍起陰雲生畫壁，鳥歸寒粟落蒼苔。"宋姚寬《西溪叢語》卷上："天大雷雨，龍起雲中，意甚恐懼。"明釋函是《惟漢行》詩："帝王匪偶然，龍起雲相隨。"萬曆《廣東通志》卷七二："〔嘉靖十七年〕七月朔日，會同里洞村前忽見田中風號，木噴煙騰，聲旋轉轟烈，疾如飛電，上有飛蜓萬千，鄉中老幼過客觀者以萬計。初疑爲鬼風，俄而過山嘴，田禾草木林葉如故，

龍起雲
（清張楷修、邵以仁《聖迹全圖·龍繞星降》）

復下田溪，聲勢愈烈，飛草揚泥，散亂滿空。少頃雷聲微吼，與勢交振，陰雲四下，靉靆下際，未幾而化，田中寂然。仰目視之，微見半身及尾數丈翱翔於空中，始知其爲龍起雲，因改里洞村爲起龍村。"

**【龍起陰雲】**

即龍起雲。此稱唐代已行用。見該文。

## 龍捲雲

亦稱"龍卷""雲龍卷""龍卷風雲"。雲如騰飛之龍狀。屬於强氣旋雲系。宋朱松《寄江少明》詩："龍卷風雲一髮蟠，不妨聊作侍祠官。"宋魏了翁《水調歌頭·管待李參政勸酒》詞："龍卷八荒霖雨，鶴閟十州風露。"宋劉克莊《七月九日二首》其一："須臾龍卷它山去，誤殺田頭望雨人。"元嚴士貞《方山》詩："龍卷雲歸常帶雨，犬隨人去自登山。"明符錫《雲龍卷》詩："高山出雲何所爲，蒸合旋看瀰大清。"清查文經《渡河》其一："大海狂飈龍卷去，太行晴色雁擎來。"

**【龍卷】**

即龍捲雲。此稱宋代已行用。見該文。

**【雲龍卷】**

即龍捲雲。此稱宋代已行用。見該文。

**【龍卷風雲】**

即龍捲雲。此稱宋代已行用。見該文。

## 吸水雲

天空墜落江中，犹如吸水而上之雲。康熙《上思州志》卷一："〔正統元年〕六月初五日，天墜一片雲若瓤絲狀於終蘭村，村民暮見江中有雲連地，吸水而上，閃閃靡定。"

## 車輪狀雲

形狀如同車輪之雲。萬曆《郴州志》卷二〇："〔正德十五年〕春正月，興寧縣有烏雲如車輪，擊逐於空中，自辰至巳始滅。"乾隆《興寧縣志》卷一一："〔正德十六年〕正月，有烏雲如車輪，擊逐空中，自辰至巳始没。"

車輪狀雲

## 天衣

亦稱"雲衣""霓裳"。遠看如嫋嫋衣衫之雲，故稱。或爲高空中形成的透光高層薄雲。先秦屈原《九歌·東君》詩："青雲衣兮白霓裳，舉長矢兮射天狼。"南朝梁陰鏗《游巴陵空寺》詩："借問將何見，風氣動天衣。"唐盧綸《慈恩寺石磬歌》詩："珠穴沈成綠浪痕，天衣拂盡蒼苔色。"唐何仲宣《七夕賦咏成篇》："歷歷珠星疑拖珮，冉冉雲衣似曳羅。"宋薛季宣《送中司抵巴口》詩："晴巒挂天衣，水石鳴佩環。"宋周弼《煙波亭避暑》詩："捲盡白雲衣，常星撒沙見。"元張可久《人月圓·會稽懷古》曲："荷花十里，清風鑒水，明月天衣。"元曹伯啓《陪翟沈二文學歲暮登宴嬉臺》詩："風帚誰操執，雲衣自剪裁。"明王守仁《登泰山》詩："長風吹海色，飄飄送天衣。"明戴良《次韵游寶華寺》："水樂隔林迷梵唄，雲衣入戶亂裁裟。"清王貞儀《南柯子·咏霞》詞："日脚成丹紫，天衣疊綺青。"清鄺露《登九子》詩："雨脚移春殿，雲衣挂亂峰。"

**【雲衣】**

即天衣。此稱先秦時期已行用。見該文。

**【霓裳】**

喻指美麗的雲霧。即天衣。《楚辭·九歌·東君》："青雲衣兮白霓裳。"南朝齊謝朓《賽敬亭山廟喜雨》詩："排雲接虬蓋，蔽日下霓裳。"唐李白《古風》詩其十九："霓裳曳廣帶，飄拂升天行。"宋李仁本《題桂殿秋辭》其二："杖藜携我恣遥望，縹緲霓裳飛碧空。"元袁桷《秋雪聯句》："白藏縞衣舞，顥氣霓裳呈。"明郭鈺《瑶花》詩："胭脂洗紅留殘暈，海雲剪碧浮霓裳。"清蔡振武《嘉定府試院聯》："一江春水，願紆青拖紫，霓裳天際會群仙。"

## 鈎雲

形如彎鈎之雲。古代望氣者稱捲曲的雲。謂此雲出，必有戰事。《史記·天官書》："鈎雲句曲。"按，句曲，即勾曲。明何景明《沅州道中四首》之二："鈎雲盤曲磴，沿月遡回溪。"清周貽繁《踏莎行·送新毅兩男之湘陰》："曉月鈎雲，殘星隱霧。"

## 槍戟狀雲

如同槍、戟形狀的雲氣。《明英宗實錄》卷

鈎雲、槍戟狀雲等
（宋馬遠《雕臺望雲圖》局部）

二九八：“〔天順二年十二月甲子〕夜，正北火影中見赤氣一道，闊餘二尺，直衝天中，約餘五十丈，其形上銳，狀如立槍。”明王圻《續文獻通考》卷二一五：“〔天順三年十二月甲戌〕夜，南方火影中見赤氣，闊二尺餘，長十餘丈，其形上銳如立槍。”乾隆《奉新縣志》卷二七：“〔順治三年二月初三〕夜，西北方有群星，狀如槍刀劍戟，赤色光芒，有一星光芒直衝斗口。”光緒《湖南通志》：“〔順治十五年九月〕長沙水陸洲白氣如船檣，列十里，忽成戈戟形，排空不散，踰時没。”

## 矛鋒狀雲

如同戈矛頂端形狀的雲氣。明談遷《國榷》卷三七：“〔成化十二年十二月己卯〕夜，西北赤氣長五尺許，狀如矛鋒。”

## 竿（杆）狀雲

指如同竹竿、旗杆類形狀的雲氣。乾隆《泰寧縣志》卷一〇：“〔康熙二年正月二十八日〕夜，白氣如竿長數十丈，次夜，竿上又現紅色一片如旗，或曰此蚩尤旗也。”光緒《曹縣志》卷一八：“〔咸豐五年八月〕夜，東方有赤氣如旗杆形。”

## 捲雲

屬於高雲族。位於地球大氣對流層中上層和平流層的下層，由高空的細小冰晶組成，雲層比較薄而透光良好，常成鈎捲狀。唐宋之問《始安秋日》詩：“卷雲山巘巘，碎石水磷磷。”宋唐仲友《續八咏·秋空月皎皎》：“卷雲衢之點綴，廓天路之澄清。”元薩都剌《過淮河有感》詩：“排空卷雲勢莫當，隨風逐浪庸何傷。”明鄭亮《湖山秋霽圖》詩：“瑤天卷雲碧於鏡，山空水闊橫秋影。”清朱筠《半城》詩：“田鋪新雨足，目迴卷雲多。”

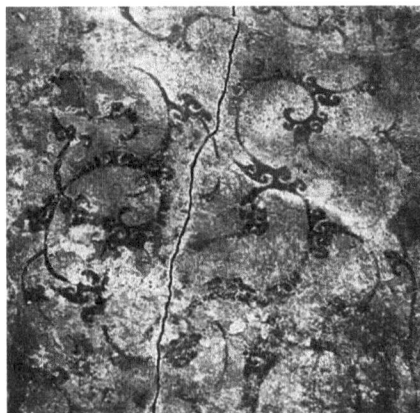

捲雲圖案
（漢代南越王墓室牆壁）

## 天公絮

遠看如絮之雲，似爲天公所造，故稱。高空形成的透光高層毛捲雲。宋陶穀《清異錄·天文》：“雲者，山川之氣，今秦隴村民稱爲天公絮。”清曾衍東《小豆棚》卷一六：“看天公絮絮不止，又勞小郎遠來作嚮導。”

## 城堡狀雲

如同城郭、宮殿形狀的雲氣。《宋史·天文志》：“雍熙三年正月己未，夜，赤氣如城。”《宋史·太宗紀》：“雍熙三年正月庚辰，夜漏一刻，北方有赤氣如城，至明不散。”《宋史·天

城堡狀雲

文志》:"大中祥符七年五月,有氣出紫微爲宮闕狀,光燭地。"

## 玉葉

雲之美稱。晋陸機《浮雲賦》:"金柯分,玉葉散,綠翅明,巖英焕。"南朝梁簡文帝《咏雲》詩:"玉葉散秋影,金風飄紫煙。"唐章孝標《玩月遇雲》詩:"無端玉葉連天起,不放金波到曉流。"宋韓琦《長安府舍十咏·月臺》詩:"雲端開玉葉,海面起金盤。"元李孝光《題李子雲白雲窗》詩:"青霓依澗出,玉葉映簷垂。"明豐越人《雪》詩:"銀漢有雲皆玉葉,瑶臺無樹不瓊枝。"清朱昆田《又得河字》:"粤秀山頭雲玉葉,滄浪亭外月金波。"

## 雲煙

指狀如煙的雲霧。雲和霧生成原理相近,皆因空氣遇冷、飽和水汽壓變小形成。古人多不區分而混稱。漢蔡琰《胡笳十八拍》:"天蒼

雲 煙
(明丁玉川《漁樂圖》)

蒼兮上無緣,舉頭仰望兮空雲煙,九拍懷情兮誰與傳。"南朝宋顏延之《北使洛》詩:"宮陛多巢穴,城闕生雲煙。"唐宋之問《登禪定寺》詩:"開襟坐霄漢,揮手拂雲煙。"宋戴炳《如京至西興阻風雨》詩:"雲煙漠漠吳山暗,風雨瀟瀟浙水寒。"元傅若金《送孔惟中再謁祖林》詩:"尼山懸日月,野樹隔雲煙。"明費宏《次丘公韵題周璘秀才書屋》詩:"池隨晴雨頻消長,山與雲煙自吐吞。"清屈大均《題張二丈山房》詩:"窗户掩雲煙,山翁春正眠。"

## 【煙】

雲煙的單稱。先秦屈原《九章·悲回風》:"觀炎氣之相仍兮,窺煙液之所積。"漢樂府《董逃行》:"但見芝草葉落紛紛,百鳥集來如煙。"漢曹操《氣出唱》之二:"從西北來時,仙道多駕煙。"唐歐陽詹《二公亭記》:"幕煙茵草,玩憚移日。"宋孫光憲《更漏子》詞其六:"求君心,風韵別,渾似一團煙月。"金任詢《濟南黄臺三首》其一:"滿目江南煙水秋,濟南重到憶南游。"元耶律楚材《贈萬松老人琴譜詩一首》詩:"千山皓月和煙静,一曲悲風對譜傳。"明丁鶴年《環翠樓歌(爲餘姚道士梁公作)》詩:"煙消日出天溶溶,玉壺倒插金芙蓉。"清王邦畿《溪女》詩:"十里晴雲靄綠煙,桃花紅綻落梅邊。"

## 【煙靄】

即雲煙。唐王勃《慈竹賦》:"崇柯振而煙靄生,繁葉動而風飆起。"宋任希夷《與毛茶幹趙司法游東湖四首》其二:"湖曉冰澌結,江寒煙靄收。"金祝簡《舟次丹陽》詩:"斷雁聲歸煙靄裹,孤帆影落月明中。"明祝祺《峴山望漢江》詩:"江山回楚國,煙靄散荆門。"清屈大

均《登秦望山寄酬廬山無可大師》詩："秦望高兮煙靄重，我持明月照鴻濛。"

【煙嵐】[1]

即雲煙。唐元稹《重誇州宅旦暮景色兼酬前篇末句》詩："繞郭煙嵐新雨後，滿山樓閣上燈初。"元釋念常《佛祖通載》卷一六："煙嵐之中恍有絳節白鶴，使人觀之而不能回眸。"明劉崧《送醫士歸豫章》詩："山近煙嵐薄，江寒島嶼孤。"清錢謙益《題女郎楚秀畫二首》其一："煙嵐一抹看多少，知是吳雲是楚雲。"

【雲靄】

即雲煙。唐封敖《題西隱寺》詩："猿從有性留僧坐，雲靄無心伴客閑。"宋呂定《懷古》詩："風波幾萬里，蒼茫雲靄間。"元吳鎮《畫竹自題》詩："軒窗雲靄溶，屏障石突兀。"明鄧雅《雨中寄張文凱》詩："遠樹帶雲靄，山鳩猶暮啼。"清劉富槐《崇效寺木假山歌》："廬山真面豁雲靄，仇池一路通褒斜。"

【青林】

即雲煙。漢揚雄《羽獵賦》："若光若滅者，布乎青林之下。"張銑注："煙色，青林映之，故云青林。"晉陸雲《登臺賦》："北溟浩以揚波兮，青林煥其興蔚。"南朝梁江淹《雜體詩三十首·顏特進延之侍宴》詩："青林結冥濛，丹巘被葱茜。"唐劉長卿《龍門八咏·石樓》詩："隱隱見花閣，隔河映青林。"宋佚名《望海亭聯》："貪看白鳥橫秋浦，不覺青林沒暮湖。"金趙秉文《即事》詩："樓頭不見暮山重，遙認青林雨意濃。"明李延興《游長春宮》詩："青林藏雨暗，白水抱城流。"清王夫之《夏夕》其一："白鳥回峰碧，青林渡水陰。"按，青林，又指青翠繁茂、霧靄繚繞的樹林。

## 陣雲

形如牆垣之雲。近地面較長區域氣流上升形成的雲系。《史記·天官書》："陣雲如立垣。杼雲類杼。"晉羅含《湘中記》："遙望衡山如陣雲，沿湘千里。"南朝梁何遜《學古》詩之一："陣雲橫塞起，赤日下城圓。"《隋書·天文志》："陣雲如立垣，杼軸雲類軸搏。"元宋道《觀出獵》其一："紅日下山秋塞闊，齊歌野樂陣雲高。"明張鎣《訪趙元戎築塞》詩："連山邊雨合，平野陣雲橫。"清金科豫《贈中憲大夫四川崇慶州牧常公挽詩》其一："荒煙蠻雨陣雲低，昔嶺悲風咽鼓聲。"

## 魚鱗雲

省稱"魚鱗"。似魚鱗樣雲，有雨之兆。現代氣象學解釋爲一種透光高積雲，是强冷空氣到來時出現的一種雲層，預示近期天氣狀況不穩定。《淮南子·覽冥訓》："故山雲草莽，水雲魚鱗，旱雲煙火，涔雲波水，各像其形類，所以感之。"高誘注："水氣出雲似魚鱗。"唐獨孤及《雨後公超谷北原眺望寄高拾遺》詩："遠空霞破露月輪，薄雲片片成魚鱗。"宋陸游《題齋壁四首》其四："瓜蔓水平芳草岸，魚鱗雲襯夕陽天。"元張翥《中秋樂陵驛玩月》詩："華月團團生兔腹，黑雲片片散魚鱗。"明婁元禮《田家五行·論雲》："魚鱗天，不雨也風顛。"清王

魚鱗雲（氣象學稱透光高積雲）

夫之《咏雪（癸丑）》其一：“雁背皴含天闕景，魚鱗雲烈晚簷風。”清姚燮《曉霽發順河》詩：“天光浩蕩晨曦開，斷雲片片魚鱗吹。”

【魚鱗】

即魚鱗雲。此稱漢代已行用。見該文。

【老鯉斑雲】

像老鯉魚皮樣青黑色斑紋之雲，無雨主旱之兆。即魚鱗雲。在單一穩定氣團中，由於下墊面冷暖不一，不斷形成小漩渦并把地面的水汽帶到高空，冷却而凝成一個個小面積雲塊，像鯉魚鱗片，又像朵朵花冠。這種雲到晚間因氣流下沉會消滅。明婁元禮《田家五行·論風》：“老鯉斑雲障，曬煞老和尚。”明徐光啓《農政全書》卷一一：“冬天近晚，忽有老鯉斑雲起，漸合成濃陰者，必無雨，名曰護霜天。”氣象諺語：“天上鯉魚斑，明日曬穀勿用翻。”“今晚花花雲，明日曬死人。”

【片雲】

亦稱“雲片”。猶老鯉斑雲。片狀之雲。即魚鱗雲。南朝梁簡文帝《浮雲》詩：“可憐片雲生，暫重復還輕。”唐白居易《新秋喜涼因寄兵部楊侍郎》詩：“俯觀游魚群，仰數浮雲片。”宋沈廷瑞《贈僧昭瑩》詩：“雲片隨天闊，泉聲落石孤。”元瞿智《次韵監郡魯公二首》其一：“蓉花簇簇開巖岫，雲片飛飛起鸛鵝。”明胡奎《天上謠》詩：“一水盈盈河漢長，白河雲片龍鱗光。”清鍾大源《中秋玩月憶舊游作歌》詩：“魚鱗碎作霽雲片，須臾并少纖毫留。”

【雲片】[2]

即片雲。此稱唐代已行用。見該文。

## 斷雲

多指殘雲。一說，爲魚鱗雲。南朝梁簡文帝《薄晚逐涼北樓回望》詩：“斷雲留去日，長城減半天。”唐朱超《咏孤石》詩：“對影疑雙闕，孤生若斷雲。”宋劉之才《菩薩蠻》詞：“梅瘦月闌干，斷雲春夢寒。”金元好問《淮右》詩：“細水浮花歸別澗，斷雲含雨入孤村。”明邊貢《出郭將訪希準郡伯懼暮而返却寄》詩：“斷雲低白雁，斜日近青山。”清彭孫貽《垂虹橋雨望》詩：“斷雲送盡千家雨，獨客吟殘兩岸楓。”清姚燮《曉霽發順河》詩：“天光浩蕩晨曦開，斷雲片片魚鱗吹。”

## 殘雲

稀疏零落之雲。或在低壓雲系影響之後漸漸散去的雲層。南朝陳阮卓《長安道》詩：“殘雲銷鳳闕，宿霧斂章臺。”唐孟浩然《行至汝墳寄盧徵君》詩：“洛川方罷雪，嵩嶂有殘雲。”宋王之望《七夕》詩：“殘雲不成雨，縹緲當空浮。”元倪瓚《六月五日偶成》詩：“荒村盡日無車馬，時有殘雲伴鶴歸。”明于慎行《德州舟中遇李户部兩山北上別後却寄二首》其一：“江聲過暮雨，帆影夾殘雲。”清安日潤《酬步》詩：“驟雨隨風過，殘雲逆月行。”

【渫雲】

飄散之雲。渫，分散。即殘雲。晋左思《魏都賦》：“窮岫渫雲，日月常翳。”南朝齊謝朓《敬亭山》詩：“渫雲已漫漫，多雨亦凄凄。”明陳子龍《上巳城南雨中》詩：“渫雲行瀰瀰，平田紛漠漠。”清蔣溥等《盤山志》卷一三：“八石環渫雲，嶔若盤紐。”

## 雲海

指廣闊無垠如海濤起伏的雲。於山頂下視，雲鋪如海，故稱。是在大尺度天氣形勢下形成的雲層。唐宋之問《桂州三月三日》詩：“登

雲　海
（宋趙伯駒《仙山樓閣》局部）

高望不極，雲海四茫茫。"唐李白《關山月》詩："明月出天山，蒼茫雲海間。"宋蘇軾《和陶擬古》之八："欲爲中州信，浩蕩絕雲海。"宋王圭《送滕舜敷》詩："仙山觀日處，雲海落潮時。"元劉因《清平樂》詞："微茫雲海蓬萊。千年一度春來。爭信門前桃李，年年花落花開。"明葉顒《送蕭君祐憲史升南臺掾二首》其一："雲海橫孤鶚，天風快俊鷹。"清傅汝霖《赤嵌城》詩："千重雲海繞城東，影落平沙夕照紅。"

## 雲濤

如浪之雲。因高空氣層中高低壓區域相間排列形成的呈波浪狀態的雲層。唐孟浩然《宿天台桐柏觀》詩："日夕望三山，雲濤空浩浩。"唐白居易《海漫漫》詩："雲濤煙浪最深處，人傳中有三神山。"宋王之道《和孔純老按屬邑六首》其二："雲濤雪浪渺無邊，一簇溪橋客聚

古畫中的雲濤、天波

船。"元張宇初《題吳處淵畫山水歌》詩："馭風彭蠡駕飛蓬，雲濤萬頃浮空雪。"明佘光裕《厓門吊古》詩其一："悲風落日寒潮急，獨有雲濤護寶衣。"清王邦畿《游仙詞》其五："絳縷蓬萊戴巨鼇，天風吹動碧雲濤。"

### 【天波】

雲氣望之如波，故稱。即雲濤。唐孟郊《立德新居》詩之三："仰笑鵾鵬輩，委身拂天波。"唐許學士《天關回到世吟》詩："今日東歸渾似夢，望崖回首隔天波。"宋李質《艮嶽百咏·清斯亭》詩："天波萬斛瀉鎔銀，跨水橫橋麗構新。"明王應斗《立秋喜雨》詩："共醉天波渺，群巫莫妄求。"清洪亮吉《砲臺觀海歌》："天波合處界畫明，一縷黃霧分空青。"

## 癡雲

停滯不動的雲。或爲準靜止鋒形成的雲層，抑或爲大氣較穩定狀態下的雲層。唐李商隱《房中曲》詩："嬌郎癡若雲，抱日西簾曉。"宋陸游《芒種後經旬無日不雨偶得長句》詩："癡雲不散常遮塔，野水無聲自入池。"元薩都剌《洞房曲》："癡雲騃雨自年年，不管人間有離別。"明田登《次涇畢渡小憩山寺》詩："更上高原回首望，癡雲宿霧兩山平。"清任樅珠《雨窗即事》其一："癡雲濃有影，野水静無聲。"

### 【頑雲】

凝滯不散之雲。即癡雲。唐陸龜蒙《奉酬苦雨見寄》詩："頑雲猛雨更相欺，聲似虓號色如墨。"宋蘇軾《有美堂暴雨》詩："游人腳底一聲雷，滿座頑雲撥不開。"金曹之謙《風雪障面圖》詩："頑雲暗空雪正飛，老木僵折溪流澌。"元張養浩《久雨初霽書所寓壁》詩："癡雨歇簷滴，頑雲開日華。"明孫緒《古意送張學

諭尹獻縣三首》其三："頑雲夜不開，青燈寒自滅。"清鄧瑜《踏莎行·招寶山望海》："半壁深林，四山荒草。戍樓古堠頑雲罩。"

## 積雲

柔軟的雲。如淡積雲、高空捲雲等。一作"頹雲"。晋傅玄《正都賦》："修袖連娟，長裙繽紛，起若翔龍，降若頹雲。"晋葛洪《抱朴子·明本》："焚輪虹霓寢其袄，積雲商羊戢其翼。"唐崔融《嵩山啓母廟碑》："玄女以明月爲珠，素女以積雲作髻。"宋宋祁《千葉牡丹》詩："濯水錦窠艷，積雲仙髻繁。"元張翥《題郝内翰書所作夢觀瓊花賦後》詩："頹雲抃月光西流，玉簫聲斷江聲愁。"明石寶《秋日西郊書事二首》詩其二："憶見吹笙侶，頹雲隔萬山。"清陳裴之《香畹樓憶語》："抛却鴛衾兜鳳舄，髻子積雲乍綰。"

## 頹雲

謂雲層崩墜，隨之大雨傾盆而下。對流强烈的雲，疑是積雨雲。唐李群玉《桑落洲》詩："頹雲晦廬嶽，微鼓辨溢城。"《太平廣記》卷九七引唐皇甫枚《三水小牘·從諫》："忽一日，頹雲駃雨，霆擊石傍大檀。"明李之世《傷逝》詩其一："奔湍寧駐壑，頹雲豈歸山。"清左輔《黃牛峽》詩："連山崩頹雲，奇石涌驚浪。"

## 隮[1]

上升之雲氣。空氣强烈對流的雲層。一説：虹。《詩·鄘風·蝃蝀》："朝隮于西，崇朝其雨。"又《詩·曹風·候人》："薈兮蔚兮，南山朝隮。"毛傳："隮，升雲也。"陸德明釋文："隮，鄭注《周禮》云：'隮，虹。'"唐白居易《賀雲生不見日蝕表》："屏翳朝隮，但驚若煙之涌；曜靈晝掩，不見如月之初。"宋蘇軾《過廬

山下》詩："群隮相應和，勇往争勝驅。"元馬祖常《壯游八十韵》詩："煙霞薈蔚隮，霧雨蕭颯至。"明郭之奇《鳥啼花落》詩："山静巖煙隮，春遥樹影深。"清包世臣《行嶧山下喜望大雲》詩："隮如一突炊，蓊若萬馬走。"

對流上升的"隮"
（明崔子忠《雲中玉女圖》局部）

## 輕雲

指輕淡、淡薄之雲，如高層捲雲。三國魏曹植《洛神賦》："髣髴兮若輕雲之蔽月，飄颻兮若流風之迴雪。"南朝宋蘇彦《秋夜長》詩："輕雲飄霏以籠朗，素月披曜而舒光。"唐王績《秋園夜坐》詩："淺溜含新凍，輕雲護早霜。"宋上官彦宗《騮獅嶺（俗名愁思嶺）》詩："遠望輕雲絶頂浮，泉聲山色破牢愁。"金田時秀《宴會成趣園》詩："凉風月夕竹自笑，輕雲春書花相惱。"明貢性之《過破衣庵訪阮子昌》詩："遠樹含秋色，輕雲護晚霞。"清陳樽《茌平懷古》詩："輕雲垂野弄春愁，細柳含煙滯客軺。"

## 【薄雲】

即輕雲。唐杜甫《題柏大兄弟山居屋壁二首》其二："野屋流寒水，山籬帶薄雲。"宋朱淑真《湖上閑望二首》之二："薄雲疏日弄陰晴，山秀湖平眼界清。"金趙秉文《游玉泉山》詩："薄雲不解事，似妒秋山高。"明丁鶴年《題筠軒（爲定海胡處士賦）》詩："薄雲通雨氣，清夜動秋聲。"清姚燮《渡江》詩："遠潮微光海生月，薄雲漸散河出星。"

## 【疏雲】

即輕雲。唐沈彬《湘江行》詩："數家魚網疏雲外，一岸殘陽細雨中。"宋朱淑真《寫懷二首》其一："淡月疏雲九月天，醉霜危葉墜江寒。孤窗鎮日無聊賴，編輯詩詞改抹看。"元趙孟頫《次韵信仲晚興》詩："蕭蕭殘照晚當樓，寒葉疏雲亂客愁。"明周世選《秋暮自西村道經衛河》詩："野望平蕪秋色闌，疏雲斜照雁南天。"清王夫之《初秋》詩其二："夕綺搖虹影，疏雲上碧波。"

## 【纖雲】

即輕雲。晉傅玄《雜詩》："纖雲時髣髴，渥露霑我裳。"張銑注："纖，輕也。"唐韓愈《八月十五夜贈張功曹》詩："纖雲四卷天無河，清風吹空月舒波。"宋秦觀《鵲橋仙》詞："纖雲弄巧，飛星傳恨，銀漢迢迢暗度。"明劉基《朗月行》："秋風飄飄吹木末，纖雲卷盡懸明月。"清談印梅《齊天樂·見螢火寄碧梧姊》詞："纖雲卷盡星河淡，疏螢乍飛幽徑。"

## 【纖翳】

亦稱"纖凝"。本細微之陰影，藉指稀薄之雲。即輕雲。南朝宋劉義慶《世說新語·言語》："於時天月明净，都無纖翳。"隋佚名《玄卿鏡銘》："日初升，月初盈。纖翳不生，肖兹萬形。"宋陸游《入蜀記》："天宇晴霽，四顧無纖翳。"宋佚名《太上三洞神咒》："弱水瑩徹無纖凝，總攝河源歸四俱。"元牟巘《月軒》詩："褰開萬里無纖翳，到處人家月滿軒。"明高明《琵琶記·中秋賞月》："長空萬里，見嬋娟可愛，全無一點纖凝。"清傅玉書《白鹿洞謁朱子祠》詩："赤日懸中天，纖翳長風卷。"

## 【纖凝】

即纖翳。此稱宋代已行用。見該文。

# 沆瀁

亦作"沆漭"。清朗空曠、無雲貌。《楚辭·九辯》："沆瀁兮天高而氣清。"王逸注："沆瀁，曠蕩空虛也。或曰，沆瀁猶蕭條。蕭條，無雲貌。"南朝梁江淹《學梁王兔園賦》："仰望沆瀁兮數千尺。"北周庾信《和潁川公秋夜詩》："沆瀁空色遠，葉黃凄序變。"唐陸龜蒙

"沆漭"，清朗空曠、無雲貌
（宋馬遠《月下把杯圖》局部）

《寒夜聯句》："我思方沆瀁，君詞復凄切。"前蜀韋莊《撫盈歌》："鑾輿去兮蕭屑，七絲斷兮沆瀁。"宋趙希㯝《臨江仙》詞："天宇沆瀁山氣蕭，雲寒樹立無聲。"宋曾幾《寄空同山中道士》詩："沆瀁天宇蕭，疏林風瑟瑟。"明方以智《通雅》卷六："沆瀁，一作沆漭。"明劉基《九嘆九首》其九："秋天沆漭兮百草黃，蟪蛄悲吟兮朝榮有芳。"清錢謙益《後觀棋絕句》："寂寞枯枰響沆瀁，秦淮秋老咽寒潮。"清魏源《默觚上·學篇五》："聖人之睨天下，猶空谷之於萬物也，沆瀁之氣滿乎中而鞈鞳之聲應乎外。"

## 【沆漭】

同"沆瀁"。此體宋代已行用。見該文。

# 第二節　雲時空考

時雲，即不同時間生成或出現的雲，可分爲時辰或時刻名類、季節名類。前者如"曉雲""晚雲""宿雲"等，分別表示清晨、黃昏、夜晚出現的雲。後者如"暖雲""暖靄""春雲"等，謂春天之雲。又"夏雲""火雲"，謂夏天之雲。又"商雲""秋雲"等，指秋天之雲。又"寒雲""凍雲""冬雲""嚴雲"等，指冬天之雲或寒天之雲。關於季節雲，古人通過觀察，形成了諸多對雲季節性特徵之描述。例如，宋釋大觀《偈頌五十一首》："春雨如膏，春雲如鶴。"偈中描寫了春雲與降水狀態之關聯。又，宋郭祥正《廣陶淵明四時》其二："夏雲多奇峰，高低千萬重。"詩中描寫了夏季對流雲團的姿態。又，唐李白《九日登巴陵置酒望洞庭水軍》詩："九日天氣清，登高無秋雲。"詩中描寫了秋季之天高雲淡。又，宋韓拙《論雲霧烟靄嵐光風雨雪霧》："冬雲澄墨，慘翳示其溟之色，昏寒而深重。"描寫了冬季之雲霾昏暗。

古人亦以雲的空間分布名類，表示雲生成的位置或雲體的部位。例如，"江雲"，特指江上之雲。又"山雲""山帶""岫雲""雲帶"等，謂圍繞山嶺之雲。又"野雲"，特指野外之雲。又"雲表""雲末"，謂雲天高處。又"雲端"，指雲上、雲頭。又"石雲""山雲"，舊謂雲由山石間生出。又"水雲"，指江河湖海上水氣形成之雲。又"雲根"，通指雲氣生成處。又"雲脚"，指接近地面的雲氣。又"層雲""曾雲"，指積聚重疊的高空陰雲。

## 時　雲

### 曉雲

亦作"晨雲"。拂曉之雲。南朝齊江孝嗣《離夜》詩："情遽曉雲發，心在夕何終。"南朝梁王僧孺《送殷何兩記室》詩："飄飄曉雲駛，濺濺旦潮平。"唐李景讓《寄華州周侍郎立秋日奉詔祭嶽》詩："關河窱静曉雲開，承詔秋祠太守來。"唐杜甫《水閣朝霽奉簡嚴雲安》詩："崔嵬晨雲白，朝旭射芳甸。"宋白玉蟾《山庵曉色》詩："燭影奪明月，鐘聲撞曉雲。"元陳宜甫《重接劉介臣書》詩："閩海浪肥春雨過，和林沙遠曉雲飛。"明王鏊《姑蘇志》卷五九："好夢易隨流水去，芳心空逐曉雲愁。"明趙琦美《趙氏鐵網珊瑚》卷一："歷歷兮，瓊林森疏於玄圃；依依兮，晨雲隱見乎蒼穹。"清曹士俊《曉行天門山》："石銜殘月落，樹擁曉雲回。"

### 【晨雲】

即曉雲。此體唐代已行用。見該文。

## 夕雲

傍晚之雲。《漢魏南北朝墓志彙編·北魏楊穎墓志》：“夕雲悽悽，曉露冰團。”南朝梁江淹《效阮公詩十五首》其十四：“夕雲映西山，蟋蟀吟桑梓。”隋盧思道《從駕經大慈照寺》詩：“旌門曙光轉，輦道夕雲蒸。”唐許渾《送魚思別處士歸有懷》詩：“風檻夕雲散，月軒寒露滋。”宋歐陽修《答梅聖俞大雨見寄》詩：“夕雲若穨山，夜雨如決渠。”元周權《夏日偕友晚步飲聽泉軒》詩：“夕雲度深翠，爽氣衣上浮。”明宗臣《燕子磯》詩：“麋鹿散秋草，牛羊下夕雲。”清孫星衍《潤州舟次偕黃二（景仁）作》詩：“鱗鱗夕雲起，漠漠水煙曇。”

## 宿雲

夜晚之雲。唐宋之問《早發始興江口至虛氏村作》詩：“宿雲鵬際落，殘月蚌中開。”宋蘇軾《答胡道師書》：“道師又不遠數百里負笈相從，秉燭相對，恍若夢寐，秋聲宿雲，了然在吾目中矣。”元趙孟頫《桃源春曉圖》詩：“宿雲初散青山濕，落紅繽紛溪水急。”明徐賁《同唐文學肅王校書行訪衍略二上人留宿真慶精舍得聞字》詩：“燈影欺微月，簾陰護宿雲。”清徐灝《天泉歌》詩：“山巔宿雲不肯住，隨風散作青濛濛。”

宿雲、晚雲
（清余集《梅下賞月圖軸》局部）

【晚雲】

夜晚之雲。即宿雲。宋舒邦佐《立秋後十日》：“晚雲更作瀟瀟雨，拾得人間一夜凉。”元趙孟頫《醉後同張剛父清風樓聯句》詩：“碧樹未黃風露秋，晚雲蕭瑟亂山愁。”明周憲王《靜坐》詩：“嫩竹半欹聽夜雨，晚雲收盡看秋晴。”清弘曆《晚雲》詩：“晚雲頻釀雨，春夜可憐生。”

## 暮雲

亦作“莫雲”。莫，古同“暮”。黃昏之雲。南朝梁江淹《悅曲池》詩：“暮雲兮十里，朝霞兮千尺。”北魏崔鴻《十六國春秋》卷六七：“莫雲留鎮統萬秋，七月蠕蠕寇雲中。”唐王績《過漢故城》詩：“空城寒日晚，平野暮雲黃。”宋李清照《永遇樂》詞：“落日熔金，暮雲合璧，人在何處？”金師拓《陪人游北苑（甲子歲）》詩：“草色明殘照，江聲入莫雲。”元迺賢《送吳月舟之湖州教授》詩：“江樹暮雲離思遠，杏花春雨客窗寒。”明劉崧《題引翠樓簡元善張兄》詩：“高崖斜日含丹霧，碧嶂清秋起暮雲。”清薛始亨《塞上》詩：“明月漢關雄業業，暮雲秋磧遠濛濛。”

【莫雲】

同“暮雲”。此體南北朝時期已行用。見該文。

## 月雲

夜晚天空托月之雲。唐蕭翼《留題雲門》詩：“獼猴推落臨崖石，打破下方遮雲月。”唐許棠《題慈恩寺元遂上人院》詩：“月雲開作片，枝鳥立成行。”宋孫應時《送趙仲禮入大理寺簿》詩：“月雲無染著，鏡象本空虛。”明陶宗儀《說郛》卷五上：“天雲祥，地雲黃霙，日

月 雲
（元王冕《月下梅花圖》局部）

春 雲
（元高克恭《春雲曉靄圖軸》局部）

雲赤曇，月雲素雯，山雲疊峰。"

## 涼雲

冷涼之雲。南朝齊謝朓《七夕賦》："朱光既夕，涼雲始浮。"唐齊己《答陳秀才》："野疊涼雲朵，苔重怪木陰。"南唐李煜《渡中江望石城泣下》詩："雲籠遠岫愁千片，雨打歸舟淚萬行。"宋姜夔《驀山溪·題錢氏溪月》詞："荷苒苒，展涼雲，橫卧虹千尺。"元丁復《送翟彥敬升中臺察院書吏》詩："天闊涼雲積，江明暑雨過。"明蘇佑《立秋》詩："夜半西風入，涼雲滿晋樓。"清納蘭性德《河瀆神·風緊雁行高》："楚天魂夢與香消，青山暮暮朝朝。斷續涼雲來一縷，飄墮幾絲靈雨。"

## 春雲

春天之雲。漢仲長統《述志》詩："春雲爲馬，秋風爲駒。"南北朝蔡凝《賦得處處春雲生》詩："春色遍空明，春雲處處生。"唐胡曾《車遥遥》詩："自從車馬出門朝，便入空房守寂寥……臉邊楚雨臨風落，頭上春雲向日銷。"宋釋大觀《偈頌五十一首》："春雨如膏，春雲如鶴。"宋宋白《宮詞》："春雲如鶴惹銀臺，銀榜宮門隔水開。"元買閭《春雨有感》："曉雨連山白，春雲壓地陰。"明楊基《春江對雪》："春雲作寒飛鳥絶，花雨紛紛暮成雪。"清姚燮《浩歌行十章》其二："春雲飄燕度大梁，秋風吹鴻下南江。"

## 【暖雲】

亦稱"暖靄"。即春雲。唐羅隱《寄渭北徐從事》詩："暖雲慵墮柳垂枝，驄馬徐郎過渭橋。"宋陳造《陪盱眙王使君東游》詩："疏煙橫暖靄，碧溜漱晴沙。"宋劉應時《即事》詩："暖雲芳草媚晴川，花正嬌春柳欲眠。"元穆庵文康《穆庵文康禪師語録》："放出潙山水牯牛，溪南溪北暖雲收。"明虞謙《春曉曲》："暖雲含雨浮碧空，香霧如煙濕瑶草。"明藍仁《次韵雲松西山春游五首》其二："春寒未退花全少，暖靄微銷鵲又鳴。"清紀昀《烏魯木齊雜詩之風土》其二："萬家煙火暖雲蒸，銷盡天山太古冰。"

## 【暖靄】

即暖雲。此稱宋代已行用。見該文。

## 夏雲

夏天之雲。晋佚名《子夜四時歌·夏歌二十首》其九："暑盛靜無風，夏雲薄暮起。"唐李中《夏雲》詩："如峰形狀在西郊，未見從龍上泬寥。"宋郭祥正《廣陶淵明四時》其二："夏雲多奇峰，高低千萬重。"元范梈《贈馮鍊師歸岳陽》詩："夏雲逼幽澗，春鳥啼芳洲。"明歐大任《初夏社集張轉運伯鄰園中得雨》詩："乍起夏雲團遠樹，即看凉雨散平蕪。"清黃媛介《臨江仙·秋日》詞："望中春柳斷，水上夏雲輕。"

夏季山雲
（明仇英《凉亭消夏圖》局部）

## 秋雲

秋天之雲。魏晋佚名《古絕句四首》其二："日暮秋雲陰，江水清且深。"南北朝劉駿《初秋》詩："遠視秋雲發，近聽寒蟬鳴。"唐李白《九日登巴陵置酒望洞庭水軍（時賊逼華容縣）》詩："九日天氣清，登高無秋雲。"宋盧祖皋《卜算子》詞其二："雙鬢晚風前，一笛秋雲外。"元康里巎巎《題夏禹玉煙江疊嶂圖》："荆門月出夜潮長，九疑山碧秋雲橫。"明張以寧《過辛稼軒神道》詩："長嘯秋雲白石陰，太行天黨氣蕭森。"清吳綺《滿江紅·金山》詞："孤磬聲搖殘照紫，亂帆影挂秋雲碧。"

### 【商雲】

即秋雲。五音與五時相配，商指秋，故稱。南朝梁王僧孺《侍宴》詩之二："渺漫卿煙轉，霏微商雲散。"唐齊己《送人游雍京》詩："商雲盤翠險，秦甸下煙平。"元劉大彬《茅山志》："當建齋之夕，商雲遠布於層霄。"明夏完淳《十索》詩："黯然商雲斂，香餘可徘徊。"

### 【護霜】[1]

秋季九月霜降時節而雲，謂之護霜；一説，天有雲則無霜，名護霜。有雲而無霜，説明晚間近地面空氣較暖，飽和水汽氣壓較大。唐李嘉祐《冬夜饒州使堂餞相公五叔赴歙州》詩："斜漢初過斗，寒雲正護霜。"宋費袞《梁溪漫志·方言入詩》："方言可以入詩，吳中以八月露下而雨謂之㶆露，九月霜降而雲謂之護霜。竹坡周少隱有句云：'雨細方㶆露，雲疏欲護霜。'"明婁元禮《田家五行·天文·論雲》："冬天近晚，忽有老鯉斑雲起，必無雨，名曰護霜天。"明田藝蘅《留青日札·護霜天》："天有雲則無霜，名護霜天。杜牧詩：'護霜雲破海天遙。'于鵠云：'護霜雲映月蒙朧。'晏叔原云：'幾點護霜雲影轉。'高迪云：'江雲薄護霜。'"清姚燮《古意有贈五章》其二："鴛鴦自有巢，護霜苦無衣。"

## 冬雲

冬天之雲。南朝梁蕭統《答湘東王求文集及詩苑英華書》："冬雲千里靚紛霏。"宋韓拙《山水純全集》："冬雲澄墨慘翳，示其溟之色昏寒而深重。"清黃宗羲《宋元學案·橫渠學案》："冬雲需緩而廣，非經數日，雲氣不成，故至冷際而結爲霜雪者，常然也。"

冬　雲
（宋佚名《烏桕文禽圖》局部）

## 嚴雲

嚴冬之濃雲。即冬季寒潮形成的冷鋒雲系。南朝宋袁淑《秋晴賦》：“曳悲泉之凝霧，轉絕垠之嚴雲。”南朝宋鮑照《冬日》詩：“嚴雲亂山起，白日欲還次。”元袁桷《五月廿六日大寒二十二韵》：“北戶嚴雲結，中街宿霧霾。”清朱曉琴《咏雪》其一：“飄飄六出引風斜，密布嚴雲四面遮。”

## 【寒雲】

冬天寒冷天氣的雲。晉陶潛《歲暮和張常侍》詩：“向夕長風起，寒雲没西山。”南朝宋顔延之《還至梁城作》詩：“故國多喬木，空城凝寒雲。”唐郎士元《蠡屋縣鄭礒宅送錢大》詩：“荒城背流水，遠雁入寒雲。”宋陸游《大寒出江陵西門》詩：“平明羸馬出西門，淡日寒雲久吐吞。醉面衝風驚易醒，重裘藏手取微温。”

## 【凍雲】[1]

冬天寒冷天氣的雲。唐許敬宗《遼左雪中登樓》詩：“凍雲連海色，枯木助風聲。”五代韓偓《冬至夜作》詩：“四野便應枯草綠，九重先覺凍雲開。”宋李昭玘《暮冬書懷贈次膺》詩：“凍雲欲雪雁聲過，臘酒正香梅信來。”元周巽《溪橋梅》詩：“花覆石闌晴雪墜，香浮冰澗凍雲飄。”明謝縉《旅泊奔牛埭下次錢經韵》：“風起凍雲天欲雪，溪流寒月浪生花。”清張穆《送黃君簡游大梁》詩：“寒江落照凍雲低，紅樹黃蘆古道迷。”

# 雲　位

## 石雲

謂雲由山石間生出，故稱。即山區的水汽蒸發，上升至一定高度遇冷凝結而成雲霧。唐張九齡《九度仙樓》詩：“掀翻煮石雲，大塊將天補。”唐李賀《黄頭郎》詩：“玉瑟調青門，石雲濕黄葛。”王琦彙解：“雲氣觸石而出，故曰石雲。”葉葱奇注疏：“雲由石上生出，所以稱‘石雲’。”宋張耒《萬松亭有感》詩：“犖确山行穿翠微，石雲秋露濕秋衣。”明烏斯道《送闡禪師住蘆山四十韵》詩：“六藏巖户静，三應石雲凉。”清丘逢甲《燕子巖》詩：“入洞復出洞，石雲濕兩袖。”

石　雲
（隋展子虔《游春圖》局部）

## 水雲

江河湖海上之雲。亦指水氣彌漫的煙雲。即水體蒸發形成的雲。或爲水體與雲層共同形成的景觀。《淮南子·覽冥訓》："故山雲草莽，水雲魚鱗，旱雲煙火，涔雲波水，各像其形類，所以感之。"北齊蕭愨《春日曲水》詩："山頭望水雲，水底看山樹。"唐王漸《五言同喬父君游茅溪蘭若一首》詩："水雲晴過慢，沙鷺濕飛低。"宋奚㳀《長相思慢》詞："依舊天涯。雁影水雲斜。"金施宜生《平陽書事》詩："穿過水雲深密處，馬前蝴蝶作團飛。"元王哲《臨江仙》詞："一船風月好，千古水雲舒。"明張宇初《蘇武慢·消閑》詞："塵世相違，水雲爲伴，高臥故園風雪。"清尤侗《由君山入黃山》詩："水雲自起羈愁合，野鳥高飛客思閑。"

水　雲
（明謝時臣《岳陽樓圖》局部）

## 江雲

江上之雲。或爲江水蒸發成雲，抑或雲系游移至江上。唐釋皎然《送贇上人還京》詩："沙鳥窺中食，江雲入净衣。"宋劉弇《洞仙歌》："去年時、還是今日孤舟，煙浪裏，身與江雲共遠。"元王瓚《題赤壁圖》詩："清風千古凜如在，悠悠目斷江雲孤。"明丁鶴年《遷葬後還四明途中寄武昌親友》詩："潮生別浦江雲白，塵起征途野日黃。"清朱彝尊《風蝶令》詞："寒雁橫天遠，江雲擁樹低。"

## 山雲

多爲山地氣流上升或地形對氣流抬升作用導致的雲層，主雨。《呂氏春秋·應同》："山雲草莽，水雲魚鱗尉，旱雲煙火，雨雲水波。"《淮南子·覽冥訓》："故山雲草莽，水雲魚鱗，旱雲煙火，涔雲波水，各像其形類，所以感之。"高誘注："山中氣出雲似草莽。"南北朝庾信《山齋》詩："石影橫臨水，山雲半繞峰。"唐杜甫《立秋雨院中有作》詩："山雲行絕塞，大火復西流。"宋丁高林《懷胡怡齋府教》詩："池深春草雨，天遠暮山雲。"金元好問《洛陽高少府溰陽後庵四首》其四："清溪一片月，修竹四山雲。"元王冕《有感四首》其四："野水隨潮漲，山雲帶雨寒。"

山　雲
（明仇英《蜀山行旅圖》局部）

## 【岫雲】

山地的雲，主雨。即山雲。多爲因地形對氣流抬升作用而成。南朝梁庾丹《秋閨有望》詩："耿耿橫天漢，飄飄出岫雲。"唐介冑鬼《擲裴武公》詩："長橋駕險浮天漢，危棧通岐觸岫雲。"宋洪邁《滿江紅·立夏前一日借坡公韵》："長長是、非霞散綺，岫雲凝碧。"元貢奎《除日登大巖山》詩："朝賓大明滄海東，岫雲勃鬱凝青紅。"明龐尚鵬《高苕峰陳莘野劉純吾三公隔水不得相見》詩其一："願結青山侶，同爲出岫雲。"清林鶴年《偕家時帥內渡留別板橋園五絕》其五："瀛島出岫雲，東海潤霖雨。"

【雲帶】

即山雲。圍繞山嶺之雲，猶如腰帶，故名。多爲因地形對氣流抬升作用而成。南朝齊張融《海賦》："袖輕羽以衣風，逸玄裾於雲帶。"唐吳融《和張舍人》："杏花向日紅勻臉，雲帶環山白繫腰。"宋蔡士裕《郊行》詩："風刀削林杪，雲帶束山腰。"明何汝健《早春過顧使君春草閣》詩："薜作垣衣暗，峰回雲帶奇。"

【山帶】

即山雲。圍繞山嶺之雲，猶如腰帶，故名。多爲因地形對氣流抬升作用而成。唐歐陽詢等《藝文類聚》卷七引張野《廬山記》曰："天將雨，則有白雲或冠峰巖，或亘中嶺，謂之山

岫　雲
（明仇英《桃村草堂圖》局部）

帶。"唐韓翃《送客歸江州》詩："風吹山帶遙知雨，露濕荷裳已報秋。"明張萱《歲壬午計偕曾憩東林寺》詩："山帶半隨青嶂繞，螺鬟長倩白雲封。"

**野雲**

野外之雲。唐靈一《再還宜豐寺》詩："野雲陰遠甸，秋雨漲前陂。"宋王之道《和孔純老按屬邑六首》其一："野雲和雨渡金湖，山色微風恍有無。"元楊奐《訪耿君玉隱居》詩："橋明山月上，窗暗野雲浮。"元王冕《山中雜興二十首》其七："野雲迷客思，花雨亂春愁。"清吳胐《遠眺》詩："近渚風多殘葉落，遠山雨過野雲孤。"

**松雲**

松林之雲。亦指隱居之境。《南史·隱逸傳上·宗測》："性同鱗羽，愛止山壑，眷戀松雲，輕迷人路。"唐李白《贈孟浩然》詩："紅顏棄軒冕，白首臥松雲。"宋韓淲《朝中措·次韻昌甫見寄》詞："醉裏行歌相答，步隨泉石松雲。"元吳全節《三峰二首》其二："石徑松雲入步輕，垂垂空翠雨初晴。"明葉顒《游賞清樂四首》其四："草露粘芒屨，松雲上布衣。"清馬蕃《過三靜庵》："四面松雲嶺，一村煙水田。"

山　帶
（明仇英《臨溪水閣圖》局部）

松　雲
（五代巨然《萬壑松風圖》局部）

## 雲端

雲之上。亦泛指雲氣。漢樂府《善哉行》："參駕六龍，游戲雲端。"晋孫綽詩："迢迢雲端月，灼爍霞間星。"南朝宋吳邁遠《棹歌行》詩："遥望煙嶂外，障氣鬱雲端。"隋薛道衡《重酬楊僕射山亭》詩："秋色遍皋蘭，霞彩落雲端。"唐李白《游秋浦白笴陂二首》其二："天借一明月，飛來碧雲端。"後蜀歐陽炯《巫山一段雲》詞："碧虛風雨佩光寒，斂袂下雲端。"宋吳儆《次韵李提點雪中登樓之什二首》其一："殺氣已消春意動，曈曈日色上雲端。"元廖大圭《題五峰巖》詩："一尋五峰老，孤塔在雲端。"明凌雲翰《秋闈對月次桂彥良韵》詩："雲端半壁懸孤月，天上連珠燦五星。"清彭孫貽《上文燈巖司理》詩："追鋒千里駕，直上五雲端。"

### 【雲表】

雲天高處之雲。即雲端。晋陳壽《三國志·魏書·衛顗傳》："得雲表之露，以餐玉屑。"唐杜甫《泛溪》詩："練練峰上雪，纖纖雲表霓。"唐李正封《咏露》詩："霏霏靈液重，雲表無聲落。"宋張末《獨游崇化寺題觀音院》詩："遥山露雲表，遠水連天光。"元察伋《題錢舜舉秋江待渡圖》詩："大江微茫天未曉，散綺餘霞出雲表。"明陶安《泊吳興》詩："塔穿雲表萬松嶂，水注城心兩岸樓。"清楊興植《望華嶽》詩："遥天翠巘橫，嶒岏入雲表。"

## 雲末

雲端。言其高。唐李華《含元殿賦》："退而瞻之，岌樹巓而崒雲末。"前蜀杜光庭《神仙感遇傳·越僧懷一》："或凌波不濡，或騰虛不礙，或矯身雲末，或振袂空中。"宋蔣之奇《雲末峰》："遥睇青冥絶險生，山翁相指亂雲橫。"明蕭光緒《登雪浪》詩其二："天空山點點，雲末水層層。"清王夫之《昭山二首》詩："澄潭凝一碧，雲末出雙虹。"

## 雲脚

接近地面的雲氣。當地面空氣溫度較低時水汽易飽和，就形成了雲霧。唐白居易《錢塘湖春行》詩："孤山寺北賈亭西，水面初平雲脚低。"唐李賀《崇義里滯雨》詩："家山遠千里，雲脚天東頭。"宋王庭圭《和周公予游春用前韵》詩："雲脚忽從平地起，柳梢先入半天青。"元貢性之《凍凫》詩："江天歲晚景凄凄，雲脚低垂望欲迷。"明鄧雲霄《皂口間渡》詩："馬頭衝鳥道，雲脚挂人家。"清孫枝蔚《雨》詩："來朝雲脚散，歸計莫從容。"

雲　脚
（明佚名《風雨泊舟圖》局部）

## 雲根

雲氣生成處。雲氣生成皆因濕潤空氣有被動力抬升的條件，或爲山地抬升，或爲冷空氣抬升，或爲對流抬升。晋張協《雜詩十首》其十："雲根臨八極，雨足灑四溟。"唐李洞《宿書僧院》詩："爲題江寺塔，牌挂入雲層。"唐李賀《南山田中行》詩："雲根苔蘚山上石，冷紅泣露嬌啼色。"五代齊己《遠山》詩："天際雲根破，寒山列翠回。"宋劉敞《西際》詩：
"瀑近雲根濕，仙遺石井靈。"元于立《題邊伯
京畫萱竹鷄鶒》詩："雲根翠竹依蒼石，溪上
戎葵映碧流。"明萬霽《西山晚照》詩："霞光
回樹杪，山影倒雲根。"清王鳴雷《題薄澗寺》
詩："鑿泉通澗底，洗石露雲根。"

## 層雲

積聚重疊之雲層。此是濕度較大的空氣
因被持續動力抬升形成的雲層。南朝梁庾肩
吾《賦得山》詩："層雲霾峻嶺，絶澗倒危峰。"
北魏酈道元《水經注·沮水》："高峰霞舉，峻
崍層雲。"唐陸龜蒙《奉酬襲美苦雨四聲重寄
三十二句》詩："層雲愁天低，久雨倚檻冷。"
宋范仲淹《南京書院題名記》："或峻於層雲，
或深於重淵。"宋方千里《慶春宮》詞："宿靄
籠晴。層雲遮日，送春望斷愁城。"金元好問
《洞仙歌》："層雲倒天河，盡傾向霞觴，與君爲
壽。"明梁寅《大堤曲》詩："魚向深淵藏，鳥
逐層雲飛。"清卞三元《平涼有感》詩："層雲
旅雁横秋月，斷嶺孤猿叫夜霜。"

**【曾雲】**

即層雲。晋陸機《文賦》："浮藻聯翩，若
翰鳥纓繳，而墜曾雲之峻。"一本作"層雲"。
又《園葵》詩："曾雲無温液，嚴霜有凝威。"

層 雲
（宋趙伯駒《仙山樓閣圖》局部）

李善注："曾，重也。"唐杜甫《望嶽》詩："盪
胸生曾雲，決眥入歸鳥。"清陸元泓《過河北劉
剩庵先生墓》詩："曾雲歸去總天涯，三尺荒墳
萬古家。"

**【曾陰】**

即層雲。晋陸冲《雜詩二首》其一："洿
澤無夷軌，重巒有曾陰。"唐杜甫《野望》詩：
"清秋望不極，迢遞起曾陰。"宋釋道潛《春晴》
詩其一："積雨久不破，曾陰蔽城闕。"明張以
寧《題臨川王與可拂雲亭》："鳳來明月星河近，
龍起曾陰雷雨垂。"清王夫之《晨發端州與同
鄉人别（己丑）》詩："寒潮落沙影，曉塔鬱曾
陰。"

## 通天薄雲

漫天稀薄之雲層。《宋書·天文志》："大
明三年春正月夜，通天薄雲，四方生赤氣，長
三四尺，乍没乍見，尋皆消滅。占名隧星，一
曰刀星。"又："大明七年正月夜，通天薄雲，
四方合有八氣，蒼白色，長二三丈，乍見乍没，
名刀星。"

## 朔雲

北方邊塞之雲。唐嚴武《軍城早秋》："昨
夜秋風入漢關，朔雲邊月滿西山。"宋張孝祥
《念奴嬌》詞："引刀陌上，净蠻煙瘴雨，朔雲
邊雪。"金趙秉文《雜興十首·南園》詩："萬
里馬辭邊雪苦，一聲雁拂朔雲高。"明尹耕《紫
荆關》詩："斥堠直通沙磧外，戍樓高并朔雲
平。"清尤侗《蘇幕遮·塞上》詞："朔雲寒，
邊月苦。觱栗西風，吹亂黄沙舞。"

## 蜀雲

古蜀地之雲。《晋書·天文志》："魏雲如鼠，
鄭雲如絳衣，越雲如龍，蜀雲如囷。"唐崔櫓

蜀　雲
（唐李昭道《明皇幸蜀圖》局部）

《華清宮三首》其二："障掩金鷄蓄禍機，翠華西拂蜀雲飛。"宋司馬光《送王殿丞（景陽）知眉山縣》詩其二："君行杳何許，萬里蜀雲西。"元虞集《道園學古錄》："當時玉帳，蜀雲西坐，嘯風生，草木低。"明陳璉《送范先生從軍雲南二首》其一："夜醉湘江月，朝吟蜀道雲。"清繆珠蓀《喜遷鶯·隨官鄂城憶燕蜀師妹》詞："燕樹渺，蜀雲低。"

## 蠻雲

指南方有瘴氣的煙雲。古代在濕熱地區所形成的雲霧含有一定的腐敗氣體。唐殷堯藩《九日》詩："瘴雨蠻煙朝暮景，平蕪野草古今愁。"宋陸游《涪州》詩："使君不用勤留客，瘴雨蠻雲我欲愁。"元黃鎮成《送伍元如赴烏蒙右文教授》詩："牂牁水入蠻雲暖，越巂山連楚樹晴。"明楊維楨《征南謠》詩："千里萬里鷄犬絕，杳杳南國深蠻雲。"清孔憲彝《張詩龕方伯以伏波銅鼓送焦山寺中作詩紀事依韵和之》詩："昔染蠻雲瘴雨寒，今依佛火禪鐙黝。"

## 塞北雲

古代長城以北之雲。唐薛奇童《雲中行》："塞北雲高心已悲，城南木落腸堪斷。"元仇遠《寄董無益》詩："馬蹄亂踏湖西雪，雁陣平托塞北雲。"明唐文鳳《憶二弟》詩："江南春雨青燈夜，塞北寒雲白雪時。"清那遜蘭保《瀛俊二兄奉使庫倫故吾家也送行之日率成此詩》："故鄉何所在，塞北雲茫茫。"

## 秦雲

古秦地之雲。南朝梁劉孝威《塘上行苦辛篇》詩："秦雲猶變色，魯日尚迴輪。"《隋書·天文志》："衛雲如犬，周雲如車輪，秦雲如行人，魏雲如鼠。"唐劉長卿《吳中聞潼關失守因奉寄淮南蕭判官》詩："胡馬嘶秦雲，漢兵亂相失。"宋司馬光《送鄭推官（戩）赴邠州》其一："秦雲低落日，塞樹怯春寒。"元張崇《古行路難》詩："劫土復地計全非，何處秦雲泣燕鬼。"明貢性之《題畫山水》詩："鏡水荷花裏，秦雲嶺樹邊。"清萬方煦《登望河樓》詩："陝樹臨關斷，秦雲入晋多。"

秦　雲
（明王履《華山圖册》局部）

## 楚雲

古楚地之雲。南朝梁蕭綱《行幸甘泉宮》詩："銅鳴周國燧，旗曳楚雲虹。"唐劉商《秋夜聽嚴紳巴童唱竹枝歌》："巴人遠從荆山（一作江）客，回首荆山楚雲隔。"宋吳潛《呈蕭山知縣》詩："荒縣今宵孤館夢，四千里外楚雲邊。"元吳景奎《鳳凰臺》詩："潮打石城吳月上，山連淮甸楚雲開。"明陶誼《送人從役》

詩：“沅湘南去遠，古戍楚雲邊。”清屈大均《送客》詩：“莫上高臺望，無窮是楚雲。”

## 湘雲

亦作“瀟湘雲”。古楚地瀟湘一帶之雲。唐孟郊《楚竹吟酬盧虔瑞公見和湘弦怨》詩：“昔爲瀟湘引，曾動瀟湘雲。”宋程垓《滿庭芳·時

湘 雲
（明謝時臣《岳陽樓圖》局部）

在臨安晚秋登臨》詞：“憑高，增悵望，湘雲盡處，都是平蕪。”宋李新《有所思》詩：“眸寒不見瀟湘雲，天碧江沉一千里。”元釋善住《春日雜興二首》其二：“湘雲碎剪作春衣，步入青山映夕暉。”元吾丘衍《陳公輔聽雨軒》詞：“帝子吟瀟湘，瀟湘雲煙竟茫茫。”明徐賁《湘妃曲》詩：“楚山九點秋未老，淚花染盡瀟湘雲。”明周用《秋思》詩：“黯黯湘雲斷九嶷，娟娟山月照峨眉。”清毛奇齡《參上人還歸西陵》詩：“道人九月渡西陵，閑看湘雲杖古藤。”清張翀《別貴竹諸友》詩：“漸隔瀟湘雲，空留夜郎月。”

### 【瀟湘雲】

即湘雲。此稱唐代已行用。見該文。

## 吳雲

亦稱“吳煙”。古吳地之雲。南朝宋謝莊《從駕頓上》詩：“中權臨楚路，前茅望吳雲。”南朝梁江淹《秋至懷歸》：“吳煙草色斂，窮水木葉變。”唐李白《雜歌謠辭·臨江王節士歌》：“吳雲寒，燕鴻苦，風號沙宿瀟湘浦。”唐

吳 雲
（清王翬《康熙南巡圖》局部）

齊己《寄懷江西栖公》詩：“江僧歸海寺，楚路接吳煙。”宋強至《走筆送楊正臣先輩還吳》詩：“客衣沾魏土，歸馬望吳雲。”宋吳文英《暗香·夷則宮送魏句濱宰吳縣解組分韵得闔字》：“盡換却、吳水吳煙，桃李靚春靨。”元周砥《吳越兩山亭》詩：“吳雲與越鳥，千古不停飛。”元薩都剌《鳳凰臺懷古》詩：“水邊萬井吳煙白，天外三山楚樹青。”明劉基《自都回至通州寄普達世理原理二首》其一：“扁舟指吳雲，離夢縈燕月。”清錢謙益《題女郎楚秀畫二首》其一：“煙嵐一抹看多少，知是吳雲是楚雲。”

### 【吳煙】

即吳雲。此稱南北朝時期已行用。見該文。

# 第三節　雲兆考

　　以雲爲因，預示天氣變化之結果，即看雲識天氣。在這方面古人已有諸多經驗，通過雲的形態，就可預知風、雨、雪、陰、晴等天氣現象。但由於科學知識的不足，古人無法理解雲形成的原因機理。古籍中有"雨雲""涝雲""含水雲""油雲""海雲""濯魚雲""繳雲""化雲"等詞語，認爲它們表達的是致雨之雲。其他如"四塞雲"，即東、南、西、北四方有四種顏色之雲，亦謂有雨之兆。又"魚鱗雲"，像魚皮樣淡青色之雲，爲水雲，有雨之兆。又"同雲"，即同一顏色的雲，謂降雪之兆。又"雪雲""凍雲"，亦謂兆雪之雲。又"煙火雲"，形狀如煙似火之雲，謂無雨主旱之兆。又"旱雲"，亦作旱天之雲，主無雨天旱之兆。又"礮車雲""砲車雲""抛雲車""抛車雲"等，可預示風暴之將至，且雲起風來時飛沙走石如發砲，故名。又"颶潮風""犁頭雲""颶母"，亦是一種颱風起前的雲象。又"老鯉斑雲"，明徐光啓《農政全書》卷一一："冬天近晚，忽有老鯉斑雲起，漸合成濃陰者，必無雨，名曰護霜天。"

　　以雲爲因，預示其吉凶之結果，亦是一種在科學不發達的古代，人們對自然現象進行神秘解讀的方式。古人將此稱爲"占雲"。例如"氛祥""氣氛""氛浸""浸氣""壞雲"等，是預示吉凶或祥瑞之雲氣。又"牂雲""牉雲"，爲兵灾之徵。又"愁雲""天愁"，謂濃陰欲雨之雲，人爲之愁，故名。又"五色慶雲""五彩慶雲""八色卿雲"，謂多彩繽紛之雲，古以爲喜慶、吉祥之氣。又"景雲""吉雲""祥雲""祥煙""瑞雲""雲瑞""瑞氣""瑞靄""瑞藹""瑞彩""蕭雲""喬雲""霱""化雲""黃雲""梢雲""稍雲""紫氣"等，多有祥瑞喜慶之意，亦預示有美好未來。

## 雨　雲

### 雨雲

　　亦稱"含水雲"。致雨之濃雲。多爲積雨雲，或鋒面雲系。《呂氏春秋·應同》："山雲草莽，水雲魚，旱雲煙火，雨雲水波。"唐虞世南《北堂書鈔》卷一五〇引《楚國先賢傳》曰："天旱，有含水雲從西方起，則焚香祝之。"唐李商隱《杜工部蜀中離席》詩："座中醉客延醒客，江上晴雲雜雨雲。"宋陳德武《望海潮·二調寄別溽郡魯教諭子振李訓導宗深》詞："富貴邯鄲，雨雲巫峽，回頭一夢空驚。"元張雨《舟次漏湖用柳博士夢薛玄卿詩韵寄倪元鎮兼懷道傳明德》詩："五湖歸思浮天水，一靄秋陰過雨雲。"明張以寧《浙江》詩："林紅晚日落，江白雨雲開。"清弘曆《驟雨（六月初十日）》詩："陣雲如墨，雨雲白皚皚。"清陳元龍《格致鏡原》："天旱有含水雲從西方起，則焚香祝之。"

## 【含水雲】

即雨雲。此稱唐代已行用。見該文。

## 【澇雲】

即雨雲。多雨爲澇。漢劉安等《淮南子·覽冥訓》："旱雲煙火，澇雲波水，各像其形類，所以感之。"明楊慎《咏端溪硯廿韵示兒》詩："朏月沉泓北，澇雲度岊西。"清彭績《曉霽》詩："清風散澇雲，初日照高樹。"于省吾《雙劍誃諸子新證·淮南子二》："澇雲謂含雨釀厚之雲也。"

## 【油雲】

即雨雲。語出《孟子·梁惠王上》："天油然作雲，沛然下雨。"晋陸機《赴洛》詩："谷風拂脩薄，油雲翳高岑。"唐包佶《祀雨師樂章·送神》："跪拜臨壇結空想，年年應節候油雲。"宋陸游《夏雨》詩："忽聞疏雨滴林梢，起看油雲滿四郊。"元趙孟頫《題董元溪岸圖》詩："石林何蒼蒼，油雲出其下。"明盧龍雲《自鄉返城喜春雨沾足兼聞欲罷礦稅釋建言得罪諸臣》詩："油雲忽四興，甘澍滿田澤。"清弘曆《消夏十咏·雨》："密雨連平野，油雲斷遠村。"

## 礮車雲

亦作"砲車雲"，亦稱"抛雲車""抛車雲"，現代命名"砧狀積雨雲"。可預示風暴將至。雲起風來，飛沙走石如發砲，故稱。屬於强烈對流雲團。唐李肇《唐國史補》卷下："暴風之候，有礮車雲。舟人必祭婆官而事僧伽。"

礮車雲

宋葉廷珪《海錄碎事》卷一引作"抛雲車"。宋葉適《中大夫直敷文閣兩浙運副趙公墓志銘》："虜使張汝方暮發京口，礮車雲上，風挾浪成山，且覆且號。"宋王之道《次韵高守無隱苦熱》詩："鬱蒸還起砲車雲，旱氣方隆雨未能。"明胡奎《斗南老人集》卷五："礮車雲起，大風作，一雨洗天三日。"明詹同《送徐復初海道知事》詩："炮車雲起天垂野，颶母風來雪涌波。"清張毛健《海漲後》詩："不愁潮退水痕落，海中還起砲車雲。"清朱昆田《六言絕句十六首送青叔北歸》其十："怕有抛車雲起，須尋余大娘航（唐時西江客船惟余大娘航最大）。"

## 【砲車雲】

同"礮車雲"。此體宋代已行用。見該文。

## 【抛雲車】

即礮車雲。此稱宋代已行用。見該文。

## 【抛車雲】

即礮車雲。此稱清代已行用。見該文。

## 濯魚雲

雲名。主雨。或爲魚狀主雨之濃雲。抑或爲漫天魚鱗雲、高空捲雲，可預測降雨。魚鱗雲、高空捲雲爲大範圍天氣變化之前鋒雲系。唐虞世南《北堂書鈔》："《相雨書》云：'四方有濯魚雲，疾者立雨。'"《太平御覽》卷八亦引唐黃子發《相雨書》曰："四方有濯魚雲，疾者立雨。濯魚雲遲者，雨少難至。江漢雲疾者，即日雨。"

## 陰雲

雲名。主雨。天陰欲雨之雲。由各類動力上升氣流形成的雲層。三國魏曹植《仲雍哀辭》："陰雲回於素蓋，悲風動其扶輪。"晋陳琳《宴會》詩："凱風飄陰雲，白日揚素暉。"唐羅隱《中秋夜不見月》詩："陰雲薄暮上空虛，此夕清光已破除。"《宋史·五行志》："竟日夜，西北陰雲中有如火光，長二丈餘，闊數尺，民時時見之。庚戌，大風雨。"宋李燾《續資治通鑑長編》卷二五："至是，陰雲四合，積雪盈尺。"崇禎《吳縣志》卷一一："〔弘治十四年〕七月二十一日午後，陰雲密布，迷漫欲雨，俄聞空中有聲，約二刻乃止，人曰天愁。"

## 愁雲

亦稱"天愁"。濃陰欲雨之雲。人爲之愁，故名。爲強對流雲層。南北朝王瑳《長相思》詩："悲風淒，愁雲結。"唐岑參《白雪歌送武判官歸京》詩："瀚海闌干百丈冰，愁雲慘澹萬里凝。"唐白居易《開成大行皇帝挽歌詞四首奉敕撰進》其三："地感勝秋氣，天愁結夕陰。"宋司馬光《登長安見山樓》詩："歲晚愁雲合，登樓不見山。"《宋史·樂志》："皇堂一閉威顏杳，寒霧帶天愁。"金趙秉文《雜擬十首》其八："西北秋風至，日暮愁雲生。"元宋无《戰城南》詩："天愁地黑聲啾啾，鞍下髑髏相對泣。"明張宣《錫山道中》詩："風起晚淒淒，愁雲墮漸低。"崇禎《吳縣志》卷一一："〔弘治十四年〕七月二十一日午後，陰雲密布，迷漫欲雨，俄聞空中有聲，約二刻乃止，人曰天愁。"清嚴我斯《聞砧曲》詩："黃龍塞上愁雲斷，丹鳳城邊落葉紛。"

## 【天愁】

即愁雲。此稱唐代已行用。見該文。

## 河作堰

亦稱"黑猪渡河""女作橋""合羅陣"。濃密的黑雲。主大雨。爲強對流雲層。元婁元禮《田家五行》："天河中有黑雲生，謂之'河作堰'，又謂之'黑猪渡河'。"明徐光啓《農政全書》卷一一："黑雲對起，一路相接亘天，謂之女作橋；雲下闊，又謂之合羅陣。皆主大雨立至。"明方以智《物理小識》："月弓多風，偃瓦自下。河作堰，女作橋，合羅陣，風雨飄魚鱗，不雨亦風顛。"按，女作橋，黑雲涌起爲帶狀，猶如織女所造之橋，故稱。

## 【黑猪渡河】

即河作堰。此稱明代已行用。見該文。

## 【女作橋】

即河作堰。此稱明代已行用。見該文。

## 【合羅陣】

即河作堰。此稱明代已行用。見該文。

## 繳雲

亦作"雲繳"。繳，謂纏繞的繩綫，雲若其態，黑沉，主暴雨。爲強對流雲層。南朝宋孔寧子《棹歌行》詩："仰瞻翳雲繳，俯引沈泉

繳　雲
（莫高窟二十三窟《雨中耕作圖》局部）

繳 雲

（明佚名《仿周文矩松下仕女圖》局部）

絲。”清陳元龍《格致鏡原》卷三：“月始生，有黑雲貫月，名繳雲，不出三日暴雨。”

【雲繳】

同“繳雲”。此體南北朝時期已行用。見該文。

## 濃雲

濃密欲雨之雲。爲强對流雲層。南朝梁吳均《贈王桂陽別詩三首》其三：“深浪暗兼葭，濃雲没城邑。”唐白居易《陰雨》詩：“潤葉濡枝浹四方，濃雲來去勢何長。”宋黄庭堅《減字木蘭花·濃雲驟雨》詞：“濃雲驟雨，巫峽有情來又去。”元葉可權《遂昌八景·後墅春耕》：“濃雲壓樹春雨足，土脉如酥秧水緑。”明于謙《次日烏雲密布不雨復散》詩：“潑墨濃雲布，漫空雨意懸。”弘治《徽州府志》卷一

濃 雲

（清董邦達《夏山欲雨圖卷》局部）

○：“〔永樂七年〕是夜一鼓，濃雲四合，震雷交作，驟雨滂沱，俄頃水涌，迅奔而起，直夜昏黑，人無所之，舉皆登屋。三鼓時水盈城，民庶悉隨屋漂，譙樓前水高丈餘，至黎明方殺。民廬十去其九，溺死男婦六十餘人，凡漂官民房屋一百五十餘間，卷籍學糧俱淹没。”清汪琬《雨》詩：“濃雲倏忽如山崩，飛電復如枉矢行。”

## 海雲

雲名。黑色濃雲，無邊無際，主雨。唐虞世南《北堂書鈔》卷一五○引京房《易傳》曰：“漢川有黑雲大如席，不出五日必雨，名曰海雲。”唐馬戴《雪中送青州薛評事》詩：“岳雪明日觀，海雲冒營丘。”宋石延年詩：“海雲含雨重，江樹帶蟬疏。”元張翥《寄成居竹黄舜臣》詩其一：“大漠平鋪沙雪去，遠山直枕海雲開。”明王逢《聞何上海子敬毀淫祠開鄉校因寄四韵》：“風葉晝埋公館静，霜鐘寒度海雲遲。”清吳嘉紀《僻壤》詩：“海雲千里黑，塞雁一聲寒。”

## 同雲

同一顔色的雲，主雨雪。《詩·小雅·信南山》：“上天同雲，雨雪雱雱。”朱熹集傳：“同雲，雲一色也。”南北朝庾肩吾《咏花雪》詩：“寒光晦八極，同雲暗九天。”唐李咸用《大雪歌》：“同雲慘慘如天怒，寒龍振鬣飛乾雨。”宋周邦彦《女冠子·雪景》詞：“同雲密佈。撒梨花，柳絮飛舞。”元宋褧《冬雨》詩：“十月楚天雨，同雲暗八荒。”明于謙《題畫二首》詩其二：“同雲蔽天風怒號，飛來雪片如鵝毛。”清弘曆《臘八日雪》詩：“一夜同雲布，凌晨散玉花。”

## 雪雲

為冬季冷鋒過境形成的雲層。唐嚴維《送崔峒使往睦州兼寄薛司户》詩："冰水近開漁浦出，雪雲初卷定山高。"宋李昭玘《暮冬懷贈次膺》詩："凍雲欲雪雁聲過，臘酒正春梅信來。"元張翥《送監生聶讓省兄山後（生父死王事）》詩："北風關路雪雲暗，落日客亭煙火微。"明唐之淳《野營曲》詩："白狼河邊狐豕盡，紅螺山外雪雲低。"清屈大均《別高氏兄弟》詩其二："雪雲連兩岸，風葉滿孤舟。"

### 【凍雲】[2]

雪前密布之陰雲，兆雪。唐許敬宗《遼左雪中登樓》詩："凍雲連海色，枯木助風聲。"

宋陸游《好事近》詞："扶杖凍雲深處，探溪梅消息。"元張野《念奴嬌》詞："凍雲垂野，乍乾坤慘澹，冰花飛落。"明金賢《送別正使黃公還朝》詩："接塞凍雲迷別路，亂山晴雪照行旌。"清納蘭性德《臨江仙》詞："帶得些兒前夜雪，凍雲一樹垂垂。"

### 【彤雲】[1]

雪前密布之陰雲，兆雪將至。唐宋之問《奉和春日玩雪應制》詩："北闕彤雲掩曙霞，東風吹雪舞山家。"明陸采《明珠記·雪慶》："彤雲四起，看雨結空花，風翦飛絮。"《水滸傳》第一〇回："正是嚴冬天氣，彤雲密佈，朔風漸起，却早紛紛揚揚捲下一天大雪來。"

## 災　雲

## 氛[2]

古指吉凶徵兆之雲氣。《左傳·昭公二十年》：'梓慎望氛。'鄭玄注："時魯侯不行登臺之禮，使梓慎望氣。"《離騷》："欲從靈氛之吉占兮，心猶豫而狐疑。"《説文·气部》："氛，祥也。"段玉裁注："氛，謂吉凶先見之氣。統言則祥氛二字皆兼吉凶，析言則祥吉氛凶耳。許意是統言。"徐灝箋："《書傳》言氛皆主凶事，無言祥氛者。"唐宋之問《函谷關》詩："靈迹才辭周柱下，祥氛已入函關中。"宋崔次周《題梅山雲悅樓》詩："祥氛結紫氣，磅礴常周流。"元耶律楚材《和張敏之詩七十韻三首》其一："災變垂乾象，妖氛翳太陽。"明張昱《題諸葛孔明像》詩："妖氛不敢作，白羽起西風。"清錢謙益《哭稼軒一百十韻》："殺氣南條急，流氛北户纏。"

## 氛祥

預示吉凶的雲氣。《國語·楚語上》："故先王之爲臺榭也，榭不過講軍實，臺不過望氛祥。"韋昭注："凶氣爲氛，吉氣爲祥。"北魏酈道元《水經注·汋水二》："臺高不過望國之氛祥，大不過容宴之俎豆。"宋李昉等《太平御覽》："晝夜暴露以望氛祥，不亦難乎？"明袁子訓《東海波恬》詩："蜃挂樓臺呈幅畫，濤翻雲物辨氛祥。"清毛奇齡《古今通韵》："氛祥，氣也。又氛祲妖氣。"

### 【氛祲】[1]

指預示災禍的雲氣。《詩·大雅·靈臺》："經始靈臺。"宋朱熹集傳："國之有臺，所以望氛祲，察災祥，時觀游，節勞佚也。"唐王維《奉和聖製送不蒙都護兼鴻臚卿歸安西應制》詩："萬方氛祲息，六合乾坤大（一作泰）。"宋張元幹《奉送李叔易博士被召赴行在所》詩："興衰撥亂戴真主，會掃氛祲開雲衢。"元吳景奎《次韵憶錢唐二首》其一："金戈鐵馬消氛祲，翠閣朱樓起戰塵。"清邢昉《觀太子少保左公遺集作歌贈子直兄弟》詩："盡驅魑魅掃氛祲，垂衣手握河魁柄。"

【氣氛】

預示吉凶的雲氣。漢劉向《説苑·辨物》："登靈臺以望氣氛。"漢趙岐注、宋孫奭疏《孟子注疏》卷一："《周詩·大雅》篇名曰《靈臺》，注云：'天子有靈臺者，所以觀象，察氣之妖祥也。'"元釋智境、道泰《禪林類聚》："遙望牛頭紫氣氛。"清弘曆《邐日》詩："深消遣蝗種，净蠲癘氣氛。"

【氛沴】

不祥之雲氣。一説，有毒之雲氣。《宋書·鄧琬傳》："天威雷發，氛沴冰消。"唐玄奘《大唐西域記·迦摩縷波國》："入蜀西南之境，然山川險阻，嶂氣氛沴，毒蛇毒草，爲害滋甚。"元王沂《伊濱集》："會稽東南之衝，風氣清和，無氛沴霧毒之虞。"明顧清《蕭升榮母曾孺人挽詩》其二："氛沴交行日，鄉鄰出次時。"清戴亨《題觀海圖爲張同年蔚千作》詩："煙消霧净氛沴滅，日輪照耀扶桑枝。"

【沴氣】

不祥之雲氣。北周庾信《哀江南賦》："況以沴氣朝浮，妖精夜殞，赤烏則三朝夾日，蒼雲則七重圍軫，亡吳之歲既窮，入郢之年斯盡。"隋佚名《白帝歌》："沴氣既已息，萬天俄而安。"唐楊炯《奉和上元酺宴應詔》："祅星六丈出，沴氣七重懸。"元曹伯啓《嘆宜興無錫飢民二首》其二："沴氣無情苦降災，飢民往往背

如鮐。"宋楊億《己亥年十月十七日大雪》詩："北户寒威盛，南方沴氣收。"元周霆震《停雲師友吟》："往者風塵昏，沴氣滋蔓延。"明吳寬《題厓山大忠祠四首》其一："毒霧漲天横沴氣，落星浮海散寒芒。"清金朝觀《述往》詩："温風不止雨不休，積成沴氣紛四流。"

# 犁頭雲

亦稱"颶潮風""犁頭"。颱風起前的一種雲象，能引來颱風，故名。是强低壓對流雲系的邊緣部分，雲的運動速度較快。明楊慎《藝林伐山》卷二："凡此風作，先一二日，片雲漫空疾飛，海人呼爲颶潮風；東廣泛海者，曰犁頭雲。"明汪廣洋《嶺南雜咏》其二："拏舟盡入沙灣泊，爲避犁頭海上雲。"明董其昌《邠風圖（館課）》："犁頭風雨生綃幅，餘音散入春桑曲。"

【颶潮風】

即犁頭雲。此稱明代已行用。見該文。

【犁頭】

即犁頭雲。此稱明代已行用。見該文。

# 颶母[1]

亦作"颶母"。"颶""颶"衹一筆畫之别。預兆颱風將至的形似虹霓雲彩。它的形成與高層雲有關。一般由微小的冰晶組成，這些冰晶相當於三棱鏡，當太陽光通過高層雲中蘊含的冰晶時，經過兩次折射、反射便形成了虹霓雲彩。這種高層雲常常是因冷暖空氣相遇而生成的，以後雲層增厚，便會發展成雨層雲，所以這種高層雲是風雨將臨的徵兆。唐李肇《唐國史補》卷下："南海人言：海風四面而至，名曰颶風。颶風將至，則多虹蜺，名曰颶母。然三五十年始一見。"又"南海有颶母，風四面而

至，倒屋拔木，每數年一作。將作則虹見，謂之颶母。"唐劉恂《嶺表錄異》卷上："南海秋夏間，或雲物慘然，則其暈如虹，長六七尺。比候，則颶風必發，故呼爲颶母。"宋余靖《和董職方見示初到番禺》詩："客聽潮雞迷早夜，人瞻颶母識陰晴。"自注："颶母欲至而黑雲起，謂之颶母。"元宋无《靈巖寺上方》詩："颶母射巖風動地，蛟精徙穴霧迷空。"明王佐《和李

本德檳榔嘆》："瓊農本有天然利，颶母秋風自適時。"道光《香山縣志》卷八："〔嘉靖二年〕秋八月丁巳，方釋奠，忽颶母亘天，大風拔木摧屋，縣學欞星門毀。"清趙翼《颶風歌》："風名颶母應雌風，胡爲更比雄風雄。"

【颶母】[2]

同"颶母"。此體唐代已行用。見該文。

# 祥　雲

## 瑞雲

又稱"雲瑞"。祥瑞之雲。或爲形態柔美的白雲，抑或色彩絢麗的彩雲。其狀態與太陽光綫照射時的散射程度有關。《左傳·昭公十七年》："昔者黃帝氏以雲紀。"杜預注："黃帝受命有雲瑞，故以雲紀事，百官師長皆以雲爲名號。"南朝宋謝超宗《齊太廟樂歌十六首·凱容樂（昭皇后室奏）》："月靈誕慶，雲瑞開祥。"南朝梁劉遵《和簡文帝賽漢高帝廟詩》："空餘清祀處，無復瑞雲飛。"唐花蕊夫人徐氏《宮詞》詩其六十三："東宮降誕挺佳辰，少海星邊

祥瑞雲氣
（清題劉永年《海屋添籌圖》局部）

擁瑞雲。"宋李昉等《太平御覽》卷八引《西京雜記》："瑞雲曰慶雲，曰景雲，或曰卿雲。"宋葛勝仲《壽慶二丘》詩："雲瑞已隨仙馭遠，電光猶繞北樞明。"元譚處端《滿路花》詞："極目嵐光裏，隱約依稀，瑞雲深處仙家。"明釋道忞《禪燈世譜》："至北天竺國，見城堞間有金色瑞雲。"明楊慎《寄袁立山》詩："雲瑞重輪困，山立小培塿。"清王夫之《點絳唇·牡丹二首》其一："瑞雲迴合，錦襮空青表。"

【雲瑞】

即瑞雲。此稱晉代已行用。見該文。

【瑞彩】

即瑞雲。南朝梁劉孝威《奉和簡文帝太子應令》詩："前星涵瑞彩，洊雷揚遠聲。"唐虞世南《奉和月夜觀星應令》詩："休光灼前曜，瑞彩接重輪。"宋楊時《送虔守楚大夫（元祐戊辰）》詩："經天浮瑞彩，絕代出英姿。"嘉靖《昌樂縣志》卷一："〔嘉靖二十六年〕八月十六日夜，月在中天，瑞彩旋生，紅綠間錯，繞月三匝，大如車輪。"清金兆燕《大起樓聯》："碧樹紅花相掩映，天香瑞彩合絪緼。"

【瑞氣】

即瑞雲。南朝梁何遜《九日侍宴樂游苑》詩："晴軒連瑞氣，同惹御香芬。"南朝梁庾肩吾《侍宴》詩："仁風開美景，瑞氣動非煙。"唐太宗《重幸五功》詩："瑞氣縈丹闕，祥煙散碧空。"宋林光朝《東宮生日六首·癸巳》詩："神光浮蜀道，瑞氣貫秦川。"元葉懋《十臺懷古·凌歊臺》詩："清波涌月挂簾鈎，瑞氣凌空捲綃縠。"明楊維楨《舟次秦淮河》詩："舟泊秦淮近晚晴，遥觀瑞氣在金陵。"清福臨《聖母皇太后萬壽詩》其十七："日升瑞氣開黄道，雲擁祥光映碧霄。"

【瑞靄】

亦作"瑞藹"。即瑞雲。唐宋之問《函谷關》詩："瑞靄丹光遠鬱葱。"唐楊巨源《和盧諫議朝回書情即事寄兩省閣老兼呈二起居諫院諸院長》詩："清輝被鸞渚，瑞靄含龍渠。"宋馬鈺《又冰雪題晏子禮》："瑞靄浮浮，祥氛冉冉，捲簾縞夜幽光。"宋歐陽修《春帖子詞·夫人閣五首》其四："微風池沼輕漸漾，旭日樓臺瑞靄浮。"元彭致中《鳴鶴餘音》："遇良辰、名香共爇，吐氤氳、瑞靄祥煙。"元黄清老《送李子威代祀嵩衡淮海三首》其二："天香落巖谷，瑞靄春冥濛。"明查志隆《岱史》："東嶽崢嶸迥不群，中峰瑞靄更氤氳。"明盧甯《題金門待漏圖》詩："九天瑞靄團龍袞，雙闕星回集馬蹄。"清方文《喜從子密之京師歸》詩："江天多瑞靄，早晚賦梁園。"清劉繹《壬子元旦》詩："祥煙瑞靄接氳氤，正喜新晴映曉雯。"

【瑞藹】

同"瑞靄"。此稱唐代已行用。見該文。

【化雲】

即瑞雲。能化爲滋潤萬物之時雨，故稱。晋傅玄《鼓吹曲·夏苗田》："惟大晋，德參兩儀，化雲敷。"《晋書·樂志下》："象天則地，化雲布。"唐薛瑶《謡》詩："化雲心兮思淑貞，洞寂滅兮不見人。"元丘處機《無俗念·蓑衣》詞："他年功滿，化雲天上無迹。"明王漸逵《曲肱吟（越秀山中）》詩其四："只教簪溜長懸水，欲使江山盡化雲。"清何鞏道《南莊偶成》詩："積水化雲天欲白，斷虹收雨海俱深。"

【景雲】

即瑞雲。《淮南子·天文訓》："虎嘯而谷風生，龍舉而景雲屬。"三國魏曹植《仙人篇》詩："飛騰踰景雲，高風吹我軀。"《陳書·宣帝紀》："〔太建四年〕八月丁丑，景雲見。"唐佚名《玉皇授歘生大洞三十九章與登龍臺歌二章》其一："瓊扉生景雲，靈煙絶幽藹。"《太平御覽·天部八》："又曰：黄帝氏以雲紀官，故爲雲師而雲名。有景雲之瑞。"元耶律鑄《題漢武内傳》："瑶水露寒芳草歇，鼎湖煙暖景雲高。"《大明會典》卷八五："景雲、甘雨、風雷之神。"清弘曆《霧八韵》："江浙景雲近，瀟湘畫若描。"

【吉雲】

即瑞雲。漢郭憲《洞冥記》卷二："帝（漢武帝）曰：'何謂吉雲？'朔（東方朔）曰：'其國俗之雲氣占吉凶。若樂事，則滿室雲起，五色照人，著於草樹，皆成五色露珠，甚甘。'"宋夏竦《奉和御製玉清昭應宮甘露歌》："吉雲五色比還疏，況是嚴冬歲律餘。"元潘伯脩《君子有所思三首》其二："萬方獻壽來休輗，吉雲寶露榑桑西。"明韓上桂《甘露詩爲馬御史作》詩："崢嶸列柏上，縹緲吉雲邊。"清楊葆光《瑤華·承露盤》詞："吉雲五色，只臣朔、親探丹穴。"

【祥雲】

亦稱"祥煙"。即瑞雲。南朝齊王僧令《皇太子釋奠會詩》："慶暑逶迤，祥雲炤爍。"南北陳江總《咏雙闕》詩："屢逢膏露灑，幾遇祥煙初。"北周庾信《廣饒宇文公神道碑》："祥雲入境，行雨隨軒。"唐杜牧《長安雜題長句六首》其五："祥雲輝映漢宮紫，春光繡畫秦川明。"唐李世民《重幸武功》詩："瑞氣縈丹闕，祥煙散碧空。"《舊唐書·禮儀志》："皇帝初至橋陵，質明，柏樹甘露降，曙後祥煙遍空。"清徐燦《滿庭芳》詞："麗日重輪，祥雲五色。"清弘曆《丙寅正月十日召諸王臣工集重華宮聯句》："曈曨旭日臨青瑣，繚繞祥煙護紫宸。"

孔子出生時的空中祥雲
（明仇英《空中奏樂圖》局部）

【祥煙】

即祥雲。此稱南北朝時期已行用。見該文。

【梢雲】

亦作"稍雲""捎雲"。樹梢之上之雲，抑或縈繞於樹梢之雲。即瑞雲、祥雲。《史記·天官書》："稍雲精白者，其將悍，其士怯。"《漢書·天文志》作"捎雲"。晋左思《吳都賦》：

梢　雲
（明仇英《禱尼山圖》局部）

"梢雲無以踰，嶰谷弗能連。"李善注："《漢書·天文志》曰：見捎雲。其説梢，如樹也。"劉良注："言雖梢雲之高，亦不能踰也。"晋郭璞《江賦》："驪虯摎其址，梢雲冠其巔。"李善注引孫氏《瑞應圖》曰："梢雲，瑞雲。人君德至則出，若樹木梢梢然也。"唐羅讓《梢雲》詩："梢梢含樹彩，郁郁動霞文。"唐王睿《竹》詩："此君引鳳爲龍日，聳節梢雲直上看。"宋鄒浩《咏竹》詩："梢雲齊老松，帶日映寒菊。"宋宋祁《省舍晚景》詩："日穋城陰生，塵露梢雲歇。"元王惲《清苑道中》詩："孤隼梢雲下，群鴉結陣飛。"明李雲龍《水西春日》詩其二："夭桃臨水自照，翠竹梢雲半斜。"明蔡汝楠《舟行雜詩三首》其一："林驚囀月鶯，岸密梢雲柳。"清潘耒《畫松歌爲梅瞿山作》詩："一片梢雲拂雪姿，巍峨迥與凡柯異。"

【稍雲】

同"梢雲"。此體漢代已行用。見該文。

【捎雲】

同"梢雲"。此體漢代已行用。見該文。

# 第四節 彩雲考

古人亦常以色彩及華美程度區分、命名雲類。例如，"彩雲""九華雲""彤雲""慶雲""雲文""五彩慶雲""八色卿雲"，皆表彩繽紛之雲。又"玄雲""玄霄""黑雲""烏雲"等，皆爲黑色之雲或黑色濃雲。又"青雲""碧雲""碧煙""翠雲"等，皆爲青碧色之雲。又"黃雲""黃霽"，謂黃色之雲。又"紫雲""紫氣"等，指紫色的雲氣。又"紅雲""紅氣""赤雲""丹雲"等，皆指赤紅色之雲。又"青雲""青氣"等，即青色之雲。又"白雲"，謂白色之雲。又"蒼白雲"，謂青色和白色相間雜之雲或青白色之雲。又"赤黃氣雲""黃赤雲"，謂紅色和黃色相間雜之雲氣。又"黑赤黃雲"，謂黑色、紅色和黃色相間雜之雲。又"青白赤黑雲"，是有青、白、赤、黑等四種顏色之雲。又"五雲""五色""五彩""五色雲""五色氣"等，皆指青、白、赤、黑、黃等五色之雲。

霞，亦爲彩雲，本義是指日出、日落時天空大氣及雲層因對日光散射而出現的彩色光象或彩色的雲。霞分爲朝霞和晚霞。古人對於霞的認知共分爲以下類型。

抽象名類：包括"霞""瑕""䨠""太霞""霞""霞文"等。晉左思《蜀都賦》："干青霄而秀出，舒丹氣而爲霞。"

時間與空間分布名類：與時辰或時刻有關，有的在東方天際出現，有的在西方天際出現，亦有全天出現的景觀。其中"朝霞""曙霞""晨䨠""晨霞"，皆爲日出前後出現的彩色雲霞。又"晚霞""落霞""暮霞""殘霞""殘燒""流霞""流瑕""流䨠"，皆爲日落前後出現的彩色雲霞。又"燒霞""赤燒"等，特指晚霞，因其紅艷如烈火燃燒，故稱。又"火燒雲"，謂日出或日落時出現的赤色雲霞。

類比名類：例如"煙霞"，猶煙霧般的彩霞。又"流霞""流瑕""流䨠"，雲霞若江河。又"臥霞"，形如人躺臥之霞。又"霞片"，則指片狀雲霞。

色彩名類：涉及霞的顏色。其中"雲錦""雲霞""明霞""碧霞"等，指色彩鮮艷的霞。又"丹霞""丹氣""朱霞""紅霞"等，指色彩偏重紅色的霞。又"碧霞"，指偏青碧色的雲霞，多出現於高山密林處。又"青霞"，指偏青黑色的雲霞。又"紫霞"，指紫色的雲霞。又"駁霞"，指斑駁艷麗之彩霞。又"瑞霞"，爲象徵吉祥之彩霞。又"五色霞"，指五色繽紛的彩霞。

# 色　雲

## 彩雲

　　色彩絢麗之雲。太陽光綫通過水汽的折射，使得雲層不同部位的顏色產生差異。晋雲林右英夫人《詩二十五首·二月九日夜雲林作》詩：“彩雲繞丹霞，靈藹散八空。”南朝梁劉勰《文心雕龍·序志》：“予生七齡，乃夢彩雲若錦，則攀而採之。”唐李白《早發白帝城》詩：“朝辭白帝彩雲間，千里江陵一日還。”《舊唐書·蕭宗本紀》：“上初發平涼，有彩雲浮空，白鶴前引。”宋龔明之《中吳紀聞》卷一載吳感《折紅梅》詞：“只愁共、彩雲易散，冷落謝池風月。”《宋史·樂志》：“九曰彩雲仙隊，衣黃生色道衣，紫霞帔，冠仙冠，執旌節、鶴扇。”元盧琦《栖吳山》詩：“市聲到海迷紅霧，花氣漲天成彩雲。”明吳孺子《將歸溪上留別李將軍兼呈何太史》詩：“桃花細雨且歸去，江上吹簫弄彩雲。”清查繼佐《魯春秋·監國紀》：“忽風作，彩雲而散。”

## 雲物 [2]

　　亦稱“雲色”。指雲氣之色彩。《周禮·春官·保章氏》：“以五雲之物，辨吉凶、水旱降豐荒之祲象。”鄭玄注：“物，色也。視日旁雲氣之色……鄭司農云：以二至二分觀雲色，青爲蟲，白爲喪，赤爲兵荒，黑爲水，黃爲豐。”《左傳·僖公五年》：“公既視朔，遂登觀臺以望，而書，禮也。凡分、至、啓、閉，必書雲物，爲備故也。”杜預注：“雲物，氣色灾變也。”《新唐書·李元諒傳》：“既會，元諒望雲物曰：‘不祥，虜必有變！’傳令約部伍出陣。”元劉因《易水懷古》：“雲物何改色，游子唱離歌。”明孫承恩《謝張明崖大中丞招飲》：“衣冠欣盛集，雲物麗高天。”清劉大櫆《重修鳳山臺記》：“古之爲臺者以書雲物，後之爲臺者以作觀游。”

## 【雲色】

　　即雲物 [2]。此稱先秦時期已行用。見該文。

## 四塞雲

　　東南西北四方有四種顏色之雲，有雨之兆。《史記·司馬相如列傳》：“大漢之德，逢涌原泉，沕潏漫衍，旁魄四塞雲專霧散，上暢九垓，下泝八埏。”師古曰：“旁魄，廣被也。”唐虞世南《北堂書鈔》卷一五〇引漢京房《易傳》曰：“青白赤黑雲，在東南西北方，名曰四塞之雲，見即有雨。”明黃佐九《陵祀次韵劉侍御見寄》詩：“四塞雲山隨遠近，二儀風雨自陰晴。”

## 五雲

　　指青、白、赤、黑、黃等五色之雲。古以爲可占卜吉凶、豐歉，《周禮·春官·保章氏》：“以五雲之物，辨吉凶、水旱，降豐荒之祲象。”鄭玄注引鄭司農云：“以二至二分觀雲色，青爲蟲，白爲喪，赤爲兵荒，黑爲水，黃爲豐。”南北朝王融《永明樂十首》詩：“已晞

五　雲
（山西渾源清代永安寺水陸壁畫局部）

五雲發，方照兩河清。”唐駱賓王《爲齊州父老請陪封禪表》：“瑞開三脊，祥洽五雲。”宋張繼先《送元規游麻姑》詩：“不辭千里遠，獨步五雲輕。”元朱德潤《冬日》：“雙闕倚天瞻象魏，五雲書彩望靈臺。”明于慎行《少年行四首》其一：“五雲深處見仙家，十二樓頭醉彩霞。”清張培金《曉過東昌》詩：“遥知花信好，春在五雲端。”

【五色雲】

亦稱“雲五色”。五色雲氣，古人以爲祥瑞。一説，謂彩霞。《史記正義》引京房《易飛候》：“視四方，常有大雲，五色具而不雨，其下賢人隱也。”《晋書·乞伏熾磐載記》：“僭立十年，有雲五色，起於南山。”《宋書·少帝紀》：“〔元嘉元年〕二月乙巳，大風，天有五色雲。”唐張説《大唐祀封禪頌》：“五色雲起，拂馬以隨人；萬歲山呼，從天而至地。”《陳書·徐陵傳》：“母臧氏，嘗夢五色雲化而爲鳳，集左肩上，已而誕陵焉。”《舊唐書·鄭肅傳》：“仁表文章尤稱俊拔……自謂門地、人物、文章具美，嘗曰：‘天瑞有五色雲，人瑞有鄭仁表。’”宋李昴英《羅浮國醮》詩：“步虚夜半千山月，朝斗空中五色雲。”《宋史·真宗紀》：“還奉高宫，日重輪，五色雲見。”元吴景奎《徐仙卿歌》：“觀光直上燕然山，日近蓬萊雲五色。”正德《松江府志》卷三二：“〔弘治十七年〕夏六月十四日，五色雲見西北，初若鳳一羽，俄敷如連山，光華爛然，移時乃散。”清姚燮《紀夢》詩：“日月吐納雲五色，鳳獅翔舞海三山。”

【雲五色】

即五色雲。此稱南北朝時期已行用。見該文。

【五色氣】

指五色雲氣，古人以爲祥瑞。晋陳壽《三國志·吴書·孫堅傳》：“堅乃前入至雒。”裴松之注引三國吴韋曜《吴書》：“堅軍城南甄官井上，旦有五色氣……堅令人入中，探得漢傳國璽。”《宋書》卷三四：“晋武帝太康元年正月己丑朔，五色氣冠日。”《晋書·武帝紀》：“太康元年春正月己丑朔，五色氣冠日。”唐易静《兵要望江南·占日》：“太陽畔，五色氣鮮明。”宋潛説友《咸淳臨安志》卷一八：“太康元年，正月己丑朔，五色氣貫日。”《宋史·神宗紀一》：“生於濮王宫，祥光照室，群鼠吐五色氣成雲。”明董斯張《廣博物志》卷五：“玉笥山，本名群玉山，胚渾初分，此山積五色氣而成形，覩若群玉之狀，皆虛無之貌浮焉。”《湖廣通志》卷二六：“滿室群鼠，吐五色氣成雲。”

【雕雲】

即五雲。雕，本爲刻鏤，引爲彩繪。南朝宋顔延之《車駕幸京口三月三日侍游曲阿後湖作》詩：“雕雲麗璿蓋，祥飆被綵斿。”《南齊書·祥瑞志》：“流火赤雀，實紀周祚。雕雲素靈，發祥漢氏。”《北齊書·文苑傳序》：“譬雕雲之自成五色，猶儀鳳之冥會八音。”唐陳昌言《正時令賦》：“金風半肅，雕雲乍斂。”宋毛滂《春詞》其十五：“雕雲燎馥沉香暖，綵勝風翩玉燕寒。”明楊慎注引《符瑞志》：“雕雲自成五色，儀鳳暗合八音。”《御定駢字類編》卷一四：“自然九素之氣，氣煙亂生，雕雲九色，入其煙中者易貌，居其煙中者百變。”

【雲文】

指雲狀花紋或雲紋。宋張君房《雲笈七籖》：“衣九色雲文之裳，頭戴暉精月光之冠。”

明倪岳《古意一首送曲阜三氏學錄公瓛赴任》：
"雲文紆欲騰，虬髯迄相向。"《陝西通志》卷
一三："攢天嶺峻，蠆切雲文。"

## 三素雲

亦稱"三素"。道教謂人身有紫、白、黃
三種元氣，脾爲黃素，肺爲白素，肝爲紫素，
合稱"三素雲"。藉指各種雲氣。《黃庭內景經
上》："四氣所合列宿分，紫煙上下三素雲。"務
成子注："三素者，紫素、白素、黃素也。"唐
李商隱《和韓錄事送宮人入道》詩："九枝燈下
朝金殿，三素雲中侍玉樓。"唐熊孺登《日暮天
無雲》詩："但見收三素，何能測上玄。"宋許
將《皇帝閣春貼子》詞："三素雲飛依北極，九
農星正見南方。"金趙秉文《魯直烏絲欄黃庭》
詩："天書夜降勑六丁，控駕三素乘風泠。"明胡
奎《登五岳樓》其一："上凌三素雲，仰見九層
霄。"清孫蕙媛《讀縫雲閣草賦贈沈夫人次姊氏
韵》詩："月姊靜窺三素粲，風姨不卷五華柔。"

### 【三素】

"三素雲"之省稱。此稱先秦時期已行
用。見該文。

"三素雲"：紫（右下）、白（左下）、黃（周邊）
（山西陽高明代雲林寺壁畫）

## 慶雲

亦稱"慶煙""慶霄"。一種彩雲。古以爲
喜慶、吉祥之氣。太陽光綫通過水汽的散射，
使得雲層不同部位的顏色絢麗，因而使人産生
吉祥如意的聯想。《列子·湯問》："慶雲浮，甘
露降。"《漢書·天文志》："若煙非煙，若雲非
雲，郁郁紛紛，蕭索輪囷，是謂慶雲。慶雲見，
喜氣也。"南朝宋謝莊《舞馬賦》："翩翩翼翼，
泛修風而浮慶煙。"南朝宋謝瞻《張子房詩》：
"明兩燭河陰，慶霄薄汾陽。"李善注："慶霄，
即慶雲也。"《北史·隋文帝紀》："〔開皇元年〕
二月，京師慶雲見。"《宋史·真宗紀》："慶雲
繞壇，月有黃光。"《金史·天文志》："慶雲見，
狀如鸞鳳，五彩。"清孔尚任《桃花扇·先聲》：
"見了祥瑞一十二種……河出圖，洛出書，景星
明，慶雲現。"清弘曆《丙寅元旦》詩："慶煙
紃縵籠青瑣，淑景和闔麗紫宸。"又《春正與諸
王及內廷大學士翰林等小宴重華宮聯句是日復
得詩三首》其二："慶霄半壁懸西宇，景物迎人
正復饒。"

慶　雲
（敦煌壁畫）

## 【慶煙】

即慶雲。此稱南北朝時期已行用。見該文。

## 【慶霄】

即慶雲。此稱南北朝時期已行用。見該文。

## 【卿雲】

亦稱"卿靄"，同"慶雲"。卿，通"慶"。一種彩雲。古以爲喜慶、吉祥之雲氣。先秦佚名《卿雲歌》："卿雲爛兮，糺縵縵兮，日月光華，旦復旦兮。"《史記·天官書》："若煙非煙，若雲非雲，郁郁紛紛，蕭索輪囷，是謂卿雲。卿雲見，喜氣也。"南朝梁江淹《顔特進侍宴》詩："山雲備卿靄，池卉具靈變。"唐劉禹錫《送僧仲剬東游兼寄呈靈澈上人》詩："晴空禮拜見真像，金毛五髻卿雲間。"宋金履祥《代張起巖和清塘詩》："上有橫霄映漢之卿雲，下有通川入海之流泉。"元耶律楚材《再和世榮二十韵寄薛玄之》："卿雲知有慶，嘉穀又呈祥。"明王汝玉《端陽應制》詩："卿雲流彩映紫清，薰風綺樹嬌鶯鳴。"清弘曆《恭奉皇太后回鑾車駕發盛京得詩四首》其一："卿雲常五色，王氣鎮三韓。"清金朝覲《別余醇軒（名福謙）》："卿靄聚嘉氣，茂蘭成廣叢。"

## 【卿靄】

即卿雲。此稱南北朝時期已行用。見該文。

## 【昌光】

昌，昌盛。色暖赤，古以爲祥瑞之雲氣。《後漢書·班固傳》："俯協河圖之靈。"李賢注引《河圖》曰："昌光出軫，五星聚井。"《晉書·天文志中》："瑞氣，一曰慶雲……三曰昌光，赤，如龍狀；聖人起，帝受終，則見。"唐崔明光《慶唐觀金籙齋頌》："滅格擇，興昌光，動植生成，陰陽氣茂。"宋李昉等《太平御覽·休徵部》："昌光者，瑞光也，見於天。漢高受命，昌光出軫。又曰：榮光者，瑞光也。"《宋史·天文志》："瑞氣則有慶雲、昌光之屬，妖氣則有虹蜺、祥雲之類。"明杜麟徵《幾社壬申合稿》卷一："翳昌光以四馳兮。"

## 【蕭雲】

彩雲。古以爲喜慶、吉祥之雲氣。《宋書·符瑞志上》："榮路騰軒，蕭雲掩閣。"元程鉅夫《奉餞學舟老先生之武陵》詩："蕭雲曹志上所知，銓量當遣教五溪。"明袁宗道《袁宗道集》："蕭雲掩闕，丹露騰軒。"清弘曆《題蕭雲從秋山紅樹卷》詩："本來楓櫟經霜染，錯認夕陽一片霞。"

## 【喬】[1]

亦作"簥"。彩雲。古以爲喜慶、吉祥之雲氣。漢董仲舒《雨雹對》："雲則五色而爲慶，三色而成喬。"南朝梁孫柔之《瑞應圖》："喬，慶雲也。其狀外赤內黄。"唐王勃《乾元殿頌》："軒圖瑞喬，泛花綬於鷄林；農紀祥炎，濯蘭纓於鳳水。"《集韵·术韵》："喬，卿雲謂之喬。"《清史稿·樂志五》："成喬成卿，萬朵祥雲護帝霄。"

## 【簥】

同"喬[1]"。此體南北朝時期已行用。見該文。

## 【喬雲】

亦作"簥雲"。即慶雲、彩雲。古以爲喜慶、吉祥之雲氣。漢揚雄《太玄·割》："紫蜺喬雲朋圍日，其疾不割。"漢董仲舒《雨雹對》："雲則五色而爲慶，三色而成喬。"晉左思《魏都賦》："喬雲翔龍，澤馬亍阜。"劉淵林注："喬雲者，外赤內青也。"《唐大詔令集》卷一三〇："旭日澄靄，喬雲輟陰。"唐虞世南《北堂書鈔》卷一五〇："雲外赤內青謂之喬雲。"《廣韵·术韵》："霱，霱雲，瑞雲。本亦作喬。"宋程公許《多勝亭》："至今千里被膏沐，猶自霱雲餘絢爛。"《宋史·孝宗紀》："〔乾道九年〕十月壬申，喬雲見。"元馬端臨《文獻通考》卷二九四："凡氣有三色，名曰喬雲。喬雲見，則國有慶，乃人君脩德而致。"清姚燮《與葉十八論詩二章》其二："喬雲麗五色，驂鳳雲中翔。"清李煒《與諸子集沈憲吉北山草堂分賦九松并紀席中勝事》詩："頃刻霱雲車蓋聚，麟湖雙珠光欻吐。"

## 【霱雲】

同"喬雲"。此體唐代已行用。見該文。

# 赤雲

赤紅色之雲。形成於空氣對早晨和傍晚太陽光綫的選擇性散射作用。晋楊方《合歡詩五首》其四："青敷羅翠彩，絳葩象赤雲。"唐易静《兵要望江南·占雲第三》："城頭上，突出赤色雲。"唐杜甫《羌村》詩其一："峥嵘赤雲西，日脚下平地。"宋鄭獬《雨餘》詩："長虹挂雨出青嶂，落日翻光燒赤雲。"《宋史·高宗紀》："〔建炎四年五月壬子〕是夜，紫微垣内有赤雲亘天，白氣貫其中。"《宋史·五行志》："〔紹興七年十一月癸卯〕南方有赤氣，東北皆赤雲，自日入至於甲夜。"《金史·天文志》：

赤 雲
（山西忻州市北朝九原崗墓壁畫）

"十一月丁未，東北有赤雲如火。"明錢宰《題畫十三首》其三："落日赤雲西，青山照大溪。"清丘逢甲《春感次許蘊伯大令韵》其九："都下愁春黃霧塞，日邊望氣赤雲奔。"

## 【丹雲】

即赤雲。晋雲林右英夫人《九月十八日夜》詩其十："丹雲浮高宸，逍遥任靈風。"唐元稹《奉使往蜀路傍見山花吟寄樂天》："深紅山木艷丹雲，路遠無由摘寄君。"宋葉清臣《陵陽山》詩："青嵐抱幽林，丹雲藹奇石。"元姬翼《柳梢青》詞："瑞氣冲融，丹雲縹緲，五明宮闕。"明袁宏道《和伯修》詩："乍黑乍丹雲態多，驟寒驟煥天公瘧。"清毛奇齡《途中喜從丁儀曹得周侍郎亮工分藩覆書感紀成篇》詩："丹雲披海郭，白雁度江鄉。"

## 【紅雲】

即赤雲。隋葛玄《空中歌三首》其三："華景曜空衢，紅雲擁帝前。"唐西施《西施詩》詩："紅雲飛過大江西，從此人間怨風月。"宋譚用之《送丁道士歸南中》詩："子陵山曉紅雲密，青草湖平雪浪高。"元余嘉賓《武夷九曲棹歌》其八："步隨明月瑶臺去，無數紅雲夜不收。"明嚴嵩《郊祀》詩："殿幄紅雲繞，壇松壁月流。"清錢謙益《寄懷嶺外四君詩姚以式侍御》其三："三湘天轉紅雲近，八桂風回白簡寒。"

## 【紅氣】[1]

亦稱"赤氣"。即赤雲。《北史·長孫晟傳》："〔仁壽元年〕臣夜登城樓，望見磧北有赤氣，長百餘里，皆如雨足，下垂被地。謹驗兵書，此名灑血。欲滅匈奴，宜在今日。"唐李商隱《燒香曲》詩："露庭月井大紅氣，輕衫薄細（一作袖）當君意。"前蜀杜光庭《録異記》："時出海上，光照數百里，紅氣亘天。"宋葛勝仲《蝶戀花》其四："盡日勸春春不語。紅氣蒸霞。"宋范鎮《詩四首》其四："雪底青春動，林梢赤氣浮。"元馬端臨《文獻通考》卷二八五："玄宗天寶三載正月庚戌月，有紅氣如垂。"《元史·五行志》："十二月辛卯，絳州有紅氣，起自北方，蔽天幾半，移時方散。"明查志隆《岱史》："平明日高海水乾，滿天翁赭紅氣團。"

## 【赤氣】[1]

即紅氣[1]。此稱唐代已行用。見該文。

## 【彤雲】[2]

即赤雲。晉陸機《漢高祖功臣頌》："彤雲晝聚，素靈夜哭。"李善注："彤，丹色也。"晉孫綽《游天台山賦》："彤雲斐亹以翼櫺，皦日炯晃於綺疏。"吕向注："彤雲，彩雲也。"南朝宋謝靈運《緩歌行》詩："習習和風起，采采彤雲浮。"唐僧鸞《苦熱行》詩："彤雲疊疊聳奇峰，焰焰流光熱凝翠。"宋時彦《青門飲·寄寵人》詞："胡馬嘶風，漢旗翻雪，彤雲又吐，一竿殘照。"元虞集《小源集事》詩："流水連書閣，彤雲映玉泉。"明張昱《宮中詞二十一首》其二十："彤雲捧起黄金殿，十二丹楹七户開。"清曹貞吉《蘇武慢·元宵雪後作》詞："皓魄初圓，罡風猶勁，剪破彤雲萬里。"

## 【火雲】

如火之紅雲，多出現在夏天。即赤雲。南朝梁蕭統《錦帶書十二月啓·蕤賓五月》："凍雨洗梅樹之中，火雲燒桂林之上。"唐岑參《送祁樂歸河東》詩："五月火雲屯，氣燒天地紅。"宋王琪《垂虹亭》詩："六月火雲燒萬里，夜來

風細似秋深。"元李俊民《答籌堂見招》詩其二："火雲堆向山南去，暑氣蒸人似甑中。"明劉基《過閩關》之九："嶺上高秋生火雲，狂雷送雨忽紛紛。"

## 【火燒雲】

色紅如火之雲。即赤雲。火燒雲常出現在夏季，特別是在雷雨之後的日落前後，多出現在天空的西部。預示着天氣濕熱、生物生長繁茂的季節即將到來。唐元稹《蟲豸詩·虹三首》其二："千山溪沸石，六月火燒雲。"宋盧憲《嘉定鎮江志》："火燒雲熏風爨野。"元李繼本《咏雪效時體》："火燒雲正打圍，明日出門好晴景。"明曹學佺《蜀中廣記》："六月火燒雲，自顧生無類。"咸豐《開原縣志》卷一："〔嘉靖六年〕春，空中有火，大如車輪。"參見本卷"赤雲"等條目。

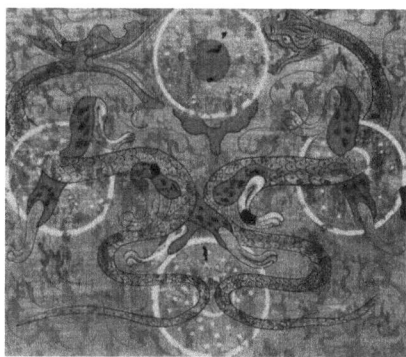

火燒雲
（西安交大院內漢墓壁畫）

## 【炎雲】

指炎熱夏天的紅色雲。即赤雲。南朝梁江淹《四時賦》："炎雲峰起，芳樹未移。"唐權德輿《送安南裴都護》詩："戈船航漲海，旌斾捲炎雲。"元吳萊《荔枝行寄王善父》："炎雲六月光陸離，人在閩南餐荔枝。"明陳完《送虞大令之廣濟》詩："六月暑氣盛，炎雲朝夕生。"清

屈大均《七夕後二日送王君還渠陽（惠州作）》詩：“炎雲欲散苦未散，秋過七夕方微凉。”

## 【牂雲】

亦作“牪雲”。赤色雲，長尾。舊以爲兵灾之徵。《漢書·天文志》：“牂雲如狗，赤色。長尾三枚，夾漢西行。”《晋書·天文志》：“妖氣，一曰虹蜺……二曰牂雲，如狗，赤色，長尾；爲亂君，爲兵喪。”《文獻通考》《記纂淵海》作“牪雲”。

牂 雲
（五臺山佛光寺壁畫）

## 【牪雲】

同“牂雲”。此體唐代已行用。見該文。

## 黃雲

亦稱“黃霿”。黃色之雲，古以爲祥瑞。形成於雲氣對太陽光綫的選擇性散射作用。一説漫天土霾。《漢書·郊祀志上》：“乃以禮祠，迎鼎至甘泉，從上行，薦之。至中山，晏温，有黃雲焉。”《宋書·符瑞志上》：“帝堯之母曰慶都，生於斗維之野，常有黃雲覆護其上。”唐高適《別董大》詩：“千里黃雲白日曛，北風吹雁雪紛紛。”唐白居易《效陶潛體詩十六首》其二：“開簾望天色，黃雲暗如土。”《舊五代

黃 雲
（山西繁峙金代岩山寺壁畫）

史·梁書·太祖紀》：“〔開平三年〕十一月，司天臺奏：冬至日，自半夜後，祥風微扇，帝座澄明，至曉，黃雲捧日。”元馬祖常《北歌行》：“黃雲千里雁影暗，北風裂旗馬首回。”明倪元珊《壽華賦》：“泰階上平，黃霿四列。”清牛燾《飲馬長城窟》：“朔風吹鬢寒，黃雲迷四野。”

## 【黃霿】

即黃雲。此稱明代已行用。見該文。

## 紫氣 [1]

亦稱“紫雲”。紫色的雲氣、雲霧。古以爲祥瑞之徵。形成於空氣對太陽光綫的選擇性散射作用。漢劉向《列仙傳》：“老子西游，關令尹喜望見有紫氣浮關，而老子果乘青牛而過也。”晋葛洪《仙經》：“五臺山，名爲紫府，常

紫色雲氣
（山西繁峙金代岩山寺壁畫）

有紫氣，仙人居之。"《晋書·張華傳》："吳之未滅也，斗牛之間常有紫氣……煥曰：'寶劍之精，上徹於天耳。'"唐杜甫《秋興八首》其一："西望瑤池降王母，東來紫氣滿函關。"《陳書·宣帝紀》："〔太建八年〕正月庚辰，西南有紫雲見。"《南史·宋文帝紀》："〔少帝景平〕二年，江陵城上有紫雲，望氣者皆以爲帝王之符，當在西方。"唐李白《古風》之三十六："東海泛碧水，西關乘紫雲。"《宋史·真宗紀》："〔景德四年〕正月丁卯，紫雲見，如龍鳳覆宮殿。"萬曆《淮安府志》卷八："〔嘉靖三十六年〕四月朔，紫雲自西來，空中若兵馬之聲，大風冰雹，又天鼓鳴。"清洪昇《長生殿·舞盤》："紫氣東來，瑤池西望，翩翩青鳥庭前降。"

**【紫雲】**

即紫氣[1]。此稱唐代已行用。見該文。

# 青雲

亦稱"碧雲"。青碧色之雲。形成於空氣對太陽光綫的選擇性散射作用。《楚辭·遠游》："涉青雲以汎濫游兮，忽臨睨夫舊鄉。"《史記·范雎蔡澤列傳》："賈不意君能自致於青雲之上。"南朝齊孔稚圭《北山移文》："度白雪以方潔，干青雲而直上。"南朝梁江淹《雜體詩·效惠休別怨》："日暮碧雲合，佳人殊未

青 雲
（山西高平宋代開化寺壁畫）

來。"張銑注："碧雲，青雲也。"唐岑參《北庭西郊候封大夫受降回軍獻上》詩："直上排青雲，傍看疾若飛。"唐李賀《許公子鄭姬歌》："長翻蜀紙卷明君，轉角含商破碧雲。"宋劉敞《伏日尋鄰幾不見》詩："朝日出東北，青雲散朱暉。"宋劉克莊《沁園春》詞："恨佳人來未，碧雲冉冉。"金許安仁《送二道者歸汾州》詩："明日却歸塵外去，一雙白鶴上青雲。"元山主《臨江仙》詞："盈空瑞氣，風静碧雲收。"明葉顒《中秋懷古玩月》詩："空明仙人游廣寒，挾予飛入青雲端。"清方以智《雨後閑題》詩："白石洗松徑，青雲挂柳堤。"清沈宜修《烏夜啼·秋思》詩："夢斷碧雲易散，花飛明月空留。"

**【碧雲】**

即青雲。此稱南北朝時期已行用。見該文。

**【青氣】**

即青雲。漢袁康《越絶書》卷一二："軍上有青氣盛明，從口，其本廣末鋭而來者，此逆兵氣也，爲未可攻，衰去乃可攻。"唐張説《奉和聖製同劉晃喜雨應制》詩："青氣含春雨，知從岱嶽來。"宋釋紹嵩《天竺戲書》詩："園林青氣動，日夕白雲生。"元《馬丹陽三度任風子雜劇》第一折："貧道昨宵看見青氣冲天，下照終南山甘河鎮。"《明宣宗實録》卷二〇："〔宣德元年八月〕辛巳，東南有青氣，狀如人叉手拜。"清弘曆《春陰六韵》詩："靄靄凝青氣，英英吐白雲。"

**【翠雲】**

即青雲。晋陸雲《大將軍宴會被命作詩》詩："玄暉峻朗，翠雲崇藹。"唐令狐峘《釋奠日國學觀禮聞雅頌》詩："萬舞當華燭，簫韶入翠雲。"宋王沂孫《水龍吟》："翠雲遥擁環妃，

夜深按徹霓裳舞。"元元淮《蘇堤秋宴》詩：
"南北高峰鎖翠雲，山藏樓閣帶煙輕。"明周瑛
《題有竹軒》詩："半畝翠雲濕，一簾蒼雨凉。"
清倪亮采《新柳三首》其三："翠雲夾岸傍溪
橫，嚦嚦新鶯弄幾聲。"

**【碧煙】**

亦稱"碧氣"。即青雲。南北朝江淹《悼室
人詩十首》其三："黛葉鑒深水，丹華香碧煙。"
唐温庭筠《女冠子》詞其一："寒玉簪秋水，輕

碧　煙
（山西應縣佛宮寺遼代釋迦塔壁畫）

紗卷碧煙。"唐常建《白湖寺後溪宿雲門》詩：
"亂花覆東郭，碧氣銷長林。"宋王初《舟次汴
堤》詩："曲岸蘭叢雁飛起，野客維舟碧煙裏。"
宋程珌《水調歌頭》詞其一："凉月照東南，碧
氣正吞吐。"明文徵明《風入松·行春橋望月》
詞："夜凉斜倚赤闌橋，天遠碧煙消。"明黃省
曾《憶縹緲峰下二澗一首》："山澄碧氣與人汲，
天借銀河當户流。"清孫雲鳳《疏簾淡月·題李
晨蘭女史茶煙煮夢圖》詞："碧煙空繞，清香漫
惹，畫屏秋晚。"清楊文塋《信陽道中》其一：
"水田碧氣溢四圍，白鳥得意雙雙飛。"

**【碧氣】**

即碧煙。此稱唐代已行用。見該文。

# 白氣[1]

白色之雲氣。抑或指霧氣。《漢書·谷永
傳》："白氣起東方，賤人將興之表也。"唐盧
照鄰《中和樂九章·歌中宮第五》："黃雲晝聚，
白氣宵飛。"宋利登《水調歌頭》詞："千岩萬
壑秋重，白氣接長空。"元王哲《滿路花》詞：
"盈盈白氣，旋旋結紅霞。"明石寶《夜作》詩：
"醉拍青瑶闌，仰見白氣橫。"清述明《塞外》：
"畫角寒聲迥，旄頭白氣斜。"

白色、青色雲氣
（山西繁峙金代岩山寺壁畫）

**【白雲】**

白色之雲氣。即白氣。《詩·小雅·白華》：
"英英白雲，露彼菅茅。"漢劉徹《秋風辭》：
"秋風起兮白雲飛，草木黃落兮雁南歸。"晋陶
潛《和郭主簿二首》其一："遥遥望白雲，懷古
一何深。"唐李白《太華觀》詩："厄磴層層上
太華，白雲深處有人家。"宋王元《題鄧真人遺
址》詩："但見白雲長掩映，不知浮世幾興衰。"
元李俊民《王庭秀悠然軒》："好是晚來新雨過，
白雲堆裏露尖青。"明葉顒《我家北山下》詩：
"古屋三五間，秋風白雲深。"清王鳴雷《秋日
登滕王閣》詩："白雲帶雁歸江楚，青草隨人入
石城。"

# 墨雲

亦稱"黑雲""烏雲"。魏晋佚名《風雨》
詩："日不顯目兮黑雲多，月不見視兮風非沙。"

墨雲、黑雲、烏雲
（清任預《仿趙大年山水頁》局部）

南北朝庾肩吾《登城北望》詩：“山沈黄霧裏，地盡黑雲中。”《隋書·天文志》：“或如赤杵在烏雲中，或如烏人在赤雲中。”唐李賀《雁門太守行》詩：“黑雲壓城城欲摧，甲光向日（一作月）金鱗開。”宋張侃《小雨》詩：“墨雲偶過雨數點，萬葉辭柯霞山崦。”宋劉敞《驟雨》詩：“黑雲過山嶽，白雨覆江湖。”宋華岳《驟雨（次紫溪壁間韵）》詩：“牛尾烏雲潑濃墨，牛頭風雨翩車軸。”金敏之《題江村風雨圖》詩：“渡口舟横水拍空，墨雲傾雨樹號風。”元王元粹《夏日雜興二首》其一：“天際黑雲何處雨，孤村却在夕陽中。”明胡奎《丹陽郭外》詩：“前溪水淺早歸去，墨雲將雨過前山。”清李振鈞《五日雨》詩：“大風卷地雨忽來，墨雲濃壓青蒲浦。”清朱中楣《客秋偶憩西子湖皆令携幼女過訪髮方覆額遂能誦詩寫法帖楚楚可人今依然夢想間并裁小詩似之》詩：“烏雲應拂春山小，紅蕊初含夜雨香。”乾隆《龍溪縣志》卷二〇：“〔嘉靖三十七年〕六月，有黑雲降於郡西郊，溝水皆沸，屋瓦盡飛。”民國二十四年《新城縣志》卷一六：“〔嘉靖三十二年〕嘉靖

三十二三年，雨下如注，連日不止，水勢粘天，黑雲激鬱，五馬口崩。”

【黑雲】

即墨雲。此稱魏晋時期已行用。見該文。

【烏雲】

即墨雲。此稱唐代已行用。見該文。

【蒼黑雲】

青色和黑色相間雜之雲，主雨。唐瞿曇悉達《開元占經》：“蒼黑雲如櫛綿，蔽日月，五日内雨。”《新唐書·天文志》：“二月乙巳，日有黄白暈如半環，有蒼黑雲夾日，長各六尺餘，既而雲變，狀如人如馬，乃消。”宋楊億《武夷新集》卷一五：“今月一日太陽當虧，日五更五點後，西南方起蒼黑雲，良久遍天霧暗。”《宋

蒼黑雲
（山西繁峙金代岩山寺壁畫）

史·五行志》：“〔嘉祐二年〕正月元日平旦，有風從東北來，遍天有蒼黑雲。占云：大熟多雨。”《宋史·天文志》：“二年二月乙未夜，蒼黑雲起西北方，長五丈許。”元馬端臨《文獻通考》卷二八四：“二月己巳日，有黄白暈如半環，有蒼黑雲夾日。”清平恕《龍爪峽》詩：“蟠蟠盡護蒼黑雲，雷霆欲起雷霆怪。”

# 雲　霞

## 霞

亦作"瑕""赮"等。日出、日落前後天空及雲層上因日光斜照而出現的彩色光象或彩色的雲。《楚辭·遠游》："餐六氣而飲沆瀣兮，漱正陽而含朝霞。"《漢書·揚雄傳上》："噏清雲之流瑕兮，飲若木之落英。"顏師古注："瑕謂日旁赤氣也。"又《天文志》："夫雷、電、赮、虹、辟歷、夜明者，陽氣之動者也。"晋左思《蜀都賦》："干青霄而秀出，舒丹氣而爲霞。"劉逵注："霞，赤雲也。"晋郭璞《江賦》："絶岸萬丈，壁立赮駮。"李善注："赮駮，如赮之駮也。赮，古霞字。"南北朝鄭道昭《登雲峰山觀海島》詩："往來風雲道，出入朱明霞。"唐李百藥《奉和初春出游應令》詩："水光浮落照，霞彩淡輕煙。"後蜀毛熙震《浣溪沙》詞："綺霞低映晚晴天。"宋吕勝己《滿江紅·登長沙定王臺和南軒張先生韵》詞："芳草連雲迷遠樹，斷霞散綺飛孤鶩。"明葉顒《江村過雨》詩："雨趁斷虹收，霞隨孤鶩游。"清何鞏道《舟夜》詩："獨鳥半天啼到水，餘霞終夜散爲雲。"

"霞"字的金文

### 【瑕】

同"霞"。此體漢代已行用。見該文。

### 【赮】

同"霞"。此體漢代已行用。見該文。

### 【雲霞】

即霞。晋雲林右英夫人《詩二十五首·右英夫人所喻（七月二十六日）》："紫旗振雲霞，羽晨舞八風。"南北朝謝靈運《石壁精舍還湖中作》詩："林壑斂暝色，雲霞收夕霏。"《隋書·文學傳序》："縟綵鬱於雲霞，逸響振於金石。"唐儲光羲《尋徐山人遇馬舍人》詩："巖聲風雨度，水氣雲霞飛。"宋于房《題左溪齊雲閣》詩："山川混一色，雲霞忽萬態。"元丘處機《初入峽門》詩："松塔倒懸秋雨露，石樓斜照晚雲霞。"明丁鶴年《假館武當宫承舒庵贈詩次韵奉謝二首》其一："三清風露從天下，五色雲霞匝地飄。"清彭孫貽《艤舟鶴湖登眺鳴鶴樓》詩："水榭雲霞留返照，高城燈火亂春星。"

雲　霞
（高劍父《煙暝酒棋斜》局部）

### 【霞文】

即霞。南朝梁簡文帝《明月山銘》："縱色斜臨，霞文横竪。"唐常建《夢太白西峰》詩："松峰引天影，石瀨清霞文。"宋馮時行《游東郊以園林無俗情爲韵得情字二首》其一："霞文明遠水，鴉點背孤城。"明劉崧《丙午二月一日同仲弟子彦道士陳允寧游金華諸峰》詩："風含青松響，雨蒸赤霞文。"清顧敦愉《夕泛蓉湖》詩："碧潭摩樹影，明鏡净霞文。"

### 【太霞】

即霞。南朝梁陶弘景《周氏冥通記》卷二："太霞鬱紫蓋，景風飄羽輪。"唐佚名《南岳魏夫人傳》所引詩："太霞扇晨暉，九氣無常形。"
宋白玉蟾《贈鶴林》詩："騎月游滄海，鞭霆步
太霞。"元吳克恭《鶴皐辭贈張鍊師》詩："五
煙隨露掌，太霞乘火精。"明張以寧《題玄妙觀
主程南溟所藏馮太守蓮花圖》詩："紫臺日出群
仙朝，露洗榑桑太霞赤。"清彭孫貽《茗齋集》：
"雲氣羅，久久行之飛太霞。"

【天霞】

即霞。唐孟郊《和薔薇花歌》："天霞落地
攢紅光，風枝嫋嫋時一颺。"宋釋清遠《偈頌
一一二首》其五十九："飄飄颻颻楊柳花，紅紅
赤赤遠天霞。"元白樸《木蘭花慢·感香囊悼雙
文》詞："西風楚詞歌罷，料芳魂、飛作碧天
霞。"明謝榛《懷香山寺》詩："殿高千嶺樹，
地落半天霞。"清沈宜修《浣溪沙》詞："蛩露
濕殘山夜月，雁風飛落暮天霞。"

【霞帔】

喻雲霞爲帔。即霞。亦指漢服的一種類型。
唐尹鶚《女冠子》詞："霞帔金絲薄，花冠玉葉
危。"前蜀韋莊《信州西仙人城下月巖山》詩：
"常娥曳霞帔，引我同攀躋。"宋孫覿《題惠聲
伯溪亭》詩："雲蘿屬地青霞帔，雨筴填溝赤
仄錢。"元成廷珪《題顧秀才所藏舟中看月圖》
詩："白雲翩衣紫霞帔，松風吹髮寒颼颼。"

【霞衣】

喻雲霞爲衣。即霞。三國魏曹植《五游
咏》詩："披我丹霞衣，襲我素霓裳。"唐李顯
《石淙》詩："霞衣霞錦千般狀，雲峰雲岫百重
生。"唐孟郊《送諫議十六叔至孝義渡後奉寄》
詩："曉渡明鏡中，霞衣相飄颻。"宋曾鞏《聽
鵲寄家人》詩："春楓千樹變顏色，遠水靜照紅
霞衣。"明邊貢《送高澕亭》詩："海上倘逢黃

鶴侶，雲中須寄紫霞衣。"清弘曆《古琴》詩：
"風車雨馬雲霞衣，蟬哀雁肅幽蘭猗。"

## 明霞

指明亮的雲霞。晋許翽《郭四朝叩船歌四
首》其三："圓景焕明霞，九鳳唱朝陽。"南北
朝鄭道昭《登雲峰山觀海島》詩："往來風雲
道，出入朱明霞。"隋楊廣《望江南》詩其五：
"淺蕊水邊勻玉粉，濃苞天外剪明霞。"唐盧照
鄰《駙馬都尉喬君集序》："明霞曉挹，終登不
死之庭。"宋巫山神女《惜奴嬌》詞："顯焕明
霞，萬丈祥雲高布。"元劉因《山家》詩："馬
蹄踏水亂明霞，醉袖迎風受落花。"明謝榛《四
溟詩話》卷一："觀之明霞散綺，講之獨繭抽
絲。"清王崇簡《滿庭芳·秋景》詞："夕照明
霞點點，飛無影、幾陣征鴻。"

明　霞
（清沈源等《圓明園四十景圖咏·蓬島瑶臺》）

## 彩霞

亦稱"彩靄"。指色彩斑斕之霞。南朝梁江
淹《遷陽亭》詩："下視雄虹照，俯看彩霞明。"
南朝梁沈約《前緩聲歌》："開霞泛彩靄，澄霧
迎香風。"唐劉禹錫《途中早發》詩："水流白
煙起，日上彩霞生。"宋張耒《福昌雜咏五首》
其三："夜寒玉鏡懸清月，天碧霓衣曳彩霞。"
元吳景奎《夢仙》詩："飛瓊鬢影含清霧，弄玉

簫聲隔彩霞。"明高拱《曉霞》詩："旭日晨開景，寒煙結彩霞。"清李欽文《九日北香湖觀荷》詩："國色臨秋水，香風落彩霞。"

【彩靄】

即彩霞。此稱南北朝時期已行用。見該文。

【雲錦】

即彩霞。晋木華《海賦》："雲錦散文於沙汭之際，綾羅被光於螺蚌之節。"張銑注："雲錦，朝霞也。"唐李白《游水西簡鄭明府》："天宮水西寺，雲錦照東郭。"宋張掄《踏莎行》其五："山花雨過開雲錦。"元張養浩《登會波樓》詩："鳥飛雲錦千層外，人在丹青萬幅中。"明劉崧《秋日過宛平縣學坐射亭觀梅子荷花》詩："晚凉雲錦偏留客，不記歸來馬上遲。"清錢謙益《三月三日泛舟即事十二韵》："煙嵐開水國，雲錦蔽山城。"

【駁霞】

斑駁艷麗之彩霞。即彩霞。《魏書・袁翻傳》："岸上兮氤氳，駁霞兮絳氛。"唐陸龜蒙《奉和襲美太湖詩》之十七："蜀彩駁霞碎，吳綃盤霧匀。"又《笠澤叢書》："微雲鎖結，互以相帶，有若駁霞殘虹，流煙墜霧。"金麻九疇《跋伯玉命簡之臨米元章楚山圖》詩："巴東峽壁如駁霞，天鑿荆門當虎牙。"明區懷瑞《入堆藍山》詩："草木遠蔽虧，駁霞爲之封。"清孫承澤《春明夢餘錄》："山山相倚如笋籧，皺雲駁霞，極其生動。"

【五色霞】

五色繽紛的彩霞。即彩霞。唐薛濤《賦凌雲寺二首》其二："有時鎖得嫦娥鏡，鏤出瑤臺五色霞。"宋張守質《延福寺》詩："金溪碧落千條練，紫塔光涵五色霞。"元薩都剌《游梅仙山和唐人韵》其三："夜卧千峰月，朝餐五色霞。"明徐熥《幔亭峰》："至今五色霞千片，猶似當年結彩時。"清沈鍾彥《罌粟花》詩："炊煙時或斷貧家，曉起俄看五色霞。"

【霞光】

彩霞煥發出的光彩。即彩霞。晋庾闡《采藥》詩："霞光煥霍靡，虹景照參差。"唐上官儀《五言春日侍宴望海應詔》詩："驚湍蕩雲色，還浪倒霞光。"宋劉商《進井歌》："瑞雪不散抱層嶺，陽谷霞光射山頂。"元尚仲賢《柳毅傳書》第二折："滿目霞光籠宇宙，潑天波浪滲人魂。"明徐渭《飲雲居松下眺城南》詩："霞光翻鳥墮，江色上松寒。"清蒲松齡《聊齋俚曲集》第八回："霞光萬道，瑞氣千條，"

## 丹霞

指紅色的霞。三國魏曹丕《芙蓉池作》詩："丹霞夾明月，華星出雲間。"晋郭璞《游仙詩十九首》其八："朱霞升東山，朝日何晃朗。"北魏溫子昇《春日臨池》詩："光風動春樹，丹霞起暮陰。"唐司馬逸客《雅琴篇》詩："影搖綠波水，彩絢丹霞岑。"宋文天祥《聽羅道士琴》其一："紫煙護丹霞，雙舞天外鶴。"元劉永之《題煙雲臺》詩："遥峰隱殘照，丹霞晚漸舒。"明趙汸《和葉中茂過訪見貽四章》詩其三："丹霞射牖迎初日，清露沾衣望北辰。"清鄺露《從駕獨秀山游觀應令》詩："丹霞舒麗旭，薰風應和鑾。"

【朱霞】

即丹霞。晋郭璞《游仙詩十九首》其八："朱霞升東山，朝日何晃朗。"唐徐凝《玩花五首》之三："朱霞焰焰山枝動，綠野聲聲杜宇來。"宋嚴羽《游仙六首》其三："朱霞散九光，嚴谷好顏色。”元歐陽玄《京城雜咏七首》其三：“白玉堂前夜合花，高高綠樹散朱霞。”明黃省曾《宴友人園一首》：“江鯉爲林饌，朱霞趁客懷。”清趙翼《甌北詩話·高青丘詩》：“獨青邱如天半朱霞映照下界，至今猶光景常新。”

【紅霞】

即丹霞。南朝梁江淹《從征虜始安王道中》詩：“喬松日夜竦，紅霞旦夕生。”唐李中《游茅山二首》其一：“綠蘚深迎步，紅霞爛滿衣。”宋朱淑真《偶得牡丹數本移植窗外將有著花意二首》之二：“香玉封春未啄花，露根烘曉見紅霞。”元胡天游《鶻兔吟》詩：“村原西風動蒹葭，深秋野火如紅霞。”隆慶《雲南通志》卷一七：“〔嘉靖二十五年〕十二月，禄豐縣有紅霞圍日者三。”清葉紹本《淞江道中》詩：“鴨頭浮碧漲，魚尾落紅霞。”

【赤霞】

即丹霞。南北朝佚名《靈寶無量度人上品妙經》：“南方八天，光動赤霞，蒼梧火兢。”唐錢翊《江行無題一百首》詩其四十六：“渺渺望天涯，清漣浸赤霞。”宋馮時行《責睡魔》詩：“驚回清風枕簟冷，赤霞夾日崆峒山。”元周權《水調歌頭》詞：“却挽翩翩飛袂，東望赤霞晨氣。”明張時徹《陳都闌宅看煙火》詩：“翩翩舞蝶戲穿花，海上樓臺散赤霞。”清孫原湘《澄海樓望海》詩：“是時日初升，赤霞燒扶桑。”

【丹氣】

即丹霞。或泛指暖色雲汽。此稱晋代已行用。見該文。晋左思《蜀都賦》：“干青霄而秀出，舒丹氣而爲霞。”李善注：“《河圖》曰：崑崙山有五色水，赤水之氣，上蒸爲霞而赫然也。”南朝梁江淹《靈丘竹賦》：“蒙朱霞之丹

氣，暖白日之素景。”唐虞世南《北堂書鈔·天部》：“張孟陽詩：朝霞迎白日，丹氣臨陽谷。”宋喻汝礪《登正法宮塔》詩：“清香翔遠江，丹氣舒翠岷。”元謝宗可《泡燈》詩：“碧暈浮春丹氣濕，紅雲泛煖玉華清。”明張羽《閩中九仙觀用李惟正杭世卿二卿長韵二首》詩其二：“峰霞晚結燒丹氣，澗溜春寒煮石香。”清屈大均《贈郭皋旭》詩其七：“雲爐吸丹氣，玉液漱飛泉。”

丹氣、朱霞景色
（唐李昭道《春山行旅圖軸》局部）

## 旱雲

狀如煙火之雲，亦指旱天之雲。主無雨天旱之兆。是在大氣穩定下形成的傍晚或早晨的雲霞。《吕氏春秋·應同》：“旱雲煙火，雨雲水波。”《淮南子·覽冥訓》：“故山雲草莽，水雲魚鱗，旱雲煙火，涔雲波水，各像其形類，所以感之。”宋王安石《純甫出釋惠崇畫要予作詩》：“旱雲六月漲林莽，移我倏然墮洲渚。”金趙元《大暑》詩：“旱雲飛火燎長空，白日渾

如墮甑中。"明區大相《自北平赴大梁途中作》詩:"旱雲朝帶雨,火岫晚蒸霞。"清胡承諾《田家》詩其二:"六月猶不雨,旱雲若煙火。"

## 碧霞

青碧色的雲霞。多出現於高山密林處。南朝宋陸脩靜《太上洞玄靈寶眾簡文》:"始皇青天,碧霞鬱壘。"唐李白《題元丹丘山居》詩:"羨君無紛喧,高枕碧霞裏。"宋謝翱《孤山》詩:"晚風吹袂過船去,看鶴上天衝碧霞。"元陳秀民《山居雜咏》:"尋仙碧霞裏,飛步白雲層。"明楊維楨《寄沈秋淵四絕句》其一:"不知有客琅玕所,獨自吹笙醉碧霞。"清曹貞吉《摸魚子・題錫鬯蕃錦集》詞:"龍梭一擲光凌亂,碎剪碧霞千縷。"

## 青霞

青黑色的雲霞。南朝梁沈約《游鍾山詩應西陽王教》詩其五:"白雲隨玉趾,青霞雜桂旗。"唐李商隱《偶成轉韵七十二句贈四同舍》:"舊山萬仞青霞外,望見扶桑出東海。"宋蒲壽宬《青霞》詩:"夢回細數登山路,知在青霞第幾重。"元吳益《静安八咏(録二首)・綠雲洞》:"翠蓋光翻林屋洞,青霞影倒蔚藍天。"《明宣宗實録》卷九一:"〔宣德七年〕六月壬辰,日入後有青霞二道,東西竟天。"清王夫之《水口道中(乙卯)》詩:"叢竹低垂過雪斜,森寒綠氣透青霞。"

## 碧落

道家稱東方第一層天"碧霞滿空",叫作"碧落"。猶"落霞"。唐劉滄《秋日過昭陵》詩:"那堪獨立斜陽裏,碧落秋光煙樹殘。"唐白居易《長恨歌》詩:"上窮碧落下黃泉,兩處茫茫皆不見。"宋姚述堯《水調歌頭・中秋》詩其一:"碧落暮雲卷,玉宇静無塵。"元迺賢《虚齋爲四明王鍊師賦》詩:"露下瓊林翠裾薄,風清碧落鷺笙鳴。"明劉基《正月十五夜燈花大開作》詩:"祥煙抱日麗碧落,驪龍吐珠歆紫虹。"清張穆《壽内叔謝惠翁》詩:"庭紛玉樹東山舊,門對芙蓉碧落重。"

## 紫霞

偏紫色的雲霞。晋佚名《七日夜女郎歌九首》其九:"紫霞煙翠蓋,斜月照綺窗。"晋廬山夫人女婉《撫琴歌》詩:"登廬山兮鬱嵯峨,

紫 霞
(明徐汶《蓬萊仙境圖》局部)

晞陽風兮拂紫霞。"唐劉滄《宿題天壇觀》詩:"紫霞曉色秋山霽,碧落寒光霜月空。"宋王沂孫《踏莎行・題草窗詞卷》詞:"白石飛仙,紫霞凄調,斷歌人聽知音少。"金王良臣《九月七日飲》詩:"紫霞零落帶孤禽,平楚蒼蒼秋意深。"明丁鶴年《別四明親友》詩:"白雪翻聲歸錦軸,紫霞流影入瑶觚。"清何鞏道《筆》詩:"江郎開罷夢中花,又向高天吐紫霞。"

## 瑞霞

象徵吉祥之彩霞。南北朝《靈寶無量度人

上品妙經》："瑞霞絡碧，鳳氣成雲。"唐李商隱《七月二十八日夜與王鄭二秀才聽雨後夢作》詩："初夢龍宫寶焰燃，瑞霞明麗滿晴天。"唐梁洽《水彰五色賦》："凝瑞霞之炫燿，發慶雲之光彩。"宋陳造《馬上見賣白蓮者三首》其二："酒船墮雲錦，歌棹凌瑞霞。"金于道顯《示南京三相公廟寇姑》詩："一粒丹砂功九轉，瑞霞萬道罩金仙。"明釋今無《壽温泗源尊人》詩："文章閬閬發天葩，南極星輝擁瑞霞。"

## 煙霞

煙雲般的雲霞。一説，指山水林木景觀環境。南朝齊謝朓《擬宋玉〈風賦〉》："煙霞潤色，荃蕙結芳。"南朝梁蕭統《錦帶書十二月啓·夾鐘二月》："敬想足下，優游泉石，放曠煙霞。"唐玄奘《大唐西域記·伊爛拏鉢伐多國》："含吐煙霞，蔽虧日月。"宋甯全真《靈寶領教濟度金書》："拊景煙霞，敢守空山而獨善。"元李鼎《春日山村漫興》詩："水動煙霞色，沙留杖履痕。"明張居正《瀟湘道中》詩："我前擁煙霞，我後映竹林。"清梁章鉅《歸田瑣記·小李將軍畫卷》："卷中煙霞縹緲，鈎勒精嚴。"

## 晴霞

少雲曠空之雲霞。隋楊廣《早渡淮》詩："晴霞轉孤嶼，錦帆出長圻。"唐元稹《表夏十首》其五："流芳遞炎景，繁英盡寥落。公署香滿庭，晴霞覆闌藥。"宋羅少微《地藏塔》詩："一片晴霞迎曉日，萬年松檜起秋聲。"元吴鎮《漁父》詞："極浦遥看兩岸斜，碧波微影弄晴霞。"明佘翔《夏日登林邦介涼臺》詩："巖樹低隨夕照轉，晴霞孤映遠山橫。"清虞銓業《舟中晚眺》詩："岸草駐頹陽，晴霞散幽嶺。"

## 霞片

片狀雲霞。唐韓偓《荔枝》詩："巧裁霞片裹神漿，崖蜜天然有異香。"唐李洞《寄賀鄭常侍》詩："吏穿霞片望，僧埽月棱歸。"宋梅堯臣《觀瑞蓮》詩："嘉蓮其如何，層樓擁霞片。"宋王之道《還通上人卷》詩："月輪冷照千巖雪，霞片輕裝萬疊雲。"明李孔修《貧居自述》詩其七十六："負薪踏破雲霞片，把釣忘機鷗鷺親。"清陳瀏《匋雅》卷下："較之雨過天青，尤極穠艷，目爲雲斑霞片不足以方厥體態。"

## 卧霞

形如人躺卧之霞。宋毛滂《立秋日破曉入山携枕簟睡於禪静庵中作詩一首》："斷蟬抱柳咽殘月，卧霞排霧通朝陽。"明王漸逵《生日和張汝鳳五舍弟韵》其三："種竹慣看三徑緑，卧霞深愛一溪紅。"

## 朝霞

日出時出現的彩色雲霞。《楚辭·遠游》："飡六氣而飲沆瀣兮，漱正陽而含朝霞。"王逸注："朝霞者，日始欲出赤黄氣也。"晋陶潛《咏貧士》詩："朝霞開宿霧，衆鳥相與飛。"南朝梁王樞《徐尚書座賦得阿憐》詩："紅蓮披早露，玉貌映朝霞。"唐佚名《占雨》其三："朝霞不出門，暮霞行千里。"宋蘇舜欽《哭曼卿》詩："唯君顔色不復見，精魄飄忽隨朝霞。"元耶律楚材《題西庵所藏佛牙二首》其一："午夜飛光驚曉月，六時騰焰燦朝霞。"明李之世《由圭峰歷蒲澗作》詩："赤日吐大江，朝霞共明媚。"清劉大櫆《祭左和中文》："痛朝霞之已失矣，苦夕照之無多。"

## 【曙霞】

亦稱"霞曙"。即朝霞。唐沈佺期《苑中遇

雪應制》詩："北闕彤雲掩曙霞，東風吹雪舞仙家。"唐李紳《望鶴林寺》詩："紅照日高奪殿火，柴凝霞曙瑩銷塵。"宋梅堯臣《九月十八日山中見杜鵑花復開》詩："何必因啼血，顏色勝曙霞。"宋黎廷瑞《江上夜觀野燒》詩："三更月起雲霞曙，九野冰凝雷電光。"元張翥《送林崇高還武夷山》其一："雲巖巖下聘君家，長記宵談到曙霞。"明袁九淑《春日齋居雜書》詩其一："林潤涵朝雨，窗明帶曙霞。"明安希範《乾元遇李一了江文谷二隱者》詩："瞥見千樹桃，爛熳紅霞曙。"清高心夔《蚤行》："春塘斂曙霞，風岸散林鴉。"清毛奇齡《揚子橋示友》詩："京峴雲霞曙，蕪城草木凋。"

**【霞曙】**

即曙霞。此稱唐代已行用。見該文。

**【晨霞】**

亦作"晨赮"。赮，同"霞"。即朝霞。晉郭璞《江賦》："霉如晨霞孤征，眇若雲翼絕嶺。"南朝梁江淹《學梁王〈兔園賦〉》："朝日晨霞兮桅紅壁，仰望沉寥兮數千尺。"唐柳宗元《同劉二十八院長寄灃州張使君八十韻》詩："金爐伏流月，紫殿啓晨赮。"又《柳河東集》卷四二："晨赮，赮音遐，赤色也。"宋陳造《近榆亭》詩其四："似聞綵鳳舞，天風亂晨霞。"元楊載《送侯尊師歸蜀》詩："舉杯吞夜月，引袖拂晨霞。"元吳景奎《藥房樵唱》："絕壁巉巉草木稀，晨赮爛爛照熹微。"明黃哲《送道士蔣玉壺還茅山》之二："辟穀咽晨霞，朝元結真氣。"清張珊英《夢至深山二首》其二："曙色催啼鳥，晨霞隱隱紅。"

**【晨赮】**

同"晨霞"。此體唐代已行用。見該文。

## 晚霞

日落時出現的彩色雲霞。南朝梁沈君攸《采蓮曲》詩："平川映晚霞，蓮舟泛浪華。"隋盧思道《贈別司馬幼之南聘》詩："晚霞浮極浦，落景照長亭。"唐盧照鄰《長安本意》詩："龍銜寶蓋承朝日，鳳吐流蘇帶晚霞。"宋仲殊《南歌子·憶舊》詞："白露收殘暑，清風襯晚霞。"元吳澄《題山水圖》詩："遠樹疏林映晚霞，江心雁影度平沙。"明林弼《汶江八景·橘塢秋霜》詩："水邊林外野人家，橘柚秋紅照晚霞。"清沈復《浮生六記·閨房記樂》："炊煙四起，晚霞爛然。"

**【暮霞】**

即晚霞。南朝梁江淹《秋夕納涼奉和刑獄舅》："虛堂起青靄，崦嵫生暮霞。"唐佚名《占雨》詩其三："朝霞不出門，暮霞行千里。"唐高適《酬鴻臚裴主簿雨後睢陽北樓見贈之作》詩："暮霞照新晴，歸雲猶相逐。"宋韓淲《九日列岫》詩："蕭蕭霜樹明晴晝，隱隱煙汀入暮霞。"元張立道《奉使安南》詩："遙坐蒼煙鎖暮霞，市朝人遠隔喧嘩。"明王翰《再用夏日即事韻答丁志善》詩："山頭雨過堆青翠，天際風輕散暮霞。"清屈大均《風洞寺晚眺》詩其一："水冷多秋雨，山寒少暮霞。"

**【落霞】**

日落時出現的彩色雲霞。即晚霞。南朝梁簡文帝《登城》詩："落霞乍續斷，晚浪時回復。"南朝梁沈君攸《羽觴飛上苑》詩："魚文熠爚含餘日，鶴蓋低昂照落霞。"唐王勃《滕王閣序》："落霞與孤鶩齊飛，秋水共長天一色。"宋余迪《登翠微亭》詩："遠浦落霞秋水闊，亂山斜日碧雲橫。"元黃鎮成《章子漁白雲崖》

落 霞
（明唐寅《落霞孤鴻圖》局部）

詩：“千嶂落霞秋樹老，一江疏雨暮帆回。”明
王鏊《歸省過太湖》詩：“落霞漁浦晚，斜日橘
林秋。”清洪亮吉《寧國府志·文藝志》：“疏月
迴搖千頃白，落霞平散一川紅。”

【燒霞】

亦稱“赤燒”，省稱“燒”。日落時出現的
彩色雲霞，因其紅艷如烈火燃燒，故稱。唐儲
光羲《晚霽中園喜敕作》詩：“落日燒霞明，農
夫知雨止。”唐溫庭筠《西游書懷》詩：“獨鳥
青天暮，驚麋赤燒殘。”唐司空曙《送李嘉祐正
字括圖書兼往揚州觀省》詩：“晚燒平蕪外，朝
陽疊浪來。”宋唐庚《題瀘川縣樓（六字）》詩：
“百斤黃魚鱠玉，萬戶赤酒燒霞。”明楊慎《賦
得千山紅樹圖送楊茂之》詩：“丹林初曉清霜
重，紫谷斜陽赤燒微。”清黃與堅《金陵雜感二
首》詩其二：“雕戈壓陣黃沙斷，鐵鎖沈江赤燒
空。”

【赤燒】

即燒霞。此稱唐代已行用。見該文。

【燒】

“燒霞”之省稱。此稱唐代已行用。見該文。

【流霞】

亦作“流瑕”“流霰”。多指日落時出現的
彩色雲霞。漢揚雄《甘泉賦》：“噏清雲之流
瑕兮，飲若木之露英。”李善注：“霞與瑕古
字通。”南朝宋鮑照《代堂上歌行》：“陽春孟
春月，朝光散流霞。”唐李商隱《花下醉》詩：
“尋芳不覺醉流霞，倚樹沈眠日已斜。”《舊唐
書·劉洎傳》：“綜寶思於天文，則長河韜映；
摛玉字於仙札，則流霞成彩。”宋歐陽修《菊》
詩：“共坐欄邊日欲斜，更將金蕊泛流霞。”明
劉基《朱鷺》詩：“朱鷺來，艷流霰。”清屈大
均《示閨人》詩：“端陽多采得，日夕泛流霞。”

【流瑕】

同“流霞”。此稱漢代已行用。見該文。

【流霰】

同“流霞”。此稱明代已行用。見該文。

【殘霞】

亦稱“殘燒”。指殘餘之晚霞。南朝梁何遜
《夕望江橋》詩：“夕鳥已西度，殘霞亦半銷。”
唐張喬《郢州即事》詩：“鳥歸殘燒外，帆出
斷雲間。”前蜀貫休《秋望寄王使君》詩：“大
月生峰角，殘霞在樹枝。”宋趙汝茪《漢宮春》
詞：“殘燒夕陽過雁，點點疏疏。”宋文同《四
照亭》詩：“此景誰能論，殘霞獨憑几。”金朱
之才《宿閑殿》詩：“澹煙衰草慵回首，晚日殘
霞欲斷魂。”元黃元實《濰陽八景·洋背春煙》
詩：“大厦微茫垂柳邊，殘燒杳藹蒼山前。”明
劉崧《至東阿已遷縠城舊縣水潦之餘民物蕭條
可感》詩：“日落高原起莫塵，風回殘燒入荒
榛。”明王貴一《李三十六拙隱草堂》詩：“春
柳移陰入，殘霞帶雨來。”清張恂《晚行口號》
詩：“樹樹接殘霞，飛飛集暮鴉。”清錢謙益

《贈張坦公》詩其二："西陵古驛連殘燒，南渡
行宮入亂雲。"

【殘燒】

即燒霞。此稱唐代已行用。見該文。

# 第三章　雨　説

## 第一節　天雨考

　　雨是一種以液態形式降水的大氣現象。在太陽輻射、地球公轉、海陸分布、地形分布等因素的作用下，大氣形成環流，繼而形成降水。雨字最早見於甲骨，甲骨文和金文的雨字像從天空降落水滴的樣子。《周易·乾象》："雲行雨施，品物流形。"《詩·小雅·大田》："有渰萋萋，興雨祈祈。"《説文·雨部》："雨，水从雲下也。"古人通過對於雨這種自然現象的觀察，形成了諸多關於雨的抽象詞語。單字有"宋""霸""雩""零""霅""霏""霖""靁""霮""霖""霝""霄""霶"等，皆爲與雨字相同的抽象表達詞語。自先秦以來，"天雨""天漏""陰雨""降雨""畢雨""隆雨""陰液""珠雨"等詞語大量出現在各類古籍中。而承傳至近現代的祇有"降雨""陰雨"等詞彙，其在先秦就創詞并廣泛運用。如《管子·度地》："當秋三月，山川百泉踊，降雨下。"《詩·曹風·下泉》："芃芃黍苗，陰雨膏之。"

　　雨態，即降雨的姿態、狀態。有擬人之詞語表達者。例如"雨足""雨脚"，遠遠望去，雨如脚，能隨雲行走。《隋書·長孫晟傳》："長孫晟夜登城樓，望見磧北有赤氣，長百餘里，皆如雨足下垂被地。"又"天泣"，亦作"無雲雨"，降雨之態如人哭泣。清屈大均《天泣》

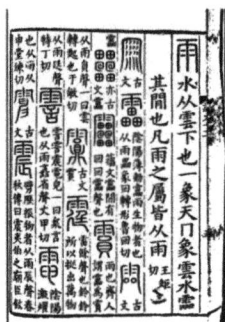

《説文》關於"雨"的書影（左）；《説文解字注》關於"雨"的書影（右）

詩："天泣一何哀，鳴聲如轉磨。無雲乃作雨，淒淒淚交墮。"又"煙雨""濛雨"之類，細雨迷濛如煙，作亦雨亦霧之態。南朝梁江淹《悼室人詩十首》其四："復值煙雨散，清陰帶山濃。"亦有表述顔色不同的雨類詞語。例如"紅雨""赤雨"，謂紅色之雨。唐孟郊《同年春燕》："紅雨花上滴，綠煙柳際垂。"又"綠雨"，謂綠色之雨。康熙《徐聞縣志》卷一："〔嘉靖二十七年〕秋九月，地震，是月雨，色綠。"又，雨滴之態，古人也用不同的詞語表達，如"雨子""雨珠""跳珠""潄雨""玉繩""雨花"等。

還有諸多表達雨態的詞語，用來表示降水量。例如"恒雨""長雨""霖潦"等，謂久下不停之雨態。又，"陣雨""急雨""頓雨等，謂急促短暫之雨態。又，"雨絲""微雨""疏雨""毛雨"等，謂小雨。又，"大雨""滂沱""鳴雨""驟雨""黑雨""傾盆"等，謂大雨、暴雨。

## 雨概念

### 雨

亦作"宋""𩁻"。古人謂雨從雲出。今解，水氣自地面水體蒸發上升，遇冷凝爲細小水點，積重下降，成雨。《周易·乾象》："雲行雨施，品物流形。"《詩·小雅·大田》："有渰萋萋，興雨祈祈。"《管子·形勢解》："雨，濡物者也。"《荀子》："積土成山，風雨興焉。"漢戴德《大戴禮記》："天地之氣和則雨。"《説文·雨部》："雨，水從雲下也。一象天，冂象雲，水霝其間也。凡雨之屬皆從雨。"漢佚名《遁甲開山圖》："'雨師'作

"雨"字的甲骨文

'宋帯'。"漢劉向《説苑·貴德》："吾不能以春風風人，吾不能以夏雨雨人，吾窮必矣！"遼釋行均《龍龕手鑑·雨部》："𩁻，古文雨字。"《字彙補·水部》："宋，與雨同。"明陸人龍《丹忠録》第二五回："霖雨消凶焰，神兵破詭謀。"清卓發之《菩薩蠻·落花》詞："小玉樓前風雨急，風光一霎都狼藉。"

【宋】

同"雨"。此體漢代已行用。見該文。

【𩁻】

同"雨"。此稱遼代已行用。見該文。

【霅】

亦稱"雩""䨙""霖""霂""霋""霬"

"霶""霤""零""雩"。即雨。《荀子·天論》："雩而雨，何也？"南朝梁顧野王《玉篇·雨部》："雩，雨也。"又云："霤，雨也。"又云："霶，雨。"又云："霠，雨。霠，同霶。"又云："霎，雨也。"又云："霑，雨也。"又云："霤，雨也。"又云："霎，雨也。"又云："零，雨也。"唐王仁旭《刊謬補缺切韵·冬韵》："零，雨皃。"唐獨孤及《琅琊溪述并序》："舍瑟咏歌，同風舞雩。"遼釋行均《龍龕手鑑·雨部》："雩，雨下皃。"又云："雩、零二同。"清余正燮《癸巳類稿》："雩宗，祭水旱。"

【雩】[1]

即雩。此稱先秦時期已行用。見該文。

【霤】

即雩。此稱南北朝時期已行用。見該文。

【霶】

即雩。此稱南北朝時期已行用。見該文。

【霠】

即雩。此稱南北朝時期已行用。見該文。

【霎】

即雩。此稱南北朝時期已行用。見該文。

【霑】

即雩。此稱南北朝時期已行用。見該文。

雨 景
（明代周臣山水畫）

【霤】

即雩。此稱南北朝時期已行用。見該文。

【零】

即雩。此稱唐代已行用。見該文。

【雩】

即雩。此稱遼代已行用。見該文。

【霢】

亦作"霢""濛"。指雨。《詩·豳風·東山》："零雨其濛。"《說文·水部》："〔濛〕微雨也。从水蒙聲。"段玉裁注："《豳風》曰'零雨其濛'，傳云：'濛，雨皃。'"《廣雅》："霢霢，雨也。"《集韵》："〔霢〕微雨也。"《廣雅》《集韵》中"霢"，或作"霢"。清范當世《余將南還晉卿別以詩和之得卅四韵》詩："高雲沸沸盡龍氣，俾蜃對噓天不霢。"《康熙字典》："濛，或作霢。"

【濛】

同"霢"。此體先秦時期已行用。見該文。

【霢】

同"霢"。此體清代已行用。見該文。

【霝】[1]

即雨。《詩·豳風·東山》曰："零雨其濛。"《說文·雨部》："霝雨墜也，从雨，象雨落之形聲。"

【雨水】[1]

即雨。《漢書·王莽傳》："庚子雨水灑道，辛丑清靚無塵。"南北朝陸瓊《和張湖熟雹》詩："雨水作沴，凝氣爲祥。"《宋書·孝武帝紀》："雨水猥降，街衢泛溢。"唐王建《縣丞廳即事》詩："雨水洗荒竹，溪沙填廢渠。"宋董嗣杲《贈歸客》詩："窮秋多雨水，歸棹幾汀洲。"元許衡《北門觀漲》詩："雨水添新漲，陂湖没舊痕。"明張昱《過楊忠憫公軍府留題》詩："林花滿樹鶯都散，雨水平池草自生。"清盧若騰《小寒日大雷雨》詩："雷聲如伐鼓，雨水若傾盆。"

## 【畢雨】

即雨。先秦古諺："月麗於畢雨滂沱，月麗於箕風揚沙。"南朝梁吳均《八公山賦》："箕風畢雨，育嶺生峨。"唐孟浩然《韓大使東齋會岳上人諸學士》詩："山川祈雨畢，雲（一作品）物喜晴開。"前蜀杜光庭《晋公北帝醮詞》："掃蕩四方，畢雨箕風，穌舒品物。"宋宋庠《齋居有感》詩："氣逐薰絃動，春隨畢雨殘。"明佚名《道法會元》："觸得畢雨滂沱，大感天澤之沾濡。"清錢謙益《酒逢知己歌贈馮生研祥》："箕風畢雨俱濛濛。"

## 【天漏】

雨水過多。語出唐劉言史《送婆羅門歸本國》詩："出漠獨行人絕處，磧西天漏雨絲絲。"《全唐文·潭州都督楊志本碑》："淫澍不開，莫殊天漏。"宋黃庭堅《定風波·次高左藏使君韵》詞："萬里黔中一漏天。"宋蘇轍《欒城集·次韵子瞻和淵明飲酒二十首》其五："夏潦恐天漏，冬雷知地偏。"元黃溍《雨三首》其三："誰誇補天漏，此事恐悠悠。"明顧清《五月十四日遣悶（有跋）》詩："五月吳天漏，三江禹迹蕪。"清黃遵憲《己亥雜詩》之十七："秋淫天漏雨蕭蕭，展葉抽條各自驕。"

## 【霝霝】

即雨，亦雨貌。《廣雅·釋訓》："霝霝，雨也。"南朝梁顧野王《玉篇·雨部》："霝，雨兒。"《集韵》："雨貌。"

## 【陰液】[1]

即雨。古人以爲雨爲陰氣之液，故稱。宋趙鼎《南泉》詩："陰液淪山顛，天匠鑿其腹。"

元傅若金《題宜春鍾清卿清露軒》詩："時聞陰液墜，暗識商飈度。"清王昶《金石萃編》卷八一引唐《龐履温碑》："陽光昏亢，陰液乖旬。"

## 【陰雨】

指陰沉的天氣和長時間的細雨。《詩·曹風·下泉》："芃芃黍苗，陰雨膏之。"《黃帝内經·素問》："其運陰雨，其化柔潤重澤，其變震驚飄驟。"晋陳壽《三國志·蜀書·關張馬黃趙傳》："每至陰雨，骨常疼痛。"晋張華《情詩五首》其五："巢居知風寒，穴處識陰雨。"北魏酈道元《水經注·沮水》："至於炎陽有亢，陰雨無時，以穢物投之，輒能暴雨。"唐白居易《陰雨》詩："望闕雲遮眼，思鄉雨滴心。"宋孔平仲《熙寧四年中秋》詩："頻年苦陰雨，此夜獨清明。"元貢師泰《蘭亭》詩："陰雨翳巖谷，野水漫池塘。"明謝鐸《苦雨嘆》詩："長安陰雨十日多，傾墻敗屋流洪波。"清屈大均《全州道中》詩："孤村陰雨外，古道白雲西。"

## 【霄】[2]

亦稱"雨霄"。指降雨。一說指降雨夾雪；另說謂小雪粒。《爾雅》："雨霓爲霄雪。"《說文》："霄，雨霓爲霄。"《爾雅注疏》卷六："雨霓爲霄雪者，霓，水雪雜下也。"段玉裁注："霓爲陰氣，將雨之兆，故從雨。"晋孫綽《秋日》詩："疏林積凉風，虛岫結凝霄。"南北朝范雲《咏早蟬》詩："端綏挹霄液，飛音承露清。"宋王安石《和吳冲卿雪》："風助霄仍洶。"明王鏊《姑蘇志》："五月二十日爲大分龍，皆忌雨霓。"

## 【雨霄】

即霄[2]。此稱漢代已行用。見該文。

## 【珠雨】

雨之美稱。唐上官儀《奉和過舊宅應制》詩："神麾颰珠雨，仙吹響飛流。"宋曾幾《五月六日爲叢珍之集於南池呈座中諸公》詩："待得跳珠雨，來聽打葉聲。"元楊維楨《湖光山色樓》詩："象田耕玉煙，龍氣生珠雨。"明李延興《和安常寄山中友詩韵》其三："山疊錦屏橫斗極，岸分珠雨落風泉。"清鄒袛謨《燕山亭·咏漢宮秋·用宋道君見杏花作韵》詞："瑶圃葩芬，更掩映、錦雲珠雨。"

## 【降雨】

亦作"隆雨"。雨降而水隆，能引泉涌河漲之雨。先秦佚名《穆天子傳》卷二："降雨七日。"《管子·度地》："當秋三月，山川百泉踊，降雨下。"郭沫若等集校："維遹案：'隆、降古字通用。'"漢劉向《戰國策·齊策上》："桃梗謂土偶人曰：'子西岸之土地，埏土以爲人，至歲八月，降雨下，淄水至，則汝殘矣。'"漢應劭《風俗通義》："東園桃木也，削子以爲人，隆雨下，澬水至，洗子而泛泛，將何如矣？"明吕毖《明朝小史·洪武紀》："至天禧寺禱雨，至夜雨大降。帝曰：此真永隆雨。"或指大氣中的水汽從天空落到地面的過程。唐李乂《奉和春日游苑喜雨應詔》詩："一旬初降雨，二月早聞雷。"唐釋道世《法苑珠林》第五十三："降雨以時，國無荒年。"清黄景仁《咏懷》詩其六："五嶽亘千古，降雨而出雲。"

## 【隆雨】

即"降雨"。此體先秦時期已行用。見該文。

# 雨 態

## 雨足[1]

亦稱"雨脚"。遠遠望去，能隨雲行走的雨，故稱。亦有雨水充沛之含義。晉張協《雜詩十首》之十："雲根臨八極，雨足灑四溟。"《隋書·長孫晟傳》："長孫晟夜登城樓，望見磧北有赤氣，長百餘里，皆如雨足下垂被地。"唐孟浩然《題大禹寺義公禪房》詩："夕陽連雨足，空翠落庭陰。"宋張侃《游西湖》詩："夜來雨足半篙水，西湖荷花紛錦綺。"元劉因《泛舟西溪》詩："輕陰散雨足，净綠生圓波。"明袁樞《黑龍潭》："輕陰穿雨足，薄日影山峰。"清弘曆《進舟至静明園即景再作》詩："繁雲漸低翳，波面接雨足。"

## 【雨脚】

即雨足[1]。隨雲行走的雨。北魏賈思勰《齊民要術》卷一："種欲截雨脚，一畝用子二升。"又："截雨脚即種者，地濕，麻生瘦。待白背者，麻生肥。"唐子蘭《華嚴寺望樊川》詩："疏鐘摇雨脚，秋水浸雲容。"唐杜甫《茅屋爲秋風所破歌》詩："牀頭屋漏無乾處，雨脚如麻未斷絶。"唐姚揆《潁川客舍》詩："雲拖雨脚連天去，樹夾河聲繞郡流。"宋方信孺《題龍隱巖》其二："雨脚初收魚尾霞，滿溪流水半溪花。"元劉秉忠《勸友人酒》詩："曳過雨脚雲歸岫，涌出山頭月滿樓。"明藍仁《雨脚》詩："雨脚時時急，溪頭日日渾。"清鄺露《登九子》詩："雨脚移春殿，雲衣挂亂峰。"

## 【行雨】

隨雲而行之雨。先秦宋玉《高唐賦》："妾在巫山之陽，高丘之陰，旦爲朝雲，暮爲行雨。"南朝梁劉苞《望夕雨》詩："崇朝構行雨，薄晚屯密雲。"唐王勃《江南弄》詩："江南弄，巫山連楚夢，行雨行雲幾相送。"宋吳文英《望江南·賦畫靈照女》詞："不識朝雲行雨處，空隨春夢到人間。"元葉蘭《二孤吟》："大姑朝行雲，小姑暮行雨。"元張昱《別春次揚州成廷珪韵》："爲晋爲秦花幾度，行雲行雨日千回。"清錢謙益《徐娘歌》詩："因知河上凌波女，曾向江頭行雨回。"

## 【嘆雨】

猶言行雨，行雲布雨。唐杜甫《奉酬薛十二丈判官見贈》詩："空中右白虎，赤節引娉婷。自云帝季女，嘆雨鳳凰翎。"仇兆鰲注："嘆雨，指暮爲行雨。"宋曾敏行《獨醒雜志》："玗有謀士曰劉守真，挾邪術，能呼風嘆雨，故欽與戰輒不利。"元于立《釣月軒以舊雨不來今雨來分韵得雨字》詩："懸知野衲解談天，況有僊人能嘆雨。"

## 【駾雨】

亦稱"膩雨"。遲緩行走之雨。駾，癡。宋陳巖《東藏源》詩："膩雨增多樹色深，惠風吹轉藥苗新。"元薩都刺《洞房曲》："癡雲駾雨自年年，不管人間有離別。"清洪昇《長生殿·重圓》："抹月批風隨過遣，癡雲膩雨無留戀。"

## 【膩雨】

即"降雨"。此稱宋代已行用。見該文。

## 鬼雨

凄慘之陰雨，使人感到悲愴畏懼，故稱。唐李賀《感諷五首》之三："南山何其悲，鬼雨灑空草。"宋范浚《送茂瞻兄機宜之官廣東》詩："黃蘆獵獵西風肥，鬼雨灑空滿山悲。"清戴梓《葉家墳》詩："烏雲翻白骨，鬼雨走黃沙。"

## 怪雨

怪誕的雨。宋劉克莊《滿江紅·和王實之韵送伯昌》詞："怪雨盲風，留不住江邊行色。"《花月痕》第三回："黃昏蜃氣忽成樓，怪雨盲風引客舟。"正德《淮安府志》卷一五："〔正德三年〕七月十九日午間，陰雲俄布，塵霾漲天，颶風怪雨一時大作，淮河中巨浪掀天，兩岸舳艫蕩擊殆盡，漂没順流而下不可勝記。正德七年，亦以是月之夜風雨暴作如前，漂没之害尤甚。"清錢泳《履園叢話·題壁》："盲風怪雨日縱橫，紙閣蘆簾拽水行。"

## 酸雨

古指擾人心情的降雨。今指含有一定數量酸性物質的降雨，酸雨能腐蝕建築物，損害植物，污染水源。元劉塤《買陂塘·與沈潤宇鄧元實同賦》詞："嬌紅一撚不勝春，苦雨酸雨俙倯。"明申佳胤《將進酒》詩："青史白虹刀戟橫，千家髑髏泣酸雨。"清陳維崧《水龍吟》詞："水國前緣，緔官閑話，冷風酸雨。"

## 【硫黃氣雨物】

天空落下有硫黃氣味的東西。明查繼左《罪惟録·志卷》："〔成化元年五月〕天雨泥丸如櫻桃，破之硫磺氣。"明王圻《稗史彙編·災祥》："〔成化元年〕五月，京師大風，一時皇墻以西有聲如雨雹，視之皆黃泥丸子，堅净如櫻桃大，破之，中有硫黃氣。"乾隆《沔陽縣志》卷一三："〔康熙七年三月十二日〕雨雪子成硫黃，大如豆，殘以火輒然。"

## 試雨

初雨，一場雨開始的狀態。明李東陽《西湖曲五首》其四：「草碧明沙際，霜紅試雨初。」清王夫之《新梅》詩：「試雨禁風始出胎，根苗忘盡舊亭臺。」

## 霽

雨停，一場雨結束的狀態。《史記‧龜策列傳》：「雨霽，雨霽大吉。」《後漢書》李賢注：「《説文解字》曰：『霽，雨止也。』郭璞曰：『南陽人呼雨止曰霽。』」唐吳畦《登雁蕩明王峰》詩：「霽雨孤鐘雲外渡，叫霜群雁月中栖。」宋張元幹《怨王孫》詞：「霽雨天迴，平林煙暝。」《郡城南郭早望》詩：「柳濃天霽雨，萍坼岸含風。」明葉顒《九日東籬晚興》：「斷虹初霽雨，新雁欲迎霜。」清任兆麟《携蔣子山塘訪石道人》詩：「霽雨散清暉，高峰出秀骨。」

## 雨絶

謂落地無還雲天之雨。又謂止停之雨。漢陳琳《檄吳將校部曲文》：「又諸將校，孫權婚親，皆我國家良寶利器，而並見驅迮，雨絶於天。」呂延濟注：「雨絶謂雨下於地，無還雲之期也。」晋傅玄《昔思君》：「昔君與我分形影潛結，今君與我分雲飛雨絶。」南朝梁江淹《雜體詩‧效潘岳〈述哀〉》：「雨絶無還雲，華落豈留英。」唐司空圖《贈日東鑒禪師》詩：「夜深雨絶松堂静，一點飛螢照寂寥。」宋釋惠崇《池上鷺分賦得明字》詩：「雨絶方塘溢，遲徊不復驚。」元文矩《題楚山春曉圖》詩：「天高雨絶人事變，解環結佩空相望。」明貝瓊《游菩提山值雨宿存思庵》詩：「閉門留客共野飯，風回雨絶清無蠅。」清廓露《贈雲愁愁》詩其二：「雨絶無留夢，春愁黯不開。」

## 雨氣

若雲氣之雨。又，雨中的水霧。先秦左丘明《國語》：「雨畢者，殺氣日至，而雨氣盡也，天根見而水涸。」唐沈佺期《樂城白鶴寺》詩：「潮聲迎法鼓，雨氣濕天香。」唐孟浩然《和張明府登鹿門作》詩：「草得風光動，虹因雨氣成。」宋蘇舜欽《杭州巽亭》詩：「凉翻簾幌潮聲過，清入琴尊雨氣來。」宋呂本中《暮步至江上》詩：「樹陰不礙帆影過，雨氣却隨潮信來。」

雨絶景色
（元高克恭《春山晴雨軸》局部）

雨 霽
（南宋佚名《風雨歸舟圖頁》局部）

明丁鶴年《題筠軒》詩：“薄雲通雨氣，清夜動秋聲。”清朱景英《和伯卿庭石之作》詩：“露華滋蘚碧，雨氣襲衣涼。”

**【雨靄】**

即雨氣。南朝宋孝武帝《離合》詩：“霏雲起兮泛濫，雨靄昏而不消。”明李之世《次和尹世立過訪》詩：“春在林芳雨靄間，聊將澹酌消春閑。”清平恕《龍爪峽》詩：“一掌擎空瀑怒飛，散作滿川煙雨靄。”

# 天泣

上天哭泣，謂無雲而雨。有的是因遠方的雲產生的雨，被風吹到另一地落下的；有的是雨從高空降落過程中，雲就已經消失或移走了；有的是水汽在空中遇冷迅速凝結，還未成雲就滴落下來，多呈稀稀落落狀。唐易靜《兵要望江南·占霧》詩：“一似露來兼灑雨，此為天泣淚紛紛，須駐賞三軍。”《新唐書·五行志》：“元和十二年正月乙酉，星見而雨。占曰：‘無雲而雨，是謂天泣。’”宋張齊賢《洛陽搢紳舊聞記·梁太祖優待文士》：“〔梁祖〕謂杜（荀鶴）曰：‘秀才曾見無雲雨否？’荀鶴答言未曾見。梁祖笑曰：‘此所謂無雲而語，謂之天泣。’”明張鳳翔《湘妃祠》詩：“癡雲作雨老天泣，竹中奈此雙愁娥。”清屈大均《天泣》詩：“天泣一何哀，鳴聲如轉磨。無雲乃作雨，凄凄淚交墮。”

**【無雲雨】**

即天泣。謂無雲而雨。漢張衡《論衡》：“龍蟄出水，雲雨乃至，古者畜龍，御龍常存無雲雨。”《究竟一乘寶性論》卷一：“秋天無雲雨，人空鳥受苦。”唐杜荀鶴《梁王坐上賦無雲雨》詩：“同是乾坤事不同，雨絲飛灑日輪中。”

宋彭汝礪《晚晴》詩：“萬里無雲雨意醒，江湖滿載夕陽明。”元王禎《高車》詩：“竹龍解吐無雲雨，旱魃潛消此地災。”明徐渭《銅雀妓》詩：“薦夢無雲雨，留香別綺羅。”清成書《伊吾絕句》其九：“香風忽送無雲雨，開遍空庭沙棗花。”

**【奇水】**

無雲而降的雨水，古人以為奇，故稱。宋陶穀《清異錄·天文·奇水》：“雨無雲而降，非龍而作，號為奇水。”

# 清雨

清潔的雨。無污染物質的雨水。唐孟郊《桐廬山中贈李明府》詩：“靜境無濁氛，清雨零碧雲。”宋蘇轍《上元》詩：“已覺城中塵土臭，急將清雨洗乾坤。”金馬鈺《滿庭芳·贈長安徐先生》詞：“通五彩霞光，來往清雨濛濛。”明平顯《題丁野夫畫》詩：“長憶西湖舊游處，畫船清雨白鷗飛。”《貴州通志》卷四四：“蕪草稍焚薙，清雨朝來歇。”

# 霾雨 [1]

亦稱“雨霾”。伴有霧霾之雨，一般天色較為昏暗。《毛詩正義》：“霾，雨土也。”雨中有塵土。唐虞世南《北堂書鈔》卷一五一：“雨土為霾。”宋吳潛《滿江紅·九日效行》：“盡斂却、雨霾風障，霧沈雲暝。”元宋褧《竹枝歌六首·自溫州抵處州途中作》：“容城洞口朝雨霾，江心寺下早潮回。”明岑徵《代端州張太守送梁疊石之定安廣文任》詩：“與君本是同巢羽，晴天忽作陰霾雨。”《明史·五行志》：“〔成化六年〕二月壬申，以自冬徂春雨雪不降，敕諭群臣親詣山川壇請禱。三月辛巳，霾雨晝晦。”清張遠《歲暮寄懷故園親友》詩：“正是羊城梅放日，瘴雲霾雨獨登樓。”

**【雨霾】** [1]

即霾雨[1]。此稱宋代已行用。見該文。

## 黑雨

亦稱“墨雨”。濃陰天氣下的雨，視之如墨。亦指暴雨，降暴雨時濃雲翻滾，天昏地暗，故稱。唐韓偓《江行》詩：“浪蹙青山江北岸，雲含黑雨日西邊。”唐陸龜蒙《奉酬襲美苦雨見寄》詩：“頑雲猛雨更相欺，聲似虓號色如墨。”宋呂南公《石井大雨》詩：“雲垂四山潑墨濃，風怒發屋茅遮空。”宋方岳《麥嘆》詩：“黑雨漫天殊未已，黄雲委地不堪扶。”元丘處機《木蘭花慢》詞：“急雨翻盆潑墨，迅雷激電飛聲。”元朱晞顏《賦馬思琵琶研》詩：“切切小弦玄墨雨，庚庚横理紫筠秋。”《元史·五行志》：“〔至正十七年〕正月己丑，杭州降黑雨，河池水皆黑。”明釋今𪐗《苦雨》詩：“黑雨連旬復連月，綠莓侵榻又侵人。”嘉靖《寧波府志》卷一四：“〔嘉靖三十五年〕秋下墨雨。”清李經述《秋懷用昌黎韵》其二：“虬龍噴墨雨，灑落硯池前。”清岑霱《自龍泉關過嶺宿白雲寺》詩：“白雲僧下山頭寺，黑雨龍飛石上潭。”

**【潑墨】**

即黑雨。此稱宋代已行用。見該文。

**【墨雨】**

即黑雨。此稱元代已行用。見該文。

## 白雨

亦稱“白撞”“白撞雨”。雨水與空氣交匯呈銀白色，故稱。廣東方言謂暴雨爲“白撞雨”。晋佚名《綿州巴歌》：“揚平山，撒白雨。下白雨，取龍女。”唐李白《宿鰕湖》詩：“白雨映寒山，森森似銀竹。”宋司馬光《和復古大

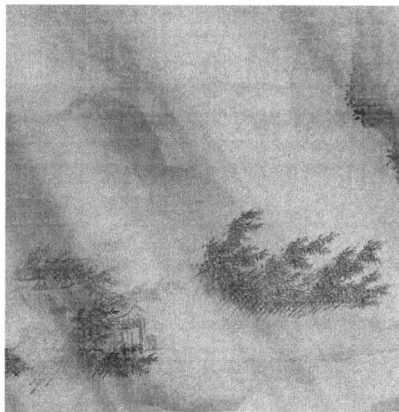

白撞雨
（明戴進《風雨歸舟圖軸》局部）

雨》詩：“白雨四注垂萬緪，坐間斗寒衣可增。”元薩都剌《金陵道中遇雨寄功父光國五首》其五：“行人五月金陵道，石竹花開白雨中。”明張萱《延平陸太守招飲楊氏園亭賦謝》詩：“林間白雨新添漲，檻外青山盡入雲。”清張廷璐《岷山招游雲龍山》詩：“今年盛夏苦霪潦，茅簷白雨如翻盆。”清屈大均《廣東新語》卷一引民諺曰：“早禾壯，宜白撞。”章炳麟《新方言·釋天》：“〔暴雨〕亦曰白雨，廣東謂之白撞雨。”一説，冰雹。明王志堅《表異録·天文》：“關中謂雹爲白雨。”

**【白撞】**

即白雨。此稱清代已行用。見該文。

**【白撞雨】**

即白雨。此稱清代已行用。見該文。

## 綠雨

綠色的雨。或爲雨的美稱。元龔璛題畫詩：“東風忽來吹綠雨，閑雲更學苔花舞。”明徐賁《泛南湖有咏》：“沙樹汀蒲綠雨新，湖波搖盪白鷗春。”明張羽《取勝亭感舊》詩：“綠雨微消紫陌塵，湖光冷落似無春。”康熙《徐聞縣志》卷一：“〔嘉靖二十七年〕秋九月，地震，是月

雨，色綠。"康熙《海康縣志》卷上："〔嘉靖二十七年〕秋九月，雨，色綠。"

## 紅雨

亦稱"赤雨"。指紅色的雨。或爲紅霞映襯下的降水，或爲紅色土揚塵天氣時形成的雨，抑或爲紛紛下落的"花瓣雨"。唐孟郊《同年春燕》："紅雨花上滴，綠煙柳際垂。"宋王邁《晚過白沙》詩："紅雨無端汙行色，白雲知我憶親庭。"金吳激《滿庭芳·寄友人》詞："柳引青煙，花傾紅雨，老來怕見清明。"明陶宗儀《説郛》卷三一引佚名《致虛雜俎》："天寶十三年，宮中下紅雨，色若桃花。"嘉靖《太倉州志》卷一〇："〔正德十一年〕三月三日，生員張寅讀書後園，書房二間，天雨紅雨，開門見簷溜盡赤，以甌盛之，色久不變，報父兄暨親友，爭觀之，以爲異。"嘉靖《廣東通志》卷六九："夏，仁化縣東北隅八十里天雨赤雨，色如赤珠。"明王翰《沙間桃林》詩："十里芳桃蒸晚霞，一川紅雨點溪沙。"清何翆道《麗人》詩："積水明素雲，餘霞吐紅雨。"

### 【赤雨】

即紅雨。此稱明代已行用。見該文。

### 【雨血】

亦稱"天雨血"。天空落下鮮紅如血狀的液態物質。先秦《竹書紀年》："三苗將亡，天雨

海上局部雲雨被落日染爲赤色，呈"紅雨"態

血。"《漢書·五行志》："〔漢惠帝二年〕天雨血於宜陽，一頃所，劉向以爲赤眚也。時又冬雷，桃李華，常奧之罰也。"《晋書·五行志》："淖齒殺齊湣王日，天雨血沾衣。"《隋書·五行志》："後齊河清二年，太原雨血。"唐易静《兵要望江南·占雨第八》詩："天雨血，賢退進邪人。"宋舒岳祥《平皋木芙蓉千株爛然雲錦醉行其中如游芙蓉城也作歌紀之》詩："悲鴻一聲天雨血，落霞萬頃江飲虹。"《新唐書·五行志》："武德初，突厥國中雨血三日。"《宋史·五行志》："寶祐二年，蜀雨血。"元馬端臨《文獻通考》卷三〇三："赧王三十一年，齊千乘、博昌之間方數十里，雨血沾衣。"《明史·五行志》："崇禎七年二月戊午，海豐雨血。"清黄遵憲《春夜招鄉人飲》詩："天地黑如盤，腥風吹雨血。"《清史稿·災異二》："嘉慶九年正月，歷城天雨血。道光十一年冬，太平雨血，着人衣皆赤。"

### 【天雨血】[1]

即雨血。此稱先秦時期已行用。見該文。

### 【雨紅水】[1]

天空落下的紅色水漿。康熙《浙江通志》卷二："〔正德三年〕餘杭大水，錢塘雨紅水。湖州、嘉興、處州、金華、台州大旱。"康熙《錢塘縣志》卷一二："〔正德三年〕六月，雨紅水於錢塘。是月某日天雨，鄰里巷道水皆清，而故都御史錢鉞家獨紅，池塘皆赤。"

## 煙雨

在降水過程中，有些雨滴被氣化，細雨迷濛如煙，亦雨亦霧。亦泛指降雨景觀。南朝梁江淹《悼室人詩十首》其四："復值煙雨散，清陰帶山濃。"唐戴叔倫《蘇溪亭》詩："燕子不歸春事晚，一汀煙雨杏花寒。"唐杜牧《江南

春絶句》："南朝四百八十寺，多少樓臺煙雨中。"宋卞震詩殘句："風濤秋渡闊，煙雨晚村孤。"元周權《次韵瓜洲渡》詩："又向瓜洲買樽酒，一篷煙雨話揚州。"明倪瓚《二月十五日雨作》詩："寒食清明看又近，滿川煙雨亂鳴蛙。"清吳偉業

煙　雨

（元高克恭《林巒煙雨圖》局部）

《鴛湖曲》詩："煙雨迷離不知處，舊堤却認門前樹。"清成鷟《羅浮山過訪值予遠游留詩而去既歸復來出荷鋤圖索題用韵賦贈》詩："昨日別東林，客來煙雨深。"

【雨煙】

即"煙雨"。指像煙霧似的朦朧的細雨。唐李端《折楊柳》詩："雨煙輕漠漠，何樹近君鄉。"宋蔡元定《麻沙八景詩·煙村春雨》："不有翠微翁説破，誰知春在雨煙中。"元滕斌《題龕巖十咏·靈湖》："盤旋石壁水晶殿，神物朝朝作雨煙。"明陳繗《文廟仰高》詩："數仞門墻霄漢上，幾聲鐘鼓雨煙中。"清鄭鵬雲等《新竹縣志初稿》卷六："養花時節雨煙籠，萬木陰陰襯淺紅。"

【濛雨】

指濛濛細雨。《詩·豳風·東山》："零雨其濛。"晋束皙《補亡詩六首·華黍》："奕奕玄霄，濛濛甘溜。"晋陸機《與弟清河雲詩十章》詩："濛雨之陰，昭月之輝。"南朝齊謝朓《觀朝雨》詩："空濛如薄霧，散漫似輕埃。"唐宋之問《溫泉莊卧病寄楊七炯》詩："是日濛雨晴，返景入巖谷。"宋范成大《北門覆舟山道中》詩："林煙色淡如濛雨，塘水痕深似落潮。"明何景明《雨中清溪》詩："濛雨蕭條至，悲風日暮多。"清黃遵憲《感懷呈樵野尚書丈即用話別圖靈字韵》詩："東居三年濛雨零，於今忽作閉口瓶。"

【濛濛雨】

即濛雨。三國魏曹丕《黎陽作詩三首》其二："殷殷其雷，濛濛其雨。"唐李舜弦《蜀宮應制》詩："濛濛雨草瑶階濕，鐘曉愁吟獨倚屏。"宋毛滂《東堂詞·青玉案》："芙蕖花上濛濛雨。又冷落、池塘暮。"金趙秉文《岳觀》詩："天入濛濛雨，春歸淡淡花。"明李昌祺《新野即景》詩："村暗濛濛雨，清流淺淺溪。"清董俞《踏莎行·落花》詞："畫橋客散濛濛雨。美人睡起正憑欄，嬌波凝矚愁無語。"

【溟濛雨】

溟濛，意爲模糊不清。指細雨如霧，使人視綫模糊，故稱。唐李中《吉水春暮訪蔡文慶處士留題》詩："溟濛雨過池塘暖，狼藉花飛硯席香。"宋張鎡《四月上浣日同寮約游西湖十絕》其二："清曉溟濛雨氣濃，出關晴色便葱蘢。"明謝應芳《一剪梅·壽安玄卿》詞："煙也溟濛，雨也溟濛。"明張昱《船過臨平湖》詩："祇因一霎溟濛雨，不得分明看好山。"清莊盤珠《菩薩蠻·社日》詞："溟濛雨歇雲猶聚，杏花紅過秋千去。"

【霧雨】

亦霧亦雨，或迷蒙細雨，呈煙雨茫茫之態。《楚辭·大招》："霧雨淫淫，白皓膠只。"王逸注："言大海之涯，多霧惡氣，天常甚雨，如注甕水。"《漢書·鄒陽傳》："臣聞交龍襄首奮翼，則浮雲出流，霧雨咸集。"漢劉向《列女傳》卷

二："妾聞南山有玄豹，霧雨七日而不下食者，何也？欲以澤其毛而成文章也，故藏而遠害。"南朝宋鮑照《山行見孤桐》詩："奔泉冬激射，霧雨夏霖靈。"唐韓愈《洞庭阻風贈張十一署》詩："霧雨晦爭泄，波濤怒相投。"宋王圭《草》詩："解憾有情迷霧雨，恣生閑地雜蘭蓀。"宋陸游《冬日感興》詩："霧雨天昏曀，陂湖地阻深。"元馬祖常《壯游八十韻》詩："煙霞薈蔚隮，霧雨蕭颯至。"明胡布《吳城即事》詩："暫停行雲將霧雨，欲憑孤雁駕天風。"清潘慎生《晚登白鶴峰亭子眺望有懷殷子徵京師》詩："鳥道盤空霧雨懸，樓臺飄渺入江煙。"

【雨霧】

如霧一般的小雨。或亦霧亦雨。《西京雜記》卷三："噓吸爲寒暑，噴嗽爲雨霧。"唐常達《山居八咏》其二："煙開分嶽色，雨霧減泉聲。"宋陳傅良《游鼓山》："一春長雨霧，明日歸樊籠。"元黃鎮成《金原先塋之側涌泉甘潔》詩："穴通海眼魚龍沸，波溢田膏雨霧蒸。"明劉基《題竹根小禽圖》詩："江湖雁鶩肥粱稻，矰繳連天雨霧多。"清謝秀孫《自翠微山望金

雨霧景觀
（宋蘇顯祖《風雨歸舟圖》局部）

精》詩："翠竹搖空寒，白日蒙雨霧。"

【夢雨】

亦稱"夢"。即濛雨。夢，細雨濛濛之狀。唐李商隱《重過聖女祠》詩："一春夢雨常飄瓦，盡日靈風不滿旗。"宋劉克莊《四和》詩其一："逆風弱水三萬里，夢雨高唐十二峰。"金王若虛《滹南詩話》卷下："蕭閑云：'風頭夢，吹無迹。'蓋雨之至細，若有若無者，謂之'夢'……賀方回有'風頭夢雨吹成雪'之句，又云：'長廊碧瓦，夢雨時飄灑。'"元耶律鑄《臨潼九龍玉蓮二湯合爲道院》詩："夢雨已迷三里霧，悲風空泛五雲漿。"明陳振《江山勝覽卷》詩："巫峽秋濤雲夢雨，吳門夜月浙江潮。"清孫雲鳳《臨江仙》詞："夜闌消夢雨，春盡落花天。"

【夢】

即夢雨。此稱金代已行用。見該文。

【酥雨】

即濛雨。唐韓愈《早春呈水部張十八員外》詩："天街小雨潤如酥，草色遙看近却無。"宋周密《月邊嬌·元夕懷舊》詞："酥雨烘晴，早柳盼顰嬌，蘭芽愁醒。"元馮子振《鸚鵡曲·都門感舊》詞："酒微醒曲樹迴廊，忘却天街酥雨。"明徐渭《仲春李子遂季子牙史叔考坐雨禹迹寺景賢祠中醉餘賦詩并用街字子遂來自建陽一別數載》詩："夜梵潮三丈，春酥雨一街。"清蔣春霖《南浦·春草》詞："綠意隱汀沙，雪痕消、又潤村村酥雨。"

## 雨點

省稱"點"。形成雨的水滴。南朝梁王筠《北寺寅上人房望遠岫玩前池》詩："雨點散圓文，風生起斜浪。"南北朝鮑泉《奉和湘東王

春日》詩："新落連珠淚，新點石榴裙。"按，詩中"連珠淚""點"乃春雨之代稱。唐李益《江南曲》詩："長樂花枝雨點銷，江城日暮好相邀。"唐喻鳧《春雨如膏》詩："細光添柳重，幽點濺花句。"唐許敬宗《五言奉和咏棋應詔》其一："分行漸雲布，亂點逐星連。"宋徐鉉《秋日雨中與蕭贊善訪殷舍人於翰林座中作》詩："亂點乍滋承露處，碎聲因想滴蓬時。"元楊顯之《瀟湘雨》第三折："風雨相催，雨點兒何時住。"明丘濬《卜算子·秋思》詞："雨點水痕圓，風蹙波文皺。"明胡布《淮陰侯墓下》詩："回首五陵斜日遠，行雲萬點亂秋空。"清納蘭性德《清平樂》詞："畫屏無睡，雨點驚風碎。"清何鞏道《泊甘竹灘上》詩："打篷數點驚疏雨，入夢千聲嘆急湍。"

**【點】**

"雨點"之省稱。此稱南北朝時期已行用。見該文。

**【雨子】**

即雨點。宋晁沖之《道中》詩："雨子收還急，溪流直又斜。"宋楊萬里《寒食前三行脚遇雨》詩："吾行吾自返，雨子不須催。"

**【雨星】**

稀疏的雨點。語出《春秋公羊傳·莊公》："雨星不及地尺而復。"按，本義為"星隕如雨"。晉竺法護《佛說普曜經》："淚下如雨星。"宋王安石《同杜史君飲城南》詩："歸路借紅燭，雨星低馬前。"元范梈《夏日奉酬汪使君》詩："停雲在何方，乃值初雨星。"明張泰《宿蕭工部廠廳待文廟祀》詩："朦朧林表初弦月，隱見雲間過雨星。"清王庭《浣溪沙（壬午）》詞："晚凉庭院雨星星。"

**【雨沫】**

指細小的雨點。亦指下雨激起的水沫。唐李賀《崇義里滯雨》詩："瘦瘦秣敗草，雨沫飄寒溝。"明劉存業《游羅浮四首》其三："龍護錫潭春雨沫，草深丹灶舊時灰。"明梁元柱《過潘孺朗綺絢堂次鄭太史韵》詩："當窗雨沫琅函潤，撲席花明綺檻鮮。"明汪珂玉《珊瑚網》詩："日落露光吸春深，雨沫飛昂藏無蟄。"

**【雨珠】**[1]

雨點如珠，能激起水面產生水泡，故稱。宋呂渭老《滿江紅》詞："數著佳期愁入眼，雨珠零亂梨花濕。"宋衛宗武《立秋喜雨》詩："雨珠雨玉何足貴，雨菽雨粟亦有窮。"明尹臺《館出即事》詩："苑柳飄雲絮，渠荷散雨珠。"清王夫之《出郭赴李緩山之約桓伊山下遇雨》詩："葛衣疏透雨珠閑，習習輕風宿暑闌。"

雨珠、跳珠

**【珠點】**

即雨珠。雨點如珠，能激起水面水泡，故稱。宋毛滂《河滿子·夏曲》詞："急雨初收珠點。雲峰巉絕天半。"宋衛宗武《錢竹深招泛西湖值雨即事》詩："淋漓雨珠仙，一一浴未起。"宋朱淑真《喜雨》詩："傍池占得秋意多，尚餘珠點綴圓荷。"清弘曆《昔昔鹽二十首》其十六："幾星珠點落，一對羽衣低。"

## 【跳珠】[1]

雨點落地，跳躍如珠，故稱。唐錢起《蘇端林亭對酒喜雨》詩："濯錦翻紅蕊，跳珠亂碧荷。"宋楊萬里《六月十三日立秋》詩："旋汲井花澆睡眼，灑將荷葉看跳珠。"元呂思誠《桂林八景·訾洲煙雨》詩："空濛細縠沙頭籟，散亂跳珠波面浮。"明王世貞《同舍弟邀汪伯玉仲淹昆弟游蓮花庵》詩："甘雨跳珠千葉上，法雲垂綺百花中。"清高士奇《滿江紅五首》其五："見雕欄，碧甃跳珠濺玉。"

## 【大點】

大雨點。唐李端《荊門歌送兄赴夔州》詩："重陰大點過欲盡，碎浪柔文相與翻。"宋陸游《望霽》詩："雨來不驟亦不遲，大點如菽細如絲。"清朱昆田《天門》詩："雨師空中亦助力，大點颼颼敲烏篷。"

## 【玉繩】

較大雨滴下落如繩，故稱。唐張蕭遠《興善寺看雨》詩："須臾滿寺泉聲合，百尺飛簷挂玉繩。"宋釋善建《題寶山廣嚴院》詩："玉繩低轉簷楹外，宮漏微傳几席間。"元曹伯啓《姑蘇館夜雨》詩："壓屋密雲滄海立，照窗飛電玉繩連。"明黃佐《秋日登萬歲山不果至瓊華島邀後妝樓而返與張廖二子同賦分韵得登萬二字》

其一："虛籟殷珠樹，涼飆搖玉繩。"清毛奇齡《長至夜答徐生體仁見懷》詩："朔雪下層冰，嚴飆轉玉繩。"

## 【渫雨】

飄散之雨點。南朝宋謝莊《宋孝武宣貴妃誄》："高唐渫雨，巫山鬱雲。"唐李商隱《賽靈川縣城隍神文》："興雲渫雨，諒俟威靈。"明張治《祭劉副使文》："渫雨亂山，鬱雲天風，漠漠千里。"清梁詩正《恭和御製玉甕歌元韵》："巨鱗長鬣逞飛騰，渫雨欹雲驚屑沒。"清汪森輯《粵西詩載》："山靈何事苦相索，渫雨飄雲入暮深。"

# 雨花 [1]

雨水飄落，態若花朵，故稱。唐劉長卿《題靈祐和尚故居》詩："風竹自吟遥入馨，雨花隨淚共沾巾。"唐佚名《大曆年浙東聯唱集·松花壇茶宴聯句》："繞壇煙樹老，入殿雨花輕。"宋鍾將之《浣溪沙》其二："蘋老秋深水落痕，桂花微弄雨花輕。"元與恭《冷泉亭》詩："天竺雨花飛寶臺，北山門對冷泉開。"明徐宏祖《徐霞客游記·滇游日記九》："飛沫倒卷，屑玉騰珠，遥灑人衣面，白日間真如雨花雪片。"一說，喻雪。清厲荃《事物異名録·乾象·雪》："龍噴雨花天作瑞。"

# 第二節　雨時空考

與時刻有關的降雨詞語可按照早晚進行分類。

"朝雨""曉雨"等，謂早晨之雨。又"旦日雨""雨月額"等，指農曆月初清晨的一陣小雨，俗以爲乾旱之徵兆。又"暮雨""晚雨""宿雨""睡雨""夜雨"等，指夜晚之雨。又"寅時雨"，指寅時下雨，卯時打雷，先雨後雷，主大雨。又"神女雨"，指傍晚所降之雨。又"甲子雨"，甲子日所下之雨，古以爲可兆天時人事。"社雨""社翁雨""社公雨"，社日所降之雨。社日，祭祀土神之日，一般在立春、立秋後第五個戊日。又"黄昏陣"，俗稱六月初三夜黄昏之雨。胡樸安《中華風俗志》下冊卷三："俗以六月初三日晴主旱，若是夜黄昏有雨，則日日有之，謂之黄昏陣。"又"洗車雨""灑淚雨"，舊稱"七夕"前後所降之雨，似爲相會之牛郎、織女洗刷車駕。又"鶬鶊雨"，謂春分凌晨之雨。

與季節有關的雨類氣象詞語可按照春夏秋冬四季進行分類。

春季之雨，例如"春雨"，指春天所降之雨。《莊子·外物》："春雨日時，草木怒生。"又"青雨"，按五行説，木屬東方，屬青，屬春，故特以青雨指春雨。又"潑火雨""清明雨""潑火"等，舊俗寒食節前一二日禁火。一些降雨名類與植物花期或候鳥有關，例如"華雨"，泛指花盛季節所降之雨。華，同"花"。又"催花雨"，指春雨，春雨促使百花開放，故名。又"杏花雨""杏雨"，指杏花盛開時所降之雨。又"沾衣雨""沾巾雨"，指沾衣欲濕的春雨。又"桃花雨""桃雨"，指桃花盛開時節之雨。又"梨花雨"，指梨花盛開時下的雨。又"榆莢雨"，指榆樹結莢時節下的雨，時當農曆三月。

夏季之雨，例如"黄梅雨""梅雨""梅黄雨""黴雨""梅霖""燒鵝汁"等，指夏初梅子黄熟時節的降雨。又"迎梅雨"，指江南三月梅子初成之時雨。又"洗梅雨"，梅雨後所降之雨。又"送梅雨"，江南五月梅子成熟欲落，其時雨之稱。又"啞黄梅"，指無雷聲之梅雨。又"麥雨"，指麥子將熟時所下之雨。又"隔轍雨""分龍雨""牛脊雨"，指夏季有時一轍或龍之隔，晴雨各异，故稱。又"荷花雨"，謂荷花盛開時所降之雨，時值農曆六月。又"磨刀雨""磨刀水"，相傳農曆五月十三日爲三國蜀將關羽磨刀過江與吳將相會之期，届時必雨。又"錦雨"，指夏日之澍雨。又"三時雨"，指六月所降之雨。南朝梁宗懍《荆楚歲時記》："六月必有三時雨，田家以爲甘澤。"

秋季之雨，例如"秋雨""秋霖""秋霖雨"等，指秋天所降之雨。又"豆花雨"，俗稱農曆八月豆花正盛時所降之雨。又"芭蕉雨"，指芭蕉茂盛時所降之雨，時當秋天。又"松雨"，水降松林，雨聲如濤，稱爲松雨，時當秋天。又"解霜雨"，指蕎麥結實時所降之雨。又"涼雨"，謂秋涼時雨。又"㴷露"，指農曆八月有露水後所下之雨。又"黄雀雨"，指農曆九月之雨。

冬季之雨，例如"冬雨"，指冬季的降雨。冬季風乾寒，一般降水較少。又"液雨”“藥雨”，舊俗以立冬後壬日爲“入液”，小雪爲“出液”，其間所降之雨謂“液雨”。
宋吳自牧《夢粱録·十月》：“月中雨，謂之液雨，百蟲飲此水而藏蟄。”清厲鶚《雨》詩：
“經秋成久涸，液雨亦知時。”

　　有些名類不分季節，亦具時間性。例如“頃雨”，謂頃刻之雨。《後漢書·桓帝紀》：
“頃雨不沾澤，密雲復散。”或爲“頓雨”，即驟然停止或停頓的急雨。元范梈《風止聞鵲》
詩：“荒山遠水放輕舠，頓雨顛風戒弊袍。”又“試雨”，剛剛下的雨。清王夫之《新梅》
詩：“試雨禁風始出胎，根苗忘盡舊亭臺。”

　　表達時間名類的久雨概念，史書中多有記載。例如“騎月雨”“彌月雨”“經月雨”“連
月雨”“連三日夜雨”“連七晝夜雨”“連十七日雨”“彌旬雨”“浹旬雨”“積四旬雨”“連
五旬雨”“百日雨”等；其中有些爲具體雨象，不屬於抽象概念，本卷不收入考證。下列
一些具有時間性的抽象久雨概念，如“霖澍”“霪潦”“癡雨”“積雨”“久雨”“恒雨”“連
雨”“連霂”“霞潦”“霖潦”等。久雨常常導致河渠泛濫，形成各種次生災害，故本卷將
其放在災雨類型中一并考證。

　　關於不同空間中的雨，古已有大量表述詞語。例如“山雨”“巖雨”，皆爲山上之雨。
唐許渾《咸陽城東樓》詩：“溪雲初起日沉閣，山雨欲來風滿樓。”又“溜”“簷溜”“溜
雨”，即從屋簷溝流下的雨水。宋王之道《秋日喜雨題周材老壁》詩：“大旱彌千里，群心
迫望霓。簷聲聞夜溜，山氣見朝隮。處暑餘三日，高原滿一犁。”又“蜀雨”“魯雨”“楚
雨”等，指某區域之雨。唐杜甫《雨》詩之四：“楚雨石苔滋，京華消息遲。”又“蛋雨”，
海面上下的雨珠往往較大，故誇張稱之爲蛋雨。梁啓超《記東俠》：“其在島也，小屋一
間，鹹風蛋雨，雖丈夫所不耐。”

## 時　雨

### 朝雨

　　早晨之雨。晋阮籍《咏懷詩十三首》其
十三：“晨風掃塵，朝雨灑路。”唐王維《送元
二使安西》詩：“渭城朝雨浥輕塵，客舍青青柳
色新。”唐歸仁《題賈島吟詩臺》詩：“天悲朝
雨色，嶽哭夜猿聲。”宋晁補之《出城三首（視
邵伯埭新堤）》其二：“蜀岡朝雨如輕霧，不見
春江草外山。”金劉迎《樓前曲》詩：“灞橋過
客夕陽遠，渭城行人朝雨微。”明丁鶴年《題落
花芳草白頭翁》詩：“草長連朝雨，花殘一夜
風。”清梁成楠《春柳》詩：“春雲人渭北，朝
雨客關西。”

【晨雨】

即朝雨。唐杜甫《晨雨》詩："小雨晨光內，初來葉上聞。"宋晁補之《安陶舟中》詩："依依潤柳侵晨雨，細細吹花傍午風。"元黄清老《招友人》詩："晨雨洗餘花，塵慮日蕭散。"明黄輝《滴水巖二首》其一："晨雨洗秋碧，千峰寒古苔。"清鄭珍《六月二十晨雨大降》詩："望雨終宵三四起，雨來侵曉却安眠。"

【曉雨】

即朝雨。唐李端《送宋校書赴宣州幕》："夜潮衝老樹，曉雨破輕蘋。"宋張耒《夢中作》詩："山行逢曉雨，客褲濺寒泥。"元傅若金《送觀至能赴廣西憲司經歷》詩："三湘曉雨開衡嶽，百粵春深接桂林。"明謝廷柱《九月六日早發新化》詩："曉雨送薄寒，碧嶂回秋容。"清王庭《曉雨》詩："空庭生秋陰，莓苔長寒色。"

【寅時雨】

指寅時下雨，卯時打雷，先雨後雷，主大雨。按，寅時，指凌晨三點到五點時段。明馮應京《月令廣義》："雷占：未雨先雷，船去步來。不怕寅時雨，只怕卯時雷。"明黄道周《三易洞璣》卷二："是日，甲子寅時雨畢，自辰至戌，凡得七數，以黄鍾子宫逆數之。"清玄燁《御製詩集》卷三五："寅時微雨飄灑，漸次稠密，計入土二寸。"

**晚雨**

指傍晚之雨。南北朝劉孝威《和皇太子春林晚雨詩》："雲樹交爲密，雨日共成虹。"南唐李煜《九月十日偶書》詩："晚雨秋陰酒乍醒，感時心緒杳難平。"宋王沂孫《聲聲慢·啼螿門靜》詞："一枕新凉，西窗晚雨疏疏。"元黄鎮成《晚晴書事》詩："白鶴樓西晚雨凉，欲晴山氣遠蒼蒼。"明林光《過臨清總鎮中貴朱公盛席留款至夜三鼓禮意不倦時陪林蘇州何徽州二郡守》詩："霏微晚雨還留醉，紅燭叢花剪夜分。"清甘運瀚《山城》詩："濕雲閑晚雨，落葉釀深秋。"

【暮雨】

即晚雨。南北朝周弘正《看新婚》詩："帶啼疑暮雨，含笑似朝霞。"南北朝釋惠標《咏山三首》其二："紫巖無暮雨，何時送故夫。"唐武元衡《夏日對雨寄朱放拾遺》詩："遠山依枕見，暮雨閉門愁。"宋王沂孫《綺羅香·前題》詞："疏枝頻撼暮雨，俏得西風幾度，舞衣吹斷。"元錢樞《香奩八咏·玉煩啼痕》詞："小環欲解人憔悴，笑指梨花暮雨中。"明李延興《舟次松陵》詩："斷帆衝暮雨，短笛咽秋風。"清吳偉業《讀史雜感》詩其八："極目蕪城遠，滄江暮雨深。"

【黄昏雨】

即晚雨。唐崔塗《感花》詩："東風一陣黄昏雨，又到繁華夢覺時。"唐李商隱《楚吟》詩："楚天長短黄昏雨，宋玉無愁亦自愁。"宋楊冠卿《菩薩蠻》詞其三："碧波溪上路。幾陣黄昏雨。"元劉因《即事》詩："過門幾點黄昏雨，分與蟲聲半雲秋。"明藍智《寄余員外從善》詩："空山落葉黄昏雨，深谷幽人白石歌。"清楊爕生《踏莎行·檇李道中》詞："枯荷小鴨獵殘香，一枝藤謝黄昏雨。"

【神女雨】

即晚雨。先秦宋玉《高唐賦》："昔者先王嘗游高唐，息而晝寢，夢見一婦人，曰：'妾，巫山之女也，爲高唐之客。聞君游高唐，願薦枕席。'王因幸之。去而辭曰：'妾在巫山之陽，高山之阻。且爲朝雲，暮爲行雨；朝朝暮暮，陽臺之下。'"後因以"神女雨"指暮雨。唐杜甫《天池》詩之二："飄零神女雨，斷續楚王風。"宋洪芻《宴城上亭呈閻道》詩："密坐已霑神女雨，歸軒更借阿香雷。"元方回《病後夏初雜書近況十首》詩其三："魂夢不迷神女雨，形容欲似老人星。"明王廷陳《江上言懷四首》詩其二："山懸神女雨，江進楚王風。"清吳淇《舟次湖南》詩："薄暮猶沾神女雨，垂邊漸見老人星。"

## 宿雨

經夜之雨。南朝陳江總《詒孔中丞奐》詩："初晴原野開，宿雨潤條枚。"唐李端《茂陵山行陪韋金部》詩："宿雨朝來歇，空山秋氣清。"宋周邦彥《蘇幕遮》詞："葉上初陽乾宿雨，水面清圓，一一風荷舉。"元朱德潤《次方叔淵先生自趙屯歸城中韵》詩："宿雨起新漲，蒹葭没秋水。"明吳本泰《西湖竹枝詞》："宿雨半收晴不穩，惱人最是鵓鳩喚。"清傅平治《早發》詩："微寒秋倍爽，宿雨一帆收。"

### 【睡雨】

即宿雨。唐杜牧《許七侍御棄官東歸寄贈十韵》詩："睡雨高梧密，某燈小閣虛。"宋辛棄疾《滿江紅》其五："睡雨海棠猶倚醉，舞風楊柳難成曲。"元張雨《木蘭花慢·和馬昂夫》詞："想桐君山水，正睡雨，聽淋浪。"

### 【夜雨】

即宿雨。馬王堆一號漢墓帛書《黃帝四經》："甘露下降，行人讓路，犬無吠聲，稻生雙穗，夜雨晝晴。"南朝梁何遜《從鎮江州與游故別》詩："夜雨滴空階，曉燈暗離室。"宋朱淑真《春日感懷》詩："惜花嫌夜雨，多病怯

夜　雨
（元張遠《瀟湘夜雨》局部）

東風。"《綠牡丹》第四四回："破屋又遭連夜雨，行船偏遇頂頭風。"清徐枕亞《蘭閨恨》第二一回："水碧艤舟，晴雯一抹之痕，夜雨三篙之漲。"

## 春雨

春天所降之雨。南方降水量較多，北方較少。《莊子·外物》："春雨日時，草木怒生。"南朝梁蕭綱《京洛篇》詩："秋霜曉驅雁，春雨暮成虹。"唐方干《水墨松石》詩："垂地寒雲吞大漠，過江春雨入全吳。"《新唐書·五行志》："〔貞元十年〕春雨至閏四月，間止不過一二日。"《宋會要輯稿·方域》二："〔隆興元年〕十二月，臨安府陳輝言，本府車駕駐蹕之地，其周回禁城因春雨連綿，舊城多圮。"宋朱淑真《元夜遇雨》詩："煙火笙歌是處休，沉沉春雨暗皇州。"明劉基《春雨》詩："春雨和風細細來，園林取次發枯荄。"崇禎《吳縣志》卷一一："〔正德五年〕舊水未消，春雨連注。五

芳春雨霽
（宋馬麟《芳春雨霽圖》局部）

月，霪潦三旬。六月大風，決田園，水及樹杪，浮屍積骸，塞途蔽川。秋大疫。歲凶。"光緒《龍南縣志》卷四："〔正德十三年〕春雨，城圮二十餘丈。"嘉慶《臨武縣志》卷四一："〔宣德七年〕春雨淋霪。入夏不雨，自蒲節後，亢旱愈甚，穜稑之傷害不少。"

【青雨】

按五行説，木屬東方，屬青，屬春，故特以青雨指春雨。唐裴説《春早寄華下同人》詩："岳面懸青雨，河心走濁冰。"宋周密《一棹》詩："竹密懸青雨，溪虛漲白煙。"元李孝光《鄱江寺擁翠樓》詩："未放白雲分榻前，愛看青雨映簾懸。"明夏完淳《寒泛賦》："迷青雨於荒洲，斷黃雲於古渡。"清通復《答倦圃夏日見懷》詩："曉色開青雨，新凉到綠蘿。"

【華雨】

花盛季節所降之雨。華，同"花"。唐皎然《酬烏程楊明府華雨後小亭對月見呈》詩："夜凉喜無訟，霽色搖閑情。"唐居遁《偈頌并序》詩其六十："空生體得巖中坐，華雨由來責見遲。"前蜀貫休《春山》詩："重疊太古色，濛濛華雨時。"宋吳惟信《贈廣淳破衣》詩其二："定起石臺華雨冷，滿山松籟月中聞。"元張雨《仙興》詩："華雨掃塵鶯帯濕，島雲承襪屧樓昏。"明張元凱《花朝玄墓僧房對雪漫呈山甫》詩："初地慈雲合，諸天華雨來。"清黃燮清《齊天樂》詞："蒼崖落盡松華雨，秋痕乍添幽草。"

【催花雨】

即春雨。春雨促使百花開放，故名。宋佚名《失調名》詞："夜來一陣催花雨。"宋李清照《點絳唇·閨思》詞："惜春春去，幾點催花

雨。"元華幼武《次韵曲林春雪》詩："夜深錯認催花雨，夢覺驚聞折竹聲。"明王微《搗練子》詞："夢中猶癤惜花心，醒來又聽催花雨。"清何慧生《采桑子》詞："夜來幾陣催花雨，滴盡春愁。"

【杏花雨】

省稱"杏雨"。杏花盛開時所降之雨。亦喻杏花飄落之態。唐潘佑《失題》詩："誰家舊宅春無主，深院簾垂杏花雨。"宋僧志南《絶句》："沾衣欲濕杏花雨，吹面不寒楊柳風。"宋蘇軾《墨花》詩："蓮風盡傾倒，杏雨半披殘。"元張可久《金字經·偕李溉之泛湖》曲："杏雨沾羅袖，柳雲迷畫船。"元陳元靚《歲時廣記》卷一：《提要録》：杏花開時，正值清明前後，必有雨也，謂之杏花雨。"明許自昌《水滸記·冥感》："慕虹霓盟心，蹉跎杏雨梨雲，致蜂愁蝶昏。"清王士禄《一叢花·用張子野韵》詞："香來略似垂絲柳，更拖煙、杏雨濛濛。"

【杏雨】

"杏花雨"的省稱。此稱宋代已行用。見該文。

【桃花雨】

亦稱"桃花帯雨""桃雨"。桃花盛開時節之雨。亦喻桃花飄落之態。唐陸龜蒙《和襲美臘後送内大德從勗游天台》詩："銅鉼净貯桃花雨，金策閑搖麥穗風。"唐李白《訪戴天山道士不遇》詩："犬吠水聲中，桃花帯雨濃。"宋張孝忠《鷓鴣天》詞："多應没個藏嬌處，滿鏡桃花帯雨紅。"宋王庭圭《春日携頓子同劉養正教授游净國寺至李家園》詩："柳絲搖嫩綠，桃雨落輕紅。"元朱德潤《三月十八日卧病感懷》詩："流水點紅桃雨霽，長林迸緑笋芽肥。"明

蔡昶《都門春日寄友》詩：“桃花帶雨垂枝重，柳色籠煙隔岸多。”清馮景《題孫霜瞻公子垂釣圖》詩：“桃花雨漲肥鱖魚，人言此味踰花猪。”

## 【桃花帶雨】

即桃花雨。此稱唐代已行用。見該文。

## 【桃雨】

“桃花雨”的省稱。此稱宋代已行用。見該文。

## 【梨花雨】

亦稱“梨花帶雨”。春天梨花盛開時下的雨。亦喻梨花飄落之態。唐韋莊《清平樂》詞其五：“瑣窗春暮，滿地梨花雨。”宋佚名《伊州曲》詞：“遥謝君意。淚流瓊臉，梨花帶雨，仿佛霓裳初試。”按，白居易有“梨花一枝春帶雨”的詩句。宋孫光憲《虞美人》詞：“紅窗寂寂無人語，暗淡梨花雨。”元虞集《答錢翼之》詩：“閉門三月梨花雨，遍寫千林柿葉霜。”明王誼《春思》詩：“年年三月梨花雨，門掩東風燕子雙。”清鈕琇《觚賸續編·棉村麗句》：“重門夜静梨花雨，孤館春寒柳絮風。”

## 【梨花帶雨】

即梨花雨。此稱唐代已行用。見該文。

## 【榆莢雨】

榆樹結莢時節下的雨，時當農曆三月。宋李昉等《太平御覽》卷九五六引漢《氾勝之書》：“三月榆莢雨時，高地强土，可種禾。”宋余靖《暮春》詩：“農家榆莢雨，江國鯉魚風。”元王艮《黃河道中》詩：“雲暗春城榆莢雨，浪翻沙岸鯉魚風。”明張家珍《偶出江干別業遺址》詩：“遠浦帆摇榆莢雨，晚墟樓蕩酒旗風。”清梁清標《蘇幕遮·寒食》詞：“杏花煙，榆莢雨，綠映平橋，又見春如許。”

## 【雨月額】

亦稱“月額雨”，亦稱“旦日雨”。農曆月初清晨的一陣小雨，俗以爲乾旱之徵兆。南朝梁元帝《金樓子·自序》：“有人云：諺曰‘雨月額，千里赤’，蓋旱之徵也。”宋葉廷珪《海錄碎事》卷一引《金樓子》曰：“旦日雨，謂之雨月額。”元張翥《四月旦日雨中送春》詩：“白纓蚯蚓歌幽草，赤幘蚍蜉穴古槐。”明袁宏道《新買得畫舫將以爲庵因作舟居》詩其八：“縱小也妨月額雨，雖暄不用卯頭風。”清陳元龍《格致鏡原》卷四：“《金樓子》：月旦日雨爲月額雨。”

## 【月額雨】

即雨月額。此稱宋代已行用。見該文。

## 【旦日雨】

即雨月額。此稱宋代已行用。見該文。

## 【潑火雨】

省稱“潑火”。舊俗寒食節（清明節前一二日爲寒食節）禁火，清明節時所下之雨，稱“潑火雨”。唐唐彦謙《上巳》詩：“微微潑火雨，草草踏青人。”唐王建《宮詞》之五七：“東風潑火雨新休，舁盡春泥掃雪溝。”宋毛开《滿江紅》詞：“潑火初收，鞦韆外，輕煙漠漠。”金王寂《步月中庭》詩：“晚來潑火雨猶寒，卷盡纖雲轉玉盤。”明陶宗儀《説郛》卷四八引宋侯延慶《退齋雅聞錄》：“河朔人謂清明雨爲潑火雨，立夏爲隔轍雨。”清杭世駿《沙口守潮》詩：“潑火微微雨，推篷静候潮。”

## 【潑火】

“潑火雨”之省稱。此稱宋代已行用。見該文。

## 【清明雨】

清明節時所下之雨。唐馮延巳《蝶戀花》

詞其五：“滿眼遊絲兼落絮，紅杏開時，一霎清明雨。”宋趙令時《蝶戀花・欲減羅衣寒未去》詞：“紅杏枝頭花幾許？啼痕止恨清明雨。”元葉森《蝶戀花・西湖感舊》詞：“寂寞而今芳草路，年年綠遍清明雨。”明張寧《畫景》詩：“清明雨歇草萋萋，桑葉初團柳未齊。”清華侗《蘇幕遮・桃花》詞：“楊柳絲絲相閑處，囑咐東風，莫遣清明雨。”

## 夏雨

夏天所降之雨。降水最多的季節，對流雨和鋒面雨較多，主要受夏季風影響所致。漢樂府《上邪》詩：“江水爲竭，冬雷震震，夏雨雪。”唐楊師道《賦終南山用風字韻應詔》詩：“白雲飛夏雨，碧嶺橫春虹。”宋朱淑真《夏雨生涼三首》其一：“烈日如焚正蘊隆，黑雲載雨瀉長空。”元錢惟善《晚雨過白塔》詩：“夏雨染成千樹綠，暮嵐散作一江煙。”明貝瓊《次韻張希載雨中書懷》詩：“夏雨盈百川，高岸復深谷。”清陳學洙《憂旱謠》：“去年夏雨，淫淫不息。今年無雨，赤日如炙。”

### 【荷花雨】

荷花盛開時所降之雨，時值農曆六月。宋王之道《次韵袁望回見贈兼簡楊德潤》詩：“長堤十里荷花雨，隱約塵頭南去路。”元白樸《梧桐雨》第四折：“荷花雨翠蓋翩翩，豆花雨綠葉

欲雨人歸舍
（五代董源《夏山欲雨圖卷》局部）

瀟條。”明林大欽《幽意》詩：“五月荷花雨，陰晴屢不分。”《石渠寶笈》卷四一：“池水秋來净，荷花雨後新。”

### 【虹雨】

指夏日的陣雨。乍雨乍晴，雨後常見彩虹，故稱。宋周邦彥《過秦樓・夜景》詞：“梅風地溽，虹雨苔滋，一架舞紅都變。”元張可久《登卧龍山》曲：“半天虹雨殘雲載，幾家漁網斜陽曬。”明王世貞《爲劉侍御題清舉樓》詩：“習習蘭芝繚户牖，紛紛虹雨挂闌干。”清祁雋藻《馬首農言》：“東虹忽雷西虹雨，南虹下大雨，北虹賣兒女。”

### 【暑雨】

夏天小暑、大暑時節所降之雨；盛夏之雨。《書・君牙》：“夏暑雨，小民惟曰怨諮。”南朝宋鮑照《芙蓉賦》：“當融風之暄盪，承暑雨之平渥。”《宋書・自序》：“方涉暑雨，多有死病。”唐元稹《咏廿四氣・芒種五月節》詩：“渌沼蓮花放，炎風暑雨情。”宋彭汝礪《試諸葛生筆因書所懷寄諸弟》詩其十七：“春風百花落，暑雨數苞開。”元宋褧《天台道人歌（贈項子虛）》詩：“共談南土風物輒歡笑京衢，風沙暑雨亦復不厭能留連。”《大名縣志》卷二七：“夏，暑雨爲沴。”

### 【炎雨】

指盛夏之雨。宋范浚《香溪集》：“其或陰陽失和，炎雨愆節，以水以旱，而穀粟不登。”明何景明《田園雜詩》之二：“炎雨回衆壑，涼飆起脩畛。”元吴克恭《分題詩序》：“炎雨既霽，涼陰如秋。”清彭孫通《維揚客舍送雲客兄北上予時亦有南越之行》詩：“湖水平堤炎雨歇，風吹楊柳棹歌發。”

## 【麥雨】

麥子將熟時所下之雨。南朝梁簡文帝《餞臨海太守劉孝儀蜀郡太守劉孝勝》詩："凉風繞輕幕，麥雨交新溜。"唐王勃《采蓮賦》："麥雨微凉，梅飆淺燠。"五代齊己《新燕》詩："遠采江泥膩，雙飛麥雨勻。"宋范成大《丁酉正月二日東郊故事》詩："麥雨一犁隨處綠，柳煙千縷幾時青。"明林光《與楊居敬大尹叙別》詩："閘水正添催麥雨，酒杯頻送熟梅天。"清儲右文《春去也》詩："一朝枝上杜鵑啼，麥雨葵風春又往。"

## 【伏雨】[1]

指三伏期間的所降之雨，有的泛指夏季的雨。唐周賀《城中秋作》詩："寒燈隨故病，伏雨接秋霖。"宋吳潛《喜雨二首》其一："人間祥瑞三伏雨，枕上吟哦終夕凉。"元馬端臨《文獻通考·經籍考》："《游東林寺》：寺寒三伏雨，松偃數朝枝。"明劉若愚《酌中志·內府衙門職掌》："〔紅蘿炭〕如經伏雨久淋，性未過盡，而火氣太熾，多能損人。"清納蘭性德《浣溪沙》詞之二："伏雨朝寒愁不勝，那能還傍杏花行。"

## 【錦雨】

夏日之澍雨。應時利萬物生長之雨。見本書"澍[2]"條目。晋陸機《纂要》："夏樹名連陰，夏雨名錦雨。"明陶宗儀《說郛》卷二三："錦雨，夏澍名。連陰雨名錦雨。"明方以智《通雅》卷一二："陸機《要覽》：夏澍名錦雨。"清楊芳燦《芙蓉山館詞鈔·菩薩蠻》詞："錦雨隔窗紗，夢回聽賣花。"

## 【過雲雨】

省稱"過雨"。五、六月間的小雷陣雨，雨隨雲至，雲過雨止。小範圍對流雲團所致。唐元稹《閑》詩之一："江喧過雲雨，船泊打頭風。"唐劉長卿《尋南溪常山道人隱居》詩："過雨看松色，隨山到水源。"宋葉夢得《避暑錄話》卷下："五六月間，每雷起雲簇，忽然而作，類不過移時，謂之過雲雨，雖二三里間亦不同。"宋王沂孫《齊天樂·蟬》詞："殘虹收盡過雨，晚來頻斷續，都是秋意。"元馬致遠《薦福碑》第三折："過雲雨，可更淋漓辰靄。"元劉秉忠《憶秦娥》詞："海棠過雨愁紅皺。行人駐馬空搔首。"明謝肇淛《五雜俎·天部一》："過雲雨，打頭風，皆俚語也。"明葉顒《江村過雨》詩："溪聲連野色，漁唱伴樵謳。"清屈大均《春日沙亭作》其一："北灑過雲雨，南吹作霧風。"清陳恭尹《送陳人白王間溪歸瓊州》詩："檳榔過雨垂空地，玳瑁乘潮上古城。"

## 【過雨】

"過雲雨"之省稱。此稱唐代已行用。見該文。

過雲將雨景致
（明劉珏《夏雲欲雨圖》局部）

## 【三時雨】

六月所降之雨，一天有三個時辰下雨。南北朝梁宗懍《荊楚歲時記》："六月必有三時雨，田家以爲甘澤。"唐吳融《奉和御製六韵》："恩洽三時雨，歡騰萬歲雷。"宋李昉等《太平御覽》："今呼五月三時雨，亦爲留客雨。"元于立《湖光山色樓口占四首》其三："秧地已是三時雨，草閣風生五月涼。"明張名由《吉貝辭》詩："九夏攘鋤出，三時雨露新。"清黃永《漁家傲·本意》詞："六尺孤篷搖淥水，青蓑慣沐三時雨，急浪惊風全不理。"

## 【留客雨】

雨不止，客難歸。多爲夏季三時雨，抑或指其他季節的持續降水。唐賈島《皇甫主簿期游山不及赴》詩："集蟬苔樹僻，留客雨堂空。"宋李昂英《武夷觀》詩："雨意偏留客，杯茶定宿緣。"元何景福《暮春王茂叔相過》詩："四簷留客雨，一徑落花風。"明張琦《希齋晚逸》詩其二："割鷄留客雨，賣藥出門晴。"清費湛《偶作》詩："依舊晚來留客雨，孤篷聽得是離聲。"

## 【牛脊雨】

亦稱"雨分牛脊""雨隨牛脊"。夏季降雨，似牛脊中分爲界，晴雨各异，故名。明盧熊《舟泛吳淞江》詩："雨分牛脊近，雲隔馬鞍遙。"清厲荃《事物异名錄·乾象·雨》："黃炳文詞：'六月天分牛脊雨。'"清董穀士等《古今類傳》："雨隨牛脊綠，雲轉山腰齊。"

## 【雨分牛脊】

即牛脊雨。此稱明代已行用。見該文。

## 【雨隨牛脊】

即牛脊雨。此稱清代已行用。見該文。

# 黃梅雨

亦稱"梅黃雨"。江淮夏初梅子黃熟時的雨。每年五六月份由於南北冷暖氣流準静止鋒作用，形成江淮一帶持續時間較長的陰雨天。隋楊廣《江都夏》詩："黃梅雨細麥秋輕，楓葉蕭蕭江水平。"唐杜甫《多病執熱奉懷李尚書》詩："思霑道渴黃梅雨，敢望宮恩玉井冰。"宋陸游《夏日》詩之二："新泥滿路梅黃雨，古木號山月暈風。"元陳元靚《歲時廣記·夏·黃梅雨》："《風土記》：'夏至雨名黃梅雨，沾衣服皆敗黦。'《四時纂要》：'梅熟而雨曰'梅雨'。'"明唐桂芳《送權伯文劉仲脩二公赴金陵》其二："今年未聽黃梅雨，水落橋頭一丈深。"清吳登鴻《重寄彭蘭沼》詩："湘江一棹黃梅雨，遲汝旗亭畫壁中。"

## 【梅黃雨】

即黃梅雨。此稱宋代已行用。見該文。

## 【梅雨】

亦作"黴雨"。每年五六月份江淮夏初梅子黃熟時的降雨。按，黴同"霉"，因連陰雨，器物易發黴變黑，故稱。即黃梅雨。漢應劭《風俗通》："五月有落梅風，江淮以爲信風。又有霖霪，號爲梅雨，沾衣服皆敗黦。"晋周處《風土記》："梅熟時雨，謂之梅雨。"唐李世民《咏雨》詩其二："和氣吹綠野，梅雨灑方田。"宋莊綽《鷄肋編》卷中："二浙四時皆無巨風，春多大雷雨，霖霪不已，至夏爲梅雨，相繼爲洗梅。"元張弘範《梅雨》詩："儘教燕子衝春去，半濕紗窗睡正昏。"明李時珍《本草綱目·雨水》："梅雨或作黴雨，言其沾衣及物，皆生黑黴也。"清王夫之《同唐須竹游馭閣巖（己酉）》詩："昨日初收梅雨天，青空四幕碧光圓。"

【黴雨】

同"梅雨"。此體明代已行用。見該文。

【梅霖】

每年五六月份江淮夏初梅子黃熟時的降雨。《唐大詔令集》："陟於梅霖，掌我金穀。"宋沈遼《開窗》詩："齋居病紓鬱，況復當梅霖。"元龔璛《吳儂行》："吳儂畏雨如畏虎，不道梅霖是時雨。"明陶安《喜雨爲靳太守作》詩："仲夏梅霖少，人情苦蘊隆。"清弘曆《微雨（五月望日）》詩："爲因收麥候，却恐作梅霖。"

【迎梅雨】

省稱"迎梅"。江南三月梅子初成，其時雨曰"迎梅雨"。北周庾信《奉和夏日應令》："黃梅先時爲迎梅雨，及時爲梅雨，後之爲送梅雨，二語皆爲五月夏至之節也。"宋陳景沂《全芳備祖集》引漢應劭《風俗通》曰："江以南三月雨謂之迎梅，五月雨謂之送梅。"宋陸游《苦雨》詩："儘道迎梅雨，能無一日晴。"明李時珍《本草綱目·水部》："又以三月爲迎梅雨。"明屠僑《五月梅雨》詩："纔見迎梅又送梅，榴花五月雨中開。"清厲鶚《喜遷鶯·初夏》詞："聽迎梅雨點，敲簷初緊。"《御定月令輯要》："早雨謂之迎梅雨。"又云："迎梅一寸送梅一尺。"

【迎梅】

"迎梅雨"之省稱。此稱南北朝時期已行用。見該文。

【洗梅】

梅雨後所降之雨。宋莊綽《雞肋編》卷中："二浙四時皆無巨風，春多大雷雨，霖霪不已，至夏爲梅雨，相繼爲洗梅。"

【送梅雨】

省稱"送梅"。江南五月梅子成熟欲落，雨若送梅，故稱。北周庾信《奉和夏日應令》："黃梅先時爲迎梅雨，及時爲梅雨，後之爲送梅雨，二語皆爲五月夏至之節也。"唐皮日休《夏景無事因懷章來二上人二首》其一："澹景微陰正送梅，幽人逃暑癭楠杯。"宋陳景沂《全芳備祖集》引漢應劭《風俗通》曰："江以南三月雨謂之迎梅，五月雨謂之送梅。"明李時珍《本草綱目·水部》："三月爲迎梅雨，五月爲送梅雨，此皆濕熱之氣。"明屠僑《五月梅雨》詩："纔見迎梅又送梅，榴花五月雨中開。"《御定佩文齋廣群芳譜》卷四："五月有霖靈號爲梅雨，沾衣皆敗，謂之送梅雨。"清鄒卿森《初夏鄉居》詩："四月陰成已送梅，野人相見喜深杯。"

【送梅】

"送梅雨"之省稱。此稱漢代已行用。見該文。

【啞黃梅】

無雷聲之梅雨。民國《浙江通志》卷九九："無雷，謂之啞黃梅。"

【斷梅】

雜有雷聲之梅雨。或有梅雨將斷，天氣放晴之意。宋陸游《歸興》詩："輕雷輕梳斷梅初，殘籜縱橫過笋餘。"自注："鄉間謂梅雨有雷爲斷梅。"宋葉茵《霉後》詩："半日斷梅雨，兩山生火雲。"宋曹勛《斷梅》三首之一："晚雲翻海忽雷震，農說斷梅明日晴。"

## 秋雨

秋天所降之雨。多爲冷空氣南下形成的鋒面雨。《禮記·月令》："仲秋行春令，則秋雨不降，草木生榮，國乃有恐。"《史記·天官書》：

秋雨溪漲的景象
（清惲壽平《秋雨煙巒》局部）

"春風秋雨，冬寒夏暑，動搖常以此。"南朝梁劉孝綽《秋雨臥疾》詩："寂寂桑榆晚，滂沱曀不晞。"唐王維《答裴迪輞口遇雨憶終南山之作》詩："淼淼寒流廣，蒼蒼秋雨晦。"五代李珣《酒泉子·秋雨連綿》詞："秋雨連綿，聲散敗荷叢裏，那堪深夜枕前聽。酒初醒。"宋楊萬里《秋雨嘆十解》其三："蕉葉半黄荷葉碧，兩家秋雨一家聲。"金劉昂《山中雨》詩："嵩高山下逢秋雨，破傘遮頭過野橋。"明藍智《丹陽縣道中》詩："絶似武夷秋雨後，野橋流水稻花香。"清錢謙益《客塗有懷吳中故人六首·王同知孟夙》詩："蓮葉漏殘秋雨後，菊花香澹夜禪初。"

【秋霖】

秋天所降之雨，降雨時間較長。先秦宋玉《九辯》："皇天淫溢而秋霖兮，后土何時而得乾！"《管子·度地》："冬作土功，發地藏，則夏多暴雨，秋霖不止。"唐盧照鄰《秋霖賦》："覽萬物兮，竊獨悲此秋霖。"宋夏竦《秋日送人西上》詩："南國秋霖後，斜陽樹影疏。"元葉蘭《田家謡》詩："田疇得秋霖，落雨如落

金。"明張内蘊、周大韶《三吳水考》："蘇松又居常鎮下流，其水易瀦而難泄，蓋導河濬浦引注於江海，而每遇秋霖，則河之水逆行田間。"清蔣廷錫等《古今圖書集成·明倫彙編·皇極典·帝紀部》："河間、河南、陝西十二郡春旱、秋霖，民饑，免其租之半。"

【涼雨】

秋涼時節的雨。《黄帝内經·素問》："涼雨時降，風雲並興，草木晚榮，蒼乾凋落。"南朝齊謝朓《出下館》詩："麥候始清和，涼雨銷炎燠。"唐上官儀《五言奉和行經破薛舉戰地應詔》詩："毒涇晦涼雨，塞井蔽荒蕪。"宋朱淑真《秋夜聞雨三首》之一："似箭撩風傳帳幕，如傾涼雨咽更籌。"元蒲道源《偶書》詩："晚雲兼去鶴，涼雨静鳴蟬。"明胡奎《得雨》詩："夜聞蕉葉聲，秋至得涼雨。"清梁清標《南柯子》詞其一："涼雨飛簷急，寒螿泣露多。"

【槐雨】

盛夏或初秋槐樹茂盛，雨落槐上，頗有情致，故稱槐雨。唐白居易《寄元九》詩："蕙風晚香盡，槐雨餘花落。"宋吳文英《惜秋華·七夕前一日送人歸鹽官》詞："緑水暫如許。奈南墻冷落，竹煙槐雨。"元韓奕《好事近》詞："柳煙槐雨連門巷，要做緑陰模樣。"明謝榛《秋雨宿榷店驛有感》詩："夜涼槐雨滴，月暗草蟲吟。"清王廣心《大梁行送林平子》詩："燕山四月槐雨涼，酒徒擊筑官道旁。"

【豆花雨】

俗稱農曆八月所降之雨，時豆花正盛，故名。南朝梁宗懍《荆楚歲時記》："八月雨，謂之豆花雨。"宋羅願《爾雅翼》卷一："大豆以二月中旬種者爲上時，至三四月則費子。小豆

以五月爲上時，上伏、中伏次之，蓋秋而成，故八月之雨謂之豆花雨。"宋吳元可《鳳凰臺上憶吹簫·秋意》詞："更不成愁，何曾是醉，豆花雨後輕陰。"元白樸《梧桐雨》第四折："杏花雨紅濕闌干，梨花雨玉容寂寞，荷花雨翠蓋翩翩，豆花雨綠葉蕭條。"明丘遂《江上雜詩》："漁師不避豆花雨，翻脱蓑衣覆酒瓶。"清吳烺《秋夜烏龍潭上作》詩："豆花雨過石頭城，蠟屐還來勝地游。"

### 【芭蕉雨】

芭蕉茂盛時所降之雨，時當秋天。唐皮日休《鴛鴦二首》其二："煙濃共拂芭蕉雨，浪細雙游菡苕風。"宋楊萬里《芭蕉雨》詩："芭蕉得雨便欣然，終夜作聲清更妍。"宋朱淑真《秋夜聞雨三首》其三："鳴窗夜聽芭蕉雨，一葉中藏萬斛愁。"元段克己《花木八咏·芭蕉雨》詩："寂寞綠窗深夜雨，傷心不獨有梧桐。"明朱無瑕《芭蕉雨》詩："滴破愁中夢，聽殘葉上聲。"清梁清標《秋波媚·夏夜》詞："昨宵幾陣芭蕉雨，苔影上衣青。"

### 【松雨】

水降松林，稱爲松雨，時當秋天。唐白居易《湖亭晚歸》詩："松雨飄藤帽，江風透葛衣。"唐皇甫松《浪淘沙》詞之二："蠻歌豆蔻北人愁，松雨蒲風野艇秋。"宋王隨詩殘句："數里竹溪藏野色，一軒松雨戰秋聲。"元薩都剌《鍾山遇風雨》詩其二："山風吹馬倒，松雨滴花寒。"明孫一元《石亭》詩："蒼蒼松雨墮，冉冉島雲生。"清歐陽輅《留題李中丞湖上山莊》詩："長廊午寂聽松雨，小閣新凉坐竹風。"

### 【解霜雨】

蕎麥結實時所降之雨。宋朱弁《曲洧舊聞》卷三："蕎麥，葉青、花白、莖赤、子黑、根黃，亦具五方之色。然方結實時最畏霜。此時得雨，則於結實尤宜，且不成霜，農家呼爲解霜雨。"

### 【黃雀雨】

農曆九月之雨。唐馮著《燕銜泥》詩："雨多屋漏泥土落，爾莫厭老翁茅屋低，梁頭作窠梁下栖。"宋沈説《溪樓》詩："稻花黃雀雨，山影白鷗波。"宋陳元靚《歲時廣記》卷三："《提要録》：九月雨爲黃雀雨。羅鄂州詞云：九月江南秋色，黃雀雨，鯉魚風。"明李一楫《月令采奇》："雨曰黃雀雨，愁雨。"清彭孫貽《禾水旅懷用七弟正仲韵》詩："秋陰黃雀雨，暝色白蘋煙。"

## 冬雨

冬天所降之雨。南方冬季平均氣溫在零度以上，以降雨爲主，多與寒潮侵入形成的冷鋒有關。漢《氾勝之書》："冬雨雪，止以輒藺麥上，掩其雪，勿使從風飛去。"《漢書·元帝紀》："冬十一月，詔曰："乃者己丑地動，中冬雨水，大霧，盜賊並起。"漢劉歆《西京雜記》："敞曰：冬雨必暖，夏雨必涼，何也？曰：冬氣多寒，陽氣自上躋，故人得其暖，而上蒸成雪矣；夏氣多暖，陰氣自下升，故人得其凉，而上蒸成雨矣。"《南齊書》卷一九："京房《易》曰："冬雨，天下饑。春雨，有小兵。"唐李紳《渡西陵十六韵》詩："下車占黍稷，冬雨害粢盛。"宋蘇轍《寒雨》詩："江南殊氣候，冬雨作春寒。"元曹伯啓《清平樂·寄徐都司》詞："旅舍淙淙冬雨惡，怎地觚籌交錯。"明李一楫《月令采奇》："春雨人無食。夏雨馬無食。秋雨牛無食。冬雨鳥無食。"清雷豐《時病論》："惟其春雨瀟瀟，夏雨淋淋，秋雨霏霏，冬雨紛紛，人感之者，皆爲濕病。”

【液雨】

亦稱“藥雨”。舊俗以立冬後十日爲入液，小雪爲出液，其間所降之雨謂“液雨”。古以爲百蟲飲此而藏蟄，如飲藥，故又名藥雨。宋陳元靚《歲時廣記》卷四引《瑣事錄》曰：“閩俗立冬後過十日，謂之入液，至小雪出液，得雨謂之液雨，無雨則主來年旱。諺云：液雨不流籮，高田不要作。又謂之藥雨，百蟲飲此水而蟄。”宋吳自牧《夢粱錄·十月》：“月中雨，謂之液雨，百蟲飲此水而藏蟄。”宋顧禧《小春詞》詩：“芙蓉子夜卸穠妝，藥雨紛糅瓊飲急。”清厲鶚《雨》詩：“經秋成久涸，液雨亦知時。”清曾廣鈞《題龔懷西邃莊第一圖》詩：“寶佩春翔紅藥雨，錦題香襲素蘭風。”

【藥雨】

即液雨。此稱宋代已行用。見該文。

【雨夾雪】

亦稱“雨汁”“雪夾雨”。謂亦雪亦雨。《禮記·月令》：“〔仲冬之月〕行秋令，則天時雨汁，瓜瓝不成。”鄭玄注：“雨汁者，水雪雜下也。”隋闍那崛多《起世經》：“彼大雨汁，洗梵身天一切宮殿。”宋宋自遜《一室》詩：“殘年日易晚，夾雪雨難晴。”宋王安石《得子固書因寄》詩：“苟云禦風氣，尚恐憂雨汁。”元方回《泊赤岸微曉》詩：“俗諺雨夾雪，未易得休息。”明袁凱《夜歸》詩：“黑風漫天天雨汁，海水蕩潏如山立。”明郎瑛《七修類稿》：“雨夾雪：雨者，氣之升而雲之致也；雪者，雨之凝而寒極之致也。其雨雪相雜而下者，雲有高低之故，低成雨而高成雪也。”清屈大均《初正沙亭作》詩其三：“天寒長雨汁，歲旦尚陰陰。”

【雨汁】

即雨夾雪。此稱先秦時期已行用。見該文。

【雪夾雨】

同“雨夾雪”。此稱先秦時期已行用。見該文。

【凍雨】[1]

冰冷之雨。南方冬季或北方深秋和初春時節的降雨。南朝梁劉孝綽《餞張惠紹應令》詩：“鮮雲積上月，凍雨晦初陽。”唐宋璟《梅花賦》：“凍雨晚濕，风露朝滋，又如英皇泣於九疑。”宋蘇軾《游三游洞》詩：“凍雨霏霏半成雪，游人屨凍蒼苔滑。”《宋史·五行志》：“是春雷雪相繼，凍雨彌月。”元袁桷《過揚州憶昔四首》其三：“蕭蕭凍雨濕旌旄，猶著殷紅舊戰袍。”明葉顒《再次張仲文雪中見寄韵》詩：“濕雲冷浸琪花月，凍雨晴飄玉樹風。”清黃景仁《歲暮懷人》詩：“打窗凍雨剪燈風，擁鼻吟殘地火紅。”

【寒雨】

寒冷之雨。《黃帝内經·素問》：“四之氣，寒雨降。”唐無可《賦得望遠山送客歸》詩：“遥山寒雨過，正向暮天橫。”宋蘇軾《冬至日獨游吉祥寺》：“井底微陽回未回，蕭蕭寒雨濕枯荄。”金党懷英《書因叔北軒壁》詩：“獨臥北軒元不寐，竹間寒雨夜琅然。”明汪廣洋《使歙諭番陽》詩：“野碓暝春喧急水，山樵寒雨隔孤煙。”清成鷲《雨中寄羅戒軒》詩：“莫嫌寒雨打孤棚，添得新泉聽不窮。”

【冷雨】

寒凉的雨。唐韓愈《燕河南府秀才》詩：“陰風攬短日，冷雨澀不晴。”宋張元幹《次友人寒食書懷韵》之二：“冷雨吹花作寒食，三杯軟飽且眠休。”宋王沂孫《聲聲慢·高寒户牖》詞：“冷雨斜風，何况獨掩西窗。”金元好問《乙卯十一月往鎮州》詩：“野陰時滉朗，冷雨只飄蕭。”明劉基《蝶戀花》詞：“冷雨凄風昏日晝，庭院幽幽，秋草沿墻秀。”清何延慶《夜静》詩：“夜静疏星落，山深冷雨懸。”

### 【凄雨】

亦稱“凄凄雨”。寒雨，冷雨。唐吴融《憶猿》詩：“静含煙峽凄凄雨，高弄霜天嫋嫋風。”宋蘇軾《送胡掾》詩：“亂葉和凄雨，投空如散絲。”金蕭貢《擬迴文四首》其四：“凄雨晚凉空坐久，淚妝殘暈濕紅腮。”《明憲宗實録》卷二一四：“寒風凄雨，有類秋冬。”清張瓊娘《蝶戀花》（見《西青散記》）詞：“瓶插空枝坐無語，連宵又下凄凄雨。”清張淮《牡丹百咏》詩：“興慶池東誰更賞，冷風凄雨不禁春。”

### 【凄凄雨】

即凄雨。此稱唐代已行用。見該文。

## 甲子雨

甲子日所下之雨。古以爲可兆天時人事。唐佚名《占四時甲子雨》：“春雨甲子，赤地千里。夏雨甲子，乘船入市。秋雨甲子，禾頭生耳。冬雨甲子，牛羊凍死。”唐杜甫《雨》詩：“冥冥甲子雨，已度立春時。”宋范成大《梅雨》詩之四：“千山雲深甲子雨，十日地濕東南風。”元方回《甲子雨》詩：“甲子之雨恐不可，聽彼謡言愁殺我。”明李東陽《重陽甲子雨不赴匏庵自賦一首》詩：“重陽偏遇雨，甲子况逢秋。”清朱彝尊《送喬舍人還寶應》：“今秋甲子雨不絶，小池殘暑風凄凄。”

## 社雨

社日所降之雨。社日，祭祀土神之日，一般在立春、立秋後第五個戊日。唐韋應物《假中對雨》詩：“殘鶯知春淺，社雨報年登。”宋陸游《東軒花時將過感懷》詩：“社雨晴時燕子飛，園林何許覓芳菲。”元劉詵《故里》詩：“午煙山驛静，社雨水村寒。”明唐桂芳《南鄉子·送李仲先遷集慶》詞：“社雨燕交飛。不解行人有别離。”清彭孫貽《青溪》詩：“社雨神弦濕，清歌子夜時。”

### 【社翁雨】

即社雨。唐陸龜蒙《句》詩：“幾點社翁雨，一番花信風。”宋黄庭堅《次韵春游别説道二首》其一：“燕濕社翁雨，鶯啼花信風。”元洪希文《續軒渠集》：“《提要録》：社公、社母不食舊水，故社日有雨，謂之社翁雨。”明李一楫《月令采奇》：“命人祭社，飯曰社飯，酒曰社翁酒，雨曰社翁雨。”清陸求可《雙雙燕》詞：“社翁雨過，正緑水人家，珠簾高卷。”

### 【社公雨】

即社雨。宋寇準《點絳唇》詞：“水陌輕寒，社公雨足東風慢。”宋釋惠洪《冷齋夜話》：“一霎社公雨，數番花信風。”明謝應芳《贈楊君濟縣丞》詩：“社公雨晴風作惡，村北村南花自落。”明謝應芳《二月二日漫興》詩：“東風吹散社公雨，紅白花開爛錦雲。”清陳維崧《滿江紅·江村夏咏十首》其二：“婆餅焦啼秧馬活，社公雨過繅車響。”

## 雨陣

亦作“陣雨”。雨時短促，開始和終止都很突然，降水强度變化很大的雨。局部對流雲團所致，有時伴有閃電和雷鳴，多發生在夏季。

唐易静《兵要望江南·占雨第八》："密雲現，雨陣黑濃濃。"宋陳景沂《松》詩其二："雲拖雨陣沿山至，巖溲泉聲走澗長。"宋陳天麟《送太守李公》："亂花翻陣雨，飛絮轉輕毬。"元吳師道《春雨晚潮圖》詩："雲昏水暗雨陣黑，雪噴電轉（一作雷卷）潮頭白。"明沈柿《滎陽道中望雨》詩："雨陣莫教風捲去，田家才有一分秋。"明龐嵩《題松谷》詩："已過翻濤鳴陣雨，忽來飛錫度跫音。"清王季珠《樓觀》詩："岫雲出是六鼇舉，陣雨來如萬馬奔。"清貝青喬《歸經桃花隘》詩："山勢兀崢嶸，雨陣莽飛渡。"

【陣雨】

同"雨陣"。此體宋代已行用。見該文。

【快雨】

短促之雨。亦作"駃雨"。《三國志·魏書·管輅傳》："風雲並起，竟成快雨。"宋朱淑真《偶得牡丹數本移植窗外將有著花意二首》之一："快晴快雨隨人意，正爲墻陰作好春。"元張雨《次韵晉卿翰林贈陳秉彝》："一夕快雨餘，春物已消半。"明胡奎《初夏》詩："快雨知春盡，鳴禽覺夏初。"清曹貞吉《水調歌頭·快雨》詞："錢塘萬弩齊射，驚起老龍眠。"

【駃雨】

同"快雨"。像馬一樣迅速飛奔的雨。清唐孫華《四月七日携家南廣寺飯僧》詩："駃雨忽傾注，竹風滌煩襟。"唐皇甫枚《三水小牘·從諫》："忽一日，頹雲駃雨，霆擊石傍大檀。"金元好問《乙酉六月十一日雨》詩："今日復何日，駃雨東南來。"明楊慎《楊升庵集》："朝雲暮雨，駃雨。"清周亮工《同蘭江趙丙三往返北道歸渡溥沱》詩："庖風兼駃雨，不敢勸加餐。"

【急雨】

急速之雨。唐元積《賽神》詩："旋風天地轉，急雨江河翻。"唐岑參《早秋與諸子登虢州西亭觀眺》詩："殘虹挂陝北，急雨過關西。"《集韵·陽韵》："霖，霖霖，急雨。"宋陸游《立秋後十日風雨凄冷獨居有感》："急雨鳴瓦溝，尖風入窗罅。"元仇遠《處暑後風雨》詩："疾風驅急雨，殘暑掃除空。"明鄧雲霄《擬古宮詞一百首》其四四："夜來急雨春風喧，霽後梨花滿院門。"清黃永《滿江紅·即景》詞："急雨狂風，頃化作、晴空千里。"

【霖霖】

即急雨。此稱宋代已行用。見該文。

【駃雨】

即急雨。駃，指馬快跑的樣子，引申爲迅速。《北齊書·竇泰傳》："電光奪目，駃雨沾灑。"唐道世《頌六十二首》其四九："霎靄垂下布，駃雨遍山園。"

【頓雨】

驟然停頓的急雨。宋郭祥正《青山續集》卷六："據桉小睡，春氣已回，人困，頓雨聲不斷。"宋《海瓊白真人語錄》："頓雨止，四面雲合。"元范梈《風止聞鵲》詩："荒山遠水放輕舠，頓雨顛風戒弊袍。"

## 殘雨

將停之雨，一般較小。南朝梁江淹《赤虹賦》："殘雨蕭索，光煙艷爛。"唐盧綸《與從弟同下第出關言別》詩："孤村樹色昏殘雨，遠寺鐘聲帶夕陽。"唐高適《陪竇侍御靈雲南亭宴詩得雷字》詩："新秋歸遠樹，殘雨擁輕雷。"宋陸游《枕上口占》詩："殘雨墮簷時一滴，老鷄栖樹已三鳴。"元王惲《水調歌頭·和趙明叔韵》詞:"西山捲殘雨,天宇翠眉修。"明方鄭作《送吳克存還山》詩:"帆挂夕陽孤影淡,雁迷殘雨去聲微。"清毛先舒《秋色》詩:"斷虹垂木末,殘雨過江東。"

# 連雨

亦稱"連霈"。連綿多日之雨。晋陶潛《連雨獨飲》詩:"試酌百情遠,重觴忽忘天。"唐白居易《連雨》詩:"水鳥投簷宿,泥蛙入户跳。"宋方岳《道中即事》詩其九:"畫中亦愛雨中山,連雨山行却厭看。"元黄溍《連雨雜書五首》其一:"蕭蕭十日雨,出門竟何之。"明邊貢《次陳静齋九日二首》詩其二:"九日逢連雨,賓朋屢費邀。"萬曆《即墨志》卷一〇:"〔嘉靖二十五年〕夏,連霈如注,漂流民舍。"《世宗憲皇帝硃批諭旨》卷二〇:"連霈甘霖四郊,露足秋苗生。"

【連霈】

即連雨。此稱明代已行用。見該文。

【連綿雨】

連綿多日不止之雨。宋蘇泂《次韵九兄秋吟五首》其三:"村南有底連綿雨,一夜船高樹葉齊。"元周霆震《述懷二首》其一:"咫尺干戈皆逆境,連綿雨雪助妖氛。"明鄧雲霄《三月晦日同匡雲上人作送春詩四首》其三:"閑心暗結連綿雨,往事空隨浩蕩波。"清阮恩澇《暮春晚晴》詩:"西湖暮春天,連綿雨不歇。"按,"連綿"一詞出自唐司空曙《送永陽崔明府》詩:"連綿江上雨,稠疊楚南山。"

【三日雨】

亦稱"三日霖。"即連續三日降雨。唐孔穎達《尚書正義·説命》卷一〇:"三日雨,霖

以救旱。"唐白居易《賀雨》詩:"晝夜三日雨,凄凄復濛濛。"又《秋霖中過尹縱之仙游山居》詩:"慘慘八月暮,連連三日霖。"宋劉敞《渴雨示府僚》詩:"安得三日雨,滂沱澤厚地。"元姚燧《菩薩蠻·中秋雨》詞:"特地變雲陰,江城三日霖。"明謝應芳《雨宿縣學齋舍作》詩:"客來帷林候漁父,齋舍坐聽三日雨。"隆慶《平陽縣志》:"〔成化二年〕五月,颶風,暴雨三日夜,山崩屋壞,平地水滿五六尺,人多淹死,田禾無收。"

【三日霖】

即三日雨。此稱唐代已行用。見該文。

【五日雨】

亦稱"霖雨五日"。即連續五日降雨。一説,五日一雨。宋郭印《和許守豐年行》詩:"十日一風五日雨,鄰村稽首羨茲土。"明鄭善夫《岊江樓觀漲送馬子莘北征》詩:"霖雨五日風不迴,百川流沫連山來。"光緒三十年《常昭合志稿》卷四七:"〔正德四年〕七月六日,霖雨五晝夜,彌望如湖。歲大祲。"

【霖雨五日】

即五日雨。此稱明代已行用。見該文。

【七日雨】

亦稱"七日霖""七夜雨"。即連續七日降雨。一説,七日一雨。唐易静《兵要望江南》其五六:"陰(本作映)地滿天血如染,此爲天殺苦軍權,七日雨平川。"宋彭汝礪《久雨》詩:"十日七日雨,十步九步水。"嘉靖《霸州志》卷九:"〔嘉靖二十五年〕淫雨七晝夜,山水漲溢,壞民田舍。"明佚名《正統道藏·雨暘氣候親機》:"輕則七日傾盆雨,霧炁遮天七日霖。"明林大春《雨》詩:"六月七日雨如泉,

千村萬樹迷秋煙。"清屈大均《贈清霞子》詩："七日霖雨真可憐,三軍糧絶涙頻灑。"同治《武岡州志》卷一:"〔宣德三年〕五月,水災,暴風雨七晝夜,山水驟長,平地高六尺。"

**【七日霖】**

即七日雨。此稱明代已行用。見該文。

**【七夜雨】**

即七日雨。此稱明代已行用。見該文。

**【十日雨】**

亦稱"十日霖"。即連續十日降雨。一説,十日一雨。《墨子》卷五:"兼夜中十日,雨土于薄,九鼎遷止,婦妖宵出,有鬼宵吟。"唐韓愈《贈崔立之》詩:"昔年十日雨,子桑苦寒飢。"宋曹勛《連雨有感》詩:"已疏日上三竿報,只聽風隨十日霖。"宋葉夢得《祈雨未應復請於茅山采石庶幾遂得之》其一:"五日一風十日雨,天方勤民輔明主。"元方回《次韻徐贊府蚩英八首》其八:"老農持底報君公,十日甘霖五日風。"嘉靖《九江府志》卷一:"〔弘治十七年〕六月,霖雨十日,廬山蛟出無算,巖石崩卸數十處。"清杜文瀾《古謠諺》卷八三:"十日雨連連,高山也是田。"

**【十日霖】**

即十日雨。此稱宋代已行用。見該文。

**【連十七日雨】**

連續十七日降雨。康熙二十四年《吳江縣志》卷四三:"〔正德四年〕夏大旱,七月,連雨十七,吳中成巨浸,農田無刈穫。"

**【積二十日雨】**

連續二十日降雨。康熙《臨高縣志》卷一:"〔嘉靖八年〕夏六月,積雨二十日,漂民居舍,傷禾稼。"

**【連四十日雨】**

連續四十日降雨。萬曆《兗州府志》卷一五:"〔嘉靖二年〕九月,定陶、陽谷黑風自北起,咫尺無所見。秋,陽谷旱,大饑。定陶淫雨四十日,禾稼盡爛。單縣澀連旬,黃河横流溢城,廬舍漂没殆盡。"

**【連六十餘日雨】**

連續六十日降雨。《漢書·王莽傳》:"〔地皇元年〕九月,大雨六十餘日。令民入米六百斛爲郎,其郎吏增秩賜爵至附城。"《續漢書·五行志》:"〔建寧元年〕夏,霖雨六十餘日。"《宋史·五行志》:"〔乾道六年〕五月,連陰連雨六十餘日。"道光《安定縣志》卷一:"〔永樂八年〕秋,霖雨六十日。"

**【連七十餘日雨】**

連續七十日降雨。嘉靖《通許縣志》卷上:"〔嘉靖十七年〕五月,大雨,連綿七十餘日,平地水深二三尺,麥皆腐爛,秋禾盡死,連歲低下之地不可耕種,蘆葦荒田一望極目,民間牛隻變賣死傷殆盡。至今五六年,地尚荒蕪。"

**【連三月雨】**

連續三个月降雨。《史記·六國年表》:"〔周顯王七年〕魏敗我於澮,大雨三月。"康熙《靈璧縣志》卷一:"〔成化十七年〕秋雨三閏月,穀不成,菽朽。"

**【百日雨】**

連續百日降雨。《宋書·五行志》:"〔元嘉二十二年〕六月,京邑連雨百餘日,大水。"嘉靖《南平縣志》卷一一:"〔弘治十二年〕正月,大雨連綿,至四月終方止,境内山多崩頹,田亦衝蕩,廬舍橋梁或被推流,或被推壓,人亦有死傷者。"嘉靖《平涼府志》卷九:"〔嘉靖三十七年〕六月，大雨百日，麥豆皆腐，秋禾不秀。"

## 【數月雨】

連續數月降雨。嘉靖《南平縣志》卷一一："〔弘治十二年〕正月，大雨連綿，至四月終方止，境內山多崩頹，田亦衝蕩，廬舍橋梁或被推流，或被推壓，人亦有死傷者。"

## 連春夏雨

春夏之交的降雨。萬曆《寧都縣志》卷八："〔嘉靖十八年〕霖雨連春夏。五月，詔蠲田租十之三，是月雷震文廟柱。"乾隆《南靖縣志》卷八："〔成化二十一年〕自春徂夏，積雨連月，田廬禾稼損壞甚多。"

## 騎月雨

亦稱"雨騎月""經月雨""霞潦"。跨兩個月份之雨。宋陸游《村社禱晴有應》詩："爽氣收回騎月雨，快風散盡滿天雲。"自注："俗謂二十四五間有雨，往往輒成霞潦，謂之騎月雨。"宋陸游《秋興》詩："屋穿況值雨騎月，路惡更堪風打頭。"自注："俗謂二十四五間雨為騎月雨，主霖霪不止。"宋朱浚《秋日西湖》詩："幾州陵變谷，經月雨為霖。"宋李復《出村》詩："南山經月雨，猶有亂雲飛。"宋王之望《龍華山寺寓居十首》其一："水鄉經月雨，潮海暮春天。"

## 【雨騎月】

即騎月雨。此稱宋代已行用。見該文。

## 【霞潦】

即騎月雨。此稱宋代已行用。見該文。

## 【經月雨】[1]

即騎月雨。此稱宋代已行用。見該文。

## 【連月雨】

接連兩個月的雨。《舊唐書·玄宗紀》："〔開元五年〕六月壬午，鞏縣暴雨連月，山水泛濫，毀郭邑廬舍七百餘家，人死者七十二。"康熙《三河縣志》卷上："〔嘉靖二十五年〕六月至七月，大雨如注，水深數尺，禾稼盡沒，城垣民舍傾覆甚多。"同治《崇陽縣志》卷一二："〔嘉靖十八年〕四月恒雨。五月暴雨，大風折木發屋。六月九日，大水壞廬舍。七月八日，震雷，民有震死於野者。"

## 彌月雨

亦稱"經月雨""閱月雨"。滿一個月之雨。宋李之儀《與龔平國手簡一二》："彌月雨如注，營救不暇。"宋釋文珦《大水後作》："田家望西成，彌月雨霖霪。流潦迷川澤，秔稻盡漂淤。"宋王之望《龍華山寺寓居十首》之一○："水鄉經月雨，潮海暮春天。芒種嗟無日，來牟失有年。人多蓬菜色，村或斷炊煙。誰謂山中樂，憂來百慮煎。"明袁華《癸丑正月風雨中偶成》詩："入春彌月雨霏微，驚蟄無雷雪又飛。"嘉靖《南平縣志》卷一一："〔永樂十四年〕夏霖雨，彌月不止。七月既望，大水冒城郭，城中地勢惟靈佑廟最高，水沒其正殿，僅餘鴟吻，勢如滔天，民居物產蕩析一空。將樂縣亦然。"《明史·五行志》："〔天順元年〕是年濟、兗、青三府大雨閱月，禾盡沒。"嘉慶《丹徒縣志》卷四六："〔正德十三年〕大雨彌月，漂室廬人畜無算。"嘉慶《松江府志》卷八○："〔弘治十二年〕蘇、松、常、鎮大雨彌月，漂室廬人畜無算。"嘉慶《禹城縣志》卷一一："〔天順元年〕大雨閱月，禾盡傷。大饑，父子相食。"

【經月雨】[2]

　　即彌月雨。此稱宋代已行用。見該文。

【閲月雨】

　　即彌月雨。此稱明代已行用。見該文。

## 彌旬雨

　　又稱“浹旬雨”“涉旬雨”“積旬雨”。滿十天之雨。一旬之雨。宋李石《方舟集》卷五：“苔掃彌旬雨，花開數日晴。”天啓《中牟縣志》卷二：“〔嘉靖三十一年〕六月八日，霖雨涉旬，没禾。”明黄宗羲《明文海》卷二二九鄭以偉《泰西水法序》：“浹旬晴則桔江而之田，浹旬雨則又決田。”明王鏊《震澤集》卷五：“霖霆已彌旬雨，意猶未透。”康熙《陽曲縣志》卷一：“〔弘治十年〕秋大雨，淫雨積旬。”雍正《浙江通志》卷一八一：“而臨安彌旬雨雪，民乏食，相枕藉死。”乾隆《仙游縣志》卷一四：“〔正德二年〕六月，淫雨逾旬，洪流爲虐。橋以是月二十三夜作殷殷聲。”

【浹旬雨】

　　即彌旬雨。此稱明代已行用。見該文。

【涉旬雨】

　　即彌旬雨。此稱明代已行用。見該文。

【積旬雨】

　　即彌旬雨。此稱清代已行用。見該文。

## 連旬雨

　　連續數旬降雨。《明孝宗實録》卷一七四：“〔弘治十四年〕五月庚申，潛山等三縣連旬大雨，水漫蛟起，淹死男婦牲畜，田禾亦多衝没者。”弘治《潞州志》卷三：“〔成化十八年〕秋，潞州大雨連旬，高河水漲，漂流民房數百間，溺死頭畜甚衆。”嘉靖《安溪縣志》卷八：“〔成化二十一年〕自春至夏，積雨連旬。”康熙《清遠縣志》卷一〇：“〔成化二十一年〕五月，雨水連旬，北江大水尤甚，漂没民舍。次年，知縣黄諒開倉賑濟，給官錢買糴種子。二十三年，熟，抵斗還官。”乾隆《潼川府志》卷一二：“〔成化二十一年〕夏，霪雨連旬，山澗之水暴漲，城鄉民舍衝塌大半，瀨溪村落尤甚，田苗壅淤，人畜死者無算。縣令勸富民助賑撫恤。”

【連三旬雨】

　　連續三十天降雨。《吕氏春秋》：“旬十日也，十日一雨，三旬三雨也。”《周書·武帝紀》：“〔建德三年〕七月乙酉，京師連雨三旬，是日霽。”宋洪适《六月鄉城不雨禱賽無應得建康書一雨連半月至以望日丐晴感而有作》詩：“千里均州縣，三旬殊雨暘。”明曹于汴《贈别徐明衡天部以請贈薛西原先生得謫》詩其一：“南州高士出皇都，陰雨三旬匯若湖。”清施世綸《溉柳》詩：“南山忽送雲，一雨三旬久。”

【連四旬雨】

　　連續四十天降雨。康熙《東明縣志》卷七：“〔嘉靖十二年〕秋，霖雨，四旬方止。”康熙《鹿邑縣志》卷八：“〔嘉靖二十一年〕夏六月，淫雨浹四旬，黄河南徙，平地水深丈餘，民溺死。”乾隆《青城縣志》卷一〇：“〔景泰七年〕青城秋大雨，積四旬，廬舍皆傾。”

【連五旬雨】

　　連續五十天降雨。嘉靖《澄城縣志》卷一：“〔永樂八年〕秋，大霖雨。七月初雨，五旬始止。”萬曆《儀封縣志》卷四：“〔嘉靖十七年〕夏，淫雨浹五旬。”天啓《同州志》卷一六：“〔永樂八年〕秋霖五旬。”康熙《鄜州志》卷七：“〔永樂八年〕秋，大霖雨，五旬乃止。”

# 雨　位

## 山雨

　　山地下的雨，多爲地形雨。南朝齊王融《移席琴室應司徒教》詩："潺湲石溜寫，綿蠻山雨聞。"唐許渾《咸陽城東樓》詩："溪雲初起日沉閣，山雨欲來風滿樓。"宋文同《閑樂》詩："溪雲生薄暮，山雨送微凉。"金馮子翼《和張浮休舊韵》詩："石潭沉曉月，山雨暝秋空。"元李孝光《懷薩使君二首》其二："山雨蕭蕭到楚回，夜凉鴻雁漸應來。"明李延興《寄江都縣丞求船如江東》詩："愁來買酒醉秋風，睡起開軒看山雨。"清屈大均《河頭舟中》詩："一夜寒山雨，泉聲處處飛。"

### 【巖雨】

　　即山雨。山上的雨，多爲地形雨。唐陳子昂《萬州曉發》詩："空蒙巖雨霽，爛熳曉雲歸。"宋李彌遜《大寧以雨復留借榻老僧禪室》詩："乞得禪房半日留，卧看巖雨瀉清溝。"元尹廷高《真誥巖》詩："殿滴空嵐雨，廊穿別嶂霞。"明郭諫臣《欲游天池阻雨》詩："巖雨滋花重，厨煙出竹遲。"

### 【千峰雨】

　　亦稱"千巖雨"。指山岩之雨，又或指群山中的雨。按，"峰"或作"峯"。唐杜甫《即事》詩："雷聲忽送千峰雨，花氣渾如百和香。"宋郭祥正《天台行送施山人》詩："煙霞開山腰，噴作千巘雨。"宋吳泳《和李雁湖晚春即事八首》其一："遊龍不作千巖雨，却卷雲根向洞中。"宋陳舜俞《天池院》詩："等閑雲出千巖雨，取次龍歸六月寒。"宋釋德洪《石門文字禪》卷一三："千巖雨雪黄昏後，一室香燈一寢餘。"元周砥《贈昶公詩》："酒醒瀑布千巖雨，恨滿江波一笛風。"明李攀龍《古今詩删》："雲送千峰雨，風凝萬壑冰。"明查志隆《岱史》："千巖雨過天光争，三觀風寒日色高。"明胡儼《北京八咏》其六："清風晴灑千巖雨，碧澗春融萬壑冰。"明王守仁《游牛峰寺四首》其一："溪雲晚度千巘雨，海月凉飄萬里風。"清梁章鉅《樞垣記略》卷二〇："夕照千峰雨，疏煙萬帳燈。"清彭孫遹《池口別友人》詩："半夜潮初上，千峯雨欲生。"清曹鋡《登文殊院》詩："嵐氣千巖雨，山風六月寒。"

山　雨
（明沈周《西山雨觀圖》局部）

### 【千巖雨】

　　即千峰雨。此稱宋代已行用。見該文。

### 【千巘雨】

　　同"千巖雨"。此體宋代已行用。見該文。

## 林雨

　　林中之雨。唐許渾《歲暮自廣江至新興往復中題峽山寺四首》其一："虎迹空林雨，猿聲絶（一作暮）嶺雲。"宋林季仲《憩里安北湖三首》其三："吐晴林雨薄，弄水夕陽驕。"元周權《曙巖上人》詩："林雨添經潤，窗雲入硯寒。"明于謙《回朝偶題》詩："池風荷偃翠，林雨杏垂黃。"清薛始亨《束崖千上》詩："竹風蟬度暑，林雨雀歡秋。"

【竹林雨】

竹林中的雨。唐張祜《將之會稽先寄越中知友》詩："竹林雨過誰家宅，楊葉風生何處樓。"元張壽《述慈溪景》詩："竹林雨過山多笋，漁浦潮來海有鮮。"明秦淮《小樓對雨撥悶》詩："閑聽竹林雨，恍對瀟湘秋。"清趙執信《園亭雜詩八首》其三："觴飛竹林雨，坐接山煙曛。"

# 江雨

江河之上的降雨。抑或長江之雨。南朝梁何遜《至大雷聯句》詩："閔閔風煙動，蕭蕭江雨聲。"唐劉長卿《送梁侍御巡（一作赴）永州》詩："蕭蕭江雨暮，客散野（一作短）亭空。"宋許將《成都運司西園亭·漣玉亭》詩："側出闌風遲，驟驚江雨速。"元胡元舉《送歐陽生歸省》詩："江雨催行棹，秋風吹客衣。"明張以寧《舒嘯軒》詩："野煙喬木晚，江雨落花深。"清姚燮《除夕舟中》詩："驛路驚心歲

江 雨
（明呂文英《江村風雨圖》局部）

已闌，一篷江雨燭光寒。"

【湘江雨】

湘江之雨。唐王建《寄遠曲》詩："美人別來無處所，巫山月明湘江雨。"宋廖行之《挽劉監廟》詩："朝來哀笳發，湘江雨濛濛。"明胡布《芳樹篇》詩其一："愁結楚天雲，淚涕湘江雨。"明劉溥《蘭竹畫》詩："湘江雨晴白雲濕，湘妃愁抱香蘭泣。"清易順鼎《金縷曲·武陵余子澂嵩慶》詞："聞道青篷還載酒，正橫吹、龍笛湘江雨。"清納蘭性德《點絳唇·咏風蘭》詞："還留取，冷香半縷，第一湘江雨。"

【巴江雨】

巴江之雨。按，巴江，指今四川嘉陵江。又，巴江（亦名板橋河），屬珠江水系南盤江左岸一級支流，上游是舉世聞名的世界地質公園石林。唐楊憑《巴江雨夜》詩："五嶺天無雁，三巴客問津。"宋馮時行《青玉案·和賀方回青玉案寄果山諸公》詞："相思難寄，野航蓑笠，獨釣巴江雨。"明沈守正《署中懷人十絕》其四："無緣共聽巴江雨，懷袖常存蜀道書。"清毛奇齡《漫贈》詩："雙瞳夜剪巴江雨，一笑春生揚子潮。"

# 楚雨 [1]

楚地之雨。唐馬戴《送柳秀才往連州看弟》詩之四："楚雨沾猿暮，湘雲拂雁秋。"唐杜甫《雨》詩之四："楚雨石苔滋，京華消息遲。"宋蘇軾《次韵樂著作野步》詩："楚雨還昏雲夢澤，吳潮不到武昌宮。"元陳樵《北山別業三十八咏·少霞洞》詩："天風拂地鳳笙下，楚雨入吳龍女回。"明藍智《懷藍山兄淮上》詩："淮雲迷遠道，楚雨滿征衣。"清毛奇齡《河瀆神》詞："楚雨歇殘陽。滿庭新月瀟湘。"

## 湘雨

　　湘地之雨，屬楚雨。唐唐彥謙《無題十首》其三："楚雲湘雨會陽臺，錦帳芙蓉向夜開。"唐韋應物《夏夜憶盧嵩》詩："不知湘雨來，瀟灑在幽林。"宋文天祥《題楚觀樓》詩："半壁楚雲立，一川湘雨深。"元許有壬《登岳陽樓》詩："雲氣遠攜湘雨至，湖光寒入蜀江流。"明謝縉《送俞立庵應湘府聘》詩："吳雲漸杳鄉邊樹，湘雨微生渚外波。"清丁澎《生查子·變太平時》詩："魂銷正卷簾，湘雨吹窗竹。"

### 【瀟湘雨】

　　湘地之雨，屬楚雨。唐孟郊《連州吟》其三："萬里愁一色，瀟湘雨淫淫。"唐許渾《別劉秀才》詩："孤帆夜別瀟湘雨，廣陌春期鄂杜花。"宋王圭《樓上述懷》詩："數鴻秋入衡陽雲，一帆暮過瀟湘雨。"金元好問《樂府烏衣怨（舊名點絳唇）》詞："岸花汀樹。寂寞瀟湘雨。"明王世貞《嘲吳舍人新娶》詩："片帆飛盡瀟湘雨，十二峰頭黛色殘。"清沈宜修《烏夜啼》詩："繡窗花落瀟湘雨，憔悴立西廊。"

## 淮雨 [1]

　　淮河流域的雨。唐皇甫冉《送盧郎中使君赴京》詩："楚雲山隱隱，淮雨草青青。"宋張耒《次韵七兄龜山道中》詩："孤舟繫東風，淮雨暗春色。"明陳璉《房村驛》詩："白浪長淮雨，黃花九月秋。"清張穆《十一月淮安試院雨》詩："淮雨連江暗，霜風萬木枯。"

## 秦淮雨

　　亦稱"秦淮煙雨"。南京一帶的雨。宋釋德洪《送一萬回》詩："那料秦淮煙雨裏，倚筇看子上孤舟。"宋韓元吉《建業書事》詩："天闕雲端聳，秦淮雨後清。"明王稱《送楊世顯還溫陵兼寄胡郡守童將軍》詩："歸夢長懸嶺嶠雲，客衣久黯秦淮雨。"清毛奇齡《逢吳廷槙白下》詩："吳女壚邊酒，秦淮雨後潮。"

### 【秦淮煙雨】

　　即秦淮雨。此稱宋代已行用。見該文。

## 江南雨

　　亦稱"江南煙雨"。指長江以南的雨。唐張祜《題造微禪師院》（一作溫庭筠詩）詩："唯憶江南雨，春風獨鳥歸。"唐武元衡《送張侍御（一作司錄）赴京》詩："江南煙雨塞鴻飛，西府文章謝掾歸。"宋孔矩《鷓鴣天》詞："春思淡，暗香輕。江南雨冷若爲情。"宋金君卿《南塘》詩："二月江南煙雨多，南塘一夜漲春波。"元吳當《竹枝詞和歌韵自扈蹕上都自沙嶺至灤京所作》其四："山泉響似江南雨，林下不聞啼鷓鴣。"元白賁《鸚鵡曲》："浪花中一葉扁舟，睡煞江南煙雨。"明方孝孺《題東坡畫竹》詩："一枝潤帶江南雨，遂使眉山草木枯。"明高啟《江行》詩："客路江南煙雨裏，綠蕪芳草恨迢迢。"清陳家慶《蝶戀花·送春》詞："燕濕紅襟愁不語，畫簾幾點江南雨。"

### 【江南煙雨】

　　即江南雨。此稱唐代已行用。見該文。

## 魯雨

　　魯地之雨。漢王充《論衡》卷一五："夫如是，魯雨自以月離，豈以政哉？"清弘曆《聞京師得雨誌喜》："魯雨齊雲數日連神州，北望爲心懸。"

## 蜀雨

　　蜀地之雨。唐李賀《湘妃》詩："離鸞別鳳煙梧中，巫雲蜀雨遥相通。"唐杜甫《重簡王明府》詩："江雲何夜盡（一作静），蜀雨幾時乾。”唐許棠《寄黔南李校書》卷一九："郡響蠻江漲，山昏蜀雨過。"元謝翱《雨中觀海棠》詩："蜀雨何人在，吳宮祇燕歸。"

## 片雨

小範圍内的雨。此雨當爲小區域對流雲團所致。北周庾信《游山》詩："澗底百重花，山根一片雨。"唐岑參《晚發五渡》詩："江村片雨外，野寺夕陽邊。"宋宋祁《夏日陪提刑彭學士登周襄王故城》詩："片雨北郊晦，殘陽西嶺明。"元越僧《錢塘懷古》詩："百年南渡斜陽外，十里西湖片雨中。"明何景明《雨後邀馬君卿》詩："青山過片雨，白日抱殘虹。"清申頌《草閣》詩："片雨隨風過，殘雲帶鳥還。"

## 隔轍雨

亦稱"分龍雨"，省稱"隔轍"。有時降雨，一轍之隔，晴雨各异，謂之隔轍雨，古以爲龍分管地域不同所致。此雨當爲小範圍局部低氣壓對流所致。宋陸佃《埤雅·釋天》："今俗五月謂之分龍，雨曰隔轍。言夏雨多暴至，龍各有分域，雨暘往往隔一轍而異也。"宋侯延慶《退齋雅聞録·時令諺語》："河朔人謂清明雨爲潑火雨，立夏爲隔轍雨。"宋李石《續博物志》卷一："俗以五月雨爲分龍雨，一曰隔轍雨。"宋莊綽《鷄肋編》卷中："〔二浙〕以五月二十日爲分龍，自此雨不周徧，猶北人呼隔轍也。"宋趙蕃《自造口放舟至道林院偶題》："隱雷驟作分龍雨，限我瀟瀟幽夢長。"明袁宏道《顯靈宮夜歸》詩："果然隔轍分陰晴，雨師似亦相回護。"明李之世《江上詞》其二："江頭幾點分龍雨，一半霏微半夕陽。"清查慎行《觀插秧二十四韵》："夜足分龍雨，晨添浴鷺濤。"

## 【分龍雨】

即隔轍雨。此體宋代已行用。見該文。

## 【隔轍】

"隔轍雨"之省稱。此稱宋代已行用。見該文。

## 蛋雨

指南方海域所降暴雨。蛋，同"蜑"，本指南方水上居民。蛋雨泛指海上暴雨。宋吴浚《越王臺》詩："千舶民蛋雨，一塔賈胡風。"明宋濂《走筆送金賢良》詩："且向西風問苦吟，蛋雨蠻煙十年夢。"清管繩萊《臺陽筆記題詞》其二："蛋雨閩風四十秋，潛蛟宮室蜃中樓。"清陳維崧《馬殿聞筵上食河豘作長句示湖中吴志伊諸子》詩："浙産舊濱海，鱟帆蛋雨恒。"清胡建偉《澎湖紀略》卷四："鷄窗燈火，大非蛋雨蠻煙之舊矣。"梁啓超《記東俠》："其在島也，小屋一間，鹹風蛋雨，雖丈夫所不耐。"

## 溜雨

亦稱"簷溜"，省稱"溜"。從屋檐溝流下的雨水。一説，順着樹木或巖石溜下的雨水。南朝梁李鏡遠《咏日》："照庭餘雪盡，映簷溜滴垂。"南朝梁庾肩吾《過建章故臺》詩："圖雲仍溜雨，畫水即生苔。"唐包何《裴端公使院賦得隔簾見春雨》詩："須移户外屨，簷溜夜相侵。"唐白居易《雨夜贈元十八》詩："共聽

溜　雨

簷溜滴，心事兩悠然。"唐杜甫《古柏行》詩："霜（一作蒼）皮溜雨（一作水）四十圍，黛色參天二千尺。"宋王之道《秋日喜雨題周材老壁》詩："簷聲聞夜溜，山氣見朝隮。"元曹伯啓《秋夜西齋有感》詩："天風篩竹響，簷溜瀉階鳴。"明王逢《過丘以敬管句吳山別業》詩："石崖溜雨藤根白，籬落緣雲瓠子肥。"清唐孫華《寒食日泊舟惠山對雨》詩："終朝溜雨響潺潺，石徑沾泥竟未攀。"

【簷溜】

即溜。此稱南北朝時期已行用。見該文。

【溜】

"溜雨"之省稱。此稱南北朝時期已行用。見該文。

# 第三節　雨兆考

"兆"字具有預示之含義，即作爲某個現實事物，可能會形成、顯現一系列結果。"兆"又具有"發端""萌生"之含義。作爲有兆之物，可被認爲是某個事物的成因，而作爲成因的事物，即可能會引出善果或惡果。雨就是這種有兆事物，被古人觀察研究，總結出"好雨"與"灾雨"之類，好雨造福於人，而灾雨會給人們帶來灾難。

古人謂之好雨，是指有利於生產和生活的降雨。好雨可使農業豐收，國泰民安，江山永固。"風調雨順""年年有餘""五穀豐登""豐衣足食"等成語都是人們對於美好生活的表達，而美好生活與否與一個區域降水的狀態有關。對好雨的關注，成爲歷代文獻中重要的記載内容，雨神、龍王亦成爲各朝各代的百姓乞求好雨的偶像。人們期待好雨的到來，也恐懼灾害性降雨的肆虐，於是就生成了許多關於好雨的詞語。例如"澤雨"，表潤澤萬物之雨。《晉書·樂志上》："澤雨施，化雲布。"又"慧雨"，普濟衆生，潤澤萬物之雨。南朝梁簡文帝《上菩提樹頌啓》："慈雨被於無根。"又"法雨"，意佛法普度衆生，如潤澤萬物之雨。《妙法蓮花經·普門品》："澍甘露法雨，滅除煩惱焰。諍訟經官處，怖畏軍陣中。"又"靈雨"，指有靈驗的好雨。《詩·鄘風·定之方中》："靈雨既零，命彼倌人，星言夙駕，説于桑田。"鄭玄箋："靈，善也。"又"閔雨"，指有恩澤於民的好雨。宋陳亮《上孝宗皇帝第二書》："其君之有志於民而閔雨者必書，無志於民而不閔雨者必書，土功必書，饑饉必書。"又"瑞雨"，謂之喜雨。《南史·虞寄傳》："大同中嘗驟雨，殿前往往有雜色寶珠，梁武觀之，甚有喜色，寄因上《瑞雨頌》。"

"好雨"，又謂適時、及時而降之雨，潤及萬物之雨，靈驗恩澤之雨。唐杜甫《春夜喜雨》詩："好雨知時節，當春乃發生。"所謂適時或及時，是説在農業生産過程中，從耕地、播種、抽芽、生長、結穗、果實成熟、收割到儲存等多個環節，每一個環節對於降水的要求都不同，有的時節需要較多降水，有的時節需要較少降水，有的時節不需要降水。在本節中表達此類好雨的詞語有"喜雨"，指莊稼非常需要雨水時下的好雨。《穀梁傳·僖公三年》："六月，雨。雨云者，喜雨也；喜雨者，有志乎民者也。"又"甘雨""甘膏""甘霖""甘雷""甘霆""甘霈"等，指適時好雨。《詩·小雅·甫田》："以祈甘雨，以介我稷黍，以穀我士女。"孔穎達疏："甘雨者，以長物則爲甘，害物則爲苦。"又"上雨"，謂上好之雨。《公羊傳·僖公三年》："六月，雨。其言六月雨何？上雨而不甚也。"又"和雨"，謂和順之雨，及時而降，雨量適中。《後漢書·西南夷傳》："聖德深恩，與人富厚，冬多霜雪，夏多和雨。"又"時雨"，指適時而降之好雨。《韓非子·主道》："是故明君之賞也，暖乎如時雨，百姓利其澤。"又"三十六雨"，意即每十天一雨，一年三十六次，謂風調雨順。漢佚名《春秋説題辭》："一歲三十六雨，天地之氣宣，十日小雨應天文，十五日大雨，以斗運也。"又"行雨"，意即五日一雨爲行雨。《尸子》卷下："神農氏治天下，欲雨則雨，五日爲行雨，旬爲穀雨，旬五日爲時雨。"

"好雨"不僅要適時，且雨量亦應適度。所謂適度，就是降雨不要太少，太少易出現旱情；也不要太多，淫雨不止或者暴雨傾盆，就會出現澇灾。在本節中表達此類好雨的詞語有"雨足"，指充足的雨，足量的雨。宋寇準《點絳唇》詞："水陌輕寒，社公雨足東風慢。"又"透雨"，是把田地裏乾土層濕透的雨。

自古以來，每每灾雨，都會給人民和國家帶來深重的灾難。堯舜禹時代灾雨頻繁，洪水泛濫。時至今日，灾雨的極端天氣亦頻頻發生，導致農業歉收、交通和通信綫路損壞、山體滑坡、庫壩潰決、人民生命財産損失等。在歷史文獻中有許多區域性灾雨的記録，本卷亦梳理出諸多表達灾雨的詞語。

表達淹没、傷害莊稼之灾雨詞語有"壞麥雨""傷禾稼雨""腐麥豆雨""朽穀菽雨""致麻菽陳朽雨""致田稼多傷雨""致田禾淹没雨"等。

表達河、湖、海塘漫溢決堤致灾的詞語有"決運河岸雨""致池塘漫溢雨""致洪漲河溢雨""致河堤冲決傷害稼穡雨""致山水泛漲淹没禾穀雨""致堤潰水没州門雨""引發海潮決堤雨""引發海溢傷民田雨""致海溢冲塌五廠鹽課雨""致海溢塘圮雨""引發潮溢漂廬舍壞城雨""引發潮溢壞壩塘雨""致堤岸冲決沿路遭淹没雨"等。另外還有"洪溢雨"“溪溢雨"“山水漲漫雨"“河溢雨"“江漲雨"“湖溢雨"“海溢雨"等，均表雨多漲溢之態勢。亦有古籍記載了通過數量描述降雨態勢的名類，例如"致平地水高數尺雨"等。

表達城鄉廬舍毀壞之災雨詞語有"溢城雨"“壞城雨"“傾城雨"“致城垣民舍傾覆雨"“壞九門城垣雨"“致溪水泛城雨"“致堤潰水没州門雨"“致衙舍盡圮雨"“壞城邑桑田雨"等。

表達山崩、山洪暴發致災之災雨詞語有"引發山崩風雨"“致洪水泛濫山崩田没淹死人雨"“致山水泛濫毀舍死人雨"“山崩田陷民屋財畜漂流雨"“致巖石崩卸雨"“致山水泛漲淹没禾穀雨"等。

表達導致人們流離失所和死亡的災雨詞語有"漂流民居牛馬雨"“漂流民居推移洲岸雨"“致河漲漂流民房溺死頭畜雨"“致民溺田淤雨"“致地裂漂流民衆雨"“漂没廬田人畜雨"“漂没民居人多溺死雨"“淹没田禾房屋牲畜民衆雨"“致舟覆溺死人雨"“致民衆流離死亡雨"“致潮涌人蛇攀樹風雨"“致瀕海男女溺死甚衆風雨"等。

長時間的雨常常導致河渠泛濫，形成各種次生災害。表達長時間雨的名類有"淫雨"“霖"“靁"“霪雨"“霶雨"“霢雨"“霖"“淋"“霪霖"“霖潦"“霪潦"“癡雨"“積雨"“久雨"“恒雨"“連雨"“連霈"“連綿雨"“霞潦"“霖潦"等。其中，現代還在應用的久雨概念有"淫雨"“積雨"等。《左傳·莊公十一年》：“天作淫雨，害于粢盛。"又"久雨"。《爾雅·釋天》：“久雨謂之淫，淫謂之霖。"又"積雨"。唐王維《積雨輞川莊作》詩：“積雨空林煙火遲，蒸藜炊黍餉東菑。"有些概念詞語如"潦水"“豐雨"“潦雨"“爛雨"等，亦是多雨之抽象概括，與"久雨"同，亦爲表導致河渠泛濫，形成各種次生災害的古詞語。《墨子·非樂上》：“今王公大人，雖無造爲樂器，以爲事乎國家，非直掊潦水拆壞垣而爲之也。"

亦有觸及人情緒的雨。例如"苦雨"“愁霖"等，表達久雨令人傷感之意，常見於文學作品中。《左傳·昭公四年》：“春無凄風，秋無苦雨。"杜預注：“霖雨爲人所患苦。"晉陸機《贈尚書郎顏彥先》詩之一：“凄風逢時序，苦雨遂成霖。"又，用"鬼雨"“怪雨"等詞語加以表述，使人感到悲愴畏懼。唐李賀《感諷五首》之三：“南山何其悲，鬼雨灑空草。"又"凄雨"，凄凄切切，如冤如訴。宋蘇軾《送胡掾》詩：“亂葉和凄雨，投空如散絲。"

# 好 雨

## 好雨

適時而降之雨、充足的雨水、潤澤萬物之雨。能改善土壤墒情，適合植物不同階段生長，又不會造成水災的雨水。《書·洪範》："庶民惟星，星有好風，星有好雨。"唐杜甫《春夜喜雨》詩："好雨知時節，當春乃發生。"宋葛紹體《溪上》詩："東皋好雨一犁足，麥半黃時秧半青。"元袁德裕《沙亭雜咏》其二："好雨初晴兩岸風，一溪春漲泛桃紅。"《西游記》第八七回："那其間風雲際會，甘雨滂沱，好雨：漠漠濃雲，濛濛黑霧。"清彭孫貽《刈草》詩："好雨潤時至，欣然理溝渠。"

## 【澤雨】

潤澤萬物之雨。《晋書·樂志上》："澤雨施，化雲布。"南朝齊王融《永明樂》詩："香風流梵琯，澤雨散雲花。"南朝梁簡文帝《上大法頌表》："澤雨無偏，心田受潤。"唐盧綸《送元贊府重任龍門縣》詩："柳垂平澤雨，魚躍大河風。"宋方聞一《大易粹言》卷七一："澤雨有澤潤之功。"金宇文虛中《燈碑五首》其四："九夏南風入舜琴，恩風澤雨浹飛沈。"清吳廷榕《集句聯》："澤雨無偏，心田受潤。"

## 【閔雨】

有恩澤於民的雨水。閔，古同"憫"，有憐恤之意。古代指國君憐念施恩澤於民。《穀梁傳·僖公三年》："一時言不雨者，閔雨也。閔雨者，有志乎民者也。"宋陳亮《上孝宗皇帝第二書》："其君之有志於民而閔雨者必書，無志於民而不閔雨者必書，土功必書，饑饉必書。"宋趙蕃《次韵畢叔文苦旱嘆》："爾何不歸乎故宇，却向殊方書閔雨。"元方回《乙未六月大暑》詩："又應當閔雨，誰識始藏冰。"明許相卿《和答鍾西皋》詩："閔雨長歌雲漢什，得秋贖有大田風。"清弘曆《風》詩："歲有閔雨詩，幸兹或假我。"

## 【沛雨】

充足的雨水。宋李新《上張幕》詩："沛雨蒼龍功已奮，翔雲丹鳳路潛通。"明佚名《四賢記》第三十八出："情濃意長，情濃意長，沛雨甘霖，憔悴生香。"清姚燮《醉後書城南酒肆壁三章》其一："虎能嘯風龍沛雨，賈董文章照千古。"

## 【雨足】[2]

亦作"足雨"。充足的雨，足量的雨。晋張協《雜詩十首》之四："翳翳結繁雲，森森散雨足。"唐崔道融《田上》詩："雨足高田白，披蓑半夜耕。"唐王建《秋日後（一作新晴後）》詩："住處近山常足雨，聞晴曬曝舊芳茵。"宋寇準《點絳唇》詞："水陌輕寒，社公雨足東風慢。"宋張耒《東池》詩："鄰翁芍藥正足雨，預計開時須醉眠。"元丁復《次韵李方叔》詩："遠樹葉初嵐色淡，曲塘雨足水痕肥。"元范梈《贈彭生》詩："耕田足雨稻刺波，種樹繞天花照地。"明謝應芳《滿庭芳·夏五雨窗言懷》詞："湖田上，黃梅雨足，蛙黽鼓聲喧。"明王鏊《讀從兄南安令崇禎太平曲有感》詩："龜巢知足雨，鳥食卜盈囷。"康熙《定襄縣志》卷七："〔正德八年〕六月初六日，雨足，黍一穀二粒，穀一本二穗。"清厲鶚《夏日田園雜興（韓江雅集）》詩："秧動風畦初足雨，荷翻露港慢通潮。"

## 【足雨】

同"雨足²"。此體唐代已行用。見該文。

## 【三十六雨】

每十天一雨，一年三十六次，謂風調雨順之雨。漢京房《易飛候》："太平之時，十日一雨，凡歲三十六雨，此休徵時若之感。"漢班固《白虎通義》："三十六戶法，三十六雨，七十二牖法，七十二風。"唐歐陽詢等《藝文類聚》卷二引《春秋說題辭》："一歲三十六雨，天地之氣宣，十日小雨應天文，十五日大雨，以斗運也。"宋李石《續博物志》卷一："太平之時，十日一雨，一歲三十六雨。"宋趙鼎臣《謝雨祝文》："二十四風已窮春序，三十六雨不應豐年。"清朱昆田《諸葛武侯銅鼓歌爲家中丞賦》："七十二風應候至，三十六雨隨時零。"

## 靈雨

亦作"雨靈"。有靈驗的好雨。適時、適量的雨。《詩·鄘風·定之方中》："靈雨既零，命彼倌人。星言夙駕，說于桑田。"鄭玄箋："靈，善也。"晋阮修《上巳會》："靈雨既零，風以散之。"唐楊巨源《春日奉獻聖壽無疆詞十首》其一："靈雨（一作雨露）含雙闕，雷霆肅萬方。"宋蘇軾《與孟震同游常州僧舍》詩之三："待向三茆乞靈雨，半篙流水贈君行。"元關漢卿《竇娥冤》第四折："昔于公曾表白東海孝婦，果然是感召得靈雨如泉。"明王立道《春郊即事》詩："柔風吹綠野，靈雨下桑田。"清納蘭性德《河瀆神·風緊雁行高》："斷續涼雲來一縷，飄墮幾絲靈雨。"

### 【雨靈】

同"靈雨"。有靈驗的好雨。《三國志·魏書·管輅傳》："風雲並起，竟成快雨。"裴松之

注引三國魏管辰《管輅別傳》："殷殷雷聲，噓吸雨靈。"宋洪芻《宴李氏園亭得慶字韵》詩："詎知時雨靈，但覺中酒聖。"明邵寶《雨霽和文玉》詩其三："連日愁多雨，還誰歌雨靈。"清弘曆《玉泉山見新耕者》詩："已盼雨靈巫顯若，乍看土潤爲欣然。"

## 【法雨】

佛教語。佛法普度衆生，如潤澤萬物之雨。《妙法蓮花經·普門品》："澍甘露法雨，滅除煩惱焰。"《大般涅盤經》卷二："我今身有調牛良田，除去株杌，唯悕如來法雨。"南北朝何處士《敬酬解法師所贈》詩："法雨時時落，香雲片片多。"唐孟浩然《題融公蘭若》詩："法雨晴飛去，天花畫下來。"宋王十朋《次韵題寶印叔蘭若堂》詩："花枝法雨潤，心地佛燈光。"元姫翼《巫山一段雲》詞："法雨神山秀，靈風瑞草香。"明劉永之《雲卧山房爲了上人賦》詩："化爲法雨沾衣濕，散作天花繞座深。"清張心泰《惠州古佛廟聯》："古佛西來，法雨慈雲空色相；大江東去，風帆沙鳥總禪機。"

## 【慧雨】

猶法雨、甘露。佛教語。普濟衆生，潤澤萬物之雨。南朝梁簡文帝《與廣信侯書》："聞慧雨滂流，喜躍充遍，徒抱懸河，無伸承稟。"南朝陳徐陵《丹陽上庸路碑》："慧雨方霾，禪枝獨春。"唐釋道宣《廣弘明集》卷一六："聞慧雨滂流喜躍充遍，徒仰懸河無由承稟。"明劉克治《登崇禧塔》詩："法雲銀草净，慧雨玉毫懸。"《再生緣》第六四回："香花散玉登民岸，慧雨垂天度世人。"

## 【慈雨】

猶法雨、甘露。佛教語。普濟衆生，潤澤

萬物之雨。南朝梁簡文帝《上菩提樹頌啓》："慈雨被於無垠。"南朝梁簡文帝《南郊頌》："廣行四等，被慈雨於枯根；大闡三明，驚法雷於群夢。"唐剋符道者《吉州鯉》詩："五天慈雨細，師得潤禪林。"明黃省曾《禪興寺一首（寺有梁妙嚴公主墓）》詩："香雲流化國，慈雨灑禪家。"

## 時潤

適時而降之雨。一般指適合農業生產的雨水，如春播、灌漿、秋種等時節之雨。亦利於軍事、出行等。《北史·魏彭城王勰傳》："今破新野、南陽，及摧此賊，果降時潤。"唐唐彥謙《紅葉》詩："宿雨隨時潤，秋晴著物光。"宋宋祁《和晏尚書海棠》詩："不憂輕露蒙時潤，正恨炎風獵處危。"金王喆《赴登州大守會青白堂》："源源滾處流無竭，瀲瀲來時潤有緣。"明李東陽《苦雨次韵方石五首》其一："疑占石礎經時潤，夢駭雷車昨夜翻。"清何氏《春霖》詩："村田遍處沾時潤，喜稱農家望歲心。"

### 【及時雨】

適時而降之雨。宋李彌遜《群玉五咏·赤松庵》詩："那知無心雲，解作及時雨。"元李俊民《一字百題示商君祥·陰》詩："不作及時雨，何爲點太清。"明朱誠泳《丁巳雷雨大作》詩："神龍倒捲滄溟水，灑作人間及時雨。"清書山《喜雨》詩："天作及時雨，民番樂有年。"

### 【澍雨】[1]

省稱"澍"，亦稱"甘澍"。應時節之雨，能滋育萬物，故稱。《説文·水部》："澍，時雨，所以澍生萬物。"晋佚名《巴郡人爲吳資歌》詩："習習晨風動，澍雨潤禾苗。"北魏酈道元《水經注·汝水》："天靈感應，即澍雨。"《後漢書·周嘉傳》："〔永初二年〕夏旱，久禱無應，暢因收葬洛城傍客死骸骨凡萬餘人，應時澍雨，歲乃豐稔。"唐慧琳等《一切經音義》："〔澍雨〕時雨也，謂潤生百穀者也。"宋洪朋《立秋日諸公過敝廬賦詩》："及兹澍雨過，信是高秋立。"宋陸游《喜雨》詩："樂哉甘澍及時至，九衢一洗塵沙黃。"雍正《平陽府志》："夏六月大同平陽澍雨，民獲補種，秋禾大熟。"乾隆《濮院瑣志》卷五："〔嘉靖三十一年〕夏大旱，郡伯檄徑禱空，甘澍立應。"清潘耒《游天台山記》："人言潭龍最靈，歲旱禱請，金鼓作聲，則潭水涌起數尺，持杯水出，澍雨立應。"

### 【澍】

即澍雨[1]。此稱漢代已行用。見該文。

### 【甘澍】[1]

即澍雨[1]。此稱宋代已行用。見該文。

### 【霆雨】[1]

省稱"霆"。古同"澍"。應時節之雨。南朝梁元帝《藩難未静述懷》詩："差營逢霆雨，立壘挂長虹。"唐慧琳等《一切經音義》卷一二："霆，時雨所灌，普生萬物。或作澍，亦通。"《新唐書·黎幹傳》："時大旱，幹造土龍，自與巫覡對舞，彌月不應。又禱孔子廟，帝笑曰：'丘之禱久矣。'使毁土龍，帝减膳節用，既而霆雨。"《集韵》："霆，本作澍。"又引《説文》："時雨，澍生萬物。"宋曾鞏《諸廟謝雨文》："獲兹嘉霆，尚滋秋物之榮。"宋趙時僑《建康府嘉惠廟牒記》："敬往禱焉，果獲甘霆，農望少蘇。"明釋今無《颶風歌》："雨龍帶海朝玉皇，匯撮天河添霆霈。"清弘曆《喜晴（閏六月初三日）》詩："邇來霆雨常需施，雲拖間或霏細絲。"

## 【霪】

"霪雨"的省稱。此稱唐代已行用。見該文。

## 【喜雨】

適時而下，有利於民衆生活與作物生長的雨；好雨。《穀梁傳・僖公三年》："六月，雨。雨云者，喜雨也；喜雨者，有志乎民者也。"三國魏曹植《喜雨》詩："嘉種盈膏壤，登秋畢有成。"唐司空曙《田家》詩："田家喜雨足，鄰老相招携。"宋王炎《夜半聞雨再用前韵》詩："請公酌酒更揮毫，快寫珠璣歌喜雨。"元耶律楚材《戊子喜雨用馬朝卿韵二首》其一："王孫喜雨登樓宴，貰酒黃壚解帶金。"明李昌祺《山中曉發》詩："菊乾偏喜雨，柳弱自愁風。"清彭孫貽《漫興十首和郭半村舍人韵》其四："晚食無煙燒海月，晨耕喜雨卜朝霞。"

## 【瑞雨】

及時好雨，預兆祥瑞。《南史・虞寄傳》："大同中嘗驟雨，殿前往往有雜色寶珠，梁武觀之，甚有喜色，寄因上《瑞雨頌》。"唐張九齡《和崔尚書喜雨詩》："照爛陰霞止，交紛瑞雨來。"宋黃機《沁園春・爲潘郴州壽》詞："嬉游處，盡祥煙瑞雨，霽月光風。"明徹鑒堂《玉海詩》其三："地涌祥雲紅鶴舞，天開瑞雨白龍朝。"

## 【和雨】

和順之雨，及時而降，雨量適中，故稱。漢唐菆《歌詩三章・遠夷慕德歌》其二："冬多霜雪，夏多和雨。"《後漢書・西南夷傳》："聖德深恩，與人富厚，冬多霜雪，夏多和雨。"唐温庭筠《春愁曲》詩："覺後梨花委平綠，春風和雨吹池塘。"宋史彌應《過東吳》詩："孤嶼藏煙迷宿鷺，扁舟和雨駐沙鷗。"明文徵明《晚雨飲子重園亭》詩："芳草滿庭飛燕子，晚凉和雨在梧桐。"清彭孫貽《山行雜詩發溢浦出蒲亭西渡上豫章十首》其四："山田和雨足，松穗帶雲炊。"

## 【上雨】

及時雨。《公羊傳・僖公三年》："六月，雨。其言六月雨何？上雨而不甚也。"《孫子兵法・行軍》："上雨水流至，欲涉者，待其定也。"隋胡吉藏《法華論疏》："上雨華動地，已令衆歡喜。"明董斯張《廣物博志》："陽氣暴，上雨則凝結成雹焉。"

## 【時雨】

適時而降之雨。《書・洪範》："曰肅，時雨若。"《國語・齊語》："時雨既至，挾其槍、刈、耨、鎛，以旦暮從事於田野。"《韓非子・主道》："是故明君之賞也，暖乎如時雨，百姓利其澤。"《孟子・盡心上》："君子之所以教者五：有如時雨化之者，有成德者，有達財者，有答問者，有私淑艾者。"趙岐注："教之漸漬而浹洽也。"《後漢書・明帝紀》："〔永平十八年〕四月己未，詔曰：'自春已來，時雨不降，宿麥傷旱，秋種未下，政失厥中，憂懼而已。'"《宋會要輯稿・食貨》五九："〔元豐五年〕四月，以三省言，自春以來時雨不足。"《明宣宗實錄》卷七七："〔宣德六年〕三月壬申，上以時雨初降，四郊霑足。"道光《嵊縣志》卷一四："〔嘉靖三十四年〕夏六月，時雨荐至，禾苗競秀，即乃枯槁。"

## 【膏雨】

滋潤農作物的及時雨。《詩・曹風・下泉》："芃芃黍苗，陰雨膏之。"《左傳・襄公十九年》："小國之仰大國也，如百穀之仰膏雨焉。"《漢書・賈山傳》："是以元年膏雨降，五穀登。"唐白居易《太和戊申歲大有年詔賜百寮出城觀稼謹書盛事以俟采》詩："膏雨抽苗足，涼風吐穗初。"唐儲光羲《貽鼓吹李丞時信安王北伐李公王之所器者也》詩："膏雨被春草，黃雲浮太清。"宋葛立方《雨中花·睢陽途中小雨見桃李盛開作以下奉使途中作》詞："未見廉纖，膏雨浥花塵。"清孔尚任《桃花扇·先聲》："甘露降，膏雨零。"

【膏澤】

亦稱"雨澤"。即膏雨。滋潤農作物的及時雨。三國魏曹植《贈徐幹》詩："良田無晚歲，膏澤多豐年。"晉葛洪《抱朴子·博喻》："甘雨膏澤，嘉禾所以繁榮也，而枯木得之以速朽。"唐羅隱《讒書·請追癸巳日詔疏》："臣又聞天之有雨澤，猶陛下之有渥恩。雨澤可以委曲干之，則陛下渥恩亦可以委曲干之矣。"唐張九齡《酬通事舍人寓直見示篇中兼起居陸舍人景獻》詩："興因膏澤灑，情與惠風吹。"宋李心傳《建炎以來繫年要錄》卷一七三："近日雨澤甚沾足，暑中此雨絕難得，殊可喜。"《明英宗實錄》卷一七七："自歲至今雨澤衍期，穀種未布，麥苗就槁，民事弗遂，朕用惕然。"

【雨澤】

即膏澤。此稱唐代已行用。見該文。

【甘雨】

亦稱"甘膏""甘霖"，省稱"甘"。適時好雨，以爲美好，故稱"甘"。《詩·小雅·甫田》："以祈甘雨，以介我稷黍，以穀我士女。"孔穎達疏："甘雨者，以長物則爲甘，害物則爲苦。"《淮南子·主術訓》："甘雨時降，五穀蕃植。"三國魏曹植《文帝誄》："回回凱風，祁祁甘雨。"唐李商隱《所居永樂縣久旱縣宰祈禱得雨因賦》詩："甘膏滴滴是精誠，晝夜如絲一尺盈。"唐韓偓《大慶堂賜宴元璮而有詩呈吳越王》詩："穀鳥乍啼聲似澀，甘霖方霽景猶寒。"唐張元琮《百門陂碑》："俄而景睨昭發，飛甘驟零。"宋范仲淹《稼穡惟寶賦》："徒聞賈禍之辱，莫見作甘之德。"宋李心傳《建炎以來繫年要錄》卷一六〇："秦檜以甘雨應祈，乞拜表稱賀。"宋張詠《同韋主簿禱雨》詩："此日甘霖沾渥處，萬家瞻仰誦田疇。"元迺賢《仙居縣杜氏二真廟》詩："銜香赤腳禱龍湫，秋日甘霖起枯朽。"《明英宗實錄》卷五六："瑞雲密佈，甘雨霈施，此皇上大德格天所致。"乾隆《巴縣志》卷八："次日甘霖大沛，禾立起。"

【甘】

即甘雨。此稱唐代已行用。見該文。

【甘膏】

即甘雨。此稱唐代已行用。見該文。

【甘霖】

即甘雨。此稱唐代已行用。見該文。

【甘澍】 [2]

亦作"甘霈"。即甘雨。《後漢書·段熲傳》："臣動兵涉夏，連獲甘澍，歲時豐稔，人無疵疫。"宋夏竦《奉和御製甘雨應祈》詩："中宵甘澍均豐浸，盡日層雲結遠陰。"明何景明《憂旱賦》："降甘霈兮敷永寧。"乾隆《濮院瑣志》卷五："夏大旱，郡伯檄徑禱空，甘澍立應。"清趙翼《久晴》詩："纔欣甘霈插秧青，火繖炎官又曜靈。"

【甘霈】

同"甘澍 [2]"。此體明代已行用。見該文。

【甘澤】

亦稱"甘霤""甘霆""甘霈"。即甘雨。三國魏曹植《誥咎文》："遂乃沈陰块圠，甘澤微微，雨我公田，爰暨於私。"晋束皙《補亡詩》之三："奕奕玄霄，濛濛甘霑。"李周翰注："甘霑，雨也。"《後漢書·循吏傳·孟嘗》："于公一言，甘澤時降。"唐張九齡《賀雨狀》："德音纔發，甘霑滂流。"唐沈頊《賀雨賦》："嘉廩儲之望歲，喜甘霈之流滋。"清毛奇齡《上以久旱躬禱郊壇立需奉和高陽相公恭紀原韵》詩："旱魃歌成甘霑下，須知尹吉在西豐。"

**【甘霑】**

即甘澤。此稱南北朝時期已行用。見該文。

**【甘霆】**

即甘澤。此稱唐代已行用。見該文。

**【甘霈】**

即甘澤。此稱唐代已行用。見該文。

**【醴泉】**

即甘雨。本指甜美的泉水，喻指適時好雨。《爾雅·釋天》："甘雨時降，萬物以嘉，謂之醴泉。"宋夏元鼎《西江月·答王和父送□錯認水酒》詞："甘露醴泉天降，瓊漿玉液仙方。"明徐禎卿《白紵歌四首》之四："上天明明降醴泉，皇帝陛下壽萬年。"清孔毓圻等《幸魯盛典》："卿雲醴泉降衆祥，閼逢困敦歲豐穰。"

## 一犁雨

亦稱"一犁風雨""一犁新雨""一犁好雨""雨一犁"等。雨量相當於犁入土之深度，可供開犁耕種之雨。唐薛能《伏牛山》詩："不爲時危耕不得，一犁風雨便歸休。"宋李廌《和李端叔大夫從參寥子游許昌·西湖十絕》其十："昨夜一犁新雨足，無煩科斗更滋生。"宋徐積《和張文潛晚春》詩之一："恰得一犁雨，田事正火急。"宋孫覿《武進王丞二首·告春亭》詩：

"東皋有佳致，中夜雨一犁。"元江受益《卧牛山》詩："恨殺農夫鞭不起，一犁好雨誤春耕。"明謝應芳《耕隱爲蕭徵士作》詩："春來烏犍一犁雨，歲晚黃精三尺雪。"清何栻《題騎牛學稼圖二首》其一："一犁新雨足，無事盡婆娑。"

**【一犁風雨】**

即一犁雨。此稱唐代已行用。見該文。

**【一犁新雨】**

即一犁雨。此稱宋代已行用。見該文。

**【雨一犁】**

即一犁雨。此稱宋代已行用。見該文。

**【一犁好雨】**

即一犁雨。此稱元代已行用。見該文。

## 零雨[1]

單稱"零"，亦稱"徐雨"。指雨量和強度適中、不緊不慢、歷時較長，徐徐而下之雨。因準靜止鋒或持續低壓對流形成。《詩·豳風·東山》："我來自東，零雨其濛。"《說文·雨部》："零，徐雨也。"段玉裁注："謂徐徐而下之雨。"南朝梁元帝《纂要》："疾雨曰驟雨，徐雨曰零雨。"唐皇甫冉《送裴闡（得歸字）》詩："今夜孤舟行近遠，子荆零雨正霏霏。"宋范純仁《和韓侍中春陰馬上》詩："三月芳菲欲暮天，可堪零雨畫連綿。"元阿魯威《雙調蟾宮曲·山鬼》："渺渺愁雲，冥冥零雨，誰與同游？"明劉炳《同雲》詩："同雲四霽，零雨其濛。"明王世貞《京口逢郭山人因束馮汝思》詩："草色南徐雨，鐘聲北固雲。"

**【零】**

"零雨[1]"之單稱。此稱漢代已行用。見該文。

**【徐雨】**

即零雨[1]。此稱南北朝時期已行用。見該文。

# 灾 雨

## 久雨

亦稱"霖"。久下不停之雨。一般是大範圍系統性雲系，例如準靜止鋒雲系等造成的降水。久雨常形成水災。《淮南子·脩務訓》："禹沐浴霪雨，櫛扶風。"漢高誘注："以久雨爲沐浴。"南朝梁顧野王《玉篇·雨部》："霖，久雨也。"唐元稹《遣春十首》其二："久雨憐霽景，偶來堤上行。"宋王之道《信陽和同官喜雨韵》詩："欲識農夫田作苦，久雨禱晴晴禱雨。"元劉詵《春寒閑居五首》其一："貧居托幽巷，久雨客來絕。"明藍仁《雨中》其二："久雨不能休，花時慘似秋。"《明史·五行志》："〔正統六年〕八月，寧夏久雨，水泛，壞屯堡墩臺甚衆。"清李佩金《月華清望月感懷》詞："久雨新晴，銀河澄練，盈盈一水清淺。"

### 【霖】

即久雨。此稱南北朝時期已行用。見該文。

### 【霝】

即久雨。《說文·雨部》："霝，久雨也。"《玉篇·雨部》："霝，多雨也。"

### 【霤】

即久雨。《廣雅·釋言》："霤，霖也。"王念孫疏證："《淮南子·主術訓》'時有澇旱灾害之患'高誘注云：'澇，久雨水潦也。'澇與霤同。"

### 【霢】

亦稱"霢霂"。即久雨。《說文·雨部》："霢，久雨也。"段玉裁注："霢，言之連也。"宋彭郁《題萬壑風煙亭百韵（郡丞趙景安新建）》詩："玉女蛾眉霢洗鬢，木天石佛雾封

鏑。"清毛奇齡《重建息縣儒學大成殿記》："康熙七年夏，大霢，潦橫流之。"清王又旦《河決（時久雨）》詩："望舒離虎警夜占，長雲不斷雨霢霂。"清吳偉業、林雲鳳《梅花庵話雨聯句》："初涼欣颯爽，入夜哭霢霂。"

### 【霢霂】

即霢。此稱清代已行用。見該文。

### 【恒雨】

久下不停之雨。《書·洪範》："曰咎徵：曰狂，恒雨若。"《漢書·五行志》："庶徵之恒雨，劉歆以爲《春秋》大雨也。"唐柳宗元《答韋中立論師道書》："屈子賦曰：'邑犬群吠，吠所怪也。'僕往聞庸、蜀之南，恒雨少日，日出則犬吠。"《宋史·五行志》："〔宣和〕六年秋，京畿恒雨。河北、京東、兩浙水災，民多流移。"元馬端臨《文獻通考·物異考》："大雨，恒雨之罰也。"明談遷《棗林雜俎》："井中水恒雨不溢，恒暘即千萬人飲之不涸。"《山東通志》："二十六年秋，濱州大水，恒雨中龍見。"清陳祖範《恒雨》詩："春末夏之首，恒雨連數旬。"

### 【長雨】

冗長不停的雨。南朝梁蕭統《昭明文選·雜詩》："瞻玄雲之晻晻，懸長雨之森森。"唐杜甫《秋雨嘆》之二："闌風長雨秋紛紛，四海八荒同一雲。"宋楊萬里《過八尺遇雨》之一："節裹無多好天色，闌風長雨餞殘年。"元胡助《湖上燕集》詩："湖上燕集，風吹翠篠，長雨過，黃梅熟。"明趙汸《子賢兄賜詩兼柬謹依韵和謝並述近況呈諸兄一笑》其三："水鳴幽澗疑長雨，日上重岩散積陰。"清姚鼐《唐伯虎

匡廬瀑布圖》詩："傾崖曲岫天長雨，山鬼幽篁
人見無。"

【淫雨】

亦作"霖雨"。單稱"淫"，亦稱"霖
霖""霖"。指久下不停之雨。雨久則過甚，故
名。《爾雅·釋天》："久雨謂之淫，淫謂之霖。"
《左傳·莊公十一年》："天作淫雨，害于粢盛。"
《説文·雨部》："霖，霖雨也。南陽謂霖霖。"
段玉裁注："淫雨，即霖雨之假借。"《禮記·月
令》："〔季春之月〕淫雨蚤降。"晋傅咸詩："淫
雨彌旬日，河流若奔渠。"唐張九齡《祭洪州城
隍神文》："今水潦所降，亦惟其時，而淫雨不
止，恐害嘉穀。"宋王之道《苦雨呈蘄守徐次公》
詩："涉春苦淫雨，連綿過梅夏。"元杜仁傑《宿
金綫泉》詩："官舍值淫雨，客衣驚早秋。"萬曆
《青陽縣志》卷三："〔嘉靖二十八年〕秋八月，
淫雨，沿河壞廬舍，損禾稼殆盡。"

【淫】

淫雨的單稱，此稱先秦已行用。見該文。

【霖】

即淫雨。此稱漢代已行用。見該文。

【霖霖】

即淫雨。此稱漢代已行用。見該文。

【霖雨】

同"淫雨"。此體清代已行用。見該文。

【霖雨】

亦作"霖雨"。指久下不停之雨。即淫雨。
《淮南子·脩務訓》："禹沐浴霖雨，櫛扶風。"
高誘注："以久雨爲沐浴。"唐吳筠《苦春霖作
寄友》詩："應龍遷南方，霖雨備（一作漏）江
干。"唐吳筠《苦春霖作寄友》詩："應龍遷南
方，霖雨備江干。"《舊唐書·辛替否傳》："頃

自夏已來，霖雨不解。"宋范仲淹《岳陽樓記》：
"若夫霖雨霏霏，連月不開。"元馬端臨《文獻
通考·物異考》："高宗建炎二年春，霖雨。三
年二月，上至杭州，久陰霖雨。"明佚名《西
湖記·夜闈斟酌》："催更挨漏瀟條正怨愁，連
綿霖雨點滴聲驟。"《明太宗實錄》卷二五二：
"〔永樂二十五年〕十月戊申湖廣沔陽州奏，今
秋霖雨，江水泛漲，淹没田地，溺死人民。"康
熙《上杭縣志》卷一一："〔成化二十一年〕夏
霖雨，山水驟溢，鄉市民居多爲所壞，瀨溪村
落漂蕩尤甚，田苗淤沙，人畜多溺死。"《清史
稿·災異志》："〔順治〕十五年二月，濟寧州霖
雨傷麥，萬泉霖雨傷麥。秋，垣曲霖雨，儋州
霖雨七晝夜，田禾多没，城垣傾圮。"

【霖雨】

同"霖雨"。此體唐代已行用。見該文。

【霖雨】

亦作"淋雨"。省稱"霖"，亦稱"淋"。指
連綿不停之雨。《爾雅·釋天》："久雨謂之淫，
淫謂之霖。"《書·説命》："若歲大旱，用汝作
霖雨。"《莊子·大宗師》："霖雨十日。"陸德明
釋文："霖雨，本又作淋。"《禮記·月令》："〔季
春之月〕淫雨蚤降。"鄭玄注："雨三日以上爲
霖，今《月令》曰'霖雨'。"《説文·雨部》：
"霖，雨三日以往。"漢嚴忌《哀時命》："虹霓
紛其朝霞兮，夕淫淫而淋雨。"漢劉向《戰國
策·趙策一》："我者乃土也。使我逢疾風淋雨，
壞沮，乃復歸土。"三國魏曹植《贈丁儀》詩：
"朝雲不歸山，霖雨成川澤。"宋陳鑒之《有感》
詩："淋雨何人記子桑，朱門車馬漲塵黄。"《初
刻拍案驚奇》卷一："豈知北京那年自交夏來，
日日淋雨不晴，並無一毫暑氣。"《明太宗實

録》卷一三二：〔永樂十年〕九月癸未朔，湖廣黃梅縣耆民言：今夏霖雨，江泛溢，圩岸坍塌，傷民田千八百二十餘頃，請以闔郡丁夫修築。從之。"《明宣宗實錄》卷九一：〔宣德七年〕六月丁未，太原府霖雨，汾河水溢。決堤防，傷禾稼。鎮守都督督軍民疏通舊河，修築堤堰。"道光《安定縣志》卷一：〔永樂八年〕秋，霖雨六十日。"

【霖】

霖雨的單稱。此稱先秦已行用。見該文。

【淋雨】

同"霖雨"。此體唐代已行用。見該文。

【淋】

淋雨的單稱。此稱先秦已行用。見該文。

【霖霪】

亦作"霪霖"。亦稱"霖澍"。指連綿不停之雨。南朝宋鮑照《山行見孤桐》詩："奔泉冬激射，霧雨夏霖霪。"唐獨孤及《招北客文》："爰處其泉，終年霖霪。"唐林寬《苦雨》詩："霪霖翳日月，窮巷變溝坑。"《舊唐書·五行志》："大曆四年秋，大雨。是歲自四月霖澍至九月，京師米斗八百文。"明林大春《對雨偶成示弟》詩："天氣方鬱蒸，言念甘霖澍。"清弘曆《七月朔日作二首》其一："更恐致霖霪，雨即晴始適。"

【霪霖】

同"霖霪"。此體唐代已行用。見該文。

【霖澍】

即霖霪。此稱宋代已行用。見該文。

【霖潦】

指連綿多日之雨。晋曹攄《思友人》詩："密雲翳陽景，霖潦掩庭除。"唐杜甫《承沈八丈東美除膳部員外郎阻雨未遂馳賀奉寄此詩》："貧賤人事略，經過霖潦妨。"仇兆鰲注："霖潦，爲淫雨所阻。"宋范祖禹《又雨中厨屋壞》詩："窮秋積霖潦，陋巷没車轍。"金段克己《贈答封仲堅》詩："暑雨畏霖潦，霜風苦掀簸。"明童冀《暑雨即事感懷》詩："燕山道上走黃塵，不識南中霖潦苦。"清陳恭尹《贈黃葵村》詩："浮雲忽東馳，霖潦浩縱橫。"

【霪潦】

指連綿不停之雨。宋賀鑄《題蘭陵王碑陰》詩："霪潦並年間，彌漫即川陸。"元馬端臨《文獻通考·田賦考六》："然水就下者也，陂而遏之利於旱歲，不幸霪潦，則其害有不可勝言者，此翟子威、杜元凱所以決壞堤防，以紓水患也。"明謝遷《新正苦雨用前韵寫懷》詩："積陰猶蔽三陽日，霪潦重傷二麥田。"清張廷璐《岈山招游雲龍山》詩："今年盛夏苦霪潦，茅簷白雨如翻盆。"

【癡雨】

指天氣長時間陰雨。宋衛宗武《摸魚兒·疊前韵》其二："見春來、又將春盡，狂風那更癡雨。"元張養浩《久雨初霽書所寓壁》詩："癡雨歇簷清，頑雲開日華。"明朱昇《代人作春閨怨十首》其五："嬉伴昨宵相約定，誰知癡雨打花朝。"清趙我佩《百字令·病中有感》詞："烏妒花愁，雲癡雨怨，都把良宵負。"

【衆雨】

連降三日以上的雨。《禮記·月令》：〔季春之月〕淫雨蚤降。"鄭玄注："雨三日以上爲'霖'，今《月令》曰'衆雨'。"

## 【積雨】

久下不止之雨。北周庾信《對雨》詩："繁雲猶暗嶺，積雨未開庭。"唐王維《積雨輞川莊作》詩："積雨空林煙火遲，蒸藜炊黍餉東菑。"唐韓愈《符讀書城南》詩："時秋積雨霽，新涼入郊墟。"宋蘇軾《司馬溫公神道碑》："今歲之秋，積雨彌月，河不大溢。"元薩都剌《玉山道中》詩："積雨千峰霽，溪流兩岸平。"清姚鼐《游媚筆泉記》："以歲三月上旬，步循溪西入，積雨始霽，溪上大聲漎然。"

## 【伏雨】[2]

指連陰雨。唐杜甫《秋雨嘆》詩之二："闌風伏雨秋紛紛，四海八荒同一雲。"仇兆鰲注引趙子櫟曰："闌珊之風，沉伏之雨，言其風雨之不已也。"宋周端臣《清夜游》詞："西園昨夜，又一番、闌風伏雨。"元趙孟頫《次韵陳無逸中秋月食風雨不見》詩："層陰連積水，伏雨暗清秋。"明劉崧《過李黃羅茅堂五首柬克正茂才》詩其五："伏雨日瀟瀟，寒風斷柳條。"清納蘭性德《菩薩蠻》詞："闌風伏雨催寒食，櫻桃一夜花狼藉。"

## 苦雨

久雨使人愁苦，故稱。《左傳·昭公四年》："春無凄風，秋無苦雨。"杜預注："霖雨爲人所患苦。"晋陸機《贈尚書郎顏彥先》詩之一："凄風逢時序，苦雨遂成霖。"唐錢起《酬劉員外雨中見寄》詩："苦雨滴蘭砌，秋（一作凄）風生葛衣。"宋張栻《送周畏知二首》之一："秋冬仍苦雨，旬浹喜霜晴。"元成廷珪《二月十四日風雨孤坐秀州城西僧舍賦此》詩："秀州城西春事微，二月苦雨行人稀。"嘉靖《儀封縣志》卷下："〔嘉靖二十九年〕春大旱，入秋苦雨。"嘉慶《漢南續修郡志》卷二六："〔成化十四年〕春二月，不雨，公禱之，又雨；比秋八月苦雨，公禱之，則止而不雨。"道光《玉山縣志》卷二七："〔嘉靖八年〕五月，天苦雨，溪水泛入城，高丈餘，歲大祲。"

## 【愁霖】

久雨使人愁苦，故稱。即苦雨。南北朝江淹《雜體詩三十首·張黃門協苦雨》："有弇興春節，愁霖貫秋序。"唐徐堅《初學記》卷三引《纂要》："雨久曰苦雨，亦曰愁霖。"唐陸龜蒙《奉酬苦雨見寄》詩："螢飛漸多屋漸薄，一注愁霖當面落。"宋朱熹《秋夕懷子厚二首》其二："浮雲蔽中天，愁霖隔秋窗。"明趙完璧《用韵喜晴二首》其一："幾日愁霖一夕收，晴薰吹綠滿蘋洲。"清彭孫貽《苦雨》詩其一："愁霖無日夜，一望失江湖。"

## 【楚雨】[2]

使人愁苦之雨。唐胡曾《車遥遥》詩："自從車馬出門朝，便入空房守寂寥……臉邊楚雨臨風落，頭上春雲向日銷。"唐杜牧《齊安郡中偶題》詩之一："秋聲無不攪離心，夢澤兼葭楚雨深。"唐李商隱《梓州罷吟寄同舍》詩："楚雨含情皆有托，漳濱臥病竟無憀。"宋丘崇《撲蝴蝶·蜀中作》詞："行雲無定，楚雨難憑夢魂斷。"元周權《挽徐克謙教授》詩："月落淮雲沈斷雁，夜寒楚雨怨芳荃。"明俞彥《憶秦娥·春晚遣懷》詞："凄風楚雨人愁寂。"清王玄度《八巖關》詩："草木愁煙裏，車徒楚雨中。"

## 潦水

亦稱"潦雨"，省稱"潦"等。過量的雨水。對農作物生長以及人們日常交通、軍事等活動而言，過量的降水可能有害。《墨子·非樂上》：“今王公大人，雖無造爲樂器，以爲事乎國家，非直掊潦水拆壞垣而爲之也。”唐王勃《滕王閣序》：“潦水盡而寒潭清，煙光凝而暮山紫。”宋張栻《默伯之官襄陽兩詩以送之》詩其二：“潦雨彌旬月，予方念鞠窮。”宋梅堯臣《建德新墻》詩：“潦雨忽暴集，澗流如突馳。”明夏良勝《久雨和答崇道一首》：“潦雨没街渠，源頭水亦活。”明李時珍《本草綱目·水部·潦水》：“降注雨水謂之潦，又淫雨爲潦。”清金人瑞《秋雨甚田且壞》詩：“幸入聖人新世界，如何潦水壞田疇。”

## 【潦雨】

即潦水。此稱宋代已行用。見該文。

## 【潦】[1]

潦水的單稱。此稱明代已行用。見該文。

## 【豐雨】

過量的雨水；豐沛的雨水。三國魏應璩《與西陽令孔德琰書》：“文王修德，以厭地震；湯禱桑林，致克豐雨。”唐盧綸《送馬尚書郎君侍從歸觀太原》詩：“塞屯豐雨雪，虜帳失山川。”明戴良《治圃四首》其一：“三春豐雨澤，晨興觀我畦。”

## 【多雨】

降雨量多、過量、多餘。先秦屈原《九章·涉江》：“山峻高以蔽日兮，下幽晦以多雨。”唐劉長卿《題大理黃主簿湖上高齋》詩：“多雨茅簷夜，空洲草徑春。”宋宋白《句》詩：“峨眉多雨雅江秋，溢岸清波入郡流（嘉陽郡水中）。”元郭翼《漫興一首呈上玉山道丈》詩：“桃花野屋苦多雨，楊柳清江無好春。”元王冕《春寒》詩：“春寒多雨水，地僻少輪蹄。”清

陸世儀《春日田園雜興》其五：“一春多雨占三白，二月無茶摘五加。”

## 【勤雨】

天旱年份，古人亦以不雨爲憂，希望下雨，故以勤雨爲少雨。《穀梁傳·僖公二年》：“冬十月不雨，不雨者，勤雨也。”王引之《經義述聞·春秋穀梁傳》：“《傳》言僖公以不雨爲憂，故曰‘不雨者，勤雨也’。”又或以多雨爲勤雨。唐杜甫《水宿遣興奉呈群公》詩：“澤國雖勤雨，炎天竟淺泥。”仇兆鰲注引黃鶴云：“此言得雨勤數，與《穀梁傳》注異。”宋楊萬里《和文遠以作醮相疏》詩：“涉夏天勤雨，今年定有秋。”

## 【爛雨】

水量過多之雨。宋江休復《嘉祐雜志》：“同州民謂雨沾足爲爛雨。”宋張侃《午步積谷山探梅才有一二蘂》：“爛雨才放晴，街頭泥三寸。”明王縝《再用前韵答馬紫崖侍郎二首》其一：“正思爛雨除凡火，翻怪淤泥困坦途。”明顧起元《說略》卷一：“蜀中以常雨爲爛雨。”

## 瘴雨

指南方含有瘴氣的雨。南方屬熱帶或亞熱帶濕潤氣候，腐殖較多，易揮發出各種有害氣體，與大氣中的雲氣混合，形成瘴雨。唐盧綸《和常舍人晚秋集賢院即事十二韵寄贈江南徐薛二侍郎》詩：“滄海風濤廣，黝山瘴雨偏。”前蜀李珣《南鄉子》詞：“行客待潮天欲暮，送春浦，愁聽猩猩啼瘴雨。”宋陳師道《南鄉子》詞：“唤取佳人聽舊曲，休休，瘴雨無花孰與愁。”宋陸游《涪州》詩：“使君不用勤留客，瘴雨蠻雲我欲愁。”元蘇天爵《送南宮舍人趙子期出使安南》詩：“清風消瘴雨，麗月净蠻煙。”

明王恭《書延平王將軍闓山勝覽卷》詩："雙溪樹底泉聲合，九曲花邊瘴雨收。"清孫枝蔚《張虞山文學游海南》詩："海南爲客少，瘴雨爾初沾。"清張之洞《銅鼓歌》："忽然蠻風卷瘴雨，中有鐵馬聲蕭蕭。"

## 盜水

給百姓帶來灾難的雨水。嘉靖《太倉州志》卷四："〔正德五年〕知州倪宗正撰《城隍廟祈晴文》：去歲霪雨，秋成已虛，民久乏食，骨肉弗保，顛沛流離，餓殍載道，茲土之民耗半。所望者今有年爾，二麥將登，積雨爲霪，節枯穗凋，蒸鬱內腐。田疇既治，盜水泛濫，插蒔維時，無可施功。秧始發生，隨即黃萎。乏食之民，上濕下塗，不能轉展輸販，謀生無門，待死而已。況疾疫流行，十舉九殞。"

## 洪溢雨

致洪水泛溢之雨。《宋史·五行志》："〔建隆元年〕十月，蔡州大霖雨，道路行舟。"《明英宗實錄》卷六九："〔正統五年〕七月壬寅，浙江金華、衢州諸府自六月迄今淫雨連綿，江河泛溢。"正德《福州府志》卷三三："〔成化十八年〕連江縣亦於七月甲午風雨惡甚。至八月戊戌洪水橫溢，縣治學舍、倉廠、壇壝及民舍、田禾俱爲所壞，溺死者百二十人，牛畜、穀粟漂没不可勝計。"弘治《八閩通志》卷八一："〔成化二十一年〕霪雨連旬，洪潦泛溢，州境及福安縣田稼多爲所傷。"嘉靖《廣西通志》卷四〇："〔嘉靖三十二年〕夏五月，全州大雨水，洪水泛濫，漂流房屋，淹死人無數。"嘉慶《雲霄廳志》卷一九："〔天順五年〕五月，大風雨，洪泛，漂溺人畜。"

## 【溪溢雨】

致溪流暴溢之雨。嘉靖《宣平縣志》卷二："〔成化十九年〕夏，積雨彌旬，溪流暴溢，漂没田地、房屋、牛畜以千計。故老相傳云：自永樂十八年水灾以後，無此患也。"萬曆《將樂縣志》卷一二："〔成化二十一年〕夏大水，霪雨浹旬，溪水暴漲，壞城郭郛，舟入市，塌圮橋梁，廬舍墊壞，損田稼物產不可勝計。"康熙《萬載縣志》卷一二："〔嘉靖十二年〕夏四月，久雨，民困。是歲四月，連旬陰雨，溪壑漲溢，衝破橋梁廬舍，漂没禾麥，淹溺民庶不可勝數，民甚饑困，有司發倉賑貸。"同治《續修東湖縣志》卷二："〔嘉靖十四年〕夏雨經月，溪水四溢，壞田廬無算。"

## 【山水漲漫雨】

致山洪暴發之雨。《舊唐書·玄宗紀》："〔開元五年〕六月壬午，鞏縣暴雨連月，山水泛濫，毁郭邑廬舍七百餘家，人死者七十二。"《明宣宗實錄》卷九六："〔宣德七年〕十月，直隸大名府元城縣，順德府平鄉、廣宗二縣各奏：今年八月，積雨不止，山水泛漲，禾穀垂成，淹没無收。命戶部寬恤。"《明英宗實錄》卷五九："〔正統四年〕九月甲子，應天府奏：所屬溧水、溧陽、句容、上元、江寧五縣因天雨，山水泛漲，衝淹人口頭畜、倉庫糧鈔、官民房屋田地。"同書卷六二："〔正統四年〕十二月甲申，直隸保定府蠡縣知縣張霖奏：本縣四月以來，淫雨不止，山水漲漫，田苗淹損，饑民一千九百三十八戶，已計口發官廩賑給，謹具以聞。"嘉靖《霸州志》卷九："〔嘉靖二十五年〕淫雨七晝夜，山水漲溢，壞民田舍。"嘉靖《獲鹿縣志》卷九："〔嘉靖三十二年〕秋，大水，田盡淹没，免田租三分。時彌月霪雨不止，山水暴漲，冲陷城西南角數丈，隨修輒壞。"乾隆《杭州府志》卷五六："〔弘治十八年〕七月，杭州驟雨，山水大涌，漂屋，人多死者。"同治《湘鄉縣志》卷五："〔宣德三年〕暴風雨七晝夜，山水驟長，平地高六尺。"

### 【河溢雨】

致河流暴溢之雨。《舊唐書·五行志》："〔貞元四年〕八月連雨，灞水暴溢，溺殺渡者百餘人。"《宋史·五行志》："〔熙寧十年〕七月，洺州漳河決，注城，大雨水，二丈河、陽河水湍漲，壞南倉，溺居民。滄、衛霖雨不止，河濼暴漲，敗廬舍，損田苗。"《明英宗實錄》卷二〇："〔正統元年〕七月癸卯，山東濟南府奏：淫雨連綿，河堤冲決。傷害稼穡。"又，同書卷七一："〔宣德五年〕十月乙未，直隸廣平府成安縣及大名府内黃縣奏：六、七月，天雨連綿，河水漲溢，淹没官民田地，苗稼無收。"正德《長垣縣志》卷九："〔弘治六年〕夏，大霖雨，河流驟盛，而荆隆口一支尤甚，遂決張秋運河東岸，并汶水，奔注入海。"嘉靖《冀州志》卷七："〔永樂十三年〕霪雨，河溢。冀州大水，水勢洶涌，壞城而入，居民廬舍蕩盡。"萬曆《衛輝府志·河防》："〔嘉靖十五年〕七月内，因天雨連綿，沁河水勢洶涌，致將大樊口堤岸冲決一次，沿路懷慶及本府所屬俱遭淹没之患。"萬曆《封丘縣志》卷七："〔弘治六年〕夏，大霖雨，黃河滔天，橫溢四出，決木潭口，由九家而東，決韓家墳，由荆隆口而下，又決楊家口、田寺口，并流北注。吾邑四野盡爲水潭，城廓官民幾盡蕩没。"康熙《通許縣志》卷二："〔成化十八年〕雨淫河溢，漂蕩殆盡。"康

熙《密雲縣志》卷一："〔嘉靖三十三年〕大雨經旬，潮、白二河漲，冲塌城東南、西北二角，魚鱉居人以千數。"康熙《五河縣志》卷一："〔嘉靖三十四年〕夏五月，驟雨，河水暴涌，平地輒深丈餘，村民趨避不及，多葬魚腹矣。"康熙《衡水縣志》卷六："〔永樂十三年〕霪雨，河溢。大水壞城及官民廬舍，不可居，遂遷城。"乾隆《原武縣志》卷一〇："〔天順五年〕九月，雨彌旬，河溢，漂居民田舍。"

### 【江漲雨】

致江流暴漲之雨。嘉靖《續修岳州府志》卷一〇："〔宣德三年〕夏五月，淫雨大作，洪水崩山，江漲十餘丈，舟行樹杪，民居牛馬多被漂没，時人避災多於山谷中居，數日乃平。"康熙《定安縣志》卷三："〔成化二年〕七月，霪雨江漲，漂没民舍田禾殆盡。"康熙《新建縣志》卷二："〔永樂十三年〕夏四、五月，大雨，江水泛漲，壞廬舍，没禾稼。"康熙《常熟縣志》卷一："〔天順五年〕七月，風雨大作，潮涌丈餘，漂没千餘人，壯者攀樹避溺，群蛇潮浦，觸樹亦緣木上升。"

### 【湖溢雨】

致湖水漲溢之雨。萬曆《重修常州府志》卷一九："〔天順四年〕夏四月至於五月，常州府疾風甚雨，凡二十日，平地水深尺餘，池塘漫溢，與平地等。"光緒《烏程縣志》卷二七："〔永樂三年〕久雨，太湖溢，饑。"

### 【海溢雨】

致海水漲溢之雨。《魏書·靈徵志》："〔正始二年〕三月，青、徐州大雨霖，海水溢出於青州樂陵之隰沃，流漂一百五十二人。"《明太宗實錄》卷一八〇："〔永樂十四年〕九月甲

寅，直隸淮安府言：鹽城縣颶風，海水泛溢，傷民田二百十五頃有奇。皇太子命蠲今年田租凡千一百七十餘石。”《明英宗實錄》卷九六：“〔正統七年〕九月丁丑，户部奏：山東海滄場鹽課局言，今年七月大雨，海溢，郭家等五厰鹽課冲塌，消散無存，請令山東布政司并鹽運司委官核實。”萬曆《通州志》卷二：“〔正德七年〕七月十八日，風雨大作，海溢，漂没官民廬舍十之三，溺死男婦七千餘口。”萬曆《會稽縣志》卷八：“〔成化八年〕秋七月十七日夜，大風雨，拔木，海溢，漂廬舍傷苗，瀕海男女溺死者甚衆。”康熙《浙江通志》卷二：“〔永樂十八年〕夏秋霖雨，風潮壞仁和、海寧二縣長安等壩海塘一千五百餘丈，俱没於海。”康熙《海鹽縣志補遺》：“〔永樂三年〕大霖雨，海溢塘圮。”嘉慶《東臺縣志》卷七：“〔成化八年〕春大旱。七月大雨，海漲没鹽倉及民電田産。”嘉慶《嘉興府志》卷三五：“〔永樂四年〕七月，海鹽縣霖雨，風潮決堤。”道光《榮成縣志》卷一：“〔正德元年〕七月初六日，大雨，海溢，港水逆流三十里，禾稼淹没。地變爲城鹵。”

【積水深數尺雨】

致使平地積水深度過數尺之雨。萬曆《重修常州府志》卷一九：“〔天順四年〕夏四月至於五月，常州府疾風甚雨，凡二十日，平地水深尺餘，池塘漫溢，與平地等。”崇禎《吳縣志》卷一一：“〔正統九年〕七月十七日後，大風暴雨日夜不息，平地水高數尺，太湖水高一二丈，沿湖人畜廬舍四望無存，東西洞庭巨木盡拔，漁舟漂蕩不知所之。”康熙《三河縣志》卷上：“〔嘉靖二十五年〕六月至七月，大雨如注，水深數尺，禾稼盡没，城垣民舍傾覆甚多。”光緒《順天府志》卷六九：“〔嘉靖二十五年〕六月至七月，大雨，水深數尺，禾稼俱没，城垣民舍傾覆甚多。”

【積水深二三尺雨】

致使平地積水深二三尺之雨。《舊唐書·憲宗紀》：“〔元和十二年〕六月乙酉，京師大雨，含元殿一柱傾，市中水深三尺，壞坊民二千家。”嘉靖《通許縣志》卷上：“〔嘉靖十七年〕五月，大雨，連綿七十餘日，平地水深二三尺，麥皆腐爛，秋禾盡死，連歲低下之地不可耕種，蘆葦荒田一望極目，民間牛隻變賣死傷殆盡。至今五六年，地尚荒蕪。”順治《高平縣志》卷九：“〔永樂十二年〕六月望日甘雨降，民始植穀，禾稼暢茂。至八月朔大風驟作，霆雨如注，平地水深三尺，溝澮皆盈，漂没田禾殆盡，而唐安等村尤其甚者。”

【積水深四五尺雨】

致使平地積水深四五尺之雨。康熙《通城縣志》卷九：“〔嘉靖十九年〕五月二十五日，暴雨如注，各山蛟起，平地水深四尺，沿河没廬舍千百間，溺者千百人。”同治《湘鄉縣志》卷一〇：“〔正統二年〕夏五月夜，大雷雨，平地水深四五尺，銅梁等處劃山拔木，漂没廬田人畜無算。”

【積水深五六尺雨】

致使平地積水深五六尺之雨。隆慶《平陽縣志》：“〔成化二年〕五月，颶風，暴雨三日夜，山崩屋壞，平地水滿五六尺，人多淹死，田禾無收。”同治《湘鄉縣志》卷五：“〔宣德三年〕暴風雨七晝夜，山水驟長，平地高六尺。”

## 【積水深八尺雨】

致使平地積水深八尺之雨。《新唐書·五行志》："〔長慶二年〕七月，處州大雨水，平地深八尺，壞城邑、桑田太半。"

# 積水深丈雨

致使平地積水深度過一丈之雨。《元史·五行志》："六月，濟寧路雨水，平地丈餘，損稼。曹州定陶、武清二縣，濮州堂邑縣，雨水沒禾稼。"弘治《蘭溪縣志》卷五："〔弘治九年〕夏，淫雨彌旬，至六月十五夜，純孝鄉三峰塔彈兩源之中洪水崩山，幹溪舉漲，平地深數丈，漂蕩房室以百計，壞田畝以千計，人畜溺死者亦以百計。"《明史·五行志》："〔嘉靖四十五年〕九月，鄖陽大淫雨，平地水深丈餘，壞城垣廬舍，人民溺死無算。"康熙《蘭溪縣志》卷七："〔嘉靖十八年〕八月，大雨浹旬，城中水暴漲，高丈餘。民居坐屋脊，或以舟，漂溺者不可勝計，存者多殤於疫。"康熙《五河縣志》卷一："〔嘉靖三十四年〕夏五月，驟雨，河水暴涌，平地輒深丈餘，村民趨避不及，多葬魚腹矣。"康熙《吳江縣志》卷四三："〔成化十七年〕春夏不雨，地坼川涸，禾槁及根。秋七月，雨，颶風。八月連大雨，太湖水溢，平地深數丈，蕩民廬舍。九月朔，大風雨，晝夜如注。至冬無日不雨，禾稼僅存者悉漂沒。"康熙《鹿邑縣志》卷八："〔嘉靖二十一年〕夏六月，淫雨浹四旬，黃河南徙，平地水深丈餘，民溺死。"光緒《江東志》卷一："〔正德四年〕七月大雨，初六起，凡五晝夜，平地水丈餘。歲大祲。"

## 【積水深三丈雨】

致使平地積水深三丈之雨。嘉靖《浦城縣志》卷二一："〔成化十九年〕五月戊戌，浦城連日驟雨。庚子，西南雁塘等六里山水泛溢，高三丈餘，山崩地坼，漂民廬百三十餘家，壞橋梁十又三處，淤民田三十八頃有奇，溺死者四十人。"康熙《松溪縣志》卷一："〔成化十九年〕五月，積雨，水涌高三丈餘，山崩地坼，漂民舍一百三十餘家，民多溺死，田爲砂淤者三十八頃有奇。"

## 【積水深四丈雨】

致使平地積水深四丈之雨。《元史·五行志》："〔至正二十六年〕六月，河南府大霖雨，瀍水溢，深四丈許，漂東關居民數百家。汾州平遙縣雨雹。"

## 【積水深十餘丈雨】

致使平地積水深十餘丈之雨。《續資治通鑑·宋紀》卷九三："〔宣和元年〕五月丙午朔，京師茶肆傭晨興，見大犬蹲榻傍，近視之，乃龍也。軍器作坊兵士取食之，逾五日，大雨如注，歷七日而止，京城外水高十餘丈。"嘉靖《沙縣志》卷一："〔成化二十一年〕春三月，大雨，水漲十餘丈。五月復漲，勢逾於前。害田傷稼，壞民居無數。"同治《星子縣志》卷一四："〔弘治十七年〕六月，天驟風，震電晦冥，大雨如注，平地水高十丈餘，蛟出無算。"

## 【積水深三十丈雨】

致使平地積水深三十丈之雨。乾隆《閩清縣志》卷八："〔成化八年〕五月初四日，風阪地方有鶴廳池，法帥祈雨啖龍，須臾風雷怒發，雨大如注，自午至申，立時平地水高三十丈，樹木房屋盡爲漂流，人民溺死無數。"

# 淹城雨

導致城池被淹之雨。《舊唐書·憲宗紀》："〔元和十二年〕六月乙酉，京師大雨，含元殿一柱傾，市中水深三尺，壞坊民二千家。"《舊唐書·敬宗紀》："〔長慶四年〕七月己酉，睦州清溪等六縣大雨，山谷發洪水泛溢，漂城廓廬舍。"《明憲宗實錄》卷一八一："〔成化十四年〕八月戊午，直隸鳳陽府大雨，城內水高二丈，没民居千餘。"《明史·五行志》："〔永樂八年〕七月，平陽縣潮溢，漂廬舍。金鄉衛颶風驟雨，壞城垣公廨。"同書又云："〔正統六年〕八月，寧夏久雨，水泛，壞屯堡墩臺甚衆。"同書又云："〔嘉靖二十五年〕八月，京師大雨，壞九門城垣。順天饑。"嘉靖《冀州志》卷七："〔成化十四年〕霪雨，漳河溢，南宮縣大水，壞城，官舍民居盡没。"嘉靖《新河縣志》卷二："〔嘉靖三十三年〕六月，大霖雨，衙舍盡圮。"嘉靖《宣平縣志》卷二："〔成化十九年〕夏，積雨彌旬，溪流暴溢，漂没田地、房屋、牛畜以千計。"嘉靖《南平縣志》卷一一："〔永樂十四年〕夏霖雨，彌月不止。七月既望，大水冒城郭，城中地勢惟靈祐廟最高，水没其正殿，僅餘鴟吻，勢如滔天，民居物產蕩析一空。將樂縣亦然。"萬曆《大田縣志》卷三一："〔嘉靖二十三年〕夏，不雨，穀三分之一，大雨傾城。雷震死民兵於晝錦坊。"萬曆《永福縣志》卷一："〔成化十九年〕六月，大風雨拔木發屋，壞官署民居不可勝計。"康熙《衡州府志》："〔成化十年〕閏六月初九日，霖潦三日。水溢，城內泛舟以濟，廬舍漂流，人畜淹没。"康熙《臨城縣志》卷八："〔嘉靖三十二年〕夏秋，霪雨大作，兩月有餘，傾城池、房屋、墻垣殆盡。斗米錢百五十文，餓殍盈野。"康熙《衡水縣志》卷六："〔永樂十三年〕霪雨，河溢。大水壞城及官民廬舍，不可居，遂遷城。"

康熙《永平府志》卷三："〔正德十三年〕六月，劉家口關暴雨，城壞樓傾，鐵葉門流至樂亭。"康熙《蘭溪縣志》卷七："〔嘉靖十八年〕八月，大雨浹旬，城中水暴漲，高丈餘。民居坐屋脊，或以舟，漂溺者不可勝計，存者多殞於疫。"康熙《三河縣志》卷上："〔嘉靖二十五年〕六月至七月，大雨如注，水深數尺，禾稼盡没，城垣民舍傾覆甚多。"乾隆《濟寧直隸州志》卷一："〔正統三年〕東平、嘉祥大雨，堤潰，水没州北門。"道光《分水縣志》卷一〇："〔永樂四年〕大雨彌月，水溢城市。雨甫霽，見南溪有物如黿，尾長數丈，雷雨隨之，沿溪廬舍皆没。"道光《玉山縣志》卷二七："〔嘉靖八年〕五月，天苦雨，溪水泛入城，高丈餘，歲大祲。"同治《蒼梧縣志》卷一七："〔成化二十一年〕大雨。平樂、蒼梧大雨，漂流民居數萬，推移洲岸，城幾没。"光緒《永平府志》卷三〇："〔成化元年〕秋八月，永平大雨壞城。"

## 致山巖崩雨

導致山體滑坡之雨。《明孝宗實錄》卷一七八："〔弘治十四年〕八月癸丑，四川烏撒軍民府司渡河巡檢司自閏七月二十七日大雷雨不止，至二十九日水漲，山崩地裂。是日雨稍止，然水勢益大。山鳴如牛吼，地裂而陷，涌出清泉數十派，前後沖壞橋梁廬舍，壓死人口牲畜甚衆。"《明武宗實錄》卷七七："〔正德六年〕七月丙寅，四川夔州府獐子溪驟雨山崩，水漲，大石漂流，壞城廓陂池。"嘉靖《九江府志》卷一："六（弘治十七年）月，霖雨十日，廬山蛟出無算，巖石崩卸數十處。"嘉靖《浦城縣志》卷二一："〔成化十九年〕五月戊戌，浦城連日驟雨。庚子，西南雁塘等六里山水泛溢，高三丈餘，山崩地坼，漂民廬百三十餘家，壞橋梁十又三處，淤民田三十八頃有奇，溺死者四十人。"隆慶《雲南通志》卷一七："〔正統五年〕秋七月，大雨彌旬，山崩水溢，衝没田畝不可勝計。"萬曆《惠州府志》卷二："〔嘉靖三十九年〕大雨以風，羅浮山崩凡三十餘所。八月，大旱。"康熙《儋州志》卷二："〔永樂九年〕正月，雨，初四日，大雨連綿，至十七日，又大風雨，山崩田陷，民屋財畜漂流。"

## 傷稼毀舍人畜溺死雨

導致毀稼、屋損、人畜死亡之雨。漢伏無忌《伏候古今注》："〔建武十七年〕洛陽暴雨，壞民廬舍，壓殺人，傷害禾稼。"《明憲宗實錄》卷一八〇："〔成化十四年〕七月丙戌，十三監察御史以災異上言：南北直隸、山東、河南等處今年四月以前亢陽不雨，五月以後驟雨連綿，水勢泛溢，平陸成川，禾稼淹没，人畜漂流，廬舍沉於深淵，桴筏栖於木杪，老弱流離，妻孥分散，覆溺而死者不可勝紀。"《明英宗實錄》卷三三："〔正統二年〕八月戊寅，監察御史薛希璉奏：近因天雨連綿，河水泛漲，開封府所屬祥符等縣民居、學舍、田禾、頭畜多被淹没。"《明孝宗實錄》卷一七八："〔弘治十四年〕本府阿都等地方自八月以來亦連日烈風，暴雷靁雨，震動山川，淹没田禾三百餘處，民死者三百六十餘人，房屋牲畜漂流者無算。"正德《福州府志》卷三三："〔成化十八年〕連江縣亦於七月甲午風雨惡甚。至八月戊戌洪水横溢，縣治學舍倉廠壇壝及民舍田禾俱爲所溺，死者百二十人，牛畜穀粟漂没不可勝計。"萬曆《諸城縣志》卷九："〔嘉靖三十一年〕七月，大雨如注，漂田禾，壞廬舍，民多有壓死者。"

## 【毀田雨】

致使農田毀壞、溺傷稼禾之雨。《新唐書·五行志》："〔長慶二年〕七月，處州大雨水，平地深八尺，壞城邑、桑田太半。"《明太宗實錄》卷三三："〔永樂二年〕七月丙辰，通州奏：三河、順義、東安、香河等縣六月淫雨傷稼，命户部速遣撫視。"弘治《八閩通志》卷八一："〔成化二十一年〕靁雨連旬，洪潦泛溢，州境及福安縣田稼多爲所傷。"嘉靖《通許縣志》卷上："〔嘉靖十七年〕五月，大雨，連綿七十餘日，平地水深二三尺，麥皆腐爛，秋禾盡死，連歲低下之地不可耕種，蘆葦荒田一望極目，民間牛隻變賣死傷殆盡。至今五六年，地尚荒蕪。"嘉靖《永春縣志》卷九："〔成化二十一年〕自春徂夏，積雨連月，永春及晉江、同安、德化、忠安五縣田廬禾稼多爲所壞。"嘉靖《平涼府志》卷九："〔嘉靖三十七年〕六月，大雨百日，麥豆皆腐，秋禾不秀。"嘉靖《永春縣志》卷九："〔成化二十一年〕自春徂夏，積雨連月，永春及晉江、同安、德化、忠安五縣田廬禾稼多爲所壞。"嘉靖《平涼府志》卷九："〔嘉靖三十七年〕六月，大雨百日，麥豆皆腐，秋禾不秀。"嘉靖《翼城縣志》卷一："〔成化十八年〕六月二十五日夜，風雨大作，多傷禾稼畜産。"隆慶《雲南通志》卷一七："〔嘉靖三十三年〕大雨漂没田廬。"萬曆《德州志》卷二："〔景泰七年〕恒雨傷田。"萬曆《黃巖縣志》卷七："〔嘉靖三十二年〕五月大風雨，連月不止，壞民田稼。"順治《高平縣志》卷九："〔永樂十二年〕秋八月甲子，靁雨害稼。初夏月亢旱，民有憂色，已而六月望日甘雨降，民始植穀，禾稼暢茂。"康熙《開平縣志》卷一三："〔嘉靖三十九年〕夏，大雨水，連雨五旬，田禾皆没，民得秋者僅三之一。"康熙《應城縣志》卷三："〔嘉靖九年〕夏連雨，傷禾稼。"康熙《朝城縣志》卷一〇："〔永樂十三年〕恒雨害稼。"康熙《上杭縣志》卷一一："〔成化二十一年〕夏霖雨，山水驟溢，鄉市民居多爲所壞，瀕溪村落漂蕩尤甚，田苗淤沙，人畜多溺死。"康熙《寧陵縣志》卷一二："〔嘉靖四十年〕大霪雨，麻實及菽皆陳朽。"康熙《靈璧縣志》卷一："〔成化十七年〕秋雨三閱月，穀不成，菽朽。"乾隆《南靖縣志》卷八："〔成化二十一年〕自春徂夏，積雨連月，田廬禾稼損壞甚多。"乾隆《崑山新陽合志》卷三七："〔正德四年〕七月七日，大雨傾注，一晝夜不息，高低田禾俱成巨浸，小民流離，死亡者不可勝計。"乾隆《諸暨縣志》卷七："〔正德七年〕秋，大雨水，害稼。"嘉慶《連江縣志》卷一〇："〔成化十九年〕夏六月，颶風大雨，拔木發屋，壞田禾，没人畜無算。"

**【毀舍雨】**

導致屋毀人畜死亡之雨。《舊唐書·五行志》："〔永淳元年〕六月十二日，連日大雨，至二十三日，洛水大漲，漂損河南立德、弘敬、洛陽、景行等坊二百餘家，壞天津橋及中橋，斷人行累日。"《元史·世祖紀》："六月壬辰，是夜京師大雨，壞牆屋，壓死者衆。"《明孝宗實錄》卷一七四："〔弘治十四年〕五月庚申，蕪湖等三縣自初七日雨連綿，且山水泛漲，衝圩岸，房屋人畜多漂没者。"正德《松江府志》卷三二："〔正統九年〕七月十七日，大風拔木發屋，雨晝夜不息，湖海漲涌，平地水數尺，漂流人畜，壞屋廬尤數，瀕海居民有全村決没者。"萬曆《即墨志》卷一〇："〔嘉靖二十五年〕夏，連霈如注，漂流民舍。"萬曆《肅鎮華夷志》卷四："〔嘉靖三十年〕秋，大雨，漂壓死獄囚七人。"萬曆《崇德縣志》卷一一："〔嘉靖十一年〕六月，大風雷，龍見，風自西南來，發屋拔木，晝晦，大雨如注，壞縣治前民舍，壓死二十餘人。"順治《西華縣志》卷八："〔嘉靖十二年〕夏，大霪雨，水暴至，流殺人民，漂没廬舍無算。"康熙《通城縣志》卷九："〔嘉靖十九年〕五月二十五日，暴雨如注，各山蛟起，平地水深四尺，沿河没廬舍千百間，溺者千百人。"康熙《朝城縣志》卷一〇："〔嘉靖三十三年〕霪雨，陷民廬舍，人皆巢居。"康熙《大城縣志》卷八："〔弘治二年〕六月，大雨，水溢，房屋傾倒，人畜多溺斃。"康熙《具區志》卷一四："〔成化十年〕七月十七日夜，迅雷大雨，有肅殺聲來自西北，抵馬迹山雁門灣東去，壞民屋幾三百，壓死者五六人，千斛巨舟攝於山麓，宿鳥多仆斃。"康熙《通城縣志》卷九："〔嘉靖十九年〕五月二十五日，暴雨如注，各山蛟起，平地水深四尺，沿河没廬舍千百間，溺者千百人。"乾隆《閩清縣志》卷八："〔成化八年〕五月初四日，風阪地方有鶴廳池，法帥祈雨啖龍，須臾風雷怒發，雨大如注，自午至申，立時平地水高三十丈，樹木房屋盡爲漂流，人民溺死無數。"嘉慶《丹徒縣志》卷四六："〔正德十三年〕大雨彌月，漂室廬人畜無算。"

**【漂没雨】**

導致洪水漂没人畜之雨。《明憲宗實錄》卷二七九："〔成化二十二年〕六月壬辰，陝西大雷雨，漢中府及寧羌衛地俱裂，長十餘丈或六七丈，寶鷄縣長三里，闊丈餘，漂流民五十餘家。"《明英宗實録》卷三三："〔正統二年〕八月丁卯，掌直隸清河縣事知州李信圭奏：本縣四月終，霖雨壞麥，五月終，淮水泛溢，漂流房屋孳畜甚衆，民不堪命，乞賜賑貸。"弘治《潞州志》卷三："〔成化十八年〕秋，潞州大雨連旬，高河水漲，漂流民房數百間，溺死頭畜甚衆。"康熙《德化縣志》卷一六："〔嘉靖四十三年〕五月十九夜，暴雨，黎明縣前水深丈餘，衝激之聲若雷，民居漂流過半，牛馬畜類漂流塞街而下，不可撈救。男女逃縣後山。須臾間，街之南北不可相通，東城崩壞無餘。垂白之老謂從來不見此水。"康熙《武進縣志》卷三："〔成化十七年〕是夕大雨如注，漂没民居，人多溺死。是歲大祲，民困荐饑。明年春，

官爲賑濟。"同治《湘鄉縣志》卷一〇："〔正統二年〕夏五月夜，大雷雨，平地水深四五尺，銅梁等處劃山拔木，漂没廬田人畜無算。"

【傷木雨】

致樹木折斷、拔起之雨。弘治《常熟縣志》卷一："〔弘治元年〕夏五月十八日，大風雨。時風雨從東北來，勢猛非常，淹禾折木，飛鳥殞傷，半日而止。"嘉靖《興國州志》卷七："〔嘉靖三十年〕九月二十六日夜，大風拔木，明綱、長河諸湖舟覆，溺者無算。"萬曆《會稽縣志》卷八："〔成化八年〕秋七月十七日夜，大風雨，拔木，漂廬舍傷苗，瀕海男女溺死者甚衆。"康熙《泰順縣志》："〔嘉靖十一年〕七月二十七日，大風雨，揚沙折木，壞櫺星石門。"

# 第四節　雨量考

現代氣象科學定義小雨爲"二十四小時內的雨量小於 10 毫米"。小雨可濕透泥土地面，但無積水。古文獻中表達小雨的抽象詞語較多，例如"霢""霂""霢霂""霡雨""霶""霺""霰""霶""濛""霢""霙""霢""電霺"等。《詩·小雅·信南山》："益之以霢霂，既優既渥。"《玉篇·雨部》："霢，小雨。"本節所考證的"小雨"詞類，主要爲態勢名類、類比（擬物）名類等。

態勢之小雨詞語，例如"浽溦""霺溦"，謂雨勢之小、弱。《廣韵·平脂》："浽，浽微，小雨。"又"細雨""微雨""小雨"，表細微之雨、細小之雨。南朝梁簡文帝《和湘東王首夏詩》："冷風雜細雨，垂雲助麥凉。"宋朱淑真《春陰古律二首》之一："半簷落日飛花後，一陣輕寒微雨時。"又"屑雨""疏雨""雨栖""煙雨"，謂細雨、微雨。晋木華《海賦》："崩雲屑雨，浤浤汩汩。"又"濛雨""濛濛雨""麻麻雨""麻花雨"，皆指毛毛細雨。唐宋之間《温泉莊卧病寄楊七炯》詩："是日濛雨晴，返景入巖谷。"

擬物之小雨詞語，例如"沙雨"，猶小雨，雨細如沙。唐白居易《望江州》詩："猶去孤舟三四里，水煙沙雨欲黃昏。"又"珠雨"，謂雨點如珠。唐上官儀《奉和過舊宅應制》詩："神廛颰珠雨，仙吹響飛流。"又"跳珠"，表雨點落地，跳躍如珠。宋楊萬里《六月十三日立秋》："旋汲井花澆睡眼，灑將荷葉看跳珠。"又"雨花"，謂雨水飄落時出現的小水花。唐劉長卿《題靈祐和尚故居》詩："風竹自吟遥入磬，雨花隨淚共沾巾。"又"雨毛""毛雨""牛毛雨"，謂雨絲細如毛髮。宋汪元量《越州歌》之一四："絲風毛雨共凄凉，燕子樓空恨恨長。"又"絲雨"，像蠶絲一樣柔滑的細雨。唐周彥暉《晦日宴高氏林亭》詩："雲低上天晚，絲雨帶風斜。"又"雨霧"，如霧一般迷蒙的小雨。《西京雜記》卷三："噓吸爲寒暑，噴嗽爲雨霧。"又"夢雨"，如夢如幻之細雨。唐李商隱《重過聖女祠》詩："一春夢雨常飄瓦，盡日靈風不滿旗。"

大雨與暴雨，古人無明顯區分。現代氣象科學定義的大雨爲"日（二十四小時）降水量爲 25~49.9 毫米的降雨或者一小時降水量爲 8.1~16.0 毫米的雨"。古文獻中表達大雨的抽象詞語較多，例如"霮""霶""霈""霺""霔""霂""霖""霖霂""大潤""水潦"等。《禮記・曲禮上》："水潦降，不獻魚鱉。"《玉篇・雨部》："霮，大雨也。"《後漢書・鍾離意傳》："比日密雲，遂無大潤。"古亦有諸多專表暴雨之詞語，然對大雨和暴雨之間的區分不明確，而將兩者歸屬一類。如"霪雨""淮雨""注雨""駃雨""駛雨""甚雨""橫雨""澍雨""白雨"等，既表大雨，亦表暴雨。《尚書大傳》卷二："久矣，天之無別風淮雨，意者中國有聖人乎！"鄭玄注："淮，暴雨之名也。"《禮記・玉藻》："若有疾風迅雷甚雨，則必變。"

關於大雨或暴雨，古人在造詞時，或表其態勢，或對其色彩進行渲染，或將其擬物、擬人。例如"注雨""霖雨"，指暴雨傾注態。北魏賈思勰《齊民要術・大小麥》引《氾勝之書》："到榆莢時，注雨止，候土白背復鋤。"又"雨鏃"，雨勢迅猛如箭。宋陸游《大雨》詩："雨鏃飛縱橫，雷車助奔驟。"又"玉竿銀索"，喻雨勢白亮如銀玉，連續不斷如竹竿、繩索。唐李白《宿鰕湖》詩："白雨映寒山，森森似銀竹。"又"白雨""白撞雨"，表雨水與空氣交匯呈銀白色，故稱。唐李白《宿鰕湖》詩："白雨映寒山，森森似銀竹。"又"橫雨"，表風雨交加，橫斜之態。宋陳師道《南鄉子・九日用東坡韵》詞："颼颼，橫雨旁風不到頭。"又"黑雨""墨雨""冥雨"，降暴雨時濃雲翻滾，天昏地暗。唐韓偓《江行》詩："浪蹙青山江北岸，雲含黑雨日西邊。"又"傾盆雨""傾盆"，以盆潑出來的水作喻。宋蘇軾《介亭餞楊傑次公》詩：“前朝欲上已蠟屐，黑雲白雨已傾盆。”又“霶霈”“霏霈”“滂沱”“霶霈”等，謂雨水盛大之貌，引申爲大雨。漢焦延壽《易林·巽之離》：“隱隱大雷，霶霈爲雨。”又“馬鬃雨”，擬雨似馬鬃。清蒲松齡《七月酷暑》詩：“頓思崩雷裂礧雲，普天一洗馬鬃雨。”又“驟雨”“暴雨”，指雨勢凶猛、突然。《老子》：“故飄風不終朝，驟雨不終日。”又“快雨”，謂急速所下之雨。《三國志·魏書·管輅傳》：“風雲並起，竟成快雨。”又“嗔恚雨”“嗔怒雨”“陣頭雨”，形容雷聲隆隆，如人神震怒。《古謠諺·占雲諺》引元婁元禮《田家五行》：“千歲老人不曾見，東南陣頭雨沒子田。”又“鳴雨”，呼嘯有聲，呈狂風暴雨之態勢。唐杜甫《雨不絕》詩：“鳴雨既過漸細微，映空搖颺如絲飛。”

# 小　雨

## 小雨

量不大，時不長，勢不急的雨。現代氣象學角度描述的小雨爲：一小時内的雨量小於等於 2.5 毫米的雨；二十四小時内的雨量小於 10 毫米的雨。漢《氾勝之書》：“天有小雨復耕和之，勿令有塊以待時。”唐韓愈《早春呈水部張十八員外二首》其一：“天街小雨潤如酥，草色遥看近却無。”宋楊萬里《小雨》：“雨來細細復疏疏，縱不能多不肯無。”金李好復《雨中與客飲》詩：“暖風落絮飄香雪，小雨沾花濕夢雲。”明徐賁《答山西楊孟載憲副》詩：“小雨晚晴天，新凉欲早眠。”清彭孫貽《避地村居十首》詩其八：“愁多妨伏枕，小雨鬧群蛙。”

【霢】

亦作“霡”。即小雨。《說文·雨部》：“霢，小雨也。”南朝梁顧野王《玉篇·雨部》：“霢，小雨。或從水。”又云：“潭，水。”按，“霢”“潭”爲異體字，從水，從雨。明舒弘志

《一半兒再宿金城江》詩：“竟日瀸霢透葛衫。”清姚燮《席上酬趙雲門先生鍼並呈王大令師丕顯得三十韵》：“麗漢繚古虹，秀露灑微霢。”

【霡】

同“霢”。此體南北朝時期已行用。見該文。

【霑】

亦作“霙”。指微雨。《說文·雨部》：“霙，微雨也。從雨叐聲。”段玉裁注：“今人謂小雨曰廉纖，即霙也。”南朝梁顧野王《玉篇·雨部》：“霙，微雨也。霑，同霙。”明張自烈《正字通·雨部》：“霙，微雨。”

【霙】

同“霑”。此體漢代已行用。見該文。

【霠】

即小雨。一說，指久雨。《說文·雨部》：“霠，小雨也，從雨，衆聲，《明堂月令》曰霠雨。”段玉裁注：“《月令》無此文，唯‘季春行秋令，淫雨蚤降’注云：‘今《月令》曰群雨。’漢人衆讀平聲，即許所據之霠雨也。但記文淫

雨，鄭注云：霖雨。許不當以小雨釋霡，似'小'必是誤字。"

【霰】

即小雨。《説文·雨部》："霰，小雨也。從雨，酸聲。"宋釋妙倫《偈頌八十五首》其五十五："雨霰寒食，日醖清明。"清胡文英《吳下方言考·元韵》："霰，小雨貌。吳中謂小雨曰霰霰然落也。"

【霹】[1]

即小雨。亦讀sī。《説文·雨部》："霹，小雨財霽也。從雨鮮聲。讀若斯。"南朝梁顧野王《玉篇·雨部》："霹，小雨。"唐李端《荆門（一本此下有雨字）歌送兄赴巂州》："霹霹燮燮聲漸繁，浦里人家收市喧。"宋王孝嚴《石門洞》詩："九天雲綻漏霹雨，一沼波翻濺瓊玉。"

【霾】

即小雨。《集韵·帖韵》："霾，小雨。"

【霢霂】

即小雨。《詩·小雅·信南山》："益之以霢霂，既優既渥。"《説文·雨部》："霢，霢霂，小雨也。"漢班固《功歌詩二首·嘉禾歌》："冬同雲兮春霢霂，膏澤洽兮殖嘉穀。"晋左思《吳都賦》："揮袖風飄而紅塵晝昏，流汗霢霂而中逵泥濘。"南朝齊謝朓《閑坐》詩："霢霂微雨散，葳蕤惠草密。"唐白居易《喜雨》詩："千日澆灌功，不如一霢霂。"元馬祖常《雪中登郡城西亭二首》詩其二："楚甸無層冰，霢霂土膏濕。"元陸仁《江雨謡·題偶武孟江雨軒》詩："須臾静聽寂無聲，嫋嫋如絲成霢霂。"清程可則《曉起與鄘無傲作》詩："長安四月雨，霢霂生微寒。"

【霢】

霢霂的單稱。《説文》："霢，霢霂，小雨也。"唐陸龜蒙《紀夢游甘露寺》："怯懦不敢前，荷襟汗沾霢。"宋劉弇《清真觀齋軒》詩："蠹櫥曉聲來雜珮，漣漪春霢漲青羅。"元蒲道源《鷓鴣天·壽耶律總管》詞："霢沐春膏兆有年，街頭粟賤不論錢。"明楊基《望南嶽》詩："五嶺皆培霢，三江爲涔蹄。"清魏裔介《趙友槐捐糧賑貧》詩："指困活萬家，邑閭均膏霢。"

【霂】

即小雨。"霂"爲"霢"的异體字。南朝梁顧野王《玉篇·雨部》："霂，雨。"《集韵》："《説文解字》：'霢霂，小雨也。'或作霂。"

【霂】

即小雨。宋宋祁《五龍堂謝雨文》："甘澤飛霂，露被四疆。"明鄭胤驥《己酉赴試白下病歸得雜咏五首》其五："江流鏡面静，輕雨時絜霂。"清尤侗《老農》詩："二月響春雷，三月霖春霂。"

【霙雨】

單稱"霙"，亦稱"霮霙"。即小雨。《説文·雨部》："霙，小雨也。"引申爲滴答、嘈雜的雨聲。又引申爲指時間短，一陣，一會兒。南朝梁顧野王《玉篇·雨部》："霮霙，小雨。"《説文新附》："霙，小雨也。"唐孟郊《春雨後》詩："昨夜一霙雨，天意蘇群物。"唐劉蜕《憫禱辭》序："俄然微灑輕霙，若神之來，意似憫巫之役是也。"唐孟郊《春雨後》："昨夜一霙雨，天意蘇群物。"宋彭履道《蘭陵王·渭城朝雨》詞："秦樓曉、花氣未明，一霙空濛洗高樹。"宋歐陽修《漁家傲》詞："六月天時霙雨，行雲涌出奇峰露。"金趙元《行香子》詞其三：

"有還夏也，一霎人忙。"元佚名《滿庭芳》曲："聊雲霎雨恩情儉，斷當著拘鈴。"明劉崧《題米元暉山水畫爲郭掾吏賦》詩："墨色運華姿，豪端散輕霎。"明卓發之《菩薩蠻·落花》詞："小玉樓前風雨急，春光一霎都狼藉。"清許德蘋《玉樓春·秋情》詩："秋光最是添愁緒。一霎風吹一霎雨。"清厲鶚《雨中柳漁招同諸公泛舟北郭看桃花用少陵江畔獨步尋花韵》其二："夭桃穠李上河濱，霎霎濛濛濕好春。"

【霎】

霎雨的單稱。此稱漢代已行用。見該文。

【霙霎】

即霎雨。此稱南北朝時期已行用。見該文。

【輕霎】

即霎雨。此稱唐代已行用。見該文。

【浸微】

亦作"霙微"。即小雨。《廣韵·平脂》："浸，浸微，小雨。"《集韵·脂韵》："浸，浸微，小雨。或作霙。"清厲鶚《雨後南湖晚眺》詩："新漲夜來平釣磯，田家橋外凉浸微。"清弘曆《夜雨》詩："夢回武帳聽浸微，借助風催峭冷微。"

【霙微】

同"浸微"。此體宋代已行用。見該文。

【零雨】[2]

亦作"雨零"。慢而細的小雨。《詩·豳風·東山》："我來自東，零雨其濛。"孔穎達疏："道上乃遇零落之雨，其濛濛然。"高亨注："零雨，又慢又細的小雨。"晋佚名《陽平人爲束晳歌》："通神明，請天三日甘雨零。"晋陸雲《晋故散騎常侍陸府君誄》："揮袂雲靄，殞淚雨零。"南朝宋謝莊《喜雨》詩："冽泉承夜湛，零雨望晨浮。"唐盧仝《走筆追王内丘》詩："零雨其濛愁不散，閑花寂寂斑階苔。"唐李郢《早秋書懷》詩："霜拂楚山頻見菊，雨零溪樹忽無蟬。"宋羅公升《牢落》詩："亂愁已堪織，零雨更如絲。"宋晁說之《游靈巖山寺》詩："朝雲到人世，飄飄細雨零。"元陳鎰《次林彦文縣尹韵送劉伯温都事撫安青田》詩："三月江南草色新，隨車零雨浥輕塵。"明王稚登《庚子除夕》詩："零雨一冬無半寸，濁流五斗直三錢。"明陶宗儀《送廷采還黄鶴山中三首》其一："木葉蕭蕭小雨零，西風鼓棹晚潮生。"清李振鈞《悼亡四首》其一："最是回腸不堪憶，飄風零雨落花聲。"清朱彝尊《柳巷杏花歌同嚴中允（繩孫）錢編修（中諧）作（乙丑）》詩："雙橋東偏柳巷北，小寒食後微雨零。"

【雨零】[1]

同"零雨[2]"。此體晋代已行用。見該文。

## 雨毛[1]

亦作"毛雨"。雨絲細如毛髮，故稱。由直徑小於 0.5 毫米雨滴組成的稠密、細小而十分均匀的液態降水現象。或俗稱毛毛雨，一般是雲（霧）滴通過凝結、碰并等暖雨過程（指 0℃以上的雨滴增長過程）形成的。落速約爲 1 米/秒，一般來自氣層穩定、高度較低的層雲或濃霧。唐易静《兵要望江南·占雨第八》詩："天雨毛，主將信邪奸。"宋蘇軾《東坡八首》之四："毛空暗春澤。"自注："蜀人以細雨爲雨毛。"宋汪元量《越州歌》十四："絲風毛雨共凄凉，燕子樓空恨恨長。"元唐元《重陽前四日餘杭道中》詩："雨毛偏著面，風葉蚤辭秋。"清翟灝《通俗編》："蜀人以細雨爲雨毛。"

## 【毛雨】

同"雨毛"。此體宋代已行用。見該文。

## 【雨秕】

指毛毛雨。宋方夔《今歲吾鄉頗稔而收成值雨》詩："要教歲計收霜稻，不分時長弄雨秕。"自注："諺以細雨爲雨秕，猶言雨毛也。"

## 【絲雨】

亦作"雨絲"。亦稱"雨絲絲"。像絲一樣的細雨。唐周彥暉《晦日宴高氏林亭》詩："雲低上天晚，絲雨帶風斜。"唐皮日休《獨在開元寺避暑頗懷魯望因飛筆聯句》："筠簟臨杉穗，紗巾透雨絲。"宋楊萬里《新晴曉步》詩："冬來暮暮雨絲絲，竹徑梅坡迹頓稀。"元馬祖常《古樂府》詩："天上雲片誰剪裁，空中雨絲誰織來。"明俞國賢《展先子墓晚歸即事》詩："罷掃春山歸路遲，東風絲雨帶寒吹。"清曹寅《中秋西堂待月》詩："空香浥路飄絲雨，重穀流雲裹佩環。"清陳維崧《河瀆神·題秦郵露筋祠》詞："漠漠雨絲飄碧瓦，人在女郎祠下。"

## 【雨絲】

同"絲雨"。此體唐代已行用。見該文。

## 【雨絲絲】

即絲雨。此稱宋代已行用。見該文。

## 【風綫】

風吹動細雨，如細綫飄摇。喻綫一樣的細雨。唐李白《對雨》詩："水紋愁不起，風綫重難牽。"明康麟《柳莊》詩："雨條牽翡翠，風綫弄鵝黄。"清張慎儀《浣溪沙·和胡玉津韵》詞："泣露荼蘼滿架香，香緣風綫入虚堂。"

## 【雨綫】

指雨絲，風吹動如細綫。宋鄭剛中《初春》："廉纖飛雨綫，清潤入花條。"宋劉過《謁

金門》詞："雨綫垂垂晴又落，輕煙籠翠箔。"元佚名《菩薩綫》民謡："天雨綫，民起怨。"明楊慎《流寓黔中雜咏》其五："林雲箐霧不分天，清露常如雨綫穿。"清楊玉衡《永遇樂》詞："月白昏黄，風梭雨綫，心在孤山路。"

## 【沙雨】

猶小雨，細雨。雨細如沙，故稱。唐盧拱《江亭寓目》詩："水風蒲葉戰，沙雨鷺鷥寒。"唐白居易《望江州》詩："猶去孤舟三四里，水煙沙雨欲黄昏。"宋劉攽《答仲馮宿興慶池作》詩："水風楊柳猛消暑，沙雨芰荷潛造秋。"元黄溍《逢葉伯幾》詩："水煙沙雨送歸航，楓葉蘆花已十霜。"明劉崧《至日》詩："雁斷沾沙雨，蟲鳴落葉風。"清姚燮《送蔣湘南還光州》詩："三月西風吹沙雨，漠漠何凄凄，沙上楊柳無春姿。"

## 【細雨】

細微之雨，細小之雨。南朝梁簡文帝《和湘東王首夏》詩："冷風雜細雨，垂雲助麥凉。"唐李商隱《無題四首》之二："颯颯東風細雨來，芙蓉塘外有輕雷。"宋陸游《小園》詩："點點水紋迎細雨，疏疏籬影界斜陽。"元李俊民《老杜醉歸圖》詩其一："薄暮斜風細雨，長安一片花飛。"明張昱《次韵偶成二首》其一："清夜可人歌板倦，小樓細雨燭花寒。"清朱嘉徵《送陳稚升之遼左》詩："寒江細雨春帆没，客子單衣中夜發。"

## 【微雨】

即細雨。晋陶潛《乙巳歲三月爲建威參軍使都經錢溪》詩："微雨洗高林，清飇矯雲翮。"唐岑參《青門歌送東臺張判官》："灞頭落花没馬蹄，昨夜微雨花成泥。"宋朱淑真《春陰古律

二首》之一：“半簷落日飛花後，一陣輕寒微雨時。”元薛玄曦《次韵歐陽檢閲濠池觀荷》詩：“深蒲曉色亂，微雨晚香多。”明徐宏祖《徐霞客游記·楚游日記》：“時微雨飄揚，朔風寒甚。”清丘逢甲《憶上杭舊游》其五：“鬼谷祠邊春市散，淡雲微雨過藍溪。”

## 【屑雨】

細雨，飛濺態。屑，碎末。晋木華《海賦》：“崩雲屑雨，泫泫汩汩。”唐李善注：“屑雨，飛灑之貌，言波浪飛灑，似雲之崩。”明丘濬《重編瓊臺稿》：“崩雲屑雨，掀巨風，死生瞬息歸溟蒙。”

## 【疏雨】

猶小雨，稀疏態。唐岑參《西掖省即事》詩：“西掖重雲開曙暉，北山疏雨點朝衣。”宋蘇軾《游惠山》詩：“薄雲不遮山，疏雨不濕人。”元劉涣《清明前一日作》詩：“燕子不來花落盡，一簾疏雨又清明。”明舒遜《感皇恩·述懷》詞：“疏雨滴清秋，洗殘流火，爽動凉飆透簾幕。”清何鞏道《寄李祁年》詩：“幾

尺殘潮行瘦鶴，半天疏雨見低虹。”

## 【萬絲】

密集的細雨。唐吳融《池上雙鳧二首》其二：“萬絲春雨眠時亂，一片濃萍浴處開。”宋秦觀《春日》詩：“一夕輕雷落萬絲，霽光浮瓦碧參差。”宋李處全《鷓鴣天·社日落成煙雨樓二首》詞其一：“萬絲明滅青山映，匹素濃纖渌水縈。”明王汝玉《題畫》詩：“春林一雨花成泥，萬絲深處殘鶯啼。”清弘曆《雨》詩其一：“須臾止頓輕凉送，武帳秋風度萬絲。”

## 【密雨】

細密的小雨。晋張協《雜詩》之三：“騰雲似涌煙，密雨如散絲。”唐柳宗元《登柳州城樓寄漳汀封連四州》詩：“驚風亂颭芙蓉水，密雨斜侵薜荔墻。”宋朱熹《冬日》詩之二：“密雨有時集，寒雲無定容。”元袁易《春雨漫興三首》其二：“江上平蕪望欲迷，江邊密雨細如絲。”明高啓《郊墅雜賦十六首》其九：“密雨侵蓑重，微風過網腥。”清弘曆《消夏十咏·雨》詩：“密雨連平野，油雲斷遠村。”

# 大　雨

## 大雨

謂滂沱之雨。現代氣象觀測規定，一小時内的雨量在8.0毫米以上的雨，或二十四小時内的雨量爲25.0~49.9毫米的雨謂大雨。先秦佚名《魯童謡》：“天將大雨，商羊鼓舞。”《春秋·隱公九年》：“三月癸酉，大雨，震電。”《韓非子·十過》：“大風至，大雨隨之。”《史記·陳涉世家》：“會天大雨，道不通。”《史記·六國年表》：“〔周顯王七年〕魏敗我於澮，大雨三

月。”漢劉向《戰國策·韓燕宋衛中山》：“明日大雨，山水大出，所營者，水皆滅表。”漢劉歆《西京雜記》卷五：“上煖下寒，則上合爲大雨。”晋干寶《搜神記》卷一三：“樊東之口，有樊山，若天旱，以火燒山，即至大雨。”《舊唐書·憲宗紀》：“〔元和十二年〕六月乙酉，京師大雨，含元殿一柱傾，市中水深三尺，壞坊民二千家。”元唐元《筠軒集》卷五：“五月五夜大雨，明日水驟入邑。”《明世宗實録》卷

五九：“是歲五月，山東登州府地震者再，七月大雨，壞城垣，民以疫死者四千一百二十八人。”清任弘遠《趵突泉志·災異志》：“雍正庚戌夏六月二十八日，大雨連旬，水忽自南山而下，流入泉中，泉水忽溢丈餘，池亭皆壞，漂没左右民居甚多。”

【霌】

即大雨。南朝梁顧野王《玉篇·雨部》：“霌，大雨也。”《集韵·魂韵》：“霌，大雨皃。”

【霝】

即大雨。南朝梁顧野王《玉篇·雨部》：“霝，大雨。”

【霈】

即大雨。南朝梁顧野王《玉篇·雨部》：“霈，大雨。”

【霫】

即大雨。南朝梁顧野王《玉篇·雨部》：“霫，大雨。”

【霤】[1]

即大雨。《廣韵·屋韵》：“霤，大雨。”

【霴】

即大雨。南朝梁顧野王《玉篇·雨部》：

大雨景觀
（清謝彬《風雨歸舟圖》局部）

“霴，大雨。”

【霔】

即大雨。南朝梁顧野王《玉篇·雨部》：“霔，大雨也。”

【霸】

即大雨。南朝梁顧野王《玉篇·雨部》：“霸，大雨也。”《廣韵·覺韵》：“霸，大雨霸霸。”

【大雨水】

謂滂沱之雨。漢董仲舒《春秋繁露》卷六：“夏，大雨水。”晋三藏法師法炬譯《佛説恒水經》：“天下大雨水，水流入水溝。水溝流入溪澗，溪澗流入江。江流入海中，海水不增不減。”《新唐書·五行志》：“〔長慶二年〕七月，處州大雨水，平地深八尺，壞城邑、桑田太半。”《遼史·聖宗紀》：“夏五月，大雨水，諸河橫流，皆失故道。”明郎瑛《七修類稿·義理類》：“唐元德秀退居安陸縣，去家獨處一室，值大雨水，七日不通，餒死。”清劉起凡《遼海叢書·開原縣志》：“大德七年六月，開元路大雨水，壞田廬，男女死者甚衆。”

【潦】[2]

雨水大貌，積水。先秦宋玉《九辯》：“宋蓼兮收潦而水清。”《詩·大雅·泂酌》：“泂酌彼行潦，挹彼注兹，可以濯罍。”《説文·水部》：“潦，雨水大皃。”漢王逸《九思·哀歲》詩：“北風兮潦冽，草木兮蒼唐。”南朝梁顧野王《玉篇·水部》：“潦，雨水盛也。”唐魏徵《郊廟歌辭·五郊樂章·白帝商音肅和》詩：“豺祭隼擊，潦收川鏡。”宋劉敞《送張蘇州》詩：“楚澤潦收騰駕遠，廣陵濤起渡江遲。”元杜仁傑《宿金綫泉》詩：“洩雲迷灌木，行潦帶清

流。”明申屠衡《周玄初祈晴》詩：“吳田潦淫
三月餘，吳淞決防連具區。”清錢謙益《題武林
鄒孟陽所藏李長蘅臥游畫册》詩：“潦收漁莊淥
照水，霜酣寶巖紅滿灣。”

【水潦】

大雨貌，雨水盛大曰潦。一說，因雨水
過多而積在田地裏的水或流於地面的水。《禮
記·曲禮上》：“水潦降，不獻魚鼈。”《左傳·襄
公十年》：“水潦將降，懼不能歸，請班師。”
《魏書·崔浩傳》：“南土下濕，夏月蒸暑，水
潦方多。”唐張九齡《祭洪州城隍神文》：“今
水潦所降，亦惟其時。”宋張虙《月令解》卷
九：“季夏，水潦盛昌，故行夏令則爲大水。”
元吳萊《方景賢回聞吳中水潦甚戲效方子清儂
言》詩：“天寧不汝恤，有此水潦淫。”明唐順
之《山海關陳職方邀登觀海亭作》詩：“深秋邀
我觀海樓，水潦初清海霧收。”清洪繻《姚村驛
乘馬車南過泗水向孔林宿曲阜城》詩：“秋冬水
潦降，波瀾何汪洋。”

【雨潦】

即水潦。大雨貌。一說，指雨大水淹。漢
焦延壽《焦氏易林》：“雨潦集降，河渠不通。”
唐白居易《白孔六帖》卷八二：“雨潦敗稼。”
宋劉敞《雨中送張六》：“秋陰蔽陽光，雨潦如
昏墊。”金王庭筠《舍利塔》詩：“崧山歸山夏
秋雨，雨潦從衡歲相蕩。”元李孝光《有翼》其
五：“還泊於沙，雨潦浸淫。”明符錫《雲莊
歌》詩：“旱則與雨潦則止，豐亨九土含靈喜。”
清陳恭尹《送吳制軍至三水因紀昔游作百韵贈
別》：“維時月在午，雨潦猶未足。”

【霂霵】

單稱“霂”，亦作“霂霵”。大雨，大雨貌。

南朝梁顧野王《玉篇·水部》：“霂，大雨也。”
唐慧琳等《一切經音義》卷五〇引《字書》：
“霂霵，大雨貌也。”《廣韵》：“霂霵，大雨。”
遼釋行均《龍龕手鑑·雨部》：“霵，霂霵，大
雨也。霂，俗。”

【霂】

霂霵的單稱。此稱南北朝時期已行用。見
該文。

【霂霵】

同“霂霵”。此體遼代已行用。見該文。

【大潤】

指大雨。約前秦皇始元年至西秦永弘四年
成書的《天王太子辟羅經》：“大潤四國欣澤，
是以去舊土之所生，慕潤澤以自濟也。”《後漢
書·鍾離意傳》：“比日密雲，遂無大潤。”李賢
注：《易》曰：‘密雲不雨，自我西郊。’”隋
吉藏法師《仁王般若經疏》：“如來布慈悲雲雨
實相雨，大根大莖受其大潤，小根小莖受其小
潤。”宋吕陶《和喜雪》詩：“霈然蒙大潤，化
力少知歸。”清佚名《孚遠縣鄉土志》：“夫雨大
潤濕，無物不有，千秋國史，無事不書。”

【雨條】

連成條狀的雨綫，形容雨下得急、下得大。
宋趙蕃《十七日晨起簡諸公》詩：“竹屋紙窗宵
摵摵，雨條風葉曉蕭蕭。”明康麟《柳莊》詩：
“雨條牽翡翠，風綫弄鵝黃。”

【注雨】

大雨如注，故稱。《黃帝内經·素問》：“太
陰所至，爲濕生，終爲注雨。”漢《氾勝之書》：
“到榆莢時，注雨止，候土白背復鋤。”北周庾
信《變宮調二首》其一：“桑林還注雨，積石遂
開河。”唐佚名《唐商客王昌瑾得古鏡銘》詩：

注雨、雨條
（傅抱石《風雨歸舟圖》局部）

"智者現，愚者盲，興雲注雨與人征。"宋蘇頌《過土河》詩："秋來注雨彌郊野，冬後層冰度輻轅。"元司農司《農桑輯要》卷二："椹黑時，注雨種豆。"明孫緒《駱孝子廬墓》詩："黃昏清曉雙涕淚，斜風注雨半間屋。"清佚名《集字聯》："波綠生春早，雲歸注雨遲。"

【霶雨】[2]

指大雨。霶，古同"澍"，表大雨灌注。南朝梁元帝《藩難未靜述懷》："差營逢霶雨，立壘挂長虹。"唐權德輿《奉使宜春夜渡新淦江陸路至黃檗館路上遇風雨作》詩："陰雲擁崀端，霶（一作需）雨當山腹。"宋陸游《五月五日蜀州放解榜第一人楊鑒具慶下孤生愴然有感》詩："震雷霶雨夜達晨，我知決定非凡鱗。"元馬端臨《文獻通考》卷二六九："其時黃霧四塞，不聞霶雨之應。"明朱廷煥《增補武林舊事》："繼時霶雨，四境沛足。"清弘曆《喜晴（閏六月初三日）》詩："邇來霶雨常霑施，雲拖間（去聲）或霏細絲。"

【霪霪】

亦稱"霤霤"。《廣雅·釋訓》："霪霪霤，雨也。"王念孫疏證："《玉篇》：'霪霤，大雨也。'重言之則霪霪霤霤。"宋《原本廣韵》："霤、霪霤，大雨集聚也。"宋趙長卿《臨江仙》詞："晚涼如有意，霤霤到山家。"宋潛說友《咸淳臨安志》卷九四："霷霈霪霤，大雷大霆，則其穹窿峻極，從可知矣。"明朱謀墇《駢雅》："溟澤，小雨也；霪霤，菶大雨也；潒濱，久雨也。"清惲敬《大雲山房雜記》卷一："今吳人以秋雨爲秋霪霤。"清張惠言《茗柯文初編》："八溟傾以霪霤兮，天地鬱逷以滲離。"清弘曆《御製詩集》："侵曉尚霤霤，雨勢殊未央。"

【霤霤】

即霪霤。此稱三國時期已行用。見該文。

【挂龍雨】

亦稱"挂龍"。伴有龍捲風之大雨。遠看積雨雲呈漏斗狀舒捲下垂，似天龍下挂吸水，故稱。宋惠洪《大風夕懷道夫敦素》詩："方收一霎挂龍雨，忽作千林擷鷁風。"宋阮閱《詩話總龜》："已收一霎挂龍雨，勿起千岩擷鷁風。挂龍對擷鷁，皆方言。"元岑安卿《八月上旬出游晚歸》詩："西山一餉挂龍雨，薄暮歸來新月明。"明李攀龍《與子與游靈隱寺吳馬諸公同賦》詩："片雨挂龍潒，清風嘯虎林。"《紅風傳》第一回："上至天下至地，先挂龍後颳紅風，只颳的天昏地暗，日月無光……"

【挂龍】

"挂龍雨"的省稱。此稱宋代已行用。見該文。

【懸麻雨】

亦稱"懸麻"。指大雨。密集如麻，故稱。宋張擴《括蒼官舍夏日雜書五首》其二："昨日猶苦雨，高簷如懸麻。"宋陳師道《次韵晁無斁夏雨》詩："鈎窻欲懸麻，出門已橫河。"元關漢卿《魔合羅》第一折："看這單布衣服，怎避這懸麻雨？"元秦簡夫《趙禮讓肥》第一折："想起來我心如刀割，題起來我淚似懸麻。"《山西通志》卷二二六："懸麻白雨映層崖，過盡行雲晚照開。"清宋犖《漫堂草·雨》詩："廡宇懸麻，急陣催驚湍。空階聚雲濃，儼潑墨雷殷。"

【懸麻】

"懸麻雨"的省稱。此稱宋代已行用。見該文。

【冥雨】

密雲大雨。亦稱"冥冥雨"。宋沈遼《古興十六首》其十："秋風方慘慄，冥雨何時霽。"宋孔平仲《九月十八日作》詩："浩浩風吹木，冥冥雨壓城。"元袁易《重午客中三首》其二："湖上冥冥雨，和愁細似塵。"明皇甫冲《維摩寺雨坐》詩："冥雨從東來，驚雷自西往。林巒忽不見，但聞山澗響。"清吳莭《寄懷湘雯申江》詩其二："海氣冥冥雨，江潮漠漠寒。"

【冥冥雨】

即冥雨。此稱宋代已行用。見該文。

【玉竿銀索】

亦作"玉竿"，亦稱"銀索"。銀白色大雨。因其白亮如銀玉，連續不斷如竹竿、繩索，故稱。宋文同《季夏己亥大雨》詩："玉竿銀索傾缾盆，豪威努力凌乾坤。"宋許景衡《過靈壁阻雨不得游張園二絕》其二："當年詩酒早盤桓，無數蕭蕭碧玉竿。"宋楊萬里《望雨》詩："霆裂大瑤甕，電縈濕銀索。"清項鴻祚《蘭陵王》詩："秋千罷、還倚瑣窗，花雨和煙冷銀索。"

【玉竿】

"玉竿銀索"之省稱。此稱宋代已行用。見該文。

【銀索】[1]

即玉竿銀索。此稱宋代已行用。見該文。

【銀竹】

即大雨。其色白亮，其降如竹，故稱。唐李白《宿鰕湖》詩："白雨映寒山，森森似銀竹。"宋陳與義《秋雨》詩："塵起一月憂無禾，瓦鳴三日憂雨多……病夫強起開户立，萬箇銀竹驚森羅。"宋姜特立《大雷雨》詩："金蛇照夜三千尺，銀竹傾雲百萬條。"元張玉娘《念奴嬌·中秋月次姚孝寧韵》詞："楚雲無迹，蕭蕭夢斷銀竹。"明朱瞻基《瀟湘八景畫·瀟湘夜雨》詩："三湘淋漓瀉銀竹，七澤洶涌翻春雷。"清趙佑《夜雨偶成》詩："萬條銀竹喧未已，明日起看山澗平。"

【箭杆雨】

亦稱"雨鏃"。飛瀉而下的大雨。因其連續不斷如箭矢，故稱。宋陸游《大雨》詩："雨鏃飛縱橫，雷車助奔驟。"元馬致遠《薦福碑》第三折："這場大雨，非爲秋霖，不是甘澤，遮莫是箭杆雨，過雲雨，可更淋漓辰靄。"

【雨鏃】

即箭杆雨。此稱宋代已行用。見該文。

【雨旆】

即大雨。宋葉適《馮公嶺》詩："風篁生谷隧，雨旆來岩虛。"宋吳潛《喜雨二解（呈檢閱同官諸丈，己未七月）》其一："幾日雲車停野外，今宵雨旆入城來。"

【霝】

亦稱"雨霝"。即大雨。霝，雨盛貌。南朝梁阮孝緒《文字集略》："霝，大雨也。"唐韓愈等《秋雨聯句》："禽情初嘯儔，磩色微收霈。"唐杜審言《和李大夫嗣真奉使存撫河東》詩："雨霈鴻私滌，風行睿旨宣。"宋陳造《江湖長翁集》："耕於淮之南，春夏大旱，客見謔，某時雨霈，然某大水害稼。"宋王明清《揮麈後錄》卷二："霈爲霖而復斂，抱虛壁之層層。"元劉鶚《寄蒙君禮元帥並書蒙泉二大字以貽之》詩："一朝隨蒼龍，化作霖雨霈。"明何喬新《金嶂山歌》："歲旱村翁事禱雨，油然雲興霈甘澤。"明李賢《聽琴》詩："高峰瀑布千尺强，雷電交作雨霈霽。"清朱倫瀚《賀幸誠親王山莊應制》詩："晚涼時雨霈，歸路擁風雷。"清劉孚京《雜詩》其二："重陰霈膏澤，曄曄含光輝。"

## 【雨霈】

即霈。此稱唐代已行用。見該文。

## 【霈澤】

潤澤萬物的大雨。亦喻帝王對普天之下衆生之恩澤。南北朝佚名《靈寶無量度人上經大法》："伏願玉京帝主，金闕師尊，普降厖恩，遐施霈澤。"唐杜甫《雨過蘇端》詩："況蒙霈澤垂，糧粒或自保。"宋甯全真《靈寶領教濟度金書》："伏願玄穹霈澤，方壤承華。"元顧瑛《以吳東山水分題得陽山》詩："一朝挾子上天去，霈澤下土昭神功。"明胡直《春野唫》詩："青雲霈澤素冰開，燕嬌南徂鴻北來。"清弘曆《龍王堂》詩："所希惠時若，霈澤始京華。"

## 【豐澤】

充沛水量的大雨。亦喻帝王對普天之下衆生之恩澤。三國魏王粲《公燕》詩："昊天降豐澤，百卉挺葳蕤。"唐李華《含元殿賦》："雲勃興灑，豐澤於生。"宋沈庭瑞《華蓋山浮丘主郭三真君事實》："山存華蓋，長含異春。恩流豐澤，用濟烝民。"明王汝玉《雜詩十首》其三："青陽降豐澤，萬物競欣榮。"《淵鑑類函》卷一五五："井鉞參旗，戢司干而不試；箕風畢雨，被豐澤以惟均。"

## 【豐注】

水量充沛的大雨。晋陸機《贈尚書郎顧彥先》之二："豐注溢修霤，潢潦浸階除。"明張羽《静居集》："驚雷破屋柱，飛電舒夜光，豐注懸霤。"《淵鑑類函》卷七："豐注，大雨也。"清弘曆《御製詩集》卷五一："南雲忽佈飛豐注，簷溜傾珠濺到階。"

## 滂沱

雨水盛大之貌，引申爲大雨。按，滂沱一詞本出自《詩·陳風·澤陂》："寤寐無爲，涕泗滂沱。"謂哭相。晋佚名《洛陽人爲祝良歌》："精符感應，滂沱而下。"南朝宋鮑照《苦雨》詩："連陰積澆灌，滂沱下霖亂。"唐杜甫《喜雨》詩："安得鞭雷公，滂沱洗吳越。"宋孔平仲《晚望》詩："秋江水自壯，更值雨滂沱。"元俞遠《澄江八景·巫門夜雨》詩："巫子門前沙擁波，泊舟黑夜雨滂沱。"明陶宗儀《七月十四日書事》詩："雲靄冥迷風暴烈，雷霆擊薄雨滂沱。"清成書《雨》詩："三伏濃陰偶一見，或飄點滴無滂沱。"

## 【滂沛】

雨水豐沛之貌，大雨。漢劉向《九嘆·逢紛》："譬彼流水紛揚磕兮，波逢洶涌潰滂沛兮。"唐徐夤《喜雨上主人尚書》詩："幾日淋漓侵暮角，數宵滂沛徹晨鐘。"宋孫應時《小舟過吳江風雨大作夜泊三家村翌日風回到家日未中》詩："不料西南風，滂沛遽如許。"元王磐《游黃華山》詩："有泉不知源，滂沛落雲際。"

明王汝玉《端陽應制》詩："微臣躬感風雲會，况沐天恩降滂沛。"清朱葵之《偕彦山從子游卧樟樓觀古樟循城闉訪春草池次日由謝客巖登舟即以留别》詩其一："何當化龍飛，甘霖灑滂沛。"

【霶霈】

亦稱"霏霈"。意與"滂沱""滂沛"同。漢焦延壽《易林·巽之離》："隱隱大雷，霶霈爲雨。"晉潘尼《苦雨賦》："始濛溦而徐墜，終霶霈以難禁。"唐元稹《獻滎陽公詩五十韵》序："持杯棬而承澍雨，自滿而止，又安能測其霶霈之所至哉？"遼釋行均《龍龕手鑑·雨部》："霏，霶俗字。"明李流芳《靈雨詩次公路韵》其三："淹凄忽借風爲陣，霶霈仍教水作鄉。"清吴任臣《字彙補》："霶霈，大雨也。"

【霏霈】

即霶霈。此稱遼代已行用。見該文。

【霶霮】

意與"滂沱""滂沛""霶霈"等詞語同。唐歐陽詹《益昌行》詩："期當作説霖，天下同霶霮。"宋釋居簡《賀李臨海雨》詩："一聲霹靂飛寥泬，三日霶霮洗赫炎。"元方回《元夕前雨不已》詩："節廟燒燈奈若何，客樓三夜聽霶霮。"明李昌祺《遐齡十景·龍岡雨霽》詩："最好連山皆白石，霶霮洗出玉鱗寒。"清弘曆《江天風雨歌題宋宣和畫》詩："霶霮銀竹忽立霆，溟濛那辨天之涯。"

【鳴雨】

狂風加大雨。雨聲大作，故稱。唐杜甫《雨不絶》詩："鳴雨既過漸細微，映空摇颺如絲飛。"浦起龍心解："鳴雨，大雨也。"宋衛宗武《再和易後韵爲前韵六首》其四："西風葉滿庭，敲枕聽鳴雨。"元黄玠《寫愁似胡伯亮》詩其一："鳴雨清夜長，野蕨剪畦翠。"明何景明《雨望西山》詩："碧山鳴雨過嵯峨，湖水風增萬丈波。"清陳維崧《桂枝香·蟹》詞："記昨歲、秋窗鳴雨。見小插黄花，濕蟬拖處。"

【濯枝雨】

農曆五六月間的大雨，可洗滌樹木，故稱。晉周處《風土記》："六月有大雨，名濯枝雨。"唐韓鄂《歲華紀麗·五月》："芒種之日，螗蜋之生，風名黄雀，雨曰濯枝。"宋蕭立之《郴幕得告歸桂東》詩："濯枝雨乾溪水碧，西南天高月斜白。"元宋褧《靳士昌宅前大樹》詩："何時濯枝雨，老翠尚能新。"明張萱《正月十五夜清音閣宴集符乃九廣文改席多續堂步月觀燈》詩："喜看今夕冰成繭，莫問前宵雨濯枝。"清胤禛《夏》詩："濯枝雨過園林潤，解愠風來殿閣清。"古亦常作"濯枝新雨""濯枝驟雨"等。

【洗兵雨】

亦稱"灑兵雨"。出師所遇之大雨，古以爲老天洗刷兵器，以利征戰，故名。漢劉向《説苑·權謀》："風霽而乘以大雨，水準地而嗇，散宜生又諫曰：'此其妖歟？'武王曰：'非也，天灑兵也。'"南朝梁簡文帝《隴西行》之二："洗兵逢驟雨，送陣出黄雲。"唐岑參《奉和（一作有杜字）相公發益昌》詩："朝登劍閣雲隨馬，夜渡巴江雨洗兵。"宋黄希《補注杜詩》："武王伐紂，大雨，太公謂之洗兵雨。"元陳高《丙午元日》詩："誰施洗兵雨，吾欲叩天閽。"明王守仁《喜雨三首》其三："前旌已帶洗兵雨，飛鳥猶驚捲陣雲。"明郯韶《送廣德程萬户弟從軍》詩："吹笛高城破虜風，飲馬長江洗兵雨。"清繆徵甲《喜從弟達春自乍浦避兵回》詩："願將泰山雲，散作洗兵雨。"

【天灑兵】

即洗兵雨。此稱漢代已行用。見該文。

【雨湯】

指雨大若湯澆。《新唐書・五行志》："〔咸通八年〕七月，泗州下邳雨湯，殺鳥雀。"宋曾幾《吳傅朋送惠山泉兩瓶并所書石刻》詩："疾風驟雨湯聲作，淡月疏星茗事成。"

## 暴雨

暴烈之雨。現代氣象觀測規定，一小時內的雨量在 16 毫米以上的雨，或十二小時內的雨量在 30 毫米以上的雨，或二十四小時內的雨量爲 50 毫米以上的雨謂暴雨。《爾雅・釋天》："暴雨謂之涷，小雨謂之霡霂，久雨謂之淫。"《禮記・月令》："暴雨總至，藜莠蓬蒿並興。"唐元稹《書異》詩："奔渾馳暴雨，驟鼓轟雷霆。"宋馮山《野澗》詩："暴雨沙汀漲，清風岸葦秋。"元迺賢《龍門》詩："暴雨忽傾注，淫潦怒奔決。"明龐尚鵬《颶風歌》："翻盆暴雨夜漫漫，澤水千丈迷桑田。"康熙《永平府志》卷三："〔正德十三年〕六月，劉家口關暴雨，城壞樓傾，鐵葉門流至樂亭。"

【霙】

即暴雨。宋司馬光《類篇・雨部》："霙，雨疾也。"

强氣旋對流雲團下的大暴雨

【䨻】[2]

即暴雨。《集韵・屋韵》："䨻，暴雨謂之䨻。"

【驟雨】

即暴雨。來勢凶猛之雨。《老子》："故飄風不終朝，驟雨不終日。"南朝梁蕭綱《隴西行三首》其二："洗兵逢驟雨，送陣出黃雲。"唐李白《草書歌行》詩："飄風驟雨驚颯颯，落花飛雪何茫茫。"宋柳永《雨霖鈴》詞："寒蟬淒切，對長亭晚，驟雨初歇。"金元好問《驟雨打新荷》詞："驟雨過，珍珠亂撒，打遍新荷。"明鄧林《過十八灘》詩："奔流觸石晴飛雪，驟雨添江夜隱雷。"清王夫之《讀甘蔗生遺興詩次韵而和之七十六首》其三十八："夜來魑魅天南路，黑塞魂隨驟雨歸。"

【澍雨】[2]

指暴雨。《尚書大傳》卷四："久矣，天之無烈風澍雨。"鄭玄注："暴雨也。"《東觀漢記・和熹鄧皇后傳》："三月，京師旱，至五月朔，太后幸洛陽寺……行未還宮，澍雨大降。"唐權德輿《奉使宜春夜渡新淦江陸路至黃蘗館路上遇風雨作》詩："陰雲擁巖端，澍雨當山腹。"《舊唐書・代宗紀》："〔大曆十一年〕七月戊子，夜暴澍雨，平地水深盈尺，溝渠漲溢，壞坊民千二百家。"元柳貫《龍門》詩："他山或澍雨，湍漲輒廉悍。"元《雷公山感應碑記》："澍雨如注，徹夜達旦。"《淵鑒類函》："北有大雲如箕，漸次彌漫，俄而澍雨，大水暴至。"

【飛雨】

飛舞飄落的雨。亦特指驟雨。晉張協《雜詩十首》其二："飛雨灑朝蘭，輕露栖業菊。"南朝齊謝朓《觀朝雨》詩："朔風吹飛雨，蕭條江上來。"唐杜甫《立秋雨院中有作》詩："飛雨動華屋，蕭蕭梁棟秋。"宋蘇軾《有美堂暴雨》詩："天外黑風吹海立，浙東飛雨過江來。"金趙秉文《涌雲樓雨二首》其一："窗外忽傳林葉響，坐看飛雨入樓來。"明何喬新《齋居對雨懷惟孝》其一："空庭灑飛雨，花樹凉蕭蕭。"清姚允迪《雨後》詩："飛雨颯然至，一峰天外青。"

## 沫雨

指驟雨。因其急驟，上浮泡沫，故稱。《淮南子·説山訓》："人莫鑒於沫雨，而鑒於澄水者，以其休止不蕩也。"《太平御覽·天部》："沫雨，雨潦上沫起覆蓋也，言其濁。"明梁元柱《過潘孺朗綺絢堂次鄭太史韵》詩："當窗雨沫琅函潤，撲席花明綺檻鮮。"清陳恭尹《游黄龍洞》詩："沫雨晴驟飛，游鱗清可掬。"

### 【猛雨】

猛烈之雨，暴雨。晋葛洪《抱朴子外篇·酒誡》："是獨知猛雨之沾衣，而不知雲氣之所作。"《三國志·魏書·三少帝紀》裴松之注引東方朔《神異經》："晝夜火燒，得暴風不猛，

猛雨至、雲涌山傾之態
（元方從義《風雨歸舟圖》局部）

猛雨不滅。"《通典·兵》："夏戊己，秋壬癸，冬甲乙，此日有疾風猛雨也。"唐杜牧《念昔游三首》其二："雲門寺外逢猛雨，林黑山高雨脚長。"宋邵雍《落花吟》詩："狂風猛雨日將暮，舞榭歌臺人乍稀。"元薩都剌《芒鞋》詩："嚴霜烈日太行坡，斜風猛雨瓜州渡。"明甯静子《詳刑公案》："登時天昏地黑，猛雨楞沱，疾風迅烈，電光閃灼。"清吴莊《夏日雜興》詩其二："猛雨過惡木，森森有餘陰。"

### 【陵雨】

指暴雨。漢揚雄《法言·吾子》："震風陵雨，然後知夏屋之爲帡幪也。"李軌注："陵，暴。"晋陸機《演連珠》之五十："是以迅風陵雨，不謬晨禽之察；勁陰殺節，不凋寒木之心。"清黄宗羲《董在中墓志銘》："顧迅風陵雨，愚智同盡，將爲生之者有意乎？"

### 【凌雨】

指暴雨。漢王逸《楚辭章句》："揚子曰：震風凌雨，然後知夏。"南朝梁江淹《拜中書郎謝表》："方遽求振風，長憂凌雨，不悟遭社鳴之屬，際河清之會。"宋張世南《游宦紀聞》卷三："自唐及今，流潦巨浸之所漂齧，震風凌雨之所滌蕩，不知其幾，而墨色爛然如新。"元俞琰《周易集説》："夏則居橧巢以避暑，而有震風凌雨之患。"明黄淮、楊士奇等《歷代名臣奏議》："疾風凌雨並至而乘之，而居者不安焉。"《子史精華》："神栖崑崙，震風凌雨，知爲帡幪。"

### 【獰雨】

指暴雨。清黄周星《垂虹橋新漲歌》："忽然頭上黑雲橫，狂颷颯颯驅獰雨。"清洪棄生《寄鶴齋選集》："手足作車尻作輪，獰雨盲風催

轉餉。"

【淮雨】[2]

指暴雨。本爲"淫雨"之訛，但沿誤成習，後人仍有用爲淫雨之意者。漢伏勝《尚書大傳》卷二："久矣，天之無別風淮雨，意者中國有聖人乎！"鄭玄注："淮，暴雨之名也。"南朝梁陸倕《釋奠應令詩》其一："方口深雪，載調淮雨。"南朝梁劉勰《文心雕龍·練字》："《尚書大傳》有'別風淮雨'，《帝王世紀》云：'列風淫雨'。'別''列''淮''淫'字似潛移。'淫''列'義當而不奇，'淮''別'理乖而新異。"宋宋庠《送給事俞學士知宣州》詩："堯雲迷闕曙，淮雨破舟程。"清黃典五《挽方士淦聯》："千里江雲，三春淮雨。"

【凍雨】[2]

亦作"涷雨"。亦稱"涷"。指暴雨。《爾雅·釋天》："暴雨謂之涷。"郭璞注："今江東人呼夏月暴雨爲涷雨。"《說文》"涷""凍"本爲兩字，暴雨義應作"涷"，因兩字形義相近，古籍刊本往往作"凍"。《楚辭·九歌·大司命》："令飄風兮先驅，使涷雨兮灑塵。"王逸注："暴雨爲涷雨。"《淮南子·覽冥訓》："若乃至於玄雲之素朝，陰陽交爭，降扶風，雜涷雨，扶搖而登之。"高誘注："涷雨，暴雨也。"南朝梁簡文帝《玄圃納涼》詩："飛流如涷雨，夜月似秋霜。"唐杜甫《枯楠》詩："涷雨落流膠，衝風奪佳氣。"一本作"凍"。宋司馬光《石榴花》詩："畏日助殷紅，凍雨滌濃翠。"元袁桷《過揚州憶昔四首》其三："蕭蕭涷雨濕旌旄，猶著殷紅舊戰袍。"明王翰《虞城暮雨》詩："凍雨森森萬竹齊，獨驅羸馬踏青泥。"明鄭善夫《草堂大風雨徹夜懷田家》詩："振風颷而至，涷雨

猶傾盆。"清唐孫華《喜雨》詩："山雲既樓起，涷雨旋盆傾。"清林旭《赴飲沫河大雨夜歸》詩其一："龍祠涷雨驚狂客，六扇門窗隔疾雷。"

【涷】

即涷雨[2]。此稱先秦時期已行用。見該文。

【涷雨】

同"涷雨[2]"。此體晉代已行用。見該文。

【傾盆雨】

指大雨、暴雨。以盆潑出來的水作喻。宋蘇軾《介亭餞楊傑次公》詩："前朝欲上已蠟屐，黑雲白雨已傾盆。"元鮮于必仁《折桂令·薊門飛雨》曲："數聲引鼓，一霎傾盆。"《花月痕》第十五回："不想紅日忽收，黑雲四合，下起傾盆大雨來。"順治《徐州志》卷八："〔嘉靖四十一年〕六月十六日夜，大水驟發，大雨傾盆，陷沒城池，官署民舍蕩盡，人溺死不計其數，暫遷治小神集。"清盧若騰《小寒日大雷雨》詩："雷聲如伐鼓，雨水若傾盆。"

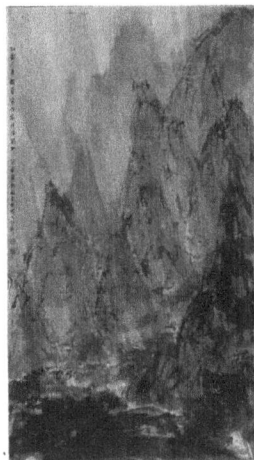

傾盆暴雨
（傅抱石《暴風雨圖》局部）

【甚雨】

指暴雨。《禮記·玉藻》："若有疾風迅雷甚雨，則必變。"北周庾信《周車騎大將軍賀婁公神道碑》："既而中塗甚雨，未獲圍原。"宋陸游《晚秋農家》詩其七："苦寒牛亦耕，甚雨鷄亦鳴。"元朱晞顏《寒食感興》詩："愁憐甚雨花多瘦，老覺殊鄉食更寒。"嘉靖《應山縣志》卷上："〔嘉靖九年〕夏甚雨，孔子廟墮。"康

熙《上海縣志》卷七："〔嘉靖元年〕七月二十
有四日，疾風甚雨，越明日，一晝夜乃止。災
連南畿，兩浙數千里間洋海嘯，邑無完屋。"
清顧炎武《十月二十日奉先妣葬於曾祖兵部侍
郎公墓之左》詩："王季之墓見水齧，宣尼封
防遭甚雨。"

【橫雨】

指暴雨。宋王之道《和富公權宗丞十首》
其五："君看橫雨隨風勢，紙紙清新字字斜。"
元張翥《江城子·惜花》詞："最恨顛風，橫雨
故相催。"明劉崧《毛生從龍陪予由藍陵入小莊
歸賦此為貺》詩："連筏載雲穿欅柳，斷橋橫雨
出芙蓉。"清趙慶熹《南鄉子》詞："盼得春來
無好日，天天，祇自斜風橫雨連。"

# 雷雨

伴有雷電之雨，一般雨水較為強烈，屬強
對流雨天氣。《書·虞書·舜典》："納於大麓，
烈風雷雨弗迷。"《周易·屯象》："動乎險中，
大亨貞。雷雨之動滿盈，天造草昧。"隋佚名
《祀五帝於明堂樂歌十一首·高明樂》："携日
月，帶雷雨。"唐韋莊《暴雨》詩："江村入夏
多雷雨，曉作狂霖晚又晴。"宋陸游《七月十一
日雨後夜坐户外觀月》詩："雷雨始退散，雲月
相吐吞。"元馬端臨《文獻通考·郊社考》："泰
山多陰翳雷雨，及工徒升山，景氣晴爽。"明何
景明《送韓汝慶還關中二首》其一："六月西
山雷雨低，長安城中十日泥。"《明孝宗實錄》
卷一七八："〔弘治十四年〕八月癸丑，四川烏
撒軍民府司渡河巡檢司，自閏七月二十七日大
雷雨不止，至二十九日水漲，山崩地裂。"同
治《湘鄉縣志》卷一○："〔正統二年〕夏五月
夜，大雷雨，平地水深四五尺，銅梁等處劃山

拔木，漂没廬田人畜無算。"光緒《吉安府志》
卷五三："〔宣德六年〕二月甲午，安福大雷雨，
白泉陂羊塘地陷二：一深三尺，廣十餘丈；一
深六尺，廣一丈有奇。"清張問陶《即事》詩：
"煙波蒼蒼水風急，雷雨黯黯溪雲生。"

【靁雨】

伴有雷電之雨。先秦《竹書紀年》："舜
在位十有四年，奏鐘石笙管未罷，而天大靁
雨，疾風登屋拔木，桴鼓播地。"《華嚴經合
論》："種種雲電及靁雨。"《資治通鑑·王莽地
皇元年》："壬午餔時，有烈風靁雨，發屋折木
之變。"元劉壎《水雲村稿》卷八："歲頻亢旱，
公才往禱，靁雨輒踵至。或淫潦，復往拜，即
雲收日舒，如翻覆手若此者屢。"

【瞋恚雨】

亦稱"瞋怒雨"，大雷雨。雷聲隆隆，如上
天震怒，故稱。《分別功德論》卷一："有二種
雨。有歡喜雨，有瞋恚雨。和調降雨是歡喜也，
雷電霹靂是瞋恚也。"唐釋道世《法苑珠林》卷
六三："若雷電霹靂者，是瞋恚雨。"宋李彌遜
《待月久不至須臾雲破星露溪光發衆賓懽呼席上
次德甫韻》詩："却暑已煩瞋恚雨，掃雲須賴吉
祥風。"清厲荃《事物異名録·乾象·雨》："雨
興，雷電霹靂，是瞋怒雨。"

【瞋怒雨】

即瞋恚雨。此稱清代已行用。見該文。

【霣】

亦作"霿"。指雷雨。《説文·雨部》："霣，
齊人謂靁為霣。"南朝梁王筠："陰陽纏固之
時，得雷乃解散而成雨也。"南朝梁顧野王《玉
篇·雨部》："霣，雷起出雨也。"《集韻·準韻》：
"霣，《説文解字》：'雨也，齊謂靁為霣。' 一曰

雲轉起也。古作霄。”

## 【霄】

同“霣”。此體宋代已行用。見該文。

## 【陣頭雨】

指雷陣雨。宋釋居簡《秋潦嘆》詩：“陣頭雨過陣頭起，濕稼不多潢潦多。”元陸泳《田家五行志》：“千歲老人不曾見，東南陣頭雨沒子田。”明馬歡《瀛涯勝覽》：“每年至二三月，日夜間則下陣頭雨一二次，番人各整蓋房屋，備辦食用。”明徐光啓《農政全書》卷一一：“温潤如流汗，主有陣頭雨至田。”

# 第四章　降雪説

## 第一節　玉雪考

本節主要彙集、考證有關"雪"這一概念的古詞語。雪是由大量白色不透明的冰晶和其聚合物（雪團）組成的降水。古人表達"雪"的抽象詞語較少，僅包括"霅""雪"兩個名詞。《説文·雨部》："霅，凝雨説物者。"《詩·小雅·采薇》："今我來思，雨雪霏霏。"形象化喻雪的詞語較多，喻花者有"雨花""鹽花""散天花""飛花"等，喻玉者有"玉雪""玉戲""天公玉戲""玉龍"等，喻素白者有"素雪""冷飛白"等，多見於詩賦等文學作品。例如漢司馬相如《美人賦》："流風列惨，素雪飄零。"唐韓愈《春雪》："白雪却嫌春色晚，故穿庭樹作飛花。"宋王十朋《迎春遇雪》詩："飛雪送殘臘，帶花迎早春。"元周巽《雪裏梅》詩："冷凝玉蕊初飛白，凍折瓊枝欲斷魂。"有些詞語與"雨""水"相連組詞，亦體現了古人對水不同物態之本質屬性的理解。例如"雨凍"。唐吴融《賦雪十韵》詩："雨凍輕輕下，風乾淅淅吹。"又"大雨雪"。《史記·匈奴列傳》："〔太初元年〕冬，匈奴大雨雪，畜多饑寒死。"又"霸水"。宋范成大《春後微雪一宿而晴》詩："東君未破含春藥，青女先飛霸水花。"又"乾雨"。唐李咸用《大雪歌》："同雲惨惨如天怒，寒龍振鬣飛乾雨。"

自古人們就對雪花欣賞有加，并賦予其許多美麗的名稱，有擬物者，如"鵝毛雪""鵝毛碎"等，形容雪花輕飄如毛絮，甲骨文"雪"字中就有羽毛狀的圖案；又如"天華""天花""雪花""華雪""雪華""雪花""雪萼"等，皆是表達雪這種事物像花朵一樣漂亮。又"玉蕊""玉花""玉英""瑤花""璠花""瑤華""瓊花""瓊英""瓊芳""瓊瑤""碎瓊"等，皆指雪花，因

"雪"的甲骨文
（英 2366）

其晶瑩如玉，亦如花，故稱。又"六出花""六出冰花""六出公""六霙""六葩""六飛"等，因雪花之態爲結晶的六角形，故稱。又"玉蝶""玉蛾"等，皆表雪花，雪花飄舞如蛾如蝶，亦似玉，故稱。又"玉塵""玉屑""玉沙""玉絮"等，是説雪花潔白如玉，細小如砂屑塵末，或飄如絮。又"珍珠狀雪"，指像珍珠形狀的雪粒。又"穀麥狀雪"，指像穀子、麥子種仁形狀的雪粒。又"菽豆狀雪"，指像豆子形狀的雪粒。又"磚狀雪"，指像磚頭形狀的雪塊。有擬人者，如"玉妃"，以仙女喻指自天而降之雪花。唐韓愈《辛卯年雪》詩："白霓先啓塗，從以萬玉妃。"又"雪姐"，本指掌管雪的女神，代指雪。浙江、湖南等地諺語："雪姐久留住，明年好穀收。"又，表現雪花動態之詞語包括"飛雪""飛花""飛霜""迴雪""飛絮""撒鹽""鹽絮""霏雪"等。

## 雪概念

### 雪

亦作"䨮"。古人認爲雪是雨的凝結物。今氣象學認爲雪是天空中的水汽經凝華而來的固態降水。水的凝華是指水汽不經過水，直接變成冰晶的過程。多爲六角形。《説文·雨部》："䨮，凝雨，説物者。从雨彗聲。"段玉裁注："〔䨮〕冰雨説物者也。冰各本作凝。今正。凝者，冰之俗也。"《詩·邶風·北風》："北風其凉，雨雪其雱。"《春秋·隱公九年》："庚辰，大雨雪。"《釋名·釋天》："雪，綏也，水下遇寒氣而凝，綏綏然（下）也。"漢王逸《九

思·哀歲》："冬夜兮陶陶，雨雪兮冥冥。"南朝梁顧野王《大廣益會玉篇》："䨮，思悦切，凝雨也，雪同。"唐柳宗元《江雪》："孤舟蓑笠翁，獨釣寒江雪。"宋陸佃《埤雅》："雪從彗，蓋雨雪之可埽者也，亦能净坋穢若彗。"宋李清照《菩薩蠻》詞其二："歸鴻聲斷殘雲碧，背窗雪落爐煙直。"金党懷英《雪》詩："寶花天雨曉紛紛，佛界妝嚴盡白銀。"元楊維楨《東維子集》："善琴者有猗蘭、白䨮、離鸞、舞鶴、御風，古操之製也。"明唐文鳳《題墨梅》詩："玉京路遠不得歸，歲歲江南歷冰䨮。"明何楷《詩

經世本古義》卷一五：“雪，《說文解字》云：凝雨，說物者，本作䨮，从雨从彗。蓋雪雨之可埽者，亦能净紛穢若彗也。”清李開先《塞上曲》詩：“落地雪花原是雨，漫天榆莢不成錢。”

【䨮】

同“雪”。此體漢代已行用。見該文。

【素雪】

指雪。漢司馬相如《美人賦》：“流風洌慘，素雪飄零。”三國魏曹植《朔風》詩：“今我旋止，素雪雲飛。”晋葛洪《抱朴子内篇》卷一三：“素雪墮於上，玄冰結於下，寒風摧條而宵駭。”唐歐陽詢等《藝文類聚》卷六三引晋張協《玄武館賦》：“於是崇墉四匝，豐廈詭譎，爛若丹霞，皎如素雪。”唐李世民《望雪》詩：“凍雲宵徧嶺，素雪曉凝華。”宋郭茂倩編《樂府詩集·子夜四時歌》：“淵冰厚三尺，素雪覆千里。”元劉詵《吳寧極惠和閑居五詩復用韵爲謝（録三）》詩：“衰髮如素雪，一往隨飄風。”明于慎行《子夜冬歌》其二：“萬里覆寒雲，千林飛素雪。”清屈大均《辛未元日作》其四：“未知素雪非冰凍，却把紅梅當杏花。”

降雪綏綏然之態
（清陳子清《仿楊升峒關蒲雪圖》局部）

【五穀精】

指雪。以之和穀種之，耐旱，故稱。北魏賈思勰《齊民要術·種穀》：“雪汁者，五穀之精也，使稼耐旱。”《太平御覽》卷一二引漢《氾勝之書》曰：“取雪汁漬原蠶屎五六日，待釋，以手挼之，和穀種之，能禦旱，故謂雪爲五穀精也。”

【雨凍】[1]

亦作“凍雨[3]”。指雪。晋張騫《贈親友》詩：“層陰蔽長野，凍雨暗窮汀。”南朝齊謝朓《迎神》其七：“凍雨飛，祥雲靡。”唐吳融《賦雪十韵》詩：“雨凍輕輕下，風乾淅淅吹。”宋晁公遡《溪上尋梅》詩：“凍雨菲菲不濕山，水溪淺淺欲生瀾。”元方回《至節前二日》詩：“雨凍不應無雪凍，肩瘡更復有頭瘡。”明葉春及《同趙太史游飛雲頂》詩：“雨凍河山合，風高草木疏。”清楊芳燦《蘇幕遮·燕》詞：“薄暝歸來香雨凍。絮語相偎，似訴春寒重。”清弘曆《雪》詩其一：“同雲未肯放冬晴，凍雨均沾繼瑞霙。”

【凍雨】[3]

同“雨凍[1]”。此體晋代已行用。見該文。

【雨花】[2]

指雪。唐李賓《登瓦官寺閣》詩：“漫漫雨花落，嘈嘈天樂鳴。”宋韋驤《雪後游琅邪山聯句》詩：“嚴寒雨花霏，谷暖煙絮亂。”金蔡松年《水龍吟》詞：“別夢春江漲雪，記雨花、一聲雲杪。”元楊維楨《雪》詩：“龍噴雨花天作瑞。”明于慎行《寄雪浪上人一首》詩：“雨花飄座塵，雪浪起林峰。”

【鹽絮】

亦稱“鹽花”。指雪，以鹽絮喻指。宋蘇軾《次韵仲殊〈雪中游西湖〉》之二：“乞得湯休奇絕句，始知鹽絮是陳言。”宋李清照《青玉案》

詞："鹽絮家風人所許，如今憔悴，但餘雙淚，一似黃梅雨。"元王仲元《鬥鵪鶉·咏雪》曲："玉絮輕搏，瓊苞碎打，粉葉飛揚，鹽花亂撒。"清趙懷玉《小樓新闢西窗雪後坐眺》詩："屋舍互隱現，鹽絮紛端倪。"

## 【鹽花】

即鹽絮。此稱元代已行用。見該文。

## 【冷飛白】

亦作"飛白"。雪之異名。宋陶穀《清異錄·天文》："老伶官黃世明常言逮事莊宗，大雪內宴，鏡新磨進詞，號曰冷飛白。"元周巽《雪裏梅》詩："冷凝玉蕊初飛白，凍折瓊枝欲斷魂。"清厲鶚《十二月六日大雪初霽同耕民着屐登吳山歸檢鄉先輩凌柘軒集有同瞿存齋吳山對雪詩因次其韵》詩："天翁戲作冷飛白，一夜錢唐風浪拍。"

## 【飛白】

即冷飛白。此體元代已行用。見該文。

## 【翦水】

指雪。唐陸暢《驚雪》詩："天人寧許巧，翦水作花飛。"宋王安石《雪》詩："搏雲忽散筵爲屑，翦水如分綴作花。"金趙愨《寒齋雪中書呈許守》詩："剪水作花開，紛紛天上來。"明丁鶴年《太守兄遺紙帳仍贈以詩次韵奉謝》詩："湘娥剪水霜刀勻，虛室生白無纖氛。"清楊芸《東風第一枝·癸亥元旦喜雪邀紉蘭同作》詞："裁雲剪水，才幻出、滿庭花霧。"

## 【豆秸灰】

指雪。色白而輕，因以喻稱。宋蘇軾《岐亭道上見梅花戲贈季常》詩："野店初嘗竹葉酒，江雲欲落豆秸灰。"元李俊民《大陽值宿》詩："掃地陰雲撥不開，北風吹落豆秸灰。"明

陳璘《用韵再答休齋提學見贈》詩："時方寒沍雪片落，豆秸灰間瓊瑤葩。"清黃景仁《歲暮篇》其二："豆秸灰抹春雲色，野人新病足無力。"

## 【玉雪】

白雪。南朝梁蕭統《錦帶書十二月啓·黃鍾十一月》："彤雲垂四面之葉，玉雪開六出之花。"唐韓愈《給事中清河張君墓誌銘》："爲彼不清，作玉雪也。"宋楊萬里《送鄒元升歸安福》詩："我昔見子盧溪南，炯如玉雪照晴嵐。"明楊慎《謝同鄉諸公寄川扇》詩之二："自覺金風爽仙馭，誰將玉雪灑人寰。"

## 【天公玉戲】

亦稱"玉戲"。喻指雪。雪白如玉，自天而降，紛紛揚揚，似天公在戲玩，故稱。亦省稱"玉戲"。宋陶穀《清異錄·天文》："比丘清傳，與一客同入湖南，客曰：'凡雪，仙人亦重之，號天公玉戲。'"清玄燁《劉貫道積雪圖》詩："天公玉戲變山青，有妙精神無遁形。"清梁章鉅《喜雪唱和》詩："坐看名園玉戲奇，紅燈綠酒照霜髭。"

## 【玉戲】

"天公玉戲"之省稱。此稱宋代已行用。見該文。

## 【散天花】

指天降雪花。佛祖説法，感動天神，諸天便降落各種香花，謂"天花亂墜"，故借指滿天散落的雪花。後民間又演繹爲"天女散花"。唐李群玉《惱自澄》詩："常聞天女會，玉指散天花。"宋李之儀《今日交冬至》："蛾眉亭上，今日交冬至。已報一陽生，更佳雪、因時呈瑞。匀飛密舞，都是散天花。"宋王洋《子

楚煮雪水瀹團茶乃舉陶翰林語以詩見戲不敢不酬》："迷空散天花，萬疊屯寒雲。"清徐士俊《凌波曲·即次前韵》："分明青女晨興，散天花數層。"

【凝雨】

指雪。古以爲雪爲雨凝結而成，故稱。"雪"字的甲骨文中就有雨滴狀的圖案。南朝梁沈約《雪贊》詩："獨有凝雨姿，貞畹而無殉。"宋白玉蟾《九天應元雷聲普化天尊玉樞寶經集注》："雕雪者，其冒凍乘風凝雨作花之苦也。"清沈德潛《春日村行》詩："墟煙凝雨重，耕犢負犂輕。"

【乾雨】

指雪。唐李咸用《大雪歌》："同雲慘慘如天怒，寒龍振鬣飛乾雨。"宋洪朋《喜雪》詩："漫天乾雨紛紛闇，到地空花片片明。"明陸深《霜後拾槐梢製爲剔牙杖有作》詩："西風動中宵，乾雨鳴疏簾。"清揆叙《青縣舟中夜雪》詩："蘆臺城畔艤樓船，乾雨爭飛二月天。"

【玉龍】

指雪。唐呂巖《劍畫此詩於襄陽雪中》詩："峴山一夜玉龍寒，鳳林千樹梨花老。"宋張元《雪》詩："戰退玉龍三百萬，敗鱗殘甲滿空飛。"金趙秉文《聽雪軒》詩："玉龍臥無力，時送窗紙濕。"《西游記》第四八回："却便似戰退玉龍三百萬，果然如敗鱗殘甲滿天飛。"清秋瑾《齊天樂·雪》詞："朔風蕭瑟侵簾户，誰喚玉龍起舞。"

【龍沙】

指雪。一説，指塞外沙漠之地。唐喬知之《贏駿篇》詩："忽聞天將出龍沙，漢主崩騰龍沙飛。"唐李賀《嘲雪》詩："龍沙濕漢旗，鳳扇迎秦素。"宋劉敞《雪》詩："崩騰龍沙飛，浩蕩北溟卷。"明陸仁《送友人之京兼懷陳庶子二首》其二："龍沙飛雪似掌大，馬湩醉人如酒濃。"

【霏雪】

紛飛的雪。《魏書·樓毅傳》："同雲仍結，霏雪驟零。"唐李群玉《喜渾古見訪》詩："公子春衫桂水香，遠冲霏雪過書堂。"宋陸游《或以予辭酒爲過復作長句》詩："解衣摩腹午窗明，茶碾無聲看霏雪。"元何中《遇揭曼碩有贈》詩："梅花滿映林霏雪，柳眼初迷輦路春。"明朱誠泳《小鳴稿》："萬里同雲迷玉宇，滿天霏雪幻銀山。"清陳步墀《菩薩蠻·壽蔡竹銘》詞："寒松一樹冬霏雪。玉缸香襯團圓月。"

【飛雪】

紛飛的雪。先秦宋玉《招魂》詩："增冰峨峨，飛雪千里些。"漢秦嘉《贈婦》詩："嚴霜悽愴，飛雪覆庭。"唐岑參《白雪歌送武判官歸京》詩："北風卷地白草折，胡天八月即飛雪。"宋王十朋《迎春遇雪》詩："飛雪送殘臘，帶花迎早春。"元迺賢《送太尉掾潘奉先之和林》

蓬萊山雪景
（唐楊升《蓬萊飛雪圖》局部）

詩："七月金山已飛雪，牛羊散漫行人絕。"萬曆《崑山縣志》卷八："〔嘉靖四十年〕春陰，飛雪連綿不霽。"清張佛繡《小二月九日雪用東坡聚星堂韵》詩："小樓香氣銷雲葉，日暮江村正飛雪。"

**【飛霜】**[1]

猶指紛飛的雪。晋傅玄《季冬》詩："林上飛霜起，波中自生冰。"按，秋冬之夜，地面因長波輻射變冷，水汽在草屑土石上結霜。林上離地面較遠，故其飛霜或爲飄飛的雪花。《漢魏南北朝墓志彙編·北魏元佰陽墓志》："嚴風夕緊，飛霜夜槿。"南朝梁江淹《詣建平王上書》："昔者，賤臣叩心，飛霜擊於燕地。"李善注："《淮南子》曰：鄒衍盡忠於燕惠王，惠王信讒而系之，鄒子仰天而哭，正夏而天爲之降霜。"按，飛霜自天來，又擊於燕地，故謂之雪花。唐李白《古風》詩其三十八："飛霜早淅瀝，綠艷恐休歇。"宋劉兼《夢歸故園二首》其一："桐葉飛霜落井欄，菱花藏雪助衰顏。"元劉詵《城角春聲》詩："城樓夜吹梅花引，起視天宇皆飛霜。"明張元凱《秋夜思友》詩："不待飛霜雪，虀蕪此夕寒。"清屈大均《九月》詩："九月遼東衰草多，飛霜亂下白狼河。"一説，指霜。參見本卷飛霜[2]條目。

**【飛花】**

指紛飛的雪。南朝梁庾肩吾《咏花雪》詩："飛花灑庭樹，凝瑛結井泉。"唐韓愈《春雪》詩："白雪却嫌春色晚，故穿庭樹作飛花。"唐高駢《對春》詩："六出飛花入戶時，坐看青竹變瓊枝。"宋蘇轍《上元前雪三絕句》之一："不管上元燈火夜，飛花處處作春寒。"金楊雲翼《應制雪詩》詩："積玉未平鳰鵲瓦，飛花先

滿鳳皇城。"明戴良《甲辰元日對雪聯句》："三冬不作雪，元日乃飛花。"清凌祉媛《洞仙歌》詞："凍雲潑墨，正釀寒時候。六出飛花滿巖岫。"

## 霰雪

亦作"雪霰"，亦稱"雨雪子"。亦霰亦雪，紛揚而下。《楚辭·九章·涉江》："霰雪紛其無垠兮，雲霏霏而承宇。"《晋書·五行志》："〔光熙元年〕閏八月甲申朔，霰雪。"唐徐夤《憶牡丹》詩："綠樹多和雪霰栽，長安一別十年來。"唐白居易《秦中吟·重賦》："夜深煙火盡，霰雪白紛紛。"《南史·后妃傳下》："無何，雪霰交下，帷帟皆白。"宋王讜《唐語林·栖逸》："方冬，與群從子侄同登眺嵩洛，既而霰雪微下。"宋張孝祥《轉調二郎神》詞："陣陣回風吹雪霰，更旅雁一聲沙際。"明陳璉《歲寒軒賦》："雪霰紛紛，山川寂寥兮。"乾隆《沔陽縣志》卷一三：康熙七年三月十二日"雨雪子成硫黃，大如豆殘，以火輒然"。清劉大櫆《吳大椿置酒丁香花下》詩："一夜東風起蘋末，紛紛霰雪鋪簪楹。"清李鍇《雪》詩："寒雨變雪霰，層冰合泥塗。"清劉鶚《抱殘守缺齋乙巳日記》："今日更寒，重棉不足以支。早起雨雪子也。"

**【雪霰】**

同"霰雪"。此體唐代已行用。見該文。

**【雨雪子】**[1]

即霰雪。此稱唐代已行用。見該文。

**【冰雪】**[1]

天空降下的雪和冰塊冰粒。一説，冰凍之雪。參見本卷"冰雪[2]"條目。另説，冬季冰天雪地的景觀。三國魏王粲《七哀詩三首》其三："冰雪截肌膚，風飄無止期。"《陳書·殷不

害傳》：“〔承聖三年〕於時甚寒，冰雪交下，老弱凍死者填滿溝壑。”唐白居易《春游二（一作西）林寺》：“二月匡廬北，冰雪始消釋。”光緒《常昭合志稿》卷四七：“〔正德六年〕乙卯、丙辰，復冰雪沍寒。”

**【撒鹽】**

指降雪，抑或霰雪。鹽，比喻潔白的雪花，抑或爲霰。唐元稹《追封宋若華制》：“班妃‘裂素’之咏，謝氏‘撒鹽’之章。”南朝宋劉義慶《世説新語·言語》：“謝太傅寒雪日内集，與兒女講論文義。俄而雪驟，公欣然曰：‘白雪紛紛何所似？’兄子胡兒曰：‘撒鹽空中差可擬。’兄女曰：‘未若柳絮因風起。’公大笑樂。即公大兄無奕女，左將軍王凝之妻也。”清汪如洋《疏影·賦柳絮》詞：“又惹他林下詩情，記起撒鹽庭院。”清劉獻廷《廣陽雜記》卷二：“時風雨猶未止，想上封正在撒鹽飛絮也。雪景之奇，於斯極矣。”

## 霜雪[1]

霜和雪。《莊子·馬蹄》：“馬蹄可以踐霜

相如衣服單，漁夫霜雪中
（五代佚名《雪漁圖》局部）

雪。”《荀子·王霸篇》：“如霜雪之將將，如日月之光明。”漢王逸《九思·憫上》：“霜雪兮漼溰，冰凍兮洛澤。”晋左思《招隱》詩：“弱葉栖霜雪，飛榮流餘津。”南北朝吴均《酬周參軍》詩：“江南霜雪重，相如衣服單。”唐白居易《酬元員外三月三十日慈恩寺相憶見寄》詩：“誰言南國無霜雪，盡在愁人鬢髮間。”宋李彌遜《獨宿昭亭山寺》詩：“山寒六月飛霜雪，樓殿夜深鐘鼓歇。”元成廷珪《王元剛竹所》詩：“滄江歲晚多霜雪，與爾知心獨此君。”明藍仁《咏千枝柏》詩：“霜雪兼松茂，風煙帶柳柔。”清張實居《感遇》詩：“青女散霜雪，萬物悉蟄伏。”

## 雪彩

雪的美稱。一説，有顏色的雪。按，古人言雪之色彩，與當時的天空光彩有關，抑或有彩色屑物與降雪混合覆蓋於積雪之上所致。南朝梁王筠《奉和皇太子懺悔應詔詩（梁簡文有蒙預懺直疏詩）》：“和鈴混吹音，勝幡榮雪彩。”唐庾敬休《春雪映早梅》詩：“清晨凝雪彩，新候變庭梅。”五代孟貫《過王逸人園林》詩：“雪彩從沾鬢，年光不計心。”宋張詠《悼蜀四十韵并序》：“火氣烘寒空，雪彩揮蓮鍔。”明何喬新《行部上杭道過三洲館見白花生枳棘中芳潔可愛而不知其名問之村民曰文壇花也予哀其托根非所賦詩喭之又推花意而答賦焉凡得六首》其一：“雪彩冰姿傍棘叢，更堪苦雨與斜風。”清沈謙《鶯啼序·陳眉公先生題娛園圖家君命謙續填此词用楊升庵碧鷄唱曉體》詞：“任一葉驚秋，萬峰雪彩奇艷。”

**【赤雪】**

亦稱“紅雪”。紅色的雪。《晋書·武帝紀》：

"己亥，河陰雨赤雪二頃。"《新唐書·五行志》："〔永貞元年〕正月甲戌，雨赤雪於京師。"《宋史·仁宗紀》："〔慶曆三年〕十二月丁巳，大雨雪，木冰。河北雨赤雪。"《宋史·五行志》："〔慶曆三年〕十二月二十六日，天雄軍、德博州天降紅雪，盡，血雨。"萬曆《合肥縣志》卷上："〔正德七年〕二月，大雪，色微紅；又雨豆，有茶褐黑三色，類槐子。"乾隆《英山縣志》卷二六："〔弘治五年〕九月，大雪，至次年三方止，深丈餘，中有如血者五寸，山畜枕藉而死。"按，古籍中所言色紅之雪，或爲地面紅色土塵、植物碎屑覆於積雪之上，或被氣流帶入空中，與水氣結合而成，或與當時的天空光綫有關聯。例如喜馬拉雅山海拔五千米以上的冰雪表面，常附着紅色的斑點，遠看如同紅雪。這些紅斑點是由雪衣藻、溪水綠球藻和雪生纖維藻等藻類組成的，因其含有血色色素，故呈紅色。

【紅雪】

即赤雪。此稱元代已行用。見該文。

【黃雪】

黃色的雪。《舊唐書·五行志》："〔貞元二年〕正月，大雨雪，平地深尺餘。雪上有黃色，狀如浮埃。"光緒《慈溪縣志》卷五五："〔嘉靖四十三年〕六月三日，寧波落雪，似黃色。"按，古人言雪之黃色或橙色，或與當時的天空光彩有關，或與雪中彩色雜物有關。例如2018年3月27日，歐洲多國近日出現"橙色雪暴"，俄羅斯、烏克蘭等地的滑雪勝地披上"橙雪"。科學家認爲，這些"橙雪"混雜了沙塵和花粉。

【黑雪】

黑色的雪。一說，黑夜下的雪，因烏雲籠罩，無反射光綫，故視覺爲黑色。宋劉敞《初雪》詩："冥冥濃雪半空黑，烈烈北風吹日回。"元佚名《一枝花·鬢鬖梳綠雲》曲："遮莫黑雪烏風夜將半，將着這幾般。"萬曆《黃岡縣志》卷一○："〔洪武四年〕冬十月，大霧，北風寒勁，雨黑雪，竹柏皆枯。"康熙《麻城縣志》卷三："〔洪武四年〕十月，大霧，雨雪黑色，草木竹柏皆枯。"

【黑花雪】

間黑色花朵的雪。萬曆《秀水縣志》卷一○："〔景泰元年〕正月，大雪浹二旬，間有黑花積丈許，民多餓死，鳥雀幾盡。夏，霪雨傷稼。大饑。"

# 雪　花

## 雪花

雪的結晶形態，因呈六角形之花，故稱。南朝陳江總《釋奠詩應令八章》："雪花遲舞，雲葉雙抽。"北周庾信《寒園即目》詩："雪花深數尺，冰牀厚尺餘。"唐李白《北風行》詩："燕山雪花大如席，片片吹落軒轅臺。"宋李昉等《太平御覽》卷一二引《韓詩外傳》："凡草木花多五出，雪花獨六出。"元張之翰《墨梅》詩："梅花初破雪花飛，好在斜橫第一枝。"明吳本泰《臨淮道中雪》詩："今晨此風厲，雪花卷行幔。"清成鷲《戲贈埽雪童子》詩："昨夜三更風打門，雪花欺我衣裳單。"

【雪葉】

即雪花。唐歐陽詢等《藝文類聚》卷八八：
"叢枝封暮，雪葉映畫。"五代王周《贈岾師》
詩："雪花安結子，雪葉寧附枝。"宋佚名《擊
梧桐》詞："雪葉紅凋，煙林翠減，獨有寒梅難
並。"明沈鍊《漫興三首》其一："雪葉霜花二
月天，春風知不到三邊。"清伯麟《題楊升庵先
生畫像》詩："不然更譜鶴南飛，雪葉千山滇水
綠。"

【雪萼】

即雪花。宋孫光憲《望梅花》詞："見雪
萼、紅跗相映，引起誰人邊塞情。"元趙文《瓊
花上天歌》："顛風夜半撼燕城，雪萼瓊絲破空
碧。"清升說《天岸升禪師語錄》："秉拂問風搖
雪萼，家家月雲漾華魂。"

【雪華】

即雪花。像花朵一樣漂亮的雪。《埤雅·釋
文》："《韓詩外傳》云：雪華曰霙，凡華多五
出，雪華獨六出。"唐上官儀《早春桂林殿應

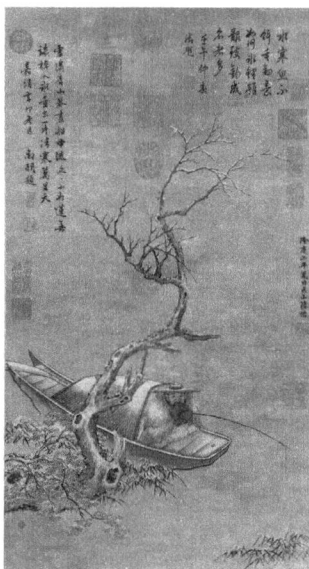

雪花紛飛之景色
（明陸治《寒江釣艇》局部）

詔》詩："風光翻露文，雪華上空碧。"宋司馬
光《和道粹春寒趣館馬上口占》詩："雪華猶惜
別，物意倍添新。"元周巽《山館梅》詩："簾
外玲瓏冰柱凍，窗前灑落雪華寒。"明葉盛《水
東日記》卷三五："少頃四合，雪華如掌，平
地尺許。"清陶德勳《續梅花百咏·粉梅》詩：
"點綴霜華與雪華，渾如宮樣著銀花。"

【華雪】

亦作"花雪"。花，同"華"。指像花朵一
樣漂亮的雪。《黃帝內經·素問》："二之氣，寒
不去，華雪水冰，殺氣施化，霜乃降。"南朝梁
庾肩吾《咏花雪》詩："飛花灑庭樹，凝瑛結
井泉。"《宋書·符瑞志》："草木花多五出，花
雪獨六出。"隋佚名《宋泰始歌舞曲十二首·帝
圖頌》："甘露降和，花雪表年。"《南史·宋孝
武帝紀》："〔大明五年〕正月戊午朔，華雪降，
散爲六出。上悦，以爲瑞。"唐戴叔倫《小雪》
詩："花雪隨風不厭看，更多還肯失林巒。"宋
張先《千秋歲》詞："永豐柳，無人盡日飛花
雪。"明王弘誨《春雪歌》詩："雪花花雪自年
年，春來春去漾流泉。"清屈大均《丁卯初春
作》其三："莫更吹花雪，茫茫使白頭。"

【花雪】[1]

同"華雪"。此體隋代已行用。見該文。

【冰花】[1]

像花朵一樣漂亮的雪。宋趙功可《八聲
甘州·燕山雪花》："帝敕冰花剪刻，飛瑞上燕
臺。"元馬端臨《文獻通考·物異考》："冰花，
乃冰有異而結花，則妖不在花也。"元陳孚《咏
神京八景·西山晴雪》詩："凍雀無聲庭檜響，
冰花灑簷大如掌。"明謝榛《寓居禪院申明府幼
川携酒過夜》詩："冰花明古樹，燭影動春杯。"

清顧太清《東海漁歌》："擁蒼茫、冰花冷蕊，不分林麓。"一說，冰面上結的花紋。唐錢俶《宮中作（汝帖）》詩："西第晚宜供露茗，小池寒欲結冰花。"宋程大昌《好事近·生日》詞："鹽水結冰花，老眼於今重見。"明吳寬《送林朝信還廣西分韵得歲字》詩："玉河凍不流，曉結冰花細。"另說，指霰。參見本卷"冰花²"條目。

【兜羅縣】

亦稱"兜羅"。佛經稱草木之花絮，喻指雪花。唐李咸用《謝僧寄茶》詩："枝枝膏露凝滴圓，參差失向兜羅縣。"唐王勃《觀音大士神歌贊》詩："寶陁隨意金鼇藏，雲現兜羅銀世界。"宋范成大《次韵李子永雪中長句》詩："豈知天地有奇事，夜半窗紙生光輝。兜羅寶界佛所現，冥淩不敢事璵璣。"金元好問《讀書山雪中》詩："山靈爲渠也放顛，世界幻入兜羅縣。"元韓性《宛委山》詩："厓巔宿雲喜迎接，橫空一幅兜羅縣。"清高其倬《望雪山》詩："忽然金風掃靄翳，半空橫轉兜羅縣。"

【兜羅】

即兜羅縣。此稱唐代已行用。見該文。

【六出】

雪花之別稱。其結晶呈六角形，如花瓣出放，故稱。南朝陳徐陵《咏雪》詩："三農喜盈

六出冰花

尺，六出儼崇花。"《南史·宋孝武帝紀》："〔大明五年〕正月戊午朔，華雪降，散爲六出。上悅，以爲瑞。"唐元稹《賦得春雪映早梅》詩："一枝方漸秀，六出已同開。"宋王禹偁《賀雪表》："遂令六出之祥，大副三農之望。"金王處一《謝師恩·答皇親見召》詞："三冬凜冽彤雲佈，六出飄飛絮。"明曹義《題嚴昂秀才雪山圖》詩："自是仙家施妙術，借得天花飛六出。"清趙翼《戲作》詩："凝寒所成固其理，何以片片六出俱？"

【六出花】

亦稱"六花""六出公""花六六""六出冰花"。指雪花。即六出。唐宋之問《奉和春日玩雪應制》詩："瓊章定少千人和，銀樹長芳六出花。"唐賈島《寄令狐綯相公》詩："自著衣偏暖，誰憂雪六花？"唐苗介立《東陽夜怪》："愛此飄飄六出公，輕瓊冷絮舞長空。"宋樓鑰《謝林景思和韵》詩："黃昏門外六花飛，困倚胡牀醉不知。"宋王安中《浣溪沙·冬》曲："妒粉盡饒花六六，回風從斗玉纖纖。"元白樸《天净沙·冬》詞："門前六出花飛，樽前萬事休提。"元佚名《漁樵記》："我則見舞飄飄的六花飛，更那堪這昏慘慘的兀那彤雲靄。"元關漢卿《竇娥冤》第三折："若果有一腔怨氣噴如火，定要感得六出冰花滾似錦。"清納蘭性德《清平樂》詞："六花斜撲悚簾，地衣紅錦輕沾。"清周亮工《雪舫再送看雪作》詩："入夢三眠柳，移情六出花。"

【六花】

即六出花。此稱唐代已行用。見該文。

【六出公】

即六出花。此稱唐代已行用。見該文。

【花六六】

即六出花。此稱宋代已行用。見該文。

【六出冰花】

即六出花。此稱元代已行用。見該文。

【六葩】

指雪花。葩即花，雪花六角，故名。唐李咸用《和人咏雪》詩：“輕輕玉疊向風加，襟袖誰能認六葩。”宋趙良坡《雪水庵咏雪二十韵》詩：“恭喜瞻三白，停杯看六葩。”明陶宗儀《連日積雪釀寒曉起見雪臘月十一日也》詩：“意從多日厚，色瑩六葩妍。”

【六霙】

單稱“霙”，指雪花，霙，同“英”，花也。南朝梁簡文帝《雪朝》詩：“落梅飛四注，翻霙舞三襲。”唐令狐德棻《周書·劉璠傳》：“無復垂霙與雲合，唯有變白作泥沉。”宋韓琦《馬上成春雪二闋》其一：“二月風光盡屬春，六霙何苦妬芳辰。”宋衛宗武《酹江月·山中霜寒有作》詞：“青女呈工，玉妃傳信，漸六霙飛動。”宋陸佃《埤雅·釋天》：“雪寒甚則爲粒，淺則成華，華謂之霙。”宋李昉等《太平御覽》卷一二引《韓詩外傳》：“凡草木花多五出，雪花獨六出。雪花曰霙。”明陸采《懷香記·承明雪宴》：“嚴風起，六霙飄，建章宮闕積瓊瑶，盡道梅花芳信到。”明袁宏道《荆州後苦雪引》：“東皇放晴亦不惡，何事飛霙巧穿鑿。”清王夫之《和周履道對春雪（壬戌）》：“靈雨從雲崖，回風結寒霙。”

【霙】

六霙的單稱。此稱南北朝時期已行用。見該文。

【六英】

即雪花。雪花六角，故名。唐陸龜蒙《奉酬襲美先輩初夏見寄次韵》：“海浪刷三島，天風吹六英。”宋李綱《次韵志宏見示春雪長句》詩：“六英飄舞片片好，誰與刻削嗟神工。”宋賀鑄《念良游（滿江紅）》詞：“山繚平湖，寒飆揚、六英紛泊。”明陸采《懷香記·承明雪宴》：“嚴風起，六霙飄，建章宮闕積瓊瑶，盡道梅花芳信到。”

【六飛】

飄飛的雪花。雪花六角，故名。宋陳傅良《送國子監丞顏幾聖提舉江東分韵得動字》詩：“六飛自天下，多士溢雲瀚。”明胡奎《臨安勝覽》其三：“六飛南渡大江來，五月荷花水殿開。”清褚人穫《雪獅子》詩：“雪積廣庭中，物成體自充。豈知百獸長，亦借六飛雄。”

【迴雪】

來迴飛舞的雪花。三國魏曹植《洛神賦》：“髣髴兮若輕雲之蔽月，飄飖兮若流風之迴雪。”唐許渾《陪王尚書泛舟蓮池》詩：“舞疑迴雪態，歌轉遏雲聲。”宋王沂孫《慶宮春·水仙花》詞：“明玉擎金，纖羅飄帶，爲君起舞迴雪。”元張翥《宮中舞隊歌詞》其一：“迴雪紛難定，行雲不肯歸。”明薛蕙《雪》其一：“流風迴雪滿蓬萊，繡幕珠簾萬户開。”清陳圳《集唐人宮詞聯》：“翠袖自隨迴雪轉，紅顏無奈落花多。”

【玉花】

雪花的美稱。因其潔白如玉，故稱。宋司馬光《和道粹（檢討王純臣）雪夜直宿》詩：“薄夢不成冰柱折，曉光先到玉花催。”宋陸游《九月十六日夜夢覺而有作》詩：“朔風吹地卷急雪，轉盼玉花深一丈。"元陳浮《江天暮雪》詩："長空卷玉花，汀洲白浩浩。"明瞿佑《摸魚兒·斷橋殘雪》詞："望西湖、玉花飄後，嫩寒猶自凝洰。"清弘曆《臘八日雪》詩："一夜同雲布，凌晨散玉花。"

【玉蕊】

亦稱"白藥"。雪花的美稱。因其潔白如玉，故稱。晉庾闡《游仙詩十首》其八："朝嗽雲英玉蕊，夕挹玉膏石髓。"宋呂勝己《滿江紅·觀雪述懷》詞："雪壓山頹，誰撒下、瓊花玉蕊。"金元好問《續夷堅志·虞令公早慧》："虞令公仲文質夫四歲，賦《雪花詩》云：'瓊英與玉蕊，片片落階墀。'"元薛昂夫《端正好·高隱》套曲："須臾雲漢飄白藥，咫尺空中舞玉蛾。"明吳伯宗《玉蕊仙真圖應制》詩其一："璚林玉蕊花如玉，萬縷冰絲綴金粟。"清文靜玉《隱仙庵六朝古梅》詩："宋齊霜雪梁陳月，玉蕊冰花盡耐寒。"

【白藥】

即玉蕊。此稱元代已行用。見該文。

【玉妃】[1]

以仙女借指自天而降之雪花。唐韓愈《辛卯年雪》詩："白霓先啓塗，從以萬玉妃。"宋衛宗武《和催雪》詩："嘗聞玉妃從者萬，要看羽衛來仙宮。"清金農《游天壇值雪》詩："璚房璚室路幽微，晨降雲軿萬玉妃。"

【玉英】

亦作"玉霙"。雪花的美稱。英，猶華。宋蘇軾《減字木蘭花·雪》詞："雲容皓白，破曉玉英紛似織。"又《夜雪獨宿柏仙庵》詩："晚雨纖纖變玉霙，小庵高卧有餘清。"宋梅嶠《滿庭芳·嘲杏俏》詞："一種陽和，玉英初縱，雪

天分外精神。"元王哲《抛球樂》曲："似玉英瑶蕈，瓊花璧屑，也知都被、風刀細剪。"明郭之奇《雪詩六首義取六出·十九夜初聞雪》詩："薄暮飛玄霧，深宵散玉霙。"清弘曆《雪》詩其一："野渡迷煙景，村籬綴玉英。"清弘曆《雪》詩其二："密灑徐飛三日連，玉霙盈尺積鱗田。"

【玉霙】

同"玉英"。此體宋代已行用。見該文。

【玉蝶】

亦稱"玉蛾"。即玉花。雪花飄舞，如蛾如蝶，故稱。宋劉兼《宣賜錦袍設上贈諸郡客》詩："將同玉蝶侵肌冷，也遣金鵬遍體飛。"宋方回《再賦倚梅觀雪以前詩太哀故》詩："剪水玉蛾能送瑞，司花青帝想憐才。"元華幼武《春雪》詩："騰喜滿天飛玉蝶，不嫌幽谷阻黃鶯。"元薛昂夫《端正好·高隱》套曲："須臾雲漢飄白藥，咫尺空中舞玉蛾。"清趙翼《途遇大雪》詩："化工何處萬剪刀，剪出玉蝶滿空舞。"清姚燮《客自故鄉來留飲寓園並詢家中近況繫之以詩》："君出門時上元節，玉蛾方鬧燈九枝。"

【玉蛾】

即玉蝶。此稱宋代已行用。見該文。

【玉鸞】[1]

亦稱"鸞鶴"。雪花的美稱。唐盧綸《冬日宴郭監林亭》詩："玉勒聚如雲，森森鸞鶴群。"宋楊萬里《早朝紫宸殿賀雪呈尤延之》詩："雪妃月姊宴群仙，珠閣銀樓集玉鸞。"宋辛棄疾《水調歌頭·吳江觀雪》詞："造物故豪縱，千里玉鸞飛。"明李開先《斷髮記·淑英走雪》："我祇見灑玉塵，滾銀沙，滿空鸞鶴，頃刻裏青山已老。"清弘曆《林亭雪景》其五："燈夕雖過景未殘，玉鸞銀鳳舞娑姍。"

【鷺鶴】

即玉鸞[1]。此稱唐代已行用。見該文。

【瑶華】

亦作"瑶花"。雪花的美稱。華，同"花"。語出先秦屈原《九歌·大司命》："折疏麻兮瑶華，將以遺兮離居。"語本神麻的花朵，後喻爲雪花。唐張九齡《立春日晨起對積雪》詩："忽對林亭雪，瑶華處處開。"唐劉叉《雪車》詩："天不恤吾氓，如何連夜瑶花亂。"宋柳永《望遠行》詞："長空降瑞，寒風翦，淅淅瑶花初下。"元李道坦《高將軍白鸕子歌》詩："天寒日暮望不見，北風萬里吹瑶花。"明王圻《商丘早行遇雪》詩："粉絮因風舞，瑶華帶雨傾。"明胡奎《寄何尹》詩其一："越人不識燕山雪，接得瑶花掌上看。"清酈露《夢中咏十九首·隱几偶成》詩："金罍雲山陳玉饌，瓊姬風雪舞瑶華。"清陸求可《永遇樂·冬日看雪》詞："瑞葉飄零，瑶花淅瀝，旋隨風舞。"

【瑶花】

同"瑶華"。此體唐代已行用。見該文。

【璿花】

雪花的美稱。唐徐彥伯《游禁苑幸臨渭亭遇雪應制》詩："瓊樹留宸矚，璿花入睿詞。"元耶律鑄《雙溪醉隱集》卷六："仙經故曰玉女散花。玉女花即玉瓏璿花也。"《笏山記》第五十一回："見天鋪粉水，地簇銀沙，一帶箐林，盡變作璿花玉葉。"

【瓊花】

亦作"瓊華"。雪花的美稱。唐盧綸《孤松吟酬渾贊善》詩："陰郊一夜雪，榆柳皆枯折。回首望君家，翠蓋滿瓊花。"前蜀韋莊《冬日長安感志》詩："閑招好客斟香蟻，悶對瓊華咏

撒鹽。"宋辛棄疾《上西平·會稽秋風亭觀雪》詞："九衢中，杯逐馬，帶隨車，問誰解愛惜瓊華？"元呂山庵《集賢賓·漢世》曲："到冬來落瓊花陣陣飄，剪鵝毛片片飛。"明錢宰《谷簾泉》詩："風卷河潢翻玉液，段雲散雪瓊花密。"清李柏《卓烈婦》詩："黑雲壓城城欲摧，北風吹折瓊花飛。"

【瓊華】

同"瓊花"。此體五代時期已行用。見該文。

【瓊英】

雪花的美稱。唐裴夷直《和周侍御洛陽雪》詩："天街飛轡踏瓊英，四顧全疑在玉京。"宋佚名《古記·如夢令》詞其二："臘半雪梅初綻。玉屑瓊英碎剪。"金元好問《續夷堅志·虞令公早慧》："〔虞令公〕賦《雪花詩》云：'瓊英與玉蕊，片片落階墀。'"明葉顒《春雪》詩："妝點瓊英上玉梢，惹人春雪遍芳郊。"清達麟圖《恭祝聖母皇太后六旬萬壽》詩："珠樹千葩麗，瓊英六出颺。"

【瓊芳】

雪花的美稱。唐李賀《十二月樂辭·十一月》："宮城團回凜嚴光，白天碎碎墮瓊芳。"葉葱奇注："瓊芳，指雪花。"宋蘇籀《次韻伯父茶花詩》其一："烏味傾藍雨春霽，瓊芳入眼霧冬昏。"元吾丘衍《十二月樂辭十三首（並閏月）·十二月》詩："瓊芳散漫舞幽碎，酒力微昏不成醉。"明區越《李前川邀飲次韵》其二："東道烘爐登暖閣，北風吹雪散瓊芳。"清況周頤《八聲甘州》詞："對影瓊芳雪艷，悄束風紅豆，觸撥愁根。"

【瓊苞】

雪花的美稱。宋郭應祥《念奴嬌·次賈子

濟韵》詞：“瓊苞玉屑，問天公，底事亂拋輕墜。”元王仲元《鬥鵪鶉・咏雪》曲：“玉絮輕摶，瓊苞碎打，粉葉飛揚，鹽花亂撒。”

【瓊屑】

雪花的美稱。唐李衢《都堂試貢士日慶春雪》詩：“繞砌封瓊屑，依階噴玉塵。”唐白居易《對火玩雪》詩：“銀盤堆柳絮，羅袖摶瓊

巧剪銀花亂，羅袖摶瓊屑
（清冷枚《雪艷圖》局部）

屑。”宋劉學箕《鷓鴣天・賦雪》詞：“穿林淅瀝飛瓊屑，度嶂繽紛過柳花。”元卜友曾《題劉材之家子昂書映雪軒扁》詩：“吳剛粉月成瓊屑，灑向人間沃春熱。”明祝允明《八聲甘州》：“論冬月倍加清耿，與馮夷六花爭勝。玉團瓊屑交相映，占斷了天地澄清。”清胤禛《喜雪》詩：“夙夜期瓊屑，三冬日見晴。”

【瓊瑤】

亦稱“瓊璐”“瓊珠”。雪花的美稱。語本《詩・衛風・木瓜》：“投我以木桃，報之以瓊瑤。”唐白居易《西樓喜雪命宴》詩：“四郊鋪縞素，萬室瘞瓊瑤。”宋仇博《雪中失白馬》詩：“絲韁誤解白龍飛，滿地瓊瑤襯粉蹄。”宋蘇轍《雪中呈范景仁侍郎》詩：“園林開組練，

觀闕堆瓊瑤。”宋陳若晦《滿庭芳・游人滁賦》詞：“露華冷、瓊珠點綴瑤林。”金趙秉文《雪望》詩：“船移忽破瓊瑤影，丹鳳橋邊駐馬看。”元陳賡《蒲中八咏爲師岩卿賦・首陽晴雪》詩：“天風吹瓊瑤，自冒首陽頂。”明齊小碧《梁州小序・賞雪》套曲：“瀰漫大都，散瓊珠，豐年自不封條樹。”明劉基《雪中三首》其一：“瓊瑤滿地無行迹，正是袁安獨臥時。”清陳維崧《瑣窗寒・雪》詞：“拚和他瓊瑤亂拋，風前都學梨花舞。”

【瓊璐】

即瓊瑤。此稱宋代已行用。見該文。

【瓊珠】

即瓊瑤。此稱明代已行用。見該文。

【瓊琚】

雪花的美稱。如玉之雪花。語本《詩・衛風・木瓜》：“投我以木瓜，報之以瓊琚。”指精美的玉佩。唐白居易《酬南洛陽早春見贈》詩：“欲披雲霧聯襟去，先喜瓊琚入袖來。”宋毛滂《武陵春・正月七日武都雪霽立春》詞：“玉佩瓊琚下冷雲。”明茅平仲《夜行船序・宴薊鎮宛在亭四景》套曲：“風漸寒同雲密佈，雪亂舞滿地瓊琚。”

【凝瑛】

積雪的美稱。南朝梁庾肩吾《咏花雪》詩：“飛花灑庭樹，凝瑛結井泉。”《淵鑑類函》卷九：“披素伏爽之雪，賦云皎如披素凝瑛。”

【粉葉】

雪花如粉白色的樹葉，故稱。元王仲元《鬥鵪鶉・咏雪》曲：“玉絮輕摶，瓊苞碎打，粉葉飛揚，鹽花亂撒。”元楊朝英《朝野新聲太平樂府》：“粉葉飄鹽花，亂撒一色白。”

## 【雪片】

即雪花。唐呂温《冬夜即事》詩：“風吹雪片似花落，月照冰文如鏡破。”宋周密《癸辛雜識》續集上：“戊子五月初二日以來，日光中有若柳絮，又如雪片者，飛舞亂下，人皆閧傳以爲天花。”康熙《饒州府志》卷三六：“〔正德八年〕雷震烈，雪片如掌，平地積深三四尺。”光緒《續輯均州志》卷一三：“〔弘治十七年〕春二月，雨雪雹，雪片大六寸許。越三日，雨沙。夏六月，雨雪。”

## 【寒英】

即雪花。英，猶花。梁沈約《爲临川王九日侍太子宴》詩：“寒英始獻，涼酎初醇。”宋范仲淹《依韵和提刑太博嘉雪》詩：“昨宵天意驟回復，繁陰一布飄寒英。裁成片片盡六出，化工造物何其精。”宋宋庠《漢上春雪》詩：“繁霧乘陰結，寒英匝宇飄。”明葉顒《元宵雪感懷次韵》詩：“寒英忽舞顛狂絮，香燄俄開爛漫蓮。”清洪亮吉《寧國府志》：“丈室俯寒英，芳氣雲窗閑。”

## 【銀花】

即雪花。唐白居易《送春》詩：“銀花鑿落從君勸，金屑琵琶爲我彈。”五代幸寅遜詩殘句：“巧剪銀花亂，輕飛玉葉狂。”宋馬子嚴《蘇幕遮》詞：“地偏靈，天應瑞。簇簇銀花，團繞真珠蕊。”元于昌文《喜雪》詩：“銀花點點豐年兆，預報山城酒價平。”《西游記》第四八回：“蒼松結玉蕊，衰柳挂銀花。”清沈宜修《蝶戀花·元夕》詞：“萬樹銀花，一夜東風吐。”

## 【仙藻】

雪花的美稱。南朝陳庾肩吾《奉和太子納涼梧下應令（和簡文）》：“無因學仙藻，雲氣徒飄飄。”唐李嶠《游禁苑陪幸臨渭亭遇雪應制》詩：“六出迎仙藻，千箱答瑞年。”唐張説《奉和聖製野次喜雪應制》詩：“欲驗豐年象，飄飄仙藻來。”

## 【細玉羅紋】

本意謂有迴旋花紋之碎玉，喻指雪花。唐羅隱《雪》詩：“細玉羅紋下碧霄，杜門傾巷落偏饒。”宋李舜《雪》詩其一：“細玉羅紋下碧霄，縈叢自學小梅嬌。”

## 【天花】

亦作“天華”。華，同“花”。指雪花。佛祖説法，感動天神，諸天便降落各種香花，謂之“天花亂墜”，故借指。南朝陳庾肩吾《和太子重雲殿受戒詩》：“苑桂恒留雪，天花不待春。”前蜀貫休《問岳禪師疾》詩：“蘇合畫氤氳，天花似飛蝶。”宋周密《癸辛雜識》續集上：“始知連日所謂天花者，即雪也。”宋陸游《雪歌》：“初聞萬竅號地籟，已見六出飛天華。”金高士談《雪》詩：“籔籔天花落未休，寒門疏竹共風流。”元蒲道源《雪軒賦》：“天華散墜，彌望如一，飄然而入吾之户。”明藍仁《廬峰絕頂阻雪書寄雲松》詩：“天花萬點散長空，白雲一月包青野。”清成鷲《仙牛嶺阻雪即事》詩：“自是東風太狼藉，天花吹落白雲端。”

## 【天華】

同“天花”。此體宋代已行用。見該文。

## 【空花】

指雪花。宋洪朋《喜雪》詩：“漫天乾雨紛紛闇，到地空花片片明。”宋劉摯《聞東園諸學生雪飲寄之》詩：“寒驚春絮因風早，病覺空花向眼多。”金史肅《春雪》詩：“空花只解驚愁眼，濕絮寧堪補敗衣。"明貝瓊《白雪歌》詩："崑崙火炎玉已灰，神爲六葉空花開。"清陳維崧《水調歌頭·雪夜再贈季希韓疊前韵》詞："海上玉龍舞，糝作滿空花。"

**【梨花雲】**

亦稱"梨花""梨雲"。指雪花。唐呂巖《劍畫此詩於襄陽雪中》詩："峴山一夜玉龍寒，鳳林千樹梨花老。"唐岑參《白雪歌送武判官歸京》詩："忽如一夜春風來，千樹萬樹梨花開。"宋周邦彦《女冠子·雪景》詞："同雲密佈。撒梨花，柳絮飛舞。"元倪瓚《題孫氏〈雪林小隱〉》詩："脩然忽起梨雲夢，不定仍因柳絮風。"元岑安卿《二月二日大雪偶賦時寓州郭》詩："空階夜落雪一尺，起看萬樹梨花雲。"《西游記》第四八回："好雪！柳絮漫橋，梨花蓋舍。"明胡布《雪夜作》詩："羽帳梨雲白，虛窗霽雪明。"清姚燮《春雲怨·依馮雲月自度腔》詞："道昨宵寒緊，梨花吹雪。"清俞玫《消寒分咏》詩其三："凍斷梨雲路，閑庭乍雪天。"

**【梨花】**

即梨花雲。此稱唐代已行用。見該文。

**【梨雲】**

即梨花雲。此稱元代已行用。見該文。

**【飛絮】**

指飄舞的雪花。亦稱"輕絮""柳絮"。北朝庾信《楊柳歌》："獨憶飛絮鵝毛下，非復青絲馬尾垂。"南朝宋劉義慶《世說新語·言語》："公欣然曰：'白雪紛紛何所似？'兄子胡兒曰：'撒鹽空中差可擬。'兄女曰：'未若柳絮因風起。'"宋周邦彦《女冠子·雪景》詞："同雲密佈。撒梨花，柳絮飛舞。"《西游記》第四八回：

"好雪！柳絮漫橋，梨花蓋舍。"清劉獻廷《廣陽雜記》卷二："想上封正在撒鹽飛絮也。雪景之奇，於斯極矣。"

**【輕絮】**

即飛絮。此稱唐代已行用。見該文。

**【柳絮】**

即飛絮。此稱唐代已行用。見該文。

**【玉絮】**

雪花潔白，細小如絮，故稱。宋司馬光《雪霽登普賢閣》詩："開門枝鳥散，玉絮墮紛紛。"元王仲元《鬭鵪鶉·咏雪》曲："玉絮輕摶，瓊苞碎打，粉葉飛揚，鹽花亂撒。"明祝允明《蝶戀花·贈妓》詞："未了妝梳，小顆唇朱點。玉絮吹寒飛力軟。"清佚名《清溪惆悵集》："種是瓊葩，飄同玉絮。"

**【輕瓊冷絮】**

喻指雪花。省稱"冷絮"。唐佚名《東陽夜怪》詩其六："愛此飄飄六出公，輕瓊冷絮舞長空。"唐盧仝《苦雪寄退之》詩："冷絮刀生削峭骨，冷齏斧破慰老牙。"宋錢時《立冬前一日霜對菊有感》詩："昨夜清霜冷絮裯，紛紛紅葉滿階頭。"明于慎行《雪中登樓看山歌》詩："蒼茫顥氣萬里通，輕瓊冷絮飄鴻濛。"清王時翔《瑤花》詩："黃雲凝布飄冷絮，失却遥嵐蒼綠。"

**【冷絮】**

即輕瓊冷絮。此稱唐代已行用。見該文。

**【玉鸞】**[2]

雪花的美稱。宋楊萬里《早朝紫宸殿賀雪呈尤延之二首》其二："雪妃月姊宴群仙，珠閣銀樓集玉鸞。"宋辛棄疾《水調歌頭·和王正之右司吳江觀雪見寄》詞："造物故豪縱，千里玉鷥飛。"元謝宗可《水中雲》詩："蒼狗倒隨天影落，玉鷥低入鏡光飛。"明黃玠《顧德玉萬竹軒》其四："曉超當南榮，飛舞萬玉鷥。"清弘曆《林亭雪景》詩其五："燈夕雖過景未殘，玉鷥銀鳳舞娑姍。"

## 雪點

指飄落的細雪。唐劉憲《奉和聖製立春日侍宴內殿出剪綵花應制》詩："色濃輕雪點，香淺嫩風吹。"宋劉過《鷓鴣天》詞："風垂舞柳春猶淺，雪點酥胸暖未融。"元袁易《白海青》詩："孤飛雪點青雲破，一擊秋生玉宇寬。"明張昱《秋水軒爲陳惟真賦》詩："雪點荷塘看鷺下，煙銷沙渚見鷗眠。"清朱仕玠《小琉球漫志》卷五："南至陽生氣盡蘇，恨無飛雪點紅爐。"

雪點、玉塵
（宋李迪《雪樹寒禽圖》局部）

【雪粒】

即雪點。唐李彌遜《和少章鬻粟湯》詩："旋烹雪粒勝瓊漿，撲鼻香浮繞夜窗。"宋鄭獬《黃雀》詩："雪粒蓋地三寸玉，地膚凍裂不作泥。"明林光《新年試筆（庚申）》詩："雪粒寒飄几，瓊花爛照人。"一說，指霰。清智祥《禪林寶訓筆說》："霰是雪粒。"

【玉屑】

雪花潔白如玉，細小如屑，故稱。南朝梁何遜《咏春雪寄族人治書思澄》詩："本欲映梅花，翻悲似玉屑。"唐張南史《雪》詩："雪，雪。花片，玉屑。"宋佚名《如夢令》詞其二："臘半雪梅初綻。玉屑瓊英碎剪。"元丘處機《望陰山》詩："漸見山頭堆玉屑，遠觀日腳射銀霞。"明胡布《題風煙雪月梅》詩其三："玉屑盈盈玉瓣低，陽烏東上醉如泥。"清許鋭《御街行·春分前一日大雪》詞："飄來玉屑過閑幔，疑是梅花瓣。"

【玉沙】

雪花潔白如玉，細小如沙，故稱。唐盧仝《苦雪寄退之》詩："山人門前遍受賜，平地一尺白玉沙。"宋蘇軾《小飲清虛堂示王定國》詩："天風淅淅飛玉沙，詔恩歸沐休早衙。"元張可久《梧葉兒》："瓦甃懸冰箸，天風起玉沙。"明凌雲翰《雪中八咏次睢宗吉韵·雪雁》詩："遠遵震澤迷銀渚，暗度衡陽聚玉沙。"清弘曆《題董邦達溪山霽雪圖》詩："迷離積素隱峰螺，如有風來飄玉沙。"

【碎瓊】

語本美玉之屑，比喻潔白細碎之雪花。宋文同《和張屯田雪中朝拜天慶觀》詩之一："籔籔遙空墮碎瓊，一街寒色曉風清。"元張憲《聽雪齋》詩："萬籟入沈冥，坐深窗戶明。微於疏竹上，時作碎瓊聲。"明劉基《題金谷園圖》詩："爨下蠟光宵未歇，樓上佳人碎瓊雪。"《水滸傳》第一○回："雪地裏踏着碎瓊亂玉，迤邐背着北風而行。"清况周頤《燭影搖紅臘月二十夜大雪歸自四印齋作》詩："夜話高齋，碎瓊隨步歸來晚。"

【銀粟】

若銀白色的粟米，喻指雪花或積雪。宋楊萬里《雪凍未解散策郡圃》詩："獨往獨來銀粟地，一行一步玉沙聲。"明凌雲翰《畫梅》詩："玉龍寒嘶銀粟下，山色昏冥如破瓦。"清弘曆《新正恭奉皇太后幸御園之作》詩："璿霄瑞氣霏銀粟，姬室徽音奉壽萱。"

【銀砂】

亦稱"銀沙"。若銀白色的砂，喻指雪花或積雪。唐韋莊《夜雪泛舟游南溪》詩："兩岸嚴風吹玉樹，一灘明月曬銀砂。"宋佚名《南鄉子》："風雪爲誰留住也，滄洲。一尺銀沙未肯收。"元佚名《折桂令·微雪》曲："朔風寒吹下銀沙，蠹砌穿簾，拂柳驚鴉，輕若鵝毛。"明李開先《斷髮記·淑英走雪》："我衹見灑玉塵，滾銀沙，滿空鷺鶴，頃刻裏青山已老。"又《升仙記·復度文公》："萬里雲彤，玉屑銀砂亂灑空。"清錢慧貞《憶江南·咏雪》詞："早鶯送客登車，依微月射銀沙。"清弘曆《惜菊》詩："同雲幕遠天，一夜飛銀砂。"

【銀沙】

即銀砂。此稱宋代已行用。見該文。

【雪粉】

亦稱"雲粉""粉屑"。指細雪。唐包佶《宿廬山贈白鶴觀劉尊師》詩："春飛雪粉如毫潤，曉漱瓊膏冰齒寒。"唐王初《雪霽》詩："星榆葉葉晝離披，雲粉千重凝不飛。"宋陳淳《過江山遇雪》詩："滿道鹽花堆粲粲，飛空粉屑舞翩翩。"宋孔武仲《葡萄》詩："露珠凝作骨，雲粉漬爲衣。"《西游記》第四八回："階下玉苔堆粉屑，窗前翠竹吐瓊芽。"清傅山《間關上陀羅山》詩："陸離雲粉凝晴雪，菡萏蠻蕤演石波。"

【雲粉】

即雪粉。此稱唐代已行用。見該文。

【粉屑】

即雪粉。此稱宋代已行用。見該文。

【粉絮】

雪花細小如絮，故稱。北周庾信《擬咏懷詩二十七首》其二十："秋雲粉絮結，白露水銀團。"宋華岳《南歌子》："粉絮飄瓊樹，搖花結玉池。"明王圻《商丘早行遇雪》詩："粉絮因風舞，瑤華帶雨傾。"清胤禛《長至日題於至誠不息軒》詩："葭灰協律雲占歲，粉絮翻階雪應冬。"

【玉塵】

亦稱"素塵"。雪花潔白素雅如玉，故稱。南朝梁何遜《咏雪》詩："若逐微風起，誰言非玉塵？"唐姚康《禮部試早春殘雪》詩："玉塵銷欲盡，窮巷起袁安。"唐李商隱《殘雪》詩："旭日開晴色，寒空失素塵。"宋徐鉉《和殷舍人蕭員外春雪》詩："萬里春陰乍履端，廣庭風起玉塵乾。"金元好問《讀山雪中》詩："似嫌衣錦太寒氣，別作玉屑妝山川。"元尹志平《江城子·咏臘雪》詞："瓊花繚亂玉塵飛。"明李開先《斷髮記·淑英走雪》："我衹見灑玉塵，滾銀沙，滿空鷺鶴，頃刻裏青山已老。"清歸士琯《雪》詩："錦幕銀牀冷不眠，玉塵騷屑滿瑤天。"

【素塵】

即玉塵。此稱唐代已行用。見該文。

【白灰】

指代雪。唐盧仝《苦雪寄退之》詩："清風攪腸筋力絕，白灰壓屋樑柱斜。"宋蘇軾《贈月長老》詩："白灰如積雪，中有紅麒麟。"

# 第二節　雪時空考

　　關於下雪的時間名類，可分爲時辰、時刻和季節名類等。除此之外，許多有關雪詞語屬於綜合類型。例如“連大雪”“連雨雪”，意即持續多天的大雪，在時間上，降雪時間長，又爲大雪之態，故既屬於時間名類，又屬於態勢名類。“宿雪”，指積留過冬的雪，存在時間長，又呈積雪態，故既屬於時間名類，又屬於態勢名類。

　　關於下雪的空間位置名類，即表雪生成、積聚之位置或區域。例如“松雪”，謂松樹上的積雪。南朝宋顏延之《贈王太常》詩：“庭昏見野陰，山明望松雪。”又“庭霰”，指落在庭院裏的雪花。唐宋之問《苑中遇雪應制》詩：“不知庭霰今朝落，疑是林花昨夜開。”又“群玉”，指群山積雪。宋衛宗武《對竹衍坡詩意》：“森森無千蠹，挺挺立群玉。”又“彰德大雪”，彰德位於今河南省安陽市。《元史·五行志》：“三月，彰德大雪，寒甚於冬，民多凍死。”又“吳江大雪”，吳江位於今江蘇省蘇州市南端。康熙《吳江縣志》卷四三：“春，吳江大雪，平地丈餘，草木鳥獸凍死無算。”又“寶慶路大雪”，寶慶路位於今湖南省邵陽市。《續文獻通考·物異考》：“十二月，寶慶路大雪，深四尺五寸。”上述有關地域大雪，史書記載頗多。

## 時　雪

### 時雪

　　應時而下之雪。《禮記·月令》：“〔季冬之月〕行夏令，則水潦敗國，時雪不降，冰凍消釋。”唐曹松《都門送許棠東歸（一作送進士張喬）》詩：“華嶽無時雪，黄河漫處冰。”《舊五代史·梁書·太祖紀》：“〔乾化二年〕正月甲申，以時雪久愆，命丞相及三省官群望祈禱。”宋陳鵠《耆舊續聞》卷五：“乃自去冬，時雪不降；今春大旱，赤地千里。”明張寧《爲王瑞之作雪圖附詩以寄》詩：“彤雲被層空，時雪紛已墮。”清彭孫貽《游鄒園五首》其五：“花墜非時雪，香生不斷風。”

### 曉雪

　　清晨的雪。唐李白《冬夜醉宿龍門覺起言志》詩：“開軒聊直望，曉雪河冰壯。”宋陸游《金錯刀行》詩：“爾來從軍天漢濱，南山曉

曉雪景色
（宋馬遠《曉雪山行圖》局部）

雪玉嶙峋。"明王紱《曉發通州望京闕作》詩："小雨初晴曉雪開，五雲深處見樓臺。"清吳綺《春郊和廣霞韻》詩："半犁曉雪春猶淺，一笛寒江月未昏。"

## 夜雪

深夜的雪。南朝宋劉義恭《咏雪應令》詩："夜雪和且離，曉風驚復息。"唐白居易《夜雪》詩："夜深知雪重，時聞折竹聲。"宋盧氏《送夫赴襄陽》詩："射雕紫塞秋雲黑，走馬黃河夜雪深。"宋韓拙《論雲霧煙靄嵐光風雨雪霧》："雪者有風雪，有江雪，有夜雪，有春雪，有暮雪，有欲雪，有雪霽。"元周權《次韵閑居》詩："懷人幾動山陰性，夜雪扁舟興盡回。"明嚴嵩《酬別劉梅國兄》詩："青天尋蜀道，雪夜度山陰。"清梁清標《送寶臣舅氏之任臨洮》詩："函關夜雪鳴雞渡，洮水春冰繞塞流。"

空山夜雪
（明文徵明《空山夜雪深》局部）

## 暮雪

夜晚的雪，抑或傍晚的雪。南朝梁江淹《步桐臺》詩："山中忽緩駕，暮雪將盈階。"唐顏維《李瑞公》詩："路出寒雲外，人歸暮雪時。"宋劉學箕《賦祝次

暮雪夜歸
（宋梁楷《雪景山水圖》局部）

仲八景・江天暮雪》詩："雲癡天四合，密雪灑石矼。"元守常《禪居》詩："曉風飄磬遠，暮雪入廊深。"明華幼武《題梅莊圖》詩："橫枝暮雪春回早，香滿寒庭月上初。"清大須《暮雪》詩："日夕北風緊，寒林噪暮鴉。"

## 初雪

初冬的雪，秋冬第一場雪。唐杜甫《更題》詩："只應踏初雪，騎馬發荊州。"宋陸游《初夏雜興六首》詩其一："扇題杜牧故園賦，屏對王維初雪圖。"元袁士元《題蘭水仙墨竹》詩："孤山初雪霽，三徑午風清。"明倪岳《雪中憶張亨父次賓之韵復用韵寫懷》詩其一："坐看初雪轉霏微，已覺尖寒到客衣。"清屈大均《風洞寺晚眺》詩其一："餘霜猶在葉，初雪未成花。"

## 雪霽

雪停止，天放晴。《說文》："霽，雨止也。"《淮南子・本經訓》："霜雪不霽。"唐王初《雪霽》詩："星榆葉葉畫離披，雲粉千重凝不飛。"南朝梁江淹《雜體詩》其二十五："幸及風雪霽，青春滿江皋。"宋陸游《雪霽》詩："雪泥壅路斷來客，朝日滿窗宜讀書。"元何儒行《贈陳玉林鍊師》詩："歸來明月滿胡天，雪霽鼇峰玉樹鮮。"明藍仁《寄余復嬰鍊師》詩："川源雪霽浮春色，樓閣林深鎖暮煙。"清彭孫怡《雪霽歸渡浙江》詩："雪霽風亦止，千里橫江煙。"

川源雪霽
（明藍瑛《溪山雪霽圖》局部）

## 春雪

春天的雪。南朝梁沈約《八咏詩·會圃臨春風》："舞春雪，雜流鶯。"南朝陳江總《雜曲三首》其一："關山隴月春雪冰，誰見人啼花照户。"唐韓愈《春雪》詩："白雪却嫌春色晚，故穿庭樹作飛花。"宋張蘊《歸雁亭》詩："又是江湖春雪盡，年年腸斷玉關人。"元潘音《東溪水漲》："連山巨浪飛春雪，數點驚鷗下夕陽。"明王世貞《春日同彭孔嘉黄淳父周公瑕章道華劉子威袁魯望魏季朗舍弟過張伯起幼於園亭探韵得梅字》詩："句裏池塘今夜草，笛中春雪故園梅。"清朱柔則《寄遠曲三首》其一："夕陽鴉背暖，春雪馬蹄寒。"

【潤骨丹】

春雪。宋陶穀《清異録》卷上："開元時高太素隱商山，起六逍遥館，晴夏晚雲，中秋午月，冬日方出，春雪未融，暑簟清風，夜階急雨，各製一銘。《春雪》云：消除疫癘，名潤骨丹。"清黄景仁《元夜大雪飲石香齋》詩："此是仙人潤骨丹，傾入深樽壽千百。"

## 臘雪

亦稱"臘月雪"。臘月的雪；冬至後立春前下的雪。唐元稹《生春二十首》其八："尚憐扶臘雪，漸覺受東風。"唐劉禹錫《送陸侍御歸淮南使府》詩："泰山呈臘雪，隋柳布新年。"宋歐陽修《蝶戀花》詞："嘗愛西湖春色早，臘雪方銷，已見桃開小。"宋周紫芝《次韵仲平雪中之作》詩："誰知臘月雪蔽空，三日衡門斷人迹。"宋汪莘《臘月雪後》詩："林下雪消添晚汲，山中日出欠晨炊。"元范梈《十二月五日雪答傅淵道》詩："薊門臘月雪，初似楚南寒。"明李時珍《本草綱目·水一·臘雪》："臘雪密封

陰處，數十年亦不壞。"清王邦畿《與崔千上吳幼更訪張抵之別業》詩："菊殘初臘雪，香烟小寒天。"清董俞《贈西陵吳興公》詩："江城臘月雪花白，層冰峨峨照大澤。"

【臘月雪】

即臘雪。此稱宋代已行用。見該文。

【乾雪】

亦稱"枯雪"。臘月的雪。因其不易融化，故稱。臘月是一年中最冷的月份之一，降雪不易融化。唐李咸用《大雪歌》："同雲慘慘如天怒，寒龍振鬣飛乾雨。"唐陳陶《草木言》詩："希君頻采擇，勿使枯雪霜。"宋劉弇《同李端臣游薦福寺禪院》詩："南來雙春鋤，乾雪點晴湖。"元袁桷《十一月十四日駕至京城楊仲禮有詩次韵》詩："金輿清蹕發龍城，乾雪坡陀甬道晴。"明李東陽《畫禽》其二："天風夜號山木折，石上饑禽啄乾雪。"清錢世錫《雪後》詩："乾雪舞風停又起，凍雪漏日霽還陰。"清周亮工《雜詩》："白骨附良肉，枯雪煦温風。"

【枯雪】

即乾雪。此稱唐代已行用。見該文。

【除夕雪】

農曆大年夜下的雪。除夕，又稱大年夜、除夕夜等。是時值每年農曆臘月（十二月）的最後一個晚上。明劉永澄《劉練江先生集》卷七："除夕雪中得友人書，誰家列炬映窗虚。"萬曆《廣宗縣志》卷八："〔正德二年〕十二月，大雪，至除夕更甚，盡壅人門。"清勵鶚《除夕雪中讀唐摭言四首》其四："一事差贏隨計者，雪中不作餋驢人。"

## 元日雪

亦稱"元旦雪"。農曆大年初一時下的雪。

元旦，中國古代從漢武帝起爲農曆一月一日，今指公曆一月一日。唐代即有描寫"元旦雪"的詩詞。如唐劉禹錫《元日樂天見過因舉酒爲賀》詩："門巷掃殘雪，林園驚早梅。"宋宋祁《和樞密晏太尉元日雪》詩："寒雲萬里送殘宵，面旋祥霙集歲朝。"元李宴《元旦奉陪虞閣老仙蓋山行香次韵》："六龍扶日上遙空，玉殿春晴瑞雪融。"明楊基《癸丑元日》詩："霏霏元日雪，脉脉人日雨。"《明世宗實錄》卷三〇七："群臣上表賀元旦雪，上報曰：履端仰荷天眷，瑞雪應禱，朕心感悦，覽奏知己。"清王鳴雷《元旦訪離公不值》詩："鳥翻花樹雪，門掩竹齋春。"弘治《常熟縣志》卷一："〔成化十九年〕元旦大雪，是年雪三日，深三尺，至六七日異雷三朝，凝在樹枝者皆如垂露狀，其味甚甘。"

## 【元旦雪】

即元日雪。此稱明代已行用。見該文。

## 清明雪

清明節時下的雪。《元史・五行志》："〔至正十年〕春，彰德大寒，近清明節雨雪三尺，民多凍餒而死。"萬曆《寧津縣志》卷四："〔嘉靖十年〕清明，雨雪傷果花。"

## 寒食日雪

寒食節時下的雪。寒食日在夏曆清明節前一二日，是日禁煙火，祇吃冷食，故名寒食節。《宋史・五行志》："〔紹興元年〕二月寒食日，雪。"

## 三月雪

農曆三月份下的雪。這時在中國的中南部地區，一般比較少見。《漢書・五行志》："〔元鼎二年〕三月，雪，平地厚五尺。"《梁書・武帝紀》："〔普通二年〕三月庚寅，大雪，平地三尺。"唐白居易《和春深》詩之十三："濤翻三月雪，浪噴四時花。"唐杜甫《闕題》詩："三月雪連夜，未應傷物華。"《資治通鑑》卷二〇七："〔長安元年〕三月，大雪，蘇味道以爲瑞，帥百官入賀。殿中侍御史王求禮止之曰：'三月雪爲瑞雪，臘月雷爲瑞雷乎？'"《元史・五行志》："〔至正二十七年〕三月，彰德大雪，寒甚於冬，民多凍死。"

## 四月雪

農曆四月份下的雪。這在中國的中南部地區，一般比較少見。《漢書・五行志》："四月，雨雪，燕雀死。"《漢書・五行志》："〔元鼎三年〕三月水冰，四月雨雪，關東十餘郡人相食。"《遼史・道宗紀》："四月丙午朔，大雪，平地丈餘，馬死者十六七。"嘉靖《太原縣志》卷三："〔嘉靖三十二年〕四月初四日小滿後，大雪，山中數日不消。"《資治通鑑綱目》卷七："兩月相承，食震同日，地震殿中，隕石同時，四月雪再，桃李秋實。"

## 夏雪

夏天的雪；夏天的積雪。漢荀悦《漢紀序》："凡災異大者，日蝕五十六，地震十六……冬雷五，夏雪三。"《晉書・五行志下》："京房《易傳》曰：'夏雪，戒臣爲亂。'此其亂之應也。"樂府民歌《上邪》："冬雷震震夏雨雪，天地合，乃敢與君絶！"南朝齊孔稚圭《游太平山》詩："陰澗落春榮，寒巖留夏雪。"唐元稹《表夏十首》之九："西山夏雪消，江勢東南瀉。"宋李師聖《游臺感興古風》詩："梵書五頂清涼府，冬冰夏雪無炎暑。"明張昱《冬青軒爲天印上人賦》："枝上蠟封經夏雪，階前雨積過春花。"清曹溶《牛心山寺》詩："一川融夏雪，衆壑舞松濤。"

## 【六月雪】

農曆六月份下的雪。六月通常是一年中最熱的月份，除非極端天氣，或在高山地區，否則不會降雪。《史記·六國年表》："（周考王六年秦）六月雨雪。"宋吳栻《暑雪軒》詩："千年雲抱石，六月雪彌山。"元鄭東《崑城吳歌》："六月雪壓崑崙低，我歌三發滄海裂。"明劉炳《承承堂爲洪善初題（善初三洪諸孫也）》詩："燕山六月雪花大，節旄零落肌膚傷。"雍正《雲龍州志》卷一一："〔弘治十四年〕六月朔，大雪雨。"參閱元關漢卿《竇娥冤》。

## 秋雪

秋季的雪。亦喻蘆花。唐岑參《北庭作》詩："秋雪春仍下，朝風夜不休。"宋吳琚《酹江月》詞："好是吳兒飛彩幟，蹴起一江秋雪。"元黃清老《送僧定觀歸》詩："丁然振金錫，桂子落秋雪。"明張以寧《次張仲舉祭酒咏花槐花》詩："黃露結青枝，風吹散秋雪。"清李馨桂《蘆花》："秋雪一棚思在水，凍雲十里夢如煙。"

## 【九月雪】

農曆九月份下的雪。這時剛剛纔是霜降節氣，還不到下大雪的時日。宋楊萬里《歸自豫章復過西山》詩："一眼苔花十里明，忽疑九月雪中行。"元楊允孚《灤京雜咏一百八首》其九十四："灤京九月雪花飛，香壓萸囊與夢違。"崇禎《吳縣志》卷一一："〔弘治十五年〕九月，連陰雨，寒氣慘栗，忽大雷電，忽大雪兩日，嚴寒。王鏊紀九月大雪詩：'季秋甫强半，霜降才應律。頑陰十日間，陡覺寒慘慄。填然忽驚雷，百蟲破新蟄。雷聲甫收爾，雪勢陡然

急……'"

## 【三秋雪】

農曆秋季或秋季第三个月之雪。元耶律鑄《送子周行》詩："南飛鴻雁三秋雪，東望關河萬里家。"清陳培桂《淡水廳志》："誰知海島三秋雪，絕勝峨嵋六月寒。"清屈大均《廣昌》詩："馬踏三秋雪，鷹呼萬里風。"

## 冬雪

冬季的雪。南朝宋鮑照《鮑明遠集》卷二："冬雪旦夕至，公子乏衣裳。"南朝梁虞羲《見江邊竹》詩："秋波漱下趾，冬雪封上枝。"唐徐堅《初學記·天部》："《高士傳》曰：人莫知焦先所出，野火燒其廬。遭冬雪大至，先祖臥不移，人以爲死，熟視之如故。"宋方岳《溪行》其五："冬雪不到地，春雪方連天。"元庾吉甫《雁兒落過得勝令》曲："秋霜黃菊殘，冬雪白梅綻。"清郭柏蒼《烏石山志》："桃榔葉覆經冬雪，擲躅花殘未夕暉。"

## 【冬至雪】

農曆冬至時下的雪。唐楊凝式《雪晴》詩："春來冰未泮，冬至雪初晴。"宋蘇轍《冬至雪二首》其一："一氣潛萌九地中，雪花微落四無

冬日雪景
（清沈銓《雪中游兔圖》局部）

風。"正德《松江府志》卷三二:"〔成化十七年〕春夏旱。秋七月,大風雨。九月朔雨,至於十月,禾不登。十一月冬至,大雷電,雨雪。明年饑。"

### 【三冬雪】

冬季的雪。按,冬季的三個月份,即冬季。唐翁洮《枯木詩辭召命作》:"二月苔爲色,三冬雪作花。"宋戴復古《雪後暖》詩:"去歲三冬雪,今年百穀秋。"《濟公全傳》第一九一回:"面如三秋古月,髮如三冬雪,須賽九秋霜。"

## 連雨雪

接連不斷的降雪。亦稱"連大雪"。《漢書·匈奴傳》:"〔徵和四年〕會連雨雪數月,畜産死,人民疫病,穀稼不熟,單于恐,爲貳師立祠室。"《南齊書·陳顯達傳》:"〔永泰元年〕是冬,連大雪。"康熙《具區志》卷一〇:"〔弘治〕十五年壬戌、十六年癸亥,連大雪,積四五尺,東西兩山橘柚盡斃,無遺種。"康熙《寧國府志》卷三:"〔弘治六年〕冬連雨雪,十二月,大水漂没民舍。"

### 【連大雪】

即連雨雪。此稱南北朝時期已行用。見該文。

### 【連雨多日雪】

接連不斷降了多天的雪。《晋書·五行志》:"〔太元二十一年〕十二月,雨雪二十三日。"《宋史·五行志》:"〔紹熙二年〕正月戊寅,大雨雹,震雷電以雨,至二月庚辰,大雪連數日,是月庚辰朔,建寧府大風雨雹,仆屋殺人。"《宋史·五行志》:"〔政和二年〕十一月,大雨雪,連十餘日不止,平地八尺餘。冰滑,人馬不能行,詔百官乘轎入朝,飛鳥多死。"

## 彌旬雪

亦稱"十日雪"。滿一旬(十天)的雪。唐孟彦深《元次山居武昌》詩:"江山十日雪,雪深江霧濃。"宋方岳《合紙屏爲小閣畫臥袁訪戴其上名之曰聽雪各與長句》詩其一:"空山十日雪塞門,天荒地老無行人。"元鮮于樞《武陵勝集得總字》詩:"窮冬十日雪,户外曾未踵。"明區大相《大雪林維烈南發以詩留之》詩:"燕京春來十日雪,封瓦填池三尺深。"正德《姑蘇志》卷四一:"〔正統元年〕正月,大雪彌旬,郊外之民有凍餒死者。"正德《安慶府志》卷一七:"〔景泰二年〕大雪,雨雪彌旬,高屋積與簷齊,鳥獸俱入人室,捕獲甚多。"萬曆《銅陵縣志》卷一〇:"〔景泰二年〕大雪,彌旬不霽。"順治《安慶府太湖縣志》卷九:"〔景泰二年〕大雪,彌旬不霽,積與簷齊,鳥獸入人室。"清徐子芩《冬晚同子固飲酒》詩:"城中十日雪,流民凍俱斃。"

### 【十日雪】

即彌旬雪。此稱唐代已行用。見該文。

## 連旬雪

接連不斷降了十多天的雪。宋羅大經《鶴林玉露》丙編卷一:"壬寅正月,雨雪連旬,忽爾開霽,閭里翁媼相呼賀曰:黄綿襖子出矣。"元吴當《連旬大雪》詩其一:"瘦骨棱層病未安,江天風雪夜漫漫。"清梅文明《次韵酬陳念慈》詩:"連旬風雪春都冷,幾處河山眼倦開。"

### 【連二旬雪】

連續降了二十天左右的雪。萬曆《秀水縣志》卷一〇:"〔景泰元年〕正月,大雪浹二旬,間有黑花,積丈許,民多餓死,鳥雀幾盡。夏,霪雨傷稼。大饑。"萬曆《重修嘉善縣志》卷一二："〔景泰元年〕正月，大雪二旬，間有黑花，凝積至丈餘，民多饑死，鳥鵲幾盡。夏，霪雨傷稼。大饑。"乾隆《吳江縣志》卷四〇："〔正統五年〕春正月，大雪二旬，積丈餘。夏大水，漂没田廬。秋亢旱，高原苗槁，斗米千錢。"

**【連三旬雪】**

亦稱"彌月雪"。接連不斷降了三十天左右的大雪。乾隆《吳江縣志》卷四〇："〔正統四年〕雨水。七月，免災田稅糧。十二月，大雪三旬，積五尺有餘。"順治《新修望江縣志》卷九："〔景泰二年〕正月大雪，彌月不霽。"萬曆七年《江浦縣志》卷一："〔弘治三年〕夏旱，既而大雨。冬，大雪月餘。"嘉靖《六合縣志》卷二："〔弘治三年〕冬，大雪三十餘日。"

**【彌月雪】**

即連三旬雪。此稱唐代已行用。見該文。

**【連四旬雪】**

接連不斷地降了四十天左右的大雪。乾隆《吳江縣志》卷四〇："〔正統三年〕夏大水。冬，大雪四十日。"光緒《桐鄉縣志》卷二〇："〔景泰五年〕二月，大雪四十日，壓覆民居，諸港冰結，舟楫不通。夏大水。"《明史·五行志》："〔景泰五年〕正月，江南諸府大雪連四旬，蘇、常凍餓死者無算。"民國《首都志》卷一六："〔景泰五年〕春正月，南畿大雪連四旬。三月，撫恤南畿，秋七月癸酉，賑南畿水災。"

**【連月雪】**

接連不斷地降了多個月的大雪。《北齊書·武成帝紀》："〔河清二年十二月〕是時，大雨雪連月，南北千餘里平地數尺，霜晝下，雨血於太原。"嘉靖《南陽府志》卷一〇："〔弘治六年〕大雪，彌四個月。"

## 快雪

亦稱"急雪"。迅速下起的雪，抑或短時降雪。晉王羲之《快雪時晴帖》："羲之頓首：快雪時晴，佳想安善，未果爲結，力不次。"唐李德裕《與黠戛王書》："蓄鋭多年，乘饑大舉，快雪冤憤，豁開心懷。"宋張擴《次韵富季申著作對雪》詩："快雪快晴吾弗憂，君詩自有回天力。"元陸仁《寄倪雲林》詩："花明快雪鈎簾坐，謾把閑情寫竹枝。"明歐大任《初雪高僚長升伯見過》詩："急風快雪滿燕臺，蕭寺柴門午始開。"清陳同《洞庭湖大雪作歌》："紛然快雪破空來，上下湖天此飛白。"

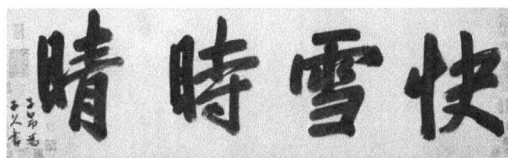

元趙孟頫題《快雪時晴圖》（下）及引首書法（上）

**【急雪】**

迅速下起的雪，抑或短時降雪。唐李忱《浮雲宮》詩："春風撼山館，急雪舞林底。"唐杜甫《對雪》詩："亂雲低薄暮，急雪舞回風。"宋王安石《答熊本推官金陵寄酒》詩："庭下北風吹急雪，坐間南客送寒醅。"元陳孚《咏神京八景·居庸疊翠》詩："嵯岈枯木（一作老樹）無碧柯，六月太陰飄（一作飛）急雪。"元王冕《汶上舟行》詩："晚風吹急雪，回首一茫然。"清王家枚《乙未二月望後大雪感而有作》詩："迅雷非節後，急雪入春多。"

## 【雪陣】

指持續時間較短，強度變化大，開始和結束都很突然的降雪。唐皮日休《太湖詩·太湖石（出黿頭山）》詩："雪陣千萬戰，蘚巖高下刿。"宋蘇轍《南康阻風游東寺》詩："霏微雪陣散，顛倒玉山舞。"宋范成大《雪後苦寒》詩："雪陣攪空風却軟，天公知我倚闌干。"金張斛《海邊亭爲浩然賦》："月涌冰輪出，濤翻雪陣來。"明孫偉《四景》其四："雪陣寒初閣，江光晚未開。"清翟均廉《海塘録》卷二五：

"霜花盡江潮，雪陣平兩山。"

## 【馱雪】

突然而來的猛烈大雪。明楊慎《升庵集》卷七四："馱雨東南來。"自注："馱與快同，見魏志趙松雪有《馱雪帖》。"清陳維崧《蘇武慢·梁溪舟中對雪》詞："忽飛馱雪，暗灑吳裝，極目空明相混。"清何文焕《歷代詩話》卷六三："趙松雪有《馱雪帖》，則是馱雲、馱雨、馱風、馱雪，皆可稱也。"

# 位　雪

# 山雪

山地、丘陵下的雪。唐盧綸《寄贈暢當山居》詩："山雪厚三尺，社榆粗十圍。"宋劉放《雪晴》詩："山雪喜初霽，意行因肆觀。"元劉詵《白木槿（重臺每開踰十日）》詩："月寒客獨起，恍若山雪殘。"明胡布《客懷》其四："山雪明殘夜，江雲薄曉陰。"清屈大均《平刑》

山雪明殘夜
（元曹知白《群峰雪霽圖》局部）

詩其二："山雪争初日，河冰亂白雲。"

## 【千山雪】

亦稱"萬山雪"。群山之雪。形容山區下雪的面積很大。唐薛蒙《和綿州于中丞登越王樓作》詩："暑退千山雪，風來萬木秋。"宋徐鉉《和方泰州見寄》詩："雲收楚塞千山雪，風結秦淮一尺冰。"宋釋原妙《偈頌六十七首》其四："千嶺萬山雪，五湖四海冰。"金元好問《摸魚兒》詞："蕭蕭暮景千山雪，銀箭忽傳飛雨。"明胡應麟《雪中陸使君過訪時大計初解嚴》詩："千山飛雪灞陵橋，策馬長安路未遥。"明釋正勉《古今禪藻集》："喜得黃梅一綫通，別向五峰，相見處，萬山雪擁白頭翁。"清謝方琦《雪後送殷介持歸嘐城》詩："朔風蕭蕭林竹折，曉來門外千山雪。"

## 【萬山雪】

即千山雪。此稱宋代已行用。見該文。

# 積雪

指沉積在地面上的雪。先秦屈原《九

歌·湘君》詩："桂棹兮蘭枻，斲冰兮積雪。"
三國魏曹丕《大墻上蒿行》："白如積雪，利如
秋霜。"晋陸機《苦寒行》："凝冰結重澗，積雪
被長巒。"南朝齊謝朓《阻雪連句遥贈和》詩：
"積雪皓陰池，北風鳴細枝。"唐釋皎然《郭北
尋徐主簿別業》詩："積雪行深巷，閑雲繞古
籬。"《續資治通鑑長編·太宗雍熙元年》："陰
雲四合，積雪盈尺。"金完顏璟《水竇巖漱玉
亭》詩："斷岸連蒼山，寒巖多積雪。"明梵琦
《將軍行》："城頭積雪滿一丈，日出天晴馬蹄
響。"清李憲喬《夜琴》詩："孤琴横此夜，積
雪滿前灘。"

【宿雪】

積留過冬的雪。《後漢書·和帝紀》："京師
去冬無宿雪，今春無澍雨，黎民流離，困於道
路。"李賢注："以其經冬，故言宿也。"唐鄭谷
《梓潼歲暮》詩："江城無宿雪，風物易爲春。"
宋司馬光《正月三日與廣淵同出南薰門分趨齋
宮塗中成》詩："野寒餘宿雪，樹闇濕春雲。"
明湛若水《於中和橋餞毛古庵黄門式之即席賦
贈》詩："晨光曜白日，宿雪倏然消。"清王夫
之《宿雪竹山同茹蘗大師夜話》詩："破船載月
浮寒水，別路尋芳駐晚晴。"

【太始雪】

指多年不化的地面積雪。唐杜甫《鐵堂峽》

積雪被長巒
（宋高克明《溪山積雪圖》局部）

詩："修纖無垠竹，嵌空太始雪。"元鄭元祐
《山雪齋》詩："山中太始雪，玉光鬱巁峗。"明
王寵《和黄勉之懷五嶽之作·恒》："山寒太始
雪，地闊單于臺。"清鄧輔綸《清水北巖》詩：
"洞陰太始雪，氣凜炎天霰。"

【千秋雪】

亦稱"萬年雪"。指多年不化的地面積雪。
唐杜甫《絶句》："窗含西嶺千秋雪，門泊東吳
萬里船。"宋王安國《苦熱》詩："月明葱嶺千
秋雪，風静天河八月槎。"元盧琦《夜泊羊角
壩》詩："月色千秋雪，灘聲萬馬兵。"明唐之
淳《大寧雜詩》其二："冰霜山谷千秋雪，風露
衣裳六月寒。"明胡應麟《嵩山歌》："參差太華
十丈蓮，重疊娥眉萬年雪。"明王世貞《弇州四
部稿》卷四九："千尺喬松萬年雪，不知天地爲
誰功。"清張葆齋《天山雪松》詩："天山松雪
何時謝，雪積千秋松萬年。"

【萬年雪】

即千秋雪。此稱明代已行用。見該文。

【殘雪】

殘存的雪，融化殆盡的積雪。唐釋靈一
《江行寄張舍人》："林色曉分殘雪後，角聲寒奏
落帆時。"唐元稹《咏廿四氣詩·立春正月節》：
"早梅迎雨水，殘雪怯朝陽。"宋于巽《參陪使
騎祇謁真祠偶成小詩拜呈知府屯田》詩："殘雪
未消山下路，和風先颭馬前旌。"元馮子振《梅
花百咏·簷梅》："殘雪半霄寒月上，暗香和影
度疏簷。"明張羽《送劉仲鼎歸杭州》詩："遠
岫明殘雪，空江淡落暉。"清牛燾《隴頭水》
詩："不是黄河流斷漸，定知葱嶺融殘雪。"

【瘦雪】

少量的積雪。宋張先《安陸集》："梅花

瘦雪梨花雨，心眼未芳菲。”金王庭筠《謁金門·雙喜鵲》詞：“瘦雪一痕牆角，青子已妝殘萼。”清孫星衍《樓上》詩：“卷簾結束寒撲衣，瘦雪初消瓦苔綠。”清朱孝臧《彊村語業》：“問東蘭瘦雪，尚消得，幾清明？”

【積素】

指地面及林木、房屋上的積雪。南朝宋謝惠連《雪賦》：“積素未虧，白日朝鮮。”李周翰注：“言積雪未銷，白日鮮明。”又《西陵遇風獻康樂》：“浮氛晦崖巘，積素惑原疇。”呂向注：“積素謂雪也。”唐王維《冬晚對雪憶胡居士家》詩：“灑空深巷靜，積素廣庭閑。”唐元稹《賦得春雪映早梅》詩：“積素光逾密，真花節暗催。”宋袁桷《秋雪》詩：“群陰孤陽愾，積素五采腴。”元李俊民《雪谷早行圖》詩：“積素茫茫縞夜，流光耿耿揚輝。”明夏完淳《冰池如月賦》：“何小池之明潔，恍積素之瓊田。”清查慎行《雪後與聲山紫滄同直暢春園》詩之一：“晨曦照積素，萬木中含煙。”

【銀砌】

指地面、山巒及林木、房屋上的積雪。元劉秉忠《蟾宮去》：“銀砌就樓臺殿閣，粉妝成野外荒郊。”明釋今無《梅花》詩：“天低碧漢

堆銀砌，地卷寒潮鎮玉屏。”《西游記》第四八回：“但衹是幾家村舍如銀砌，萬里江山似玉團。”清孫瑤英《滿江紅·咏雪》詞：“極目處、峰巒銀砌，樓臺粉飾。”

【舊雪】

相對新雪而言，指沉積在地面上的雪。或亦指以前所下之雪。唐元稹《病減逢春期白二十二辛大不至十韵（校書郎時作）》詩：“舊雪依深竹，微和動早萌。”宋邵雍《大寒吟》詩：“舊雪未及消，新雪又擁戶。”元虞集《謝書巢惠梅花》詩：“紅萼無言餘舊雪，白頭相見又新年。”明徐渭《八月十八日阿枳三江觀潮夜歸示》其三：“處處新妝邀步襪，年年舊雪漲城陰。”

【凝酥】

亦稱“寒酥”。冷凝的酥油，色潔白，喻指地面及林木、房屋上的積雪。唐白居易《雪中即事答微之》詩：“北市風生飄散蒻，東樓日出照凝酥。”宋吳文英《醜奴兒慢·黃鍾商麓翁飛翼樓觀雪》詞：“峭雲濕，凝酥深塢，乍洗梅清。”宋仇從簡《句》詩：“雪翻夜鉢裁成玉，春化寒酥剪作金。”宋魯逸仲《水龍玲·梅

銀砌景觀
（清袁江《雪霽行旅》局部）

凝酥、寒酥
（明項聖謨《雪影漁人圖》局部）

《花》詞："望迷萬里雲垂凍。紅綃碎剪，凝酥繁綴，煙深霜重。"元鄭元祐《題盧益修白描水仙花》詩："宮闕凝酥春雪霽，好留屏曲寫孤芳。"明徐渭《謔雪》詩："一行分向朱門屋，誤落寒酥點羊肉。"清孫原湘《咏雪》："雲母圍屏儼畫圖，一奩秋水照凝酥。"

【寒酥】

即凝酥。此稱宋代已行用。見該文。

【雪樹】

亦稱"樹架""樹孝"。樹上的積雪，或成冰。唐杜甫《江梅》詩："雪樹元同色，江風亦自波。"宋王溥《唐會要》卷四四："雨木冰，凝寒凍裂，數日不解，寧王憲見而歡曰：此俗謂之樹架。"宋李新《雪樹》："巴山雪樹慘黃雲，劍甲參差百萬軍。"元張翥《霍丘孫游武林湖山之勝詔之》詩："紅酣花港風荷密，玉照梅岡雪樹明。"嘉靖《澄城縣志》卷一："雪樹，

雪　樹
（明吕紀《寒雪山鷄圖》局部）

俗名樹架，關輔謂之樹孝。"清陸求可《杏花天·初春》詞："乍撲面、東風寒峭，霜花雪樹關山道，轉眼王孫芳草。"

【樹架】

即雪樹。此稱宋代已行用。見該文。

【樹孝】

即雪樹。此稱清代已行用。見該文。

【雪朵】

指樹枝上的積雪。因似花朵，故稱。唐黃滔《題鄭山人居》詩："枯杉擎雪朵，破牖觸風開。"宋張維《十咏圖·玉蝴蝶花》："雪朵中間蓓蕾齊，驟開尤覺繡工遲。"明鄭學醇《署中二首》其二："誰將雪朵綴緗枝，香霧濛濛夜色遲。"

【竹雪】

唐盧綸《送夏侯校書歸華陰別墅》詩："山

竹　雪
（五代徐熙《雪竹圖》局部）

竹雪覆柴門，山窗夜自明
（明檀芝瑞《雪竹圖》局部）

前白鶴村，竹雪覆柴門。"明謝應芳《高陽臺》"書帶青青，竹雪霏霏。"宋歐陽修《河南王尉西齋》詩："竹雪晴猶覆，山窗夜自明。"明馬治《元日試墨》詩："竹雪寒聲瀉，山禽好語來。"清厲鶚《無盡意齋寒夜用覺範送元老住清修韵》詩："竹雪欠清聲，瓶笙有餘韵。"

## 【松雪】

謂松樹上的積雪。南朝宋顏延之《贈王太常》詩："庭昏見野陰，山明望松雪。"唐李白《東武吟》詩："倚巖望松雪，對酒鳴絲桐。"唐司空圖《楊柳枝壽杯詞》之十七："好是梨花相映處，更勝松雪日初晴。"宋蘇軾《真覺院有洛花》詩："歲寒君記取，松雪看蒼鱗。"元宇文公諒《題趙魏公幼輿丘壑圖二首》其二："小齋松雪對青山，波上閑鷗自往還。"明劉基《題松下道士携琴圖》詩："琴聲凄斷水流咽，月滿空山落松雪。"清丁敬《小雪初晴樊榭見訪同游梵天講寺》詩："澗風劃松雪，殘玉落翠囊。"

松　雪
（宋馬遠《寒巖積雪圖》局部）

## 【梅雪】

指臘梅上的雪。亦指梅開、雪飄共時。亦謂飄落的梅花，或開滿枝頭的白色梅花。唐盧

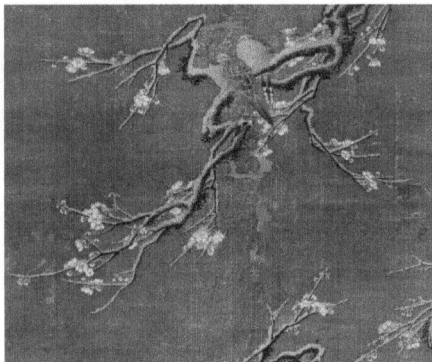

梅　雪
（明呂紀《雪梅集禽圖》局部）

僎《奉酬韋嗣立祭酒偶游龍門北溪忽懷驪山別業》詩："鳴驪噴梅雪，飛蓋曳松煙。"唐李商隱《莫愁》詩："雪中梅下誰與期？梅雪相兼一萬枝。"唐羅鄴《南行》詩："臘晴江煖鸕鶿飛，梅雪香黏越女衣。"宋歐陽修《蝶戀花》詞："臘雪初消梅蕊綻。梅雪相和，喜鵲穿花轉。"宋蘇軾《次韻周開祖長官見寄》詩："醉看梅雪清香過，夜棹風船駭汗流。"王文誥輯注："施注：'蘇子卿《梅花落詞》：庭前一樹梅，寒多未覺開。祇言花似雪，不悟有香來。'"元張玉娘《燭影搖紅（又用張材甫韵）》詞："梅雪乍融，單于吹徹寒猶淺。"明朱昇《春寒喜晴》："幾片墻陰梅雪褪，萬絲堤上柳煙凝。"

## 【群玉】

指群山積雪。唐孟彥深《元次山居武昌》詩："江山十日雪，雪深江霧濃。起來望樊山，但見群玉峰。"唐李白《雜曲歌辭清平調》其一："若非群玉山頭見，會向瑶臺月下逢。"宋衛宗武《對竹衍坡詩意》詩："森森無千囊，挺挺立群玉。"元楊慶源《有懷玉山徵士》詩："群玉山頭海月出，武陵溪上漁舟來。"明陸深《登華山至青坪》："群玉峰頭鐵鎖寒，周秦遺事共漫漫。"清孫原湘《蕊宮花史圖并序》其四：

峰巒群玉
（清石濤《雪景山水圖》局部）

"衆香國暖春常笑，群玉山高夜放光。"

## 南秦雪

省稱"秦雪"，亦稱"秦嶺雪"。南秦太白山一帶四季可見大雪。泛指終年不化之雪。太白山位於秦地，山上積雪終年不化，故稱。唐元稹《南秦雪》詩："纔見嶺頭雲似蓋，已驚巖下雪如塵。"唐尚顔《冬暮送人》詩："射衣秦嶺雪，搖月漢江船。"金王渥《餐秀軒》詩："野人窗户終日開，要看千秋秦嶺雪。"明徐渭《丁卯六月十六日五鼓夢一憲公更訊予獄》詩："太白高秦雪，材官選漢都。"明何喬新《東河驛寄京師諸友》詩："使節畫衝秦嶺雪，征驂曉踏渭橋霜。"

【秦嶺雪】

即南秦雪。此稱唐代已行用。見該文。

【秦雪】

"南秦雪"之省稱。此稱明代已行用。見該文。

## 燕山雪

燕山山脈的雪。唐李白《雜曲歌辭北風行（一作北風行）》詩："燕山雪花大如席，片片吹落軒轅臺。"宋周密《高陽臺送陳君衡被召》詩："酒酣應對燕山雪，正冰河月凍，曉隴雲飛。"元方回《老馬行》詩："吳堤朝望海門潮，薊門暮踏燕山雪。"明馮時可《燕山雪》詩："十月幽州道，風嚴盛雪花。"清梁清標《霜葉飛·冬日寄懷杜子静》詞："霸陵老、豈因人熟，當年對酒燕山雪。"

## 天山雪

天山山脈之雪。唐王維《送崔三往密州觀省》詩："路繞天山雪，家臨海樹秋。"唐盧照鄰《橫吹曲辭梅花落》詩："梅嶺花初發，天山雪未開。"宋嚴羽《塞下》詩："大漠春無草，天山雪作花。"元耶律楚材《和移刺繼先韵二首》其一："瀚海路難人去少，天山雪重雁飛稀。"明于慎行《泉林歌》："天山雪花四月落，片片吹上春衣寒。"清鄧廷楨《少穆被命還朝以詩二章迎之》其二："殘英化作天山雪，飄落胡人玉笛邊。"

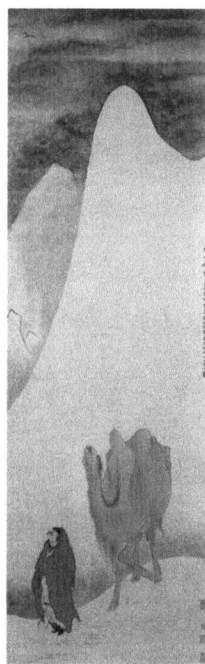

天山雪
（清華嵒《天山積雪圖》局部）

## 嶺南雪

冬季强寒潮時，南嶺以南或有霜雪，較罕見。明釋函是《一東》："二月嶺南雪，梨花間雪中。"清周亮工《題梅花再送道目》詩："冬有芙蓉亦有桃，絶喜嶺南霜雪少。"清陳維崧《陳迦陵文集》："海外冰肌，嶺南雪塊，銷盡人間溽暑。"

## 秦淮雪 [1]

秦淮河流域一帶之雪。宋趙鼎《泊秦淮雪

中一絕》詩："不知門外月波寒，但覺樽前酒量寬。"明侯玄演《新柳詞》："秦淮雪潯緩春晴，十里煙堤綠未明。"清陳恭尹《晚飲湛用啫雙峰閣即送之北上因寄程周量》詩："中路秦淮雪正霽，到日長安花始明。"

## 廬山雪

亦稱"匡廬雪"。廬山之雪。宋程公許《廬山雪》詩："倚天無數玉巉巖，心覺廬山是雪山。"元吳當《立春日》詩："鄉心華蓋雲千里，病目匡廬雪一窗。"明王世懋《廬山雪》詩："千崖冰玉裹，何處著匡君。"明智舷《送谷響上人入匡廬石門澗》詩："飄然汝去躡何峰，六月匡廬雪尚封。"清顧炎武《擬唐人五言八韻・陶彭澤歸里》詩："望積廬山雪，行深渡口嵐。"

### 【匡廬雪】

即廬山雪。此稱元代已行用。見該文。

## 陰山雪

陰山山脈之雪。南北朝王肅《悲平城》詩："陰山常晦雪，荒松無罷風。"唐于濆《戍卒傷春》詩："東風氣力盡，不減陰山雪。"宋孔平仲《寄孫元忠（俱集杜句）》其二十九："江上今朝寒雨歇，翛然欲下陰山雪。"元李俊民《和秦彥容韵》其一："馬蹄一蹙燕地裂，氈裘尚拂陰山雪。"明孫偉《出塞曲二首》其一："鼓聲斷重圍，斜日陰山雪。"清成書《伊吾絕句》其三："真陽融盡陰山雪，頃刻飛來百道泉。"

## 嵩山雪

嵩山之雪。唐孟郊《洛橋晚望》詩："榆柳蕭疏樓閣閑，月明直見嵩山雪。"宋廖剛《大學送余適正往洛中就館》詩："歲晚嵩山雪，天寒洛浦風。"明歐必元《送潘光祿子朋使汴還朝二首》其一："逍遙立盡嵩山雪，折贈心懸庾嶺梅。"清錢謙益《題初祖折蘆圖》詩："金陵夜雨嵩山雪，白馬青絲出壽州。"

## 關山雪

寧夏大、小關山之雪。南北朝庾信《擬咏懷詩二十七首》其十："遙看塞北雲，懸想關山雪。"唐齊己《寄顧處士》詩："兩幅關山雪，尋常在眼前。"宋宋構《關山雪》詩："關山雪，關山雪，遠接洮西千里白。"金馬定國《村居五首》其五："何時消盡關山雪，收拾春風入酒杯。"明王越《走筆送謝大參》詩："捲地風寒聲冽冽，夜深吹落關山雪。"

關山雪
（宋夏圭《關山雪霽圖》局部）

## 朔雪

北方的雪。《爾雅》："朔，北方也。"南朝宋鮑照《咏雪》詩："胡風吹朔雪，千里杜龍山。"唐李白《幽州胡馬客歌》詩："雖居燕支山，不道朔雪寒。"宋王沂孫《高陽臺・陳君衡遠游未還周公瑾有懷人之賦倚歌和之》詩："駝褐輕裝，狨韉小隊，冰河夜渡流澌。朔雪平沙，飛花亂拂峨眉。"《元史・拜住傳》："延祐間，朔漠大風雪，羊馬駝畜盡死，人民流散。"元尹廷高《西湖岳（婺州）王墳》詩："西風卷歸斾，朔雪暗中原。"明甄敬《出塞曲》其四：

"八月穿廬朔雪霏，草枯風急雁南飛。"清施閏章《光岳樓》詩："地連朔雪孤城白，天入齊煙一帶青。"

## 塞北雪

古代以長城爲界，以北地區已出邊塞，故名塞北。其中塞有邊界的含意，意指歷史上漢族農耕文明與北方游牧部落的分界綫。宋劉克

塞北山地雪景
（清袁江《塞北彤雲》局部）

莊《征婦詞十首》其九："江南絲帛貴，塞北雪霜濃。"元許恕《病橐駝行》："長鳴蹴踏塞北雪，矯首振迅江南春。"

### 【峨嵋雪】

峨嵋山之雪。唐齊己《自湘中將入蜀留別諸友》詩："來年五月峨嵋雪，坐看消融滿錦

峨嵋雪景
（清袁江《峨嵋飛雲》局部）

川。"明憨山德清《憨山老人夢游集》："西望峨嵋雪似銀，普賢端坐一微塵。"明沈榜《宛署雜記》卷二〇："孤峰淡掃峨嵋雪，十丈高標太乙蓮。"明鄭士奇《百字令·自述用東坡韵》詞："坐引桐風，書研竹露，詩净峨嵋雪。"《寄園寄所寄》卷三："臨皋亭下八十數步，便是大江，其半是峨嵋雪水。"清董含《三岡識略》："高枕北窗風，夢踏峨嵋雪。"

## 剡溪雪

剡溪之雪。剡溪，水名，曹娥江上游的一段，在浙江。唐吳融《山居喜友人相訪》詩："高於剡溪雪，一棹到門回。"宋孫覿《次韵蔣次莊二首》其一："乘興來尋剡溪雪，倦游歸釣錦江春。"元鄭元祐《王元章白描梅》詩："王郎晚載剡溪雪，艤舟孤山一問津。"明胡奎《題剡溪書屋》詩："我思剡溪人，欲載剡溪雪。"清馬鳳翥《答史陶亭》詩："扁舟擬棹剡溪雪，蓬閣思登閬苑天。"

## 溪雪

河谷、溪流之雪。唐李德裕《憶平泉雜咏·憶野花（余未嘗春到故園）》詩："曉憶東

溪雪
（唐王維《雪溪圖》局部）

溪雪，晴思冠嶺霞。"宋張侃《題剡溪圖》詩："可人一溪雪，催我上扁舟。"元汪銖《送巫一上歸富川》詩："江雲浮別酒，溪雪灑禪衣。"明歐大任《雪夜同梁仲登泛舟赤花海過水栅十里乃還二首》其二："搖艇衝溪雪，蒼茫路不分。"清李憲噩《雪中望溪寄族侄五星》詩："堁徑眺溪雪，雪中亭子孤。"

## 江雪

江上之雪，抑或指長江之雪。唐敦煌曲子《百歲篇·池新荷十首》："氈褥從君坐萬重，還如獨臥寒江雪。"唐朱慶餘《送品上人入秦（一

江雪景觀
（清袁江《寒江泊舟》局部）

作北游）》詩："江雪沾新草，秦園發故條。"宋方岳《書趙相公梅卷》詩："一梢兩梢曉灘月，三花五花暮江雪。"宋釋元肇《江上雪》詩："斷蓬折葦滄江上，只作淮南舊日看。"元白樸《滿江紅·行遍江南》詞："破枕纔移孤館雨，扁舟又泛長江雪。"明李延興《湘中老人圖》詞："雲漫漫，煙水寒，日慘慘，江雪殘。"清陳廷敬《送孔勳之赴瀘州》詩："雁過逢江雪，蠻歌隔瘴煙。"

## 吳江雪

吳江之雪。唐李白《對酒醉題屈突明府廳》詩："風落吳江雪，紛紛入酒杯。"宋宋伯仁《梅花喜神譜·就實六枝》詩："品字列輕舠，占盡吳江雪。"明符錫《潁江漫稿》卷一："吳江雪浪誰剪裁，金麟躍，雲屏開。"清彭孫遹《松陵阻雪借宿村舍題壁》詩："孤篷一夜吳江雪，白遍垂虹十里橋。"

## 太湖雪

太湖之雪。元貢奎《奉朱澤民提學賦山水歌》詩："長風高浪太湖雪，疊嶂重巒天目雲。"清金鍔《立春日吳江道中》詩："太湖雪霽天連水，小艇風來氣已春。"

## 瀟湘雪

唐齊己《聞王員外新恩有寄》詩："西峰有客思相賀，門隔瀟湘雪未開。"宋高文虎《水仙》詩："巫峽雲深迷昨夢，瀟湘雪重寫餘哀。"

瀟湘雪景
（元張遠《瀟湘八景圖》局部）

明憨山德清《憨山老人夢游集》："今歸一片瀟湘雪，原是清涼徹骨人。"清《古音王傳》："瀟湘雪夜歸來晚，明月蘆花到處秋。"

## 淮雪

淮河流域的雪。宋劉克莊《道中讀孚若題壁有感用其韻》："淮雪江風裂面寒，往來萬里一征鞍。"又《祭王虆漕中甫》："江風刮面，淮雪裂指。"宋李劉《四六標準》："氣奪膽寒，風聲鶴唳不但平，淮雪夜鵝鳴。"宋薛嵎《雲泉》詩："屝屨踐淮雪，故人師帥歡，燈前話疇昔，時事又艱難。"

## 秦淮雪 [2]

秦淮河畔之雪。宋賀鑄《艤舟秦淮雪中訪侍其瑀（侍其字服之庚午十二月賦）》詩："北風破雨初成雪，齋舫篷窗吹紙裂。"明盛時泰《寄武林朱九疑》詩："欲知胥浦潮初退，正是秦淮雪半消。"清陳恭尹《晚飲湛用啸雙峰閣即送之北上因寄程周量》詩："中路秦淮雪正霽，到日長安花始明。"清易順鼎《哭庵詞集》："秦淮雪後，一碧成冰。"

## 南方罕見雪

南方少雪，人見之以爲异。乾隆《梧州府志》卷二四："〔洪武十七年〕梧城大雪，漫山凝結，不殊北方。"嘉靖《德慶州志》卷二："〔嘉靖十一年〕冬十二月，有雪。德慶古粤地，氣暖少雪，至是降遍四鄉，人皆以爲瑞，次年大熟。"道光《晋江縣志》卷七四："〔嘉靖四十四年〕十二月初六日，大雪，山村雪厚至三四尺，四五日方消。郡從前少雪，人以爲異。"

# 第三節　雪兆考

在古籍中，大多數的表雪詞語是以雪爲因，預示其吉祥凶咎之結果。這些結果多與人們的日常生活密切相關。例如"瑞雪""裔雪""喜雪""佳雪"等，是表希望來年五穀豐登的祥瑞之雪。唐韓愈《御史臺上論天旱人饑狀》："今瑞雪頻降，來年必豐。"瑞雪單稱"瑞"，一般引證中認爲，最早出現在南朝陳張正見《玄圃觀春雪》詩："同雲遥映嶺，瑞雪近浮空。"而實際在南朝宋、梁的文獻中就有記載，如《宋書·符瑞志》下："大明五年正月戊午元旦，花雪降殿庭，時右衛將軍謝莊下殿，雪集衣。還白，上以爲瑞。"南朝梁庾肩吾《咏花雪》詩："瑞雪墜堯年，因風入綺錢。"還有"瑞白""瑞物""瑞葉""花瑞"等詞語，與瑞雪所表達的意義相同，亦用於預兆豐年。到了元代，有人甚至將瑞雪與國家興盛聯繫起來，名爲"國家祥瑞"。元鄭廷玉《忍字記·楔子》："如今時過冬天，紛紛揚揚，下著國家祥瑞。"又如《水滸傳》第一四回："是綿衣絮襖，手撚梅花，唱道國家祥瑞，不念貧民些小。"

視爲凶兆之雪常用詞語，如"惡雪""灾雪""苦雪"等。《魏書·薛真度傳》："去歲不收，饑饉十五，今又灾雪三尺，民人萎餒，無以濟之。"宋薛師魯《苦雪》詩："六出夫何甚，經旬散野堂。喜心翻作厭，瑞物恐爲殃。"另外，不同地域因雪而導致的自然灾害，亦在古籍中多有記録。例如"凍死山橘雪""引發大水無禾雪""致二麥無收雪""凍死竹梅花草雪”“凍死竹柏柿樹雪”“致林木俱瘁雪”“致樹折屋壞雪”“致魚凍浮流之雪”“致覆壓民居鳥雀俱死雪”“致鳥鵲幾盡民多饑死雪”“凍死鳥獸雪”“致死牲畜雪”“凍死老弱雪”等。

# 瑞 雪

## 瑞雪

亦稱“瑞”“瑞物”“瑞白”。祥瑞之雪。南朝梁庾肩吾《咏花雪》詩：“瑞雪墜堯年，因風入綺錢。”《宋書·符瑞志》：“大明五年正月戊午元旦，花雪降殿庭，時右衛將軍謝莊下殿，雪集衣。還白，上以爲瑞。”南朝陳張正見《玄圃觀春雪》詩：“同雲遙映嶺，瑞雪近浮空。”《南史·宋孝武帝紀》：“〔大明五年〕正月戊午朔，華雪降，散爲六出。上悅，以爲瑞。”唐韓愈《御史臺上論天旱人饑狀》：“今瑞雪頻降，來年必豐。”《舊唐書·禮儀志》：“〔開元二十六年〕親祀之時，有瑞雪，壇下侍臣及百僚拜賀稱慶。”宋辛棄疾《蘇武慢·雪》詞：“老盡青山，鋪成明月，瑞物已深三尺。”宋馮熙載《宣和七年十二月二十一日就睿謨殿張燈預賞元宵曲燕應制》詩：“宣和初載元冬尾，瑞白纔消塵不起。”明茅維《鬧門神》：“衹見瑞雪飄逸，罡風淅瀝。”明陶宗儀《洪武丁卯臘月癸亥雪》詩：“六花凝瑞白，已見臘前三。”清胤禛《冬日早朝》詩：“寒風幾度輕搖佩，瑞雪初飄乍點衣。”《清史稿·樂志》：“葭灰未動春先到，應瑞花爭四照舒。”

### 【瑞】

即瑞雪。此稱南北朝時期已行用。見該文。

### 【瑞物】

即瑞雪。此稱宋代已行用。見該文。

### 【瑞白】

即瑞雪。此稱宋代已行用。見該文。

### 【霱雪】

即瑞雪。宋梅堯臣《問答》詩：“桐花正美霱雪亂，家庭玉樹須來儀。”

### 【國家祥瑞】

亦稱“豐年祥瑞”。即瑞雪。元鄭廷玉《忍字記·楔子》：“如今時過冬天，紛紛揚揚，下著國家祥瑞。”《水滸傳》第一四回：“是綿衣絮襖，手撚梅花，唱道國家祥瑞，不念貧民些小。”

### 【豐年祥瑞】

即瑞雪。前蜀貫休《對雪寄新定馮使君二首》其一：“政化由來通上靈，豐年祥瑞滿腮明。”《西游記》第四八回：“陣陣寒威穿小幕，颼颼冷氣透幽幃。豐年祥瑞從天降，堪賀人間好事宜。”

（宋高克明《溪山瑞雪圖》局部）

## 【瑞葉】

即瑞雪。唐駱賓王《賦得春雲處處生》詩："暫日祥光舉，疏雲瑞葉輕。"宋范成大《雪後雨作》詩："瑞葉飛來麥已青，更煩膏雨發欣榮。"元耶律鑄《雙溪書院對雪》詩："聽隨瑞葉風來處，看散天花酒半醒。"明郭鈺《題劉氏雪翁吟卷》詩："玄陰峥嶸厚地裂，朔風如刀剪瑞葉。"清弘曆《雪（正月六日）》詩："瑞葉舞風翔，新年第一祥。"

## 【瑞花】

亦稱"花瑞"。即瑞雪。唐孟浩然《來（一作本）闍黎新亭作》詩："瑞花長自下，靈藥豈須栽。"唐許敬宗《奉和喜雪應制》詩："伏檻觀花瑞，稱觴慶冬積。"唐許渾《蒙河南劉大夫見示……喜雪酬唱》詩："瑞花瓊樹合，仙草玉苗深。"宋陳造《立春前一夕雪二首》其一："直遣瑞花將臘去，盡驅和氣與春回。"元周霆震《燕山萬里雪》詩："正氣六合周，瑞花反嚴凝。"元方回《讀孟信州和方亨道六月雨時當雪天改爲欲作雪先作雨次韻》詩："此時早降六花瑞，時寒休徵猶可還。"明楊基《瀟湘八景·江天暮雪》詩："風攬瑞花晚，江寒波欲凝。"

瑞　雪
〔唐李思訓（傳）《京畿瑞雪圖》局部〕

## 【花瑞】

即瑞花。此稱唐代已行用。見該文。

## 【祥英】

亦作"祥霙"。即瑞雪。英，猶華。唐徐彥伯《苑中遇雪應制》詩："千鍾聖酒御筵披，六出祥英亂繞枝。"宋王以寧《陳覺叟雪中見過》詩："故人相過，喜雪舞祥霙。"清弘曆《集張照春聯字爲春朝吉語得詩十七首》其十六："綵燕轉簾頻語久，祥英照地見枝紅。"清林則徐《查勘運河挑挖工程片》："正值麥苗出土，得此祥霙普被，潤透根荄，四野農民同聲歡慶。"

## 【祥霙】

同"祥英"。此體宋代已行用。見該文。

## 【喜雪】

即瑞雪。唐許敬宗《奉和喜雪應制》詩："伏檻觀花瑞，稱觴慶冬積。"唐孟浩然《和張丞相春朝對雪》詩："迎氣當春立，承恩喜雪來。"宋蘇軾《和柳子玉喜雪》詩："燈青火冷不成眠，一夜撚鬚吟喜雪。"元吾丘衍《喜雪》："連歲冬無雪，今來忽應時。"明陳璉《和吏部黃尚書喜雪二首（正統四年冬）》其一："臘八纔過後，同雲暗碧空。"清胤禛《喜雪》詩："瑞雪春時降，彤庭喜氣盈。"

## 【佳雪】

即瑞雪。宋文彥博《次韻留守相公佳雪應時》詩："農事迎知春後望，時寒順應臘前期。"宋李之儀《今日交冬至》："蛾眉亭上，今日交冬至。已報一陽生，更佳雪、因時呈瑞。勻飛密舞，都是散天花。"清陸以湉《冷廬雜識》卷六："又量雪水，較玉泉輕三厘，遇佳雪必收取。"

## 【甜雪】

即瑞雪。大氣純净度高，含雜質極少的雪。晉王嘉《拾遺記·周穆王》："西王母乘翠鳳之輦而來……薦清澄琬琰之膏以爲酒。又進洞淵紅蘇，嶹州甜雪。"唐司空曙《送曲山人之衡州》詩："白石先生眉髮光，已分甜雪飲紅漿。"

宋楊萬里《荔枝歌》："甘霜甜雪如壓蔗，年年窖子南山下。"明鄧雲霄《鄉村賞荔》詩："可憐香美如甜雪，萬里無媒薦尚方。"清曹溶《萬年歡·濟武命飲白鹿泉亭再疊前韵》詞："玉局無塵，又邀賓十洲，分賦甜雪。"

# 灾 雪

## 灾雪

灾禍之雪。《魏書·薛真度傳》："去歲不收，饑饉十五，今又災雪三尺，民人萎餒，無以濟之。"宋周去非《嶺外代答·風土門·雪雹》："南方地氣常燠，草木柔脆，一或有雪，則萬木僵死……正爲災雪，非瑞雪也。"

## 【惡雪】

灾禍之雪。元許有孚《憶梅》詩："狂風惡雪必如此，嫩蕊疏花其殆哉。"

## 【苦雪】

大雪帶來灾難，人以之爲苦，故稱之爲"苦雪"。唐元結《酬孟武昌苦雪》詩："云是孟武昌，令獻苦雪篇。"宋薛師魯《苦雪》詩："喜心翻作厭，瑞物恐爲殃。"元劉鶚《次友人韵》詩："一春苦雪花多死，十日南風草盡生。"明郭之奇《春日苦雪》詩："日不自明借雪光，雪憑風勢敢飛揚。"萬曆《洪洞縣志》卷八："〔嘉靖十年〕正月望日，大雨雪四晝夜不息，平地三四尺，壕池皆盈，樹枝多有壓折者，二麥無收，咸謂苦雪。"清屈大均《雪殘香荔支復榮（新興社題）》詩："去臘南天苦雪侵，珊瑚凍折荔支林。"

## 【大冰雪】

嚴寒大雪，并出現了大冰。宋江少虞《宋朝事實類苑》："倉廩既焚，數夕大冰雪，均衆食敗糟木皮。"嘉靖《重修如皋縣志》卷六："〔景泰五年〕二月，大冰雪，海邊水亦凍結，草木萎死。又大水，民饑。"乾隆《直隸通州志》卷二二："〔景泰五年〕正月，大雪，竹木多凍死。二月，復大雪，冰厚三尺，海濱水亦凍結，草木萎死。"

## 【冰雪】[2]

亦稱"凍雪"。冰凍之雪，對作物有害。《後漢書·西羌傳論》："〔段熲〕被羽前登，身當百死之陳，蒙没冰雪，經履千折之道，始殄西冰雪種，卒定東寇。"南朝陳江總《至德二年十一月十二日升德施山齋三宿決定罪福懺悔》詩："池臺聚凍雪，欄楯噪歸禽。"唐白居易《春游二（一作西）林寺》詩："二月匡廬北，冰雪始消釋。"唐韋應物《宿永陽寄璨律師》詩："遥知郡齋夜，凍雪封松竹。"唐杜甫《題張氏隱居》之一："澗道餘寒歷冰雪，石門斜日到丘林。"仇兆鰲注："冰雪猶言凍雪。"宋張君房《雲笈七籤》卷三："人之情性爲利欲所敗，如冰雪之曝日，草木之沾霜。"清錢世錫《雪後》

詩："乾雪舞風停又起，凍雪漏日霽還陰。"

## 【凍雪】

即冰雪[2]。此稱南北朝時期已行用。見該文。

## 【非時雪】

指不合時宜之雪。宋曾公亮等《武經總要·占候一·天占》："非時雪，《傳》曰：'凡雪，陰也。出非其時，迫近之象。'"宋樂史《太平寰宇記》卷五五："天暴雪三尺，凍死數千人。太史奏：非時雪降，此變異。乃誅尚書朱軌以塞災。"清彭孫貽《游鄒園五首》其五："花墜非時雪，香生不斷風。"

## 致林木凍瘁雪

能使林木凍折、凍死的雪。《漢書·元帝紀》："〔建昭二年〕十一月，齊楚地震，大雨雪，樹折屋壞。"萬曆《溧水縣志》卷一："〔正德四年〕冬大雪，樹皆枯死。"天啓《江山縣志》卷八："〔正德八年〕冬，連日大雪，寒凍極甚，林木俱瘁，有經春不生長者。"崇禎《開化縣志》卷六："〔嘉靖三十九年〕十二月，雨雪，凍折巨木，民多饑死。次正雨雪甚，又饑。"康熙《安慶府宿松縣志》卷三："〔正德八年〕冬十月，大雪，殺竹木殆盡。"嘉慶《續修興業縣志》卷一○："〔嘉靖十二年〕三月，大雪，竹木皆凍死。"

## 【凍死山橘雪】

能凍死山橘之雪。山橘，生長於我國南方地區的一種橘樹。雍正《橫山志略》卷六："〔弘治十六年〕十二月，大雪深四五尺，洞庭諸山橘盡凍死，吳山嶺西馬老人家有橘百餘樹，特加愛護，亦凍死。王世貞作《橘荒嘆》以遺之。王世貞《橘荒嘆》：吾行洞庭野，柑橘皆葳蕤。吳山老人家，橘亦靡孑遺。借問何以然，

老人爲余説。前年與今年，山中有大雪。自冬徂新春，冰凍太湖澈。"

## 【凍死竹梅花草雪】

凍死竹、梅、花、草之雪。正德《安慶府志》卷一七："〔正德八年〕十月，雪，殺竹木花草三之二。"康熙《番禺縣志》卷一四："〔永樂十三年〕秋颶風。冬有雪，梅枯死。"康熙《南海縣志》卷三："〔永樂十三年〕冬月雪，梅枯死。"乾隆《直隸通州志》卷二二："〔景泰五年〕正月，大雪，竹木多凍死。二月，復大雪，冰厚三尺，海濱水亦凍結，草木萎死。"

## 【凍死竹柏柿樹雪】

凍死竹、柏、柿樹之雪。《新唐書·五行志》："〔貞元十二年〕十二月，大雪甚寒，竹柏柿樹多死。"萬曆《黃岡縣志》卷一○："〔洪武四年〕冬十月，大霧，北風寒勁，雨黑雪，竹柏皆枯。"康熙《麻城縣志》卷三："〔洪武四年〕十月，大霧，雨雪黑色，草木竹柏皆枯。"

## 致鳥獸凍斃雪

能使鳥獸凍斃的雪。晋葛洪《西京雜記》卷二："元封二年，大寒，雪深五尺，野鳥獸皆死，牛馬皆踡蹜如蝟，三輔人民凍死者十有二三。"《宋史·五行志》："〔政和二年〕十一月，大雨雪，連十餘日不止，平地八尺餘。冰滑，人馬不能行，詔百官乘轎入朝，飛鳥多死。"萬曆《重修嘉善縣志》卷一二："〔景泰元年〕正月，大雪二旬，間有黑花，凝積至丈餘，民多饑死，鳥鵲幾盡。"萬曆《將樂縣志》卷一二："〔嘉靖十二年〕冬，大雨嚴雪，魚鳥僵死。"天啓《江山縣志》卷八："〔景泰五年〕大雪，自正月至二月凡四十二日，深六七尺，鳥獸俱斃。"康熙《霍丘縣志》卷一○："〔成化六年〕

九月二十五日大雪，至次年二月終始霽，道路不通，村落不辨，河冰堅結，禽鳥飛絕。”康熙《浙江通志》卷二：“〔景泰五年〕正月，杭州、嘉興、金華大雪，深六七尺，覆壓民居，鳥雀俱死。”乾隆《海寧縣志》卷一二：“〔景泰五年〕正月，大雪連旬，鳥雀俱死。”

## 致死牲畜雪

致死牲畜的雪。《史記·匈奴列傳》：“〔太初元年〕冬，匈奴大雨雪，畜多饑寒死。”《舊唐書·頡利汗傳》：“〔貞觀元年〕其國大雪，平地數尺，羊馬皆死，人大饑。”《舊五代史·唐書·莊宗紀》：“〔龍德二年〕時歲且北至，大雪平地五尺，敵乏芻糧，人馬斃踣道路，累累不絕，帝乘勝追襲至幽州。”《遼史·道宗紀》：“四月丙午朔，大雪，平地丈餘，馬死者十六七。”《元史·拜住傳》：“延祐間，朔漠大風雪，羊馬駝畜盡死，人民流散。”萬曆《襄陽府志》卷三三：“〔成化二十年〕大雪，人民牛馬凍死。”萬曆《常山縣志》卷一：“〔正德八年〕冬十一月，雨雪三旬，牛畜凍死。”康熙《晉州志》卷一〇：“〔正德二年〕冬大雪，平地丈餘，凍死人畜。”同治《襄陽縣志》卷七：“〔成化二十年〕大雪，人民牛馬凍死。”

## 致人凍死雪

凍死人的雪。《漢書·武帝紀》：“〔元狩元年〕十二月，大雨雪，民凍死。”又，《匈奴傳》：“〔本始三年〕其冬，單于自將萬騎擊烏孫，頗得老弱，欲還。會天大雪，一日深丈餘，人民、畜產凍死，還者不能什一。”《陳書·殷不害傳》：“〔承聖三年〕於時甚寒，冰雪交下，老弱凍死者填滿溝壑。”《舊唐書·德宗紀》：“〔貞元元年〕正月戊戌，大風雪，寒。去

秋螟蝗，至是雪，寒甚，民饑凍死者踣於路。”《資治通鑑·漢光武帝二年》：“九月，赤眉至陽城、番須中，逢大雪，坑谷皆滿，士多凍死。”《宋史·哲宗紀》：“〔元祐二年〕十一月乙亥，大雪甚，民凍多死，詔加振恤，死無親屬者官瘞。”《宋史·五行志》：“〔紹熙元年〕十二月，建寧府大雪數尺。查源洞寇張海起，民避入山者多凍死。”嘉靖《安吉州志》卷一：“〔景泰五年〕大雪，平地深七尺，凍死者百餘人。”嘉靖《廣信府志》卷一：“〔景泰五年〕春大雨雪，逾四十日，平地深數尺，白封山谷，民絕樵采，多餓殍。”嘉靖《安吉州志》卷一：“〔景泰五年〕大雪，平地深七尺，凍死者百餘人。”《明史·五行志》：“〔景泰四年〕十一月戊辰至明年孟春，山東、河南、浙江、直隸、淮、徐大雪數尺，淮東之海冰四十餘里，人畜凍死萬計。”順治《蘄水縣志》卷一：“〔嘉靖四十五年〕九月，陰雪竟月，河流凍合，民多僵斃。”康熙《蘇州府志》卷二：“〔正德四年〕春正月望，日初出，如日者十數摩蕩，日沒亦然，至清明止。夏大旱。秋七月七日，大雨一晝夜，連雨至二十三日。田成巨浸，無秋。十二月大雪，凍死者盈路。”康熙《重修武強縣志》卷二：“〔正德二年〕大雪，平地丈餘，井谷皆平。民多凍死，號甕雪。”乾隆《無極縣志》卷三：“〔正德二年〕正月，無極等處大雪，人多凍死者。”

## 【凍壓死人雪】

凍、壓致人死亡之雪。《隋書·煬帝紀》：“〔開皇二十年十月乙丑〕其夜烈風大雪，地震山崩，民舍多壞，壓死者百餘口。”光緒《桐鄉縣志》卷二〇：“〔景泰五年〕二月，大雪四十日，壓覆民居，渚港冰結，舟楫不通。”

**【致人相食雪】**

大雪成灾以致饑荒，導致飢民相食慘劇。《漢書·五行志》："〔元鼎三年〕三月水冰，四月雨雪，關東十餘郡人相食。"按，關東，主要指函谷關以東地區。

# 第四節　雪量考

雪，爲降水的一種形態，現代一般用時間、能見度、積雪深度等綜合表達降雪量大小。如小雪，下雪時能見距離等於或大於 1000 米、地面積雪深度在 3 厘米以下、降水量級爲二十四小時降雪量在 0.1~2.4 毫米之間；中雪，下雪時水平能見距離在 500~1000 米之間、地面積雪深度爲 3~5 厘米、二十四小時降雪量達 2.5~4.9 毫米；大雪時能見度很差，水平能見距離小於 500 米，地面積雪深度等於或大於 5 厘米，二十四小時降雪量達 5.0~9.9 毫米。

古人表達降雪量的詞語更多與積雪的厚度和雪勢感觀相關。古人亦用"暴雪"一詞，與"大雪"在詞義上并無嚴格區分，或釋爲同一種降雪狀態，皆以厚度尺餘而定。《春秋左傳·僖公十年》："冬，大雨雪。"杜預注："平地尺爲大雪。"唐釋道宣《續高僧傳》："爾夕暴雪忽零有餘一尺，周回二里蔽於山路。"其他還有"鴻雪""嚴雪"等詞彙來表示大雪。如北魏酈道元《水經注·洑水》："時天鴻雪，下無人徑。"唐薛用弱《集異記·奚樂山》："其時嚴雪累日，都下薪米翔貴。"

## 小　雪

**小雪[1]**

雪花稀稀落落的降雪。《後漢書·張宗傳》："以張將軍之衆，當百萬之師，猶以小雪投沸湯。"唐元稹《雪天》詩："小雪沈陰夜，閑窗老病時。"宋劉克莊《別敫器之》詩："輕煙小雪孤山路，折剩梅花寄一枝。"金馮子翼《岐山南顯道冷香亭》詩："溪橋小雪晴，水村霜月冷。"明石寶《雨後奉憶家兄》詩："小雪還逢雨，晴窗漸覺寒。"清全祖望《七峰草堂移梅歌》詩："寂寥小雪霜葉凋，峥嶸幾點春牙勁。"

**【微雪】**

即小雪[1]。唐于鵠《出塞》其二："微雪軍將出，吹笳天未明。"宋田錫《暮雪》詩："北風慘慘生微雪，微雪片片皆橫飛。"元何中《辛

小雪景觀
（宋王詵《漁村小雪圖》局部）

寒沙梅影路，微雪酒香村
（南唐趙幹《江行初雪圖》局部）

亥元夕二日》詩："寒沙梅影路，微雪酒香村。"
明郭翼《歲盡寄瞿慧夫》詩："禁春微雪青青
草，照眼疏枝細細花。"萬曆《儀封縣志》卷
四："〔正德九年〕正月十二日戌時，疾雷震大

作，既乃微雪而止。"《明史·楊爵傳》："既而
一冬無雪。元日微雪即止，民失所望，憂旱之
心遠近相同。"

【細雪】

雪花細小的雪。猶小雪。南朝梁吳均《咏
雪》詩："微風搖庭樹，細雪下簾隙。"宋韓維
《太素雪中惠小桃》詩："細雪繁飄遠近來，三冬
佳氣一朝回。"金党懷英《奉使行高郵道中二首》
其二："細雪吹仍急，凝雲凍未開。"明陶望齡
《道上微雪》詩："凍雲圍野色，細雪雜征塵。"

細雪
（宋李迪《雪樹寒禽圖》局部）

# 大雪

## 大雪[1]

古指平地深一尺餘之雪爲大雪。《春秋左
傳·僖公十年》："冬，大雨雪。"杜預注："平
地尺爲大雪。"《晉書·孝愍帝紀》："〔建興元年
冬十月〕己巳大雨雹，庚午大雪。"《舊唐書·高
宗紀下》："〔咸亨元年〕冬十月癸酉大雪，平地
三尺餘，行人凍死者贈帛，給棺木。"《元史·太
宗紀》："〔四年壬辰春〕丙辰大雪，丁酉又雪。"
《明史·莊烈帝紀之一》："〔崇禎四年〕是冬，
延安、慶陽大雪，民饑，盜賊益熾。"《安溪
縣志》卷一二："皇清順治十二年春，雨赤水，
十三年正月大雪。"清楊思聖《山信》詩："邊
風吹碣石，大雪滿燕關。"

大雪景觀
（元唐棣《雪港捕魚圖》局部）

【霏】

雪大貌。《詩·邶風·北風》："北風其涼，雨雪其霏。"南朝宋鮑照《代北風涼行》詩："北風涼，雨雪霏。"宋彭汝礪《觀畫》詩："愁雲不開雨雪霏，變化倏忽無經常。"元傅若金《雪中送宋上舍仲敏歸滑州省親》詩："北風何烈烈，雨雪亦霏霏。"明蘇伯衡《中丞劉先生齋閣前山茶一枝并蒂因效柏梁體》詩："朔風剪水雨雪霏，萬木蕭條凍且僵。"清錢謙益《送何士龍南歸兼簡盧紫房一百十韵》詩："道遠兵甲阻，歲暮雨雪霏。"

【鴻雪】

大雪。北魏酈道元《水經注·汳水》："時天鴻雪，下無人徑。"唐駱賓王《咏雪》詩："龍雲玉葉上，鶴雪瑞花新。"陳熙晋箋注："劉敬叔《異苑》：'晋太康二年冬，大雪，南州人見二鶴言於橋下曰，今寒不減堯崩年也。'北周庾信《小園賦》：'鶴訝今年之雪。'"宋何夢桂《八聲甘州》其二："憶昔相逢何處，看飛鴻雪

迹，休更回頭。"明張寧《廿六日復陪諸公游靈隱寺留題祥上人所十二韵》詩："蹤迹迷鴻雪，光陰換鳥星。"清厲鶚《携侄鱐登吳山西爽閣望湖上霽雪》詩："十日鴻雪天乍醒，金鴉展翅光矓昑。"

【嚴雪】

寒冷的大雪。唐王勃《常州刺史平原郡開國公行狀》詩："望嚴雪而識寒松，觀疾風而知勁草。"唐薛用弱《集異記·奚樂山》："其時嚴雪累日，都下薪米翔貴。"宋强至《冬日偶書呈縣學李君擇之》詩："北風吹嚴雪，草木無媚姿。"萬曆《將樂縣志》卷一二："〔嘉靖十二年〕冬，大雨嚴雪，魚鳥僵死。"清廓露《擬古（都中作）》其八："春露注華滋，秋風敗嚴雪。"

【鵝毛雪】

亦稱"鵝毛""鵝毛碎""鵝衣"。雪花如鵝羽毛的大雪。北周庾信《楊柳歌》："獨憶飛絮鵝毛下，非復青絲馬尾垂。"唐白居易《雪夜喜李郎中見訪兼酬所贈》詩："可憐今夜鵝毛雪，引得高情鶴氅人。"宋陳善《捫蝨新話》卷一："撒鹽空中，此米雪也；柳絮因風，此鵝毛雪也。"元耶律鑄《小獵》其一："塞鴻驚帶鵝毛雪，野馬塵飛羊角風。"《水滸傳》第九三回："是夜……降了一天大雪。明日，衆頭領起來看時，但見紛紛柳絮，片片鵝毛。"明佚名《貧富興衰》第一折："四野雲迷，雪花飄墜，長空內，柳絮紛飛，裁剪的鵝毛碎。"《西游記》第四八回："牡丹亭、海榴亭、丹桂亭，亭亭盡鵝毛堆積；放懷處、款客處、遣興處，處處皆蝶翅鋪漫。"又："灑灑瀟瀟裁蝶翅，飄飄蕩蕩剪鵝衣。"

## 【鵝毛】

即鵝毛雪。此稱明代已行用。見該文。

## 【鵝毛碎】

即鵝毛雪。此稱明代已行用。見該文。

## 【鵝衣】

即鵝毛雪。此稱明代已行用。見該文。

# 暴雪

古意謂折樹害稼之暴風雪。《宋書・五行志》："太康五年九月，南安霖雨暴雪，折樹木，害秋稼。"唐釋道宣《續高僧傳》："爾夕暴雪忽零有餘一尺，周回二里蔽於山路。"唐瞿曇悉達《開元占經》："暴雪也，或云雪上遇溫氣而摶之霰也。"宋蘇軾《病中大雪數日未嘗起觀虢令趙薦以詩相屬戲用其韵答之》詩："何當暴雪霜，庶以蹕郊賀。"元吳萊《方景賢回聞吳中水潦甚戲效方子清儂言》詩："東風一鼓蕩，暴雪如頹城。"清陳復正《幼幼集成》卷一："如蟄蟲出戶，草木萌芽，卒遇暴雪嚴霜，未有不爲其僵折者。"

## 【大雨雪】

來勢猛烈的大雪。《春秋・隱公九年》："三月癸酉，大雨，震電。庚辰，大雨雪。"《史記・匈奴列傳》："〔太初元年〕冬，匈奴大雨雪，畜多饑寒死。"《魏書・靈徵志》："〔正始四年〕二月乙卯，司、相二州暴風，大雨雪。"《北史・王世充傳》："時天寒，大雨雪，兵既度水，衣皆沾濕，在道凍死者又數萬人。"《舊唐書・禮儀志》："〔貞觀十三年〕正月乙巳，太宗朝於獻陵。初，甲辰之夜，大雨雪。"宋陸游《癸丑上元三夕皆大雨雪》詩："泥深唯響屐，風惡更吹燈。"元陳孚《過臨洺驛大雨雪寒甚》詩："北風利如刀，剪剪射雙耳。"明李夢陽《正月大雨雪遣懷》："梁園春初雲不開，雪花壓城滾滾來。"

## 【雷雪】

亦稱"雪雷"。有時下暴雪會打雷，這是一種罕見的天象。冬季發生的强對流天氣時，雲氣會迅速上升，并迅速凝結爲雪花，同時産生雷電。《南史・宋文帝紀》："〔元嘉二十九年〕二月乙卯，雷且雪。"元馬端臨《文獻通考・物異考》："是春，雷雪相繼，凍雨彌月。"崇禎《烏程縣志》卷四："〔嘉靖四十年〕正月，雪雷，大水，無禾。民饑，疫。"明顧夢圭《雷雪行二首》其一："昨夜雷轟今日雪，安德門前西山裂。"

## 【雪雷】

即雷雪。此稱明代已行用。見該文。

# 尺雪

亦稱"盈尺雪"。積雪厚可盈尺，故稱。《晋書・陸機傳》："大風折木，平地尺雪。"《隋書・李密傳》："〔武德元年〕正月，世充遂走河陽，其夜雨雪尺餘，衆隨之者死亡殆盡。"唐白居易《早朝賀雪寄陳山人》詩："長安盈尺雪，早朝賀君喜。"唐杜甫《後苦寒行二首》其一："南紀巫廬瘴不絶，太古以來無尺雪。"《舊唐書・代宗紀》："〔大曆四年〕正月甲戌，大風。乙亥，大雪，平地盈尺。"宋曾鞏《和孫少述侯職方同燕席》詩："臘在未消盈尺雪，春歸先放一枝梅。"元王惲《和東坡聚星堂雪》詩："天風一夜吹瑞葉，清曉開門驚尺雪。"明朱浙《有題》詩："已見三冬立尺雪，霏霏次第薰春風。"萬曆《舒城縣志》卷一〇："〔嘉靖四十五年〕十二月二日，大雪，竟月方止，積高數尺許。"清玄燁《山莊四季》其四："地寒盈尺雪，還慮北風高。"

盈尺大雪
（宋朱鋭《溪山行旅圖》局部）

【盈尺雪】

即尺雪。此稱唐代已行用。見該文。

【深數尺雪】

積深數尺的大雪。《魏書·靈徵志》：〔元嘉二年〕十月，大雪數尺。《舊唐書·頡利汗傳》：〔貞觀元年〕其國大雪，平地數尺，羊馬皆死，人大饑。《資治通鑑》卷二二四：〔永泰元年〕會大雪，山谷深數尺，士馬凍死者甚衆。《宋史·五行志》：〔紹熙元年〕十二月，建寧府大雪數尺。查源洞寇張海起，民避入山者多凍死。

【深二尺雪】

積深二尺的大雪。《宋書·五行志》：〔大明元年〕十二月庚寅，大雪，平地二尺餘。《北齊書·後主紀》：〔天和二年〕正月乙未，大雪，平地二尺。《舊唐書·代宗紀》：〔大曆元年〕正月丁巳朔，大雪平地二尺。

【深二三尺雪】

積深二三尺的大雪。《晉書·五行志》：〔永嘉元年〕十二月冬，雪，平地三尺。《梁書·武帝紀》：〔大同十年〕十二月，大雪，平地三尺。《舊唐書·玄宗紀》：〔開元十一年〕十一月，自京師至於山東、淮南大雪，平地三尺餘。又，同書《高宗紀》：〔咸亨元年〕十月癸酉，大雪，平地三尺餘，行人凍死者，贈帛

給棺木。嘉靖《冀州志》卷七：〔正德二年〕冀州大雪，平地厚二三尺，溝壑皆平。

【深三四尺雪】

積深三四尺的大雪。《資治通鑑·後漢隱帝乾祐三年》：十二月，潭州大雪，平地四尺。《續文獻通考·物異考》：十二月，寶慶路大雪，深四尺五寸。道光《晉江縣志》卷七四：〔嘉靖四十四年〕十二月初六日，大雪，山村雪厚至三四尺，四五日方消。郡從前少雪，人以爲異。

【深四五尺雪】

積深四五尺的大雪。《漢書·五行志》：〔元鼎二年〕三月，雪，平地厚五尺。晉葛洪《西京雜記》卷二：元封二年，大寒，雪深五尺，野鳥獸皆死，牛馬皆跼蹐如蝟，三輔人民凍死者十有二三。《舊五代史·唐書·莊宗紀》：〔龍德二年〕時歲且北至，大雪平地五尺，敵乏芻糧，人馬斃踣道路，累累不絕，帝乘勝追襲至幽州。嘉靖《興國州志》卷七：〔弘治八年〕冬十一月至十二月，大雪深四五尺，彌數旬不消，牛馬凍死無算，山林野獸手即可捕。

【深六七尺雪】

積深六七尺的特大雪。嘉靖三十六年《安吉州志》卷一：〔景泰五年〕大雪，平地深七尺，凍死者百餘人。康熙《浙江通志》卷二：〔景泰五年〕正月，杭州、嘉興、金華大雪，深六七尺，覆壓民居，鳥雀俱死。

【深八尺雪】

積深八尺的特大雪。《宋史·五行志》：〔政和二年〕十一月，大雨雪，連十餘日不止，平地八尺餘。冰滑，人馬不能行，詔百官乘轎入朝，飛鳥多死。《續文獻通考·物異考》：三

月壬辰，河州路大雪三日，深八尺，牛、羊、駝、馬凍死者十九。"

## 深丈餘雪

積深一丈餘的特大雪。《漢書·匈奴傳》："〔本始三年〕其冬，單于自將萬騎擊烏孫，頗得老弱，欲還。會天大雪，一日深丈餘，人民、畜產凍死，還者不能什一。"《遼史·道宗紀》："四月丙午朔，大雪，平地丈餘，馬死者十六七。"崇禎四年《松江府志》卷四七："〔正統九年〕冬十二月，大雪七晝夜，積高一丈二尺，民居不能出入，皆就雪中開道往來，名曰雪際門。"明支立《謝嘉興邑宰陳瑞卿曆日》詩："山北山南丈餘雪，牀頭布衾冷於鐵。"康熙《續修陳州志》卷四："〔嘉靖四十五年〕春正月朔，黑風晦，抵晚雨雪，七日止，平地深丈餘。"道光《增補廣德州志》卷一："〔正統八年〕辛丑、癸卯兩冬，大雪，積幾盈丈，閣復損。"光緒《麻城縣志》卷二："〔嘉靖三十五年〕十二月初三日，大雪，深者丈許，路斷行人。"

### 【深三丈雪】

積深三丈左右的特大雪。唐李白《獨不見》詩："天山三丈雪，豈是遠行時。"明程嘉燧《題畫雪景送炤師歸黃山喝石居（去年除夕師以余疾出山兹感舊作歌）》詩："蓮花峰腰三丈雪，飛鳥無聲人迹絕。"嘉靖《衡州府志》卷七："〔弘治十七年〕正月初三日，大雪深三丈。是歲禾稼一莖八穗或十穗。"清牛燾《傷春》詩："更愁陰山三丈雪，闊絕東西無行人。"

## 甕雪

大雪封門，裏邊的人如處甕中，故稱。元釋如瑛《高峰龍泉院因師集賢語錄》："木奴擘破洞庭霜，橙子薦成銀甕雪。"嘉靖《廣平府

甕雪景觀
（唐王維《袁安臥雪圖》局部）

志》卷一五："〔正德二年〕冬夜大雪，比曉甕蔽門户，填塞街衢，行者不通。"嘉靖《柘城縣志》卷一〇："〔弘治六年〕大雪塞户，民挖穴而出。"萬曆《廣宗縣志》卷八："〔正德二年〕十二月，大雪，至除夕更甚，盡甕人門。"康熙《重修武强縣志》卷二："〔正德二年〕大雪，平地丈餘，井谷皆平。民多凍死，號甕雪。"康熙《邯鄲縣志》卷一〇："〔正德二年〕大雪，有甕蔽門窗，不知曉者。"康熙《博平縣》卷一："〔正德二年〕十二月，大雪，平地數尺，擁門塞巷，穴之以出，人畜多凍死者。"清曹溶《病中漫興三首》其二："勤埽松毛烹甕雪，此生端合是詩人。"

# 第五章　雹霰露霜霧霾説

## 第一節　雹霰考

本節主要彙集、考證有關雹與霰的古詞語。雹，指空中水蒸氣遇冷凝結成的冰粒或冰塊，常在夏季隨強對流氣旋、暴雨下降。《黄帝内經・素問・六元正紀大論》："寒水勝火，則爲冰雹。"漢戴德《大戴禮記》："陽氣盛，則散爲雨露；陰氣盛，則凝爲霜雪。陽之專氣爲雹，陰之專氣爲霰。"

霰，指空中降落的白色不透明的小冰粒，常呈球形或圓錐形。多在下雪前或下雪時出現。《詩・小雅・頍弁》："如彼雨雪，先集維霰。"鄭玄箋："將大雨雪，始必微温，雪自上下，遇温氣而摶謂之霰，久而寒勝則大雪矣。"

古人對於雹的認知共分爲以下類型。

抽象名類：包括"靁""霓""霓""霰""霾""苞""冰雹"冰子""雹霰"等。

類比名類：又分爲擬物名類和擬人名類。如"車輪狀雹""礦狀雹""斧狀雹""磚狀雹""瓦狀雹""石狀雹""沙狀雹""豆狀雹""彈丸狀雹""臼狀雹""杵狀雹""盂狀雹""缶甕狀雹""碗碟狀雹""瓜狀雹""桃狀雹""榴狀雹""李狀雹""栗棗狀雹""荔枝實狀雹""蒜子狀雹""鷄子狀雹""鵝卵狀雹""牛目狀雹""人頭狀雹""人面狀雹""拳狀雹""掌狀雹"等。

態勢名類：表雹的形態和勢態。例如"飛雹"，指迅疾飛落之冰雹。又"硬頭雨"，因其堅硬而又爲雨水凝成，故稱。又"雨雹""硬雨""雨且雹""大雨雹"，謂天降大冰雹，因其堅硬而又爲雨水凝成，故稱。又"雨雹交下"，指雨水和冰雹交互下落之態勢。又"風雹""風雨雹"，謂颶風并伴有冰雹之態。又"雹霰俱""雹有霰"，指冰雹降落同時伴有小冰粒。又"方圓三棱狀雹"，其形狀有方形、圓形、三棱形等多種形狀之冰雹。又"有柄多角雹"，其形狀長有把柄而又有多個棱角的冰雹。又"奇狀群雹"，指各種奇形怪狀集中成爲群像的冰雹。又"長徑寸雹"，指直徑有一寸長的冰雹。又"長徑尺雹"，指直徑有一尺長的冰雹。又"三尺深雹"，指積深度有三尺的冰雹。

因果名類：表達以冰雹爲因造成的灾害結果。例如"傷麥雹"，指損傷小麥的冰雹。又"殺二麥雹"，指損毀大麥、小麥的冰雹。又"擊損豆麥禾菽雹"，指損毀豆子、麥子等莊稼的冰雹。又"害禾稼雹"，指毀破莊稼的冰雹。又"傷禾折木雹"，指毀破莊稼樹木的冰雹。又"摧折樹木雹"，指毀壞樹木的冰雹。"損草木廬舍雹"，指損毀花草、樹木、房舍的冰雹。又"擊碎屋瓦雹""破瓦殺燕雀雹"，指毀壞房瓦的冰雹。又"破損城屋廬舍雹"，指毀壞城鄉房屋的冰雹。又"壞屋殺人雹"，指毀壞房屋，砸人死亡的冰雹。又"碎屋斷樹雹"，指毀壞屋瓦、樹木的冰雹。又"擊死蜚鳥雹"，指擊打飛鳥致死的冰雹。又"傷斃禽畜雹"，指擊打飛禽走畜致死的冰雹。又"擊殺獐鹿雹"，指擊打獐子和鹿致死的冰雹。

色彩名類：涉及雹的顏色。例如"赤色雹"，指赤紅色的冰雹。又"黑色雹"，指烏黑色的冰雹。又"赤黑色雹"，謂呈現紅、黑顏色的冰雹。又"白色雹"，謂呈現白顏色的冰雹。

古人對於霰的認知共分爲以下類型。

抽象名類：即針對霰所造的詞語概念。包括"霰""霓""霖""霰""霹""霾""霄雪""冰霰"等。《詩・小雅・頍弁》："如彼雨雪，先集維霰。"

時間名類：即以霰生成的時間或季節造詞。例如"雪前鋒"，指霰，常常先於雪降落，故稱。又"冬霰""寒霰"，謂冬天嚴寒之霰。隋盧思道《從軍行》："物與華異，冬霰秋霜春不歇。"

空間位置名類：表示霰這類事物生成的位置。例如"陰霰"，山陰之飛霰。唐韓愈《南山》詩："朱維方燒日，陰霰縱騰糅。"按，朱維，指南方。

類比名類：即以霰比物而造詞。例如"稷雪""米雪""米粒雪""碎米"等，因霰似糧食顆粒，故稱。《説文·雨部》："霰，稷雪也。"又如"珠霙""珠霰""雪珠""雪糝"等詞語，因霰圓似珠子，故稱。南朝齊謝朓等《阻雪聯句》："珠霙條間響，玉溜簷下垂。"霰亦作"瓦跳珠"，霰落瓦上，猶如跳珠。宋蘇軾《浣溪沙·十二月二日雨後微雪》詞："雨脚半收簷斷綫，雪牀初下瓦跳珠。"

　　態勢名類：表霰這類事物的形態和勢態。例如"流霰""驚霰"，指飛流態之霰珠。南朝齊謝朓《晚登三山還望京邑》詩："佳期悵何許，淚下如流霰。"

# 雹

## 雹

　　亦作"靁""霓""霓""霤""雹""苞"。升入高空的水汽，當温度急劇下降時，就會結成冰粒或冰塊，即爲雹。常自對流特別强烈的積雨雲中降落，對人畜莊稼危害極大。"雹"字在殷商甲骨文中已有形象的表達。《黄帝内經·素問·六元正紀大論》："寒水勝火，則爲冰雹。"《説文·雨部》："雹，雨冰靁也，從雨包聲。靁，古文雹。"《左傳·昭公四年》："大雨雹。季武子問于申豐曰：'雹可禦乎？'"《史記·孝景本紀》："秋，衡山雨雹，大者五寸，深者二尺。"漢王逸《九思·怨上》詩："雷霆兮硍磕，雹霰兮霏霏。"漢劉歆《西京雜記》云："陰氣暴上，雨則凝結成雹焉。"北周庾信《和張侍中述懷》詩："楊浮有怪雲，細凌聞災雹。"唐皇甫枚《三水小牘》："夏四月朔旦，雲物暴起於西北隅，瞬息間濃雲四塞，大風壞屋拔木，雨且雹。雹有如杯盞者，鳥獸盡殪，被於

"雹"字的甲骨文〔乙2438（甲）〕

山澤中，至午方霽。"前蜀貫休《義士行》詩："黄昏雨雹空似驚，別我不知何處去。"宋王安石《丙戌五日（張本作月）京師作二首》其一："傳聞城外八九里，雹大如拳死飛鳥。"《宋史·五行志》："〔淳熙十六年〕二月己卯，苞而雨。"《宋史·五行志》："〔隆興二年〕二月丁丑，雹與霰俱。"遼釋行均《龍龕手鑑·雨部》："'霓''霓''霤''雹'之俗字。又'雹''雹'之古字。"元成廷珪《和饒介之春夜七絶》其七："昨夜馬頭雹，滿天羊角風。"明陳獻章《正月二日雨雹（是日雨水節）》詩："仍聞隔江言，有雹大如拳。"清全祖望《即事》詩："更訝風偏烈，休言雹不災。"

【靁】

　　同"雹"。此體漢代已行用。見該文。

【霓】

　　同"雹"。此體遼代已行用。見該文。

【霓】

　　同"雹"。此體遼代已行用。見該文。

【霤】

　　同"雹"。此體遼代已行用。見該文。

**【雹】**

同"雹"。此體遼代已行用。見該文。

**【苞】**

同"雹"。此體明代已行用。見該文。

**【冰雹】**

即雹。《黃帝内經·素問》:"夏有炎爍燔燎之變,則秋有冰雹霜雪之復。"《漢書·王莽傳》:"〔天鳳元年〕四月,隕霜,殺草木,海瀕尤甚。六月,黃霧四塞。七月,大風拔樹,飛北闕直城門屋瓦。雨雹,殺牛羊。緣邊大饑,人相食。"唐韓愈等《納涼聯句》:"仰懼失交泰,非時結冰雹。"宋蘇轍《雪中洞山黃檗二禪師相訪》詩:"君不見,六月赤日起冰雹;又不見,臘月幽谷寒花開。"金元好問《游承天懸泉》詩:"雷車怒擊冰雹散,石峽峻滑蒼煙屯。"《明史·五行志》:"〔弘治十年〕二月己卯,江西新城雨冰雹,民有凍死者。三月丁卯,北通州雨冰,深一尺。"又同書:"〔嘉靖十八年〕五月壬辰,慶都、安肅、河間雨冰雹,大如拳,平地五寸,人有死傷者。二十八年三月庚寅,臨清大冰雹,損房舍禾苗。"《三國演義》第一回:"忽然大雷大雨,加以冰雹,落到半夜方止,壞却房屋無數。"《水滸傳》第九五回:"霎時烏雲蓋地,風雷大作,降下一陣大塊冰雹,望聖水、神火,軍中亂打下來,霹靂交加,火種滅絕。衆軍被冰雹打得星落雲散,抱頭鼠竄。"

**【水雹】**

古人認爲冰雹因水而成,融化後又成爲水,故稱。《後漢書·安帝紀》:"是歲,京師及郡國四十一雨水雹。"《北史·魏高祖紀》:"〔泰豫元年〕六月,安州遭水雹,詔丐租振恤。"宋王欽若等《册府元龜·帝王部·惠民》:"孝文延興二

年六月,安州,民遇水雹。"元李孝光《華山有泉石沉碧》詩:"蛟龍吐水雹,松窗絕飛蚊。"明佚名《道法會元》:"水雹使者,雷擊風奔。"清弘曆《降旨巡撫阿里衮恤被偏災及勘不成災者槩括成詩》:"太原臨晋蒲,間被水雹處。"

**【冰子】**

即雹。雹爲冰粒或小冰塊,又爲雨凝成,故稱。宋陶穀《清異録·天文》引《博學記》:"冰子,雹。"清陳元龍《格致鏡原》:"雹曰冰子。"

**【飛雹】**

迅疾飛落的冰雹。唐虞世南《北堂書鈔·天部》:"傅玄詩:童女掣飛雹,童男挽雷車。"宋周密《癸辛雜識》續集上:"迨至初四日大雷雨,飛雹大者如當三錢。"金元好問《游黃華山》詩:"雷公怒擊散飛雹,日脚倒射垂長虹。"元許衡《和吳行甫雨雹韵》其一:"驚風急雨迸飛雹,飄驟散落千萬珠。"明李夢陽《邊君生日來訪時近中秋不虞雷雹二首》其一:"秋驚飛雹至,雨逐去雲無。"清凌揚藻《登華蓋峰憩環綺亭望廣朗坪飛瀑》詩:"天公怒烈散飛雹,砅崖裂石轟雷霆。"

**【雹霰】**

指冰雹。《吕氏春秋·仲夏》:"仲夏行冬令,則雹霰傷穀。"《淮南子·時則訓》:"仲夏行冬令,則雹霰傷穀,道路不通,暴兵來至。"漢王逸《九思·怨上》:"雷霆兮硠磕,雹霰兮霏霏。奔電兮光晃,凉風兮愴凄。"自注:"獨處愁思不寐,見雹電凉風之至,益憂多也。"唐虞世南《北堂書鈔·天部》:"曾子云:'陽之專氣爲雹,霰雹者一氣之化。'"宋李昉等《太平御覽·天部》卷一四:"《書·洪範五行傳》曰:'陰陽相

脅而爲雹霰，盛陰而雪，凝滯而冰寒。'"《宋史·五行志》："〔隆興二年〕月丁丑，雹與霰俱。"同書又云："〔乾道四年〕正月癸未夜，雹，有霰。"明李夢陽《自南康往廣信完卷述懷十首》其七："淒飆驚中帷，雹霰時復零。"清鄧廷楨《玉泉院》詩其二："雹霰落空際，琴筑響階下。"

## 【電雹】

閃電和冰雹。《後漢書·五行志》："中平四年十二月晦雨水大雷電雹。"唐張鷟《朝野僉載》卷六："及有人取山丹、百合經過者，必雷風電雹以震之。"宋蘇軾《鍾子翼哀辭》："是身虛空，俯仰變滅過電雹。"宋陸游《三山杜門作歌》詩："十年光陰如電雹，綠蓑黃犢從鄰叟。"《元史·仁宗紀》："是夜，疾風電雹，北山南移至夕河川，次日再移。"明章潢《圖書編》卷二三："小滿節起至六月小暑節終止，天時雷雨、電雹，地氣騰溫。"清諸錦《誄字》詩："有聲夜中淚漣洏，激爲電雹風雷馳。"

## 【硬雨】

亦稱"雨硬""硬頭雨"。雹之別稱。因其堅硬而又爲雨水凝成，故稱。晉干寶《搜神記》："上天敕汝，此月二十日行硬雨。"宋呂本中《軒渠錄》："紹興十七年五月初，臨安大雨雹，太學屋瓦皆碎。學官申朝廷修，不可言雹，稱爲硬雨。"清李海觀《歧路燈》第七回："不料突遇冰雹……飛奔進城，到一個大胡同裏，硬雨如箭。"明吳楚材《强識略》："暴風雨爲黑雨，今以雹爲白雨，一名曰硬頭雨。"清朱樟《雹異》詩："還笑浙臉兒，諱災呼雨硬。"原注："宋紹興中，臨安雨雹……諱雹，呼爲硬雨。"

## 【硬頭雨】

即硬雨。此稱明代已行用。見該文。

## 【雨硬】

即硬雨。此稱清代已行用。見該文。

## 【雨雹】

又稱"雹雨"。指冰雹。一説，亦雨亦雹，交互而下。《春秋·僖公二十九年》："秋，大雨雹。"漢應劭《風俗通義·正失》："文帝即位二十三年，雨雹如桃李，深者厚三尺。"《漢書·五行志》："〔地節四年〕五月，山陽濟陰雨雹如鷄子，深二尺五寸，殺二十人，蜚鳥皆死。"《晉書·五行志》："〔義熙八年〕六月，大水。癸亥，雨雹，大風發屋。"同書又云："〔太康九年〕正月，京都大風，雨雹，發屋拔木。"唐虞世南《北堂書鈔·天部》："《説文解字》云：雹雨冰也。今案：見雨部，雨凝曰雹。"唐日僧釋圓仁《入唐求法巡禮行記》："〔開成四年〕九月十二日午時，雲雷雹雨。五更之後，龍相鬭鳴，雨雹交下，電光紛耀，數刻不息，到曉便止。朝出見之，冰雹流積三四寸許，凝積如雪。"《新唐書·五行志》："〔元和十年〕鄜、坊等州風雹，害稼。"宋張耒《己未四月二十二日大雨雹》詩："夜來飛雹驚我眠，大者磊落幾如拳。"《宋史·五行志》："〔政和七年〕六月，京師大雨雹，皆如拳，或如一升器，幾兩時而止。"《金史·世宗紀》："五月甲子，北望淀大震，風、雨雹，廣十里，長六十里。"《元史·五行志》："〔至元三年〕四月辛未，京師天雨紅沙，晝晦。癸巳，青州八里塘雨雹，大過於拳，狀有如龜者，有如小兒形者，有如獅象，有如環玦者，或橢如卵，或圓如彈，玲瓏有竅，色白而堅。長老云：大者固常見之，未有奇狀若是也。"元許衡《和吳行甫雨雹韵》其一："驚風急雨迸飛雹，飄颻散落千萬珠。"明胡應麟《漢鐃歌十八首·思悲翁》："安得天雨雹，霹靂震長夏。"清趙執信《行十八灘中》詩："回風地底來，雹雨皆倒飛。"

**【雹雨】**

即雨雹。此稱漢代已行用。見該文。

**【雨冰】**

亦稱"冰雨"。即雹。《黃帝内經·素問·至真要大論》："太陽之復，厥氣上行。水凝雨冰，羽蟲乃死。"王冰注："雨冰，謂雹也，寒而遇雹，死亦其宜。"《説文》："雹，雨冰也。"《説文·雨部》："雹，雨冰也。"《埤雅》卷一九引《造化權輿》曰："雹者，雨之冰也。"唐瞿曇悉達《開元占經》："天雨冰，其國大疾。"唐李淳風《觀象玩占存》卷一："天雨冰，水失其性，有大疫。"《舊唐書·高宗紀》："〔龍朔三年〕十一月癸酉，雨冰。"宋戴埴《雹》詩："精祲胡未孚，冰雨墮霄幕。"嘉靖《六合縣志》卷二："〔嘉靖十八年〕十二月，雨冰，樹木多折。"萬曆《項城縣志》卷七："〔嘉靖二十三年〕正月十四日，雨冰，野禽羽凍，民競取之。"明李夢陽《發南浦贈人》詩："大寒冰雨何紛紛，曉行日臨江吐雲。"明劉基《長相思四首》其四："寒門六月天雨冰，天關凍折天柱傾。"明董説《七國考》卷一三："戰國時，齊地雨冰，廣者六尺餘。"《明史·五行志》："三月丁卯，北通州雨冰，深一尺。"

**【天雨冰】**

即雨冰。此稱唐代已行用。見該文。

**【冰雨】**

即雨冰。此稱宋代已行用。見該文。

**【雨零】** [2]

即雹。《説文》："雹，雨零也。"宋曾鞏《喜雪二首》其一："雜雨零初急，因風灑更狂。"元楊載《春雪次陳元之韵》詩："衮衮隨風舞，飀飀雜雨零。"清徐咸安《有約鄧尉探海梅遇雨不果》詩："侵曉無端急雨零，彌天但見陰雲布。"《招遠縣志》："雲冥冥，天風動搖飛雨零。"

**【雨凍】** [2]

即雹。《宋書·五行志》："元嘉三十年正月，大風拔木，雨凍殺牛馬，雷電晦冥。"明胡居仁《居業録》卷六："雪雹則是雨凍結成也。"

## 風雹

大風伴冰雹。《後漢書·五行志》："獻帝初平四年六月，右扶風雹如斗。"《宋書·五行志》："是時齊王冏專政，十月，襄城、河南、高平、平陽風雹，折木傷稼。"前蜀貫休《海覺禪師山院》詩："借問大心能濟物，龍門風雹捲天池。"元馬端臨《文獻通考》卷三〇五："〔乾德三年〕四月，尉氏、扶溝二縣風雹，害民田，桑棗十損七八。六月，曹州濟陰、冤句二縣風雹損田。"明倪岳《清明之夕泊舟夾溝驛風雨大作達旦不寐有作》詩："五夜雷霆聲霹靂，半天風雹勢縱橫。"《明史·五行志》："〔萬曆二十八年〕六月，山東大風雹，擊死人畜，傷禾苗。"清許賡皞《房山人琵琶》詩："大聲激昂亂風雹，小聲蕭騷雨飄揉。"

**【風雨雹】**

大風伴雨雹。《晉書·五行志》："〔太康九年〕正月，京都大風雨雹，發屋拔木。"《續漢書·五行志》："〔建寧二年〕四月癸巳，京都大風雨雹，拔郊道樹十圍已上百餘枚。其後晨迎氣黃郊，道於雒水西橋，逢暴風雨，道鹵簿車或發蓋，百官沾濡，還不至郊，使有司行禮。迎氣西郊，亦壹如此。"《金史·世宗紀》："〔大定八年〕五月甲子，北望淀大震，風雨雹，廣十里，長六十里。"

## 雪雹

亦稱"冰雪"。指冰雹，抑或雪、雹交下。《陳書·殷不害傳》："〔承聖三年〕於時甚寒，冰雪交下，老弱凍死者填滿溝塹。"前蜀貫休《夜寒寄盧給事二首》其二："清如吞雪雹，誰把比珠璣。"《宋史·五行志》："〔乾道四年〕二月丁酉、癸丑，雨雹。乙卯，雹而雪。"同書又云："〔淳熙十五年〕二月丁亥，雨雪而雹。"宋李燾《續資治通鑑長編》卷一七："俄而陰霾四起，天地陡變，雪雹驟降，移仗下閣。"元吳萊《小園見園丁縛花》詩："刑名威雪雹，劍戟血波瀾。"明黃佐《鐃歌鼓吹曲二十二首》其二十："震電曄曄拔大木，雪雹須臾及牛腹。"《繡雲閣》第四二回："一聲響亮，雪雹憑空打下，村人無處逃匿，爲雹擊斃者數百有餘。"

### 【冰雪】[3]

即雪雹。此稱唐代已行用。見該文。

## 雷雨雹

冰雹伴有天雷。《漢書·五行志中之下》："元封三年十二月，雷雨雹，大如馬頭。"《元史·五行志》："〔元統二十七年〕五月，益都大雷雨雹。七月，冀寧徐溝縣大風雨雹，拔木害稼。"清陳夢雷《古今圖書集成·明倫彙編·皇極典·帝紀部》："丁亥，雷雨雹，地生白毛。"《百癡禪師語錄》："迅雷震地，白雹飛。"《清史稿·戴尚文傳》："日午，將抵寨，忽大風，雷雨雹交下，如卵如拳，擊傷士卒，伏苗乘之，果敗。"

## 赤色雹

赤紅色的冰雹。或與雲霞天空光照射有關，抑或風捲紅土至高空，與雲水結合成雹。金馬鈺《踏雲行·師父引馬鈺上街求乞》詞："洞天白雪成紅雹。"康熙《石屏州志》卷一："〔嘉靖二十六年〕七月，羅容寨雨雹，色赤。是年旱，蝗。"

## 黑色雹

呈現黑色的冰雹。疑地表植物碎屑被狂風帶到高空，與雲水結合成雹所致。外觀黑色，或與當地色黑土壤粉塵有關。嘉靖《固始縣志》卷九："〔嘉靖十一年〕四月八日，張莊雹，大如斗，外黑色，內有花草，殺麥不實。"

### 【赤黑色雹】

呈現紅黑顏色的冰雹。乾隆《揭陽縣志》卷七："〔正德二年〕夏六月，雨雹，大者如拳，小者如卵，其色赤而黑。"

## 有柄多角雹

形狀似長有把柄而又有多個棱角的冰雹。萬曆《廣西通志》卷四一："〔嘉靖三十六年〕春三月辛巳，大雨雹。……有柄，有三角至七八角者，傷死村民牧童十餘，牲畜禽獸無算，車輪苦瓦飄敗，竹木枝葉如削，野草擊爛一空，雹積窪地約二尺許。"

## 方圓三棱狀雹

有方形、圓形、三棱形等多種形狀的冰雹。康熙二十年《桐廬縣志》卷四："〔正德六年〕三月初六日，黑風一陣來自西北，聲如雷響，合抱之木揉折拔起不可勝記，兼以驟雨，霎時通衢水涌三四尺；繼以冰雹徑寸，方圓三棱不等，秧麥、桑柘、民居皆被害。八月，水，田禾卑下者多無穫。"

## 車輪狀雹

大小、形狀如車輪的冰雹。萬曆《廣東通志》卷六："〔嘉靖十九年〕大雨雹，大者如車輪，小者如彈丸，壓死人畜不可勝記。"

## 礪狀雹

大小、形狀如粗磨石的冰雹。宋李昉等《太平御覽》卷一四引古本《竹書紀年》："夷王七年冬，雨雹，大如礪。"礪，粗磨石。

## 斧狀雹

大小、形狀如斧頭的冰雹。《漢書·五行志》："成帝河平二年四月，楚國雨雹，大如斧，蜚鳥死。"《元史·五行志》："〔至正十一年〕四月乙巳，彰德雨雹，大者如斧，時麥熟將刈，頃刻亡失，田疇堅如築場，無秸粒遺留者，地廣三十里，長百有餘里，樹木皆如斧所劈，傷行人、斃禽畜甚衆。"《漳州府志》卷三二："〔嘉靖三十七年〕三月，漳浦、海澄雨雹大如斧，碎屋，傷畜無數。"

## 磚狀雹

大小、形狀如磚石的冰雹。萬曆《山西通志》卷二六："〔嘉靖三年〕雨雹，狀如磚石，大傷禾稼。"萬曆《新會縣志》卷一："〔嘉靖三十六年〕二月，古勞都大雨雹，形如磚石，傷人畜，壞廬舍。"康熙《長沙府志》卷八："〔正德十三年〕四月，雨雹，大者如鷄子、如磚。"

## 石狀雹

亦稱"石子狀雹"。大小、形狀如石頭的冰雹。嘉靖《福寧州志》卷一二："〔嘉靖七年〕四月，七、八都雨雹，小者如拳，大者如石，諸畜多傷死，民居屋瓦皆破。"崇禎《海澄縣志》卷一四："〔嘉靖三十七年〕三月，雨雹如石子大，起自三都，屋瓦打碎，牛畜有擊死

者。"同治《崇仁縣志》卷一〇："〔嘉靖三十九年〕春三月，雨雹如石，苗種傷。"

## 拳狀雹

大小、形狀如人的拳頭的冰雹。《新唐書·五行志》："〔開成五年〕六月，濮州雨雹如拳，殺人三十六，牛馬甚衆。"《宋史·五行志》："〔政和七年〕六月，京師大雨雹，皆如拳，或如一升器，幾兩時而止。"康熙《具區志》卷一四："〔嘉靖十三年〕三月初二日，太湖雨雹，大如拳石，草木廬舍被損。"康熙《龍南縣志》卷二："〔正德三年〕四月，雨雹如拳，壞屋，牛股栗而死。"乾隆《定南廳志》卷五："〔正德三年〕雨雹如拳，黑風壞屋，牛馬多被擊死。"同治《高安縣志》卷二八："〔成化八年〕大雨雹，其大如拳，屋瓦皆碎。"另外，亦有"掌狀雹"之說。康熙《岢嵐州志》卷一："〔正德十年〕雨雹，大如掌。"

## 沙狀雹

亦稱"沙霾"。大小、形狀如沙粒冰雹。宋曾鞏《雹》詩："崩騰沙霾乘風下，宛轉珠璣壓雨來。"崇禎《梧州府志》卷四："〔嘉靖十五年〕三月，容縣大雨雹，大者如梅，小者如沙。"

【沙霾】

即沙粒狀雹。此稱宋代已行用。見該文。

## 瓦狀雹

大小、形狀如瓦片的冰雹。康熙《武進縣志》卷三："〔嘉靖四十年〕雨雹，大水。雹大硬如瓦礫如瓦，其中有眼；水深及丈，平地成川，浸沒田畝，十月水始平。"

## 刀狀雹

形狀鋒利如刀錐的冰雹。《明史·五行志》：

"〔正德十三年〕四月壬午，衡州疾風迅雷，雨雹大如鵝子，棱利如刀，碎屋斷樹木如剪。"順治《河曲縣志》卷三："〔正德十一年〕大雨雹，其形如卵，或如刀錐，樹屋盡粉。六月，霝雨，水出縣西，衝民廬。"

## 彈丸狀雹

大小、形狀如彈弓圓丸的冰雹。彈丸，彈弓發射用的泥、石或鐵製的圓丸。《新唐書·五行志》："〔長慶四年〕六月庚寅，京師雨雹如彈丸。"又云："〔會昌四年〕夏，雨雹如彈丸。"《元史·五行志》："四月雨雹，大如彈丸。"《明太祖實錄》卷七三："〔洪武五年〕五月壬子夜，中都皇城萬歲山雨冰雹，大如彈丸。"又，同書卷七九："〔弘治六年〕八月乙亥，禮部尚書倪岳等言：八月九日，雷電交作，雨雹驟至，大如彈丸，小如栗棗，平地雍塞，人皆驚駭。如此災異，不於他所而於京畿之內，不於他時而於秋成之際。"嘉靖《歸州志》卷四："〔嘉靖二十年〕夏六月夜，雨雹如斗，次者如拳，又次者如彈，自東北降至東關草店，山水聚涌漲溢，民舍衝漂，溺死者不可勝計。"萬曆《廣西通志》卷四一："〔嘉靖十年〕春二月，雨雹如彈，自辰至巳。"萬曆《廣東通志》卷六："〔嘉靖十九年〕大雨雹，大者如車輪，小者如彈丸，壓死人畜不可勝記。"康熙《滕縣志》卷三："〔嘉靖三十五年〕夏，大雨雹，大者如鷄卵，小者如彈，小宮積雹如丘，傷禾稼。"嘉慶《崇安縣志》卷一〇："〔嘉靖四十年〕春，有群鼠自城中渡江，夜宿於樹。夏四月，雨雹。六月，大雨雹，小者如彈，大者如卵，大樹摧折，鳥獸多擊死。"

## 斗器狀雹

大小、形狀如量器斗的冰雹。《晉書·五行志》："〔永和五年〕六月，臨漳暴風震電，雨雹大如升。"嘉靖《固始縣志》卷九："〔嘉靖十一年〕四月八日，張莊雹，大如斗。"康熙《諸暨縣志》卷三："〔嘉靖二十三年〕清明日，大雨雹有如斗者。"康熙《程鄉縣志》卷八："〔嘉靖四十五年〕春二月，雷雨交作，雨雹大如斗、如甕，房屋破壞，人物觸之皆死。"康熙《電白縣志》卷六："〔嘉靖四十五年〕春三月，大雨雹。其雹大者如斗。"

### 【米升器狀雹】

大小、形狀如量器米升的冰雹。《晉書·五行志》："〔永和五年〕六月，臨漳暴風震電，雨雹大如升。"明萬曆《廣西通志》卷四一："〔嘉靖三十六年〕春三月辛巳，大雨雹。是日未時，州北三十里交椅、銀水、六村、長寨等地忽震雷暴風，雨雹大者如米升，小者如鷄卵。"

## 舂臼狀雹

大小、形狀如舂米之臼的冰雹。嘉靖《廣東通志》卷七〇："〔嘉靖四年〕二月，樂會大雨雹漫地，小者如彈九，大者如舂臼，死人畜無數。"康熙《臨高縣志》卷一："〔正德十五年〕雨雹，其初如彈丸，漸大如臼，殺人畜，數不勝計。"

## 舂杵狀雹

大小、形狀如舂米杵棒的冰雹。嘉靖《威縣志》卷一："〔正德十五年〕七月十九日，雨雹，大如鷄卵，甚者如臼杵，禾稼盡傷。"順治《禹州志》卷九："〔嘉靖三十年〕四月初十日，雨雹，大者如舂杵，損傷禾稼，打死飛禽，子金里尤甚。"雍正《陽高縣志》卷五："〔正德十五年〕七月，雨雹，大者如杵。"

### 【春杵端狀雹】

大小、形狀如春米杵棒頂端的冰雹。杵是一種春米的棍棒，兩端粗，中間細，人手握中間，用兩端粗的部分搗擊穀物。萬曆《諸城縣志》卷九："〔嘉靖三十三年〕四月初三日，城陽莊大雹，擊傷牧兒。五月初七日，又雹，大者如拳、如杵端，齊吉、米股等莊村積厚尺餘。"

### 【墻杵狀雹】

大小、形狀如築墻用棍棒的冰雹。墻杵，築墻的工具，是一種棍棒，中間爲一根細長木杆，一端是一個前部稍圓的片狀厚木橛。《明史・五行志》："〔弘治四年〕三月癸卯，裕、汝二州雨雹，大者如墻杵，積厚二三尺，壞屋宇禾稼。"

## 盂狀雹

大小、形狀如盂的冰雹。盂，盛飲食或其他液體的圓口器皿。《明史・五行志》："〔嘉靖三十六年〕三月癸未，沂州雨雹。大如盂，小如鷄卵，平地尺餘，徑八十里，人畜傷損無算。"康熙《深澤縣志》："〔成化二十一年〕雨雹，大者如盂，人畜多傷。"康熙《清豐縣志》卷二："〔正德九年〕雨雹如卵、如拳，又大者如盂，傷麥，人畜死甚衆。"

### 【盂升狀雹】

形狀如量器升和器皿盂的冰雹。宋司馬光《資治通鑑》卷九八："〔永和五年〕五月甲午，鄴中暴風拔樹，震電，雨雹大如盂升。"

## 缶甕狀雹

大小、形狀如缶、甕的冰雹。缶，一種大肚小口的盛酒瓦器。甕，一種盛水或酒等的陶器，肚子大，口較小。缶比甕小。順治《禹州志》卷九："〔嘉靖二十年〕夏，雨雹如鵝卵，

間有一二如缶甕者。是秋，蝗飛蔽天。"

### 【甕狀雹】

大小、形狀如甕的冰雹。康熙《程鄉縣志》卷八："〔嘉靖四十五年〕春二月，雷雨交作，雨雹大如斗、如甕，房屋破壞，人物觸之皆死。"

### 【缶狀雹】

大小、形狀如缶的冰雹。康熙《電白縣志》卷六："〔嘉靖四十五年〕春三月，大雨雹。其雹大者如斗，小者如缶，城西五六十里内屋瓦皆壞，人伏桌下避之，山木盡傷，禽獸有擊死者。"

### 【甌狀雹】

大小形狀如甌的冰雹。甌，飲茶或飲酒用，形如敞口小碗、小盆。《明史・五行志》："〔嘉靖五年〕六月丁卯，萬全都司及宣府皆雨雹，大者如甌，深尺餘。"

## 碗碟狀雹

大小、形狀如碗或者碟子的冰雹。萬曆《靈壽縣志》卷九："〔嘉靖五年〕六月十五日，天大雷電，冰雹，大者如碗碟，小者如鷄蛋，人畜遇之立死，百穀蕩毀。"

### 【碗狀雹】

大小、形狀如碗的冰雹。《明孝宗實錄》卷一〇〇："〔弘治八年〕五月庚戌，陝西慶陽府環縣并慶陽衛雨雹，大者如盤，小者如碗，人畜有擊死者。"萬曆《任丘縣志》卷八："〔嘉靖四十五年〕夏五月，大雹，須臾風雷交作，雨雹如卵、如拳、如碗，人物多傷，二麥盡覆。"康熙《歸化縣志》卷一〇："〔嘉靖三十三年〕六月，雨雹大如碗。"康熙《南樂縣志》卷九："〔正德九年〕五月，雨雹如卵、如碗，傷麥，人畜死者甚衆。"乾隆《東昌府志》卷三："〔嘉

靖十一年〕雹大如碗。"

**【盌狀雹】**

即碗狀雹。大小、形狀如碗的冰雹。按，盌，大口小腹的容器，同"碗"。《明孝宗實録》卷七四："〔弘治六年〕四月乙卯，山東沂水縣雨雹，大者如盌，殺麥黍。

**【盤狀雹】**

大小、形狀如盤子的冰雹。《明孝宗實録》卷一〇〇："〔弘治八年〕五月庚戌，陝西慶陽府環縣并慶陽衛雨雹，大者如盤，小者如碗，人畜有擊死者。"嘉靖《全遼志》卷四："〔嘉靖四十三年〕閏二月，廣寧大風，夏五月，復州雨雹，大如盤，延袤百里。"康熙《柘城縣志》卷四："〔嘉靖四十一年〕夏五月，旱，忽雨雹大如盤，壞屋、禾稼。歲大饑。"

**【杅狀雹】**

大小、形狀如盤盞的冰雹。杅，飲器。猶言盤盞。漢伏無忌《伏侯古今注》："〔元初四年〕樂安雹如杅，殺人。"《續漢書·五行志》："〔元初四年〕六月戊辰，郡國三雨雹，大如杅杯及鷄子，殺六畜。"

## 盎狀雹

大小、形狀如盎盆的冰雹。按，盎，古代腹大口小的一種碗或盆。與"盎"小口大腹之容器相對。嘉慶《餘杭縣志》卷三七："〔嘉靖七年〕四月，餘杭旱，忽然大風雷雨雹，大者如盎，小者如鷄子，較雨點更密，人民驚走，牛馬奔逸。"

## 鐃鈸狀雹

大小、形狀如鐃鈸的冰雹。按，鐃、鈸原爲娛樂用的樂器，狀如盤，對敲。後被用於佛門中的伎樂供養，而成爲塔供養及佛供養的法器。《女仙外史》第一四回："武后大怒，向空指手劃腳，只見鐃鈸大小的冰雹無數，打將下來，月君又取手帕一方，拋向空中，却像似片大石板，冰雹乒乒乓乓都打在石板上，一塊也不得下來，武后就脱下裙子，也要來裹月君。"

## 杯狀雹

大小、形狀如杯子的冰雹。漢伏無忌《伏侯古今注》："〔建武十二年〕河南平陽雨雹，大如杯，壞敗吏民廬舍。"唐皇甫枚《三水小牘》："廣明庚子歲，余在汝墳溫泉之別業。夏四月朔旦，雲物暴起於西北隅，瞬息間濃雲四塞，大風壞屋拔木，雨且雹。雹有如杯盞者，鳥獸盡殪，被於山澤中，至午方霽。"《宋史·五行志》："四月乙丑，雨雹大如杯，破瓦殺燕雀。"《明史·五行志》："〔弘治五年〕四月乙丑，莒、沂二州，安丘、郯城二縣雨雹大如酒杯，傷人畜禾稼。夏秋，山東水。"嘉靖《真定府志》卷九："〔正德八年〕雨雹擊死人畜。初狂風大作，忽冰雹雨下，大如鷄卵、酒杯，打死人畜甚衆。"

**【杯盂狀雹】**

大小、形狀如杯子和圓口盂的冰雹。《元史·五行志》："〔至正八年〕八月己卯，益都臨淄縣雨雹，大如杯盂，野無青草，赤地如赭。"康熙《保定縣志》卷二六："〔成化二十年〕雨雹，大如杯盂。"

## 三錢狀雹

大小形狀相當於三錢制錢的冰雹。宋周密《癸辛雜識》續集上："戊子五月初二日以來，日光中有若柳絮，又如雪片片者，飛舞亂下，人皆閧傳，以爲天花者。至初四日大雷雨，飛雹大者如當三錢，始知連日所謂天花者，即雪也，及飛下，人則以爲雹耳。蓋小片半空已化於烈日，中大者乃乘風而墜耳。繼聞沈氏失冰一窖。次日，王子才自越來，則知越中端日大雹，西廊門雪，亦失其半。”

## 果實狀雹

大小形狀如植物果實的冰雹。康熙《儀真縣志》卷一八：“〔正德十五年〕六月，雨雹，城市大如果實，山野有如鵝卵者。”

### 【桃李狀雹】

大小、形狀如桃子和李子的冰雹。漢應劭《風俗通義·正失》：“文帝即位二十三年，雨雹如桃李，深者厚三尺。”《宋史·五行志》：“〔紹熙二年〕三月癸酉，大風雨雹，大如桃李實。”《元史·五行志》：“〔至正二十二年〕八月，南雄雨雹如桃李實。”嘉靖《豐乘》卷一：“〔嘉靖四十年〕正月，雨木冰。三月，大雨雹，大者如鷄子，小者如桃李。”嘉靖《興國州志》卷七：“〔嘉靖二十三年〕三月三日，大雨雹，鳥獸草木多撲死，小者如桃，大者重四五斤，剖而視之，中雜泥土。大澤源、下彭源二處尤甚，屋瓦悉碎，椽桷亦爲之斷。是歲旱，自五月不雨至九月。”萬曆《重修嘉善縣志》卷一二：“〔嘉靖十八年〕夏旱，蝱生，傷禾根，有全畝不吐花而乾縮者。七月初十日，雷，雨雹大如桃李實。”康熙《蘇州府志》卷二：“〔嘉靖十七年〕四月八日，風雷暴作，冰雹大如李，中空一眼，圍有文，菜麥傷。陽山一境冰雹如斗大，行人傷頂多死。”

### 【榴狀雹】

大小、形狀如石榴的冰雹。康熙《郿州志》卷七：“〔嘉靖三十二年〕夏四月，天雨冰，時久旱，忽冰雹如榴。夏六月，州東四莊村忽落

大冰，如堵墻。”

### 【梅子狀雹】

大小、形狀如梅子的冰雹。崇禎《梧州府志》卷四：“〔嘉靖十五年〕三月，容縣大雨雹，大者如梅，小者如沙。”乾隆《梧州府志》卷二四：“〔嘉靖十四年〕春三月，容縣雨雹，大者如梅，小者如豆，是歲饑。”

### 【荔枝實狀雹】

大小、形狀如荔枝的冰雹。《宋史·五行志》：“〔紹興五年〕十月丁未夜，秀州華亭縣大風電，雨雹，大如荔枝實，壞舟覆屋。”

### 【栗棗狀雹】

大小、形狀如栗子或棗子的冰雹。《明孝宗實錄》卷七九：“〔弘治六年〕八月乙亥，禮部尚書倪岳等言：八月九日，雷電交作，雨雹驟至，大如彈丸，小如栗棗，平地雍塞，人皆驚駭。如此災異，不於他所而於京畿之內，不於他時而於秋成之際。”嘉靖《杞縣志》卷八：“〔嘉靖十四年〕四月，雨雹，大如棗。五月，復雨雹。”萬曆《壽昌縣志》卷九：“〔嘉靖二十三年〕饑。秋七月，風雹，雹大如栗，飛鳥死，亦傷人，穀俱壞。”天啓《中牟縣志》卷二：“〔嘉靖三十年〕雨雹，大如棗。”。

### 【芋魁狀雹】

大小、形狀如芋頭塊的冰雹。《東觀漢記·安帝紀》：“〔永初二年〕六月，雹大如芋魁、鷄子，風拔樹發屋。”《後漢書·方術傳上·許楊》：“時有謠歌曰：‘敗我陂者翟子威，飴我大豆，亨我芋魁。’”李賢注：“芋魁，芋根也。”

### 【蓮芡狀雹】

大小、形狀如蓮子和芡實的冰雹。宋沈括《夢溪筆談》卷二一：“熙寧中，河州雨雹，大

者如鷄卵，小者如蓮欠，悉如人頭，耳目口鼻皆具，無異鎸刻。"

**【蒜子狀雹】**

大小、形狀如蒜頭的冰雹。《南齊書·五行志》："〔永明元年〕九月乙丑，雹落大如蒜子，須臾乃止。"《南齊書·五行志》："〔永明十一年〕四月辛亥，雹落大如蒜子，須臾止。"

**【豆狀雹】**

大小、形狀如豆粒的冰雹。乾隆《梧州府志》卷二四："〔嘉靖十四年〕春三月，容縣雨雹，大者如梅，小者如豆，是歲饑。"

**【匏狀雹】**

大小、形狀如匏葫蘆的冰雹。匏，球體的葫蘆，從中間剖成兩半可做水瓢。萬曆《龍川縣志》卷一："〔嘉靖十二年〕冬堅冰，間有雹，大如匏，樹木摧折，鳥獸仆死。"

**【瓜狀雹】**

大小、形狀如甜瓜的冰雹。乾隆《浮梁縣志》卷一一："〔正德八年〕雨雹，小者如卵，大者如瓜，壞民居田稼，牛羊多死傷。"因西瓜傳入中土頗晚，故如果不特別說明，中國古代提到瓜，一般都指甜瓜。

## 卵狀雹

大小、形狀如禽蛋的冰雹。正德《永康縣志》卷七："〔弘治十三年〕正月，雨雹，大如卵，屋瓦多碎。"順治《陽城縣志》卷七："〔正德四年〕四月，雨雹，大如拳，累日不消，禾木盡毀。民饑。"順治《河曲縣志》卷三："〔正德十一年〕大雨雹，其形如卵，或如刀錐，樹屋盡粉。六月，霪雨，水出縣西，衝民廬。"康熙《壽張縣志》卷三："〔嘉靖三十年〕四月二十八日，大雨雹，有如卵、如拳、如碗者，

二麥蕩然，破屋損器物。"乾隆《浮梁縣志》卷一一："〔正德八年〕雨雹，小者如卵，大者如瓜，壞民居田稼，牛羊多死傷。"光緒《東光縣志》卷一一："〔嘉靖四十五年〕五月，雨雹如鷄鵝卵，屋瓦皆碎，田禾盡摧。"

**【鷄子狀雹】**

大小、形狀如鷄蛋的冰雹。《漢書·五行志》："〔地節四年〕五月，山陽濟陰雨雹如鷄子，深二尺五寸，殺二十人，蜚鳥皆死。"《續漢書·五行志》："〔延光三年〕雨雹，大如鷄子。"《舊唐書·中宗紀》："〔景龍二年〕正月丙申，滄州雨雹，大如鷄卵。"宋沈括《夢溪筆談》卷二一："熙寧中，河州雨雹，大者如鷄卵，小者如蓮欠，悉如人頭，耳目口鼻皆具，無異鎸刻。"《元史·五行志》："〔至元十九年〕八月，雨雹，大如鷄卵。"《明憲宗實錄》卷七九："〔成化六年〕五月丁未，直隸高郵州、壽州、合肥縣雨雹，大如鷄子。"萬曆《靈壽縣志》卷九："〔嘉靖五年〕六月十五日，天大雷電，冰雹，大者如碗碟，小者如鷄蛋，人畜遇之立死，百穀蕩毀。"萬曆《廣西通志》卷四一："〔弘治二年〕春三月二十日巳時，賓州忽天色昏暗，狂風作自西北，走石折木，尋驟附迅雷，大雹如鷄子，破屋害稼，殺鳥雀，傷牛馬，未時稍止。"乾隆《平原縣志》卷九："〔嘉靖十三年〕夏，雨雹，大者如斗，小者亦過鷄卵，壞民屋，傷禾稼。"

**【鵝卵狀雹】**

大小、形狀如鵝蛋（或曰鵝子）的冰雹。《明憲宗實錄》卷二一五："〔成化十七年〕五月庚寅，順天府薊州雨雹，大如鵝卵，損官民房屋及傷禾稼。"萬曆《恩縣志》卷五："〔嘉靖四十三年〕冰雹，大如鵝卵，殺麥傷人。"《明

史・五行志》："〔正德十三年〕四月壬午，衡州疾風迅雷，雨雹大如鵝子，棱利如刀，碎屋斷樹木如剪。"順治《河曲縣志》卷三："〔正德十一年〕大雨雹，其形如卵，或如刀錐，樹屋盡粉。六月，霪雨，水出縣西，衝民廬。"康熙《上高縣志》卷六："〔嘉靖二十五年〕三月雨雹，硬如瓦礫，大如鵝卵，麥穗青秧悉碎，人畜遇之亦傷。"乾隆《太原府志》卷四九："〔成化二十二年〕八月，榆次雨雹如鵝卵。"乾隆《六安州志》卷二四："〔嘉靖二十二年〕春三月六日，霍山雨雹，大如鵝子，殺稼。箭竹結實，居民取食，數以石計。"乾隆《東昌府志》卷三："〔嘉靖四十五年〕夏六月，城西北冰雹大如鵝子，禾麥無存，傷人至死。"

**【雁子狀雹】**

大小、形狀如大雁蛋的冰雹。《後漢書・和帝紀》："〔永元五年〕六月丁酉，郡國三雨雹。"注："《東觀漢記》曰：大如雁子。"

**【鳧卵狀雹】**

大小、形狀如野鴨蛋的冰雹。鳧，俗稱"野鴨"，似鴨。鳧卵，野鴨蛋。《新唐書・五行志》："〔乾符五年〕五月丁酉，宣授宰臣豆盧瑑、崔沆制，殿庭氛霧四塞，及百官班賀於政事堂，雨雹如鳧卵，大風雷雨拔木。"

## 馬頭狀雹

大小、形狀如馬首的冰雹。《漢書・五行志》："〔元封三年〕十二月，雷，雨雹，大如馬頭。"《元史・五行志》："〔至正二年〕五月，東平路東阿縣雨雹如馬首。"同書又云："〔至正六年〕二月辛未，興國路雨雹，大者如馬首，小者如雞子，斃禽畜甚衆。"嘉靖《廣信府志》卷一："〔弘治十一年〕三月，貴溪縣雨雹，形如馬頭，一顆重十餘斤，鄉北橫十里，縱六七十里，居民屋瓦盡破，樹木鳥獸俱傷。"萬曆《重修嘉善縣志》卷一二："〔正德十二年〕二月二十三日，雷電雨雹，小者如彈九，大者如馬首，傷麥。"光緒《麻城縣志》卷二："〔嘉靖二十五年〕四月二十日，東北有黑氣如牆，西南大雪雹，雹形如鵝卵、如馬首，麥盡壞。"

## 如牛狀雹

大小、形狀如牛的冰雹。《明憲宗實錄》卷一〇六："〔成化八年〕七月戊午，陝西隴州大風雨雹，大如鵝卵，或如雞子；中有如牛者五，長七八尺，厚三四尺，六日方銷。是月，州之北山吼三日，裂成溝，長半里，尋復合。"

**【牛頭狀雹】**

大小、形狀如牛頭的冰雹。嘉靖《臨潁志》卷八："〔嘉靖五年〕雨雹，大如牛頭。"康熙《順德縣志》卷一三："〔景泰二年〕夏六月，雨，狀如牛頭。秋冬大旱。"同書又云："〔成化七年〕春三月，雨雹，狀如牛頭。"乾隆《龍泉縣志》卷末："〔弘治十年〕大雨雹，形如牛首，重十餘斤，屋樹鳥獸俱被打傷。"

**【牛目狀雹】**

大小、形狀如牛眼睛的冰雹。康熙《嶧縣志》卷二："〔正德十一年〕四月，雨雹，小如牛目，大如杵，禾稼盡傷，人畜亦間有斃者。"牛眼較其他獸畜眼睛形大而圓。

## 人頭狀雹

大小、形狀如人頭抑或如人臉的冰雹。宋沈括《夢溪筆談》卷二一："熙寧中，河州雨雹，大者如雞卵，小者如蓮欠，悉如人頭，耳目口鼻皆具，無異鐫刻。"《明史・五行志》："〔嘉靖五年〕七月癸未，南豐雨雹，大如碗，形如人面。”

## 寸餘雹

直徑寸餘之冰雹。《史記·孝景本紀》：“〔前元二年〕秋，衡山雨雹，大者五寸，深者二尺。”康熙《桐廬縣志》卷四：“〔正德六年〕三月初六日，黑風一陣來自西北，聲如雷響，合抱之木揉折拔起不可勝記，兼以驟雨，霎時通衢水涌三四尺。繼以冰雹徑寸，方圓三棱不等，秧麥、桑柘、民居皆被害。八月，水，田禾卑下者多無穫。”

## 尺餘雹

直徑尺餘之冰雹。《史記·孝景本紀》：“〔中元元年〕四月乙巳，赦天下，賜爵一級。除禁錮。地動。衡山、原都雨雹，大者尺八寸。”《魏書·靈徵志》：“〔元徽四年〕八月庚申，并州鄉郡大雹，平地尺，草木禾稼皆盡。癸未，定州大雹殺人，大者方圓二尺。”《元史·五行志》：“〔至正六年〕五月辛卯，絳州雨雹，大者二尺餘。”嘉靖《鞏縣志》卷八：“〔嘉靖三十一年〕四月，冰雹自西北來，大者如卵，片者徑尺，二麥花果盡傷。境內饑饉，頃刻溝渠皆盈，經旬不解。

## 寸餘深雹

積深度滿一尺的冰雹。唐日僧釋圓仁《入唐求法巡禮行記》：“〔開成四年九月〕朝出見之，冰雹流積三四寸許，凝積如雪。”《明史·五行志》：“〔弘治八年〕四月乙亥，常州、泗、邳雨雹，深五寸，殺麥及菜。”

## 尺餘深雹

積深度一尺多的冰雹。《魏書·靈徵志》：“〔元徽四年〕八月庚申，并州鄉郡大雹，平地尺，草木禾稼皆盡。癸未，定州大雹殺人，大

者方圓二尺。”《宋史·五行志》：“〔紹熙二年〕三月癸酉，大風雨雹，大如桃李實，平地盈尺。”《元史·五行志》：“〔至大元年〕五月，管城縣大雹，深一尺，無麥禾。”《明英宗實録》卷六九：“〔正統五年〕山西行都司及蔚州六月初二日至初六日連日雨雹，其深尺餘，傷害稼穡。”《明英宗實録》卷七〇：“〔正統五年〕直隸保定府八月十一日大雨雹，深尺餘，傷民稼穡。”萬曆《諸城縣志》卷九：“〔嘉靖三十三年〕五月初七日，又雹，大者如拳、如杵端，齊吉、米股等莊村積厚尺餘。”《明史·五行志》：“〔正統五年〕六月壬申至丙子，山西行都司及蔚州連日雨雹，其深尺餘，傷稼。”乾隆《蔚州志補》卷一：“〔正統五年〕連日雨雹，其深尺餘。”

## 盈尺深雹

積深度有二三尺之多的冰雹。《史記·孝景本紀》：“〔前元二年〕秋，衡山雨雹，大者五寸，深者二尺。”漢應劭《風俗通義·正失》：“文帝即位二十三年，雨雹如桃李，深者厚三尺。”《漢書·五行志》：“〔地節四年〕五月，山陽濟陰雨雹如雞子，深二尺五寸，殺二十人，蜚鳥皆死。”《金史·五行志》：“六月戊申，西南路招討司芯里海水之地雨雹三十餘里，小者如雞卵。其一最大，廣三尺，長丈餘，四五日始消。”萬曆《廣西通志》卷四一：“〔嘉靖三十六年〕春三月辛巳，大雨雹。……雹積窪地約二尺許。”《明史·五行志》：“〔弘治四年〕三月癸卯，裕、汝二州雨雹，大者如墻杵，積厚二三尺，壞屋宇禾稼。”

## 害禾稼雹

毀破莊稼的冰雹。《宋史·五行志》：“〔紹

熙二年〕三月癸酉，大風雨雹，大如桃李實，平地盈尺，壞廬舍五千餘家，禾麻、蔬果皆損。里安縣亦如之，壞屋殺人尤衆。”《元史·五行志》：“〔至正二十三年〕五月，鄜州宜君縣雨雹，大如鷄子，損豆麥。”同書又云：“〔至正二十三年〕七月，京師及隰州永和縣大雨雹害稼。”又云：“〔至正二十七年〕七月，冀寧徐溝縣大風雨雹，拔木害稼。”《明史·五行志》：“〔弘治八年〕四月辛酉，慶陽諸府縣衛所三十五隕霜，殺麥豆禾苗。”同書又云：“〔弘治八年〕七月乙酉，洮州衛雨冰雹，殺禾，暴水至，人畜多溺死者。”乾隆《夏津縣志》卷九：“〔嘉靖四十三年〕大雨雹，殺禾菽。”乾隆《環縣志》卷一〇：“〔弘治八年〕四月辛酉，隕霜，殺麥豆禾苗。”

【傷麥雹】

損傷麥類的冰雹。《元史·五行志》：“〔至正八年〕四月庚辰，鈞州密縣雨雹，大如鷄子，傷麥禾。”《明史·五行志》：“〔弘治八年〕三月己亥，桐城雨雹，深五尺，殺二麥。”同書又云：“〔弘治八年〕三月己酉，淮、鳳州縣暴風雨雹，殺麥。”萬曆《任丘縣志》卷八：“〔嘉靖四十五年〕夏五月，大雹，……二麥盡覆。”按，二麥，指大麥和小麥。天啓《中牟縣志》卷二：“〔嘉靖十四年〕四月十三日，雨雹，大如拳，二麥死。”康熙《諸暨縣志》卷三：“〔嘉靖二十三年〕清明日，大雨雹，有如斗者，傷麥。夏旱，大饑。”乾隆《德州志》卷二：“〔永樂十二年〕五月，雨雹傷麥。”光緒《麻城縣》卷二：“〔嘉靖二十五年〕四月二十日，東北有黑氣如牆，西南大雪雹，……麥盡壞。”

## 摧折樹木雹

毀壞樹木的冰雹。《元史·五行志》：“〔至正八年〕龍興奉新縣大雨雹，傷禾折木。”同書又云：“〔至正十一年〕四月乙巳，彰德雨雹，大者如斧，時麥熟將刈，頃刻亡失，田疇堅如築場，無秸粒遺留者，地廣三十里，長百有餘里，樹木皆如斧所劈。”正德《瑞州府志》卷一一：“〔建文元年〕春二月，雨雹，碎屋瓦。冬十一月，雨雪凝凍，樹木摧折，鳥獸凍死，盜賊充斥。”萬曆《廣宗縣志》卷八：“〔正德三年〕五月，雨雹，積二三尺許，樹木枝葉盡剝落。

## 破損城屋廬舍雹

毀壞城鄉房屋的冰雹。嘉靖《南雄府志》卷一：“〔嘉靖五年〕夏五月，迅風，大雨雹，城屋多圮。”《明史·五行志》：“〔正德十三年〕四月壬午，衡州疾風迅雷，雨雹大如鵝子，棱利如刀，碎屋斷樹木如剪。”順治《河曲縣志》卷三：“〔正德十一年〕大雨雹，其形如卵，或如刀錐，樹屋盡粉。六月，霪雨，水出縣西，衝民廬。”順治《長興縣志》卷四：“〔嘉靖十五年〕四月十六日晝晦，暴風起東北，雨雹發，壞廬無數。”康熙《海鹽縣志補遺》：“〔嘉靖四十年〕四月七日，雨雹，大如拳，麥盡損，至破廬舍，澈浦尤甚。秋冬大雨水，禾不能刈，爛田中，米薪踴貴。”康熙《具區志》卷一四：“〔嘉靖十三年〕三月初二日，太湖雨雹，大如拳石，草木廬舍被損。”

【擊碎屋瓦雹】

毀壞房瓦的冰雹。《宋史·五行志》：“〔慶元三年〕四月乙丑，雨雹大如栖，破瓦殺燕爵。”正德《瑞州府志》卷一一：“〔建文元年〕

春二月，雨雹，碎屋瓦。"嘉靖《福寧州志》卷一二："〔嘉靖七年〕四月，七、八都雨雹，……民居屋瓦皆破。"嘉靖《興國州志》卷七："〔嘉靖二十三年〕三月三日，大雨雹，……屋瓦悉碎，椽桷亦爲之斷。"萬曆《漳州府志》卷三二："〔嘉靖三十七年〕三月，漳浦、海澄雨雹大如斧，碎屋，傷畜無數。"康熙《新喻縣志》卷六："〔嘉靖三十九年〕三月，雨雹，大如卵，屋瓦俱碎。"同治《高安縣志》卷二八："〔成化八年〕大雨雹，其大如拳，屋瓦皆碎。"光緒《東光縣志》卷一一："〔嘉靖四十五年〕五月，雨雹如鷄鵝卵，屋瓦皆碎，田禾盡摧禾。"

## 擊殺鳥雀雹

擊打麻雀等鳥致死的冰雹。《漢書·五行志》："〔成帝河平二年〕四月，楚國雨雹，大如斧，蜚鳥死。"嘉靖《里安縣志》卷一〇："〔嘉靖二十八年〕冬十二月，雨雹，初一夜龍白嘉嶼鄉起風聲如吼，雨雹大如鷄子，羽蟲擊死無數。"按，羽蟲，身披羽毛的動物，即鳥類。萬曆《壽昌縣志》卷九："〔嘉靖二十三年〕饑。秋七月，風雹，雹大如栗，飛鳥死，亦傷人，穀俱壞。"萬曆《廣西通志》卷四一："〔弘治二年〕春三月二十日巳時，賓州忽天色昏暗，狂風作自西北，走石折木，尋驟附迅雷，大雹如鷄子，破屋害稼，殺鳥雀，傷牛馬，未時稍止。"康熙《五河縣志》卷一："〔嘉靖十七年〕夏六月，雨雹，大如鵝卵，折木損禾，禽鳥壓傷大半。"康熙《續修武義縣志》卷一〇："〔正德十四年〕四月，雨雹，大如拳，傷鳥雀鷄鵞甚衆。"

## 傷斃禽畜雹

擊打飛禽走畜致死的冰雹。唐皇甫枚《三水小牘》："廣明庚子歲，余在汝墳溫泉之別業。夏四月朔旦，雲物暴起於西北隅，瞬息間濃雲四塞，大風壞屋拔木，雨且雹。雹有如杯盞者，鳥獸盡殪，被於山澤中，至午方霽。"《元史·五行志》："〔至正六年〕二月辛未，興國路雨雹，……斃禽畜甚衆。"《元史·五行志》："〔洪武元年〕六月，慶陽府雨雹，……斃禽獸。"弘治《溫州府志》卷一七："〔弘治八年〕二月十八日申刻，永嘉有風起自西北，叫嘯而南，俄頃黑雲蔽天，暴雹隨至，奔湃若萬馬蹴踢聲，大者如拳，小者如鷄子，毀屋瓦，傷禽畜，木實盡落，麥苗俱仆，父老以爲百年無此雹也。"嘉靖《廣德州志》卷九："〔嘉靖六年〕秋七月，雨雹，大如拳，禾稼及鳥獸觸者皆死。"嘉靖《廣州志》卷四："〔弘治十五年〕春三月，順德雨雹。龍山堡雨雹，……禽獸死傷甚衆。"萬曆《龍川縣志》卷一："〔嘉靖十二年〕冬堅冰，間有雹，大如匏，樹木摧折，鳥獸仆死。"康熙《電白縣志》卷六："〔嘉靖四十五年〕春三月，大雨雹。……禽獸有擊死者。"

## 【擊死家畜雹】

擊打牛、馬等家畜致死的冰雹。《漢書·王莽傳》："〔天鳳元年〕四月，隕霜，殺草木，海瀕尤甚。六月，黃霧四塞。七月，大風拔樹，飛北闕直城門屋瓦。雨雹，殺牛羊。緣邊大饑，人相食。"宋李昉等《太平御覽》卷七八引古本《竹書紀年》："孝王七年冬，大雨雹，牛馬死，江漢俱凍。"天啓《江山縣志》卷八："〔嘉靖九年〕四月初五日，大雹如鷄卵，林木皆禿，牛馬有死者。秋旱。歲大饑。"崇禎《海澄縣志》

卷一四："〔嘉靖三十七年〕三月，雨雹如石子大，起自三都，屋瓦打碎，牛畜有擊死者。"康熙《溧陽縣志》卷三："〔嘉靖十五年〕夏，雨雹大如斗，牛馬多擊死。"

**【擊殺獐鹿雹】**

擊打獐子和鹿致死的冰雹。《魏書·靈徵志》："〔太和二十三年〕六月，雍、青二州大雨雹，殺獐鹿。"

## 傷人畜雹

擊打損傷人和家畜的冰雹。《新唐書·五行志》："〔開成五年〕六月，濮州雨雹如拳，殺人三十六，牛馬甚衆。"《元史·五行志》："〔至正十一年〕四月乙巳，彰德雨雹，……傷行人、斃禽畜甚衆。"《明孝宗實錄》卷一〇〇："〔弘治八年〕五月庚戌，陝西慶陽府環縣并慶陽衛雨雹，……人畜有擊死者。"同書又云："〔弘治十三年〕四月癸卯，順天府、薊州及直隸肅寧、藁城、棗强、清豐四縣風雨冰雹交下，斃人畜。"又云："〔弘治十三年〕四月癸巳，山東濮州暴風迅雷，驟雨冰雹交下，斃人畜。"嘉靖《真定府志》卷九："〔正德八年〕雨雹擊死人畜。初狂風大作，忽冰雹雨下，……打死人畜甚衆。"嘉靖《廣東通志》卷七〇："〔嘉靖四

年〕二月，樂會大雨雹漫地，……死人畜無數。"萬曆《諸城縣志》卷九："〔嘉靖三十三年〕四月初三日，城陽莊大雹，擊傷牧兒。"康熙《臨高縣志》卷一："〔正德十五年〕雨雹，……殺人畜，數不勝計。"康熙《睢寧縣舊志》卷九："〔弘治四年〕夏，大雨雹，……人畜在野多擊死。"乾隆《大名縣志》卷二七："〔正德九年〕雨雹傷麥，人畜死者甚衆。"

## 光緒大雹災

光緒年間雹災。民國《信陽縣志》卷三一："〔光緒二十八年八月初四〕是時烈日當空，驟有暴風自西北來，雲紅如燒，頃刻飛向東南去。其雹如拳、如碗、如瓜，有大盈尺者。秋稻方熟未穫，雹過之處，惟見稻草枯立，無顆粒存。其較重者，則稻稈全倒陷泥中，若經犁翻者。然樹木皆枝葉披落，老幹作斧鑿痕，禽鳥被擊死者無算，屋茅薄者至洞穿破釜甑。雹自泌、確起，至長臺關，折而東南，由洋河二十里河之間直至五里店，寬不過十里，迤邐東南至江浙數千里。初起之時如豆，漸行漸大，至長臺關則如栗，至五里店則最重矣。河下所落，有長數尺如杵者，如條石者。"

# 霰

## 霰

亦作"霓""霞""霰""霤"。亦稱"霈""霰子"等。天降狀如粟粒的雪。雨點下降遇冷凝成的白色不透明的小冰粒，呈球形或圓錐形，多在下雪前或下雪時出現。《説文·雨部》："霰，稷雪也。"《詩·小雅·頍弁》："如彼雨雪，先集維霰。"鄭玄箋："將大雨雪，始必微温，雪自上下，遇温氣而搏謂之霰，久而寒勝則大雪矣。"南朝梁顧野王《玉篇·雨部》："霤，亦與霰同。"宋丁度、司馬光等《集韻·麥韻》："霈，霰也。……霰，亦作霞。"宋陸佃《埤雅》："閩俗謂之米雪，言其霰粒如米，所謂稷雪，義

蓋如此。"宋楊萬里《霰》詩:"雪花遣霰作前鋒,勢破張惶欲暗空。"元章希賢《道法宗旨圖衍義》:"雪花所以六出者,祇是霰子被猛風拍開成稜瓣也。"《明太祖實錄》卷二三一:"〔洪武二十七年〕二月辛未朔夜,雨霰。"明謝肇淛《五雜俎·天部》:"霰,雪之未成花者,今俗謂之米粒雪,雨水初凍結成者也。"《明武宗實錄》卷四八:"〔正德四年〕三月己亥,以久旱命順天府祈祭都城隍之神。甲辰辰時,雨雹及霰,良久止。"清王夫之《山居雜體·兩頭纖纖》詩:"膃膃膊膊凍竹折,磊磊落落飛霰屑。"

霰

【霓】

同"霰"。此體先秦已行用。見該文。

【霰】

同"霰"。此體漢代已行用。見該文。

【霝】

同"霰"。此體南朝梁已行用。見該文。

【霰】

即霰。此稱宋代已行用。見該文。

【霰】

同"霰"。此體宋代已行用。見該文。

【霰子】

即霰。此稱元代已行用。見該文。

【稷雪】

亦稱"米雪""米粒雪""碎米"。即霰。下

雪前或下雪時所下的小冰粒,因圓如稷粒,故稱。《説文·雨部》:"霰,稷雪也。"宋周密《浩然齋意抄·稷雪米雪》:"《毛詩》補注'先集維霰'曰:'霰,稷雪也,或謂之米雪,謂其粒若稷若米然。'"宋陸佃《埤雅·釋天上》:"霰,稷雪也。閩俗謂之米雪,言其霰粒如米。所謂稷雪,義蓋如此。"宋蘇軾《泗州除夜雪中黃師是送酥酒》詩:"暮雪紛紛投碎米,春流咽咽走黃沙。"宋張元干《夜游宮》詞:"户外明簾風任揭,擁紅鑪,灑窗間稷雪。"明謝肇淛《五雜俎·天部一》:"霰,當之未成花者,今俗謂之米粒雪,雨水初凍結成者也。"清唐孫華《和友人郊字雪》詩:"雜遝冰花亂,繽紛碎米抛。"

【米雪】

即稷雪。此稱宋代已行用。見該文。

【米粒雪】

即稷雪。此稱明代已行用。見該文。

【碎米】

即稷雪。此稱宋代已行用。見該文。

【霄雪】

即霰。一説,雨雪雜下。《爾雅·釋天》:"雨霓爲霄雪。"晋郭璞注:"水雪雜下也,因名霄雪,霄即消也。"唐虞世南《北堂書鈔》卷一五二:"冰雪相搏如星而散也,冰雪雜下,故爲霄雪。"明王世貞《弇州四部稿》:"不肯顧霄雪兮,飄飄粟余馬兮。"

【雨雪子】[2]

雪子,學名霰。在高空中的水蒸氣遇到冷空氣凝結後降落的白色不透明小冰粒,常呈球狀或圓錐形。多在下雪前或下雪時出現。乾隆《沔陽縣志》卷一三:康熙七年三月十二日"雨雪子成硫黄,大如豆殘,以火輒然"。

## 【冰花】[2]

即霰。下雪前或下雪時所下的小冰粒。元王冕《趙千里夜潮圖》詩："冰花著人如撒霰，過耳斜風快如箭。"明王逢《奉陪神保大王宴朱將軍第聞彈白翎雀引》詩："百禽啁噍電霰霍，冰花亂點真珠箔。"清王文誥《濂泉寺》詩："芒鞋滑印苔蘚斑，冰花着衣珠跳額。"

## 【濔雪】

亦稱"濕雪"。即霰。雪珠常伴雨水降落，故稱。宋陸佃《埤雅・釋天上》："霰，稷雪也。閩俗謂之米雪，言其霰粒如米，所謂稷雪，義蓋如此。今名濔雪，亦曰濕雪。"宋蘇軾《人呼爲韵軾得鳥字》詩："東風吹濕雪，手冷怯清曉。"元尹廷高《客樓感嘆》詩："濕雪寒雲仍臘意，危樓高燭尚天涯。"清李振鈞《家大人命賦來青之室謹成長歌》詩："閑情濕雪賦梅花，佳兆春風簪芍藥。"

## 【濕雪】

即濔雪。此稱宋代已行用。見該文。

## 【花雪】[2]

即霰。一說，指雪花。《宋書・符瑞志》："大明五年正月戊午元日，花雪降殿庭……史臣按，《詩》云：'先集爲霰。'《韓詩》曰：'霰，英也。'花葉謂之英。《離騷》云：'秋菊之落英'，左思云'落英飄飆'，是也。然則霰爲花雪矣。"元何中《雪中度崇仁望仙峰》詩："忽而兩厓蒼蒼散花雪，板橋石路浮靄乾。"

## 【冬霰】

冬天嚴寒之霰。南朝梁江淹《雜體詩三十首・顏特進延之侍宴》："桂棟留夏飆，蘭橑停冬霰。"隋盧思道《從軍行》："物與華異，冬霰秋霜春不歇。"唐雍裕之《四氣》詩："稍覺秋山遠，俄驚冬霰深。"宋葉適《送薛子長》詩："藏冰待炎威，織裘禦冬霰。"明高啓《聞霰》詩："寒霰夜聞時，窗空人寂寞。"

## 【寒霰】

即冬霰。冬天嚴寒之霰。南朝梁沈約《奉和竟陵王郡縣名》詩："陽泉濯春藻，陰邱聚寒霰。"唐歐陽詢等《藝文類聚・雜文部》詩："陽泉濯春藻，陰丘聚寒霰。"宋董嗣杲《阻風系舟》詩："亂山號枯松，長風舞寒霰。"明祝允明《方烈婦》詩："一夜寒霰零，蘭枯蕙亦謝。"

## 【秋霰】

秋天之霰。南朝梁柳惲《贈吳均》之三："邊城秋霰來，寒鄉春風晚。"唐李益《罷秩後入華山采茯苓逢道者》詩："下結九秋霰，流膏爲茯苓。"明區大相《九月雪時在苑西樓與四家兄傅逐之高正甫諸公同賦》其二："凝雲來夕苑，秋霰下秋空。"清黃景仁《咏懷》其六："秋霰萎蒲柳，秋蓬辭本根。"

## 【陰霰】

山北的飛霰。因霰寒凉，亦泛指霰。唐韓愈《南山》詩："朱維方燒日，陰霰縱騰糅。"錢仲聯集釋引徐震曰："朱維，南方也。陰，北方也。《穀梁傳》：'山南爲陽，水北爲陽。'此言山南日光正盛，山北飛霰交下矣。"宋曾鞏《桐樹》詩："噫號衝飆回，激射陰霰聚。"元宋褧《雪寒書事廿六韵（延祐己未在樂亭縣作）》詩："幽雲敷層霄，狂吹趣陰霰。"清彭孫貽《春雪二十韵》詩："陰霰凌妍節，飛茵布落茵。"

## 【流霰】

亦稱"飛霰"。飛流的霰珠。南朝宋劉鑠《三婦艷》詩："丈人且徘徊，臨風傷流霰。"南朝齊謝朓《阻雪連句遥贈和》詩："風庭舞流霰，冰沼結文澌。"唐李益《秋晚溪中寄懷大理齊司直》詩："歲寒坐流霰，山川猶別離。"唐馬戴《塞下曲二首》其一："廣漠雪凝修，日斜飛霰生。"明李夢陽《徐汉風阻雨雪四首》其一："密雲寒夜柝，流霰灑舟燈。"清惲格《古意贈友》詩其二："窮陰尚流霰，春氣在寒條。"

【飛霰】

即流霰。此稱唐代已行用。見該文。

【驚霰】

飛舞的霰珠。宋梅堯臣《遲雪》詩："驚霰夜將集，廣庭朝復迷。"明祝允明《懷星堂集》卷二："驚霰霜塞聰兮，蕭蕭五兵劘膚切肌兮。"

【珠霙】

即霰。南朝齊謝朓等《阻雪聯句》："珠霙條間響，玉溜簷下垂。"元行端《雪樵》詩："珠霙飄飄柴在肩，且謀燒火過殘年。"

【瓦跳珠】

亦稱"跳珠""雪霖"。即霰。宋蘇軾《浣溪沙·十二月二日雨後微雪》詞："雨脚半收簷斷綫，雪霖初下瓦跳珠。"自注："京師俚語，謂'霰'爲雪霖。"宋胡仲弓《南雪》詩："草池方積玉，瓦屋又跳珠。"清陳維崧《梅子黃時雨·本意》詩："彈指還驚仲夏，蕭蕭簷瓦跳珠響。"

【跳珠】[2]

即瓦跳珠。此稱宋代已行用。見該文。

【雪霖】

即瓦跳珠。此稱宋代已行用。見該文。

【雪糝】

即霰。宋蔣靜《洗心亭睡起偶題》詩："龍吟竹笛秋江面，雪糝蘆花夜月中。"明劉基《雪晴偶興因以成篇》詩："玄雲四垂天黯黮，大野蒼茫飛雪糝。"清阮元《揅經室一集》："繁星落水，霞圍古垣，雪糝幽石。"

【雪珠】

霰的俗稱。語出晋謝安《與王胡之》詩："素雪珠麗，潔不崇朝。"宋朱翌《冬前雪珠夜下早聞遠山皆白》詩："固知淵客難藏寶，倒捲珠池立散天。"元謝宗可《雪珠》詩："萬斛明璣滿地圓，瑶龍吞蚌入雲邊。"明徐宏祖《游白嶽山日記》："入庵後，大霰雪珠作，潯陽與奴子俱後。"《紅樓夢》第四九回："因下雪珠兒，老太太找了這一件給我的。"清馬福娥《雪珠》詩："明珠如有意，留作掌中看。"

【霜霰】[1]

霜和霰。晋陶潛《歸園田居》詩之二："常恐霜霰至，零落同草莽。"南朝宋鮑照《侍郎報滿辭閣疏》："煦蒸霜霰，莩甲雲露。"唐韓偓《乾寧三年丙辰在奉天重圍作》詩："仗劍夜巡城，衣襟滿霜霰。"宋歐陽修《山槎》詩："山中苦霜霰，歲久無春色。"元宋褧《竹枝歌六首·自温州抵處州途中作》詩："江南十月如春暉，不知北土霜霰霏。"明方行《古意》詩："玄冬霜霰繁，積雪埋昆崙。"清陳同《過小嶺》詩其二："湖南近嶺南，地暖少霜霰。"

【冰霰】

指下雪前或下雪時降落的白色小冰粒。《漢魏南北朝墓志彙編·北齊婁黑女墓志》："餘美安鍾，英柔互起，皎同冰霰，芬如蘭芷。"唐王昌齡《從軍行》之二："萬里雲沙漲，平原冰霰澀。"宋司馬光《酬宋次道初登朝呈同舍》詩："山桂結芳堅，冰霰横秋枝。"元胡助《自靈巖登天平山次柳道傳韵》詩："凉風吹客衣，激激散冰霰。"明王禕《十一月七日出南城別陳三檢討》詩："窮冬朔風怒，冰霰滿城闉。"清顧炎武《寄劉處士大來》詩："憶昨出門初，朔風灑冰霰。"

**【積霰】**

亦作"霰積"。冬季積纍的霰。南朝齊謝朓《高松賦》："卷風飆之吸欻，積霰雪之嚴霏。"南朝梁沈約《八咏詩·歲暮憫衰草》詩："巖陬兮海岸，冰多兮霰積。"《南史·梁武帝紀》："〔中興元年〕二月戊申，帝發襄陽，自冬積霰，至是開霽，士卒咸悅。"唐張九齡《和姚令公從幸溫湯喜雪》詩："正逢銀霰積，如向玉京游。"宋丘密《和張孝伯雪窗詩韻》詩："秀將嵩少只簷間，恍如積霰觀商顔。"元吳萊《淵穎集》："北風吹人，積霰幂塗。"明孫承恩《苦熱行》："我聞太華之西崑崙北，四時常陰雪霰積。"清莊年《范侍御招飲七里香花下》詩其二："滿砌花飛驚積霰，隔鄰香透趁微風。"

**【霰積】**

同"積霰"。此體南北朝時期已行用。見該文。

**【皓霰】**

潔白晶瑩的雪珠。南朝齊王儉《高松賦》："積皓霰而爭光，延微飆而響起。"明祝允明《飯芝賦》："浮浮兮蒼霧之淪興，襂襂乎皓霰之薄零。"

**【煙霰】**

濛濛的雪珠。唐呂巖說《靈茅賦》："煙霰之所蕩拂，昆蟲之所翳蒙。"明何景明《對雪》詩："九衢飄雪亂人行，獨坐開堂煙霰生。"

**【庭霰】**

指落在庭院裹的霰。唐宋之問《苑中遇雪應制》詩："不知庭霰今朝落，疑是林花昨夜開。"明區大相《獨酌梅花下走筆索陳山人畫梅》詩："早來盼庭霰，羞澀不成姿。"清廓露《擬古（都中作）》詩其十七："庭霰紛交集，王孫飽無時。"

# 第二節 露霜考

露，指空氣中水汽凝結在地物上的液態水。一般出現在傍晚或夜間。當地面或地物由於輻射冷却，貼近地表面的空氣也隨之降溫，當其溫度降到空氣中水汽含量過飽和時，在地面或地物的表面就會有水汽的凝結，呈現出微小的水滴，即露。《廣韵·暮韵》："露，《五經通義》曰：'和氣津凝爲露也。'蔡邕《月令》曰：'露者，陰之液也。'"

霜，是貼近地面的空氣受地面輻射冷却的影響而降溫到零度以下，凝結而成的白色冰晶，常附着於地表物體表面。《詩·秦風·蒹葭》："蒹葭蒼蒼，白露爲霜。"毛傳："白露凝戾爲霜，然後歲事成。"

古人對於露的認知共分爲以下類型。

抽象名類：包括“霳”“露水”“露華”“雲露”“霄露”“白露”“清露”等。

時間名類：又分爲時辰或時刻名類和季節名類。前者如“朝露”“晨露”“夙露”“曉露”“宵露”“暗滴”“沆瀣”等，分別表示夜晚、清晨和即刻生成的露；後者如“春露”“秋露”“桂露”“鶴露”“警露”等，分別表示不同季節生成的露。此外，還有一種時間順序名類，如“惏露”，意爲先成露，再行雨。

空間位置名類：包括“芝露”“草露”“草頭露”“香露”“薤露”等，分別表靈芝、花、草葉等不同事物物體上生成的露。

類比名類：例如“華”通“花”，用“露華”類比花；用“天酒”類比酒；用“玉露”類比玉石；用“紅淚”類比眼淚；用“靈液”“甘露”“霞液”“霞漿”“美露”“榮露”“寶露”“飴露”“潃露”“靈液”等，類比甘美之液。又“氛”“雰”“露點”“露屑”，指細小之露，類比粉塵。《釋名·釋天》：“氛，粉也。潤氣着草木，因寒凍凝，色白若粉之形也。”又“蟬露”，即蟬飲之清露。唐王勃《餞韋兵曹》詩：“鷹風凋晚葉，蟬露泣秋枝。”

態勢名類：表露這類事物的形態和勢態。例如“涓露”“碧露”“泣露”“陰液”“露屑”等，表密集濃重態的露水。又“垂露”“泣露”，表露水的動態特徵，即表垂下的露珠，或露珠下滴態。又“繁露”“重露”“繁濃”“皓露”“霭”“大露”“浩露”“溢露”“湛露”等，謂濃厚之露。又“清露”“涼露”“冷露”“寒露”“寒涼”“薄露”等，因其潔淨清涼，故稱。

色彩名類：涉及露的顏色。雖然露爲透明色態，而古籍却又記載有“露紅”“白露”之類。“露紅”實則表意爲落在紅花上的露水，使得露水呈現紅色；“白露”，《月令七十二候集解》解釋曰：“水土濕氣凝而爲露，秋屬金，金色白，白者露之色，而氣始寒也。”

古人對於霜的認知共分爲以下類型。

抽象名類：包括“霜”“霄”“霜華”等。

時間名類：又分爲時辰或時刻名類和季節名類。前者如“夜來霜”“朝霜”“新霜”“千霜”等，分別表示夜晚、清晨和即刻生成的霜，以及霜期持續的長短；後者如“三霜”“燕霜”“春霜”“夏霜”“三月霜”“九月霜”等，分別表示不同季節和月份生成的霜。又“非時霜”，其違反時令而生，與常規的霜期出現的時間相反，故而即屬於季節名類。此外，還有一種時間順序名類，如“晴霜”，本意是下霜往往預兆天晴，清晨先成霜，當天即晴朗。

空間位置名類：包括“凝樹霜”“草上霜”“瓦上霜”“柿葉霜”等，分別表不同事物位置上生成的霜。

類比名類：如"百花霜""玉霜""劍霜"等，比喻霜爲花、玉、劍。又"霜華"，本爲抽象名類，而"華"通"花"，霜亦類比花朵，故亦屬於擬物名類。

態勢名類：表霜這類事物的形態和勢態。如"霜粟"，形態爲結晶聚合粒狀體。又"繁霜"，表霜態濃重。又"玄霜"，表極寒凍霜。又"醉霜"，表胡亂飛舞之霜。

因果名類：古人能觀察到因寒冷露水會凝結而成霜，但不曉得其物態轉換之物理原理，因此很少涉及霜本身形成的機理，祇是做些表面的解釋。如"露霜""霜露"等，是說因霜而轉化爲露。又"凋霜""損殺菜蔬霜""損殺草木霜""損殺禾稼霜""損殺麥豆桑樹霜""損殺百物霜"等，是強調霜與植物損害之間的因果關係。

色彩名類：涉及霜的顏色。雖然霜爲白色，但古籍記載有"丹霜""紅霜"之類，實則表意爲由於霜打葉子，形成紅葉之過程，當亦屬因果關係名類。

# 露

## 露

亦稱"霝"。古人認爲，和氣津凝爲露，謂陰之液。今解爲地面因長波輻射作用，使得近地面空氣降溫，水汽遇冷凝結在物體上，形成露水珠。戰國以前的"露"字結構爲上"雨"下"各"。上"雨"，表露水與雨水相關，皆謂自然之水；下"各"，與"路"音近，均表讀音，後至篆文演變爲"露"。《詩·召南·行露》："厭浥行露，豈不夙夜，謂行多露。"又《小雅·白華》："英英白雲，露彼菅茅。"《離騷》："朝飲木蘭之墜露。"《說文·雨部》："露，潤澤也。從雨路聲。"漢班固《白虎通》："露者，霜之始。"漢戴德《大戴禮記·曾子天圓》："陽氣勝則散爲雨露。"《廣韻·暮韻》：

戰國以前的"露"字結構皆爲上"雨"下"各"（郭·老甲·19）

"露，《五經通義》曰：'和氣津凝爲露也。'蔡邕《月令》曰：'露者，陰之液也。'"《釋名》："露，慮也。覆慮物也。"南朝梁顧野王《玉篇·雨部》："霝，露也。"同書又云："天之津液，下所潤萬物也。"唐杜甫《月夜憶舍弟》詩："露從今夜白，月是故鄉明。"宋徐鉉《和尉遲贊善病中見寄》詩："晝夢乍驚風動竹，夜吟時覺露沾莎。"金党懷英《西湖芙蓉》詩："林飆振危柯，野露委荒蔓。"明丁鶴年《次小孤山》詩："佩環月夜知何處，露濕蓬萊玉女窗。"清尤侗《菩薩蠻·無題八首》其四："美人和笑立，露葉牽衣濕。"

【霝】

即露。此稱南北朝時期已行用。見該文。

【露水】

即露。南朝梁簡文帝《七勵》："洗以三危之露水，調以大夏之香鹽。"唐孫思邈《千金翼方·雜病》：“凍凌水（伍升）、霜水（壹升）、雪水（壹升）、露水（伍升半）。”宋周文璞《病後》詩：“風燈露水兩茫然，莫爲歡華少壯年。”金密璹《秋晚出郭閑遊》詩：“殘荷露水秋光晚，衰柳搖風古渡寒。”明史鑒《與李太僕吳太史小鴻村聯句贈張子静》詩：“野燒回春色（史），漁磯露水痕。”清王庭《調笑茉莉（壬午）》詩：“向晚摘來露水，留將枕畔生香。”

【雨露】

即露水。一説，雨和露水合稱。先秦佚名《龍蛇歌》：“四蛇從之，得其雨露。”隋侯夫人《自感詩三首》其三：“不及閑花草，翻承雨露多。”漢戴德《大戴禮記》：“陽氣勝，則散爲雨露。”唐李義府《宣正殿芝草》詩：“色帶朝陽净，光涵雨露滋。”宋司馬光《御溝（秋）賜酒（霜）》詩：“山茅沾雨露，誓極寸心長。”元丘處機《初入峽門》詩：“松塔倒懸秋雨露，石樓斜照晚雲霞。”明張名由《吉貝辭》詩：“九夏耰鋤出，三時雨露新。”清屈大均《題鄧氏山樓》詩：“花萼三珠含雨露，鳳雛千仞上芙蓉。”

【陰液】[2]

即露水。唐虞世南《北堂書鈔》卷一五二引漢蔡邕《月令章句》：“露者，陰液也。”元傅若金《題宜春館鍾清卿清露軒》詩：“時聞陰液墜，暗識商飈度。”

【清露】

即露水，因其潔净清涼，故稱。漢劉向《列仙傳》：“子輿獨脱俗，食花飲清露。”漢張衡《西京賦》：“立脩莖之仙掌，承雲表之清露。”晋佚名《子夜四時歌·秋歌十八首》其二：“清露凝如玉，涼風中夜發。”晋阮籍《咏懷》其六：“清露被皋蘭，凝霜沾野草。”唐白

白露、清露

居易《六月三日夜聞蟬》詩：“荷香清露墜，柳動好風生。”宋晏殊《浣溪沙》詞：“湖上西風急暮蟬，夜來清露濕紅蓮。”宋司馬光《八月十五日夜寄友人》詩：“清露滴紅葉，此懷當告誰。”清陳恭尹《次答張搢持太史二首》其二：“山月漸涼清露下，小園秋草欲教除。”

【白露】[1]

指潔白晶瑩的露珠。泛指露水。《詩·秦風·蒹葭》：“蒹葭蒼蒼，白露爲霜。”《禮記·月令》：“涼風至，白露降，寒蟬鳴。”又《七十二候集解》：“水土濕氣凝而爲露，秋屬金，金色白，白者露之色，而氣始寒也。”唐王勃《秋夜長》詩：“秋夜長，殊未央，月明白露澄清光，層城綺閣遥相望。”宋仲殊《南歌子·憶舊》詞：“白露收殘暑，清風襯晚霞。”金王鬱《游子吟》詩：“茫茫曉野客衣單，白露無聲落秋樹。”明劉基《旅興》詩其四十一：“玄雲翳崇岡，白露凋芳蘭。”清吳懋謙《七月十八夜坐見月》詩：“冉冉生明月，清輝白露濃。”

【皓露】

指潔白晶瑩的露珠。泛指露水。南北朝鮑照《贈故人馬子喬詩六首》其五：“憑楹觀皓露，灑酒蕩憂顔。”唐獨孤及《仙掌銘》：“遠

而視之，如欲捫青天而掬皓露，攀扶桑而捧白日。"宋張耒《晚臥》詩："蕭蕭夜深冷，皓露滿前楹。"明湯顯祖《送前宜春理徐茂吳》詩："微飆木葉江波生，皓露芙蓉秋色死。"清顧慈《月夜》詩："片雲沉遠碧，皓露湛空輝。"

**【露華】**

亦作"露花"。露水。南朝梁王僧孺《春夕》詩："露華方照歲，雲彩復經春。"唐戎昱《寄許鍊師》詩："掃石焚香禮碧空，露華偏濕藥珠宮。"唐李白《清平調》："雲想衣裳花想容，春風拂檻露華濃。"宋武衍《立秋夕》："夜漏向深秋始覺，一天星濕露華明。"元金承務《過湘溪》詩："行到湘溪日初出，露華濕滿客衣寒。"明胡布《夢中作》詩："天空雲氣冷，夜半露華生。"清屈大均《沙亭作》詩之一："燕銜花蕊重，蟬飲露華微。"

**【露花】**

指露水，同"露華"。又或沾露之花。南朝梁劉孝威《采蓮曲》詩："露花時濕釧，風莖乍拂鈿。"又其《九日酌菊酒》詩："露花疑始摘，羅衣似適薰。"唐張喬《藍溪夜坐》詩："月臨山靄薄，松滴露花香。"宋侯寘《滿江紅·和徐叔至御帶》詞："重到西湖，春拆信、露花酥滴。"元張翥《次杜德常僉院韵》詩："露花迎夕斂，風樹借秋涼。"明葉顒《題溪翁隱居》詩："戶外經霜樹，階前浥露花。"清胡會恩《秋曉》詩："曉柝尚嚴人語靜，寒星欲沒露花流。"

**【凝露】**

凝結的露。漢繁欽《蕙咏》："葩葉永雕悴，凝露不暇晞。"晋潘岳《寡婦賦》："天凝露以降霜兮，木落葉而隕枝。"晋江逌《咏秋》："高

風催節變，凝露督物化。"北魏蕭綜《悲落葉》詩："夕蕊雜凝露，朝花翻亂日。"唐馮宿《鮫人賣綃賦》："皓如凝露，紛若游霧。"宋郭祥正《和安止懷予北歸恨然有作三首》其二："柳眼含煙如恨客，花心凝露欲啼春。"元梁宜《旅懷和孟昌道韵》詩："幽蘭凝露泣如啼，獨愛含香滿竹扉。"明朱茂《選冠子·聞秋蟲有感》詞："半枕留寒，一簾凝露，四壁秋蟲愁聽。"清范貞儀《轉應曲·懷故居二首》詞其一："凝露、凝露，殘照漢家煙樹。"

**【氛】** [3]

指露。亦作"雺"。漢劉熙《釋名·釋天》："氛，粉也。潤氣著草木，因寒凍凝，色白若粉之形也。"元黃公紹《古今韵會舉要·會韵》："雺，《釋名》曰：'潤氣著草木，遇寒凍，色白，曰雺。'"按，今本《釋名》："雺"作"氛"。

**【雺】** [2]

同"氛 [3]"。此體漢代已行用。見該文。

**【零露】**

亦作"靈露"。即露。《詩·鄭風·野有蔓草》："野有蔓草，零露漙兮。"三國魏曹丕《迷迭香賦》："承靈露以潤根兮，嘉日月而敷榮。"南朝宋鮑照《代蒿里行》詩："馳波催永夜，零露逼短晨。"唐虞世南《奉和月夜觀星應令》詩："清風滌暑氣，零露淨囂塵。"宋王千秋《浣溪沙·科斗》："玉篆古文光燦爛，花垂零露影參差。"元吳景奎《和韵秋日述懷簡李克明》詩："倚闌看北斗，零露滿煙莎。"明張昱《月軒爲張令賦》詩："葉間零露皆成淚，窗外栖烏總是悲。"清陳匪石《鷓鴣天·庚寅七夕》詞："苔陰零露涼於水，江上停雲薄似羅。"

【靈露】

同“靈露”。此體三國時期已行用。見該文。

【涓露】

點滴露水。南朝梁沈約《和陸慧曉百姓名詩》：“曾微涓露答，光景遂雲西。”前蜀杜光庭《洋州宗夔令公本命醮詞》：“曾無涓露之功，常切蘯盈之懼。”宋王邁《殿廷初考諸同舍約共賦》詩：“涓露增滄溟，微塵填嶽嶠。”明張居正《再辭恩命疏》：“恩深於滄溟，而報微於涓露。”

【教水】

露之別稱。宋陶穀《清異録》卷上：“世宗時水部郎韓彥卿使高麗，卿有一書曰《博學記》，偷抄之得三百餘事。今抄天部七事：迷空步障，霧；威屑，霜；教水，露；冰子，雹；氣母，虹；屑金，星；秋明大老，天河。”

【玉露】

露之美稱。多指秋露。晋佚名《子夜四時歌·秋歌十八首》其九：“金風扇素節，玉露凝成霜。”南朝齊謝朓《泛水曲》：“玉露沾翠葉，金風鳴樹枝。”南朝陳徐陵《爲護軍長史王質移文》：“比金風已勁，玉露方圓，宜及窮秋，幸踰高塞。”唐杜甫《秋興》詩：“玉露凋傷楓樹林，巫山巫峽氣蕭森。”宋張元幹《南歌子》詞其三：“玉露團寒菊，秋風入敗荷。”元周砥《夜坐懷孝常》詩：“天高玉露瀉，草木流晶熒。”明鄭潛《七夕答王詵》詩：“紈扇香雲薄，絺衣玉露凉。”清尤侗《客思》詩：“芳草似啼垂玉露，美人有夢隔銀河。”

【珠露】

露珠的美稱。南朝齊王融《青青河畔草》詩：“珠露春華返，璿霜秋照晚。”唐劉滄《經古行宮》詩：“蝴蝶翅翻殘露滴，子規聲盡野煙深。”宋王初《七夕》詩：“榆葉飄零碧漢流，玉蟾珠露兩清秋。”元吳師道《晚霜曲》：“九天青女曳裙帶，笑抛珠露成飛花。”明劉基《祝英臺近》詞：“翠煙收，珠露下，星漢共瀟灑。”清王夫之《摸魚兒·咏霜》詞：“向深秋、蘆花風起，吹散一天珠露。”

【雲露】

即露。晋曹毗《咏史》：“體鍊五靈妙，氣合雲露津。”南朝梁沈約《修竹彈甘蕉文》：“切尋蘇臺前甘蕉一叢，宿漸雲露，荏苒歲月。”唐李蘭《天晴景星見賦》：“矓朗惟明，疑沐其雲露；光芒振曜，若擊夫天飆。”宋魏了翁《賀新郎·生日前數日楊仲博載酒見訪即席次韵》詞：“夢倚銀河天外立，雲露惺惺滿袂。看多少、人間嬉戲。”元范梈《題先天觀圖》詩：“攀崖控弦瀉哀湍，春秋雲露芝田腴。”明郭諫臣《游飛來峰》詩：“仙境霞明金錯落，洞天雲露玉玲瓏。”清濮文綺《惜黄花慢月》詞：“正碧雲露重，秋宇寒添。”

【霄露】

指露水。南朝梁劉孝標《與舉法師書》：“衣裳虹霓帷幕霄露。餌黄菊之落蕊，酌清澗之悲流。”唐沈佺期《題椰子樹》詩：“玉房九霄露，碧葉四時春。”宋楊億《奉和御製重陽五七言詩》其一：“曉煙籠菊嫩，霄露晼蘭紅。”元周巽《江南弄》詞：“霄露清塵臨上苑，朝雲行雨過陽臺。”明劉克正《賦得燕臺春草送袁司徒乃弟還廣》詩：“湛湛暗凝霄露潤，凄凄晴帶野煙和。”清阮元《小滄浪亭（乙卯）》詩其二：“教收荷葉三霄露，供我瓷甌午後茶。”

【霭露】

雲露，露水。南朝宋江智淵《宣貴妃挽歌》：

"雲松方霮露，風草已聲原。"宋趙佶《宫詞》其七："精神勤禱祇民福，耿耿晴空霮露香。"

【垂露】

垂下的露珠；露珠下滴。漢樂府《艷歌》："垂露成帷幄，奔星扶輪輿。"《後漢書·仲長統傳》："垂露成幃，張霄成幄。"三國魏曹植《浮萍篇》詩："悲風來入懷，淚下如垂露。"南朝梁蕭統《開善寺法會》詩："塵根久未洗，希沾垂露光。"唐上官儀《假作贈别》詩："低雲百種鬱，垂露幾行啼。"宋葉夢得《醉醾》詩："夜半粉香垂露泣，定應和月怨梨花。"元錢惟善《張園雜賦二首》其一："清夜無眠疊鼓催，竹梢垂露點蒼苔。"明劉崧《陪溪南隱君入山玩竹十二韵》："歌風便鳥憩，垂露愜蟬飲。"清許傳霈《月夜》詩："疏星垂露裏，一片有情天。"

【冷露】

指清冷之露水。唐王建《十五夜望月寄杜郎中》詩："中庭地白樹栖鴉，冷露無聲濕桂花。"唐孟郊《秋懷》詩之二："冷露滴夢破，峭風梳骨寒。"唐羅隱《巫山高》詩："珠零冷露丹墮楓，細腰長臉愁滿宫。"宋邵雍《秋懷三十六首》其二十："午夜冷露下，千里寒光流。"元許謙《秋夜》詩："冷露蟲傳夜，凄風樹怯秋。"明劉基《滿路花》詩："階前冷露，似向離人泣。"《孽海花》第一七回："凉風颯颯，冷露泠泠，爽快異常。"

【寒露】[1]

指寒凉之露水。晋佚名《吴鼓吹曲十二曲·秋風》詩："秋風揚沙塵，寒露沾衣裳。"晋郭璞《游仙詩十九首》其七："寒露拂陵苕，女蘿辭松柏。"唐佚名《述懷》其三："白草寒露裏，亂山明月中。"宋吴芾《初冬山居即事十首》其五："菊色滋寒露，蘆花蕩晚風。"元宋褧《追和何謝銅雀臺妓》詩："寒露泫丘草，悲風漳水聲。"明周岐《秋閨怨》詩："凝妝愁皓月，寒露濕紅裙。"清沈光文《和曾體仁賞菊分得人字》詩："子夜月明凄絶處，滿叢寒露不知春。"

【凉露】

清凉之露水。唐白居易《贈内》詩："漠漠闇苔新雨地，微微凉露欲秋天。"宋曾宏正《水調歌頭·臨桂水月洞》詞："秋爽一天凉露，桂子更飄香。"元貢師泰《建德城西市》詩："獨坐胡床看明月，不知凉露濕衣襟。"明郭奎《夏夜》詩："浮雲散高空，凉露滴清響。"清張穆《惠州秋日同尹瀾柱先生假寓葉金吾湖山泛舟》詩其八："無盡笙歌慰佳夕，不知凉露濕蒹葭。"

【蟬露】

夏末秋凉之時的露水，蟬飲清露，故稱。唐王勃《餞韋兵曹》詩："鷹風凋晚葉，蟬露泣秋枝。"唐杜荀鶴《長安道中有作》詩："帽簷曉滴淋蟬露，衫袖時飄卷雁風。"明藍智《贈隱者》詩："雁秋湖水落，蟬露柳條疏。"清屈大均《題龔柴丈山房》詩："虎風過亂草，蟬露滴空林。"

【碧露】

清澈晶瑩的露水。南朝陳江總《玄圃石室銘》："紫煙碧露，絳雪玄霜。"唐王勃《慈竹賦》詩："防碧露於霄末，翳紅光於暈始。"宋釋月澗《偈頌一百零三首》其九十三："碧露綴小桃，緑綫垂堤柳。"元陳孚《八月朝回呈學士閻静齋李野齋趙方塘》詩之一："玉斧紅雲合，金莖碧露高。"明尹臺《戴君六十》詩："芝含晚媚朱霞絢，桂捧秋陰碧露懸。"清胤禛《曉晴》詩：“曉起浮窗日色明，苔痕滋碧露光瑩。”

## 【泣露】

謂滴露。唐張賁《奉和襲美先輩悼鶴》詩：“莎徑罷鳴唯泣露，松軒休舞但悲風。”唐李賀《南山田中行》詩：“雲根苔蘚山上石，冷紅泣露嬌啼色。”宋李呂《送仲秉赴廷試五首》其二：“荒陂寒泣露，空谷暮號風。”金趙秉文《明惠皇后挽歌詞四十首》其十：“繞階花泣露，應是怨西風。”明劉績《子昂萬竹圖歌》：“誰觸江君五十弦，殘蛾泣露團秋綠。”清屈大均《悔不》詩：“夕鳥驚風葉，秋蟲泣露苔。”

## 【露點】

亦稱“露屑”。指露滴。南朝梁簡文帝《七勵》：“於是露點飴蜜，溜泓澄於玉掌。”唐羅隱《秋霽後》詩：“净碧山光冷，圓明露點勻。”宋董嗣杲《山行》詩：“山路本無雨，霧瀜露點濕。”元郭翼《美人圖》詩：“玉音夜夜宫車絶，露點蒼苔怨明月。”明郭鈺《同李主敬題李南玉瑞竹詩卷》詩：“濕團曉翠煙花結，光浥空青露點垂。”清納蘭性德《於中好》詞：“松梢露點沾鷹緤，蘆葉溪深没馬鞍。”

## 【露屑】

謂滴露。語本《史記·孝武本紀》：“承露仙人掌。”司馬貞索隱引《三輔故事》：“建章宫承露盤高三十丈，大七圍，以銅爲之。上有仙人掌承露，和玉屑飲之。”按，本意爲露水和玉屑，後文人謂之露滴。宋尹焕《霓裳中序第一·茉莉咏》：“餐盡香風露屑。”元薩都剌《九華山石墨驛》詩：“仙掌九秋傾露屑，天河半夜礙星槎。”明高濂《南鄉子·素馨》詞：“露屑風香著意培。不遜寒梅羞御粉，依依。”

## 香露

花草木葉上的露水。晋王嘉《拾遺記·炎帝神農》：“陸地丹蘴，駢生如蓋，香露滴瀝，下流成池。”唐温庭筠《芙蓉》詩：“濃艷香露裏，美人清鏡中。”前蜀韋莊《更漏子》詞：“深院閉，小庭空，落花香露紅。”宋洪皓《江梅引四首》其四：“坐久花寒、香露濕人衣。”元熊鉌《咏武夷懷朱晦翁》詩：“五月凉巾陟翠微，竹根香露濕人衣。”元王冕《紅梅十九首》其十二：“半夜不知香露冷，春風吹夢過江南。”清張晋《冷梅畫天寶宫人七夕穿針圖》詩：“團團香露濕香襪，持針不語思君王。”

## 【花露】

花上的露珠。唐韋莊《酒泉子》詩：“柳煙輕，花露重，思難任。”五代王仁裕《開元天寶遺事·花露》：“貴妃每宿，酒初消，多苦肺熱，嘗凌晨獨游後苑，傍花樹，以手攀枝，口吸花露，藉其露液，潤於肺也。”宋歐陽修《阮郎歸·南園春半踏青時》詞：“花露重，草煙低，人家簾幕垂，秋千慵困解羅衣，畫梁雙燕栖。”元釋善住《餘生》詩：“花露懸蛛網，芹泥落燕巢。”明李奎《游天竺寺有懷謝康樂》詩：“沙廣草煙薄，溪深花露濃。”清何鞏道《酌罷過二百堂挑燈坐漏已下戲再賦》其一：“笑剔銀燈再賦詩，一庭花露隔簾垂。”

花露、紅淚、露紅

## 【紅淚】

本意指美人流的淚。後借指花上的露珠。唐劉言史《瀟湘游》："翠華寂寞嬋娟没，野筱空餘紅淚情。"宋晏殊《謁金門》詞："秋露墜，滴盡楚蘭紅淚。"元錢惟善《西湖竹枝詞四首》其一："折得荷花待誰贈，葉間紅淚滴成珠。"明葉紈紈《浣溪沙》詞："紅淚滴殘清夜月，夢魂長繞淡梨花。"清佟世南《謁金門·春感》詞："露濕殘花飛不得。滿階紅淚滴。"

## 【露紅】

亦稱"紅露"。落在紅花上的露水。唐白居易《江亭玩春》詩："日消石桂綠嵐氣，風墜木蘭紅露漿。"唐韋莊《更漏子》詞："深院閉，小庭空，落花香露紅。"宋曾鞏《芍藥廳》詩："小碧闌干四月天，露紅煙紫不勝妍。"宋黄庭堅《水調歌頭·游覽》詞："我欲穿花尋路，直入白雲深處，浩氣展虹霓。祇恐花深裏，紅露濕人衣。"明李裕《章丘曉過齂堂嶺》詩："野樹碧煙深，澗花紅露泫。"清陳衍虞《準提閣夜宿》詩："鳥夢緣鈴短，花魂借露紅。"

## 【紅露】

即露紅。此稱唐代已行用。見該文。

## 【莖露】

花草莖上的露珠。唐張繼《春夜皇甫冉宅歡宴》詩："暗滴花莖露，斜暉月過城。"宋劉辰翁《水調歌頭》詞："莖露一杯酒，清澈瑞人寰。大暑退，潢潦净，彩雲斑。"元周權《次韵岳宰》詩："清談灑灑秋莖露，飽食官羊寧有數。"明區大相《咏荼蘼》其二："弱艷風偏舞，新莖露未晞。"清姚燮《大市觀燈行》詩："障雲匼匝動，莖露霏霏傾。"

## 【金莖露】

本意謂承露盤中的露。據考證，漢武帝好神仙，做承露盤以承甘露，以爲服食之可以延年。金莖或爲用以擎承露盤的銅柱。後引爲花卉莖葉上的露水。唐杜甫《贈李十五丈別（李秘書文嶷）》詩："清高金莖露（一作莖掌），正直朱絲弦。"宋黄庭堅《次韵少激甘露降太守居桃葉上》詩："金莖甘露薦齋房，潤及邊城草木香。"明黄公輔《叱石八景·松岡月露》詩："絳闕秋容静，金莖露氣長。"清王夫之《燭影搖紅·十月十九日》詞："金莖露冷，幾處啼烏，橋山夜月。"

## 【芝露】

靈芝上的露水。晋張載《羽扇賦》："濯以雲精，拂以芝露。"唐釋道宣《廣弘明集》卷四："降兹呼吸風霞，餌飲芝露，敢爲生類，罔不由之。"宋孫光憲《女冠子》詞："蕙風芝露，壇際殘香輕度。"元馮子振《鶴骨笛》詩："管含芝露吹香遠，調引松風入髓清。"明王世貞《四十咏·陸太常鈇張脩撰泰》其十九："泰如殣芝露，九咽動靈竅。"清陸求可《念奴嬌·焦山》詞："山資須辦，向雲中、采芝露。"

## 【草露】

亦稱"草頭露""草頭珠露"。草上的露水。漢王粲《從軍詩》其三："下船登高防，草露沾我衣。"唐宋之問《王子喬》詩："空望山頭草，草露濕人衣。"唐杜甫《送孔巢父謝病歸游江東兼呈李白》詩："惜君只欲苦死留，富貴何如草頭露？"唐吕巖《沁園春》詞其二："人世風燈，草頭珠露，我見傷心眼淚流。"宋蘇軾《陌上花》詩之三："生前富貴草頭露，身後風流陌上花。"宋毛滂《送僧常妙還永嘉》詩："霜風侵布衲，草露濕芒鞋。”元薩都刺《都下同翰林諸公送御史尚游題紫騮馬》詩：“遠煙芳草露，細雨落花泥。”元薩都刺《寒江釣雪圖》詩：“人間富貴草頭露，桐江何處覓羊裘？”明劉崧《步月》詩：“乘凉步月過西鄰，草露霏微濕葛巾。”明張翩《嬰齊墓》詩：“富貴空中花，人生草頭露。”清成鷟《泊王借岡候潮望舊隱馬山寄懷李遠霞先與遠霞有約同游中宿》詩：“來如山上雲，去似草頭露。”清何鞏道《坐雨得月》詩：“濕燈搖草露，凉葉動蟲聲。”

**【草頭露】**

即草露。此稱唐代已行用。見該文。

**【草頭珠露】**

即草露。此稱唐代已行用。見該文。

**【豐露】**

滋潤禾稼之露。晋夏侯湛《朝華賦》：“濯靈柯於時雨，滋逸采於豐露。”唐鮑溶《白露》詩：“清蟬暫休響，豐露還移色。”明盧柟《贈盧潭城二首》其二：“柔條歇芳輝，密葉垂豐露。”

## 薤露

薤上零落的露水。薤，植物，葉細長，像韭菜。《樂府詩集·相和歌辭二·薤露》：“薤上露，何易晞。露晞明朝更復落，人死一去何時歸。”三國魏曹植《薤露行》：“騁我徑寸翰，流藻垂華芬。”唐裴鉶《傳奇·封陟》：“逝波難駐，西日易頽，花木不停，薤露非久。”明唐順之《銅雀臺》詩之二：“翠襦沾薤露，錦瑟入松風。”清丘逢甲《書事疊前韵》詩：“薤露聲哀秋氣凉，出關有客更投荒。”

## 竹露

竹葉上的露水。唐孟浩然《夏日（一作夕）南亭懷辛大》詩：“荷風送香氣，竹露滴清響。”唐杜甫《晚晴》詩：“秋分客尚在，竹露夕微微。”宋王質《蘇幕遮·守倅移廚》詞：“明月前，斜陽後。竹露秋聲，拂拂寒生袖。”明劉基《題竹根小禽圖》詩：“竹露無聲墜碧柯，小禽相對啄秋莎。”明李延興《水閣夜坐》詩：“松風遞清響，竹露滴凉秋。”清蔣薌《八月十四夜與劉蘭心玩月貞元閣》詩：“竹露兼螢炫，草蟲答澗澌。”

## 上池之水

省稱“上池水”“上池”，亦稱“半天河”。指凌空承接或取之竹木的雨露，皆爲較純净甘美之水，不含雜質，可藥用。《史記·扁鵲倉公列傳》：“〔長桑君〕乃出其懷中藥予扁鵲：‘飲是以上池之水，三十日當知物矣。’”唐司馬貞索隱：“舊説云，上池水謂水未至地，蓋承取露及竹木上水。”唐孫思邈《千金翼方》卷一：“伏龍肝、東壁土、半天河、地漿、硇砂、薑石……”宋張明中《題活人堂》詩：“上池之水君曾飲，咄嗟取效千倉廩。”宋劉克莊《荔厄一首》詩：“誰言長卿渴，且咽上池肥。”宋唐慎微《證類本草》卷一：“東壁土、冬月灰、半天河水、熱湯、漿水之類，其物至微，其用至廣。”元袁桷《桐柏觀賦》：“上池飲之以洞視，金膏服之而冥搜。”明李時珍《本草綱目·水之一·半天河》：“《戰國策》云：‘長桑君飲扁鵲以上池之水，能洞見臟腑。’注云：‘上池水，半天河也。’”清李鑾宣《司圜雜詩》之六：“給藥病或瘥，不敢委役卒。雖乏上池水，亦是仁者術。”

**【上池水】**

“上池之水”之省稱。此稱唐代已行用。見

該文。

## 【半天河】

即上池之水。此稱唐代已行用。見該文。

## 【上池】

"上池之水"之省稱。此稱宋代已行用。見該文。

## 春露

春天的露水。春季地面依舊冷凉，尤其在凌晨，地面溫度更低，空氣中的水汽遇冷易結露水。晉佚名《子夜四時歌·春歌》其九："冶游步春露，艷覓同心郎。"南朝梁劉勰《文心雕龍·詔策》："眚災肆赦，則文有春露之滋；明罰敕法，則辭有秋霜之烈。"唐齊己《題梁賢巽公房》詩："吹苑野風桃葉碧，壓畦春露菜花黃。"宋周密《閶門夜發》詩："春露沾衣夜氣濃，吳波不動柳無風。"元周霆震《歲暮簡張梅閑》詩："憶昔慕遠游，朝華沐春露。"明沈宜修《菩薩蠻》詞："春露滴花來，寒枝一半開。"清弘曆《二月朔日初游潭柘岫雲寺作》詩："輕輿碾春露，前旌破曉煙。"

## 秋露

秋天的露水。秋季的凌晨，地面的溫度較低，空氣中的水汽遇冷易結露水。晉康僧淵《代答張君祖》詩："悠悠滿天下，孰識秋露情。"南朝宋顏延之《祭屈原文》："秋露未凝，歸神太素。"隋薛道衡《老氏碑》："春泉如醴，出自京師；秋露凝甘，遍於竹葦。"唐杜甫《移居公安敬贈衛大郎》詩："水煙通徑草，秋露接園葵。"宋陸游《凤興》詩："明星漸淡避初日，秋露已濃生曉涼。"元李元圭《客海陵光孝寺秋深感懷二首簡盛克明》其二："蕙草零秋露，莎鷄啼夜墻。"元王冕《題畫蘭卷兼梅花》詩：

"湘江雲盡湘山青，秋蘭花開秋露零。"清華毓榮《北禪寺》詩："瑟瑟聞殘荷，微微滴秋露。"

## 【桂露】

即秋露。秋季桂花開時，夜凉生露，故稱。南朝梁吳均《秋念》詩："箕風入桂露，璧月滿瑤池。"唐李商隱《玄微先生》詩："仙翁無定數，時入一壺藏。夜夜桂露濕，村村桃水香。"宋釋行海《天竺謝竹心陳通判見訪》詩其一："紫袍烏帽馬蹄輕，曉浥秋山桂露清。"元周密《賦養拙園桐丘》詩："蘭風與桂露，芬郁雲崖陰。"明高攀龍《村居》其二："桂露瀼瀼欲濕衣，早乘殘月出柴扉。"清李雍來《憶惠山寄溯雲魯岩仙蟠》詩："菱塘唱斷斜陽外，桂露香殘落木前。"

## 【菊露】

即秋露。秋季菊花開時，夜凉生露，故稱。唐李商隱《過伊僕射舊宅》詩："幽淚欲乾殘菊露，餘香猶入敗荷風。"宋蒲壽宬《菊露謠》："清晨采黃菊，露滴露花叢。"元成廷珪《謝雪坡送饒介之鱸魚介之有歌索次其韵》詩："筠籃急脚走相送，侑以菊露之清醇。"明陳雷《寄隱者》詩："花下一尊黃菊露，松間千頃紫芝雲。"清董元愷《卜算子·秋閨》詞："望月想蛾眉，菊露淒羅幕。"

## 【鶴露】

亦稱"警露"。白露以後的露水。語本唐歐陽詢等《藝文類聚》卷九〇引晉周處《風土記》："鳴鶴戒露，此鳥性警，至八月白露降，流於草上，滴滴有聲，因即高鳴相警，移徙所宿處。"南朝梁庾肩吾《答武陵王賚絹啓》："遂使鶴露宵凝，輕絺立變；鴈風朝急，治服成溫。"唐駱賓王《初秋登王司馬樓宴賦得同字》

詩："鴻飛漸陸，流斷吹以來寒；鶴鳴在陰，上中天而警露。"宋宋祁《公齋植竹》詩："鳶風朝作籟，鶴露夜留痕。"元王哲《玉樓春》詩："青霄空外喚天時，明月光中頻警露。"明張以寧《橫陽草堂次謝疊山韵》詩："竹度蟬風凉白帢，松翻鶴露瀉清杯。"明唐桂芳《和子野妷韵》其一："警露三更鶴，嘶風八月蟬。"清佟法海《咏鶴》："長鳴因警露，豈爲九天聞。"清王賓《祝英臺近·秋思》詞："咽蟬風，飄鶴露，寂寞紅蘭渡。"

【警露】

即鶴露。此稱唐代已行用。見該文。

【惏露】

農曆八月雨前之露。惏，或作"淋""琳"。宋費袞《梁溪漫志·方言入詩》："吳中以八月露下而雨，謂之惏露；九月霜降而雲，謂之護霜。竹坡周少隱（紫芝）有句云：'雨細方惏露，雲疏欲護霜。'"清厲鶚《秋霽同蔣丈静山東皋散步》詩："雨收惏露水平池，疏豁何妨步屧遲。"空氣濕度較大時，容易産生露水，加之一定的低氣壓和低溫條件，很可能降水。

## 甘露

甘美之露水。古人認爲甘露降是太平瑞徵。在大氣潔净的條件下，空氣中的水分遇冷凝結成較爲純净的露水。《老子》："天地相合，以降甘露。"漢王肅《宗廟頌》："湛湛甘露，濟濟醴泉。"晋王嘉《拾遺記·高辛》："有丹丘之國，獻碼碯甕，以盛甘露……堯時猶存，甘露在其中，盈而不竭，謂之寶露，以班賜群臣。"宋梅堯臣《和永叔桐花》詩："曉枝滴甘露，味落寒泉中。"元黃復圭《游崇禧寺》詩："林香萬葉垂甘露，峰霽諸花散石臺。"明區大相《甲辰

閏九日顯靈閣酒會》詩其二："甘露披林玉，秋花散蕊珠。"清佚名《慈禧太后四旬萬壽福州燈聯》："天降甘露，地涌醴泉。"

【寶露】

甘美之露水。唐楊炯《晦日藥園詩序》："九莖仙草，搖八卦之祥風；四照靈葩，法三危之寶露。"宋洪适《臨江仙·傅丈生日》詞其五："干吕青雲垂寶露，結鄰恰挂初弦。"元潘伯脩《君子有所思三首》其二："萬方獻壽來侏輝，吉雲寶露博桑西。"明黃廷用《送徐友賜假南歸》詩："幾世松楸承寶露，滿山花鳥帶春暉。"清王夫之《和梅花百咏詩》其七《嶺梅》："平甸下看煙漠漠，孤擎寶露出清空。"

【三露】

傳説中的三種甘露，服之可以治病長生。南朝宋鮑照《白雲》詩："凌崖采三露，攀鴻戲五煙。"唐吕埋《冥莢賦》："承榮金殿，旁沾三露之滋；每奉玉階，上蔭五雲之施。"明李時珍《本草綱目·水部》："東方朔得玄、青、黃三露，各盛五合，以獻於帝。"

【膏露】

即甘露，謂其沾溉惠物。《禮記·禮運》："故天降膏露，地出醴泉。"鄭玄注："膏，猶甘。"《漢書·晁錯傳》："風雨時，膏露降，五穀熟。"顔師古注："甘露凝如膏。"南朝陳江總《咏雙闕》詩："屢逢膏露灑，幾遇祥煙初。"唐元積《競渡》詩："隨時布膏露，稱物施厚恩。"宋和峴《六州》詞："膏露降，和氣洽，三秀焕靈芝。"元劉大彬《茅山志》："前歲興建儒學，而天降膏露，顯於廟庭，俗變風移，遂至於道。"明劉紹《秋懷》詩其十五："穆穆膏露滋，飄飄靈風翔。"清屈大均《瓶中白海棠》

詩："艷含膏露薄，香出粉光遲。"

【嘉露】

即甘露。《宋書·符瑞志下》："蘭林甫樹，嘉露頻流，板築初就，祥穟如積。"唐蔡希寂《登福先寺上方然公禪室》詩："真味雜飴露，衆香唯菫蘭。"宋梅堯臣《嘗惠山泉》詩："其以甘味傳，幾何若飴露。"明王世貞《咏物體六十六首·楊梅》詩："焰焰晴空燒軧䮞，澄澄嘉露滴胭脂。"

【飴露】

如糖一樣甘甜的露水。即甘露。南朝宋鮑照《河清頌》："薰風蕩闥，飴露流閣。"唐蔡希寂《登福先寺上方然公禪室》詩："真味雜飴露，衆香唯菫蘭。"宋蘇頌《游保寧院練光亭同丘程凌林四君分題用業字韵》詩："竹徑粉筠墜，松梢飴露浥。"

【瀲露】

即甘露。南朝梁簡文帝《菩提樹頌序》："靈芝瀲露，月萃郊園。"南朝陳徐陵《陳公九錫文》："瀲露卿雲，朝團曉映。"唐褚遂良《唐太宗文武皇帝哀册文》："瀲露飛甘，卿雲呈絢。"

【瑞露】

即甘露。古人以之爲祥瑞，故稱。北周庾信《奉梨》詩："擎置仙人掌，應添瑞露漿。"唐孟郊《和錢侍郎甘露》詩："玄天何以言，瑞露青松繁。"宋劉子寰《賀鄭樞齊》詩其六："好看和風將瑞露，更飛紫電極青霜。"金元好問《摸魚兒》詞："香奩夢，好在靈芝瑞露。"明潘允哲《紫薇》詩："蟠枝凝瑞露，接葉逗清光。"清弘曆《秋蓮》詩："一片香霞花處覆，三霄瑞露葉間披。"

【美露】

即甘露。漢班固《白虎通義》卷五："甘露者，美露也，降則物無不盛者也。"明李時珍《本草綱目·水部·甘露》引《瑞應圖》："甘露，美露也。神靈之精，仁瑞之澤，其凝如脂，其甘如飴，故有甘、膏、酒、漿之名。"

【榮露】

即甘露。《宋書·符瑞志》："榮露騰軒，蕭雲掩閣。"《增補類腋·天部·露》引《緯書》云："榮光冪河，休氣四塞，天地訢合，乃降甘露，是謂榮露。"宋唐士恥《代趙守上韓平原生辰五十韵》詩："宣勸分榮露，恩涯吸巨川。"清吳敬梓《惜秋華·寓齋菊花紅葉爲積雨所敗傷之》詞："榮露凝脂，看施元、的的臉霞初暈。"

【雀餳】

凝結於樹木之上的露水。即甘露。唐許嵩《建康實錄》卷二〇："初，覆舟山及蔣山松柏林冬月恒出木醴，後主以爲甘露之瑞，俗呼爲雀餳。"明郎瑛《七修類稿·事物類》："世間多雀餳也。若徽宗、獨孤及者是也。雀餳味雖甘，色則白濁。"清談遷《北游録·緩聲行》："心之念矣歌且嘆，雀餳之露。"一説爲不祥之兆。宋王陶《談淵》："翰林侍讀學士杜鎬，博學有識。都城外有墳莊，一日若有甘露降布林木。子侄輩驚喜，白於鎬。鎬味之，慘然不懌。子侄啓請。鎬曰：此非甘露，乃雀餳，大非佳兆，吾門其衰矣。"

【霞漿】

亦稱"霞液"。即甘露。一説，清潔的水。漢郭憲《漢武洞冥記》卷一："王公飴之以丹霞漿。食之太飽，悶幾死。"晉王嘉《拾遺記》卷二："時有流雲灑液，是謂霞漿，服之得道，後天而老。"唐吳筠《游仙》詩："霞液朝可飲，虹芝晚堪食。"宋宋庠《和吳侍郎惠》詩："霞漿不雜甘辛味，廟瑟都遺掩抑絃。"宋文彥博《寄贈華清觀主大師》詩："玉案晨餐沆瀣精，椒庭夜飲流霞液。"元吾丘衍《金魚曲二首》其一："錦霓散影飛海空，霞漿浩飲酣群龍。"明楊維楨《登華頂峰并引》："冰桃琥珀碗，霞液玻瓈鐘。"明羅洪先《外母王淑人五十》詩："南風發天籟，北斗挹霞漿。"清胤禛《群仙册一十八首·鼓瑟》："雲帔來真侶，霞漿飲上仙。"清姚燮《清平樂》詞："霞液塗肌晶琢魄。"

【霞液】

即霞漿。此稱唐代已行用。見該文。

【靈液】

即甘露。一説，清潔的水。三國魏嵇康《琴賦》："蒸靈液以播雲，據神淵而吐溜。"唐李正封《咏露》詩："霏霏靈液重，雲表無聲落。"宋劉敞《觀後苑瑞蓮》詩："靈液涵秋色，仙花露夕香。"元吕誠《賦帶露櫻桃》詩："萬綠叢中綴木難，折來靈液尚溥溥。"明洪恩《咏靈巖石子》詩："靈液測圓珠，雪乳凝細簇。"清曹貞吉《解語花·和人咏驪山温泉》詞："記否長生雨露。乘春風靈液，蕩潏容與。"

【仙露】

甘露之美稱。或指自然界的露，或指天仙的甘露。漢武帝所造銅仙人捧盤所接的甘露，曾被稱爲仙露。唐太宗《三藏聖教序》："松風水月，未足比其清華；仙露明珠，詎能方其朗潤？"唐許敬宗《奉和入潼關》詩："仙露含靈掌，瑞鼎照川湄。"宋晏殊《更漏子》詞其二："塞鴻高，仙露滿。秋入銀河清淺。"元王惲《水龍吟》詞："相君滿泛，金盤仙露，枕秋

蟾醉。"明孫繼皋《顧麟洲七十》詩："明發小山看桂樹，天香仙露一叢叢。"清弘曆《暮春萬壽山樂壽堂作》詩："花色愛承仙露湛，柳絲偏冒惠風柔。"

【天酒】

甘露之美稱。漢東方朔《神異經》："西北海外有人……但日飲天酒五斗。"張華注："天酒，甘露也。"唐張説《端午三殿侍宴應制探得魚字》詩："甘露垂天酒，芝花（一作盤）捧御書。"宋劉放《荔枝》其一："鶻頭爛晨霞，天酒瑩寒玉。"元吕誠《賦帶露櫻桃》詩："天酒淋漓樊子醉，月盤璀璨漢臣看。"明黎民袖《甘露》詩："金莖仙掌何年事，天酒神漿特地奇。"清屈大均《廣州荔支詞》其五十："露濕紫房晞不得，摘來天酒滿杯中。"

## 朝露

早上的露水。夜晚因長波輻射作用，近地面空氣降温，凌晨氣温最低，水汽遇冷凝結在物體上，形成露水珠。《韓非子·大體》："故至安之世，法如朝露，純樸不散。"漢繁欽《柳賦》："浸朝露之清泫，暉華采之猗猗。"漢曹操《短歌行》："對酒當歌，人生幾何？譬如朝露，去日苦多。"唐廣宣《九月菊花咏應制》詩："爽氣凝朝露，濃姿帶夜霜。"宋徐集孫《采蓮曲》："朝露濕妾衣，暮霞耀妾曬。"元丁復《次韻劉伯善康克正新春游冶城謁卞壺墓》詩："新萌集朝露，古樹酣春雲。"明區元晋《次韻賞紫菊》其二："色帶江霞麗，香浮朝露濃。"清陳青柯《荷葉杯·同顧光旭觀荷二解》其一："蕩入藕花深處。朝露。濕裙腰。"

【曉露】

即朝露。南朝宋劉義隆《登景陽樓》詩：

"階上曉露潔，林下夕風清。"南朝梁王筠《向曉閨情》詩："晨鷄初下栖，曉露尚沾衣。"唐齊己《聞道林諸友嘗茶因有寄》詩："摘帶嶽華蒸曉露，碾和松粉煮春泉。"

【晨露】

即朝露。南朝宋鮑照《園葵賦》："晨露夕陰，霏雲四委。"唐韓愈《庭楸》詩："濯濯晨露香，明珠何聯聯。"唐韋應物《寄中書劉舍人》詩："晨露方愴愴，離抱更忡忡。"宋陸游《春曉東郊送客》詩："初旭斂花房，晨露流桐枝。"清鄭青蘋《賦得綠樹陰濃夏日長》詩："曲院花凝晨露潤，小窗人耐晚風凉。"

【夙露】

即朝露。唐宋璟《梅花賦》："凍雨晚濕，夙露朝滋，又如英皇泣於九疑。"宋晁冲之《復至新鄉廨寄張稚》詩："霧草結夙露，風林散朝暾。"明孫緒《送劉芸窗西行二首》其一："薄裳應怯秋風勁，弱質寧堪夙露侵。"

【露根】

露水。古人以露爲無根之水，稱"露根"，取易失而難久意。唐白居易《題盧秘書夏日新栽竹二十韵》詩："久持霜節苦，新托露根難。"宋朱淑真《偶得牡丹數本移植窗外將有著花意二首》其二："香玉封春未啄花，露根烘曉見紅霞。自非水月觀音樣，不稱維摩居士家。"

【宵露】

夜晚之露水。夜晚因長波輻射作用，近地面空氣溫度降低，水汽遇冷凝結在物體上，形成水珠。晋左思《吳都賦》："綢繆綌繡，宵露霡霂。"唐鄭師貞《日暖萬年枝》詩："宵露猶殘潤，薰風更共吹。"宋夏竦《和太師相公秋興十首》其八："沆瀣氣凉仙掌迥，滿盤宵露結珠英。"元陳基《聽甯上人彈琴》詩："別鶴驚宵露，衆葩悦春朝。"明邊貢《散步》詩："零零宵露濕春堤，楊柳風清曉月低。"清王夫之《擬古詩十九首（庚戌）》其七："宵露不及晨，餘霜無久麗。"

【宿露】

即宵露。隋盧思道《從駕經大慈照寺》詩："迴題飛星没，長楣宿露凝。"唐劉昭禹《送人紅花栽》詩："葉戰青雲韵，花零宿露痕。"宋文同《露香亭》詩："宿露濛曉花，婀娜清香發。"元黄溍《秋懷》詩之二："稍稍秋河落，娟娟宿露微。"明貝瓊《白蓮》詩："太液初花宿露團，香濃粉淡不勝寒。"清陸求可《出亭柳（芍藥）》詞："滿院晴風，宿露洗芳叢。"

【暗滴】

即宵露。唐張繼《春夜皇甫宅歡宴》詩："暗滴花垂露，斜暉月過城。"按，暗，指黑夜；滴，指露珠。宋蘇過《雨後見月》詩："芭蕉集亂響，風竹瀉暗滴。"明鄧雅《和周德川春夜聽雨》詩："斜沾筆架應千點，暗滴苔階正五更。"清吳曾祺《首夏留滯都門感賦二首》其二："定知暗滴空階淚，化作秋花也斷腸。"

【沆瀣】

亦稱"沆瀣漿"。即宵露。《楚辭·遠游》："餐六氣而飲沆瀣兮，漱正陽而含朝霞。"王逸注引《凌陽子明經》曰："沆瀣者，北方夜半氣也。"三國魏曹植《五游》詩："帶我瓊瑶珮，漱我沆瀣漿。"晋嵇康《琴賦》："餐沆瀣兮帶朝霞。"張銑注："沆瀣者，清露也。"宋洪咨夔《幽芳晚凉倚窗觀稼》詩："晚風不動稻苗平，葉葉頭邊沆瀣明。"元陳高《題中峰樓》詩："海天日出蓬萊近，月夜煙清沆瀣浮。"明謝應芳《沁園春》詞：“風光好，正凉生沆瀣，净洗氛埃。”清毛奇齡《奉召赴都經泰嶽遥望有作》其二：“欲吸沆瀣漿，蹙額慚滿腹。”

【沆瀣漿】

即沆瀣，即宵露。此稱三國時期已行用。見該文。

【月露】

月夜露水。即宵露。南朝齊謝朓《和王中丞聞琴》詩：“凉風吹月露，圓景動清陰。”《隋書·李諤傳》：“連篇累牘，不出月露之形，積案盈箱，唯是風雲之狀。”唐杜甫《貽華陽柳少府》詩：“火雲洗月露，絕壁上朝暾。”仇兆鰲注：“月下之露，洗出火雲。”宋陸游《月下獨行橋上》詩：“新秋未再旬，月露已浩然。”元袁桷《題應德茂游吳紀事二絕》之一：“潤凍冰泉咽，松懸月露清。”明佘翔《留別薛公儀》詩：“籬下寒花供月露，天涯落雁帶風霜。”《紅樓夢》第八一回：“雖懂得幾句詩詞，也是胡謅亂道的；就是好了，也不過是風雲月露，與一生的正事，毫無關涉。”

## 湛露

指濃重的露水。因近地面空氣較凉且濕度極大，露水變得更濃重。《楚辭·九章·悲回風》：“吸湛露之浮凉兮，漱凝霜之雰雰。”朱熹集注：“湛，厚也。”晋陸機《爲周夫人贈車騎》詩：“日月一何速，素秋墜湛露。”唐韋安石《梁王宅侍宴應制同用風字》詩：“早荷承湛露，脩竹引薰風。”宋虞儔《代羣使君上東宮生日》詩：“湛露溥金菊，凉風動白蘋。”明孫傳庭《張文岳吏垣過雁門留酌山園因邀田御宿大參同集》詩其二：“湛露花邊下，繁星柳外迷。”清朱受新《白秋海棠》詩：“清秋湛露浥瓊芳，素影風

搖玉砌旁。”

【大露】

亦稱“霭”。即湛露。一説，指霧。《管子·度地》：“夏有大露原煙，噎下百草，人采食之，傷人。”南朝梁顧野王《玉篇·雨部》：“霭，大露也。”宋張君房《雲笈七籤·雜修攝部》：“大寒、大熱、大風、大露，皆不欲冒之。”宋李昉等《太平廣記·草木》：“天有大露、大霧、大雨，滋潤它的枝條，就生出紫翡來。”《集韵·卦韵》：“霭，霧也。”

【霭】

即湛露。此稱南北朝時期已行用。見該文。

【浩露】

即湛露。晋陸雲《九愍·修身》：“握遺芳而自玩，挹浩露於蘭林。”南北朝王融《齊明王歌辭七首（應司徒教作）·清楚引》：“清月囧將曙，浩露零中宵。”唐孟雲卿《夜月江行》詩：“扣船不能寢，浩露清衣襟。”宋司馬光《秋夜》詩：“浩露灑翠柏，清香生白蓮。”金麻九疇《元裕之以山游見招兼以詩四首爲寄因以山中之意仍其韵》其一：“舉頭視霄漢，浩露洗心胸。”清夢麟《夜過青浦》詩：“野風送香氣，浩露滴微泓。”

【溢露】

即湛露。晋張協《七命》之一：“晞三春之溢露，溯九秋之鳴飆。”晋潘尼《桑樹賦》：“含溢露於清宵。”隋楊廣《晚春》詩：“唯當關塞者，溽露方霑衣。”宋華鎮《聞酒香戲作》詩：“下蚓盈泉腹，高蟬溢露腸。”元袁桷《九華臺賦》：“飛霜溢露，言沾其濡。”明李時行《初春宴沈氏園亭》詩：“春苑春光溢露臺，緗簾綺閣水中開。”

## 【溽露】

即湛露。南朝宋謝莊《宋孝武帝哀策文》："溽露飛甘，舒雲結慶。"隋楊廣《晚春》詩："唯當關塞者，溽露方沾衣。"宋樂雷發《秋夜感懷》詩："溽露霑灌莽，華月流高旻。"明區大相《答汪公幹長安秋夜見憶兼寄潘子朋》詩："溽露迎寒早，輕雲過雨餘。"

## 【繁露】

繁濃之露，濃厚之露。南朝梁蕭繹《藥名》詩："詎信金城裏，繁露曉沾衣。"唐韋應物《善福精舍秋夜遲諸君》詩："繁露降秋節，蒼林鬱芊芊。"唐司空曙《和盧校書文若早入使院書事》詩："軒墀濕繁露，琴几拂輕埃。"元許恕《偶成》詩："繁露墜叢竹，新流漲芳堤。"明華善述《答錢化臣》詩："蟋蟀飲繁露，永夜莎根吟。"清張佛繡《寄懷愛庭四兄》詩："瞥眼又殘秋，芳草委繁露。"

## 【重露】

即湛露。晉葛洪《抱朴子內篇·登涉》："大霧重露之夜，以置中庭，終不沾濡也。"唐李商隱《菊》詩："幾時禁重露，實是怯殘陽。"宋劉放《和孫少述中秋》詩其一："重露梧桐落，微寒蟋蟀愁。"元薩都剌《早發釣臺》詩："山頭鐘響不聞雞，重露翻鴉滿樹啼。"明楊基《秋夜有懷》詩："重露澄秋色，輕風生夜涼。"

清張惠言《水調歌頭五首·春日賦示楊生子掞》詞："但莫憑欄久，重露濕蒼苔。"

## 輕露

指較輕的露。露水較少或因空氣中的水氣較少，或因地面溫度沒有降得很低。晉張協《雜詩十首》其二："飛雨灑朝蘭，輕露栖業菊。"南朝齊王融《永明樂十首》其九："輕露炫珠翠，初風搖綺羅。"唐皮日休《庭中初植松桂魯望偶題奉和次韵》詩："毿毿綠髮垂輕露，獵獵丹華動細風。"宋王銍《妾薄命》詩其一："命似絳綃薄，身同朝露輕。"元李孝光《雜詩四首》其二："芳草搖微風，幽花泣輕露。"明楊宛《太平時》詞："嫋嫋疏枝帶露輕，隔簾櫳，絲絲牽綴別離情。最難勝。"清張麗俊《落花》詩："紅飄玉砌隨風冷，翠滴瑤階帶露輕。"

## 【薄露】

即輕露。唐白居易《香山寺石樓潭夜浴》詩："綃巾薄露頂，草履輕乘足。"宋王沂孫《水龍吟·白蓮》詞："薄露初習，纖塵不染，移根玉井。"元吾丘衍《十二月樂辭·二月》詩："紫絲步障芳草陌，薄露春香蟬翼羅。"明王世貞《采蓮曲》："橫塘別浦多風潮，稀星薄露夜迢迢。"清孫星衍《夜坐吟》其一："斜簾纖月秋波紋，薄露壓草生幽芬。"

# 霜

## 霜

亦稱"霄"。霜是貼近地面的空氣受地面輻射冷卻的影響而降溫到零度以下，凝結而成的白色冰晶，常附着於地表物體表面。甲骨文

中的"霜"字結構，上雨（或代指水汽），下呈植物枯敗倒垂象，表霜可導致植物的枯敗。《詩·秦風·蒹葭》："蒹葭蒼蒼，白露爲霜。"毛傳："白露凝戾爲霜，然後歲事成。"《春秋·定

公元年》："冬十月，隕霜殺菽。"《荀子·王霸篇》引逸詩："如霜雪之將將，如日月之光明。"《說文·雨部》："霜，喪也。成物者。從雨相聲。"《釋名》："霜，喪也。其氣殘毒，物皆喪也。"南朝梁顧野王《玉篇·雨部》："霜，霜也。"魏晉佚名《子夜四時歌·秋歌十八首》其九："金風扇素節，玉露凝成霜。"唐溫庭筠《商山早行》詩："鷄聲茅店月，人迹板橋霜。"三國魏曹丕《燕歌行》："秋風蕭瑟天氣涼，草木搖落露爲霜。"宋佚名《浣溪沙·武進廳壁》詞："西風江上泛扁舟，夜寒霜月素光流。"明杜騏徵等《幾社壬申合稿》之一："循嚴霜之狐迹。"清王夫之《長相思·春恨二首》其二："待尋芳，懶尋芳，褪粉梨花背夕陽，清明未斷霜。"清超遠說等《終南山蟠龍子肅禪師語録》："願速垂慈，霜霖普澤。"

【霜】

"霜"字的甲骨文

即霜。此稱南北朝時期已行用。見該文。

白露爲霜
（宋佚名《霜柯竹澗圖》局部）

【凝霜】[1]

即霜。先秦屈原《楚辭·悲回風》："吸湛露之浮源兮，漱凝霜之雰雰。"《漢魏南北朝墓志彙編·北魏楊播墓志》："曙月落景，寒谷凝霜。"晉阮籍《咏懷》詩其六："清露被皋蘭，凝霜沾野草。"南朝齊釋寶月《行路難》詩："凝霜夜下拂羅衣，浮雲中斷開明月。"唐李賀《夜來樂》詩："劍崖鞭節青石珠，白驪吹湍凝霜須。"宋李綱《玉山道中五首》其二："石路凝霜白，山村落月纖。"元虞集《贈無塵道人》詩："金井有聲惟墜露，玉階無色乍凝霜。"明楊士奇《早過良鄉》詩："馬上風沙拂面飛，凝霜如雪墮征衣。"清朱曉琴《賦得停車坐愛楓林晚》詩："遙望寒山裏，凝霜愛晚楓。"

【霜華】

亦作"霜花"。即霜。狀如花，故稱。南朝宋鮑照《梅花落》詩："念爾零落逐寒風，徒有霜華無霜質。"南朝梁吳均《梅花》詩："故作負霜花，欲使綺羅見。"唐白居易《長恨歌》："鴛鴦瓦冷霜華重，翡翠衾寒誰與共？"唐李賀《北中寒》詩："霜花草上大如錢，揮刀不入迷濛天。"宋戴復古《冬日移舟入峽避風》詩："霜華濃似雪，水氣盛於雲。"宋陸游《霜月》詩："枯草霜花白，寒窗月影新。"元吳昌齡《東坡夢》第三折："雲淡晚風輕，露冷霜華重。"明貢性之《宮梅圖》詩："璚樓夜寒銀漏澀，滿地霜華月光白。"清彭孫貽《宣公橋踏月夜歸》詩："夜寒星寥寥，霜華如大雪。"又其《秋盡未見菊靈隱寺禪堂乃有數本》詩其二："寂寂禪房靜，霜花點石臺。"

【霜花】

同"霜華"。此體南北朝時期已行用。見該文。

## 【清霜】

清冷的霜。晉湛方生《吊鶴文》："獨中宵而增思，負清霜而夜鳴。"南朝齊謝朓《將游湘水尋句溪》詩："興以暮秋月，清霜落素枝。"唐聶夷中《贈農》詩："清霜一委地，萬草色不綠。"宋錢時《立冬前一日霜對菊有感》詩："昨夜清霜冷絮裯，紛紛紅葉滿階頭。"金元好問《橫波亭為青口帥賦》詩："疏星澹月魚龍夜，老木清霜鴻雁秋。"明張昱《白菊》詩："今宵白露今宵月，昨夜清霜昨夜風。"清毛張健《寄衣曲》詩："邊城八月多早寒，清霜觸體愁衣單。"

## 【空霜】

即霜。唐王昌齡《江上聞笛》詩："水客皆擁棹，空霜遂盈襟。"宋陳允平《過秦樓》詞："漸江空霜曉，黃蘆漠漠，一聲來雁。"元吳克恭《賦翟志道家三琴翟年五十九以青陽縣令引年蓋高士也》詩："或時嶺猿叫，夜澗空霜飛。"清黃毓祺《菊花》其十四："風似剪刀時劈面，空霜不覺又盈襟。"

## 【飛霜】[2]

即霜。霜如雪花飛落，故稱。或指紛飛的雪。晉張協《七命》："飛霜迎節，高風送秋。"南朝宋謝惠連《燕歌行》："飛霜被野雁南征，念君客游羈思盈。"唐薛奇童《吳聲子夜歌》（一作崔國輔詩，題云《古意》）詩："淨掃黃金階，飛霜皓（一作皎）如雪。"宋吳則禮《寄江仲嘉》詩："泫露滋籬槿，飛霜墮渚蓮。"元尹廷高《葉法善天師故宅茅山》詩："雲間玉笛夜飛霜，宮府清虛翠色涼。"明于謙《夏日憶故鄉風景》詩："清和已過近五月，草木猶自愁飛霜。"順治《固始縣志》卷九："〔嘉靖四十五

年〕春大雪，飛霜遍地。秋大水。"清任嵩珠《漁翁》詩："孤篷慣向蘆花泊，一任飛霜點鬢邊。"

## 【威屑】

指霜。嚴霜降，草木凋，故言"威"；霜花細碎，故言"屑"。宋陶穀《清異錄·天文》引《博學記》："威屑，霜。"明王志堅《表異錄·天部一》："霜為威屑。"

威屑、霜粟
（宋代古畫）

## 【霜粟】

細碎如粟米的霜。霜為白色結晶，故稱。宋趙彥端《如夢令·酥花》詞："鴛瓦初凝霜粟，冰笋旋裁春玉。"清姚燮《遲眠三章即示金上舍學純》其一："恐爾對殘菊，霜粟霏凍鈿。"

## 【梨霜】

即霜。潔白似梨花，故稱。唐韓偓《別緒》詩："菊露凄羅幕，梨霜惻錦衾。"宋陳克《浣溪沙》詞："短燭熒熒照碧窗，重重簾幕護梨霜。"

## 【霜雪】[2]

如雪之霜。漢戴德《大戴禮記·曾子天圓》："陰氣勝則凝爲霜雪。"唐佚名《青城白裘叟贈楊内侍二十八字詩》："生冷宮中住雌雄，

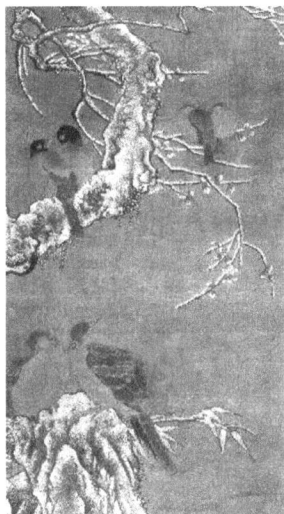

霜　雪
〔宋徐崇嗣（傳）《梅花雪雀圖》局部〕

紫金臺上凝霜雪。"宋文天祥《陳貫道摘坡詩如寄以自號達者之流也爲賦浩浩歌一首》詩："青絲冉冉上霜雪，百年欻若彈指過。"元成廷珪《王元剛竹所》詩："滄江歲晚多霜雪，與爾知心獨此君。"《明英宗實録》卷三七："〔正統二年〕十二月丁卯曉刻，霜附木如雪，竟日不消。自卯至巳，昏霧四塞。壬午，日生背氣，色青赤鮮明。"康熙《浙江通志》卷二："〔正統八年〕三月，台州大霜如雪，殺草木，蠶無食葉。四月至八月連雨，麥腐。八月，大風雨，六種無收。"康熙《天台縣志》卷一五："〔正統八年〕三月穀雨，隕霜如雪，殺草木，蠶無食葉。自四月至八月，連雨水溢，麥禾無收。"

## 青女霜

指霜。司霜之神名青女，故稱。唐羅隱《菊》詩："千載白衣酒，一生青女霜。"宋佚名《憶江南·壽東人母》詞："青女霜前猶避暖，素娥月裏乍羞圓。"明歐大任《感秋》詩："青女霜飛醉倚樓，得歸偏喜故園秋。"清姚燮《渡黄婆洋觀日入月出歌》："珠煙上撒白龍沫，玉屑下碾青女霜。"

## 【青霜】

指霜。司霜之神名青女，故稱。唐權德輿《夜》詩："寂寞深夜寒，青霜落秋水。"宋曾鞏《地動》詩："據經若此非臆測，皎如秋日浮青霜。"宋李綱《秋思》其十："豈無貞潔者，獨立青霜中。"元耶律鑄《秋夜對月贈唐臣》詩："白雁驚殘葉，青霜急亂砧。"明葉顒《霜天曉角》詩："滿江明月青霜重，人與梅花一樣愁。"清劉霖《野望》詩："青霜幾夜丹楓冷，閑倚長松看月明。"

## 新霜[1]

剛剛降落的霜。唐司空曙《九日洛（一作落）東亭》詩："柳散新霜下，天晴早雁還。"宋孔平仲《新霜》詩："皎皎寒月白，清晨霜滿林。"元郭居敬《百香詩·紅葉》："滿林碎錦染新霜，幾片飛來入畫廊。"明于謙《從軍五更轉》詩其四："四更城上望，滿野是新霜。"清那遜蘭保《小園落成自題·藜矼》詩："朝來行不得，石上有新霜。"

## 丹霜

亦稱"紅霜"。指霜。楓樹葉等經霜變紅，故稱。唐李商隱《代秘書贈弘文館諸校書》詩："弘文館裏丹霜後，無限紅梨憶校書。"唐雍陶《天津橋望春》詩："津橋春水浸紅霜，煙柳風絲拂岸斜。"宋吳文英《聲聲慢·餞魏繡使泊吳江爲友人賦》詞："念聚散，幾楓丹霜渚，蓴緑春洲。"元郝經《幽思六首》其二："鸞鳳翥丹

丹霜、紅霜

霜，尺鴉搶枯株。"明湛若水《送徐楓岡廷尉考績之京》詩："青青楓樹林，倏爾染丹霜。"道光《陸涼州志》卷八："〔嘉靖二十五年〕十一月，紅霜圍日。"

**【醉霜】**

指深秋的霜，使樹葉經霜凍而變紅。宋孫介《江上》詩："灘頭鳴榔去，偃仰醉霜月。"宋朱淑真《寓懷二首》之一："淡月疏雲九月天，醉霜危葉墜江寒。"元吳澄《題牧牛圖》詩："樹葉醉霜秋草萎，童驅觳觫涉淺溪。"明談震《和吳太守登靈巖韵》詩："騎馬看山度水涯，楓林紅葉醉霜華。"清屈大均《秋日自廣至韶江行有作》其四十七："春色盡歸秋色裏，不曾霜醉一青楓。"

**【紅霜】**

即丹霜。此稱唐代已行用。見該文。

# 早霜 [1]

亦稱"霜"。早晨的霜。清晨地面溫度因長波輻射降到最低，近地面空氣的水汽飽和度降低，導致水分凝結成霜。《説文·雨部》："霜，寒也，從雨執聲。或曰早霜。"唐許渾《天街曉望》詩："疊鼓催殘月，疏鐘迎早霜。"《集韵·栝韵》："霜，早霜而寒謂之霜。"元鄧文原

《十月十日出都城二首》其一："紅葉早霜催歲晏，白鷗野水與雲平。"明鄭學醇《登梧州郡城奉和管慕雲太史管時分守蒼梧》詩："南交十月早霜微，雲物蒼蒼拂曙暉。"清彭孫貽《還自會稽歌》："沉吟一夜生早霜，蘆花雁叫雄雞白。"

**【霜】**

即早霜 [1]。此稱漢代已行用。見該文。

**【晨霜】**

即早霜 [1]。南北朝王融《法樂辭》詩其八："亭亭宵月流，朏朏晨霜結。"唐孟郊《哭李觀》詩："哀歌動寒日，贈淚沾晨霜。"宋呂南公《歲宴》詩其一："聽雞吹宿火，騎馬踏晨霜。"元周霆震《老病》詩："夕照驚岐路，晨霜憶故林。"明潘希曾《晨霜》詩："晨霜忽被野，萬木含凍姿。"清彭孫貽《蔡老菊圃》詩："客來問買花，晨霜猶滿徑。"

**【朝霜】**

即早霜 [1]。三國魏曹植《送應氏》詩之二："天地無終極，人命若朝霜。"晋陸機《短歌行》："人壽幾何，逝如朝霜。"南朝陳周弘正《隴頭送征客》詩："朝霜侵漢草，流沙度隴飛。"唐李白《答長安崔少府叔封游終南翠微寺太宗皇帝金沙泉見寄》詩："踐苔朝霜滑，弄波夕月圓。"宋晁公遡《歲晏》詩："開門視屋瓦，北風吹朝霜。"元吳鎮《漁父三首》詞其二："衝小浦，轉橫塘。蘆花兩岸一朝霜。"明魯鐸《雜感三首》其二："孟冬天氣肅，朝霜被蕪萊。"清彭孫貽《白茅匯》詩："蘆花今夜絮，又作一朝霜。"

**【曉霜】**

即早霜。南朝宋謝靈運《晚出西射堂》詩："曉霜楓葉丹，夕曛嵐氣陰。"唐李咸用《題友

生叢竹》詩："菊華寒露濃，蘭愁曉霜重。"宋
王沂孫《水龍吟·落葉》詞："曉霜初著青林，
望中故國凄凉早。"元白樸《木蘭花慢》詞：
"秋水蘋花漸老，曉霜楓葉初丹。"明李雲龍
《哭崔季嘿》詩其七："粵江楓落曉霜微，鬱水
連天秋雁飛。"清吳綺《夜泊墅關同震修集生》
詩："明日那堪分手去，一船殘月曉霜濃。"

## 晚霜

夜晚形成的霜。一説，遲降之霜。因大尺
度氣象因素的變化，霜期來得晚些。唐公乘
億《賦得郎官上應列宿》詩："委佩搖秋色，峨
冠帶晚霜。"宋林和靖《八月十九日賞菊》詩：
"慣負晚霜甘索寞，忽逢先閨促離披。"元吳師
道《晚霜曲》："笑看碧瓦凍鴛鴦，豈知茅屋悲
無裳。"明鄭真《遣懷示兒復升詩十首》其一：
"鴻雁有書煩寄遠，晚霜閑付滿院花。"清程尹
起《解組書懷》詩："老去花朝露，歸來菊晚
霜。"

### 【夜來霜】

即晚霜。夜晚地面降温較快，使得近地面
空氣的水汽飽和度降低，凝結成霜。唐王昌齡
《長信秋詞五首》之一："金井梧桐秋葉黃，珠
簾不捲夜來霜。"宋李流謙《次韵立春後餘寒》
詩："挾冷朝陽未吐光，小池猶有夜來霜。"元
劉秉忠《清平樂》詞："夜來霜重。簾外寒風
勁。"明管訥《咏菊八首·黃西施》詩："笑殺
阿嬌金屋貯，香奁寒怯夜來霜。"清繆公恩《讀
漁洋秋柳詩書後》詩："金粉繁華没夕陽，江皋
新染夜來霜。"

## 早霜 [2]

初秋所降之霜。正常情况霜降前後降霜爲
好，過早降霜對農作物不利。若受太陽黑子變

化、厄爾尼諾等現象的影響，天氣异常，霜期
比平時來得早。漢焦贛《易林·需之咸》："早
霜晚雪，傷害禾麥。"南朝宋吳邁遠《長相思》：
"閨陰欲早霜，何事空盤桓。"唐元稹《咏廿四
氣詩·寒露九月節》詩："化蛤悲群鳥，收田
畏早霜。"宋蘇軾《游靈隱高峰塔》詩："贈别
留匹布，今歲天早霜。"元趙孟頫《題耕織圖
二十四首奉懿旨撰》詩："我衣苟已成，不憂天
早霜。"《明英宗實録》卷三〇九："〔天順三年〕
十一月辛卯，陝西行都司奏：今復多雨，初秋
早霜，禾稼傷損，租税無徵。命户部覆視以
聞。"清錢謙益《甲子秋北上渡淮寄里中游好》
詩其一："丹楓數里明殘照，紅柿千林熟早霜。"

## 春霜

春天之霜。《黃帝内經·靈樞》："夫木之
早花先生葉者，遇春霜烈風，則花落而葉萎。"
《漢書·于定國傳》："永光元年，春霜夏寒，日
青亡光。"唐釋義存《勸人》詩其二十一："春
霜滿天寒，覽子黑漫漫。"宋朱淑真《瑞香》
詩："帶露欲開宜曉日，臨風微困怯春霜。"元
余闕《待制張廷美姑阿慶》詩："蘭萌初映砌，
春霜已降霄。"明釋函是《和塵異松下春蘭詩二
首》其二："春霜難損色，夜月暗生香。"清彭
孫貽《清明禮大士後出郊踏春和車大伯游韵》
詩："野店棠梨飄舊雨，春霜鐘鼓報新晴。"

### 【三月霜】

農曆三月爲春末夏初之時，此時降霜，容
易對花草樹木莊稼帶來損傷。萬曆《青城縣志》
卷二："〔嘉靖二十七年〕青城三月大霜，百草
盡萎，歲無麥。"康熙《浙江通志》卷二："〔正
統八年〕三月，台州大霜如雪，殺草木，蠶無
食葉。"康熙《天台縣志》卷一五："〔正統八

年〕三月穀雨，隕霜如雪，殺草木，蠶無食葉。自四月至八月，連雨水溢，麥禾無收。"

## 夏霜

包括"燕霜"。夏天之霜。一般降霜在霜降之後清明之前，夏天降霜爲罕見，常爲西伯利亞强冷空氣侵襲所致。《淮南子・本經訓》："春肅秋榮，冬雷夏霜，皆賊氣之所生。"南朝齊孔稚圭《旦發青林》詩："草雜今古色，巖留冬夏霜。"《北史・元徽傳》："先是州界夏霜，安業者少，徽輒開倉振之，文武咸共諫止。"宋徐僑《和邵康節蒼蒼吟》詩："最宜春風與秋月，忽作冬雷或夏霜。"元吳萊《泰階六符經後序》："日蝕地震、冬雷夏霜、蒙氣還風、旱乾水溢，天之爲也，人何與焉？"明祁順《賀閣宗源升都憲》詩："恩藹三冬日，威凝九夏霜。"《續文獻通考》："廬州去年水，寧夏霜爲災。"

### 【四月霜】

農曆四月往往在立夏之後，此時降霜，容易對花草、樹木、莊稼帶來損傷。《元史・順帝紀》："〔洪武元年〕四月丙午，隕霜殺菽。"雍正《屯留縣志》卷一："〔正德六年〕四月，隕霜殺桑。"乾隆《榆社縣志》卷一一："〔洪武二十六年〕四月丙申，隕霜損麥。"

### 【燕霜】

指夏曆五月生成的霜。漢王充《論衡・感虛》："鄒衍無罪，見拘於燕，當夏五月，仰天而嘆，天爲隕霜。"南朝梁江淹《詣建平王上書》："昔者，賤臣叩心，飛霜擊於燕地。"李善注："《淮南子》曰：鄒衍盡忠於燕惠王，惠王信譖而繫之，鄒子仰天而哭，正夏而天爲之降霜。"按，今本《淮南子》無此文。《初學記》卷二引作"夏五月，天爲之下霜"。唐李白《古

風》之三七："燕臣昔慟哭，五月飛秋霜。"又《送張秀才謁高中丞》詩："我無燕霜感，玉石俱燒焚。"元方回《送曹鼎臣君鑄二首》其二："楚雨禾猶綠，燕霜樹已丹。"明謝榛《寄李子田張子維胡懋中三内翰》詩："幾見燕霜下，偏驚御柳凋。"清顧貞觀《聲聲令》詞："燕霜那忽點雲鬟。伯勞飛燕，禁骨肉，恁摧殘。"

### 【五月霜】

即燕霜。此稱漢代已行用。見該文。

### 【六月霜】

夏季生成的霜。唐張説《獄箴》："匹夫結憤，六月飛霜。"萬曆《黃岡縣志》卷一〇："〔宣德三年〕夏六月，隕霜殺稼。"順治《黃梅縣志》卷三："〔宣德三年〕六月初三，隕霜，禾稼盡殺。"康熙《麻城縣志》卷三："〔宣德三年〕六月，隕霜殺稼。"《湖北通志》卷七五："〔洪武三年〕夏六月，隕霜殺禾。"

## 秋霜

秋天之霜。《史記・李斯列傳》："故秋霜降者草花落，水搖動者萬物作，此必然之效也。"漢樂府《古艷歌》："秋霜白露下，桑葉鬱爲黃。"南朝梁劉勰《文心雕龍・詔策》："明罰敕法，則辭有秋霜之烈。"《後漢書・孔融傳論》："懍懍焉，皓皓焉，其與琨玉秋霜比質可也。"唐盧綸《冬夜贈別友人》詩："侵階暗草秋霜重，遍郭寒山夜月明。"宋張至龍《寓興十首》其八："高風吹秋霜，庭前百草死。"金元好問《懷益之兄》詩："春雨蔬成圃，秋霜柿滿林。"明烏斯道《寄王彥貞》詩其二："山色秋霜淺，江流夜雨深。"清丘逢甲《絜齋世丈以西園述懷集蘇六十韻詩見示爲賦五古四章》其一："曉視花上露，已作秋霜痕。"

## 【玉霜】

秋霜的美稱。南朝梁沈約《江蘺生幽渚》詩："夙昔玉霜滿，旦暮翠條空。"南朝梁簡文帝《與劉孝綽書》："玉霜夜下，旅雁晨飛。"唐白居易《宣州試射中正鵠賦》詩："玉霜降而弓力調，金風勁而弦聲急。"宋楊萬里《夜坐二首》其一："獸炭貂裘猶道冷，梅花不易玉霜中。"元王吉昌《采桑子》詞："氣會神交降玉霜。"明胡文煥《群音類選·百順記·王縡打圍》："碧雲飛，新凉好。玉霜清，凋衰草。"清姚燮《壺園春晚雜興五章呈徐編修師寶善》詩其四："咳唾成玉霜，飄染蝶衣冷。"

## 【三霜】

秋霜。或指三年。唐牟融《送陳衡》詩："千里一官嗟獨往，十年雙鬢付三霜。"宋艾性夫《謝吳子與惠》詩："解後西風野菊黃，別來冉冉歷三霜。"金劉迎《郭熙秋山平遠用東坡韻》詩："淮安客宦踰三霜，雲夢澤連襄漢陽。"明胡應麟《別汪仲淹二首》其二："我友一爲別，倏若逾三霜。"清鄭珍《有感》詩其一："一榻來青閣，三霜古白田。"

## 【柿葉霜】

秋天柿樹葉上之霜。語出唐崔峒《送韋八少府判官歸東京》詩："清淮水急桑林晚，古驛霜多柿葉寒。"唐杜牧《中秋日拜起居表晨渡天津橋即事十六韻獻居守相國崔公兼呈工部劉公》："過雨檉枝潤，迎霜柿葉殷。"元虞集《答錢翼之》詩："閉門三月梨花雨，遍寫千林柿葉霜。"明釋妙聲《題周景遠破山寺詩卷》："柿葉霜中寺，梅花雪後池。"清高士奇《江村銷夏錄》卷三："憶往年，柿葉霜黃秋，潯陽江上，山如繡。"

柿葉霜
（清末民初祁崑《霜濃丹葉圖》局部）

## 【玄霜】

多指秋霜。唐元季川《山中曉興》詩："河漢降玄霜，昨來節物殊。"宋張舜民《秋暮書懷》其九："菊酒還吹帽，玄霜未授衣。"元仇遠《立冬》："門盡冷霜能醒骨，窗臨殘照好讀書。"元薩都剌《九日》詩："浙江水落玄霜下，吳地秋深白雁高。"明余颺《秋述》詩："野雁叫玄霜，寒飆扇蒼木。"清龔自珍《賣花聲·紫菊有近似墨菊者》詞："誰研九秋光，玉女玄霜。"

## 【新霜】[2]

入秋後第一次出現的霜。常在早秋出現，此時平均氣溫尚高，樹木和有些莊稼生長尚未停止，遇霜後往往受凍害。《月令七十二候集解》："九月中，氣肅而凝，露結爲霜矣。"唐白居易《咏菊》詩："一夜新霜著瓦輕，芭蕉新折敗荷傾。"宋蘇轍《新霜》詩："濃霜滿地作微雪，落葉投空似飛鳥。"元周馳《和郭安道治書韻四首》其二："秋來幾日渾無賴，已有新霜著芰荷。"明顧璘《曉發有感》詩："荒林昨夜試新霜，曉起桑榆一半黃。"清顧貞立《鳳凰臺上憶吹簫·初七日雨》詞："問籬邊黃菊，已試新霜。"

## 【初霜】

即新霜。南朝梁蕭綱《秋閨夜思》：“初霜霣細葉，秋風驅亂螢。”唐李白《魯東門觀刈蒲》詩：“魯國寒事早，初霜刈渚蒲。”宋華鎮《早發京口舟中》詩：“鷗鷺簇寒沙，兼葭蕭初霜。”元姚燧《滿庭芳·寄趙宣慰平遠》詞：“有北先寒，來時鴻雁，記經何地初霜。”明張以寧《秋登九江廟晚眺》詩：“黃花開後葉初霜，紫蟹肥時酒滿缸。”清姚燮《泊舟維揚寄秦巡簡兄芝庭六章》詩其五：“江楓明晚照，沙葦動初霜。”

## 【七月霜】

農曆七月正值初秋，此時降霜，會對花草、樹木、莊稼帶來損傷。《漢書》：“七月霜降，草木不死。”宋鄭起《飲馬長城窟》詩：“五月方見青，七月霜便寒。”《金史·忠義列傳》：“大安元年秋七月，霜害稼，民艱於食，延登發粟賑貸。”《明英宗實錄》卷四四：“〔正統三年〕七月甲申，陝西西安、延安、慶陽、平涼、鞏昌、臨洮諸府，秦州、河州、岷州、金州諸衛所屬各奏：自夏迨秋雨雹大作，霜降不時，傷害禾稼。”乾隆《鳳臺縣志》卷一二：“〔景泰元年〕秋七月戊午，隕霜殺穀。”

## 【八月霜】

農曆八月尚在中秋，距霜降尚遠，此時降霜，易對花草、樹木、莊稼帶來損傷。唐杜佑《通典·邊防》：“五月草始生，八月霜雪降。”唐白居易《白孔六帖》：“西域党項地寒，五月草生，八月霜降。”五代盧汝弼《和李秀才邊庭四時怨》詩其三：“八月霜飛柳半黃，蓬根吹斷雁南翔。”宋陸游《道室雜詠三首》其二：“天山八月霜枯草，暘谷三更日浴波。”元李俊民《集古·秋懷》詩：“八月霜飛柳遍黃（盧弼），鳥鳴山館客思鄉（薛逢）。”明廖希顏《岱宗諫議謫鎮遠（時有星變）》詩：“龍吟鎮澤千峰雨，雁度偏橋八月霜。”《明宣宗實錄》卷四九：“〔宣德三年〕至八月中嚴霜，菽豆死，田無收穫，百姓饑困。”萬曆《汾州府志》卷一六：“〔景泰元年〕寧鄉八月霜，禾盡枯。”崇禎《慶元縣志》卷七：“〔嘉靖九年〕八月，大霜嚴凝，禾苗盡枯。”

## 【九月霜】

農曆九月一般尚在秋末，如果在霜降之前降霜，易對花草、樹木、莊稼帶來損傷。《詩·豳風·七月》：“九月肅霜，十月滌場。”唐鄭谷《雁》詩：“八月悲風九月霜，蓼花紅澹葦條黃。”宋費袞《梁溪漫志》卷七：“吳中以八月露下而雨謂之㶊露，九月霜降而雲謂之護霜。”元郭居敬《百香詩·橄欖》詩：“紛紛青果荔枝鄉，八月寒風九月霜。”明徐光啓《農政全書》卷三〇：“直至九月霜後，品嘗稭稈，酸甜者或熟，味苦者未成熟。”清釋觀如《蓮修必讀》：“榮華總是三更夢，富貴還同九月霜。”

## 冬霜

冬天之霜。《後漢書·獨行列傳》：“或意嚴冬霜，而甘心於小諒。”唐歐陽詢等《藝文類聚·人部》：“利動春露，害重冬霜。”宋蘇軾《次韻答荊門張都官維見和惠泉》詩：“不爲冬霜乾，肯畏夏日烈。”明郭之奇《秋齋獨對閱張曲江集追和感遇詩八作》詩其一：“含意待冬霜，梅花又可折。”清陶汝鼐《金正希招集練江醉宿清净寺》詩：“冬霜萬壑陰，江永日將夕。”

## 【冰霜】

有冰之霜；冰霜相伴。漢張衡《西京賦》：

"雨雪飄飄，冰霜慘烈，百卉具零。"唐白居易《和錢員外早冬玩禁中新菊》詩："淒淒百卉死，歲晚冰霜積。"宋何應龍《見梅》詩："天寒日暮吹香去，盡是冰霜不是春。"元宋沂《送趙御史仲禮之任南臺並簡兼善達公經歷元載王公用道孔公二御史》詩："曉辭漠北冰霜重，秋到江南草樹寒。"明陸容《滿江紅·咏竹》詩："歷冰霜、不變好風姿，溫如玉。"清吳文溥《故西川將軍奎公林挽歌》其二："祁連山遠冰霜古，蜀國風悲草木春。"

【嚴霜】

天寒地凍之霜。《楚辭·九辯》："秋既先戒以白露兮，冬又申之以嚴霜。"南朝梁江淹《效阮公詩十五首》其二："一旦鵜鴂鳴，嚴霜被勁草。"唐儲光羲《送周十一》詩："秋風隕群木，衆草下嚴霜。"宋王安石《拒霜花》詩："落盡群花獨自芳，紅英渾欲拒嚴霜。"元趙孟頫《次韵韓定叟留別》詩："季冬寒氣結，晨興懷嚴霜。"《明宣宗實錄》卷四九："〔宣德三年〕至八月中嚴霜，菽豆死，田無收穫，白姓饑困。"清徐石麒《漁家傲·寄衣》詞："寒料峭。那堪北地嚴霜早。"

【冷霜】

即嚴霜。天寒地凍之霜。宋吕本中《贈浹上人一上人》詩："冷霜卧偃蹇，歲月飽封殖。"金蔡松年《七月還祁》詩："土花暈湖玉，冰弦冷霜桐。"天啓《文水縣志》卷一〇："〔嘉靖二十八年〕旱。六月、八月雨，冷霜殺稼。"清繆公恩《冬夜坐月上遴韵》："月明渾似水，萬瓦冷霜飛。"

【枯霜】

猶嚴霜。天寒地凍、草木凋零之霜。唐沈亞之《上塚官書》卷七三四："及其不偶也，徒見摧風枯霜，蒙煙老雲而已。"宋王公燁《梅花》詩其一："枯霜翦盡千林葉，纔放江頭第一春。"明杜騏徵等《幾社壬申合稿》："城頭落葉依枯霜。"

## 時霜

應時之霜。一説，秋末冬初，或春末穀雨之前所降之霜，因合農時，故稱。漢王充《論衡》："燕王好用刑，寒氣應至。而衍囚拘而嘆嘆時霜適自下，世見適嘆而霜下，則謂鄒衍嘆之致也。"漢應瑒《西狩賦》："時霜淒而淹野，寒風肅而川逝。"南朝梁沈約《去故鄉賦》："時霜翦蕙兮風摧芷，平原晚兮黄雲起。"宋陳景沂《全芳備祖集》卷二四："時霜落，雁初過，試栽金菊叢。"元姚燧《牧庵集》："時霜火後，黄葉隕林。"明胡居仁《易象鈔》卷六："然則時霜而霜，時冰而冰……在天爲正。"清紀昀《閱微草堂筆記》卷一五："時霜，蟹肥美，使宅所供，尤精選膏腴。"

## 非時霜

霜在秋末霜降之後、春末穀雨之前降，算是適時，反之則爲非時、不時，容易對花草樹木莊稼帶來損傷。唐張九齡等《唐六典》卷一七："若緣非時霜雪，死多者，録奏。"《明英宗實錄》卷四四："〔正統三年〕七月甲申，陝西西安、延安、慶陽、平涼、鞏昌、臨洮諸府，秦州、河州、岷州、金州諸衛所屬各奏：自夏迄秋，雨雹大作，霜降不時，傷害禾稼。"

【損殺菜蔬霜】

對蔬菜造成損傷或凍殺之霜。弘治《蘭溪縣志》卷五："〔正德四年〕冬十一月，連日大霜，寒凍極甚，竹木之後凋者，葉皆枯落，有經春不復發生者。蔬菜盡死，民饉尤甚。"康熙《續修武義志》卷一〇："〔正德四年〕十一月，連日大霜，寒凍。蔬菜盡死，竹木枯落，經春不發。是歲饑甚。"

## 【損殺草木霜】

對花草樹木造成損傷或凍殺之霜。康熙《建德縣志》卷九："〔正德四年〕十一月，隕霜殺草，竹木皆枯，花卉無遺種。"康熙《浙江通志》卷二："〔正統八年〕三月，台州大霜如雪，殺草木，蠶無食葉。四月至八月連雨，麥腐。八月，大風雨，六種無收。"康熙《天台縣志》卷一五："〔正統八年〕三月穀雨，隕霜如雪，殺草木，蠶無食葉。自四月至八月，連雨水溢，麥禾無收。"康熙《桐廬縣志》卷四："〔正德四年〕十一月，連日大霜寒凍，竹木之凋者枯瘁不生。"康熙《義烏縣志》卷一六："〔正德四年〕十一月，大霜傷竹木。"雍正《屯留縣志》卷一："〔正德六年〕四月，隕霜殺桑。"乾隆《連江縣志》卷一三："〔正德四年〕冬十二月，大霜，龍眼荔枝樹盡枯。"

## 【損殺麥穀豆菽霜】

對麥子、穀子、豆子等農作物造成損傷或凍殺之霜。《元史·順帝紀》："〔洪武元年〕四月丙午，隕霜殺菽。六月甲寅，雷雨中有火自天墜，焚大聖壽萬安寺。"《明史·五行志》："〔弘治八年〕四月庚申，榆社、陵川、襄垣、長子、沁源隕霜，殺麥豆桑。"順治《泗水縣志》卷一一："〔嘉靖六年〕八月，隕霜殺豆。"康熙《長清縣志》卷一四："〔嘉靖十二年〕旱，蝗。六月，大水。八月，隕霜殺菽。"乾隆《榆社縣志》卷一一："〔洪武二十六年〕四月丙申，隕霜損麥。"乾隆《鳳臺縣志》卷一二："〔景泰

元年〕秋七月戊午，隕霜殺穀。"

## 【損殺禾稼霜】

對莊稼造成損傷或凍殺之霜。《明太祖實錄》卷一一四："〔洪武十年〕八月，是月，平涼府隕霜，殺禾稼。"萬曆《黃岡縣志》卷一〇："〔宣德三年〕夏六月，隕霜殺稼。"崇禎《慶元縣志》卷七："〔嘉靖九年〕八月，大霜嚴凝，禾苗盡枯。"順治《黃梅縣志》卷三："〔宣德三年〕六月初三，隕霜，禾稼盡殺。"康熙《麻城縣志》卷三："〔宣德三年〕六月，隕霜殺稼。"乾隆《甘肅通志》卷二十四："〔成化十三年〕七月，平涼諸州縣隕霜殺稼。"乾隆《涇州志》卷下："〔嘉靖三十九年〕秋，隕霜三日，自固原至涇州殺禾。"民國《湖北通志》卷七五："〔洪武三年〕夏六月，隕霜殺禾。"

## 【損殺百物霜】

對各種莊稼和樹木造成損傷或凍殺之霜。嘉靖《貴州通志》卷一〇："〔嘉靖二十六年〕旱。八月，隕霜三日，百物盡殺。大疫。明年戊申，饑，斗米銀四錢，道殣相望。"嘉靖《淄川縣志》卷二："〔嘉靖二十四年〕三月，嚴霜殞物。六月，大水壞民廬舍。"

## 繁霜

霜多且濃。猶霧淞。《詩·小雅·正月》："正月繁霜，我心憂傷。"漢張衡《定情歌》："大火流兮草蟲鳴，繁霜降兮草木零。"唐戴叔倫《關山月》詩："一雁過連營，繁霜覆古城。"宋葉巽齋《壽湯吏部》詩："朔風烈烈吹繁霜，天地閉塞陽氣藏。"元吳當《送立道》詩："羈客增遠懷，繁霜集寒景。"明盧柟《贈別李性庵還任丘》詩："燕郊十月飛繁霜，臨岐送子各盡觴。"清王邦畿《送魏和公》詩其一："大江落日潮初

上，獨樹繁霜葉已稀。"

## 【凝霜】[2]

即繁霜。霜多且濃。《楚辭·九章·悲回風》："吸湛露之浮源兮，漱凝霜之雰雰。"漢揚雄《反離騷》："遭夏季之凝霜兮，慶夭悴而喪榮。"晋王康琚《反招隱》詩："凝霜凋朱顔，寒泉傷玉趾。"南朝陳陳叔寶《五言畫堂良夜履長在節歌管賦詩迴筵命酒十韵成篇》詩："蕭蕭凝霜下，峨峨層冰合。"《舊唐書·讓皇帝李憲傳》："〔開元二十九年〕冬，京城寒甚，凝霜封樹。"宋劉攽《雜咏四首》其一："白露變凝霜，百芳從此侵。"元宋褧《上虞山行曉霜》詩："略彴凝霜曉不乾，竟無人迹白漫漫。"明郭奎《贈別朱隱君》詩："庭樹悴其芳，凝霜一何白。"清王采薇《秋望曲》："花梢凝霜散寒蝶，簷角垂絲挂零葉。"

## 【濃霜】

即繁霜。霜多且濃。猶霧凇。唐陸龜蒙《洞宫秋夕》詩："濃霜打葉落地聲，南溪石泉細泠泠。"宋沈括《夢溪筆談》卷二一："青州盛冬濃霜，屋瓦皆成百花之狀。"元王哲《恨歡遲》詞："似菊花、如要清香吐，緩緩等濃霜。"明李賢《入澗有作》詩："霧重溪流暗，霜濃葉落紅。"清帥家相《花豹梁》詩："馬蹄愁細石，人面拂濃霜。"

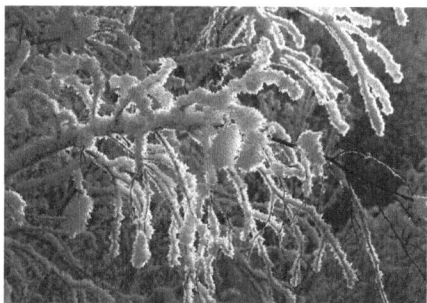

繁霜、凝霜、濃霜

## 【大霜】

即繁霜，多霜，濃霜。猶霧凇。《魏書·靈徵志》："高祖太和三年七月，雍、朔二州及枹罕、吐京、薄骨律、敦煌、仇池鎮並大霜，禾豆盡死。"唐瞿曇悉達《開元占經》："秋大霜，民病。"宋釋印肅《頌古九十八首》其七十八："龜毛拂子呵呵笑，六月炎天好大霜。"《元史·五行志》："天曆三年二月，京師大霜，晝霧。"明劉崧《河之水贈草亭狄隱君歸京城》詩："十月北風吹大霜，送子欲往愁無梁。"嘉靖《福寧州志》卷一二："〔正德三年〕十月望日大霜，連日異常，三都、七都荔枝龍眼樹大數圍者皆死。"康熙《浙江通志》卷二："〔正統八年〕三月，台州大霜如雪，殺草木，蠶無食葉。四月至八月連雨，麥腐。八月，大風雨，六種無收。"康熙《天台縣志》卷一五："〔正統八年〕三月穀雨，隕霜如雪，殺草木，蠶無食葉。自四月至八月，連雨水溢，麥禾無收。"清杜文瀾《古謠諺》卷八五："秋，大霜，草木暉暉，蒼黄亂飛。"

## 露霜

因爲寒冷露水凝結而成的霜。一説，霜和露水。《詩·秦風·蒹葭》："蒹葭蒼蒼，白露爲霜。"晋阮籍《咏懷》其三十三："寢息一純和，呼噏成露霜。"宋白玉蟾《荷風薦凉籲於御風臺者六因賦古意示諸同我》詩："紫壺如朱槿，鮮妍敵露霜。"金劉志淵《江城子令·賞菊》詞："露凝霜，萬物歸根，逆氣送荒凉。"明盧龍雲《張廷尉以覃恩追贈其父如己官》詩："恩本沾泉壤，思彌感露霜。"清弘曆《永慕齋》詩："冠劍惟希見，露霜又隔年。"

## 【霜露】

霜和露水，皆寒冷之物。三國魏曹丕《善哉行》："溪谷多風，霜露沾衣。"北魏賈思勰《齊民要術·造神麴並酒》："用故紙糊席曝之，夜乃勿收，令受霜露。"南朝齊丘遲《與陳伯之書》："霜露所均，不育異類；姬漢舊邦，無取雜種。"唐牛殳《琵琶行》詩："夜深霜露鎖空廟，零落一叢斑竹風。"宋鄧肅《古意三首》其三："菊英雖枯淡，不愁霜露濃。"元吳師道《落葉行》："山空夜寒風漸微，慘慘霜露沾人衣，哀鴻獨叫殘雲飛。"明宋濂《看松庵記》："及夫秋高氣清，霜露既降，則皆黃隕而無餘矣！"清屈大均《送友人之京營葬》詩："霜露沾濡早，牛羊躑躅遲。"

## 千霜

猶千年。形容年代久遠之霜。漢樂府《古歌》："今日樂相樂，延年壽千霜。"南朝宋吳邁遠《長相思》詩："簷隱千霜樹，庭枯一載蘭。"唐李白《古風》之十四："白骨橫千霜，嵯峨蔽榛莽。"宋張道洽《梅花七律》其六："萬雪千霜百歲枯，月中不數桂婆娑。"元張天英《題趙子固三香圖》詩："玉骨千霜蛻幽影，輕煙半濕鮫綃痕。"明陳謨《題墨竹》其三："千霜與百霆，沉沉自寒碧。"清朱彝尊《題王舍人西山游記》其二："盧師說法已千霜，石上松猶四尺強。"

## 霜霰 [2]

霜和霰同生。晋陶潛《歸園田居》詩之二："常恐霜霰至，零落同草莽。"南朝宋鮑照《侍郎報滿辭閣疏》："煦蒸霜霰，莩甲雲露。"唐杜甫《青陽峽》詩："魑魅嘯有風，霜霰浩漠漠。"宋歐陽修《山槎》詩："山中苦霜霰，歲久無春色。"元宋褧《竹枝歌六首自溫州抵處州途中作》其一："江南十月如春暉，不知北土霜霰霏。"明方行《古意》詩："玄冬霜霰繁，積雪埋崑崙。"清吳敬梓《臘月將之宣城留別邃門》詩："餘日霜霰零，獵獵聲飋飋。"

## 劍霜

亦稱"霜劍"。如同刀劍之霜。唐韓愈《征蜀聯句》："戰血時銷洗，劍霜夜清刮。"唐呂嚴《七言》其八十八："醉揶黑須三島黯，怒抽霜劍十洲寒。"五代方一夔《雜興三首》其三："羞從綠酒看霜劍，悔把青燈誤雨簑。"宋蘇籀《秋分》詩："礎濕嵐昏近海多，劍霜清刮手親磨。"明孫承宗《壯歌亭》詩："畫角聲中放早牙，弓開弦月劍霜花。"《紅樓夢》第二七回："一年三百六十日，風刀霜劍嚴相逼。"清楊方立《後東皋草堂歌爲陳學山賦》詩："而今憔悴返江鄉，千里紅塵老劍霜。"

## 【霜劍】

即劍霜。此稱唐代已行用。見該文。

## 護霜 [2]

謂雲伴霜降。唐李嘉祐《冬夜饒州使堂餞相公五叔赴歙州》詩："斜漢初過斗，寒雲正護霜。"宋費袞《梁溪漫志·方言入詩》："方言可以入詩，吳中以八月露下而雨謂之㴻露，九月霜降而雲謂之護霜。竹坡周少隱有句云：'雨細方㴻露，雲疏欲護霜。'"元張翥《九月二日揭曉僕以朔旦始得閑復成二詩錄奉泰甫侍郎思齊御史本中都事道明敏文伯崇有志諸寮友》詩其一："過雁風高秋索索，護霜雲薄曉昏昏。"明婁元禮《田家五行·天文·論雲》："冬天近晚，忽有老鯉班雲起，漸合濃陰者，必無雨，名曰護霜天。"清李符《小重山盆景》詞："移近小闌干。剪苔鋪翠暈、護霜寒。"

## 瓦上霜

屋瓦上的冰霜，存在的時間極短。唐張籍《贈姚怤》詩："願爲石中泉，不爲瓦上霜。"宋陸游《讀老子》詩："人生忽如瓦上霜，勿恃强健輕年光。"元郭居敬《百香詩·粉》詩："清如翡翠簾前雪，白似鴛鴦瓦上霜。"明王世貞《西宫怨二首》其二："誰憐金井梧桐露，一夜鴛鴦瓦上霜。"

## 凋霜

附着在樹木、莊稼、花草上的霜。唐劉得仁《上翰林丁學士》詩："御柳凋霜晚，宫泉滴月遲。"唐杜牧《華清宫三十韵》詩："碧簪斜送日，殷葉半凋霜。"宋佚名《折紅梅》詞其

瓦上霜

四："睹南翔征雁，疏林敗葉，凋霜零亂。"元楊弘道《游石龍窝》詩："蒼崖晴散雨，紅樹晚凋霜。"明張嗣綱《和郭昌平舟中戲呈周馮之作》詩："十月西風卉漸黄，夾河楊柳半凋霜。"清柯培元《噶瑪蘭志略》卷一三："澄潭影照澄雲白，老樹凋霜墜葉紅。"

【草上霜】

草葉上的霜。唐元結《傷懷贈（一作酬）故人（一作友）》詩："稍稍晨鳥翔，漸漸草上霜。"宋梅堯臣《送石昌言舍人使匈奴》詩："胡沙九月草已枯，草上霜花如五銖。"元于立

《芝雲堂以古樂府分題賦得短歌行》詩："今日花間露，明朝草上霜。"《元史·石抹明里傳》："睿宗嘗從太宗西征，在道絶汲，曷魯晨起，聚草上霜，煮羹以進。"清楊懋建《京塵雜録·夢華瑣簿》："諸君兩件須除却，狐腿翻穿草上霜。"

【附木霜】

亦稱"凝樹霜"。附着在樹木花草上的霜。《明英宗實録》卷三七："〔正統二年〕十二月丁卯曉刻，霜附木如雪，竟日不消。自卯至巳，昏霧四塞。壬午，日生背氣，色青赤鮮明。"

草上霜
（宋代古畫）

《明武宗實録》卷五七："〔正德四年〕十一月戊寅，是日曉，濃霜附木。"又同書卷六九："〔正德五年〕十一月戊午，曉霧四塞，濃霜附木。"又同書卷七〇："〔正德五年〕十二月癸未朔夜，重霧四塞。及曉，濃霜附木。"正德《桐鄉縣志》卷四："〔正德八年〕冬十二月初五，異雷，霜凝樹枝，狀如垂露，其味甘美如飴。"

【凝樹霜】

即附木霜。此稱明代已行用。見該文。

【千樹霜】

附着在諸多樹木上的霜。唐許渾《晨裝》

詩：“雲卷四山雪，風凝千樹霜。”唐李群玉《湘西寺霽夜》詩：“皓夜千樹霜（一作寒），崢嶸萬巖雪。”明盧寧《菊泉二首》詩其一：“僻徑戎戎千樹霜，清臨流水注秋光。”

## 霧凇

亦作“霿凇”“霿淞”，省稱“凇”。“凇”或作“淞”。霧氣附着於樹木上，因凍凝而成白色微粒。猶霜。宋曾鞏《冬夜即事》詩：“香消一榻氍毹暖，月澹千門霧凇寒。”自注：“齊寒甚，夜氣如霧，凝於木上，旦起視之如雪。日出飄滿堦庭，尤爲可愛。齊人謂之霧凇。諺曰：‘霧凇重霧凇，窮漢置飯甕。’以爲豐年之兆。”《集韻·平鍾》引晋吕忱《字林》：“〔凇〕，凍洛也。”明王世貞《東明道中木冰甚》詩其一：“濃霜中夜零，千林成霧凇。”明方以智《通雅》卷一一：“霿凇，凝霧也。”清朱崑田《喜雪呈丹徒公》詩：“今春飄瑞葉，去臘懸霧凇。”清曹寅《即事》詩：“炭渚楊花霿淞飛，瓜洲雲日弄霏微。”

### 【凇】

“霧凇”之省稱。此稱宋代已行用。見該文。

### 【霿凇】

同“霧凇”。此體明代已行用。見該文。

### 【霿淞】

同“霧凇”。此體清代已行用。見該文。

### 【霜凇】

即霧凇。霧氣附着於樹木上，因凍凝而成的白色微粒。宋舒岳祥《曉霜成花日色淒淡炙背南簷記所聞見》詩：“十月二十有二日，霜凇成花泥溜溜。”明楊慎《丹鉛總錄·詩話·凍洛》：“諺云：‘霜凇如霧凇，窮漢備飯甕。’然凇之極則以爲樹介木冰。諺云：‘木若稼，達官怕。’蓋寒淺則爲霧凇，寒極則爲木冰。”

### 【鬆松】

即霧凇。宋蘇軾《送曾仲錫通判如京師》詩：“斷蓬飛葉捲黃沙，衹有千林鬆松花。”清宋照《霧凇》詞：“風寒霧下成銀沙，遍糝林木垂鬖髟。”

### 【霿淞】

即霧凇。宋曾鞏《冬夜即事》詩：“香清一榻氍毹暖，月淡千門霿淞寒。”宋韓琦《安陽集》卷一五：“密雪雲繁三白天，妝點瑶林連霿淞。”宋黄震《黄氏日抄》卷六三：“霿淞音夢送，齊地寒霧凝木上，如雪。”清何焯《義門讀書記》：“月淡千門霿淞寒。‘霿’音夢；‘淞’音送。”清何杙《曉發半拉門霜花積厚寸許征途所鮮也賦詩以志》詩：“雙輪碎碾璃瑶路，萬木新開霿淞花。”

# 第三節　霧霾考

在水汽充足、大氣穩定的情況下，相對濕度達到 100% 時，空氣中的水汽便會凝結成細微的水滴懸浮於空中，就形成了“霧”這種能見度較低的大氣現象。

霾，是空氣中因懸浮着大量的煙、塵等微粒而形成的混濁大氣現象。古代農耕社會的霾，其成分比較單一，主要由土塵、自然火灾以及火山爆發等造成，亦由人爲燃燒秸秆所致。今所指霾，是空氣中的灰塵、硫酸、硝酸等顆粒物，以及光化學煙霧、臭氧等組成的氣溶膠系統。

古人對於“霧”的認知共分爲以下類型。

抽象名類：包括“霧”“霿”“雺”“霚”“霧”“霿”“霥”“霂”“霾”“晦”等，皆爲霧之异名。霧起則晦暗不明，故稱。《爾雅·釋天》：“天氣下地不應曰雺，地氣發天不應曰霧，霧謂之晦。”另外“雰氣”“氛氣”“氛祲”“雰霧”“氛靄”“靄霧”“霧靄”“霧氣”等，皆爲古籍中表“霧”這一抽象概念的詞語。

時間名類：又分爲時辰或時刻名類和季節名類。前者如“曉嵐”，表拂曉時的霧氣。嘉靖《興寧縣志》卷一：“十二月，曉嵐四塞，咫尺晦冥，不勝書。”又“暮靄”“夕霏”，表傍晚之雲霧。南朝宋謝靈運《石壁精舍還湖中作》詩：“林壑斂暝色，雲霞收夕霏。”又“宵霧”“宵煙”“宿霧”“宿煙”，表夜間之霧氣。晋成公綏《隸書體》：“仰而望之，鬱若宵霧朝升，游煙連雲。”後者如“凉煙”“凉霏”，謂秋霧。南朝宋鮑照《游思賦》：“秋水兮駕浦，凉煙兮冒江。”

空間位置名類：表示霧生成的位置。例如“嵐”“嵐氣”“嵐靄”“嵐霧”“嵐煙”“嵐霏”等，皆表山林之霧氣。又“嵐翠”“青嵐”，指竹木間青緑色的霧氣。又“平煙”，謂平地而起之煙霧，現代科學解釋爲輻射霧。又“石煙”，指山石間生成之煙霧。又“花霧”，謂花叢中之煙霧。又“霧瘴”“嵐瘴”，指山林湖海間滋生的濕熱之氣，對人體不利。又“豹霧”“隱霧”“豹隱”“連山霧”“豹藏霧”“南山霧”等，指人迹難覓的山野深處之霧，適合隱者所栖隱。又“天霧”，指空中的煙霧。又“江霧”，指江面上的霧。

類比名類：例如“長煙”“迷霧”“迷煙”等，謂彌漫空中之霧氣，若煙飄蕩。又“迷空步障”“迷天步障”，指霧，因其彌漫天空，猶如障礙物，故稱。又“霧海”，謂霧的海洋。又“霧帳”“霧幕”“霧幗”，霧籠罩猶如帳幕，故稱。又“霓裳”“霞衣”“雲衣”等，似輕薄紗衣，喻指雲霧。又“賊霧”“惡霧”“妖霧”，喻惡毒而有害的氣體，故稱。又“霧網”，謂霧密如羅網，故稱。

態勢名類：表霧這類事物的形態和勢態。例如“熱霧”，指霧氣的燥熱態。又“歊霧”，謂升騰態霧氣。又“水霧”，充滿水氣之霧。又“霧海”，謂大霧若海洋般漫漫無邊

之態。又"霧噴"，指噴涌之態的霧氣。又"雰霾""氛霾""曀霾""曀霾""霾曀""雰
翳""氛翳""氛曀""曀霧""氣翳""曀霾""陰霧""昏霧"等，皆指霧的昏暗、陰鬱之態。
又"大霧""濃霧""凝霧""連煙""霾霧""苦霧""鬱霧""積霧"等，皆指霧的重、密之
態。又"薄霧""輕煙""輕靄""淡靄""霧縠""霧綃""濛濛霧"等，皆指輕淡之態的霧氣。
又"飛煙""浮煙""游霧""游氛""風花"等，皆指飄動的霧氣。又"棼煙"，指繚亂的
煙霧。又"斂霧""斷霧""斷靄"等，表現爲殘霧、不完整或正在收斂狀態下的霧氣。

因果名類：《説文·雨部》"霚，地氣發"，是説霧的産生與大地有密切關聯。生霧之
處，或是在岑嵐，或是在江河，或是在竹林花間。宋陸游《自開歲略無三日晴戲作長句》
詩："雨脚稍收初見日，風花忽起又遮山。"自注："風欲作，則大霧充塞，謂之風花。"指
出了風與霧氣之間的因果關係，用今天的術語，即所謂"平流霧"。

色彩名類：涉及霧的顏色。史籍記載有如下類型："白霧""霜霏""霜繒""鶴霧"等，
皆表白色之霧。又"碧霧""青雰""青氛""煙翠""碧氛""碧雰"等，皆表青碧色之霧
氣。又"翠霧"表蒼鬱之霧氣。又"青靄""青雰""青氛"等，皆表青色的煙霧。又"紫
雰""紫氛""紫煙"等，皆表紫色霧氣。又"絳雰""絳氛""丹霧""紅霧"等，皆表赤
色之霧氣。又"黃霧"，表黃色之霧氣。又"黑霧"，表黑色之霧氣。

古人對於霾的認知共分爲以下類型。

抽象名類：包括"霾""陰霾""幽霾"等。《詩·邶風·終風》："終風且霾。"毛傳：
"霾，雨土也。"在古人看來，霾之象，就是風夾帶着塵土而下。

因果名類：在古籍中，對霾的記載常爲共生態。所謂共生，是爲相伴而成，或互爲因
果，或一果一因。例如"風霾""霾風""大風霾"，是由風和霾相伴而致，風或是霾的起
因。文獻中的"土霾""塵霾""霾沙"等，皆是説霾與沙塵相伴而生，然塵土是生成陰
霾的重要條件，塵土飛揚必然與風有關。又"雨霾""霾雨"，指降水與霾同時存在的狀
況，而按照自然邏輯，應先風起霾，後又降雨，纔可形成陰霾伴雨的現象。又"雲霾""霧
霾""氛霾"，指伴有雲、霧的霾，抑或先風起霾，後雲、霧低聚，形成陰霾伴雲、霧的現
象。又"旱霾"，指乾旱天氣下生成的霾，天氣乾燥，塵土易起，故稱。

態勢名類：表霾這類事物的形態和勢態。例如"昏霾""翳霾""霾翳""蒙氣""沈
霾""霾霓""霾蒙""霾曀"等，皆指昏晦彌漫、陰沉蔽天之霾。又"無雲霾"，爲無雲彩
之霾。

色彩名類：涉及霾的顔色。例如"黄霾"，謂黄色煙塵爲主形成的黄色陰霾。明李贄《彌陀寺》詩："停舟欲問彌陀寺，正是黄霾日上時。"又"紅霾"，指紅色的陰霾。康熙《晋州志》卷一〇："〔嘉靖二年〕春三月，大風紅霾，白晝爲昏。"

# 霧

## 霧

亦作"霿""雺""霿""霿""霿"。亦稱"晦""霥""霥""雺"。接近地面之水蒸氣遇冷凝結成微細水點，如雲煙彌漫於近地面大氣中，即爲霧。霧按物理成分組成分爲三類：第一類，由温度高於0℃的水滴組成；第二類，由温度低於0℃的過冷水滴組成；第三類，由冰晶組成。"霧"字的甲骨文或與"霾"同，似人在雨霧中摸索行走，突出了極力探尋的眼睛。籀文中人形演作"矛"，即"雨+矛"，繼而演作"雨+務"；"務"表示短兵相接，不可行進，喻迷霧天氣之阻隔。《爾雅·釋天》："天氣下地不應曰雺，地氣發天不應曰霧，霧謂之晦。"陸德

"霧""霾"的甲骨文或相同（前6.49）

明釋文："霧，《字林》作霿。"邢昺疏："霧又名晦。"《莊子·大宗師》："孰能登天游霧，撓挑無極。"晋潘尼《火賦》："玄煙四全，雲蒸霧萃。"《説文·雨部》："霿，地气發，天不應曰霿。从雨，敄聲。雺，籀文省。"段玉裁注："霿，今之霧字。"又"霿者，雺之小篆。"《漢書·五行志》："區霿無識，故其咎霿也。"唐舊藏本《古文苑·周宣王石鼓文九》："不輪霿。"唐杜甫《早發射洪縣南途中作》詩："寒日出霧

遲，清江轉山急。"唐劉禹錫《楚望賦》："天濡而雺，土洩而泥。"《廣韵·有韵》："霥，霧霥。"《集韵·卦韵》："霿，霧也。"遼釋行均《龍龕手鑑·雨部》："雺，霧之俗字。"宋黄庭堅《薛樂道自南陽來》詩："疏鐘鳴曉撞，小雨作寒霥。"金周昂《丘家莊早發》詩："星稀白水闊，霧重黑山高。"明宋應星《天工開物·佳兵·弧矢》自注："春秋霧雨皆然，不但徽氣。"清姚鼐《答王生》詩："塵霧苟不興，萬里曜羲娥。"

"霧"字的籀文

## 【雺】

同"霧"。此體先秦已行用。見該文。

## 【霿】

同"霧"。此體漢代已行用。見該文。

## 【霿】

同"霧"。此體漢代已行用。見該文。

## 【霥】

同"霧"。此體唐代已行用。見該文。

## 【霿】

同"霧"。此體唐代已行用。見該文。

## 【晦】

即霧。此稱先秦已行用。見該文。

## 【霖】

即霧。此稱宋代已行用。見該文。

## 【霝】

即霧。此稱宋代已行用。見該文。

## 【霖】

即霧。此稱遼代已行用。見該文。

## 【霧氣】

即霧。《管子·輕重己》："宜藏而不藏，霧氣陽陽。"北魏酈道元《水經注·夷水》："大溪南北夾岸，有温泉對注，夏暖冬熱，上常有霧氣。"唐韋莊《信州溪岸夜吟作》詩："霧氣漁燈冷，鐘聲谷寺深。"宋馮山《幽懷十二首》其七："蟲聲聞壁脚，霧氣出林端。"金趙秉文《和韋蘇州二十首·游溪》詩："清溪霧氣散，水涵天影空。"明劉崧《宿東山下》詩："泉聲霜下起，霧氣月中飄。"清王士禎《池北偶談·談異七·山市》："文登崑崳山有山市，恒在清晨。遥望之，山化爲海，惟露一島。島外悉波濤彌漫，舟船往來，山下人但覺在霧氣中。"

## 【雺】[3]

亦作"氛"。即霧。南朝梁顧野王《玉篇·氣部》："氛，或爲霧。"唐釋慧琳等《一切經音義》卷六八引《倉頡篇》："雺，霧也。"

霧　氣
（清王翬等《康熙南巡圖》局部）

## 【氛】[4]

同"雺[3]"。此體南北朝時期已行用。見該文。

## 【寒雺】

亦稱"白氣"。即霧，水霧之氣。《黃帝内經·素問·六正元紀大論》："川澤嚴凝，寒雺結爲霜雪。"王冰注："寒雺，白氣也，其狀如霧而不流行，墜地如霜雪，得日晞也。"《漢書·谷永傳》："白氣起東方，賤人將興之表也。"南朝宋盛弘之《荊州記》："冬月未至，數里遥望，白氣浮蒸如煙，上下采映，狀若綺疏。"《北齊書·劉豐傳》："豐與行臺慕容紹宗見北有白氣，同入船。"唐張祜《秋日宿簡寂觀陸先生草堂》詩："白氣夜生龍在水，碧雲秋斷鶴歸天。"《舊唐書·樂志》："寒雺斂色，冱泉凝漏。"宋張嵲《春陰江上偶書》詩："白氣冒山蒸積翠，微風過水聚輕紋。"元周霆震《紀事》詩："横亘東西白氣升，喧傳入夜事堪驚。"明朱橚等《普濟方》卷一一："其德凝慘寒雺，其變冰雪霜雹。"清王以敏《游佛峪龍洞偕石勵齋張采南孝廉》其二："登高一舒嘯，白氣迷青齊。"

## 【白氣】[2]

即霧。此稱漢代已行用。見該文。

## 【霧埃】

即霧。漢張衡《西京賦》："消霧埃於中宸，集重陽之清澂。"南朝梁鮑至《山池應令》詩："望園光景暮，林觀歇霧埃。"宋慕容彦逢《次韵葉權之南宮春興》詩："三年客京華，霧埃侵鬢綠。"元黄溍《重登雲黄山》詩："久之霧埃豁，秀色坐可攬。"清查慎行《奉送座主大宗伯許公予告歸里五十韵》："主張泉石精神爽，拂拭霧埃眼界青。"

**【雰氣】**

亦作"氛氣"。指煙霧之氣。《史記·司馬相如列傳》："祝融驚而躍御兮，清雰氣而後行。"漢王褒《九懷·思忠》："連五宿兮建旄，揚氛氣兮爲旌。"王逸注："舉布霏霧，作旗表也。"《漢書·五行志上》："《春秋》成公十六年'正月雨木冰'。劉歆以爲上陽施不下通，下陰施不上達，故雨而木爲之冰，雰氣寒，木不曲直也。"宋蘇轍《巫山賦》："築陽臺於江干兮，相雰氣之參差。"元張翥《癸巳元日即事》詩："晨觀净雰氣，即是偃兵年。"明區大相《夏夜遣懷》詩："向夕雰氣斂，天宇一何森。"清姚鼐《山高月小（寒）》詩："雰氣消空際，圓輪正夜闌。"

**【氛氣】**

同"雰氣"。此體漢代已行用。見該文。

**【氛祲】** [2]

即雰氣。南朝宋王僧達《七夕月下》詩："遠山斂氛祲，廣庭揚月波。"氛，一本作"雰"。唐杜甫《諸將》詩之四："回首扶桑銅柱標，冥冥氛祲未全銷。"前蜀杜光庭《步虚詞》："仰頭望天扃，氛祲匿羲曜。"宋梅堯臣《依韵和王司封離白沙途中感懷》詩："淮雨夜飛氛祲銷，星躔歷歷轉隨杓。"元黎伯元《次韵答高茂績》其一："氛祲終消弭，川原愛沕寥。"清許印芳《九月晦日逢蘇崑圃》詩："南木溪頭氛祲滿，故園黃菊爲誰開？"

**【氛氳】**

朦朧的霧，或雲霧貌。晋佚名《晋四厢樂歌三首·食舉樂東西厢歌》詩："懷遠燭幽，玄教氛氳。"晋傅咸《詩并序》："今昔一何盛，氛氳自消微。"南北朝朱異《還東田宅贈朋離》詩："原隰何邐迤，山澤共氛氳。"唐無可《蘭》詩："蘭色結春光，氛氳掩衆芳。"宋朱熹《贈仰上人》詩："氛氳升遠樹，凌亂起寒飆。"元余闕《楊平章崇德樓》詩："頹霞上氛氳，蒼林下葱茜。"明張羽《秋陰遠望》詩："氛氳迷去鳥，杳眇沉疏樹。"清厲鶚《北郭舟中同丁敬身汪西顥王麟徵作》詩："松陰結春靄，冷趣彌氛氳。"

**【氛霧】**

亦作"霧氛"。即霧。《禮記·月令》："仲冬行夏令，則其國乃旱，氛霧冥冥，雷乃發聲。"鄭玄注："氛霧冥冥……霜露之氣散相亂也。"漢劉向《九嘆·惜賢》："俟時風之清激兮，愈氛霧其如塵。"晋熊甫《別歌》詩："徂風飆起蓋山陵，氛霧蔽日玉石焚。"北周庾信《周宗廟歌·皇夏》："函谷風塵散，河陽氛霧晞。"《周書·文帝紀下》："從旦至未，戰數十合，氛霧四塞，莫能相知。"唐崔曙《潁陽東溪懷古》詩："靈溪氛霧歇，皎鏡清心顏。"宋任伯雨《述懷》詩："草木蒸氛霧，亭午日未出。"宋宋祁《和君貺學士宿淮上見寄》詩："煙汰歷濠汭，霧氛逗荆樹。"元陳基《送高元善太守赴任杭州》詩："南風九月無秋聲，積雨三吳靄氛霧。"明王洪《讀文天祥詩》詩："波濤浩無極，山川橫氛霧。"清吳敏樹《九日鹿角登高》詩："秋之氣清以肅，氛霧收而天高。"清牛燾《聽談諸邊炎瘴》詩："安得楊枝水，净心炎霧氛。"

**【霧氛】**

同"氛霧"。此體宋代已行用。見該文。

**【霧霧】**

亦作"雾雾""霧霧"。即霧。晋王嘉《拾遺記》："俄而復吹爲疾風，霧霧皆止。"晋劉琨

《與石勒書》："資財不爲己用，名位不可得守，有若晨霜秋露，雺霧之氣，雖朝凝而夕消，蹔見而尋没也。"晋袁宏《三國名臣序贊》："苟非命世，孰掃雺雺。"劉良注："雺雺，昏濁氣也，以喻亂也。"北齊祖珽《從北征》詩："祁山斂雺霧，瀚海息波瀾。"唐宋之問《景龍四年春祠海》詩："筵端接空曲，目外唯雺霧。"唐尹樞《華山仙掌賦》："共仰瑰姿，徒懷壯麗。如排霧雺，似拂昏曀。"唐司空圖《復安南碑》："雺雺廓清，彰一人之聖武。"宋知禮《金光明經文句記》："雺霧歇喻三災息也。"宋李昉等《文苑英華》卷二八："壯麗如排，霧雺似拂，昏曀退窺，巨迹猶存。"元王沂《伊濱集》卷四："霧雺暗山，兵亂起。"明劉永澄《劉練江先生集》卷八："爲塵世蕩滌雺霧。"

**【雺雺】**

同"雺霧"。此體晋代已行用。見該文。

**【霧雺】**

同"雺霧"。此體唐代已行用。見該文。

**【氛氳】**

即霧氣。南朝齊伏挺《行舟值早霧》詩："日中氛氳盡，空水共澄鮮。"唐皎然《奉陪鄭使君諤游太湖至洞庭山登上真觀却望湖水》詩："氣吞江山勢，色净氛氳無。"宋曾鞏《萬山》詩："最宜城北望，正值氛氳歇。"元林靈真《靈寶領教濟度金書》："香花若飛雪，氛氳茂玄梁。"明陶宗儀《雲莊耕樂三十韵爲升遠賦》："氛氳翔鸞鵠，峰岑舞鳳皇。"清厲鶚《信宿溪上巢夜復大雪曉望有作》詩："稍稍雜雺霧，冥冥失諸嶂。"

**【氳霧】**

亦作"霧氳"。即氛氳。唐盧綸《宿石甕寺》詩："昏氳霧中悲世界，曙霞光裏見王城。"唐李頻《寶賢堂》詩："時雨欲來騰霧氳，微風初動漾波瀾。"宋晁補之《水龍吟·寄留守無愧文》詞："望隋河一帶，傷心氳霧，遣離魂斷。"宋張鎡《木蘭花慢·七夕》詞："授玉鸞騫霧氳，贈綃龍戲花嬌。"元王玠《沁園春·龍》詞："雷轟電掣，霧氳雲從。"明嚴嵩《謁南嶽》其一："村經獨樹柴荆外，路指千峰霧氳中。"清弘曆《賦得秋日懸清光》詩："霧氳辟橫嶺，兼葭醉遠江。"

**【霧氳】**

同"氳霧"。此體唐代已行用。見該文。

**【霧露】**

指霧。或爲霧和露共生。《楚辭·嚴忌〈哀時命〉》："霧露濛濛其晨降兮，雲依斐而承宇。"王逸注："言幽居山谷，霧露濛濛而晨來下。"晋束皙《雜詩》："豐草停滋潤，霧露沾衣裳。"唐馬戴《邊城獨望》詩："霜落兼葭白，山昏霧露生。"宋彭汝礪《曉行》詩："遲明騎馬聽鷄號，霧露紛紛上鬢毛。"元張仲深《贈致元長律二十二韵》："虎豹伏林蒙霧露，蛟龍出海挾風霆。"明胡布《長安道》詩："霧露襲衣裾，嵐光惚雙昝。"清弘曆《雨中留余山居即景雜咏》詩："霧露掩湖光，憑欄眄渺茫。"

**【諄芒】**

指霧氣。因望之諄諄，察之芒芒，故稱。《莊子·天地》："諄芒將東之大壑，適遇苑風於東海之濱。"陸德明釋文："諄芒，霧氣也。望之諄諄，察之芒芒，故曰諄芒。"清沈堡《浙江觀潮歌》："爲招混沌播元氣，即遣諄芒清，沃焦四海安瀾萬國定，瑶光燦燦橫丹霄。"

## 【棼煙】

煙霧之氣。南朝梁江淹《草木頌·杉》："長入煙氛，永參鸞螭。"明周是修《王氏江居席上醉歌行》詩："銀河明滅北斗轉，繁露欲墜棼煙收。"清曹寅《蚊》詩："草壤隨方聚，棼煙薄市斜。"

## 【煙氛】

即棼煙。唐劉長卿《雨中登沛縣樓贈表兄郭少府》詩："佇立收煙氛，洗然靜寥廓。"宋鄭剛中《罪回禄并引》詩："煙氛障白日，烘炙盛騷動。"明張宇初《題吳至靈葆和藏董元寒林重汀圖歌》："不將巧趣混天真，寒林杳靄迷煙氛。"清黎承忠《大梁雜感》其三："煙氛何莽蒼，霧雨且浸淫。"

## 【平煙】

平地而起的霧。唐溫庭筠《蓮浦謠》："鳴橈軋軋溪溶溶，廢綠平煙吳苑東。"宋梅堯臣《代書寄歐陽永叔四十韻》詩："空餘郡樓望，野色際平煙。"元何中《游芙蓉山八首》其三："平煙帶遠村，時聞樵者歌。"明高啓《晚步西郊見榮鵝群飛》詩："平煙漠漠天蒼蒼，牛羊不收野草黃。"清林占梅《新莊別館月夜》詩："遠火江村星倒挂，平煙樹幕霧橫遮。"

## 【迷煙】

彌漫的霧氣。一說，煙霧。唐駱賓王《秋雁》詩："帶月凌空易，迷煙逗浦難。"唐劉禹錫《和郴州楊侍郎玩郡齋紫薇花十四韻》詩："游蜂駐綵冠，舞鶴迷煙頂。"宋趙崇霄《東風第一枝》詞："妒雪梅蘇，迷煙柳醒，游絲輕揚新霽。"元李序《敬次叔父適庵先生六觀圖韻六首》其六："千尺白虹晴飲潤，半巖蒼樹晝迷煙。"明張大烈《阮郎歸》詞："江濱幾片暮帆移，迷煙繞浦遲。"清王夫之《御街行·上巳》詞："迷煙迷雨教春困。不道是、清明近。"

## 【迷露】

指霧。彌漫的霧氣。唐仰山慧寂撰，明語風圓信、郭凝之編《袁州仰山慧寂禪師語錄》："若辯不得，大似日中迷露。"宋佚名《樂府補題》："影淒迷露華零落，小闌誰倚共芳盟。"清魏文中《繡雲閣》第二六回："遂將如意四方磨動，霞光迷露，火焰逼人。"顧頡剛《吳歌甲集·一朝迷露間朝霜》："一朝迷露間朝霜，姑娘房裏懶梳妝。"自注："迷露，霧也。"

## 【迷霧】

即霧。彌漫的霧氣。宋晁公遡《新津道中》詩："日色深迷霧，江流淺見沙。"明孫緒《題盧潤卿所藏陳所翁畫龍》詩："濃雲迷霧隨意布，六合彷彿還鴻濛。"清李符《天香·龍涎香》詞："記濃熏、隔花迷霧。"

## 【水霧】

充滿水氣的霧。抑或水面上生成的霧。晋左思《吳都賦》："欱霧漼浮，雲蒸昏昧。"劉逵注："欱霧，水霧之氣似雲蒸，昏暗不明也。"

水面生成的水霧
（宋馬遠《溪畔觀鹿圖》局部）

南朝梁伏挺《行舟值早霧》詩："水霧雜山煙，冥冥不見天。"唐白居易《早祭風伯因懷李十一舍人》詩："水霧重如雨，山火高於星。"宋張耒《十一月七日五首》其五："水霧今晨重，山川不復分。"元劉永之《和何平子韵三首》其一："碧池萬柄青荷葉，相映茅齋水霧深。"明顧璘《花犯·冒霧往郴》詞："水霧山雲，偷曉弄陰晴，四望凝結。"清黃景仁《三江口阻風》詩："楸葉陰中水霧腥，鷗鶄啼處一舟停。"

**【迷空步障】**

亦稱"迷天步障"。指霧。因其彌漫天空，猶如幕障，故稱。步障，用以遮蔽風塵或障蔽內外的幕布。宋陶穀《清異錄·天文》："世宗時水部郎韓彦卿使高麗，見有一書曰《博學記》。……今抄天部七事：迷空步障，霧；威屑，霜……"明王志堅《表異錄·象緯》："霧為迷天步障。"明陳耀文《天中記·周天大象賦》："女真張微子服霧得仙，迷空步障，高麗見《博學記》呼霧迷。"

**【迷天步障】**

即迷空步障。此稱明代已行用。見該文。

**【霧光】**

泛著光的霧氣。唐李嶠《野》詩："蒼梧雲影去，涿鹿霧光通。"宋李復《樂章五曲·祀神》："霧光散兮瞳瞳，蘼蕪青兮椒紅。"元馬澤修《延祐四明志》卷一七："危亭上，拂煙霧光，蒼崖深到蛟螭穴。"明傅汝舟《擬築宛在堂奉招石門隱君》詩："城外西湖煙霧光，孤山宛在水中央。"清莊棫蔭《游凌雲寺賦呈雅棠兼質本圓上人》詩："霧光噓眾壑，夕照帶諸峰。"

## 香霧

霧之美稱。或常彌漫於花叢間。南北朝虞

香霧
（宋佚名《寒塘鳧侶圖》局部）

義《春郊》詩："光風轉蕙畝，香霧鬱蘭津。"唐張又新《題常雲峰》詩："仙府雲壇莫謾登，彩雲香霧晝常烝。"宋蘇軾《海棠》："東風嫋嫋泛崇光，香霧空濛月轉廊。"元段成己《翌日二子見和復韵以答》其三："香霧霏霏晚漸收，冰輪碾破一天秋。"明楊維楨《三泖》詩："蓮葉筒深香霧卷，桃花扇小彩雲開。"清敦敏《全虛花十咏·浪花》："晴煙激灩幽紋細，香霧空濛碧色新。"

## 雲霧[2]

亦雲亦霧。地面霧氣較大且雲層較低、較散，兩者結合的景觀。《韓非子·難勢》："飛龍乘雲，騰蛇游霧，吾不以龍蛇為不托於雲霧之

亦雲亦霧的景色
（宋李唐《江山秋色》局部）

勢也。"唐王勃《別人》詩之二："江上風煙積，山幽雲霧多。"宋丁開《漂泊岳陽遇張中行因泛舟洞庭晚宿君山聯句》詩："日月互吞吐（開），雲霧自生滅（中行）。"元佚名《爭報恩》第二折："昏慘慘雲霧埋，疏剌剌的風雨節。"《三國演義》第六五回："今遇明主，如撥雲霧而見青天。"清張琦《登攝山最高峰》詩："立久薄寒生，客衣濕雲霧。"

【歆霧】

水霧之氣似雲蒸。晋左思《吳都賦》："歆霧溰浡，雲蒸昏昧。"劉逵注："歆霧，水霧之氣似雲蒸，昏暗不明也。"宋宋祁《景文集》卷七："炎林鬱歆霧，焦原橫赭埃。"明王志堅《四六法海》卷一："清辰殷殷轔轔，歆霧驚塵，望於昆明之濱，觀其大浸。"清姚鼐《柬王禹卿病中》詩："我昔結屋山中居，歆霧蒸雲日瀆洞。"

【霏霧】

亦稱"煙霏""霏煙"。飄浮的雲霧。晋謝萬《蘭亭》詩："玄崿吐潤，霏霧成陰。"隋佚名《大禘圜丘及北郊歌辭十三首·高明樂》："宸衛騰景，靈駕霏煙。"唐韓愈《山石》詩："天明獨去無道路，出入高下窮煙霏。"錢仲聯補釋："煙霏，煙霧。"宋張先《破陣樂·錢塘》詞："群美東南第一，望故苑，樓臺霏霧。"宋蘇軾《鳴泉思》詩："拔爲毛骨者修竹，蒸爲雲氣者霏煙。"清朱彝尊《玉帶生歌》詩："洗汝池上之寒泉，漂汝林端之霏霧。"清立柱《臺陽八景》詩："鯽潭霽月風清麗，雁塞煙霏氣鬱蔥。"清董俞《醉蓬萊·賀宋荔裳觀察得子》詞："醉墨霏煙，吟船弄月，夢斷吳山曉。"

【霏煙】

即霏霧。此稱隋代已行用。見該文。

【煙霏】

同"霏煙"。此體唐代已行用。見該文。

## 氤氳

濃郁、彌漫的煙雲霧氣。抑或形容其濃郁之狀。漢班固等人《白虎通·嫁娶》引《易》："天地氤氳，萬物化淳。"漢繁欽《贈梅公明》詩："氤氳吐葉，柔潤有光。"三國魏曹植《九華扇賦》："效虹龍之蜿蟬，法虹霓之氤氳。"北魏酈道元《水經注·沮水》："漢武帝獲寶鼎於汾陰，將薦之甘泉。鼎至中山，氤氳有黃雲蓋焉。"唐張九齡《湖口望廬山瀑布泉》詩："靈山多秀色，空水共氤氳。"宋丁謂《柳》詩其一："楊柳鬱氤氳，金堤總翠氛。"元王實甫《西廂記》第一本第三折："又不是輕雲薄霧，都祇是香煙人氣，兩般兒氤氳得不分明。"明王恭《連川醫者許得明悠然樓》詩："舉目見歸鳥，夕嵐浮氤氳。"清陳恭尹《春感十二首次王楚塵》其十："莫笑南枝無北向，漢陵松柏氣氤氳。"一説，指彌漫的香氣。南朝梁沈約《芳

氤　氳

（明仇英《二龍五老圖》局部）

樹》詩："氤氳非一香，參差多異色。"唐王昌齡《送別》詩："春江愁送君，蕙草生氤氳。"清李漁《閑情偶寄・器玩・椅杌》："焚此香也，自下而升者，能使氤氳透骨。"

**【絪縕】**

雲煙彌漫、氣氛濃盛貌。三國魏阮籍《咏懷詩十三首》其一："造化絪縕，萬物紛敷。"南朝梁沈約《八咏詩・會圃臨春風》："既鏗鏘以動佩，又絪縕而流射。"唐温庭筠《鸞篥歌》："情遠氣調蘭蕙薰，天香瑞彩含絪縕。"宋王柏《題時遁澤畫卷十首》其三："草廬勿高卧，天地正絪縕。"元趙時遠《四景詩和孫僉判穎叔韵禪院風荷》其二："荷風細細晚生涼，暑氣絪縕入座香。"明高啓《槎軒記》："磅礴絪縕厚薄，隨其所得。"清鄒奕鳳《賀新涼》詞："落霞低、名香漫爇，絪縕引月。"

**【煙熅】**

雲煙彌漫、氣氛濃盛貌。漢張衡《思玄賦》："天地煙熅，百卉含蒔。"《毛詩注疏》卷四二："禋者煙氣，煙熅也。"晉陸雲《贈鄭曼季・谷風》詩："玄澤墜潤，靈爽煙熅。"南朝梁江淹《別賦》："鏡朱塵之炤爛，襲青氣之煙熅。"唐李嶠《雲》詩："煙熅萬年樹，掩映三秋月。"宋高斯得《贈道士劉友鶴》詩："煙熅吐奇訊，瞀露争圓清。"明盧柟《嘉禾樓賦》："於是天地煙煙熅熅，紛紛渾渾。"清弘曆《温牡丹》詩："頃刻舒繁蕊，煙熅醉艷霞。"

**熱霧**

亦稱"炎霧"。燥熱的霧氣。夏秋季形成的平流霧，抑或凌晨形成的輻射霧。宋項安世《賦運使張大監道州石山以張詩平地風瀾險於水此心鐵石聽之天爲韵》詩："幽尋五嶺犯炎霧，裹送萬里穿狂瀾。"元陳孚《邕州》詩："蝮蛇挂尾晚風急，熱霧如湯濺衣濕。"元張仲深《白龍洞》詩："常陪白帝行清秋，要與塵寰洗炎霧。"明何景明《苦熱行》詩："晝眠苦多蠅，夜眠苦多蚊。炎霞熱霧蒸絪縕，四體拘促何由伸。"明高啓《送家兄西遷》詩："殊方氣候異，炎霧秋未息。"清牛燾《聽談諸邊炎瘴》詩："安得楊枝水，净心炎霧氛。"

**【炎霧】**

即熱霧。此稱宋代已行用。見該文。

**寒霧**

寒冷的霧氣，冬天的霧氣。多爲輻射霧，即近地面空氣因長波輻射變冷，水汽凝結形成的霧氣。南北朝王筠《和劉尚書》詩："客館動秋光，仙臺起寒霧。"唐王勃《秋日別王長史》詩："野色籠寒霧，山光斂暮煙。"宋司馬光《寓泊鄭圃寄獻昌言舍人》詩："樹横寒霧遠，山隱古原低。"元郭天錫《三月十日寄了即休》詩："白水起寒霧，蒼林騰濕煙。"明于慎行《暮抵吳家渡楊令君携酒宿王户部別業》詩："凄風吹古渡，寒霧結平林。"清閻爾梅《馬陵山步月》詩："寒霧封野白，風堅暗霜射。"

**【冷霧】**

即寒霧。多爲輻射霧。唐馮延巳《拋毬樂其五》詩："一鈎冷霧懸珠箔，滿面西風憑玉闌。"宋張鎡《大滌洞留題》詩："層林仰首看，冷霧隨步起。"《道法會元》："寒風冷霧，陰氣逼人。"清張問陶《琉球刀歌爲周補之（廷授）作》詩："拔鞘起舞爲君歌，蒼茫冷霧纏星河。"

**斷霧**

亦稱"斷靄"。多指殘霧，即將消失的霧。又謂被景物斷開的霧氣。北魏酈道元《水經注》："高巒截雲，層陵斷霧，雙阜共秀，競舉群峰之上。"隋楊廣《悲秋》詩："斷霧時通日，殘雲尚作雷。"唐駱賓王《宿山莊》詩："林虛宿斷霧，磴險挂懸流。"清曹仁虎《舟宿惠山寺前曉起》詩："空林斷霧橫，野戍寒星朗。"

【斷靄】

即斷霧。即將消失的霧，抑或被景物斷開的霧氣。唐林寬《省試臘後望春宮》詩："御溝穿斷靄，驪岫照斜空。"宋寇準《春日登樓懷歸》詩："荒村生斷靄，深樹語流鶯。"元郯韶《題倪元鎮畫二首》其一："斷靄生春樹，微茫隔遠汀。"明葉顒《重九感興三首》其二："斷靄征鴻天共遠，落霞孤鷺晚齊飛。"

斷　霧
（宋趙令穰《山水人物圖》局部）

【霽霧】

正在消散的雲霧。唐杜甫《大雲寺贊公房》詩之四："明霞爛復閣，霽霧塞高牖。"宋宋祁《九日侍宴太清樓》詩："霽霧供披拂，凉風助掃除。"元柳貫《晨度居庸至南關門》詩："雲梯忽斷山崾平，霽霧初塞林嶺明。"明郭之奇《孟夏六日宛在堂後兩樓告竣王子龍宋爾孚楊承之爾明就飲西樓臺上得中字》詩："丹霞夾照紛披映，霽霧橫繆次第矇。"

【晚靄】

夜晚的霧氣。唐裴迪《春日與王右丞過新昌里訪呂逸人不遇》詩："芙蓉曲沼春流滿，薜荔

晚　靄
（宋文同《晚靄橫卷圖》局部）

成帷晚靄多。"宋文同《早秋山水硯屏》："晚靄隔遠岫，秋容入平林。"明張以寧《舟中順風縱筆呈王子懋縣尹趙德明知事》詩："平原蒼茫生晚靄，上黨飛狐落天外。"清卞永譽《式古堂書畫彙考》："江村晚靄，遥山驟雨，疊嶂殘霞。"

## 霧噴

指噴涌的霧氣。風導致的霧氣噴涌現象。南朝梁簡文帝《馬寶頌》序："霧噴紛霏，流沫飄灑。"唐元稹《春分投簡陽明洞天作》詩："霧噴雷公怒，煙揚灶鬼趨。"《江神子·夜凉對景》詞："吹起荷花，香霧噴人濃。"元陳思濟《木蘭花慢》詞："盡泄霧噴雲，撐霆挂月，氣壓群山。"明李之世《題松泉雅適卷》詩："龍鱗珠霧噴，麈尾箭波射。"清錢名世《觀潮》詩："鱗爪變現頷珠落，毒涎霧噴光淋漓。"

## 碧霧

指碧色霧氣、蒼鬱的霧氣。植被茂盛的區域形成的霧。碧色應爲心理感知的顏色。南朝梁蕭衍《七夕》詩："瑶臺含碧霧，羅幕生紫煙。"唐李治《過温湯》詩："暖溜驚湍駛，寒空碧霧輕。"宋陸游《月夕》詩："出門碧霧合，九陌無人行。"明高明《琵琶記·激怒當朝》："目斷青鸞瞻碧霧，情深紅葉看金溝。"清曾廉《青玉案·蒼梧》詞："只轉向、蒼梧去。渺渺蒼梧多碧霧。"

## 【碧氛】

亦作"碧雰"，亦稱"碧氛氳"。指碧色、蒼鬱的霧氣。唐張祜《題池州杜員外弄水新亭》詩："晚檻餘清景，凉軒啓碧氛。"唐裴逷《南至日太史登臺書雲物》詩："應念懷鉛客，終朝望碧雰。"唐岑參《高冠谷口招鄭鄠》詩："衣裳與枕席，山靄碧氛氳。"宋汪炎昶《書興》："襄袂碧氛潤，襲襟爽概繁。"宋王洋《鄭吏部開山路成二巖對棋於上因成二詩·白雲洞》詩："棋局隨空破碧雰，上方剥啄下方聞。"明張羽《静居集》："遥山含碧氛，青蒲冒孤渚。"明何景明《與王宗哲過訪劉德徵兼有所懷》詩："天街並馬過，零雨碧氛氳。"清弘曆《和李嶠雜咏詩百二十首韵·柳》詩："春氣嫋氛氳，春煙冐碧雰。"

## 【碧雰】

同"碧氛"。此體唐代已行用。見該文。

## 【碧氛氳】[1]

即碧氛。此稱唐代已行用。見該文。

## 【煙翠】

指碧色、蒼鬱的霧氣。晋佚名《七日夜女郎歌九首》其九："紫霞煙翠蓋，斜月照綺窗。"唐黄滔《奉和翁公堯員外見寄》："山從南國添煙翠，龍起東溟認夜光。"宋佚名《卜算子》詞："幽花帶露紅，濕柳拖煙翠。"元柯九思《商壽巖山水圖》詩："浴沂風軟摇輕袂，兩過屏山滴煙翠。"明葉顒《山莊即事二首》其一："草生煙翠冷，花落晚紅稀。"清屈大均《上端州作》詩其一："夕陽煙翠裏，笳鼓起蠻軍。"

## 【翠霧】

指碧色、蒼鬱的霧氣。唐李世民《初春登樓即目觀作述懷》詩："綺峰含翠霧，照日蕊紅林。"宋陸游《夜游宫·宴席》詞："翠霧霏霏漏聲斷。倚香肩，看中庭，花影亂。"元倪瓚《題畫》詩："雨後池塘竹色新，鈎簾翠霧濕衣巾。"明韓雍《山行即事有感二首寄李九川》其一："村火青煙濕，林花翠霧迷。"清姚燮《自關外至下磬》詩："雲中如有仙人行，翠霧飄空落笙語。"

## 【青靄】

指青色的煙霧。猶碧霧。南朝宋鮑照《與妹書》："左右青靄，表裏紫霄。"南朝梁江淹《秋夕納凉奉和刑獄舅》詩："虚堂起青靄，崦嵫生暮霞。"唐元稹《咏廿四氣詩·小暑六月節》詩："户牖深青靄，階庭長緑苔。鷹鸇新習學，蟋蟀莫相催。"宋王安石《松江》詩："鷗鷺稍回青靄外，汀洲時起緑蕪中。"元迺賢《春草軒爲毗陵華以愚賦》詩："青靄浮江郭，庭階草色芳。"明虞堪《山居次韵六首用起句題》其三："密蔭生青靄，閑花落紫苔。"清金志章《登六和塔》詩："浮圖凌虚空，直上破青靄。"

## 【青氛】

亦作"青雰"。即青靄。猶碧霧。南朝梁江淹《草本頌·藿香》："詎及藿香，微馥微薰，攝靈百仞，養氣青氛。"唐劉得仁《曉別吕山人》詩："疏鐘兼漏盡，曙色照青氛。"元孟昉《十二月樂詞并引·四月》曲："依微香雨青氛，金塘閑水生蘋。"明康海《夢游太白山賦》："蒼光青氛，四回周起。"清張穆《丙辰初春漫賦》其四："願同紫極占王氣，誰拂青氛耀德輝。"

## 【青雰】

同"青氛"。此體南北朝時期已行用。見該文。

## 【青氛氲】

亦稱“碧氛氲”。青色迷蒙的霧。唐岑參《高冠谷口招鄭鄠》詩：“衣裳與枕席，山靄碧氛氲。”唐白居易《朱陳村》詩：“徐州古豐縣，有村曰朱陳。去縣百餘里，桑麻青氛氲。”宋蘇軾《犍爲王氏書樓》詩：“江邊日出紅霧散，綺窗畫閣青氛氲。”明王知謙《登望湖亭》詩：“天街並馬過，零雨碧氛氲。”清弘曆《游焦山作歌疊舊作韵》詩：“槎枒萬樹青氛氲，一條曲徑菁葱分。”

## 【碧氛氲】[2]

即青氛氲。此稱唐代已行用。見該文。

# 紫霧

紫色霧氣。南朝梁江淹《赤虹賦》：“於是紫霧上河，絳氛下漢。”唐許敬宗《五言侍宴延慶殿同賦別題得阿閣鳳應詔》詩：“帝臺凌紫霧，仙鳳下丹霄。”宋張耒《上元日駕回登樓二首》其一：“紫霧氛霏閶闔開，團團明月上天來。”元劉永之《題郭熙春山》詩：“紫霧春山綠樹齊，水流花嶼亂鶯啼。”明查志隆《岱史》：“玉宇光涵紫霧合，瓊樓色迥太清連。”清楊澄《蘇幕遮·牡丹春睡》詞：“曉日低簷，紫霧紅煙繞。”

## 【紫煙】

紫色霧氣。一說，紫色祥雲。與太陽光綫的折射作用有關，一般生成於早晚時分。晋郭璞《游仙詩》之三：“赤松臨上游，駕鴻乘紫煙。”南朝梁武帝《游鍾山大愛敬寺》詩：“長途弘翠微，香樓間紫煙。”《梁書·皇后傳·高祖丁貴嬪》：“貴嬪生於樊城，有神光之異，紫煙滿室，故以‘光’爲名。”唐李白《望廬山瀑布》詩之二：“日照香爐生紫煙，遥看瀑布挂前

川。”宋劉弇《宿長山寺》詩：“破暝紫煙生，寫谷清樾好。”宋范仲淹《上漢謠》：“冉冉去紅塵，飄飄凌紫煙。”清鈕琇《觚賸續編·樾巢近體》：“書成招手呼青鳥，歌罷翻身上紫煙。”

## 【紫氛】

紫色霧氣。一說，紫色祥雲。漢劉楨《贈從弟》詩之三：“於心有不厭，奮翅凌紫氛。”唐張九齡《湖口望廬山瀑布泉》詩：“萬丈洪（一作紅）泉落，迢迢半紫氛。”宋宋庠《余卧病畿邑御史王君假守潭楚道出於舍下特見存訪且尋先子之舊欽承風儀因爲詩抒感云》詩：“湘水澹蒼野，衡峰凌紫氛。”明戴良《渡黑水洋》詩：“紫氛蒸作雲，玄浪蹙爲霧。”

## 【紫雰】

即紫氛。晋郭璞《登百尺樓賦》：“美鹽池之滉汗，蒸紫雰而霞起。”隋佚名《齊南郊光章十三首·（送神）昭夏樂》其十一：“紫雰藹，青霄開。”唐歐陽詢等《藝文類聚·居處部》：“蒸紫雰而霞起，異傅岩之幽人。”

## 【紫氣】[2]

紫色霧氣，祥瑞之氣。一說，紫色祥雲。漢劉向《列仙傳》：“老子西游，關令尹喜望見有紫氣浮關，而老子果乘青牛而過也。”《宋書·符瑞志》：“宋孝武帝大明元年五月壬子，紫氣從景陽樓上層出，狀如煙，回薄良久。”隋李仙君《歌》：“白光生圓象，紫氣衝雲霓。”唐和凝《宮詞百首》其四十六：“紫氣氛氲滿帝都，映樓明月鎖金鋪。”宋李曾伯《九日登壽沙城樓》詩：“西北黄塵清遠徼，東南紫氣盛中州。”元薩都剌《題舒貞人北山樓觀圖》詩：“光流漢殿青鸞舞，霞擁函關紫氣明。”明丁鶴年《贈李全真（名止水故威順王門人也）》詩：

"黃鶴白雲迷鄂渚，青牛紫氣滿函關。"清洪昇《長生殿·舞盤》："紫氣東來，瑶池西望，翩翩青鳥庭前降。"

## 丹霧

亦稱"紅霧"。指紅色之霧。與太陽光綫反射有關，抑或與起霧地點之紅土塵有關。唐蘇頲詩："飛埃結紅霧，游蓋飄青雲。"宋王沂孫《一萼紅·紅梅》詞："歲寒事、無人共省，破丹霧、應有鶴歸時。"宋蘇軾《夜泊牛口》詩："日落紅霧生，繫舟宿牛口。"元耶律鑄《大道曲》："車馬往來塵，盡結成紅霧。"嘉靖《通許縣志》卷上："〔弘治六年〕正月十六日，雨土寸餘。晨晦至夕。四月八日，飛沙迷空如紅霧，氣甚寒。十一月十七日，晦三晝夜。"明佚名《金籙晚朝儀》："絳霞丹霧以飛揚，景星卿雲之燁煜。"清成鷟《元夕賦得暗塵隨馬去（社題）》詩："爲看鼇山跨錦韉，飛埃紅霧雜連錢。"

【紅霧】

即丹霧。此稱唐代已行用。見該文。

【赤氣】[2]

指紅色之霧氣。《宋書·符瑞志》："周亡，赤氣起，大燿興，玄丘制命，帝卯金。"唐白行簡《金在鎔》詩："紫光看漸發，赤氣望逾深。"宋孔平仲《六月五日》詩："黃埃滾滾人行地，赤氣騰騰日出天。"清王邦畿《王明君》詩："祖龍痛飲老黿灊，赤氣騰騰水不濕。"

【絳氛】

亦作"絳雰"。謂赤色霧氣。南朝梁江淹《赤虹賦》："於是紫霧上河，絳氛下漢。"《魏書·袁翻傳》："岸上兮氤氳，駮霞兮絳氛。"唐閻朝隱《奉和聖製夏日游石淙山》詩："金臺隱隱陵黃道，玉輦亭亭下絳雰。"明歐大任《冬日

聖駕幸萬歲山恭賦》詩："絳氛久磅礴，苑中得方壺。"

【絳霧】

同"絳氛"。此體唐代已行用。見該文。

## 黃霧

黃色的霧氣。或與太陽光綫反射有關，或與起霧地點的黃土塵有關。《漢書·成帝紀》："夏四月，黃霧四塞，博問公卿大夫，無有所諱。"唐杜甫《早發》詩："濤翻黑蛟躍，日出黃霧映。"宋張嵲《喜晴》詩："一春黃霧暗，今旦天始清。"元黎伯元《神符山鄉避寇效杜少陵同谷七歌》其五："粵山雲霾粵溪暝，黃霧瀚瀚迷四境。"《明武宗實錄》卷六一："〔正德五年〕三月甲子，黃霧四塞，災風揚塵蔽空。"又，同書卷一八八："〔景泰元年〕閏正月癸酉酉刻，西方有氣上黃下黑，非雲非霧，蔽天掩日，更盡乃散。"又，同書卷三四九："〔天順七年〕二月丙寅卯刻，雨黃霧，四方蔽塞，日晦無光。至未時霾爲散。"嘉靖《象山縣志》卷一三："〔嘉靖二十一年〕天雨黃霧，行人眉髮耳鼻皆滿。"清成書《峽口》詩："濛濛黃霧映，慘慘白日落。"

【黃煙】

黃色的霧氣。南朝梁江淹《橫吹賦》："吟黃煙及白草，泣虜軍與漢兵。"唐張籍《羅道士》詩："城裏無人得實年，衣襟常帶臭黃煙。"宋周弼《仲宣樓》詩："半規赤日沈荒渚，一縷黃煙起廢城。"元曹文晦《和夏學可霞城高韵》詩："黃煙騰騰眯人目，炎風烈烈吹鬢毛。"明歐大任《苦寒行》詩："大漠慘飛沙，塞門出黃煙。"清查慎行《毗陵楊青村謁選得普安令王石谷爲作黔游圖索余題句兼以贈別》詩："萬尖石

笋高刺天，日氣挾霧生黃煙。"

## 【土霧】

天空落下伴有粉土的霧氣。《黃帝内經·素問·氣交變大論》："歲水太過，寒氣流行……大雨至，埃霧朦鬱，上應鎮星。"王冰補注："埃，土霧也。"晋佚名《元始五老赤書玉篇真文天書經》："申酉之年，土霧障天，晝夜不别，七年而解。"《南齊書·五行志》："永明二年十一月己亥，四面土霧入人眼鼻，至辛丑止。"宋舒岳祥《田家紀事》詩："濛濛土霧連三日，父老傳經十七年。"元袁桷《車行二十八韵》："土霧散游絲，沙塵起飛面。"明葉子奇《草木子》卷一："水霧黑，火霧赤，土霧黃，石霧白。"

## 【白霧】

白色之霧。水霧成分純潔，含雜質較少。沈約《郊居賦》："素煙晚帶，白霧晨縈。"南朝梁蕭繹《答廣信侯書》："青松白霧，處處可悦，奇峰怪石，極目忘歸。"唐李隆基《早登太行山中言志》詩："白霧埋陰壑，丹霞助曉光。"宋王炎《漁人》詩："西南月未墮，白霧吞青山。"明樊鵬《六合》詩："路出青楓外，江流白霧間。"元劉大彬《茅山志》："丹霞夕映，白霧朝凝。"嘉靖《象山縣志》卷一三："〔成化六年〕二月，天雨白霧，山林、草木、行人鬚眉皆白，數日乃止。"清姚鼐《野戍》詩："白霧離村樹，青蕪向渡人。"康熙《永壽縣志》卷六："〔嘉靖三十九年〕異霧見，城西武亭河口穴中出白霧，俄然結成人馬形，有乘馬者，有步行者，宛然如生。"

## 【霜霏】

指白色迷蒙的煙霧。南朝梁任昉《王貴嬪哀策文》："霜霏微而初被，埜空籠而始雕。"唐許敬宗《冬日宴於庶子宅各賦一字得歸》詩："油雲澹寒色，落景靄霜霏。"宋蘇軾《集英殿秋宴教坊詞致語口號》："霜霏碧瓦尚生煙，日泛彤庭已集仙。"明黎民表《秋風三疊》其三："秋風凄凄霜霏霏，薄寒夜透琉璃扉。"清弘曆《避暑山莊啓蹕木蘭行圍之作》詩："霜霏山路迥，潦退野橋支。"

## 【霜繒】

白色輕柔的雲霧。宋劉筠《無題三首》其二："枉裂霜繒幾千尺，紅蘭終夕露珠啼。"宋范成大《祁門》詩："溪藤卷霜繒，山骨琢紫玉。"元許有壬《謝洪憲副惠繭紙》："清泉縻繭融玉液，不動機杼成霜繒。"

## 【鶴霧】

白色霧氣，祥瑞之霧氣。唐王勃《秋日楚州郝司户宅餞崔使君序》："披鶴霧，陟龍門，故人握手，新知滿目。"宋黄希旦《寄益老侍官南康》詩："澗松岩檜當年色，霧鶴霜猿此際音。"明曹學佺《蜀中廣記》："江漢安流無泝洄之阻，遂使鶴霧宵凝，輕綌立變，鴈風轉急。"

## 大霧

指重霧、密霧。指大範圍的平流霧或輻射霧。《吕氏春秋·季春紀》卷三："大寒、大熱、大燥、大濕、大風、大霖、大霧，七者動精則生害矣。"《史記·韓信盧綰列傳》："時天大霧，漢使人往來，胡不覺。"北魏酈道元《水經注·洛水》："昔黄帝之時，天大霧三日，帝游洛水之上。"唐易静《兵要望江南·占霧》詩："城營内，大霧起城頭。"宋蘇舜欽《大霧》詩："化爲大霧塞白晝，咫尺不辨人與牛。"元傅若金《大霧過安慶》詩："江空連海白，山遠入淮青。"嘉靖《青州府志》卷五："〔正德五年〕

大霧、濃霧
〔宋梁楷（傳）《枯木圖》局部〕

元旦，諸城大霧迷日，着樹凝結如瓊花，數日消。"《明史·五行志》："〔天順元年〕正月甲子，陰晦大霧，咫尺不辨人物。"

## 【濃霧】

即大霧。濃霧會阻遮能見度，如果能見度不到二百米，會對人類活動帶來較大影響。宋劉奉世《過都》詩："況復濃霧生，一氣成有昊。"金王嘉《贈友咏雪》詩："晚來皓月開濃霧，一派流光射素霞。"《明英宗實錄》卷二一四："〔景泰三年〕三月丁未，曉刻濃霧，至巳漸消。"清沈光文《曉發目加灣即事》詩："濃霧不爲雨，乘朝向北行。"

## 【鬱霧】

即大霧。晋陳壽《三國志·吳書·薛綜傳》："加以鬱霧冥其上，鹹水蒸其下，善生流腫，轉相汙染，凡行海者，稀無斯患。"唐韋續《墨藪》卷一："如騰沙鬱霧，翻浪揚鷗。"宋王安石《送李宣叔倅漳州》詩："山川鬱霧毒，瘴癘冬春作。"金侯善淵《上清太玄集》："鬱霧妖氛透膽寒，冥冥黑卵出泥丸。"明何景明《中秋十七夜留康得涵飲二首》其一："鬱霧曖庭陰，黯黯如降霜。"清姚燮《新豐水》詩："量日候剛午，鬱霧暑疑夜。"

## 【霾霧】[1]

即大霧。《後漢書·郎顗傳》："時氣錯逆，霾霧蔽日。"宋袁樞《武夷精舍十咏·鐵笛亭》詩："鐵笛忽龍吟，萬壑披霾霧。"元戴表元《婺源羊鬭嶺施水庵記》："加以霾霧、暑潦、風雪之蒸薄蒙冒，前無停居，後無行群。"明方萬《憶喬》其三："荒郊霾霧掩殘香，惜舞憐歌總斷腸。"明徐宏祖《徐霞客游記》卷上："霾霧從塢中起，瀰漫北峰，咫尺不可見。"清姚鼐《米友仁楚江風雨圖卷》詩："藤厓高下縣太陰，霾霧冥濛露江樹。"

## 【凝霧】

即大霧。南朝宋袁淑《秋晴賦》："炎都寒埃，旻寓滌氛，曳悲泉之凝霧，轉絕垠之嚴雲。"唐吳融《個人三十韵》詩："博山凝霧重，油壁隱（一作穩）車輕。"宋劉筠《無題二首》其一："曉樓簾卷還凝霧，外院墻低却映花。"元張野《滿庭芳·夏日飲王氏園亭》詞："珠箔含風，瑣窗凝霧，柳溪別是仙鄉。"明鄭潛《題雲峰寺》詩："雙沼流泉冰影動，四山凝霧翠光浮。"清陸恒《如此江山·殘月》詞："似斜倚薰籠，夜涼凝霧。"

## 【積霧】

濃重的霧氣。《南齊書·王融傳》："澄瀚渚之恒流，掃狼山之積霧。"唐李洞《終南山二十韵》詩："古苔秋漬斗，積霧夜昏螢。"宋蘇轍《次韵王適游真如寺》詩："新亭面南山，積霧開重陰。"明夏完淳《感懷》套曲："雨空逝，水自流，寒江積霧放孤舟。"清朱琦《九月十日發通州》詩："悲風決浮雲，大野谿積霧。"

## 【苦霧】

指濃霧。因霧常常應和人們的愁苦心情，故稱。南朝宋鮑照《舞鶴賦》："凉沙振野，箕風動天，嚴嚴苦霧，皎皎悲泉。"唐李商隱《初起》詩："三年苦霧巴江水，不爲離人照屋樑。"宋朱熹《梅》詩："年年一笑相逢處，長在愁煙苦霧中。"清顧炎武《春半》詩："登高望千里，苦霧何漫漫。"

## 【愁霧】

指濃霧。同"苦霧"。《文苑英華》卷一三五："苦炎洲之愁霧，嘉長安之聖日。"宋宋祁《李中令挽詞二首》其二："使幕被愁霧，談犀委暗塵。"金王庭筠《獄中賦萱》詩："况復幽圄中，萬古結愁霧。"明鍾惺《忠州霧泊》詩："漁艇官舟曉泊同，蜀江愁霧不愁風。"清柳是《寒食雨夜十絶句》其八："燕子不知愁霧裏，飛來羞傍紫鴛鴦。"

## 【慘霧】

指濃霧。因霧常常給人帶來傷害，故稱。宋柳開《河東集》："今冬已來，天日晴暖，郁郁如春，無嚴風，無苦雪，無慘霧。"金趙秉文《明惠皇后挽歌詞四十首》其三十："雲愁縈汴水，霧慘鎖夷山。"《西游記》第四八回："好雪！但見那彤雲密佈，慘霧重浸。"清黄景仁《遇雨止雲谷寺》詩其一："暈日暗東嶺，慘霧忽上蒸。"

## 雺霾[1]

亦作"氛霾"。昏暗的雲霧。霧的成分較爲複雜，或水汽較重。唐歐陽詹《迴鸞賦》："雺霾掃蕩於寰區，塵埃滌濯乎皇都。"唐韓偓《感事三十四韵》詩："氛霾言下合，日月暗中懸。"五代杜光庭《廣成集》："雺霾蔽日，層巖

瑞氣。"宋李攸《宋朝事實》卷二〇："是用大興戈甲，遂殄氛霾。"金元好問《游泰山》詩："鷄鳴登日觀，四望無氛霾。"《貴州通志》："沉於雺霾，不視天地之大。"清陳維崧《陳迦陵文集》："西山稍雺霾，未肯便綽約。"清朱彝尊《御試省耕詩二十韵（己未）》詩："蘋風吹近遠，蘭澤洗氛霾。"

## 【氛霾】[1]

同"雺霾[1]"。此體唐代已行用。見該文。

## 【翳霾】[1]

即雺霾。昏暗的雲霧。霧的成分較爲複雜，或水汽較重。宋宗澤《聞車駕將還闕賀表》："道路光輝，若翳霾而忽瞻白日。"明釋今辯《廬山天然禪師語録》："如日處霾翳，霾翳非可久。"明顧璘《漂母祠》詩："龍蟄厄叢蟻，豹隱翳霾昏。"清何焯《庭柏旱久色悴漫賦》詩："翳霾盡漱浣，豁見翠鳳翔。"

## 【氛翳】

亦稱"氣翳"，亦作"雺翳"。昏暗陰霾之霧氣。晋鄭豐《答陸士龍詩四首·蘭林》："飛龍蜿蜒，山谷氣翳。"《宋書·譚金傳》："消蕩氛翳，首制鯨凶，宜裂河山，以酬勳義。"隋釋智顗《妙法蓮華經文句卷》："重雺翳於太清，三光爲之戢耀。"唐李白《答高山人兼呈權顧二侯》詩："應運生夔龍，開元掃氛翳。"《新唐書·張柬之傳》："是日詔書下，雺翳澄駁，咸以爲天人之應。"前蜀杜光庭《羅天醮衆神》詞："掃欃槍於碧落，殄氣翳於皇都。"宋朱熹《留安溪三日按事未竟》詩："嵐陰常至午，陽景猶氛翳。"清弘曆《堤上》詩其一："日高旋轡澄雺翳，近墅遥村入覽寬。"

## 【氛翳】

即氛翳。此稱晉代已行用。見該文。

## 【雺翳】

同“氛翳”。此體隋代已行用。見該文。

## 【氛曀】

陰晦的霧氣。唐湛賁《日五色賦》：“其廓煙霄而朗霽，斂天宇之氛曀。”宋周必大《東宮出示和御製秋懷詩恭和二首（丁酉八月初十日）》其一：“願言掃氛曀，廓廓天宇大。”金宋九嘉《搗金明砦作建除體》詩：“閉塞亦已久，一揮氛曀清。”明祝允明《短長行》：“徒爲蔽天氛曀日，黯黮人物慘懍無精光。”清周龍藻《讀顧亭林先生遺書一百韻》詩：“若非醇儒生，何由豁氛曀。”

## 【曀霾】

亦作“霾曀”。指昏暗陰霾之霧氣。晉木華《海賦》：“若乃霾曀潛銷，莫振莫竦。”呂向注：“霾曀，昏氣也。”南朝梁劉孝綽《櫟口守風》詩：“如何此日風，霾曀駭波瀾。”宋張載《正蒙·參兩》：“〔陰陽〕和而散，則爲霜、雪、雨、露；不和而散，則爲戾氣、曀霾。”宋蘇轍《遺老齋絕句》之九：“昔我過嵩麓，雲移見諸峰。重游未有日，想象曀霾中。”宋曾鞏《喜晴》詩：“今晨霾曀一掃蕩，羲和徐行驅六龍。”元章希賢《道法宗旨圖衍義》：“戾氣飛雹之類，曀霾黃霧之屬，皆陰陽邪惡不正之炁。”

## 【霾曀】[1]

同“曀霾”。此體晉代已行用。見該文。

## 【曀霧】

昏暗陰霾之霧氣。宋洪邁《夷堅乙志·程師回》：“時天氣清明，風忽暴起，曀霧四合。”《明一統志》卷七：“烏雲山，在舊府城東南六十里，又名烏霧山，與定遠縣接境，山上常有曀霧。”明祝允明《治亂論》：“今夫鏡之以日月，或曀霧焉；潤之以雨露，或亢烈焉。”清《山東通志》卷三六：“忽曀霧迷空，波涌如山。”

## 【陰霧】

陰暗昏沉之霧氣。唐包佶《郊廟歌辭·祀雨師樂章·奠幣登歌》：“陰霧離披，靈馭搖裔。”宋趙蕃《咏梅六首》其四：“昏昏廓陰霧，皎皎上朝曦。”元周伯琦《紀行詩》其十一：“通宵陰霧重，盛夏北風多。”《明宣宗實錄》卷九六：“〔宣德七年〕十一月，日生左右珥，色黃赤鮮明。甲申，大霜，陰霧不冰。”清金之俊《苦雨》詩：“陰霧彌遠天，亭午常疑暮。”

## 【昏霧】

陰暗昏沉之霧。語出漢焦贛《易林》：“人雖昏霧，我獨昭明。”《漢魏南北朝墓志彙編·東魏高湛墓志》：“伊宗作輔，忠義是依，清盪昏霧，橫掃塵飛。”唐李白《玉真公主別館苦雨贈衛尉張卿二首》其二：“秋霖劇倒井，昏霧橫絕巘。”宋劉摯《富池口》詩：“浪擁江逆流，雲狂日昏霧。”《明史·五行志》：“〔嘉靖元年〕正月丁卯日午，昏霧四塞；丁卯，雨黃沙。九月己巳，大風霾，晝晦。”清洪亮吉《雨中答法學士見懷之作》詩：“昏霧接半天，連林色如墨。”

## 【氛昏】

陰暗昏沉之霧。南朝宋鮑照《舞鶴賦》：“既而雺昏夜歇，景物澄廓，星翻漢回，曉月將落。”唐李白《書情題蔡舍人雄》詩：“皇穹雪冤枉，白日開氛昏。”唐杜甫《柴門》詩：“蕭颯灑秋色，氛昏霾日車。”宋李昉等《文苑英華》：“掃除氛昏，捧出白日。”元吳萊《雙林寺觀傅大士頂相舍利及耕具故物》詩：“蠟鵝厭埋塚難遠，烏幔囚辱兵氛昏。"清端木埰《齊天樂五十首》詞其九："釀作秋霖，催將落木，滿目氛昏難掃。"

【蒙氣】

昏蒙彌漫之霧。一説，指包圍地球的大氣。《漢書·京房傳》："辛酉以來，蒙氣衰去，太陽精明。"《後漢書·左周黃列傳》："蒙氣數興，日闇月散。"唐易静《兵要望江南·占氣第四》詩："占蒙氣，鬱鬱達城營。"宋黃庭堅《辛酉憩刀坑口》詩："群山黛新染，蒙氣寒鬱鬱。"元吳萊《泰階六符經後序》："日蝕地震、冬雷夏霜、蒙氣還風、旱乾水溢，天之爲也，人何與焉？"明張家玉《讀李煙客集有賦》詩："茫茫塵海無邊際，萬里青天蒙氣閉。"清李鍇《泛舟東郭觀打魚晚直雨》詩："蒙氣變蕭晨，秋坰森萬象。"

【輕煙】

散漫、輕淡的雲霧。南朝梁元帝《咏霧》："乍若輕煙散，時如佳氣新。"南朝梁王僧孺《侍宴》詩："散漫輕煙轉，霏微商雲散。"唐李百藥《奉和初春出游應令》詩："水光浮落照，霞彩淡輕煙。"宋宋祁《晚發》詩其一："輕煙

輕煙、淡靄
（宋佚名《水閣納涼圖頁》局部）

著波面，斜月罷林端。"元白樸《天净沙·秋》套曲："孤村落日殘霞，輕煙老樹寒鴉，一點飛鴻影下。"明劉基《送鮑生之閩中》詩："青青芳草夾長堤，漠漠輕煙送馬蹄。"明張岱《蝶戀花·遠隔新晴》詞："一抹輕煙，橫截青山趾。"

【靄】 [2]

古指輕淡的雲霧，水平能見度在一公里以上。靄多呈灰色，濃度較高時，則呈白色，與霧接近。靄是一個不大嚴格的概念，因而在現代氣象學中較少用到。一説，雲霧貌。晋陸機《挽歌詩三首》其二："悲風徽行軌，傾雲結流靄。"南朝梁何遜《贈王左丞（僧孺）》詩："長墟上寒靄，曉樹没歸霞。"唐佚名詩："遠岫開翠氛，遥山卷青靄。"宋徐鉉《題雷公井》詩："掩靄愚公谷，蕭寥羽客家。"金趙秉文《塞上四首》其四："樹靄連山郭，林煙接塞垣。"明胡布《題便面》詩："近翠漂殘靄，遥青出遠岑。"清何鞏道《秋日過馬少府署中訪吳門胡玉心留酌分賦》詩："窗開晚靄光添緑，杯對斜陽色借紅。"

【輕靄】

輕淡的雲霧。唐劉禹之《酬鄭沁州》詩："寒山斂輕靄，霽野澄初旭。"宋柳永《鬭百花》詞："煦色韶光明媚，輕靄低籠芳樹。"元于立《湖光山色樓以凍合玉樓寒起粟分韵得樓字》詩："微飆散輕靄，寒光抱空浮。"明于謙《壁間畫瀟湘八景》詩："平沙落雁迷輕靄，遠浦歸帆趁便風。"清汪琬《題畫三首》其三："小桃著子柳飛花，輕靄濛濛細雨斜。"

【淡靄】

即輕靄。唐李賀《河南府試十二月樂詞》其一："薄薄淡靄弄野姿，寒緑幽風生短絲。"

宋陸游《初夏》詩："淡靄輕颺入夏初，一窗新綠鳥相呼。"元許有壬《和謝敬德學士見寄韵》其二："淡靄輕風弄野姿，江天寥廓鳥飛遲。"明王世貞《題文太史畫別介徵戶部》詩："淡靄徐分遠近山，孤舟相對白鷗閑。"清萬友正《夜泊吳江》詩："棹倚水雲外，秋生淡靄中。"

【薄霧】

即輕靄。南朝齊謝朓《觀朝雨》詩："空濛如薄霧，散漫似輕埃。"南朝梁何遜《曉發》詩："早霞麗初日，清風消薄霧。"唐杜甫《將曉二首》其二："寒沙蒙薄霧，落月去清波。"宋范仲淹《岳陽樓記》："薄霧冥冥，虎嘯猿啼。"宋李清照《醉花陰·薄霧濃雲愁永晝》詞："薄霧濃雲愁永晝，瑞腦消金獸。"金趙秉文《登定安閣》詩："春風吹袖著欄干，薄霧初收雪未殘。"明華從智《山中曉歸》詩："輕嵐薄霧籠殘月，高樹含風送早涼。"清王夫之《夏夜》詩："太清平野闊，薄霧遠山長。"

【霧縠】

指輕紗似的薄霧。縠，古稱纖薄透亮、表面起皺的絲織物。先秦宋玉《神女賦》："動霧縠以徐步兮，拂墀聲之珊珊。"李善注："縠，今之輕紗，薄如霧也。"漢司馬相如《子虛賦》："於是鄭女曼姬，被阿緆，揄紵縞，雜纖羅，垂霧縠。"劉良注："霧縠，其細如霧，垂之爲裳也。"晋佚名《練時日》詩："被華文，側霧縠。"南朝梁吳均《行路難五首》其五："君不見上林苑中客，冰羅霧縠象牙席。"後梁和凝《臨江仙》詞："海棠香老春江晚，小樓霧縠涳濛。"後唐魏承班《漁歌子》詞："柳如眉，雲似髮，鮫綃霧縠籠香雪。"宋蘇軾《龍尾石月硯銘》："婁婁兮霧縠，宛宛兮黑白。"元李裕《奉

和王治書紙燈韵》詩："芳能欺霧縠，燁欲暈冰筵。"明俞彥《鳳凰臺上憶吹簫·月》詞："微颸動，露華凝玉，霧縠生秋。"清史申義《盤江》詩："沿江雨氣隔霧縠，諸嶺秀色拖煙鬟。"

【霧綃】

指輕絲似的薄霧。綃，指生絲及織物。三國魏曹植《洛神賦》："踐遠游之文履，曳霧綃之輕裾。"唐羅虬《比紅兒》其五十一："魏帝休誇薛夜來，霧綃雲縠稱身裁。"宋范成大《題徐熙杏花》詩："霧綃輕欲無，嬌紅恐飛去。"金王特起《喜遷鶯·題郝仙女廟壁》詞："蒼渚煙生，金支光爛，人在霧綃鮫館。"明張元凱《金昌亭偶述》詩："倚醉斜雲髻，臨風曳霧綃。"清孫原湘《雨》詩其二："新妝灼灼比花嬌，隔雨看如隔霧綃。"

【濛濛霧】

亦稱"濛濛煙霧"。指薄霧。宋呂本中《西江月》詞其一："渺渺風吹月上，濛濛霧挾霜回。"宋楊萬里《曉坐多稼亭》詩："日光烘碎一天雲，散作濛濛霧滿村。"明朱同《題姚智伯仲凝霏軒》詩："濛濛煙霧姿，靄靄山嵐影。"明葉權《賢博編》："十二月初三日，雪後至獻縣，微風，天濛濛霧，約三時復開霽，則見萬木籠鬐，枝條凝結，參差綴下，宛然玉樹，非冰非雪，蓋霧凇也。"按，形容霧氣"濛濛"態，出自漢莊忌《哀時命》詩："霧露濛濛其晨降兮。"清吳綺《青玉案·紫雲洞次辰六韵》詞："沾衣空翠，濛濛煙霧，忽作山中雨。"

【濛濛煙霧】

即濛濛霧。此稱明代已行用。見該文。

## 長煙

彌漫延伸在空中之霧氣。狀如煙，故稱。

晋郭璞《游仙詩七首》之六：“升降隨長煙，飄飄戲九垓。”南朝梁沈約《宿東園》詩：“夕陰帶曾阜，長煙引輕素。”唐李世民《帝京篇十首》其七：“長煙散初碧，皎月澄輕素。”宋范仲淹《岳陽樓記》：“長煙一空，皓月千里。”元凌雲翰《瀟湘八景圖爲鎦養愚賦·煙寺晚鐘》詩：“漠漠長煙際，鐘鳴寺已昏。”明劉基《爲啓初門和尚題山水圖》詩：“吳波不盡芳草外，楚岫半入長煙裏。”清楊夔生《玲瓏四犯·登德清玉塵峰浮遠樓》詩：“雁邊秋去遠，天澹長煙暮。”

長　煙
（宋趙令穰《胡莊消夏圖》局部）

【連煙】

指連綿遠延之霧氣。唐駱賓王《秋夜送閻五還潤州》詩：“斷雲飄易滯，連霧積難披。”宋喻良能《次韵楊廷秀郎中游西湖十絶》其五：“幾多水草連煙草，無限蘋花雜藕花。”元李瓚《遣興》詩：“草色連煙翠，柳條垂曲塵。”明釋古電《旋庵老宿新築幽居賦贈》詩：“山窗斜傍綠陰開，樹色連煙過水來。”清朱茂晭《於潛舟行抵桐江》詩：“回峰沓屢迷，連煙晦莫辨。”

【浮煙】

指浮動的煙霧。晋張華《游獵篇》詩：“倏忽似回飆，絡繹若浮煙。”晋左思《吳都賦》：“飛爛浮煙，載霞載陰。”南北朝張正見《浦狹村煙度》詩：“村長合夜影，水狹度浮煙。”唐司空曙《雲陽館與韓紳（一作韓升卿）宿別》詩：“孤燈寒照雨，濕竹暗浮煙。”宋劉敞《城

浮　煙
（宋李成《寒鴉圖》局部）

下》詩：“浮煙晚自起，歸鳥暝爭栖。”元貢奎《送夾谷伯敬之官單父》詩：“回河抱阡陌，桑麻綠浮煙。”明胡布《偶題》詩：“浮煙欺弱草，古木耐殘陽。”清陳子升《聞鐘》詩：“數里秋林皆滴露，一江寒月欲浮煙。”

【游霧】

指飄動的煙霧。《莊子》：“孰能登天游霧，撓挑無極，相忘以生，無所終窮？”南朝宋鮑照《飛白書勢銘》：“輕如游霧，重似崩雲。”唐岑文本《奉述飛白書勢》詩：“鳳舉崩雲絶，鸞驚游霧疏。”宋釋道潛《廬山雜興》其二：“長風卷游霧，曉壁開瞳朧。”元耶律鑄《五將行》詩：“騰蛇游霧相乘勢，龍舉雲興相借力。”明楊慎《蘭津橋（今名霽虹）》詩：“騰蛇游霧瘴氛惡，孔雀飲江煙瀨清。”清韓氏《雁字三十首次韵》其十：“頻將游霧縈空法，寫向危峰第一限。”

【流霧】

亦作“流靄”。指流動的霧靄。晋張華《咏荷》：“迴蕩流霧珠，映水逐條垂。”晋陸機《挽歌三首》其二：“悲風徽行軌，傾雲結流靄。”南朝宋鮑照《學劉公幹體五首》其五：“回風蕩流霧，珠水逐條垂。”南北朝佚名《高德宣烈樂王儉》詩：“日夜宣華，卿雲流靄。”明區元晋《舉孫和諸親友賀章》詩其五：“香生叢桂丹

流靄，笋長新篁玉露尖。"清倪濤《六藝之一錄》："淺若流霧，濃如屯雲。"

## 【流靄】

即流霧。此稱晉代已行用。見該文。

## 【游氛】[2]

即游霧。晉潘岳《秋興賦》："游氛朝興，槁葉夕殞。"唐李嶠《早發苦竹館》詩："行看遠星稀，漸覺游氛少。"宋李綱《七峰詩·碧雲峰》："落日銜山隱半輪，桑榆殘照起游氛。"元盧摯《贈陝西李廉使古意二首》其二："悲鳴動遥夜，天衢屛游氛。"明何景明《涿鹿道中》詩："日氣夕冷陰，游氛浩無極。"清丘逢甲《雜詩》其一："游氛積爲陰，上翳陽無光。"

## 【飛煙】

即游霧。晉支曇諦《釋文紀·燈讚》："飛煙清夜，流光洞照。"晉陶潛《和郭主簿》之二："露凝無游氛，天高風景澈。"唐岑文本《奉述飛白書勢》詩："鳳翚崩雲絕，鸞驚游霧疏。"唐司空曙《雲陽館與韓紳宿別》詩："孤燈寒照雨，濕竹暗浮煙。"宋劉子翬《有懷十首·胡原仲》詩："滿空寒雨雜飛煙，湖上先生擁褐眠。"元郝經《趙州石橋》詩："晴虹不散結元氣，海牽縹紗纏飛煙。"明高啓《蕭山尹明府吳越兩山亭》詩："不知千載竟誰主，伯氣倏與飛煙收。"清夢麟《西澗赴山將往雲罩憩天香禪刹》詩："半嶺生飛煙，忽没巖邊松。"

## 天霧

空中的煙霧。唐歐陽詢等《藝文類聚》卷二引《黃帝玄女之宮戰法》："黃帝歸於泰山，三日三夜，天霧冥冥。"宋馮偉壽《雲仙引·桂花夾鐘羽》詞："含笑出簾，月香滿袖，天霧縈身。"元盧琦《愁》詩："濃如萬斛連天霧，亂

似千尋惹地絲。"明盧柟《贈盧潭城二首》其二："念子居無衣，薄寒隱天霧。"清顧炎武《傳聞》詩："五嶺遮天霧，三苗落木風。"

## 晨霧

拂曉時的霧氣。南朝梁沈約《石塘瀨聽猿》詩："噭噭夜猿鳴，溶溶晨霧合。"南朝梁王臺卿《奉和望同泰寺浮圖》詩："晨霧半層生，飛幡接雲上。"唐儲光羲《登戲馬臺作》詩："滄海沈沈晨霧開，彭城烈烈秋風來。"宋晁公遡《隆州道中》詩："冉冉晨霧重，暉暉冬日微。"元泰不華《送趙伯常淮西憲副》詩："東華晨霧正霏霏，使者分符向合淝。"明何喬新《景陵書事（即南齊之竟陵伏羲之後風氏封於此）》詩："茅簷晨霧重，蓮蕩午風凉。"清黃文儀《冬景八首》其七："曠野蕭條晨霧重，江村冷寂暮煙生。"

## 【朝霧】

拂曉時的霧氣。《漢魏南北朝墓誌彙編·北齊薛廣墓誌》："雲承落日，松昏朝霧，非復春秋，空交狐兔。"隋薛道衡《展敬上鳳林寺》詩："洞開朝霧斂，石濕曉雲濃。"唐李世民《冬日臨昆明池》詩："寒野凝朝霧，霜天散夕霞。"宋周紫芝《早歸》詩："野日破朝霧，宿陰回暖風。"金麗權《自鶴壁游善應洹山》詩："春風吹雪谷，朝霧濕雲影。"明李叔玉《東嵐秋思爲江田謝家題》詩："猿嘯空林朝霧薄，鴻歸斷渚夕陽殘。"清夢麟《西澗赴山將往雲罩憩天香禪刹》詩："丹崖媚朝霧，了了青芙蓉。"

## 【曉嵐】

拂曉時的霧氣。清晨，氣溫降低，空氣飽和度降低，水汽凝結，霧氣生成。唐白居易《逢張十八員外籍》詩："曉嵐林葉暗，秋露草

花香。"宋朱熹《次山行佳句呈秀野丈三首》其三："瞳瞳朝日出高岩，籤籤征衣曳曉嵐。"元張翥《衡山福嚴寺二十三題爲梓上人賦·嶽心亭》："曉嵐收不盡，猶作半山陰。"嘉靖《興寧縣志》卷一："十二月，曉嵐四塞，咫尺晦冥，不勝書。"清嚴泓曾《早春雜咏》其二："山起曉嵐銜粉蝶，花迎朝日見紅樓。"

## 暮靄

傍晚之雲霧。傍晚氣溫降低，空氣飽和度降低，水汽凝結，霧氣生成。南朝宋顏延之《陶徵士誄》："晨煙暮靄，春煦秋陰。"唐權德輿《送湖南李侍御赴本使賦采菱亭》詩："沅江收暮靄，楚女發清歌。"宋柳永《雨霖鈴》詞："念去去千里煙波，暮靄沉沉楚天闊。"元李齊賢《巫山一段雲·煙寺晚鐘》："楚甸秋霖卷，湘岑暮靄濃。"明王希元《春日過函三閣》詩："一望平川暮靄收，千家城郭月華流。"清嚴金清《偃師道中》詩："暮靄連村落，浮泥滑馬蹄。"

### 【夕霏】

即暮靄。南朝宋謝靈運《石壁精舍還湖中作》詩："林壑斂暝色，雲霞收夕霏。"唐盧照鄰《還赴蜀中貽示京邑游好》詩："回顧長安道，關山起夕霏。"宋秦觀《泗州東城晚望》詩："渺渺孤城白水環，舳艫人語夕霏間。"元陳旅《題陳氏瀟湘八景圖·煙寺晚鐘》詩："西崦生夕霏，歸僧度林巘。"明倪謙《和胡鍊繡衣昭君詞》其一："傷心白草呈秋色，極目黃沙起夕霏。"清姚濬昌《暮行東郊》："日黃猶未落，衆山生夕霏。"

### 【夕霧】

即暮靄。北周王褒《送觀寧侯葬》詩："餘

輝盡天末，夕霧擁山根。"唐李世民《遠山澄碧霧》詩："殘雲收翠嶺，夕霧結長空。"宋劉筠《周賢良》："春風亂鶯囀，夕霧一鴻冥。"明釋宗泐《小景》詩："孤村帶寒鴉，遠山涵夕霧。"清洪亮吉《行抵伊犂追憶道中聞見率賦六首》詩："嘉峪關前夕霧收，布隆吉後曉星浮。"

## 宵霧

夜間之霧氣。夜間氣溫降低，空氣飽和度降低，水汽凝結，生成霧氣。晉成公綏《隸書體》詩："仰而望之，鬱若宵霧朝升，游煙連雲。"唐毛文錫《更漏子》詞："宵霧散，曉霞暉，梁間雙燕飛。"明高濂《天仙子·寫字》詞其二："驚鳳喬，駭龍翔。宵霧朝煙紙上光。"清田雯《古歡堂集·長河志籍考》："土人每於夕月初明，宵霧微昏之際，見雉堞有形，旂旗相望。"

### 【宿霧】

即宵霧。晉陶潛《咏貧士》詩："朝霞開宿霧，衆鳥相與飛。"唐于良史《冬日野望》詩："地際朝陽滿，天邊宿霧收。"隋楊廣《望江南》詩其二："宿霧洗開明媚眼，東風搖弄好腰肢。"唐上官儀《五言春日侍宴望海應詔》詩："別島春潮駛，連汀宿霧長。"宋呂本中《賀州聞席大光陳去非諸公將至作詩迎之》詩："曉寒已靜千山瘴，宿霧先吞萬瓦霜。"元袁桷《客舍書事五首》其五："宿霧成疏雨，寒蓬卷細塵。"明劉基《丙申歲十月還鄉作七首》其六："小舟冲雨清溪上，雨密溪深宿霧昏。"清吳文溥《登潤州城樓》詩："翻江白日春沙遠，繞郭青山宿霧收。"

### 【宿煙】

即宵霧。南朝陳釋洪偃《登吳升平亭》詩：

城垣宿霧、宵霧
（宋馬和之《早秋夜泊圖》局部）

"宿煙浮始旦，朝日照初晴。"唐李世民《三層閣上置音聲》詩："綺筵移暮景，紫閣引宵煙。"宋林逋《菱塘》詩："最愛晚來鷗與鷺，宿煙翹雨便爲家。"明楊士奇《送黃叔昭歸文江》詩："碧梧丘壠回生色，綠水園林卷宿煙。"清王夫之《癸巳元日左素公鄒大系期同劉子參過白雲庵茶話二首》其一："晴鳥曙山天，林光卷宿煙。"

【宵煙】

即宵霧。南朝梁劉孝先《草堂寺尋無名法師》詩："深林生夜冷，複閣上宵煙。"唐張諤《東封山下宴群臣》詩："輦路宵煙合，旌門曉月殘。"宋孫浩然《夜行船》詞："何處采菱歸暮。隔宵煙、菱歌輕舉。"清弘曆《七夕》詩："西峰秀色靄宵煙，又試新秋乞巧筵。"

## 榛煙

指樹叢中繚繞的雲霧。唐張說《東山記》："東山之曲，有別業焉，嵐氣入野，榛煙出谷。"元貢奎《夜坐》詩其二："精爽一以竭，榛煙蔽前丘。"清弘曆《仿倪雲林秋亭嘉樹并題以詩》

榛　煙
（宋佚名《荷塘鸂鶒圖》局部）

其三："秋水澄泓天沕寥，榛煙楓籟韵山椒。"

## 嵐[1]

山林之霧氣。山林中植物的蒸騰作用，使得水汽增加，在氣溫適合的情況下，容易產生霧氣。南朝齊謝朓《臨楚江賦》："滔滔積水，裹裹霜嵐。"唐王維《送方尊師歸嵩山》詩："瀑布杉松常帶雨，夕陽彩翠忽成嵐。"宋句龍緯《題惠泉寄知軍郎中》詩："澄輝泛嵐翠，净影溶天碧。"元薩都剌《過采石驛》詩："輕嵐浮野樹，凉雨過淮天。"明王行《題畫八首》其一："濃翠幕晴嵐，春山古寺間。"清屈大均《送何子往桂林》詩："桂林襟五嶺，山翠盡成嵐。"

【嵐霧】

亦稱"霧嵐"。山林中之霧氣。唐劉恂《嶺表錄異》卷上："嶺表山川盤鬱結聚，不易疏洩，故多嵐霧作瘴，人感之多病，腹脹成蠱。"唐白居易《陰雨》詩："嵐霧今朝重，江山此地深。"宋張世南《游宦紀聞》卷六："溪流初漲，嵐霧滃鬱。"金元好問《雲巖》詩："渾沌日鑿餘空嵌，漏天蒸濕繞風嵐。"明徐宏祖《徐霞客游記·滇游日記六》："嵐霧在下，深崖峭壑，茫不可辨。"明李江《山哀十首》其四："五峰

嵐霧、嵐霏
（宋佚名《水莊歸棹圖》局部）

縹緲霧嵐深，花落春寒水木陰。"

## 【霧嵐】

即嵐霧。此稱明代已行用。見該文。

## 【嵐霏】

山間雲霧。宋林逋《山閣偶書》詩："但將
楮籟延佳客，常帶嵐霏認遠邨。"元盧摯《宣城
南郊何氏游集》詩："日夕歸影亂，嵐霏襲衣
裾。"明黎民表《讀書樓爲曾陽白先生賦》詩：
"几席嵐霏濕，軒窗露氣深。"清厲鶚《題金繪
卣江聲草堂圖（時將入都）》詩："門前江色晴
黏天，屋角嵐霏晝搖樹。"

## 【風嵐】

山林中之霧氣。一説爲山間霧氣經日光照
射而產生的光彩。宋孔武仲《寄子由》詩："水
石吳山好，風嵐楚澤昏。"金元好問《雲巖》
詩："渾沌日鑿餘空嵌，漏天蒸濕饒風嵐。"明
釋函可《山居十首》其一："日夜風嵐幾許，問
著山翁不知。"清朱圭《伊遜河》詩："盤腸詰
屈山腹轉，開張面勢隨風嵐。"

## 【煙嵐】[2]

亦作"嵐煙"。山林中蒸騰的霧氣。唐元稹
《重誇州宅旦暮景色兼酬前篇末句》詩："繞郭
煙嵐新雨後，滿山樓閣上燈初。"唐劉長卿《望
龍山懷道士許法稜》詩："嵐煙瀑水如向人，終
日迢迢空在眼。"宋適宜《登洪慶觀》詩："界
開形勢崑崙水，送過煙嵐黛嵋峰。"金趙秉文
《重九登會禪寺冷翠軒》詩："煙嵐卷盡暮山碧，
冷雲萬里迷玄鴻。"明史謹《口號次韵》詩：
"萬壑煙嵐晝未乾，半空和翠滴衣寒。"清周亮
工《粵客過延津將往秣陵》詩："五載嵐煙迷越
嶺，六朝草色醉吳江。"

## 【嵐煙】

同"煙嵐[2]"。此體唐代已行用。見該文。

## 【嵐氣】[1]

即嵐霧。晋夏侯湛《山路吟》："冒晨朝兮
入大谷，道逶迤兮嵐氣清。"南朝宋謝靈運《晚
出西射堂》詩："曉霜楓葉丹，夕曛嵐氣陰。"
唐張均《和尹懋秋夜游溈湖二首》其二："石
痕秋水落，嵐氣夕陽沈。"宋林景熙《飛來峰》
詩："樹幽嵐氣重，泉落乳花凝。"元黃庚《鶴
林仙壇寺》詩："嵐氣浮清曉，鐘聲出白雲。"
明胡奎《滴翠軒》詩："武隆山下望晴暉，嵐氣
濛濛翠欲飛。"清馬維翰《瀘定橋》詩："落日
嵐氣陰，斜照峰頭赤。"

## 【嵐靄】

即嵐霧。唐劉廓《楊岐山》詩："松杉寒更
茂，嵐靄晝還開。"宋釋楚巒《青城山觀》詩：
"靜見門庭紫氣生，前山嵐靄入樓青。"元薛
觀《曹娥江候渡》詩："樹黑收嵐靄，沙寒集雁
梟。"明張寧《爲陳彥章題夏圭山水圖五十韵》
詩："嵐靄半籠深嶂曲，黛痕斜抹遠峰尖。"清
阮元《住大理閱兵三日看點蒼山（丁亥）》詩：
"林樾盡浮屠，嵐靄罩闤闠。"

## 【青嵐】

竹木間青綠色的霧氣。唐白居易《題盧秘書夏日新栽竹二十韵》詩："未夜青嵐入，先秋白露團。"宋王晞鴻《題歸隱亭》詩："紅塵紫陌江聲外，綠嶂青嵐書几間。"元何儒行《春日三首》其二："花落鶯翻紅雨，峰回鷺點青嵐。"明申佳胤《三月十一日宿天寧寺》詩："鳥静孤雲銜塔影，青嵐窈窕夕陽還。"清張誠《包山顯慶禪寺》詩："青嵐起層岡，幽幽隱古寺。"

## 【嵐翠】

竹木間青綠色的霧氣。唐白居易《早春題少華東巖》詩："三十六峰晴，雪銷嵐翠生。"宋孔武仲《憶九江呈李端叔》詩："波光揺空闊，嵐翠隨卷舒。"元汪鑫《春日山行》其一："清泉白石净無塵，嵐翠煙光別聚春。"明徐熥《望月有懷唐宗貞陳彦宗》詩："山深嵐翠濃，露落衣裳冷。"清丁堯臣《贈隱居》詩："四圍嵐翠鎖煙蘿，結得茅廬傍澗阿。"

山深嵐翠濃，露落衣裳冷
（明仇英《竹梧消夏圖》局部）

## 松霧

三國魏曹植《樂府》："墨出青松煙，筆出狡兔翰。"南北朝王融《四色咏》詩："赤如城霞起，青如松霧澈。"南朝宋鮑照《與謝尚書莊三聯句》："水光溢兮松霧動，山煙疊兮石露凝。"隋佚名《隋故太原王夫人墓志銘》："澗

松　霧
（宋佚名《穗寂圖》）

水夜流，松煙晝昏。"唐張祐《題杭州天竺寺》詩："塔明春嶺雪，鐘散暮松煙。"宋陳造《菩薩蠻》詞："松煙竹霧溪橋夜，斜倚小峰巒。依依同歲寒。"清厲鶚《宿永興寺德公山樓》詩："昏黑山雨歇，一徑松煙明。"

## 【松煙】

即松霧。此稱三國時期已行用。見該文。

## 涼煙

多指秋霧。秋季氣温降低，霧的温度也相對較低，給人以冷凉之感。南朝宋鮑照《游思賦》："秋水兮駕浦，涼煙兮冒虹（一作江）。"唐陸龜蒙《送浙東德師侍御罷府西歸》詩："行次野楓臨遠水，醉中衰菊卧涼煙。"宋宋祁《草木雜咏五首·楠》詩："斜月礙枝回，涼煙附葉宿。"明郭之奇《自龍游登陸至衢州》詩："無數涼煙下奔壑，幾層綠黛秋難薄。"清吳紘《憶九華舊游寄弟紀》詩："涼煙壓葉霜橙黄，團團桂樹山風香。"

## 【冷煙】

寒冷的霧氣。隋李衍《幸秦川上梓潼山》詩："喬巖簇冷煙，幽徑上寒天。"唐牛希濟《臨江仙》詞其一："峭碧參差十二峰，冷煙寒

樹重重。"宋王沂孫《齊天樂·贈秋崖道人西歸》詞："冷煙殘水山陰道，家家擁門黃葉。"元劉因《遂城道中》詩："冷煙衰草千家塚，流水斜陽一點村。"明劉基《浪淘沙·感事》詞："天際草離離，鴻雁南歸，冷煙凝恨鎖斜暉。"清史鑒宗《鷓鴣天·咏鷓鴣》詞："深山古道撑枯木，斜日孤村上冷煙。"

【凉霏】

冰凉的霧氣。宋劉季孫《三高祠咏古三首》詩其二："秋風曉槭槭，秋雨凉霏霏。"元劉敏中《鷓鴣天·祖母壽日》詞："綠牖凉霏紫麝塵，寶猊晴暖瑞香雲。"元潘伯脩《燕山秋望三首》其二："遼海東空鶴不歸，平蕪遥際極凉霏。"明李齡《秋風三疊辭》其三："展長席兮坐其旁，凉霏霏兮襲余裳。"

## 石煙

山石間的煙霧。南朝宋袁淑《咏寒雪》詩："渚幽寒兮石煙聚，日華收兮山氣深。"唐鮑溶《巫山懷古》詩："十二峰巒闘翠微，石煙花霧犯容輝。"宋周弼《秋屏》詩："石煙寒繞寺，山雨暗離汀。"明王思任《宿天界寺》詩："古寺白門邊，寒風逗石煙。"清王策《琵琶仙·秋日游金陵黃氏廢園》詞："莎草寒幽，石煙荒淡，鶯蝶飛歇。"

## 花霧

花叢中的煙霧。南朝梁吳均《同柳吳興烏亭集送柳舍人》詩："雲山離晻曖，花霧共依霏。"前蜀貫休《灞陵戰叟》詩："今日灞陵陵畔見，春風花霧共茫茫。"宋毛滂《更漏子·熏香曲》詞："雙枕鳳，一衾鴛。柳煙花霧間。"元黃伯暘《香奩八咏·水盆沐髮》詩："露蟬翅濕飛不起，花霧曉收紅日高。"明王綖《題襆襖軒爲夏叔敏賦》詩："窗外鳩鳴花霧重，門前犢臥柳陰多。"清王安修《游牛首》詩其一："千村花霧合，一徑竹煙深。"

## 雕霧

彩色的霧。雕，本爲刻鏤，引爲彩繪。古人眼中的彩色霧氣，或與周圍環境色彩的心理視覺效應有關。宋毛滂《遍地錦·孫守席上咏牡丹》詞："白玉闌邊自凝佇。滿枝頭、彩雲雕霧。"明鄭定《渭上觀獵》詩："雕霧藏沙迴，鷹風入樹長。"清查慎行《七夕喀喇火屯雨後作》詩："雕霧鷹風漲沈寥，一天秋意頓蕭蕭。"

## 豹霧

亦稱"豹藏霧""豹隱霧"。指山林間的濃霧，適合隱者所栖。語出漢劉向《列女傳》卷二："妾聞南山有玄豹，霧雨七日而不下食者，何也？欲以澤其毛而成文章也。故藏而遠害。"後喻獨隱山林，潛心修養，潔身自好。唐駱賓王《夏日游德州贈高四》詩序："僕少負不羈，長逾虛誕，讀書頗存涉獵，學劍不待窮工，進不能矯翰龍雲，退不能栖神豹霧，撫循諸己，深覺勞生。"宋范成大《王季海秘監再賦成園復次韵》詩："披開豹霧尋陳迹，掃盡蛛塵看舊題。"宋黃庭堅《次韵道輔雙嶺見寄三疊》詩："生涯魚吹沫，文采豹藏霧。"元王寂《王子告竹溪清集圖》詩："溪山佳處多荒僻，豹霧蛟涎斷人迹。"明虞堪《送潘公穎還越上將葬乃父子素翁》詩："猶愁大澤鯨波險，况説南山豹霧深。"清屈大均《爲頻陽田先生八十壽》詩："小邑牛刀試，空山豹霧藏。"

【豹隱霧】

即豹霧。此稱宋代已行用。見該文。

**【豹藏霧】**

即豹霧。此稱宋代已行用。見該文。

**【南山霧】**

原指終南山上的霧氣，後引申爲適合於隱者所栖隱的雲霧。語出漢劉向《列女傳》。南朝齊謝朓《之宣城郡出新林浦向板橋》詩：“雖無玄豹姿，終隱南山霧。”唐趙彥昭《人日侍宴大明宮應制》詩：“平樓半入南山霧，飛閣旁臨東墅（一作野）春。”宋王庭圭《鄱陽周師禹求清軒霧齋詩二首》其二：“一朝文彩驚人眼，知自南山霧裏來。”元張可久《百字令》詞：“鶴舞盤雲，虹消歇雨，一縷南山霧。”明林瀚《題林泉生卷次張汝弼韵》詩：“空谷秋清蘭有香，南山霧重豹深藏。”清曾國藩《温甫讀書城南寄示二首》其一：“十年長隱南山霧，今日始爲出岫雲。”

**【隱霧】**

指適合隱者栖隱的雲霧。即豹霧。唐錢起《歸義寺題震上人壁》詩：“堯皇未登極，此地曾隱霧。”宋文天祥《梅州第六十六》詩：“樓角凌風迥，孤城隱霧深。”元吳當《旅館》詩：“山空寒隱霧，風急夜鳴條。”明黃佐《崖山紀游次鄭李二子韵二首》其一：“漁戚乘潮急，樵歌隱霧深。”清汪曰楨《酬宋樗里次韵》詩：“有豹深藏方隱霧，與龍追逐願爲雲。”

**【連山霧】**

群山中的霧氣。即豹霧。古人描寫連山雲霧的句子較多，如南朝梁何遜《慈姥磯》詩：“野岸平沙合，連山近霧浮。”唐李白《金鄉送韋八之西京》詩：“望望不見君，連山起煙霧。”宋蘇轍《次韵子瞻減降諸縣囚徒事畢登覽》詩：“豹隱連山霧，龍潛百尺湫。”元周霆震《幽憤》詩：“隴梅驛信杳如緘，白晝連山霧氣酣。”明杭淮《鎮遠喜即舟》詩：“連山霧不開，鑿轉一溪迴。”清嚴金清《題吳荻垣所繪風晴雨雪斗方圖四首》詩其二：“雲樹連山霧不消，陂塘水漲欲平橋。”

## 霧海

指大範圍的霧，遼闊若海，且有波動。屬於大尺度的平流霧或輻射霧。宋釋重顯《佛果擊節録》：“冀邈乎霧海，早刮目於南針。”宋田錫《擬古》詩其十三：“中夜蹈虎尾，霧海生波瀾。”元張雨《同張德常游張公洞》詩：“東皇衣覆雲霧海，玉女盆盛人鳥山。”明朱之蕃《招鶴詞》其二：“雲迓霧海恣遠飛，流行坎止當見幾。”清姚燮《同屬三志盧大潚酌性公總持丈室》：“斯時屋楞間，霧海正遼闊。”

**【五里霧】**

指較大範圍的霧。《後漢書·張楷傳》：“張楷字公超，性好道術，能作五里霧。”唐孔德紹《行經太華》詩：“山昏五里霧，日落二華陰。”宋錢惟演《致齋太一宮》詩：“樓迷五里霧，壇燭九枝燈。”清王熊伯《登萬壽閣望華山》詩：“五里霧披三輔曉，半空雲卷萬峰晴。”

**【三里霧】**

指較大範圍的霧。《後漢書·張楷傳》：“〔楷〕性好道術，能作五里霧。時關西人裴優亦能爲三里霧，自以不如楷，從學之，楷避不肯見。”南朝梁蕭綱《十空詩六首·如幻》：“三里生雲霧，瞬息起冰雷。”唐李商隱《聖女祠》詩：“無質易迷三里霧，不寒長著五銖衣。”宋陶弼《畲田》詩：“殊俗易昏三里霧，陽崖忽露一家村。”元馬祖常《壽郝大參》詩：“留客只談三里霧，見人不問五侯鯖。”明夏完淳《大哀賦》："忽焉五斗米之教起，三里霧之術成。"清孫原湘《小別》詩："暫迷三里霧，如隔一重城。"

## 山霧

山中之霧氣。南朝陳陳叔寶《雨雪曲》："樹冷月恒少，山霧日偏沈。"唐張聿《望禁苑祥光》詩："山霧寧同色，卿雲未可彰。"宋馮時行《游石龍偶成寺僧通首坐飽歷叢林歸老此山故詩多及之》詩："霜鐘鳴萬壑，日出山霧開。"元鄧賁《晚眺》詩："寒流漸縮溪橋少，臘雪不成山霧多。"明李延興《墨竹》詩："青溪過雨山霧寒，白月出林煙水綠。"清劉秉坤《雨》詩："十日愁霖不出村，溪煙山霧晝長昏。"

山　霧
（宋佚名《雪峰寒艇圖》局部）

## 江霧

江面上的霧。江水或比大氣溫度低，大氣中的水分遇冷凝結爲霧氣；抑或江水比大氣溫度高，江水蒸發遇冷結爲霧氣。唐王昌齡《送劉十五之郡》詩："平明江霧寒，客馬江上發。"唐孟彦深《元次山居武昌》詩："江山十日雪，雪深江霧濃。"宋蘇轍《戲贈李朝散》詩："江

江　霧
（宋佚名《江天樓閣圖》局部）

霧霏霏作雪天，樽前醉倒不知寒。"明李之世《夜次大通滘》詩："一帆江霧重，幾片雪燈明。"清鮑珍《惶恐灘》詩："江霧失山曉，乾坤一混茫。"

## 霧帳

亦稱"霧幕"。霧籠罩猶如帳幕，故稱。北魏鄭道昭《登雲峰山觀海島》詩："霧帳芳霄起，蓬臺植漢邪。"宋毛滂《七娘子·舟中早秋》詞："山屏霧帳玲瓏碧。更綺窗、臨水新涼入。"宋佚名《水調歌頭》詞："絕景有誰賞，霧幕閉三高。"明徐宏祖《徐霞客游記·滇游日記三》："翠和頂高風峭，兩老僧閉門煨火，四顧霧幕峰瀰，略瞰大略。"清錢湘《蝶戀花·落梅》詞："霧帳雲屏，遠隔瓊瑤界，小住人間愁不耐。"

### 【霧幕】

即霧帳。此稱宋代已行用。見該文。

## 斂霧

收斂的雲霧。氣溫升高，致使空氣的飽和水汽壓變大，水汽蒸發，霧氣消散。唐鄭澥《吹笛樓賦》："九天斂霧，送芳景於瓊軒。萬籟

韜音，讓嘉名於玉笛。既運指而有規，乃濡脣而是吹。林巒兮仿佛如變，寒暑兮須臾可移。"宋朱淑真《中秋月》詩："杳杳長空斂霧煙，冰輪都勝別時圓。"明文徵明《春日舟行》詩："日出吳山斂霧蒼，平橈十里下橫塘。"清張謙《平山春望》詩："對江山斂霧，近郭水生煙。"

## 霧瘴

亦稱"瘴霧""嵐瘴"。山林湖海間濕熱之霧氣，對人體不利。濕熱之地，枯枝敗葉腐爛之後，會產生含有甲烷等有害氣體的霧氣，云爲瘴氣。唐郎士元《送王棼流雷州》詩："海霧多爲瘴，山雷乍作鄰。"唐韓偓《十月七日早起作時氣疾初愈》詩："疾愈身輕覺數通，山無嵐瘴海無風。"宋蘇軾《與劉宜翁書》："嶠南山水奇絕，多異人神藥，先生不畏嵐瘴，可復談笑一游。"宋方一夔《次韵稼隱告歸》詩："故衣粘蜃氣，未洗瘴霧惡。"元王寂《蔡州》詩："吳氛薰霧瘴，楚氣拂雲霾。"明邵寶《樂安大嶺次見素公》詩："霧瘴久闕積，霆飆初流行。"明鄭善夫《至日》詩："玄冥久不行冬令，瘴霧蠻煙泥殺人。"清屈大均《廣東新語·天語》："嶺南多霧瘴，滇黔多風瘴，是皆氣候之最惡者也。"

**【嵐瘴】**

即霧瘴。此稱唐代已行用。見該文。

**【瘴霧】**

即霧瘴。此稱宋代已行用。見該文。

**【嵐氣】**[2]

山林湖海間濕熱之霧氣，對人體不利。唐李白《同族弟金城尉叔卿燭照山水壁畫歌》詩："光中乍喜嵐氣滅，謂逢山陰晴後雪。"《續資治通鑑長編·仁宗寶元元年》："方秋冬之交，嵐氣已息。"《明史·許貴傳》："貴亦感嵐氣，未至松潘卒。"清郁永河《裨海紀游》卷中："十八日，又大雨，嵐氣盛甚，衣潤如洗。"

**【賊霧】**

飄忽不定、致人迷失的雲霧。宋梁安世《秦碑一紙并古詩呈王梅溪太守》詩："魍魎木客忌人到，陰霾賊霧迷羊歧。"清黃景仁《游四明山放歌》："陰霾賊霧黯深窟，上有雲氣徵祥災。"

**【妖霧】**

不祥且有害的雲霧。唐元積《蟲豸詩·巴蛇三首》其二："巴山晝昏黑，妖霧毒濛濛。"明宋濂等《元史·董摶霄傳》："摶霄以兵擊之，已而妖霧開豁，諸伏兵皆起，襲賊兵後，賊大潰亂，斬首數萬級，擒千餘人。"

**【惡氛】**

亦稱"氛惡"。惡毒而有害的雲霧。宋史彌寧《繡衣行送趙道中寺丞》詩："頻年慘慘楚氛惡，旱潦呼天天莫聞。"元成廷珪《贈惟善駙馬野雲亭》詩："明時用汝爲霖雨，先向東南洗惡氛。"明楊維楨《大樹歌爲馮淵如賦》詩："惡氛西起白日翳，恍惚大將排旌旄。"

**【氛惡】**

即惡氛。此稱宋代已行用。見該文。

**【惡霧】**

即惡氛。宋李昉等《太平御覽·貝》："穆王得大紫貝，懸其殼於昭陽觀，以消惡霧。"清方式濟《題遂安鄒廣文效忠圖》詩："登碑矢石驅風雷，狂氛惡霧層層開。"

# 塵　霾

## 霾

因懸浮着大量的煙、塵等微粒而形成的渾濁大氣現象。古代因没有工業排放，更多爲沙土微粒。今所指霾，是空氣中的灰塵、酸類和鹽類等物質組成的氣溶膠系統造成的灰蒙天氣。甲骨文中的"霾"字，似人或動物在如雨之塵土中摸索行走，突出了摸索的姿態和探尋的眼睛。《詩·邶風·終風》："終風且霾，惠然肯來。"毛傳："霾，雨土也。"《爾雅·釋天》："風而雨土爲霾。"按，《詩》《爾雅》所言，意即飇風揚土，如雨而降謂霾。此處"雨"或作動詞，意爲降落、彌漫。《釋名·釋天》："風而雨土曰霾。霾，晦也，言如物塵晦之色也。"漢王褒《九懷·陶壅》："浮雲鬱兮晝昏，霾土忽兮塓塓。"《晋書·天文志》："凡天地四方昏蒙若下塵，十日五日已上，或一月，或一時，雨不沾衣而有土，名曰霾。"唐杜甫《纜船苦風戲題四韵奉簡鄭十三判官》詩："漲沙霾草樹，舞雪渡江湖。"宋王安石《和冲卿雪詩并示持國》詩："霾昏得照曜，塵滓歸掩擁。"明劉基《爲詹同文題浙江月夜觀潮圖》詩："指揮禹强出玄渚，蕩滌歊熇清霾蒙。"《明英宗實録》卷三四九："〔天順七年〕二月丙寅卯刻，雨黄霧，四方蔽塞，日晦無光。至未時霾未散。戊辰，是日大風至晚，試院火，舉人死者甚衆。"康熙《武進縣志》卷三："〔成化六年〕春三月壬午，霾，著人鬚眉皆黄。"

### 【陰霾】

亦稱"幽霾"。因霾發生時，天氣常常陰暗渾濁，故稱。唐柳宗元《夢歸賦》："白日遼其中出兮，陰霾披離以泮釋。"宋馮伯規《次韵中秉教授喜雨之作》詩："陰霾蔽天動經月，草木葉上積寸埃。"元楊顯之《酷寒亭》第四折："赤緊的雲鎖冰崖，風斂陰霾，雪灑塵埃。"正德《中牟縣志》卷一："〔成化十四年〕天忽陰霾，暴大作，雹大如拳，禾木盡傷。"清邢昉《觀太子少保左公遺集作歌贈子直兄弟》詩："幾日陰霾暗城闕，長安市中風拔屋。"

### 【幽霾】

幽暗的渾濁大氣。唐孟郊《石淙》詩之八："乘時幸勤鑒，前恨多幽霾。"明佚名《道法會元》："雲雨淋淫，幽霾誓孽，萬兆殞形。"

### 【昏霾】

昏晦彌漫的渾濁大氣。亦常比喻亂世或邪惡勢力。語出南朝宋顔延之《和謝監靈運》詩："徒遭良時詖，王道奄昏霾。"唐劉禹錫《卧病聞常山旋師策勳宥過王澤大洽因寄李六侍郎》詩："南國異氣候，火旻尚昏霾。"宋劉攽《江漢》詩："堕鳶愁瘴霧，吹蠱厭昏霾。"元吳當《積雪》詩："積雪山河浄，昏霾宇宙迷。"嘉靖《真定府志》卷九："〔正德元年〕夏四月，冀州大風晝晦，時風吹黄沙，昏霾移時，自未至酉乃定。"明皇甫冲《閏三月十日將别王甥與之痛飲醉後作將進酒》詩："狂風捲地吹飛塵，昏霾四塞白日沉。"清姚燮《馬蘭屯二章》其一："昏霾在户雲生肘，冷僻無春地不毛。"

### 【沈霾】

亦稱"霾霓"。陰沉之渾濁大氣。宋黄庭堅《戲用題元上人此君軒詩韵奉答周彦起予之作病眼空花句不及律書不成字》詩："此道沈霾多歷年，喜君占斗斸龍泉。"元林靈真《靈寶領教濟度金書》："沈霾昏霧，夜悉隱於山林。"明徐宏祖《徐霞客游記·楚游日記二》："每從人間津，俱戒莫入，且雨霧沉霾，莫爲引導。"明田藝蘅《雨賦》："小曰霡霂，晦曰霾霈。"清查文經《渡河》其一："天風一夜掃沈霾，曉樹蒼蒼宿霧開。"

【霾霈】

即沈霾。此稱明代已行用。見該文。

【雰霾】[2]

亦作"氛霾"，亦稱"霾雰"。伴有雲煙的渾濁大氣。唐歐陽詹《迴鸞賦》："雰霾掃蕩於寰區，塵埃滌濯乎皇都。"唐韓偓《感事三十四韻（丁卯已後）》詩："氛霾言下合，日月暗中懸。"前蜀杜光庭《都監將軍周天醮詞》："豺豕欺天，雰霾蔽日。"金元好問《游泰山》詩："鷄鳴登日觀，四望無氛霾。"明何景明《十七夜月》詩："胡爲蔽氛霾，坐使清光匿？"清周天度《題金閶石天山攬彎圖》詩："維昔勝國中，義輪霾雰暗。"

【氛霾】[2]

同"雰霾"。此體唐代已行用。見該文。

【霾雰】

即雰霾。此稱清代已行用。見該文。

【雲霾】

即雰霾。南朝陳江總《静卧栖霞寺房望徐祭酒》詩："連崖夕氣合，虛宇宿雲霾。"唐杜甫《白帝城最高樓》詩："峽坼雲霾龍虎卧，江清日抱黿鼉游。"宋魏了翁《約許侍郎（奕）諸公酒半宋正仲（德之）至自都城》詩："棷南山峚東流斷，關西雲霾北風急。"元倪瓚《述懷》詩："雲霾龍蛇噬，不復辨渭涇。"明李攀龍《杪秋登太華山絶頂》其四："樹杪雲霾沙漠氣，巖前日暈漢江流。"清沈峻《西行雜感》："雲霾荒堡歸人少，風捲平沙落雁多。"

【霾翳】

亦稱"翳霾"。晦暝昏暗之陰霾。晋木玄《虛海賦》："噓吸百川，洗滌淮漢，若乃霾翳潛消，莫振莫竦，輕塵不飛，纖羅不動，猶尚呀呷……"唐杜甫《雷》詩："復吹霾翳散，虛覺神靈聚。"宋方岳《太廟齋宿》詩："正爾梅蒸苦翳霾，翛然清廟得心齋。"明釋今辯《廬山天然禪師語録》："如日處霾翳，霾翳非可久。"《花月痕》第四七回："那各隊的人，轉抽身四處，瞧那火燄衝霄，好似風雨翳霾中電光馳驟。"清高其倬《望雪山》詩："忽然金風掃霾翳，半空橫轉兜羅緜。"

【翳霾】[2]

即霾翳。此稱宋代已行用。見該文。

## 霧霾

亦稱"霾霧"。霧和霾的混合物。霧是由大量懸浮在近地面空氣中的微小水滴或冰晶組成的氣溶膠系統，與霾混合就成霧霾。語本《爾雅·釋天》："風而雨土爲霾，陰而風爲曀。天氣下地不應曰雺，地氣發天不應曰霧，霧謂之晦。"《後漢書·郎顗傳》："時氣錯逆，霾霧蔽日。"唐王鎔《哭趙州和尚二首》其一："碧落霧霾松嶺月，滄溟浪覆濟人舟。"宋吕陶《朝陰》詩："所以作霾霧，終日争飄颺。"元袁桷《五月廿六日大寒二十二韵》詩："北户嚴雲結，中街宿霧霾。"明袁凱《荒園》詩："莽莽荒園，陰陰霧霾。"清姚鼐《米友仁楚江風雨圖卷》詩："藤厓高下縣太陰，霾霧冥濛露江樹。"

**【霾霧】** [2]

即霾翳。此稱南北朝時期已行用。見該文。

# 風霾

亦稱"霾風"。風和陰霾相伴而至。語出《詩·邶風·終風》："終風且霾，惠然肯來。"又《爾雅·釋天》："風而雨土爲霾。"《魏書·崔光傳》："昨風霾暴興，紅塵四塞，白日畫昏，特可驚畏。"宋王安石《霾風》詩："霾風摧萬物，暴雨膏九州。"《宋史·折御卿傳》："一夕風霾，有騎走營中。"元柳貫《故奉議大夫監察御史席公墓志銘》："延祐四年畿輔久旱，春夏多霾風。"《明武宗實録》卷六一："〔正德五年〕辛未詔：天時亢旱，風霾累作，朕念愚民犯法者多情可憫惻，自正德五年三月十六日以前，逃軍强盜私鹽除正犯外，無干證者盡釋之。"萬曆《淄川縣志》卷二二："〔嘉靖三十九年〕二月二十三日，風霾竟日，道路匍匐以歸，親識相遇不能辨。"明李夢陽《羈旅翁行》詩："霾風翩翩起白旄，五月黃塵暗天際。"《明史·岑用賓傳》："京師去冬地震，今春風霾大作，白日無光。"康熙《延津縣志》卷七："〔嘉靖二十九年〕春旱，霾風異常，不得耕種。"

**【霾風】** [1]

即風霾。此稱宋代已行用。見該文。

**【霾曀】** [2]

指伴風灰霾。語本《詩·邶風·終風》："終風且霾。"又："終風且曀。"《爾雅·釋天》："風而雨土爲霾，陰而風爲曀。"晋木華《海賦》："若乃霾曀潛銷，莫振莫竦。"吕向注："霾曀，昏氣也。"南朝梁劉孝綽《櫟口守風》詩："如何此日風，霾曀駭波瀾。"唐柳宗元《懲咎賦》："日霾曀以昧幽兮，黝雲涌而上屯。"宋曾鞏《喜晴》詩："今晨霾曀一掃蕩，羲和徐行驅六龍。"元郝經《青州山行》詩："雲梢見萊蕪，孤城隱霾曀。"明祝允明《雜吟》詩："春日欣載陽，淒飈霾曀蒙。"清洪繻《傷三兒彌月殤》詩："哀腸芒刺多，愁眼昏霾曀。"

# 煙霾

煙塵茫茫的渾濁大氣。南朝宋鮑照《冬日》詩："煙霾有氛氲，精光無明異。"北周庾信《彭城公夫人爾朱氏墓志銘》："死生千載，棺椁雙魂。野曠風急，天寒日昏。煙霾杳杳嶂，霧失遥村。"宋范純仁《龍門行》詩："是月嘉平臘將盡，春風料峭煙霾昏。"元張養浩《折桂令·過金山寺》曲："醉眼睜開，遥望蓬萊，一半兒雲遮，一半兒煙霾。"明袁中道《游高梁橋記》："而家有產業可以糊口，舍水石花鳥之樂，而奔走煙霾沙塵之鄉，予以問予，予不能解矣。"清黃景仁《登千佛巖遇雨》詩："飄然冷風過，煙霾漸消迹。"

# 沙霾

亦稱"霾沙"。因大量粉沙塵而形成的陰霾。唐張説《河州刺史冉府君神道碑》："磧路沙霾，草木不植之所，莫不盡滯穗於坰牧。"元陳桱《通鑑續編》卷九："東北流民，每風沙霾曀，扶携塞道，羸疾愁苦，身無完衣。"明尹臺《滕縣道中》詩："滕陽三百里，大地捲沙霾。"萬曆《揚州府志》卷二二："〔嘉靖十二年〕春，揚州淫雨傷麥，霾沙屢作，蝗蝻遍起。"明何景明《冬雨率然有二十韵》詩："沙霾翳白畫，遠望何由豁。"

**【霾沙】**

即沙霾。此稱明代已行用。見該文。

## 土霾

亦稱"霾土"。塵土和霧霾相伴而生的霾。語本《爾雅·釋天》："風而雨土爲霾。"漢王褒《九懷·陶壅》詩："浮雲鬱兮晝昏，霾土忽兮塵塵。"《明憲宗實錄》卷六四："〔成化五年〕閏二月己卯，日色變白，土霾四塞。"清沈欽韓《登孟縣城樓》詩："血漬金堤霾土色，風來玉壁撼軍聲。"

### 【霾土】

即土霾。此稱漢代已行用。見該文。

### 【塵霾】

因大量土塵而形成的陰霾。柳宗元《東海若》："揚陰火珠寶之光以爲明，其塵霾之雜不處也。"宋劉攽《游景靈宮》詩："舠棱拂星斗，廣除霽塵霾。"元馬端臨《文獻通考·物異考》："淳熙五年四月丁丑，塵霾晝晦，日無光。"明石寶《南望湖》詩："地涸泉脉細，天黃塵霾起。"清錢泳《履園叢話·祥異·塵霾》："嘉慶廿三年四月八日酉初刻，京城忽有暴風自東南來，俄頃之間，塵霾四塞，室中燃燭始能識辨。"

### 【塵霧】

塵土和煙霧的混合陰霾。一說，飛揚如霧的塵土。晋王彪之《游仙》詩："遠游絕塵霧，輕舉觀滄溟。"南朝陳張正見《游龍首城》詩："關外山川闊，城隅塵霧浮。"唐白居易《長恨歌》詩："回頭下望人寰處，不見長安見塵霧。"宋李壁《投壺》詩："瀛洲遠塵霧，永日但書几。"元吳師道《九月廿三日城外紀游》詩："九衢冥濛漲塵霧，漸見燈火稀星羅。"明唐之淳《燕山八景·盧溝曉月》詩："日出塵霧黃，駝馬雜車輛。"清宋之繩《戊子人日寄懷陳南士》詩："塵霧荒村合，田廬鬼國鄰。"

### 【氛垢】

即霾。塵土和煙霧的混合體。一說，飛揚如霧的塵土。唐王維《新晴晚望》詩："新晴原野曠，極目無氛垢。"宋梅堯臣《依韵武平憶玉晨觀》詩："世路多氛垢，人間浪逐名。"金元好問《寶嚴紀行》詩："城居望已遠，步覺脫氛垢。"明楊士奇《九日發桃源遇便風》詩："旭日明秋空，川原净氛垢。"清繆徵甲《暨陽懷古二十三首·席帽峰》詩："矯矯雲中龍，皭然絕氛垢。"

### 【黃霾】

黃色煙塵形成的陰霾。常發生於冬春時節。或與晨夕日光散射有關。宋李廌《鄧城道中懷舊時德麟相拉至江北三縣》詩："玄雲蔽冷日，朔風卷黃霾。"明李贄《彌陀寺》詩："停舟欲問彌陀寺，正是黃霾日上時。"元王惲《馬上偶得時秋苦旱冬天無雪》詩："群龍癡睡洞府黑，六合任使黃霾汙。"萬曆《濮州志》卷一："〔嘉靖三年〕二月，黃霾障天，晝晦如夜。"明李夢陽《空同集》卷二〇："冬無雪，春無雨，黃霾翻風。"康熙《日照縣志》卷一："〔嘉靖二十年〕三月朔，大風自西北起，黃霾障天。"

### 【紅霾】

紅色陰霾。霞光與霧霾結合的結果。嘉靖《真定府志》卷九："〔嘉靖二十三年〕冬十二月，武強大風，紅霾四塞。"康熙《重修武強縣志》卷二："初六日，大風，紅霾蔽天。"又云："〔嘉靖二年〕三月初二日，大風紅霾暗日，白晝爲昏。六日復作。"

## 雨霾 [2]

亦稱"霾雨"。天上落下使空氣變得渾濁的陰霾，或爲沙塵暴。一說，陰霾或伴有雨水。宋吳潛《滿江紅·九日郊行》詞："盡斂却、雨霾風障，霧沈雲暝。遠岫四呈青欲滴，長空一抹明於鏡。"《宋史·寧宗紀》："〔嘉泰四年〕正月壬午，雨霾。"《明孝宗實錄》卷二二："〔弘治二年〕正月甲申，是日，南京雨霾。"又同書卷二二："〔弘治二年〕正月甲申，是日，南京雨霾。"又，同書卷一八三："〔弘治十五年〕正月乙未，雨霾。"明黎景義《溪園書事》："落甒輕颺霰，吹涎細雨霾。"《明史·五行志》："〔成化六年〕二月壬申，以自冬徂春，雨雪不降，敕諭群臣親詣山川壇請禱。三月辛巳，霾雨晝晦。六月，北畿大水。"清張遠《歲暮寄懷故園親友》詩："正是羊城梅放日，瘴雲霾雨獨登樓。"清游藝《天經惑問》卷四："雨霾者，火氣疏燥，挾土而上，水氣輕微不能成雨，土氣濃厚降下，如黃霧濛濛者。"

【霾雨】[2]

即雨霾[2]。此稱明代已行用。見該文。

【雨土霾】

塵土和雨相伴而來的霾。《元史·明宗紀》："丁亥，雨土霾。"《明武宗實錄》卷六一："〔正德五年〕三月甲子，黃霧四塞，災風揚塵蔽空，雨土霾，天色晦冥，如是者數日。"又，同書卷九〇："〔成化七年〕四月乙卯，雨土霾。丙辰，未時雨黑沙。"又，同書卷一七五："〔成化十四年〕二月辛酉未刻，雨土霾。"清畢沅《續資治通鑑》卷第二〇六："〔至順二年三月〕丙戌，雨土霾。"

## 旱霾

天氣乾旱時出現的陰霾。常發生於冬春時節。《明史·羅僑傳》："〔正德五年〕四月，京師旱霾。"又同書《孝宗紀》："十年……三月辛亥，以旱霾修省，求直言。"清姚燮《南轅雜詩一百八章》其四十："指顧出重邱，旱霾正昏溙。"清《山西通志》："秋冬出黑氣，歲三月十八日，有司致祀，或旱霾爲虐，禱於祠，而封其竅風。"

# 中華博物通考

總主編 張述錚

## 氣象卷

下

本卷主編
焦秋生

上海交通大學出版社

# 第六章　氣流説

## 第一節　風意考

　　風，對於古人，祇能感覺，無法看到。古人是通過風作用於其他事物而理解這一事物的。"風"的甲骨文，似一隻頭戴冠帽、展開羽翼飛行的大鳥，本意或是因鳥展翅飛翔而生成風，或是鳥類飛翔時須藉力於風。

　　氣流謂之風。由於受太陽輻射、地球自轉、海陸熱力差异以及地形、植被分布等因素的影響，地面氣壓分布不均，導致空氣流動，形成大尺度和中小尺度的大氣環流。水平運動的氣流則稱爲風。古人似乎已意識到風與地面環境、太陽輻射等因素的關聯性。《莊子·齊物論》："大塊噫氣，其名爲風。"大塊，指大地，大地噫氣（嘆息、吐氣）即風。《河圖》："風者，天地之使。"是説風的産生與天空和大地相關。《春秋元命苞》："陰陽怒而爲風。"是説風的産生與晝夜、冬夏季節以及水火等陰陽事物有關。古籍中關於風的概念詞語有多種。例如"飇"，亦稱"颰""颮""颴""颷""飆""飂""飅""飀"

古常畫植葉表風
（清方膺《瀟湘風竹圖》
局部）

等，而"吹""浮""噫氣"等詞語都與風的姿態有關。
亦有擬人、擬物之表達。例如"風馬""風禽""風箏""孟
婆"等。

現代科學定義的氣流多以氣旋和反氣旋的形式呈現。
低氣壓引起的由外向內旋轉的風，稱爲氣旋；高氣壓引
起的由內向外旋轉的風，稱爲反氣旋。其旋轉的方嚮又
分爲逆時針和順時針兩種，這與氣流所在半球引起的科
里奧利力有關。從宏觀的角度看，地球表面的風，多與
範圍巨大的旋風有關。古人謂旋風之含義，僅指由外向
內旋轉的風，且以局部小尺度旋風爲主。因爲這種旋風
之氣流在中心區域向上升起，并帶起地面沙塵等物質，
能够被人感知。

古常畫衣衫裙裾裾表風
（宋佚名《呂洞賓渡海圖》局部）

古人繪製的氣流
（清焦秉貞《孔子聖迹圖・二龍五老》
局部）

旋風之抽象概念詞語包括"旋風""飈風""飇"等，
即螺旋狀之疾風，《後漢書・王忳傳》："被隨旋風，與馬
俱亡。"唐李賀《馬詩二十三首》之十六："莫嫌金甲重，且去捉飈風。"《正字通・風部》：
"飇，回風，本借用旋。"又"回風"，即旋風，《楚辭・九章・悲回風》："悲回風之搖蕙兮，
心冤結而內傷。"又"還風"，通"旋"，《易稽覽圖》："還風者，善令還也。"又"飄風"，
《爾雅・釋天》："回風爲飄。"郭璞注："旋風也。"

旋風之態勢詞語有"飇"，謂小旋風。《廣韵・支韵》："飇，小旋風，咸陽有之，小飇
於地也。"又"回飆""回飈""回猋""回飇""飄回""旋飆"等，指大旋風。漢揚雄《甘
泉賦》："回猋肆其碭駭兮，跋桂椒而鬱移楊。"又"搖風"，扶搖直上態。南朝梁江淹《恨
賦》："搖風忽起，白日西匿。"又"猋""猋風""猋忽"。《爾雅・釋天》："扶搖謂之猋。"
郭璞注："暴風從下上。"又"飆""飈""飇""飇"飇"等。《說文・風部》："飆，扶搖風也。
飇，飆或从包。"又"狂飆""狂飈""狂飇""獰飆"。晋陸雲《南郊賦》："狂飆起而妄駭，
行雲藹而芊眠。"

旋風之類比詞語有"鵬風"，謂旋風如大鵬扶搖直上。宋沈瀛《減字木蘭花・遲速》
詞："未行先止，魚上竹竿人噪喜。九萬鵬風，六月天池一息通。"又"獨鹿"，即旋風，
《太平御覽》卷九引《抱朴子》曰："用兵之要，雄風爲急……扶搖獨鹿之風，大起軍

中，軍中必有反者。"又"風龍陣"，指龍捲風。清錢泳《履園叢話·風龍陣》："乾隆丙午四月初八未刻起風龍陣，吾鄉石家橋至沈瀆官塘一帶，拔木發屋者不計其數。"又"羊角風""羊角"，旋風盤旋而上，猶如羊角。《魏書·靈徵志》："〔升明二年〕七月庚申，武川鎮大風，吹失六家，羊角而上，不知所在。壬戌，雍州赤風。"

## 風概念

### 風

亦作"飌"。亦稱"颽""颮""颼""颭""颸""颹""颾""颿""飍"等。氣流謂之風。由於受太陽輻射、地球自轉、海陸熱力差异以及地形、植被分布等因素的影響，地面氣壓分布不均，導致空氣流動，形成了大尺度和中小尺度的大氣環流。水平運動的氣流則稱爲風。《莊子·齊物論》："大塊噫氣，其名爲風。"《河圖》："風者，天地之使。"《吕氏春秋·下賢》："風呼，其高無極也。"漢佚名《春秋元命苞》："陰陽怒而爲風。"南朝梁顧野王《玉篇·風部》："飌，古文風。"又云："颽，風也。"又云："颮，風也。"又云："颼，風也。"又云："颭，風也。"又云："颸，風也。"又云："颹，風也。"《集韵·魂韵》："颾，風也。"又《幽韵》："飍，風也。"漢劉向《説苑·敬慎》："樹欲静乎風不定，子欲養乎親不待。"唐孔德紹《夜宿荒村》詩："風度谷餘響，月斜山半陰。"宋徐鉉《寄和州韓舍人》詩："風頭乍寒暖，天色半陰晴。"元戴侗《六書故·動物》："天地八方之氣吹噓鼓動者命之

"風"字甲骨文，形態若氣流中飛翔的鳳凰

曰風。"明丁鶴年《慈溪度夏報國寺寄甬東椿上人》詩："雨腥龍出澗，風勁虎過林。"清吳本泰《候舟》詩："浦口千檣集，占風信宿遲。"

【飌】

同"風"。此體南朝梁已行用。見該文。

【颽】

即風。此稱南北朝時期已行用。見該文。

【颮】

即風。此稱南北朝時期已行用。見該文。

【颼】

即風。此稱南北朝時期已行用。見該文。

【颭】

即風。此稱南北朝時期已行用。見該文。

【颸】

即風。此稱南北朝時期已行用。見該文。

【颹】 [1]

即風。此稱南北朝時期已行用。見該文。

【颾】

即風。此稱宋代已行用。見該文。

【飍】

即風。此稱宋代已行用。見該文。

## 【吹】

風之別稱。亦多作動詞，俗謂颳風。《詩·邶風·凱風》："凱風自南，吹彼棘心。"先秦屈原《九歌·湘君》其三："望夫君兮未來，吹參差兮誰思！"按，參差，可釋爲忽强忽弱，忽長忽短。三國魏曹植《吹雲贊》："吹雲吐潤，浮氣蓊鬱。"晋佚名《子夜四時歌·夏歌二十首》其一："吹歡羅裳開，動儂含笑容。"晋許翽《郭四朝叩船歌四首》其二："高舉方寸物，萬吹皆垢塵。"南朝梁蕭總《上蓮山》詩："飛花滿叢桂，輕吹起修筇。"唐喬知之《從軍行》詩："玉霜凍珠履，金吹薄羅衣。"前蜀韋莊《三用韻》詩："笛聲隨晚吹，松韻激遥礎。"宋佚名《白雪歌》詩："寒郊復疊鋪柳絮，古磧爛熳吹蘆花。"金劉仲尹《相思引》詩："翠實低條梅弄色，輕花吹蘁麥初匀。"明郏經《婁東述懷寄示龍門上人玉山居士》詩："把袂寒潮上，還家夜雪吹。"清萬壽祺《答王大》詩："二陵殘黍西風急，十郡寒笳北吹哀。"

## 【浮】

風之异稱。亦爲道教語。《詩·大雅·江漢》："江漢浮浮，武夫滔滔。"按，"浮浮"，謂氣上升貌，或流動貌。乘風於江上，武士們在波濤中行進。三國魏曹植《蝦䱇篇》詩："撫劍而雷音，猛氣縱橫浮。"晋張協《雜詩》："飛澤洗冬條，浮飆解春澌。"南北朝朱超《對雨》詩："落照依山盡，浮凉帶雨來。"唐虞世南《從軍行二首》其一："蔽日卷征蓬，浮天散飛雪。"宋張君房《雲笈七籤》卷八："九天真人呼風爲浮。"金張斛《寓中江縣樓》詩："綠漲他山雨，青浮近市煙。"明劉永之《翠屏山房爲羅伯綱賦》詩："浮嵐變朝彩，宿雨經池上。"清王夫之《聞極丸翁凶問不禁狂哭痛定輒吟二章》其一："春浮夢裏迷歸鶴，敗葉雲中哭杜鵑。"

## 【颮颮】

亦作"飆飆"。亦稱"颮飀""蕭颮"。即風。《集韵·曷韵》："颮，颮颮，風也。或作'飈'。"又云："飀，颮飀，風也。"宋李洪《題戚仲驟綱圖》詩："驟行迢遞風蕭颮，倦來誰復鳴鞭梢。"宋釋如净《偈頌二十五首》其二十三："霜風號蕭殺，霜葉墮蕭颮。"元仇遠《贈張玉田》詩："碧池槐葉玄都桃，眼空舊雨秋蕭颮。"明羅萬傑《寓羊城秋懷》詩："秋聽簷外竹，終夕響蕭颮。"清劉玉麟《飲汪容甫宅》詩："遠歸畏蕭颮，獨坐傷骫骳。"《康熙字典》："颮颮，風也。"

## 【飆飆】

同"颮颮"。此體宋代已行用。見該文。

## 【蕭颮】

即颮颮。此稱宋代已行用。見該文。

## 【颮飀】

即颮颮。此稱宋代已行用。見該文。

## 【噫氣】

風之別稱。語本《莊子·齊物論》："大塊噫氣，其名爲風"。噫氣，本指吐氣。大塊，指大地。現代科學證明，風的形成與地面狀況有緊密的聯繫。南朝梁殷鈞《大言應令》詩："噫氣爲風，揮汗成雨。"唐李白《贈張相鎬二首》其一："大塊方噫氣，何辭鼓青蘋。"宋衛宗武《喜晴》詩："噫氣夜號力撼山，平明推上赤玉盤。"元林彦華《八臺咏·歌風臺》詩："芒碭雲氣高崔嵬，山東噫氣聲如雷。"明黎景義《擬古三首》其三："支流判河水，噫氣開山雲。"清趙翼《颶風歌》："誰將噫氣閉土囊，一噴咽喉不可搤。"

## 【虛籟】

風之別稱。南朝宋謝莊《月賦》："聲林虛籟，淪池滅波。"呂延濟注："謂風止林籟，虛而不鳴。"按，謂林風漸弱，至水波緩。唐杜甫《游龍門奉先寺》詩："陰壑生虛籟，月林散清影。"楊倫箋注："虛籟謂風也。"宋王阮《瀑布二首》其一："幽林洶洶虛籟作，赫日粲粲寒光垂。"元何中《苦熱得雨》詩："林端動虛籟，殿角搖飛霆。"明安紹芳《西林三十二景·虛籟堂》詩："時聞虛籟生，復聞虛籟息。"清夢麟《西堂秋夕》詩："荷動觸虛籟，竹深流暗螢。"

## 【風馬】

即風。謂風馳如馬，故稱。《漢書·禮樂志》："靈之下，若風馬，左蒼龍，右白虎。"唐元稹《古社》詩："那言空山燒，夜隨風馬奔。"宋李彌遜《瓜步阻風作》詩之二："殷勤謝風馬，爲挂一帆斜。"宋薛季宣《吳江放船至楓橋灣》詩："風馬座中生，天幕波中出。"元劉鶚《寄友爲紅巾破九江府》詩："御街楊柳春風馬，海子芙蓉夜月船。"明王廷相《西京篇》詩："少翁擊鐸復吹籥，雲旂風馬宵紛錯。"清文星瑞《廣州昭忠祠聯》："望空際雲車風馬，英魂都自戰場來。"

## 【風帚】

亦作"風箒"。即風。大風颳起似持帚掃地，故稱。宋徐積《雪》其一："掃開寥廓憑風帚，抉去紛紜憶劍仙。"元王惲《好事近·春寒繼劉君卿韵》詞之一："且就驅雲風帚，埽西山晴雪。"元曹伯啓《陪翟沈二文學歲暮登宴嬉臺》詩："風帚誰操執？雲衣自翦裁。"清許傳霈《丹陽道中》其三："草長淒風帚，橋連舊日村。"

## 【風箒】

同"風帚"。此體元代已行用。見該文。

## 【孟婆】[1]

風之俗稱。又謂傳説中的風神。宋趙佶《月上海棠》詞："孟婆且與我，做些方便。"元王奕《和疊山隆興阻風》詩："殷士莫嗟留楚棹，孟婆久送過河船。"明謝肇淛《五雜俎·天部》："羊角也，少女也，扶搖也，孟婆也，皆風之別名也。"清趙翼《湖上》詩其二："連日狂飆卷地來，孟婆作意把花摧。"《學山詩話》："祇恐孟婆起蘋末，復盼春龍渥芳意。"

## 【風色】

亦稱"風緒"。即風。一説指天色，一説指景色。南朝宋吳邁遠《陽春歌》詩："綠樹搖雲光，春城起風色。"南朝梁何遜《暮秋答朱記室》詩："寒潭見底清，風色極天净。"唐元稹《酬復言長慶四年元月郡齋感懷見寄》詩："苦思正旦酬白雪，閑觀風色動青旗。"宋孔平仲《十二月二十五日大雪》詩："今朝大雪無風色，下隰高原總盈尺。"金元好問《水調歌頭》詞："今日好風色，可以放吾舟。"明高啓《憶遠曲》："揚子津頭風色起，郎帆一開三百里。"《儒林外史》第四三回："這日將到大姑塘，風色大作……祇見兩隻大鹽船，被風横掃了，抵在岸邊。"

## 【風緒】

即風。南朝齊王融《懺悔三業門頌》："惑端風緒，愛境旌懸。"唐盧照鄰《至望喜矚目言懷貽劍外知己》詩："澗松咽風緒，巖花濯露文。"明黃淳耀《静夜》詩："寂然生衆動，風緒到寒林。"清李光地《和京江相國西郊偕行原韵》詩："池荷明夏殘，河楊結風緒。"

## 【風氣】

即風。《淮南子·氾論訓》："夫户牖者，風氣之所從往來。"晋陶潛《庚戌歲九月中於西田穫旱稻》詩："山中饒霜露，風氣亦先寒。"南朝佚名《三輔黄圖》卷五："飛廉觀在上林……飛廉，神禽，能致風氣者。"南朝梁王筠《早出巡行矚望山海》詩："昧旦清音上，風氣入纖蘿。"宋王質《栗里華陽窩辭·穫西田下噀辭》："饒霜露兮深山，風氣兮先城郭而生。"元吳景奎《宿存存庵》詩："一榻松雲容我宿，半巖風氣逼衣寒。"明呂時臣《阻雨七峪》詩："雨乘風氣作，一雨爭流泉。"清屈大均《懷沈武功》其二："炎方風氣異，秋盡始知秋。"

## 【箕風】

即風。抑或指大風。語本《書·洪範》："庶民惟星，星有好風，星有好雨。"孔傳："箕星好風，畢星好雨，亦民所好。"南朝宋鮑照《舞鶴賦》："凉沙振野，箕風動天。"張銑注："箕，星名，主風，故云箕風。"南朝梁吳均《八公山賦》："畢雨箕風，育嶺生峨。"前蜀杜光庭《晋公北帝醮詞》："畢雨箕風，蘇舒品物。"宋宋祁《寄襄陽觀徐師》詩："箕風動地雲羅闊，誰伴凌空禦寇來。"明萬民英《星學大成》："箕風畢雨，倏忽聚散。"清錢謙益《卜肆行》："世運箕風還畢雨，可憐賈生心獨苦。"

## 闌風 [1]

吹襲不止的風。或爲今所指大尺度信風。唐杜甫《秋雨嘆》："闌風長雨秋紛紛，四海八荒同一雲。"宋文天祥《生日謝朱約山和來韵》："願隨後社著深衣，闌風伏雨從是非。"明鄭善夫《東歸行送殷先輩》詩："闌風吹江江卷素，雲脚如霾暗前路。"清諸錦《大學釋褐觀石鼓因讀韓蘇二詩同同年李巨州作一百韵》："闌風長雨夜，豐草深榛藉。"

# 旋　風

## 旋風

亦作"颭風""飈風""颭飉"等。亦稱"颭""颩"等。螺旋狀之風。現代定義的旋風有兩類，一類是低氣壓引起的由外向内旋轉的風，稱爲氣旋；一類是高氣壓引起的由内向外旋轉的風，稱爲反氣旋。其旋轉的方嚮又分爲逆時針和順時針兩種，這與氣流所在半球引起的科里奥利力有關。古人謂旋風之含義，僅指由外向内旋轉的風。因爲這種旋風之氣流在中心區域向上升起，并帶起地面沙塵等物質，能够被人感知。晋曹攄《答趙景猷》詩："客過行雲，虚其旋風。"《後漢書·王忳傳》："被隨旋風，與馬俱亡。"唐李賀《馬詩二十三首》之十六："莫嫌金甲重，且去捉颭風。"又《神弦曲》："西山日没東山昏，颭風吹馬馬踏雲。"唐元稹《賽神》詩："旋風天地轉，急雨江河翻。"宋葉隆禮《契丹國志》："契丹人見旋風合眼，用鞭望空打四十九下，口道'坤不刻'七聲。"元王鑒《發東倉呈伯京》詩："蘆花旋風作雪舞，水氣上天侵月明。"明張自烈《正字通·風部》："颭，回風，本借用旋。"嘉靖《德清縣志》卷一○："〔弘治六年〕六月二十七日，旋風大作，其家之屋廬器件牲畜爲風所卷。"康熙《清河縣志》卷一七："〔嘉靖元年〕旋風雨雹，時城西有男子陳文與數人耘田，猛風旋起，因失文所在，俄而雨雹，文至邑南一百餘里始墜於地。"清《山西通志》："轉風曰颺風。"清胡建偉《澎湖紀略》卷二〇："颺飇起中央，沙礫盡飄灑。"

【颺風】

同"旋風"。此體唐代已行用。見該文。

【颰風】

同"旋風"。此體唐代已行用。見該文。

【颰飇】

同"旋風"。此體清代已行用。見該文。

【颰】

即旋風。此稱明代已行用。見該文。

【颰】

即旋風。亦謂小旋風。《廣韻·支韻》："颰，小旋風，咸陽有之，小颰於地也。"《集韻·支韻》："颰，回氣謂之颰也。"

【旋颰】

亦作"旋飇"。即旋風。宋張君房《雲笈七籤》："既昇壇，展禮思神之際，有黑雲暴起，旋颰入座，拔其二柱，飄其竹席。"元宋褧《朝元宮白牡丹》詩："瑤圃廓落崑崙高，霓旌豹節凌旋飇。"明王稱《感寓》詩其十一："良窳潛一機，回薄如旋颰。"清戴亨《感懷》詩其八："飛蓬逐旋颰，飄飄何所窮。"

【旋飇】

同"旋颰"。此體元代已行用。見該文。

【回風】

亦作"迴風"。即旋風。因氣流迴旋，故稱。《楚辭·九章·悲回風》："悲回風之搖蕙兮，心冤結而內傷。"《史記·司馬相如列傳》司馬貞《索隱》引文穎曰："結風，回風，回亦急風

也。"漢東方朔《七諫·自悲》詩："苦衆人之皆然兮，乘回風而遠游。"晉佚名《古詩十九首·東城高且長》："回風動地起，秋草萋已綠。"南朝宋鮑照《還都道中三首》其一："急流騰飛沫，回風起江濆。"唐杜甫《對雪》詩："亂雲抵薄暮，急雪舞回風。"宋朱淑真《雪晴》詩："飢禽高噪日三竿，積雪回風墮指寒。"元丘處機《雪山》詩："不能隱地回風坐，却使彌天遂日行。"明胡應麟《少室山房集》卷一一："回風吹轉蓬，倏忽行萬里。"清王夫之《水調歌頭·咏懷》詞："耐可乘流直上，不避回風吹轉，蹴破浪花圓。"清曹寅《惠山納涼歌》："柳上一蟬鳴不已，柳下回風激流水。"

【回飄】

亦稱"飄回"。指旋風。漢賈誼《惜誓》："臨中國之衆人兮，託回飇乎尚羊。"漢王粲《思親》詩："仰瞻歸雲，俯聆飄回。"晉曹攄《思友人》詩："情隨玄陰滯，心與回飄俱。"吕延濟注："與回風俱飛，願遠去見友人也。"唐李紳《過梅里七首·家於無錫四十載今敝廬數堵猶存今列題於後》詩："閑整素儀三島近，回飄清唳九霄聞。"唐趙嘏《今年新先輩以遏密之際每有宴集必資清談書此奉賀》詩："鶴取回飄雲雨外，蘭亭不在管弦中。"

【飄回】

即回飄。此稱漢代已行用。見該文。

【飄風】[1]

亦稱"飄"。即旋風。《詩·大雅·卷阿》："有卷者阿，飄風自南。"毛傳："飄風，回風也。"《爾雅·釋天》："回風爲飄。"郭璞注："旋風也。"《楚辭·離騷》："飄風屯其相離兮，帥雲霓而來禦。"唐邵景《嘲韋鏗》詩："飄風忽

起團團旋，倒地還如著脚餹。"宋朱熹《奉答景仁老兄贈別之句》詩："奔趨嗜欲名利境，浩蕩勢若飄風旋。"明朱友諒《禱雨》詩："千尺再噀山氣黑，飄風盤旋走沙礫。"清姚鼐《夜讀》詩："汝聞天籟乎，飄風滿空起。"

**【飄】**

即飄風。此稱先秦時期已行用。見該文。

**【回猋】**

指旋風。亦指狂暴之旋風。漢揚雄《甘泉賦》："回猋肆其碭駭兮，翍桂椒而鬱栘楊。"《漢書·顏師古注》："回猋，回風也。"漢馬融《長笛賦》："巔根跁跳之礐剔兮，感回飈而將頹。"

**【回飈】**[1]

亦作"回飆""回飇"。指旋風。亦指狂暴之旋風。三國魏曹植《雜詩七首》其二："何意回飈舉，吹我入雲中。"南朝宋顏延之《秋胡》詩："原隰多悲涼，回飈卷高樹。"《魏書》卷七二："陵回飆而上驤兮，窮深谷而下馳。"唐李白《與諸公送陳郎將歸衡陽》詩："回飈吹散五峰雪，往往飛花落洞庭。"宋劉學箕《方是閑居士小稿》卷上："佛屋栖雲端，回飆度崎谷。"元余闕《待制張廷美姑阿慶》詩："秋榛覆故隴，驚蓬颭回飈。"明梁寅《京城和蔡淵仲旅夕》詩："卷幔回飈入，題詩急雨催。"清彭孫貽《望海》詩其四："島夷向日窮荒至，颶母回飈入夏多。"

**【回飇】**[2]

同"回飈"。此體南北朝時期已行用。見該文。

**【回飆】**

同"回飈"。此體唐代已行用。見該文。

**【回飇】**

同"回飈"。此體明代已行用。見該文。

**【羊角風】**

亦稱"羊角"。旋風之別稱。盤旋而上猶如羊角，故稱。《莊子·逍遥游》："有鳥焉其名爲鵬，背若泰山，翼若垂天之雲。摶扶搖羊角而上者九萬里。"陸德明釋文引司馬彪云："風曲上行如羊角。"《魏書·靈徵志》："〔升明二年〕

羊角風，盤旋而上猶如羊角

七月庚申，武川鎮大風，吹失六家，羊角而上，不知所在。壬戌，雍州赤風。"唐白居易《送友人上峽赴東川辟命》詩："羊角風頭急，桃花水色渾。"宋釋智深《頌古十二首》其十一："魚鱗水漲舟橫岸，羊角風生花落溪。"元成廷珪《和饒介之春夜七絕》其七："昨夜馬頭雹，滿天羊角風。"明王世貞《昆溟歌贈楚人曾生麟兆》詩："鮫宮水擊白波立，羊角風摶黑雲起。"清張岱《夜航船·羊角風》："宋熙寧間，武城有旋風如羊角，拔木，官舍捲入雲中，人民墜地死。"

**【羊角】**

即羊角風。此稱先秦時期已行用。見該文。

**【鵬風】**

指大旋風。《莊子·逍遥游》："有鳥焉其名爲鵬，背若泰山，翼若垂天之雲。"王先謙集解：“《爾雅》：‘扶搖謂之飆。’郭注：‘暴風從下上。’”後以“鵬風”指迅速上旋的大風。唐司空圖《詩品二十四則》：“水理漩洑，鵬風翺翔。”宋沈瀛《減字木蘭花·遲速》詞：“未行先止，魚上竹竿人噪喜，九萬鵬風，六月天池一息通。”元胡天游《贈宗人胡以興號海觀（以興名鎮）》詩：“説與井蛙應不信，更携銀漢附鵬風。”明張昱《題秋江送別圖》詩：“霄漢正當鳴鳳日，帆檣好趁大鵬風。”清陳恭尹《錢太常葭湄以半舫詩索和次韻四首兼以送之》其四：“已化鵬風溟海上，却回龍節洞庭行。”

【還風】[1]

即旋風，改變方嚮之風。還，通“旋”。《易稽覽圖》：“還風者，善令還也。”晋張華《博物志》卷九：“何以知還風也？假令東風，雲反從西來，詵詵而疾，此不旋踵，立西風矣。”

【卷（捲）風】

即旋風。唐李紳《慶雲見》詩：“卷風變彩霏微薄，照日籠光映隱重。”唐吴商浩《塞上即事》詩：“寒沙萬里平鋪月，曉角一聲高卷（一作繞）風。”宋張耒《感春三首》其二：“萬紅辭林卷風去，坐見錦繡蒙蒼苔。”元黄鎮成《吴伯昭紅蓮緑幕圖歌》詩：“雲煙卷風島嶼没，窗户洗雨冰霜回。”明郭之奇《再用子龍韻》：“卷風雪浪須臾變，帶雨雲峰咫尺瞞。”清胤禛《織圖二十三首·練絲》：“掉車若卷風，映釜如翻雪。”

【積風】

指匯聚在一起的旋風。語出《莊子·逍遥游》：“鵬之徙於南冥也，水擊三千里，搏扶搖而上者九萬里……風之積也不厚，則其負大翼也無力，故九萬里，則風斯在下矣。”晋孫放《咏〈莊子〉》詩：“撫翼搏積風，仰凌垂天翬。”南朝梁朱超《咏獨栖鳥》詩：“但令積風多少便，何患有翼不能飛。”《魏書·邢巒傳》：“夫圖南因於積風，伐國在於資給，用兵治戎，須先計校。”宋劉放《書堂對雪》詩其二：“積風寒玉折，驚鳥落花餘。”金雷淵《九日登少室絶頂同裕之分韻得蘿字》詩：“浩浩跨積風，瀰瀰渺長河。”明董其昌《送李伯襄太史封秦藩二首》其二：“百二山河磐石重，三千溟海積風多。”清鄭珍《北洞》詩：“絶叫出青壁，浩浩乘積風。”

【飆】[1]

亦作“飇”“飈”“飊”“颷”等。指狂暴之旋風。狂風、暴風、疾風，皆由强氣旋導致。《説文·風部》：“飆，扶搖風也。飇，飆或从包。”按，旋風爲低氣壓所致，氣流旋轉扶搖向上。漢司馬相如《上林賦》：“陵驚風，歷駭飇。”《史記·廉頗藺相如列傳》：“清飆凜凜，壯氣熊熊。”漢桓寬《鹽鐵論·世務》：“飇舉電至。”北周庾信《經陳思王墓》詩：“飄颻河朔遠，颭飆颶風鳴。”唐李白《趙公西侯新亭頌》：“至有疾雷破山，狂飇震壑。”唐慧琳等《一切經音義》卷八二：“飇，《考聲》云：‘疾風上而下曰飇。’”宋劉敞《和永叔對雪次韻》詩：“驚飇卷白日，朔氣逼寒門。”元周權《徐州暮泊風雨驟至》詩：“狂飇揚沙昏白晝，黑雲卷地翻風雷。”明劉基《郁離子》：“蔚雲旋而飆回。”明胡儼《驟雨戲作》詩：“飇風吹回雨如織，黑雲壓空電飛急。”清錢謙益《後秋興八首辛丑二月初四日夜宴述古堂酒罷而作》其四：“那知霧塞飆回候，乍見天開地裂時。”

【飆】

同"飆"。此體漢代已行用。見該文。

【飈】

同"飆"。此體漢代已行用。見該文。

【飇】

同"飆"。此體漢代已行用。見該文。

【颷】

同"飆"。此體唐代已行用。見該文。

【猋】[1]

亦稱"猋風""猋忽"。即飆。指從下而上，扶搖直上之風，亦即旋風。先秦屈原《楚辭・九歌・雲中君》詩："猋遠舉兮雲中。"《爾雅・釋天》："扶搖謂之猋。"郭璞注："暴風從下上。"《禮記・月令》："〔孟春之月〕猋風暴雨總至。"鄭玄注："回風爲猋。"宋郊廟朝會歌辭《高宗建炎初祀昊天上帝》："薦豆雲徹，靈猋且旋。"

【猋風】

即猋[1]。此稱漢代已行用。見該文。

【猋忽】[1]

即猋[1]。此稱漢代已行用。見該文。

【狂飆】

亦作"狂颷""狂飇""狂飈"。謂迅疾旋風。一說，指風暴。晉陸雲《南郊賦》："狂飆起而妄駭，行雲藹而芊眠。"唐韓愈《寄崔二十六立之》詩："舉頭庭樹豁，狂飆卷寒曦。"唐李商隱《深宮》詩："狂飈不惜蘿陰薄，清露偏知桂葉濃。"宋羅興之《山行》詩："狂飈卷雨辨朝曦，似與新晴有會期。"明釋元賢《永覺元賢禪師廣録》："狂飈吹破舊茅茨，冷落如何度歲時。"明王世貞《奉釋典諸部經於小祇園藏經閣中有述》詩："冥迹蹈恒河，狂飈吹慧燈。"《紅樓夢》第七八回："花原自怯，豈奈狂飈。"清

劉獻廷《江夏留別解用九》詩："小舟傍雲根，夜夜狂飈吹。"

【狂飇】

同"狂飆"。此體唐代已行用。見該文。

【狂颷】

同"狂飆"。此體唐代已行用。見該文。

【狂飈】

同"狂飆"。此體宋代已行用。見該文。

【獰飈】

亦作"獰颷""獰飆"。謂迅疾旋風，抑或指風暴。唐韓愈《送無本師歸范陽》詩："獰飈攪空衢，天地與頓撼。"宋劉克莊《牛田鋪大雪》詩："暝色蟠空起，獰飈激地吹。"元于石《同韵效歐蘇體》詩："草廬抱膝方卧龍，獰飈撼户雲埋峰。"明王縉《臨清途次日蝕有感》詩："玄雲結暝護層霄，獰飆撼空號萬木。"清吳保初《寄內》詩："獰飆振槁葉，嚴霜瘁枯枝。"《小琉球漫志》卷三："獰飈倏蕩簸，轉瞬添焦土。"

【獰颷】

同"獰飈"。此體宋代已行用。見該文。

【獰飆】

同"獰飈"。此體明代已行用。見該文。

【扶搖風】

亦稱"扶搖"。亦稱"扶風""搖風""飆飇"。指謂迅疾旋風。即飆。《莊子・逍遥游》："鵬之徙於南冥也，水擊三千里，搏扶搖而上者九萬里。"成玄英疏："扶搖，旋風也。"《説文・風部》："飆，扶搖風也。"《淮南子・覽冥訓》："降扶風，雜凍雨，扶搖而登之。"高誘注："扶風，疾風也。"南朝梁江淹《恨賦》："搖風忽起，白日兩匿。"李善注引《爾雅》：

"颮飆謂之飈。颮音扶，飆與摇同。"唐元稹《有鳥》詩之十四："翩翻百萬徒驚噪，扶摇勢遠何由知？"唐沈佺期《被彈》詩："有風自扶摇，鼓蕩無倫匹。"宋李廌《秋風》詩："萬籟静中起，扶摇風怒號。"元范梈《贈揭景哲茂才别》詩："九萬扶摇風，相看尚轉蓬。"明葉春及《送方伯滕公拜大中丞操江》詩其二："飀飀扶摇風，蕩蕩閶闔門。"明孫蕡《畫梅》詩之一："游龍扶風飛上天，明珠萬斛争春妍。"清陳恭尹《送佘振西梁凝掞入都》詩："詩禮庭中推二妙，扶摇風裏羡皆飛。"

## 【扶摇】

即扶摇風。此稱唐代已行用。見該文。

## 【扶風】

即扶摇風。此稱漢代已行用。見該文。

## 【摇風】

即扶摇風。此稱南北朝時期已行用。見該文。

## 【颮飆】

即扶摇風。此稱唐代已行用。見該文。

## 【風龍陣】

亦稱"龍卷（捲）風"。强烈的旋風，常發生於夏季的雷雨天氣時，尤以下午至傍晚最爲多見，影響範圍雖小，但破壞力極大。語出唐李商隱《寓懷》詩："斗龍風結陣，惱鶴露成文。"宋朱松《寄江少明》詩："龍卷風雲一髮蟠，不妨聊作侍祠官。"清錢泳《履園叢話·風龍陣》："乾隆丙午四月初八未刻起風龍陣，吾鄉石家橋至沈瀆官塘一帶，拔木發屋者不計其數。"清石景芬《舟中題龍卷風聯》："驅鱷慕雄風，莫言一葉扁舟，憑諸造化；斬蛟懷舊事，要借上方寶劍，刃此妖邪。"

## 【龍卷（捲）風】

即風龍陣。此稱宋代已行用。見該文。

龍捲風
（明文徵明《錢塘觀潮圖》局部）

# 第二節　風時空考

中國全域以季風氣候爲主，古代中國人很早就認識到風的季節周期性變化，并創造了大量詞語來表達這種自然現象。例如"期風""信風""風信"等，指隨時令變化定期、定嚮而至之風，來有準期，故稱信。《管子·幼官》："十二期風至，戒秋事。"晋法顯《佛國記》："泛海西南行，得冬初信風，晝夜十四時，到師子國。"又"鳥信"，謂農曆三月之風，其時正值候鳥北來，故稱。又"麥信""麥風""麥穗風"，皆指農曆五月時之風，其時正值麥子黃熟，故稱。又"潮信""上信"，謂農曆七八月之東北風。唐李肇《唐國史補》卷下："自白沙泝流而上，常待東北風，謂之潮信。七月、八月有上信，三月有鳥信，五月有麥信。"

關於風的時間分布，本節主要對與季節有關的詞語進行了考證，可按照春、夏、秋、冬四季進行分類。

春季之風，如"二十四番風信""二十四番花信風"等，由小寒至穀雨，凡四個月，共八個節氣，一百二十日，五日爲一候，風應花期而至，計二十四番，每候應以一種花，其來有信。又"花信風""開花風""花轉扇""春風"，泛指春天的風。又"協風"，謂立春時之和風。又"梅風"，指早春之風，時梅花盛開。又"元宵風"，指元宵節前後之寒風。又"杏花風"，指杏花開放時所颳之風。又"楊柳風"，指春風，春天楊柳茂盛，微風吹動，枝條搖曳，故稱。又"吹花擘柳風""擘柳風""吹花風"，指春天之暴風，因其摧殘花木，故名。又"柳絮風"，柳絮飄飛時節之風。又"鯉魚風"，指春夏間的風，其時群鯉游於江面，是爲風徵，故名。而表達春天微風之意的詞語有"細柳風""柳風""綠楊風"，春天楊柳繁盛，微風吹動，枝條搖曳，故稱。另，"和風""柔風""暄風"，意亦相同。

夏季之風，如"雕風"，謂初夏之風。又"舶趠風""舶棹風""颮颻風"，江南人謂梅雨結束夏季開始之際強盛的東南季風，似與船舶同至。又"落梅風""梅風"，夏初梅子黃熟將落時的風。又"杓風""飈風"，兩湖一帶夏季之大風，主旱，如杓勺水。又"鹽南風""鹽風"，古解爲夏秋間之大風，吹鹽澤成鹽。又"朱颮""赤風"，謂夏季之熱風，五色配五時，夏爲朱赤，故稱。又"哭雨風"，特指夏至猛烈之西南風，常帶來驟雨。又"炎風"，多指夏季熱風。又"沮風"，謂夏季炎熱濕潤之風。

秋季之風，如"秋風""秋吹"，乃秋天所吹之風。又"金風""金飈""金颮"，即秋風，五行配五時，秋爲金。自古悲秋，古亦有擬人之秋風詞語。例如"商風"商吹""商信""商飈""商焱""商颮""商颻""商颮""寒商""悲商""清商""素風""白風"等，皆指秋天的風抑或西風；五音與五時、五方相配，商音配秋天，配西方，商爲古代五音之一，其調淒清悲涼，按五行配合律屬秋，秋風淒清，如同商聲。又"悲風"，指秋冬淒厲之寒風。又"颲"，指孤零瑟瑟之秋風。又"高風"，秋高氣爽，故稱其風爲高風。又"雁風"，大雁南飛，時當秋末，故以雁風指凉冷之秋風。亦有與風物、時節相聯繫的秋風之詞語，例如"裂葉風""落葉風""槐風""露風""蒲風""杉風""鯉魚風"等。

冬季之風，如"冬風"，冬天的風，寒而乾。又"嚴風"，指嚴冬寒風。又"臘風"，指臘月的寒風。

關於風的空間位置分布，本節主要對"風嚮"進行了考證，可按照東、西、南、北等八個方嚮進行分類。

中國位於亞歐大陸東部，面臨太平洋，受海陸熱力差异的影響，形成東亞季風環流系統，中原及沿海區域受此系統影響，冬季吹偏北風，夏季吹偏南風。同時亦受地形、水文、植被等因素影響，還會出現海陸風、湖陸風、山谷風等，因此會有不同風嚮的變化。古語有"四轉五復"一詞，即指不時變換方嚮的風。《三國志·吳書·孫休傳》："〔甘露三年〕十一月甲午，風四轉五復，蒙霧連日。"中國古代的氣象觀測學者，將中國大陸上變化的風分爲多個方嚮，并分别用不同的詞語進行表達。例如"八方風"，亦作"八風""八面風"，指從東方、東南、南方、西南、西方、西北、北方、東北等八個不同方嚮吹來的風。各書所言不盡相同。《左傳·隱公五年》："夫舞所以節八音，而行八風。"《吕氏春秋·有始》："何謂八風？東北曰炎風，東方曰滔風，東南曰熏風，南方曰巨風，西南曰凄風，西方曰飂風，西北曰厲風，北方曰寒風。"

所謂"東風"，是從東方吹來的風。唐杜牧《赤壁》詩："東風不與周郎便，銅雀春深鎖二喬。"又"震風"，指東風，主春分四十五日，震謂東方卦名。《國語·周語下》："以遂八風。"三國吳韋昭注："正東曰震，爲竹，爲明庶。"又"明庶風"，指東風。《史記·律書》："明庶風居東方。明庶者，明衆物盡出也。"又"條風"，指東風，時柳條等發緑，故稱。宋周邦彦《應天長·寒食》詞："條風布暖，霏霧弄晴，池塘遍滿春色。"又"滔風"，指東風。《吕氏春秋·有始》："東方曰滔風。"又"谷風"，亦作"穀風"，指東風。《爾雅·釋天》："東風謂之谷風。"《漢書·王莽傳下》："其夕穀風迅疾，從東北來。"又"嬰兒風"，指東風。《靈樞經·九宫八風》："風從東方來，名曰嬰兒風。"

所謂"南風"，謂南方吹來的風。《詩·邶風·凱風》："凱風自南。"毛傳："南風謂之凱風。"又"離風"，指南風，主夏至四十五日，離謂南方卦名。《吕氏春秋·有始》："南方曰巨風。"高誘注："離氣所生。"又"景風"，指南風。《史記·律書》："景風居南方。景者，占陽氣道竟，故曰景風。"又"巨風"，即離風，指南風。又"凱風""愷風""颽風"，單稱"颽"，指南風。《詩·邶風·凱風》："凱風自南，吹彼棘心。"又"俊風"，即南風。漢戴德《大戴禮記·夏小正》:"正月,啓蟄……時有俊風,寒日滌凍塗。"

所謂"西風",是從西方吹來的風。唐釋皎然《送清會上人游京》詩:"佳游限衰疾,一笑向西風。"又"兌風",指西風。主秋分四十五日,兌謂西方卦名。唐《觀象玩占·八方暴風占》:"西方兌風,名曰閶闔風,主秋分四十五日。"又"泰風",指西風,秋季颳西風,爲收穫之季,物産豐泰,故稱。《爾雅·釋天》:"西風謂之泰風。"又"閶闔風""昌盍風""閶風""昌風",指西風。《淮南子·天文訓》:"涼風至四十五日,閶闔風至。"又"飂風",指西風。《吕氏春秋·有始》:"何謂八風?東北曰炎風……西方曰飂風。"又"少女風",指西風,舊説兌卦爲少女之卦象,故稱。南朝梁劉孝威《雨》詩:"電舒長男氣,枝摇少女風。"

所謂"北風",是從北方吹來的風。《詩·邶風·北風》:"北風其涼,雨雪其雰。惠而好我,携手同行。"又"坎風",指北風,主冬至四十五日。坎謂北方卦名。又"大剛風"。唐《觀象玩占·八方暴風占》:"北方坎風,名曰廣莫風,又曰大剛風,主冬至四十五日。"又"朔風""朔飆""朔吹",指北風。三國魏曹植《朔方》詩:"仰彼朔風,用懷魏都。"又"胡風",指北風,北爲胡地,故稱。漢蔡琰《悲憤詩》:"處所多霜雪,胡風春夏起。"又"涼風",亦稱"飈""飆",指北風。《爾雅·釋天》:"北風謂之涼風。"又"廣莫風""廣莫",指北風。《淮南子·天文訓》:"不周風至四十五日,廣莫風至……廣莫風至,則閉關梁,決刑罰。"又"寒風",指北風。《吕氏春秋·有始》:"何謂八風?……北方曰寒風。"

所謂"東北風",是從東北方嚮吹來的風。唐白居易《送兄弟回雪夜》詩:"日晦雲氣黄,東北風切切。"又"艮風""條風",指東北風,艮謂東北方卦名,主立春。《淮南子·天文訓》:"東北方艮風,名曰條風,主立春四十五日。"《山海經·南山經》:"〔令邱之山〕其南有谷焉,曰中谷,條風自是出。"郭璞注:"東北風爲條風。"又"融風",指東北風。《左傳·昭公十八年》:"夏五月,火始昏見,丙子,風。梓慎曰:'是謂融風,火之始也。'"又"少男風",指東北風。《管輅別傳》曰:"輅言:'……又少男風起,衆鳥和翔,其應至矣。'須臾,果有艮風鳴鳥。"

所謂"東南風",是從東南方嚮吹來的風。唐于濆《雜曲歌辭》:"君爲東南風,妾作西北枝。"又"巽風",指東南風。主立夏四十五日,巽謂東南方卦名。唐白居易《蘇州南禪院千佛堂轉輪經石記》:"佻然巽風,一變至道,所得功德,不自覺知。"又"清明風",指東南風。《淮南子·天文訓》:"明庶風至四十五日,清明風至;清明風至四十五日,景風至……清明風至，則出幣帛，使諸侯。”又“熏風”，指東南風。《呂氏春秋·有始》：“東南曰熏風。”又“弱風”，古代醫學中對東南風的別稱。《靈樞經·九宮八風》：“風從東南方來，名曰弱風，其傷人也，內舍於胃，外在肌肉，其氣主體重。”

所謂“西南風”，是西南方吹來的風。三國魏曹植《七哀》：“願爲西南風，長逝入君懷。”又“坤風”，指西南風，主立秋四十五日，坤謂西南方卦名。唐《觀象玩占·八方暴風占》：“西南坤風，名曰涼風，主立秋四十五日。”又“淒風”，指西南風，《呂氏春秋·有始》：“西南曰淒風。”明何景明《秋思賦》：“浩霖雨之泥塗兮，淒風舉而飄揚。”

所謂“西北風”，是從西北方嚮吹來的風。《晋書·五行志》：“〔嘉平元年〕正月壬辰朔，西北大風，發屋折樹木，昏塵蔽天。”又“乾風”，指西北風，主立冬四十五日，八卦與八方相配，乾爲西北，故稱。唐韓鄂《歲華紀麗·冬》：“羽律纔移，乾風更蕭。”唐《觀象玩占·八方暴風占》：“西北乾風，名曰不周風，主立冬四十五日。”又“不周風”“不周”，指西北風。《史記·律書》：“不周風居西北，主殺生。”又“麗風”“厲風”，指西北風。《淮南子·墜形訓》：“西北曰麗風。”《呂氏春秋·有始》：“西北曰厲風。”

## 季節風

### 信風

隨時令變化定期、定嚮而至之風，有準期，故稱信。由於太陽直射點的周年運動以及海陸熱力差異，一年中風嚮呈現有規律的變化。又，赤道區域南北兩側信風帶常年定嚮的風爲信風。晋釋法顯《佛國記》：“泛海西南行，得冬初信風，晝夜十四時，到師子國。”南朝梁僧祐《弘明集》卷八：“泛靈舟於信風，接浮生於苦水。”唐李肇《唐國史補》卷下：“自白沙泝流而上，常待東北風，謂之信風。”宋劉子澄《江陵逢黃虛舟》詩：“信風爲棹先開浪，與月同艙不載愁。”元李齊賢《巫山一段雲·白岳晴雲》詞：“郊原雨足信風還，羨殺嶺雲間。”明張昱《海鹽陳母節義詞并序》詩：“海中使船惟信風，倏忽千波萬波隔。”清西成《晚渡西興》詩：“半月梅時雨，一江花信風。”

【風信】

即信風。隨時令周期性變化而定期、定嚮之風。唐張繼《江上送客游廬山》詩：“晚來風信好，併發上江船。”宋陸游《游前山》詩：“屐聲驚雉起，風信報梅開。”元張翥《閏中秋是日白露節》詩：“風信兩番生綠桂，年華一寸入黃楊。”明朱謀㙔《甲寅春日江村即事三十首》其十一：“楝花開後過風信，竹籜飄時帶雨痕。”清汪琬《姑蘇楊柳枝詞十首》其六：“一番風信過江城，無數長條折又生。”

【期風】

亦稱“風期”。期，預定、預料的時間。猶

季候風。《管子·幼官》：“期風至，戒秋事。”唐岑參《左僕射相國冀公東齋幽居（同黎拾遺賦獻）》詩：“何當復持衡，短翮期風摶。”宋蔡襄《洪澤阻風》詩：“今日風期惡，遲回一水濱。”金趙秉文《石樓》詩：“月約風期屢往還，水聲山色石樓間。”元陳樵《投憲幕上下》詩其五：“千里風期合，三才月且尊。”明唐順之《三沙病後夜起玩月書懷》詩：“海能儘月空無水，潮定期風颯有錚。”明馮行可《奉送景坡先生》詩：“渺渺吳山雲，風期紆以長。”清姚燮《邁陂塘·春水盟鷗圖爲稚秋題》詞：“趁催柳風期，送桃潮信，溪上共來去。”

## 【風期】

即期風。此稱宋代已行用。見該文。

## 【上信】

季風或潮汛等隨節候定時到來。亦指七八月東北信風。唐張祐《襄陽樂》詩：“東風正上信，春夜特來游。”唐李肇《唐國史補》卷下：“自白沙泝流而上，常待東北風，謂之信風。七月、八月有上信，三月有鳥信，五月有麥信。”宋賀鑄《寄金陵和上人》詩：“赤鯶久沉江上信，雜懸誤落海邊州。”明釋函是《栖賢山居十首》其六：“昨聞江上信，又阻白門津。”清厲鶚《二月一日丹陽舟中初晴》詩：“陂暖初青麥，沙明上信潮。”

## 【潮信】

農曆七八月之東北信風。唐李肇《唐國史補》卷下：“自白沙泝流而上，常待東北風，謂之潮信。七月、八月有上信，三月有鳥信，五月有麥信。”唐劉長卿《江州留別薛六柳八二員外》詩：“離心與潮信，每日到潯陽。”宋呂本中《暮步至江上》詩：“樹陰不礙帆影過，雨氣

却隨潮信來。”《元史·刑法志》：“諸江河津渡，或明知潮信已到，及風濤將起，貪索渡錢，淹延不渡，以致中流覆溺，傷害人命者，爲首處死，爲從減一等。”明謝肇淛《五雜俎·地部》：“然齊、浙、閩、粵，潮信各不同，時來之有遠近也。”《繪芳錄》第七五回：“一則因風雨皆住，二則潮信已退，不過暫時之水，非秋汛可比。”

## 【二十四番花信風】

應花期而至之風，計二十四番，其來有信。由小寒至穀雨，凡四個月，共八個節氣，一百二十日，五日爲一候，每候應以一種花之信風，故稱。每個節氣三信。小寒節三信：梅花、山茶、水仙；大寒節三信：瑞香、蘭花、山礬；立春節三信：迎春、櫻桃、望春；雨水節三信：菜花、杏花、李花；鶯蟄節三信：桃花、棠棣、薔薇；春分節三信：海棠、梨花、木蘭；清明節三信：桐花、麥花、柳花；穀雨節三信：牡丹、酴醾、楝花。宋張侃《近於小圃築堂名曰秀野隔河插木芙蕖舊有詩云》詩：“二十四番花信風，凝脂剪翠巧妝容。”宋陳元靚《歲時廣記》引徐俯詩：“一百五日寒食雨，二十四番花信風。”明徐光啓《農政全書》卷一一：“凡春有二十四番花信風，梅花風打頭，楝花風打末。”清孫鼎臣《河傳春去》詞：“春去。何處？雨溟濛，深徑鶯啼亂紅。二十四番花信風。二十四番花信風。惺忪。海棠愁正濃。”一說，每月有兩番花信風，一年有二十四番花信風。明楊慎《二十四番花信風》引南朝梁元帝《纂要》：“一月兩番花信風，陰陽寒暖，各隨其時，但先期一日，有風雨微寒者即是。其花則鵝兒、木蘭、李花、楊花、橙花、桐花、

金櫻、鵝黄、棟花、荷花、檳榔、蔓羅、菱花、木槿、桂花、蘆花、蘭花、蓼花、桃花、枇杷、梅花、水仙、山茶、瑞香，其名具存，然難以配四時十二月，姑存其舊，蓋通一歲言也。"

## 【二十四番花信】

即二十四番花信風。風應花期而至，計二十四番，其來有信。宋劉一止《元渤有詩見貽次韵奉酬》詩："一百五日天氣近，二十四番花信來。"元袁華《水調歌頭·宴顧仲瑛金粟影亭賦桂》詞："三百六橋春色，二十四番花信。"明劉侃《春暮》詩："二十四番花信過，獨留芳草送殘紅。"清彭孫貽《三月三日偶成》其一："二十四番花信，落紅流盡春潮。"

## 【二十四番風信】

即二十四番花信風。風應花期而至，計二十四番，其來有信。宋周煇《清波雜志》卷九："江南自初春至首夏有二十四番風信，梅花風最先，棟花風居後。"宋蘇泂《金陵雜興二百首》其一〇四："二十四番風信催，郭南間道有花開。"明張寧《題野栀山牡丹二絶》其一："二十四番風信裏，一般清苦爲春忙。"清孫雲鶴《水調歌頭·題三朵花繡合卷》詞："二十四番風信，二十四橋月色，都付與梢頭。"

## 【二十四番風】

即二十四番花信風。風應花期而至，計二十四番，其來有信。宋洪咨夔《好事近·次曹提管春行》詩："二十四番風，纔見一番花鳥。"元顔子俞《清平樂·留王静得》詞："二十四番風後，緑蔭芳草長亭。"清弘曆《寒食日作》詩："二十四番風欲遍，一百五日春將深。"

## 【二十四花期】

即二十四番花信風。風應花期而至，計二十四番，其來有信。宋趙溍《臨江仙·西湖春泛》詞："堤曲朱墻近遠，山明碧瓦高低。好風二十四花期。驕總穿柳去，文艦挾春飛。"

## 【廿四風】

即二十四番花信風。風應花期而至，計二十四番，其來有信。清吳綺《清明旅懷》詩："七千路外魚書少，廿四風前燕語愁。"清吳綺《題烏絨花和曉嶽》詩之一："吹盡殘春廿四風，隔墻又見數枝紅。"《二十年目睹之怪現狀》第二五回："樓東乙字初三月，亭北丁當廿四風。"

## 【花信風】

即二十四番花信風。風應花期而至，計二十四番，其來有信。唐陸龜蒙《句》詩："幾點社翁雨，一番花信風。"宋惠洪《冷齋夜話》："一霎社公雨，數番花信風。"元李士瞻《宴道山亭復風雨有感作》詩："閩川又復過清明，花信風牽倍感情。"明邵亨貞《沁園春·早春雨中遣懷》詞："冷逼單衣，愁欺倦枕，暗度一番花信風。"清朱曉琴《落花》詩："春事交完花信風，零香碎粉亂飄空。"參閲宋程大昌《演繁録·花信風》。

## 【開花風】

亦稱"開花信"。花信風之別稱。唐白居易《和錢員外答盧員外早春獨游曲江見寄長句》詩："柳岸霏微裛塵雨，杏園澹蕩開花風。"唐李賀《申胡子觱篥歌》詩："直貫開花風，天上驅雲行。"宋陶穀《清異録》卷上："俗以開花風爲花轉扇。"宋歐陽修《玉樓春》詞其二十七："東風本是開花信，及至花時風更緊。"

## 【開花信】

即開花風。此稱唐代已行用。見該文。

## 【鯉魚風】[1]

省稱"魚風""鯉風"。指春夏間的風。其時群鯉游於江面,是爲風徵,故名。唐李賀《江樓曲》:"樓前流水江陵道,鯉魚風起芙蓉老……罷吟浦口飛梅雨,竿頭酒旗換青苧。"王琦注:"《石溪漫志》:'鯉魚風,春夏之交。'觀下用梅雨事,則《漫志》之説爲是。"宋余靖《暮春》詩:"農家榆莢雨,江國鯉魚風。"宋陳淵《省題筆諫》詩:"一言毛穎喻,千古史魚風。"元張世昌《家公萬柳堤》詩:"翡翠煙收穀雨晴,鯉魚風起鯨波發。"明楊基《鯉魚山阻風天甚寒雨皆成霰》詩:"向晚鯉魚風乍急,盡吹小雨作春冰。"明王恭《草澤狂歌》卷三:"蚌月涼生夜,魚風響渡江。"清毛奇齡《荷葉杯》詞其二:"五月南塘水滿,吹斷,鯉魚風。"清屈大均《江間》詩其三:"小舟携繪具,去逐上魚風。"清蔡麟祥《澎湖廳志》卷三:"夫臺、澎皆海中島嶼,乃臺號土腴而澎皆貧薄,何歟?蓋其地無水源之利而有鹹雨鯉風之害。"

## 【魚風】

"鯉魚風[1]"之省稱。此稱宋代已行用。見該文。

## 【鯉風】[1]

"鯉魚風[1]"之省稱。此稱清代已行用。見該文。

## 【麥信】

亦稱"麥風""麥穗風"。農曆五月時的風。其時正值麥子黃熟,故稱。唐李肇《唐國史補》卷下:"自白沙泝流而上,常待東北風,謂之潮信。七月、八月有上信,三月有鳥信,五月有麥信。"唐徐凝《玩花五首》之三:"花到薔薇明艷絶,燕支顆破麥風秋。"唐白居易《自到郡齋僅經旬日專公務未及宴游偷閑走筆題二十四韵兼寄常州賈舍人湖州崔郎中仍呈吴中諸客》詩:"麥風非逐扇,梅雨異隨輪。"唐陸龜蒙《和臘後送内大德從勖游天台》詩:"銅鉼净貯桃花雨,金策閑摇麥穗風。"宋陳傅良《送瑞安尉林叔全尊人還鄉》詩:"橘香剩與蜂衙晚,麥信急催鳩喚晴。"宋孫覿《牛山道中》詩:"青熒麥風過,紅濕花露墜。"元方瀾《石門夜泊》詩:"桑徑緑如沃,麥風寒不已。"明朱誠泳《雪意》詩:"今年麥信好,明歲真無憂。"明陳煇《旅次武林期叔剛脩撰不至》詩:"況兹梅雨候,值此麥風時。"清單恂《雙調望江南·和宋直方作(壬午)》詞其三:"江南好,麥信一番寒。"清陳熾《湘江春望》詩:"麥風凄切子規聲,僻縣繁花眼暫明。"

## 【麥穗風】

即麥信。此稱唐代已行用。見該文。

## 【麥風】

即麥信。此稱唐代已行用。見該文。

## 【落梅風】

亦稱"梅風"。農曆五月梅子黃熟將落時的風。一説,梅雨後的風。漢應劭《風俗通》:"五月有落梅風,江淮以爲信風。"唐李嶠《鶯》詩:"聲分折楊吹,嬌韵落梅風。"唐李賀《湖中曲》:"横船醉眠白晝閑,渡口梅風歌扇薄。"王琦彙解引《嶺南録》:"梅雨後風曰梅風。"宋宋祁《桃》詩之三:"爲就東君得早紅,年年開趁落梅風。"宋周邦彦《過秦樓·夜景》詞:"梅風地溽,虹雨苔滋,一架舞紅都變。"明陳塏《日涉編》:"有落梅風江淮以爲信風,有霖霪號爲梅雨。"清史承謙《石州慢三首》其一:"只待看燈潮穩,落梅風歇。"清夏敬觀《八聲甘州·聽愁霖》詞："任皋雷殷地，梅風拂渡，莫掃蠻煙。"

**【梅風】**[1]

即落梅風。此稱唐代已行用。見該文。

**【槐風】**[1]

梅雨季節的風。宋程垓《烏夜啼》詩："静院槐風綠漲，小窗梅雨黃垂。"元趙文《八聲甘州·胡存齋除泉府大卿》詞："梅雨槐風清潤，正台星一點，光照龍灣。"明陶安《吏者于姓考滿贈》詩："客窗雞聲梅月曙，官庭燕語槐風薰。"清梁清標《望江南·相思》詞："菱葉田田鮮鯉出，槐風剪剪小舟開。"

## 春風

春天的風。春天的風既有來自北方的冷風，也有來自東南方的暖風。先秦宋玉《登徒子好色賦》："寤春風兮發鮮榮，絜齋俟兮惠音聲。"漢宋子侯《董嬌饒》詩："春風南北起，花葉正低昂。"晉陶潛《擬古九首》其七："日暮天無雲，春風扇微和。"南朝梁柳惲《贈吳均詩三首》其三："邊城秋霰來，寒鄉春風晚。"唐杜牧《贈別》詩："春風十里揚州路，卷上珠簾總不如。"宋朱淑真《元夜三首》其三："火燭銀花觸目紅，揭天鼓吹鬧春風。"金蔡松年《浣溪沙》詞："閑却春風千丈秀，只攜玉蕊一枝還。"明孫承宗《答袁節庵中丞》："仰快雄猷，俯憖雌甲。春風細柳，拊大樹以凌霄；夜雪鵝池，對六花而視草。"清奎林《聞蛩》詩："孤客莫悲秋意早，玉關原自阻春風。"

**【協風】**

立春時之和風。《國語·周語上》："先時五日，瞽告有協風至。"韋昭注："協，和也。風氣和，時候至也。立春曰融風也。"晉陸雲《大將軍宴會被命作》詩："辰晷重光，協風應律。"唐錢起《京兆尹廳前甘棠樹降甘露》詩："協風與之俱，物性皆熙熙。"宋蘇軾《春貼子詞·皇帝閣》之二："暘谷賓初日，清臺告協風。"王文誥輯注引鄭若庸《類雋》："協風，立春融風也。"明徐渭《代元旦賀禮部某公啓》："告協風於史氏，欽哉行夏之時。"清弘曆《正月晦日作》詩："逐景那愁明月盡，對時且喜協風和。"

**【梅風】**[2]

早春之風。時梅花盛開，故稱。隋柳䛒《奉和晚日楊子江應制》詩："千里煙霞色，四望江山春。梅風吹落蕊，酒雨減輕塵。"唐杜審言《守歲侍宴應制》詩："季冬除夜接新年……彈弦奏節梅風入，對局探鈎柏酒傳。"宋史達祖《萬年歡·春思》詞："兩袖梅風，謝橋邊、岸痕猶帶陰雪。"元李俊民《元夜與泰禪洛陽觀燈》詩："行歌聲裏落梅風，爍爍華燈萬盞紅。"明邵亨貞《隔浦蓮·水檻晚晴》詞："冰紈光映素手。竹簟醒殘酒。滿院梅風起，疏雲薄、斜陽漏。"清王夫之《減字木蘭花·冬盡》詞："梅風疏緩。凍蝶乍蘇幽砌暖。"

**【元宵風】**

元宵節前後之寒風。明徐光啓《農政全書·農事·占候》："元宵前後必有料峭之風，謂之元宵風。"明申佳胤《元宵風雪獨酌（次宋仍白韵）》："煙花迷火市，笙鼓亂春城。"

**【杏花風】**

杏花開放時所吹之風。唐羊士諤《野望》詩之一："萋萋麥壟杏花風，好是行春野望中。"宋仲殊《黃左丞席上作》詩："報道譙門初日上，起來簾幕杏花風。"元湯式《望遠行·四景題情》曲："杏花風習習暖透窗紗，眼巴巴顒望

杏花風
（宋佚名《花塢醉歸圖》局部）

他。”明姚鵬《玉灣春曉》詩：“漁唱時聞楊柳月，酒旗斜挂杏花風。”清李經鈺《闕題》詩：“暄晴已報杏花風，忽訝堯年鶴語同。”

【社風】

古吳地稱社日前後之大風。宋范成大《吳船録》卷下：“土人云：‘江上社前後輒大風數日，謂之社風。’”宋李流謙《蕪湖即事三首》之三：“社風連日舟行遲，社公有馬誰能騎。”明宋訥《趙樵山見和復用韵以答之》其一：“瓜香果熟園林趣，酒濁鷄肥里社風。”清李慈銘《菩薩蠻六首》其一：“社風正值中和節，故園天末無消息。”

【吹花擘柳風】

省稱“擘柳風”“吹花風”。春天之暴風。因其摧殘花木，故名。晋周處《風土記》：“河朔春時，疾風數日一作，三日乃止，曰吹花擘柳風。”唐蘇頲《和杜主簿春日有所思》詩：“搖蕩吹花風，落英紛已積。”宋蘇軾《絶句》：“昨日已收寒食火，吹花風起却添衣。”明李孫宸《唐操江落花詩三十首李臨淮先有屬和余興不自已遂悉次其韵·六魚》：“合歡酒仗詩爲妁，擘柳風前雨已疏。”清田雯《送馬乾庵將軍移鎮四明》詩之五：“一番花信過清明，擘柳風前客欲行。”

【吹花風】

“吹花擘柳風”之省稱。此稱唐代已行用。見該文。

【擘柳風】

“吹花擘柳風”之省稱。此稱明代已行用。見該文。

【楊柳風】

指春風。春天楊柳茂盛，微風吹動，枝條搖曳，故稱。唐張説《三月二十日（一作三月三日）詔（一作承恩）宴樂游園賦得風字》詩：

楊柳風
（宋李唐《村醫圖》局部）

“魚戲芙蓉水，鶯啼楊柳風。”前蜀牛嶠《更漏子》詞：“香閣掩，杏花紅，月明楊柳風。”宋志南《絶句》：“沾衣欲濕杏花雨，吹面不寒楊柳風。”元劉庭信《一枝花·春日送別》套曲：“絲絲楊柳風，點點梨花雨。”明釋克新《登姑蘇城》詩：“一溪鷗散桃花雨，兩岸鶯啼楊柳風。”清吳偉業《永和宮詞》：“楊柳風微春試馬，梧桐露冷暮吹簫。”

【柳風】

亦稱“細柳風”。指春風。春天楊柳繁盛，微風吹動，枝條搖曳，故稱。唐姚合《夏日登樓晚望》詩：“數帶長河水，千條弱柳風。”唐

柳　風
（明傅山、傅眉《山水花卉册》局部）

温庭筠《更漏子》詞之二：“蘭露重，柳風斜，滿庭堆落花。”唐韓翃《幸有心期當小暑》：“殘花片片細柳風，落日疏鐘小槐雨。”宋鄧深《追送何伯憲不及》詩：“巴水柳風新霽後，錢塘花雨暮春時。”元貢師泰《遣懷》詩：“日入柳風息，月上花露多。”明文徵明《春日齋居漫興二首》其二：“柳風吹絮河豚上，花雨沾泥海燕飛。”清富察敦崇《燕京歲時記·萬壽寺》：“柳風麥浪，滌蕩襟懷，殊有天朗氣清、惠風和暢之致。”

【細柳風】

即柳風。此稱唐代已行用。見該文。

【緑楊風】

即柳風，指春風。緑楊，即緑柳。唐歐陽炯《木蘭花》其二：“緑楊風送小鶯聲，殘夢不成離玉枕。”宋范成大《秦娥月·憶秦娥》詞：“浮雲集，輕雷隱隱初驚蟄。初驚蟄，鵓鳩鳴怒，緑楊風急。”元釋善住《朝中措·虎丘懷古》詞：“芳塘水滿緑楊風。臺殿隱朦朧。幾度春來幽徑，馬蹄踏碎殘紅。”明朱誠泳《雨晴即事》詩：“華屋日高飛乳燕，緑楊風軟聽流鶯。”清李慈銘《清平樂五首》其一：“一霎緑楊風起，倚欄獨數春痕。”

【柳絮風】

柳絮飄飛時節之風。唐釋栖白《寄南山景禪師》詩：“至今寂寞禪心在，任起桃花柳絮風。”宋王十朋《未臘而雪豐年兆也大老有詩次韵》其二：“主人開燕倒金鐘，坐客俱吟柳絮風。”元黄清老《柳絮風》詩：“醉臉欲吹新燕弱，舞腰初軟落花輕。”明高啓《蘆花簾》詩：“恍疑柳絮風穿早，不管梨花月到遲。”清鈕琇《觚賸續編·棉邨麗句》：“重門夜静梨花雨，孤館春寒柳絮風。”

【青風】

亦稱“青吹”。指春風。五時配五色，春爲青，亦爲草木青緑之季，故稱。隋薛道衡《梅夏應教》詩：“浮雲半空上，青吹隔池來。”唐李端《送楊皋擢第歸江東》詩：“緑氣千檣暮，青風萬里春。”唐李群玉《秋登涔陽城》詩之一：“行人望遠偏傷思，白浪青風滿北樓。”宋李昉等《太平御覽》卷九引《養性經》：“脩身之道，春避青風，夏避赤風。”宋梅堯臣《鶴林寺》詩：“松竹暗山門，颼颼給青吹。”元韓性《陽明洞二首》其二：“青風成雲濕成霧，洞天深沉百花雨。”明童冀《次前韵寄王廣文》：“青風落日三閭廟，翠竹何年二女祠。”清莊德芬《墻外老樹一株枝葉有熊彪顧盼之勢》詩：“蘋末青風生，悠然發天籟。”清姚燮《僦居鄞江橋村絳山樓匝月撰它山圖經即事三章示主人朱立淇并徐兆蓉鄭星懷兩文學》其一：“紙色浮黛煙，照面青吹毫。”

【青吹】[1]

即青風。此稱隋代已行用。見該文。

【和風】[1]

和暖之微風，多指春風。三國魏阮籍《咏

懷》詩之一：“和風容與，明日映天。”晋劉楨失題詩：“和風從東來，玄雲起西山。”南朝宋謝靈運《緩歌行》詩：“習習和風起，采采彤雲浮。”唐元稹《咏廿四氣詩·立春正月節》：“春冬移律呂，天地換星霜。冰泮游魚躍，和風待柳芳。早梅迎雨水，殘雪怯朝陽。萬物含新意，同歡聖日長。”宋張先《八寶妝》詞：“花陰轉，重門閉，正不寒不暖，和風細雨，困人天氣。”金祝簡《春日》詩：“游絲飛絮狂隨馬，遲日和風欲醉人。”明劉基《春雨三絕句》之一：“春雨和風細細來，園林取次發枯荄。”清包世臣《楊家嘴却寄舫齋承宣》詩：“和風送飛帆，百里入天鏡。”

【温風】[1]

春天温暖之風。亦泛指温暖的風。《列子·湯問》：“温風徐回，草木發榮。”晋佚名《子夜四時歌·春歌二十首》其四：“温風入南牖，織婦懷春意。”唐白居易《十二年冬江西温暖喜元八寄金石棱（一作凌）到因題此詩》：“今冬臘候不嚴凝，暖霧温風氣上騰。”宋鄧深《次韵答周公美》詩：“温風慫恿柳婆娑，兩見春來蜂蝶多。”金趙渢《寓居寫懷》詩：“平陸温風雪半消，孤煙籬落隔溪橋。”明鄭善夫《元日》詩：“温風倏爾至，古梅苗其葩。”清惲格《古意》詩其十一：“温風久不至，鄒衍凍其齒。”

【柔風】

即柔和之風，多指春風。《管子·四時》：“然則柔風甘雨乃至，百姓乃壽，百蟲乃蕃。”尹知章注：“柔，和也。”晋陸機《園葵》詩：“時逝柔風戢，歲暮商飆飛。”吕延濟注：“柔風，春風也。”唐羅隱《讒書·本農》：“豐年之

民，不知甘雨柔風之力，不知生育長養之仁。”宋陳傅良等《淳熙三山志·公廨類一》：“淡沱沐新澤，依微生柔風。”元徐昭文《雩咏亭續蘭亭會補府主簿後綿詩》詩：“柔風扇和，百卉具芳。”明王立道《春郊即事》詩：“柔風吹綠野，靈雨下桑田。”清張穆《舟次聞笛》詩：“夜深一曲柔風裏，未必同關一樣情。”

【喧風】

多指春風。喧，温暖。春風温暖，故稱。晋陶潛《九日閑居》詩：“露凄喧風息，氣澈天象明。”唐楊凝《送客歸淮南》詩：“畫舫照河堤，喧風百草齊。”宋陸游《數日喧妍頗有春意予閑居無日不出游戲作》詩：“小春花蕾索春饒，已有喧風入紫貂。”元黄溍《次韵答陳君采兼簡一二同志六首》其三：“澹月銀河曉，喧風玉樹春。”明區大相《三月十五游城南韋氏園》詩：“喧風蕩嘉卉，膏露沐時芳。”清王夫之《花咏八首（丁酉）·山礬》：“喧風別有約，芳草共含情。”

【陽風】[1]

多指春風。晋廬山夫人女婉《撫琴歌》：“登廬山兮鬱嵯峨，晞陽風兮拂紫霞。”三國魏曹植《感節賦》：“願寄軀於飛蓬，乘陽風之遠飄。”一說，曹植賦中“陽風”謂東風。南朝梁元帝《纂要》：“春曰青陽……風曰陽風、春風、喧風、柔風、惠風。”南朝佚名《作蠶絲》：“柔桑感陽風，阿娜嬰蘭婦。”唐白居易《白孔六帖》卷三：“春天曰蒼天，風曰陽風。”又明章潢《圖書編》卷二二：“春天曰蒼天，萬物蒼蒼而下，風曰陽風。”明陳耀文《天中記》卷四：“春風曰陽風。”清顧炎武《元日》詩：“歲序一更新，陽風動人寰。”王蘧常彙注：“陽風句，

徐（徐嘉）注：'《史記·律書》：景風居南方。景者，言陽氣道竟。'"按，春季偏南風居多。

## 【鳥信】

農曆三月之春風，其時正值候鳥北來，故稱。江淮船户稱農曆三月的東北風爲鳥信。唐駱賓王《代女道士王靈妃贈道士李榮》詩："千回鳥信説衆諸，百過鶯啼説長短。"唐李肇《唐國史補》卷下："七月、八月有上信，三月有鳥信，五月有麥信，暴風之候有抛車雲，舟人必祭婆官而事僧伽。"宋陳著《十月九日醉中二首》其二："鳥信天公終不死，鵬於雲路本來寬。"

# 夏風

夏天的風。多形成於來自太平洋的東南季風，亦有對流作用形成的風。《史記·趙世家》："夏風出南，冬風出北，不相奪倫。"唐元稹《表夏十首》之一："夏風多暖暖，樹木有繁陰。新笋紫長短，早櫻紅淺深。"唐齊己《寄山中叟》詩："青泉碧樹夏風凉，紫蕨紅粳午爨香。"宋司馬光《資治通鑑·唐紀》："道塗所經，沙磧千里，冬風如割，夏風如焚，行人往來，遇之多死。"趙孟頫《題耕織圖二十四首奉懿旨撰》之一："四月夏風清，蠶大已屬眠。"明薛瑄《錦城館雜題十三首·木犀》詩："每承朝露重，長引夏風來。"清弘曆《填倉日》詩："荷葉田田先夏風，玉芽戟戟金桴貯。"

夏風景象
（明宋旭《美人消夏圖》局部）

## 【舶趠風】

亦作"舶棹風"，亦稱"䬃䬞䬟"。江南人謂梅雨結束夏季開始之際强盛的東南季風。是時海舶初回，此風似與船舶同至，故名。宋蘇軾《舶趠風并引》詩："三旬已過黃梅雨，萬里初來舶趠風。"元高德基《平江紀事》："梅雨之際，必有大風連晝夜，踰旬而止，謂舶棹風。"明沈貞《樂神曲·風伯》："駘蕩兮春初，舶趠兮夏徂。"清趙翼《紀事》詩："今年六月舶趠風，十日不斷聲大嘯。"清林則徐《和鄧嶰筠前輩廷楨虎門即事前韵二首》詩其一："靈旗一洗招搖焰，畫艦雙恬舶棹風。"

## 【舶棹風】

同"舶趠風"。此體元代已行用。見該文。

## 【䬃䬞䬟】

即舶趠風。此稱明代已行用。見該文。

## 【黃雀風】

仲夏時東南季候風。相傳其時海魚變爲黃雀，故稱。唐歐陽詢等《藝文類聚》卷一引《風土記》："六月則有東南長風，俗名黃雀長風，時海魚變爲黃雀，因爲名也。"唐韓鄂《歲華紀麗·五月》："風名黃雀，雨曰灑枝。"原注引晉周處《風土記》曰："仲夏大雨名濯枝雨。東南常有風至曰黃雀長風，亦曰薰風。"唐王維《送祕書晁監還日本國》詩："黃雀之風動地，黑蜃之氣成雲。"宋任廣《書叙指南》卷一三："仲夏風曰黃雀風。"明宋濂《陽翟新（聲同）朱定甫賦（四首庚辰春作）》其二："黃雀風長雨洗枝，丹魚出水赤光肥。"清龔翔麟《壽樓春卣叔將歸西泠詞以調之》詩："判歸受伊憐，須抽綠帆黃雀風。"

## 【颲風】

亦稱"杓風"。颲，解釋爲北風。《説文·風部》："北風謂之颲。"按，颲風特指兩湖一帶夏季之大風。北風含水汽少，夏季長時間吹北風，主旱。宋王得臣《麈史·占驗》："荆湖間夏有大風，朝起夕止，連日如此，土人曰颲風……有則大旱，陂澤立涸，稻田多裂。又名杓風，如杓勺水也。"

## 【杓風】

即颲風。此稱宋代已行用。見該文。

## 【哭雨風】

夏至猛烈之西南風，常帶來驟雨。特指江淮地區的一種天氣現象。或由於南亞及印度洋濕潤氣流侵入而致。明馮應京《月令廣義》："黃梅時西南風急，名曰哭雨風，主雨立至，易過。"

## 【熱風】

亦稱"謀風""飇""飃"。多指夏季炎熱的風。有乾熱風和濕熱風兩種，前者多見於內陸地區，後者多見於受海洋副熱帶高壓影響的沿海地區。《後漢書·車師傳》："法顯《游天竺記》云：西度流沙，屢有熱風，惡鬼過之，必死蔥嶺。"《隋書·吐谷渾傳》："西北有流沙數百里，夏有熱風，傷斃行旅。"唐玄奘《大唐西域記·瞿薩旦那國》："乏水草，多熱風，風起則人畜惛迷，因以成病。"明李時珍《本草綱目·獸一·駝》："流沙夏多熱風，行旅遇之即死。風將至，駝必聚鳴，埋口鼻於沙中，人以爲驗也。"清丘逢甲《蕭臺宴月和季平韵》詩："向夕

陽燄息，赤道收熱風。"清姚燮《憤述六章》其五："金風橫漢夜颷颰，耳聽哀蛩遍野號。"

## 【謀風】

即熱風。此稱先秦時期已行用。見該文。

## 【飇】

即熱風。此稱漢代已行用。見該文。

## 【飃】

即熱風。此稱宋代已行用。見該文。

## 【湯風】[1]

熱風，旱風。風熱灼人，如同滾湯，故稱。漢賈誼《旱雲賦》："湯風至而含熱兮，群生悶滿而愁慣。"南朝宋鮑照《白雲》詩："昭昭景臨霞，湯湯風媚泉。"宋李昉等《太平御覽》："扶陽之山多怪風，又曰大極山，東有溫水湯風，不可過也。"明公鼐《子夜夏歌二首》其一："馳輝入朱明，湯風庭中滿。"

## 【赤風】[1]

夏季熱風。五色配五時，夏爲朱赤，故稱。古或以爲兵旱災之兆。北魏崔鴻《十六國春秋·前涼·張天錫》："十一年，有赤風昏闇。至十三年，苻堅滅之。"唐王昌齡《失題》詩："赤風蕩中原，烈火無遺巢。"宋李昉等《太平御覽》卷九引《養性經》："治身之道，春避青風，夏避赤風，秋避白風，冬避黑風。"元王哲《滿庭芳·修行》詞："刀圭至，震龍兑虎，赤風鬥烏龜。"

## 【朱飇】

夏季熱風。猶紅色的風。晋葛洪《抱朴子·廣譬》："凝冰慘慄，而不能凋款凍之華；朱飇鑠石，而不能靡蕭丘之木。"明陸釴《建昌道中》詩："赤阪揚塵霾，朱飇轉炎熾。"

【炎風】[1]

熱風。多指夏季熱風。南朝梁蕭統《錦帶書·蕤賓五月》：“炎風以之扇户，暑氣於是盈樓。”唐元稹《咏廿四氣詩·芒種五月節》詩：“渌沼蓮花放，炎風暑雨情。”宋文同《不雨》詩：“已驚赤日晨可畏，更恨炎風午尤盛。”元凌雲翰《畫梅》其二：“吐花當暮景，結實待炎風。”《明憲宗實録》卷一一七：〔成化九年〕炎風毒日，酷旱如舊。”清高述明《塞外》詩：“炎風初解凍，夏草漸萌芽。”

【沮風】

沮，濕潤。沮風，夏季濕潤之風。宋鄭剛中《大暑竹下獨酌》詩：“沮風如可人，亦復怡我顔。”宋賀鑄《彭城三咏·戲馬臺歌》詩：“叱吒沮風雲，睢盱走霆電。”明王守仁《守儉弟歸曰仁歌楚聲爲别予亦和之》詩：“路修遠兮崎險，沮風波兮江湖。”明陳耀文《天中記》卷七：“沮風泊舟，其下遇老叟，助以順風。”

【温風】[2]

夏季濕潤之風，抑或炎熱之風。《禮記·月令》：“〔季夏之月〕温風始至，蟋蟀居壁，鷹乃學習，腐草爲螢。”漢王粲《大暑賦》：“熹潤土之溽暑，扇温風而至興。”《後漢書·張衡傳》：“温風翕其增熱兮，怒鬱邑其難聊。”李賢注：“温風，炎風也。”唐元稹《咏廿四氣詩·小暑六月節》詩：“倏忽温風至，因循小暑來。”宋田況《成都遨樂詩二十一首·伏日會江瀆池》：“温風澠涩鬱不開，流背汗浹思清涼。”明湯珍《觀雨作》詩：“温風鬱蒸溽，浮陰昏混茫。”清王季珠《田家雜咏十二首》其四：“秧含時雨針針碧，麥受温風簇簇金。”

【鹽南風】

亦稱“鹽風”。古解州稱夏秋間之大風。吹鹽澤成鹽，故名。宋沈括《夢溪筆談·雜志一》：“解州鹽澤之南，秋夏間多大風，謂之鹽南風。”宋王得臣《塵史·占驗》：“梁盛夏以池水入畦，謂之種鹽。不得南風，則鹽不成，俗謂之鹽風。”明李時珍《本草綱目》卷一一：“夏秋南風大起，則一夜結成，謂之鹽南風，如南風不起，則鹽失利，亦忌濁水淤澱。”清顧炎武《天下郡國利病書》：“仲夏應候風出其聲，俗謂之鹽南風，池水得此，一夕成鹽。”

【鹽風】

即鹽南風。此稱宋代已行用。見該文。

【陽風】[2]

指夏風。《黄帝内經·靈樞》：“春青風，夏陽風，秋凉風，冬寒風。”唐虞世南《北堂書鈔·歲時部》：“陰陽暑盛，煎砂石而爛煨，陽風至而含熱。”清稽璜等《續文獻通考》卷二一六：“八月潮，陽風海溢。”

【闌風】[2]

多指夏秋之際的携雨之風。亦泛指風雨不已。唐杜甫《秋雨嘆》詩之二：“闌風長（一作‘伏’）雨秋紛紛，四海八荒同一雲。”仇兆鰲注引趙子櫟曰：“闌珊之風，沉伏之雨，言其風雨之不已也。”宋楊萬里《過八尺遇雨》詩之一：“節裏無多好天色，闌風長（原注：去聲）雨餞殘年。”明楊慎《七星橋記》：“不染魚鱗上瓦，闌風伏雨無虞。”清納蘭性德《菩薩蠻》詞：“闌風伏雨催寒食，櫻桃一夜花狼藉。”參閲宋胡仔《苕溪漁隱叢話後集·杜子美四》、元李治《敬齋古今黈》卷七、蔣禮鴻《義府續貂·長雨仗雨》。

## 秋風

秋天所吹之風。秋天的風多爲源自蒙古或西伯利亞之寒潮（冬季風）。先秦佚名《穗歌》詩：“穗乎不得穫，秋風至兮殫零落。”先秦屈原《九歌・湘夫人》：“嫋嫋兮秋風，洞庭波兮木葉下。”漢劉徹《秋風辭》：“秋風起兮白雲飛，草木黄落兮雁南歸。”三國魏曹丕《燕歌行》之一：“秋風蕭瑟天氣凉，草木搖落露爲霜。”唐杜甫《茅屋爲秋風所破歌》詩：“八月秋高風怒號，卷我屋上三重茅。”宋朱淑真《黄花》詩：“寧可抱香枝頭老，不隨黄葉舞秋風。”金周昂《翠屏口七首》其七：“塞古秋風早，山昏落日低。”明李延興《舟次松陵》詩：“斷帆冲暮雨，短笛咽秋風。”清盧若騰《秋日庚子答時人》詩：“惟應松與柏，不肯畏秋風。”

### 【秋吹】

即秋風。唐喬備《雜詩》：“秋吹綾紈索，空閨生網羅。”宋王禹偁《新秋即事》其一：“露莎煙竹冷凄凄，秋吹無端入客衣。”明區大相《水退後呈鄭使君十四韵》詩：“金沙漲挾青巖下，錦石秋吹碧浪高。”清姚鼐《萬壽寺松樹

裙裾在秋風中飄動
（明唐寅《秋風執扇圖》）

歌呈張祭酒（裕犖）》詩：“萬里秋吹遼海空，重陰晝塞西山隘。”

### 【飂】

即秋風。秋風蕭瑟，故稱。漢王延壽《魯靈光殿賦》：“鴻爌炕以爞閜，飂蕭條而清泠。”《廣雅・釋訓》：“飂飂，風也。”王念孫疏證：“《玉篇》：‘飂，秋風也。’”南北朝江洪《胡笳曲二首》其二：“飂飂夕風高，聯翩飛雁下。”日僧遍照金剛《文鏡秘府論・地卷》：“飂飂馬叫，飂飂雷驚。”明邵寶《聞時事有感集李四首》其一：“獨立自蕭飂，楚山邈千重。”

### 【金風】

即秋風。五行配五時，秋爲金，故稱。魏晋佚名《子夜四時歌・秋歌》：“金風扇素節，玉露凝成霜。”晋張協《雜詩》其二：“金風扇素節，丹霞啓陰期。”李善注：“西方爲秋而主金，故秋風曰金風也。”南朝梁蕭統《十二月啓》：“金風曉振，偏傷征客之心。”宋佚名《的名對》其二：“玉霜摧草色，金風斷雁聲。”元曹伯啓《和通州王總管二首》其二：“銀漢誰家月，金風滿地秋。”明劉炳《滿庭芳・壽許得夫先生》詞：“白露横空，金風鷹爽，銀河凉陰西流。”清尤侗《南柯子・旅中苦雨》詞其二：“土雨埋荒草，金風剪敗荷。”

### 【金飂】

即秋風。飂，涼風，秋風涼爽，故稱。唐甘子布《光賦》：“銀河披曉，金飂送清。”宋米芾《和林公峴山之作》詩：“金飂帶秋威，欻逐雲檣至。”明王世貞《偶成》詩：“何知金飂襲，微質坐來捐。”清弘曆《題王諤豐年農慶圖》詩：“金飂蕭蕭楓葉落，高空爽氣横寥廓。”

【秋飀】

即秋風。明孫緒《古怨》詩："短髮垂垂飀曉絲，疏槐落落怯秋飀。"清高士奇《江村銷夏録》："蕭蕭木葉動秋飀，隔江有人歌竹枝。"

【金飆】

秋天的急風。南朝梁王僧孺《與何炯書》："素鐘肇節，金飆戒序。"唐王仁裕《題斗山觀》詩："爲有故林蒼柏健，露華凉葉鎖金飆。"宋郭應祥《鵲橋仙·甲子中秋》詞："金飆乍歇，冰輪欲上，萬里秋空如掃。"元牟巘《和仲實秋興》詩："金飆吹暑頓然清，聞早空庭一葉驚。"明王世貞《滿庭芳·閏六月初七夜戲爲天孫賦此》詞："玉露初零，金飆微送，銀浦垂静還波。"清彭孫貽《憶内》詩："金飆一夜吹殘雨，紅樹千山怨落暉。"

【商風】

即秋風。亦指西風。五音與五時、五方相配，商音配秋天，配西方，商爲古代五音之一，其調凄清悲凉，按五行配合律屬秋。《禮記·月令》："孟秋之月……其音商。"秋風凄清，如同商聲，故稱。漢東方朔《七諫·沉江》："商風肅而害生，百草育而不長。"王逸注："商風，西風。"三國魏曹叡《步出夏門行》詩："商風夕起，悲彼秋蟬。"唐王昌齡《聽彈風入松闋贈楊補闋》詩："商風入我弦，夜竹深有露。"宋宋祁《楊秘校秋懷》其一："商風勁危條，寒露鮮繁蕤。"元揭傒斯《桂林歌贈胡秀才》詩："曠蕩兮商風，發吾思兮天末。"

【商吹】

即秋風。亦指西風。唐韓琮《秋晚信州推院親友或責無書即事寄答》詩："商吹移砧調，春華改鏡容。"明高啟《西齋池上三咏·桐樹》詩："坐恐銷華澤，商吹起前除。"清左錫嘉《一枝春·憶别》詞："聽修竹、譜成商吹。憑一粟、燈剪秋心，絮盡别離滋味。"

【商信】

即秋風。商，指秋；信，信風。指秋風，亦指西風。見該文。宋周必大《送别邢懷正直閣赴江西提舉二首》其一："朝家法備農商信，臺府官閑案牘稀。"清顧遇之《西風》詩："商信漸催華髮變，凉飆偏覺異鄉多。"清黄景仁《疏影·秋思》詞："塵衣初典，却一番商信，吹下空館。"

【寒商】

即秋風。南朝宋謝惠連《秋懷》詩："寒商動清閨，孤燈暖幽幔。"李善注："寒商，秋風也。《楚辭》曰：'商風肅而害之，百草育而不長。'"宋吳則禮《寄歐陽元老》詩："寒商動清夜，落木何紛紛。"明張元凱《苦熱詩四首》其三："岸幘緑雲浮，拂袖寒商起。"清張錫祚《重九後溪南采杞菊》詩："佳節倏復過，寒商激林杪。"

【清商】

即秋風。漢兩漢樂府《古歌》詩："主人前進酒，彈瑟爲清商。"晉潘岳《悼亡》詩："清商應秋至，溽暑隨節闌。"唐元稹《遣興十首》其五："炎夏火再伏，清商暗迴飆。"宋徐鉉《又聽霓裳羽衣曲送陳君》詩："清商一曲遠人行，桃葉津頭月正明。"元范梈《奉同元學士賦贈鄧提要之官江浙》詩："況值杪秋令，清商動凉暮。"明王行《桂月弄笛便面》詩："弦中有流水，幽韵入清商。"清張問陶《蟋蟀吟》詩："咽咽不勝啼，清商動林木。"

## 【悲商】

即秋風。一説，指凄厲的秋風聲。晉陶潛《閑情賦》："悲商叩林，白雲依山。"逯欽立注："悲商，古人每以徵、角、商、羽表四方、四季。商，西方，秋季。悲商，悲凄的秋風。叩林，吹動樹林。"宋佚名《虞美人·咏八月梅》詞："悲商吹盡枝間緑。絳尊含冰玉。"明楊慎《秋日雜詩》其二："清冷含廣澤，悲商印遥林。"

## 【素風】

亦稱"白風"。即秋風。五色配五時，白爲秋，故稱。三國魏阮籍《咏懷》其三十八："日月徑千里，素風發微霜。"南朝梁元帝《纂要》："秋曰白藏，……風曰商風、素風、凄風、高風、凉風、激風、悲風。"唐駱賓王《秋夜送閻五還潤州》詩："素風啼迥蝶，驚月繞疏枝。"宋葉適《朝奉大夫知惠州姜公墓志銘》："素風落朱榮，旅葬臺之湄。"宋李昉等《太平御覽》卷九引《養性經》："修身之道，春避青風，夏避赤風，秋避白風，冬避黑風。"明宋濂《和劉伯温秋懷韻四首》其一："胡爲素風生，白草同憔悴。"清屈大均《題馬參領樂田圖》詩："雲林蕭散多真樂，水木清華滿素風。"

## 【白風】

即素風。此稱宋代已行用。見該文。

## 【商飆】

亦作"商飍""商飅""商颰"。飆，急風，暴風。指大秋風。晉陸機《園葵》詩："地逝柔風戢，歲暮商飍飛。"又《演連珠》其四一："是以商颰漂山，不興盈尺之雲。"劉良注："商颰，秋風也。"南朝陳周弘讓《立秋》詩："兹晨戒流火，商颰早已驚。"《隋書·盧思道傳》："溯商飆之嫋嫋，玩陽景之遲遲。"唐虞世南《北堂書鈔·歲時部》："商飍作凉風。"唐李白《登單父陶少府半月臺》詩："置酒望白雲，商飆起寒梧。"唐韋應物《擬古詩》之六："商飆一夕至，獨宿懷重衾。"宋張孝祥《水調歌頭·垂虹亭》詞："洗我征塵三斗，快揖商飆千里，鷗鷺亦翩翩。"宋劉克莊《竹溪直院盛稱起予草堂詩之善暇日覽之多有可恨者因效顰作十首》之一："嚮激商飆起，聲隨隴水潺。"宋陳天瑞《大暑松下卧起》詩："炎威一何驕，不有商飆慘。"元張仲深《歸雁》詩："商飆鳴秋衆木脱，雁鴻來作南州客。"元張養浩《古意十首》之一："惻愴訴無所，商飆動白蘋。"明楊士奇《晚過揚州》詩："商飆從西來，忽忽凉思生。"明余震《九月廿一日偕范孟學李德興訪徐良夫耕漁軒是夕乘月過溪寺登擁翠方丈分韵得下字》："商飍發清秋，孤月耿深夜。"清唐孫華《久旱酷熱立秋後一日得雨驟凉志喜》詩："商飆引素秋，光景變一宿。"清沈光文《思歸》詩其一："青海濤奔花浪雪，商飆夜動葉梢風。"清和珅等《欽定熱河志》卷一〇九："凉秋八月，商飆發，霜氣凝，嚴冰未溜。"

## 【商飍】

同"商飆"。此體晉代已行用。見該文。

## 【商飅】

同"商飆"。此體南北朝時期已行用。見該文。

## 【商颰】

同"商飅"。此體唐代已行用。見該文。

## 【凉風】[1]

指凉爽的風，或指秋風。漢劉弗陵《淋池歌》詩："秋素景兮泛洪波，揮纖手兮折芰荷，凉風凄凄揚棹歌。"三國魏繁欽《與魏文帝箋》："是時日在西隅，凉風拂衽。"晋佚名《子夜四時歌·秋歌十八首》其七："秋夜凉風起，天高星月明。"北周庾信《周五聲調曲·羽調曲》之三："雲玉葉而五色，月金波而兩輪，凉風迎時北狩，小暑戒節南巡。"唐徐堅《初學記》卷三引南朝梁元帝《纂要》："秋曰白藏，……風曰商風、素風、凄風、高風、凉風、激風、悲風。"唐白居易《池上》詩："嫋嫋凉風動，凄凄寒露零。"宋衛涇《張嵓拙軒窰寺用壁韵》詩："幾陣凉風清不盡，一天秋色渺無邊。"金王鬱《楚妃怨》詩："凉風繞樹秋，長河絡天碧。"明朱希晦《九日》詩："秋晚林皋木葉飛，凉風嫋嫋雁南歸。"清静維《夜坐》詩："落葉堆蛩砌，凉風吹雁聲。"

**【凉吹】**

即秋風。亦泛指陰凉之風。南朝宋鮑照《秋夕》詩："幽閨溢凉吹，閑庭滿清暉。"唐元稹《咏廿四氣詩·立秋七月節》詩："不期朱夏盡，凉吹暗迎秋。"宋朱淑真《秋樓晚望》詩："凉吹晚颼颼，蘆花兩岸秋。"元楊弘道《麟游秋懷》詩："暮雲封遠恨，凉吹和微吟。"明盧龍雲《夏杪鷄鳴山閣宴集》詩："坐來殘暑都忘却，凉吹先秋欲滿衣。"清弘曆《九月朔日作》詩："霜叢燦曉華，風葉含凉吹。"

**【凉颷】**

秋季大風，亦泛指陰凉之風。颷，或作"凉颷"。漢班婕妤《怨詩》詩："常恐秋節至，凉颷奪炎熱。"唐令狐峘《硤州旅舍奉懷蘇州韋郎中》："方塘寒露凝，旅館凉颷生。"宋劉子翬《秋懷》詩："凉颷襲迥野，飛霜皓盈疇。"元趙孟頫《和子俊感秋五首》其一："凉颷旦夕至，林木發商聲。"明尹臺《席上贈東湖老人別歌》詩："凉颷八月起天末，瀟湘萬里回長濤。"清梁清標《念奴嬌·遣興》詞其三："浩蕩凉颷來木末，霜滿溥沱河北。"

**【霜風】**

指秋冬寒冷之風。南朝梁蕭衍《撰孔子正言竟述懷》詩："仲冬寒氣嚴，霜風折細柳。"南朝陳阮卓《賦得黄鵠一遠別》詩："霜風秋月映樓明，寡鶴偏栖中夜驚。"北周庾信《衛王贈桑落酒奉答》詩："霜風亂飄葉，寒水細澄沙。"唐馬戴《將别寄友人》詩："霜風紅葉寺，夜雨白蘋洲。"宋韋驤《觀稼》詩："霜風卷葉度高樓，樓上蕭然對晚秋。"元于欽《錦秋亭》詩："霜風收緑錦，萬頃水雲秋。"明葉顒《秋色》詩："蘆花迷夜月，楓葉舞霜風。"清王鳴雷《暮秋江上書所見》詩："那堪晚節催籬菊，一夜霜風雁路新。"

**【霜吹】**

指秋冬寒冷之風，亦即霜風。唐虞世南《奉和出潁至淮應令》詩："寒流泛鷁首，霜吹響哀吟。"宋孔平仲《送沈行奉議赴辟陝西》詩："葱嶺霜吹劍，龍堆雪點裘。"元范梈《懷舊游贈别杜君還益津》詩："山夾疏鐘和雪度，樓栖斷角引霜吹。"明廖孔説《采藥》詩："采藥秋山萬木疏，霜吹瘦骨倦鋤餘。"清王夫之《即事（癸丑）》詩其二："仲冬微雨息，霜吹卷空晶。"

**【高風】**

即秋風。秋高氣爽，故稱其風爲高風。漢劉向《九嘆·遠游》："溯高風以低佪兮，覽周流於朔方。"晋江回《咏秋》詩："高風催節變，凝露督物化。"南朝梁元帝《纂要》："秋曰白藏……風曰商風、素風、淒風、高風。"唐杜甫《奉送郭中丞充隴右節度使三十韵》詩："斜日當軒蓋，高風卷旆旌。"師尹注："高風，八月風也。"《舊唐書·玄宗紀》："高風順時，歷蕭殺於秋序。"宋丘葵《跋信中隱秋江捕魚圖》詩："逸興寄滄洲，高風落木秋。"元周權《浮淮》詩："夜静栖烏驚野月，高風寒雁落空雲。"明劉基《淡黄柳·台城秋夜》詞："高風淅淅，翻動林梢敗葉。"清玄燁《秋幸出郊見收成志喜》詩其二："滌暑高風至，中分白露微。"

【雁風】

大雁南飛，時當秋末，故以雁風指凉冷之秋風。唐杜荀鶴《長安道中有作》詩："帽檐曉滴淋蟬露，衫袖時飄卷雁風。"宋丁宥《水龍吟》詞："雁風吹裂雲痕，小樓一綫斜陽影。"元周權《曉秋》詩："浦溆明寒透橘洲，雁風吹老一天秋。"明王世貞《十七夜月獨坐》詩："雁風團白露，愁殺獨栖時。"清鄘露《猛虎行》詩："雁風驅砂礫，狼煙樹彊邊。"

【鷹風】

即秋風。語出《漢書·五行志上》："立秋而鷹隼擊。"唐王勃《餞韋兵曹》詩："鷹風凋晚葉，蟬露泣秋枝。"明林鴻《高逸人見過園亭分得何字》詩："鷹風入樹凋秋葉，蚌月流雲度曉河。"清查慎行《七夕喀喇火屯雨後作》詩："雕霧鷹風漲沕寥，一天秋意頓蕭蕭。"清厲荃《事物異名録·乾象·風》："鷹風，秋風也。"

【激風】

指秋風。又多指大風。南朝宋裴松之《三國志注》："含陰不能吐雲，含陽不能激風，陰陽雖弱，猶有微神。"南朝梁元帝《纂要》："秋曰白藏，……風曰商風、素風、淒風、高風、凉風、激風、悲風。"唐韓愈《山石》詩："當流赤足蹋澗石，水聲激激風吹衣。"前蜀杜光庭《道門科範大全集》："丹靈朱火，炎霞激風。赤輪剛運，天光八衝。"宋張君房《雲笈七籤·南溟夫人傳》："瞬息之間，有黑龍長數丈，激風噴電，折木撥屋。"明陸深《風泉竹石圖（爲楊夢羽正郎賦）》詩："幽篁兮怪石泉，激風兮鳴璫。"

【悲風】

秋冬淒厲之寒風。漢秦嘉《贈婦詩三首》其二："浮雲起高山，悲風激深谷。"三國魏阮瑀《雜詩》："臨川多悲風，秋日苦清凉。"南朝陳張正見《傷韋侍讀》詩："柳下悲風急，山陽秋氣多。"唐釋皎然《題餘不溪廢寺》詩："殘月生秋水，悲風起故臺。"宋劉敞《和貢甫瓜步詩》："江介多悲風，川廣不可越。"元劉因《易水懷古》詩："薊門來悲風，易水生寒波。"元王冕《秋懷十二首》其一："悲風度古木，吹我屋上茅。"清陳恭尹《感懷十七首》其六："九月悲風始，邊土何慘慄。"

【裂葉風】

亦作"獵葉風"。亦稱"落葉風""葡萄風"。指農曆八月之秋風。其風甚厲，可使草木枝葉破裂，故名。漢郭憲《洞冥記》："裂葉風，八月風也。"南朝梁元帝《金樓子》："八月中風至，吹葉上傷裂，有似綾紈，故人呼爲葡萄風，亦名爲裂葉風。"唐李中《登毗陵青山樓》詩："人生歌笑開花霧，世界興亡落葉風。"宋李昉等《太平御覽》卷九引《周生列子》："夫獵葉之風，不應八節。"宋黄庭堅《大暑水閣聽晋卿家昭華吹笛》詩："何時爲洗秋空熱，散作霜天落葉風。"宋張鎡《持上人別久矣一日來訪舉似近作且言遷寓新房因次韵贈之》詩："指日茶香申舊好，蔓陰窗户葡萄風。"明盧濬《韓唐曉發》詩："馬出韓唐曉，蕭蕭落葉風。"清王夫之《哀管生永叙（辛丑）》詩："落葉風喧夕，啼鴉柏冷霜。"清厲鶚《懷徐丈紫山客金陵二首》之一："中秋過後重陽未，澄碧天光裂葉風。"清馮鉞《北上次東阿道中》詩："沙程萬里趁岧嶢，獵葉風寒酒力消。"

【獵葉風】

同"裂葉風"。此體宋代已行用。見該文。

【落葉風】

即裂葉風。此稱宋代已行用。見該文。

【葡萄風】

即裂葉風。此稱南北朝時期已行用。見該文。

【蓼風】

即秋風。漢蔡邕《月令章句》："仲秋白露節，盲風至，秦人謂蓼風爲盲風。"宋白玉蟾《黃巖舟中》詩："星辰冷落碧潭水，鴻雁悲鳴白蓼風。"明高濂《玉簪記·追別》："天空雲淡蓼風寒，透衣單，江聲凄慘。"清姚興泉《泊荻港》詩："十里蓼風吹細雨，滿江蓑笠打漁船。"

【露風】

即秋風。《黃帝內經·素問·生氣通天論》："因於露風，乃生寒熱。"唐曹唐《小游仙》詩其十："百辟朝回閉玉除，露風清宴桂花疏。"宋樓鑰《琴操·七月上浣游裴園醉翁操》詩："茫茫蒼蒼青山遠，千頃波光，新秋露風荷吹香。"明霍韜《終慕卷四章》詩："露風涼涼，雨雪雺雺。"清卜夢鈺《菩薩蠻·秋夜》詞："風露咽吟蟲，蟲吟咽露風。"

【槐風】[2]

秋天吹動槐樹之風。唐劉滄《留別崔澣秀才昆仲》詩："歲晚蟲鳴寒露草，日西蟬噪古槐風。"宋吕渭老《思佳客》詩："深夜槐風析醒惺，露荷涼氣滿西庭。"明許天錫《下詔獄》詩："落照犴門西，槐風拂面凄。"清楊名時《瀛洲亭秋夜讀書》詩："秋色入庭宇，槐風日夜清。"

【蒲風】

秋天蒲葉最爲茂盛，風吹有聲，稱蒲風。唐皇甫松《浪淘沙》之二："蠻歌豆蔻北人愁，松雨蒲風野艇秋。"宋錢時《睡起》詩："雨浥蒲風晚更涼，數花薔薇净生香。"明林光《重泛當湖四首》其三："桂酒三吴味，蒲風五月秋。"清鄭文焯《浣溪沙》詞其一："亂流猶似怒蛙鳴，蒲風杉雨戰秋聲。"

【菖蒲風】

即蒲風。指秋風。唐李建勳《題魏壇二首》其二："薄暮欲歸仍佇立，菖蒲風起水決決。"宋李乘《慧聚雜題》詩："幾次菖蒲風，爲解衆生躁。"明袁宏道《端陽日集諸公葡萄社分得未字》詩："十里菖蒲風，一幄芰荷氣。"

【菰蒲風】

即蒲風。指秋風。宋王之道《秋日即事二首》其一："潮退菰蒲風自倒，秋深菱芡雨應添。"宋陸游《秋日雜咏八首》其三："菰蒲風起暮蕭蕭，煙斂林疏見斷橋。"明鄭鵬《洗衣行》詩："洗衣洗衣復洗衣，菰蒲風急鴛鴦飛。"清張英《題石谷畫米家山二首》其二："菰蒲風暖上嘉魚，粳稻吹香六月初。"

【松風】[1]

秋天吹動松樹或杉樹之風，亦表其他季節

松林之風。語出南朝宋顏延之《拜陵廟作》詩：
"松風遵路急，山煙冒壟生。"隋楊廣《月夜觀
星》詩："谷泉驚暗石，松風動夜聲。"唐王昌
齡《聽彈風入松闋贈楊補闋》詩："松風吹草
白，溪水寒日暮。"宋王吉《游琅琊山呈銳公長
老》詩："午夜千溪分水月，清秋十里韵松風。"
金蔡松年《水龍吟》詩："水村秋入江場，夢
驚萬壑松風冷。"明王行《題寒山拾得圖》詩：
"松風謖謖生夜凉，白露欲濕練衣裳。"清彭孫
貽《烹第二泉》詩："悦汲月上檜，松風響秋
雪。"

【杉風】

秋天吹動杉樹之風，亦表其他季節杉林之
風。唐岑參《寄青城龍溪奂道人》詩："杉風吹
加沙，石壁懸孤燈。"唐釋皎然《奉和袁使君高
郡中新亭會張錬師畫會二上人》詩："傍簷竹雨
清，拂案杉風秋。"宋曹勛《台城雜詩七首》其
一："四圍竹色繚寒碧，一徑杉風留素秋。"明
胡奎《題溪山圖》詩其二："杉風吹髮苧衣凉，
琴許家童手自將。"清陳衍虞《江城子》詞：
"杏雨杉風何處村，彩鶲到，挹蘭芬。"

【鯉魚風】²

省稱"鯉風"。指秋末的風，九月的風。據
説其時鯉魚最爲肥美，故稱。南朝梁簡文帝
《艷歌篇》："燈生陽燧火，塵散鯉魚風。"吳兆
宜注引《提要録》曰："鯉魚風，九月風也。"
唐龔驤《九秋》詩："鯉魚風緊蘆花起，漁笛閑
吹聲不止。"唐李商隱《河内詩》之二："後溪
暗起鯉魚風，船旗閃斷芙蓉幹。"宋張九成《次
施彦執韵》詩："幾歲不堪青草瘴，今朝還喜鯉
魚風。"元吕誠《秋江晚霽圖》詩："一帶寒沙
秋水白，荻花吹老鯉魚風。"明謝應芳《和許君

善郊居》詩："秋色蒼茫日落斜，鯉魚風起荻飛
花。"清陳錫金《庚子秋懷》詩："鯉風雁雨四
山秋，蜃霧蛟煙萬古愁。"

【鯉風】²

"鯉魚風²"之省稱。此稱清代已行用。
見該文。

【寒飈】

即寒飈。飈，即風，又疾速貌。多指秋季
寒冷之疾風。《梁書·侯景傳》："竊以寒飈白露，
節候乃同；秋風揚塵，馬首何異。"明左光斗
《左忠毅公集》："寒飈豈是，秋鳥狎疏，簾門半
卷，蝶穿虛牖。"

## 冬風

冬天的風，寒風。冬天的風多爲來自蒙古或
西伯利亞地區的寒潮（冬季風）所致。《史記·趙
世家》："夏風出南，冬風出北，不相奪倫。"《新
唐書·侯君集傳》："〔高昌〕王麴文泰笑曰：'唐
去我七千里，磧鹵二千里無水草，冬風裂肌，夏
風如焚，行賈至者百之一，安能致大兵乎？'"
前蜀貫休《冬末病中作二首》詩之一："冬風吹
草木，亦吹我病根。"宋司馬光《資治通鑑·唐
紀》："沙磧千里，冬風如割。"明朱誠泳《冬
風》詩："細舞霜回瓦，高飛雪滿天。"清錢載
《聖武樂歌三十章》其十三："夏月綢繆備，冬
風箠策敦。"清錢念生《浪淘沙·冬風和韵》詞：
"徹骨五更風，吹聚霜濃，寒幃更覺冷重重。"

【凄風】¹

凄冷之風，多指秋冬寒風。《左傳·昭公四
年》："春無凄風，秋無苦雨。"杜預注："凄，
寒也。"漢王粲《贈蔡子篤》詩："烈烈冬日，
蕭蕭凄風。"晋陸機《贈尚書郎顧彦先》詩之
一："凄風迕時序，苦雨遂成霖。"南北朝謝

微《濟黃河應教》詩：“積陰晦平陸，凄風結暮序。”唐白居易《晚（一作暝）寒》詩：“急景流如箭，凄風利似刀。”宋袁説友《余應卿招飲》詩：“平田寒日行孤鶩，枯木凄風集亂鴉。”元薩都剌《過高唐》詩：“殘雪復殘草，凄風吹未消。”明于慎行《暮抵吴家渡楊令君携酒宿王户部別業》詩：“凄風吹古渡，寒霧結平林。”清納蘭性德《于中好·七月初四夜風雨（其明日是亡婦生辰）》詞：“衰楊葉盡絲難盡，冷雨凄風打畫橋。”

【寒風】[1]

亦稱“颶”。秋冬寒冷的風。漢樂府《孔雀東南飛·爲焦仲卿妻作》詩：“寒風摧樹木，嚴霜結庭蘭。”南朝梁顧野王《玉篇·風部》：“颶，寒風。”唐張蠙《叙懷》詩：“十年九陌寒風夜，夢掃蘆花絮客衣。”宋宋祁《贈罷征邊將》詩：“殘月邊兵盡，寒風壯士還。”元劉因《白樂天琵琶行圖》詩：“冀馬嘶寒風，逐臣念鄉國。”明劉崧《題表明誠書館》詩：“此時月落寒風起，亂葉飄蕭正打門。”清毛奇齡《春從天上來·擬昭君詞送友出塞》詩：“看萬里寒風，塞外驚秋。”

【颶】

即寒風[1]。此稱南北朝時期已行用。見該文。

【寒飈】

亦作“寒飇”。指秋冬寒冷的大風。晋袁山松《菊》詩：“靈菊植幽崖，擢穎凌寒飈。”唐張嵩《雲中古城賦附歌》其一：“寒飈動地胡馬嘶，若箇征夫不沾臆。”宋甯全真《靈寶領教濟度金書》：“散蔚寒飈，七晨玄朗。”宋朱熹《試院雜詩五首》其四：“階空緑苔長，院僻寒飈

勁。”元陳孚《咏神京八景·太液秋風》其一：“寒飈夜卷雪波去，貝闕珠宫黛光冷。”明何喬新《水南八景·梅徑香風》詩：“寒飈生曲徑，玉樹散清芬。”明林坦《梅魂》詩：“疏影蕭條和落月，空香縹緲逐寒飈。”清方彦珍《憶秦娥·秋夜懷月儀》詞：“寒飈冽，江鄉又近重陽節。”清田雯《皖城西拜山谷老人墓》：“我來思識古人面，寒飈吹下芙蓉裳。”

【寒飇】

同“寒飈”。此體唐代已行用。見該文。

【寒飆】

亦作“寒飇”。指秋冬寒冷的大風。南朝宋沈約《芳樹》詩：“宿昔寒飆舉，摧殘不可識。”南朝齊陸厥《中山王孺子妾歌二首》其二：“歲暮寒飆及，秋水落芙蕖。”宋黄升《賣花聲·憶舊》詞其二：“秋色滿層霄，剪剪寒飆。”宋宋祁《享廟禋郊》詩：“寒飆戢吹，朔氣停凜。”元陳孚《咏神京八景·太液秋風》詩：“寒飆夜卷雪波去，貝闕珠宫黛光冷。”明王恭《寒夜宴集陳拙脩西軒》詩：“飛霰夜仍集，寒飆鳴近林。”清王士禛《送陶季之潞州》詩：“戰場下馬問亭長，鬼燐颯颯寒飆吹。”

【寒飇】

同“寒飆”。此體南北朝時期已行用。見該文。

【寒飇】

即寒飈。飈，指疾風。多指秋冬寒冷之狂風。唐柳宗元《哭連州凌員外司馬（凌員外準也）》詩：“蓋棺未塞責，孤旐凝寒飇。”宋曾鞏《送劉醫博》詩：“深冬山城萬木落，陰氣蕩射生寒飇。”明劉基《涇縣束宋二編修長歌》詩：“寒飇瘃瑟透衣袖，雖有氈蓋那能遮。”清邱晋

成《叙州懷古·南寺》詩："淒淒拂寒颸，悵悵吊遷宦。"

【韓婆】[1]

舊俗指十月之風，因其時祭司寒之神，韓婆誕生，韓通"寒"，韓婆猶寒婆，故稱。明陳士元《俚言解》卷一："俗謂十月十六日韓婆誕辰，此日多風。竊疑'韓'當作'寒'……古字'韓'與'寒'通。古者十月祭司寒之神。風，陰氣也，故稱婆焉。《易》：'巽爲風，爲長女。'《管輅傳》有'少女風'。俗呼十月風爲'韓婆'，或以此耳。今稱'韓婆'，蓋猶古稱'孟婆'。"清黎士弘《閩酒麴》："直待韓婆風力軟，一厄陽烏各寒溫。"自注："長汀呼冷風爲韓婆風。鄉人鬻炭者户祀韓婆，蓋誤以寒爲韓也。值歲暖則倒置韓婆水中，謂能變寒風，使其炭速售。"

【黑風】[1]

即冬風。五時配五色，冬爲黑，故稱。亦泛指烏雲狂風。宋李昉等《太平御覽》卷九引《養性經》："修身之道，春避青風，夏避赤風，秋避白風，冬避黑風。"宋鄧肅《靖康迎駕行》詩："雪花一日故濛濛，皂幟登城吹黑風。"元劉因《早發高黑口號》詩："蒼月瘦，黑風酸，枯梢老竅號空山。"明何湘《即事》詩："野曠黑風急，天低寒日斜。"清方觀承《野宿》詩："黑風飲馬人呼井，白雪眠車夜裹氈。"

【嚴風】

嚴冬寒風。晉傅玄《季冬》詩："嚴風截人耳，素雪墜地凝。"南朝宋袁淑《效古》詩："四面各千里，從橫起嚴風。"南朝梁元帝《纂要》："冬曰玄英……風曰寒風、勁風、嚴風。"《漢魏南北朝墓志彙編·北魏元伯陽墓志》："嚴風夕緊，飛霜夜橫。"唐李世民《出獵》詩："長煙晦落景，灌木振嚴風。"宋楊萬里《望橫山塔》詩："水面生風分外嚴，竹根剩雪更新添。"金趙秉文《從軍行送田琢器之》詩："嚴風吹霜百草枯，胡兒馬肥思南驅。"明顧璘《贈別劉元瑞因懷都下諸君子六首》其四："嚴風切肌骨，大壑層冰堅。"清劉震《送羅萬峰》詩："嚴風西北來，轅馬鳴蕭蕭。"

【臘風】

臘月的寒風。唐盧仝《冬行三首》其二："臘風刀刻肌，遂向東南走。"宋曾鞏《多雨》詩："雜花萬株紅與紫，臘風吹開不可數。"清姚燮《同洪孝廉璿樞自彭山抵黄山渡視羅通守璋病越日買舟從楊墅村還郡寓舟中得詩三章》其一："春深猶臘風，搖動山色枯。"

【冷風】

猶冬風，亦泛指春寒秋凉之風。晉孫統《蘭亭詩二首》其二："因流轉輕觴，冷風飄落松。"唐蕭穎士《過河濱和文學張志尹》詩："瑟瑟寒原暮，冷風吹衣巾。"宋柳永《二郎神》詞："乍露冷風清庭户，爽天如水，玉鈎遥挂。"元耶律鑄《後凱歌詞九首·高闕》："光射鐵衣寒透徹，冷風如箭月如弓。"明劉基《羲和》詩："斷梗枯莖付野蒿，冷風凉雨剥征袍。"清屈大均《早秋客中作》詩："夢隨微月去，魂逐冷風回。"

【颮颮】

指秋冬寒風。亦風凛冽貌，亦爲象聲詞。唐剡符道者《四祖雙峰松》詩："颮颮傳細籟，天下播真宗。"唐戴公懷《奉郎中游仙山四瀑泉兼寄李吏部包秘監趙婺州齊處州》詩："叢崖散滴瀝，近谷藏颮颮。"宋陸游《夜坐庭中達旦》

詩："足倦獨行驚蹢躅，髮稀久坐怯颼飀。"元沈貞《樂神曲七首·風伯》："颼飀下兮木葉枯，號空桑兮吹雪載塗。"明黃相《秋夜與客飲酒桂花下》詩："堂前老桂開清秋，月光如畫涼颼飀。"清王繼穀《九日登八咏樓同仲兄作》詩："大溪環屈曲，敗葉舞颼飀。"

【尖風】

指尖厲的冬季寒風。唐李商隱《蝶》詩："祇知防浩露，不覺逆尖風。"宋梅堯臣《次韵永叔新歲書事見寄》詩："尖風細細欲穿簾，殘雪微銷凍結簷。"元貢師泰《洪棧驛》："隙日斜窺戶，尖風直透衣。"明張弼《送陳冷庵》詩："尖風急雨江南地，洗盡蒼生瘴癘哀。"清曹景芝《菩薩蠻·秋夜用朱淑真韵》詞："紗窗幾陣尖風冷，屏山扶上孤燈影。"

【風斤】

指如刀斧割裂肌膚般的冬季寒風。宋楊萬里《春夜孤坐》詩："老來覓句苦難成，細把風斤鏤薄冰。"元陳夢根《徐仙翰藻》："像千佛之化現兮，運風斤而精鑿。"明鄧雲霄《浮雲妒月歌》詩："擬揮龍劍劃雲堆，更運風斤修月戶。"

【哀風】

淒厲的秋冬寒風。晉陸機《赴洛道中作》詩之二："哀風中夜流，孤獸更我前。"李周翰注："哀風，謂悲哀之風。"晉王康琚《反招隱》詩："鵾鷄先晨鳴，哀風迎夜起。"唐鮑溶《山中冬思二首》其一："哀風破山起，夕雪誤鳴鷄。"宋釋善能《頌古二首》其二："嘯雨哀風動客愁。"明劉基《山陰王景回友樵齋辭》詩："哀風觱發兮原野蕭條，四顧彷徨兮憂心且焦。"清徐之瑞《鷄鳴嶺》詩："灌木鬱蕭慘，哀風嘯叢萑。"

【冽風】

秋冬寒風。先秦宋玉《高唐賦》："紬大弦而雅聲流，冽風過而增悲哀。"唐釋皎然《唐杭州華嚴寺大律師塔銘》："昧昧滛雨，颼颼冽風。"金趙秉文《和淵明歸田園居送潘清客六首》其三："冥冥花經眼，冽冽風吹衣。"

【流風】

秋冬冷風，吹颺如流，故稱。亦泛指氣流。漢司馬相如《美人賦》："流風慘冽，素雪飄零。"晉孫綽《蘭亭詩二首》其二："流風拂枉渚，停雲蔭九皋。"唐李邕《奉和初春幸太平公主應制》詩："流風入座飄歌扇，瀑水當階濺舞衣。"宋周紫芝《林老借可正平詩編以詩還之》詩："落葉飛雲空自好，流風迴雪不成妍。"元何中《訪程漢翁不遇賦寄》詩："沙柳歸流風，陰虹割飛雨。"明何景明《白紵歌七首》其六："窮冬夜長樂未闌，流風迴雪滿楹前。"清彭孫貽《牡丹四首》其二："浥露晴霞凝曉暈，流風淡影入春煙。"

# 風　位

## 八風

指從東方、東南、南方、西南、西方、西北、北方、東北等八個不同方嚮吹來的風。中國東部地區的風嚮，主要受到東亞季風的影響，一般每年有偏北風和偏南風的風嚮轉換。一些地區和季節亦受西風帶和西南季風的影響。又因地形、植被、水陸、時刻等因素的影響，局部風嚮也會發生變化。又，颱風等熱帶風暴過境時，風嚮會不斷轉換。宋代《清明上河圖》中就繪有測風嚮的儀器。《吕氏春秋·有始》："何謂八風？東北曰炎風，東方曰滔風，東南曰熏風，南方曰巨風，西南曰凄風，西方曰飂風，西北曰厲風，北方曰寒風。"《淮南子·墜形訓》："何謂八風？東北曰炎風，東方曰條風，東南曰景風，南方曰巨風，西南曰涼風，西方曰飂風，西北曰麗風，北方曰寒風。"又《天文訓》："何謂八風？距冬至四十五日條風至，條風至四十五日明庶風至，明庶風至四十五日清明風至，清明風至四十五日景風至，景風至四十五日涼風至，涼風至四十五日閶闔風至，閶闔風至四十五日不周風至，不周風至四十五日廣莫風至。"《説文·風部》："風，八風也。東方曰明庶風，東南曰清明風，南方曰景風，西南曰涼風，西方曰閶闔風，西北曰不周風，北方曰廣莫風，東北曰融風。"唐釋寒山《詩三百三首》："八風吹不動，萬古人傳妙。"宋程叔達《進敬天圖》詩："四國八風生萬象，九重一語定三辰。"金趙秉文《送李按察十首》其六：

測風嚮的儀器
（宋張擇端《清明上河圖》局部）

"吹之和八風，元氣生虛窾。"明胡奎《題太古子爲分水縣佐蘇侯賦》詩："八風不動地軸寧，六合無塵天宇清。"清成鷺《借園雜咏·移橙》其十二："八風深浩蕩，一氣自氤氲。"參閱本卷表二。

【八方之風】

即八風。《黄帝内經·素問》："八風，八方之風也。"《史記·律書》："八節之氣，以應八方之風。"明王尚絅《風穴賦》："聞風氣之爲天地之號令也，必五行得令、四時順序，而後八方之風各應律而至，以成歲功。"

【八面風】

即八風。宋馮取洽《自題交游風月樓》詩："一溪流水一溪月，八面疏欞八面風。"元周伯琦《是年五月扈從上京宮學紀事絶句二十首》其十一："冰華雪翼眩西東，玉座生寒八面風。"明許炯《海珠登眺》其三："千尋浪捲四時雨，八面風生六月秋。"清朱向芳《登北山寺福甯樓》詩："簾挂三秋雨，窗開八面風。"

【八方暴風】

即八風。唐《觀象玩占·八方暴風占》："北方坎風，名曰廣莫風，又曰大剛風，主冬至，四十五日；東北方艮風，名曰條風，主立春，四十五日；東方震風，名曰明庶風，主春分，四十五日；東南巽風，名曰清明風，主立夏，四十五日；南方離風，名曰景風，主夏至，四十五日；西南坤風，名曰涼風，主立秋，四十五日；西方兑風，名曰閶闔風，主秋分，四十五日；西北乾風，名曰不周風，主立冬，四十五日。"

【八節之風】

即八風。古代以立春、立夏、立秋、立冬、

春分、夏至、秋分、冬至爲八節。八方之風與八節相配，形成八種季候風。語出《左傳·隱公五年》："夫舞所以節八音，而行八風。"陸德明釋文："八方之風，謂東方谷風，東南清明風，南方凱風，西南涼風，西方閶闔風，西北不周風，北方廣莫風，東北方融風。"《易緯通卦驗》："八節之風謂之八風。立春條風至，春分明庶風至，立夏清明風至，夏至景風至，立秋涼風至，秋分閶闔風至，立冬不周風至，冬至廣莫風至。"漢班固《白虎通·八風》："距冬至四十五日條風至。條者，生也。四十五日明庶風至。明庶者，迎衆也。四十五日清明風至。清明者，清芒也。四十五日景風至。景者，大也，言陽氣長養也。四十五日涼風至。涼，寒也，陰氣行也。四十五日昌盍風至，昌盍者，戒收藏也。四十五日不周風至。不周者，不交也，言陰陽未合化也。四十五日廣莫風。廣莫者，大莫也，開陽氣也。"

### 表二　八方風名一覽表

| 風名　書名　方位 | 呂氏春秋 | 淮南子·天文訓 | 淮南子·墜形訓 | 史記 | 白虎通 | 説文 | 經典釋文 | 觀象玩占 | 易通卦驗 |
|---|---|---|---|---|---|---|---|---|---|
| 東北 | 炎風 | 條風 | 炎風 | 條風 | 條風 | 融風 | 融風 | 艮風、條風 | 條風 |
| 東 | 滔風 | 明庶風 | 條風 | 明庶風 | 明庶風 | 明庶風 | 谷風 | 震風、明庶風 | 明庶風 |
| 東南 | 熏風 | 清明風 | 景風 | 清明風 | 清明風 | 清明風 | 清明風 | 巽風、清明風 | 清明風 |
| 南 | 巨風 | 景風 | 巨風 | 景風 | 景風 | 景風 | 凱風 | 離風、景風 | 景風 |
| 西南 | 凄風 | 涼風 | 涼風 | 涼風 | 涼風 | 涼風 | 涼風 | 坤風、涼風 | 涼風 |
| 西 | 飂風 | 閶闔風 | 飂風 | 閶闔風 | 昌盍風 | 閶闔風 | 閶闔風 | 兌風、閶闔風 | 閶闔風 |
| 西北 | 厲風 | 不周風 | 麗風 | 不周風 | 不周風 | 不周風 | 不周風 | 乾風、不周風 | 不周風 |
| 北 | 寒風 | 廣莫風 | 寒風 | 廣莫風 | 廣莫風 | 廣莫風 | 廣莫風 | 坎風、廣莫風、大剛風 | 廣莫風 |

【四面風】

亦稱"東西南北風"。指從東方、西方、南方、北方等四個不同方嚮吹來的風。晉佚名《子夜四時歌·夏歌二十首》其一："高堂不作壁，招取四面風。"唐張籍《宿廣德寺寄從舅》詩："古寺客堂空，開簾四面風。"宋朱淑真《夜留依綠亭》其二："庭虛池印一方月，樓靜簷披四面風。"宋釋如净《風鈴》詩："通身是口挂虛空，不管東西南北風。"元楊敬德《題郭主簿模摩詰本輞川圖卷二十首并序·宮槐陌》詩："中街日亭午，四面風徐來。"明郎瑛《七修類稿》卷三二："水殿鈎簾四面風，荷花簇錦照人紅。"清許祥光《袖海樓聯》:"四面清風三面水,二分明月一分花。"清鄭燮《竹石》詩:"千磨萬擊還堅勁,任爾東西南北風。"

**【東西南北風】**

即四面風。此稱宋代已行用。見該文。

# 四轉五復

亦稱"亂風"。方嚮不定,速度不一之風。常出現在低壓系統過境時,相對於地面某一點而言,因氣流旋轉而不斷感知風的方嚮變化。《三國志・吳書・嗣主傳》裴松之注:"十一月甲午,風四轉五復,蒙霧連日。"《晉書》:"是夜大風,四轉五復,發屋折木。"唐李世民《謁并州大興國寺》詩:"圓光低月殿,碎影亂風筠。"唐瞿曇悉達《開元占經・風占・風名狀》:"一日之內三轉移方,古云四轉五復,今謂之亂風。亂風者,狂亂不定之象。"宋李新《静鄰寺》詩:"游夢已隨飛葉落,亂風吹雨竹蕭蕭。"明陳耀文《天中記・周天大象賦》:"四轉五復者曰亂風。"清陳元龍《格致鏡原》卷三引《乙巳占》:"揚沙轉石者曰狂風,四轉五復者曰亂風。"

**【亂風】**

即四轉五復。此稱唐代已行用。見該文。

# 北風

北方吹來的風,偏冷。八風之一。北風多來自蒙古或西伯利亞的寒潮(冬季風)。《詩・邶風・北風》:"北風其涼,雨雪其雱。惠而好我,攜手同行。"《毛詩序》:"《北風》,刺虐也。衛國並爲威虐,百姓不親,莫不相攜持而去焉。"漢代的劉褒繪有《北風圖》。西晉畫家衛協繪有《北風詩圖》。晉佚名《古詩十九首・行行重行行》:"胡馬依北風,越鳥巢南枝。"漢王逸《九

思・哀歲》詩:"北風兮潦冽,草木兮蒼唐。"漢曹操《苦寒行》:"樹木何蕭瑟,北風聲正悲。"南朝齊謝朓《答王世子》詩:"蒼雲暗九重,北風吹萬籟。"隋楊素《出塞二首》其一:"北風嘶朔馬,胡霜切塞鴻。"唐高適《別董大》詩:"千里黃雲白日曛,北風吹雁雪紛紛。"唐岑參《白雪歌送武判官歸京》詩:"北風捲地白草折,胡天八月即飛雪。"宋紫金霜《立冬》詩:"落水荷塘滿眼枯,西風漸作北風呼。"正德《常州府志續集》卷五:"〔正德元年〕三月十二日,北風,大雷電,驟雨冰雹,平地二尺餘。十二月除夕,龍見,虹貫日。"清玄燁《賜將士食》詩:"萬騎擁雕弓,長鳴向北風。"

**【坎風】**

亦稱"大剛風"。八風之一,指北風。主冬至四十五日。坎,北方卦名。《黃帝内經・靈樞》:"風從北方來,名曰大剛風,其傷人也,內舍於腎,外在骨與肩背之膂筋,其氣主爲寒也。"唐《觀象玩占・八方暴風占》:"北方坎風,名曰廣莫風,又曰大剛風,主冬至四十五日。"清吳謙《醫宗金鑒》:"冬至日,正北大剛風。"參見本卷"八風"條目。

**【大剛風】**

即坎風。此稱先秦時期已行用。見該文。

**【朔風】**

即北風。三國魏曹植《朔方》詩:"仰彼朔風,用懷魏都。"晉佚名《子夜四時歌・冬歌十七首》其九:"天寒歲欲暮,朔風舞飛雪。"唐長孫佐輔《關山月》詩:"拂曉朔風悲,蓬驚雁不飛。"宋文天祥《立春》詩:"無限斜陽故國愁,朔風吹馬上幽州。"元李俊民《送郡侯段正卿北行》其一:"征途萬里朔風寒,過盡陰山

復有山。"《水滸傳》第一〇回："正是嚴冬，彤雲密佈，朔風漸起，却早紛紛揚揚捲下一天大雪來。"清袁枚《祭妹文》："紙灰飛揚，朔風野大，阿兄歸矣，猶屢屢回頭望汝也。"

【朔吹】

即北風。南朝陳張正見《賦新題得寒樹晚蟬疏》詩："寒蟬噪楊柳，朔吹犯梧桐。"唐李世民《飲馬長城窟行》："寒沙連騎迹，朔吹斷邊聲。"宋强至《次韵元恕苦寒之什》："繁雲凝不散，朔吹動無涯。"元許有壬《念奴嬌》詞："朔吹翻空沙石走，一夜坤維凍裂。"明歐大任《大寒閉關三日》詩："門掩斜陽盡，山連朔吹高。"清姚鼐《密雲縣》詩："斷崖朔吹來陰地，連塞橫山蔽遠天。"

【朔飈】

强勁的北風。南朝梁何遜《宿南洲浦》詩："霜洲渡旅雁，朔飈吹宿莽。"明徐熥《冬夜同汝翔振狂在杭集汝大山齋》詩："玉衡指東露華冷，朔飈暗度梧桐井。"清趙金鑒《寒夜讀書》詩："朔飈凍摧百卉枯，有客危坐夜讀書。"

【胡風】

指北風。北爲胡地，故稱。漢蔡琰《悲憤詩》："處所多霜雪，胡風春夏起。"南朝宋顏延之《陽給事誄》："朔馬東騖，胡風南埃。"唐戎昱《塞上曲》詩："胡風略地燒連山，碎葉孤城未下關。"宋吳龍翰《昭君怨》詩："盈盈淚眼邊月照，蕭蕭愁鬢胡風吹。"明王伯稠《追昔感事八首》其五："燕山自古接胡沙，大有胡風入漢家。"清彭孫貽《道君畫角鷹歌》詩："胡風北來鷹墜地，尺練得與康王留。"

【塞北風】

省稱"塞風"。長城以北的風，多爲偏北風。唐周樸《寄塞北張符》詩："隴樹塞風吹，遼城角幾支？"宋僧賾藏《古尊宿語録》："塞北風霜緊，江南雪不寒。"清玄燁《巡歷塞北雜咏四首》其四："塞北風多露氣凉，幔城坐聽漏聲長。"清超永《五燈全書》："江南地暖千山翠，塞北風高萬里寒。"

【塞風】

"塞北風"之省稱。此稱唐代已行用。見該文。

【廣莫風】

省稱"廣莫"。指北風。《淮南子·天文訓》："廣莫風至，則閉關梁，決刑罰。"漢班固《白虎通·八風》："四十五日，廣莫風至。廣莫者，大莫也，開陽氣也……廣莫風至，則萬物伏。"晉木華《海賦》："颺凱風而南逝，廣莫至而北征。"南朝宋劉義慶《世説新語》："鼻如廣莫長風，眼如懸河決溜。"劉孝標注："廣莫者，精大備也，蓋北風也，一曰寒風。"明劉基《述志賦》："駕廣莫而南征兮，叫重華於九疑。"

【廣莫】

"廣莫風"之省稱。此稱漢代已行用。見該文。

【寒風】[2]

指北風。亦指秋冬寒冷之西北風。《吕氏春秋·有始》："何謂八風？……北方曰寒風。"《淮南子·墜形訓》："北方曰寒風。"晉陸機《燕歌行》："四時代序逝不追，寒風習習落葉飛。"南朝宋王微《雜詩》："孟冬寒風起，東壁正中昏。"唐儲光羲《貽從軍行》詩："馬上吹笛起寒風，道傍舞劍飛春雪。"宋嚴羽《塞下曲六首》其三："胡天日落寒風起，但見黄沙萬里來。"元曹文晦《題白翎雀手卷二首》其一：

"敕勒川寒風怒號，白翎點點入黃蒿。"明戴良《送人從戎》詩："東郊已春陽，北陌尚寒風。"清毛奇齡《須邪行》詩："寒風西北來，吹出衣中紗。"

**【涼風】**[2]

亦稱"飂""飆"。指北風。《爾雅·釋天》："北風謂之涼風。"《說文·風部》："飆，北風謂之涼風。"南朝梁顧野王《玉篇·風部》："飆，北風也。亦作飂。"《廣雅·釋詁四》："飂，風也。"王念孫疏證："飂者，《爾雅》：'北風謂之涼風。'《說文解字》作飆，同。"

**【飆】**

即涼風。此稱漢代已行用。見該文。

**【飂】**

即涼風。此稱南北朝時期已行用。見該文。

## 西北風

從西北方嚮吹來的風。偏冷。八風之一。西北風多來自蒙古或西伯利亞的寒潮（冬季風）。《後漢書》卷九一："西北風曰不周風，亦曰厲風。"南北朝江淹《雜體詩三十首·休上人怨別》："西北秋風至，楚客心悠哉。"《晋書·五行志》："〔嘉平元年〕正月壬辰朔，西北大風，發屋折樹木，昏塵蔽天。"唐張祐《獵》詩："殘獵渭城東，蕭蕭西北風。"宋趙汝愚《宋名臣奏議》卷四〇："去冬多南風，今春多西北風，乍寒乍暑，欲雨不雨，又有黑氣蔽日。"元仇遠《雪後祈晴》詩："東風忽轉西北風，吹作霏霏一天雪。"嘉靖《歸德志》卷八："〔洪武三十一年〕夏四月己亥，官聖殿火，西北風大作。"《老殘游記》第三回："已是九月底天氣，雖十分和暖，倘然西北風一起立刻便要穿棉襖了。"

**【乾風】**

八風之一，指西北風。主立冬四十五日。八卦與八方相配，乾爲西北，故稱。唐《觀象玩占·八方暴風占》："西北乾風，名曰不周風，主立冬四十五日。"唐韓鄂《歲華紀麗·冬》："羽律纔移，乾風更蕭。"宋陳傑《和張岳州雪夜彈琴》："凍雲留雪消較遲，乾風飀飀時一吹。"明周祚《書感》詩："乾風吹白日，浮雲不得聚。"清屈大均《代景大夫歲暮客建陵作》詩其一："不雨難成雪，乾風日日吹。"參見本卷"八風"條目。

**【不周風】**

亦稱"不周"。即乾風，指西北風。《史記·律書》："不周風居西北，主殺生。"漢揚雄《校獵賦》："帝將惟田於靈之囿，開北垠，受不周之制，以奉終始顓頊、玄冥之統。"李善注引孟康曰："西北爲不周風，謂冬時也。"晋楊泉《物理論》："西北不周，方潛藏也。"唐《觀象玩占·八方暴風占》："西北乾風，名曰不周風，主立冬四十五日。"宋項安世《次韵吳少保春日四首》其四："不周風頂飛欄上，撫掌人間得失微。"明鄭善夫《游子篇》："睠彼不周風，喟然思九夷。"清錢儀吉《雜詩》其二："長嘯不周風，撫几悲遠道。"

**【不周】**

"不周風"之省稱。此稱晋代已行用。見該文。

**【麗風】**

亦稱"厲風"。即乾風，指西北風。麗，通"厲"。《吕氏春秋·有始》："西北曰厲風。"《淮南子·墜形訓》："西北曰麗風。"唐虞世南《北堂書鈔·天部》："西北曰麗風。注曰：'乾氣所生也，一曰不周風。'"明陶宗儀《説郛》卷一

○○："麗風起自幽天幽都之門，從西北來。"

**【厲風】**[1]

即麗風。此稱先秦時期已行用。見該文。

# 東北風

從東北方嚮吹來的風。偏冷。八風之一。東北風是亞洲高壓輻散的氣流經過日本海、渤海等海域加濕、加溫後到達中國東部地區的風，較潮濕，常伴隨雨雪。《漢書·溝洫志》："東北風，海水溢，西南出，寖數百里，九河之地已爲海所漸矣。"《南史·宋孝武帝紀》："〔元嘉三十年〕三月乙未，建牙於軍門。自冬至春，常東北風，連陰不霽，其日牙立之後，風轉而西南。景色開霽，存紫雲二蔭於牙上。"宋錢昭度《句》詩："東北風吹大庾嶺，西南日映小寒天。"元胡林《元旦詞》："晨風東北來，吹我堂前燭。"明陸深《晚行浦中》詩："秋江東北風吹棹，夜色西南月度河。"清姚燮《別家三十六韵》詩："驟轉東北風，催上江干船。"

**【艮風】**

八風之一，指東北風。艮，東北方卦名，主立春。《淮南子·天文訓》："東北方艮風，名曰條風，主立春四十五日。"高誘注："艮卦之風，一名融。"晋陳壽《三國志·魏書·管輅傳》："須臾，果有艮風鳴鳥。"唐《觀象玩占·八方暴風占》："東北方艮，風，名曰條風，主立春四十五日。"明孫賁《祭竈文》："東井振鐸，艮風徐來。"清弘曆《急雨（六月二十八日）》詩："密雲布宇只頃刻，艮風坎雨相招携。"參見本卷"八風"條目。

**【條風】**[1]

亦稱"調風"。即艮風，指東北風。《山海經·南山經》："〔令邱之山〕其南有谷焉，曰中谷，條風自是出。"郭璞注："東北風爲條風。"《左傳·隱公五年》："行八風。"孔穎達疏引《易緯通卦驗》："立春，調風至。"《史記·律書》："條風居東北，主出萬物。條之言條治萬物而出之，故曰條風。主立春四十五日。"《說文·風部》："東北曰融風。"段玉裁注："調風、條風、融風，一也。"唐李商隱《今月二日不自量度輒以詩一首四十韵》詩："四時當首夏，八節應條風。"宋程公說《春秋分記》卷六一："東北曰條風。"明朱樸《穀日宴答孫朴居得湖字》詩："條風東北來，暢然紓鬱紆。"

**【調風】**

即條風。此稱唐代已行用。見該文。

**【融風】**

即艮風，指東北風。《左傳·昭公十八年》："夏五月，火始昏見，丙子，風。梓慎曰：'是謂融風，火之始也。'"杜預注："東北曰融風，木也。木，火母，故曰火之始。"孔穎達疏："東北曰融風。《易緯》作調風，俱是東北風。"《後漢書·蔡邕傳》："日南至則黃鍾應，融風動而魚上水。"李賢注："融風，艮之風也。"晋陶潛《述酒》詩："秋草雖未黃，融風久已分。"南朝宋鮑照《芙蓉賦》："若乃當融風之暄盪，承暑雨之平渥。"唐韓偓《有感》詩："融風漸暖將迴雁，潞水猶腥近斬蛟。"潞水，一作"滁水"。宋魏了翁《許侍郎（奕）挽詩》其二："融風薄臺里，秋雨暗前星。"元侯善淵《益壽美金花》詞："極目清光，頓覺融風天地凉。"明黃衷《送樗亭弟赴闕二首并序》其二："融風是處催花蕚，寒樹明朝隔雁行。"清福臨《聖母皇太后萬壽詩》其十二："入户融風添燕喜，盈階舞彩襲蘭芬。"

## 【炎風】[2]

即艮風，指東北風。《呂氏春秋·有始》："東北曰炎風。"高誘注："炎風，艮氣所生，一曰融風。"《淮南子·墬形訓》："何謂八風？東北曰炎風。"唐杜甫《諸將》詩之四："炎風朔雪天王地，祇在忠臣翊聖朝。"宋劉攽《挽孔經父二首》其一："朔雪凋華萼，炎風急逝川。"元呂誠《竹枝詞三首》其三："十八里岡雲有無，炎風掃地雪模糊。"明烏斯道《游海珠寺》詩："隔岸市塵千里遠，炎風禪榻九秋寒。"清屈大均《再送天生攜家自代返秦》其二："朔雪先花發，炎風到海寒。"

## 【少男風】

省稱"少男"。即艮風，指東北風。艮，卦名，指東北方。所謂少男，《周易·說卦》："艮三索而得男，故謂之少男。"孔穎達疏："王氏云：'索，求也……坤初求得乾氣爲震，故曰長男；坤二求得乾氣爲坎，故曰中男；坤三求得乾氣爲艮，故曰少男。'"少男風，語出晉陳壽《三國志·魏書·管輅傳》："少男風起，衆鳥和翔，其應至矣。"明劉基《次韵和王文明絕句漫興》之七："天邊雲氣來須女，湖上輕雷起少男。"清胤禛《風》詩："統影悠揚五兩輕，少男應律蟄蟲驚。"一說，將雨時至急之風曰少男風。參閱宋任廣《書叙指南》卷一三。

## 【少男】

"少男風"之省稱。此稱明代已行用。見該文。

## 【穀風】[1]

亦稱"谷風"。指東北風。《詩·邶風·谷風》："習習谷風，以陰以雨。"漢東方朔《七諫·謬諫》："虎嘯而穀風至兮，龍舉而景雲

往。"漢焦贛《易林·坤之乾》："谷風布氣，萬物出生。"《漢書·王莽傳下》："其夕穀風迅疾，從東北來。"顏師古注："穀風，即谷風。"邢昺疏引孫炎曰："谷之言穀。穀，生也；谷風者，生長之風也。"一說，指東風。參見本卷《氣流說·風時空考》"谷風[2]"文。

## 【谷風】[1]

即穀風[1]。此稱先秦時期已行用。見該文。

# 東風

從東方吹來的風。八風之一。東風來自海洋，較爲潮濕，常伴隨雨雪。先秦屈原《九歌·山鬼》："杳冥冥兮羌晝晦，東風飄兮神靈雨。"漢蔡琰《胡笳十八拍》："東風應律兮暖氣多。"南朝梁江淹《咏美人春游》詩："江南二月春，東風轉綠蘋。"唐杜牧《赤壁》詩："東風不與周郎便，銅雀春深鎖二喬。"唐李商隱《無題》詩："相見時難別亦難，東風無力百花殘。"宋王安石《暮春》詩："楊花獨得東風意，相逐晴空去不歸。"金馮辰《雨後（時年十三）》詩："東風花外錦鳩啼，喚起西山雨一犁。"明梵琦《送的藏主歸里》詩："年窮臘盡歸去來，東風入律梅花開。"清方以智《西洲曲》詩："西洲休作夢，秋日少東風。"

## 【震風】[1]

亦稱"嬰兒風"。八風之一，指東風。主春分四十五日。震，東方卦名，爲東方，又爲嬰兒，故稱。《國語·周語下》："以遂八風。"三國吳韋昭注："正東曰震，爲竹，爲明庶。"《太公兵法》："坎名大剛風，乾名折風，兌名小剛風，艮名凶風，坤名剛風，巽名小弱風，震名嬰兒風，離名大弱風。"《靈樞經·九宮八風》："風從東方來，名曰嬰兒風。"唐《觀象

玩占·八方暴風占》："東方震風，名曰明庶風，主春分四十五日。"唐虞世南《北堂書鈔·天部》："兵書云：風者，從震來，嬰兒風也。"明王志堅《表異録》卷一引《兵書》："風從震來，名嬰兒風。"清陳兆崙《送蔡葛山少司寇告養歸漳浦》詩："燕子翼乾秋社節，嬰兒風落刺桐城。"清毛奇齡《易小帖》卷二："震風，明庶春分之候。"參見本卷"八風"條目。

**【嬰兒風】**

即震風[1]。此稱先秦時期已行用。見該文。

**【明庶風】**

一作"滔風"。省稱"明庶"。指東風。《吕氏春秋·有始》："東方曰滔風。"高誘注："震氣所生，一曰明庶風。"《易緯通卦驗》："春分明庶風至。"《史記·律書》："明庶風居東方。明庶者，明衆物盡出也。"《説文·風部》："東方曰明庶風。"《淮南子·天文訓》："明庶風至四十五日，清明風至。"《國語·周語下》："以遂八風。"韋昭注："正東曰震，爲竹，爲明庶。"唐《觀象玩占·八方暴風占》："東方震風，名曰明庶風，主春分四十五日。"唐瞿曇悉達《開元占經》："明庶風至，大麥賤，麻縑貴。"宋李昉等《太平御覽》："東方曰滔風，一曰度風。"明文徵明《進春朝賀》詩："氣轉蒼龍當法駕，風回明庶動宸斿。"清玄燁《仲春游玉泉山静明園》詩："滔風動後催新蓴，積雪消餘出凍荄。"清吳敬梓《秣陵關》詩："筐輿芳徑草痕斑，明庶風來滲客顔。"

**【滔風】**

即明庶風。此稱先秦時期已行用。見該文。

**【明庶】**

"明庶風"之省稱。此稱漢代已行用。見

該文。

**【景風】**[1]

指東風。南朝梁任昉《王文憲集序》："望側階而容賢，候景風而式典。"劉良注："景風，東風也。"

**【條風】**[2]

指東風，亦指春風。時柳條發綠，故稱。唐虞世南《北堂書鈔·天部》："東方曰條風。"注曰："震氣所生也。"宋周邦彦《應天長·寒食》詞："條風布暖，霏霧弄晴，池塘遍滿春色。"元吳景奎《擬李長吉十二月樂辭正月》其一："條風東來初解凍，蝴蝶吹醒花底夢。"明劉基《春穀爲竺西和尚賦》："條風自東來，雪消春穀暖。"

**【谷風】**[2]

亦稱"穀風"。指東風。《爾雅·釋天》："東風謂之谷風。"邢昺疏引孫炎曰："谷之言穀。穀，生也。谷風者，生長之風也。"《詩·邶風·谷風》："習習谷風，以陰以雨。"漢東方朔《七諫·謬諫》其七："虎嘯而穀風至兮，龍舉而景雲往。"晋陶潛《和劉柴桑》詩："谷風轉凄薄，春醪解飢劬。"唐虞世南《北堂書鈔·天部》："傅玄《雜詩》云：習習谷風雨，回回景雲飛。"

**【穀風】**[2]

即谷風[2]。此稱漢代已行用。見該文。

## 東南風

又稱"黄雀長風"。從東南方嚮吹來的風。八風之一。東南風來自太平洋副熱帶高壓西緣發散氣流，即通常所說的夏季風、東南季風。唐于濆《雜曲歌辭·古别離二首》其一："君爲東南風，妾作西北枝。"唐虞世南《北堂書鈔·天部》：“東南風，俗名黃雀長風。”宋李昉等《太平御覽》卷九引晉周處《風土記》：“東南長風，風六月止，俗號黃雀長風，時海魚變爲黃雀，因爲名也。”宋劉攽《汴渠挂帆》詩：“今晨東南風，帆席頻輕駛。”元薩都剌《九日渡淮喜東南順風》其二：“東南風送渡淮船，過雁聲寒水接天。”明宋應星《天工開物·乃粒》：“東南風助煖，則盡發炎火，大壞苗穗。”光緒《常昭合志稿》卷四七：“〔正德六年〕大水，元日壬子，東南風暖，至暮雷電大雨。”

【黃雀長風】

即東南風。此稱唐代已行用。見該文。

【巽風】

八風之一，指東南風。主立夏四十五日。巽，東南方卦名。唐李《觀象玩占·八方暴風占》：“東南巽風，名曰清明風，主立夏四十五日。”唐白居易《蘇州南禪院千佛堂轉輪經石記》：“恍然巽風，一變至道，所得功德，不自覺知。”宋李石《題蘇氏巽風閣》詩：“巽風起東南，大地萬物小。”元王玠《沁園春·贈龔全美口訣》詞：“先須握定雌雄。天癸生時鼓巽風。”明朱鼎《聞雞起舞》：“午夜未央，巽風未動，即聞此聲，豈非惡聲耶！”清胤禛《賜大學士王頊齡》詩：“勤宣天澤敷霖雨，善劑人情布巽風。”

【巽氣】

亦稱“熏風”“景風[2]”。指東南風。《呂氏春秋·有始》：“東南曰熏風，熏風或作景風，巽氣所生，一曰清明風。”《淮南子·墜形訓》：“東南曰景風。”高誘注：“巽氣所生也。一曰清明風。”《後漢書》卷一一〇上：“《易通卦驗》曰：‘巽氣退則時風不至，萬物不成。’”唐虞世南《北堂書鈔》卷一五九：“《易通卦驗》云：‘巽氣不至，則城中多大風，發屋揚沙，禾稼盡臥。’”唐許敬宗《五言後池侍宴回文詩一首應詔》詩：“蒼山帶落日，麗苑扇熏風。”宋劉敞《榴花洞》詩：“熏風四月群芳歇，火玉燒枝拂露華。”元翠華仙伯《示問行藏者》詩：“燕子鶯兒休調舌，花殘明日起熏風。”明徐渭《憶潘公》詩之一：“記得當時官舍裏，熏風已過荔枝紅。”清魏荔彤《大易通解》卷七：“變陽則爲巽氣，行而散不順乎。”清嚴金清《庫爾勒道中二首》其一：“雪水滿肥渠苜蓿，熏風四月長葡萄。”

【熏風】

即巽風，指東南風。此稱先秦時期已行用。見該文。

【景風】[2]

即巽風，指東南風。此稱先秦時期已行用。見該文。

【清明風】

亦稱“清明”。指東南風。《國語·周語下》：“如是，而鑄之金，磨之石，系之絲木，越之匏竹，節之鼓，而行之，以遂八風。”三國吳韋昭注：“東南曰巽，爲木，爲清明。”《淮南子·天文訓》：“明庶風至四十五日，清明風至；清明風至四十五日，景風至……清明風至，則出幣帛，使諸侯。”《史記·律書》：“清明風居東南維，主風吹萬物而西之。”唐《觀象玩占·八方暴風占》：“東南巽風，名曰清明風，主立夏四十五日。”宋程俱《數日春物甚麗坐閱歲華偶成古句》詩：“清明風從冰輪際，轉入厚地潛噓噏。”明胡奎《鴛湖舟中玩月四月十五夜》詩：“醒來月落不知處，張帆且趁清明風。”清繆贊熙《清明》詩："魂斷清明雨又風，天涯作客苦飄蓬。"

【清明】[1]

即清明風。此稱三國時期已行用。見該文。

【弱風】

古代醫學中對東南風的別稱。《太公兵法》："巽名小弱風。"《靈樞經·九宮八風》："風從東南方來，名曰弱風，其傷人也，內舍於胃，外在肌肉，其氣主體重。"

# 南風

從南方響吹來的風。八風之一。從較大尺度的氣候因素看，南風亦多來自太平洋副熱帶高壓西緣發散氣流，即通常所説的夏季風、東南季風。《詩·邶風·凱風》："凱風自南。"毛傳："南風謂之凱風。"《後漢書·哀牢夷傳》："於是震雷疾雨，南風飄起，水爲逆流，翻涌二百餘里，箄船沈没，哀牢之衆，溺死數千人。"南朝宋孔靈符《會稽記》："弘（鄭弘）識其神人也，曰：'常患若邪溪載薪爲難，願旦南風，暮北風。'"唐獨孤及《答李滁州題庭前石竹花見寄》詩："不怕南風熱，能迎小暑開。"宋王十朋《提舶生日》詩："北風航海南風回，遠物來輸商賈樂。"元劉鶚《次友人韵》詩："一春苦雪花多死，十日南風草盡生。"明區大相《舟行雜咏》詩其十："夏至南風盛，維舟向河澳。"清宋琬《三嘆》詩："黄河濤浪山巃嵸，溯流五日皆南風。"

【離風】

即南風。八風之一。主夏至四十五日。離，南方卦名。《吕氏春秋·有始》："南方曰巨風。"高誘注："離氣所生。一曰凱風也。"唐《觀象玩占·八方暴風占》："南方離風，名曰景風，主夏至四十五日。"宋李昉等《太平御覽》："寒威漸離風，春色方依樹。"參見本卷"八風"條目。

【景風】[3]

即南風。《史記·律書》："景風居南方。景者，占陽氣道竟，故曰景風。"唐李白《過汪氏別業》詩："星火五月中，景風從南來。"唐李淳風《觀象玩占·八方暴風占》："南方離風，名曰景風，主夏至四十五日。"元劉辰翁《賀新郎·壽周耐軒》其二："昨上雲臺占雲物，占得景風南至。"明區大相《贈別黄平倩編修》其三："景風自南來，動我杯中酌。"

【巨風】

即南風。《吕氏春秋·有始》："南方曰巨風。"高誘注："離氣所生。一曰凱風也。"《淮南子·墜形訓》："南方曰巨風。"明陶宗儀《説郛》卷一〇〇："景風，一曰凱風，又曰薰風，亦曰巨風，起自赤天之暑門，從南方來。"

【凱風】

單稱"颽"，亦作"愷風""颽風"。即離風，指南風。《詩·邶風·凱風》："凱風自南，吹彼棘心。"《淮南子·墜形訓》："南方曰巨風。"高誘注："一曰愷風。"漢班固《幽通賦》："颽颽風而蟬蜕兮，雄朔野以颺聲。"李善注："南風曰颽風。"南朝宋沈約《南郊思詔》："恩霈颽潤，惠兹窮生。"《廣韵·海韵》："颽，南風。"明陶宗儀《説郛》卷一〇〇："景風，一曰凱風，又曰薰風，亦曰巨風，起自赤天之暑門，從南方來。"明黄輝《自軍莊尋滴水巖下作》詩："振衣愷風隨，始覺微塵重。"清范當世《龍虎篇贈摯父先生》詩："安得和聲琴，一對南風颽。"

## 【愷風】

同"凱風"。此體漢代已行用。見該文。

## 【颽風】

同"凱風"。此體漢代已行用。見該文。

## 【颽】

"凱風"之單稱。此稱南北朝時期已行用。見該文。

## 【俊風】[1]

即南風。漢戴德《大戴禮記·夏小正》："正月，啓蟄……時有俊風，寒日滌凍塗。"戴德傳："俊者，大也。大風，南風也。"元熊朋來《經説》卷六《月令小正》："農祭末，俊風滌，凍田鼠出。"清鄭文焯《摸魚兒·丙戌暮春洪閣學文卿將如京師餞以此曲》詞："奈疏俊風懷，已是沾泥絮。"清吳任臣《山海經廣注》卷一四："俊風，春月之風也。"按，春月始暖，南風漸多。

## 西南風

西南方吹來的風。八風之一。從較大尺度的氣候因素看，西南風多來自印度洋的西南季風，主要影響我國西南地區。其他地區亦有小氣候因素形成的西南風。《吕氏春秋·有始》："西南曰凄風。"三國魏曹植《七哀》："願爲西南風，長逝入君懷。"《南史·宋孝武帝紀》："〔元嘉三十年〕三月乙未，建牙於軍門。自冬至春，常東北風，連陰不霽，其日牙立之後，風轉而西南。景色開霽，存紫雲二蔭於牙上。"唐李商隱《無題》詩："斑騅只繫垂楊岸，何處西南任好風。"嘉靖《遼東志》卷八："〔天順元年〕三月五日戊寅，無雲而晦，西南風聲如雷，屋瓦皆飛，揚沙拔木，行者仆地。"清湯右曾《放舟至下鐘山》詩："空蒙一片雲滿湖，西

南風起吹檣烏。"

## 【坤風】

八風之一。指西南風。主立秋四十五日。坤，西南方卦名。《吕氏春秋·有始》："西南曰凄風。"漢高誘注："坤氣所生，一曰涼風。"唐《觀象玩占·八方暴風占》："西南坤風，名曰涼風，主立秋四十五日。"明湛若水《格物通》卷四六："坤風行地上，動盪周遍。"參見本卷"八風"條目。

## 【凄風】[2]

即坤風，指西南風。《吕氏春秋·有始》："西南曰凄風。"南朝宋鮑照《代白紵舞歌辭》之一："凄風夏起素雲回，車怠馬煩客忘歸。"

## 西風

從西方吹來的風。八風之一。從較大尺度的氣候因素看，西風多來自全球西風帶以及冬季亞歐大陸內陸形成的高氣壓向東吹的輻散氣流，亦有小氣候因素形成的西風。《黄帝内經·素問》："西風生於秋。"隋楊廣《望江南》詩其一："清露冷侵銀兔影，西風吹落桂花枝。"唐李白《長干行》詩："八月西風起，想君發揚子。"宋李清照《醉花陰·薄霧濃雲愁永晝》詩："簾卷西風，人比黄花瘦。"宋徐夢莘《三朝北盟會編》卷二一〇："〔紹興十年〕六月初九日，再接出戰，是日西風怒號，城土吹落，塵霾漲天，咫尺不辨。"元馬致遠《天净沙·秋

西風吹葉滿庭寒
（明唐寅《風木圖》中詩題）

思》曲："枯藤老樹昏鴉，小橋流水人家，古道西風瘦馬。"明郏經《題蘆花散人小像》詩："黃鶴飛鳴杳無迹，西風滿地蘆花白。"《紅樓夢》第八二回："不是東風壓了西風，就是西風壓了東風。"清陳維崧《百字令·送周求卓之任滎陽》詞："西風夕照，老鴉啼上枯樹。"

**【兌風】**

亦稱"兌氣"。指西風。八風之一。主秋分四十五日。兌，西方卦名。唐《觀象玩占·八方暴風占》："西方兌風，名曰閶闔風，主秋分四十五日。"唐虞世南《北堂書鈔·天部》："西方曰飂風，注曰：'兌氣所生也。'一曰閶闔風。"唐佚名《道典論》："次噉兌氣，七取七咽止。"宋歐陽修《送子野》詩："金方堅剛屏炎瘴，兌氣高爽清風飆。"明吳桂森《周易像象述》卷六："九月霜降而水涸，皆兌氣所致。"清端木國瑚《周易圖》："困之爲卦，屬乎九月兌氣用事，而臨於戌土。"清毛奇齡《易小帖》卷二："立秋之候，兌風閶闔。"參見本卷"八風"條目。

**【兌氣】**

即兌風。此稱唐代已行用。見該文。

**【閶闔風】**

亦作"昌盍風"。亦稱"閶風""昌風"。八風之西風。《淮南子·天文訓》："涼風至四十五日，閶闔風至。"漢班固《白虎通·八風》："昌盍風至，戒收藏。"漢張衡《東京賦》："俟閶風而西迣。"薛綜注："閶風，秋風也。"漢揚雄《法言》："立秋涼風至，秋分閶闔風至。"《史記·律書》："西方閶闔風，秋分至。"又云："閶闔風居西方。閶者，倡也；闔者，藏也。"漢趙曄《吳越春秋·闔閭内傳》："立閶門者，

以象天門通閶闔風也。"晉陸雲《答孫顯世》詩之四："昌風改物，豐水易瀾。"南朝宋鮑照《還都口號》："維舟歇金景，結棹俟昌風。"唐儲光羲《登秦嶺作時陷賊歸國》詩："氣逐招搖星，魂隨閶闔風。"宋余靖《送鄧秘丞知德安縣》詩："香爐山下重爲縣，閶闔風高還渡江。"元李序《青雲兩黃鵠》詩："翱翔閶闔風，直上太行北。"明黃玄《咏秋風》詩："冷然閶闔生，颯爾江潭遍。"清馬驌《繹史》卷一五一引《淮南子·天文訓》："涼風至，則報地德，祀四郊；閶闔風至，則收縣垂，琴瑟不張。"

**【昌盍風】**

同"閶闔風"。此體漢代已行用。見該文。

**【閶風】**

即閶闔風。此稱漢代已行用。見該文。

**【昌風】**

即閶闔風。此稱晉代已行用。見該文。

**【飂風】**

指西風。《吕氏春秋·有始》："何謂八風？東北曰炎風……西方曰飂風。"高誘注："兌氣所生，一曰閶闔風。"參見本卷"八風"條目。《淮南子·墜形訓》："何謂八風……西方曰飂風。"元陰幼遇《韵府群玉》："空谷飂風聲。"明方以智《通雅》卷一一："飂風亦曰泰風，起自成天之閶闔門，從西方來。"清廓露《擬古》詩其十二："飂風驅鵷雁，榆黃華葉隕。"

**【泰風】**

亦稱"大風"。指西風。秋季颺西風，爲收穫之季，物産豐泰，故稱。《爾雅·釋天》："西風謂之泰風。"邢昺疏引孫炎曰："西風成物，物豐泰也。《詩·大雅·桑柔》云'泰風有隧'是也。"鄭玄箋："西風謂之大風。"宋佚名《翰

苑新書》上卷："泰風雨時，而百姓足。"明朱謀㙔《詩故》卷九："西風謂之泰風，敗物之風也。"清吳蘭修《九日登白雲山望海》詩："大風西來卷如席，六合蒼茫去無迹。"

**【大風】**[1]

即泰風。此稱漢代已行用。見該文。

**【少女風】**

亦稱"少女"。指西風。舊說兌卦爲少女之卦象，故稱。晉陳壽《三國志·魏書·管輅傳》："共爲歡樂。"裴松之注引《管輅別傳》曰："樹上已有少女微風，樹間又有陰鳥和鳴。"南朝梁劉孝威《雨》詩："電舒長男氣，枝搖少女風。"南朝梁元帝《咏風》詩："欲因吹少女，還將拂大王。"唐李嶠《萱》詩："色湛仙人露，香傳少女風。"宋范成大《三次喜雨詩韵》詩："天籟侵晨占少女，雨師連夜侵元冥。"元宋褧《明照坊對雨》詩："美人虹見西山霽，少女風來北裏秋。"元明本《風梅》詩："花間少女剪春寒，粲粲霓裳舞隊仙。"明葉春及《三月三日同黎惟仁林開先宴梁少仲東莊》詩："花落高僧雨，風寒少女風。"清張淘佳《續傷春詞六首》其三："叢叢斑竹湘君淚，拂拂靈芝少女風。"參閱清黃生《義府》卷下《少女風》。一說，將雨時初來微風曰少女風。參閱宋任廣《書叙指南》卷一三。

**【少女】**

即少女風。此稱南北朝時期已行用。見該文。

**【剛風】**[1]

指西風。《靈樞經·九宮八風》："從西方來名曰剛風。其傷人也，內舍於肺，外在於皮膚。其氣主爲燥風。"宋釋居簡《偈頌一百三十三首》其十六："欲借剛風朝紫闕，九天閶闔正開關。"明貝瓊《辛亥七夕五首》詩其二："阿母西來降漢家，剛風萬里送飛車。"

## 蘋末

本指風起之處。大氣下墊面受熱不均，產生氣壓差异以及氣壓梯度力，從而導致了風的產生。先秦宋玉《風賦》："夫風生於地，起於青蘋之末。"後亦借指風。南朝梁庾肩吾《團扇銘》："清逾蘋末，瑩等寒泉。"唐李嶠《風》詩："落日生蘋末，搖揚遍遠林。"宋程俱《江仲嘉行邑將歸見寄絕句次韵》詩之五："漾漾扁舟拂水飛，飄飄蘋末細吹衣。"元劉仁本《大慈寺史丞相墓》詩："爲憶當年蓴菜美，短篷蘋末過湖來。"明江源《何都憲村居秋興八首》其八："坐領青蘋末，徐徐一味凉。"清何鞏道《偶感和百谷先生韵十五首》其十五："蘋末每當吟處起，蓮花偏向落時香。"

## 旁風

指側面吹來的風。唐韓愈《面海神廟碑》："上雨旁風，無所蓋障。"宋陳師道《南鄉子·九日用東坡韵》詞："颼颼，橫雨旁風不到頭。"宋朱熹《雲谷合記事目效俳體戲作三詩寄季通》其二："堂成今六載，上雨復旁風。"明孫蕡《舟次淮河龜山》詩："野桃臨水短，津柳傍風斜。"清張鵬翮《韓忠臣祠》詩："秋夜澄江月正明，沙場磷火傍風生。"

**【斜風】**

亦稱"側帽風"。旁側吹來的小風。唐張志和《漁歌子》："青箬笠，綠蓑衣，斜風細雨不須歸。"宋王沂孫《聲聲慢·高寒户牖》詞："已是南樓曲斷，縱疏花淡月，也只凄凉。冷雨斜風，何况獨掩西窗。"宋范成大《清明日狸

渡道中》："灑灑沾巾雨，披披側帽風。"明金
涓《野步有感書寄城中黃上舍》詩："流水小橋
通野澗，斜風飛絮點苔磯。"清張實居《清明》
詩："人在四圍山翠裏，斜風細雨度清明。"清
許嘉祐《九日》詩："側帽風前勝自憐，未衰却
已見華顏。"

【側帽風】

即斜風。此稱宋代已行用。見該文。

# 逆風

指與運動方嚮相反的風。南朝梁劉緩《江
南可采蓮》詩："釵光逐影亂，衣香隨逆風。"
明李廷美《崇明踏災行》詩："漁郎罷網悲殘
月，估客停帆怨逆風。"清方文《丹陽》詩：
"江行無奈逆風何，上岸驢群不受馱。"

【逆浪風】

船行所遇逆風。唐白居易《入峽次巴東》
詩："巫山暮足沾花雨，隴水春多逆浪風。"宋
祝穆《方輿勝覽》卷五八："楚水春多逆浪風。"
元袁桷《寄王儀伯太守》詩："逆浪風高淮白
上，寒沙雲落海青低。"明嚴嵩《安山待閘》
詩："花發當春樹，舟牽逆浪風。"

【遲風】

船行所遇逆風。《後漢書·西域傳·安息》：
"而安息西界船人謂英（甘英）曰：'海水廣大，

逆風而行的水牛和牧童
（宋李迪《風雨歸牧圖》局部）

往來者逢善風三月乃得度，若逢遲風，亦有二
歲者。"按，行船者遇逆風則行遲，故名。一
說，緩慢之風。宋毛滂《東堂詞》："弄水餘英
溪畔，綺羅香日遲風慢。"宋陳思《兩宋名賢小
集》卷三七二："時潮來江勢，逆月出海門，遲
風順輕舟。"

【石尤風】

亦稱"石尤""石郵"。指逆風。南朝宋孝
武帝《丁督護歌》："願作石尤風，四面斷行
旅。"唐李商隱《擬意》詩："去夢隨川後，來
風貯石郵。"唐戴叔倫《送裴明州效南朝體》
詩："知郎未得去，慚愧石尤風。"宋樂雷發
《甲午社日客桂林》詩："卮酒豚蹄客裏歡，石
尤風緊梟衣單。"元伊世珍《嫏嬛記》引《江湖
紀聞》，相傳石氏嫁尤郎，尤經商遠行，石氏思
念成疾，臨死嘆曰："吾恨不能阻其行，以至於
此。今凡有商旅遠行，吾當作大風爲天下婦人
阻之。"明張煌言《答曹雲霖監軍書》："兩番鼓
櫂，又爲石尤留滯。"清盧若騰《石尤風》詩：
"石尤風，吹卷海雲如轉蓬。"

【石郵】

即石尤風。此稱唐代已行用。見該文。

【石尤】

"石尤風"之省稱。此稱明代已行用。見
該文。

【愁風】

指逆風。唐佚名《又湘妃詩四首》其三：
"自從泣盡江蘺血，夜夜愁風怨雨來。"唐李白
《長干行》之二："那作商人婦，愁水復愁風。"
宋陸游《東齋雜書十二首》其七："吾兒行渡
江，晨起愁風生。"元耶律鑄《月宮游》詩：
"未到海棠花睡起，豈知愁雨復愁風。"明李雲

龍《清明述懷二首》其二："仗劍涉風濤，愁風復愁潦。"清姚燮《冬夜獨酌二章》其二："大江多客船，朔雪近愁風。"清朱亦棟《群書札記》談及南朝宋武帝《丁都護歌》曰："石尤二字，本此。容齋以爲打頭逆風者，是也。竊疑'石尤'二字，乃'愁'字之切音，謂客行遇逆風則愁。造爲尤郎石女事，妄矣。"

### 【打頭風】

亦稱"頂頭風"。指逆風，即石尤風。唐白居易《小舫》詩："黃柳影籠隨櫂月，白蘋香起打頭風。"宋孔武仲《長蘆五絕句》其二："一雨一凉皆可喜，只嗔三日打頭風。"元貢性之《過鑒湖二首》其一："歸思關心路轉遥，打頭風急滯蘭橈。"明高明《琵琶記·代嘗湯藥》："屋漏更遭連夜雨，船遲又被打頭風。"《儒林外史》第二二回："船家道：'這大呆的頂頭風，前頭就是黃天蕩，昨晚一號幾十隻船都灣在這裏，那一個敢開？'"清王禮《臺灣縣志·輿地志》："臺往内地，惟正西爲頂頭風；内地來臺，惟正東爲頂頭風。皆當停泊以待。"

### 【頂頭風】

即打頭風。此稱清代已行用。見該文。

打頭風
（明謝時臣《風雨歸村圖》局部）

### 空穴風

洞穴進出的風。先秦宋玉《風賦》："臣聞於師：枳句來巢，空穴來風。其所托者然，則風氣殊焉。"唐白居易《初病風》詩："朽株難免蠹，空穴易來風。"宋孫光憲《北夢瑣言》卷七："棹摇船掠鬢，風動竹捶胸。雖好事托以成之，亦空穴來風之義也。"明翟均廉《海塘録》卷七："錢惟善《風水二洞》：空穴風來自吸噓，垂岩出水廣渠渠。"

### 山風

山裏的風。漢應璩《百一詩》其二十二："山風寒折骨，目面盡生瘡。"南朝梁柳惲《奉和竟陵王經劉瓛墓下》詩："山風起寒木，野雀亂秋榛。"唐李賀《溪晚凉》詩："白狐向月號山風，秋寒掃雲留碧空。"宋寇準《秋夜懷歸》詩："一聲江笛巴雲暝，半夜山風楚樹秋。"元何中《高淵四時歌》其四："寒鴉萬點落葉赤，山風蕭蕭野日白。"明甘瑾《水南晚眺》詩："山風蕭蕭群木落，寒日黯黯孤猿啼。"清厲鶚《攝山雜咏十二首·白雲庵》詩："林深老屋斜，日落山風大。"

### 谷風[3]

來自山谷的風。氣流通過山谷時，受地形影響，會加强風速。亦有山谷的風，晚上沿谷坡吹向低處，白天沿谷坡吹向高處。今曰山谷風。《詩·小雅·谷風》："習習谷風，維山崔嵬。"漢東方朔《七諫·謬諫》："虎嘯而谷風至兮，龍舉而景雲往。"《淮南子·天文訓》："虎嘯而谷風至，龍舉而景雲屬。"《漢書·王莽傳》："〔地皇四年〕是日，大風發屋折木。群臣上壽曰：'乃庚子雨水灑道，辛丑清靚無塵，其夕谷風迅疾，從東北來。'"三國魏曹植《七啓》：

在山岩上玉樹臨風的古人
（《補繪蕭雲從離騷全圖》）

"果毅輕斷，虎步谷風。"《三國志·魏書·管輅傳》："風雲並起，竟成快雨。"裴松之注引三國魏管辰《管輅別傳》："雲漢垂澤，蛟龍含靈，爗爗朱電，吐咀杳冥，殷殷雷聲，噓吸雨靈，習習谷風，六合皆同。"宋釋道潛《酬周元翁推官見贈》詩："陰崖碧洞不受暑，谷風習習吹衣凉。"元何景福《感興》詩："江水送潮歸緑渚，谷風吹雨過黃山。"明朱誠泳《再渡渭河》詩："谷風吹渭水，二月冷於秋。"清嚴允肇《穆陵關》詩："蕭梢谷風起，岩嵋林光含。"

## 溪風

溪邊吹來的風。唐李山甫《山中覽劉書記新詩》："溪風滿袖吹騷雅，巖瀑無時滴薜蘿。"宋陸游《予自春夏屢病至立秋而愈作長句自賀》詩："溪風拂簟有秋意，山影半庭生夕陰。"元王寂《題雪橋清曉圖》詩："山翁臥聽溪風急，夜半篩珠落窗隙。"明葉顒《贈牧童》詩："煙迷青嶂雨，雲度小溪風。"清彭孫貽《韓明寺竹樓》詩："人煙半村樹，鳥語一溪風。"

## 江風

江上吹來的風。南朝梁劉孝威《帆渡吉陽洲（孝儀同賦）》詩："江風凌曉急，鉦鼓候晨催。"唐白居易《湖亭晚歸》詩："松雨飄藤帽，江風透葛衣。"宋盧祖皋《漁家傲》詞其一："起向樓頭看雪意，雲猶未，雁聲一片江風起。"元薩都剌《夜寒獨酌》詩其三："江風吹浪十丈強，孤舟遠客愁夜長。"明郭翼《柳枝詞》詩："飛花怨春盡，落日渡江風。"康熙《鹿邑縣志》卷八："〔嘉靖元年〕冬十二月十五日，江風四塞，自辰至戌。"

## 海風

亦稱"鹹風"。海上吹來的風。南朝宋鮑照《紹古辭七首》其三："瑟瑟凉海風，竦竦寒山木。"唐元結《送孟校書往南海》詩："忽喜海風來，海帆又欲張。"宋陸游《立秋後四日雨》詩："天爲新秋故作凉，海風吹雨入虛堂。"元月魯不花《夜宿大慈山次金左丞韵》詩："把酒不須評往事，海風吹月上西樓。"道光《璜涇志稿》卷七："〔洪武十一年〕七月四日，海風自東北來，拔木揚沙，排山倒海，堆阜高陵皆爲漂没，三洲一千七百家盡葬魚腹。"明張寧《紀事》詩："河流作鹵蜻蛑生，鹹風著樹枝條零。"梁啓超《記東俠》："其在島也，小屋一間，鹹風蛋雨，雖丈夫所不耐。"

## 【鹹風】

即海風。此稱明代已行用。見該文。

# 晨夕風

## 晨風

清晨風。語出《詩·秦風·晨風》："鴥彼晨風，鬱彼北林。"毛傳："晨風，鸇也。"按，《詩》以晨風喻鳥而非鳥。漢樂府《有所思》："秋風肅肅晨風颸，東方須臾高知之。"晋潘岳《懷舊賦》："晨風凄以激冷，夕雪暠以掩路。"三國魏曹丕《清河作》詩："願爲晨風鳥，雙飛翔北林。"南朝陳陰鏗《罷故章縣》詩："晨風下散葉，歧路起飛塵。"唐柳宗元《巽公院五咏·芙蓉亭》詩："清香晨風遠，溽彩寒露濃。"宋劉放《自舒城南至九九並舒河行水竹甚有佳致馬上成五首》其一："晨風激寒水，琴瑟環佩聲。"元范梈《奉同元學士以落月滿屋樑猶疑照顏色爲韵賦贈鄧提舉之官江浙一首》詩："晨風懷菀林，玄鳥辭華屋。"明方豪《故國》詩："故國春猶好，晨風送馬蹄。"清王士禛《浣溪沙·和漱玉詞》詞："不逐晨風飄陌路，願隨明月入君懷。"

【曉風】

即晨風。曉，即天亮之時。《說文·日部》："曉，明也。從日，堯聲。"曉風即天亮時吹的風。南朝梁何遜《入西塞示南府同僚》詩："露清曉風冷，天曙江晃爽。"唐許渾《征西舊卒》詩："曉風聽戍角，殘月倚營門。"宋向子諲《秦樓月》詞："空啼血，子規聲外，曉風殘月。"元倪道原《送人入京二首》其一："茅店聽鷄霜月白，柳橋飲馬曉風寒。"明胡布《發澹湖》詩："十里曉風花作陣，亂飛梅雪擁征鞍。"清彭孫貽《賦得牆頭杏花》詩："疏雨吹殘橫笛後，曉風愁殺倚樓人。"

【朝風】

即晨風。晋陸機《與弟清河雲詩七章》詩："生若朝風，死猶絕境。"唐岑參《北庭作》詩："秋雪春仍下，朝風夜不休。"宋周紫芝《千葉石榴盛開爲賦一詩》："春光多無十日事，不成夜雨還朝風。"元文矩《送馬伯庸御史奉使關心隴》詩："朝風空號桑，衆草日披靡。"明林大欽《散步》詩："桃紅含宿雨，綠柳更朝風。"清錢宛鷥《畫春堂·落花》詞："今日微雨昨朝風，落盡殘紅。"

## 晚風

傍晚風。南北朝江㧑《淥水曲》："桂棹及晚風，菱江映初月。"隋盧思道《聽鳴蟬篇》詩："晚風朝露實多宜，秋日高鳴獨見知。"唐李白《江夏別宋之悌》詩："穀鳥吟晴日，江猿嘯晚風。"宋王沂孫《更漏子·日銜山》詞："日銜山，山帶雪，笛弄晚風殘月。"金王渥《驛口橋看白蓮》詩："秋暑困人仍御扇，晚風生竹却添衣。"明于謙《水村》詩："晚風天際孤帆客，艤棹來尋賣酒家。"清王垣《夕陽村》詩："鄭國渠連客路長，晚風吹送野花香。"

【夕風】

傍晚風。晋陸雲《答吳王上將顧處微詩》："朝華未厭，夕風已扇。"南朝梁江洪《胡笳曲二首》其二："飂飀夕風高，聯翩飛雁下。"唐終南山翁《終南》詩："霜鶴鳴時夕風急，亂鴉又向寒林集。"宋陸游《繫船》詩："高樹滴殘雨，叢蘆生夕風。"元釋善住《月夜四首》其四："陰蟲切切啼秋露，凉月娟娟照夕風。"明孫承恩《秋日雜咏·咏貧家》詩："無端昨夕風，捲我屋簷茅。”清王夫之《擬古詩十九首（庚戌）》其一：“高臺多夕風，平原足晨霜。”

## 夜風

夜晚的風。除大尺度氣候要素形成的夜風之外，夜風的形成還受局部區域小氣候影響。例如山區的山谷風、臨海的海陸風、平原的湖陸風等。南北朝王僧孺《鼓瑟曲有所思》詩：“夜風吹熠耀，朝光照昔邪。”唐許渾《江樓夜別》詩：“蕙蘭秋露重，蘆葦夜風多。”宋張耒《淮上夜風》詩：“星低春野路，月淡夜淮風。”元楊弘道《仲冬》詩：“迎水地卑濕，仲冬連夜風。”明張昱《病起》詩：“花事能消幾夜風，櫻桃葉底又深紅。”清王采薇《山夕》詩：“寒浦帶星垂似露，夜風吹月動如波。”

【暗風】

即夜風。唐元稹《聞白樂天授江州司馬》詩：“垂死病中仍悵望，暗風吹雨入寒窗。”宋李復《依來韵答謝教授敫還鄙蕖語》詩：“昨宵月暗風凄凄，燈陰神物來聽讀。”元張玉娘《秋思》詩：“獨坐憐團扇，羅衣吹暗風。”明吳希賢《梅花歌爲禮曹吳以時作》詩：“暗風吹雪拂鈴索，月色蒼茫照官閣。”清王邦畿《小除泊舟峽口》詩：“黑海暗風鳴石角，五更斜月照山腰。”

【半夜風】

即夜風。唐許三畏《題菖蒲廢觀》詩：“數僧梵響滿樓月，深谷猿聲半夜風。”宋劉兼《春霄》詩：“春雲春日共朦朧，滿院梨花半夜風。”金元德明《歲暮》詩：“北風半夜起，吹動一天星。”明顧禄《和袁海叟題老蛟化江叟吹笛圖》詩：“曲聲不許人間聽，散入重湖半夜風。”清繆公恩《冬夜兼懷舍弟》詩：“簾外蕭蕭半夜風，鐘聲吹入寂寥中。”

## 第三節　風勢考

關於風力的大小態勢，古人用不同術語加以表述與區分。

第一謂小風，與之相關的名類有“輕風”“微風”等。其風力小，令人感覺舒適。唐高駢《山亭夏日》：“水精簾動微風起，滿架薔薇一院香。”宋杜安世《少年游》：“輕風細雨，惜花天氣，相次過春分。”又“風絲”“風片”，指小風。唐雍陶《天津橋望春》詩：“津橋春水浸紅霜，煙柳風絲拂岸斜。”又“鍊風”，大風暴來臨前的微弱之風。《歲時廣記·海颶風》引唐鄭熊《番禺雜記》：“颶風將發，有微風細雨，先緩後急，謂之鍊風。”又“嫩風”，指微妙嬌小之風。唐劉憲《奉和聖製立春日侍晏内殿出剪綵花應制》詩：“色濃輕雪點，香淺嫩風吹。”

第二謂大風。大風之本意爲很强勁的風，現在氣象學中專指八級風，相當於風速 17.2 米/秒至 20.7 米/秒。《管子·七臣七主》：“大水漂州流邑，大風漂屋折樹。”《史記·項羽本紀》：“於是大風從西北而起，折木發屋，揚沙石，窈冥晝晦。”古文獻中表達大風的抽象詞語較多，例如“颿”“飇”“颺”“飈”“飀”“俊風”“駿風”“終風”“大風嵐”“嵐颰”等。

與大風一詞含義相似或表達氣勢更甚於大風之古詞語的還有：

暴風，亦作“暴忽”“風暴”，指暴而急之大風。《禮記·月令》：“〔孟冬之月〕行夏令，則國多暴風，方冬不寒，蟄蟲復出。”又“頹風”“焚輪”，從上而下的暴風。《爾雅·釋天》：“焚輪謂之頹。”郭璞注：“暴風從上下。”又“沖風”“衝飈”，謂猛烈的暴風。《楚辭·九歌·河伯》：“與女游兮九河，沖風起兮橫波。”又“還風”，指暴風。《漢書·京房傳》：“己丑夜，有還風。”顏師古注引孟康曰：“還風，暴風也。”又“戕風”，指暴風。《文選·木華〈海賦〉》：“決帆摧橦，戕風起惡。”李周翰注：“戕風，暴風也。”又“飂”，指暴風。《集韻·平庚》：“飂，暴風。”又“隨藍風”，梵語，亦作“隨嵐風”“毗嵐風”“毗藍風”，指暴風。《如來三昧經》卷上：“譬如隨藍風一起，時諸樹名大樹而不能自制。”

烈風，指暴烈之大風。《書·舜典》：“納於大麓，烈風雷雨弗迷。”孔穎達疏：“烈風是猛疾之風。”《漢書·王莽傳下》：“乃壬午餔時，有烈風雷雨發屋折木之變。”又“颲”“飌”，即烈風。《說文·風部》：“颲，烈風也。”

疾風，指迅疾之大風。古文中的“盲風”“蛊風”“螙風”“盲飂”“盲飈”等詞語，皆指疾風。《禮記·月令》：“〔仲秋之月〕盲風至，鴻雁來。”鄭玄注：“盲風，疾風也。”又“隧風”。語本《詩·大雅·桑柔》：“大風有隧，有空大谷。”後以“隧風”指疾風。又“飂”“飂風”，指疾風。《文選·左思〈吳都賦〉》：“汨乘流以砰宕，翼飂風之飀飀。”呂向注：“飂，疾風也。”又“飈”，指疾風。《集韻·勿韻》：“飈，疾風。”“遺風”“摔風”，指疾風。《文選·王褒〈聖主得賢臣頌〉》：“追奔雷，逐遺風。”李善注：“遺風，風之疾者也。”又“颮”，指疾風。《玉篇·風部》：“颮，疾風。”又“颳”“颸”，指疾風。《玉篇·風部》：“颳，疾風也。”又“飄”，指疾風。《玉篇·風部》：“飄，疾風也。”

颶風，古指風暴，現代特指發生在海上之強烈暴風。亦作“懼風”“具風”“大颶”“颶”“颶”“風颶”“海颶”等詞語。唐王勃《廣州寶莊嚴寺舍利塔碑》：“颶風寢毒，炎埃罷癘，人稱有道，家實無爲。”又“颶黰”，即颶風，因其起時天昏地暗，故稱。唐沈佺期《夜泊越州逢北使》詩：“颶黰縈海若，霹靂耿天吳。”又“颶母”，本指一種預兆颶風將至的雲暈，亦用以借指颶風。唐李肇《唐國史補》卷下：“颶風將至，則多虹蜺，名曰颶母。"又"破帆風""破舟風""覆舟風""漂艘風""壞船風"，夏秋之交生於海洋，使海潮涌起，且常颭破船帆，故名。宋郭祥正《送叔父入川》詩："霰雪滿江海，破帆風易吹。"又"鐵風篩"，一種猛烈的颶風。雍正《揭陽縣志》卷四："〔正德十年〕秋七月，颶風異常，漂溺民物，壞公私廬舍無數，俗稱鐵風篩。"又"風潮""大風潮""海風潮""颶潮"。元婁元禮《田家五行·論風》："夏秋之交大風及有海沙雲起，俗呼謂之風潮，古人名之曰颶風。"

狂風，指猛烈的風，破壞性極強的風。清陳元龍《格致鏡原》卷三引《乙巳占》曰："發屋折木者曰怒風，揚沙轉石者曰狂風。"又"豪風"，謂之狂風。宋葉適《靈巖》詩："豪風增春愁，異雪損花信。"又"猖風"，謂狂風。宋邱與權《至和塘記》："〔嘉祐六年〕十月甲午治役。其始成也，猖風號霾，迅雷以雨，乃用牲於神。"又"虎風"，謂狂風。清屈大均《題龔柴丈山房》詩："虎風過亂草，蟬露滴空林。"

強風，指猛烈、強勁的風。漢司馬相如《上林賦》："然後揚節而上浮，凌驚風，歷駭猋。"又"驚飆"，指猛烈、強勁的風。唐姚合《酬光禄田卿末伏見寄》詩："驚飆墜鄰果，暴雨落江魚。""雄風"，指猛烈、強勁的風。先秦宋玉《風賦》："故其風中人……清清冷冷，愈病析酲，發明耳目，寧體便人，此所謂大王之雄風也。"

怪風，指怪異之大風。乾隆《嘉定縣志》卷三："〔嘉靖三十三年〕四月二十三日夜，妖，日西出高丈餘，有頃方墮。大旱，四月至七月，七月十二日，異常怪風，自古所無。"又"異風"，指怪異的大風。康熙二十二年《江夏縣志》卷一："〔嘉靖三十七年〕七月，異風拔木摧屋，江湖被溺者無算。"

除了上述關於大風的古詞語之外，還有一些其他類型的詞語表達：

反映大風與其他事物之間的因果關係的詞語。例如"駕海潮風"，指引發海潮的暴風。《宋史·五行志》："〔紹熙五年〕秋，明州颶風駕海潮，害稼。"又"致江漲風"。乾隆《資陽縣志》卷一四："〔嘉靖二十一年〕閏五月甲戌，亭午，江暴漲，比暮，烈風雷雨，水勢益甚。"又"致湖海涌漲風"。乾隆《吳江縣志》卷四〇："〔正統七年〕湖海涌漲，平地水高數尺。七月十七日，大風潮，圩岸俱坍，巡撫侍郎周忱奏預留官糧十七萬振濟，吳江居其四。"又"飄瓦風"。康熙《德平縣志》卷三："〔嘉靖六年〕蝗。大風飄瓦。"又"擷鷁風"，謂能使飛鷁擷跌，極喻風之狂猛。宋釋惠洪《大風夕懷道夫敦素》詩："方收一霎挂龍雨，忽作千林擷鷁風。"又"海動"，暴風的一種，能使海洋翻動若沸騰。宋徐兢《宣和奉使高麗圖經》卷三九："方其在洋也……又惡三種險，曰癡風、曰黑風、曰海動。癡風之作，連日怒號不已，四方莫辨。"

　　反映大風與其他事物之間空間關係的詞語。例如"鐵山風"，指一種大風，多見於西北地區。元劉鬱《西使記》："城北有海，鐵山風出，往往吹行人墮海中。"又"海立風"，吹海使之似乎直立的一種極猛烈的風暴。宋蘇軾《有美堂暴雨》："天外黑風吹海立，浙東飛雨過江來。"又"地風""刮地風"，謂掠地大風。宋鄭獬《回次媯川大寒》詩："地風如狂兕，來自黑山旁。坤維欲傾動，冷日青無光。飛沙擊我面，積雪沾我裳。"又"曾颸""曾飈""層飈"，皆指高空之大風；曾同"層"。南朝宋謝靈運《初發石首城》詩："出宿薄京畿，晨裝搏曾颸。"劉良注："曾颸，高風也。"

# 小　風

## 微風

　　亦作"飍"。輕微的風。今通常指三級以下的風。《荀子·解蔽》："微風過之，湛濁動乎下，清明亂於上，則不可以得大形之正也。"漢班婕妤《怨歌行》："出入君懷袖，動搖微風發。"漢應劭《風俗通》："微風曰飍。"晋何晏《言志》詩："浮雲翳白日，微風輕塵起。"南朝梁吳均《咏雪》詩："微風搖庭樹，細雪下簾隙。"南朝宋鮑照《蒜山被始興王命作》詩："參差出寒吹，颸戾江上謳。"南朝梁吳均《咏雪》詩："微風搖庭樹，細雪下簾隙。"唐高駢《山亭夏日》詩："水精簾動微風起，滿架薔薇一院香。"宋范成大《春晚》之二："微風盡日吹芳草，蝴蝶雙雙貼地飛。"元馬臻《題畫雜詩六首》其四："輕雲漠漠天影空，江村雨過生微風。"明葉權《賢博編》："嘉靖丙寅，余南歸。十二月初三日，雪後至獻縣，微風，天濛濛霧。"清劉純熙《日暮》詩："宿鳥樹高下，微風雲重輕。"

## 【飍】

　　即微風。此稱漢代已行用。見該文。

## 【颸】

　　亦稱"飋""飇""颰"，亦作"颾"。輕微的風。《説文·風部》："颸，小風也。"南朝梁顧野王《玉篇·風部》："颸，小風也。"又《玉篇·風部》："飇，小風也。"《廣雅·釋詁四》："颸，風也。"王念孫疏證："《廣韵》：'颸，小風也。'"《廣韵·術韵》："飋，小風。"《集韵·薛韵》："飋，小風，或從夬。"

## 【飋】

　　即颸。此稱南北朝時期已行用。見該文。

## 【飇】

　　即颸。此稱南北朝時期已行用。見該文。

## 【颰】

　　即颸。此稱宋代已行用。見該文。

## 【颾】

　　同"颸"。此體宋代已行用。見該文。

【微飈】

亦作"微飈"。輕微的風。《宋書·樂志》："梁塵集丹帷，微飈飈揚羅袖。"一本作"飈"。唐李白《贈韋侍御黃裳二首》其一："天與百尺高，豈爲微飈折。"宋周紫芝《雨後微凉再示莊簿》詩："微飈生淅瀝，一雨洗亢陽。"明劉基《發龍游》詩："微飈獻輕凉，客子中夜發。"

【微飈】

同"微飈"。此體明代已行用。見該文。

【微飈】

亦作"微飈"。輕微的風。晉葛洪《抱朴子外篇》："微飈不能揚大海之波，毫芒不能動萬鈞之鍾。"《晉書·陸機傳》："落葉俟微飈以隕，而風之力蓋寡。"唐劉言史《廣州王園寺伏日即事寄北中親友》詩："曲池煎畏景，高閣絶微飈。"宋張耒《友山》："微飈披拂，吹奏竽籟。"金路鐸《衛州贈子深節度》詩："斜照鈎簾納煙翠，微飈高枕看安流。"元于立《湖光山色樓以凍合玉樓寒起粟分韵得樓字》詩："微飈散輕靄，寒光抱空浮。"一本作"飈"。元郭翼《松泉圖》："微飈散晴雪，飛琴瀉寒弦。"清戴亨《秋雨不止步海涵百齡原韵》其一："遠籟送微飈，清心聞夜笛。"

【微飈】

同"微飈"。此體晉代已行用。見該文。

【細風】

即微風。指輕微的風。唐吕巖《西江月》詞："細風斜日到江南，春滿平湖瀲灧。"唐皮日休《庭中初植松桂魯望偶題奉和次韵》詩："毿毿綠髮垂輕露，獵獵丹葦動細風。"宋劉敞《戲和同年時在薦福寺》詩："逃暑涓涓酒，開襟細細風。"宋林逋《西湖》詩："往往鳴榔與

橫笛，細風斜雨不堪聽。"元劉秉忠《江邊梅樹》詩："一枝倒影斜斜月，滿樹浮光細細風。"元耶律鑄《立春口號》詩："細風吹綠水生波，翠陌瑤阡艷綺羅。"明何絳《白山上人新築退居落成》詩其二："最好凉秋九月天，細風疏雨小窗前。"明薛蕙《海棠畫扇》詩："影轉團團月，香含細細風。"清陳恭尹《送何孟門之瓊州》詩："首春間路纖纖草，二月揚帆細細風。"

細風拂柳
（元盛昌年《柳燕圖》局部）

【細細風】

即微飈。此稱宋代已行用。見該文。

【小風】

亦稱"飈""飈"。輕微的風。唐易静《兵要望江南·風角第二》詩："小風小勝總堪微，天意助吾行。"《廣韵·屑韵》："飈，小風謂之飈。"《集韵·勿韵》："飈，小風謂之飈。"宋朱復之《太平寺塵外閑題》詩："高樹青圓不見天，小風微動竹梢偏。"元薩都剌《題吕城葛觀》詩："過客不知天畔月，小風吹落鳳仙花。"明歐必元《初秋訪唐寅仲先生青門不值》其四："小風殘夢入，久睡憺忘歸。"清厲鶚《晚次陵口》詩："暮雲青草夾岡埭，春水小風陵口船。"

【飈】

即小風。此稱宋代已行用。見該文。

【飈】[2]

即小風。此稱宋代已行用。見該文。

## 【嫩風】

輕微柔和之風。嬌小曰嫩，故稱。唐劉憲《奉和聖製立春日侍晏內殿出剪綵花應制》詩："色濃輕雪點，香淺嫩風吹。"宋吳端《春日山行》詩："何處有香來不斷，嫩風微雨落松花。"元張玉娘《春夜》詩："一枕嫩風清曉露，半窗涼月弄輕陰。"明陳耀文《花草稡編》卷一七："雪韻清桂月光皎，鳳帳龍簾縈嫩風。"清黃燮清《南浦・從玉田本題岳餘山鴻慶鬧紅一舸圖》詞："雙槳破煙痕，垂楊底、略有嫩風勾縮。"

## 【鍊風】

大風暴來臨前的微弱之風。宋陳元靚《歲時廣記・海颶風》引唐鄭熊《番禺雜記》："颶風將發，有微風細雨，先緩後急，謂之鍊風。"

## 【風絲】

輕微的風。南朝梁蕭綱《三月三日率爾成詩》："綺花非一種，風絲亂百條。"唐雍陶《天津橋望春》詩："津橋春水浸紅霜，煙柳風絲拂岸斜。"宋王鎡《春閨辭》詩："桃飛紅雪上簾鈎，楊柳風絲拂畫樓。"金王寂《題高敬之所藏雲溪獨釣圖》詩："釣翁蓑笠釣滄浪，一波不動風絲軟。"明李孫宸《同俞子旦及其季弟子爽過駝山訪戴伍二子山館》詩："花氣暖蒸晴日雨，柳條低颺晚風絲。"清納蘭性德《采桑子・咏春雨》詞："嫩煙分染鵝兒柳，一樣風絲，似整如敧，縷著春寒瘦不支。"

## 【風片】

輕微的風。亦猶指雪花。宋王安中《進和御製喜雪》詩其一："天借春容裝苑木，曉催風片舞宮簧。"元釋圓至《雪》詩："窗鳴風片亂，溜凍冰條直。"明張引元《菩薩蠻》詞："落紅飛盡翻風片，芭蕉初放輕葵扇。"清王士禎《秦淮雜詩二十首》之一："十日雨絲風片裏，濃春艷景似殘秋。"

## 【輕風】

即微風。晉張協《雜詩十首》其四："輕風摧勁草，凝霜竦高木。"南朝宋何承天《朱路篇》："輕風起紅塵，淳瀾發微波。"唐處默《螢》詩："微雨灑不滅，輕風吹欲燃。"宋朱淑真《膏雨》詩："添得楊柳色更濃，飛煙卷霧弄輕風。"元何中《放船》詩："晚色重重放客舟，輕風吹漾落潮流。"明張宇初《題方壺寶晉雲煙圖歌》詩："濕嵐餘靄紛夏綠，墅渚輕風散鳧鷖。"清何鞏道《范湖口號三首》其二："壓簾蕉葉入窗花，盡向輕風弄日斜。"

## 【輕吹】

即微風。南北朝蕭總《上蓮山》詩："飛花滿叢桂，輕吹起修筠。"唐劉得仁《和鄭校書夏日游鄭泉》詩："疊光輕吹動，徹底曉霞侵。"宋毛開《薄倖》詞："怕嬌雲弱雨，東風驀地輕吹散。"元柯九思《題趙昌畫牡丹鸃鴒》詩："雕闌玉砌舊承恩，輕吹凝香瑞靄溫。"明劉基《生查子・惜花》詞："穠艷正堪憐，何忍輕吹謝。"清曹慎儀《清平樂・送春》詞："一簾煙絮輕吹，銷魂怕說春歸。"

## 【輕颸】

即微風。唐元稹《開元觀閑居酬吳士矩侍御三十韻》詩："初日先通牖，輕颸每透簾。"宋蘇軾《和陶和胡西曹示顧賊曹》詩："長春如稚女，飄搖倚輕颸。"元陳鎰《次韻吳仲懷學錄理髮有感》詩："清晨啓重門，理髮延輕颸。"明鄭鵬《游東禪次楊部君謙韻》詩："輕颸侵葛涼，微雨灑花濕。"清弘曆《夏日瀛臺雜詩八首》其一："却愛水雲最深處，輕颸撲面藕花香。"

微颸吹水皺，不擾漁翁眠
（宋馬遠《秋江漁隱圖》局部）

【微颸】

即微風。宋劉弇《晚晴》詩："微颸襲疏櫺，輕霭躡叢薄。"元陳鎰《次韵吳學録過訪二首》其一："山寒耿孤月，溪净生微颸。"明胡奎《醉後薔薇花下待月有懷》詩："微颸吹我衣，清露散花氣。"清姚燮《壺中天·北池白蓮盛開》詞："幽夢横闌，微颸度影，欲我依依語。"

【清颸】

亦作"清颸"。指清爽的小風。亦泛指無沙塵的風。晋葛洪《上元夫人步玄之曲》詩："渌景清颸起，雲蓋映朱葩。"晋成公綏《嘯賦》："南箕動於穹蒼，清颸振乎喬木。"南朝宋顏延之《寒蟬賦》："折清颸而不淪，團高木以飄落。"北魏酈道元《水經注·河水五》："張景陽《玄武觀賦》所謂'高樓特起，竦跱岧嶤，直亭亭以孤立，延千里之清颸'也。"唐司馬扎《美劉太保》詩："萬里天地空，清颸在平楚。"唐駱賓王《秋日餞麴録事使西州序》明顏文注："清颸朗月，猶言清風明月，令人思元度也。"宋梅堯臣《次韵答黃介夫七十韵》："清颸颯然來，喜得如弟兄。"宋汪夢斗《夜宿黃河》："苦

無濁酒澆勞役，喜有清颸濯暑袢。"元黃鎮成《畏日》詩："流水挾雙澗，清颸拂崇樹。"明李東陽《南溪賦》："清颸徐來，旭旦始旦。"

【清飇】

同"清颸"。此體唐代已行用。見該文。

【輕颸】

亦作"輕颸"。指輕微的風。南北朝王褒《九日從駕》詩："華露霏霏冷，輕颸颯颯涼。"唐歐陽詹《玩月詩序》："皓露助流華，輕颸佐浮涼。"金王嵓《定定歌》詩："修行便發好枝條，不逐輕颸信任飄。"元丘處機《暮景》詩："杲日西沉遠隴，輕颸南起洪崖。"元郝經《三汊北城月榭玩月醉歌》詩："輕颸忽來四座覺浮動，吹落桂子颯颯生秋香。"明李延興《湘中老人圖》詩："龐眉野客來何所，袖拂輕颸過孤嶼。"明王世貞《曉起獨步沿荷池》詩："新荷欲舒翠，輕颸散微芳。""

【輕飇】

同"輕颸"。此體唐代已行用。見該文。

【輕飇】

亦作"輕飆"。指輕微的風。唐羅隱《輕飆》詩："輕颸掠晚莎，秋物慘關河。"唐夏方慶《風過簫賦》："歷虛無而輕颸自遠，拂松竹而幽韵相借。"前蜀杜光庭《太上靈寶玉匱明真大齋懺方儀》："乘三素之輕飆，駕八鸞之飛蓋。"元釋善住《初夏偶成》詩："輕飆起蘋末，細雨來林端。"清張仲炘《小重山·再和古微》詞："細雨輕飆著意寒。"

【輕飆】

同"輕飇"。此體五代時期已行用。見該文。

# 大　風

## 大風 [2]

亦稱"颲""飈""颶""飍"。能漂屋折樹、揚沙石、迎風行走感覺阻力很大，窈冥晝晦之風。《管子·七臣七主》："大水漂州流邑，大風漂屋折樹。"《詩·大雅·桑柔》："大風有隧，有空大谷。"鄭玄箋："西風謂之大風。"漢劉邦《大風》："大風起兮雲飛揚。"《史記·項羽本紀》："大風從西北而起，折木發屋，揚沙石，窈冥晝晦。"《説文·風部》："颶，大風也。"南朝梁顧野王《玉篇·風部》："颲，大風。"又云："飈，大風也。"唐李百藥《謁漢高廟》詩："蕭索陰雲晚，長川起大風。"宋孔平仲《大風》詩："紛紛欲盡江南土，散作彌天萬里塵。"元貢師泰《太平三山值風》："大風吹水立，驟雨挾山浮。"明楊瑞雲《鹽瀆行》詩："大風卷地海雲黃，四野昏黑日無光。"同治《崇仁縣志》卷一〇："〔成化二年〕春，大風從西北來，折木飛石，橋屋民房多摧頹。其年大饑。"清屈大均《泊舟石鐘山下作》詩其三："江南千里連湖北，萬古蘆花起大風。"

### 【颲】

即大風 [2]。此稱漢代已行用。見該文。

### 【飈】

即大風 [2]。此稱漢代已行用。見該文。

### 【颶】

即大風 [2]。此稱漢代已行用。見該文。

### 【飍】

即大風 [2]。此稱宋代已行用。見該文。

### 【飉】

即大風 [2]。亦泛指風。《廣韻·豪韻》："飉，大風。"《集韻·豪韻》："飉，風也。"明李夢陽《林良畫兩角鷹歌》："整骨刷羽意勢動，四壁六月生秋飉。"清毛澄《穆屯將歌》："將軍養士如養葵，發縱指嗾追煙飉。"

### 【颶】

即大風 [2]。《説文·風部》："颶，大風也。"晋庾闡《海賦》："回颶泱灇，聲散穹窿。"唐上官婉兒《游長寧公主流盃池二十五首》之三："檀欒竹影，飇颶松聲。"唐韓愈《山南鄭相公樊員外酬答爲詩其末咸有見及語樊封以示愈依賦十四韻以獻》詩："如新去耵聹，雷霆逼颰颶。"宋歐陽修《班班林間鳩寄内（慶曆五年）》詩："山川瘴霧深，江海波濤颶。"清姚燮《冬日月湖寓樓寫懷呈黃明府維同一百韻》詩："八牖影赭星，朔氛駛狂颶。"

### 【颭】

亦作"颪"。即大風 [2]。南朝梁顧野王《玉篇·風部》："颭，風聲。"《廣韻·冬韻》："颭，大風。"《玉篇》所云或爲初義，擬聲取義造字，《廣韻》則爲後起的增添義項，以風聲移指大風。又《廣韻·東韻》："颪，大風。"明宋濂

大風驟雨景觀
（明戴進《風雨歸舟圖軸》局部）

《篇海類編·天文類·風部》：“颭，風聲。亦作
颰。”《正字通·風部》：“颭，俗字。舊注音洪，
風聲，不知颭俗作颰，誤分爲二。”

【颰】

即颭。此體宋代已行用。見該文。

【嵐】<sup>2</sup>

即大風<sup>2</sup>。亦稱“嵐風”。南朝梁顧野王
《玉篇·山部》：“嵐，大風也。”元張翼《題徐
良夫遂幽軒》詩：“千厓無人塢墅美，峰回岫轉
飛嵐長。”

【嵐風】

即大風<sup>2</sup>。唐權德輿《送張周二秀才謁宣州
薛侍郎》詩：“湖月供詩興，嵐風費酒錢。”宋
羅榮祖《題靈巖》詩：“嵐風飛凈明彩霞，四
宇八紘皆望裏。”清郁永河《裨海紀游》卷中：
“嵐風侵短褠，海霧襲重綈。”

【颯飆】

即大風<sup>2</sup>。《廣韻·緝韻》：“飆，颯飆，大
風。”唐杜甫《贈崔十三評事公輔》詩：“颯飆
寒山桂，低徊風雨枝。”明劉基《題趙文敏公畫
松》詩：“黿鱗撐空青，豕鬣振颯飆。”

【終風】

即大風<sup>2</sup>。《詩·邶風·終風》：“終風且暴，
顧我則笑。”北齊邢邵《冬日傷志篇》：“終風激
簷宇，餘雪滿條枚。”唐李邕《楚州淮陰縣婆羅
樹碑》：“同雲冒山，終風振壑。”宋黃庭堅《庚
寅乙未猶泊大雷口》詩：“廣原噪終風，發怒土
囊口。”元楊弘道《苦雨示楊仲名》詩：“草屋
階平水倒門，終風苦雨錯朝昏。”清王夫之《廣
落花詩三十首》其十三：“曀日終風舟泛泛，水
深河大雨淫淫。”

【俊風】<sup>2</sup>

亦作“駿風”。指大風，强風，行速快猛之
風。漢戴德《大戴禮記·夏小正》：“正月，啓
蟄……時有俊風，寒日滌凍塗。”戴德傳：“俊
者，大也。”顧鳳藻集解：“俊，與‘駿’通。
《爾雅》曰：‘駿，大也。’”宋祝穆《方輿勝
覽》卷一五：“駿風作蹄……日圍萬里。”元周
權《客枕》詩：“駿風慘慄寒贔屭，長河爭渡冰
堅牢。”

【駿風】

同“俊風<sup>2</sup>”。此體宋代已行用。見該文。

【遺風】

疾風，行速快猛之風。《吕氏春秋·本味
篇》：“遺風之乘。”高誘注曰：‘行迅謂之遺
風。’”漢揚雄《甘泉賦》：“聲駢隱以陸離兮，
輕先疾雷而馭遺風。”北周王褒《聖主得賢臣
頌》：“縱騁馳騖，忽如影靡。遇都越國，蹶如
歷塊。追奔電，逐遺風。”李善注：“遺風，風
之疾者也。”唐張九齡《驪山下逍遥公舊居游
集》詩：“松間聆遺風，蘭林覽餘滋。”元馬臻
《題畫海南入貢天馬圖》詩：“雄姿挺挺浴海氣，
一刷萬里追遺風。”

【隧風】

語本《詩·大雅·桑柔》：“大風有隧，有
空大谷。”後以“隧風”常指水上暴風。《楚
辭·九歌·河伯》：“衝風起兮橫波。”王逸注：
“衝，隧也。屈原設意與河伯爲友，俱游九河之
中，想蒙神祐，反遇隧風，大波涌起，所托無
所也。”王引之《經義述聞·大風有隧》：“《楚
辭·九歌》：‘衝風起兮橫波。’王逸注曰：‘衝，
隧也。遇隧風大波涌起。’據此，則古謂衝風爲
隧風。”

## 【恒風】

持續之大風。《書・洪範》："曰咎徵，曰狂，恒雨若……曰蒙，恒風若。"《晉書・五行志》："恒風傷物，故其極凶短折也。"《宋書・恒風》："魏齊王正始九年十一月，大風數十日。"宋張君房《雲笈七籤》："若恒風雨晦霧之時，皆不可引吸外氣。"元許有孚《池亭苦雨松竹皆黃書事》："濕氣連天雲易雨，秋聲撼地日恒風。"明《馬氏日抄・風異》："庚午二月六日大風，塵沙蔽天，屋瓦皆飛……予曰：此恒風也。"清談遷《北游錄・紀郵上》："辛亥，晴，恒風，夜始冰。"

## 【雄風】

強勁的風。先秦宋玉《風賦》："故其風中人……清清泠泠，愈病析酲，發明耳目，寧體便人，此所謂大王之雄風也。"南朝梁王僧孺《白馬篇》詩："豪氣發西山，雄風擅東國。"唐李白《雜曲歌辭・結客少年場行》："由來萬夫勇，俠此生雄風。"宋柳永《竹馬子》詞："對雌霓掛雨，雄風拂檻，微收煩暑。"元劉秉忠《亭帳》詩："雄風吹斷襄王夢，高卷巫山十二峰。"明區懷瑞《郢中懷古二首》其一："城邊遠水多秋氣，臺上雄風作夏寒。"清姚鼐《渚宮》詩："錦帆暮雨回江渚，鳴籟雄風起洞庭。"

## 【顛風】

極狂猛的大風。唐元稹《人道短》："天道晝夜回轉不曾住，春秋冬夏忙，顛風暴雨電雷狂。"宋劉跂《使遼作十四首》其五："寒日川原暗，顛風草木昏。"元趙文《瓊花上天歌》："顛風夜半撼蕪城，雪萼瓊絲破空碧。"明張以寧《題小景》詩："雀啅江頭秋稻花，顛風吹柳一行斜。"清孫璟《春日同友人自黃山席帽峰游石灣至鵝鼻北登君山望江樓》詩："顛風捲江江欲翻，狂波撼山山欲走。"

## 【地風】

謂掠地大風。南朝陳陳叔寶《隴頭水二首》其一："地風冰易厚，寒深溜轉清。"唐許渾《酬郭少府先奉使巡澇見寄兼呈裴明府》詩："江村夜漲浮天水，澤國秋生動地風。"宋鄭獬《回次媯川大寒》："地風如狂兒，來自黑山旁。坤維欲傾動，冷日青無光。飛沙擊我面，積雪沾我裳。"元王吉昌《武陵春・欲界》詞："太一雲興匝地風，嶽頂雨濛濛。"明劉基《過蘇州》其五："虎丘山下月朦朧，閭闔門前動地風。"清姚燮《薙後庭草》詩："庶使凈地風，一拓空山秋。"

## 【刮地風】

謂掠地大風。語出唐韋莊《贈峨嵋山彈琴李處士》詩："余今正泣楊朱淚，八月邊城風刮地。"宋楊萬里《曉過丹陽縣》詩："刮地風來何處避，可憐岸篠猛回身。"元耶律鑄《立秋前一日》詩："人言明日新消息，天外秋風刮地來。"明江源《雨雪曲三首》其一："光奪臨關月，寒添刮地風。"清袁綬《卜算子》詞："刮地西風釀暮寒，又聽瀟瀟雨。"

## 【異風】

亦稱"厥風"。怪异之大風。《漢書・五行志》："厥異風，其風也，行不解物，不長，雨小而傷，政悖德隱兹謂亂，厥風先風不雨，大風暴起，發屋折木，守義不進兹謂耄，厥風與雲俱起，折五穀莖。"晉佚名《吳鼓吹曲十二曲・通荊門》："遐矣帝皇世，聖吳同厥風。"唐丁仙芝《剡溪館聞笛》詩："虛然異風出，髣髴宿平陽。"宋薛嵎《霽雪亭》詩："迥與春風異，唯宜晝日陰。"《明史・五行志》："〔嘉靖四十三年〕三月望，異風作，赤黃霾，至二十一日乃止。”康熙《江夏縣志》卷一：“〔嘉靖三十七年〕七月，異風拔木摧屋，江湖被溺者無算。”

【厥風】

即異風。此稱漢代已行用。見該文。

【怪風】

怪异之大風。《山海經·中山經》：“又東二十七里，曰堵山。神天愚居之。是多怪風雨。”《三遂平妖傳》第一四回：“忽然黑雲掩月，一陣怪風，從西而來。”乾隆《嘉定縣志》卷三：“〔嘉靖三十三年〕大旱，七月十二日，異常怪風，自古所無，沙石飛揚，禾木偃拔。”徐珂《清稗類鈔·地理類》：“戈壁者在山之南，緜亘數千里，春夏多怪風。”

【粗風】

粗野之大風；狂猛之風。語出宋艾性夫《題素庵壁間六首》其二：“風粗或卷茅，雨飽頗生草。”《鏡花緣》第八八回：“莫講粗風暴雨，不能招架，就是小小一陣涼飈，只怕也難支持了。”

【鐵山風】

大風，見於西北地區。元劉鬱《西使記》：“城北有海，鐵山風出，往往吹行人墮海中。”清顧藻《鐃歌六首》之五：“鐵山風静看歸馬，武德歌翻入塞聲。”

## 暴風

亦稱“風暴”。暴烈而急之大風。陸地少見，有則破瓦掀屋，樹倒根拔。《詩·邶風·終風》：“終風且暴，顧我則笑。”毛傳：“暴，疾也。”《詩·小雅·魚麗》：“魚麗于罶，鱨鯊。”孔穎達疏：“古者不風不暴不行火，言風暴然後行火也。”《禮記·月令》：“〔孟冬之月〕行夏令，則國多暴風，方冬不寒，蟄蟲復出。”《史記·五帝本紀》：“堯使舜入山林川澤，暴風雷雨，舜行不迷。”《漢書·成帝紀》：“〔建始元年〕二月，右將軍長史姚尹等使匈奴還，去塞百餘里，暴風火發，燒殺尹等七人。”《魏書·靈徵志》：“〔景明元年〕二月癸巳，幽州暴風，殺一百六十一人。”南朝宋何承天《達性論》：“行火俟風暴，畋漁候豺獺，所以順天時也。”唐張九齡《賀昭陵徵應狀》：“志誠謂其兇徒云：此雲將有暴風，若衝頭立，恐有破敗。”宋梅堯臣《次韵臨淮感事》詩：“楚舸高帆未可開，滿帆風暴作陰雷。”《明太祖實錄》卷一二三：“〔洪武十二年〕三月辛未，暴風；戊寅風暴；己卯風暴。”嘉靖《九江府志》卷一：“〔成化元年〕六月，暴風，府城屋瓦皆飛。”清洪繻《風雨感事》詩：“樓頭暴雨兼暴風，揚沙走石聲挣搎。”

【風暴】

即暴風。此稱南北朝時期已行用。見該文。

【暴】

暴烈而急之大風。《爾雅·釋天》：“日出而風爲暴。”唐釋皎然《江上風》：“江風西復東，飄暴忽何窮。”宋孔平仲《觀暴》詩：“怒雷殷殷西南天，黑氣一抹如長煙。”又《秋夜舟中》詩：“人言風怒未渠央，我觀暴忽勢不長。”金王渥《三門津》詩：“雷霆日鬥擊，悍暴愁天公。”元王冕《次致和韵》詩：“暴生三尺水，推去一階苔。”正德《中牟縣志》卷一：“〔成化十四年〕天忽陰霾，暴大作，雹大如拳，禾木盡傷。”清周凱《初十日發澎湖》詩：“風宜乘暴尾，碇好拔船頭。”自注：“初七日有暴，俗呼閻王暴，暴尾風輕。”

## 【飆】[2]

指狂風、暴風。漢王充《論衡》："吹毛芥非必飆風。"《漢書·揚雄傳》："風發飆拂，神騰鬼趡。"《漢魏南北朝墓志彙編·北魏元襲墓志》："風飆外發，聲邁雲中。"晋葛洪《抱朴子外篇》："玄雲爲龍興，非魭蜓所能招也；飆風爲虎發，非狐狢之能致也。"南朝梁顧野王《玉篇》："飆，暴風也。"唐駱賓王《螢火賦》："值衝飆而不烈。"宋喻良能《蚊》詩："昨夜獰飆愜人意，一掃天宇何澄鮮。"金党懷英《西湖芙蓉》詩："林飆振危柯，野露委荒蔓。"明劉基《贈道士蔣玉壺長歌》詩："忽然浮空墮杳冥，飆馳電爥羽脱肱。"清李元鼎《次流河大風》詩："飽歷風濤萬慮休，驚飆奚事拍河流。"

## 【還風】[2]

指狂風、暴風。《漢書·京房傳》："己丑夜，有還風。"顏師古注引孟康曰："還風，暴風也。"唐許渾《金陵懷古》詩："石燕拂雲晴亦雨，江豚吹浪夜還風。"宋佚名《太上三洞神咒》："東華太一真人，還風風當起，巨水水巨門。"元吳萊《泰階六符經後序》："日蝕地震、冬雷夏霜、蒙氣還風、旱乾水溢，天之爲也，人何與焉？"明郎鸞《無題和李商隱》詩："垂雲莽莽夜還風，人在青樓碧樹東。"

## 【烈風】

亦作"列風"。指暴風、狂風。《書·舜典》："納於大麓，烈風雷雨弗迷。"孔穎達疏："烈風是猛疾之風。"《漢書·王莽傳》引《書·舜典》作"列風"。《漢書·王莽傳下》："乃壬午餔時，有列風雷雨發屋折木之變。"南朝梁沈約《連珠》："臣聞烈風雖震，不斷蔓草之根。"唐杜甫《同諸公登慈恩寺塔》詩："高標跨蒼天，烈風無時休。"宋文同《閬鄉值風》詩："烈風吹華陰，古槐若長呼。"元釋覺岸《釋氏稽古略》卷一："烈風、雷雨不迷。"嘉靖《貴州通志》卷一〇："〔嘉靖三十一年〕二月七日，烈風雷雨大作，摧折市坊。"清蒲松齡《聊齋志異·向杲》："既而烈風四塞，冰雹繼至，身忽忽然痛癢，不能復覺。"

## 【列風】

同"烈風"。此體漢代已行用。見該文。

## 【颰】

亦作"颭"，亦稱"嵐颰""颰風"。即烈風、猛風，亦即暴風、狂風。《説文·風部》："颰，烈風也。"漢應劭《風俗通》曰："猛風曰颰，涼風曰飂。"南朝梁顧野王《玉篇·風部》："颰，惡風也。"又云："颰，暴風。"唐慧琳等《一切經音義》卷三八引《金剛光燄止風雨陀羅尼經》："嵐颰，上音藍。此嵐字諸字書並無，本北地山名，即嵐州出木處是也。亦本藩語也。後魏孝昌於此地置岢嵐鎮。岢音可。城西有山，多猛風，因名此山爲嵐山。"宋佚名《原本廣韵》："颰風雨暴至。"明張四維《雙烈記·酋困》："你看洶涌江濤號怒颰，艨艟百萬排千里，插翅怎飛越。"清李鄴嗣《行路難》其三："颰風吹散陰天霧，十里横塘開石路。"《康熙字典》："颰，《韵會》通作烈。"

## 【颭】

即颰。此體漢代已行用。見該文。

## 【嵐颰】

即颰。此稱唐代已行用。見該文。

## 【颰風】

即颰。此稱宋代已行用。見該文。

## 【別風】

即烈風。亦即暴風、狂風。別，爲"列"字之訛。列，通"烈"，誤爲"別風"。漢伏勝《尚書大傳》："別風淮雨"。晋皇甫謐《帝王世紀》作："列風淫雨。"按，"別"爲"列"之訛，"淮"爲"淫"之訛。晋陸雲《紆思》："耿蒙垢於同塵，思振揮於別風。"唐李孝貞《聽百舌鳥》詩："飲啄歸承露，飛鳴上別風。"明許承欽《呂梁洪》詩："別風颯颯山容昏。"清任其昌《冬夜雜咏》其一："漱石枕流存慧解，別風淮雨聽鈔胥。"

## 【囊風】

指怒風，猶暴風、狂風。語本先秦宋玉《風賦》："夫風生於地，起於青蘋之末，侵淫溪谷，盛怒於土囊之口。"李善注："土囊，大穴也。"後因稱怒風、狂風曰"囊風"。宋范成大《過鄱陽湖次游子明韵》詩："春工釀雪無端密，大塊囊風不肯收。"宋宋祁《冬日呈應之》詩："囊風寒薄木，鶺雪夜平階。"

## 【頹風】[1]

單稱"頹"，亦稱"焚輪"。從上而下的暴風。疑焚風。《詩·小雅·谷風》："習習谷風，維風及頹。"毛傳："頹，風之焚輪者也。"《爾雅·釋天》："焚輪謂之頹。"郭璞注："暴風從上下。"晋葛洪《抱朴子·明本》："焚輪虹霓寢其妖，頹雲商羊戢其翼。"南朝梁劉孝綽《答何記室》詩："晨征凌迸水，暮宿犯頹風。"唐陸龜蒙《奉酬襲美苦雨見寄》詩："有頭强方心强直，撑拄頹風不量力。"宋李廌《送王仲求》詩："飄風非焚輪，觸石生孤雲。"元耶律鑄《庭州》詩："星羅游騎遍氛埃，似與頹風下九陔。"明陳一松《午日謁屈賈二先生祠有感而

賦歲嘉靖甲寅也》詩其二："頹風仍逝水，落日自荒祠。"明成鷟《旋風》詩："南箕噫氣下南州，幻出焚輪撼不周。"清孫襄《節婦鄭氏》詩："皓月長明滄水面，頹風直挽鳳山巔。"清孫爾準《臺陽雜咏》其二："焚輪風有火，沸井水無煙。"

## 【焚輪】

即頹風[1]。此稱先秦時期已行用。見該文。

## 【頹】

頹風[1]的單稱。此稱先秦時期已行用。見該文。

## 【戕風】

指暴風。因其毀壞性强，故稱。晋木華《海賦》："决帆摧橦，戕風起惡。"李周翰注："戕風，暴風也。"唐劉禹錫《韓十八侍御見示因令屬和故足成六十二韵》詩："戕風忽震盪，驚浪迷津涘。"元吳萊《箜篌引》："戕風奔騰兮，霧雨渺瀰。"清《山東通志》卷三五："决帆摧橦戕風起，惡廓如靈變怳悦。"

## 【飀颻】

單稱"飀"。指暴風。唐韓愈等《城南聯句》："靈燔望高同，龍駕聞敲飀。"孫汝聽注："敲飀，駕相擊聲。飀，暴風也。"《集韵·平庚》："飀颻，暴風。"明魏學洢《離思賦》："恍齊魯之在望兮，迷飀颻之飀飀。"

## 【飀】

"飀颻"之單稱。此稱唐代已行用。見該文。

## 【黑風】[2]

暴風。因其颳得天昏地暗，故稱。《魏書·拓跋叉傳》："元叉，本名夜叉，弟羅實名羅刹。夜叉、羅刹，此鬼食人，非遇黑風，事同飄墮。"唐杜牧《大雨行》詩："東垠黑風駕海

水，海底卷上天中央。三吳六月忽悽慘，晚後點滴來蒼茫。"宋徐兢《宣和奉使高麗圖經》卷三九曰："方其在洋也……三種險，曰癡風、曰黑風、曰海動。癡風之作，連日怒號不已，四方莫辨；黑風則飄怒不時，天色晦冥，不分晝夜。"宋蘇軾《有美堂暴雨》詩："天外黑風吹海立，浙東飛雨過江來。"元尹廷高《讀史有感》詩："白浪排空孤島絶，黑風翻海萬檣折。"萬曆《平原縣志》卷上："〔正德十年〕春，黑風。"清錢謙益《丁老行送丁繼之還金陵兼簡林古度》詩："黑風愁雲暗天地，飛雁不敢過回塘。"

【衝風】

暴風；猛烈的風。語出《黃帝内經・素問》："是以衝風，泣下而不止。"《楚辭・九歌・河伯》："與女游兮九河，衝風起兮水揚波。"《史記・韓長孺列傳》："且強弩之極，矢不能穿魯縞；衝風之末，力不能漂鴻毛。"《漢書・韓安國傳》："衝風之衰，不能起毛羽；強弩之末，不能入魯縞。"晋葛洪《抱朴子・知止》："纜舟弭檝於衝風之前。"《北齊書・慕容儼傳》："須臾，衝風欻起，驚濤涌激，漂斷荻洪。"唐杜甫《枯楠》詩："涷雨落流膠，衝風奪佳氣。"宋李昭玘《謝劉主簿見和乞石詩》："衝風卷海濤，蕩漭迷四極。"元楊弘道《别鳳翔治中艾文仲》詩："朔漠衝風黑，崑崙殺氣橫。"明區大相《贈别喬世昌都諫》詩："靈雨兮朝飛，衝風兮夕起。"清屈大均《寓山園吊祁忠敏公》詩："玄煙横極浦，衝風激寒澌。"

【衝颷】

亦作"衝飆"。即衝風。暴風、猛烈的風。晋葛洪《抱朴子・博喻》："衝颷傾山，而不能效力於拔毫。"颷，或作"飆"。又《抱朴子外篇》："乘衝颷而燎巨野，奮六羽以凌朝霞。"北周王褒《送觀寧侯葬》詩："衝颷摇柏幹，烈火壯曾崑。"唐駱賓王《浮查》詩："上爲疾風衝颷所摧殘，下爲奔浪迅波所激射。"元周砥《出西澗過龍巖途中瞻眺》詩："衝颷激高竹，晴曦艷寒溜。"一本作"颷"。明何景明《北風行》詩："出門黯淡天無色，衝颷四來山爲黑。"清吳偉業《松鼠》詩："衝颷飄頹瓦，壞墻叢廢棘。"

【衝颷】

同"衝颷"。此體唐代已行用。見該文。

【衝飆】

亦作"衝飆"。晋盧諶《贈劉琨詩》其十四："操彼纖質，承此衝飆。"南北朝虞羲《橘詩》："衝飆發隴首，朔雪度炎洲。"《晋書・景陽傳》："衝飆發而回日，飛礫起而灑天。"唐盧照鄰《病梨樹賦》："怯衝飆之摇落，忌炎景之臨迫。"宋楊萬里《海鰌賦》："衝飆爲之揚沙，秋日爲之退紅。"明何景明《送崔氏四首》其三："衝飆起閶闔，浮雲翳太清。"清洪繻《暴雨險漲紀事》詩："急電催迅雷，沖飆萬瓦下。"

【衝飆】

同"衝颷"。此體唐代已行用。見該文。

【靈颷】[1]

亦作"靈飆"。即暴風、巨風。語本《漢書・揚雄傳》："風發颷拂，神騰鬼趡。"唐王勃《上劉右相書》："巨壑觸丹浦而雷奔假勢，靈颷指青霄而電擊神氣。"《宋史・樂志》："後祇格思，靈飆肅然。"明廖道南《静海遇張汝禎夜話》詩："涼月鑒廣原，靈颷振方甸。"清高士奇《江村銷夏録》卷二："靈颷散清馥，崇臺轉磴道。"

## 【靈飆】[1]

同“靈颭[1]”。此體明代已行用。見該文。

## 【靈颭】[1]

亦作“靈飈”。即暴風、巨風。晉張翼《咏德詩三首》其二：“靈颭起回浪，飛雲騰逆鱗。”元辛敬《嘉禾八景詩·胥山松濤》詩：“靈颭拂岩角，飛雨灑石面。”明胡奎《登五嶽樓》詩其二：“靈颭吹海雨，洗出江南山。”

## 【靈飈】[1]

同“靈颭[1]”。此體元代已行用。見該文。

## 【飄風】[2]

指暴風。《詩·小雅·何人斯》：“彼何人斯，其爲飄風。”毛傳：“飄風，暴起之風。”《漢書·蒯通傳》：“天下之士雲合霧集，魚鱗雜襲，飄至風起。”顏師古注：“飄謂疾風。”唐杜甫《楠樹爲風雨所拔歎》詩：“東南飄風動地至，江翻石走流雲氣。”宋文天祥《七月二日大雨歌》詩：“浮雲黑如墨，飄風怒如狂。”元迺賢《登崆峒山》詩：“飄風西北來，颯颯吹裳衣。”明張寧《秋江八景·紅葉寺》詩：“滿地飄風人迹少，夕陽門掩一僧歸。”康熙《永明縣志》卷一〇：“〔景泰二年〕飄風狂驟，大木斯拔，破瓦毀屋，雨雹大如鷄子。”

## 【擷鷗風】

指暴風、狂風。謂能使飛鷗擷跌，極喻風之狂猛。宋釋惠洪《大風夕懷道夫敦素》詩：“方收一霎挂龍雨，忽作千林擷鷗風。”宋陳造《題柏氏壁二首》之二：“夢覺號呼擷鷗風，忽驚膚粟似深冬。”清朱彝尊《虹橋板歌》：“一夕急雨飛寒空，雨狂更起擷鷗風。”

## 【隨藍風】

亦作“隨嵐風”，亦稱“毗藍風”“毗嵐”。梵語，指暴風。晉天竺三藏祇多蜜譯《寶如來三昧經》卷上：“譬如隨藍風一起，時諸樹名大樹而不能自制。”唐李長者《華嚴經合論》：“譬如毗藍風，普震於大地。”宋釋如吉《重編天台諸文類集》：“隨藍風至，碎加腐草。”宋法雲《翻譯名義集》卷三：“毗嵐，亦雲隨藍，此雲迅猛風。《大論》云：‘八方風不能動須彌山，隨嵐風至，碎如腐草。’”元耶律楚材《和南質張學士敏之見贈七首》之三：“劫火洞然渠不壞，紙鳶能御毗藍風。”明徐元太《喻林》卷二二：“小風則不能動，若隨藍風至則大動。”明袾宏輯《沙彌律儀毗尼日用合參》：“有隨藍風傷害於汝，頭腦肢節，各在異處。”清儀潤《百丈清規證義記》：“毋一燈三滅不盡，乃以威神引隨嵐風吹燈，燈更熾盛。”

## 【毗藍風】

即隨藍風。此稱唐代已行用。見該文。

## 【毗嵐】

即隨藍風。此稱宋代已行用。見該文。

## 【隨嵐風】

同“隨藍風”。此體宋代已行用。見該文。

# 疾風

來勢急遽而猛烈的風。漢東方朔《七諫·自悲》：“徐風至而徘徊兮，疾風過之湯湯。”漢曹操《陌上桑》詩：“若疾風游欻飄翩，景未移，行數千。”南朝宋鮑照《代出自薊北門行》詩：“疾風衝塞起，沙礫自飄揚。”隋劉臻《河邊枯樹》詩：“疾風摧勁葉，沙岸毀盤根。”唐李世民《賜蕭瑀》詩：“疾風知勁草，板蕩識誠臣。”宋吳泳《寒食》詩：“芳樹啼鶯絮亂飛，疾風吹雨送愁歸。”元釋宗衍《對菊有感》詩：“疾風吹高林，木落天雨霜。”明王世貞《黃河之詩·壬子南使至徐邳間事》詩："黃河南奔，疾風北來。兩重莫下，激而爲災。"清彭孫貽《庭菊二首》其一："疾風無安巢，行榛避虎豺。"

## 【颺】[1]

亦稱"颺風"。即疾風。漢樂府《有所思》："秋風肅肅晨風颺，東方須臾高知之。"三國魏曹植《盤石篇》："一舉必千里，乘颺舉帆幢。"晋左思《吳都賦》："汩乘流以砰宕，翼颺風之颽颽。"呂向注："颺，疾風也。"《後漢書·馬融傳》："張雲帆，施蜺幬，靡颺風，陵迅流。"南朝梁江淹《雜體詩三十首·張黃門協苦雨》："燮燮凉葉奪，戾戾颺風舉。"唐羅隱《蟋蟀》詩："頑颺斃芳，吹愁夕長。"宋秦觀《春日雜興十首》之六："颺風舉遙激，規日麗清漪。"元李孝光《福源精舍》詩："颺風兮吹人，層波兮粼粼。"明魏學洢《重過蔣氏蓮雪居用昌谷韻》詩："腸輪幾回直，心事颺風似。"清劉增《彭澤》詩："何處暮颺起，泠泠弦外音。"

## 【颺風】

即颺。此稱晋代已行用。見該文。

疾風景觀
（《補繪蕭雲從離騷全圖》）

## 【颮】[3]

即疾風。亦泛指風。《玉篇·風部》："颮，風也。"《集韵·勿韵》："颮，疾風。"明李東陽《寄題謝寶慶逸老堂得乞字》詩："居愁嵐霧蒸，路駭江飆颮。"

## 【颱】

即疾風。南朝梁顧野王《玉篇·風部》："颱，疾風。"唐盧仝《月蝕》詩："封詞付與小心風，颱排閶闔入紫宫。"遼釋行均《龍龕手鑒·風部》："颱，疾風兒也。"

## 【飇】

亦作"飈"。即疾風。《山海經·北山經》："北望鷄號之山，其風如飇。"郭璞注："飇，急風兒也。"晋郭璞《江賦》："廣莫飇而氣整。"南朝梁顧野王《玉篇·風部》："飇，疾風也。"唐虞世南《北堂書鈔》卷一三八："飇，音麗、颽飇，急風貌。"《集韵·霽韵》："飇，急風。"明宋濂《篇海類編·天文部類·風部》："飇，急風兒，亦作飈。"清徐堂《繅絲聯句》詩："蓮莖折吐緒，蔓蘺昂招飇。"清姚燮《客有述三總兵定海殉難事哀之以詩》："維時月塞壯，盲風颱以飇。"

## 【飈】

同"飇"。此體宋代已行用。見該文。

## 【颽】

即疾風。晋郭璞《江賦》："長風颽以增扇，廣莫飇而氣整。"《廣韵》："大風貌。或作飌。"遼釋行均《龍龕手鑒·風部》："颽，大風兒也。"明徐有貞《江叟吹笛圖》詩："颽風淅瀝隨處發，玄鶴咬戛相和鳴。"《御定淵鑑類函》卷六："沈軍壘北有崑崙山，連峙千仞嶺，岑蓋川常颽颽有風窾焉。"

【飇】

即疾風。晋木華《海賦》："影沙礐石，蕩
飇島濱。"李善注："飇，風疾貌。"

【颭】

通"嘗"。即疾風。《龍龕手鑒·風部》《字
彙補》作"飇"。《正字通》："與嘗通。"《詩·邶
風·北風》："北風其嘗，雨雪其霏。"毛傳：
"疾貌。"南朝梁顧野王《玉篇·風部》："颭，
疾風也。"清劉大櫆《重九後五日同人讌集》
詩："面垢塵土一千尺，北風日夜聞其颭。皮乾
肉皺筋力憊，安得膏潤回枯骸。"

【嘗】

猶"颭"。此稱先秦時期已行用。見該文。

【猋】²

亦稱"猋忽"，後亦以"飇""飆""飚"
"飇""飆"等與"忽"組詞。指疾風、暴風。
漢揚雄《長楊賦》："猋騰波流，機駭蠭軼。"李
善注："猋與'飇'，古字通也。"漢張衡《思
玄賦》："出閶闔兮降天塗，乘猋忽兮馳虛無。"
《漢書·司馬相如傳》："陵驚風，歷駭猋。"顏
師古曰："猋謂疾風。"《漢書·刑法志》："猋起
雲合。"顏師古注："猋，疾風也。"宋劉敞《停
雲》詩："坐恐猋風來，東西隨所如。"明楊維
楨《花門行》詩："快哉健鶻隨手招，渡河萬匹
疾如猋。"明胡直《春日近湖族叔枉過小酌螺塘
江滸》詩："乍言歲序易，猋忽春已深。"

【猋忽】²

即猋²。此稱漢代已行用。見該文。

【飇飆】

即疾風。宋鄭伯熊《枕上》詩："清燈耿孤
窗，萬籟助飇飆。"明虞淳熙《屠長卿過訪有所投
贈次韵答之》詩："誤爲鄭圃游，商風轉飇飆。"

【摔風】

即疾風。元曾瑞《醉花陰·懷離》套曲：
"颼颼颼摔風過長亭，出出出方行過短站。"元
佚名《鎖魔鏡》第四折："好探子也，兩足輕挪
似摔風，一聲報探語如鐘。"

【震風】²

亦作"振風"。指強風、疾風。漢揚雄《法
言·吾子》："震風陵雨，然後知夏屋之爲帡幪
也。"晋陸機《漢高祖功臣頌》："震風過物，清
濁效響。"唐李白《古風》其三十七："庶女號
蒼天，震風擊齊堂。"宋曾豐《代董華卿以葺廬
無力告於親舊間》詩其一："敗屋猶餘茅不多，
其如凌雨震風何。"元耶律楚材《和張敏之鳴鳳
曲韵》："震風威，橫擔椰栗萬山歸。"明陳璉
《重修上清觀因繫以詩》："年深華搆已非前，震
風凌雨增煩悄。"

【振風】

即震風²。晋陸機《贈尚書郎顧彥先》詩之
二："玄雲拖朱閣，振風薄綺疏。"南朝梁江淹
《詣建平王上書》："昔者賤臣叩心，飛霜擊於燕
地；庶女告天，振風襲於齊臺。"唐李瀚《蒙求》：
"庶女振風，鄒衍降霜。"宋陳與義《雪》詩："羽
衣三振風不斷，下視銀潢一千里。"元范梈《題先
天觀圖》詩："有時一醉黃公壚，振風三日撼不
蘇。"明汪珂玉《珊瑚網》卷一二："挺然而列岵，
振風不能搖其根，祁寒不能易其節者也。"清胡
天游《溧陽公於城西祠禱雨即次展候因遍游齋院
中》詩："森壁寒霧姿，嚴旌振風魄。"

【俎風】

指疾風、暴風。《晋書·沈充傳》："俎風飇
起蓋山陵，氛霧蔽日玉石焚。"《宋書·謝靈運
傳》："俎風生浪於蘭渚，日倒景於椒塗。"

【厲風】<sup>2</sup>

猛烈的風。猶疾風。《莊子·齊物論》："冷風則小和，飄風則大和，厲風濟則衆竅爲虛。"成玄英疏："厲，大也，烈也。"晉張華《游獵篇》詩："厲風蕩原隰，浮雲蔽昊天。"唐釋慧皎《高僧傳·犍陀勒》："勒令執袈裟角，唯聞厲風之饗，不復覺倦，須臾至寺。"宋孔平仲《出城一首》詩："南顧臨大江，厲風蔚波濤。"元周巽《校獵曲》詩："豪鷹厲風翻，駿馬騰霜蹄。"明沈德符《萬曆野獲編·機祥·郊坊大風》："次晨成厲風震蕩，從官辟易，至不能成禮而罷。"清陸棻《大風疾行二百里過馬當小孤》詩："厲風擊水使倒流，水聲怒立爲山丘。"

【熛風】

亦稱"暴熛"。即疾風。《史記·禮書》："楚人鮫革犀兕，所以爲甲，堅如金石，宛之鉅鐵施，鑽如蜂蠆，輕利剽遬，卒如熛風。"張守節正義："熛風，疾也。"漢枚乘《梁王菟園賦》："暴熛激，揚塵埃；蛇龍奏，林薄竹。"漢趙曄《吳越春秋·勾踐伐吳外傳》："墓中生熛風，飛砂走石以射人，人莫能入。"明袁華《送友人之明州衛》詩："輕生蹈巨浸，出没如熛風。"

【暴熛】

即熛風。此稱漢代已行用。見該文。

【驚風】

指猛烈、强勁的風。猶疾風。漢司馬相如《上林賦》："然後揚節而上浮，凌驚風，歷駭猋。"晉佚名《子夜歌四十二首》其三十二："驚風急素柯，白日漸微濛。"南朝陳陳叔寶《隴頭》詩："驚風起嘶馬，苦霧雜飛塵。"唐孟郊《感懷》詩之一："秋氣悲萬物，驚風振長道。"宋司馬光《游噴玉潭》其一："驚風動地

起，游客望山行。"元葉齊賢《題水村圖》詩："荒山寂歷蒼煙斜，驚風颯颯鳴兼葭。"明劉基《燕歌行》詩："愁如驚風鼓春潮，歲雲暮矣山寂寥。"清陳恭尹《雨夜旅江閣述懷》詩："驚風落歸雁，渺然天一方。"

【驚飇】

指猛烈、强勁的風。猶疾風。飇，亦作飆。漢張衡《南都賦》："足逸驚飇，鏃析毫芒。"三國魏曹植《吁嗟篇》："卒遇回風起，吹我入雲間……驚飇接我出，故歸彼中田。"晉支遁《五月長齋》詩："浩若驚飇散，囧若揮夜光。"唐姚合《酬光禄田卿末伏見寄》詩："驚飇墜鄰果，暴雨落江魚。"宋周邦彥《瑞鶴仙》詞："驚飇動幕，扶殘醉繞紅藥。"宋王之道《秋日書懷》其三："望窮落鶩千山晚，夢斷驚飇萬壑秋。"元盧摯《送程中丞介甫赴雲南行臺》詩："蕭蕭征馬鳴，冽冽驚飇吹。"明藍智《八月二十三日溯大江遇風雨作》詩："飛雨灑長淮，驚飇駕高浪。"清王嘉禄《由支硎至天平》詩："宿霧補僧衣，驚飇墮客帽。"

【盲風】

亦稱"盲飇""盲飆"。指疾風。《禮記·月令》："〔仲秋之月〕盲風至，鴻雁來。"鄭玄注："盲風，疾風也。"孔穎達疏引皇氏曰："秦人謂疾風爲盲風。"北周庾信《擬咏懷詩二十七首》其十五："壯冰初開地，盲風正折膠。"唐陳子昂《感遇》其三十八："盲飇忽號怒，萬物相分劘。"唐劉禹錫《代諸郎中祭王相國文》："若木方高，盲飆欻起。"又《武陵觀火》詩："盲風扇其威，白晝曛陽烏。"宋劉克莊《滿江紅·和王實之韵送伯昌》詞："怪雨盲風，留不住江邊行色。"清錢泳《履園叢話·題壁詩》："盲風怪

雨日縱橫，紙閣蘆簾拽水行。”清洪繻《大風述事五十韵》詩：“盲颸繼獰颲，一月三怒煽。”

【盲颸】

即盲風。此稱唐代已行用。見該文。

【盲飍】

同“盲颸”。此體唐代已行用。見該文。

【蝱風】

亦作“蛀風”。指疾風。漢劉向《説苑·辨物》：“雨穀三日，蝱風之所飄也。”北齊劉晝《劉子·託附》：“鷦鷯巢葦之莖……然蝱風欻，至則葦折卵破者何也？所託輕弱使之然也。”宋朱熹《原本韓集考異》卷八：“蝱風，字見《吕氏春秋》，考石本只作盲。《月令》：‘盲風至。’注：‘疾風也。’”明徐元太《喻林》卷二六：“然蛀風欻至，則葦折卵破者何也？”

【蛀風】

同“蝱風”。此體南北朝時期已行用。見該文。

【驟風】

來勢急遽而猛烈的風。即疾風。唐程浩《上天鼓文》：“雷車闐闐，六合喧吼，驟風雨於南極，族星雲於北斗。”《新唐書·五行志》：“十一月丁巳，日南至，夜驟風，有烏數千，迄明飛噪，數日不止。”宋趙汝鐩《宿江閣》詩：“夜半驟風天驟雪，貴家鼓舞客心嫌。”元佚名《玄天上帝啓聖録》：“取間訖，壽先等當廳前，如驟風一陣，不見。”明張介賓《景岳全書》卷一一：“驟風暴熱，雲物飛揚。”同治《星子縣志》卷一四：“〔弘治十七年〕六月，天驟風，震電晦冥，大雨如注，平地水高十丈餘，蛟出無算。”清鄭用錫《觀孔雀屏》詩：“漸搖淅淅聲，疑是驟風至。”

【曾颸】

高空之大風。曾，同“層”。南朝宋謝靈運《初發石首城》詩：“出宿薄京畿，晨裝搏曾颸。”劉良注：“曾颸，高風也。”清孫元衡《春興》詩其一：“波吞廣漠原無地，帆飽曾颸欲上天。”

【曾颲】

亦作“層颸”“層飍”。指高空之大風。曾，同“層”。晋陸雲《九愍·失題》：“欲假翼以天飛，怨曾颲之我經。”唐李白《書情贈蔡舍人雄》詩：“層颸振六翮，不日思騰騫。”宋釋道潛《宿回峰院寄黄擇中察院》詩：“曾颲激高梧，萬動接虛警。”宋宋庠《題江南程氏家清風閣》詩：“臨波飛閣逆層颸，溽暑狂醒此併銷。”元廖大圭《送同袍》詩：“曾飍發中野，返景明飛翰。”

【層颸】

同“層颲”。此體唐代已行用。見該文。

【層飍】

同“層颲”。此體宋代已行用。見該文。

【罡風】

亦作“剛風”。“剴風”。道教謂高空之風，後亦泛指勁風。唐顧況《曲龍山歌》之二：“願逐剛風騎吏旋，起居按摩參寥天。”宋黎靖德編《朱子語類》卷二：“道家有高處有萬里剛風之説，便是那裏氣清緊。低處則氣濁，故緩散。”宋甯全真《上清靈寶大法》：“玉皇有命，敕下罡風。”宋劉克莊《夢館宿》詩之二：“罡風誤送到蓬萊，昔種琪花今已開。”宋佚名《靈寶玉鑒》：“元始祖炁，真靈下降。升度罡風，截除魔試。”明屠隆《綵毫記·游玩月宫》：“虛空來往罡風裏，大地山河一掌輪。”清和邦額《夜譚隨録·雙髻道人》："一食頃，足已踐地，開眼見白雲滿衣，罡風砭骨，蓋已立五峰絕頂。"清錢謙益《大風發谷城山》詩："驅車谷城山，剴風旋如塊。"一説，指西風。參閲《靈樞經·九宮八風》。

【剛風】 [2]

同"罡風"。此體唐代已行用。見該文。

【剴風】

同"罡風"。此體清代已行用。見該文。

【颽】

指高空風。《廣韵·梗韵》："颽，高風。"《集韵·梗韵》："颽，風高兒。"

## 狂風

指猛烈的風，破壞性極強的風，可使樹木拔起或使建築物損壞嚴重。晋佚名《長史變歌三首》其二："日和狂風扇，心故清白節。"南朝梁蕭衍《江南弄·龍笛曲》："駐狂風，鬱徘徊。"唐李白《横江詞六首》其三："白浪如山那可渡，狂風愁殺峭帆人。"宋梅堯臣《惜春三月》之二："前日看花心未足，狂風暴雨忽無憑。"元吴澄《湖口阻風登江磯山觀濤》詩："狂風吹人渾欲倒，瑟瑟寒聲動秋草。"《明憲宗實録》卷一一五："〔成化九年〕今歲雨雪少降，狂風彌月，土乾麥槁，民不聊生。"清陳元龍《格致鏡原》卷三引《乙巳占》曰："發屋折木者曰怒風，揚沙轉石者曰狂風。"

【猖風】

即狂風。宋邱與權《至和塘記》："〔嘉祐六年〕十月甲午治役。其始成也，猖風號霆，迅雷以雨，乃用牲於神。至癸巳夜半雨息，逮明休霽，以卒其役。"

【豪風】

即狂風。宋葉適《靈巖》詩："豪風增春愁，異雪損花信。"清厲鶚《寒日湖上冶春絕句》之三："猛雨豪風不奈何，誰教龍忌得晴多。"清洪棄生《瀛海偕亡記》："豪雨豪風竟不休，田家禾稻嘆無秋。"

【横風】

横猛之風。即狂風。或謂横嚮吹來的風。唐殷文圭《行朝早春侍師門宴西溪席上作》詩："西溪水色净於苔，畫鷁横風絳帳開。"宋傅堯俞《讀書》詩："横風吹急雨，入屋灑我背。"元惟則《曉行吴淞江》詩："長江一道横風起，兩岸爭飛上下帆。"明張金《雨中泊太倉州》詩："横風倒海浪作勢，急雨過山雲不行。"清彭孫貽《錢唐風雪歌》詩："横風虎鳴雨脚重，海門大浪高過船。"

【怒風】

即狂風。似上天發怒而作，故稱。漢揚雄《法言》："震風陵雨者，怒風暴雨也。"唐李淳風《乙巳占》曰："發屋折木者曰怒風，揚沙轉石者曰狂風。"宋劉敞《紀危》詩："四月河水湍，怒風復相乘。"元貢奎《牽舟行》詩："怒風卷地漲黄塵，白日茫迷霧雲起。"明王志長《周禮注疏删翼》卷一六："調長祥和，天之喜風也；折揚奮勵，天之怒風也。"清《山西通志》卷二二六："閑坐蒼苔數落花，怒風挾雨卷飛沙。"

【猛風】

即狂風。晋葛洪《抱朴子内篇》："俗有聞猛風烈火之聲，而謂天之冬雷。"北魏酈道元《水經注·灅水》："晝夜火燃，得雨猛風不滅。"唐王昌齡《上馬當山神》詩："直爲猛風波滾驟，莫怪昌齡不下船。"宋王之道《春日書事呈歷陽縣蘇仁仲八首》其七："猛風吹雨暮江頭，煙草微茫一片愁。"《明孝宗實錄》卷二〇二："〔弘治十七年〕五月壬子，河南南陽縣猛風、迅雷、暴雨，河水泛溢，淹没軍民房屋三百餘間，溺死人口九十名。"清超永《五燈全書》："猛風可繩縛，問如何履踐。"

## 【虎風】

亦稱"虎嘯風"。猛風、狂風。漢焦延壽《焦氏易林》："虎風吹雲却欲上，不得復歸。"唐李鼎祚《周易集解》卷一："坤爲虎，風生地，故從虎也。"唐元稹《有酒十章》詩其四："蛇噴雲而出穴，虎嘯風兮屢鳴。"宋李新《墨竹》詩："西山昨夜虎風惡，大折一枝無處栽。"宋釋岩隱《游黄山》詩："一天星澹猿啼曉，萬壑雲生虎嘯風。"元李道純《玄理歌》其一："起火東方虎嘯風，滌塵西極龍行雨。"明李夢陽《送甥嘉之茂州次玉溪侍御韵三首》其二："虎風生萬壑，蛇徑動千盤。"明薛蕙《隱居雜興》詩其四："月落岩前風虎嘯，雲遮洞口雨龍還。"清屈大均《題龔柴丈山房》詩："虎風過亂草，蟬露滴空林。"

## 【虎嘯風】

即虎風。此稱唐代已行用。見該文。

# 颶 風

## 颶風

亦作"颶風""懼風"，亦稱"大颶""海颶""大具風""風颶"。發生在海上之强烈暴風。中國古籍中明代以前將颱風稱爲颶風，明代以後按風情不同有颱風和颶風之分。每年夏秋季節，颶風和颱風生成，有的消散於海上，有的則登上陸地，帶來狂風暴雨。唐李肇《唐國史補》卷下："南海人言，海風四面而至，名曰颶風。"宋李昉等《太平御覽》卷九引《南越志》："熙安間多颶風。颶者，具四方之風也。一曰懼風，言怖懼也。常以六七月興。"宋陳元靚《歲時廣記》："《南越志》：熙安間多颶風，颶風者具四方之風也，常以五六月發。"《宋史·五行志》："〔太平興國七年〕八月，瓊州颶風，壞城門、州署、民舍殆盡。"明楊慎《藝林伐山》："颶風之作，多在初秋。"嘉靖《潮州府志》卷八："〔嘉靖三年〕秋八月，大颶，海溢，潮、揭、饒之民沿海居者皆爲漂没，浮屍遍港，舟不能行。"萬曆《嘉定縣志》卷一七："〔嘉靖四十四年〕海颶爲災。"光緒《廣州府志》卷七八："〔成化十一年〕秋，颶風，鹽水上田，禾半壞。"清魏源《道光洋艘征撫記》卷下："會六月香港有風颶事，祁壎、怡良張皇入奏，謂撞碎洋船無數，漂没洋兵漢奸無數。"清俞正燮《癸巳類稿》卷九："颱，大具風也。"

## 【懼風】[1]

同"颶風"。此體宋代已行用。見該文。

## 【懼風】[2]

同"颶風"。此體明代已行用。見該文。

## 【大颶】

即颶風。此稱明代已行用。見該文。

## 【海颶】

即颶風。此稱明代已行用。見該文。

【大具風】

即颶風。此稱清代已行用。見該文。

【風颶】

同"颶風"。此體清代已行用。見該文。

【颶】

亦作"颶"。颶風之單稱。發生在海上之強烈暴風。南朝梁江洪《胡笳曲二首》其二:"颶颶夕風高,聯翩飛雁下。"唐韓愈《赴江陵途中寄三學士》詩:"颶起最可畏,訇哮簸陵丘。"《集韵·遇韵》:"颶,越人謂具四方之風曰颶。"《字彙·風部》:"颶,俗颶字。"明宋濂《篇海類編·天文類·風部》:"颶,海中大風。"嘉靖《福寧州志》卷一二:"〔嘉靖十二年〕八月十二夜,颶大發,折樹木,飄屋瓦,尊經閣傾斜幾倒。"順治《潁上縣志》卷一一:"〔弘治十七年〕五月十二日午,颶大作,自西而來,其猛烈可畏,晝亦爲之晦。正陽河下,船多爲之漂流沉溺。"

【颶】

同"颶"。此體南北朝時期已行用。見該文。

【癡風】

亦稱"報風""報""海動"。即颶風。宋徐兢《宣和奉使高麗圖經》卷三九:"方其在洋也……又惡三種險,曰癡風、曰黑風、曰海動。癡風之作,連日怒號不已,四方莫辨。"宋袁文《甕牖閑評》卷三:《邐齋閑覽》:"閩中泉、福、興化三州瀕海,每歲七八月多東北風,俗號癡風,亦名爲報風。此説妄也。余鄉常有颶風,但初來聲勢頗惡,與三州不異,人家即曰:報起矣。有頃,則亦蜚瓦拔木,無所不至。所謂報起者,即颶風也,第其名不同耳,初不見有東北風。邐齋泥報字,遂有報風之説。"宋蒲

壽宬《寒日暮景》詩:"落日行人急,癡風過翼稀。"

【報風】

即癡風。此稱宋代已行用。見該文。

【報】

即癡風。此稱宋代已行用。見該文。

【海動】

即癡風。此稱宋代已行用。見該文。

【颱颮】

即颶風。颶風起時天昏地暗,故稱。唐沈佺期《夜泊越州逢北使》詩:"颱颮縈海若,霹靂耿天吳。"明楊慎《升庵詩話》:"颱颮,蓋指颶風也,字書不載此二字。"清顧炎武《天下郡國利病書·江南十五·吕兆熊總督漕運兼巡捕題名記》:"導流培岸,功易易耳,际之颱颮颴霹靂之白教,與人畜蹄踯之道敝,勞逸難易省費爲何如?"參閱《通雅·天文》。

【風潮】

亦稱"海風潮""颶潮"。即颶風。夏秋之交生於海洋,使海潮涌起,故名。元婁元禮《田家五行·論風》:"夏秋之交大風及有海沙雲起,俗呼謂之風潮,古人名之曰颶風。"《元史·河渠志》:"〔泰定四年〕二月風潮大作,衝捍海小塘,壞州郭四里。"嘉慶《直隸太倉州志》卷五八:"〔正統七年〕海風潮傷禾。命官田准民田起科,仍減額有差。"乾隆《吳江縣志》卷四:"〔正統九年〕七月十七日,大風潮,拔木偃禾,淹田摧屋。邊海溺死者不可勝計,惟吳江幸無死者。"道光《江南直隸通州志》卷三:"〔嘉靖十八年〕颶潮,溺民,土日蹩。"

【海風潮】

即風潮。此稱明代已行用。見該文。

**【颶潮】**

即風潮。此稱清代已行用。見該文。

**【海嘯】**

指引起伴隨呼嘯聲的巨大海浪的颶風。近代指因海底地震、火山爆發、岩層斷裂等引起的巨大涌浪。明葉子奇《草木子》卷三："至正戊子，永嘉大風，海舟吹上平陸高坡上三二十里，死者千數。世人謂之海嘯。"清傅澤洪等《行水金鑑》卷三五："河以海爲壑，自海嘯之後沙塞其口，以致上流遲滯。"

**【破帆風】**

亦稱"破舟風"。夏秋之交生於海洋。颶風使海潮涌起，且常颳破船帆，故名。宋郭祥正《送叔父入川》詩："霰雪滿江海，破帆風易吹。"元婁元禮《田家五行·論風》："夏秋之交大風及有海沙雲起，俗呼謂之風潮，古人名之曰颶風。……航海之人見此，則又名破帆風。"

**【破舟風】**

即破帆風。此稱元代已行用。見該文。

## 颱風

省稱"颱"。發生在北太平洋西部熱帶海洋上的一種極猛烈的風暴。颱，明代以前字書未

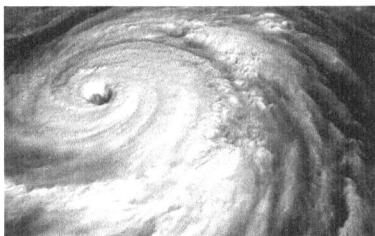

衛星遥感照片中的颱風結構

載，多見於清代文獻。或係外來詞，或謂粵語"大"字之音。明代以前將"颱風"稱爲"颶風"，明代以後按發生時間和風情不同有颱風和颶風之分。每年夏秋季節，颱風在北太平洋副熱帶高壓南緣生成，向西或西北方嚮運動，有的消散於海上，有的則登陸東亞、東南亞沿海，帶來狂風暴雨。清林謙光《臺灣紀略·天時》："每在秋令，颱颶時起，土人謂正、二、三、四月起者爲颶，五、六、七、八月起者爲颱。颱甚於颶，而颶急於颱。"清徐懷祖《臺灣使槎録》卷一："臺灣風信，與他海異。風大而烈者爲颶，又甚者爲颱。颶倏發倏止，颱常連日夜不止。"清俞正燮《癸巳類稿》卷九："山有識颱草，一節則一年一颱汛，無節則其年無颱。颱，大具風也。"清《恒春縣志》卷二："海運，海氣動也。海氣動，則颱風大作。"

# 第四節　風兆考

古人所謂之好風，主要指令人舒適、令人心存和美之情的風。好風亦預兆大地豐收，生活安定祥和。對好風的關注，在歷代文獻中多有記載。如唐白居易《立秋夕涼風忽至炎暑稍消即事咏懷寄汴》詩："嫋嫋簷樹動，好風西南來。"本節所考好風詞語，可分爲以下類型。

和暖之風類："和風"，平和、溫和之風。《開元占經·風占·風名狀》："古云清凉温

和，塵埃不起，今謂之和風。"又"惠風"，柔和暖適之風。三國魏嵇康《琴賦》："清露潤其膚，惠風流其間。"又"光風"，雨過天晴之和風，其時草木鮮明光亮。《楚辭・招魂》："光風轉蕙，泛崇蘭些。"王逸注："光風，謂雨已日出而風，草木有光也。"又"溫風""暖風"，使人感到溫暖舒適的風。唐元稹《咏廿四氣詩・小暑六月節》："倏忽溫風至，因循小暑來。"

清凉之風類："南颸"，謂清凉之南風。晋陶潛《和胡西曹示顧賊曹》詩："蕤賓五月中，清朝起南颸。"又"爽籟"，指清爽之風。籟，本樂器名，風吹物發聲。唐王勃《滕王閣序》："爽籟發而清風生，纖歌凝而白雲遏。"又"闌風""蘭風"，炎熱將盡時之凉風。闌，殘盡之意。唐杜甫《秋雨嘆》詩之二："闌風伏雨秋紛紛，四海八荒同一雲。"又"清風"，指清凉的風。宋鄭剛中《大暑竹下獨酌》詩："清風不我留，月亦無一言。獨酌徑就醉，夢凉天地寬。"

象徵安詳美好類："景風""永風""瑞風"，謂祥和之風。《尸子・仁意》："其風春爲發生，夏爲長贏，秋爲方盛，冬爲安静，四氣和爲通正，此之謂永風。"《列子・湯問》："景風翔，慶雲浮。"又"筠風""竹風"，竹林之風，謂清美之風。唐白居易《北窗竹石》詩："筠風散餘清，苔雨含微綠。"清唐孫華《四月七日携家南廣寺飯僧》詩："驟雨忽傾注，竹風滌煩襟。"又"松風""五粒風"，松林之風，謂清美之風。南朝宋顏延之《拜陵廟作》詩："松風遵路急，山煙冒壠生。"又"韶風"，美好之風。唐李白《上安州李長史書》："伏惟君侯，明奪秋月，和均韶風。"王琦注："韶風，和風也。"宋方岳《次韵謝兄立春戲擬春帖子》之三："曉供帖子瓊幡重，携得韶風下殿來。"又"徽風"，指和美之風，美善曰徽，故稱。南朝宋何承天《上〈白鳩頌〉表》："徽風協律，甘液灑津。"

順風類："當艄順"，舟人漁者等稱順帆風。《水滸後傳》第一六回："却好東北風，上湖廣是當艄順，趕著船幫灣歇。"又"順風"，和行駛方響相同的風。《資治通鑑・漢紀》漢和帝永元九年條："往來者逢善風。"元胡三省注："善風，謂順風也。"

香風類："蕙風"，指夾帶花草香氣的風。《文選・左思〈魏都賦〉》："蕙風如薰，甘露如醴。"又"薰風"，亦爲夾帶花草香氣的風。《尸子・綽子》："南風之薰兮，可以解吾民之慍兮。"又"香風"，夾帶花草香氣的風。晋王嘉《拾遺記》："瀛洲……時時有香風泠然而至，張袖受之，則歷來不歇。"

灾風，是對人體本身及其居住環境有害的風。有些灾風肆虐城鎮鄉野，風灾過後，一片狼藉，損失慘重。在歷史文獻中有許多表達灾風的詞語。《舊唐書·新羅國傳》："〔元和十一年〕十一月，新羅入朝，王子金士信等遇惡風，飄至楚州鹽城縣界，淮南節度使李鄘以聞。"又"貪狼風"，屬於暴虐之惡風。其殘狠如狼，故稱。《新五代史·前蜀王衍世家》："行至梓潼，大風發屋拔木。太史曰：'此貪狼風也，當有敗軍殺將者。'"一說天狼星主侵掠，毀屋拔木之暴風爲貪狼的天狼星所施，故稱。又"黑風"，暴風，因其颭得天昏地暗，故稱。唐杜牧《大雨行》詩："東垠黑風駕海水，海底捲上天中央。"

有些灾風帶來瘴氣、使人致病。例如"賊風""虛風"。宋王衮《博濟方·胎産》："牀頭厚鋪裀褥，遮障孔隙，免有賊風所傷。"又"腥風"，腥臭之風。唐韓愈《叉魚招張功曹》詩："血浪凝猶沸，腥風遠更飄。"又"蠻風"，古指南方荒瘴之風。宋孔平仲《孔氏談苑·趙昶婢善吹》："爲使君洗盡蠻風瘴雨，作清霜曉。"又"霾風"，混雜有霾霧的風。康熙《延津縣志》卷七："〔嘉靖二十九年〕春旱，霾風異常，不得耕種。"又"雌風"，卑惡之風。先秦宋玉《風賦》："夫庶人之風，塕然起於窮巷之間，堀堁揚塵，勃鬱煩冤，衝孔襲門……此所謂庶人之雌風也。"劉良注："雌風，卑惡之風。"

有的灾風似現代氣候學所言之"焚風"。例如"枯風"，是引發乾燥、乾旱之風。唐孟郊《秋懷》詩之九："冷露多瘁索，枯風饒吹噓。"又"湯風""熱風""旱風"，風熱灼人，如同滾湯。漢賈誼《旱雲賦》："湯風至而含熱兮，群生悶滿而愁憒。"又"火風"，如火之風。正德《松江府志》卷三二："〔弘治十八年〕秋九月十日，有風如火，從東南來，再至益厲，已而地大震，聲如萬雷。"

有些是表達詭異之怪風的詞語。例如"業風"，佛家語，指惡業所感之猛風，又指劫末大風灾時及地獄等所吹之風。唐顧況《歸陽蕭寺有丁行者》詩："業風吹其魂，猛火燒其煙。"又"魔風"，奇异的怪風。清丘逢甲《南漢敬州修慧寺千佛鐵塔歌》："與之抗者談真空，白蓮萬朵開魔風。"又"切夢刀"，喻指深夜之風。能破人夢境，故稱。唐施肩吾《閨情》詩："三更風作切夢刀，萬種愁成繫腸綫。"又"翦燈風"，吹滅燈火的風。清黄景仁《歲暮懷人》詩："打窗凍雨翦燈風，擁鼻吟殘地火紅。"

若天赤有大風，或有戰事，謂之"赤風""紅風"。《太平御覽》卷八七六引《春秋潛潭巴》："天赤有大風，發屋折木，兵大起，行千里。"北魏崔鴻《十六國春秋·前凉·張天錫》："十一年，有赤風昏闇，至十三年，苻堅滅之。"

本節收録了古代一些地區灾風事件之記載，分類如下。

表傷害莊稼、木植之惡風詞語："損禾風""揚沙害麥風""飛沙揚礫風""拔木揚沙風""拔木揚沙風""盡折樹木風""致水溢傷稼風""拔木飛草傾公座風"等。

表漲海、湖破堤致災之惡風詞語："致湖溢淹民居田畝風""引發湖溢没廬舍禾稻風""引發鹽水上田風""引發海潮衝浸楊樹林風""引發海潮漂没廬舍風""引發海潮壞堤風""致漲海潮風""致潮陷塘岸四千五百餘丈風""壞堤風""致潮溢岸崩風""致捍海塘壞風""吹魚墜市風""引發水漲漂舍溺衆風""引發海潮壞廬溺衆風""致海濱漂溺人廬風""引發海潮決岸溺死人畜風""引發潮溢漂没海居者風""致潮患漂溺千計死者風""引發海潮致死者數萬風"等。

表城鄉廬舍毁壞之惡風詞語："吹匾移麥風""致瓦飛樹折風""壞官民廬舍樹木風""致屋瓦皆飛風""頽屋風致閣傾風""壞文廟殿廡風""壞堂五楹及兩廊風""圮廬舍風""摧毁廟學風""仆甕城樓風""致瓦飛亭移風""壞城風""引發廬舍淹没民船漂覆風""致屋舍漂流人畜溺死風""壞廬舍溺死居民孳畜風""漂没人廬風"等。

表船舶傾覆之惡風詞語："海船被吹入平田風""致禾船盡覆溺死農民風""致龍舟沉没死人風""致采蓮船覆溺死游玩民衆風""致舟楫大壞民多溺死風"等。

# 好　風

## 好風

美好、舒適的風。晉陶潛《讀山海經十三首》其一："微雨從東來，好風與之俱。"南朝梁劉遵《繁華應令》詩："腕動飄香麝，衣輕任好風。"隋盧思道《上巳禊飲》詩："山泉好風日，城市厭囂塵。"唐白居易《立秋夕涼風忽至炎暑稍消即事咏懷寄汴》詩："嫋嫋簷樹動，好風西南來。"宋朱淑真《喜雨》詩："炎熱一洗無留迹，頓覺好風生兩腋。"元蔡圭《登陶唐山寺》詩："千里好風隨野色，一軒空翠聚山光。"明釋梵琦《贈江南故人》詩："好風橫笛晚，新月上簾初。"清劉體仁《松村訪傅青主先生》詩："城外好風日，騎驢投谷口。"

## 和風 [2]

温暖柔和之風。三國魏阮籍《咏懷》詩之一："和風容與，明日映天。"晉劉楨詩："和風從東來，玄雲起西山。"《開元占經·風占·風名狀》："古云清涼温和，塵埃不起，今謂之和風。"宋張泌《臨江仙》詞："花鬟月鬢綠雲重，古祠深殿，香冷雨和風。"金祝簡《春日》詩："游絲飛絮狂隨馬，遲日和風欲醉人。"明張宇初《野舟行》詩："昨過瓊林風雪隘，和風暖日姿顏開。"清陳元龍《格致鏡原》卷三引《乙巳占》："風來清涼温和，塵埃不起者，曰和風。"

### 【煦風】

即和風 [2]。明梁寅《簡伯英伯筠見訪雨留信宿》詩：“煦風失堅冰，溪水流潐潐。”明楊爵《雜咏五首》其四：“天空斜日雁留影，地迥煦風草弄新。”

## 【光風】

雨過天晴之和風。其時草木鮮明光亮，故稱。《楚辭·招魂》：“光風轉蕙，泛崇蘭些。”王逸注：“光風，謂雨已日出而風，草木有光也。”唐權德輿《古樂府》詩：“光風澹蕩百花吐，樓上朝朝學歌舞。”宋葉適《潘廣度》詩：“光風自泛靈草碧，朗月豈受頑雲吞！”金路鐸《宴會成趣園》詩：“春蘭泛光風，夏木貯清陰。”明劉遜《帝京謠》其二：“光風細落晴煙動，日有行人擊壤歌。”清方文《元旦試筆》詩：“河邊淑氣微微動，漸有光風轉蕙蘭。”

## 【惠風】

柔和的風，暖適的風。三國魏嵇康《琴賦》：“清露潤其膚，惠風流其間。”晋王羲之《蘭亭集序》：“是日也，天朗氣清，惠風和暢。”唐李白《登巴陵開元寺西閣贈衡嶽僧方外》詩：“登眺浪惠風，新花期啓發。”元周杲《送劉中得行字》詩：“惠風育繁卉，旭景藹春晴。”明孔天胤《送秋渠出巡》詩：“惠風流草際，新雨到田家。”清玄燁《舟行野望》詩：“惠風萬頃下芳畦，遠水拖煙曉狀迷。”

## 【祥風】

祥和之風。漢班固《東都賦》：“習習祥風，祁祁甘雨。”李善注引宋均曰：“即景風也。其來長養萬物。”南朝梁江淹《曲赦丹陽等四郡詔》：“而玉燭未調，祥風尚鬱。”唐王勃《游冀州韓家園序》：“祥風塞户，瑞氣冲庭。”宋徐鉉《又五言》詩：“仙樂飄雲外，祥風近日邊。”元成廷珪《賀毅剛中長老住承天禪寺詩二首》其

一：“靈山諸佛生歡喜，散作祥風遍九垓。”明陸深《扈蹕詞三十二首》其三：“清塵雨歇祥風動，抱日常瞻五色雲。”清錢以塏《謁南海神廟》詩：“佳氣承堯日，祥風應舜弦。”

## 【翔風】

亦稱“洋風”。即祥風。洋、翔，皆通“祥”。漢王充《論衡·是應》：“翔風起，甘露降。”又《狀留》：“活水洋風，毛芥不動。”《漢書·王褒傳》：“恩從翔風翺，德與和氣游。”三國魏曹植《承露盤銘》：“和氣四充，翔風所經，匪我明君，孰能經營。”晋潘尼《贈隴西太守張正治》詩：“群靈感韶運，理翺應翔風。”唐吴筠《游仙二十四首》其一：“翔風吹羽蓋，慶霄拂霓旌。”元王澮《感遇二首》其一：“迅景走北陸，高木交翔風。”明劉崧《憶鄧子益》詩：“翔風振層岡，日出林鴉散。”清福臨《聖母皇太后萬壽詩》其十九：“海鶴翔風金殿迥，天雞鳴日玉樓高。”

## 【洋風】

猶翔風。此稱漢代已行用。見該文。

## 【祥飆】

亦作“祥飈”“祥飊”。即祥風。南朝宋顏延之《車駕幸京口三月三日侍游曲阿後湖作》詩：“雕雲麗璿蓋，祥飆被綵斿。”唐韓愈《南海神廟碑》：“闔廟旋艫，祥飆送颿。”宋韓淲《謝送石松》詩：“如今覓得雲根樹，景氣祥飆溢翠寒。”《宋史·樂志》：“日將旦，陰曀潜消，天宇扇祥飆。”元吴當《美趙侯祈禱》詩：“麗日昭回晝景舒，祥飆蕩拂淫威翕。”明金幼孜《瑞應騶虞頌》：“祥飆泛川，彤雲載路。”清姚燮《過東岡廢院喜晤僧仁祥話舊慨然有贈得五十四韵》詩：“琅然散玉屑，觸耳知祥飆。”

## 【祥飇】

同"祥飇"。此體漢魏時期已行用。見該文。

## 【祥飆】

同"祥飇"。此體宋代已行用。見該文。

## 【瑞風】

祥瑞之風。即祥風。北齊袁奭《從駕游山》詩："玉輿明淑景，朱旗轉瑞風。"唐曹唐《小游仙詩九十八首》其五十一："碧瓦彤軒月殿開，九天花落瑞風來。"宋王珪《依韵和王宣徽春雨》詩："鸞鳳翔仙霧，臺烏轉瑞風。"明《道法會元》："瑞風起而玉彩迸輝，祥霞生而金光煥赫。"

## 【景風】[4]

祥和太平之風。《列子·湯問》："景風翔，慶雲浮。"晋陶潛《五月旦作和戴主簿》詩："神淵寫時雨，晨色奏景風。"南朝梁陶弘景《周氏冥通記》卷二："太霞鬱紫蓋，景風飄羽輪。"唐釋道世《法苑珠林》卷七："李巡曰：'景風，太平之風也。'"唐李白《將游衡嶽過漢陽雙松亭留別族弟浮屠談皓》詩："憶我初來時，蒲萄開景風。"宋王之道《贈曾桑中彈琴》詩："坐令景風與慶雲，爲福爲祥遍方國。"明劉基《芳樹》詩："景風晝拂，榮泉夜滋。"清張岳崧《贈梁章鉅聯》："鳳質龍文，光華相映；景風淑氣，仁壽同登。"

## 【徽風】

指和美之風。美善曰徽，故稱。南朝宋何承天《上白鳩頌表》："徽風協律，甘液灑津。"南朝宋王韶之《宋宗廟登歌八首·孝皇帝歌》："有命既集，徽風永宣。"唐褚琇《奉和聖製送張說上集賢學士賜宴（賦得風字）》詩："洞門清永日，華綬接徽風。"明王紳《五仙·趙蕤》詩："竟作赤松游，千載存徽風。"清那遜蘭保《墨君女史鶴友七姊小姑也……》詩其三："我愧樗材炙蕙芳，徽風雅調引來長。"

## 【永風】

祥和順暢之風。《尸子·仁意》："燭於玉燭，飲於醴泉，暢於永風……其風春爲發生，夏爲長嬴，秋爲方盛，冬爲安静，四氣和爲通正，此之謂永風。"《宋書·符瑞志》："晨晞永風，夕漱甘露。"清王灝《學易集》卷三："七夕夜，永風露下，庭空簾幕秋。"

## 【平風】

指平静的和風。亦指無風。宋劉敞《聞伯庸再安撫涇原》詩："唐虞升平風，惆悵難再沐。"《三國演義》第四八回："時建安十三年冬十一月十五日，天氣晴明，平風静浪。"明李夢陽《龍沙餞胡子還城》詩："平風岸壓黿鼉窟，倒日江明鸛雀樓。"

## 【温風】[3]

使人感到温暖舒適的風。晋佚名《子夜四時歌·春歌二十首》其四："温風入南牖，織婦懷春意。"南朝齊謝朓《赤帝》其三："族雲蓊鬱温風扇，興雨祁祁黍苗遍。"唐李穆《三月三日寒食從劉八丈使君登遷仁樓眺望》詩："桑柘温風軟，雲霞返照鮮。"宋黄庭堅《送錢一杲卿》詩："温風媚行色，緑净無塵垢。"金高憲《焚香六言四首》其一："抹利花心曉露，薔薇萼底温風。"明劉基《雙燕離》詩："四月温風起，榴花發紅蕊。"清毛澄《玩月》詩："温風兩岸草蟲聲，水調鄰舟動客情。"參見本卷"温風[1]"條目。

## 【暖風】

指和暖的風。《吕氏春秋·季秋》："〔季秋〕

行春令，則暖風來至。"唐韓愈《奉和兵部張侍郎》："暖風抽宿麥，清雨卷歸旗。"宋林升《題臨安邸》詩："暖風熏得游人醉，直把杭州作汴州。"元貢性之《暮春》詩之一："吳娃二八正嬌容，鬥草尋花趁暖風。"明徐賁《春懷次韵楊署令》詩其二："幾度看花并送客，暖風晴雨到江南。"清孫雲鳳《浣溪沙》詞："細雨輕煙鶯百囀，暖風斜日燕雙飛。"

【陽風】[3]

指陽光之下和暖的風。晉廬山夫人女婉《撫琴歌》詩："登廬山兮鬱嵯峨，晞陽風兮拂紫霞。"隋佚名《作蠶絲》其一："柔桑感陽風，阿娜嬰蘭婦。"清施士潔《後蘇龕詩鈔》卷一《腐儒》其一："陽風扇和氣，秋花弗爲展。"

【韶風】

美風、和風。韶，美好。南朝梁蕭子顯《南齊書·豫章文獻王傳》："發韶風於早日。"唐李白《上安州李長史書》："伏惟君侯，明奪秋月，和均韶風。"王琦注："韶風，和風也。"宋洪咨夔《臨江仙》詞："韶風摇斗帳，芳露濕綸巾。"明楊慎《江月晃重山·壬寅立春》詞："韶風麗景畫橋西。"清王夫之《擬阮步兵咏懷二十四首》其四："韶風榮腐草，春霰摧初英。"

【善風】[1]

和暖溫潤的風。語出《書·畢命》："彰善癉惡，樹之風聲。"引申爲良好的風氣。孔傳："立其善風，揚其善聲。"孔穎達正義："烈風是猛疾之風，非善風也。"南朝梁蕭繹《和劉尚書侍五明集詩》："日宮佳氣滿，月殿善風清。"宋張君房《雲笈七籤》："陰陽乃日月雨澤，善風和露，潤沃溉灌也。"宋王應麟《困學紀聞》："《黃帝風經》曰：調長祥和，天之善風也。折

揚奔屬，天之怒風也。"

【清風】

清凉的風，清新的風。《詩·大雅·烝民》："吉甫作誦，穆如清風。"漢傅毅《扇銘》詩："翩翩素圓，清風載揚。"晉佚名《晉四廂樂歌三首·食舉東西廂樂》詩："清風暢八極，流澤被無垠。"南朝梁袁彖《游仙》詩："長引逐清風，高歌送奔月。"唐李世民《賦簾》詩："珠光摇素月，竹影亂清風。"宋朱淑真《春夜》詩："半簷斜月人歸後，一枕清風夢破時。"金趙秉文《武元直畫喬君章蓮峰小隱圖》詩："清風忽吹散，琴上濺餘滴。"明藍智《七夕乘月下懷遠江作》詩："清風碧樹轉千峰，疏雨殘雲净晚空。"清劉東里《蒙陰道中》詩："樹酒留人醉，清風送客還。"

【清吹】

亦作"青吹"，如風吹林木聲。借指清風。晉陶潛《諸人共游周家墓柏下》詩："今日天氣佳，清吹與鳴彈。"隋薛道衡《梅夏應教》詩："浮雲半空上，青吹隔池來。"唐張喬《再題敬亭清越上人山房》詩："石窗清吹入，河漢夜光流。"宋梅堯臣《鶴林寺》詩："松竹暗山門，颼颼給青吹。"元施翰林《偶題西藍》詩："林疏忽見遠山出，竹密不妨清吹來。"明王褘《金德元西園宴集得第字》詩："旭日散微暄，喬林動清吹。"清阮元《三月廿一日夜宿萬柳堂贈覺性開士和翁覃溪先生韵（壬申）》詩："綠波深漲橋頭板，清吹閑鳴殿角鈴。"

【青吹】[2]

同"清吹"。此體隋代已行用。見該文。

【爽籟】

指清爽之風。爽，清爽；籟，本樂器名，

風吹物發聲。晋殷仲文《南州桓公九井作》詩：
"爽籟警幽律，哀壑叩虚牝。"李善注："《爾雅》
曰：'爽，差也。'簫管非一，故言爽焉……
夫簫管參差，宮商異律，故有長短高下萬殊之
聲。"劉良注："爽，清也。籟，風激物之聲
也。"唐王勃《滕王閣序》："爽籟發而清風生，
纖歌凝而白雲遏。"宋蘇舜欽《依韵和伯鎮中秋
見月九日遇雨之作》詩："最憐小雨灑疏竹，爽
籟颯颯吹醉顋。"元張玉娘《秋思》詩："爽籟
生靈徑，清秋澹碧空。"明張嘉慶《秋夜泛月》
詩："天漢縱橫流，爽籟參差發。"清弘曆《林
下戲題》詩："炎曦遮葉渡，爽籟透枝穿。"

【泠風】

帶有涼氣的小風，和風。《莊子·齊物論》：
"泠風則小和，飄風則大和。"陸德明釋文："泠
風，泠泠小風也。"《吕氏春秋·任地》："子能
使子之野盡爲泠風乎？"高誘注："泠風，和
風。"晋支遁《咏懷詩五首》其三："泠風灑蘭
林，管瀨奏清響。"唐李白《登太白峰》詩：
"願乘泠風去，直出（一作上）浮雲間。"《新
唐書·柳宗元傳》："蒸爲清氛，疏爲泠風。"元
張遜《無題四首》其二："一夜泠風入翠幢，夢
魂長是繞湘江。"明嚴嵩《攝事西陵行次舊功德
寺作》其二："蘋際泠風起，颯然湖上秋。"清
朱彝尊《大孤山》詩："飄飄御泠風，恍惚度銀
漢。"

【涼風】 3

清凉的風。漢王逸《九思·怨上》："奔電
兮光晃，涼風兮愴悽。"三國魏曹植《離友詩
三首》其二："涼風肅兮白露滋，木感氣兮條
葉辭。"晋佚名《子夜四時歌·秋歌十八首》其
七："秋夜涼風起，天高星月明。"唐李世民

《山閣晚秋》詩："山亭秋色滿，巖牖涼風度。"
宋王從詩句："涼風回遠笛，暝色帶歸舟。"金
元好問《臨江仙》詞："涼風催雁過，春水帶花
流。"嘉靖《太康縣志》卷四："〔嘉靖四年〕春
夏，饑。六月初伏日，涼風如秋。十月、十一
月，桃李花。"清彭孫貽《舟行雜詩十首·自就
李出吴關抵揚子津》："蘋末涼風起，林端秋色
殘。"

【颸】 2

亦稱"涼颸""清颸"。即涼風。南朝梁江
淹《雜體詩》："燮燮涼葉奪，戾戾颸風舉。"南
朝齊謝朓《在郡卧病呈沈尚書》詩："珍簟清
夏室，輕扇動涼颸。"唐宋華《蟬鳴》詩："肅
肅爾庭，遠近涼颸。"宋朱翌《晚步城外》詩：
"何從可覺秋消息，忽有涼颸到白蘋。"宋孔武
仲《初秋大熱》詩："披襟迎清颸，俯聽驚鴻
哀。"元許謙《莫過東津館》詩："清颸從東來，
涼氣襲我面。"元劉躍《和元衡園居》詩："林
竹生涼颸，井梧響疏雨。"明釋宗泐《蘭窗詩爲
戴原忠賦》詩："綠葉承曉露，微香散清颸。"
明王洪《夜泊濟寧城下呈同舟諸公》詩："池荷
散香氣，堤柳度涼颸。"清江雲龍《二女篇贈李
仲仙布政》詩："空谷發幽香，清颸飄蘭蕙。"
清王士祜《賦得揚州早雁》詩："浦樹驚秋零暮
雨，江樓橫笛起涼颸。"

【涼颸】

即涼風。此稱南北朝時期已行用。見該文。

【清颸】

即涼風。此稱宋代已行用。見該文。

【南颸】

清涼之南風。颸，涼風。晋陶潛《和胡西
曹示顧賊曹》詩："蕤賓五月中，清朝起南颸。"

宋汪藻《北窗》詩："綠陰微缺處，最得南颼多。"明嚴嵩《夏日江亭贈客》詩："江喧過雨時，綠樹搖南颼。"

【颷】

即凉風。南朝宋謝莊《山夜憂》詩："草將濡而坰晦，樹未颷而潤音。"宋李昉等《太平御覽》卷九引《風俗通》曰："猛風曰颷，凉風曰颷。"一説，風行聲。晋佚名《左思·吳都賦》："翼颷風之颷颷。"《康熙字典》引《玉篇》："風行聲。"

【闌風】[3]

亦作"蘭風"。炎熱將盡時之凉風。闌，殘盡之意。魏晋佚名《魏夫人與衆真吟詩二首》其一："靈雲鬱紫晨，蘭風扇綠輈。"唐李賀《洛姝真珠》詩："蘭風桂露灑幽翠，紅弦嫋雲咽深思。"宋劉弇《次韻和賈仲武同諸公游狼山》詩："蘭風遞孤爽，天半落芬馥。"元薩都刺《升龍觀夜燒香印上有呂洞賓老樹精》詩："蘭風吹動呂仙影，老樹槎牙吐暮秋。"元李治《敬齋古今黈》卷七："闌風……謂薰風闌盡，將變而爲凉風也。一本闌作蘭，古字通用。"明王世貞《許解元悼妾》其三："小雨流蘇暗，闌風錦簟凉。"明徐有貞《武功集》："泛蕙江蘭風兮，故鄉懷夫子兮。"清李良年《貴陽山中雜興》其二："闌風江上來，泠然脆巾屨。"

【蘭風】[1]

同"闌風[2]"。此體魏晋時期已行用。見該文。

【凉颼】

清凉的小風。宋楊萬里《丁酉初春和張欽夫榕溪閣五言》詩："垂手掬寒泚，移牀聽凉颼。"元葉蘭《送王希尹先生》詩："蕭蕭白髮

颺凉颼，老矣中朝舊輩流。"明謝與思《題畫四絶即席賦》詩其二："石上蘿生翠自幽，杏花無語對凉颼。"《鏡花緣》第八八回："莫講粗風暴雨，不能招架，就是小小一陣凉颼，只怕也難支持了。"

【順風】

和行進方嚮相同的風。漢劉向《九嘆·遠逝》："順風波以南北兮，霧宵晦以紛紛。"晋嵇康《四言詩》其七："泆泆白雲，順風而回。"

順　風
（明戴進《風雨歸舟圖軸》局部）

南朝梁沈約《爲南郡王侍皇太子釋奠詩二首》其二："襄野順風，西河杜帚。"隋盧思道《棹歌行》詩："順風傳細語，因波寄遠情。"前蜀杜光庭《贈將軍》詩："八表順風驚雨露，四溟隨劍息波濤。"宋釋惠璉《舟行寒江曲港》詩："揚帆出浦又入浦，轉盼順風還逆風。"元貢師泰《海歌八首》其三："願得順風三四日，早催春運到燕京。"明來復《題夏圭風雨行舟圖》詩："無限波濤起平陸，順風休笑逆帆人。"《蕩寇志》第一二二回："一路順風無些毫打叉之事，以是吳用漸漸向愈。"

【善風】[2]

指順風。行船者遇順風則稱善，故名。《後

漢書·西域傳·安息》："海水廣大，往來者逢善風三月乃得度，若遇遲風，亦有二歲者。"《資治通鑑·漢和帝永元九年》："往來者逢善風。"胡三省注："善風，謂順風也。"清傅澤洪等《行水金鑑》卷一三〇："沿崖揚帆，不涉大洋，善風，不數日可達。"

【鄭公風】

　　亦稱"樵風""若邪溪風""若耶溪風"。傳說中得神助之風，後引申爲遂人心願的風，也即順風、好風。《後漢書·鄭弘傳》："鄭弘字巨君，會稽山陰人也。"李賢注引南朝宋孔靈符《會稽記》："射的山南有白鶴山，此鶴爲仙人取箭。漢太尉鄭弘嘗采薪，得一遺箭，頃有人覓，弘還之，問何所欲，弘識其神人也，曰：'常患若耶溪載薪爲難，願旦南風，暮北風。'後果然。故若耶溪風至今猶然，呼爲'鄭公風'也。"唐宋之問《游禹穴回出若邪》詩："歸舟何慮晚，日暮使樵風。"宋柳永《夜半樂》詞："怒濤漸息，樵風乍起，更聞商旅相呼。"宋劉辰翁《臨江仙·辛巳端午和陳簡齋韵》詞："癡心猶獨自，等待鄭公風。"清許傳霖《咏越中名勝分得樵風涇》詩："堪笑村人同往者，淹留難趁鄭公風。"

【若邪溪風】

　　即鄭公風。此稱南北朝時期已行用。見該文。

【樵風】

　　即鄭公風。此稱唐代已行用。見該文。

【若耶溪風】

　　即鄭公風。此稱宋代已行用。見該文。

## 竹風

　　亦稱"筠風"。筠，指竹。竹林之風，謂清美之風。南朝梁劉孝先《草堂寺尋無名法師》詩："竹風聲若雨，山蟲聽似蟬。"唐白居易《渭村退居寄禮部崔侍郎翰林錢舍人詩一百韵》詩："望春花景暖，避暑竹風凉。"又《北窗竹石》詩："筠風散餘清，苔雨含微綠。"宋楊時《病起》詩："竹風帶雨作秋聲，半睡惟聞鳥雀爭。"明朱誠泳《竹風》詩："拂拂起林梢，扶疏影動摇。"清慕昌湜《月夜》詩："夜静竹風清，流螢飛復息。"清唐孫華《四月七日携家南廣寺飯僧》詞："駛雨忽傾注，竹風滌煩襟。"

望春花景暖，避暑竹風凉
（明仇英《修竹仕女圖》局部）

【筠風】

　　即竹風。此稱唐代已行用。見該文。

## 松風²

　　亦稱"五粒風"。松林之風，謂清美之風。南朝宋顔延之《拜陵廟作》詩："松風遵路急，山煙冒壠生。"唐陸龜蒙《和襲美寒夜之宴潤卿有期不至》詩："松齋一夜懷貞白，霜外空聞五粒風。"按，五粒，一叢五葉如釵形之松。宋王十朋《宿飯溪驛》詩其二："松風清入耳，山月白隨人。"金邊元鼎《新居》詩："幾當雪月開春酒，時有松風入夜弦。"元王旭《木蘭花

松風清入耳，山月白隨人
（宋馬麟《靜聽松風圖》局部）

慢·聽姜惠甫摘阮》詞：“回頭月明千里，正松風、岩壑和流泉。”明郭鈺《贈王儀》詩：“回棹雙溪花雨暝，卷簾萬壑松風秋。”清姚鼐《題張篁村萬木奇峰圖》詩：“松風遠自雲中起，搖蕩雲光山色裏。”

【五粒風】

即松風。此稱唐代已行用。見該文。

## 荷風

荷塘上吹動荷葉之風。北周庾信《奉和山池》詩：“荷風驚浴鳥，橋影聚行魚。”唐孟浩然《夏日南亭懷辛大》詩：“散髮乘夕涼，開軒臥閑敞。荷風送香氣，竹露滴清響。”宋王安禮《夢長》詩：“動蓋荷風勁，沾裳菊露濃。”元

荷風意境
（明謝時臣《杜陵詩意圖》局部）

許有壬《綠頭鴨》詞：“棹蘭舟、亂穿波月，斟玉斝、清帶荷風。”明方孟式《待月》詩：“荷風疏雨後，螢火亂星前。”清繆葆忠《游衡山二首》其一：“山翠拂人面，荷風侵客衣。”

## 薰風

夾帶花草香氣的風。語出《尸子·綽子》：“南風之薰兮，可以解吾民之慍兮。”南朝齊王融《法樂辭》詩其二：“恒曜掩芳霄，薰風動蘭月。”唐白居易《雜曲歌辭·太平樂》詩之二：“湛露浮堯酒，薰風起舞歌。”宋王沂孫《慶清朝·榴花》詞：“年年負却薰風，西鄰窈窕，獨憐入戶飛紅。”元楊弘道《遣興》詩其二：“雪滋壟麥雨滋桑，五月薰風九月霜。”明王佐《題九鷺圖》詩：“江南五月薰風起，爛熳荷花映湖水。”清陳家慶《夜合花·己巳二十五歲初度寄清畹詩姊》詩：“花雨繽紛，薰風吹送微香。”

【蕙風】

夾帶花草香氣的風。晋左思《魏都賦》：“蕙風如薰，甘露如醴。”張銑注：“蕙，香草也；焚香曰薰。言草樹之香，風傳之，如火焚香也。”南朝齊謝朓《和王中丞聞琴》詩：“蕙風入懷抱，聞君此夜琴。”唐毛熙震《浣溪沙》詞其一：“殘紅滿地碎香鈿，蕙風飄蕩散輕煙。”宋歐陽修《送目》詩：“楚徑蕙風消病渴，洛城花雪蕩春愁。”元李瓚《袁南宮江西歸吳門隱居短句奉寄》詩：“江國徂春暮，蘭苕生蕙風。”明楊慎《江陵別内》詩：“蕙風悲搖心，蘭露愁沾足。”清王汝璧《納涼》詩：“蕙風吹暗綠，荷露落輕陰。”一說，謂和暖春風。

【香風】

夾帶花草香氣的風。晋王嘉《拾遺記》：“瀛洲……時時有香風泠然而至，張袖受之，則

歷來不歇。”南朝梁簡文帝《六根懺文》:“香風淨土之聲,寶樹鏗鏘之響,於一念中,怳然入悟。”唐楊師道《賦終南山用風字韵應詔》:“登臨日將晚,蘭桂起香風。”《敦煌變文集・破魔變文》:“仙娥從後,持寶蓋以後隨;織女引前,扇香風而塞路。”宋丁伯桂《晚坐》詩:“小雨流花急,香風隨晚荷。”《醒世恒言・錢秀才錯占鳳凰儔》:“錢青貼裏貼外,都換了時新華麗衣服,行動香風拂拂,比前更覺標緻。”清劉汝藻《采蓮詞偕伯嫂分韵同作》詩:“折得蓮花笑語歸,香風一剪吹羅衣。”

## 【蘭風】[2]

帶香氣的凉風。《大魏高祖九嬪趙充華墓志》:“蘭風永馨。”晋王鑒《七夕觀織女》詩:“澤因芳露沾,恩附蘭風加。”《晋書・樂志》載《伯益》:“蘭風發芳氣,蓋世同其芬。”唐李賀《洛姝真珠》詩:“蘭風桂露灑幽翠,紅弦嫋雲咽深思。”宋張繼先《渾淪庵成翛然子親慶因以何字爲韵共酌聯句》詩:“竹露延清陰,蘭風動妙歌。”清朱鶴齡《即事》詩其二:“習習蘭風至,清香滿院浮。”

# 邪　風

## 惡風

帶來灾害之風。東魏馮元興《浮萍》詩:“脆弱惡風波,危微苦驚浪。”唐杜甫《渼陂行》詩:“鼉作鯨吞不復知,惡風白浪何嗟及!”《舊唐書・新羅國傳》:“〔元和十一年〕十一月,新羅入朝,王子金士信等遇惡風,飄至楚州鹽城縣界,淮南節度使李鄘以聞。”《宋史・天文志》:“在箕南,爲旱;在北,爲有年;守之,多惡風,穀貴,民饑死。”元廼賢《寄題壽張堂》詩:“黄河漫漫浸城郭,濁浪崩奔惡風作。”《明武宗實錄》卷一八四:“〔正德十五年〕三月辛丑,南京亦言近日以來天氣陡寒,惡風怒號,陰霾蒙翳,日慘無光。四望群山皆不能辨,江船多漂溺者,遠近人心莫不驚恐,皆謂時當三月,和氣未臻而陰沴爲灾。”康熙《鄱陽縣志》卷一五:“〔永樂二年〕正月四日,大雷雨,積潦。至五月七日,惡風作,水漲,城中深二丈餘,漂舍,溺死者以數千計,壞城郭五百餘丈,居民往來以舟。七月始平,民大饑。”

## 【業風】

佛家語。謂善惡之業如風一般能使人飄轉而輪迴三界。亦指惡業所感之猛風。又指地獄等所吹之風。《隋張濤妻禮氏墓志》:“但塵芳不寂,終謝業風。”南朝梁庾肩吾《八關齋夜賦四城門更作四首・西城門死》詩:“一隨業風盡,終歸虛妄設。”唐顧況《歸陽蕭寺有丁行者》詩:“業風吹其魂,猛火燒其煙。”宋釋崇岳《送琉書記還長樂》詩其一:“業風忽起波濤惡,一錫飄然到七閩。”元張雨《四月十九日杭城灾毀數萬家》詩:“在山業風飄,在世劫火聚。”明李昌祺《題祖來上人羅漢圖》詩:“業風播蕩苦海掀,流轉沉溺疇能援。”清姚瑩《述憂》詩其二:“苒苒優曇花,業風偶飄墜。”

## 【貪狼風】

暴虐之風。其殘狠如狼,故稱。《新五代史・前蜀王衍世家》:“行至梓潼,大風發屋拔木。太史曰：'此貪狼風也，當有敗軍殺將者。'"明王逢《危腦帽歌讀五代前蜀史有感而作》詩："大木晝拔貪狼風，猶泛樓船濟江水。"清鐵保《蜀鏡詞》："貪狼風起角聲勁，一夜宮妝醉猶靚。"一説，天狼星主侵掠，毀屋拔木之暴風爲貪狼的天狼星所施，故稱。

## 【雌風】

卑惡之風。先秦宋玉《風賦》："夫庶人之風，塕然起於窮巷之間，堀堁揚塵，勃鬱煩冤，衝孔襲門……此所謂庶人之雌風也。"劉良注："雌風，卑惡之風。"宋宋祁《旬休》詩其三："散帶家居首任蓬，閉關窮巷避雌風。"元楊維楨《簫杖歌》："腰間笛佩蒼精龍，湘江雨脚吹雌風。"明王世貞《龍司理君善得量移之命自徽過訪有贈得六首》其六："濁霧霾文苑，雌風冷嘯臺。"清趙翼《颶風歌》詩："風名颶母應雌風，胡爲更比雄風雄。"

## 賊風

亦稱"虛風"。自空隙透入之風，易致疾病，故稱。《黃帝內經·素問》："賊風數至，暴雨數起，天地四時不相保，與道……傷其外，又失四時之從，逆寒暑之宜。"又同書《靈樞》："立春之日，風從西方來，萬民又皆中於虛風，此兩邪相搏，經氣結代者矣。"《漢書·魏相丙吉傳》："或有逆賊風雨災變，郡不上，相輒奏言之。"《晉書·士燮傳》："入歲已來，陰陽失序，屢有賊風暴雨，犯傷和氣。"宋王袞《博濟方·胎產》："牀頭厚鋪裀褥，遮障孔隙，免有賊風所傷。"清黃六鴻《福惠全書》卷二八："凡簀有絲毫空隙風入，謂之賊風。馬被賊風所吹，則易於成病。"一説，指冬至日之東南風。隋巢元方《巢氏諸病源候總論》卷一："賊風者，謂冬至之日有疾風從南方來，名曰虛風，此風至能傷害於人，故言賊風也。"

## 【虛風】

即賊風。此稱先秦已行用。見該文。

## 【箭風】

謂向人直射的隙風。唐元稹《景申秋八首》其四："瓶瀉高簷雨，窗來激箭風。"宋高似孫《緯略·避風》："孫思邈論衛生，以爲人當避暗風、箭風。"明李之世《羽甫家兄招游石澗同區茂對區君玉猶子仲昭流連迨暮歸途狼藉賦此紀興》詩："磴苔置屐滑，箭風當面打。"清洪良浩《挂弓松》詩："枝頭嫋嫋上弦月，葉間瑟瑟帶箭風。"又謂箭疾行中帶來的風。《初刻拍案驚奇》卷三："久聞足下手中無敵，今日請先聽箭風。"

## 腥風

腥臭之風。唐韓愈《叉魚招張功曹》詩："血浪凝猶沸，腥風遠更飄。"宋張君房《雲笈七籤》："頃之，黑霧自宮中而來，周繞城外，腥風毒氣，聞者頓仆。"金李汾《避亂西山作》詩："鴉啄腥風下陽翟，草銜冤血上琴臺。"元文質《公無渡河》詩："腥風怪雨卷空來，濁浪掀舟雪山起。"明劉基《沁園春》詞："奈狐狸夜嘯，腥風滿地，蛟螭晝舞，平陸成江。"清黃遵憲《春夜招鄉人飲》詩："天地黑如盤，腥風吹雨血。"

## 枯風

亦稱"旱風"。引發乾燥、乾旱的風。唐孟郊《秋懷》詩之九："冷露多瘁索，枯風饒吹噓。"唐白居易《新樂府杜陵叟傷農夫之困也》詩："三月無雨旱風起，麥苗不秀多黃死。"宋董嗣杲《此君軒》詩："僧指舊基埋積雨，鳥翻新籜起枯風。"宋孔平仲《祈雨》詩："皇天久不雨，旱風滿東國。"元郝經《湖水來》詩："枯風怒遏長川回，兩湖五月生黃埃。"元葉蘭《田家謠》詩："旱風吹沙日照地，今年何以輸公家。"明邊貢《運夫謠送方文玉督運》詩："江上旱風多，春濤不可渡。"清汪中《題秋江聽笛圖》詩："枯風裂竹秋江上，更有何人聽此聲。"清萬光泰《四月三日興濟早行》詩："旱風屯夜雲，夜熱如病酒。"

## 【旱風】

即枯風。此稱唐代已行用。見該文。

## 湯風 [2]

濕熱之風。風熱灼人，如同滾湯，故稱。漢賈誼《旱雲賦》："湯風至而含熱兮，群生悶滿而愁憒。"宋李昉等《太平御覽》："大極山東有溫水湯風，不可過也。"明公鼐《子夜夏歌二首》其一："馳輝入朱明，湯風庭中滿。"

## 【火風】

燥熱如火之風。唐王梵志《詩并序》其五十一："火風俱氣盡，星散總成空。"唐李紳《趨翰苑遭讒搆四十六韻》詩："火風晴處扇，山鬼雨中呼。"宋朱熹《觀上藍賢老所藏張魏公手帖次王嘉叟韻》詩："火風吹散旱天雲，膚寸空餘翰墨新。"元侯善淵《如夢令》詞："地水火風四大。爲你百端爲害。"明楊維楨《鼠制虎》詩："浮雲蔽青天，火風捲后土，孰識鼠冤苦。"清方希孟《松樹塘》詩："火風時夜吼，陰雪每晴飛。"

## 非時風

不合時宜的風。唐釋道世《法苑玉林》卷四〇："非時風雨，抗旱毒熱，傷害苗禾。"宋李樗等《毛詩集解》卷一六："非有道之風者，

以其政教施而感動天地，非時風也。"清儀潤源洪《百丈清規證義記》："潤物者水，水淹爲腐爛之始，故非時風、雨，及過時不雨，皆爲災難。"

## 蠻風

古指荒涼的南方濕熱之風，有毒。唐齊己《吊杜工部墳》詩："瘴雨無時滴，蠻風有穴吹。"宋孔平仲《孔氏談苑·趙昶婢善吹》："爲使君洗盡蠻風瘴雨，作清霜曉。"元吳萊《荔枝行寄王善父》詩："蠻風蜑雨振林藪，西域蒲萄秋壓酒。"明釋函是《憶匡山舊居五首》其五："蜃海蠻風吹短景，嚴城哀角動寒林。"清張之洞《銅鼓歌》："忽然蠻風捲瘴雨，中有鐵馬聲蕭蕭。"

## 離合風

傳說中的一種風名，來能使草木生長，去能使草木衰落，故名。晉陸機《要覽》："列子御風，常以立春歸於八荒，是風至則草木發生。"列子所御其風，被後人稱之爲"離合風"。南朝梁任昉《述異記》卷下："列禦寇，鄭人，御風而行，常以立春日歸乎八荒，立秋日游於風穴。是風至即草木皆生，去則草木皆落，謂之離合風。"

## 頹風 [2]

衰敗之風。晉桓溫《薦譙元彥表》："若秀蒙蒲帛之徵，足以鎮靜頹風，軌訓囂俗。"呂延濟注："頹，壞。"唐王勃《拜南郊頌》序："遂能發軒庭之景曜，躍隋運之頹風。"宋孫應時《挽吳給事忠》詩其一："虹蜺輝霽景，山嶽鎮頹風。"元耶律鑄《日日亭午大風樹杪忽見桃花一枝》詩："司花未必能爲地，便是頹風欲起時。"明顧起綸《士品三》："李獻吉、何仲默二

學憲氣象弘闊，詞彩精確，力挽頹風，復臻古雅。"康有爲《大同書》戊部第七章："今當力矯舊弊，大挽頹風。"

## 霾風[2]

混雜有霾霧的風。宋劉弇《元豐辛酉七月九夜大風四十韵》詩："須臾霾風晶屭起，便覺怒竅吽喧闐。"宋蘇軾《徐州蓮花漏銘》："雖疾雷霾風，雨雪晝晦，而遲速有度，不加贏羸。"明李夢陽《覊旅翁行》詩："霾風翩翩起白旐，五月黄塵暗天際。"明許相卿《論内侍義男蔭官疏》："嘉靖建元以來、冬無積雪、春多霾風。"康熙《延津縣志》卷七："〔嘉靖二十九年〕春旱，霾風異常，不得耕種。"

## 魔風

奇異的怪風。晋佚名《太上洞淵神咒經》："魔風不逆運，雲公焕火鈴。"明吴正志《贈内兄萬子信六十》詩："謹厚猶存萬石風，閉門竊笑魔風惡。"清丘逢甲《南漢敬州修慧寺千佛鐵塔歌》："與之抗者談真空，白蓮萬朵開魔風。"

## 酸風

酸楚凄苦之風。唐李賀《金銅仙人辭漢歌》詩："魏官牽車指千里，東關酸風射眸子。"宋李彌遜《晋康郡侯碩人曾氏挽詩》其二："酸風一襟淚，哀入暮山松。"元劉將孫《滿江紅》詞其三："千里酸風，茂陵客、咸陽古道。"明李江《吊堂兄喪》詩："雲過麗水酸風起，鴻雁一聲天地悲。"清鄭用錫《明妃出塞二首》詩其二："一曲聲寒馬上弦，酸風苦雨泣胡天。"

## 赤風[2]

亦稱"紅風"。紅色的風。與風起處的環境有關。或爲霞光映襯，或因紅色土塵所致。一

說，赤風謂熱風。漢佚名《春秋潛潭巴》："天赤有大風，發屋折木，兵大起，行千里。"北魏崔鴻《十六國春秋·前涼·張天錫》："十一年，有赤風昏闇，至十三年，符堅滅之。"《魏書·靈徵志》："〔元徽三年〕五月，京師赤風。"唐王昌齡《失題》詩："赤風蕩中原，烈火無遺巢。"宋文同《旱雷》詩："茫茫大田中，赤風起炎埃。"元王哲《滿庭芳·修行》詞："震龍兑虎，赤風鬥烏龜。"嘉靖《延津志》："〔嘉靖二十三年〕三月十四日酉，紅風起西北，飛沙揭瓦，人莫敢出門户，至夜半乃息。"光緒《鉅鹿縣志》卷七："〔嘉靖二十九年〕三四月，紅風熱如火。"

## 【紅風】

即赤風[2]。此稱明代已行用。見該文。

## 慳風

亦稱"風慳"。吝嗇之風。指吝嗇者欲請客恰值颶風下雨，就不用請客了。又指風大雨激。宋朱淑真《阻雨》詩："慳風澀雨顛迷甚，十日春無一日晴。"宋洪邁《滿江紅·立夏前一日借坡公韵》詞："雨澀風慳，雙溪閟、幾曾洋溢。"宋胡仔《苕溪漁隱叢話》卷一三引《三山老人語録》："《姜少府設鱠歌》云：'姜侯設鱠當嚴冬，昨日今日皆天風。'或謂譏姜之慳，唐人已有'慳風澀雨'之語，非也。蓋言嚴冬天寒，又連日有風，黄河冰益厚矣。當此時而鑿冰取魚爲鱠，其意勤甚，故曰：'黄河美魚不易得，鑿冰恐侵河伯宫。'"宋陰幼遇《韵府群玉》卷四："俗諺：慳值風，嗇直雨。"元曹伯啓《清平樂·寄徐都司》詞："東籬尚有花叢。他時不避慳風。"明夏良勝《春郊雜咏七首》其七："無家釀新酒，社日樂風慳。"清錢謙益《新歲

有感次前韵二首》其二："焚香散帙坐清晨，澀
雨慳風妒早春。"

【風慳】

即慳風。此稱宋代已行用。見該文。

# 灾　風

## 損禾風

破壞農田、損害莊稼之風。嘉靖《崞縣
志》卷八："〔成化十八年〕大風折苗，大饑。
民多相食，流殍者半。"萬曆《順德縣志》卷
一四："〔成化十一年〕颶風，水溢傷稼。"萬曆
《南海縣志》卷三："〔弘治五年〕大風颶，水
失潮。南海基圍震潰，禾稼蕩盡。有司命工築
補，賑濟流民一萬餘人。"萬曆《崑山縣志》卷
八："〔嘉靖四十年〕春陰，飛雪連綿不霽。至
四、五月間霪雨尤甚，兼以江湖水橫跨漲溢，
苗方插蒔者盡沉水底，而雨復不歇，遂至民居
皆在水中，郭門之外一白際天，茫無畔岸，田
畝無復人迹。"萬曆《南海縣志》卷三："〔成化
十一年〕秋，颶風，鹽水上田，禾半壞。"康熙
《具區志》卷一四："〔成化十七年〕八月十五
日，蝗來自北，墮地食稼及草茅葦葉殆盡。是
夕五更大雨如傾，湖水溢，漂没廬舍禾稻不計
其數。明年大饑。"乾隆《滇黔志略》卷一六：
"〔弘治十六年〕雲南貢院'騰蛟起鳳'匾大風
吹去十五里，山上麥移於山下。"乾隆《鳳臺縣
志》卷一二："〔嘉靖二年〕春大風，飛沙三日，
麥苗多壓死。"嘉慶《直隸太倉州志》卷五八：
"〔永樂二十年〕七月，大風損禾。"

## 折樹風

折損樹木之風。萬曆《常山縣志》卷一：
"〔嘉靖三十三年〕六月，大風，拔縣庭巨木，
蓬草飛數里，公座皆傾。"天啓《平湖縣志》卷

二："〔成化七年〕七月初三日，颶風大作，海
潮泛溢，自雅山東至楊樹林，俱爲衝浸，縣
令都文傑計量修築。"康熙《德慶州志》卷
一："〔嘉靖三十三年〕秋七月，颶風作，拔木
揚沙，竟日繼夜乃止。"乾隆《淮寧縣志》卷
一一："〔嘉靖三十二年〕五月十八日，大風
雨彌日，拔木無算，民舍壞，禾稼淹没，民大
饑。"嘉慶《會同縣志》卷一〇："〔嘉靖四十五
年〕颶風大作，樹木盡折。"道光《璜涇志稿》
卷七："〔洪武十一年〕七月四月，海風自東北
來，拔木揚沙，排山倒海，堆阜高陵皆爲漂没，
三洲一千七百家盡葬魚腹。"同治《蘇州府志》
卷一四三："〔正統四年〕七月，大風拔木殺
稼。"

## 飛沙揚礫風

吹起沙礫之風。《晋書·孝武帝紀》："〔太
元四年〕八月乙未，暴風，揚沙石。"《晋書·五
行志》："〔寧康三年〕三月戊申朔，暴風迅起，
從丑上來，須臾逆轉；從子上來，飛沙揚礫。"
《新唐書·五行志》："〔長慶二年〕十月，夏州
大風，飛沙爲堆，高及城堞。"嘉靖《魯山縣
志》卷一〇："〔嘉靖三十年〕九月二十八日夜
一更時候，有大風卒起，自西北來，排户搰屋，
揚沙拔樹，時有蕎麥未刈者，摧擺幾盡，邑人
大恐，至次日曉方息，或者目爲颶風云。"萬曆
《龍川縣志》卷一："〔嘉靖三年〕秋八月夜，大
風，揚沙揭石，拔樹壞屋。"光緒《東光縣志》

卷一〇：“〔嘉靖四十二年〕大風數起，飛沙拔樹，折屋。”民國《濟陽縣志》卷二〇：“〔嘉靖三年〕三月，大風揚沙，害麥。”

## 拔木摧屋風

毀壞樹木、房屋之風。《晋書·五行志》：“〔太元二年〕二月乙丑朔，暴風折木。閏三月甲子朔，暴風疾雨俱至，發屋折木。”嘉靖《廣東通志初稿》卷三七：“〔弘治十八年〕石城颶風作，拔木偃禾，傾毀民舍。”嘉靖《通許縣志》卷上：“〔正德七年〕八月一日，晦；八日，大風拔木覆屋，有凍死者。”嘉靖《潮州府志》卷二：“〔嘉靖三十一年〕颶風作，堂五楹及兩廊俱壞。”嘉靖《潮州府志》卷四：“〔嘉靖二十二年〕颶風摧毀城隍廟。”隆慶《平陽縣志》卷五八：“〔嘉靖二十七年〕颶風，文廟殿廡皆壞。”隆慶《豐潤縣志》卷二：“〔嘉靖二十八年〕五月，左家務狂風大作，廬舍盡圮。”崇禎《慶元縣志》卷七：“〔嘉靖三十五年〕大風震撼，頹墻摧屋，林木盡拔。”《明史·五行志》：“〔正德十六年〕十一月辛酉，甘肅行都司黑風晝晦，翌日方散。十二月辛卯，甘肅行都司狂風，壞官民廬舍樹木無算。”順治《雲中郡志》卷一二：“〔嘉靖二十八年〕八月，平魯衛大風，拔木壞屋，傷牛羊。”康熙五十二年《廣信府志》卷一：“〔永樂二年〕五月，大風暴起，發屋折木。”康熙《廣信府志》卷一：“〔永樂二年〕五月，大風暴起，發屋折木。”雍正《屯留縣志》卷一：“〔正德六年〕春，大風頹屋。”雍正《廣東通志》卷一六：“〔嘉靖三十五年〕廟學爲颶風摧毀。”嘉慶《連江縣志》卷一〇：“〔嘉靖十八年〕秋閏七月，颶風，拔木折屋。”道光《崑新兩縣志》卷一〇：“〔宣

德三年〕秋七月某日，烈風甚雨，閣遂傾。”光緒《增修登州府志》卷二三：“〔嘉靖三十一年〕四日二十六日，近郭雨霰數寸；次日大風，發屋拔木。”

## 壞城風

指對城鎮破壞之風。《史記·孝景本紀》：“〔五年〕五月，江都大暴風從西方來，壞城十二丈。”嘉靖《廣東通志》卷七〇：“〔嘉靖三十一年〕六月二十八日，颶風大作，楞火紛飛雨中，洪潮翻箕撼城，民淹没者萬計，岸堤崩塌，大傷廬舍田畜。”康熙《鄱陽縣志》卷一五：“〔永樂二年〕正月四日，大雷雨，積潦。至五月七日，惡風作，水漲，城中深二丈餘，漂舍，溺死者以數千計，壞城郭五百餘丈，居民往來以舟。七月始平，民大饑。”康熙《遂溪縣志》卷一：“〔永樂七年〕颶風大作，時颶挾鹹潮泛溢至城，海堤潰，民溺死者甚衆。”乾隆《將樂縣志》卷二：“〔弘治十四年〕風仆東甕城樓。重建者，知縣李熙也。”

## 飛瓦風

能吹起屋瓦之風。嘉靖《遼東志》卷八：“〔正德元年〕春三月，開原大風，屋瓦皆飛，晝晦如夜。”嘉靖《六合縣志》卷二：“秋七月己巳，大風，屋瓦漫飛，樹木皆折。”萬曆《永福縣志》卷一：“〔嘉靖十八年〕閏七月，颶風大作，屋瓦皆飛。”康熙《德平縣志》卷三：“〔嘉靖二十九年〕三月，黑風驟起，屋皆飛。”乾隆《福州府志》卷七四：“〔嘉靖十八年〕閏七月，颶風大作，屋瓦皆飛，烏石山有亭飛竪田中。”

## 人畜溺死風

毀壞房屋至人畜死亡之風。《南齊書·五行

志》:"〔太和二十三年〕七月十二日,大風,京師十圍樹及官府居民屋皆拔倒。濤入石頭,漂没緣淮居民。"《明太祖實錄》卷二〇二:"〔洪武二十三年〕六月丁卯,揚州府海門縣言:是月三日夜,颶風大作,潮汐騰涌,壞廬舍,溺死居民孳畜無算。詔工部遣官行視,修築堤岸,仍賑被災之民。"又同書卷二〇三:"〔洪武二十三年〕七月癸巳,通州海門縣風潮壞官民廬舍。"弘治《嘉興府志》卷一七:"〔成化八年〕七月十七日,風潮大作,平地水深丈餘,飄蕩民居,人畜死者不可以數計,所築石塘悉皆傾圮,廟亦不存,數年之功爲之掃地。"嘉靖《廣東通志》卷七〇:"〔嘉靖三年〕樂會、萬州颶風大作,雨落如注,震蕩彌空,屋瓦皆飛,居民廬舍十去其八。林樹合抱折之,拋出數丈地,人亦爲覆墻所壓,或風捲落河海死,牛馬豕鹿溺死無算,海舟漂平陸一二里許。浮苴栖於木末。父老駭之,以爲從古未之有也。"萬曆《通州志》卷二:"〔正德七年〕七月十八日,風雨大作,海溢,漂没官民廬舍十之三,溺死男婦千餘口。"乾隆《嘉定縣志》卷三:"〔洪武二十三年〕七月朔,颶風,海濱漂溺人廬無算。"嘉慶《連江縣志》卷一〇:"〔嘉靖二十一年〕夏六月十一日,大風雨,溪流暴漲,縣治水深丈餘,城壞十之四,屋舍漂流,人畜溺死無算。"

### 漲潮壞堤風

引起海潮、破壞堤壩,導致灾害之風。《明太祖實錄》卷一三四:"〔洪武十三年〕十一月甲辰,崇明縣大風,海潮決沙岸,人畜多溺死。"正德《松江府志》卷三:"〔成化七年〕秋,大風海溢,漂人畜,没禾稼。"嘉靖《山東通志》卷三九:"〔弘治十年〕冠縣大風,墜魚於市。"嘉靖《靖江縣志》卷四:"〔嘉靖元年〕七月二十三日,風潮,縣境如海。縣治崩塌,民廬漂没殆盡,死者數萬。"嘉靖《廣東通志》卷七〇:"〔嘉靖二十一年〕九月十四日,瓊山縣颶風猛甚,公署民房圮壞,草木摧折殆盡,是歲大饑。"嘉靖《潮州府志》卷八:"〔嘉靖三年〕秋八月,大颶,海溢,潮、揭、饒之民沿海居者皆爲漂没,浮屍遍港,舟不能行。"萬曆《蕭山縣志》卷六:"〔洪武二十一年〕大風,捍海塘壞,潮抵於市。"萬曆《上虞縣志》卷二〇:"〔正德七年〕七月十七日夜,颶風大作,海潮溢入,壞下五鄉民居,男女漂溺死者動以千計。潮患之大,此創見者。"崇禎《海昌外志》:"〔永樂十八年〕修仁和、海寧塘岸,時風潮陷四千五百餘丈。"天啓《海鹽縣圖經》卷一六:"〔宣德十年〕秋大風,潮暴溢,海岸盡崩。"康熙《崇明縣志》卷七:"〔嘉靖十八年〕七月初三日,風潮大作,廬舍飄溺幾盡,淹死男婦數百口。"康熙《興化縣志》卷一:"〔建文元年〕海潮漲溢,壞捍海堤。"康熙《山陰縣志》卷九:"〔正德七年〕七月,颶風大作,海水漲溢,頃刻高數丈許,濱海居民漂没,男女枕藉以殁者萬計,苗穗淹溺,歲大歉。"雍正《崇明縣志》卷一七:"〔洪武十一年〕七月四日,風潮大作,沿海漂没。"嘉慶《海州直隸州志》卷三一:"〔嘉靖十八年〕七月,大風晝晦,海潮大漲。"道光《新會縣志》卷一四:"〔永樂二十年〕五月,颶風,風暴,潮水泛溢,漂没廬舍。"道光《遂溪縣志》卷二:"〔成化八年〕颶風壞堤。"光緒《江東志》卷一:"〔洪武十一年〕五月,水。七月四日。颶風海溢,人廬漂没。"光緒《平湖縣志》卷二五："〔宣德十年〕秋大風，潮暴溢，海岸盡崩。"光緒《江東志》卷一："〔嘉靖十八年〕閏七月初三日，颶風海溢，平地水三丈，人廬漂没無算。十月，大疫。歲祲。"

## 致船漂流沉溺風

導致船毀人亡之風。《魏書·司馬德宗傳》："〔義熙元年〕德宗復僭立於江陵，改年義熙。尚書陶夔迎德宗，達於板橋，大風暴起，龍舟沉没，死者十餘人。"《舊唐書·五行志》："〔大曆十年〕七月己未夜，杭州大風，海水翻潮，飄蕩州郭五千餘家，船千餘隻，全家陷溺者百餘户，死者四百餘人。蘇、湖、越等州亦然。"《元史·外夷傳·日本》："〔至元十八年〕八月一日，風破舟。"弘治《長樂縣志》卷三："〔弘治十六年〕春正月十九日夜，馬江大風覆舟。二月，大雹。"嘉靖《福寧州志》卷一二："〔成化九年〕六月十九日，大風，海潮奔湃，其聲如雷，涌高數十丈，瀕海居民廬舍淹没半壁，民船漂覆不可勝紀。"萬曆《新會縣志》卷一："〔嘉靖二十五年〕秋八月，颶風傷稼，壞舟楫。民多溺死。"順治《潁上縣志》卷一一："〔弘治十七年〕五月十二日午，颶大作，自西而來，其猛烈可畏，晝亦爲之晦。正陽河下，船多爲之漂流沉溺。"康熙《興化府莆田縣志》卷三四："〔弘治六年〕海風大作，海船入平田，官爲鑿渠乃出。其秋沿里禾無收。"康熙《龍溪縣志》卷一二："〔嘉靖二十八年〕五月五日，南河競渡，城中男婦盡出，妝采蓮船游玩。忽午後颶風大作，船覆，溺死者六十餘人。"康熙《順德縣志》卷一三："〔嘉靖二十五年〕秋九月，颶風，時當收穫，下海禾船盡覆，溺死農民者甚衆。"乾隆《香山縣志》卷八："〔嘉靖二十五年〕秋八月，颶風傷稼，大壞舟楫，民多溺死。陂池潰決，魚皆散逸。"道光《象山縣志》卷一九："〔嘉靖四十五年〕五月二十四日，颶風大作，壞船百餘艘。"民國《金鄉鎮志》："〔弘治八年〕秋，有大艘爲颶風所漂，至炎亭，時出海陸路官軍捕緝，得不死者二十餘人，語音殊不可辨。"

# 第七章　雷電説

## 第一節　雷霆考

　　殷商甲骨文已有了雷字，如"壬戌，雷不雨"。有關雷的古詞語，在先秦諸多文獻中已有大量記載。古人認爲，雷這種氣象爲陰陽交互所致。漢《春秋玄命苞》："陰陽合爲雷。"漢許慎《説文》："靁，陰陽薄動雷雨，生物者也。"《白虎通》："雷者，陰中之陽也。"甲骨文中的"電"字是一個向四周伸展的圖形；在"電"字中加上火球，抑或鼓、呐喊的口型等圖形，便形成"雷"的甲骨文。古代的牛車、馬車的輪子轉起來時"咕隆"的聲音較大，於是金文就把閃電時的火光、火球并伴有"咕隆隆"聲響的雷聲用車輪形象來表示，字如車輪的樣子。後來進一步變成了一個個的"田"字，實際上還是車輪的形象，但是它始終是三四個圖形在一塊的"畾"，表示雷聲連續不斷的意思。小篆加了雨字頭，提示"靁"跟下雨有關。一直到楷書，還有雨字頭下面有三個田的寫法，亦出現了把這三個"田"變成了一個田的寫法，楷體自然就延續下來了。

"雷"字的演化
（依次爲甲骨文、金文、小篆、隸書、楷書）

古人對於雷的認知共分爲以下類型。

抽象名類：除了“雷”之外，還包括“靐”“霝”“雷”“霹”“天雷”“靁”“震”“雷震”等。它們的本質屬性皆爲大氣中雲體之間或雲地之間正負電荷互相作用産生劇烈的放電，産生高温，使大氣急劇膨脹發出巨響。

時間名類：又分爲時辰或時刻名類和季節名類。前者如“浖雷”“連鼓”，指相繼而作之雷。浖，多次、依次。又“打頭雷”，謂未雨而響雷，主無雨。又“卯時雷”，卯時打雷。又“卯前雷”，卯時前打雷，主有雨。上述名類，皆具有時間的順序性。後者如“春雷”“春靁”“春霆”“屯雷”“凍雷”等，謂春天之雷。驚醒蟄眠蟲獸，兆顯春意已濃。又“冬雷”“冬月雷”“雪雷”“冬十二月雷”“正月雷”“臘月雷”等，謂冬天之雷，然冬天一般無雷，冬雷實爲罕見的氣象。

空間位置名類：表示雷生成的位置。例如“禹門雷”，禹門，即龍門，位於龍門之驚雷。宋釋紹曇《冬至相催》：“蟄龍須奮躍，保待禹門雷。”又“地中雷”，潛藏地下的雷。宋汪宗臣《水調歌頭·冬至》：“五雲重壓頭上，潛蟄地中雷。”又“海中雷”，海洋中的震雷。乾隆《上海縣志》卷一一：“〔嘉靖三十三年〕二十五日，海中雷大震，風雨暴作，倭船多覆。”

類比名類：又分爲擬物名類和擬人名類。前者如“玉虎鳴”，雷之別稱，其響甚巨，猶虎吼。宋朱勝非《紺珠集》卷一二引《鷄蹠集》：“《河圖》謂雷聲曰玉虎鳴。”又“雷車”，響聲隆隆如車行走之聲。宋陸游《大雨》詩：“雨鏃飛縱橫，雷車助奔驟。”又“天鼓”“引鼓”“雷鼓”，指響雷。其響似擂鼓，古人以爲天神所擊。後者如“驚世先生”，雷聲的擬人之稱，誇張其聲震驚世界。宋陶穀《清異録·天文》：“驚世先生，雷之聲也；千里鏡，電之形也。”又“怒雷”，形容雷聲如人震怒之吶喊。元王冕《素梅五十八首》其五十二：“濕雲挾得梅梁起，半夜飛空作怒雷。”

態勢名類：表雷這種氣象的形態和勢態。如“疾雷”“迅雷”“疾霆”“奔霆”“奔雷”“走雷”“霆”“雷霆”“靁霆”“震霆”“霔”“震”等，謂迅猛爆烈之雷。《莊子·齊物論》：“疾雷破山，飄風振海而不能驚。”又“霹靂”“辟歷”“礔礰”“劈歷”“霹靂”等，指雷之遲猛者。又“霹”“大雷”“大雷電”，即霹靂，響雷。又“輕雷”，指響聲不大的雷，隱隱的雷聲。又“晴天霹靂”“晴天雷”“無雲雷”“月明雷”“旱雷”“焦霹靂”“焦雷”等，謂晴天響起雷鳴，其聲極其響亮。又“雄雷”“暴雷”“嚴雷”“怒雷”，指暴烈之雷。又“驚雷""殷雷""殷靐"，言響聲極大之雷，使人驚懼。

因果名類：一類是以雷爲因，形成或預示其吉祥凶險之結果。這亦是在科學不發達的古代，人們對自然現象進行神秘解讀的一種方式。例如"瑞雷"，謂祥瑞之雷。《資治通鑑·武則天長安元年》：三月，"大雪，蘇味道以爲瑞，帥百官入賀。殿中侍御史王求禮止之曰：'三月雪爲瑞雪，臘月雷爲瑞雷乎？'"又"十月雷"，農曆十月之雷。此時已是深秋，抑或初冬，一般無雷，爲罕見的天象，古以爲凶年之兆。唐杜甫《雷》詩："巫峽中宵動，滄江十月雷。"俗語云："十月打雷，遍地是賊。"又"殺稼雷""殺禾劈木雷""擊門碎柱毀殿雷""折杆碎柱覆船雷""震擊致死蛇畜雷""擊人致死雷"等。

## 雷概念

### 雷

亦作"靐""靁""䨓""霝"等。亦稱"霅"等。其成因是雲體之間或雲地之間异性電荷相互作用放電并生熱，使氣急劇膨脹而發出的巨大響聲。古人認爲，雷這種氣象爲陰陽交互所致。《春秋玄命苞》："陰陽合爲雷。"《荀子·儒效》："天下應之如雷霆。"《周易·説卦》："雷以動之，風以散之，雨以潤之。"又："陰陽相薄爲雷。"《詩·大雅·常武》："如雷如霆，徐方震驚。"又《召南·殷其靁》："殷其靁，在南山之陽。"陳奂傳疏："靁，古雷字。"《廣雅·釋天》："霅，雷也。"漢班固《白虎通》："雷者，陰中之陽也。"《禮記·月令》："仲春，雷乃發聲。仲秋，雷始收聲。"《史記·孝景本紀》："十二月晦，靁。"裴駰集解引徐廣曰："一作雷字。"漢許慎《説文·雨部》："靁，陰陽薄動靁雨，生物者也。"又同書云："䨓，古文靁。"又云："水從雲下也。一象天，冂象雲，水霝其間也。"北魏酈道元《水經注·河水》："雷渀電泄，震天動地。"唐杜甫《久雨期王將軍不至》詩："昏昏閶闔閉氛祲，十月荆南雷怒號。"宋衛宗武《久晴喜雨》詩："甘霆從何來，雷轟電光繞。"金馮延登《射虎得山字》詩："涎口風生雷吼怒，角弓寒勁月痕彎。"明危素《兒秀才古劍歌》："電光爚爚迅雷飛，殺氣冥冥兩儀黑。"清王夫之《讀通鑑論·德宗》："冬，吾知其必霜；夏，吾知其必雷。"

### 【靐】

雷之古字。此體先秦已行用。見該文。

### 【靁】

同"雷"。此體漢代已行用。見該文。

### 【䨓】

同"雷"。此體漢代已行用。見該文。

### 【霝】[2]

同"雷"。此體漢代已行用。見該文。

### 【䨪】

即雷。此稱三國時期已行用。見該文。

### 【霅】

即雷。《廣雅·釋天》："霅，雷也。"《廣韵·脂韵》："霅，雷也。出《韓詩》。"遼釋行均《龍龕手鑑》："霆，音追，雷也。"

## 【霆】[1]

亦作"霜"。即雷，多指疾雷。參見本卷"疾雷"條目。一說，霆，雷餘聲。《詩·小雅·采芑》："戎車嘽嘽，嘽嘽焞焞，如霆如雷。"《説文·雨部》："霆，雷餘聲也。"又云："震，劈歷振物者。"段玉裁注："古謂之霆，許謂之震。"《爾雅·釋天》："疾雷爲霆霓。"阮元校勘記："霆下本無霓字。"《後漢書·班固傳》："霆發昆陽，憑怒雷震。"李賢注："霆，疾雷也。"唐劉得仁《夏日樊川別業即事》詩："風卷微塵上，霆將暴雨來。"《集韵》："霜，雷也。"又云："霜，與霆同。雷餘聲也。"元龔璛《廣微龍》詩："紅光掣電墨雨入，誰袖轟霆起春蟄。"明胡奎《題文昌圖》詩："駕風鞭霆游八荒，下視九點煙蒼蒼。"霆，亦指閃電，參見本卷"霆[2]"條目。

## 【霜】

同"霆[1]"。此體南北朝時期已行用。見該文。

## 【震】

即霆[1]，多指疾雷。參見本卷"疾雷"條目。《爾雅·釋天》："疾雷爲霆霓。"《詩·魯頌·閟宫》："不虧不崩，不震不騰。"《説文·雨部》："震，劈歷振物者。"段玉裁注："劈歷，疾雷之名……然則古謂之霆，許謂之震。"《爾雅注疏》卷六："'疾雷爲霆霓'者，郭云：'雷之急擊者謂霹靂。……出萬物也。'又云：'震，劈歷振物者。'然則疾雷一名霆霓，又名震。"

## 【雷霆】

亦作"靁霆"，亦稱"震霆"。《周易·繫辭上》："鼓之以雷霆，潤之以風雨。"《史記·樂書》作"鼓之以雷霆"。《漢書·劉向傳》："雨雪靁霆，失序相乘。"顔師古注："靁，古雷字也；霆，雷之急者也。"又同書《揚雄傳下》："疾如奔星，擊如震霆。"《後漢書·馬融傳》："彼固未識夫雷霆之爲天常，金革之作昏明也。"李賢注："《左傳》：鄭太叔曰：爲刑罰威獄，以類天之震耀殺戮。'杜預注曰：'靁霆，震耀天之威也。'"蘇軾《策略一》："天之所以剛健而不屈者……其光爲日月，其文爲星辰，其威爲雷霆，其澤爲雨露，皆生於動者也。"明徐元太《喻林》："靁霆始發草木舒榮，則蟄蟲處巖崖者莫不傾聽而起。"康熙《長洲縣志》卷二二："〔宣德八年〕夏，常州不雨。大家懇道修往禱，及至，則人頗急，修登壇赫怒，忽震霆劈大木，雷火其廩，不留粒粟。"

## 【靁霆】

同"雷霆"。此體漢代已行用。見該文。

## 【震霆】

即雷霆。此稱漢代已行用。見該文。

## 【雷震】

亦稱"震雷"。指雷。《國語·周語上》："陰陽分布，震雷出滯。"《孫子·軍争》："動如雷震。"《子夏易傳》："雷震電照，威以明之。"南朝梁劉孝標《辯命論》："秦人坑趙氏，沸聲若雷震。"北魏張彝《上歷帝圖表》："武乙逸禽，罹震雷暴酷。"唐趙元一《奉天錄》卷一："雲梯既動，鋒鏑雨集，城中木石，飛聲雷震。"唐杜甫《對雨書懷走邀許主簿》詩："震雷翻幕燕，驟雨落河魚。"《朱子語類》卷三："鬼神造化之迹，且如起風做雨，震雷花生，始便有終也。"元鄭光祖《王粲登樓》第四折："一聲雷震報春光。"《明憲宗實錄》卷一二七："〔成化十年〕今春寒而多雨，乃正月雷震，二月連大雨雪。"康熙《饒州府志》卷三六："〔正德八年〕雷震烈，雪片如掌，平地積深三四尺。"清鄭燮《嶧山》詩："曲徑回腸盤，飛泉震雷瀉。"

【震雷】

即雷震。此稱先秦時期已行用。見該文。

【嗔霆】[1]

指響雷。宋文同《季百般己亥大雨》詩："怪電燒爇嗔霆喧，鯨海起立星漢翻。"宋楊億《無題三首》其一："縷斷歌雲成夢雨，斗回笑電作嗔霆。"一說，閃電。

【天雷】

即雷。《易・無妄卦》："天雷無妄，乾上震下。"漢伏無忌《伏侯古今注》："〔建始四年〕無雲雨風，天雷如擊鼓，可四五刻，隆隆連如車聲。"《宋書・五行志》："〔元興三年〕永安皇后至自巴陵，將設儀導入宮，天雷震，人馬各一俱殪焉。"唐渾惟明《謁聖容》詩："法雨震天雷，祁山一半頹。"宋釋道昌《頌古五十七首》其十六："天雷如鼓，雲騰致雨。"元張養浩《趵突泉》詩："三尺不消平地雪，四時常吼半天雷。"《三刻拍案驚奇》第二三回："如再為禍，天雷誅殛。"清魏閶《雨宿白衣庵贈却塵上人》詩："江鶴掠回盟野夢，鉢龍飛去觸天雷。"

【字轆】

吳地方言。指雷聲。宋范成大《秋雷嘆》詩："汰哉豐隆無藉在，政用此時鳴字轆。"自注："吳諺云：'秋字轆，損萬斛。'謂立秋日雷也。"清錢清履《酬郭少廉茂才》詩："我輩蕭散人，字轆熱猶伯。"

【天威】

指雷電。古人以其象徵天之威怒，故稱。晉潘岳《狹室賦》："若乃重陰晦冥，天威震

曜。"隋王胄《紀遼東二首》其二："天威電邁舉朝鮮。"唐楊巨源《送裴中丞出使》詩："辭闕天威和雨露，出關春色避風霜。"宋劉季孫《三高祠咏古三首》其二："一振天威百怪息，夜半雲收北極高。"元耶律鑄《密谷行》詩："天兵震天威，不異弄雷電。"明李昱《喜雨歌》："上帝怒，騰天威，誅旱魃，鞭雲師，長風飄飄載雲旗。"清黃景仁《平定兩金川大功告成恭紀》詩："天威霆奮疾復勃，鏟削虎穴薰顧鶴。"

# 雷車[1]

亦作"靁車"，亦稱"轟雷車"。傳說雷神駕車而行雷，故以亦雷車代指雷，雷聲。《莊子・達生》："其（委蛇）為物也，惡聞雷車之聲，則捧其首而立。"晉陶潛《搜神後記》卷五："永和中，義興人姓周……向一更中，聞外有小兒喚阿香聲，女應諾。尋云：'官喚汝推雷車。'女乃辭行，云：'今有事當去。'夜遂大雷雨。"唐白居易《酬鄭侍御多雨春空過詩三十韻（次用本韻）》詩："鬼轉雷車響，蛇騰電策光。"前蜀貫休《路史》卷一一："殷靁車，雨滴階聲，寂寞焚香獨閉扃。"宋陸游《喜雨》詩："雷車隆隆南山陽，電光煜煜北斗傍。"宋王十朋《廬山紀游四十韻》詩："登橋閱天險，奮地轟雷車。"元許衡《和吳行甫雨雹韻》詩："半空光冷掣電火，平地聲走轟雷車。"明袁宏道《過黃河》詩："靁車爭砰鍧，雪屋互排盪。"明佚名《道法會元》："妙用只在四方取，陰陽激剝轟雷車。"

【靁車】

同"雷車"。此體唐代已行用。見該文。

【轟雷車】

即雷車。此稱宋代已行用。見該文。

# 雷 態

## 火雷

指雷電。因其伴隨烈火般閃爍，故稱。《易·噬嗑卦》："火雷噬嗑，離上震下。"唐顧況《廬山瀑布歌》詩："火雷劈山珠噴日，五老峰前九江溢。"宋胡宏《皇王大紀》："電生於火雷，與風同爲陽之極。"元李簡《學易記》："三十二四卦相對，亦西北火雷之象。"《明史》卷五〇："永樂後，有神旗之祭，專祭火雷之神。"清陳元龍《格致鏡原》卷三："雷，或曰風雷、火雷、雲雷、蠻雷。"

## 鞭雷

指雷電。因其電閃如鞭之形態，故稱。唐謝偃《可汗山銘》："鞭雷鼓霆，動天維於上；拔山蹴岳，移地軸於下。"宋葉適《贈祈雨妙闍黎》詩："旁搜潭洞攬龍蟄，鞭雷走電開天關。"元何中《春怨二首》其二："天女手剪五色雲，鞭雷控電行青春。"明危素《寄題大瀛海道院》詩："鳴簫朝引鳳，飛檄夜鞭雷。"清王文誥《度大屏諸山二十餘里一無廬木而雨至忽有古藤一本覆若夏屋得息》詩："急呼避雨雨隨至，鴉翻雲陣揮雷鞭。"

## 疾雷

迅猛爆烈之雷。亦作"霆霓"。《莊子·齊物論》："疾雷破山，飄風振海而不能驚。"《爾雅·釋天》："疾雷爲霆霓。"阮元校勘記："霆下本無霓字。"《爾雅注疏》卷六："'疾雷爲霆霓'者，郭璞云：'雷之急擊者謂霹靂'。"晋陳壽《三國志·魏書·武帝紀》："一旦擊之，所謂疾雷不及掩耳，兵之變化，固非一道也。"唐韓偓《疏雨》詩："疏雨從東送疾雷，小庭涼氣净莓苔。"宋陸游《嘉川鋪遇小雨景物尤奇》詩："面前雲氣翔孤鳳，脚底江聲轉疾雷。"元宋无《寄翰苑所知》詩："疾雷天地破，崩嶽鬼神移。"萬曆《儀封縣志》卷四："〔正德九年〕正月十二日戌時，疾雷，震大作，既乃微雪而止。五月，邑東南二方烈風凍雨，震電，盡壞民禾。"明吕時臣《留別沈大參同沈嘉則張平叔》詩："霆霓走簷楹，陰陽競磅礴。"清吴騏《池魚因風雨逸去和錢天陶作》詩："豈知八月秋風急，疾雷傾雨天如失。"

## 【霆霓】

即疾雷。此體先秦時期已行用。見該文。

## 【疾霆】

指迅猛爆烈之雷。即疾雷。漢張衡《東京賦》："若疾霆轉雷而激迅風也。"《淮南子·兵略訓》："疾雷不及塞耳，疾霆不暇掩目。"《後漢書·仲長統傳》："暴風疾霆，不足以方其怒。"宋李綱《次韵王堯明四旱詩·醋祭》詩："誰能起雲師，霈雨驅疾霆。"元鄧牧《伯牙琴》："疾霆碎其廟，震亡賴以死。"明宋濂《演連珠》十一："疾霆或振於后土，則魑魅潛驚。"

## 【迅雷】

即疾雷。《論語·鄉黨》："迅雷風烈，必變。"《禮記·玉藻》："若有疾風、迅雷、甚雨則必變。"《晋書·石勒傳》："直衝末杯帳，敵必震惶，計不及設，所謂迅雷不及掩耳。"唐李朝威《靈應傳》："至暮，有迅雷一聲，劃如天裂。"宋徐集孫《夜雨》詩："掣電起迅雷，驟雨翻盆傾。"元馬端臨《文獻通考》："七月乙亥，隆興府武甯縣龍鬥於西北，大雨，俄頃迅雷起東南，二龍奔逃，墜珠如輪。”《明英宗實錄》卷二五六：“〔景泰六年〕七月乙亥，監察御史吳中奏：閏六月朔，保定府束鹿縣大風拔木，迅雷，雹如雞子，擊死烏鵲狐兔無算。”清顧祖禹《讀史方輿紀要·福建四》：“山隈有霹靂巖，宋元間，迅雷震開，遂成巖洞。”

【奔雷】

　　即疾雷。亦稱“奔霆”。雷電若在空中奔馳。晉郭璞《游仙詩十九首》其九：“登仙撫龍駟，迅駕乘奔雷。”唐杜甫《朝》詩之二：“巫山終可怪，昨夜有奔雷。”唐王勃《平臺秘略贊·尊師》：“奔霆易駭，巨壑難游。”宋胡宏《知言·事物》：“氣感於物，發如奔霆，狂不可制。”宋劉攽《送學正李秀才歸蜀》詩：“峽底奔雷江亂涌，嶺頭如雨石交飛。”元周霆震《喜雪》詩：“夜聞朔風撼天柱，恍惚萬馬隨奔雷。”明鄧雲霄《苦雨作》詩：“山城四塞響奔雷，小院殘花滿綠苔。”清施閏章《溪漲》詩：“過雨重雲黑，奔雷動地回。”

【奔霆】[1]

　　即奔雷。此稱唐代已行用。見該文。

【走雷】

　　亦稱“走雷霆”“走驚雷”。雷電若在空中奔走。唐慧淨《自皋亭至吳門吊二大護法》詩：“病耳蚊過似走雷，杖行猶怯步難回。”宋劉攽《賀提刑生辰二十韵》詩：“欽恤恩涵海，澄清令走雷。”宋無名氏《毛竹山》詩：“山腰生雨露，屋角走雷霆。”宋虞儔《偕簿尉過石照山禱雨》詩其五：“一聲破柱走驚雷，割得乖龍左耳來。”明焦竑《玉堂叢語·文學》：“豪詞警句，如壯濤激浪，飛雪走雷。”明貝瓊《浙江亭觀潮》詩：“滄海倒流吞日月，青天中裂走雷

霆。”清黃遵憲《游豐湖（同治三年至十二年作）》其三：“走雷轉腸鳴，渴水乞沫呴。”清丘逢甲《嶺雲海日樓詩鈔》卷五：“海天龍雨走驚雷，黯黯蠻雲瘴不開。”

【走雷霆】

　　即奔雷。此稱宋代已行用。見該文。

【走驚雷】

　　即奔雷。此稱宋代已行用。見該文。

## 洊雷

　　亦作“薦雷”。相繼而作之雷。洊，謂多次。《周易·震》：“洊雷震，君子以恐懼脩省。”孔穎達疏：“洊者，重也，因仍也。雷相因仍，乃爲威震也。”南朝梁劉勰《文心雕龍·詔策》：“治戎燮伐，則聲有洊雷之威。”南朝梁劉孝威《奉和簡文帝太子應令詩》：“前星涵瑞彩，洊雷揚遠聲。”唐徐堅《初學記·天部》：“雷神曰雷公。雷有洊雷。”唐彥琮《唐護法沙門法琳別傳》：“發薦雷之響，則蟄戶俱開。”宋蘇轍《雨中游小雲居》詩：“積陰荐雷作，兩山亂雲浮。”元仇遠《雪後祈晴》詩：“濃雲急雨洊雷電，不待羯鼓花奴催。”明張居正《喜雨獨酌》詩：“長空響洊雷，驟雨何零亂。”清魏源《默觚上·學篇七》：“人心能常如洊雷震鱗之時，何患不與天合一？”

【薦雷】

　　同“洊雷”。此體唐代已行用。見該文。

【連鼓】

　　相繼而作之雷。因響如鼓聲連作，故稱。漢王充《論衡·雷虛》：“圖畫之工，圖雷之狀，纍纍如連鼓之形；又圖一人，若力士之容，謂之雷公。使之左手引連鼓，右手椎之，若擊之狀。其意以爲雷聲隆隆者，連鼓相扣擊之音

也。”南朝梁蕭綱《霹靂引》：“時聞連鼓響，乍散投壺光。”參見本卷《雷電説·雷霆考》“天鼓”文。宋范成大《雷雨鄰舍起龍》詩：“連鼓一聲人失箸，不知挂壁幾梭飛。”《初刻拍案驚奇》卷三九：“閃爍爍曳兩道流光，鬧轟轟鳴幾聲連鼓。”

【天鼓】

亦稱“雷鼓”“引鼓”。指響雷。其響似連鼓，古人以爲天神所擊，故稱。語出《史記·天官書》：“天鼓，有音如雷非雷，音在地而下及地。”晋葛洪《抱朴子》：“雷曰天鼓，雷神曰雷公。”晋佚名《吳鼓吹曲十二曲·炎精缺》詩：“鳴雷鼓，抗電麾。”《法華經·序品》：“天雨曼陀華，天鼓自然鳴。”唐李白《梁甫吟》詩：“我欲攀龍見明主，雷公砰訇震天鼓。”宋郭印《夜坐》詩：“宴坐鳴天鼓，和聲聽逢逢。”元鮮于必仁《折桂令·薊門飛雨》曲：“幾點翻飄，數聲引鼓，一霎傾盆。”明田藝蘅《留青日札·天鼓鳴》：“嘉靖四十四年十二月二十八日未申時，天鼓震西北，俗云乾雷響。”清潘德輿《題湯海秋儀部浮丘閣詩集》：“雷公合遝伐天鼓，木怪潛匿山精愁。”

【雷鼓】

即天鼓。此稱晋代已行用。見該文。

【引鼓】

即天鼓。此稱元代已行用。見該文。

## 霹靂[1]

單稱“霹”。亦作“辟歷”“礔礰”“劈歷”“霹靂”。雷之震撼烈者。漢枚乘《七發》：“夏則雷霆，霹靂所惑也。”《史記·天官書》：“夫雷電蝦虹，辟歷夜明者，陽氣之動者也。”漢張衡《西京賦》：“礔礰激而增響。”《説文·雨部》：“震，劈歷振物者。”段玉裁注：“劈歷，疾雷之名。”五代齊己《夏日原西避暑寄吟友》詩：“閑處雨聲隨霹靂，旱田人望隔虹霓。”唐杜甫《君不見簡蘇徯》詩：“深山谷底不可處，霹靂魍魎兼（一作並）狂風。”宋王挺之《題黄山》之二：“怪似龍逢霹，高疑劍倚天。”宋張君房《雲笈七籤》卷一一二：“遷詔於階下大呼雷王一聲，時中旱，日光猛熾，便震霹一聲，人皆顛沛。”宋魏了翁《先立春一日電雷雪交作程叔運賦詩次韵》：“誰驅阿香送劈歷，更遣玉女來姑瑶。”明陶宗儀《南村輟耕録·發宋陵寢》：“君不見，犬之年，羊之月，劈歷一聲天地裂。”明楊基《憶昔行贈楊仲亨》詩：“牽衣上船江雨急，辟歷半夜翻洪濤。”

【辟歷】

同“霹靂[1]”。此體漢代已行用。見該文。

【礔礰】

同“霹靂[1]”。此體漢代已行用。見該文。

【劈歷】

同“霹靂[1]”。此體漢代已行用。見該文。

【霹靂】[2]

同“霹靂[1]”。此體五代已行用。見該文。

【霹】

“霹靂[1]”之單稱。此稱宋代已行用。見該文。

【轟雷】

轟響震撼天宇的雷。唐元稹《送嶺南崔侍御》詩：“毒龍蜕骨轟雷鼓，野象埋牙斷石磯。”宋覺性《題汪水雲詩卷》詩：“龍溪玉山猶谷響，燕歌吳咏轟雷音。”元鄭德輝《王粲登樓》第一折：“久聞賢士大名，如轟雷貫耳。”《三國演義》第四二回：“一聲好似轟雷震，獨退曹家百萬兵。”《紅樓夢》第三二回：“黛玉聽了這話，如轟雷掣電，細細思之，竟比自己肺腑中掏出來的還覺真切。"乾隆《清遠縣志》卷一四："〔嘉靖二十四年〕興仁鄉楊梅村前一夕大雨轟雷，傾陷爲潭。頃之，村遭回禄，賴此潭水汲救。"

【殷雷】

亦作"殷靁"。指驚雷、震雷。《詩·召南·殷其靁》："殷其靁，在南山之陽。"毛傳："殷，靁聲也。"漢王延壽《魯靈光殿賦》："動滴瀝以成響，殷雷應其若驚。"晉葛洪《抱朴子·吳失》："殷雷轟磕於龍潛之月，凝霜肅殺乎朱明之運。"宋劉弇《石廊洞（在永新之蓮花村）》詩："飛鳥點影陽光回，游子履深驚殷雷。"元呂誠《滇陽峽山飛來寺》詩："萬松夾道時聞雨，衆壑奔流夜殷雷。"明鄭岳《寓建寧玉清觀次楊恒叔太僕韵三首》其二："昨夜殷雷送山雨，半溪新漲浸紅霞。"清彭孫貽《春雷》詩："殷雷生積雨，隱隱發遥岑。"

【殷靁】

同"殷雷"。此體先秦已行用。見該文。

【乾雷】

亦稱"乾雷聲"。西北方之響雷。八卦與八方相配，乾指西北，故稱。宋黃庭堅《奉同六舅尚書咏茶碾煎烹三首》其二："深注寒泉收第一，亦防枵腹爆乾雷。"明田藝蘅《留青日札·天鼓鳴》："嘉靖四十四年十二月二十八日未申時，天鼓震西北，俗云乾雷響。"明林光《喜雨（丙寅六月二十六日）》："赤日行空煎伏暑，乾雷輾地跨長虹。"

【乾雷聲】

即乾雷。此稱明代已行用。見該文。

【雄雷】

響聲暴烈之雷。唐釋道世《法苑珠林》："其霹靂者，所謂雄雷旱氣也。其鳴依音，音不大霹靂者，所謂雌雷水氣也。"宋洪邁《容齋三筆·歲月日風雷雄雌》："春雷始起，其音格格，其霹靂者，所謂雄雷旱氣也。"元郊居生《金銅仙人辭漢歌》詩："芙蓉仙掌擎高秋，雄雷掣碎銅蛟髓。"明李一楫《月令采奇》："春雷拍拍格格靂靂者，雄雷也，旱氣也。其聲音音依依不震者，雌雷也。"清彭孫貽《夜夢爲龍虎》其二："天門獨步踏雄雷，一嘯生風萬壑來。"

【暴雷】

響聲暴烈之雷。《史記·殷本紀》："武乙獵於河渭之間，暴雷，武乙震死。"《舊五代史·周書·世宗紀》："〔顯德五年〕今年七月十七日夜，暴雷劈開，其路復通。"宋沈括《夢溪筆談·神奇》："内侍李舜舉家曾爲暴雷所震。其堂之西室，雷火自窗間出。"元郝經《江聲行》："又如暴雷鬱未發，喑鳴水底號鯤鯨。"明謝肇淛《五雜俎·物部》卷一〇："一夕，遇暴雷驟雨，其贅長三五尺，謂之楓人。"

【怒雷】

響聲暴烈之雷，形容雷態怒氣衝天狀。《後漢書·班彪傳》："霆擊昆陽，憑怒雷震。"宋孔平仲《觀暴》詩："怒雷殷殷西南天，黑氣一抹如長煙。"元段克己《鷓鴣天·上巳日再游青陽峽用家弟誠之韵》詞："樓外殘雲走怒雷，西山晴色晚崔嵬。"元王冕《素梅五十八首》其五十二："濕雲挾得梅梁起，半夜飛空作怒雷。"清姚元之《廷尉》詩："升堂指畫生疾風，怒雷奔電來天東。"

## 【驚雷】

響聲極大之雷。使人驚懼，故稱。晉王羲之《筆書論·啓心》：“擺撥似驚雷掣電，此乃飛空妙密。”晉傅玄《驚雷歌》：“驚雷奮兮震萬，威陵宇宙兮動四海。”南朝宋鮑照《喜雨》詩：“驚雷鳴桂渚，回涓流玉堂。”唐白居易《和春深二十首》詩其十三：“曳練馳千馬，驚雷走萬車。”宋王令《大松》詩：“長蛟老蠆空中影，驟雨驚雷半夜聲。”元吳當《美趙侯祈禱》詩：“驚雷怒電白日飛，擁樹連村黑雲濕。”明王鏊《壬戌九月》詩：“填然忽驚雷，百蟲破新蟄。”清陳恭尹《生生園十咏·珠暉橋》：“驚雷收宿雨，初日現文虹。”

## 【大雷】

響雷。雷電同時發生，故亦作“大雷電”。南朝梁何遜《至大雷聯句》詩：“密雲窮浦暗，飛電遠洲明。”唐司空曙《送鄭況往淮南》詩：“雲離大雷樹，潮入秣陵山。”宋李石《驟雨》詩：“荒風吼其前，大雷擊其後。”宋文天祥《贈舒片雲》詩：“一夕大雷電，六丁下取將。”元方回《夜大雷雨電》詩：“雹聲擊瓦疑皆碎，電影穿帷恍似虛。”明楊維楨《謝呂敬夫紅牙管歌》：“鐵心道人吹鐵笛，大雷怒裂龍門石。”萬曆《湯溪縣志》卷八：“〔嘉靖十二年〕七月，大風傷稼。冬十二月，大雷電。”光緒《麻城縣志》卷二：“〔嘉靖十四年〕正月，大雷。”清黃鉞《六月晦日劉吉士招余偕祁編修田吉士何孝廉崇效寺納凉次去年看牡丹韻》詩：“有時入夜大雷電，疾風猛雨相憑陵。”

## 【大雷電】[1]

即大雷。此體宋代已行用。見該文。

## 【玉虎鳴】

雷之別稱。其響甚巨，猶虎吼，故稱。宋朱勝非《紺珠集》卷一二引《鷄蹠集》：“《河圖》謂雷聲曰玉虎鳴。”明趙琦美《鐵網珊瑚》卷一四俞希魯《跋雷雨護嬰圖》詩：“雲雨埋山玉虎鳴，匆匆掩耳畏兒驚。”清朱鶴齡《咏雪獅子十韵》詩：“豈是金牛出，還疑玉虎鳴。”

## 輕雷

響聲不大的雷；隱隱的雷聲。唐駱賓王《同辛簿簡仰酬思玄上人林泉四首》其三：“聚花如薄雪，沸水若輕雷。”唐高適《陪竇侍御靈雲南亭宴詩得雷字》：“新秋歸遠樹，殘雨擁輕雷。”宋歐陽修《臨江仙》詞：“柳外輕雷池上雨，雨聲滴碎荷聲，小樓西角斷虹明。”元凌雲翰《雨香亭》詩：“輕雷送雨鬧池蛙，藕葉生香勝似花。”明劉基《五月十九日大雨》詩：“風驅急雨灑高城，雲壓輕雷殷地聲。”清尤怡《雜感》詩：“春至陽氣動，輕雷殷方鼓。”

## 【薄雷】

即輕雷。唐沈佺期《嶽館》詩：“流澗含輕雨，虛巖應薄雷。”宋蘇軾《次韵柳子玉見寄》詩：“薄雷輕雨曉晴初，陌上春泥未濺裾。”明岑徵《壽石制軍（代）》詩其三：“鳴條風歛秋雷薄，觸石雲生化雨新。”清黃之雋《壺中天·三疊韵和初食園笋》詞其三：“纔過驚蟄，是輕陰地面，薄雷天宇。”

## 悶雷

聲音低沉的雷，常比喻精神上受到的突然打擊。《紅樓夢》第八四回：“賈政要試寶玉的文字，令李貴傳喚。寶玉聽了，又是一個悶雷。”《古今禪藻集》卷二八：“悶雷，焦日穿衣，惡飛鳴，撲眼蟲。”

## 【雌雷】

響聲低緩之悶雷。唐釋道世《法苑珠林》："音不大霹靂者，所謂雌雷水氣也。"宋洪邁《容齋三筆・歲月日風雷雌雄》："春雷始起，其音格格，其霹靂者，所謂雄雷旱氣也；其鳴依依，音不大霹靂者，所謂雌雷水氣也。"元貫雲石《筆篆樂爲西瑛公子》詩："雄雷怨別雌雷老，雲海鰻沙地無草。"明許承欽《茶詳》詩："晝夜見雌雷，擊碎橫飛字。"清黃景仁《大雷雨過太湖》詩："遂聞雌雷轉水底，飛廉屏翳驅相從。"（詳見本卷"雄雷"詞條）

## 晴雷

晴天響起雷鳴，往往令人感到意外和震驚。唐劉禹錫《白侍郎大尹自河南寄示池北新葺水齋即事招賓十四韵兼命同作》詩："潭心澄晚鏡，渠口起晴雷。"宋陳綱《留題霍山應聖公廟》詩："斷崖當午晴雷震，深壑經秋積靄濃。"元袁桷《龍門》詩："陰風起晴雷，摩蕩晝日昏。"明王應鵬《登育王上塔》詩："天際兩峰飛白日，雲中萬壑起晴雷。"清黃景仁《東平》詩："如天大道走晴雷，似水征輪起薄埃。"

## 【晴天霹靂】

亦稱"青天飛霹靂""晴天雷"。晴天響起的雷鳴。宋陸游《四日夜雞未鳴起作》詩："放翁病過秋，忽起作醉墨。正如久蟄龍，青天飛霹靂。"又《瞿唐行》詩："浪花高飛暑路雪，灘石怒轉晴天雷。"宋釋廣聞《偈頌一百四十二首》其一一六："忽地晴天霹靂聲，禹門三級浪峥嶸。"金李獻能《從獵口號四首》其四："的皪金鏃墮曉星，晴天霹靂應絃聲。"明鄧雲霄《游衡山詩十二首》其八："孤巘芙蓉搖瀑布，晴天霹靂起雷池。"清黃遵憲《哀旅順》詩："下有深池列鉅艦，晴天雷轟夜電閃。"清史善長《古城》詩："霹靂晴天動，弓開虎豹驚。"

## 【青天飛霹靂】

即晴天霹靂。此稱宋代已行用。見該文。

## 【晴天雷】

即晴天霹靂。此稱宋代已行用。見該文。

## 【旱雷】

旱天、晴空之雷，其聲極其響亮。晋裴啓《語林》："非徒密雲，乃自旱雷。"唐李賀《榮華樂》詩："雲兜絕騁眊旱雷，亂袖交竿管兒舞。"明鄧雲霄《悲長城》詩："揮淚無乾土，春聲起旱雷。"清姚燮《戲贈玉清院主陳二中道士》詩："披頭女字騎淫虹，天門鍵閉旱雷啞。"

## 【焦霹靂】

亦作"霹靂焦"。亦稱"焦雷"。晴空之雷。宋蘇軾《和子由木山引水二首》其二："泫然疑有蛟龍吐，斷處人言霹靂焦。"明王鏊《登龍門次師陳韵》詩："嵌中祇恐蜿蜒蟄，缺處猶存霹靂焦。"《金瓶梅詞話》第一回："半空中猛如一個焦霹靂，滿山滿嶺，盡皆振響。"《紅樓夢》第二六回："寶玉聽了，不覺打了個焦雷一般，也顧不得別的，疾忙回來穿衣服。"

## 【霹靂焦】

即焦霹靂。此體宋代已行用。見該文。

## 【焦雷】

即焦霹靂。此稱清代已行用。見該文。

## 【無雲而雷】

亦作"無雲而震"。即晴天雷。先秦《竹書紀年》："晋莊伯八年，無雲而雷。"又同書云："晋幽公十二年，無雲而雷。"《漢書・成帝紀》："〔元延元年〕夏四月丁酉，無雲有雷，聲光耀耀，四面下至地，昏止。赦天下。"《後漢書・獻帝紀》："〔初平四年〕五月癸酉，無雲而雷。"宋謝維新《古今合璧事類備要》："昔慶曆初，京師一日無雲而震，仁宗以天變如此由夏竦姦邪，亟命黜之。"元馬端臨《文獻通考》卷三〇七："無雲而震近鼓妖也。"《明憲宗實錄》卷一六一："〔成化十三年〕正月甲子，山西代州無雲而雷。"雍正《山西通志》卷一六三："〔正德八年〕秋八月，沁州、沁源、澤州無雲而震，既而大風雨，平地水深丈餘，漂没民田四千頃。"

**【無雲而震】**

即無雲雷。此稱宋代已行用。見該文。

**【打頭雷】**

没下雨先響雷，主無雨。明王象晉《群芳譜・天譜》："卯前雷主有雨，打頭雷主無雨。諺云：'未雨先雷，船去步來。'"明馮應京《月令廣義》"晝夜令"："雷占：未雨先雷，船去步來。不怕寅時雨，只怕卯時雷。"明徐光啓《農政全書・農事・占候》："論雷：諺云：'未雨先雷，船去步來。'主無雨。"

**【平地一聲雷】**

突然間驚天動地一聲雷鳴。前蜀韋莊《喜遷鶯》："鳳銜金榜出門來，平地一聲雷。"宋釋正受《嘉泰普燈録》："大旱連天三尺雨，驚人平地一聲雷。"元佚名《舉案齊眉》第三折：

"雖然是運不齊，他可也志不灰。只等待桃花浪暖蟄龍飛，平地一聲雷。"

## 地中雷

潛藏地下的雷聲。語出唐王昌齡《小敷谷龍潭祠作》詩："崖谷噴疾流，地中有雷集。"宋汪宗臣《水調歌頭・冬至》詞："五雲重壓頭上，潛蟄地中雷。"元王惲《同劉勸農彥和葛縣令祐之游蒼谷口四首》其三："行出山門俱不見，玉龍翻作地中雷。"明楊起元《自警八首》其五："克復爲仁不易裁，真機渾似地中雷。"清吳兆騫《小烏稽》詩："壞道沙喧天外雨，崩崖石走地中雷。"

## 雷鳴

指雷聲。先秦屈原《卜居》："黃鍾毀棄，瓦釜雷鳴。"《南齊書・五行志》："〔永明七年〕正月甲子，夜陰，雷鳴西南坤宮，隆隆一聲而止。"唐易静《兵要望江南・占雷第九》："兵發日，風吼忽雷鳴。"宋白玉蟾《美周都監禱雨驗》詩："彈指雷鳴三霹靂，舉頭雲起一須臾。"元陳宜甫《蟻出一首同張太監賦》詩："三月春雷鳴，朔方啓萬蟄。"明朱元璋《賜都督僉事楊文廣征南》詩："雷鳴甲胄乾坤静，風動旌旗日月高。"清鄭燮《江晴》詩："霧裏山疑失，雷鳴雨未休。夕陽開一半，吐出望江樓。"

# 時　雷

## 春雷

亦作"春靁"。春天之雷。驚醒蟄眠蟲獸，兆顯春意已濃。《漢書・叙傳下》："上天下澤，春靁奮作。"唐司空曙《聞春雷》詩："水國春

雷早，闐闐若衆車。"宋潘自牧《記纂淵海》卷九三："芳心困落日，薄艷戰春靁。"宋劉敞《詔書求方略之士咸令自陳》詩："秋野騰轇鶄，春雷起蟄龍。"金元好問《春雷起蟄》："待得春

雷驚蟄起，此中應有葛陂龍。"明梁辰魚《浣紗記·放歸》："春雷地奮，秋雲風卷。"清屈大均《咏懷》詩其一："春雷驚百卉，閶闔渙波鱗。"

【春靁】

同"春雷"。此體漢代已行用。見該文。

【春霆】

即春雷。晋左思《魏都賦》："抑若春霆發響，而驚蟄飛競。"南朝宋傅亮《喜雨賦》："春霆殷以遠響，興雨霖而載塗。"唐王勃《上劉右相書》："不行而至，春霆仗天地之威；以息相吹，時雨鬱山川之兆。"宋程顥《九日訪張子直承出看花戲書學舍五首》其五："桃李飄零杏子青，滿城車馬響春霆。"明胡直《醫喻八首》之八："驪聲若霆，訌於朝野。"清百齡《贈杜西林孝廉》詩："及今斗杓回，起蟄來春霆。"

【屯雷】

即春雷。屯，《説文·屮部》："難也。象草木之初生。"故而"屯雷"意爲四季初始、萬物萌生之春雷。三國魏應瑒《愁霖賦》："聽屯雷之恒音兮，聞左右之嘆聲。"宋洪咨夔《大治賦》："三煽烘朝霞而爛照，四煽淘屯雷而欲震。"明鄧雲霄《妖雹歌》："初聞諸怪屯雷風，更聞翻却鮫人宮。"清顧炎武《感事》詩其二："詔令屯雷動，恩波解澤流。"

【凍雷】

即春雷。初春天氣乍暖還寒，凍未解，故稱。宋歐陽修《戲答元珍》詩："殘雪壓枝猶有橘，凍雷驚笋欲抽芽。"元高克恭《題管夫人竹窩圖》詩："凍雷迸出千崖翠，勒此高歌傲素侯。"明程敏政《和吳亞卿道本得孫之作》詩："凍雷驚起蟠龍兒，老節俄添玉一枝。"清左宗棠《題孫芝房蒼筤谷圖》詩："凍雷破地錐倒

卓，千山萬山啼子規。"

【新雷】

指第一聲春雷。唐李端《早春夜望》詩："舊雪逐泥沙，新雷發草芽。"宋徐璣《新春喜雨》詩："昨夜新雷催好雨，蔬畦麥隴最先青。"明沈一貫《集卜茂卿園》詩："新雷動土脉，熙陽悦草性。"清張維屏《新雷》詩："千紅萬紫安排着，只待新雷第一聲。"參見本卷"舊雷"條目。

## 冬雷

亦稱"冬月雷"。冬天之雷。冬天一般無雷，冬雷爲罕見的天象。漢樂府《上邪》詩："冬雷震震夏雨雪，天地合，乃敢與君絕。"《史記·秦始皇本紀》："〔秦王政五年〕冬雷。"前蜀貫休《偶作》詩："稂莠蝕田髓，積陰成冬雷。"宋陸游《雷》："君不見，冬月雷，深藏九地底，寂默如寒灰。"元吳萊《泰階六符經後序》："日蝕地震、冬雷夏霜、蒙氣還風、旱乾水溢，天之爲也，人何與焉？"萬曆《銅陵縣志》卷一〇："〔成化四年〕夏大旱，饑。冬雷。"亦有冬天下雪時打雷的記載。《宋書·五行志》："〔元嘉九年〕十一月甲戌，雷且雪。"同書又云："〔元嘉六年〕正月丙辰，雷雨雪。"《南史·宋文帝紀》："〔元嘉七年〕二月壬戌，雪且雷。"崇禎《烏程縣志》卷四："〔嘉靖四十年〕正月，雪雷，大水，無禾。民饑，疫。"康熙《上虞縣志》卷二："〔嘉靖十六年〕冬雷。時冬至已過，一夜忽大雨雷電。"

【冬月雷】

即冬雷。此稱宋代已行用。見該文。

【瑞雷】

祥瑞之雷，發於冬季臘月。宋王溥《唐會

要》卷四四："若三月雪是瑞雪，臘月雷爲瑞雷乎？"宋戴復古《一冬無雨雪而有雷》詩："時無臘雪下，夜有瑞雷鳴。"

## 【正月雷】

漢伏勝《尚書大傳》引《洪範五行傳》："正月雷，微動而雉雊，雷，諸侯之象也。"唐歐陽詢等《藝文類聚·鳥部》："《洪範五行傳》曰：'正月雷微而雉雊，雷通氣也。'"崇禎《吳縣志》卷一一："〔嘉靖四十年〕正月，雪雷。"《雲南通志》卷一七："〔嘉靖四十二年〕正月，永平有雷，震自西方，其聲異常，聲聞百里。"《麻城縣志》卷二："〔嘉靖十四年〕正月，大雷。"亦有臘月雷的記載。唐白居易《題平泉薛家雪堆莊》詩："赤日旱天長看雨，玄陰臘月亦聞雷。"明梁寅《癸卯臘月雷》詩："臘月頻聞殷殷雷，荒村晝雨似浮埃。"萬曆《湯溪縣志》卷八："〔嘉靖十二年〕七月，大風傷稼。冬十二月，大雷電。"康熙《撫寧縣志》卷一："〔嘉靖十四年〕冬十二月，雷。"道光《南城縣志》卷二七："〔嘉靖二十一年〕十二月，大雨，雷鳴如夏。"光緒《常昭合志稿》卷四七："〔正德五年〕大水，臘月五六日，雷鳴西南方不止；二十八日立春五更時，雷復鳴。"

## 【舊雷】

立春前的雷。清屈大均《廣東新語·天語》："雷州之俗，以雷在春前爲舊雷，交春爲新雷。"清朱仕玠《尸位學署岑寂無聊泛泛隨流迹近漁父每有聞見輒宣謳咏因名瀛涯漁唱》其五十一："霜後餘荷尚貼錢，舊雷長是接新年。"

## 卯前雷

卯時前打雷，主有雨。卯時指早上五到七點。明王象晉《群芳譜·天譜》："卯前雷主有雨，打頭雷主無雨。諺云：'未雨先雷，船去步來。'"明徐光啓《農政全書》卷一一："卯前雷有雨，凡雷聲響烈者雨陣雖大而易過。"清杜文瀾《古謠諺》卷三九："卯前雷有雨。一夜起雷三日雨。"

# 第二節 閃電考

殷商甲骨文已有了電字。甲骨文"電""申""神"是一個字，是閃電的象形，雷則在電的兩側加塊狀或點狀，表示雷聲。古人認爲電與雷有關聯，其爲陰陽交互所致。《禮記·月令》："〔仲春之月〕雷而發生，始電。"《說文·雨部》："電，陰陽激燿也。"古人對於"電"的認知共分爲以下類型：

抽象名類：除了"電"之外，亦作"靈""𤴐""電火""火電""電光""電耀""電影""電㶿""電烻""電眸""電瞲""震電""礚䃟""閃""天閃""閃電""閃""電閃""打閃""霍閃""霆""霳"等。《莊子·天運》："吾驚之以雷霆。"陸德明釋文："霆，電也。"《淮南子·兵略訓》："疾雷不及塞耳，疾霆不暇掩目。"《玉篇·雨部》："霆，電也。"現代科學或口語中常用的詞語是"閃電""打閃"或"閃"，與古語一脉相承。《漢書·司馬相如傳下》："貫列缺之倒景兮。"顏師古注引服虔曰："列缺，天閃也。"宋孫穆《鷄林類事》："《方言》：電曰閃。"

空間位置名類：即表示閃電生成的位置。例如"無厚"，爲東方閃電名；又"順流"，爲南方閃電名；又"墮光明"，爲西方閃電名；又"百生樹"，爲北方閃電名。《法苑珠林》卷四："東方有電名曰無厚，南方有電名順流，西方有電名墮光明，北方有電名曰百生樹。"又"電脚"，指與地相接的閃電。宋趙福元《減字木蘭花·贈草書顚》詞："電脚搖光，驟雨旋風聲滿堂。"

類比名類：又分爲擬物名類和擬人名類。前者如"銀繩"，閃電，謂其色白如長繩。又"金蛇""紫金蛇"，指閃電蜿蜒，猶如紫金蛇飛舞。宋蘇軾《望海樓晚景》詩："雨過潮平江海碧，電光時掣紫金蛇。"又"蛟電"，指曲折的閃電如蛟。唐王勃《乾元殿頌序》："蛟電凝陰，發皇明於石紐。"又"銀繩""銀索"，指其光閃蜿蜒如繩索。唐顧雲《天威行》詩："金蛇飛狀霍閃過，白日倒挂銀繩長。"又"電策""雷鞭""電鞭"，指電光蜿蜒如長鞭。又"狂矢"，狀如飛箭。宋陸游《中夜聞大雷雨》詩："雷車駕雨龍盡起，電行半空如狂矢。"後者如"天笑""投壺光""笑電"。漢東方朔《神異經·東王公》："〔東王公〕恒與一玉女投壺，每投二百矯，設有入不出者，天爲之噓嘘。矯出而脱悞不接者，天爲之笑。"張華注："言笑者，天口流火烙灼，今天不下雨而有電火。"後因以指閃電。又"奔電""走電""飛電""奔霆"，擬人或禽獸之奔、走、飛，狀皆疾速。漢王褒《聖主得賢臣頌》："追奔電，逐遺風，周流八極，萬里一息。"

態勢名類：表閃電這種氣象的形態和勢態。如"流電""飄電""游電""過電""電流"，指閃電流、飄、游，皆謂其游走不定。晋孫楚《除婦服》詩："時邁不停，日月電流。"近代常用詞語"電流"，應溯源於此。又"擊電"，指疾速猛烈的閃電。《敦煌變文集·伍子胥變文》："天兵有限，不可久停，馬乃擊電奔星，行至子胥妻舍。"又"掣電"，掣，疾行。晋王羲之《筆書論·啓心》："擺撥似驚雷掣電，此乃飛空妙密，頃刻浮沉。"又"激電""急電""電激"，謂閃電迅疾。《三國志·吳書·諸葛恪傳》："臣聞震雷電激，不崇一朝。"又"爍電"，謂明亮的閃電。南朝宋顏延之《應詔宴曲水》詩："開榮灑澤，舒虹爍電。"又"回電""蛟電"，謂曲折的閃電。又"陰電"，指雷雨時的閃電。又"絶電"，指瞬息即逝的閃電。又"輕電"，指不劇烈的閃電。

# 閃概念

## 閃電

亦作"電閃"。亦稱"天閃""閃""打閃"。指雷電之光。電光忽顯忽没，故稱。'閃'字金文的外框表示門，而門中有人，整個字像有人從門縫中探頭偷看的樣子。《漢書·司馬相如傳下》："貫列缺之倒景兮。"顏師古注引服虔曰："列缺，天閃也。"《隋書·長孫晟傳》："聞其弓聲，謂爲霹靂；見其走馬，稱爲閃電。"唐易静《兵要望江南·占雨》："天河內，閃電見光明。"宋蘇軾《觀子玉郎中草聖》詩："柳侯運筆如電閃，子雲寒悴羊欣儉。"宋孫穆《雞林類事》："《方言》：電曰閃。"元尹志平《西江月·龍陽觀冬至作》詞："一聲雷動震山川，迸出飛光閃電。"明陶宗儀《臘月乙卯日己卯時雷從西北方起》詩："一道金光飛閃電，雷聲虩虩震天門。"清李光庭《鄉言解頤·天》："鄉人有閃電娘娘之稱，且不謂之閃電，直曰打閃。"清陳元龍《格致鏡原》卷三："春夏之間，夜晴而見遠電，俗謂之熱閃。南閃主久晴，北閃主即雨，北閃俗謂之北辰閃。"

甲骨文"閃"或"電"字

金文"閃"字

### 【電閃】

同"閃電"。此體宋代已行用。見該文。

### 【天閃】

即閃電。此稱漢代已行用。見該文。

### 【閃】

即閃電。此稱宋代已行用。見該文。

### 【打閃】

即閃電。此稱清代已行用。見該文。

### 【電】

亦作"電""電"。即閃電。空中帶電雲塊放電所發之光。"電"字與"閃"字的甲骨文或爲一種形態。金文始加雨字爲"電"字，強調了閃電與降水之間的聯繫。《詩·小雅·十月之交》："爗爗震電，不寧不令。"《禮記·月令》："〔仲春之月〕雷而發生，始電。"《説文·雨部》："電，陰陽激燿也。古文電。"晋王濟《平吳後三月三日華林園》詩："迅雷電邁，弗及掩耳。"晋嵇康《四言贈兄秀才入軍》詩："風馳電逝，躡景追飛。"南北朝朱超《對雨》詩："重雲吐飛電，高棟響行雷。"唐元稹《夜雨》詩："雷驚空屋柱，電照滿牀書。"宋孔平仲《夏旱》詩："雷聲隆隆電搖幟，雨竟無成空混熱。"元楊顯之《瀟湘夜雨》第四折："半空裏風雨相纏，兩般兒不頗行人怨，我則見勢惡風雷電。"明趙汸《峽源瀑布》詩："雷激丹嶽摧，電穿青山破。"清何鞏道《寄麥始郢御林》詩："馬從電裏追千里，陣在雲邊列五花。"

金文"電"字

### 【電】

同"電"。此體漢代已行用。見該文。

### 【電】

同"電"。此體漢代已行用。見該文。

## 【電火】

亦作"火電"。指閃電。《淮南子·兵略訓》："擊之如雷霆，斬之如草木，燿之若火電。"《南齊書·五行志》："永明八年四月六日，雷震會稽山陰恒山保林寺剎上四破，電火燒塔，下佛面窗戶不異也。"北周庾信《崔訦神道碑銘》："中軍節目，鎮北鋒茫。商飈獵草，電火驅霜。"唐釋良价《綱要頌三首·不墮凡聖》："背風無巧拙，電火爍難追。"宋陸游《七月十九日大風雨雷電》詩："雷車動地電火明，急雨遂作盆盎傾。"元許衡《和吳行甫雨雹韵》其一："半空光冷掣電火，平地聲走轟雷車。"明龐尚鵬《和楊生早春試筆聞新雷》詩："電火驅雲崧岳動，桃花飄浪兩門開。"清王夫之《與唐須竹夜話二首（戊申）》其一："秋毫分九級，火電掣雙眉。"清洪繻《意難忘·感事》其一："塵擾擾，事忙忙，豈電火流光！"

## 【火電】

同"電火"。此體漢代已行用。見該文。

閃　電
（《補繪蕭雲從離騷全圖》）

## 【電光】

指閃電。亦指閃電之光。亦爲佛家語，在佛經中，"電光"常用於比喻世間事物滅變幻，無常迅速；禪宗好用"電光石火"比喻機鋒敏捷，忽然觸發，有所悟入。現多形容事物像閃電和石火一樣一瞬間就消逝。語出《漢書》卷八七上《揚雄傳》："目如燿星，舌如電光。"晉傅玄《晉鼓吹曲二十二首·靈之祥》："震乾威，燿電光。"《南齊書·五行志》："〔永明十年〕十二甲申，陰雨有電光，因聞西南及西北上雷鳴，頻續三聲。丙申夜，聞西北上雷，頻續二聲。"《北齊書·竇泰傳》："電光奪目，駛雨沾灑。"《北史·竇泰傳》："出庭觀之，見電光奪目，駛雨霑灑。"宋陸游《喜雨》詩："雷車隆隆南山陽，電光煜煜北斗傍。"元王士熙《天冠山二十八首·雷公巖》詩："但見飛電光，山人賀春雨。"明華幼武《客樓夜雨》詩："電光生夜白，雨氣入樓寒。"清蔣薰《建溪灘行遇雨》詩："霹靂亂繞山前後，電光只在船首尾。"

## 【爍電】

亦稱"烈電"。爍，明亮。南朝宋顏延之《應詔宴曲水》詩："開榮灑澤，舒虹爍電。"唐張說《安樂郡主花燭行》詩："丹爐飛鐵馳炎焰，炎霞爍電吐明光。"宋梅堯臣《同諸韓及孫曼叔晚游西湖》詩之二："爍電未成雨，涼風先入衣。"明陳子龍《當爐曲》詩："紫騮爍電追東風，却望東樓驕一顧。"清孫鉽《送陸季冲之任鬱林》詩："驊騮爍電本空群，嶺外梅花正俟君。"

## 【電耀】

亦作"電曜"。即閃電。《管子》："天地以秋冬肅殺、雷震電耀爲威。"晉郭璞《游仙》詩之九："鱗裳逐電曜，雲蓋隨風回。"南朝梁沈約《齊司空柳世隆行狀》："靈鋒電曜，威策雲舉。"《樂府詩集·郊廟歌辭六·唐祀九宮貴神樂章》："光光宇宙，電耀雷震。"唐瞿曇悉達《開元占經》卷一〇二："《易稽覽圖》曰：陰陽和合，其電耀耀也。"元林天任《靈寶領教濟度金書》："符頒五社，祈電耀以雷轟。"明佚名《法海遺珠》："先施電耀，後掣雷轟，普天降醜，無有逃形。"清查繼佐《罪惟錄》："行萬里外，電耀霆擊，靡不惴惴。"清弘曆《和李嶠雜咏詩百二十首韵·橄》："千言明電曜，萬里順風行。"

【電曜】

同"電耀"。此體晋代已行用。見該文。

【電影】

即閃電。三國魏康僧鎧《無量壽經》卷下："知法如電影，究竟菩薩道。"晋傅玄《歌》詩："光如電影，擬之則離。"南朝梁蕭綱《雨後》詩："雷音稍入嶺，電影尚連城。"唐宋之問《内題賦得巫山雨》詩："電影江前落，宙聲峽外長。"宋釋可湘《佛光法師真相致藏主請贊》："葊花風掃雨新奇，電影已收雷未絶。"元張弘範《驟雨》詩其一："滄海龍飛霹靂驚，雲間電影萬蛇明。"明李攀龍《暴雨》詩："雷聲盤暗牖，電影纏空梁。"

【電焱】

亦作"電烻"。即閃電。南朝宋何承天《鼓吹鐃歌十五首·戰城南篇》詩："戰城南，冲黄塵，丹旌電烻鼓雷震。"北周庾信《侍從徐國公殿下軍行》："電焱驅龍馬，山精鏤寶刀。"唐元稹《放言》詩之三："霆轟電烻數聲頻，不奈狂夫不藉身。"宋彭郁《題萬壑風煙亭百韵》詩："或如雷部謝仙火，亘天電焰揮霹靂。"明徐元太《喻林》卷八六："如來面光如百千電焱，

出過世間所有光明百千萬倍。"清《山東通志》卷三五："電烻以驚急，且其日之爲體也。"

【電烻】

同"電焱"。此體南朝宋已行用。見該文。

【雷電】

打雷時必有閃電相隨，故常連稱。《晋書·五行志》："〔太和元年〕秋，數大雨，多暴卒，雷電非常，至殺鳥雀。"唐張蠙《過黄牛峽》詩："雷電夜驚猿落樹，波濤愁恐客離船。"宋謝直《遣懷五首寄致道》其二："有來疾雷電，决去微埃塵。"金元德明《楸樹》詩："只恐等閑風雨夜，怒隨雷電上青冥。"明劉崧《題李遵道石林秋思圖爲劉元善賦》："深巖欲雨雷電入，古路無人魑魅愁。"清胡天游《漢杜陵五鳳銅行燈檠歌》："潜鱗忽然雷電激，萬騎乍覺風雲走。"

【震電】

即雷電。《詩·小雅·十月之交》："燁燁震電，不寧不令。"《宋書·五行志》："吳孫休永安五年八月壬午，大雨震電。"唐錢起《登秦嶺半巖遇雨》詩："震電（一作電）閃雲徑，奔流翻石磯。"宋劉敞《復雪二首》其二："癸酉雨震電，庚辰大雨雪。"元陳泰《飛電引（寄簡魯樵雲祈雨有感）》詩："昔君賦魚魚有靈，夜挾震電飛蒼冥。"《明史·五行志》："〔正德十三年〕五月癸丑，常熟俞野村迅雷震電，有白龍一、黑龍二乘雲并下。"清錢謙益《送何士龍南歸兼簡盧紫房一百十韵》詩："天威赫震電，門户破蒼黄。"

【大雷電】[2]

劇烈的雷鳴電閃。《竹書紀年》："秋，大雷電，以風，王逆周文公於郊，遂伐殷。"漢王充

《論衡》："秋大熟未穫，天大雷電，以風，禾盡偃。"宋方夔《富山遺稿》卷五《立冬前後大雷電震者數日》："雲如車礌低壓城，紅光閃電枉矢行。"元方回《彭湖道中雜書五首》其一："一夜大雷電，神喧復鬼嘩。"明胡應麟《平陵東》詩："大雷電，天以風。"萬曆《湯溪縣志》卷八："〔嘉靖十二年〕七月，大風傷稼。冬十二月，大雷電。"光緒《湘陰縣圖志》卷二九："〔弘治八年〕十二月，大雷電，雨雪。"

【陰電】

即閃電。宋梅堯臣《觀博陽山火》詩："炎炎赤龍奔，劃劃陰電笑。"明劉基《蛟溪》詩："寒飆黯離晶，陰電煬幽室。"又其《次韵和石末公旱天多雨意》之五："旱天多雨意，陰電繞空湫。"清彭孫貽《江上小詩二十首·雷洲頭》："陰電長河沒，輕雷白鳥橫。"

【礚礧】

指閃電。漢東方朔《海內十洲記·聚窟洲》："獸弛唇良久忽叫，如天大雷霹靂，又兩目如礚礧之交光，光朗衝天。"《玉篇·石部》："礚，礚礧，電光也。"北周衛元嵩《元包經·孟陰》："列缺博，礚礧灼，睛睒睒，步走走。"唐韓愈《陸渾山火和皇甫湜用其韵》詩："齒牙嚼齧舌齶反，電光礚礧頳目暖。"宋姜特立《松石歌壽皇太子殿下》詩："六丁夜半奉玉敕，雷公礚礧轟取之。"元戴表元《陪阮使君游玉几》詩："神屋晝飛青礚礧，靈潭陰罩赤蛇蜒。"明張憲《冬夜聞雷有感》詩："乃於涸寒時，礚礧未肯歇。"清查慎行《棗東書屋大雨聯句》："電母掣礚礧，雷公拔精銳。"

【電眸】

亦稱"電瞍"。即閃電。晉張協《七命》：

"鼓鬣風生，怒目電瞍。"張銑注："怒目如電。瞍，有光也。"宋蘇軾《赴嶺表過金陵蔣山泉老召食阻雨不及往》詩："電眸虎齒霹靂舌，爲余吹散千峰雲。"明郎瑛《七修類稿》卷三六："岸幘風流閃電眸。"清姚燮《南轅雜詩一百八章》其十三："電眸瞬一瞥，灑手毛血腥。"

【電瞍】

即電眸。此體晉代已行用。見該文。

【霆】[2]

亦作"霆"。亦稱"嗔霆""奔霆"。指閃電。《莊子·天運》："吾驚之以雷霆。"陸德明釋文："霆，電也。"《淮南子·兵略訓》："疾雷不及塞耳，疾霆不暇掩目。"三國魏曹植《王仲宣誄》："光光戎輅，霆駭風徂。"《玉篇·雨部》："霆，電也。"宋文同《季百般己亥大雨》："怪電燒爇嗔霆喧，鯨海起立星漢翻。"宋蘇軾《芙蓉城》詩："徑度萬里如奔霆，玉樓浮空聳亭亭。"遼釋行均《龍龕手鑑·雨部》："霆，霆之俗字。"金李夷《古劍》詩："蛇吞元氣蟄千載，龍逐奔霆脫九泉。"清錢大昕《石樑》詩："珠落玉盤皆照乘，龍歸金洞挾奔霆。"

【奔霆】[2]

即霆[2]。此稱宋代已行用。見該文。

【嗔霆】[2]

即霆[2]。此稱宋代已行用。見該文。

【霆】

同"霆[2]"。此體遼代已行用。見該文。

【千里鏡】

指閃電。因其光照千里，故稱。宋陶穀《清異錄·天文》："驚世先生，雷之聲也；千里鏡，電之形也。"

## 【天笑】

亦稱"投壺光""笑電""青天笑"。指閃電。語出漢東方朔《神異經·東王公》："〔東王公〕恒與一玉女投壺，每投二百矯，設有入不出者，天爲之嚆噓。矯出而脱悮不接者，天爲之笑。"張華注："言笑者，天口流火烙灼，今天不下雨而有電火。"後因以之指閃電。南朝梁蕭綱《霹靂引》："時聞連鼓響，乍散投壺光。"隋辛德源《霹靂引》："雲銜天笑明，雨帶星精落。"唐陸龜蒙《奉酬襲美苦雨見寄》詩："其如玉女正投壺，笑電霏霏作天喜。"唐李商隱《祭全義縣伏波神文》："何煩玉女之投壺，方聞天笑；不待樵人之取箭，已見風回。"宋楊億《無題三首》之一："纔斷歌雲成夢雨，斗回笑電作噴霆。"宋宋祁《春夕雨歌》詩："戒井漏殘銀箭促，青天笑罷玉壺欹。"明朱誠泳《鈞天曲》詩："投壺起天笑，吹律回春融。"明王世貞《樂府變十九首·將軍行》詩："忽開青天笑，雷公不得聞。"清黃遵憲《久旱雨霽丘中閒過訪》詩："海外瀛談勞炙輠，電中天笑詫投壺。"

## 【投壺光】

即天笑。此稱南北朝時期已行用。見該文。

## 【笑電】

即天笑。此稱唐代已行用。見該文。

## 【青天笑】

即天笑。此稱宋代已行用。見該文。

## 【列缺】[1]

亦作"列敏""烈缺"。亦稱"天缺"。指閃電。因其出現時，天空似被分割而破損，故稱。《韓非子·飾邪》："非天缺、弧逆、刑星、熒惑、奎、台，非數年在東也。"《楚辭·遠游》："上至列敏兮，降望大壑。"洪興祖補注："缺

與缺同。"《史記·司馬相如列傳》："貫列缺之倒景兮，涉豐隆之滂沛。"裴駰集解引《漢書音義》："列缺，天閃也。"漢揚雄《羽獵賦》："霹靂烈缺，吐火施鞭。"《漢書·揚雄傳》作"列缺"。《淮南子》："雷以電爲鞭，電光照處，謂之列缺。"《晉書·摯虞傳》："跨列敏闚乾巛。"唐李白《夢游天姥吟留別》詩："列缺霹靂，丘巒崩摧。"宋翟汝文《北固山》詩："晴雷殷列缺，電火搜蜿蜒。"元陳德永《雁蕩吟送秦文學還吳》詩："巨靈運斤鑿鬼竅，列缺吐火施神鞭。"明王寵《試劍石賦》："飛火電之列缺，駭海山之巨靈，迸丹丘之鬼血。"清張逸少《北征凱旋》詩："列缺轟宙礮，横參耀隼旐。"

## 【列敏】

即列缺。此稱先秦已行用。見該文。

## 【烈缺】

同"列缺"。此體漢代已行用。見該文。

## 【天缺】

即列缺。此稱先秦已行用。見該文。

## 【電闕】

指閃電。宋程珌《水調歌頭·雨忽大作》詞："電闕驅神駿，鐵棰起癡蛟。"

## 【曤睒】

亦作"霍閃"。亦稱"覢"。晉木華《海賦》："呵噏掩鬱，曤睒無度。"李善注："曤睒無度，眩惑於人，亦無節度。"唐釋玄應等《一切經音義》卷六："電，關中名覢。"唐顧雲《天威行》："金蛇飛狀霍閃過，白日倒挂銀繩長。"明黃玠《吳興雜咏十六首·佑聖宮白玉蟾壁上留題》其二："筆勢來翩翩，曤睒不可測。"元黃玠《贈飛星學古仙》詩："雙瞳如巖下電，曤睒龍光碧花眩。"《西游記》第八七回："城裏

城外，大小官員，軍民人等，整三年不曾聽見雷電，今日見有雷聲霍閃，一齊跪下。"清胡文英《吳下方言考》卷八："曤睒，電光閃爍也。吳中稱電爲曤睒。"

**【霍閃】**

同"曤睒"。此體唐代已行用。見該文。

**【煛】**

即曤睒。此稱唐代已行用。見該文。

**【收電】**

指閃電。其疾逝似有收之者，故稱。漢賈誼《新書·善謀》："來若風雨，解若收電。"《漢書·韓安國傳》："〔匈奴〕至如猋風，去如收電。"唐杜佑《通典》卷一九四："去如收電，居處無常，難得而制。"宋傅察《次七兄韵》詩："勝負既已分，反奮若收電。"明沈守正《元夕驟雨》詩："須臾海若片雲低，蟾蜍吐沫龍收電。"清王翃《三臺·徐州椎部韓次卿招往雲龍山閱武（壬午）》詩："鳴金罷四疊無聞，飄影疾回霜收電。"

**【流電】**

亦稱"電流"。指閃電。晉陶潛《飲酒二十首并序》其三："一生復能幾，倏如流電驚。"晉孫楚《除婦服》詩："時邁不停，日月電流。"南朝梁沈約《被褐守山東》詩："掣曳瀉流電，奔飛似白虹。"唐李白《對酒行》詩："浮生速流電，倏忽變光彩。"宋薛季宣《欲晴又雨終夕震電》詩："流電掣飛雨，疾徐鼓巖雷。"元陳深《題唐圉人調馬圖》詩："飛龍天厩隘雲稠，一匹驕馳掣電流。"明陶宗儀《戊寅正月四日紀實》詩："隱隱雷發聲，燁燁電流光。"清姚燮《秋日閑居雜詩三章》其二："流電接虹影，薄雨灑晚涼。"

**【電流】**

即流電。此稱晉代已行用。見該文。

**【過電】**

宋蘇軾《次韵高要令劉湜峽山寺見寄》詩："狂雷失晤語，過電不容目。"元舒頔《西湖曲》："百年氣運如過電，頭白眼昏那忍見。"明劉基《送葛元哲歸江西》詩："一朝復一朝，三歲如過電。"

# 閃　態

## 狂電

指疾速駭人的閃電，其迅疾如狂，令人驚懼，故稱。《後漢書·張衡傳》："凌驚雷之硠礚兮，弄狂電之淫裔。"唐皇甫枚《三水小牘》："忽黑氣渤興，濃雲四合，狂電震霆，雨雹交下。"宋劉摯《次韵貫之見勉冒雨至後洞》詩："狂電驚雷曉未收，春雲能護洞天游。"元張翥《題陳所翁九龍戲珠圖》詩："怪風狂電

狂　電

浩呼洶，天吳倅立八山動。"清金正音《大六壬秘本》卷一二：巳作丁神上蛇雀，太冲位上來安著，"忽然狂電驟如傾，雷迅時時光閃耀。"

【烈電】

指强烈的閃電。宋甯全真《上清靈寶大法》："迅雷搜龍，烈電火鈴。"元陸文圭《贈季清隱道人》詩："神鋒閃烈電，爍爍光不已。"清佚名《麟兒報》第一回："最怕是金蛇萬道上下飛，可畏是烈電千層前後閃。"

【擊電】

亦稱"電擊"。指疾速猛烈的閃電。晋葛洪《抱朴子外篇》："輕鷁不能電擊於几筵之下。"晋支遁《八關齋詩三首》其二："輕軒馳中田，習習陵電擊。"《漢魏南北朝墓志彙編·北魏元天穆墓志》："及王師電擊，妖寇霜摧。"《敦煌變文集·伍子胥變文》："天兵有限，不可久停，馬乃擊電奔星，行至子胥妻舍。擬迎婦歸吳國。"唐李紳《涉沅瀟》詩："何不驅雷擊電除奸邪，可憐空作沈泉骨。"宋睦庵善卿《祖庭事苑》："飛雹擊電，烈風迅雷。"元劉大彬《茅山志》："飛揚四潑，如電擊焉。"明王世貞《百字令·青州閱武偶成》詞："雷奔電擊，一麾波静如洗。"清錢名世《觀潮》詩："鬥霆擊電海門碎，巨壑蕩潏藏舟移。"

【電擊】

即擊電。此稱晋代已行用。見該文。

【狂矢】

指疾速如箭的閃電。宋陸游《中夜聞大雷雨》："雷車駕雨龍盡起，電行半空如狂矢。"元楊維楨《斬蛇劍賦》："狂矢電掣，妖虹煒煒。"

## 朱電

指發出朱紅色光亮的閃電，或以爲傳説中電母是朱佩娘，故稱。晋陳壽《三國志·魏書·管輅傳》："風雲並起，竟成快雨。"裴松之注引三國魏管辰《管輅別傳》："雲漢垂澤，蛟龍含靈，爍爍朱電，吐咀杳冥，殷殷雷聲，噓吸雨靈，習習谷風，六合皆同。"宋楊伯嵒《六帖補》卷一："迅雷終天奔朱電。"明吳子孝《玄寧觀夜集贈張子言》詩："六緋的皪真堪羨，宛轉瑶盤走朱電。"清陳恭尹《元日同王礎塵賦得龍德先天天不違次唐人原韵》："三春雨至騰朱電，五色文成上紫微。"

## 奔電

亦稱"走電""飛電"。閃電若奔，故稱。漢王褒《聖主得賢臣頌》："追奔電，逐遺風，周流八極，萬里一息。"晋傅玄《晋宣武舞歌四首·短兵篇》："疾逾飛電，回旋應規。"南朝梁朱超《對雨》詩："重雲吐飛電，高棟響行雷。"唐元稹《咏廿四氣詩·夏至五月中》："過雨頻飛電，行雲屢帶虹。"唐吕巖《七言》其九十八："日影元中合自然，奔雷走電入中原。"宋蘇軾《送轉運判官李公恕還朝》詩："民事蕭條委濁流，扁舟出入隨奔電。"宋陸游《龍湫歌》："鱗間出火作飛電，金蛇夜掣層雲中。"元陳泰《飛電引》詩："昔君賦魚魚有靈，夜挾震電飛蒼冥。"明劉基《書蘇伯修御史斷獄記後》："陰風鳴條，飛電爍目。"清陳子升《寄羅浮古鍊師》詩："靈蛇腦後揮奔電，玄牝門邊答響風。"

【走電】

即奔電。此稱唐代已行用。見該文。

## 【飛電】

即奔電。此稱晉代已行用。見該文。

## 【游電】

閃電若游，故稱。唐顏真卿《贈裴將軍》詩："劍舞若游電，隨風縈且回。"《夏商野史》第一一回："游電母堂，電母迎宴。"

## 【掣電】

閃電。掣，疾行。電光疾速，故稱。晉王羲之《筆書論·啟心》："擺撥似驚雷掣電，此乃飛空妙密，頃刻浮沉。"唐杜甫《高都護驄馬行》詩："長安壯兒不敢騎，走過掣電傾城知。"宋范成大《郊外閱曉騎剪柳》詩："不知掣電彎弓過，但覺柳梢隨箭飛。"金朱之才《暴雨》詩："掣電奔雷晻靄間，崩騰白雨襲人寒。"元陶宗儀《南村輟耕錄》卷一一："二月六日，浙西諸郡震霆掣電，雪大如掌，頃刻積深尺許，人甚驚異。"明劉崧《題馬圖二首》其一："傾城驚掣電，千里一回頭。"清曹雪芹《紅樓夢》第三二回："黛玉聽了這話，如轟雷掣電，細細思之，竟比自己肺腑中掏出來的還覺真切。"

## 回電

在空中迂迴的閃電。南朝梁沈約《長歌行》："拊戚狀驚瀾，循休擬回電。"宋李昉等《文苑英華》卷四四二："收電，一作回電。"元張仲深《爲蘄縣翼王萬户題》詩："酒酣舞劍回電光，時復挑燈藹芸馥。"

## 飄電

閃電若飄，故稱。唐韓偓《夏夜》詩："猛風飄電黑雲生，窣窣高林簇雨聲。"元宋无《海上自芝罘至成山覽秦皇漢武遺迹》詩："奢侈如飄電，危亡若炳星。"明朱橚等《普濟方》卷六："常有暴雨、疾風、迅雷、飄電之變。"

## 電策

指蜿蜒如長鞭的閃電。漢王逸《九思·守志》："揚慧光兮爲旗，秉電策兮爲鞭。"《漢書·揚雄傳上》："奮電鞭，驂雷輜。"顏師古注："《淮南子》云：'電以爲鞭策，雷以爲車輪。'故雄用此言也。"晉傅玄《雲中白子高行》："童女掣電策，童男挽雷車。"唐白居易《酬鄭侍御多雨春空過》詩："鬼轉雷車響，蛇騰電策光。"宋宋庠《大禮慶成》詩："電策千驪躍，雲柯萬戟攢。"明歐必元《飛雲頂放歌》詩："身輕倏忽摩天門，不用侯陽驅電策。"

## 【電鞭】

指閃電如鞭。三國魏曹植《陌上桑》詩："執電鞭，騁飛驎。"南北朝張正見《御幸樂游苑侍宴》詩："流水奔雷轂，追風赴電鞭。"唐李咸用《和殷衙推春霖即事》詩："荷傾蛟淚盡，巖拆電鞭收。"宋歐陽修《欒城遇風》詩："電鞭時耇劃，雷軸助喧轟。"元耶律鑄《後凱歌詞九首·露布》："露布突馳爭逐日，電鞭攙遞鬥追風。"明倪謙《五龍圖爲胡監丞題》詩："恍惚長空灑飛雨，霹靂破山揮電鞭。"清丘逢甲《次韻仙官七言古詩》："上鼓雷鼓鞭電鞭，廣樂未散鈞天筵。"

## 【雷鞭】

指雷電。雷電交加，聲光如鞭。唐韓愈《訟風伯》："山升雲兮澤上氣，雷鞭車兮電搖幟。"宋孫覿《正月十四日半夜大雷雨許槱仲有詩次韻三首》之二："覆雨翻雲一瞬中，雷鞭擊柱起乖龍。"明張君寶《後三教大聖靈通真經》："天神天將搖雷鞭，三聖凌風入紫煙。"清張岱《夜航船·天文部》："霹靂，雷之急激者。閃電曰雷鞭。"

## 【銀繩】

亦稱"銀索"。指電光銀亮、蜿蜒如繩索的閃電。唐顧雲《天威行》："金蛇飛狀霍閃過，白日倒挂銀繩長。"宋文同《陳眉公先生訂正丹淵集》："銀索傾餅盆，豪威怒力凌乾坤。"宋楊萬里《望雨》詩："霆裂火瑶甕，電縈濕銀索。"

## 【銀索】[2]

即銀繩。此稱宋代已行用。見該文。

## 金蛇

亦稱"紫金蛇""蛟電"。指電光蜿蜒猶如金蛇飛舞的閃電。唐顧雲《天威行》詩："金蛇飛狀霍閃過，白日倒挂銀繩長。"唐王勃《乾元殿頌》序："虹星湛色，開寶胄於金壺；蛟電凝陰，發皇明於石紐。"宋蘇軾《望海樓晚景》詩："雨過潮平江海碧，電光時掣紫金蛇。"宋陸游《龍湫歌》詩："鱗間出火作飛電，金蛇夜掣層雲中。"又《南槎遇大風雨》詩："千群鐵馬雲屯野，百尺金蛇電掣空。"宋朱淑真《夏雨生涼三首》之二："崒嵂金蛇殷殷雷，過雷斑駁漸晴開。"明范嵩《夜雨次謝梅岐韵》詩："閃電掣金蛇，浮雲飛鐵騎。"清沈謙《金門賀呈朝·夏夕雨》詞："電掣金蛇江樹黑。天河直下夜深寒，把煩囂都滌。"

## 【蛟電】

即金蛇。此稱唐代已行用。見該文。

金蛇、銀繩

## 【紫金蛇】

即金蛇。此稱宋代已行用。見該文。

## 激電

亦稱"電激"。指閃電，因其迅疾，故稱。《三國志·吴書·諸葛恪傳》："臣聞震雷電激，不崇一朝，大風衝發，稀有極日。"晋潘岳《射雉賦》："來若處子，去如激電。"南朝梁陸倕《新刻漏銘》："微若抽繭，逝如激電。"宋陸游《夜雨》詩："激電光入牖，奔雷勢掀屋。"宋徐大受《歸路過福聖觀瀑布輝老踞坐磐石二絶題飛雨亭》詩其一："電激河翻白雨飛，青煙紫霧落斜暉。"元丘處機《木蘭花慢》詞："急雨翻盆潑墨，迅雷激電飛聲。"明韓日纘《渡江》詩："楊子奔騰到京口，驚雷激電更東走。"清洪亮吉《泰山道中》詩其五："回飆搜激電，雪月光迸碎。"清莫友芝《自施秉放舟至鎮遠》詩："眼謝飛電激，耳續怒雷閧。"

## 【電激】

即激電。此稱晋代已行用。見該文。

## 【急電】

即激電。唐韓偓《妒媒》詩："難留旋逐驚飆去，暫見如隨急電來。"五代齊己《夏雨》詩："乍紅縈急電，微白露殘陽。"宋洪咨夔《程廣文季允得崔西清薦詩來用韵》詩："高山流水甫點頭，急電驚雷即燒尾。"明朱同《上巳苦雨呈汪養晦（戊申）》詩："青天白日果何處，急電轟雷方未休。"清劉敦元《咏寶刀同一飛作》詩："昆吾之鋒經百鍊，手掣寒光飛急電。"

## 輕電

或指弱閃電。唐劉禹錫《七夕二首》詩之二："餘霞張錦幛，輕電閃紅綃。"隋盧思道《神仙篇》："飛策揚輕電，懸旌耀彩霓。"清孫雲鶴《齊天樂·立夏懷家大人建陽道中》詞：
"掠簷新燕，記院宇年時，薄雷輕電。"

**【絕電】**

瞬息即逝的閃電。南朝宋鮑照《擬行路難》詩十一："人生倏忽如絕電，華年盛德幾時見。"唐李白《金陵與諸賢送權十一序》："雲帆涉漠，回若絕電。"明蕭與成《登高丘望遠海》詩："曤昱絕電妖霧呈，珠宫貝闕誰能辨。"

## 電腳

與地相接的閃電。宋晁補之《示張仲原秀才》詩："城頭急雨昏長川，城邊清流鷗鷺閑。城西雲黑電腳落，斜日正在城東山。"宋趙福元《減字木蘭花·贈草書顛》詞："電腳搖光，驟雨旋風聲滿堂。"金王喆《南鄉子·於公索幻化》詩："幻化色身繞。電腳餘光水面泡。"明徐渭《沈叔子解番刀爲贈》詩之一："須臾報道漁罩外，電腳龍騰五尺梭。"

## 怪電

怪異的閃電。宋文同《季百般已亥大雨》詩："怪電燒爇嗔霆喧，鯨海起立星漢翻。"宋汪炎昶《偕張李二同知及諸學官游石龍潭以韓公炭谷湫詩爲韵分賦得捧字》詩："虛無怪電搖青光，谷攬崖搜雷雨□。"

# 第八章　天光説

## 第一節　异光考

　　大氣中存在一些奇异光芒，或光斑，或光點。由於時刻及雲層的不同，大氣會呈現出千變萬化的光彩，古人感到奇异，於是心生聯想，多以態勢、擬物、擬人、色彩加以定名、記載。至於各類奇异光的本質是什麽，古人多認爲是氣或雲氣。

　　態勢類之异光：大多數的异光名類都用“强烈”一詞表達出其態勢，但又同時表達了色彩和擬物等方面的含義，因此另列分類。此處僅舉個別表態勢的詞語。例如“天裂”“天分裂”“天開”，皆指如同天際裂開、放射出强烈光綫的大氣中的光現象。一些异光名類所表達的現象具有綜合性的特徵。例如，“榮光”一詞，謂大氣中有强烈黄色光芒的光現象，有態勢特徵（强烈），亦有色彩特徵（黄光），故可歸於態勢類別中，又可歸爲色彩類。

　　色彩類之异光：赤色异光，如“紅氣”“虹氣”“灑血”“蔽天血”“赤氣竟天”“赤氣亘天”“赤光亘天”“赤氣遍天”“赤氣際天”“赤氣滿天”“赤氣蔽空”“赤氣蔽天”“赤氣彌天”等，皆屬於放射出十分强烈的滿天紅色光綫的大氣异光現象。又，黄色异光，如“榮光”。《宋書·五行志》：〔元嘉十八年七月〕天有黄光，洞照於地。”又，五顔六色异光，如"五色光""五采光""五色祥光""五色霞""五色帶""美光""景光""神光"等，皆指五顏六色、燦爛多彩的美麗光芒，多被用來預示吉祥美好。

擬物類之异光：形若某種事物，展現於天空中，放射着强烈的光芒。例如"天門開""天劍""刀星""槍戟狀光""龍形光""蛇形光""火炬狀光""巨樹狀光""竿杆狀光""旌旗狀光""匹練狀光""天梯""天燈"等，分別如同天庭大門打開，如刀光劍影炫耀，如龍舞蛇動，似烈火熊熊，如枝幹生長延伸，如旌旗漫天揮舞，如匹練飄飛等。有些名類，擬物亦表色彩。例如"玉燭"，謂天際裂開、放射出如同白色蠟燭般强烈光綫的大氣光現象。另外，亦有擬人類之异光記載。例如"天開眼"，如同老天睜開天眼、放射出强烈光綫的大氣光現象。又"人形异光"，指放射出的光芒如人體形狀的大氣异光現象。《舊五代史·天文志》："〔開平二年九月乙酉〕平旦，西方有氣如人形甚衆，皆若俯伏之狀，經刻乃散。"

日月之色相：日光、月光被大氣層折射、散射以及被雲霧遮蓋，造成色相變化。一般來説，清晨和傍晚時，日、月色相偏暖色。有雲的晴朗天氣條件下，色相會呈現出光芒四射的景觀。在某種條件下，色相還會呈現出黃色、青色、白色、褐色、紫色等。這在古文獻中均有記載。

紅色相，較早的記載有"日出赤如血"，太陽初升時如鮮血般赤紅。又"日出没色赤如血"，太陽初升和落山時，顏色變得像鮮血般殷紅。又"日死"，太陽初升和落山時，顏色變得鮮紅，人們看不到它，太陽如同死去，故言。又"自朝至夕日紅無光"，從破曉到黃昏，太陽都鮮紅無有光芒。又"未申日色如血"，從太陽偏西到傍晚，太陽都如鮮血般赤紅。又"日照皆赤"，太陽的光芒照射到地面上，全部都是赤紅色。又"日照墻壁皆紅"，太陽的光芒照射到墻壁上，呈現出褐紅色。又"日燭地如血"，太陽的光芒照射到地面上，如鮮血般赤紅。又"日赤如血"，太陽如鮮血般殷紅。又"日赤如朱"，太陽成了深紅色。又"日如流火"，太陽的光芒像火焰又紅又熱。又"月色如火"，月光像火焰般赤紅。又"月至中天猶赤色"，月亮到了中天，顏色還是殷紅。又"月色如火"，月光像火焰般赤紅。又"夜月紅無對"，夜晚的月亮顏色殷紅，無可比超。又"月赤如日"，月亮赤紅得像太陽一樣。

黃或金色相，較早記載有"日出黃埃掩日"，指太陽初升時被黃色的塵埃遮掩住。《魏書·天象志》：正光三年"十月己巳，太史奏自八月已來，黃埃掩日，日出三丈，色赤如赭，無光曜”。又“日色赤黄如赭如血”，指太陽的顏色又黄又紅。又“日色散如黄金”，指太陽的光芒照射四方，一片金黄。又“黄霧四塞日無光”，指黄色的霧氣布滿了整個天空，太陽被遮掩得無有光芒。

黑色相，清代有記載“日出皆黑色”，太陽初升時呈現出漆黑色。同治《潯州府志》卷二：“〔道光十二年八月十三日〕日出皆黑色，無光芒，自辰至酉，號寒。”此處或記載的是一次日全食。

白色相，例如“日色變白無光”，太陽變成了白色而無有光芒。《明憲宗實錄》卷一七六：“〔成化十四年〕三月庚午卯刻，日色變白無光。”又“日青白無光”，太陽變成了又青又白的顏色而少光芒。《明史·天文志》：“〔嘉靖元年〕正月丁卯，日慘白，變青，無光。”

青色相，較早記載的有“日色青白亡景”，太陽呈現青白色而無有影像。《漢書·五行志》：“〔永光元年〕四月，日色青白，亡景，正中時有景亡光。是夏寒，至九月，日乃有光。”又“日青亡光”，太陽呈現青綠色而無有光芒。又“日出如青輪”，太陽初升時像青黑色的車輪。又“戌時日射青氣”，太陽落山的時候，依然放射着青黑色雲氣。又“日青紫無光”，太陽的顏色變成了又青又紫而無有光芒。

紫色相，較早記載有“日如紫”，太陽變成紫色。語出《史記·景帝本紀》。又“日没紫赤無光”，太陽落山的時候，變成紫紅色而無有光芒。又“日紫赤無光”，太陽呈現紫紅色而無有光芒。又“月初出黑紫無光”，月亮剛剛升起時，又黑又紫，無有光芒。

綠色相，指太陽的光芒都成了綠色。道光《鄰水縣志》卷一：“道光十一年七月十四至十七日，日光綠色。”又“日光著地皆綠”，太陽的光芒照射到地面上，全部都成了草綠色。同治《清泉縣志》卷三五：“〔道光十一年七月十二至十四日〕風霾晦冥，日光著地上皆綠。”

偏褐色相，較早記載有“日赤如赭”，太陽紅得成了深褐色。《新唐書·天文志》：“〔上元二年三月丁未〕日赤如赭。”又“日月赤如血”，太陽月亮都像鮮血般赤紅。又“日色赤如赭”，太陽的顏色如褐土成了深褐色。又“日赭無光”，太陽呈現紅褐色而無有光芒。又“太陰色赤如赭”，月亮顏色紅得像赭土，呈現紅褐色。又“月色如赭”，月亮顏色像赭土，呈現紅褐色。又“日出赭色”，太陽初升時呈現出紅褐色。

藍綠相。例如“日光藍綠”，太陽的光芒都成了藍綠色。道光《遵義府志》卷二一：道光十一年七月十四日"日光藍綠，入室如棟青色，竟日無光芒。二十四、二十五日亦如之"。

# 大氣异光

## 榮光

發於自然之物，充滿大氣中的美麗光輝。如水澤、植物、大地、雲氣等事物散發出的美麗光芒，古人以爲吉祥之兆。《竹書紀年》卷上："至於日昃，榮光出河，休氣四塞，白雲起，回風搖，乃有龍。"南朝宋劉義慶《游鼉湖》詩："梅花覆樹白，桃杏發榮光。"南朝陳江總《秋日侍宴婁苑湖應詔》詩："千門響雲蹕，四澤動榮光。"《漢魏南北朝墓志彙編·北魏堯峻墓志》："自榮光出塞，景星流翼，綠字臨壇，黃雲蓋斗，赤龍表三。"北齊蕭愨《奉和元日》詩："瑞雲生寶鼎，榮光上露臺。"《宋書·五行志》："〔元嘉十八年七月〕天有黃光，洞照於地。太子率更令何承天謂之榮光。"唐李白《西嶽雲臺歌送丹丘子》詩："榮光休氣紛五彩，千年一清聖人在。"宋丁謂《河》詩："箭浪奔霆電，榮光焰日星。"元成廷珪《奉題李秋谷平章存日寄其叔父李同知安書後兼叙其實》詩："逸氣雲霄上，榮光雨露邊。"《明史·樂志》："百姓快活，萬物榮光，共沐恩波。"清胤禛《月》詩："奕奕榮光蟾吐彩，溶溶澄景水明空。"

大地、雲端散發出的榮光

【美光】

指燦爛美麗、吉祥美好之光芒。《史記·孝武本紀》："是夜有美光，及晝，黃氣上屬天。"《魏書·獻文六王列傳》："義亮聖衷，美光世典。"唐杜佑《通典》卷四二："神靈之休，兆光此地。宜立泰時壇以明應。美光及屬氣（一作黃氣）之祥應。"宋劉放《和賈舍人春祠太一壇二首》其二："瑞氣長存春不覺，美光相屬夜如初。"

【景光】

指祥瑞的光芒。《漢書·武帝紀》："〔元鼎五年十一月辛卯〕夜，若景光十有二明。"晋佚名《李陵錄別詩二十一首》其七："願君崇令德，隨時愛景光。"唐李白《駕去温泉後贈楊山人》詩："忽蒙白日回景光，直上青雲生羽翼。"宋陶應雷《古詩二首》其二："閶闔啓中夜，五色垂景光。"元張翥《圜丘禮成改直翰林策書告廟祝版》詩其二："黼黻青城焕景光，紫檀黃道靄天香。"明王世貞《別李于鱗》其一："焉顧非日月，東西揚景光。"清弘曆《高咏樓》詩："山堂返棹閑留憩，畫閣開窗納景光。"

【神光】

古人對燦爛美麗之大氣异光感到神奇，故稱。《漢書·成帝紀》："〔永始四年正月〕行幸甘泉，郊泰時，神光降集紫殿，大赦天下。"漢王逸《九思·哀歲》："神光兮頗頗，鬼火兮熒熒。"三國魏曹植《洛神賦》："於是洛靈感焉，徙倚彷徨，神光離合，乍陰乍陽。"晋雲林右英夫人《詩二十五首》之一：“東霞啓廣暉，神光煥七靈。”唐鄭轅《清明日賜百僚新火》詩：“瑞彩來雙闕，神光煥四鄰。”宋王十朋《宿真如寺》詩其一：“一閣摩雲鎖宸翰，神光長照大江東。”元契玉立《謁天聖宮》詩：“玉騎朱斾降翠巒，神光紫氣應函關。”明丁鶴年《九曲山房（夏母墓廬也）》詩：“五夜神光通嶽氣，三秋明月薦溪毛。”清屈大均《咏懷》詩其八：“朝霞一膏沐，神光流未央。”

## 天裂

　　雲開日照，如同天際裂開、放射出强烈射綫的大氣現象。《史記·天官書》：“其歲不復，不乃天裂若地動。”漢佚名《題海鹽侯陸褌墓》：“皇綱不振，天裂地刿。”《晋書·天文志》：“〔元康二年二月〕天西北大裂。”《開元占經》卷三：“天北有赤者如席，長十餘丈，或曰赤氣，或曰天裂。”宋李昉等《太平御覽》卷一：“天東北有赤氣，廣長十餘丈，或曰天裂。”元馬端臨《文獻通考·象緯考》：“太清二年六月，天裂於西北，長十丈，闊二丈，光出如電，其聲若雷。”明方質《精忠廟》詩：“妖星流光射天裂，女媧煉雲手纏爇。”康熙《海鹽縣志補遺》：“初曉，西南天裂數十百丈，光焰如猛火，照徹原野，村犬皆吠，宿鳥飛鳴，裂處頓動，中復大明，若金融於冶，少時合。”光緒《大荔縣續志》卷一：同治十年十二月某夜“天南北如分裂，北盡赤”。

### 【天開眼】

　　雲開日照，如同老天睜開天眼、放射出强烈光綫的大氣現象。元姚桐壽《樂郊私語》：“〔至正己亥九月晦〕余曉詣嘉禾，時曉星猶在樹杪，忽西南天裂數十百丈，光焰如猛火，照

徹原野，一時村犬皆吠，宿鳥飛鳴，余諦觀其裂處，蝀蝀而動，中復大明，若金融於冶鑄者，少時方合，操舟者謂余曰：此天開眼也。”元王志坦《道禪集》：“悟時日出天開眼，迷似風來水皺眉。”明郎瑛《七修類稿·奇謔類》：“一夕，至南門，偶見空中光曜，仰視則天開眼也。隨拜隨唤人觀。”雍正《山西通志》卷一六三：萬曆八年七月“寧鄉縣天開如眼，光耀爍人”。徐珂《清稗類鈔》：“天開眼，即黄道光也。天空所現奇異之光輝。”

### 【天門開】

　　雲開日照，如同天際開門、放射出强烈光綫的大氣現象。語出先秦屈原《九歌·大司命》：“廣開兮天門，紛吾乘兮玄雲。”三國魏阮瑀《琴歌》詩：“奕奕天門開，大魏應期運。”唐李賀《緑章封事（爲吳道士夜醮作）》詩：“青霓（一作猊）扣額呼宮神，鴻龍玉狗開天門。”宋鄧肅《黄楊巖》詩：“撥破煙雲得洞户，醉眼恐是天門開。”元趙孟頫《贈吳真人（父封饒國公母饒國夫人）》詩：“上清真人天上來，雲收霧斂天門開。”明楊榮《送太平知府姚政之任》詩：“禁城漏徹天門開，紅雲捧日東方來。”清任大椿《天門開》：“天門開，光煜燿。流紫壇，輝日壑。”

天裂（天開眼、天門開）

## 玉燭

天際放射出如同白色蠟燭般強烈光綫，多爲升平之徵。《尸子》卷上："四氣和，正光照，此之謂玉燭。"《爾雅·釋天》："四氣和謂之玉燭。"郭璞注："道光照。"邢昺疏："道光照者，道，言也；言四時和氣，温潤明照，故曰玉燭。"晉葛洪《抱朴子·明本》："玉燭表昇平之徵，澄醴彰德洽之符。"元雅琥《上執政四十韵》："玉燭調元氣，金樞運大鈞。"嘉慶《沅江縣志》卷二二：乾隆三十五年八月庚子"夜，玉燭見北"。道光《永州府志》卷一七：乾隆三十五年八月庚子"玉燭見於北"。

## 天劍

天際放射出如同寶劍狀的大氣异光。漢伏無忌《伏侯古今注》："〔建始三年〕七月，夜有黃白氣，長十餘丈，明照地，或曰天裂，或曰天劍。"唐宋之問《魯忠王挽詞三首》其三："氣有衝天劍，星無犯斗槎。"元朱希晦《冬雨嘆》詩："安得倚天劍，一掃開青天。"明謝肅《門有車馬客行送倪孝方》詩："既持倚天劍，復戴切雲冠。"清邵潛《州乘資》卷一："夜，有白氣十三條，形如劍，其長亘天。"又同書卷一："〔崇禎八年二月丁亥〕夜，亦有白氣數條，形亦如劍，其長亦亘天。"

### 【刀星】

亦稱"隧星""蒙星""濛星"。天際放射出如同寶刀狀的大氣异光。《宋書·天文志》："大明三年春正月夜，通天薄雲，四方生赤氣，長三四尺，乍没乍見，尋皆消滅。占名隧星，一曰刀星。"《隋書·天文志》："又曰，刀星見，天下有兵，戰鬥流血。"唐瞿曇悉達《開元占經》："正月夜又通天薄雲，四方合有八氣蒼白色，長二三尺，乍見乍没，亦名曰濛星，一名刀星。"《宋史·天文志》："蒙星赤如牙旗，長短四面，西南最多，亂之象。"明孫瑴《古微書》："刀星，亂之象。"

### 【隧星】

即刀星。此稱南北朝時期已行用。見該文。

### 【蒙星】

即刀星。此稱唐代已行用。見該文。

### 【濛星】

即刀星。此稱唐代已行用。見該文。

## 日脚

太陽穿過雲隙投射到地面的局部光綫。唐蜀太后徐氏《三學山夜看聖燈》詩："滿望天涯極，平臨日脚紅。"宋石延年聯："鶯聲不逐春光老，花影長隨日脚流。"《宋史·天文志》："〔端拱元年〕十月壬申遲明，巽上有雲過中天，連地，濃潤，前赤黃，後蒼黑色，先廣後大，行勢如截。十一月戊午夜，西北方有氣如日脚，高二丈。"明鄭洪《題碧雲樓》詩："雨中日脚青紅暈，霧裏山容紫翠堆。"清彭孫貽《避地村居十首》其七："日脚收殘雨，林光媚遠天。"

### 【天燈】

天空映現出如同燈燭般的光芒。宋王阮《次韵庸齋納凉一首》詩："石甃陰生寒水玉，天燈爍散火雲山。"元丁復《次韵具庵送湛淵上人永嘉省師》詩："珠箔濺厓看雪瀑，寶窗緣塔見天燈。"光緒《沁州復續志》卷四：同治元年八月"天燈見，夜静時，紅光燭天，照耀如晝"。宣統《甘肅新通志》卷二："咸豐九年"河州東川夜起紅燈，近視却無"。按，此例中的"紅燈"亦當是一種天燈。

## 【大電】

相傳黃帝之母曰附寶，見大電光繞北斗樞星，感而懷孕，二十五月而生黃帝。見《〈書〉序》孔穎達疏引《帝王世紀》。後以"大電"爲黃帝出生之典以及天際的異光。《竹書紀年》卷上："黃帝軒轅氏母曰附寶，見大電繞北斗樞星，光照郊野，感而孕，二十五月而生帝於壽丘。"北周庾信《周宗廟歌十二首·皇夏（獻皇高祖）》詩："明星初肇慶，大電久呈祥。"宋蘇頌《濮安懿王夫人挽辭二首》其二："大電光流慶，歸雲去莫攀。"

# 紅氣 [2]

指事物發出的像紅色雲彩或彩虹般的光綫。《早春尋李校書》詩："梅含鷄舌兼紅氣，江弄瓊花散綠紋。"宋葛勝仲《蝶戀花》詞其四："盡日勸春春不語。紅氣蒸霞，且看桃千樹。"《元史·五行志》："〔至正二十一年八月癸未〕彰德西北，夜有紅氣亘天，至明方息。"《元史·順帝紀》："〔至正十四年十二月辛卯〕絳州北方有紅氣如火蔽天。"明劉基《丹霞蔽日行》詩："山蒸絳紅氣，川瀉丹砂液。"《明史·五行志》："〔正德十二年〕十二月庚辰，瑞州大雷電。閏十二月丁丑夜，瑞州有紅氣，變白，形如曲尺，中外二黑氣相鬭者久之。"光緒《續浚縣志》卷三："朝暮見紅氣，三月稍衰，仍偶見。"

## 【虹氣】

指事物發出的若彩虹般光綫。南朝梁江淹《從蕭驃騎新亭》詩："鯢妖毀玉度，虹氣岨王猷。"唐丁居晦《琢玉》詩："虹氣衝天白，雲浮入信貞。"宋劉克莊《挽陳北山二首》其一："空餘藏蕢在，虹氣貫山中。"元張翥《綠玉連環歌爲邢從周典簿作》詩："恍如空碧虹氣垂，半隱青瑶蟾一規。"明昂吉《湖光山色樓》詩："水搖萬丈白虹氣，山橫十二青瑶臺。"清賀祥麟《牛鼎歌用昌黎石鼓歌韵》詩："夜深虹氣燭天紫，六丁神將陰總呵。"

## 【赤虹】 [1]

指事物發出的赤色若虹之光綫。南朝梁江淹《赤虹賦》："艶赫山頂，照燎水陽。"《宋書·符瑞志》："天乃洪鬱起白霧摩地，赤虹自上下，化爲黃玉，長三尺，上有刻文。"《隋書·長孫晟傳》："〔開皇十九年〕夜見赤虹，光照數百里。"元趙道一《歷世真仙體道通鑑》："久之，道士於碧霧中跨赤虹而去。"明宗臣《寄贈方隱君六首》其四："南溟六月赤虹起，群仙跨之來翱翔。"清王嵩高《太皥宓犧氏陵》詩："邃古傳神母，流光感赤虹。"

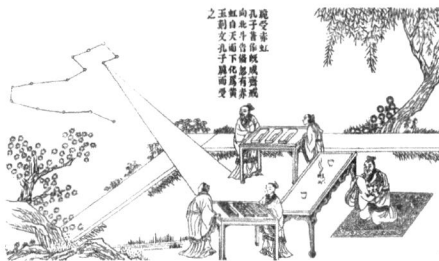

有赤虹自天而下
（清孔憲蘭《孔子聖迹圖》題字）

## 【赤氣】 [3]

指放射出滿天紅色光綫的大氣异光。赤氣，抑或指紅色雲氣。《漢書·王莽傳》："〔始建國四年夏〕赤氣出東南，竟天。"《晉書·天文志》："〔永興元年十二月壬寅〕夜，有赤氣亘天，砰隱有聲。"《魏書·靈徵志》："〔正光三年九月甲辰〕夜，西北有赤氣似火焰，東西一匹餘。"《周書·静帝紀》："〔大象二年六月甲戌〕有赤氣起西方，漸東行，遍天。"《北史·長孫道生

傳》："仁壽元年，晟表奏曰：臣夜登城樓，望
見磧北有赤氣，長百餘里。"《隋書·天文志》：
"〔天統三年五月戊寅〕甲夜，西北有赤氣竟天，
夜中始滅。"《舊唐書·僖宗紀》："〔中和二年
七月丙午〕夜，西北方赤氣如絳虹竟天。"《新
唐書·五行志》："〔太和元年八月癸卯〕京師見
赤氣滿天。"元馬端臨《文獻通考》卷二九八：
"永寧二年十一月壬寅夜，赤氣竟天，隱隱有
聲。"《元史·五行志》："〔至正二十一年七月己
巳〕冀寧路忻州西北，有赤氣蔽空如血，踰時
方散。"又，古代兵書以爲不祥之兆。

## 【赤光】

夜晚出現紅色天光。南朝宋劉駿《北伐》
詩："月羽皎素魄，皇旗艷赤光。"唐佚名《勸
進疏引讖》其一："西北天火照，龍山昭童子。
赤光連北斗，童子木上懸白幡，胡兵紛紛滿前
後。"元馬端臨《文獻通考》卷二九四："代宗
寶應元年七月，西北方有赤光亙天，貫紫微，
漸流於東，彌漫北方，照曜數十里。"清尤侗
《北狩》詩："窩兒帳外黃龍臥，赤光籠罩望如
火。"

## 【赤白氣相間光】

指赤白氣相間光的大氣异光。《舊五代
史·晋高祖紀》："〔天福二年正月乙卯〕是夜，
有赤白氣相間，如耕墾竹林之狀，自亥至丑，
生北濁，過中天，明滅不定，遍二十八宿，徹
曙方散。"元馬端臨《文獻通考》卷二九四：
"夜初，北方有赤氣，西至戌亥地，東北至丑
地，南北闊三丈，狀如火光，赤氣內見紫微宮
及北斗諸星。至三點後，內有白氣數條，次西
行，至夜半子時方散。"

## 火影

亦稱"火光燭天"。指天空中放射出如同火
焰影像的光芒。《宋史·天文志》："〔紹興三十
年正月壬申〕東北方赤氣一帶五處如火影。"元
馬端臨《文獻通考》卷二九四："〔紹興三十
年正月壬申〕西北方、正北方、東北方一帶約
五處赤氣如火影。"同治《星子縣志》卷一四：
"〔乾隆五十年臘月下旬〕上鄉薄暮東南方火光
燭天，亘十餘里。"

## 【火光燭天】

即火影。此稱清代已行用。見該文。

## 白氣 [3]

天空中白色氣態發光物，多指呈白色帶狀
的大氣异光。古人謂之神秘之氣。《三國志·魏
書·王肅傳》："此歲，白氣經天。大將軍司馬
景王問肅其故，肅答曰：'此蚩尤之旗也。'"
《後漢書》："興平二年十二月，月在太微端門中
重暈二珥，兩白氣廣八九寸，貫月東西南北。"
唐易靜《兵要望江南·占日》："日左右，白氣
若虹交。"宋曾鞏《與孫司封書》："皇祐三年，
邕有白氣起廷中，江水橫溢，司户孔宗旦以爲
兵象。"《遼史·道宗紀》："是夜，白氣如練，
自天而降。"元周霆震《紀事》詩："横亙東西
白氣升，喧傳入夜事堪驚。"《三國演義》第六
回："仰觀天文，見紫微垣中白氣漫漫。"清洪
亮吉《赤白氣》："赤光耀以西，白氣耀以東。"
康熙《蕭縣志》卷五："〔順治五年十二月三十
日〕時一更，天垂白氣如練，四布直披約數十
餘道，寒光下射，悸人心目。"同治《鍾祥縣
志》卷一七："〔咸豐三年六月七日〕戌刻，有
白氣二道，中青而下紫，一長一短，形如匹練，
直達天中，由南而北，漸轉西而没。"

## 【白耀】

指白色耀眼的大氣异光。唐張説《爲留守作奏瑞禾杏表》："白耀青光，目日月之瑞。"唐瞿曇悉達《開元占經》卷二三："歲星失色，白耀耀圓。"乾隆《寧州志》卷二：崇禎乙酉年十一月"夜，天南方白耀長一二丈，有數千條，出没經時"。

## 五色光

亦稱"五采""五色祥光""天光五色"。指燦爛美麗的五彩之大氣光芒。《竹書紀年》："周昭王末年，夜有五色光貫紫微。"《史記·封禪書》："〔文帝十四年〕長安東北有神氣，成五采，若人冠冕焉。"唐釋道世《法苑珠林》："有五色光入貫太微，遍於西方盡作青紅色。"宋趙炅《緣識》詩其五十六："崑崙山上玉樓前，五色祥光混紫煙。"明周嬰《卮林》："四月八日，江河泛漲，井泉溢出，大地震動，其夜五色光氣入貫太微，遍於西方。"《四游記》卷下："其日江河泛漲，山川震動，有五色光射天，太微遍及四方。"嘉慶《灤州志》卷一："〔乾隆三十五年七月二十七日〕夜，正北方天光五色，如霞照地。"光緒《饒平縣志》卷一三：同治元年十一月十五日"夜半，五色雲見"。光緒《九江儒林鄉志》卷二："〔康熙九年正月朔〕五色祥光燭天。"

## 【五采】

即五色光。此稱漢代已行用。見該文。

## 【五色祥光】

即五色光。此稱宋代已行用。見該文。

## 【天光五色】

即五色光。此稱清代已行用。見該文。

## 蜃樓

亦稱"蜃閣""蜃闕""蜃景"。指海邊或沙漠等區域中，由於光綫的反射和折射，空中或地面出現的樓臺城郭、森林、山巒等虛像。唐張文《氣賦》："虹樓隱於雲際，蜃閣浮於海邊。"唐上官儀《五言春日侍宴望海應詔》詩："蜃樓朝氣上，鷄樹早花芳。"唐許敬宗《奉和春日望海》詩："驚濤含蜃闕，駭浪掩晨光。"宋丁可《題寒巖寺》詩："蝠穴巧藏人世界，鼇山驚現蜃樓臺。"元李孝光《送友人金陵漕運》詩："潮聲挾雨翻蛟室，山氣浮雲結蜃樓。"明王弘誨《得請奉別留都知己》詩其二："金陵佳氣蟠龍闕，珠海停雲結蜃樓。"明釋海寧等人《隱元禪師語録》："洶洶鯨濤，層層蜃闕。"清尤侗《登天宇浮屠絶頂望海》詩："海神未許探幽窟，倏忽風煙起蜃樓。"

## 【蜃閣】

即蜃樓。此稱唐代已行用。見該文。

## 【蜃闕】

即蜃樓。此稱唐代已行用。見該文。

## 【蜃景】

即蜃樓。此稱明代已行用。見該文。

## 【蜃氣】

傳説中的蛤蜊、蛟、蛇之類，能吐氣成海市蜃樓，其氣即爲蜃氣。《史記·天官書》："海旁蜃氣像樓臺，廣野氣成宫闕然。"南朝梁劉孝威《小臨海》詩："蜃氣遠生樓，鮫人近潛織。"南朝梁簡文帝《吳郡石像碑》："遥望海中，若二人像。朝視沉浮，疑諸蜃氣，夕復顯晦，午若潛火。"唐岑參《送楊瑗（一作張子）尉南海》詩："樓臺重蜃氣，邑里雜鮫人。"宋戴應魁《海月巖》詩："風迎蜃氣樓臺起，浪涌蟾光宮闕來。"元許謙《華蓋山》:"蜃氣薄浮雲,溟濛杳東望。"明袁可立《甲子仲夏登署中樓觀海市》:"須臾蜃氣吐,島嶼失恒蹤。"清龔鼎孳《丘曙戒侍講謫倅瓊州》:"南武山川一葉舟,行看蜃氣吐危樓。"

## 【赤蜃】

指蜃樓。元喬吉《水仙子·德清長橋》曲:"青天白日見樓臺,赤蜃浮光海市開。"錢仲聯《夢苕盦詩話》載清張鴻《甲午七月感事》詩:"萬里烽煙騰赤蜃,五更星月落蒼虯。"一説,指虹。

## 【海市蜃樓】

即蜃樓。宋孔武仲《曉過州橋》詩:"滄溟萬里排天去,人物紛紛海市中。"元喬吉《水仙子·德清長橋》曲:"青天白日見樓臺,赤蜃浮光海市開。"明徐宏祖《徐霞客游記》卷五:"偶霧氣一吞,忽漫無所覩,不意海市蜃樓又在山阿城郭也。"《花月痕》第三回:"黃昏蜃氣忽成樓,怪雨盲風引客舟。"

## 【海市】

即蜃樓。晋伏琛《三齊略記》:"海上蜃氣,時結樓臺,名海市。"唐韓翃《送張渚赴越州》詩:"暮雪連峰近,春江海市長。"宋沈括《夢溪筆談·異事》:"登州海中時有雲氣,如宮室、臺觀、城堞、人物、車馬、冠蓋,歷歷可見,謂之海市。"明袁可立《觀海市詩并序》:"每欲寓目海市,竟爲機務縈纏,罔克一觀。"明李時珍《本草綱目·鱗一·蛟龍附蜃》:"〔蜃〕能吁氣成樓臺城郭之狀,將雨即見,名蜃樓,亦曰海市。"清劉獻廷《廣陽雜記》:"崇禎三年,樵赴登州知府蕭魚小試,適閽吏報海市。"

## 【山市】

猶海市蜃樓。元趙顯宏《晝夜樂·春》曲:"游賞園林酒半酣,停驂;停驂看山市晴嵐。"天啓《東安縣志》卷一:"〔嘉靖二十九年〕正月,日未出,民望見東鄉何家莊有城郭樓臺出現,日出乃隱。二月間,北隱村民望見城樓,日出乃隱。如是者三五次。"清周亮工《書影》卷五:"然人知有海市,而不知有山市。東省萊灘去邑西二十里許有孤山,上有夷齊廟。志稱春夏之交,西南風微起,則孤山移影城西。從城上望之,凡山巒林木、神祠人物,無不聚現。踰數時,漸遠,漸無所覩矣。"

## 【鬼市】

猶山市蜃景。《新唐書·西域傳下·拂菻》:"西海有市,貿易不相見,置直物旁,名鬼市。"按,此鬼市是否爲海市蜃樓,待考。唐施肩吾《島夷行》詩:"腥臊海邊多鬼市,島夷居處無鄉里。"明陸揖《古今説海》:"州判欲覓向所經之閭閻,但見頹垣破瓦、蔓草荒煙而已。始悟前日所見,乃鬼市也。"清蒲松齡《山市》:"奐山山市,邑八景之一也。孫公子禹年與同人飲樓上,忽見山頭有孤塔聳起,高插青冥,相顧驚疑,念近中無此禪院。無何,見宮殿數十所,碧瓦飛甍,始悟爲山市。……見山上人煙市肆,與世無別,故又名'鬼市'。"

# 日月色相

## 日青

太陽呈現青黑色、黑色、青紫色。色暗，或爲日食。萬曆《廣西通志》卷四一："〔嘉靖四十二年〕冬十月，靈州日未出，地浮白光；既出，見青輪高一丈，復常明。"《佛岡縣直隸軍民廳志》卷三："〔嘉靖三十四年〕冬十二月晦，日無光，變青紫色，有黑氣飛蕩滿天。"同治《潯州府志》卷二："〔道光十二年八月十三日〕日出皆黑色，無光芒，自辰至酉，號寒。"

### 【日青亡光】

亦作"日青無光"。"亡"通"無"。太陽呈現青綠色而無有光芒。《漢書·于定國傳》："〔永光元年〕春霜夏寒，日青亡光。"《隋書·天文志》："〔仁壽四年七月乙未〕日青無光，八日乃復。"宋陸游《與子坦子聿元敏犯寒至東園尋梅》詩："溝絕無聲凍地裂，耿耿寒日青無光。"《宋史·五行志》："〔乾道六年六月〕日青無光。"《宋史·顏師魯傳》："〔淳熙四年〕天雨土，日青無光，都人相驚。"《明史·天文志》："〔崇禎十四年正月壬寅〕日青無光。"

### 【日青無光】

同"日青亡光"。此體唐代已行用。見該文。

### 【日光著地皆綠】

太陽的光芒照射到地面上，全部都成了草綠色。同治《清泉縣志》卷三五："〔道光十一年七月十二至十四日〕風霾晦冥，日光著地上皆綠。"同治《榮昌府志》卷一九："天色晴明，日不射目，其光照下皆成綠色，八月十四日又如之。"道光《鄰水縣志》卷一："〔道光十一年七月十四至十七日〕日光綠色。"道光《遵義府志》卷二一："〔道光十一年七月十四日〕日光藍綠，入室如楝青色，竟日無光芒。二十四、二十五日亦如之。"

### 【日白】

太陽呈現青白色而無有影像。《漢書·五行志》："〔永光元年〕四月，日色青白，亡景，正中時有景亡光。是夏寒，至九月，日乃有光。"《明憲宗實錄》卷一七六："〔成化十四年〕三月庚午卯刻，日色變白無光。"《明史·天文志》："〔嘉靖元年〕正月丁卯，日慘白，變青，無光。"又同書云："〔嘉靖二十八年三月丙申至庚子〕日色慘白。"

## 日赤

亦稱"日死"。太陽初升時赤紅如血或呈紅褐色。《漢書·五行志》："〔河平元年二月甲申〕日出赤如血，亡光。"《宋書·五行志》："〔元嘉二十九年十一月己卯朔〕日始出，色赤如血。"又云："〔大明七年十一月〕日始出四五丈，色赤如血，未沒四五丈，亦如之。至於八年春凡三，謂日死。"《晋書·天文志》："〔光熙元年五月壬辰、癸巳〕日光四散，赤如血流。"唐白居易《酬張十八訪宿見贈》詩："長安久無雨，日赤風昏昏。"《宋史·天文志》："〔寶元二年十二月庚申〕日赤如朱，踰二刻復。"《明史·天文志》："〔崇禎四年正月戊戌〕日赤如血，照人物皆赤。"乾隆《長治縣志》卷二〇："〔乾隆八年五月〕日出赭色，照墻壁皆紅，酷熱，死者甚多。"

### 【日死】

即日赤。此稱南北朝時期已行用。見該文。

## 【日如火】

太陽紅得像火焰。《宋史·天文志》：“靖康元年閏十一月庚申，日赤如火，無光。”《明英宗實錄》卷一八九：“〔景泰元年〕二月戊寅平旦，日上有雲氣如煙火散漫，良久漸消。”乾隆《静寧州志》卷八：“〔成化二十年〕大旱，日如流火，百草俱枯。”

## 【日散】

太陽的光芒向四面八方分散。《晋書·天文志》：“〔光熙元年五月壬辰〕日光四散，赤如血流，照地皆赤。甲午又如之。”《隋書·天文志》：“〔大業十三年十一月辛酉〕日光四散如流血。”《宋書·五行志》：“〔元嘉五年三月庚申〕日散，光如血，下流，所照皆赤。”

## 月赤

亦作“赤月”。夜晚的月亮顏色殷紅或呈紅褐色。《漢書·五行志》：“二月癸未，日朝赤，且入又赤，夜月赤。”《隋書·天文志》：“若於夜則月赤，將旱且風。”唐權龍褒《皇太子夏日賜宴》詩：“嚴霜白浩浩，明月赤團團。”唐耿湋《發南康夜泊贛石中》詩：“夜山轉長江，赤月吐深樹。”《元史·仁宗紀》：“三月丙辰，太陰色赤如赭。”《明史·天文志》：“〔景泰二年四月己卯〕月色如赭。”康熙《建寧縣志》卷一二：“〔順治十一年十二月望〕月至中天，猶赤色無光。”乾隆《潮州府志》卷一一：“〔雍正十二年正月二十一日〕子刻，月色深紅如血。”道光《昆明縣志》卷八：“〔萬曆十年〕日無光，月赤如日，夜無星辰，晝晦。”宣統《永綏廳志》卷一：“咸豐四年十二月十九日〕月色赤紅，無光數夕。”

## 【赤月】

同“月赤”。此體唐代已行用。見該文。

## 【月色如火】

月光像火焰般赤紅。嘉靖《通許縣志》卷上：“〔正德七年〕二月五日至十二日，月色如火。二至五月，旱，冬無雪。”同治《續漢州志》卷二〇：“〔同治甲子年正月十三〕夜，月似火輪，其紅無對。”光緒《湖南通志》卷二四四：“〔道光二十九年十二月十九〕夜月赤如火。”

## 日月皆赤

太陽、月亮都呈赤紅色。《史記·景帝本紀》：“〔後三年十月〕日月皆赤五日。”《漢書·五行志》：“〔河平元年二月癸未〕日朝赤，且入又赤，夜，月赤。”《新唐書·天文志》：“〔大和九年二月辛卯〕日月赤如血。壬辰，亦如之。”《宋史·五行志》：“〔紹熙三年冬〕潼川路不雨，氣燠如仲夏，日月皆赤，榮州尤甚。”同治《德陽縣志》卷四二：“〔崇禎五年〕赤氣竟天，至乙酉夏始復故。是年日月星色赤，皆見西方，至丙戌十二月復故。”光緒《寧津縣志》卷一一：“〔雍正九年四月望後〕日月色赤，凡七晝夜。”

## 日月無光

太陽、月亮都無有光芒。《後漢書·郎顗傳》：“〔陽嘉二年正月〕自從入歲，常有蒙氣，月不舒光，日不宣曜。”《新五代史·司天考》：“〔天成元年十月己丑至於庚子〕日月赤而無光。”《新唐書·天文志》：“〔貞元十年三月乙亥〕黃霧四塞，日無光。”康熙《中江縣志》卷一：“〔順治元年六月〕四川日月無光，赤如血，北斗不復見。”雍正《山西通志》卷一六三：“〔崇禎十三年三月〕陽城天赤，日月無光。"同治《欒城縣志》卷末："〔同治二年五月丁卯朔〕日月皆赤無光。"宣統《諸暨縣志》卷一八："〔光緒二十六年三月〕天赤色，日月無光。"按，日月無光或指日、月食的天象。

### 【日赤無光】

太陽或赤紅，或紫紅，或赤赭，或黄赤，或淡紅而無有光芒。《漢書·五行志》："〔河平元年二月癸未〕日出赤如血，亡光。"《宋書·五行志》："〔元徽三年三月乙亥〕日未没數丈，日色紫赤無光。"《魏書·天象志》："〔正光三年〕十月己巳，太史奏自八月已來，黄埃掩日，日出三丈，色赤如赭，無光曜。"《新唐書·天文志》："〔貞觀二十三年三月〕日赤無光。"又同書云："〔寶曆元年九月甲申〕日赤無光。"《宋史·天文志》："〔慶曆八年正月乙未〕日赤無光。"《明史·天文志》："〔成化十八年四月壬寅〕日赤無光。"光緒《嶧縣志》卷一五："〔道光三十年五月〕日赤無光，至八月始復。"

### 【日紫赤無光】

太陽呈現紫紅色而無有光芒。《新唐書·天文志》："〔景龍三年二月庚申〕日色紫赤無光。"又同書云："〔元和十一年正月己卯〕日紫赤無光。"

## 第二節　光暈考

"日暈"是日光通過捲層雲時，受到冰晶的折射或反射而形成的一種大氣光學現象。古人對於"日暈"的認知共分爲以下類型。

抽象名類：包括"暈""日暈""景""圓虹""日有暈"等。太陽周圍出現幾個連環交錯的彩色光環，被稱爲"日交暈""日有交暈""日連暈""日連環暈"等。

類比名類：又分爲擬物名類、擬人名類，通過日暈與人、物的相似性來表達日暈的狀態。

擬物名類。"日暈背弓""日背""背氣"，是日暈的一種，半個暈圈猶如弓背。又"日璚"，形狀像璚的日暈，指太陽周圍如帶狀的光氣。又"戟氣""左右戟氣""日下戟氣"，指日暈時周圍出現似戟的光，多在日暈的左右兩邊。又"日暈纓紐""紐氣"，指日暈時周圍出現似紐結的光。又"格氣"，指日暈時太陽上方或下方横着出現的似長樹條的光。又"履氣"，日暈的一種，出現在太陽下方，形如鞋。又"暈鈎"，指日暈時太陽周圍出現的似彎鈎的光。

擬人名類：包括"珥""日珥""珥氣""日提""彩珥""直珥""日兩珥""日左珥""日右珥""日左右珥"等。珥爲日暈的一種，指完整日暈外側的小段暈弧，如耳狀。漢鄭玄

注："監冠珥也。"又"抱日""抱氣""負抱""抱負"，日珥在太陽周圍，如同抱日於懷中。又"珥抱"，指日暈時的珥氣和抱氣。

還有一些即擬人又擬物的日暈詞語。如"抱背戟"，爲日暈時的抱氣、背氣和戟氣。又"冠珥紐"，指日暈時的抱氣、珥和紐氣。又"戴抱珥"，指日暈時的戴氣、抱氣和珥氣。又"抱背珥直"，指日暈時的抱氣、背氣、珥氣和直氣。又"背抱戟紐"，指日暈時的背氣、抱氣、戟氣和紐氣。又"戟背"，指日暈時的戟氣和背氣。

態勢名類：表日暈這類事物的形態和勢態。例如"日暈再重"，是天空中有冰晶組成的捲層雲時，往往在太陽周圍出現以太陽爲中心的多個彩色光環。根據形成層的彩色光環數量，又稱爲"日暈二重""日暈三重""日暈四匝""日暈五重"。漢伏無忌《伏侯古今注》："〔延平元年〕十二月丙寅，日暈再重，中有背僑。"

色彩名類：表日暈這類事物的色彩狀況。例如"日淡暈"，指顏色淺淡的日暈。又"日濃厚暈"，指顏色濃重厚實在，以黑顏色爲主調的日暈。又"日黑暈"，指以黑顏色爲主調的日暈。又"日黃暈"，指以黃顏色爲主調的日暈。又"日青暈"，指以青黑顏色爲主調的日暈。又"日赤暈"，指以紅顏色爲主調的日暈。又"日黃白暈"，指以黃顏色和白顏色相雜爲主調的日暈。又"日赤黃暈"，指以紅顏色和黃顏色相雜爲主調的日暈。又"日青赤暈"，指以青顏色和紅顏色相雜爲主調的日暈。又"日青赤黃暈"，指以青顏色、紅顏色和黃顏色相雜爲主調的日暈。又"日五色暈"，謂呈現五彩繽紛的日暈。

本節亦彙集、考證有關月暈的古詞語。月暈是月光通過捲層雲時，受到冰晶的折射或反射而形成的一種大氣光學現象。《晉書·天文志》："〔黃初四年〕十一月，月暈北斗。"古人對於月暈的認知共分爲以下類型。

抽象名類：除了月暈之外，還有"月有暈""月生暈""暈月"等。月亮周圍出現幾個連環交錯的彩色光環，被稱爲"月交暈""月有交暈""月連暈""連環月暈"等。

擬物名類：例如"月圍圓濃厚暈"，指周圍團圓雲氣濃重厚實的月暈。又"背氣""月背"，是月暈的一種，半個暈圈猶如弓背。又"承氣"，指月暈時下方出現承載上方月暈的光。又"月璃"，形狀像璃的月暈；指月亮周圍如帶狀的光氣。又"月背璃"，指月暈時周圍出現的背氣和璃氣。又"月芒""月齒""芒刺"，謂月生芒如齒。又"戟氣"，指月暈時周圍出現似戟的光，多在月暈的左右兩邊。

擬人名類："月珥"，月暈的一種類型，一般指完整月暈外側的小段暈弧，狀如人耳。

又"月兩珥""月左珥""月右珥"，月珥有左（東）右（西）兩珥，稱"月兩珥"，亦稱"東西兩珥"或"左右兩珥"。月兩珥有時并現，有時僅出現在太陽的東邊的爲"月左珥"，僅出現在太陽的西邊的爲"月右珥"。又"戴氣"，罩在月亮之上的黃氣，月暈時可見，如頭戴冠冕。還有一些即擬人又擬物的月暈詞語。如"月冠戴"，指月暈時周圍出現的冠氣和戴氣。又"月珥戴"，指月暈時周圍出現的珥氣和戴氣。又"月背抱"，指月暈時周圍出現的背氣和抱氣。

色彩名類：表月暈這類事物的顏色狀態。例如"月淡暈"，指顏色淺淡的月暈。又"月白暈"，是以白顏色爲主調的月暈。又"月黃白暈"。唐瞿曇悉達《開元占經》卷一二引《帝覽嬉》曰："月色黃白交暈，一黃一赤所守之國受兵。"又"月蒼白暈"，以青白顏色爲主調的月暈。又"黃氣貫月"，黃色的氣體貫穿月面。又"白氣貫月"，白色的氣體貫穿月面。又"白虹貫月"，白色的虹霓貫穿月面。又"月五色暈""五色雲暈""五色雲氣"，指呈現五彩繽紛的月暈。《明英宗實錄》卷一四："〔正統元年〕二月乙卯夜，月生五色暈。"

# 日　暈

## 日暈

單稱"暈"，亦稱"景"。是日光通過捲層雲時，受到冰晶的折射或反射而形成的一種大氣光學現象。日暈的出現，往往預兆着天氣在短時間内便會轉壞。故民諺有"日暈三更雨，月暈午時風"之説。《吕氏春秋·季夏紀》："其日有斗蝕，有倍僑，有暈珥。"《韓非子·備内》："故日、月暈圍於外，其賊在内，備其所憎，禍在所愛。"漢伏無忌《伏侯古今注》："〔延平元年〕六月丁未，日暈上有半暈，暈中外有僑、背、兩珥。"《晋書·天文志》："〔隆安元年〕十二月壬辰，日暈，有背璚。"北周王褒《關山

"暈"字的甲骨文
（甲256）

月》："天寒光轉白，風多暈欲生。"隋楊廣《白馬篇》詩："進軍隨日暈，挑戰逐星芒。"唐瞿曇悉達《開元占經》卷八引石氏曰："日傍有氣，圓而周匝，内赤外青，名爲景。"唐易静《兵要望江南·占日》詩其三："日生暈，上下兩重交。"宋衞涇《挽高宗皇帝章四首》其四："江右龍飛後，臨安日暈時。"《金史·天文志》："〔元光二年〕五月辛未，日暈不匝而有背氣。"《元史·天文志》："〔至正二十五年〕三月壬戌，日有暈，内赤外青，白虹如連環貫之。"清王太岳《經橋山下寄懷一二游侣》詩："日暈嵐煙紫，秋陰石氣青。"

**【暈】**

即日暈。此稱先秦時期已行用。見該文。

## 【景】

即日暈。景，若"影"，物體的影子。此稱唐代已行用。見該文。

## 白暈[1]

以白顏色爲主調的日暈。南朝陳徐陵《關山月》詩之二："蒼茫縈白暈，蕭瑟帶長風。"《魏書·天象志》："乙未，日交暈，中赤外黃，東西有珥，南北白暈貫日，皆匝。"宋葉適《習學記言》卷三九："天祐二年正月甲申、乙酉，日有黃、白暈。"《元史·仁宗紀》："己亥，白暈亘天，連環貫日。"清孫瑴《古微書》卷一九："乘金而王，則日黃中而白暈。"

## 【白虹】[1]

白色日暈。即白暈[1]。《周禮·春官·視祲》："七曰彌。"漢鄭玄注："彌者，白虹彌天也。"《禮記·聘義》："氣如白虹，天也。"漢劉向《戰國策·魏策》："聶政之刺韓傀也，白虹貫日。"《後漢書·郎顗傳》："凡日傍氣色白而純者名爲白虹。"唐李白《望廬山瀑布二首》之一："欻如飛電來，隱若白虹起。"宋吳郡等《虎鈐經》卷一八："白虹見於軍上者，軍敗流血。"元馬端臨《文獻通考·象緯考》："成帝咸和九年七月，白虹貫日。咸康元年七月，白虹貫日。二年七月，白虹貫日。"《明英宗實錄》卷二五："〔正統元年〕十二月癸亥，日生五色雲，鮮明，良久乃散。丙戌夜，月生背氣，隨生白虹貫珥，色各蒼白。"順治《蔚州志》卷上："〔成化十三年〕白虹見，百日方止。"清彭孫貽《半邏夜泊沽酒見白虹貫斗分》詩："白虹圍雨急，陰電過河昏。"

## 【日虹】

日傍暈。按照董斯張解釋，多呈淡白色。唐李賀《賈公閭貴婿曲》詩："燕語踏簾鈎，日虹屏中碧。"宋陳克《虞美人》詞其三："日虹斜處暗塵飛。脈脈小窗孤枕、鏡花移。"明董斯張《廣博物志》卷三："日傍氣，白者爲虹。"

## 黑暈

以黑顏色爲主調的日暈。唐瞿曇悉達《開元占經》卷八引《孝經內記》曰："日有黑暈二重，其災在冬月。"宋王溥《唐會要》卷四四："日有黑暈，自辰及申方散。"明劉崧《庚子行》詩："一環赤黑暈日角，三環側連白光絡。"

## 黃暈

以黃顏色爲主調的日暈。《宋書·五行志》："永嘉二年二月癸卯，白虹貫日，青、黃暈五重。"唐瞿曇悉達《開元占經》卷八："京氏曰：日有黃暈一重，人主有喜。"《新唐書·天文志》："〔天祐元年〕十一月癸酉，日中，日有黃暈，旁有青赤氣二。"宋曾公亮等《武經總要後集》卷一六："日有黃暈，主風雨時若，國安。"《金史·天文志》："〔興定五年〕四月丙子，日正午，有黃暈四匝，其色鮮明。"

## 青暈

亦作"暈青"。以青黑顏色爲主調的日暈。《宋書·五行志》："永嘉二年二月癸卯，白虹貫日，青、黃暈五重。"唐王冰《素問六氣玄珠密語》："日暈青有三重，國多風雨，不出九十日，后妃災。"唐瞿曇悉達《開元占經》卷八引《河圖帝覽嬉》曰："日暈二重，其外青、中濁，不散。"又同書引《孝經內記》曰："日有二重者，其災在春內，女親用事，甲乙暈者所見之國，雕殺草木五穀，不出六十日中，有兵起。所見之處者用事弱亂，故日暈青，三年乃止。"又同書引石氏曰："日有青暈，再重，主后親戚在内爲亂，王者有憂。"宋曾公亮等《武經總要後集》卷一六："日有青暈再重，其下有兵，穀貴。"清宮夢仁《讀書紀數略》："日黃中而青暈，陽精五色易。"清徐文靖《竹書統箋》卷九："日暈再重，中暈赤，外暈青。"

## 【暈青】

同"青暈"。此體唐代已行用。見該文。

## 赤暈

以紅顏色爲主調的日暈。一説，謂歲星之暈。語出《書·洪範五行傳》："周幽之敗也，日暈再重，中暈赤，外暈青，一黑盡上下通在日中，是歲有幽王之敗。"唐王冰《素問六氣玄珠密語》："色青黑而忽大忽小，有赤暈圍之，有大黑風至。"宋曾公亮等《武經總要》："日有赤暈再重，其災在下，所見之國蝗旱多盜。"《宋史·天文志》："〔端平元年〕四月甲申，日生赤暈。"清全祖望《揚州城北建隆寺宋太祖征李重進駐蹕地也樊榭用沈傳師嶽麓寺韵同作》詩："須臾窮城甘鼎沸，赤暈如電照寺門。"

## 黃白暈

以黃顏色和白顏色相雜爲主調的日暈。《新唐書·天文志》："〔天祐二年〕正月甲申，日有黃白暈，暈上有青赤背。乙酉亦如之，暈中生白虹，漸東，長百餘丈。二月乙巳，日有黃白暈如半環，有蒼黑雲夾日，長各六尺餘，既而雲變，狀如人如馬，乃消。"《舊五代史·晋書·少帝紀》："日有黃白暈，二白虹夾日而行。"元馬端臨《文獻通考》卷二八四："日有黃白暈，暈上有青赤。"

## 赤黃暈

以紅顏色和黃顏色相雜爲主調的日暈。《宋史·天文志》："〔嘉定四年〕七月己卯巳初刻，日有赤黃暈，不匝，至酉初後，日上暈外生青赤黃背氣。"又同書云："〔嘉定六年〕四月己卯，日赤黃暈，周匝。"又同書云："〔紹熙二年〕三月辛未，日生青赤黃暈，周匝。"又同書云："〔紹興二十一年〕閏四月壬申，日生赤黃暈周。"明黃道周《洪範明義》："乾道三年三四五月，日屢有赤黃暈。"

## 青赤暈

以青顏色和紅顏色相雜爲主調的日暈。唐瞿曇悉達《開元占經》卷八："日月無精光，青赤暈、蜺、背璚，在心度中。"《明宣宗實錄》卷一〇八："〔宣德九年〕二月己酉朔，日生左右珥，色黃赤；又生重半暈，色青赤。丙子，生背氣一道，色青赤鮮明。"

## 五色暈 [1]

亦稱"五色雲冕"。五彩繽紛的日暈。唐李邕《謝敕書及彩綾表二首》其二："五色暈，開動雲霞之仙氣。"宋李綱《靖康傳信録》卷上："日有五色暈挾珥，赤黃色，有重日，相摩蕩久之。"《宋史·欽宗紀》："〔宣和七年〕十二月辛酉，即皇帝位，是日，日有五色暈，挾赤黃珥，重日相蕩摩久之。"元汪元量《光相寺》詩："虛空現出大圓光，五色暈中瞻大士。"康熙《通州志》卷二："〔嘉靖元年〕六月内，日下有五色雲冕。"按：五色，指青、黃、赤、白、黑

五色日暈

五色，即黑白加三原色。

## 【五色雲冕】

即五色雲暈。此稱清代已行用。見該文。

# 日重暈

天空中出現由冰晶組成的捲層雲時，往往在太陽周圍出現以太陽爲中心的多個彩色光環，古人以爲瑞徵。《宋書·五行志》："晉愍帝建武元年正月庚子，白虹彌天，三日並照，日有重暈，左右兩珥。"《晉書·元帝紀》："於是有玉冊見於臨安，白玉麒麟神璽出於江寧，其文曰'長壽萬年'，日有重暈，皆以爲中興之象焉。"

## 【日重輪】

日之外現光圈多重，像圓形的車輪，謂之重輪，古代以爲祥瑞之象。《舊唐書·天文志》："〔大曆元年〕六月丁未，日重輪，其夜月重輪。"《隋書·音樂志》："煙雲同五色，日月並重輪。"宋王圭《端午內中帖子詞·皇帝閣》："畫漏未移天正午，此時兼有日重輪。"明孫賁《餞宋承旨潛溪先生致仕歸金華七首》其四："錦誥煥頒雲五色，青宮喜見日重輪。"清屈大均《奉壽天雄成少傅》詩："老人今北極，光抱日重輪。"

## 【日暈再重】

亦稱"日暈二重"。當太陽周圍出現一個兩層的彩色光環時，就被稱爲"日暈再重"或"日暈二重"。漢伏無忌《伏侯古今注》："〔延平元年〕十二月丙寅，日暈再重，中有背僑。"《晉書·天文志》："〔泰始五年〕七月甲寅，日暈再重，白虹貫之。"又同書云："〔元康元年〕十一月甲申，日暈再重，青赤有光。"《南齊書·天文志》："〔永明四年〕五月丙午，日暈再重，乃白虹貫日。"唐王冰《素問六氣玄珠

密語》："日暈再重，其災在下。"宋鄭樵《通志》卷三："日暈再重，內赤外輕有一黑。"《金史·天文志》："〔泰和八年〕四月癸卯巳刻，日暈二重，內黃外赤，移時而散。"

## 【日暈二重】

即日暈再重。此稱元代已行用。見該文。

## 【日暈三重】

天空中出現由冰晶組成的捲層雲時，往往在太陽周圍出現以太陽爲中心的多個的彩色光環。當太陽周圍出現一個三層的彩色光環時，被稱爲"日暈三重"。《晉書·天文志》："〔永康元年〕正月癸亥朔，日暈，三重。"《舊五代史·天文志》："〔乾祐二年〕十二月，日暈三重，上有背氣。"宋曾公亮等《武經總要》："立王者，日暈三重主兵起，有赤暈貫之，其下失地。"《金史·章宗紀》："夏四月癸卯，日暈三重，皆內黃外赤。"

## 【日暈四重】

亦稱"日暈四匝"。天空中出現由冰晶組成的卷層雲時，往往在太陽周圍出現以太陽爲中心的多個的彩色光環。當太陽周圍出現一個四層的彩色光環時，被稱爲"日暈四匝"。《北史·后妃傳》："仁壽二年八月甲子，日暈四重。己巳，太白犯軒轅。"《金史·天文志》："〔興定五年〕四月丙子，日正午，有黃暈四匝，其色鮮明。六月戊寅，日將出，有氣如大道，經丑未，歷虛危，東西不見首尾，移時沒。"

## 【日暈四匝】

即日暈四重。此稱元代已行用。見該文。

## 【日暈五重】

天空中出現由冰晶組成的捲層雲時，往往在太陽周圍出現以太陽爲中心的多個的彩色光

環。當太陽周圍出現一個五層的彩色光環時，被稱爲“日暈五重”。《宋書·五行志》：“太和六年三月辛未，白虹貫日，日暈五重。”《晋書·天文志》：“〔咸安元年〕三月辛未，白虹貫日，日暈五重。”

## 【日交暈】

亦稱“日連暈”“日連環暈”。太陽周圍出現的幾個連環交錯的彩色光環。晋赤松子《中誡經》：“每遇風雨、寒熱，惡星恠異，日、月交暈。”《後漢書·五行志》：“三年正月丁酉，日有白虹貫交暈中。”《南齊書·天文志》：“永明二年正月丁酉，日交暈再重。”《魏書·天象志》：“〔正光三年〕正月甲寅，日交暈，内赤外黄，有白虹貫暈。”《隋書·天文志》：“四月甲子，日有交暈，白虹貫之。”《宋史·天文志》：“二十九年正月癸酉，日連暈，上生青赤黄色戴氣，日左右生珥。”《元史·天文志》：“〔至正十七年〕七月己丑，日有交暈，連環貫之。”《元史·順帝紀》：“〔至元三年〕八月癸未，日有交暈，左有珥，白虹貫之。”《明宣宗實録》卷七六：“〔宣德六年〕二月壬子昏刻，西方生蒼白雲一道，南北竟天。甲寅，日生暈，後又生交暈，重半暈，璚氣色黄赤，皆鮮明。”《明史·天文志》：“〔萬曆四十八年〕二月癸丑，日連環暈，下有背氣，左右戟氣，白虹彌天。”又同書云：“〔宣德五年〕正月癸亥，日暈，隨生交暈。二月甲午，日交暈，隨生戟氣。”

## 【日連暈】

即日交暈。此稱元代已行用。見該文。

## 【日連環暈】

即日交暈。此稱明代已行用。見該文。

## 日暈匝

亦稱“日暈周匝”。太陽周圍出現的完整彩色光環。《魏書·天象志》：“〔興和元年〕二月己丑巳時，日暈匝，白虹貫日不徹。”《隋書·天文志》：“日暈周匝，東北偏厚，厚爲軍福。”《宋史·天文志》：“〔嘉定六年〕四月己卯，日赤黄暈周匝。”《宋史·天文志》：“〔乾道三年〕六月丙子，日赤黄暈周匝。”又同書云：“〔乾道四年〕六月丁巳，日赤黄暈周匝。”《明仁宗實録》卷一〇：“〔洪熙元年〕五月庚午午刻，雨雹。辛巳，自辰至未，日生暈，色赤黄周匝。”

## 【日暈周匝】

即日暈匝。此稱唐代已行用。見該文。

## 日半暈

亦稱“日暈不合”“日暈不匝”“重半暈”。不匝，不周匝，不周全。太陽周圍出現不完整而有缺口的彩色光環或半環。《南齊書·天文志》：“〔永明八年〕十一月己亥，日半暈，南面不匝。”《魏書·天象志》：“元象元年十一己巳辰時，日暈，南面不合，東西有珥，背有白虹，至珥不徹。”《宋史·天文志》：“〔嘉定四年〕七月己卯巳初刻，日有赤黄暈，不匝，至酉初後，日上暈外生青赤黄背氣。”又同書云：“〔隆興二年〕七月甲申朔，日生赤黄暈不匝，上生重暈，又生背氣及青珥，丁亥日生重暈，上生青赤黄色背氣。癸卯日生赤黄暈不匝，暈外生背氣赤黄，二頭向外曲。”又同書云：“〔淳熙十六年〕三月壬寅，日半暈再重。”《明宣宗實録》卷一〇八：“〔宣德九年〕二月己酉朔，日生左右珥，色黄赤；又生重半暈，色青赤。丙子，生背氣一道，色青赤鮮明。”

## 【日暈不合】

即日半暈。此稱唐代已行用。見該文。

## 【日暈不匝】

即日半暈。此稱元代已行用。見該文。

## 【重半暈】

即日半暈。此稱元代已行用。見該文。

# 日珥

亦稱"珥氣",省稱"珥"。本義爲日暈的一種。一般指完整日暈外側的小段暈弧,如耳,故稱。現代科學已將日珥一詞專用於太陽表層噴射出的火焰。《周禮·春官·䀠祲》:"四曰監。"注:"監,雲氣臨日,或曰冠珥也。"漢伏無忌《伏侯古今注》:"〔永和六年〕正月己卯,暈兩珥,中赤外青,白虹貫暈中。"漢劉熙《釋名》:"珥,氣在日兩旁之名也。珥,耳也,言似人耳。"唐賈公彥疏:"謂有赤雲氣在日旁如冠耳。珥,即耳也,今人猶謂之日珥。"唐瞿曇悉達《開元占經》卷八引甘氏曰:"日暈而珥,有雲穿之者,天下名士死。"《宋史·天文志》:"〔淳祐六年〕三月癸巳,日暈周匝,生珥氣。四月丁丑,日暈周匝。"《明宣宗實錄》卷四:"〔洪熙元年〕閏七月,日生左右叫珥,色黃赤鮮明。"《金史·天文志》:"〔正隆六年〕二月甲辰朔,日有暈珥,戴背。"

## 【珥氣】

即日珥。此稱漢代已行用。見該文。

## 【珥】

即日珥。此稱漢代已行用。見該文。

## 【四提】

即日珥。唐瞿曇悉達《開元占經》卷八引石氏曰:"日暈四提,必有大將出亡者。"又引京氏曰:"日暈而背四,如大車者,四提沒其

國,衆在外,有反臣。"瞿曇悉達引《荆州占》:"月四提。"按曰:"提,猶珥也。"

## 【日兩珥】

日珥有左(東)右(西)兩珥,因稱"兩珥"。兩珥有時并現,有時僅出現"左珥"或"右珥"。《南齊書·天文上》:"建元元年六月甲申,日南北兩珥,西有抱,黃白色。"唐瞿曇悉達《開元占經》:"日冠左右珥者,天下有喜。"唐易靜《兵要望江南·占日第十一》詩:"暈邊珥,一珥喜來生。兩珥欲來相解意,又言敗。"《宋史·天文志》:"〔乾道三年〕五月壬午,生黃白暈,左右珥。"《明太祖實錄》卷七六:"〔洪武五年〕十一月丁未辰時,日有暈,上有背氣及兩珥。"《明宣宗實錄》卷九:"〔洪熙元年〕九月乙卯,日生暈及左右珥,色淡,上生背氣一道,色青赤鮮明。"

## 【日左珥】

出現在太陽的東邊之珥。唐瞿曇悉達《開元占經》:"《日暈圖》曰:'日暈右珥者,王侯有喜。'"《元史·天文志》:"〔至正二十六年〕二月丁卯,日有暈,左珥上有背氣一道。"《明英宗實錄》卷二八七:"〔天順二年〕二月癸巳,日生左珥,色赤黃鮮明。"清談遷《北游錄·紀郵》:"未刻,日生左珥。"

# 日右珥

出現在太陽的西邊之珥。唐瞿曇悉達《開元占經》:"魏氏曰:'日冠右珥者,邦東有善人出,得位。'"《金史·天文志》:"〔貞祐三年〕正月壬戌,日有左右珥,上有冠氣,移刻散。"《明宣宗實錄》卷六九:"〔宣德五年〕八月己巳,日當食,陰雨不見。庚寅,日生右珥,色青赤鮮明。"《明英宗實錄》卷三二:"〔正統二

年〕癸巳，日生左珥，色赤黄。庚子夜，月生五色雲。壬寅夜，北方生白虹一道，兩頭至地。丙辰，日生右珥，色黄赤。”

## 【直珥】

亦稱“直氣”，省稱“直”。日暈中形狀較爲挺直的珥氣。《晉書·天文志》：“〔元熙二年〕正月壬辰，白氣貫日，東西有直珥各一丈，白氣貫之交匝。”唐瞿曇悉達《開元占經》卷八引石氏曰：“日暈有直氣在兩傍，其國有自立者，若立諸侯。一曰王者封賞左右。”又同書云：“日暈，直氣貫暈中，白其色，將失；順其氣攻，破軍。”又同書卷八引《魏氏圖》曰：“日暈有二直，欲自立者，明者立；若黑，不明者死。”又同書云：“高宗曰：‘日暈清明，一傍直，有立侯王，其色青。外赤内潤澤者，上所立也。’”

## 【直氣】

即直珥。此稱唐代已行用。見該文。

## 【直】

即直珥。此稱唐代已行用。見該文。

## 【彩珥】

日暈中顏色較爲艷麗的珥氣。《晉書·天文志》：“〔義熙元年〕五月庚午，日有彩珥。六年五月丙子，日暈，有璃。”

# 抱日

亦稱“暈抱”“抱珥”“抱氣”，省稱“抱”。日珥較大，如同抱日於懷中，故稱。漢伏無忌《伏侯古今注》：“〔建初七年〕四月丙寅，日加卯，西面有抱，須臾成暈，有白虹貫日。”晉司馬彪《續漢書·五行志》：“〔光和四年〕二月己巳，黄氣抱日，黄白珥在其表。”又云：“建武七年四月丙寅，日有暈抱，白虹貫暈，在畢

八度。”唐瞿曇悉達《開元占經》卷八引夏氏曰：“日暈而珥，外有一抱；所圍城者在外，外人勝。”又同書卷八引《孝經内記》曰：“日暈，暈中有珥一抱，所謂圍城者在中，中人勝。”《金史·天文志》：“〔大定二十九年〕二月甲子辰刻，日上有重暈兩珥，抱而復背，背而復抱，凡二三次。乙丑，日暈兩珥，有負氣承氣，而白虹亘天，左右有戟氣。”《宋史·真宗紀》：“〔景德元年〕十一月庚午，車駕北巡。司天言：日抱珥，黄氣充塞，宜不戰而却。”《宋史·天文志》：“〔紹興四年〕三月壬戌，日暈于軫，甲子又暈于婁。辛未，又暈于胃。是日，日生抱氣。”《明憲宗實録》卷二八九：“〔成化二十三年〕四月庚午朔巳時，日生抱氣，赤色鮮明。丁酉，以亢旱遣保國公朱永告天地。”

## 【抱】

“抱日”之省稱。此稱漢代已行用。見該文。

## 【暈抱】

即抱日。此稱晉代已行用。見該文。

## 【抱珥】

即抱日。此稱元代已行用。見該文。

## 【抱氣】[1]

即抱日。此稱元代已行用。見該文。

## 【抱背】

日暈時的抱氣帶背氣。《晉書·天文志》：“凡占，兩軍相當，必謹審日月暈氣，知其所起，留止遠近，應與不應，疾遲，大小，厚薄，長短，抱背爲多少，有無，虛實，久亟，密疏，澤枯。”唐瞿曇悉達《開元占經》卷八引石氏曰：“日暈有抱背、珥、直，而有虹貫之者，順虹擊之，大勝，得地。”《明憲宗實録》卷二七一：“〔成化二十一年〕十月癸巳，巳刻

日暈，左右珥赤黄色；未時復暈，青赤色，左右珥、抱背二氣赤黄色。"《明英宗實錄》卷二八一："〔天順元年〕八月乙未，日生背氣、抱氣各一。旁生左右珥，色皆青赤。"

## 日璚

亦稱"璚氣"，省稱"璚"。指形狀像璚的日暈。璚，同"玦"，謂環形有缺口的佩玉。《晋書·天文志》："〔義熙六年〕五月丙子，日暈有璚。"又同書云："璚者如帶，璚在日四方。"唐瞿曇悉達《開元占經》卷七："日璚，石氏曰：氣青赤曲向外中有一横狀如帶……康曰：璚者日將蝕，先有異氣也。"又同書卷八："日暈中有璚氣，璚爲不順。"《明宣宗實錄》卷一三："〔宣德元年正月〕庚戌，日生璚氣，色青赤，已而生交暈，色黄赤，俱鮮明。"又同書卷七六："〔宣德六年〕二月壬子昏刻，西方生蒼白雲一道，南北竟天。甲寅，日生暈，後又生交暈，重半暈，璚氣色黄赤，皆鮮明。"

**【璚】**[1]

"日璚"之省稱。此稱唐代已行用。見該文。

**【璚氣】**

即日璚。此稱唐代已行用。見該文。

**【僑氣】**

亦作"蟜氣"。省稱"僑""蟜"。指日暈時日旁雲霧反射的光環，古人以爲祥瑞。《吕氏春秋》："日有鬭蝕，有倍僑，有暈珥……僑、暈珥皆日旁之危氣也，在兩傍反出爲倍。"漢董仲舒《雨雹對》："雲則五色而爲慶，三色而成蟜"。漢伏無忌《伏侯古今注》："〔延平元年〕十二月丙寅，日暈再重，中有背僑。"又同書云："〔延平元年〕六月丁未，日暈上有半暈，暈中外有僑、背、兩珥。"《明太祖實錄》卷

八三："〔洪武六年〕六月丁丑，五色雲見。七月癸卯，五色雲見。戊申，日有蟜氣。"

**【蟜氣】**

同"僑氣"。此體明代已行用。見該文。

**【僑】**

"僑氣"之省稱。此稱先秦時期已行用。見該文。

**【蟜】**[2]

"僑氣"之省稱。此稱漢代已行用。見該文。

## 背氣[1]

亦作"北氣"，省稱"背"。日暈的一種，半個暈圈猶如弓背，故稱。唐瞿曇悉達《開元占經》卷八引石氏曰："日暈而背，兵起，其分失城。"又同書卷八引高宗《日傍氣圖》曰："日暈一背，臣弑主。"唐李筌《太白陰經》卷八："日有背氣，色青赤，曲向外，爲背叛之象。"《舊五代史·天文志》："〔乾祐二年〕十二月，日暈三重，上有背氣。"《宋史·天文志》："〔淳熙十五年〕六月丙申，日生青赤黄色背氣。"又同書云："〔紹興三十一年〕七月辛卯，日上暈外生北氣。"《金史·天文志》："二月甲子辰刻，日上有重暈兩珥，抱而復背，背而復抱，凡二三次。"《明宣宗實錄》卷一〇："〔洪熙元年〕十月壬午，日上生背氣一道，色青赤，左右珥色赤赤鮮明。"

**【北氣】**

同"背氣[1]"。此體元代已行用。見該文。

**【背】**[1]

"背氣[1]"之省稱。此稱唐代已行用。見該文。

**【背僑】**

亦作"僑背"。日暈時的背氣帶僑氣。漢伏

無忌《伏侯古今注》：“〔延平元年〕六月丁未，日暈上有半暈，暈中外有僑背、兩珥。”又同書云：“〔延平元年〕十二月丙寅，日暈再重，中有背僑。”明孫瑴《古微書》：“背僑分爲抱珥，怒而爲風亂而爲霧。”

## 【僑背】

同“背僑”。此體漢代已行用。見該文。

## 【背璚】

日暈時的背氣和璚氣。《晉書·天文志》：“〔隆安元年〕十二月壬辰，日暈，有背璚。”又同書云：“冠珥背璚，重疊次序，在於日旁也。”唐瞿曇悉達《開元占經》卷八引《中興書》按曰：“隆安元年十二月壬辰，日暈有背璚，是後帝不親萬幾，會稽世子元顯專行威罰。義熙六年五月丙子，日暈有背璚，是時盧循逼京都，戰於郊也。”

## 承氣

指日暈時下方出現承載上方日暈的光。《宋史·天文志》：“〔淳熙四年〕二月戊子，日暈不匝。日上連暈生戴氣，日下暈外生承氣。”《明實錄·宣宗實錄》卷六七：“〔宣德五年〕六月庚寅，日下生承氣一道，酉刻又生右珥，皆黃赤鮮明。乙未，日生左右珥，色黃赤鮮明。戊戌，日生暈，色青赤。”《金史·天文志》：“〔大定二十九年二月〕乙丑，日暈兩珥，有負氣承氣，而白虹亘天，左右有戴氣。”

## 戴氣[1]

省稱“戴”。罩在太陽之上的黃氣，日暈時可見，如頭戴冠冕，故稱。唐元稹《辨日旁瑞氣狀》：“伏以五色慶雲，蓋是小瑞，戴氣抱珥，所謂殊祥。”唐瞿曇悉達《開元占經》卷八引石氏曰：“日暈，且冠且戴，天下有立侯王；若自立者，分必益土。”又卷八引京氏曰：“日暈、戴、抱珥，其色皆赤內青外，清明即國家有吉、賀、喜。”《宋史·天文志》：“凡黃氣環在日左右爲抱氣；居日上爲戴氣，爲冠氣；居日下爲承氣，爲履氣。”《宋史·欽宗紀》：“〔靖康元年〕十月庚子，日有青、赤、黃戴氣。乙卯，雨木冰。庚申，日有兩珥及背氣。”《金史·天文志》：“二月甲辰朔，日有暈珥、戴、背。”《明宣宗實錄》卷一一二：“〔宣德九年〕八月丁未巳刻，日上生抱氣一道，色黃赤鮮明。壬戌午刻，日上生戴氣一道，色青赤鮮明。”《明英宗實錄》卷一八一：“〔正統十四年〕八月戊申朔，車駕至大同。日生暈，旁有戟氣，隨生左右珥及戴氣，東北生虹蜺，形如杵，至昏漸散。己酉，駐蹕大同。自出居庸關，連日非風即雨，及臨大同驟雨忽至，人皆驚疑。”《清史稿·天文志十三》：“日生戴氣者，順治二年十一月辛亥。”

## 【戴】[1]

“戴氣”之省稱。此稱唐代已行用。見該文。

## 【日冠】

亦稱“暈冠”“冠氣”，或省稱“冠”。猶“戴氣”。日暈的一種。出現在太陽上方，形如冠，故稱。唐徐堅《初學記》卷一引《雜兵書》：“日冠者，如半暈也。法當在日上有冠。文有兩珥者尤吉。”唐瞿曇悉達《開元占經》卷八引石氏曰：“日暈，且冠且戴，天下有立侯王；若自立者，分必益土。”又引石氏曰：“日暈且冠，王者有拜謁；若立諸侯，德令四方，天下大赦。”《舊唐書·天文志》：“〔大曆三年〕正月丁巳巳時，日有黃冠，青赤珥。”《明宣宗實錄》卷二三：“〔宣德元年〕十二月庚午，日上生冠氣一道，及生左右珥，色黄赤，隨生背氣一道，色青赤鮮明。"

## 【冠】[1]

"日冠"之省稱。此稱唐代已行用。見該文。

## 【暈冠】

即日冠。此稱唐代已行用。見該文。

## 【冠氣】

即日冠。此稱明代已行用。見該文。

## 【冠珥】

亦稱"珥冠""監"。日暈時的冠氣和珥氣。《周禮·春官·眡祲》："掌十煇之法，以觀妖祥，辨吉凶。一曰祲，二曰象，三曰鑴，四曰監……十曰想。"鄭玄注："監，冠珥也。"《晉書·天文志》："冠珥背璚，重疊次序，在于日旁也。"唐瞿曇悉達《開元占經》卷八引高宗曰："日暈，冠珥、紐，人主有喜慶，且有所立，不出年中。"唐賈公彦疏："云'監冠珥也'者，謂有赤雲氣在日旁如冠耳。珥即耳也，今人猶謂之日珥。"又同書云：《孝經内記》曰：'日左珥冠者，君東宫私婦女之事。'"《明英宗實録》卷二四〇："〔景泰五年〕四月丁酉，日生左右珥，上生冠氣、背氣各一，珥冠氣色赤黄，背氣色青赤。"

## 【珥冠】

即冠珥。此稱唐代已行用。見該文。

## 【監】

即冠珥。此稱先秦時期已行用。見該文。

## 戟氣[1]

指日暈時周圍出現似戟的光，多在日暈的左右兩邊。《金史·天文志》："〔大定二十九年〕二月甲子辰刻，日上有重暈兩珥，抱而復背，背而復抱，凡二三次。乙丑，日暈兩珥，有負

氣承氣，而白虹亘天，左右有戟氣。"《宋史·天文志》："〔隆興二年〕六月甲子，日有戟氣。"《明宣宗實録》卷三九："〔宣德三年〕三月庚寅，日生交暈及左右珥、背氣、戟氣，色青赤，交暈色黄赤，皆鮮明。"同書卷四〇："〔宣德三年〕三月丁酉，日生暈，隨生交暈，黄赤鮮明，及戟氣二道。"又同書卷四八："〔弘治四年〕二月庚戌，是日午刻，日生交暈及左右珥，色赤黄，時白虹彌天，日下復生戟氣。"又同書卷一一〇："〔弘治九年〕三月乙酉巳刻，南京見日生交暈，未刻復生重半暈，下生右戟氣，及白虹貫日彌天，申刻乃散。"

## 【左右戟氣】

指日暈時東西兩側出現似戟之光，即在日暈的左右兩邊，故稱。《金史·天文志》："〔大定二十九年〕乙丑，日暈兩珥，有負氣承氣，而白虹亘天，左右有戟氣。"《明英宗實録》卷二七五："〔天順元年〕二月庚戌辰刻，日生暈、左右珥、交暈，移時生抱氣，至巳生左右戟氣，白虹貫日。諸氣色赤黄鮮明，白虹色蒼白，良久俱散。"

## 纓紐

亦稱"紐氣"，省稱"紐"。指日暈時周圍出現似紐結的光。唐瞿曇悉達《開元占經》卷八："凡日月傍有異氣抱珥，强帶虹蜺、背璚、纓紐、格履之屬，三日内有大風，二日内有大雨。"同書又引高宗曰："日暈，冠珥、紐，人主有喜慶，且有所立，不出年中。"《新五代史·司天考二》："五代之際，日有冠珥、環暈、纓紐、負抱、戴履、背氣，十日之中常七八。"宋羅泌《路史》卷一四："僑珥旺適，纓紐抱負。"元馬端臨《文獻通考》卷一八四："紐氣

三，戟氣一，直氣一十五。”

## 【紐】

“冠珥”之省稱。此稱唐代已行用。見該文。

## 【紐氣】

即冠珥。此稱元代已行用。見該文。

## 格氣

指日暈時太陽上方或下方橫着出現的似長樹枝條的光。“格”，謂樹木長枝條。《宋史·天文志》：“〔乾道元年〕六月丁未，日暈周匝，下暈外生格氣，橫在日下。”元馬端臨《文獻通考》卷二八一：“青赤氣橫在日上下，爲格氣。”《明孝宗實錄》卷二三：“壬寅，是日辰刻，日生左右珥，色赤黃，隨生背氣色青赤；又生半暈、交暈、抱氣、格氣，各色淡，良久散。”

## 日負

亦稱“負氣”，省稱“負”。指日暈時，日光如同負日於背上，故稱。唐瞿曇悉達《開元占經》卷八引夏氏曰：“日負，負者青赤，如半暈狀，以著暈上，則爲負。負者，位也；得地爲喜。”《金史·天文志》：“〔大定二十九年〕二月甲子辰刻，日上有重暈兩珥，抱而復背，背而復抱，凡二三次。乙丑，日暈兩珥，有負氣承氣，而白虹亘天，左右有戟氣。”《明英宗實錄》卷二一一：“〔景泰二年〕十二月癸未，日生背氣，色青赤，左右珥色黃赤，俱鮮明。丁亥，日生暈，上又生負氣一道，色鮮。”

## 【負】

“日負”之省稱。此稱唐代已行用。見該文。

## 【負氣】

即日負。此稱金代已行用。見該文。

## 【負抱】

亦稱“抱負”。日暈時的負氣帶抱氣。《新五代史·司天考》：“五代之際，日有冠珥、環暈、纓紐、負抱、戴履、背氣，十日之中常七八。”《明英宗實錄》卷二八三：“〔天順元年〕十月甲寅，日生左右珥及抱負氣各一道，色赤黃鮮明，長久漸散。”

## 【抱負】

同“負抱”。此體明代已行用。見該文。

## 履氣

亦稱“戴履”。日暈的一種。出現在太陽下方，形如鞋，故稱。唐瞿曇悉達《開元占經》卷七：“洛書曰日下有赤黑青氣，是謂履氣。”《新五代史·司天考》：“五代之際，日有冠珥、環暈、纓紐、負抱、戴履、背氣，十日之中常七八。”《宋史·天文志》：“居日下爲承氣，爲履氣。”一説，“戴履”是在日暈時既有戴氣，又有履氣。

## 【戴履】

即履氣。此稱宋代已行用。見該文。

## 暈鈎

亦稱“氣暈勾環”。指日暈時太陽周圍出現的似彎鈎的光。《續漢書·五行志》：“建武七年四月丙寅，日有暈抱，白虹貫暈，在畢八度。”注引《古今注》：“時日加卯，西面東面有抱，須臾成暈，中有兩鈎，在南北面，有白虹貫暈，在西北南面，有背在景，加已皆解也。”《舊五代史·天文志》：“〔顯德三年〕十二月庚午，白虹貫日，氣暈勾環。”

## 【氣暈勾環】

即暈鈎。此稱宋代已行用。見該文。

## 日暈聚雲

日暈發生時聚集在一起的雲氣。唐瞿曇悉達《開元占經》卷八引甘氏曰：“日暈而兩珥在外，有聚雲在中與外，不出三日，城圍，出戰。”又引甘氏曰：“日暈，有聚雲不去者，兵起。”又引甘氏曰：“日暈，有聚雲外入，不出三日，國城圍。”同書卷八引《太公陰秘》曰：“日暈，有衆雲在左右，色黃白，吉；青白，兵行；黑白，內亂；青赤，和解；青黑，流血；俱明者，未解兵不歸，明者勝。”

【日暈立雲】

日暈發生時如同站立形態的雲氣。唐瞿曇悉達《開元占經》卷八引《春秋感精符》曰：“日一暈兩珥，有立雲貫日，出國多妖孽。”又同書卷八引《洛書摘亡辟》曰：“日暈而兩珥，立雲貫之，國有大疾。”

【日暈牛雲氣】

日暈發生時如牛形狀的雲氣。唐瞿曇悉達《開元占經》卷八引《孝經內記》曰：“日暈，有氣如牛，入居暈；不出三日，寇入城。”又同書卷八引京氏曰：“日暈不合，有雲如牛，在暈外來，入暈中；臣不服。”

【日暈毛羽雲氣】

日暈發生時如同毛羽形態的雲氣。唐瞿曇悉達《開元占經》卷八引京氏曰：“日暈，有氣如毛羽，臨日不去，國有大兵憂。”

【日暈銳峰雲氣】

日暈發生時如同銳峰形態的雲氣。唐瞿曇悉達《開元占經》卷八引高宗曰：“日暈，有四銳氣，如峰四出，國君亡。”

【日暈錦文雲氣】

日暈發生時如同錦文形態的雲氣。唐瞿曇悉達《開元占經》卷八引高宗曰：“日暈，有錦文氣，潤色從外入者，有文書喜至；從中出者，王使出，喜事也；枯乾不明者，舉事憂。”又同書卷八引王朔曰：“日暈，有錦文之氣在暈中，君欲遣使，文書大行；有錦文之氣在暈外，外文書來。”

【日暈臥人雲氣】

日暈發生時如同臥人形態的雲氣。唐瞿曇悉達《開元占經》卷八引《五音候》曰：“日暈，氣如臥人，在暈上，其下破敗。”又同書“臥人之氣在暈中，君有憂，臣暴死。”又同書云：“日暈，臥人氣在暈外，臣有憂，憂主死。”

【日上煙火雲氣】

太陽上面形狀如煙火的雲氣。《明英宗實錄》卷一八九：“〔景泰元年〕二月戊寅平旦，日上有雲氣如煙火散漫，良久漸消。己卯，西方生黑氣，如煙火散漫，良久漸息。”

【日上魚黑氣】

太陽上面狀如魚形的黑色雲氣。《明英宗實錄》卷一八九：“〔景泰元年二月〕壬午酉刻，日上生黑氣四段，長約三丈，離地丈許，兩頭銳而貫日，其狀如魚。壬寅夜，有黑氣一道，南北亘天，良久漸消。”

【瑗氣】

日暈時太陽周圍扁平圓形的彩雲，古人以之爲祥瑞。瑗，一種扁平圓形中空的玉器。《明英宗實錄》卷一二：“〔宣德十年〕十二月庚戌，日生背氣，色青赤；生右珥，色黃鮮明。辛亥，日生暈及左右珥、瑗氣，色俱赤黃，隨生白虹貫兩珥，背氣重半暈，色青赤鮮明。”

# 多日并（並）出

日暈兩側的對稱點上的冰晶體若小鏡子般紛紛反射陽光，便會出現幾個太陽的虛像，這就是奇特的幻日現象。如果氣象條件合適，甚至能看見十幾個幻日。《莊子·齊物論》：“昔者十日並出，萬物皆照。"《淮南子·本經訓》："逮至堯之時，十日並出，焦禾稼，殺草木，而民無所食。"《新唐書·突厥傳》："突厥盛夏而雷，五日並出，三月連明，赤氣滿野，彼見災而不務德，不畏天也。"《元史·順帝紀》："〔至正十六年〕三月，是月有兩日相蕩。"崇禎《吳縣志》卷一一："〔嘉靖三十三年〕三月日出時，有黑圓如日者以百數，與日并麗，上有物覆之，如月魄而差小，於日摩蕩閃爍，日爲茫昧，光四漏如綫。"

# 月　暈

## 月暈

亦稱"暈月"。當月光通過捲層雲時，受到冰晶的折射或反射形成紅、黃、綠、紫等多種顏色的光環，即月暈。《史記·天官書》："平城之圍，月暈參、畢七重。"北周庾信《奉報寄洛州》詩："星芒一丈餘，月暈七重輪。"《晉書·天文志》："〔黃初四年〕十一月，月暈北斗。"《魏書·靈徵志》："〔正始二年〕十一月丙子，月暈，東西兩珥，内赤外青，東有白虹長二丈許，西有白虹長一匹，北有虹長一丈餘，外赤内青黃。"隋薛道衡《出塞二首和楊素》其二："妖雲墜虜陣，暈月繞胡營。"唐孟浩然《彭蠡湖中望廬山》詩："太虛生月暈，舟子（一作中）知天風。"宋陸游《夜賦》詩："月暈知將雨，風聲報近秋。"元周密《有懷袁季源》詩："風高孤月暈，河澹萬星搖。"《明英宗實錄》卷二九五："〔天順二年〕九月丙午夜，月暈，色蒼白，軒轅、火星俱在暈。"《明憲宗實錄》卷六五："〔成化五年〕三月癸卯夜，五色雲鮮明暈月，良久漸散。"清王夫之《摸魚兒·瀟湘小八景》其二："對笑水江花，窺樓暈月，惹盡流霞片。"清袁昶《幽憤》詩："月暈知將風，礎潤知雨至。"

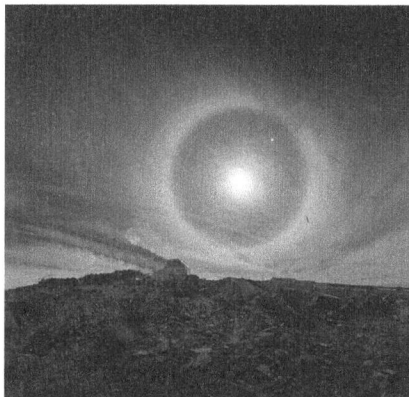

月　暈

【暈月】

即月暈。此稱隋代已行用。見該文。

## 月重暈

天空中出現由冰晶組成的捲層雲時，往往在月亮周圍出現以月亮爲中心的多個的彩色光環，被稱爲"月重暈"。《後漢書·五行志》李賢注引《袁山松書》："興平二年十二月，月在太微端門中重暈二珥，兩白氣廣八九寸，貫月東西南北。"唐瞿曇悉達《開元占經》卷一五："月重暈二，《石氏占》曰：月以十二月八日暈再重，大有風，兵起。"宋甯全真傳授、元林靈真編《靈寶領教濟度金書》："日重輪，月重暈，庶徵咸休。"清李怡《賀新涼》詞："星隱約，月重暈。"

【月重輪】

月亮周圍出現的多個若輪光環，謂之月重

輪，古代以爲祥瑞之象。北周庾信《奉報寄洛州》詩：“星芒一丈燄，月暈七重輪。”唐劉禹錫《賀皇太子受册箋》：“蒼震發前星之輝，黃離表重輪之瑞。”《隋書·音樂志》：“煙雲同五色，日月並重輪。”《舊唐書·天文志》：“〔大曆元年〕六月丁未，日重輪，其夜月重輪。是年大水。”明何景明《十五夜高鐵溪同沈清溪趙雪舟馬百愚過敞居對月》詩：“重輪爛五色，繽紛結文虹。”

## 【月暈五重】

天空中出現由冰晶組成的捲層雲時，有時在月亮周圍出現以月亮爲中心的五層的彩色光環，被稱爲“月暈五重”。漢伏無忌《伏侯古今注》：“〔建武八年〕三月庚子夜，月暈五重，紫微青黃似虹，有黑氣如雲，月星不見，丙夜乃解。”《宋史·理宗紀》：“辛丑，月暈五重。”《欽定續文獻通考》卷二一二：“淳祐六年閏四月，辛丑月暈五重。”

## 白暈 [2]

亦稱“蒼白暈”。以白顏色爲主調的月暈。《宋書·天文志》：“〔太和四年〕閏月乙亥，月暈軫，復有白暈貫月，北暈斗柄三星。”《晋書·天文志》：“海西公太和四年閏月乙亥，月暈軫，復有白暈貫西北，暈斗柄三星。”唐瞿曇悉達《開元占經》卷一二引《石氏占》曰：“月暈一重，下缺不合，上有冠戴，傍有兩珥，白暈連環，貫珥接北斗，國有大兵，大戰流血，其地紛紜，不出一年憂。”《舊唐書·天文志》：“〔上元元年〕其年建子月癸亥時一鼓二籌後，月掩昴，出其北，兼白暈。”《舊五代史·天文志》：“〔開平二年〕三月丁丑夜，月有蒼白暈，又有白氣如人形十餘，皆東向，出於暈內。”宋

王欽若《册府元龜》卷六二五：“開平四年十月己巳夜，月有蒼白暈，鎮與胃昴在環中。”元馬端臨《文獻通考》卷二八五：“太和四年閏月乙亥，月暈軫復有白暈，貫月北。”《明英宗實錄》卷一八四：“〔正統十四年十月己未〕夜，雲中見月，生蒼白暈，奎壁婁三宿俱在暈內。癸亥夜昏刻，西南赤黑氣如火煙，須臾化蒼白氣，重疊六道，徐徐北行，至中天而散。”

## 【蒼白暈】

即白暈。此稱宋代已行用。見該文。

## 【白虹】 [2]

以白顏色爲主調的月暈。《魏書·靈徵志》：“〔正始二年〕十一月丙子，月暈，東西兩珥，內赤外青，東有白虹長二丈許，西有白虹長一匹。”宋王讜《唐語林·補遺一》：“大曆末，北方有白虹夜見。”元馬端臨《文獻通考·象緯考》：“丁卯夜，白虹見，長十餘丈，頭在南，尾入紫宮中。”明王世貞《荆玉篇》詩：“夜夜天中屬白虹，時時海上來丹鳥。”清彭孫貽《咏懷武原古迹二十六首·梵琦大師衣鉢》：“懸知娑竭群龍護，夜夜寒光貫白虹。”

## 月珥

亦稱“珥月”，亦作“月提”。月暈的一種。一般指完整月暈外側的小段暈弧，如耳，故稱。唐瞿曇悉達《開元占經》卷一二引《黃帝占》曰：“月珥而冠者，天子大喜，或大風。”又同書卷一二引《荆州占》曰：“月珥且戴，不出百日，主有喜。”又同書云：“月四提，天子無妻，若國有喪；月六提，天子游天下。”瞿曇悉達按：“提猶珥也。”唐王良會《和武相公中秋夜西蜀錦樓望月得清字》詩：“德星搖此夜，珥月滿重城。”《宋史·天文志》：“月珥背璚，暈而

珥，六十日兵起。"

## 【珥月】

即月珥。此稱唐代已行用。見該文。

## 【月提】

即月珥。此稱唐代已行用。見該文。

## 【月兩珥】

月珥有左（東）右（西）兩珥，因稱。《魏書·靈徵志》："〔正始二年〕十一月丙子，月暈，東西兩珥，內赤外青，東有白虹長二丈許，西有白虹長一匹，北有虹長一丈餘，外赤內青黃。"唐瞿曇悉達《開元占經》卷一二引《高宗占》曰："月兩珥，十日雨。"又同書卷一二引《荊州占》曰："月珥，大水。"《明英宗實錄》卷四九："〔正統三年〕十二月癸酉夜，月生左右珥，尋生背氣一道，白虹貫兩珥。"

## 【月左珥】

珥，或作"耳"。月兩珥有時并現，有時僅出現"月左珥"或"月右珥"。出現在太陽的東邊的爲"月左珥"。《明太祖實錄》卷二一九："〔洪武二十五年〕七月丙申夜，月生左耳，良久散。"《明英宗實錄》卷一八："〔正統元年〕六月丁酉，日上生背氣，色青赤鮮明。丙辰夜，月生左珥，色蒼白。丁巳，日有暈，色黃赤。"

## 【月右珥】

月兩珥有時并現，有時僅出現"月左珥"或"月右珥"。出現在太陽的西邊的爲"月右珥"。《明英宗實錄》卷二四七："〔景泰五年〕十一月壬戌夜，月有畢宿生暈及背氣、左右珥，復生白虹貫右珥，月復掩天關星。"

## 戴氣[2]

單稱"戴"。罩在月亮之上的黃氣，月暈時可見，如頭戴冠冕，故稱。唐瞿曇悉達《開元占經》卷一二引《荊州占》曰："月珥且戴，不出百日，主有喜。"又同書卷一二引《石氏占》曰："月暈一重，下缺不合，上有冠、戴，傍有兩珥，白暈連環，貫珥接北斗，國有大兵，大戰流血，其地紛紜，不出一年憂。"

## 【戴】[2]

"戴氣[2]"之單稱。此稱唐代已行用。見該文。

## 【冠】[2]

月暈的一種。出現在月亮上方，形如冠，故稱。唐瞿曇悉達《開元占經》卷一二引《黃帝占》曰："月珥而冠者，天子大喜，或大風。"又同書卷一二引《石氏占》曰："月暈一重，下缺不合，上有冠、戴，傍有兩珥，白暈連環，貫珥接北斗。"

## 背氣[2]

省稱"背"。月暈的一種，半個暈圈猶如弓背，故稱。漢劉向《洪範五行傳》："且背且抱爲不和，有欲爲忠，有欲爲逆者也。"唐瞿曇悉達《開元占經》卷八引石氏曰："日月無精光，青赤暈，蜺、背、璚在心度中，是謂大湯，兵喪並起，王者以赦降外。"《明英宗實錄》卷三五："〔正統二年〕甲戌夜，月生背氣，色蒼白，生左珥，色赤黃鮮明。"

月背氣

## 【背】[2]

即背氣[2]。此稱唐代已行用。見該文。

## 【月背璚】

月暈時周圍出現的背氣和璚氣。漢劉向《洪範五行傳》曰："月背璚，臣欲爲邪也。"唐瞿曇悉達《開元占經》卷一二引京房《易傳》曰："月背璚，其國有反者。"

## 抱氣[2]

月珥在月周圍，如同抱月於懷中，故稱。唐瞿曇悉達《開元占經》卷一二引劉向《鴻範傳》曰："〔月〕且背且抱爲不和，有欲爲忠，有欲爲逆者也。"

## 戟氣[2]

指月暈時周圍出現似戟的光，多在月暈的左右兩邊。《金史·天文志》："〔正大七年〕十月己巳，月暈，至五更復有大連環貫之，絡北斗，内有戟氣。"

## 璚[2]

指月亮周圍有缺口的月暈。璚，同"玦"，環形有缺口的佩玉。唐瞿曇悉達《開元占經》卷一二引《帝覽嬉》曰："月不暈有四璚，臣有謀，不成。"又同書卷一二引《春秋緯感精符》曰："背璚以外圍月者，臣馳，縱叛逆，欲相殘賊，不和之氣也；天子偏左右。"明胡應麟《白紵四時詞四首》其三："西堂雨霜胡雁來，中天皎月璚雲開。"

## 游氣

亦稱"貫月"。月暈時周圍出現游動之氣。游，或作"遊"。唐劉禹錫《洞庭秋月行》："孤輪徐轉光不定，游氣濛濛隔寒鏡。"《宋史·仁宗紀》："〔慶曆五年〕三月庚午，東方有黃氣如虹貫月。"《宋史·天文志》："〔景德三年〕三月丙辰，北方赤氣亘天，白氣貫月。《明英宗實錄》卷二一："〔正統元年〕八月丁卯夜，有黑雲二道，東西竟天，良久散。己卯，自癸酉至是日，月出入時四方俱有游氣，月赤無光。"又同書卷二九六："〔天順二年〕十月壬午夜五鼓，月生五色雲氣鮮明，至更盡漸散。"《明史·天文志》："〔正統元年八月癸酉至己卯〕月出入時皆有游氣，色赤無光。"

## 【貫月】

即游氣。此稱元代已行用。見該文。

## 月交暈

月亮周圍出現幾個連續交錯的彩色光環，被稱爲"交暈"。晉赤松子《中誡經》："每遇風雨、寒熱，惡星恠異，日、月交暈。"唐瞿曇悉達《開元占經》卷一二引《帝覽嬉》曰："月色黃白交暈，一黃一赤，所守之國受兵。"又同書引《高宗占》曰："月交暈，赤有光，其國不出二年遇兵。"清《陝西通志》卷四七："十二年夏四月庚申，日月交暈。"

## 【連環月暈】

月亮周圍出現幾個連環交錯的彩色光環。唐瞿曇悉達《開元占經》卷一五引《荆州占》曰："月暈連如環，爲兩軍兵起，君爭地。"《金史·天文志》："〔正大七年〕十月己巳，月暈，至五更復有大連環貫之。"《明英宗實錄》卷三四八："〔天順七年〕正月壬寅夜，月生連環暈，各濃厚鮮明，東北至於北斗，西南及於參宿，至四更方散。"

## 五色暈[2]

亦稱"月暈五色""五色雲暈"。呈現五彩繽紛的月暈。宋歐陽修《洗兒歌》："月暈五色如虹蜺，深山猛虎夜生兒。"《明英宗實錄》卷一四："〔正統元年〕二月乙卯夜，月生五色暈。"又同書卷一二三："〔正統九年〕十一月甲午夜，月生五色雲暈。"

## 【月暈五色】

即五色暈²。此稱宋代已行用。見該文。

## 【五色雲暈】

即五色暈²。此稱明代已行用。見該文。

# 月暈藴星宿

諸行星、恒星藴含在月暈光圈之中。《明宣宗實錄》卷一二："〔洪熙元年〕十二月庚辰夜，月有暈，色倉白，圍圓濃厚，太微西垣軒轅及并鬼柳三宿皆在暈中。"《明英宗實錄》卷九五："〔正統七年〕八月乙己夜，月生暈。木星在暈内。"又同書卷一四七："〔正統十一年〕十一月己卯夜，月生暈，色蒼白，參畢五車諸宿俱在暈中。"又同書卷一八七："〔景泰元年〕正月壬辰夜，月暈，軒轅、太微、西垣、右執法、明堂、靈臺、長垣、土星俱在暈内。"又同書卷三一四："〔天順四年〕四月庚申夜，月暈，色蒼白，木星氐宿俱在暈。"又同書卷二九五："〔天順二年〕九月丙午夜，月暈，色蒼白，軒轅、火星俱在暈。丁未夜五鼓，月生暈，蒼白，圍圓濃厚，軒轅、火星俱在暈内。至曉刻漸散。"《明武宗實錄》卷一〇："〔正德元年〕二月庚申，命工部修築盧溝橋堤岸，以去年六月爲水衝壞六百餘丈故也。庚申昏刻，月生暈，色蒼白，中圍井宿。辛酉，夜月生暈，暈圍火

土二星於内，色蒼白。至二更，散在井宿。"

# 月芒

亦稱"月齒""芒刺"。月生光芒，如齒，如刺。唐瞿曇悉達《開元占經》卷一五引《河圖》曰："月生齒，主見期。"又同書卷十五引《荆州占》曰："月與五星熒惑合光，芒刺相及，其國有内亂，兵三年。"又卷一五引《荆州占》曰："月與填星合，芒刺相及，其國饑。"又引《春秋運斗樞》曰："后族擅權，月生芒。"唐周賀《秋晚歸廬山留別道友》詩："月生石齒人同見，霜落木梢愁獨歸。"《明孝宗實錄》卷二〇："〔弘治元年〕十一月己卯夜，月生芒如齒，長三尺餘，色蒼白。"

## 【月齒】

即月芒。此稱唐代已行用。見該文。

## 【芒刺】

即月芒。此稱唐代已行用。見該文。

## 【月連明】

亦稱"月重"。由於月暈兩側的對稱點上的冰晶體若無數面小鏡子反射月光，便會出幾個月亮的虛像，謂之"月重""月連明"。《漢書·五行志》："〔成帝建始元年〕八月戊午，晨漏未盡三刻，有兩月重見。"《新唐書·突厥傳》："突厥盛夏而雷，五日並出，三月連明，赤氣滿野，彼見災而不務德，不畏天也。"

## 【月重】

即月芒。此稱漢代已行用。見該文。

# 第三節　虹霓考

本節彙集、考證有關虹霓的古詞語。虹霓，即通常所說的彩虹，亦作"虹蜺"；即蝃蝀，爲雨後或日出、日沒之際於天空中所現的七色圓弧。亦稱"虹蜺"，常有內外二環，內環稱虹，也稱正虹、雄虹；外環稱蜺，也稱副虹、雌虹或雌蜺。古人對於虹霓的認知共分爲以下類型。

抽象名類：包括"虹""蚩""虹霓""絳""霓""雩"等，皆爲彩虹這一自然現象的抽象表達詞語。《禮記・月令》："〔季春之月〕虹始見，萍始生。"

類比名類。《說文》："虹，蝃蝀也，狀似蟲。"其他如"虹霓""蚩""雄虹""蝃蝀""蝃蝀""蚳蝀""曲虹""蜺""蟄""雌虹""雌霓""屈虹""陰虹"等字詞都有"虫"字旁，因而都可類比曲狀、條狀蟲子，故皆爲類比名類。又"旱龍霓"，如龍形，亦如是。主虹爲虹，副虹爲霓。

空間名類：如"東虹""西虹""南虹"等，指示彩虹位於天空之不同方位。清祁寯藻《馬首農言》："東虹忽雷西虹雨，南虹下大雨，北虹賣兒女。"

態勢名類，表霞這類事物的形態和勢態。如"垂虹""斷虹""殘虹"，謂即將消失的彩虹。又"長霓""隱虹""橫霓""霓旆"，表態勢長亘於天。又"直虹"，謂虹長則顯直態，故名。

因果名類：彩虹的產生，在古人看來，太過神秘。關於彩虹的成因，宋沈括《夢溪筆談》解釋道："虹乃雨中日影也，日照雨則有之。"古文獻中沒有彩虹成因的更多記載，多是將彩虹作爲原因，來解釋一些作爲結果的現象。例如"虹飲"一詞，天上之水是由彩虹從地面水體中吸取的，謂雨水生成之原因。《漢書・燕刺王劉旦傳》："是時天雨，虹下屬宮中飲井水，井水竭。"

色彩名類：一般彩虹表現爲七色，有鮮亮的，亦有但淡淺的。涉及彩虹顏色的詞語有"天酒虹"，或偏酒紅色。又"日虹"，日傍時出現，多呈淡白色。又"青虹"，指偏青藍色之虹霓。又"赤虹""絳虹"，指偏紅色之虹霓。又"白虹""白蜺""素蜺"，指白色之虹霓（或色淡）。又"蒼虹"，偏蒼青色之虹霓。又"青黑虹"，指青黑色之虹霓（色偏暗）。又"錦虹""文虹""五彩虹"，指色澤鮮艷之虹霓。

# 虹概念

## 虹

亦作"蚣""絳""霿"等。亦稱"雩"。陽光與水氣相映，現於空中之彩色圓弧，常於雨後或日出、日没之際出現。另有現於霧中之虹，顔色淺淡。虹之甲骨文中像空中彩虹之形，虹的兩頭，像低頭張開巨口啜飲水氣的動物（或爲大蟲形態）。

甲骨文"虹"字

《爾雅·釋天》："螮蝀謂之雩。螮蝀，虹也。"郭璞注："俗名爲美人虹，江東呼雩。"《説文·虫部》："虹，螮蝀也。狀似蟲，从虫工聲。"漢王褒《九懷·株昭》："乘虹驂蜺兮，載雲變化。"《禮記·月令》："〔季春之月〕虹始見，萍始生。"南朝宋劉敬叔《異苑》卷一："古語有之曰：古者有夫妻二人荒年菜食而死，俱化成青絳，故俗呼美人虹。"唐上官儀《八咏應制二首》其一："風隨少女至，虹共美人歸。"《集韵·東韵》："虹，或書作蚣。"宋沈括《夢溪筆談》："虹乃雨中日影也，日照雨則有之。"元盧琦《游北巖庵》詩："芳草凝微露，靈湫飲彩虹。"明董斯張《廣博物志》卷三："日傍氣，白者爲虹。"清蒲松齡《聊齋俚曲集·蓬萊宴》："這個時節纔上了八碗菜，忽然見半空中一條白霿直插到座。"

## 【蚣】

同"虹"。此體漢代已行用。見該文。

## 【絳】

同"虹"。此體南朝宋已行用。見該文。

## 【霿】

同"虹"。此體清代已行用。見該文。

## 【雩】[2]

即虹。此稱先秦已行用。見該文。

## 【隮】[2]

即虹。《詩·鄘風·蝃蝀》："朝隮于西，崇朝其雨。"又《國風·曹風·候人》："薈兮蔚兮，南山朝隮。"《周禮·春官·眡祲》："掌十煇之法……九曰隮。"鄭玄注："鄭司農云：'隮者，升氣也。'玄謂：'隮，虹也。'"宋馬廷鸞《饒娥廟祀神歌》其三："雄虹朝隮兮，雌霓夕虹。"元馬祖常《壯游八十韵》詩："煙霞薈蔚隮，霧雨蕭颯至。"明劉基《旅興》詩其十三："西岑挂朝隮，東嶺垂日脚。"清弘曆《雨》詩其一："朝隮在西嶺，密雨灑空煙。"

## 【霧虹】

即虹。唐歐陽詢等《藝文類聚》卷七九引南朝梁沈炯《歸魂賦》："值天地之幅裂，遭日月之霧虹。"清屈大均《冲虛觀》詩："日月還霧虹，元氣鬱不流。"

## 【雄虹】

虹霓相對而言，虹爲雄，霓爲雌。主虹爲虹，副虹爲霓。雄虹色彩鮮明，也叫正虹，與副虹霓相對。先秦屈原《楚辭·遠游》詩："建

虹與霓（主虹與副虹）

雄虹之采旄兮，五色雜而炫耀。"《後漢書·馬融傳》："建雄虹之旌夏。"李賢注："郭璞注《爾雅》云：'虹雙出，色鮮盛者爲雄。'"南朝梁江淹《赤虹賦》："俄而雄虹赫然，暈光耀水。"唐歐陽詢等《藝文類聚·天部》："雄虹矯而垂天，翠鳥軒而扶日。"宋馬廷鸞《饒娥廟祀神歌》其三："雄虹朝隮兮，雌霓夕虬。"元柳貫《梁溪謠贈盛高霞道士》詩："顯露薦承液，雄虹爲采旄。"明楊慎《卜雲林篇》詩其六："處雄虹兮標顛，玉樹青葱際天。"清劉大櫆《吳錦懷墓志銘》："白玉在璞，瓦礫斯同。既其昭顯，光若雄虹。"

**【蝃蝀】**

　　亦作"蝃蝀""蝃蝀""蚳蝀"，亦稱"蟄蝀"。即虹。《爾雅·釋天》："蝃蝀謂之雩。蝃蝀，虹也。"《詩·鄘風·蝃蝀》："蝃蝀在東，莫之敢指。"毛傳："蝃蝀，虹也。"漢張衡《西京賦》："直蝃蝀以高居。"南朝梁顧野王《玉篇·虫部》："蝃，同蝃。"《晋書·隱逸傳·夏統》："昔淫亂之俗興，衛文公爲之悲惋；蝃蝀之氣見，君子尚不敢指。"唐李白《古風五十九首》之二："蝃蝀入紫微，大明夷朝暉。"唐韋莊《三堂東湖作》詩："景動新橋橫蝃蝀，岸鋪芳草睡鵁鶄。"《集韻·霽韻》："蝃，《説文解字》：'蝃蝀，虹也。'或作蝃、蝃、蚳。"宋梅堯臣《送邵户曹隨侍之長沙》詩："鵬鶘啼欲雨，蝃蝀見還晴。"宋毛滂《東堂詞》："扁舟系、一行蝃蝀。"元馬祖常《寄弘長老雲山》詩："曙雨初生蝃蝀橋，梵山吟唄不移朝。"明王彝《鄞江漁者歌贈陳仲謙》詩："青天時截蝃蝀雨，白波或起鯉魚風。"清和邦額《夜譚隨録·修鱗》："逾時雨霽，蝃蝀在東。"清郭慶藩

《莊子集釋》卷九："蝃當作蝃。《爾雅·釋天》：蝃蝀，虹也。蟄蝀，猶言虹霓。"

**【蝃蝀】**

　　同"蝃蝀"。此體先秦時期已行用。見該文。

**【蝃蝀】**

　　同"蝃蝀"。此體南北朝時期已行用。見該文。

**【蚳蝀】**

　　同"蝃蝀"。此體宋代已行用。見該文。

**【蟄蝀】**

　　即蝃蝀。此稱清代已行用。見該文。

**【雲霓】**

　　指虹。《孟子·梁惠王下》："民望之，若大旱之望雲霓也。"趙岐注："霓，虹也，雨則虹見，故大旱而思見之。"孫奭疏："雲霓，虹也。"《楚辭·離騷》："揚雲霓之晻藹兮，鳴玉鸞之啾啾。"李周翰注："雲霓，虹也。畫之於旌旗。"漢王逸《九思·守志》："天庭明兮雲霓藏，三光朗兮鏡萬方。"三國魏曹植《驅車篇》詩："隆高貫雲霓，嵯峨出太清。"南朝梁劉勰《文心雕龍·祝盟》："若夫臧洪歃辭，氣截雲霓；劉琨鐵誓，精貫霏霜。"宋蘇軾《天地社稷宗廟神廟等處祈雨祝文》："引領雲霓之望，援手溝壑之餘。"元段克己《贈醫者呼延生》詩："吐氣作雲霓，掉舌飛霹靂。"明劉基《遣懷》詩："鴻鵠會高風，拂翼凌雲霓。"清曾彥《吳趨行》詩："層臺通天漢，飛宇貫雲霓。"

**【虹影】**

　　即虹，虹的影像。唐釋皎然《賦得石樑泉送崔逸》詩："天晴虹影渡，風細練文斜。"唐元積《咏廿四氣詩·清明三月節》："駕聲知化鼠，虹影指天涯。"宋王之道《題華嚴院澤上人

西韵軒用前韵》詩："疏簾如霧隱窗紗，虹影青紅雨脚斜。"元張仲深《奉酬陳子善見束韵並上王良輿》詩："西江返照連虹影，南鎮殘山入雁行。"明區元晉《雨行吕合道中》詩："雷聲喧谷口，虹影卧橋西。"清王夫之《迎秋八首（壬寅）》其一："稻香三日雨，虹影一溪晴。"

【玉橋】

　　虹之美稱。其狀如橋，故言。宋廖剛《柯山瑞》："雲路玉橋横。六月天香瓊蕊秀，千年人瑞昂星明。"明婁性《皇明政要》："洪武初，彭友信遇太祖微行，上口占《虹蜺》詩云：'誰把青紅綫兩條，和雲和雨繫天腰。'命信續。應曰：'玉皇昨夜鑾輿出，萬里長空駕玉橋。'"

【旱龍】

　　指虹形如長龍，又因高懸於天空，與"水龍"一詞相対應，故名。宋王庭圭《和井令西山石屋感雨》詩："助魃旱龍初偃蹇，隨軒飛雨不躊躇。"明楊慎《丹鉛總録·天文類·虹蜺》："俗又謂之旱龍，依其形質而名之也。"明張萱《曾元阹鏗然亭宴集同陳用休韓伯舉舍弟仲蔚分韵賦》其一："迢遥誰著旱龍鞭，曲檻疏欞落日前。"明方以智《通雅》卷一一："蝃蝀爲鸞，又曰旱龍。"清孫元衡《禱雨篇》詩："旻天陽道黄塵起，時見旱龍升海底。"

【鸞】

　　亦作"霓""吼"。亦稱"水級"。吴越方言指虹。"鸞""霓"同音，字异而實同。明方以智《通雅》卷一一："升菴曰：'天文志有䘲蝱，諺曰東鸞日頭西鸞雨，指蝃蝀爲鸞。'"明李翊《俗呼小録》："虹謂之吼。"明徐光啓《農政全書》卷一一《占候·虹》："俗呼爲鸞。諺云：'東鸞晴，西鸞雨。'"清范寅《越諺》卷

上："東霓西水級，落雨勿肯歇。"原注："霓、水級，皆虹也。"

【吼】

　　同"鸞"。此體明代已行用。見該文。

【霓】

　　同"鸞"。此體清代已行用。見該文。

【水級】

　　即鸞。此稱清代已行用。見該文。

【宛虹】

　　指虹。其形彎曲似弧，故稱。漢司馬相如《上林賦》："奔星更於閨闥，宛虹杝於楯軒。"李善注引如淳曰："宛虹，屈曲之虹也。"三國魏何晏《景福殿賦》："艷如宛虹，赫如奔螭。"南朝齊謝朓《酬德賦》："玄武伏於重介，宛虹潛以自匿。"宋劉才邵《次韵劉克强寄劉齊莊并見寄》詩："雲煙忽中斷，宛虹露長鬐。"明黄佐《吊許大夫文》詩："魂耿耿其在天兮，亘宛虹之連蜷。"清姚鼐《雜詩五首》其五："宛虹首幽恒，江漢拖其尾。"

【曲虹】

　　指弧形的虹。唐白居易《白孔六帖》卷二："天復三年三月庚申，有曲虹在日東北。"《新唐書·五行志》載同。宋留用光《無上黄籙大齋立成儀》："九光陽焱，變化曲虹。長蜺千丈，金碧萬重。"《宋史·五行志》："〔紹興三十年〕十二月辛酉，曲虹見日之西。"元馬端臨《文獻通考·象緯考》："戊戌，赤氣隨日出。五年十月丁巳，曲虹見日之東。"清《山東通志》："曲虹卧長堤，單父四郊星臨平野。"

【垂虹】

　　指懸挂於天空的虹。唐薛濤《江月樓》詩："垂虹納納卧譙門，雉堞眈眈俯漁艇。"宋王沂

孫《摸魚兒·蓴》詞："何况是，正落日垂虹，怎賦登臨意？"元張翥《北歸四月一日舟至市涇（乙丑）》："船人喜相約，乘早過垂虹。"明王世貞《沙河橋》詩："山接垂虹勢，波穿偃月流。"明徐宏祖《徐霞客游記·江右游日記》："不知滋甌以東諸東南注壑者，其必有垂虹界瀑之奇，恨路不能從何。"清王夫之《昔夢（丙寅）》詩："濕雲葉葉垂虹外，歸鳥泠泠晚照邊。"

【氣母】

虹之异稱。本義爲元氣之源，虹乃元氣在日光下之映現，故名。語出《莊子·大宗師》："伏戲氏得之，以襲氣母。"宋陶穀《清異錄·天文》引《博學記》："氣母，虹。"宋劉弇《大孤山》詩："浮根襲氣母，弄影白日邊。"

【曾虹】

指虹。曾，通"層"。南朝梁沈約《前緩聲歌》："神行燭玄漢，帝旆委曾虹。"

# 霓

亦作"蜺""蛪"，亦稱"雌虹""屈虹"等。主虹爲虹，副虹爲霓。《爾雅·釋天》："蜺爲挈貳。"郭璞注："蜺，雌虹也，見《離騷》；挈貳，其別名，見《尸子》。"陸德明釋文："霓，或作蜺。"邢昺疏："虹雙出色鮮盛者爲雄，雄曰虹；闇者爲雌，雌曰蜺。"《說文·雨部》："霓，屈虹，青赤或白色，陰氣也，从雨兒聲。"《玉篇》："霓，雲色似龍也。"唐李淳風《乙巳占》："若有屈虹從外入城中，三日内，城可屠。"唐李白《夢游天姥吟留別》詩："霓爲衣兮風爲馬，雲之君兮紛紛而來下。"《集韵·屑韵》："蜺，屈虹也。或作蛪。"宋陸佃《埤雅》："雄曰虹，雌曰霓。舊說，虹常雙見，鮮盛者雄，其闇者雌也。一曰赤白色謂之虹，青白色

謂之霓。"金段克己《贈醫者呼延生》詩："吐氣作雲霓，掉舌飛霹靂。"明胡布《題畫》詩："壯懷麗鸑鶴，飄飄橫天霓。"清朱駿聲《通訓定聲》："雨與日相薄而成光，有雌雄，鮮者爲雄虹，闇者爲雌霓。"

【蜺】

同"霓"。此體先秦時期已行用。見該文。

【蛪】

同"霓"。此體宋代已行用。見該文。

【屈虹】

即霓。此稱漢代已行用。見該文。

【雌虹】

即霓。此稱體晋已行用。見該文。

【雌蜺】

亦作"雌霓"。即霓。副虹爲霓。《楚辭·遠游》："雌蜺便娟以增撓兮，鸞鳥軒翥而翔飛。"漢東方朔《七諫·自悲》詩："借浮雲以送予兮，載雌霓而爲旌。"南朝梁沈約《郊居賦》："駕雌蜺之連卷，泛天江之悠永。"宋秦觀《秋日》詩之三："連卷雌蜺挂西樓，逐由追情意未休。"宋王楙《野客叢書·雌霓》："沈約製《郊居賦》，其間曰：'駕雌霓之連蜷，泛大江之悠永。'出示王筊。筊讀雌霓爲雌鶂。約喜謂曰：'霓字惟恐人讀作平聲。'司馬溫公謂非霓字不可讀爲平聲也，蓋約賦協側聲故爾。"後因以"雌霓"爲創作時精研聲律之典。元曹祖慶《登牛山頂望巢湖》詩："獵獵雄風生大澤，垂垂雌霓飲長河。"明謝鐸《秋晴》詩："水國雌蜺動，雲霄哀雁鳴。"清王士禄《晚晴》詩："雄風凉大壑，雌霓貫秋城。"

【雌霓】

同"雌蜺"。此體先秦時期已行用。見該文。

【陰虹】

即霓。爲副虹。唐李白《五月東魯行答汶上翁》詩："西歸去直道，落日昏陰虹。"宋劉攽《奉和寬叔新橋之什》詩："陰虹架層雲，雨氣生寒沍。"元何中《訪程漢翁不遇賦寄》詩："沙柳歸流風，陰虹割飛雨。"

【挈貳】

亦稱"挈貳"。一説，"挈"音同霓、蜺。即霓，爲副虹。《爾雅·釋天》："蜺爲挈貳。"宋葉廷珪《海錄碎事》卷一："挈貳，虹蜺別名也（李融《雷賦》）。又《毛詩》曰：'螮蝀在東，莫之敢指。'一名挈貳也。"明方以智《通雅》卷一一："挈貳即挈貳。"明王世貞《少歌三章》其一："命礿約兮前報，挈貳矯兮爲君導。"

【挈貳】

即挈貳。此稱明代已行用。見該文。

【水虹】

亦稱"屈霓""水椿"。爲副虹。因主雨，故稱。明王志堅《表異錄·天文》："虹者，天地訌潰之氣也，又曰水椿。"明楊慎《升庵外集·天文》："水虹，屈霓也，主雨；風虹，月暈也，主風。水虹，滇人呼爲水椿。"又云："水椿，虹霓之短者。沈約所云雌霓，《漢書》所謂屈虹也。不主晴而反雨。"又同書《滇海竹枝詞》之二："東浦彩虹懸水椿，西山白雨點寒江。"自注："滇人喚虹霓爲水椿。"屈霓，參見本卷"屈虹"條目。

【屈霓】

即水虹。此稱明代已行用。見該文。

【水椿】

即水虹。此稱明代已行用。見該文。

# 虹霓

亦作"虹蜺""蝀蜺"。古以爲虹有雌雄之別，顏色鮮盛者爲雄，曰虹、雄虹、主虹、正虹；顏色暗淡者爲雌，曰霓、蜺、雌虹、雌霓、副虹。合稱"虹霓"或"虹蜺"。《爾雅·釋天》："螮蝀，虹也。蜺爲挈貳。"邢昺疏："《音義》云：虹雙出，色鮮盛者爲雄，雄曰虹；闇者爲雌，雌曰蜺。"漢佚名《春秋元命苞》："虹霓者，陽陰之精。"漢莊忌《哀時命》："虹霓紛其朝霞兮，夕淫淫而淋雨。"《淮南子·原道訓》："虹蜺不出，賊星不行，含德之所致也。"《漢書·天文志》："暈適背穴，抱珥蝀蜺。"顏師古注引如淳曰："蝀，或作虹。"唐王勃《九成宮頌》："丹溪碧洞，吐納虹霓，偃柏叢篁，騰邁雨霧。"《舊唐書·天文志》："〔景雲元年〕六月八日，虹霓竟天。"宋馮時行《登西樓二首》其一："林際虹霓挂晚晴，西樓無事翠煙橫。"元李孝光《寒汀小景圖爲去疾監丞作》詩："秋氣向黃落，小雨收虹霓。"明劉基《王子喬》詩："虹蜺爲旆雲爲幡，飄然乘風上崑崙。"清王揆《望岱》詩："風定天門懸日月，雨收石角挂虹霓。"

【虹蜺】

同"虹霓"。此體漢代已行用。見該文。

【蝀蜺】

同"虹霓"。此體漢代已行用。見該文。

【雙虹】

即虹霓。虹、霓（或虹、蜺）之合稱。《晉書·李雄載記》："母羅氏，夢雙虹自門升天，一虹中斷，既而生蕩。"宋楊萬里《初春暮雨》詩："忽驚暮色翻成曉，仰見雙虹雨外明。"元龔璛《郡樓》詩："疊翠城南面，雙虹水北流。"

明宗臣《貞白祠》詩："白雲茫茫去不返，天門秋冷雙虹垂。"清王夫之《昭山二首（乙卯）》其二："澄潭凝一碧，雲末出雙虹。"

## 【天弓】

亦稱"天忌""帝弓""天帝"。虹霓彎曲如弓，故稱。語本《淮南子·天文訓》："虹、蜺、彗星者，天之忌也。"因稱虹霓爲"天忌"。宋趙令時《侯鯖錄》卷四："天弓，即虹也，又謂之帝弓。明者爲虹，暗者爲蜺。"遼釋覺苑《演密鈔》卷八："虹狀如弓，西方之人呼名印涅哩馱弩，即帝釋弓也。"明王志堅《表異錄·象緯》："虹曰天帝，亦曰帝弓，見《白虎通》。又名天忌。"明方以智《通雅》卷一一："虹蜺曰挈貳，曰翳示，曰帝弓。"清姚元之《虎門行》詩："水師不用占天弓，倏忽萬里無飛蓬。"

## 【天忌】

即天弓。此稱漢代已行用。見該文。

## 【帝弓】

即天弓。此稱宋代已行用。見該文。

## 【天帝】

即天弓。此稱明代已行用。見該文。

## 【析翳】

指虹霓。《尸子》卷下："虹霓爲析翳。"清陳元龍《格致鏡原》卷四："《尸子》：虹霓爲析翳。《文子》：天二氣即成虹。《漢天文志》：虹蜺者陰陽之精也。《史記》：虹者陽氣之動。"

# 長虹

即虹。其形若長亙於天，故名。南朝梁江淹《丹砂可學賦》："軒惝惘於長虹，階佗僚於奔鯨。"南朝陳陽縉《荊軻歌》："長虹貫白日，易水急寒風。"唐李白《擬恨賦》："長虹貫日，寒風颯起。"宋毛滂《解武康縣印至垂虹亭作》

詩："殷勤此風月，隨我登長虹。"金元好問《游黃華山》詩："雷公怒擊散飛雹，日腳倒射垂長虹。"明李孫宸《白雲洞》詩："萬丈長虹垂，陰巖寒氣逼。"清彭孫貽《寶帶壞橋》詩："木蘭船小片帆孤，雨外長虹斷太湖。"

## 【長霓】

亦作"長蜺"。即長虹。漢班固《竇將軍北征頌》："雲黯長霓，鹿走黃磧。"唐沈亞之《上冢官書》："而大谷不足以室其根，長霓不足以帷其華。"宋白玉蟾《谷簾下》其一："紫巖素瀑展長霓，草木幽深霧雨凄。"宋蘇軾《和子由柳湖久涸忽有水》詩："飯豆羹藜思兩鶬，飲洪噀水賴長蜺。"明凌義渠《晚登岳陽樓》詩："細雨侵雲去，長蜺抱日殘。"明釋今無《築堤》詩其二："水來拖素練，日落臥長霓。"清陳恭尹《閩江樓晚眺分賦》詩："四隅回曲閣，三疊跨長蜺。"

## 【長蜺】

同"長霓"。此體漢代已行用。見該文。

## 【橫霓】

即長霓。長霓橫空，故稱。唐李賀《送秦光祿北征》詩："犇胡頻犯塞，驕氣似橫霓。"葉蔥奇注："胡人到了秋天用兵之時，鼓角亂鳴，頻來侵犯，驕騫之氣直如虹霓橫天。"宋文同《李太尉》詩："昏霄翳紫極，橫霓勢尤大。"明劉崧《送友人還贛》詩："亂山愁落日，積水畏橫霓。"

## 【霓旌】

即長霓。唐杜牧《長安雜題長句》之三："南苑草芳眠錦雉，夾城雲暖下霓旌。"宋郊廟朝會歌辭《寧宗郊前朝獻景靈宮二十四首》其四："虹旌蜺旄，鸞旗翠蓋。"元耶律鑄《題漢武内傳》詩：“爛燭神光射九霄，空香虛駕繞霓旄。”明席應珍《來鶴》詩：“前參紫霞蓋，後繞青霓旄。”清姚燮《風飀飀辭四章》其四：“空濛天綺，拂落蜺旄。”

## 【直虹】

指長虹。其形若直貫天際，故名。北周庾信《擬咏懷詩二十七首》其十一：“直虹朝映壘，長星夜落營。”宋楊傑《治平三年秋七月當塗郭功父招無爲楊次公會於環峰時五雲叟陳德孚以詩寄吾二人因聯句酬之》：“吐氣直虹霓，落筆淬金鐵。”

## 【隱虹】

指長虹。漢劉向《遠逝》：“佩蒼龍之蚴虬兮，帶隱虹之透蛇。”王逸注：“隱，大也……言己動以神物自喻。諸神勸我：行當如蒼龍，能屈能申；志當如大虹，能揚文采。”宋金君卿《離山陽阻風少憩歸思浩然》詩：“舟刺水村銜燕尾，橋橫煙市隱虹腰。”

## 短蓬

亦稱“破蓬”。虹之一種。其狀如海船上破短之蓬，故稱。宋周密《癸辛雜識續集·短蓬》：“楊大芳嘗爲明州高亭鹽場，場在海中，或天時晴霽，時見如匹練橫天，其色澹白，則晴雨中分，土人名之曰短蓬，亦蜃氣之類也。”宋陳與義《題崇山》詩：“短蓬如鳧鷖，載我萬斛愁。”清施鴻保《閩雜記》卷一：“破蓬，斷霓也，海中六、七月間，見之必有疾風猛雨，其狀如海船上破蓬半片孤懸，故名。”《重修鳳山縣志》：“草色連長岸，嵐煙聚短蓬。”

## 【破蓬】

即短蓬。此稱清代已行用。見該文。

## 蛇虹

蛇狀的虹。語出漢劉向《遠逝》：“佩蒼龍之蚴虬兮，帶隱虹之透蛇。”《晋書·劉聰載記》：“太史令康相言於聰曰：蛇虹見彌天，一歧南徹。”宋徐夢莘《三朝北盟會編》卷一五六：“臣聞之蛇虹彌天，東晋所以止於吳而不能有中原。”

## 虹飲

傳説虹到地面來吸水。語出《漢書·燕刺王劉旦傳》：“是時天雨，虹下屬宮中飲井水，井水竭。”南朝梁江淹《敕爲朝賢答劉休範書》：“聞彼虹飲鼠舞之異，早見物徵；河北隴上之謡，已露童咏。”唐宋之問《自衡陽至韶州謁能禪師》詩：“猿啼山嶺曉，虹飲江皋霽。”宋鄧深《市橋成次韵》詩：“虹飲江頭愁雨霽，龍橫水面暮雲垂。”元鄭元祐《題達監司所藏柯博士秋山圖》詩：“危橋僅尺疑虹飲，怪石逾拳作獸蹲。”明何景明《馬道驟雷雨復霽》詩：“虹飲垂青澗，猿行挂碧蘿。”清鄺露《洞庭》詩：“虹飲吳山雨，蟬嘶楚岫煙。”

## 殘虹

亦稱“殘蜺”。指未消盡的彩虹。南朝陳張正見《後湖泛舟》詩：“殘虹收度雨，缺岸上新流。”唐褚亮《和御史韋大夫喜霽之作》詩：“晴天度旅雁，斜影照殘虹。”唐李賀《惱公》詩：“晚樹迷新蝶，殘蜺憶斷虹。”宋王沂孫《齊天樂·蟬》：“殘虹收盡過雨，晚來頻斷續，都是秋意。”元吳景奎《自山中歸》詩：“島嶼孤雲邀獨鳥，林梢片雨隔殘虹。”明藍仁《賡張宗翰舟過武夷述懷》詩其一：“春雨磯頭憂巨浸，夕陽林下眩殘虹。”明陶望齡《與季豹游雲門》詩：“月氣忽穿殘蜺斷，亂山翻在夕陽西。”

清繆公恩《萬泉河步月》詩："碧空千里火雲流，風斷殘虹暮雨收。"

【殘蜺】

即殘虹。此稱唐代已行用。見該文。

【斷虹】

亦作"斷霓"。斷彩虹。唐劉禹錫《海陽十咏并引·切雲亭》詩："隔水生別島，帶橋如斷虹。"唐李山甫《遷居清溪和劉書記見示》詩：

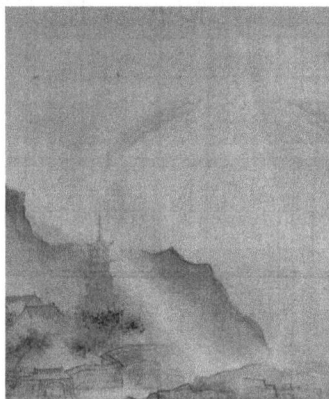

斷　虹
（明藍瑛《風雨歸舟圖》局部）

"晚天吟望秋光重，雨陣橫空蔽斷霓。"宋歐陽修《臨江仙》詞："柳外輕雷池上雨，雨聲滴碎荷聲，小樓西角斷虹明。"宋楊詢《游齊山寺》詩："金剎岧嶢挂斷霓，島雲沮洳暗窗扉。"元

傅若金《送篤御史之南臺》詩："明朝挾策秦淮道，惆悵燕雲隔斷虹。"明許天錫《過分水關》詩："絕巘愁飛鳥，晴潭落斷霓。"康熙《同安縣志》卷一〇："〔嘉靖二十一年〕五月十三日將晡，時海中氣蒸如霧，有斷虹飲海而起，日下赤雲夾擁南飛。至夜分，飛屋拔木。榕樹連數抱者俱絕根而仆，百歲人所未嘗覩也。"清納蘭性德《金人捧露盤·净業寺觀蓮有懷蓀友》詞："藕風輕蓮，露冷斷虹收。"又其《浣溪沙·姜女廟》詞："海色殘陽影斷霓，寒濤日夜女郎祠。"

【斷霓】

即斷虹。此體唐代已行用。見該文。

【虹腰】

虹的中部，欲斷之虹。宋王質《異蛇》詩："虹腰餘飛雨脚斷，夕陽半闔西山斜。"元陳高《絕句二首》其二："雲合虹腰斷，風回兩脚斜。"明鄧雲霄《六月苦旱祈禱得蔡敬夫社兄新詩讀之冷然俄而風雨驟至賦排律以酬之》詩："前脚挂村邊，虹腰跨鶴上。"清納蘭性德《齊天樂·洗妝臺懷古》詞："露脚斜飛，虹腰欲斷，荷葉未收殘雨。"

# 彩　虹

## 青虹

青藍色之虹。先秦《竹書紀年》："晉定公十八年，青虹見。"又云："〔周敬王〕二十六年，晉青虹見。"唐易靜《兵要望江南·占虹霓》："青虹兵戰，要須知，移寨避災宜。"宋楊備《長橋》詩："松陵雨過船中望，一道青虹兩岸頭。"元馬端臨《文獻通考·物異考》："靈帝

光和元年七月，有青虹見御座玉堂後殿庭中。"明舒頔《許子仁相招山中叙話》詩："澗泉流香過白鹿，林木挂雨拖青虹。"明王世貞《穿西山之背度環玉亭出惜別門取歸道》詩："青虹跨高嶺，雌霓隱其下。"

【蒼虹】

蒼青色之虹。《新五代史·司天考》："〔開

運元年〕四月庚戌，大霧中有蒼白二虹。”宋白玉蟾《修真十書·玉隆集》：“宣玉帝詔，遂御蒼虹乘雲去。”《太上説玄天大聖真武本傳神咒妙經》：“或乘玄駿，或跨蒼虹。目閃電光，眉橫雲陣。”

【青黑虹】

青黑色之虹。唐許嵩《建康實録》卷一二：“〔元嘉四年六月〕丙辰，青黑虹見，東西經天。”

【赤虹】[2]

亦作“絳虹”“天酒虹”。紅色之虹。唐瞿曇悉達《開元占經》卷八引《荆州占》曰：“日暈而珥，赤虹貫直，其國分者，受其害。”《舊唐書·僖宗紀》：“丙午夜，西北方赤氣如絳虹竟天。”《新唐書·天文志》：“〔寶曆元年〕六月甲戌，赤虹貫日。”又同書《僖宗紀》：“〔中和元年〕七月丙午夜，西北方赤氣如絳虹竟天。賊將尚讓攻宜君寨，雨雪盈尺，甚寒，賊兵凍死者十二三。”宋曾公亮等《武經總要》：“雲如赤虹，有暴兵。”宋李石《續博物志》卷一：“天酒虹，依雲陰而晝見於日衝。”明劉基《雨中寄用章上人》詩：“晚來天南橫絳虹，雨勢未已愁雷公。”明張琦《出門》詩：“案上行飢鼠，墻頭飲絳虹。”乾隆《嘉定縣志》卷三：“〔嘉靖三十二年〕三月十五日，赤虹抱日。”

【絳虹】

即赤虹[2]。此稱五代十國時期已行用。見該文。

【天酒虹】

猶赤虹[2]。此稱宋代已行用。見該文。

# 白虹[3]

淺淡之虹。南北朝沈約《八咏詩·被褐守山東》其八：“掣曳寫流電，奔飛似白虹。”唐崔曙《山下晚晴》詩：“斜光照疏雨，秋氣生白虹。”宋馮熙載《爛柯山》詩：“雲埋霧鎖雪色净，白虹貫天橫玉腰。”元李序《敬次叔父適庵先生六觀圖韵六首》其六：“千尺白虹晴飲澗，半巖蒼樹晝迷煙。”明楊慎《清源樓觀漲》詩其一：“山收玄豹雨，江展白虹天。”清彭孫貽《半邏夜泊沽酒見白虹貫斗分》詩：“白虹圍雨急，陰電過河昏。”

【白蜺】

即白虹[3]。《楚辭·天問》：“白蜺嬰茀，胡爲此堂？”《魏書·陽固傳》：“結秋蘭爲以珮兮，攬白蜺以爲裳。”宋楊萬里《送姜夔堯章謁石湖先生》詩：“釣璜英氣橫白蜺，欬唾珠玉皆新詩。”《明孝宗實録》卷一〇二：“〔弘治八年〕七月甲午夜，京師北方白蜺見，色蒼白鮮明，良久漸散。乙未，日生右珥，色赤黄。”清錢棻《園居次韵二首》其一：“白蜺飲晴壑，劃破蒼苔古。”

【素蜺】

猶白虹[3]。淺淡之虹。漢司馬相如《大人賦》：“垂絳幡之素蜺兮，載雲氣而上浮。”三國魏曹丕《黎陽作》詩之三：“白旆若素霓，丹旗發朱光。”晋張華《壯士篇》：“慷慨成素蜺，嘯叱起清風。”唐李白《俠客行》詩：“眼花耳熱後，意氣素霓生。”宋宋祁《和晏相公夜歸遇雪》詩：“城連迥闕迷蒼鳳，人度長橋壓素蜺。”元阮孝思《玉仙謡》詩：“子子干旌引素霓，白驟蹀躞騁驕嘶。”明徐渭《賦得清秋落葉》詩：“白帝乘秋秉素蜺，青蛾挾露弄風威。”清丘逢甲《秋懷次覃孝方韵》其四：“海中故部沈蒼兕，雲裏殘旌失素蜺。”

# 白赤虹

白氣、紅氣相雜的紅。唐易靜《兵要望江南》其七："白赤虹，單見色無雙。如氣冲天或橫過，蚩尤旗號動戈槍，起處必爲殃。"又其十一："白赤虹，晝見莫興兵。更有虹霓垂軍上，彼軍殺將且須停，動必有災迍。"

# 彩虹

日光與水氣相映，呈現在天空中的弧形多彩光帶，即虹。三國魏曹丕《丹霞蔽日行》："丹霞蔽日，彩虹垂天。"南北朝沈約《早發定山》詩："標峰彩虹外，置嶺白雲間。"唐韋渠牟《步虛詞十九首》其十五："羽袖揮丹鳳，霞巾曳彩虹。"宋釋德洪《贈道禪者》詩："大河卷浪雪翻風，橋壓千艘臥彩虹。"金王予可《雜詩二首》其二："天净長空煙斂處，彩虹金挂樹頭山。"明鄧雲霄《題尹冲玄荷花片小舫六首》其三："彩虹搖曳挂輕帆，萬里星河夜往還。"清玄燁《鄭州雜詩五首》其三："柴門掩處煙村静，碧水長橋落彩虹。"

【彩霓】

亦作"彩蜺"。亦稱"采蝀"。彩色虹霓。隋盧思道《張績傳》："償瑶觴而一酌，駕彩蜺而獨往。"唐李商隱《寄令狐學士》詩："秘殿崔嵬拂彩霓，曹司今在殿東西。"宋胡宿《送周屯田倅南徐》詩："鳴秋鼓角翻朱鷺，映日樓臺拂彩霓。"宋宋祁《題橫山寺》詩："碧山千疊隱招提，净刹岧亭拂彩蜺。"宋范成大《浣溪沙》詞："采蝀橫斜春不夜，絳霜濃澹月微明。"元鄭元祐《石湖十二咏·行春橋》："至今湖觜上，彩霓臥滄波。"元吴存《東湖十咏·兩堤柳色》："南北長堤彩蜺連，垂楊夾道綠如煙。"明王翰《過趙州石橋和杜緱山韵》詩："高連曉岸堆晴雪，斜跨青波臥彩霓。"清丘逢甲《四疊前韵》其四："梅邊移舫飄香雪，柳外通橋落彩霓。"

【彩蜺】

同"彩霓"。此體隋代已行用。見該文。

【采蝀】

即彩霓。此稱宋代已行用。見該文。

【錦虹】

亦稱"文虹""五彩虹"。指彩虹。三國魏曹丕《盤石篇》："蚌蛤被濱涯，光彩如錦虹。"明楊承鯤《長歌行寄吕中甫山人》詩："沈殿曳裙代殿同，館中詞賦凌錦虹。"清繆祐孫《次韵葉淮山大龍湫瀑》詩："千尋直下佩天劍，一道橫飛纏錦虹。"

【文虹】

指彩虹。晋傅玄《陽春賦》："丹霞橫景，文虹竟天。"南朝齊王融《三月三日曲水詩序》："鏡文虹於綺疏，浸蘭泉於玉砌。"宋任續《彭思王廟》詩："陟崔嵬兮拜神宮，跨汗漫兮俯文虹。"明劉崧《春日述懷五首》其四："援琴發綠水，操翰縈文虹。"清陳恭尹《生生園十咏·珠暉橋》："驚雷收宿雨，初日現文虹。"

【五彩虹】

指彩虹。唐李白《焦山望松寥山》詩："安得五彩虹，架天作長橋。"宋李綱《次韵和曾徽言登北禪寺塔》詩："劃如五彩虹，上與青霄干。"元顧瑛《以吴東山水分題得陽山》詩："白雲不化五彩虹，化爲天矯之白龍。"

【美人虹】

省稱"美人"。指彩虹。漢劉熙《釋名·釋天》："虹……又曰美人。"《爾雅·釋天》："螮蝀，虹也。"晋郭璞注："俗名爲美人虹。"南朝宋劉敬叔《異苑》卷一："古者有夫妻二人，荒年食菜而死，俱化成青絳，故俗呼美人虹。"北周王褒《凌雲臺》詩："窗開神女電，梁映美人虹。"唐樓穎《東郊納涼憶左威衞李錄事收昆季太原崔參軍三首》其二："枝交帝女樹，橋映美人虹。"宋梅堯臣《景彝率和唐崇徽公主手痕詩》："兩壁美人虹已收，蒼崖纖手蘚痕秋。"元宋褧《明照坊對雨》詩："美人虹見西山霽，少女風來北里秋。"明鄧雲霄《擬古宮詞一百首》其五十九："曉霧飛爲神女雨，長橋化作美人虹。"清李符《摸魚兒·同蘅圃池上納凉》詞："眠乍醒，又簾角、美人虹斷天如鏡。"

## 【美人】

"美人虹"之省稱。此稱漢代已行用。見該文。

## 【蝦虹】

亦作"䗖虹""霞虹"。指彩色的虹霓或雲氣。蝦，通"霞"。《史記·天官書》："夫雷電、蝦虹、辟歷、夜明者，陽氣之動者也，春夏則發，秋冬則藏，故候者無不司之。"《漢書·天文志》作"䗖虹"。宋王炎《用元韵答汪廣文》詩："洞庭湘山入詩句，借與光彩勝䗖虹。"明王世貞《月重輪行》："繚繞霞虹，太清之府。"清王士禎《愁霖行》詩："江星動摇陽景匿，蝦

虹閉藏潦霧增。"清劉大櫆《海舶三集序》："馳想於沆瀣之虛，寄情於霞虹之表。"

## 【䗖虹】

同"蝦虹"。此體漢代已行用。見該文。

## 【霞虹】

同"蝦虹"。此體元代已行用。見該文。

## 【虹帶】

如帶的彩虹。晉陸機《擬青青陵上柏》詩："飛閣纓虹帶，曾臺冒雲冠。"呂延濟注："言虹雲之依臺閣如冠帶焉。"宋張載《詩一首》詩："露霽宛虹帶，天空繁星衣。"清殷秉璣《探春慢》詞："水拂風裙，路攀虹帶，逆著崖流堪上。"

## 【煙虹】

雲天中的彩虹。南朝宋鮑照《望孤石》詩："蚌節流綺藻，輝石亂煙虹。"唐常建《湖中晚霽》詩："煙虹落鏡中，樹木生天際。"宋胡宏《題上封寺》詩："山光浮動可攬結，雲舒霞卷飛煙虹。"元胡布《母音遺響》："宇凌煙虹，葳蕤吐綺采。"明王汝玉《逢故人夜話》詩："滿堂總是青雲客，一時聲聞凌煙虹。"清王藻《登縹緲峰歌》詩："會當來此巢雲松，口吸沆瀣揮煙虹。"

# 第九章　季節說

## 第一節　四季考

　　四季，指每年周期輪迴、依次出現的四個季節，即春季、夏季、秋季和冬季，每季歷時三個月。《尸子·仁慈》："春爲青陽，夏爲朱明，秋爲白藏，冬爲玄英。"

　　我國傳統的四季劃分方法，是以二十四節氣中的"四立"作爲四季的起始點，以二分和二至作爲中點的。如春季立春爲始點，太陽黃經爲三百一十五度，春分爲中點，立夏爲終點，太陽黃經變爲四十五度，太陽在黃道上運行了九十度。四季輪換，反映了物候、氣候等多方面的變化規律。西方四季劃分以二分、二至日作爲四季的起始點，如春季以春分爲起始點，以夏至爲終止點。這種四季比我國傳統的四季分別遲了一個半月。

　　中國上古時代以斗柄指向確定季節交替。斗轉星移與季節變換有密切關係。春季是以"立春"（斗指東北，太陽達黃經三百一十五度時）作爲春季的起點，至"立夏"結束；夏季是以"立夏"（斗指東南，太陽達黃經四十五度）作爲夏季的起點，至"立秋"結束；秋季是以"立秋"（斗指西南，太陽達黃經一百三十五度）作爲秋季的起點，至"立冬"結束；冬季是以"立冬"（斗指西北，太陽達黃經二百二十五度）作爲冬季的起點，至下一“立春”結束。

古代文獻中表達春、夏、秋、冬的抽象字詞各有許多。同“春”的字詞有“旾”“𣅽”“萅”“春”“萶”“𣆄”“𣊧”“𥈠”“𪋖”“蒃”等；同“夏”的字詞有“昰”“𡕰”“厦”“叓”“傻”“𡕾”“𡕯”“𡖀”“𡕺”“𡖁”“夓”“𡖅”“𠴦”“𡖈”“𡕼”“𡖆”等；同“秋”的字詞有“烁”“鞦”“龝”“穐”“秌”“𪚧”“𪛁”“𪚮”“𪛂”“𪚩”“𪚫”“𪛃”“𪚴”“𪚰”等；同“冬”的字詞有“𠔯”“𡕥”“終”“𠙱”“𣆀”“𣋞”“𡔖”“各”“𢘂”等。

中國傳統四季中的每一個季節又劃分出三個階段。農曆第一個月份謂之“孟月”。《説文·子部》云：“孟，長也。从子，皿聲。”本義爲頭生子、長子。假藉爲一個季節三個月份中的第一個月。農曆第二個月份謂“仲月”。《説文·人部》云：“仲，中也。”假藉爲一個季節三個月份中的第二個月。農曆第三個月份謂“季月”。《説文·子部》云：“季，少稱也。从子，从稚省，稚亦聲。”假藉爲一個季節三個月份中的第三個月。

## 基本概念

### 氣候

大氣物理特徵的長期平均狀態，即光照、氣温、濕度和降水等狀態的長周期特徵。《史記·律書》：“以調氣候，以軌星辰。”南朝梁江淹《雜體詩三十首·謝臨川靈運游山》：“南中氣候暖，朱華凌白雪。”北魏酈道元《水經注·陰溝水》：“〔文穆〕郡户曹史，徵試博士太常丞，以明氣候，擢拜侍中右中郎將。”《晋書·藝術傳·戴洋》：“侃薨，征西將軍庾亮代鎮武昌，復引洋問氣候。”唐盧僎《十月梅花書贈》詩：“君不見巴鄉氣候與華別，年年十月梅花發。”宋高承《事物紀原·正朔曆數·氣候》：“《禮記·月令》注曰：‘昔周公作時訓，定二十四氣，分七十二候，則氣候之起，始於太昊，而定於周公也。’”元何中《任城南》詩：“直北關山初合凍，近南氣候漸知春。”明唐順之《游遵化湯泉》詩：“絶塞逢秋已覺凉，此中氣候訝非常。”清宋犖《〈明遺民詩〉序》：“然譬諸霜雁叫天，秋蛩吟野，亦氣候所感使然。”

### 天氣

較短時間内（一天、幾天或旬、月）特定地區的大氣的温度、濕度和降水等狀況。三國魏曹丕《燕歌行》：“秋風蕭瑟天氣凉，草木摇落露爲霜。”晋張協詩：“天氣清和，野有甘瓜。”南朝梁蕭綱《蒙華林園戒》詩：“是節高秋晚，泬寥天氣清。”唐杜甫《麗人行》詩：“三月三日天氣新，長安水邊多麗人。”宋伍梅城《醉蓬萊·壽郁梅野》詞：“小雨弄晴，做輕寒天氣。”金趙秉文《和淵明飲酒二十首》其九：“今日好天氣，清晨雪雲開。”明劉基《遣興六首》其二：“積雨兼數旬，天氣凉有餘。”清李雯《玉蝴蝶》詞：“慣是離愁天氣，未休暮雨，又見朝雲。”

## 氣象

大氣的物理狀態和現象，例如颶風、閃電、打雷、結霜、下雪等。包括天氣和氣候。古常與"天氣""氣候"混同。亦指自然景觀和人文景觀等。南朝梁沈約《梁明堂登歌·歌黃帝辭》："回環氣象，輪無輟駕。"《漢魏南北朝墓志彙編·北魏元舉墓志》："君稟山川於氣象，戴日月而挺生，邑容秀異，神儀風骨。"唐孫逖《夜到潤州》詩："夜入丹陽郡，天高氣象秋。"宋張君房《雲笈七籤》："氣出有象，故曰氣象。"按，古人認爲，氣象與大氣活動有關。宋蘇軾《與章子厚書》："黃州僻陋多雨，氣象昏昏也。"元許有壬《水龍吟·喜雨用鄭彥章韵》詞："問田間消息，年年氣象，更催得、秋成早。"明葉顒《己酉新正》詩："天地風霜盡，乾坤氣象和。"清彭孫貽《秦駐晴嵐》詩："並海諸峰盡，陰晴氣象殊。"

## 氣溫

亦稱"溫氣"。指溫和的大氣。常作中醫術語。古語"氣溫"與現代科學中的"氣溫"一詞含義不同。今氣象學中的"氣溫"含義是指大氣的溫度，可高可低，而不僅僅是一種溫和狀態。《黃帝內經·素問·五常政大論篇》："氣溫氣熱，治以溫熱，强其內守。"漢董仲舒《春秋繁露》："故從中春至於秋，氣溫柔和調。"漢張衡《論衡》卷一四："喜者和溫，和溫賞賜，陽道施予，陽氣溫，故溫氣應之。"《梁書·諸夷海南諸國傳》："其地多水潦沙石，氣溫，宜稻、麥、蒲桃。"宋鄭剛中《長春花（俗謂月月紅者是也）》詩："氣溫已是如三月，更向亭前堆落花。"元尹廷高《游太虛觀臨池賦》詩："玉壺積翠花香潤，石洞藏丹雲氣溫。"清姚燮

《述春五絕句》其一："花修草整氣溫和，歌女知春春與歌。"

【溫氣】

即氣溫。此稱漢代已行用。見該文。

## 寒溫

指氣溫高低。《管子·禁藏》："飲食足以和血氣，衣服足以適寒溫。"《吕氏春秋·仲夏紀》："寒溫勞逸饑飽，此六者非適也。"漢唐蒙《歌詩三章·遠夷慕德歌》："冬多霜雪，夏多和雨，寒溫時適，部人多有。"宋王庭圭《雙田逢蕭國器話别》詩："黃葉西風何處村，茅簷立馬問寒溫。"元張弘範《梅雨》詩："犀浦光風四月新，一天細雨弄寒溫。"明錢宰《擬古·明月皎夜光》詩："寒溫更變遷，河漢東南流。"清丘逢甲《絜齋世丈以西園述懷集蘇六十韵詩見示爲賦五古四章》其一："陰陽氣互伏，節候交寒溫。"

【溫凉】[1]

指氣溫高低。先秦《關尹子》："寒暑溫凉之變，如亘石之類。"晋陶潛《閑情賦并序》："嗟溫凉之異氣，或脱故而服新。"宋邵雍《過眼吟》詩："溫凉寒熱四時事，甘苦辛酸萬物情。"明王行《酬韓蒙庵》詩："溫凉適其宜，安我旦與昏。"

## 升溫

亦作"溫升"，又稱"回暖""漸暖""漸熱"。指氣溫上升。唐王涯《宫詞三十首》其十七："霏霏春雨九重天，漸暖龍池御柳煙。"南唐李煜《病起題山舍壁》詩："爐開小火深回暖，溝引新流幾曲聲。"宋佚名《選冠子》詞其二："疏林萬木凍折，孤根獨犯，曉霜回暖。"宋釋了演《偈頌十一首》其五："今朝四月初

一，即辰孟夏漸熱。”明薛瑄《送鄒都憲巡撫吳浙》詩：“行見霜風回煖氣，三吳無處不陽春。”明葉子奇《草木子》卷一上：“宜寒涼而反漸暖漸熱者，陽積盛而陰已消也。”清陳匪石《祝英臺近·盆中蠟梅春深始花》詞：“守孤芳，回暖律，風信到香海。”清何鞏道《歸鄉七首》其七：“梅知漸暖何曾落，芹忍餘寒未敢肥。”

**【溫升】**

同“升溫”。此體明代已行用。見該文。

**【回暖】**

即升溫。此稱唐代已行用。見該文。

**【漸暖】**

即升溫。此稱唐代已行用。見該文。

**【漸熱】**

即升溫。此稱宋代已行用。見該文。

## 降溫

亦稱“漸涼”“減溫”。指氣溫下降。南北朝范筠《咏薺》詩：“禎蔡優靈異，祥雲降溫腴。”唐崔顥《舟行入剡》詩：“地氣秋仍濕，江風晚漸涼。”宋楊無咎《醉蓬萊》詞其二：“月皎風高，漸涼生襟袖。”元成廷珪《錢塘謝太守有書見邀作此詩以謝之》詩：“少待西風漸涼後，六橋荒蘚尚堪行。”清陳恭尹《次答張損持太史二首》其二：“山月漸涼清露下，小園秋草欲教除。”清陸祖瀛《楊厙夜歸華墅》：“西山日落已無痕，露濕羅衫漸減溫。”

**【漸涼】**

即降溫。此稱唐代已行用。見該文。

**【減溫】**

即降溫。此稱清代已行用。見該文。

## 變溫

指氣溫冷熱變化。地球自轉和圍繞太陽公轉（具有黃赤交角），導致大氣環流系統的運轉以及地表下墊面物質的不同（水域、陸地、植被覆蓋率等），繼而引起了不同地區氣溫的差異以及年際變化和周日變化。唐武三思《大周封祀壇碑》：“變溫景於黑陸，降仙禽於丹嶠。”《震澤長語》：“氣變溫爲熱，萬物茂盛，陽氣盈滿天地之間，故曰‘盈’。”《西游真詮》：“大聖居純陽之上，陽中之陽，其氣變溫爲熱，萬物茂盛之時，其陽極而成亢。”

## 寒

猶冷、凍。氣溫一般低於零度。《周易·繫辭》：“日月運行，一寒一暑。”《書·洪範》：“庶徵曰燠，曰寒。”《詩·小雅·小明》：“二月初吉，載離寒暑。”《楚辭·天問》：“何所冬暖，何所夏寒。”《說文·宀部》：“寒，凍也。”漢樂府《孔雀東南飛古詩爲焦仲卿妻作》：“上堂拜阿母，今日大風寒。”晉劉楨失題詩：“初春含寒氣，陽氣匿其暉。”唐許敬宗《侍宴莎册宮應制得情字》詩：“塞寒桃變色，冰斷箭流聲。”宋李昉《退官》詩：“晝枕静敧無遠夢，秋窗閑坐有微寒。”金施宜生《感春》詩：“江南地暖先花發，塞北天寒遲雁歸。”清王夫之《廣落花詩三十首》其三十：“寒潮暄暈青皋路，乾夢如泥不耐看。”

**【嚴寒】**

天氣極爲寒冷。晋阮籍《咏懷》其二十：“朔風厲嚴寒，陰氣下微霜。”唐劉駕《苦寒行》：“嚴寒動八荒，刺刺無休時。”宋俞德鄰《懷林紹先三首》其一：“長淮滾濁瀾，春半尚嚴寒。”清許傳霈《踏雪至城南歸飲師竹處爲消寒初集》詩：“嚴寒生虚空，孤坐苦清絶。”

【苦寒】

漫长的嚴寒。漢樂府《古艷歌》："孔雀東飛，苦寒無衣。"唐樊綽《蠻書·山川江源》："冬，中山上積雪，苦寒。"唐方干《歲晚苦寒》詩："地氣寒不暢，嚴風無定時。"宋佚名《南鄉子》詞其六："凜冽苦寒時。萬木凋枯力漸衰。"元趙孟頫《送高仁卿還湖州》詩："江南冬暖花亂發，朔方苦寒氣又偏。"明藍仁《春雪》詩："大雪自來南地少，臘前春後苦寒生。"

【酷寒】

天氣極爲寒冷。晋葛洪《抱朴子内篇·辨問》："伯子耐至熱，仲都堪酷寒。"南朝宋何法盛《晋中興書·徵祥説》："桓玄入建康宫，逆風迅激，旗幟飄亡，儀飾一皆傾偃。是月酷寒。"《魏書·島夷桓玄傳》："是月酷寒，此日尤甚。"元耶律鑄《日南至》詩："獵獵嚴風正酷寒，一陽潛動舊關山。"《清史稿·災異志》："〔康熙三十年冬〕，房縣酷寒，人多凍死。"

【寒冷】

大氣温度很低。唐李世民《初秋夜坐》詩："寒冷鴻飛疾，園秋蟬噪遲。"唐楊巨源《盧郎中拜陵遇雪蒙見召因寄》詩："寒冷出郊猶未得，羨公將事看芳菲。"明唐之淳《晚見蝴蝶》詩："亦欲種花留蝶住，塞天寒冷不禁春。"

【冷】

大氣温度較低。古人感覺温度低謂之"冷"。《説文·冫部》："冷，寒也。"漢樂府《石留》："河爲香向始緜。冷將風陽北逝。"漢蔡琰《悲憤詩二章》其二："北風厲兮肅冷冷，胡笳動兮邊馬鳴。"南朝梁江淹《傷内弟劉常侍詩》："風至衣袖冷，況復蟪蛄鳴。"杜甫《茅屋爲秋風所破歌》："布衾多年冷似鐵。"宋孫光憲《定西番》其二："帝子枕前秋夜，霜幄冷，月華明，正三更。"金党懷英《題馬賁畫鸂鷘圖》詩："誰信瀟湘有孤雁，冷沙寒葦不成栖。"明丁鶴年《畫葡萄》詩："秋來風露冷，個個抱珠眠。"清尤侗《舟中連雨》詩："春心黏柳絮，客夢冷菰蒲。"

【清冷】

大氣温度較低，寒氣較重。語出《黄帝内經·素問·至真要大論》："清冷，皆屬於寒。"晋佚名《思親操》詩："瞻彼鳩兮徘徊，河水洋洋兮清冷。"唐吳融《新安道中玩流水》詩："縈紆似接迷春（一作人）洞，清冷應連有雪山。"宋傅大詢《水調歌頭》詞："一月山翁高卧，踏雪水村清冷，木落遠山開。"明鄭定《南風謡》詩："武夷清冷過九曲，匡廬疊嶂聞清猿。"清陸求可《齊天樂·中秋泛舟》詞："江上商飆清冷。"

# 涼

微寒。《列子·湯問》："日初出，滄滄涼涼。"注引《字林》："涼，微寒。"《詩·邶風·北風》："北風其涼，雨雪其雱。"《書·洪範》："曰燠，曰寒。"疏："燠是熱之始，暑是熱之極；涼是冷之始，寒是冷之極。"先秦《關尹子》："呵之即温，吸之即涼。"晋劉楨《贈五官中郎將詩四首》其一："四節相推斥，季冬風且涼。"南朝梁蕭繹《納涼》詩："池紅早花落，水綠晚苔生。"唐楊師道《奉和夏日晚景應詔》詩："日落横峰影，雲歸起夕涼。"宋徐鉉

《驛中七夕》詩：“獨坐涼何甚，微吟月易斜。”
金元德明《雨後》詩：“竹影搖殘滴，松聲送晚
涼。”明王行《題寒山拾得圖》詩：“松風謖謖
生夜涼，白露欲濕練衣裳。”清王夫之《愷六種
鳳仙花盈畝聊題長句（乙巳）》詩：“蕉露分長
潤，苔茵蔭午涼。”

【清涼】

略有寒意，但感覺較舒適。漢王逸《九
思·哀歲》詩：“旻天兮清涼，玄氣兮高朗。”
漢班固《竹扇》詩：“來風堪避暑，靜夜致清
涼。”三國魏曹植《艷歌行》詩：“夏節純和天
清涼，百草滋殖舒蘭芳。”南朝梁張率《清涼》：
“羅帳夕風濟，清氣尚波人。”唐麗天和尚《無
著對文殊話頌》詩：“清涼感現聖伽藍，親對文
殊接話談。”宋劉弇《題清風亭》詩：“坐有清
涼非待扇，夏無煩愠不須琴。”元尹志平《西江
月》詞：“九夏天長暑熱，三秋山後清涼。”明
劉基《普濟寺遺懷》：“露下星河光激灩，月明
巖谷氣清涼。”清曉青《過水繪園留贈冒辟疆》
詩其二：“出水芙蕖映綠波，清涼臺榭晚香多。”

【寒涼】

涼偏寒。晉棗據《雜詩》：“玄林結陰氣，
不風自寒涼。”晉佚名《李陵錄別詩二十一首》
其九：“寒涼應節至，蟋蟀夜悲鳴。”《宋書·索
虜傳》：“野無青草，地氣寒涼，馬牛齕枯啖雪，
自然肥健。”《後漢書·左周黃傳》：“自癸巳以
來，仍西北風，甘澤不集，寒涼尚結。”唐歐陽
詢等《藝文類聚·食物部》：“祁連山，冬夏寒
涼，宜牧，牛羊充肥，乳酪好。”宋彭汝礪《和
君時弟韵》詩：“流火退縮金盛強，郊原日夜生
寒涼。”清金朝覲《渡黃河》詩：“往年憶北上，
雨雪生寒涼。”

【微涼】

猶涼，寒氣較輕。三國魏曹植《贈白馬王
彪》：“秋風發微涼，寒蟬鳴我側。”晉盧諶《感
運賦》：“朱明送夏，白藏迎秋，微涼漸屆，溽
暑日收。”唐耿湋《夏夜西亭即事寄錢員外》
詩：“細汗迎衣集，微涼待扇過。”宋佚名《夏
日宴饗堂》：“簾外雨過，送一霎微涼。”明劉
基《次韵和石末公旱天多雨意五首》詩其一：
“苦熱連三伏，微涼入五更。”清王夫之《夏夜》
詩：“裛露青林合，微涼生未央。”

## 熱

大氣溫度較高，體感較熱。《孟子·梁惠王
下》：“如水益深，如火益熱。”《説文》：“熱，
溫也。從火，執聲。”漢班婕妤《怨詩》：“常
恐秋節至，涼飆奪炎熱。”魏佚名《月節折楊柳
歌十三首·六月歌》：“三伏熱如火，籠窗開北
牖。”唐方干《感時三首》其二：“夜雨旋驅殘
熱去，江風吹送早寒來。”宋文天祥《己卯十
月一日至燕越五日罹狴犴有感而賦》詩其五：
“鐵馬行塵南地熱，赭衣坐擁北庭寒。”明張
昱《熱》詩：“南州大暑何可當，雪冰不解三伏
涼。”清屈大均《連州舟中》詩其一：“六月湟
川道，舟行奈熱何。”

## 炎熱

難以忍受的熱，平均氣溫多在30℃以上，
多用於形容夏季的天氣。戰國吳起《吳子·料
敵第二》：“二曰盛夏炎熱，晏興無間，行驅饑
渴，務於取遠。”《黃帝内經·素問·六元正紀大
論篇》：“風生高遠，炎熱從之，雲趨雨府，濕
化乃行。”漢班婕妤《怨詩》：“常恐秋節至，涼
飆奪炎熱。”晉葛洪《抱朴子·逸民》：“朝爲張
天之炎熱，夕成冰冷之委灰。”《宋書·天文志》：

"南天氣至，故炎熱也。"《魏書·神元平文諸帝子孫》："爾朱榮以天時炎熱，欲還師。"唐杜甫《寄楊五桂州》詩："五嶺皆炎熱，宜人獨桂林。"宋陸游《六七月之交山中涼甚》詩："城市方炎熱，村墟乃爾涼。"明沈德潛《萬曆野獲編》卷一八："時上以天氣炎熱，敕法司疏決滯囚。"清王邦畿《夏夜》詩："入夏苦炎熱，神昏體氣疲。"

## 【暑】

即炎熱，也指炎熱的日子。《列子·湯問》："寒暑易節，始一返焉。"《黃帝內經·素問·脉要精微論》："天地之變，陰陽之應，彼春之暖，爲夏之暑。"《周易·繫辭》："一寒一暑。"《詩·小雅·四月》："六月徂暑。"《説文》："暑，熱也。"《禮記·月令》："土潤溽暑。"唐韓愈《送劉師服》詩："殘暑蟬催盡，新秋雁帶來。"明劉基《賣柑者言》："杭有賣果者，善藏柑，涉寒暑不潰。"

## 【酷熱】

即炎熱。《北齊書·盧斐傳》："或嚴冬至寒，置囚於冰雪之上；或盛夏酷熱，暴之日下。"宋衛宗武《小園避暑》詩："六月畏酷熱，簟枕依林塘。"明徐光啓《農政全書》卷二〇："長夏之雨也，必有酷熱之氣也。"明張介賓《景岳全書·性集雜證謨》："陽暑以酷熱傷人，本爲熱證，然陽中又有陰陽。"清屈大均《立秋後五日作》詩其二："争秋殊未已，酷熱似城中。"《敦煌變文集·故圓鑒大師二十四孝押座文》詩："正酷熱天須扇枕，遇嚴凝月要溫牀。"

## 【苦炎熱】

容易讓人中暑的炎熱。唐李昂《夏日聯句》："人皆苦炎熱，我愛夏日長。"宋李綱《次韵志宏秋曉見示古風二首》其一："南方苦炎熱，羇旅困泥滓。"元張仲深《避暑湖上與吕元膺分韵四首》其四："三伏苦炎熱，林塘自蕭幽。"明謝與思《長夜》詩："長夜苦炎熱，攬衣步前楹。"清王邦畿《夏夜》詩："入夏苦炎熱，神昏體氣疲。"

## 【毒熱】

即炎熱。唐杜甫《寄常徵君》詩："開州入夏知涼冷，不似雲安毒熱新。"宋陸游《大風》詩："今年毒熱不可支，白汗如雨愁纖絺。"元丁復《送人入京兼柬危太僕》詩："五月毒熱中人甚，一雨生涼送客游。"明李孫宸《新秋》詩："金陵多毒熱，一雨送新秋。"清沈起元《寄酬顧大嗣宗見懷之作兼簡陶柱中繆昭曦》詩："炎方苦毒熱，深甑坐蒸爇。"

## 濕熱

空氣又濕又熱。夏季在太平洋副熱帶高壓控制下，易出現高溫高濕天氣。氣溫一般在30℃以上，且空氣濕度較大，體感溫度較高。濕熱環境是指所處的自然環境表現出氣溫高、濕度高、雨量大、日溫差小、無風或少風的特點。低緯度近海的區域一般都處在濕熱的環境。我國南方大部分地區每年都會出現"梅雨"天氣，這種天氣會使環境變得濕熱。熱帶雨林氣候也是典型的濕熱環境表現。《黃帝內經·素問·六元正紀大論篇》："四之氣，溽暑濕熱相薄，争於左之上，民病黃疸而爲胕腫。"《北史·西域傳》："其地濕熱，有蜀馬。"《南齊書·河南傳》："夏中濕熱，想比平安。"唐劉恂《嶺表録異》卷上："蓋濕熱之地，毒蟲生之。"宋李之儀《大觀四年春夏之交閑居無事觸緒成咏得絶句五首》其三："好事憑誰消濕熱，一簾疏雨下黄昏。”元尹志平《巫山一段雲·自咏》詞：“濕熱燕南地，清凉山後天。”明魏偁《六月十二日即景投示金舉人唯深輩》詩：“雨添濕熱火雲騰，客舍無從逃鬱蒸。”清蔣廷錫等《古今圖書集成·博物彙編·草木典·菊部》：“黄梅雨中，濕熱時候，葉底生蟲，名象干蟲。”

## 乾熱

指氣溫高而濕氣少。一般出現在内陸盛夏季節。明李一楫《月令采奇》：“諺云日暖夜寒，東海也，乾熱必有大水。”清石壽棠《醫原》：“如久旱則燥氣勝，乾熱乾冷。”清南懷仁《坤輿圖説》：“夫風之本質，乃地所發乾熱之氣，有多端可證。”

## 温和

指空氣不冷不熱，體感溫度最佳，一般是在20℃左右。《黄帝内經·素問·離合真邪論篇》：“天地温和，則經水安静；天寒地凍，則經水凝泣。”《漢書·西域傳》：“罽賓地平，温和，有目宿、雜草、奇木、檀、梓、竹……”三國魏曹丕《夏日》詩：“夏時饒温和，避暑就清凉。”北魏酈道元《水經注·河水》：“其處温和，田美，可益通溝渠，種五穀。”《魏書·罽賓傳》：“其地東西八百里，南北三百里。地平温和。”《新五代史·四夷附録第二》：“其地氣，遇平地則温和，山林則寒冽。”宋釋梵琮《偈頌九十三首》其八十六：“屋角巖花爛熳，林間春色温和。”清玄燁《鄭州雜詩五首》其四：“陽氣温和臨樹久，花繁物静草芊芊。”

## 【温】

即温和。先秦宋玉《九辯》：“食不媮而爲飽兮，衣不苟而爲温。”先秦《關尹子》：“呵之即温，吸之即凉。”《管子·宙合》：“夏之就清，冬之就温焉。”唐杜佑《通典·禮典》：“二月獻羔開冰。春分方温，獻羔以祭司寒，而後開冰。”唐孔穎達《周易正義·雜卦》：“物失其節，則冬温、夏寒、秋生、春殺。”

## 温凉 [2]

氣温偏凉。温與凉兩種氣温。先秦《關尹子》：“寒暑温凉之變，如瓦石之類。”唐賈島《送李餘往湖南》詩：“昔去候温凉，秋山滿楚鄉。”元劉惟永《道德真經集義》：“變温凉而定寒暑，凡以綿綿若存。”明史鑑《烈風七章憫吳孝子廷用》其五：“行行異川陸，冉冉變温凉。”清黄宗羲《八月小盡接家書有感》詩其一：“秋深昏曉異温凉，静坐南窗白日長。”

## 温熱

氣温偏熱。或指早秋、晚春時節的氣温。唐道世《法苑珠林》：“其春分以其温熱雨多故也。”元王哲《卜算子·雪中作》詞：“恰遇炎蒸得清凉，正寒也、成温熱。”明楊慎《灼灼花》詞：“踏青回露濕、怕春寒，倩檀郎温熱。”明郎瑛《七修類稿·天地類》：“温熱之風，至此而極矣。”

## 暖

亦作“煖”“煗”。温暖。暖是一個相對感覺的概念，指體感溫度相對舒適，不同區域、不同季節、不同體質的人，對暖的感覺不同。《國語·魯語上》：“海多大風，冬煗。”《漢書·系傳上》：“孔席不煖。”《禮記·王制》：“七十非帛不煖。”《韓非子·有度》：“清暖寒熱，不得不救。”先秦屈原《天問》詩：“何所冬暖？何所夏寒？”唐司空圖《下方》詩：“坡暖冬抽笋，松凉夏健人。”宋王安石《元日》詩：“爆竹聲中一歲除，春風送暖入屠蘇。”宋蘇軾《惠崇春江晚景》詩："春江水暖鴨先知。"
宋陸佃《依韵和元參政祈雨》詩："常膳鼎寒搖
蓋莆，正衙爐煖和蘭薰。"明陳霆《瑞鶴仙·壽
詞》："庭幃煖和。喜清鏡、華年初度。"

【煖】

同"暖"。此體先秦時期已行用。見該文。

【煗】

同"暖"。此體先秦時期已行用。見該文。

【暖和】

亦作"和暖"。亦稱"溫暖"。漢王逸《九
思·傷時》："風習習兮和暖，百草萌兮華榮。"
《漢書·五行志》："劉向以爲，盛陽雨水，溫暖
而湯熱，陰氣脅之不相入，則轉而爲雹。"三
國魏曹丕《大墻上蒿行》："何不恣君口腹所
嘗，冬被貂貛溫暖。"南朝佚名《三輔黃圖》卷
三："溫室殿，武帝建，冬處之溫暖也。"唐杜
甫《寄贊上人》詩："亭午頗和暖，石田又足
收。"《警世通言·旌陽宮鐵樹鎮妖》："方今春
風和暖，正宜出外經商。"宋毛滂《破子》詞：
"暖和一團春意。怕將醒眼看浮世。"明王彥泓
《驪歌二疊送韜仲春往秋陵》其二："憐君辜負
曉衾寒，和暖和香上馬鞍。"清蕭竹《蘭中番
俗》詩："八節無時序，三冬亦暖和。"清納蘭
性德《蝶戀花》詞："眼底風光留不住，和暖和
香，又上雕鞍去。"

【和暖】

同"暖和"。此體漢代已行用。見該文。

【溫暖】

即暖和。此稱漢代已行用。見該文。

## 四季

指一年中交替出現的四個季節，即春季、
夏季、秋季和冬季，每季三個月。《黃帝內

經·素問·刺要論》："刺皮無傷肉，肉傷則內動
脾，脾動則七十二日四季之月，病腹脹煩不嗜
食。"王冰注："七十二日四季之月者，謂三月、
六月、九月、十二月各十二日後，土寄王十八
日也。"漢蔡邕《月令問答》："春，木王。木勝
土，土王四季。四季之禽，牛屬季夏，犬屬季
秋，故未羊可以爲春食也。"唐周繇《送人尉黔
中》詩："峽漲三川雪，園開四季花。"宋史浩
《再次韵胡中方賞丹桂之什》詩："群花四季作
芳菲，一笑觀之如不識。"清彭孫貽《過正仲草
堂摘梅烹筍戲作》詩其一："只苦三春多雨，不
愁四季無花。"一說，謂農曆四個季月的總稱。
即指春三月，夏六月，秋九月，冬十二月。

【四時】

即四季。是我國古代干支曆法體系當中的
一個基本概念，即現今通俗所說的四季。干支
曆法體系以立春爲四時之始。《禮記·孔子閑
居》："天有四時，春秋冬夏。"先秦佚名《佹
詩》："天地易位，四時易鄉。"《逸周書·文傳》：
"無殺夭胎，無伐不成材，無壋四時，如此十
年，有十年之積者王。"《左傳·昭公元年》："君
子有四時，朝以聽政，晝以訪問，夕以修令，
夜以安身。"先秦宋玉《九辯》："四時遞來而卒
歲兮，陰陽不可與儷偕。"《淮南子·本經訓》：

四季景色
（宋劉松年《四景山水圖》）

"四時者，春生夏長，秋收冬藏，取予有節，出入有時，開闔張歙，不失其叙，喜怒剛柔，不離其理。"《史記·天官書》："立春，四時之卒始也。"漢蔡邕《月令問答》："春，木王。木勝土，土王四季。四季之禽，牛屬季夏，犬屬季秋，故未羊可以爲春食也。"漢蔡琰《胡笳十八拍》："四時萬物兮有盛衰，唯我愁苦兮不暫移。"唐張蠙《次韵和友人冬日書齋》詩："四季多花木，窮冬亦不彫。"宋佚名《郎官湖亭》詩："我愛四時風景好，買山來此創幽居。"元陳魚村《題接仙樓》詩："花木四時三月裏，樓臺一簇五雲間。"明胡布《隱居》詩其七："農桑千里接，雨露四時調。"清碩慶《黑龍潭聯》："兩樹梅花一潭水；四時煙雨半山雲。"

## 五時

亦稱"五季"。謂春、夏、季夏、秋、冬五個時令。亦泛指一年四季。《呂氏春秋·任地》："五時見生而樹生，見死而獲死。"高誘注："五時，五行生殺之時也。"陳奇猷校釋："五時者，春、夏、秋、冬、季夏也。本書《十二紀》，春屬木，夏屬火，秋屬金，冬屬水，而於《季夏》之末別出中央土一節，是以木、火、金、水、土五行配屬春、夏、秋、冬四季，即所謂五時也。"晋劉臻妻陳氏《五時畫扇頌》："永錫難老，與時推移。"《後漢書·輿服志》："服衣，深衣制，有袍，隨五時色。"又《後漢書·東平憲王蒼傳》："乃閱陰太后舊時器服，愴然動容，乃命留五時衣各一襲。"李賢注："五時衣謂春青、夏朱、季夏黄、秋白、冬黑也。"南朝梁劉孝標《〈昭明太子集〉序》："五時密教，月猶鏡象；一乘妙旨，觀若掌珠。"《隋書·王劭傳》："伏願遠遵先聖，於五時取五木以變火，用功甚少，救益方大。"唐沈佺期《自考功員外授給事中》詩："惠移雙管筆，恩降五時衣。"宋洪咨夔《端平二年端午帖子詞·皇帝閣》："節摽千歲曆，氣協五時圖。"明皇甫汸《四黄子賦詩送釋印受戒之武林屬余奉同》詩："杯從一夕渡，律向五時修。"

# 春　季

## 春

亦作"青陽"。一年中的第一季。農曆正月至三月，自立春至立夏間，地氣通、萬物發、歲之始也。春季，太陽直射點從南回歸綫附近向赤道附近移動，北半球所獲得的熱量不斷增多，氣温不斷回暖。《尸子·仁意》："春爲青陽。"《詩·周頌·臣工》："嗟嗟保介，維莫之春。"先秦屈原《離騷》："日月忽其不

甲骨文"春"字

淹兮，春與秋其代序。"《爾雅·釋天》："春爲青陽，春爲發生，春秋繁露。春者，天之和也。又春，喜氣也，故生。"晋郭璞《爾雅疏》："春之氣和則青而温陽也。"《公羊傳·隱公元年》："春者何，歲之始也。"漢《氾勝之書》："春，地氣通，可耕堅硬强地黑壚土。"《説文·日部》："春，推也。"或有推萬物而萌發之意。又同書云："萅，從艸從日，艸春時生也。"古字"春"寫作"萅"。唐羅隱《雒城作》詩："舊游難得時難遇，回首空城百草春。"唐王維《相思》

詩:"紅豆生南國,春來發幾枝?"唐杜甫《春夜喜雨》詩:"好雨知時節,當春乃發生。"

【青陽】

即春。此稱先秦已行用。見該文。

【旾】

同"春"。亦作"萅"。《説文·艸部》:"萅,推也。"《集韵·諄韵》:"萅,古作旾。隸作春。"

【萅】

同"旾"。此體漢代已行用。見該文。

【旾】

同"春"。《字彙補·日部》:"旾,《六書統》:與春同。"

【旾】

同"春"。《直音篇·曰部》:"旾,同春。"

【萅】

同"春"。《集韵》:"萅,尺尹切,音蠢。"《説文·艸部》:"萅,推也,草春時生也。亦作旾。"旾同"春",故萅同"春"。

【旾】

同"春"。《龍龕手鑑·日部》:"旾,同春。"

【旾】

同"春"。《集韵·諄韵》:"古作旾。隸作春。"

春季景觀
（宋馬遠《山徑春行圖》局部）

【旾】

同"春"。《字彙補·日部》:"旾,與春同。"《孔謙碣石》:"脩《旾秋經》,升堂講誦。"

【萁】

同"春"。《集韵·諄韵》:"萅,古作萁。隸作春。"

【春天】

即春。《公羊傳·隱公九年》:"春天,王使南季來聘。"晋陳琳詩:"春天潤九野,卉木渙油油。"唐孟浩然《冬至後過吳張二子檀溪別業》詩:"梅花殘（一作初）臘月（一作日）,柳色半春天。"宋黃庭堅《西禪聽戴道士彈琴》詩:"春天百鳥語撩亂,風蕩楊花無畔岸。"元程景初《春情》曲:"落紅滿地暮春天,另一番蜂愁蝶怨。"明劉信《仙人井》詩:"江村漁舍春天樹,茅屋人家日午煙。"清張玉珍《行香子·咏柳》詞:"碧參差、弄影堪憐。并刀裁出,二月春天。"

【春日】

即春。《詩·豳風·七月》:"春日載陽,有鳴倉庚。"先秦屈原《九章·惜誦》:"播江離與滋菊兮,願春日以爲糗芳。"漢辛延年《羽林郎》詩:"胡姬年十五,春日獨當壚。"唐李白《春日游羅敷潭》詩:"雲從石上起,客到花間迷。"宋方德麟《春日田園雜興》詩:"白髮老農猶健在,一蓑牛背聽鳴泉。"元周霆震《停雲師友吟》詩:"折花春日吟,聽雨秋夕眠。"明藍仁《題黃仲文小景四首·春日觀泉》詩:"雨過春山草木稠,懸崖千尺挂飛流。"清屈大均《春日雨花臺眺望有感》其一:"煙雲霏霏碧草齊,斷腸春在孝陵西。"

## 【春色】

春天的景色。魏晋佚名《采桑度》詩：“冶游采桑女，盡有芳春色。”南朝梁何遜《邊城思》詩：“春色邊城動，客思故鄉來。”唐佚名《散句》：“濃緑萬枝紅一點，動人春色不須多。”宋葉紹翁《游園不值》詩：“春色滿園關不住，一枝紅杏出墙來。”元李俊民《和王成之梅韵》詩：“驅使便將春色去，暗香今夜落誰家？”明劉炳《錢塘懷古》詩：“斷腸蘇堤堤上柳，年年春色翠華新。”

春色邊城動，客思故鄉來
（明藍瑛《仿張僧繇山水圖》局部）

## 【春季】

即春。先秦師曠《禽經》：“澤雉如商庚，春季之月始鳴。”唐徐成《王良百一詩·醫候》：“欲知看口色，春季忌於青。”宋衛宗武《歲冬至唐村墳山掃松》詩：“憶昔入此山，首夏接春季。”《宋史·選舉志》：“每春季，太學、辟雍生悉公試，同院混取。”明陳龍正《乙丑春季南還》詩：“霧重平沙軟，風柔衆草香。”《九雲記》第三四回：“已到了春季，這群芳園裏，萬花争發，草色如錦。”

## 【新春】

春天的開始。初春。指農曆元旦以後的一二十天。北周王褒《別陸子雲》詩：“平湖開曙日，細柳發新春。”唐韋莊《奉和左司郎中春物暗度感而成章》詩：“纔喜新春已暮春，夕陽吟殺倚樓人。”宋蘇軾《次韵孫職方蒼梧山》詩：“聞道新春恣游覽，羨君平地作飛仙。”元周霆震《喜雪》詩：“殘年新春凍不開，大雪五度漫空來。”明劉基《漫成》詩：“花殘更發新春葉，髮白空垂滿面絲。”清奕繪《琴調相思引二首》其二：“新春初月，眉樣一痕斜。”

## 【三春】

指春季的三個月。陰曆四月爲孟春，五月爲仲春，六月爲季春，此春季的三個月，合稱三春。漢班固《終南山賦》：“三春之季，孟夏之初，天氣蕭清，周覽八隅。”晋賀循《賦得庭中有奇樹》：“三春節物始芳菲，游絲細草動春暉。”晋陸機《答賈謐》：“游跨三春，情固三秋。”唐崔璞《蒙恩除替將還京洛》詩：“兩載求人瘼，三春受代歸。”原注：“到任十二箇月，除替未及三年。”唐李白《別氈帳火爐》詩：“離恨屬三春，佳期在十月。”宋史浩《曉起用前韵》詩：“出塞三春翼，嘶風萬里蹄。”元吳存《朱氏春暉堂》詩：“直期千歲蟠桃實，長抱三春寸草心。”元王冕《有感》詩：“三春多是雨，四月不聞雷。”清彭孫貽《過正仲草堂摘梅烹笋戲作》詩其一：“只苦三春多雨，不愁四季無花。”一説，爲三年。另説，爲春季的第三個月。唐岑參《臨洮龍興寺玄上人院同咏青木香叢》詩：“六月花新吐，三春葉已長。”清姚鼐《乙未春出都留別同館諸君》詩：“三春紅藥熏衣上，兩度槐黄落硯前。”

## 【九春】

指春天。阮籍《咏懷詩》其四：“夭夭桃李花，灼灼有輝光。悦懌若九春，磬折似秋霜。”

古人的游春習俗
（唐張萱《虢國夫人游春圖》宋代摹本局部）

張銑注："春，陽也；陽數九，故云九春。"三國魏曹植《雜詩》其二："自期三年歸，今已歷九春。"李善注："一歲三春，故以三年爲九春。"南朝梁元帝《金樓子·志怪篇》："其花似杏，而綠蕊碧鬚，九春之時，萬頃競發，如鸞鳳翼。"唐上官婉兒《游長寧公主流杯池二十五首》其十四："登山一長望，正遇九春初。"宋黃裳《還鄉道中聞杜鵑》詩："纔次鄉關得此禽，五更啼處九春深。"元范梈《贈別李全》詩："間關百年道，浩蕩九春天。"明唐寅《金粉福地賦》："瑤池疏潤，演麗於九春；析木分輝，流光於千里。"清王夫之《與唐須竹夜話二首（戊申）》詩其一："九春初歇雨，花屐不相期。"一説，指九個春天，引申爲九年。

## 孟春

即農曆一月份。正月與孟春時間長度一致，但含義略有不同。前者爲一年十二個月之首，後者爲農曆三個月之首月。《説文·子部》云："孟，長也。從子，皿聲。"本義爲頭生子、長子。假藉爲春季三個月份中的第一個月，即農曆正月。《書·胤徵》："每歲孟春，遒人以木鐸徇於路。"晉佚名詩："惟月孟春，獺祭彼崖。"《晉書·律曆志》："顓頊以今之孟春正月爲元，其時正月朔旦立春。"南朝宋鮑照《代堂上歌行》："陽春孟春月，朝光散流霞。"唐曹鄴《成名後獻恩門》詩："年年孟春時，看花不如雪。"

宋陳起《元夕雨中偶成四絕奉寄東齋》其三："車駕行將享孟春，月收梅影可愁人。"元趙雍《結羊腸》詩："孟春之月春始和，陌頭柳色黃如鵝。"明顧璘《贈別劉元瑞因懷都下諸君子六首》其六："孟春陽氣應，萬物發華滋。"清采蘅子《蟲鳴漫錄》卷一："孟春之月，昏參中，旦尾中，而他月則不同。"

## 【正月】

猶孟春。指農曆一年的第一個月。原指夏曆、殷曆、周曆一年的第一個月。漢以後僅指夏曆（農曆）的第一個月。語出《詩·小雅·正月》："正月繁霜，我心憂傷。"《春秋·隱公元年》："元年，春，壬正月。"杜預注："隱公之始年，周王之正月也。"《史記·郊祀志》："夏，漢改曆，以正月爲歲首。"唐皎然《陪盧使君登樓送方巨之還京》詩："春風潮水漫，正月柳條寒。"宋趙蕃《正月十六日雪》詩："竹屋偏宜雪，江亭更受風。"按，春節是指正月初一或正月上旬一段時間，不是指立春，立春或在春節之前，抑或在其之後。

## 仲春

即農曆二月份。《説文·人部》云："仲，中也。"指春季三個月份中的第二個月，即農曆二月。《書·堯典》："日中星鳥，以殷仲春。"先秦屈原《九章·哀郢》："民離散而相失兮，方仲春而東遷。"《史記·天官書》："是正四時：仲春春分，夕出郊奎、婁、胃東五舍，爲齊。"晉陶潛《擬古》詩之三："仲春遘時雨，始雷發東隅。"晉荀勖《從武帝華林園宴》詩："天施地生，以應仲春。"《宋書·禮志》："仲春之月，春分之日，以黑羔翻黍祭司寒。"唐韋應物《縣齋》詩："仲春時景好，草木漸舒榮。"宋徐鉉

《春分日》詩："仲春初四日，春色正中分。"元李瓚《歸鴻曲》："高秋鴻雁來，仲春鴻雁歸。"明何景明《白雪曲十首》其一："祇疑仲春月，風送落花來。"清弘曆《仲春玉泉山》詩："荏苒風光能爾催，孟春倏過仲春來。"

## 季春

即農曆三月份。《説文·子部》："季，少稱也。從子，從稚省，稚亦聲。"《儀禮·士冠禮》："曰伯某甫仲叔季，唯其所當。"注："伯、仲、叔、季，長幼之稱。"本義爲排行最後，假藉爲春季三個月份中的最後月，即農曆三月。《周禮·夏官·司馬》："四時變國火，以救時疾，季春出火，民咸從之。"《淮南子·時則訓》："季春行冬令，則寒氣時發，草木皆肅，國有大恐。"《淮南子·天文訓》："季春三月，豐隆乃出，以將其雨。"漢戴聖《禮記·月令》："季春之月，日在胃，昏七星中，旦牽牛中。"三國魏曹植《槐賦》："在季春以初茂，踐朱夏而乃繁。"北魏酈道元《水經注·江水》："季春之月，則黃龍堆没，闕乃平也。"唐張何《織鳥》詩："季春三月裏，戴勝下桑來。"宋孟元老《東京夢華錄·駕回儀衛》："是月季春，萬花爛熳。"元成廷珪《題黃岡賈彦德碧梧軒》詩："季春花香自零落，高秋雨氣相蕭森。"明危素《懷母》詩："季春天多陰，往拜慈母墓。"清顧炎武《日知錄》卷五："季春出少，貴其新者，少火之義也。"

## 春暖

亦作"春煖""煖春""暖春"。指溫暖的春天。《吕氏春秋·孟秋季》："春煖之令，而穀更生。"南朝宋謝靈運《道路憶山中》詩："懷故叵新歡，含悲忘春暖。"南朝梁王筠《楚妃吟（雜言）》："庭前日，暖春閨，香氣亦霏霏。"唐岑參《高冠（一作官）谷口招（一作贈）鄭鄠》詩："澗花然暮雨，潭樹煖春雲。"唐宋之問《早發大庾嶺》詩："春煖陰梅花，瘴回陽鳥翼。"唐羅隱《湘南春日懷古》詩："晴江春暖蘭蕙薰，鳧鷺苒苒鷗著群。"宋劉過《祝英臺近·同妓游帥司東園》詞："日遲春暖融融，杏紅深處，爲花醉，一鞭春色。"宋吴師正《劉阮洞》詩："天台春煖蘭若馨，海榴噴血黃鳥鳴。"元劉鶚《浮雲道院詩二十二首并引》其八："呼童具犂鋤，耕作趁春暖。"明徐賁《柳短短送陳舜道》詞："蘭渚雪融香，東風釀春暖。"明陳理《題饒平公館》詩："春煖祇看桃李燦，山深不見虎狼行。"清卓夢采《龍目井泉》詩："茶鼎夜寒分石乳，藥鐺春煖洗雲層。"

## 【春煖】

同"春暖"。此體先秦時期已行用。

## 【煖春】

即春暖。此稱南北朝時期已行用。

## 【暖春】

即春暖。此稱南北朝時期已行用。

## 【春溫】

指溫暖的春天。《史記·田敬仲完世家》："騶忌子曰：'夫大弦濁以春溫者，君也。'"漢張衡《論衡·寒溫篇》："春溫夏暑，秋凉冬寒。"宋沈與求《謝葛魯卿雪中遣介送酒》詩："雪舞白衣朝扣門，一車送酒借春溫。"金元好問《滿江紅》詞："寒日春溫，照庭院、瑞煙芬馥。"明陳璉《瞿塘歌》："皇風遠暢清妖氛，雪山冰谷回春溫。"清張棟《夔府》詩："進得瞿塘古峽門，殘秋氣候似春溫。"

# 夏 季

## 夏

亦稱"朱明"。一年中的第二季。農曆四月至六月，自立夏至立秋間。夏季，太陽直射北半球，北半球所獲得的熱量較多，氣溫較高。《尸子·仁意》："夏爲朱明。"《詩·唐風·葛生》："夏之日，冬之夜。百歲之後，歸于其居。"漢樂府《上之回曲》："夏將至，行將北。以承甘泉宮，寒暑德。"

"夏"字的甲骨文

漢唐菆《歌詩三章·遠夷慕德歌》："冬多霜雪，夏多和雨。"《漢書·禮樂志》："朱明感長，羞與萬物。"晋郭璞《爾雅疏》："夏爲朱明者，言夏之氣和則赤而光明也。"晋陸雲《芙蓉詩》其三："夏摇比翼扇，冬坐比肩氈。"南朝宋謝靈運《游赤石進帆海》："麗景燭春餘，清陰澄夏首。"唐魏徵《暮秋言懷》詩："首夏別京輔，杪秋滯三河。"宋周翼之《初夏》詩："入夏庭中雀可羅，閑僧閑客間相過。"金元好問《驀山溪·夏景集曲名》詩："梁州夏早，南浦荷花媚。"清成鷺《蓮花》詩："日永朱明見物華，清池紅藕正開花。"

## 【朱明】

即夏。此稱先秦時期已行用。見該文。

## 【昰】

同"夏"。《集韻·禡韻》："夏，古作昰。"

## 【夓】

同"夏"。《字彙補·夊部》："夓，《琅琊代醉編》：'揚州，漕河東岸有墓道，題曰：夏國

公……'據此，該夏亦夏字。"

## 【優】

同"夏"。《字彙補·人部》："優，音義與夏同。"

## 【㝩】

同"夏"。《字彙補·夊部》："㝩，古文夏。"《説文解字注》："古文夏。"《康熙字典》："《玉篇》：古文夏字。"

## 【𡖃】

同"夏"。𡖃，或作"𡖃"。《改併四聲篇海·夊部》引《併了部頭》："𡖃𡖃，古文夏字。"《説文解字注》："𡖃，古文夏。"

## 【夒】

同"夏"。《改併四聲篇海·夊部》引《川篇》："夒，音夏。"《字彙補·夊部》："夒，同夏。"

## 【夓】

同"夏"。《字彙補·夊部》："夓，石古文夏字。"《康熙字典》："〔夓〕《石鼓文》夏字。"

## 【𡕛】

《集韻·馬韻》："𡕛，隸作夏。"《説文解字注》："𡕛，亦古文夏。"《康熙字典》："《字彙補》：古文夏字。"

## 【𡕜】

同"夏"。《字彙補·夊部》："𡕜，同夏。"《康熙字典》："《海篇》：音夏。"

## 【晆】

同"夏"。《改併四聲篇海·夊部》引《類篇》："晆，音夏。"《字彙補·夊部》："晆，音義與夏同。"

## 【㠪】

同"夏"。《字彙補·風部》："㠪，《六書略》與夏同，見夏貨。"

## 【夓】

同"夏"。《字彙·足部》："夓，古文夏字。"《字彙補·足部》："夓，按：《集韻》《韵會小補》，古文夏字作夓。《字彙》作夓，末是。"《康熙字典》："《舉要》作夓，未有作夓者，即夓字之譌。因篆爲楷，譌謬類如此。"

## 【夏天】

即夏。《春秋·宣公四年》："夏天六月乙酉，鄭公子歸生弒其君夷。"晋葛洪《抱朴子內篇·論仙》："盛陽宜暑，而夏天未必無凉日也。"唐張祜《平陰夏日作》詩："可惜夏天明月夜，土山前面障南風。"宋張君房《雲笈七籤·三洞經教部·經四》："來自南方，其色赤光，受之於朱陽，爲夏天也。"清弘曆《水村圖三首》詩其一："時雨時晴首夏天，插秧一月早常年。"

夏天萬物葱蘢、雲水豐沛之景色
（五代董源《夏山圖》局部）

## 【夏季】

即夏。宋王以寧《臨江仙·和子安》其一："飲酒但知尋夏季，不須遠慕安期。"元王哲《瑞鷓鴣》詞："夏季裁量十四郎。炎炎火焰越忙忙。"明李時珍《本草綱目·菜部》："夏季采翻白草，每服一把煎水洗浴。"清弘曆《雲岫》詩："夏季景始佳，雨後雲生易。"

## 【盛夏】

夏季最熱月份。《吳子·料敵》："盛夏炎熱，晏興無閑，行驅饑渴，務於取遠。"《漢書·陳湯傳》："春秋夾谷之會，優施笑君，孔子誅之，方盛夏，首足異門而出。"南朝陳庾肩吾《九日侍宴樂游苑應令》詩："轍迹光周頌，巡游盛夏功。"唐玄奘《大唐西域記》卷一二："盛夏合凍鑾冰而度，行經三日方至嶺上。"宋周去非《嶺外代答·禽獸門·雁》："吳中太湖雖盛夏亦有留雁，蓋太湖深處至凉，且有魚蚌可戀也。"元馬端臨《文獻通考·四裔考》："土氣多寒，雖在盛夏，冰猶不釋。"

## 【三伏】

即初伏、中伏、末伏。農曆夏至後第三庚日起爲初伏，第四庚日起爲中伏，立秋後第一庚日起爲末伏。三伏天是一年中最熱的時候。唐徐堅《初學記》卷四引《陰陽書》："從夏至後第三庚爲初伏，第四庚爲中伏，立秋後初庚爲後伏，謂之三伏。"南朝梁蕭統《錦帶書十二月啓·林鐘六月》："三伏漸終，九夏將謝。"唐白居易《題牛相公歸仁里宅新成小灘》詩："與君三伏月，滿耳作潺湲。"宋梅堯臣《中伏日永叔遺冰》詩："日色若炎火，正當三伏時。"清方文《張道人園居歌》："今年暑熱何太酷，五月中旬似三伏。"

## 【三夏】

指夏季的三個月。陰曆四月爲孟夏、五月爲仲夏、六月爲季夏，合稱三夏。晋佚名《子夜四時歌·夏歌》："情知三夏熱，今日偏獨甚。"晋李顒《夏日》詩："炎光爍南溟，溽暑融三夏。"唐佚名《昭君怨》詩:"關榆三夏凍,塞柳九春寒。"宋洪适《次韵蔡瞻明秋園五絶句·芙蓉》詩:"肯與紅蓮媚三夏,要同黃菊向重陽。"元童童學士《念遠》曲:"肌消玉,臉褪霞,怎打熬九秋三夏?"明釋函是《須識以端陽入嶺訂予九月還山霜露已降消息渺然病中多感紀之以詩》:"到海定知三夏盡,歸山曾約北風初。"清李顒《夏日》詩:"炎光爍南溟,溽暑融三夏。"一説,爲三年。又説,爲夏季的第三個月。另説,是夏收、夏種、夏管的簡稱。又,亦爲《肆夏》《韶夏》《納夏》的總稱。

## 【九夏】

謂夏季九十日,泛指夏季。晋陶潛《榮木》詩序:"日月推遷,已復九夏。"唐太宗《賦得夏首啓節》:"北闕三春晚,南榮九夏初。"宋史鑄《石菊宋》詩其二:"幹弱葉纖花特奇,艷濃九夏到秋時。"元尹志平《瑞鷓鴣·咏西山》:"九夏高眠無暑氣,三秋結實有新瓜。"明王漸逵《喜雨二首》詩其一:"九夏酷暑愁已過,江城一雨更相宜。"清李漁《閑情偶寄·頤養·行樂》:"九夏則神耗氣索,力難支體。"

# 孟夏

亦稱"夏首""陰月""梅月"。即農曆四月。《説文·子部》:"孟,長也。从子,皿聲。"本義爲頭生子、長子。假藉爲夏季三個月份中的第一個月,即農曆四月。先秦宋玉《九辯》:"收恢臺之孟夏兮,然欿傺而沈臧。"《禮記·月令》:"孟夏之月,日在畢。"《楚辭·九章·抽思》:"望孟夏之短夜兮,何晦明之若歲。"《淮南子·天文訓》:"孟夏之月,以熟穀禾,雄鳩長鳴,爲帝候歲。"晋陶潛《讀〈山海經〉》詩之一:"孟夏草木長,繞屋樹扶疏。"唐韓愈《與大顛師書》:"孟夏漸熱,惟道體安和。"宋李綱《次韵子美寄彦章同游惠山之作》詩:"春風桃李已零落,孟夏草木行滋繁。"明高濂《遵生八箋》:"孟夏之日,天地始交,萬物並秀。"清夏伊蘭《偕程二表姊孫七表妹登湖山一覽閣》詩:"况當孟夏時,草木盡繁廡。"

## 【夏首】

即孟夏。晋支遁《四月八日贊佛》詩:"三春迭云謝,首夏含朱明。"南朝齊王融《別王丞僧孺》詩:"首夏實清和,餘春滿郊甸。"唐白居易《首夏》詩:"孟夏百物滋,動植一時好。"宋王十朋《書院雜咏·盆中新荷》詩:"首夏盤池裏,新荷點數圓。"元鄭元祐《碧梧翠竹堂》詩:"春暮首夏,炎日當午。"明張寧《爲葉希榮題竹》詩:"芳春初茁土,首夏漸成陰。"清弘曆《永慕齋作》詩其二:"紅稀流水落花際,綠重殘春首夏時。"

## 【陰月】

即孟夏。漢劉歆《西京雜記》卷五:"四月,陽雖用事,而陽不獨存;此月純陽,疑於無陰,故亦謂之陰月。"明李一楫《月令采奇》:"命曰仲夏,曰仲暑……曰一陰月。"

## 【梅月】

即孟夏。正值農曆四月,南方梅雨季節,故稱。唐佚名《李廷圭藏墨訣》詩:"避暑懸葛囊,臨風度梅月。"前蜀貫休《寄王滌》詩:"梅月多開户,衣裳潤欲滴。"宋楊萬里《晚雲釀雨二首》其一:"梅月如何休得雨,麥秋却是要它晴。"明陶安《吏者于姓考滿贈》詩:"客窗雞聲梅月曙,官庭燕語槐風薰。"

# 仲夏

即農曆五月。《説文·人部》云:"仲,中

也。"指夏季三個月份中的第二個月,即農曆五月。《書·堯典》:"日永星火,以正仲夏。"漢劉熙《釋名》:"仲,中也,言位在中也。"《史記·天官書》:"仲夏夏至,夕出郊東井。"唐沈佺期《夏晚寓直省中》詩:"仲夏苦夜短,開軒納微涼。"元趙孟頫《題耕織圖二十四首(奉懿旨撰)·五月》詩:"仲夏苦雨乾,二麥先後熟。"明屠僑《早起讀古詩用韵寫懷》詩:"仲夏天鬱蒸,梅雨苦不歇。"清周音《昔游》詩其二:"仲夏山氣盛,殘陽半天赤。"按,仲夏亦稱"鳴蜩""午月""端陽""蒲月""榴月""惡月"。另有別稱,如"皋月""天中""小刑""蕤賓""建午""蒲節"等。

夏季濕潤多雨景色
(元高克恭《雨山圖》局部)

【鳴蜩】

猶仲夏。《詩·國風·豳風》:"四月秀葽,五月鳴蜩。"宋章甫《落葉》詩:"鳴蜩炎暑時,愛此清陰多。"明葛高行文《悼懷篇》詩:"五月鳴蜩至,八月蝴蝶老。"按,蜩即蟬,五月始鳴,古籍中所言鳴蜩,本仲夏之現象,故代月份之稱。《爾雅》作馬蜩,《方言》作蝒,《唐本草》作鳴蟬,《聖惠方》作秋蟬,《七修類稿》作蜘蟟,《中藥志》作蚱蟟,《江蘇藥材志》作知了。

【午月】

指夏季的中間月份。午位,中夏之位,斗

指正南,後天八卦離卦,萬物至此皆盛。古人用十二地支與十二個月相匹配,五月又稱爲"午月"。唐李商隱《行次西郊作一百韵》詩:"蛇年建午月,我自梁還秦。"宋劉摯《夜發白碑》詩:"星疏天無雲,獨有亭午月。"元方回《大衍易吟四十首》其二十二:"午月至子復,書云七日來。"明黄省曾《華二宅作一首》:"殘燈銀燭共清筵,午月催人尚不眠。"明釋今無《李母太夫人壽詞三十韵》詩:"紫榴開午月,雪地數歸鴻。"

【蒲月】

農曆五月初,稱爲蒲月。來自民間門窗挂菖蒲的習俗。宋孔平仲《送沈行奉議赴辟陝西》詩:"落帆江蒲月,躍馬戍垣秋。"宋鄭俱《北山小集》卷二九:"過蒲月餘而復反,又居月餘。"《四庫全書總目提要·史部》:"〔《海外紀事》六卷(浙江巡撫采進本)卷前有阮福周序,題'丙子蒲月',蓋康熙三十五年也。"《鳳山縣采訪册》:"同治十年蒲月,仁壽里紳耆鋪户立。"《南平縣志》:"蒲月報告道府委監拆,拆封後,交庫吏充收存。"

【榴月】

農曆五月是石榴花盛開時節,故有榴月之名。時值"仲夏"。明程羽文《百花曆》:"人稱榴月,必指農曆五月。"清金朝覲《三槐書屋詩鈔》:"嘉慶二十四年歲次己卯榴月下澣,芸亭劉鼎銘書。"清陳維崧《水調歌頭·初夏吳門舟次董樗亭錢葆馚留飲顧梁汾適至即席分韵》:"小別數日耳,榴月復經過。"

【惡月】

即仲夏。北方一些地方民俗視農曆五月爲毒月、惡月。《論衡·言毒篇》:"夫毒,太陽之熱氣也，中人人毒……太陽火氣，常爲毒螫……天下萬物，含太陽氣而生者，皆有毒螫。"《宋書·王鎮惡傳》："此非常兒，昔孟嘗君，惡月生而相齊，是兒亦將興吾門矣！"唐徐堅《初學記·歲時部下》："五月俗稱惡月，俗多六齋放生。"宋項安世《重午記俗八韵》詩："惡月多憂畏，陰爻足備虞。"宋洪邁《容齋隨筆》卷一六："俗謂之惡月，士大夫赴官者，輒避之。"明張穆《送漁莊三兄歸里並寄呈家兄述懷》詩："憶昨并門初，惡月苦占臨。"清高秉鈞《瘍科心得集》："惡月潰腐，甚創且殆。"

## 季夏

又稱"伏月""暑月""焦月""煩暑""溽暑"。即農曆六月。《説文·子部》："季，少稱也。从子，从稚省，稚亦聲。"《儀禮·士冠禮》："曰伯某甫仲叔季，唯其所當。"注："伯、仲、叔、季，長幼之稱。"本義爲排行最後，假藉爲夏季三個月份中的最後月，即農曆六月。《禮記·明堂位》："季夏六月，以禘禮祀周公於大廟。"又《禮記·月令》："季夏之月，日在柳，昏火中，旦奎中。"《漢書·睦兩夏侯京翼李傳》："季夏舉兵法，時寒氣應，恐後有霜雹之災。"

夏季林間的景色
（明仇英《靜聽泉聲圖》局部）

《宋書·律曆志》："《堯典》云：'日永星火，以正仲夏。'今季夏則火中。又，'宵中星虚，以殷仲秋'。"唐韓愈《賀雨表》："伏以季夏以來，雨澤不降。"宋程公許《縣圃蓮花方開同時木犀吐芳劉光遠仙尉賦詩爲和韵》詩："季夏苦積陰，泥徑殊窘步。"明楊士奇《送楊禮郎中還南京》詩："季夏當炎熇，時雨集行潦。"清邢昉《六月雨涼憶去年避暑高座寺介立上人院因以寄懷》詩："季夏盛炎節，多雨變涼候。"

### 【伏月】

即農曆六月。《高峰喬松億禪師語録》："伏月裸身曬日，問其故，言不生蟲。"元魏初《閑居雜咏五首》其三："三山鳳伏月，萬里鷹搏秋。"《浙江通志》卷一〇六："伏月采之，浸造酒麯。"清顧嶸《種竹》詩："影帶青天碧，涼生伏月寒。"

### 【暑月】

即農曆六月。晉佚名《子夜四時歌·夏歌二十首》其三："共戲炎暑月，還覺兩情諧。"唐白居易《新昌閑居招楊郎中兄弟》詩："暑月貧家何所有，客來唯贈北窗風。"明鄭善夫《思道屋爲暑雨所破爲作破屋歌》詩："南州暑月氣正溽，伏雨衣褥盡如漉。"清毛澄《登峨眉》其七："銀漢水氣凉，暑月侵我衣。"

### 【焦月】

即農曆六月。清厲荃《事物異名録·歲時·六月》："《爾雅》：'六月爲且。'按且月，或云'一作焦月'。六月盛熱，故曰焦。"

### 【煩暑】

即農曆六月。《南史·梁武陵王紀傳》："季月煩暑，流金鑠石，聚蚊成雷，封狐千里。"唐方干《夏日登靈隱寺後峰》："絶頂無煩暑，登臨三伏中。"宋辛棄疾《御街行》詞："好風催雨過山來，吹盡一簾煩暑。"明楊慎《漁家傲》詞："六月滇南波漾渚，水雲鄉里無煩暑。"清梅曾亮《江亭消夏記》："都中燕客者，曰館曰堂，皆肆也。觀優者集焉。樂閑曠，避煩暑，惟江亭爲宜。"

## 【溽暑】

即農曆六月。《黃帝內經·素問·六元正紀大論》："四之氣，溽暑至，大雨時行，寒熱互至。"晋李顒《夏日》詩："炎光爍南溟，溽暑融三夏。"南朝梁沈約《休沐寄懷》詩："臨池清溽暑，開幌望高秋。"宋王炎《新晴出溪上因訪王伯明詹望之》詩："積雨蒸溽暑，客思鬱不舒。"清林占梅《久旱得雨霽後周涉園池乘興吟示松潭廣文》詩："跣足豆棚下，溽暑倏然無。"

夏季荷塘
（佚名《采蓮消夏圖》局部）

## 夏熱

指夏天的炎熱。晋佚名《子夜四時歌·夏歌二十首》其十八："情知三夏熱，今日偏獨甚。"南朝梁蕭統《昭明文選》卷一一何晏《景福殿賦》注引《典略》："魏明帝將東巡，恐夏熱，故許昌作殿，名曰景福。"唐歐陽詢等《藝文類聚·水部》："冬寒則抱冰，夏熱則握火。"宋釋普濟《五燈會元》卷五："冬寒夏熱，人自委知。"宋白玉蟾《雲游歌》卷七九："又記得

江東夏熱時，路上石頭如火熱，教我何處歇。"宋徐夢莘《三朝北盟會編》卷一〇三："況南地夏熱，或有疾病，則南朝負罪深也。"明楊士奇《恤旱（有序五首）》其一："夏熱不可觸，飛蝗遍原野。"清玄燁《養病塞北》詩："身虛苦夏熱，多病愛清風。"

## 【酷夏】

酷熱的夏天。宋梅堯臣《宛陵集》："怨常酷夏，席堆青蔖。"明歐必元《長門怨》詩："畫長悲酷夏，夜靜怨殘春。"清徐枋《居易堂集》："酷夏暑雨，則受淋漓炙暴之災。"

酷夏服飾
〔北齊楊子華《北齊校書圖》（唐閻立本再稿）局部〕

## 【炎夏】

即酷夏。晋張望《貧士》詩："炎夏無完絺，玄冬無暖褐。"北魏酈道元《水經注·巨洋水》："至若炎夏火流，閑居倦想，提琴命友，嬉娛永日。"唐歐陽詢等《藝文類聚·鳥部》："遠玄冬於南裔，避炎夏乎朔方。"唐王嚴《和于中丞登越王樓》詩："蟬聲怨炎夏，山色報新秋。"唐孟浩然《仲夏歸漢南園寄京邑耆舊》詩："歸來當炎夏，耕稼不及春。"明鄧雲霄《妖雹歌》："跳珠挾彈奔萬馬，水天一日消炎夏。"

**【酷暑】**

即酷夏。唐李洞《題竹溪禪院》詩："鳥觸翠微濕，人居酷暑寒。"宋宋祁《學舍直歸晚霽三首》其二："雨罷殘陽在，風微酷暑收。"明王漸逵《喜雨二首》其一："九夏酷暑愁已過，江城一雨更相宜。"清陳端生《再生緣·慶升平彩筆題成》："沉李浮瓜消酷暑，遙遙永晝却如年。"

古代夏季西域人穿戴（《莫高窟壁畫》）

## 夏涼

指夏天溪泉畔、樹蔭下、山林洞穴中的涼爽。水畔林下等地環境的熱容量較大，溫度較低。晉陸雲《登臺賦》："游陽堂而冬溫，步陰房而夏涼。"《宋書·謝靈運傳》："夏涼寒燠，隨時取適。"唐韋應物《同德寺雨後寄元侍御李博士》詩："喬木生夏涼，流雲吐華月。"宋張君房《雲笈七籤·雜修攝部一》："夫冬溫夏涼，不失四時之和。"宋曾公亮等《武經總要·前集》："山中冬溫夏涼，美水草畜牧。"元袁士元《送柴養吾先生游四明山》詩："林壑夏涼宜避暑，主人瓜熟許分餐。"明王翰《次韵峨眉山》："蟪蛄夏涼收淺絳，蟾蜍秋冷抹長青。"清許傳霈《侍家大人宴金罍觀》詩："梓里欣情話，荷風殘夏涼。"

夏季納涼情景（清金廷標《蓮塘納涼圖》局部）

# 秋　季

## 秋

亦稱"白藏"。四季之一，是果實成熟的季節。《尸子·仁意》："秋爲白藏。"《詩·衛風·氓》："將子無怒，秋以爲期。"先秦宋玉《九辯》："秋既先戒以白露兮，冬又申之以嚴霜。"先秦屈原《禮魂》："春蘭兮秋菊，長無絕兮終古。"晉郭璞《爾雅疏》："秋爲白藏者言秋之氣和則白。"《爾雅·釋天》："秋爲白藏。爲收成。"《說文·禾部》："秋，禾穀熟也。"漢《氾勝之書》："秋無雨而耕，絕土氣，土堅垎，名曰臘田。"漢蔡邕《月令章句》："百穀名以其初生爲春，熟爲秋，故麥以孟夏爲秋。"晉潘岳《秋興賦并序》："感冬索而春敷兮，嗟夏茂而秋落。"唐王維《山居秋暝》詩："空山新雨後，天氣晚來秋。"宋佚名《晦日同志昆明池泛舟》詩："煙生知岸近，水净覺天秋。"明丁鶴年《贈濟古舟》詩："卧雲秋對榻，敲

"秋"字的甲骨文

月夜過門。"清陸可求《秋蕊香》詞："白藏正值蘭秋美，玉露金風如水。"清卜舜年《黃浦晚度》詩："沙昏秋雁落，潮滿夜漁歸。"

## 【白藏】

即秋。此稱先秦時期已行用。見該文。

## 【烁】

同"秋"。《廣韵·尤韵》："烁，秋古文。"北魏崔鴻《十六國春秋·夏録·赫連定》："三年烁，魏軍來襲，十一月克安定。"宋沈遘《怨思》詩："幽人有幽怨，其意豈爲烁。"清吳熾昌《客窗閑話》："有閩人林起士者，好書古字，如以秋爲烁之類。"清陳啓源《毛詩稽古編》："秋，本作烁。"

## 【穐】

同"秋"。穐，或作"穐"。南朝梁江淹《空青賦》："倦春厭穐，斲異鐫奇。"宋洪興祖《楚詞補注》卷二："秋，一作穐。"宋王欽若《册府元龜》卷五〇四："鄉村人户自今年七月後，於夏穐田苗上，每畝納麴錢五文。"明王世貞《弇州四部稿》卷二三："穐江，秋江有殊色，木落芙蓉鮮。"明李贄《楊升庵集》："今一變雲，織女機絲，虛夜月石，鯨鱗甲動，穐風讀之，則荒煙野草之悲，見於言外。"明陶宗儀《説郛》卷九九："孔子作春穐，游夏，不能措一辭。"明鄺露《嶠雅》："倦羽值穐霖，霖穐傷客心。他山翳霧水，遠艸不借陰。"明劉士驥《蟋蟀軒草》："薊門八月穐色濃，露華冷浸玉芙蓉。"《康熙字典》："《集韵》：秋，古作穐。"

## 【炑】

同"秋"。《字彙補·火部》："炑，俗秋字。"《四史纂要》："琨玉炑霜。"

## 【龝】

同"秋"。《字彙補·禾部》："龝，漢《楊著碑》秋字。"

## 【穐】

同"秋"。《集韵·尤韵》："秋，古作穐。"

## 【穐】

同"秋"。《楚辭·九歌·少司命》："秋蘭兮麋蕪。"王逸注："秋，一作穐。"

## 【龜】

同"秋"。《集韵·尤韵》："秋，古作龜。"

## 【穐】

同"秋"。《説文·禾部》："禾穀孰也。從禾，龜省聲。穐，籀文不省。"《集韵·尤韵》："秋，古作穐。"《康熙字典》引《字彙》："秋本字。禾穀收成之時也。從禾，龜下火聲。龜下火音焦。隸作秋烁。"

## 【龜】

同"秋"。龜，或作"龜"。《字彙補·黽部》："龜，古文秋字。出漢《高陽令碑》。"《高陽令碑楊著碑》："愛若冬日，畏如龜旻。"《康熙字典·黽部》："龜，古文秋字。見漢《高陽令碑》。"

## 【秋天】

即秋。唐張諤《九月》詩："秋天林下不知春，一種佳游事也均。"宋朱熹《懸崖水》詩："秋天林薄疏，翠壁呈清曉。"元楊載《送李侍郎使安南》詩："居士身輕日，秋天木落時。"明馮時可《玄墓夜宿同圓上人》詩："空林上新月，野寺如秋天。"清屈大均《再送從弟無極》詩其一："秋天今肅殺，山林凄且凉。"一説，秋日的天空。南朝梁江淹《貽袁常侍》詩："昔我別楚水，秋月麗秋天。"

## 【秋日】

即秋。《詩·小雅·四月》："秋日淒淒，百卉具腓。"晋孫綽《秋日》詩："疏林積凉風，虛岫結凝霄。"漢劉楨《贈五官中郎將》詩之三："秋日多悲懷，感慨以長嘆。"晋潘岳《秋興賦》："嗟秋日之可哀兮，諒無愁而不盡。"唐王維《出塞作》詩："暮雲空磧時驅馬，

古畫中的秋天景色
（唐楊升《秋山紅樹圖軸》局部）

秋日平原好射鵰。"宋史浩《次韵館中秋香》其一："庭前高下碧玉樹，秋日奈兹風露何。"明唐桂芳《題秋日溪居圖》詩："眼前如此秋光好，自笑先生懶出門。"清方以智《西洲曲》詩："西洲休作夢，秋日少東風。"一説，秋天的太陽。南朝梁江淹《望荆山》詩："寒郊無留影，秋日懸清光。"按，謂秋天的太陽。另説，秋天的白晝。唐韓愈《秋懷》詩之六："秋夜不可晨，秋日苦易暗。"按，謂秋天的白晝。

## 【秋季】

即秋。《魏書·高道悅傳》："車駕南征，徵兵秦雍，大期秋季閱集洛陽。"《周書·宣帝紀》："始於秋季，及此玄冬。"宋馬端臨《文獻通考·學校考》："是歲秋季始開補，就試者五千人。"宋張耒《歲暮嘆三首》其三："南山蒼蒼秋季月，北風如刀青石裂。"元王哲《瑞鷓鴣》詩："秋季裁量十四郎，憂愁思慮動悽愴。"明梁維棟《官舍十咏》其一："秋季已飛雪，春殘尚擁棉。"清弘曆《九月朔日作》詩："秋季惟

朔旦，塞圍第一場。"

## 【秋色】

亦稱"秋景"。秋日的景色、氣象。也可以指與秋時相應的顏色，指白色。晋湛方生《詩》："仲秋有秋色，始凉猶未淒。"唐韋應物《郊園聞蟬寄諸弟》詩："夕響依山谷，餘悲散秋景。"南朝梁吳均《壽陽還與親故別》詩："露繁秋色慢，氣愴螗聲煎。"北周庾信《周驃騎大將軍柴烈李夫人墓志銘》："秋色悽愴，松聲斷絶，百年幾何，歸於此别。"唐李賀《雁門太守行》詩："角聲滿天秋色裹，塞上燕支凝夜紫。"宋諶祐《句》詩："巴人秋景薄，漢月夜光寒。"明夏完淳《秋懷》詩之三："秋色從西來，風物自淒緊。"清潘高《秋日雜興》詩："苦愛清秋色，閑聽伐木聲。"

## 【秋景】

即秋色。此稱唐代已行用。見該文。

## 【三秋】

指秋季。農曆七月稱孟秋，八月稱仲秋，九月稱季秋，合稱三秋。漢王融《永明十一年

秋色
（齊白石《秋江歸雁》局部）

策秀才文》："四境無虞，三秋式稔。"李善注："秋有三月，故曰三秋。"南朝宋謝惠連《燕歌行》："四時推遷迅不停，三秋蕭瑟葉辭莖。"唐白居易《秋霖中奉裴令公見招早出赴會馬上先寄六韵》詩："雨暗三秋日，泥深一尺時。"宋王庭圭《秋郊曉興》詩："玉露三秋夜，銀河八月凉。"元尹志平《瑞鷓鴣·咏西山》詞：九夏高眠無暑氣，三秋結實有新瓜。"明尹臺《歸興二首用少宰張文邦先生韵》其一："鄉心千里驚黃葉，客夢三秋動白雲。"清屈大均《魯連臺》詩："古戍三秋雁，高臺萬木風。"一説，指農曆九月。北周庾信《至仁山銘》："三秋雲薄，九日寒新。"唐白行簡《李都尉重陽日得蘇屬國書》詩："三秋異鄉節，一紙故人書。"又説，謂九個月。一秋三個月，三秋爲九個月。引申爲三年。《詩·王風·采葛》："一日不見，如三秋兮。"孔穎達疏："年有四時，時皆三月，三秋謂九月也。"晋陸機《輓歌》之一："三秋猶足收，萬世安可思！"宋李彌遜《水調歌頭·次向伯恭薌林見寄》詞："不見隱君子，一月比三秋。"今又釋爲秋收、秋耕、秋種的統稱。

【九秋】

指秋天九十日。晋張協《七命》："晞三春之溢露，溯九秋之鳴飆。"南朝宋謝靈運《善哉行》："三春燠敷，九秋蕭索。"唐杜甫《月》詩："斟酌姮娥寡，天寒奈九秋。"宋劉敞《吳資政守陝一年還守西都又改禮部寄示在陝時詩作此致謝》詩："露鶴九秋警，霜蟬千里清。"元楊載《送李侍郎使安南》詩："九秋天色晚，萬里送君行。"明張美含《渡伊水》詩："千古雙峰峙，九秋一雁賓。"清成鷲《九秋雜咏·秋衫》："九秋霜露重，一衲水雲屯。"一説，指農曆九月深秋。唐陸暢《催妝五首》之一："聞道禁中時節異，九秋香滿鏡臺前。"元佚名《看錢奴》第一折："爲甚麼桃花向三月奮發、菊花向九秋開罷？"清何焯《義門讀書記·昌黎集》："菊有黃華則九秋矣，故秋懷以是終也。"另説，指九個秋季，引申爲九年。漢張衡《南都賦》："結九秋之增傷，怨西荆之折盤。"唐劉禹錫《謫九年賦》："古稱思婦，已歷九秋，未必有是，舉爲深愁。"

【金秋】

泛指秋季。唐歐陽詢等《藝文類聚·果部》："稟金秋之清條，抱東陽之和煦。"宋佚名《百字謠·念奴嬌·叔慶侄生子》詞："金秋行令，恰清晨、白露初交中節。"宋張君房《雲笈七籤·日月星辰部》："木春王，火夏王，金秋王，水冬王，皆依曆以四立日前夜半爲王。"元吕誠《玄鶴》詩："丹頂緇塵染素衣，金秋霜月滿玉宇。"明黃省曾《送王推府與齡賀聖誕之京一首》詩："縟夏浮青舸，金秋入紫閶。"清弘曆《王鑒秋山蕭寺圖》詩："誰道金秋氣蕭颯，白雲紅葉錯青螺。"

山中金秋景色
（五代巨然《秋山問道圖》局部）

【高秋】

天高氣爽的秋天。亦謂深秋、晚秋時節。漢宋子侯《董嬌饒》詩："高秋八九月，白露變爲霜。"《宋書·王僧達傳》："且高秋在節，胡馬興威，宜圖其易，蚤爲之所。"南朝梁何遜

《贈族人秣陵兄弟》詩："蕭索高秋暮，砧杵鳴四鄰。"唐錢起《江行無題》詩四一："見底高秋水，開懷萬里天。"宋劉兼《咸陽懷古》詩："高秋咸鎬起霜風，秦漢荒陵樹葉紅。"元周權《和友人韵》詩："高秋木落關河闊，萬里風雲壯馬蹄。"明徐禎卿《送耿晦之守湖州》詩："遠下吳江向雪川，高秋風物倍澄鮮。"清張鵬翮《聞河南水災》詩："高秋木落青山瘦，野水舟橫落日斜。"

【秋宵】

秋季的夜晚。唐花蕊夫人《宮詞》："苑中排比宴秋宵，弦管挣摐各自調。"唐陳羽《中秋夜臨鏡湖望月》中"鏡裏秋宵望，湖平月彩深。"宋余靖《宿山觀》詩："孤枕秋宵永，山寒夢不成。"元吳景奎《旅夜》："秋宵不能寐，缺月向人斜。"明陶安《遥夜》詩："洞庭玉簫聲又隔，滿山蟋蟀沸秋宵。"清高其倬《秋宵》詩："離抱何時釋，秋宵特地長。"

【秋節】

泛指秋季。漢樂府《長歌行》："常恐秋節至，焜黃華葉衰。"漢班婕妤《怨歌行》："常恐秋節至，涼風奪炎熱。"晉陸機《爲顧彦先作》詩："蕭蕭素秋節，湛湛濃露凝。"唐李白《憶秦娥》詩："樂游原上清秋節，咸陽古道音塵絕。"一說，清秋節指重陽節。唐項斯《古扇》詩："昨日裁成奪夏威，忽逢秋節便相違。"宋李綱《秋思十首》詩其三："南方秋節晚，九月始凄清。"金元好問《折丹桂》詞："秋風秋露清秋節。秋雨過，秋香初發。"清屈大均《歡如曲》詩："花飛向春時，葉落當秋節。"又，指農曆八月十五日中秋節。唐劉商《賦得月下聞蛩送別》詩："物候改秋節，炎涼此夕分。"宋

王禹偁《送夏侯正言奉使江南》詩："歸期莫過中秋節，侍宴甘泉月滿庭。"明符錫《遣懷》詩："中秋節過又重陽，静裏人看歲月忙。"又，指農曆九月九日重陽節。唐韋安石《奉和九日幸臨渭亭登高》："重九開秋節，得一動宸儀。"明林震《陽月飲黃乾齋書樓時菊初蕊得陽字》詩："已經重九遲秋節，猶自葳蕤逗晚香。"

【黃金秋】

即金秋。此稱元代已行用。見該文。

# 孟秋

即農曆七月。《説文·子部》云："孟，長也。从子，皿聲。"本義爲頭生子、長子。假藉爲秋季三個月份中的第一個月，即農曆七月。《禮記·月令》："孟秋之月，日在翼。"《隋書·禮儀志》："孟秋迎太白，候太白夕見於西方。"《北史·燕鳳傳》："每歲孟秋，馬常大集，略爲滿川。"唐韓愈《柳州羅池廟碑》："三年孟秋辛卯，候降於州之後堂。"唐杜佑《通典·禮典》："舊祀以社日，新改用孟秋，以應秋政。"宋姚勉《贈黃道士思成祈雨感應》詩："丁巳孟秋春戊午，不雨三時嗟旱苦。"元傅若金《八月十三日至京》詩："孟秋涼飈至，驅車出西門。"明錢宰《擬古明月皎夜光》其四："寒螿鳴樹間，招摇指孟秋。"清屈大均《那旦道中作》詩："孟秋九日寒無比，東西南北颶風起。"

# 仲秋

又稱"中秋""秋夕"。即農曆八月份。《説文·人部》云："仲，中也。"指秋季三個月份中的第二個月，即農曆八月份。《書·堯典》："宵中，星虚，以殷仲秋。"《禮記·月令》："仲秋之月，日在角，昏牽牛中，旦觜觿中。"《史記·天官書》："仲秋秋分，夕出郊角、亢、氐、

房東四舍。”晋孫綽《秋日》詩：“蕭瑟仲秋月，飂戾風雲高。”南朝宋鮑照《發後渚》詩：“江上氣早寒，仲秋始霜雪。”唐杜牧《池州送孟遲先輩》詩：“仲秋往歷陽，同上牛磯歌。”宋陸游《自規》詩：“今日仲秋還小雨，剩鋤麥壟待新春。”元楊弘道《投鄧州節副劉光甫祖謙》詩：“仲秋八月離平凉，隴月光寒溢水黄。”《元史·刑法志》：“仲秋中旬出按治，明年孟夏中旬還。”《明史·禮志》：“每歲仲秋，天子躬祀山川之日，遣旗手衞官行禮。”清張岱《夜航船·天文部》：“仲秋之月，雷始收聲，蟄蟲壞户。”

【中秋】[1]

即仲秋。《周禮·天官·司裘》：“中秋獻良裘。”鄭玄注：“中，音仲。”《北史·崔光傳》：“雖漸中秋，餘熱尚蒸。”唐顧況《望初月簡于吏部》詩：“沉寥中秋夜，坐見如鈎月。”元馬端臨《文獻通考·樂考》：“凡逆暑於中春，迎寒於中秋。”

【秋夕】

多指仲秋。《漢書·武帝紀》：“應劭曰：‘天子春朝日，秋夕月。朝日以朝，夕月以夕。’”晋佚名《子夜四時歌·秋歌十八首》其六：“飄飄初秋夕，明月耀秋輝。”南朝宋謝靈運《道路憶山中》詩：“不怨秋夕長，常苦夏日短。”唐白居易《秋夕》詩：“葉聲落如雨，月色白似霜。”宋楊萬里《芭蕉雨》詩：“三點五點俱可聽，萬籟不生秋夕静。”元張雨《月夕愛南窗竹影》詩：“兩叢小竹南窗下，露葉風枝共秋夕。”清項鴻祚《清平樂》詞其五：“雁紅蟬碧，凉雨生秋夕。”一説，指秋天的晚上。唐杜牧《秋夕》詩：“銀燭秋光冷畫屏，輕羅小扇撲流螢。”

【中秋】[2]

亦稱“中秋節”。指農曆八月十五日。唐韋莊《送李秀才歸荆溪》詩：“八月中秋月正圓，送君吟上木蘭船。”唐白居易《效陶潛體》詩之七：“中秋三五夜，明月在前軒。”宋佚名《洞仙歌》：“桂風高處，漸近中秋節。”宋吳自牧《夢粱録·中秋》：“八月十五日，中秋節，此日三秋恰半，故謂之中秋。”元關漢卿《望江亭》第四折：“俺兩口兒今年做一個中秋八月圓。”清洪昇《長生殿》第卅七齣《補恨》：“團圓等待中秋節，管教你情償意愜。”

【中秋節】

即中秋[2]。此稱宋代已行用。

## 季秋

亦稱“暮秋”。指秋季三個月份中的最後一月，即農曆九月。《書·胤徵》：“乃季秋月朔，辰弗集於房。”《禮記·月令》：“季秋之月，日在房，昏虚中，旦柳中。”《淮南子·天文訓》：“季秋三月，地氣不藏，乃收其殺，百蟲蟄伏，静居閉户。”《説文·禾部》：“季，少稱也。从子，从稚省，稚亦聲。”《儀禮·士冠禮》：“曰伯某甫仲叔季，唯其所當。”注：“伯、仲、叔、季，長幼之稱。”晋阮籍《咏懷》其七十九：“不見季秋草，摧折在今時。”南朝宋謝靈運《九日從宋公戲馬臺集送孔令》詩：“季秋邊朔苦，旅雁違霜雪。”唐吕巖《鄂渚悟道歌》詩：“縱横天際爲閑客，時遇季秋重陽節。”宋葉適《贈祈雨妙闍黎》詩：“雨慳水澀從季秋，倏忽春半河斷流。”宋劉攽《秋熱》詩：“蒸暑淹南國，季秋如長夏。”元趙孟頫《題耕織圖二十四首（奉懿旨撰）·九月》詩：“季秋霜露降，凛凛寒氣生。”明藍仁《暮秋懷鄭居貞》詩：“季秋霜露降，草木日已衰。"清屈大均《憶與田李二君秋日宴集雁門有作》詩："黃菊未開重九後，清霜已落季秋前。"

**【暮秋】**

指秋末，農曆九月。漢樂府《滿歌行》詩："暮秋烈風，昔蹈滄海。"三國魏曹植《迷迭香賦》："芳暮秋之幽蘭兮，麗崑崙之英芝。"唐李商隱《暮秋獨游曲江》詩："荷葉生時春恨生，荷葉枯時秋恨成。"唐徐堅《初學記》卷三引南朝梁元帝《纂要》："九月季秋，亦曰暮秋。"宋連文鳳《暮秋雜興》其五："悲風荒野大，落照廢城孤。"明宋濂《濮川八景·化壇楓映》詩："霜花零落暮秋寒，一醉西風樹葉丹。"清惠遠謨《秋日雜感》詩其二："季秋霜露繁，木落山色改。"

**【深秋】**

猶季秋，晚秋。南朝梁江淹《山中楚辭六首》其三："視煙霞而一色，深秋窈以虧。"唐尹鶚《臨江仙》其二："深秋寒夜銀河靜，月明深院中庭。"宋王之望《文監丞出關子東西湖春游倡和且約爲重九之游次韻》詩："深秋風日明寒水，宿雨波瀾起畫船。"元凌雲翰《四景圖》其三："遙山深秋色，總被草堂分。"明葉顒

深秋初雪景觀
（明董其昌《峒關蒲雪圖》局部）

《晚興》詩："鶴影深秋瘦，蟾光半夜凉。"清吳綺《歸雲庵夜泛同愚山阮懷諸子》詩："亂峰爭落日，一徑入深秋。"

**【晚秋】**

猶季秋，多指農曆九月。《詩·召南·草蟲》："喓喓草蟲。"漢鄭玄箋："草蟲鳴，晚秋之時也。"南北朝江淹《秋夕納凉奉和刑獄舅》詩："蕭條晚秋景，旻雲承景斜。"《南史·劉之遴傳》："兼晚秋暑促，機事罕暇，夜分求衣，未遑披括。"宋秦觀《宿金山》詩："我來仍值風日好，十月未寒如晚秋。"金党懷英《月上海棠（用前人韻）》詞："冷香霏煙雨、晚秋意。"明邊貢《和蔣儒士韻題便面》詩："江樹青山歇晚秋，草堂幽僻對寒流。"清朱中楣《晚秋懷里》詩："水明天一色，鴉帶晚霜飛。"

## 秋老虎

秋季該凉不凉，反而如夏季一般炎熱。在氣象學上是指出伏以後短期回熱至35℃以上的天氣。秋老虎屬立秋後的短期回熱天氣，一般發生在每年陽曆八月至九月之間。其原因是西太平洋副熱帶高壓逐步南移，但有時又向北抬，在此控制下晴朗少雲，日照強烈，氣溫回升。清雷豐《時病論》卷五："爲秋暑，即世俗所稱秋老虎是也。"

## 秋凉

亦作"凉秋"。秋天的凉氣，溫度較低。南朝梁蕭綱《玄圃納凉》詩："螢翻競晚熱，蟲思引秋凉。"唐白居易《雨後秋凉》詩："夜來秋雨後，秋氣颯然新。"宋蘇軾《贈楊耆并引》詩："孤村微雨送秋凉，逆旅愁人怨夜長。"元薩都剌《石林即事》詩其二："蒲扇屏山紫竹牀，嶺南五月似秋凉。"明藍仁《老泉索賦喜

雨》詩：“苦熱真嫌夏日長，片雲今夕作秋涼。”清王文治《笋崖月夜聽徐傅舟彈琴》詩：“夜静水逾淡，秋涼天更遥。”

## 【涼秋】

同“秋涼”。漢樂府《豫章行》：“涼秋八九月，山客持斧斤。”南朝陳阮卓《賦得咏風》詩：“屢惜涼秋扇，常飄清夜琴。”隋盧思道《樂平長公主挽歌》詩：“風入上春朝，月滿涼秋夜。”唐張瑛《望月》詩：“天漢涼秋夜，澄澄一鏡明。”宋强至《山中遇雨》詩：“馬上涼秋雨，隨愁入亂山。”金元好問《山居二首》其二：“簷溜滴殘山院静，碧花紅穗媚涼秋。”明林大欽《聞蟬》詩：“晴蟬號玄葉，已動涼秋悲。”清丁錫庚《贈澄江王芸階先生七絶四首》其二：“坐久渾忘城市鬧，淡煙微雨話涼秋。”

## 【寒秋】

即秋涼，涼而偏寒。宋文天祥《保涿州三詩·涿鹿》詩：“歷歷關河雁，隨風鳴寒秋。”明陸啓浤《次訓黃平立許餘遠歸》詩：“長安大道驅流馬，古戍寒秋斷晚鴻。”清華巗《同徐紫山吳石倉石笋峰看秋色》詩：“蒼幢飄素影，木葉響寒秋。”

## 【秋寒】

即秋涼，涼而偏寒。南北朝湯惠休《秋思引》詩：“秋寒依依風過河，白露蕭蕭洞庭波。”唐唐彦謙《秋晚高樓》詩：“晚蝶飄零驚宿雨，暮鴉凌亂報秋寒。”宋蘇轍《寓居六咏》其一：“叢長憐夏苦，花晚怯秋寒。”明宋濂《濮川八景·化壇楓映》詩：“霜花零落暮秋寒，一醉西風樹葉丹。”清屈大均《喜侃士病癒贈之》詩其二：“莎鷄初在野，最早得秋寒。”

一雨新秋爽，千山細路遥
（元高克恭《方棹吟秋》局部）

## 【秋爽】

猶秋涼，涼而舒爽。唐李中《言志寄劉鈞秀才》詩：“秋爽鼓琴興，月清搜句魂。”宋陸游《游學射觀次壁間詩韵》詩：“傍潭秋爽鋤甘菊，登巘春暄采茯苓。”元陳高《送益上人》詩：“一雨新秋爽，千山細路遥。”明邊貢《過吕梁》詩其二：“澤國新秋爽，玄雲起北溟。”清魏禧《菊答》：“翩然意氣增，春温變秋爽。”

# 冬　季

## 冬

亦稱玄英。一年中的最後一個季節。農曆十月至十二月，自立秋至立冬間。《詩·邶風·谷風》：“我有旨蓄，亦以御冬。”《尸子·仁意》：“冬爲玄英。”先秦宋玉《九辯》：“無衣裘以禦冬兮，恐溘死不得見乎陽春。”先秦屈原《九章·涉江》：“乘鄂渚而反顧兮，欸秋冬之緒風。”漢許慎《説文·仌部》：“冬，四時盡也。”漢《氾勝之書》：“及盛冬耕，泄陰氣，土枯燥，名曰脯田。”《後漢書·張純傳》：“冬者，五穀成熟，物備禮成。”晋郭璞《爾雅疏》：“冬爲玄英者，言冬之氣和則黑而

甲骨文“冬”字

清英也。"《三國志·魏書·武帝紀》:"去冬天降疫癘,民有凋傷,軍興於外,墾田損少,吾甚憂之。"南朝梁周興嗣《千字文》:"寒來暑往,秋收冬藏。"唐王維《贈從弟司庫員外絿》詩:"清冬見遠山,積雪凝蒼翠。"宋孔平仲《寄常父二首》其一:"寒燈一點静相照,風雪打窗冬夜長。"元王惲《同劉勸農彦和葛縣令祐之游蒼谷口四首》其一:"四山遮盡外來風,山崦人家不覺冬。"明劉基《冬暖行》詩:"蝶知愛花爲花出,不知冬暖無多日。"清彭孫貽《題忘憂勁節圖爲吳門袁節母壽》詩:"百卉向冬悴,孤松爲誰留。"

## 【玄英】

即冬。此稱先秦已行用。見該文。

## 【咚】

同"冬"。《改併四聲篇海·日部》引《搜真玉鏡》:"咚,音冬。"《字彙補·日部》:"咚,同冬。"

## 【昗】

同"冬"。《改併四聲篇海·日部》引《奚韵》:"昗,四時之末。"《字彙補·日部》:"昗,與冬同。"

## 【鼕】

同"冬"。《廣韵》:"徒冬切,平冬定。"

## 【終】

引申爲"冬"。清段玉裁《説文解字注》:"《廣韵》云:終,極也,窮也,竟也。其義皆當作冬。冬者,四時盡也。故其引申之義如此。俗分别冬爲四時盡,終爲極也,窮也,竟也,乃使冬失其引申之義,終失其本義矣。而後有𠀤、冬,而後有終。此造字之先後也。其音義則先有終之古文也。"

## 【𠘀】

即冬。《説文長箋·夂部》:"𠘀,古文冬。"《康熙字典》:"𠘀,《字彙補》:古文冬字。見《説文長箋》。"

## 【昘】

同"冬"。《集韵·冬韵》:"冬,古作昘。"

## 【曑】

同"冬"。《字彙補·日部》:"曑,古文冬字。"

## 【𦥑】

同"冬"。《説文·夂部》:"𦥑,古文冬,從日。"

## 【各】

同"冬"。《玉篇·日部》:"各"同"𦥑"。《説文·夂部》:"𦥑,古文冬,從日。"《字彙·日部》:"各,古文冬字。"

## 【冬天】

即冬。《晋書·天文志上》:"冬天陰氣多,陽氣少,陰氣暗冥,掩日之光,雖出猶隱不見,故冬日短也。"唐白居易《香爐峰下新卜山居草堂初成偶題東壁》詩:"南簷納日冬天暖,北户迎風夏月凉。"宋黎靖德編《朱子語類·性理》:"到冬天藏斂,也衹是這底。"元王惲《蘭溪縣女步道中》詩:"記取江南光景異,暖煙晴日是冬天。"明陳謨《泊古羊渡望貂蟬峰有懷諸名勝》詩:"紅蓼水生連夜雨,白茅露冷近冬天。"

## 【冬季】

即冬。《魏書·陳琦傳》:"卦未及成,(奇)乃攪破而嘆曰:吾不度來年冬季。"唐孔穎達《禮記正義·月令》:"立冬之後南游,冬至南游之極,地則升降極上,冬季復正。"明宋應星《天工開物·乃粒》:"其冬季播種,仲夏即收者。"明李時珍《本草綱目·草部》:"冬季無鮮

冬季景色
（宋夏圭《雪堂客話圖》局部）

葉，取幹葉煮成濃汁亦可。"清馬維翰《早發俙浦》詩："寒威凜冬季，木落風凄緊。"

## 【冬節】[1]

即冬。《呂氏春秋》高誘注："冬節白露，故雨汁也。"漢班固《白虎通義·德論》："夏節晝長，冬節夜長。"《史記·五帝本紀》："昂，白虎之中星。亦以七星並見，以正冬節也。"漢曹操《却東西門行》詩："冬節食南稻，春日復北翔。"《後漢書·馬融傳》："方涉冬節，農事閑隙。"明曹學佺《挽徐興公（壬午冬）》詩："老淚可如冬節澗，衹將嗚咽當潺湲。"

## 【玄冬】

冬天；冬季。《漢書·揚雄傳上》："於是玄冬季月，天地隆烈。"顔師古注："北方色黑，故曰玄冬。"唐韓愈《明水賦》："或將祀圓丘於玄冬，或將祭方澤於朱夏。"元馬祖常《移梅四首》其三："玄冬陽已復，仙葩綴疏星。"明劉基《送陳庭學之成都衛照磨任》詩："長夏雪山連太白，玄冬熱海蒸坤維。"清孫枝蔚《與李岸翁潘江如》詩："玄冬縱苦漫漫夜，轉眼須臾斗柄東。"

## 【太陰】

陰陽五行家以爲北方屬水，主冬，太陰爲北方，故指代冬季。三國魏曹植《蟬賦》："盛陽則來，太陰逝兮。"清李長霞《避寇海上》詩其二："清秋諸島氣蕭森，漠漠風煙接太陰。"

## 【冬月】

即冬。《史記·酷吏列傳》："溫舒頓足嘆曰：'嗟乎，令冬月益展一月，足吾事矣。'"《書正義·君牙》："冬月大寒，亦天之常也。"宋劉克莊《冬蚊》詩："南州時令舛，冬月有蚊飛。"《宋史·刑法志》："遇冬月聽留役本處，至春月遣之。"清蔡昶《挽趙孝子》詩："秋風禾黍雲盈隴，冬月梅花雪滿村。"

## 【冰月】

即冬。《晏子春秋·諫下》："景公令兵搏治，當臘冰月之間而寒，民多凍餒，而功不成。"又云："古聖人製衣服也，冬輕而暖，夏輕而清，今金玉之履，冰月服之，是重寒也。"《毛詩正義》卷一七："在母十月而生稷，其生正當冰月，故得棄之冰也。"

## 【深冬】

冬季最冷的月份。元馬端臨《文獻通考·四裔考》："又行三四日，至黑榆林，時七月，寒如深冬。"唐方干《贈美人四首》其四："昔日仙人今玉人，深冬相見亦如春。"宋艾性夫《深冬》詩："無情風雪偏欺老，經亂衣裘不禦寒。"元陳鎰《次韵道元上人歲晚二首》其一："山蹤迷落葉，天氣正深冬。"明陳洪謨《東鄉道中》詩："千山木落深冬景，古戍鴉啼積雪天。"《南平縣志》："尋芳野寺多逢雨，劚筍深冬半破苔。"清魏禧《勺庭示諸生》其二："周庭多雜木，深冬如春榮。"

## 【隆冬】

又稱"窮冬"。即深冬。漢司馬相如《上林

賦》："其南則隆冬生長，踴水躍波。"晋蘇彥《秋夜長》詩："貞松隆冬以擢秀，金菊吐魁以凌霜。"唐韓愈《重雲李觀疾贈之》詩："窮冬百草死，幽桂乃芬芳。"宋楊萬里《初食太原生葡萄時十二月二日》詩："隆冬壓架無人摘，雪打冰封不曾拆。"宋王柏《題墨梅》其四："窮冬天地閉，萬物正彫殘。"金劉從益《和淵明雜詩二首》其一："夏卧北窗風，隆冬曝朝陽。"明宋濂《送東陽馬生序》："當余之從師也，負笈曳屣，行深山巨谷中，窮冬烈風，大雪深數尺。"清沈復《浮生六記·坎坷記愁》："隆冬無裘，挺身而過。"清周馨桂《古詩二首》其二："四海雖窮冬，一室自陽春。"

【窮冬】

即隆冬。此稱唐代已行用。見該文。

【寒冬】

寒冷的冬天。漢蘇武《古詩》之四："寒冬十二月，晨起踐嚴霜。"晋佚名《李陵録別詩二十一首》其七："寒冬十二月，晨起踐嚴霜。"唐韓愈《贈張籍》詩："喜氣排寒冬，逼耳鳴睍睆。"宋嚴羽《行子吟》詩："寒冬劍門道，失路空躊躇。"元鄭思肖《醉鄉十二首》其三："暖骨通仙處，寒冬能幻春。"明馮夢龍《喻世明言·陳希夷四辭朝命》："凡寒冬時令，天氣伏藏，龜蛇之類，皆蟄而不食。"清方以智《從冶父道中還家》詩："作客寒冬冬至節，日夕北風何凜冽。"

【嚴冬】

極冷的冬天。晋應璩《詩》："世人指爲武，誰復勵嚴冬。"北周王褒《和張侍中看獵》詩："嚴冬桑柘慘，寒霜馬騎肥。"唐靈業詩："洞中仙草嚴冬綠，江外靈山臘月青。"宋文同《吳

公惠酒因謝》詩："山城物色正嚴冬，梅放長梢露小紅。"元徐孜《五有吟》詩："四時不改青青色，笑傲霜雪排嚴冬。"明陳謨《清江阻風訪劉起東茅廬中》詩："重話桃源真隔世，獨行客路況嚴冬。"清陳德榮《焦山瘞鶴銘淪入江氾七百年矣家滄洲公捐貲募力士挽出之得五石凡七十一字復還舊觀建亭山院因作長歌以紀其事》詩："嚴冬水落斷碉出，苔衣荇帶相糾纏。"

【三冬】

冬季的三個月份。北齊邢邵《冬日傷志篇》："重以三冬月，愁雲聚復開。"唐楊炯《李舍人山亭詩序》："三冬事隙，五日歸休。"宋張元幹《好事近》詞："三冬蘭若讀書燈，想見太清絶。"元馬鈺《添字醜奴兒》詞："風刀雪箭三冬苦，當恤貧兒。"清顧炎武《寄李生雲霑》詩："歲晚漳河朔雪霏，僕夫持得尺書歸。三冬文史常堆案，一室弦歌自掩扉。"一説，三年。《漢書·東方朔傳》："年十三學書，三冬文史足用。"王先謙補注："案：三冬謂三年，猶言三春三秋耳。《後漢書·皇甫張傳》："三冬二夏，足以破定。"

【九冬】

指冬季共九十日，故稱。《初學記》卷三引《梁元帝纂要》："冬曰玄英，亦曰安寧，亦曰玄冬、三冬、九冬。"南朝梁沈約《夕行聞夜鶴》詩："九冬霜雪苦，六翮飛不任。"唐尚顏《除夜》詩："九冬三十夜，寒與暖分開。"

## 孟冬

冬季的第一個月，農曆十月。《禮記·月令》："孟冬之月，日在尾。"晋佚名《孟冬寒氣至》："孟冬寒氣至，北風何慘栗。"唐元稹《書異》詩："孟冬初寒月，渚澤蒲尚青。"宋張

末《余謫居齊安寓郡東佛舍而制不得逾歲今冬遂移居因遣稆秸料理新居作詩示之》詩："孟冬寒氣至，北風群木衰。"清潘榮陛《帝京歲時紀勝·送寒衣》："十月朔，孟冬時享宗廟，頒憲書，乃國之大典。"

【小陽春】

即孟冬。宋佚名《水調歌頭·壽劉宰母》詞："澤國嫩寒月，天氣小陽春。"明謝肇淛《五雜俎·天部》："十月有陽月之稱，即天地之氣四月多寒而十月多煖，有桃李生華者，俗謂之小陽春。"《紅樓夢》第九四回："如今雖是十一月，因氣節遲，還算十月，應著小陽春的天氣。"

【初冬】

即孟冬。《晋書·王羲之傳》："宜及初冬以行，吾惟恭以待命。"唐王建《初冬旅游》詩："爲客悠悠十月盡，莊頭栽竹已過時。"宋張耒《宮詞效王建五首》其三："昨夜新霜滿玉階，初冬處處火爐開。"清吳偉業《題王石谷虞山楓林圖》詩："初冬景物未蕭條，紅葉青山色尚嬌。"

【上冬】

即孟冬。南北朝謝靈運《游嶺門山》詩："協以上冬月，晨游肆所喜。"南朝宋鮑照《學劉公幹體詩五首》其一："連冰上冬月，披雪拾園葵。"唐徐堅《初學記·歲時部》卷三引南朝梁元帝《纂要》："十月孟冬，亦曰上冬。"《石點頭·王本立天涯求父》："又時值上冬天氣，衣單食缺，夢寐不寧。"清李符《游牛首山長句》詩："主人好事約俱往，上冬日煖同春妍。"

【良月】

即孟冬。冬季的第一個月，農曆十月。《左傳·莊公十六年》："使以十月入，曰：'良月也，就盈數焉。'"按，古人以盈數爲吉，數至十則小盈，故以十月爲良月。農曆十月又爲孟冬，因稱。晋陶潛《和郭主簿》之二："檢素不獲展，厭厭竟良月。"宋歐陽修《延福宮開啓密詞》："寒律正時，適臨於良月。"清安章《祝司馬春塘表兄六十生日四首》其四："良月家家會暖爐，欣逢今旦慶懸弧。"

【陽月】

即孟冬。冬季的第一個月，農曆十月。漢董仲舒《雨雹對》："十月，陰雖用事，而陰不孤立。此月純陰，疑於無陽，故謂之陽月。"漢劉歆《西京雜記》卷一："十月陰雖用事，而陰不孤立。此月純陰疑於無陽，故謂之陽月。"唐宋之問《題大庾嶺北驛》詩："陽月南飛雁，傳聞至此回。"宋劉攽《馮當世生日》其二："陽月方開旦，商行接素秋。"明陶宗儀《開壚日有感是日始見霜》詩："陽月日云初，新霜萬瓦鋪。"清劉大受《江行雜作》詩："深冬未遣放嚴霜，陽月江行似瘴鄉。"

## 仲冬

冬季的第二個月，即農曆十一月。處冬季之中，故稱。《書·堯典》："日短星昴，以正仲冬。"《周禮·地官·司徒》："仲冬，斬陽木；仲夏，斬陰木。"南朝梁蕭衍《撰孔子正言竟述懷》詩："仲冬寒氣嚴，霜風折細柳。"《禮記·月令》："仲冬之月，日在斗，昏東壁中，旦軫中。"《後漢書·宦者傳序》："《月令》：'仲冬命閹尹審門閭，謹房室。'"唐杜甫《野望》詩："金華山北涪水西，仲冬風日始凄凄。"宋葉夢得《懷西山》詩："仲冬景氣肅，碧草猶萋萋。"《水滸傳》第一〇三回："此時是仲冬將近，葉落草枯，星光下看得出路徑。"清王夫之《即事（癸丑）》其二："仲冬微雨息，霜吹卷空晶。"

## 【中冬】

即仲冬。冬季的第二個月，即農曆十一月。《周禮·夏官·大司馬》："中冬，教大閱。"漢董仲舒《春秋繁露》卷一六："陰氣起乎中夏，至中冬而盛，盛極而合乎陽；不盛不合。"《漢書·元帝紀》："〔永光三年〕冬十一月，詔曰：'乃者己丑地動，中冬雨水，大霧，盜賊並起。'"顏師古注："中，讀曰仲。"唐司空圖《旅中重陽》詩："莫道中冬猶有閏，蟬聲纔盡即青春。"宋李綱《與呂安圭提刑書》："先是妙應師預言，其不能過中冬。"元王哲《如夢令》詞："是處巒嚴凝，正遇中冬節至。"明湛若水《過飛來》詩："秋半飛雲西馳，中冬過此題詩。"清汪灝《廣群芳譜》卷三九："扶桑出南涼郡，花深紅色……自五月始，至中冬乃歇，插樹即活。"

## 【辜月】

即仲冬。冬季的第二個月，即農曆十一月。《爾雅·釋天》："十一月為辜。"郝懿行義疏："辜者，故也。十一月陽生，欲革故取新也。"宋趙湘《自題》詩："偶病閑辜月，因吟瘦過秋。"清張鑒瀛《宦鄉要則》卷一："十一月曰葭月、辜月。"清嵇璜等《續文獻通考》卷一〇七："申正四刻，一陽初復於陰極，是謂辜月。"

## 【暢月】

即仲冬。冬季的第二個月，即農曆十一月。《呂氏春秋·仲冬紀》："諸蟄則死，民多疾疫，又隨以喪，命之曰暢月。"又《禮記》鄭玄注："暢，猶充也。"孔穎達疏："言名此月為充實之月，當使萬物充實，不發動故也。"陳澔集說："舊說：暢，充也。言所以不可發洩者，以此月萬物皆充實於內故也。"宋高斯得《時雪應禱周子車和東坡所次柳子玉韻見貽用韻答賦》詩："由來此物貴臘前，況復霏霙當暢月。"元陳傑《冬晴散步》詩："霜曦開暢月，雪蘚動陽林。"

## 【葭月】

亦稱"兼葭月"。即仲冬。因葭草會吐出"綠頭"，故稱葭月。元吳當《潯陽舟中三首》其一："漁歌楚楚兼葭月，樵笛村村躑躅花。"明林瑭《寄故鄉洪塘諸友》詩："今夕復何夕，葭月冷秋霜。"明王微《舟次江滸》詩："兼葭月裏村村杵，蟋蟀聲中處處秋。"

## 【兼葭月】

即葭月。此稱元代已行用。見該文。

# 季冬

指冬季三個月份中的最後月，即農曆十二月。《說文·禾部》："季，少稱也。从子，从稚省，稚亦聲。"《儀禮·士冠禮》："曰伯某甫仲叔季，唯其所當。"注："伯、仲、叔、季，長幼之稱。"《周禮·春官·宗伯》："季冬，陳玉以貞來歲之媺惡。"《禮記·月令》："季冬之月，日在婺女，昏婁中，旦氐中。"漢司馬遷《報任少卿書》："今少卿抱不測之罪，涉旬月，迫季冬。"漢戴德《大戴禮記·盛德》："季冬正法，孟春論吏，治國之要也。"晉劉楨《贈五官中郎將詩四首》其一："四節相推斥，季冬風且涼。"唐丘丹《狀江南·季冬》詞："江南季冬月，紅蟹大如觹。"宋司馬光《投聖俞》詩："九衢季冬月，風沙正慘顇。"金趙秉文《過寧州》詩："季冬落日黃，霜雪原野白。"明危素《越黍日祥文來奉贈一首》詩："季冬天正寒，年歲忽其晚。"清陳恭尹《廣州客舍夜雪歌》詩:"季冬二十日始暝,玄雲四塞天氣凝。"

## 【臘月】

農曆十二月。漢應劭《風俗通義·臘》:"臘者,獵也,言田獵取獸,以祭祀其先祖也。或曰:臘者,接也,新故交接,故大祭以報功也。"又同書云:"陰曆十二月也,以是月臘祭百神,故謂之臘月。"《史記·陳涉世家》:"臘月,陳王之汝陰,還至下城父。"漢樂府《孤兒行》:"臘月來歸,不敢自言苦。"南朝陳江總《梅花落》詩:"臘月正月早驚春,衆花未發梅花新。"唐杜甫《舍弟占歸草堂檢校聊示此詩》:"東林竹影薄,臘月更須栽。"宋王禹偁《拍板謠》:"老狐臘月渡黃河,緩步輕輕踏冰片。"元薩都剌《閩城歲暮》詩:"嶺南春早不見雪,臘月街頭聽賣花。"明邊貢《奉贈儲柴墟太僕閩馬山東二首》其二:"何時相憶不相見,臘月梅花二月鶯。"

## 【蜡月】

周曆十二月。《周禮·地官·黨正》:"國索鬼神而祭祀。"唐賈公彥疏:"黨正行正齒位之禮,在十二月建亥之月爲之,非蜡祭之禮,而此云國索鬼神而祭祀者,以其正齒位禮在蜡月,故言之以爲節耳。"漢揚雄《法言·問道》:"蜡也者,索也。歲十二月,合聚萬物而索饗之也。"

## 【殘冬】

季冬之末。前蜀貫休《寄韓團練》詩:"留我遇殘冬,身心苦恬寂。"宋楊萬里《雪後東園午望》詩:"不道風光虧此老,將何功業答殘冬?"元舒逐《水調歌頭·壽貞素兄》詞:"剛把殘冬留住,先借新春四日,拚醉倚晴酣。"明

岳正《老梅》詩:"好是東君消息近,殘冬先著早春花。"清賴世觀《殘冬夜飲》詩:"樓中盡醉不停杯,冷透幽香雪裏梅。"

## 【嚴月】

即陰曆十二月。即季冬之月。《漢書·李尋傳》:"故古之王者,尊天地,重陰陽,敬四時,嚴月令。順之以善政,則和氣可立。"南朝梁江淹《待罪江南思北歸賦》卷一:"若季冬之嚴月,風搖木而騷屑。"宋顧逢《嚴月潤同飲湖邊》詩:"世間無此樂,我輩即神仙。"清厲荃《事物異名錄·歲時·冬》:"《山堂肆考》:嚴月,季冬之月也。"

## 【除月】

即陰曆十二月。《初學記》卷三引南朝梁元帝《纂要》:"十二月季冬,亦曰暮冬、杪冬、除月、暮節、暮歲、窮稔、窮紀。"前蜀貫休《偶作二首》其一:"除月與鬼神,別未有人知。"宋釋慧暉《偈頌四十一首》其三十五:"除月今朝吉日朝,寒雲斷路輥天橋。"清全祖望《鮚埼亭集》:"江都風俗,於除月二十四日修司命。"

## 【末冬】

季冬之末。晋司馬彪《九州春秋·閻忠》:"今將軍受鉞於暮春,收功於末冬。"《宋書·劉勔傳》:"琰嬰城固守,自始春至於末冬。"唐王冰《重廣補注黃帝內經素問》:"謂末冬之治變。"

## 【嘉平】

即陰曆十二月。《史記·秦始皇本紀》:"三十一年十二月,更名臘曰'嘉平'。"司馬貞索隱:"殷曰嘉平,周曰大臘,亦曰臘。"元方回《留丹陽三日苦寒戲爲短歌》:"自從書云入嘉平,一月曾無三日晴。"

## 【窮節】

即陰曆十二月。晋陶潛《癸卯歲十二月中作與從弟敬遠》詩："高操非所攀，謬得固窮節。"唐李商隱《爲滎陽公謝賜冬衣狀》："一襲天衣，俯回於窮節。"唐李頻《自黔中東歸旅次淮上》詩："半年方中路，窮節到孤舟。"清李長霞《辛酉紀事一百韵》："時序自有常，陽和回窮節。"

## 【星回節】

即陰曆十二月。前蜀佚名《玉溪編事·震旦》："南詔以十二月十六日謂之星回節，日游於避風臺，命清平官賦詩。驃信詩曰：'……伊昔今皇運，艱難仰忠烈。不覺歲云暮，感極星回節。元昶同一心，子孫堪貽厥。'"清沈濤《交翠軒筆記》卷四："哀牢曾有星回節，傳説多因鄧睒妃。"一説，星回節在六月。明楊慎《星回節》詩："年年六月星回節，長在天涯客路中。"另説，星回節爲火把節。參閱明沈德符《萬曆野獲編·風俗·火把節》。

## 【暮冬】

冬末。農曆十二月。南朝宋鮑照《蒜山被始興王命作》詩："暮冬霜朔嚴，地閉泉不流。"南朝齊鮑令暉《題書後寄行人》詩："游用暮冬盡，除春待君還。"《魏書·彭城王勰傳》："歲月易遠，便迫暮冬，每思聞道，奉承風教。"唐徐堅《初學記》卷三引南朝梁元帝《纂要》："十二月季冬，亦曰暮冬。"唐杜甫《晚晴》詩："高唐（一作堂）暮冬雪壯哉，舊瘴無復似塵埃。"宋曾鞏《賞南枝》詞："暮冬天地閉，正柔木凍折，瑞雪飄飛。"《水滸傳》第一一〇回："路上行程，正值暮冬，景物凄凉。"清屈大均《邊詞》其三："暮冬寒凓冽，出口唾成冰。"

## 冬寒

冬季寒冷。晋傅玄《衆星》詩："冬寒地爲裂，春和草木榮。"唐李白《擬古十二首》其一："瓶冰知冬寒，霜露欺遠客。"宋姜特立《秋江柳》詩："春暖和煙重，冬寒帶雪稀。"元馬鈺《憶王孫》詩："麻衣紙襖度冬寒，暖閣紅爐永不堪。"明尹臺《次汶河水部李古容君枉訪因招集池亭有作》詩："鉅野冬寒獨客舟，霜天烏几對長洲。"清姚瑩《觀梅舞劍行贈梅莊士》詩："空山老樹争奇芬，冬寒吐枝如噴銀。"

## 冬暖

亦稱"暖冬"。冬日裏相對温暖的天氣，氣温較高，可使冰融雪化。冬季或有南方較暖空氣侵入，或是連續晴天、静風的天氣，使得氣温升高。先秦屈原《天問》詩："何所冬暖？何所夏寒？"唐鄭谷《借薛尚書集》詩："江天冬暖似花時，上國音塵杳未知。"宋劉放《冬暖》詩："水深鴻雁宿，霜薄鷓鴣飛。"元范梈《寒齋對雨書懷》詩："冬暖久不雪，天分雨破顏。"元趙孟頫《送高仁卿還湖州》詩："江南冬暖花亂發，朔方苦寒氣又偏。"明劉基《冬暖行》詩："蝶知愛花爲花出，不知冬暖無多日。"明陶宗儀《説郛·宜都記》："暖冬則大熱，常有霧氣。"清屈大均《喜白上人至》詩："春寒因有雨，冬暖竟無冰。"

## 【暖冬】

即冬暖。此稱明代已行用。見該文。

## 致人畜死冰凍災

《漢書·五行志》："〔元鼎三年〕三月水冰，四月雨雪，關東十餘郡人相食。"《陳書·殷不害傳》："〔承聖三年〕於時甚寒，冰雪交下，老弱凍死者填滿溝塹。"《宋史·五行志》："〔建炎元年〕正月丁酉，大雪，天寒甚，地冰如鏡，行者不能定立。是月乙卯，車駕在青城，大雪數尺，人多凍死。"弘治《常熟縣志》卷一："〔成化十二年〕冬十二月，大冰，是年寒甚，冰堅，船不行者逾月，雖太湖亦然。夏復潦。"崇禎《吳縣志》卷一一："〔成化十二年〕八月，水。十二月，大冰，船不行者逾月，太湖亦阻凍。"《明史·五行志》："〔景泰四年〕十一月戊辰至明年孟春，山東、河南、浙江、直隸、淮、徐大雪數尺，淮東之海冰四十餘里，人畜凍死萬計。是年，南北畿、河南及湖廣府三數月不雨。"順治《黃梅縣志》卷三："〔嘉靖四十五年〕冬，凍雪三月，破足死者無數。"康熙《大冶縣志》卷九："〔嘉靖四十五年〕積雪，冰柱垂地，行人多僵死。"康熙《翁源縣志》卷一："〔嘉靖十一年〕冬大雨雪，冰厚一尺，畜皆凍死。"乾隆《吳江縣志》卷四〇："〔成化十二年〕八月，大水，冬大雪，大寒，冰厚數尺，河路累月不通。二十一都有黑氣一道，從東北去，次年大疫，人畜死者無算。"乾隆《綏德直隸州志》卷二："〔嘉靖七年〕夏冰。秋霜，八月，饑，人相食。"嘉慶《沅江縣志》卷二二："〔嘉靖四十四年〕大水，南門災。冬，雪冰，旬有五日不解。"

### 致木禾死冰凍災

《舊五代史·五行志》："〔開運三年〕十二月己丑，雨木冰。是月戊戌，霜霧大降，草木皆如冰。"嘉靖《重修如皋縣志》卷六："〔景泰五年〕二月，大冰雪，海邊水亦凍結，草木萎死。又大水，民饑，以免稅糧。"嘉靖《六合縣志》卷二："〔嘉靖十八年〕十二月，雨冰，樹木多折。"嘉靖《皇明天長志》卷七："〔嘉靖十八年〕冬十二月十八日，雨木冰，百木皆折。"嘉靖《象山縣志》卷一三："〔弘治十四年〕十一月，大寒冰凍，草木皆死，百姓饑寒，死者相枕。"嘉靖《靖江縣志》卷四："夏旱。秋潮。冬，雪深三尺，冰堅尺許，橙、橘皆死。詔減租發賑。"萬曆《淮安府志》卷八："〔嘉靖二十七年〕正月八日至十三日，下地凌深尺許，樹木皆冰如結，緋煙霧數日不散。"順治《河南府志》卷三："〔嘉靖十二年〕三月，雨雪，草木結冰，樹果不實，二麥盡傷。"康熙《扶溝縣志》卷四："〔嘉靖七年〕夏不雨，苗盡枯。九月，雨浹旬，禾萎爛。冬，饑，冰堅盈尺，民凍死載道。"康熙《德化縣志》卷一六："〔嘉靖四十四年〕十一月初四日，寒甚，雨灑林木盡冰，人稱罕見。"雍正《欽州志》卷一："〔嘉靖五年〕冬十二月，大雨雪，池水結冰，樹木皆枯，民多凍死。"乾隆《惠民縣志》卷四曰："〔正德二年〕境内雨木冰，樹木枝膚皆裂。"乾隆《直隸通州志》卷二二："〔景泰五年〕正月，大雪，竹木多凍死。二月，復大雪，冰厚三尺，海濱水亦凍結，草木萎死。"嘉慶《蘭溪縣志》卷一八："〔嘉靖四十五年〕冬大霜如雪，菜麥樹木多凍死。"同治《鄞縣志》卷六九："〔正德三年〕六月至十二月，不雨，禾黍無收。冬大雪，河冰不解，草木萎死，民斃凍餒者甚衆。"光緒《川沙廳志》卷一四："〔弘治十四年〕十一月大寒，湖泖冰經月始解，至是，寒與之同，竹柏多槁，橘柚絕種數年，市無鬻者。"

### 致禽魚死冰凍災

《宋史·五行志》："〔政和二年〕十一月，大雨雪，連十餘日不止，平地八尺餘。冰滑，人馬不能行，詔百官乘轎入朝，飛鳥多死。"正德《瑞州府志》卷一一："〔正德八年〕夏秋旱。冬，冰凝寒，鳥獸凍死；十二有十一日，錦江冰合，可勝重載。"嘉靖《韶州府志》卷一〇："〔嘉靖十一年〕冬大雪，冰厚一尺，山木、河魚凍死幾盡。"萬曆《將樂縣志》卷一二："〔嘉靖四十二年〕冬，淫雨三日，溪凍不流，魚僵死。"康熙《霍丘縣志》卷一〇："〔成化六年〕九月二十五日大雪，至次年二月終始霽，道路不通，村落不辨，河冰堅結，禽鳥飛絕。"乾隆《陳州府志》卷三〇："〔嘉靖二十三年〕春正月，雨木冰，飛禽凍羽墜地，民競取之。是年，河決原武，南至陳州，經潁入淮，而故道遂淤。"

## 致河溪止流冰凍災

《宋史·五行志》："〔建隆三年〕春，延、寧二州雪盈尺，溝洫復冰，草木不華。丹州雪二尺，厭次縣隕霜殺桑，民不蠶。"正德《瑞州府志》卷一一："〔正德八年〕夏秋旱。冬，冰凝寒，鳥獸凍死；十二有十一日，錦江冰合，可勝重載。"萬曆《襄陽府志》卷三三："〔正統十四年〕漢水冰。"萬曆《新修餘姚縣志》卷一一："〔弘治十二年〕春不雨。冬大寒，姚江冰合。六月，平地水涌高三四尺。饑。"萬曆《廣西通志》卷四一："〔正德七年〕冬十一月，靈川縣灘江冰合。"萬曆《宜興縣志》卷一〇："〔正德八年〕本年十二月，溪河大冰，數日不解，男婦老幼扶攜負載於冰上者，穩如平地。迨至七日後，亦有因而誤陷於冰者。"萬曆《山西通志》卷二六："〔嘉靖三十六年〕霍州、汾西歲稔，平陸黃河堅冰，自砥柱至潼關數月不解。"崇禎《文安縣志》卷一一："〔正德十年〕七月，河水忽僵，直立凍結爲柱，高圍可五丈，

中空而旁穴。數日，流賊過，鄉民入冰穴中避之，賴以保全者頗多，人謂之河僵偶，亦前史所罕見也。"順治《蘄水縣志》卷一："〔嘉靖四十五年〕九月，陰雪竟月，河流凍合，民多僵斃。"康熙《霍丘縣志》卷一〇："〔成化六年〕九月二十五日大雪，至次年二月終始霽，道路不通，村落不辨，河冰堅結，禽鳥飛絕。"康熙《常州府志》卷三："〔正德八年〕無錫溪河水冰，數日不解，人行冰上如履平地，七日後乃解。"康熙《鍾祥縣志》卷一〇："〔正統十四年〕冬，漢江冰，人履其上。"乾隆《樂安縣志》卷一八："〔正德五年〕冬，濟河冰合百里，厚數尺。"乾隆《盱眙縣志》卷一四："〔嘉靖四十三年〕水。冬寒，淮冰合。"乾隆《荊門州志》卷三四："〔正統十四年〕冬，漢江水冰，人履其上。"嘉慶《郾陽志》卷九："〔正統十四年〕漢水冰。"嘉慶《東臺縣志》卷七："〔正德元年〕正月，河水成冰，皆成樹木花卉形。"同治《續輯漢陽縣志》卷四："〔正德十五年〕冬，江漢冰合。"光緒《周莊鎮志》卷六："〔景泰七年〕冬，河冰盡合。"

## 致湖澤腹堅冰凍災

《禮記·月令》："〔季冬之月〕冰方盛，水澤腹堅，命取冰。"嘉靖《寶應縣志略》卷一："〔正德元年〕春正月元日，湖冰花樹文。"嘉靖《九江府志》卷一："〔正德八年〕冬，彭蠡湖口冰合，可通人行。"明陳洪謨《繼世紀聞》卷四："〔正德七年〕是年冬，京師及河、朔之地溫煖如春，而徐、淮以南風雪特甚，至洞庭水流出冰有至尺厚者。天時地氣，可謂異常矣。"康熙《具區志》卷一四："〔正德八年〕十二月，大寒，太湖冰，行人履冰往來者十餘日。"康熙

《常州府志》卷三："〔正德八年〕十二月，嚴寒，震澤冰，腹堅，成人物形。"康熙《桐鄉縣志》卷二："〔成化十二年〕冬恒寒，水澤腹堅，太湖亦然。"康熙《臨湘縣志》卷一："〔正德八年〕十二月，大雪，湖冰合，人騎可行。"康熙三十五年《廬州府志》卷三："〔嘉靖四十五年〕十二月，大風雪，巢湖冰堅。舒城雪竟月，高數尺餘。"同治《長興縣志》卷九："〔成化十二年〕十二月，太湖冰，舟楫不通者逾月。"光緒《川沙廳志》卷一四："〔正德四年〕冬極寒，黃浦中冰厚二三尺。弘治十四年十一月大寒，湖泖冰經月始解。"

### 致海濱封冰凍災

《舊唐書·穆宗紀》："〔長慶二年〕正月甲寅，青州奏，海凍二百里。"《新唐書·五行志》："〔天復三年〕十二月又大雪，江海冰。"《新唐書·天文志》："〔長慶元年〕二月，海州海水冰，南北二百里，東望無際。"《新唐書·穆宗紀》："〔長慶二年〕海州海冰。"正德《淮安府志》卷一五："〔弘治六年〕自十月至十二月，雨雪連綿，大寒凝海，即唐長慶二年海水冰二百里之類。"萬曆《重修嘉善縣志》卷一二："〔景泰五年〕二月，大雪連四十日，諸港冰結，舟楫不通。入夏大水，漂没田廬。斗米百錢，餓殍相枕，兩税無徵。"雍正《安東縣志》卷一五："〔弘治六年〕冬，大雪六十日，爨葦幾絕，大寒凝海。"乾隆《沂州府志》卷一五："〔景泰四年〕冬十一月，大雪，海凍。"乾隆《直隸通州志》卷二二："〔景泰五年〕正月，大雪，竹木多凍死。二月，復大雪，冰厚三尺，海濱水亦凍結，草木萎死。"民國《阜寧縣新志》卷末："〔弘治六年〕冬，大雪六十日，爨葦幾絕，沿海堅冰，時以爲創聞。"

# 第二節　節氣考

節氣，指二十四時節和氣候，是中國古代訂立的一種用來指導農事的補充曆法。由於地球圍繞太陽公轉，自地表看起來太陽在星空中每一回歸年自西向東運行一周。太陽在星空中移動的路綫稱爲黃道。用黃經表示太陽在黃道上的位置，規定太陽黃經每變十五度叫作一氣。共十二中氣、十二節氣，通稱二十四節氣。我國中原地區在商代已出現了"仲春""仲夏""仲秋""仲冬"等四個節氣名稱，周時期出現了八個節氣名稱。《尚書》中就對節氣有所記述。二十四節氣名稱首見於西漢劉安的《淮南子·天文訓》，《史記·太史公自序》的"論六家要旨"中也提到陰陽、四時、八位、十二度、二十四節氣等概念。公元前 104 年，由鄧平等制定的《太初曆》把二十四節氣定爲曆法之補充。

# 基本概念

## 節氣

指十二或二十四時節和氣候，是中國古代訂立的一種用來指導農事的補充曆法。《黃帝内經·素問》："願聞地理之應六節氣位，何如？"王冰注："天之十二節氣，人之十二經脉。"漢王充《論衡·寒溫》："寒溫天地節氣，非人所爲明矣。"《史記·五帝本紀》："黃帝得著以推筭曆數，於是逆知節氣日辰之將來，故曰推策迎日也。"南朝宋謝靈運《燕歌行》："孟冬初寒節氣成，悲風入閨霜依庭。"宋晦堂師明《續古尊宿語要》："天道運行，節氣頻更。五日爲候，十日爲旬，三十日爲月。"元董真卿《周易會通》："以象天而周其外，則自然有節氣之流行。"清黃宗羲《宋元學案》引《潮贖》："潮之升降大小，應乎節氣。節氣輪轉，潮泛隨之。"《康熙字典》："氣節者，一歲三百六十五日有餘，分爲十二月，有二十四氣，一爲節氣，謂月初也，一爲中氣，謂月半也，以彼迭見之星，叙此月之節氣。"

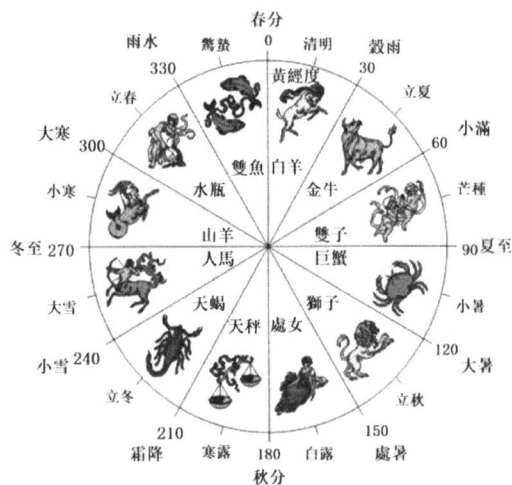

黃經、二十四節氣、星座對應圖

## 【二十四節氣】

我國古代曆法，根據太陽在黃道上的位置，將一年劃分爲二十四節氣。其名稱爲立春、雨水、驚蟄、春分、清明、穀雨、立夏、小滿、芒種、夏至、小暑、大暑、立秋、處暑、白露、秋分、寒露、霜降、立冬、小雪、大雪、冬至、小寒、大寒。二十四節氣表明氣候變化和農事季節，在農業生產上有重要的意義。二十四節氣最初是由西漢劉安等總結出的，記載在《淮南子》一書中。《史記·太史公自序》："夫陰陽四時、八位、十二度、二十四節各有教令。"元陳櫟《定宇集》卷七："曆法則誠巧矣，除四卦分二十四節氣，餘六十卦多得六日七分。"明章潢《圖書編》卷二二："四時二十四節氣乃一歲之周而復始也。"清趙翼《陔餘叢考·二十四節氣名》："二十四節氣名，其全見於《淮南子·天文》篇及《漢書·曆志》。三代以上，《堯典》但有二分二至，其餘多不經見，惟《汲塚周書·時訓解》始有二十四節名。其序云：'周公辨二十四氣之應，以順天時，作《時訓解》。'則其名蓋定於周公。"清秦蕙田《五禮通考》："若夫二十四節氣，太陽躔度盡依歲差之度而移。"清《御定月令輯要》卷二："天道周歲而有二十四節氣。"

## 候

二十四節氣之後，又把節氣細化爲候，是我國農曆中的更小的曆法單位。最早，從立春開始以五天爲一候，一年共有七十二候（最後一候爲六天或七天），是一種簡單的平候（類似平氣）。《黃帝内經·素問·六節藏象論》："五日謂之候，三候謂之氣，六氣謂之時，四時謂之歲。”一候，中醫理論中指内氣在體内運行一周。這裏的候指天地日月交合所用之氣候。其也是農曆計算時節的單位，五日爲一候。

## 【七十二候】

我國古代用來指導農事活動的曆法補充。它是根據黄河流域的地理、氣候和自然界的一些景象編寫而成的，以五日爲候，三候爲氣，六氣爲時，四時爲歲，一年二十四節氣七十二候。各候均以一個物候現象相應。七十二候之説，最初見於《逸周書》、《吕氏春秋》十二紀，漢儒列於《禮記·月令》，又見於《淮南子·時則訓》，《魏書》始入《律曆志》。但各書所舉月令物候互有出入，即唐王冰注《素問》所引《吕氏春秋》七十二候，亦與今本《吕氏春秋》及曆中所載不同。唐柳宗元《柳河東集》卷三：“《吕氏春秋》十二紀，漢儒論以爲《月令》，措諸《禮》以爲大法焉。其言有十二月七十有二候。”宋李昉等《太平御覽·時序部》：“昔在周公作時訓，定二十四氣，辨七十二候，每候相去各五日。”明吕坤《呻吟語》卷四：“觀七十二候者，謂物知時，非也，乃時變物耳。”清曹仁虎《七十二候考》：“北魏始以七十二候頒爲時令。”清張鉉《大六壬説約》卷下：“候首爲用，應在五日之内，候首一候之首神也，五日爲一候，一節一氣各三候，一月六候，一年七十二候，即月令也。”參閲清李調元《月令氣候圖説》。

## 物候

指動植物及其生存的自然環境長期適應温度條件的周期性變化，形成與此相適應的生長發育節律，這種萬物應節候而异的規律性自然現象稱爲“物候”。例如，植物的冬芽萌動、抽葉、開花、結實、落葉，動物的蟄眠、復蘇、始鳴、交配、繁育、换毛、遷徙等，以及非生物現象如始霜、始雪、結凍、解凍等。泛指時令。南朝梁簡文帝《晚春賦》：“嗟時序之回幹，嘆物候之推移。”隋王胄《雨晴》詩：“初晴物候凉，夕景照山莊。”唐劉商《賦得月下聞蛩送别》詩：“物候改秋節，炎凉此夕分。”宋賀鑄《游靈壁蘭皋園》詩：“閏年物候遲，前日已聞雷。”元元吉《自葫蘆河至居庸關》詩：“物候秋冬交，土風夷夏隔。”明徐賁《入谷不聞鶯》詩：“幽谷物候遲，黄鳥未弄音。”清方希孟《三鋪》詩：“人家鷄犬繁無異，物候瓜蘆熟不差。”

## 【候應】

亦稱“應候”。猶物候。包括動物候應、植物候應和自然現象候應。後來它和二十四節氣相結合，便去掉一候就成了從立春開始的七十二候，即“一（節）氣管三候”，成爲節氣的細化單位，這樣平氣對應平候，以定氣對應的平候爲半定候。古代曆法家劉焯提出了定候，用現在的話説就是在黄道上每隔黄經五度就是一候，而不一定是五天了。我國現行農曆使用定氣和定候。以上各種候雖然不一定都是五天，但“候”作爲時間單位就是五天。候是節氣的必要補充，它和二十四節氣一起構成了我國農曆中陽曆成分，是我國農曆中的特殊的太陽曆系統。《吕氏春秋》：“寒蟬得寒氣，故翼而鳴時，候應也。”王充校釋：“寒蟬，得寒氣鼓翼而鳴，時候應也。”晋陸雲《寒蟬賦》序：“處不巢居，則其儉也；應候守節，則其信也。”唐李商隱《爲滎陽公進賀冬銀乳白身狀》：“黄鍾應候，白

琩舒和。"宋劉温舒《素問入式運氣論奧》:"常
五日一候應之,故三候成一氣,即十五日也。"
明俞安期《望海》詩:"日日潮來長應候,似
應西答百川朝。"清王士禛《居易録談》卷中:

"及二三月,衆花應候而發,而冬花已憔悴。"

**【應候】**

即候應。此稱晋代已行用。見該文。

# 節　氣

## 立春

　　二十四節氣中的第一個節氣,也是春季的
第一個節氣。立春期間,氣温、日照、降雨,
開始趨於上升、增多。我國古代將立春分爲三
候:一候是東風解凍,意謂東風送暖,大地開
始解凍;二候是蟄蟲始振,意謂蟄居的蟲類慢
慢在洞中蘇醒;三候是魚陟負冰,意謂河裏的
冰開始融化,魚開始到水面上游動,此時水面
上還有没完全融解的碎冰片,如同被魚負着一
般。立春節氣是從天文黄道上來劃分的。立春
太陽位於黄經三百一十五度,陽曆2月3日至
5日交節。立春時節,嚴冬已過,隨着太陽直
射點自南回歸綫向北移動,北半球熱量開始增
加,春天開始。《逸周書·時訓》:"立春之日,
東風解凍;又五日,蟄蟲始振;又五日,魚上
冰。"先秦卜子夏《子夏易傳·子夏易學初探》:
"立春以後,雷動於下,東風勁吹,萬物蠢蠢而
動。"《吕氏春秋·孟春紀》:"先立春三日,太
史謁之天子曰:'某日立春,盛德在木。'天子
乃齋。立春之日,天子親率三公九卿諸侯大夫,
以迎春於東郊。還乃賞卿諸侯大夫於朝。命相
布德和令,行慶施惠,下及兆民。"《禮記·月
令》:"是月也,以立春。先立春三日,大史謁
之天子曰:'某日立春,盛德在木。'"《史記·天
官書》:"立春日,四時之始也。"司馬貞索隱:

"謂立春日是去年四時之終卒,今年之始也。"
漢氾勝之《氾勝之書》:"立春後,土塊散,上
没橛,陳根可拔。"南朝梁宗懔《荆楚歲時記》:
"立春之日,悉剪綵爲鷰戴之,帖'宜春'二
字。"南朝陳陳叔寶《立春日泛舟玄圃各賦一字
六韵成篇》:"春光反禁苑,暖日煖源桃。"《魏
書·律曆志》:"立春,鷄始乳,東風解凍,蟄
蟲始振。"唐元稹《咏廿四氣詩·立春正月節》
詩:"春冬移律吕,天地换星霜。冰泮游魚躍,
和風待柳芳。早梅迎雨水,殘雪怯朝陽。萬物
含新意,同歡聖日長。"宋强至《立春輦下作》
詩:"雪意徘徊收臘尾,風光迤邐上花梢。"又
其《立春》:"宿凍歸何處,池塘漲暖波。"元
張翥《次福青宏路站州守林清源邀飲治所》詩:

古人立春時的生活場景
(清姚文瀚《歲朝歡慶圖》局部)

"繞郭好山橫野碧，緣溪芳樹立春紅。"元王冕《立春八日》："春雨洗殘雪，春風輕布衣。"清王邦畿《人日社集》其一："今年逢閏立春遲，人日梅花尚在枝。"

## 雨水 [2]

雨水和穀雨、小雪、大雪一樣，都是反映降水現象的節氣。是二十四節氣中的第二個節氣，也是春季的第二個節氣。此時，氣溫回升、冰雪融化、降水增多，故取名爲雨水。我國古代將雨水分爲三候：一候獺祭魚，意謂水獺開始捕魚了，將魚擺在岸邊如同先祭後食的樣子；二候鴻雁來，意謂雨水五天過後，大雁開始從南方飛回北方；三候草木萌動，意謂雨水十日後，草木隨地中陽氣的上騰而開始抽出嫩芽。雨水節氣是從天文黃道上來劃分的。雨水太陽位於黃經三百三十度，陽曆 2 月 18 日至 20 日交節。雨水時節，太陽直射點不斷向北移動，北半球所得熱量逐漸增多，大地冰雪融化，降水亦隨之增加。《逸周書·時訓》："雨水之日獺祭魚。"《禮記·月令》："〔仲春之月〕始雨水，桃始華。"鄭玄注："漢始以雨水爲二月節。"《魏書·律曆志》："雨水，魚上冰，獺祭魚，鴻雁來。"唐元稹《咏廿四氣詩·雨水正月中》："雨水洗春容，平田已見龍。"宋劉辰翁《減字木蘭花·無燈可看》詞："無燈可看，雨水從教正月半，探繭推盤，探得千秋字字看。"元吳澄《月令七十二候集解》："正月中，天一生水。春始屬木，然生木者必水也，故立春後繼之雨水。且東風既解凍，則散而爲雨矣。"明邵寶《寄莫如山》詩："節臨雨水初飛雪，路阻山泉未試茶。"

## 驚蟄

亦稱"啓蟄"。是二十四節氣中春季的第三個節氣。此前，昆蟲入冬藏伏土中，不飲不食，稱爲"蟄"；到了"驚蟄節"，漸有春雷，驚醒蟄居的昆蟲，天氣轉暖，中國大部分地區進入春耕時節。我國古人劃分驚蟄三候爲：一候桃始華，意謂月桃花始開，桃之夭夭，灼灼其華；二候倉庚鳴，指的是驚蟄後五日，黃鸝（即倉庚）最早感受到春陽之氣，嚶其鳴，求其友；三候鷹化爲鳩，意謂雨驚蟄水十日後，鷹化爲鳩。鷹，鷙鳥也，鳩，即今之布穀。即如《章龜經》所說："仲春之時，林木茂盛，口啄尚柔，不能捕鳥，瞪目忍饑如癡而化，故名曰鳲鳩。此言鷹化爲鳩，春時也。以生育肅殺氣盛，故鷙鳥感之而變耳。"驚蟄節氣是從天文黃道上來劃分的。驚蟄太陽位於黃經三百四十五度，陽曆 3 月 5 日至 7 日交節。驚蟄時節，冬季風進一步轉弱，低溫和氣溫回暖，促使萬物生長，亦促使食物鏈中的各個生命環節開始運行（包括傳播花粉的昆蟲類）。《逸周書·周月》："春三月，中氣，驚蟄、春分、清明。"《魏書·律曆志》："驚蟄，始雨水，桃始華，倉庚鳴。"唐韋應物《觀田家》："微雨衆卉新，一雷驚蟄始。田家幾日閑，耕種從此起。"宋范成大《秦樓月》詞："浮雲集，輕雷隱隱初驚蟄。初驚蟄，鵓鳩鳴怒，綠楊風急。"金元好問《春雷起蟄》詩："待得春雷驚蟄起，此中應有葛陂龍。"元吳澄《月令七十二候集解》："二月節……萬物出乎震，震爲雷，故曰驚蟄，是蟄蟲驚而出走矣。"明王鏊《紀大雪》詩："連陰二月中，節候過驚蟄。"

## 春分

二十四節氣中春季的第四個節氣，也是春季九十天的中分點。我國古代將春分分爲三候：一候玄鳥至，意謂春分日後，燕子（玄鳥）便從南方飛來了；二候雷乃發聲，意謂春分五日後，下雨時天空便開始打雷；三候始電，意謂春分十日後，下雨時天空便開始打雷并發出閃電（暗含雷鳴電閃比二候時更強烈或更常見）。春分節氣是從天文黄道上來劃分的。春分太陽位於黄經零度，陽曆 3 月 20 日至 22 日交節。春分時節，太陽直射赤道，太陽輻射南北半球平分，隨着太陽直射點開始移向北半球，北半球天氣將進一步轉暖。漢董仲舒《春秋繁露・陰陽出入上下篇》："春分者，陰陽相半也，故晝夜均而寒暑平。"南朝梁宗懍《荆楚歲時記》："春分日，民並種戒火草於屋上。有鳥如烏，先雞而鳴，架架格格，民候此鳥則入田，以爲候。"《魏書・律曆志》："春分，鷹化鳩，玄鳥至，雷始發聲。"北周庾信《燕歌行》："春分燕來能幾日，二月蠶眠不復久。"唐元稹《咏廿四氣詩・春分二月中》："二氣莫交争，春分雨處行。"宋徐鉉《春分日》："仲春初四日，春色正中分。"元吴澄《月令七十二候集解》："二月中，分者半也，此當九十日之半，故謂之分。"元王懋德《寄户部楊友直》詩："柳繞柴扉水繞村，黄鸝初轉已春分。"明王鏊《紀大雪》詩："春分晴復雨，雨後雪仍積。"清尤侗《江城子・春思》："花朝去了又春分。草如茵，柳煙新。"

## 清明 [2]

二十四節氣中的第五個節氣，也是春季的第五個節氣。清明一到，氣温升高，天氣清新明净，正是春耕的大好時節，故有"清明前後，種瓜點豆"之説。我國古代將清明分爲三候：一候桐始華，意謂在這個時節白桐花開放；二候田鼠化爲鴽，意謂清明五日後，喜陰的田鼠不見了，全回到了地下的洞中；三候虹始見，意謂清明十日後，雨後的天空可以見到彩虹了。清明節氣是從天文黄道上來劃分的。清明太陽位於黄經十五度，陽曆 4 月 4 日至 6 日交節。清明時節，太陽直射北半球，天氣將進一步轉暖，大氣對流加強，降水明顯增多。漢王逸《九思・傷時》："惟昊天兮昭靈，陽氣發兮清明。"《逸周書・周月》："春三月中氣，驚蟄，春分，清明。"朱右曾校釋引孔穎達曰："清明，謂物生清净明潔。"《魏書・律曆志》："清明，電始見，蟄蟲咸動，蟄蟲啓户。"南朝宋謝靈運《入東道路》："屬值清明節，榮華感和韶。"唐杜牧《清明》："清明時節雨紛紛，路上行人欲斷魂。"宋范成大《清明日狸渡道中》詩："灑灑沾巾雨，披披側帽風。花燃山色裏，柳卧水聲中。"明徐元《八義記・宣子勸農》："節屆寒

清明蕩秋千、祭祖、蹴鞠、放風箏等習俗
（清陳枚《月曼清游圖》局部）

食清明。清明，西郊外步踏紅青。"清張實居
《清明》詩："人在四圍山翠裏，斜風細雨度清
明。"

## 穀雨

　　二十四節氣的第六個節氣，也是春季最後
一個節氣。穀雨和雨水、小雪、大雪一樣，都
是反映降水現象的節氣。穀雨之名源自古人
"雨生百穀"之説。同時也是北方播種移苗、種
瓜點豆的最佳時節。《古謠諺》卷三七："清明
斷雪，穀雨斷霜。"穀雨節氣的到來意味着寒潮
天氣基本結束，氣溫回升加快，大大有利於穀
類農作物的生長。中國古代將穀雨分爲三候：
一候萍始生，意謂穀雨後降雨量增多，浮萍開
始生長；二候穀雨五日後鳴鳩拂其羽，意謂布
穀鳥便開始提醒人們播種了；三候爲穀雨十日
後戴勝降於桑，意謂桑樹上開始見到戴勝鳥了。
穀雨節氣是從天文黄道上來劃分的。穀雨太陽
位於黄經三十度，陽曆4月19至21日交節。
穀雨時節，太陽直射點在赤道與北回歸綫中間，
氣溫進一步升高，大氣對流加强，夏季風勢力
亦進一步增强。《逸周書·周月》："春三月中氣：
雨水、春分、穀雨。"《魏書·律曆志》："穀雨，
桐始花，田鼠爲駕，虹始見。"唐元稹《咏廿四
氣詩·穀雨三月中》詩："穀雨春光曉，山川黛
色青。"宋陳允平《酬同志》詩："穀雨春江暮，
茶煙曉寺晴。"元李瓚《戴勝行》："兹禽一鳴穀
雨至，農人聞之興未粗，盋成繅絲秧及蒔。"明
錢謙貞《清明後晚出北城至頂山寺登白龍廟作》
詩："社鼓冬冬催穀雨，炊煙續續過清明。"清
尤侗《一叢花·游朱氏園亭》詞："池邊指點平
安竹，穀雨近、芍藥抽芽。"

## 立夏

　　農曆二十四節氣中的第七個節氣，也是
夏季的第一個節氣。人們習慣上都把立夏當
作是溫度明顯升高，炎暑將臨，雷雨增多，
萬物至此皆長大，農作物進入旺季生長的一
個重要節氣。中國古代將立夏分爲三候：一
候螻蟈鳴，意謂立夏後可聽到螻蛄（一説是
青蛙）在田間的叫聲；二候蚯蚓出，意謂立
夏五日後大地上便可看到蚯蚓掘土；三候王
瓜生，意謂立夏十日後王瓜（華北特産的藥
用爬藤植物）的蔓藤開始快速攀爬生長。立
夏節氣是從天文黄道上來劃分的。立夏太陽
位於黄經四十五度，陽曆5月5日至7日
交節。立夏時節，太陽直射點更接近北回歸
綫，炎暑將臨，大氣對流加强，雷雨增多。
夏季風勢力亦進一步增强。《吕氏春秋·孟夏

穀雨斷霜，雨生百穀
（元程棨《摹樓璹耕作圖》局部）

立夏之后，旱澇皆有，田間排水灌溉作業忙

紀》：“是月也，以立夏。先立夏三日。”《管子·乘馬》：“分春曰書比，立夏曰月程，秋曰大稽。”《逸周書·時訊解》：“立夏之日，螻蟈鳴。又五日，蚯蚓出。又五日，王瓜生。”《淮南子·時則訓》：“立夏之日，天子親率三公、九卿、大夫以迎歲於南郊。”《魏書·律曆志》：“立夏，萍始生，戴勝降於桑，螻蟈鳴。”唐韋應物《立夏日憶京師諸弟》：“改序念芳辰，煩襟倦日永。夏木已成陰，公門晝恒静。長風始飄閣，疊雲纔吐嶺。坐想離居人，還當惜徂景。”宋陸游《立夏》詩：“泥新巢燕鬧，花盡蜜蜂稀。”元吳澄《月令七十二候集解》：“立夏，四月節。立字解見春。夏，假也。物至此時皆假大也。”明宋應星《天工開物·乃粒》：“六月方栽者，其秧立夏播種，撒藏高畝之上，以待時也。”清陳廷敬《贈湯潛庵司空》詩：“立夏氣始至，晝日昏昏然。”

## 小滿

農曆二十四節氣中的第八個節氣，也是夏季的第二個節氣。這時北方地區麥類等夏熟作物籽粒已開始飽滿，但還沒有成熟，約相當乳熟後期，所以叫小滿。南方地區的農諺賦予小滿以新的寓意：“小滿不滿，乾斷田坎。”

小滿，作物籽粒已開始飽滿，但還沒有成熟

又《古謠諺》卷二五：“小滿不滿，芒種不管。”“滿”用來形容雨水的盈缺，小滿時田裏如果蓄不滿水，就可能造成田坎乾裂，甚至芒種時也無法栽插水稻。中國古代將小滿分爲三候：一候苦菜秀，意謂小滿時苦菜已經枝葉繁茂；二候靡草死，意謂小滿五日後喜陰的一些枝條細軟的草類在强烈的陽光下開始枯死；三候麥秋至，意謂小滿十日後麥子已近成熟。小滿太陽位於黃經六十度時爲小滿，日期在每年陽曆5月20日到22日之間。小滿時節，太陽直射點進一步接近北回歸綫，北半球氣溫進一步升高，大氣對流加强，夏季風勢力亦進一步增强。《漢書·律曆志》詩：“中井初，小滿。於夏爲四月，商爲五月，周爲六月。”《魏書·律曆志》：“小滿，蚯蚓出，王瓜生，苦菜秀。”唐元稹《咏廿四氣詩·小滿四月中》：“小滿氣全時，如何靡草衰。田家私黍稷，方伯問蠶絲。杏麥修鐮釤，鉏（芸）豎棘籬。向來看苦菜，獨秀也何爲？”宋馬永卿《懶真子》卷二：“小滿，四月中，謂麥之氣至此方小滿而未熟也。”宋邵定翁《繰車》詩：“汝家蠶遲猶未箔，小滿已過棗花落。”元吳澄《月令七十二候集解》：“四月中，小滿者，物致於此小得盈滿。”清尤侗《賀新郎·端午和劉潛甫韵》詞：“小滿吳蠶吐，乍陰晴、春紅消歇，黃梅迎暑。”

## 芒種

農曆二十四節氣中的第九個節氣，也是夏季的第三個節氣。芒種的“芒”字，是指麥類等有芒植物的收穫，芒種的“種”字，是指穀黍類作物播種的節令。“芒種”二字諧音，表明一切作物都在“忙種”了。“芒種”到來預示着農民開始了忙碌的田間生活。芒種時節雨量充沛，濕度增大，氣溫顯著升高。中國古代將芒種分爲三候：一候螳螂生。螳螂於上一年深秋産卵，到芒種時節，感受到陰濕之氣初生而破殼生出小螳螂。二候鵙始鳴。鵙是指伯勞鳥，是一種小型猛禽。芒種五日後喜陰濕的伯勞鳥開始在枝頭出現，并且感陰而鳴。三候反舌無聲。反舌是一種能够學習其他鳥鳴叫的鳥，芒種十日後它却因感應到了陰濕之氣的增大而停止了鳴叫。一說，指稻、麥之類有芒刺的穀物。《周禮·地官·稻人》："澤草所生，種之芒種。"鄭玄注："澤草之所生，其地可種芒種。芒種，稻麥也。"芒種是從天文上來劃分的。太陽到達黃經七十五度時爲小滿，日期在每年陽曆 6 月 5 日至 7 日。芒種時節，太陽直射點接近北回歸綫，北半球氣溫進一步升高，大氣對流加强，夏季風勢力亦進一步增强。《逸周書·時訓》："芒種之日，螳螂生。"《魏書·律曆志》："芒種，靡草死，小暑至，螳螂生。"唐竇常《北固晚眺》詩："水國芒種後，梅天風雨凉。"宋陸游《時雨》詩："時雨及芒種，四野皆插秧。"宋馬永卿《嬾真子》："所謂芒種五月節者，謂麥至是而始可收，稻過是而不可種。"元吳澄《月令七十二候集解》："五月節，謂有

芒種，北方麥類等有芒植物開始收穫，大秋作物開始種植

芒之種穀可稼種矣。"明樊阜《田間雜咏六首》之六："節序届芒種，何人得幽閑。"清洪亮吉《伊犁記事》詩："芒種纔過雪不霽，伊黎河外草初肥。"

## 夏至

亦作"夏致"。亦稱"夏節""夏至節"。農曆二十四節氣中的第十個節氣，也是夏季的第四個節氣。中國古代將夏至分爲三候。一候鹿角解。古人認爲，麋與鹿雖屬同科，但二者一屬陰一屬陽。鹿的角朝前生，所以屬陽。夏至日陰濕之氣生而陽氣始衰，所以陽性的鹿角便開始脱落。而麋因屬陰，所以在冬至日角纔脱落。二候蟬始鳴。雄性的知了在夏至五日後因感陰濕之氣而鼓腹而鳴。三候半夏生。半夏，藥名，是一種喜陰的藥草，因在仲夏的沼澤地或水田中出生而得名。夏至節氣是從天文黃道上來劃分的。太陽運行至黃經九十度時爲夏至交節點，一般在陽曆 6 月 21 日至 22 日交節。夏至這天，太陽直射北回歸綫，是北半球各地全年白晝最長的一天，對於北回歸綫及其以北的地區來説，夏至日也是一年中正午太陽高度最高的一天。夏至過後，太陽直射點逐漸向南移動，北半球白晝開始逐漸變短。對於北回歸綫及其以北的地區，夏至日過後，正午太陽高度也開始逐日降低。北半球氣溫進一步升高，大氣對流加强，夏季風勢力亦開始影響至中國廣大地區。《周禮·春官·馮相氏》："冬夏致日。"漢鄭玄注："夏至，日在東井，景尺五寸。"《逸周書·時訓》："夏至之日，鹿角解；又五日，蜩始鳴。"漢《氾勝之書》："夏至，天氣始暑，陰氣始盛，土復解。夏至後九十日，晝夜分，天地氣和。"三國魏曹丕《夏日》詩："從朝至

日夕，安知夏節長。”北魏酈道元《水經注·江水》：“縣有官橘、官荔枝園，夏至則熟。”《魏書·律曆志》：“夏至，鵙始鳴，反舌無聲，鹿角解。”唐韋應物《夏至避暑北池》詩：“晝晷已云極，宵漏自此長。”唐元稹《咏廿四氣詩·夏至五月中》詩：“處處聞蟬響，須知五月中。”宋王欽若《册府元龜》卷四七：“伏以華陽公主輟朝又當夏至節。”宋陳與義《夏至日與太學同舍會葆真二首》之二：“林密知夏深，仰看天離離。”明張寧《王漢昭招予社友輩賞雪即席紀事》詩：“蚊蠅振時聲，雷電迷夏節。”清弘曆《雩祭禮成述事》詩：“夏節雖遲日，春膏已過期。”

## 【夏致】

同“夏至”。此體先秦時期已行用。見該文。

## 【夏節】

即夏至。此稱三國時期已行用。見該文。

## 【夏至節】

即梅雨。此稱宋代已行用。見該文。

## 【長至】[1]

即夏至。《禮記·月令》：“〔仲夏之月〕是月也，日長至，陰陽爭，死生分。”唐孔穎達正義：“長至者，謂此月之時，日長之至極。大史漏刻，夏至晝漏六十五刻，夜漏三十五刻，是‘日長至’也。”南朝梁蕭子雲《相和六引·徵引》：“朱明在離，日長至，候氣而動徵爲事，六樂成從之備。”

## 小暑

農曆二十四節氣中的第十一個節氣，也是夏季的第五個節氣。暑，表示炎熱的意思，小暑爲小熱，但緊接着就是一年中最熱的季節大暑，民間有“小暑大暑，上蒸下煮”之説。這時江淮流域梅雨即將結束，盛夏開始，氣溫升高，并進入伏旱期；而華北、東北地區進入多雨季節，熱帶氣旋活動頻繁，登陸我國的熱帶氣旋開始增多。全國的農作物都進入了茁壯成長階段。中國古代將小暑分爲三候：一候溫風至，意謂小暑日後，大地上便不再有一絲涼風，而是所有的風中都帶着熱浪；二候蟋蟀居宇，意謂小暑五日後，由於炎熱，蟋蟀離開了田野，到庭院的墙角下以避暑熱；三候鷹始鷙，意謂小暑十日後，老鷹因地面氣溫太高而在清涼的高空中活動。小暑節氣是從天文黄道上來劃分的。太陽到達黄經一百零五度，於陽曆7月6日至8日交節。小暑太陽直射點已經從北回歸綫向南移動，但北半球吸收太陽輻射的熱量仍持續增多。太平洋副熱帶高壓持續增强并逐漸控制江淮及長江以南地區，伏旱將至。南方地區小暑時平均氣溫爲26℃，已是盛夏。各地空氣對流旺盛，進入雷暴最多的季節，常伴隨着大風、暴雨。北周庾信《周五聲調曲·羽調曲》之三：“涼風迎時北狩，小暑戒節南巡。”《魏書·律曆志》：“小暑，蟬始鳴，半夏生，木槿榮。”唐獨孤及《答李滁州題庭前石竹花見寄》詩：“不怕南風熱，能迎小暑開。”宋方回《夜望》詩：“夕陽已下月初生，小暑纔交雨漸晴。”元吴澄《月令七十二候集解》：“六月節……暑，熱也，就熱之中分爲大小，月初爲小，月中爲大，今則熱氣猶小也。”清朱彝尊《牽牛花十二韵》詩：“雨氣西山黯未開，更聞小暑一聲雷。”

## 大暑

大暑節氣正值“三伏天”裏的“中伏”前後，是一年中氣溫最高最熱，農作物生長最快的時期。中國古代將大暑分爲三候。一候腐草爲螢。世上螢火蟲有兩千多種，分水生與陸生兩種，陸生的螢火蟲產卵於枯草上，大暑時，螢火蟲卵化而出，所以古人認爲螢火蟲是腐草變成的。二候土潤溽暑，意謂大暑五日後天氣開始變得悶熱，土地也很潮濕。三候大雨時行，意謂大暑十日後時常有大的雷雨出現，大雨使暑溫減弱，天氣開始向立秋過渡。大暑節氣是從天文黃道上來劃分的。是農曆二十四節氣中的第十二個節氣，也是夏季的第六個節氣。太陽黃經爲一百二十度，陽曆 7 月 22 至 24 日交節。大暑太陽直射點雖然自北回歸綫向南移動，但北半球吸收太陽輻射的熱量仍持續增多。太平洋副熱帶高壓持續增强并控制江淮及長江以南地區，伏旱已至，天氣最爲炎熱。這個時期氣溫最高，農作物生長最快，同時，很多地區的旱、澇、風災等各種氣象災害也最爲頻繁。《魏書·律曆志》："大暑，溫風至，蟋蟀居壁，鷹乃學習。"唐杜甫《毒熱寄簡崔評事十六弟》詩："大暑運金氣，荆揚不知秋。"宋方回《乙未六月大暑》詩："平分天四序，最苦是炎蒸。"宋曾幾《大暑》詩："赤日幾時過，清風無處尋。"元吳澄《月令七十二候集解》："大暑，六月中。暑，熱也，就熱之中分爲大小，月初爲小，月中爲大，今則熱氣猶大也。"又同書云："斗指丙爲大暑，斯時天氣甚烈於小暑，故名曰大暑。"明袁應文《度關行》詩："古來大暑比酷吏，安得甘霖一夕至。"

## 立秋

農曆二十四節氣中的第十三個節氣，也是秋天的第一個節氣。標志着孟秋時節正式開始："秋"就是指暑去凉來。從這一天起秋天開始，氣溫由最熱逐漸下降。中國古代將立秋分爲三候。一候凉風至。西方淒冷之風曰凉風。颶風時人們會感覺到凉爽，此時的風已不同於暑天的熱風。二候白露生。大雨之後，清凉風來。而天氣下降茫茫而白者，尚未凝露，故曰白露生，示秋金之白色也。三候寒蟬鳴。秋天感陰而鳴的寒蟬也叫個不停。立秋後雖然一時暑氣難消，有"秋老虎"的餘威，但總的趨勢是天氣逐漸凉爽；也表示草木開始結果孕子，收穫季節到了。立秋節氣是從天文黃道上來劃分的。立秋時，北斗指向西南。太陽黃經爲一百三十五度，於陽曆 8 月 7 至 9 日交節。在立秋節氣期間，太陽從巨蟹座運行到獅子座（黃經一百三十五度）。夜晚觀天時能看到北斗星的斗柄指向地支"申"（西南）的方嚮。立秋之時太陽處在赤緯 +16º19′，比起夏至的 +23º26′已經向南偏了不少。《逸周書·時訓》："立秋之日，凉風至；又五日，白露降；又五日，寒蟬鳴。"《禮記·月令》："立秋之日，天子親帥三公、九卿、諸侯、大夫，以迎秋於西郊。還反，賞軍帥、武人於朝。"南朝陳周弘讓《立秋》詩："雲天收夏色，木葉動秋聲。"《後漢書·魯恭傳》："舊制，至立秋乃行薄刑。自永元十五

立秋後，天轉凉，自南向北收秋糧

年以來，改用孟夏。"《魏書·律曆志》："立秋，腐草化螢，土潤溽暑，涼風至。"唐齊己《城中晚夏思山》詩："苦熱恨無行腳處，微涼喜到立秋時。"宋張鎡《鵲橋仙·立秋後一日》詞："暑雲猶在，澄空欲變，入夜徘徊庭際。新秋知是昨宵來，愛殘月、纖纖西墜。"清潘榮陛《帝京歲時紀勝·立秋雨》："若立秋之日得雨，則秋田暢茂，歲書大有。"

## 處暑

農曆二十四節氣中的第十四個節氣，也是秋天的第二個節氣。"處"是終止的意思，處暑是炎熱消散的意思。處暑後中國黃河以北地區氣溫逐漸下降。表示炎熱暑天即將結束了。處暑以後，除華南和西南地區外，我國大部分地區雨季即將結束，降水逐漸減少。中國古代將處暑分為三候：一候鷹乃祭鳥。鷹自此日起感知秋之肅氣，開始大量捕獵鳥類，并且先陳列如祭而後食。二候天地始肅，意謂小暑五日後，天地間萬物開始凋零，充滿了肅殺之氣。三是禾苗登，意謂稻穀成熟、收穫。處暑節氣是從天文黃道上來劃分的。斗指戊（西南方），太陽黃經為一百五十度，於每年陽曆 8 月 22 日至 24 日交節。這時夏日三伏已過或近尾聲，但受西太平洋副熱帶高壓的影響，短期天氣回熱（俗稱"秋老虎"），處暑過後仍有持續高溫，會感到悶熱，真正涼爽一般要到白露前後。《逸周書·周月》："秋三月中氣，處暑，秋分，霜降。"朱右曾校釋引孔穎達曰："處暑，暑將退伏而潛處。"《魏書·律曆志》："處暑，白露降，寒蟬鳴，鷹祭鳥。"唐元稹《咏廿四氣詩·處暑七月中》詩："向來鷹祭鳥，漸覺白藏深。葉下空驚吹，天高不見心。氣收禾黍熟，風靜草蟲

吟。緩酌樽中酒，容調膝上琴。"宋蘇泂《長江二首》之一："處暑無三日，新涼直萬金。"元吳澄《月令七十二候集解》："處，止也，暑氣至此而止矣。"元仇遠《處暑後風雨》詩："疾風驅急雨，殘暑掃除空。"明宋應星《天工開物·乃粒》："若過期至於處暑，則隨時開花結莢，顆粒亦少。"清胤禛《七夕處暑》詩："天上雙星合，人間處暑秋。"

## 白露 [2]

農曆二十四節氣中的第十五個節氣，也是秋天的第三個節氣。白露和寒露、霜降一樣，都是表示由於天氣遇冷而水汽凝結的一種節氣。白露氣溫明顯轉涼，清晨時分地面和草木葉子上會有許多露珠，這是因夜晚水汽凝結在上面，故名白露。中國古代將白露劃分為三候：一候鴻雁來，意謂白露節氣鴻雁北飛而來；二候玄鳥歸，意謂白露五日後，燕子等候鳥南飛避寒；三候群鳥養羞，意謂白露十日後，百鳥開始貯存乾果糧食以備過冬。白露是從天文上來劃分的。當太陽到達黃經一百六十五度時為白露節氣，於每年陽曆 9 月 7 日至 8 日交節。《詩·秦風·蒹葭》："蒹葭蒼蒼，白露為霜。"《管子·五行》："然則涼風至，白露下。"《漢書·律曆志》："壽星，初軫十二度，白露。"晋佚名《子夜四時歌·秋歌十八首》其十六："白露朝夕生，秋風淒長夜。"《魏書·律曆志》："白露，天地始肅，暴風至，鴻雁來。"唐杜甫《月夜憶舍弟》詩："露從今夜白，月是故鄉明。"唐元稹《咏廿四氣詩·白露八月節》詩："露霑蔬草白，天氣轉青高。"宋王安石《寄酬曹伯玉因以招之》詩："寒鴉對立西風樹，幽草環生白露庭。"元吳澄《月令七十二候集解》解釋白露曰："水

土濕氣凝而爲露，秋屬金，金色白，白者露之色，而氣始寒也。"明釋梵琦《和淵明仲秋有感》詩："皇天分四時，白露表佳節。"清陳子升《送人之祥㾿》詩："白露將秋色，青蓮愁夜郎。"

## 秋分

農曆二十四節氣中的第十六個節氣，也是秋天的第四個節氣。秋分之"分"爲"半"之意。秋分表示晝夜時間均等，氣候也不熱不冷。中國古代將秋分劃分爲三候：一候雷始收聲，意謂秋分後陰氣開始旺盛，所以不再打雷了，雷聲不但是暑氣的終結，也是秋寒的開始；二候蟄蟲坯户，意謂由於天氣變冷，蟄居的小蟲開始藏入穴中，并且用細土將洞口封起來以防寒氣侵入；三候水始涸，意謂降雨量開始減少，由於天氣乾燥，水汽蒸發快，所以湖泊沼澤及水窪便處於乾涸之中。秋分是從天文上來劃分的。時間一般爲每年的陽曆9月22日至24日。秋分這天太陽到達黃經一百八十度（秋分點），幾乎直射地球赤道，全球各地晝夜等長。漢董仲舒《春秋繁露·陰陽出入上下篇》曰："秋分者，陰陽相半也，故晝夜均而寒暑平。"《漢書·五行志》："立秋而鷹隼擊，秋分而微霜降。"《魏書·律曆志》："秋分，玄鳥歸，群鳥養羞，雷始收聲。"北周庾信《和侃法師三絶》詩其二："近學衡陽雁，秋分俱渡河。"唐元稹《咏廿四氣詩·秋分八月中》："乾坤能静肅，寒暑喜均平。"宋陸游《秋分後頓凄冷有感》詩："今年秋氣早，木落不待黃。"明梁有譽《中秋前一夕雨過黎惟敬山房》詩："明夜月圓誰共看，露荷風竹對秋分。"清屈大均《少穀》其一："早黏將及秋分熟，颶風吹去三分

穀。"

## 寒露[2]

農曆二十四節氣中的第十七個節氣，也是秋天的第五個節氣。寒露的意思是氣溫比白露時更低，地面的露水更冷，快要凝結成霜了。寒露是氣候從凉爽到寒冷的過渡。寒露和白露、霜降一樣，都表示由於天氣遇冷而水汽凝結的一種節氣。中國古代將寒露劃分爲三候：一候鴻雁來賓，意謂寒露時鴻雁排成一字或人字形的行列大舉南遷；二候雀入大水爲蛤，意謂寒露五日後，古人看到海邊突然出現很多蛤蜊，并且貝殼的條紋及顔色與雀鳥很相似，所以便以爲是雀鳥變成的；三候菊始黃華，意謂寒露十日後，菊花已普遍開放。寒露是從天文上來劃分的。寒露時節太陽到達黃經一百九十五度，於每年陽曆10月7日至9日交節。寒露以後，北方冷空氣已有一定勢力，我國大部分地區在冷高壓控制之下，雨季結束。南嶺及以北的廣大地區亦已進入深秋，天氣晝暖夜凉，晴空萬里，對秋收十分有利。東北和西北地方已進入或即將進入冬季。《逸周書》卷六："寒露之日，鴻雁來賓。"《周髀算經》："秋分，七尺五寸五分，小分一。寒露，八尺五寸四分，小分一。"《後漢書·律曆志》："寒露，日所在：亢八度五分退一黃道去極。"《魏書·律曆志》："寒露，蟄蟲附户，殺氣浸盛，陽氣始衰。"唐元稹《咏廿四氣詩·寒露九月節》："寒露驚秋晚，朝看菊漸黃。"宋吳郡等《虎鈐經》卷七："寒露九月節，影長六尺（一作八）六寸七分。"宋曾安止《禾譜》："清明節種，寒露霜降節刈爲晚稻。"宋王安石《八月十九日試院夢冲卿》詩："空庭得秋長漫漫，寒露入暮愁衣單。"元吳澄

《月令七十二候集解》解釋寒露曰："九月節，露氣寒冷，將凝結也。"清屈大均《蟹》詩："銜糯輸黏寒露節，迎潮送汐白雲磯。"

## 霜降

　　農曆二十四節氣中的第十八個節氣，也是秋天的第六個節氣。霜降時露水凝結成霜，天氣更冷了。霜降和白露、寒露一樣，都是表示由於天氣遇冷而水汽凝結的一種節氣。中國古代將霜降分爲三候：一候豺乃祭獸，意謂寒露時，豺狼將捕獲的獵物先陳列後再食用；二候草木黃落，意謂寒露五日後，大地上的花草樹木葉子枯黃掉落；三候蟄蟲咸俯，意謂寒露十日後，蟄蟲也全在洞中不動不食，垂下頭來進入冬眠狀態中。霜降是從天文上來劃分的。太陽黃經爲二百一十度，每年陽曆 10 月 23 日至 24 日交節。霜降時節，在蒙古高壓的作用下，冷空氣南下，天氣越來越冷，我國南方地區晝夜溫差較大；而北方部分地區，如東北地區的北部、內蒙古東部和西北地方，大部平均氣溫已在 0℃ 以下。《逸周書・周月》："秋三月中氣：處暑、秋分、霜降。"《國語・周語中》："火見而清風戒寒。"韋昭注："謂霜降之後，清風先至，所以戒人爲寒備也。"《宋書・謝靈運傳》："政是陽初生時，蔇生歸北，霜降客南。"《魏書・崔光傳》："北方霜降，蠶婦輟事；群生憔悴，莫甚於今。"又《律曆志》："霜降，水始涸，鴻雁來，賓雀入大水化爲蛤。"唐元稹《咏廿四氣詩・霜降九月中》詩："風卷晴霜盡，空天萬里霜。"宋葉夢得《水調歌頭》其二："霜降碧天静，秋事促西風。"《宋史・食貨志》："福建土多粳稻，須霜降成實，自十月一日始收租。"元吳澄《月令七十二候集解》解釋霜降曰："九月中，氣肅而凝，露結爲霜矣。"明王汝玉《送人還江西》詩："山田霜降稻新刈，晴溪水涸魚堪叉。"清屈大均《田尾村居》詩："農收霜降稻，圃落小寒瓜。"

## 立冬

　　農曆二十四節氣中的第十九個節氣，也是冬天的第一個節氣。立冬後，日照時間將繼續縮短，正午太陽高度繼續降低，冬季自此開始。我國古代將立冬分爲三候：一候水始冰，意謂立冬節氣時水開始能結成冰；二候地始凍，意謂立冬五日後，大地已經開始凍結；三候雉入大水爲蜃。雉即指野雞一類的大鳥，蜃爲大蛤。立冬後，野雞一類的大鳥便不多見了，而海邊却可以看到外殼與野雞的綫條及顏色相似的大蛤。立冬是從天文上來劃分的。立冬於陽曆 11 月 7 至 8 日之間交節，地球位於赤緯 -16°19′。立冬時節，太陽已到達黃經二百二十五度，北半球獲得太陽的輻射量越來越少，但氣溫逐漸下降，但由於此時地表在下半年貯存的熱量還有一定的能量，所以一般還不會太冷。在晴朗無風之時，常會出現溫暖舒適的十月"小陽春"天氣。《逸周書・時訓》："立冬之日，水始冰；又五日，地始凍；又五日，雉入大水爲蜃。"《禮記・月令》："立冬之日，天子親帥三公、九卿、諸侯、大夫，以迎冬於北郊。"晋夏侯湛《寒苦謠》："惟立冬之初夜，天慘憺以降寒。"《魏書・律曆志》："立冬，菊有黃華，豺祭獸，水始冰。"《宋書・律曆志》："立春、立夏、立秋、立冬者，即木、火、金、水始用事日也。"唐李白《立冬》詩："凍筆新詩懶寫，寒爐美酒時溫。"《新五代史・司天考》："立秋後，立冬前，食分多，則日食偏北，月食偏南。”宋陸游《立冬日作》詩：“寸積篝爐炭，銖稱布被綿。”元吳澄《月令七十二候集解》解釋立冬曰：“立冬，十月節。立，建始也；冬，終也，萬物收藏也。”明王稚登《立冬》詩：“一點禪燈半輪月，今宵寒較昨宵多。”清弘曆《九月十八日立冬》詩：“閏月催時序，秋深早立冬。”

## 小雪²

農曆二十四節氣中的第二十個節氣，也是冬天的第二個節氣。小雪和雨水、穀雨、大雪一樣，都是反映降水現象的節氣。此時大地尚未過於寒冷，雖開始降雪，但雪量不大，故稱小雪。中國古代將小雪分爲三候：一候虹藏不見，意謂小雪時節由於氣溫降低，北方不再下雨了，雨虹也就看不見了；二候天氣上升，意謂小雪五日後，天空陽氣上升，地下陰氣下降；三候閉塞而成冬，意謂小雪十日後，陰陽不交，天地不通，所以天地閉塞而轉入嚴寒的冬天。小雪是從天文上來劃分的。起點於每年陽曆11月22日至23日，太陽位於赤緯－20º16′，到達黃經二百四十度。太陽直射點漸近南回歸綫，北半球所接受的熱量越來越少，失散的熱量較多，天氣寒冷。漢董仲舒《春秋繁露·陰陽出入上下》：“小雪而物咸成，大寒而物畢藏。”《魏書·律曆志》：“小雪，地始凍，雉入大水，化爲蜃虹，藏不見。”唐元稹《咏廿四氣詩·小雪十月中》詩：“莫怪虹無影，如今小雪時。”宋徐鉉《和蕭郎中小雪日作》詩：“籬菊盡來低覆水，塞鴻飛去遠連霞。寂寥小雪閑中過，斑駁輕霜鬢上加。”宋陸游《初寒》詩：“久雨重陽後，清寒小雪前。拾薪椎髻僕，賣菜掘頭船。”元吳澄《月令七十二候集解》解釋小雪曰：“十月中，雨下而爲寒氣所薄，故凝而爲雪。小者未盛之辭。”《群芳譜》解釋小雪曰：“小雪氣寒而將雪矣，地寒未甚而雪未大也。”明郎瑛《七修類稿·天地三·氣候集解》：“小雪，十月（夏曆）中，雨下而爲寒氣所薄，故凝而爲雪。小者，未盛之辭。”

## 大雪²

農曆二十四節氣中的第二十一個節氣，也是冬天的第三個節氣。中國古代將大雪分爲三候：一候鶡鴠不鳴，意謂大雪時因天氣寒冷，寒號鳥也不再啼叫了；二候虎始交，意謂大雪五日後，此時是陰氣最盛時期，所謂盛極而衰，陽氣已有所萌動，老虎開始有求偶行爲；三候荔挺出，意謂大雪十日後，荔挺這種蘭草感到陽氣的萌動而抽出新芽。大雪是從天文上來劃分的。大雪節氣太陽到達黃經二百五十五度，交節時間爲每年陽曆12月6日至8日。太陽直射點已接近南回歸綫，北半球所接受的熱量最少，失散的熱量較多，天氣接近嚴寒。《漢書·律曆志》：“星紀，初斗十二度，大雪。”《魏書·律曆志》：“大雪，冰益壯，地始坼，鶡旦不鳴。”南朝梁崔靈恩《三禮義宗》：“十一月，大雪爲節者，形於小雪爲大雪。時雪轉甚，故以大雪名節。”唐元稹《咏廿四氣詩·大雪十一月節》：“積陰成大雪，看處亂霏霏。”宋吳自牧《夢粱錄》卷六：“正當小雪、大雪氣候，大抵杭都風俗，舉行典禮。”元吳澄《月令七十二候集解》：“大雪，十一月節，至此而雪盛也。”明郎瑛《七修類稿·天地類》：“大雪，十一月節。大者，盛也，至此而雪盛矣。”清曹寅《赴淮舟行雜詩》之十二：“客程過大雪，家信只空函。”

# 冬至

冬至亦稱"陽生""冬節""亞歲""長至"。農曆二十四節氣中的第二十二個節氣，也是冬天的第四個節氣。冬至和夏至是二十四節氣中最早被確定的兩個節氣。早在二千五百多年前的春秋時代，中國就已經用土圭觀測太陽，測定出了冬至，它是二十四節氣中最早被制訂出的。唐虞世南《北堂書鈔》卷一五六引《孝經疏》疏解釋冬至曰："有三義，一者陰極之至，二者陽氣始至，三者日行南至，故爲之至。"中國古代將冬至分爲三候。一候蚯蚓結。傳說蚯蚓是陰曲陽生的生物，冬至時節，陽氣雖已生長，但陰氣仍然十分强盛，意謂土中的蚯蚓仍然蜷縮着身體。二候麋鹿解。麋與鹿同科，却陰陽不同，古人認爲麋的角朝後生，所以爲陰，而冬至一陽生，麋感陰氣漸退而解角。三候水泉動。由於陽氣初生，所以此時山中的泉水可以流動。冬至是從天文上來劃分的。冬至這天，太陽運行至黃經二百七十度（冬至點），交節時間爲每年陽曆12月21日至22日。太陽直射地面的位置到達一年的最南端，太陽幾乎直射南回歸綫，冬至日是北半球各地一年中白晝最短，黑夜最長的一日，并且越往北白晝越短，黑夜越長，北極地區極夜面積最大。《逸周書·時訓》："冬至之日蚯蚓結，又五日麋角解，又五日水泉動。"《吕氏春秋·有始》："冬至日行遠道，周行四極，命曰玄明。"南朝宋鮑照《冬至》詩："舟遷莊甚笑，水流孔急嘆。景移風度改，日至晷回换。眇眇負霜鶴，皎皎帶雲雁。長河結瓓玕，層冰如玉岸。哀哀古老容，慘顏愁歲晏。催促時節過，逼迫聚離散。"唐杜甫《冬至》詩："年年至日長爲客，忽忽窮愁泥殺人。"宋孟元老《東京夢華録·冬至》："十一月冬至，京師最重此節，雖至貧者，一年之間，積累假借，至此日更易新衣，備辦飲食，享祀先祖。官放關撲，慶賀往來，一如年節。"元趙孟頫《題耕織圖二十四首（奉懿旨撰）》詩："冬至陽來復，草木漸滋萌。"明王鏊《震澤長語·象緯》："冬至之日，一陽自地而升。"

## 【陽生】

即冬至。《黄帝内經·素問》："天以陽生陰長，地以陽殺陰藏。"唐韓愈、李正封《晚秋郾城夜會聯句》："雪下收新息，陽生過京索。"唐杜甫《小至》詩："天時人事日相催，冬至陽生春又來。"宋劉克莊《湖南江西道中十首》其四："去年冬至投僧寺，今歲陽生宿店家。"金劉從益《臘日次幽居韵》詩："泰中有否來，陰極即陽生。"明盧龍雲《和巽卿至後登臺二首》其一："客久歲云暮，陽生春漸回。"清龍啓瑞《送孫渠田學使同年入朝請假歸覲浙中》詩："冬月陽生雁北向，君獨何者翻南行。"

## 【冬節】[2]

即冬至。南朝梁宗懍《荆楚歲時記》："去冬節一百五日，即有疾風甚雨，謂之寒食。"唐賈島《寄孟協律》詩："別後冬節至，離心北風吹。"宋張君房《雲笈七籤》："神華陰精流珠，一升二合，當以冬節日，取之盛别器中。"宋釋子益《偈頌七十六首》其十："去年今日逢冬節，撲頭撲面迎霜雪。今年冬節又來臨，屋角梅花弄曉晴。"元貢師泰《次赤城驛》詩："老夫辭家今一月，馬上行行過冬節。"清林維丞《冬至搓丸詞》："纖手輕搓五夜燈，團圓冬節到今稱。"

## 【亞歲】

三國魏曹植《冬至獻襪頌表》:"亞歲迎祥,履長納慶。"唐釋皎然《冬至日陪裴端公使君清水堂集》詩:"亞歲崇佳宴,華軒照淥波。"明田汝成《西湖游覽志餘·熙朝盛事》:"冬至謂之亞歲,官府民間,各相慶賀,一如元日之儀。吳中最盛,故有肥冬瘦年之説。"清錢謙益《冬至日感述示孫愛》詩:"鄉人重亞歲,羔黍薦履長。"

## 【長至】[2]

指冬至日。晋潘尼《長至》詩:"靈晷修期夕,日南始今朝。"唐戎昱《謫官辰州冬至日有懷》詩:"去年長至在長安,策杖曾簪獬豸冠。"唐白居易《冬至宿楊梅館》詩:"十一月中長至夜,三千里外遠行人。"宋李昉等《太平御覽》卷二八引後魏崔浩《女儀》:"近古婦人常以冬至日上履襪於舅姑,踐長至之義也。"宋許月卿《甥館》其四:"綠衣長至節,丹旐短松岡。"明邊貢《送毛東塘侍御北還後懷寄八首》其四:"歸覲正逢長至節,六陰行且見陽春。"清錢謙益《小至日京口舟中》詩:"偶逢客酒澆長至,且撥寒鑪泥孟光。"

## 【長至節】

即長至[2]。此稱宋代已行用。見該文。

## 小寒

農曆二十四節氣中的第二十三個節氣,也是冬季的第五個節氣,標志着冬季時節的正式開始,標志着一年中最寒冷的日子到來了。中國古代將小寒分爲三候。一候雁北鄉。古人認爲候鳥中大雁是順陰陽而遷移,此時陽氣已動,所以大雁開始向北遷移。二候鵲始巢。小寒五日後,北方到處可見到喜鵲,并且感覺到陽氣而開始築巢。三候雉始雊。小寒十日後野鷄此時會感陽氣的生長而鳴叫。小寒是從天文上來劃分的。太陽黃經爲二百八十五度,陽曆1月5日至7日交節。根據中國的氣象資料,小寒是氣溫最低的節氣,祇有少數年份的大寒氣溫低於小寒的。《逸周書·時訓》:"小寒之日雁北向,又五日鵲始巢,又五日雉始鴝。"《漢書·律曆志》:"玄枵,初婺女八度,小寒。"《魏書·律曆志》:"小寒,蚯蚓結,麋角解,水泉動。"唐杜甫《小寒食舟中作》詩:"佳辰強飯食猶寒,隱几蕭條帶鶡冠。春水船如天上坐,老年花似霧中看。娟娟戲蝶過閑幔,片片輕鷗下急湍。雲白山青萬餘里,愁看直北是長安。"唐元稹《咏廿四氣詩·小寒十二月節》詩:"小寒連大呂,歡鵲壘新巢。拾食尋河曲,銜紫遶樹梢。霜鷹近北首,雛雉隱藜茅。莫怪嚴凝切,春冬正月交。"元吳澄《月令七十二候集解》解釋小寒曰:"十二月節,月初寒尚小,故云。月半則大矣。"

## 大寒

農曆二十四節氣中的第二十四個節氣,也是冬季的第六個節氣。大寒節氣是一年中的最冷時期,風大,低溫,地面積雪不化,呈現出冰天雪地、天寒地凍的嚴寒景象。中國古代將大寒分爲三候:一候鷄乳,意謂到大寒節氣便可以孵小鷄了;二候征鳥厲疾,意謂大寒節氣五日後鷹隼之類的征鳥,却正處於捕食能力極強的狀態中,盤旋於空中到處尋找食物,以補充身體的能量抵禦嚴寒;三候水澤腹堅,意謂大寒節氣十日後水域中的冰一直凍到水中央,且最厚最結實。大寒是從天文上來劃分的。太陽黃經爲三百度,陽曆1月20日至21日交節。

大寒節氣最冷，是因爲北半球大陸熱量吸收仍小於熱量失散，溫度還在不斷降低。《史記·伯夷列傳》集解引何晏曰："大寒之歲，衆木皆死，然後松柏少凋傷。"漢劉歆《西京雜記》："元封二年大寒，雪深五尺，野鳥獸皆死。"《三國志·魏書·文帝紀》："是歲大寒，水道冰，舟不得入江，乃引還。"《魏書·律曆志》："大寒，雁北向，鵲始巢，雉始雊。"唐李鼎祚《周易集解》卷一七："言大寒立春之際，艮之方位，萬物以之始，而爲今歲首。"唐元稹《咏廿四氣詩·大寒十二月中》詩："大寒宜近火，無事莫開門。"《舊唐書·傅仁均傳》："在井則大熱，在斗乃大寒。"宋邵雍《大寒吟》詩："舊雪未及消，新雪又擁户。"元凌雲翰《雪竹軒圖爲彭彦明賦》："北風天大寒，平地雪三尺。"《明史·曆志》："推土王用事：置穀雨、大暑、霜降、大寒恒氣日，減土王策。"清鄂爾泰《授時通·天時》引《三禮義宗》："大寒爲中者，上形於小寒，故謂之大……寒氣之逆極，故謂大寒。"

# 附　錄

## 附錄一：氣象神靈怪物説

人類初始階段，便開始有神靈崇拜，氣象神靈崇拜就是其一。諸如霜神、霧神、霞神、雪神、雹神、虹怪、雲神、風神、雨神、雷神、電神、掃晴娘、旱魃等，它們或是給人們的生產、生活帶來了灾難和破壞，引起人們的畏懼和憎惡；或是給人們的生產、生活帶來了滋養和化育，引起人們的感戴和崇拜。它們的形象或與動物有關，或與歷史人物及傳説人物有關。它們的產生和流傳，與人們的生活、文化、信仰有關，是當時生產力落後的表現，也反映了人類瞭解自然、征服自然的歷史。隨着社會的進步，科技的發展，這些神靈崇拜大多已經成爲歷史的陳迹，但在歷史文獻或民俗傳説中，還留有它們的身影，是一份珍貴的文化遺産。附錄一中收集了一些氣象神怪的資料，藉此可對它們產生的年代、形貌、職能、名稱等有所瞭解。

**雲神**

傳説中掌管雲的神。亦作"雲中君"，亦稱"雲師""豐隆""屏翳"。《楚辭·九歌·雲中君》："浴蘭湯兮沐芳，華采衣兮若英。"王逸注："雲神，豐隆也，一曰屏翳。"《漢書·揚雄傳上》："鸞皇騰而不屬兮，豈獨蚩廉與雲師。"唐馬戴

《楚江懷古三首》其一："雲中君不降，竟夕自悲秋。"唐錢起《登秦嶺半巖遇雨》詩："屏翳忽騰氣，浮陽慘無暉。"唐杜甫《九日寄岑參（參南陽人）》詩："安得誅雲師，疇能補天漏。"前蜀杜光庭《皇太子宴諸將祈晴感應靈寶齋詞》："群山曉碧，天高而屏翳收雲；六合風清，日迫而羲和弄轡。"宋毛珝《湘江》其一："楚南楚北千里雲，持香遥禮雲中君。"宋孔武仲《大風》詩："雲師又灑天街雨，明日千官好上朝。"宋周南《和史君喜雨》詩其一："屏翳不隨風伯住，雷車爭逐阿香來。"元吕誠《五月廿日雨懷有寄》詩："乍瞻霽色收屏翳，猶訝車聲走阿香。"明程登吉《幼學瓊林·天文篇》："雲師系是豐隆，雪神乃是滕六。"明朱瞻基《喜雪歌賜兵部尚書張本》詩："扶桑曜雪韜瞳矓，屏翳一色浮鴻蒙。"清吳雯《雲中寺》詩："我來雲際宿，却憶雲中君。"清弘曆《雜興》詩："雲師何不仁，旱時惟深藏。"又其《雨》詩其五："不借豐隆並雨師，山靈自爲洗山姿。"

**【雲中君】**

即雲神。此稱漢代已行用。見該文。

**【屏翳】**[1]

即雲神。此稱漢代已行用。見該文。

**【雲師】**

即雲神。此稱漢代已行用。見該文。

**【豐隆】**[1]

即雲神。此稱漢代已行用。見該文。

**【推雲童子】**

亦稱"雲童"。傳說中掌管布雲的小神。亦稱"雲童"。唐張籍《雲童行》："雲童童，白龍之尾垂江中。今年天旱不作雨，水足墙上有禾黍。"宋徐積《夢中作》詩："琅玕樹下夜宴起，雲童爲汲瑶山水。"元林景熙《賦雙松堂呈薛監簿》詩："掀髯相視雪貿貿，擁蓋對立雲童童。"《西游記》第四五回："那道士又執權杖，燒了符檄，撲的又打了一下，只見那空中雲霧遮滿。孫大聖又當頭叫道：'布雲的是那個？'慌得那推雲童子、布霧郎君當面施禮。行者又將前事說了一遍，那雲童、霧子也收了雲霧，放出太陽星耀耀，一天萬里更無雲。"

**【雲童】**

即推雲童子。此稱漢代已行用。見該文。

風俗畫中的推雲童子

## 風神

傳說中掌管風的神。又稱"風伯""風師""箕伯""風姨"等。相貌奇特，鹿身雀首，頭上長角，崢嶸古怪，還有蛇的尾巴和豹的皮紋。唐宋以後，風神逐漸人格化，有風母、風伯等說法，以風伯之說流行較廣。其形象爲一白鬚老翁，左手持輪，右手執箕（即扇子），又稱風伯方天君。南北朝劉孝威《重光》詩："風神灑落，容止汪洋。"唐施肩吾《曉光詞》："風神爲我掃煙霧，四海蕩蕩無塵埃。"宋包恢《天臺石橋》詩："風神凜凜聳毛骨，如在天外非人間。"金趙秉文《跋黃華墨竹二首》其二："淡墨閑臨謝女真，蕭然林下自風神。"明程登吉《幼學瓊林·天文卷》："欻火、謝仙，俱掌雷火；飛廉、箕伯，悉是風神。”清司炳煃《題張叔平紅崖碑後》詩：“風神號怒山神私，忽躍忽叫交奔馳。”

**【飛廉】**

亦作“蜚廉”。即風神。傳説中的一種怪獸，鹿身，雀頭，有角，蛇尾豹紋。一説風伯爲箕星蚩尤的師弟，相貌奇特。一説爲掌管風的神鳥。《水經注》稱飛廉以善於行走而爲紂王效力，周武王擊敗了紂王，飛廉殉國自殺，天帝爲他的忠誠感動，用石棺掩埋他，并使他成爲風神。在楚地則自古以鹿身雀頭的神秘怪獸飛廉爲風神。《楚辭·離騷》：“前望舒使先驅兮，後飛廉使奔屬。”王逸注：“飛廉，風伯也。”洪興祖補注：“《吕氏春秋》曰：‘風師曰飛廉。’應劭曰：‘飛廉，神禽，能致風氣。’”《漢書·揚雄傳上》：“鸞皇騰而不屬兮，豈獨蜚廉與雲師。”顔師古注引應劭曰：“蜚廉，風伯也。”《三輔黄圖》：“飛廉，神禽，能致風氣者，身似鹿，頭如雀，有角而蛇尾，文如豹。”宋辛棄疾《滿江紅·中秋》詞：“倩蜚廉、得得爲吹開，憑誰説？”元薩都剌《中秋月夜泛舟於金陵石頭城》詩：“飛廉掃空出海月，明珠飛入琉璃宫。”明孫蕡《題張侍儀貞白獨冷軒》詩：“飛廉怒號滕六狂，舞霰不作天花香。”清吴偉業《八風詩·東北風》：“飛廉熛怒向人間，徐福求仙恨未還。”

風神飛廉
（《欽定補繪蕭雲從離騷全圖》）

**【蜚廉】**

同“飛廉”。此體漢代已行用。見該文。

**【箕伯】**

箕星星神。即風神。漢張衡《思玄賦》：“屬箕伯以函風兮，懲淟涊而爲清。”李善注引《風俗通》：“風師者，箕星也，主簸物，能致風氣也。”唐錢起《江行無題》詩二十二：“箕伯無多少，回頭詎不能。”宋趙善括《真妃祠》詩：“好乘雲車命箕伯，去擊雷鼓驅豐隆。”明程登吉《幼學瓊林·天文卷》：“歘火、謝仙，俱掌雷火；飛廉、箕伯，悉是風神。”清全祖望《江行遇風舍舟而陸》詩其一：“天方寵箕伯，吾欲愬靈修。”

**【風伯】**

即風神。源於中國古代神話傳説。有多種説法，一説風伯爲飛廉。《山海經·大荒北經》：“應龍畜水。蚩尤請風伯雨師，縱大風雨。”《楚辭·遠游》：“風伯爲余先驅兮，氛埃

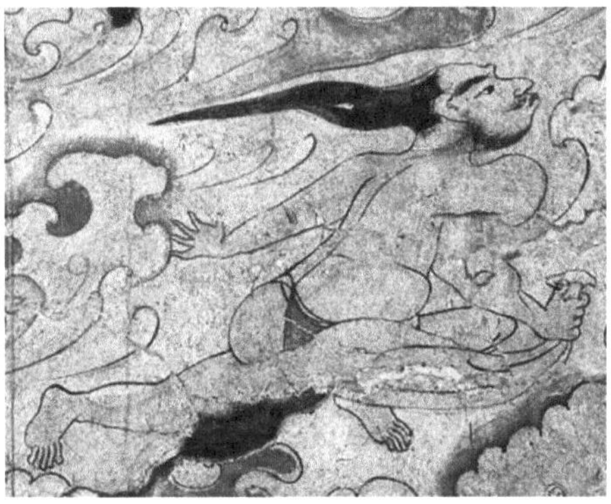

風　伯
（北朝壁畫《升天圖》局部）

辟而清凉。"《史記·司馬相如列傳》:"時若薆薆將混濁兮,召屏翳誅風伯而刑雨師。"張守節正義:"風伯字飛廉。"漢蔡邕《獨斷》曰:"風伯,神,箕星也。其象在天,能興風。"唐黃滔《閏八月》詩:"唯恐雨師風伯意,至時還奪上樓天。"宋劉敞《和永叔鳴鳩詩》:"雷公號呼風伯舞,天借之權作霖雨。"元耶律鑄《曉發牛山驛》詩:"山靈護野煙霞靜,風伯清塵草樹香。"明唐順之《泊舟郭外有感》詩:"誰能訟風伯,一使甘霖傾。"清丘逢甲《歐冶子歌》:"天帝下觀萬靈侍,雷公、電母、風伯、雨師聽驅使。"

## 【風師】

亦稱"屏翳[2]"。即風神。漢張衡《思玄賦》:"屬箕伯以函風兮。"三國魏曹植《洛神賦》:"屏翳收風,川后靜波。"呂向注:"屏翳,風師也。"唐李善注引《風俗通》:"風師者,箕星也,主簸物,能致風氣也。"《楚辭·離騷》:"後飛廉使奔屬。"洪興祖補注:"《呂氏春秋》曰:'風師曰飛廉。'"唐佚名《春二首》其二:"風師剪翠換枯條,青帝挼藍染江水。"宋張擴《用伯初韻再和一篇靖子溫戶曹同賦》詩:"不嫌青女暫試粉,却要風師小回轍。"元王惲《苦熱嘆四十六韵(效昌黎體)》:"炎官張火傘,屏翳揚赤幟。"明張達《咏懷》其七:"狂飆怒屏翳,駭浪興陽侯。"明林光《銅船澳風二首》其二:"深港維舟我不宜,篙師力不勝風師。"清吳敬梓《燕山亭·蕪湖雨夜過朱草衣舊宅》詞:"屏翳送寒,搖盪澄江青霧。"清張毛健《海漲後》詩:"風師入海驅群龍,倒卷溟渤揚高淙。"

## 【屏翳】[2]

即風師。此稱三國時期已行用,見該文。

## 【風姨】

亦稱"封姨""封夷""封家姨""封家十八姨""封十八姨""十八姨"。古代中國神話傳說中的司風之神。《北堂書鈔》卷一四四引《太公金匱》:"風伯名姨。"此"風姨"之所本。宋劉克莊《送雷宜叔右司追錄》詩:"東皇太乙方行令,寄語風姨且霽威。"元張可久《水仙子·春晚》曲:"日高初睡起,掃殘紅怨煞風姨。"明夏原吉《瑞雪》詩:"六丁赫怒風姨顛,驅叱黎雲集霄漢。"清秋瑾《春寒看花》詩:"憑欄默默咒風姨,幾度空勞裁護旗。"

## 【封姨】

亦作"封夷"。即風姨,風神。宋范成大《嘲風》詩:"紛紅駭綠驟飄零,癡騃封姨沒性靈。"宋項安世《正月十四夜月色奇甚》詩:"定是封夷畏娥婆,斷無輕吹一絲搖。"《永樂大典(殘卷)》卷五八三九:"春風桃葉復桃根,相妒封姨似少恩。"《金瓶梅詞話》第二四回:"梅花姿逞春情性,不怕封夷號令嚴。"清納蘭性德《滿江紅》詞:"爲問封姨,何事却排空卷地。又不是江南春好,妒花天氣。"清嵇璜《欽定續文獻通考》卷一一五:"雷公蹕道俾雨師,電母舉鞭驅封夷。"清《綠野仙蹤》第七回:"言封姨者,亦風神之一名也。"

## 【封夷】

同"封姨"。此體宋代已行用。見該文。

## 【封家姨】

即封姨。即風神。據唐段成式《酉陽雜俎》記載,一個名叫崔之徽的人,在家夜坐,忽來了幾個美女,其中一個叫封家姨。不一會都走開了,祇留下一紅衣少女,求崔之徽立一杆紅色大旗。立旗那天,東風颳地,祇有花園中鮮花不動。他纔明白封姨便是風神。元李俊民《埽晴婦》詩：“慇勤更倩封家姨，一時斷送龍回首。”明馮夢龍《醒世恒言》卷四：“玄微方待酬答，青衣報導：‘封家姨至。’衆皆驚喜出迎。”

## 【封十八姨】

亦稱“十八姨”。即封姨，風神。唐谷神子《博異志·崔玄微》載，唐天寶中，崔玄微於春季月夜，遇美人綠衣楊氏、白衣李氏、絳衣陶氏、緋衣小女石醋醋和封家十八姨。崔命酒共飲。十八姨翻酒污醋醋衣裳，不歡而散。明夜諸女又來，醋醋言諸女皆住苑中，多被惡風所擾，求崔於每歲元旦作朱幡立於苑東，即可免難。時元旦已過，因請於某日平旦立此幡。是日東風颭地，折樹飛沙，而苑中繁花不動。崔乃悟諸女皆花精，而封十八姨乃風神也。宋張嶠《讀太平廣記三首》其一：“唯餘阿醋偏驕妒，不畏封家十八姨。”宋張孝祥《浣溪沙》詞：“妬婦灘頭十八姨，顛狂無賴占佳期，喚它滕六把春欺。”元馮子振《咏梅三十首·風梅》詩：“憑誰領取東君意，傳語封家十八姨。”明馮夢龍《醒世恒言》卷四：“因封家十八姨數日云欲來相看，不見其至。”清趙執信《爲菜花語風神》詩：“寄謝封家十八姨，三春二已不多時。”

## 【十八姨】

即封十八姨。此稱唐代已行用。見該文。

## 【巽二】

亦稱“巽二郎”。即風神。《周易·說卦》：“巽爲木，爲風。”唐牛僧孺《幽怪錄·滕六降雪巽二起風》：“若令滕六降雪，巽二起風，不復游獵矣。”宋范成大《正月六日風雪大作》詩：“滕六無端巽二癡，翻天作惡破春遲。”《西游記》第四五回：“行者道：‘不是打你們，但看我這棍子往上一指，就要颺風。’那風婆婆、巽二郎沒口的答應道：‘就放風！’慌得那風婆婆撦住布袋，巽二郎紮住口繩。”

## 【巽二郎】

即巽二。此稱明代已行用。見該文。

## 【吒君】

亦稱“長育”。即風神。《説文·口部》：“吒，噴也。”宋張君房《雲笈七籤》：“風伯神名吒君，號曰長育；雨師神名馮修，號曰樹德。”按，文中“吒”或是表風的特徵。“長育”，或指風吹拂大地，化生生物。《詩·小雅·蓼莪》：“拊我畜我，長我育我。”

## 【長育】

即吒君。此稱宋代已行用。見該文。

## 【犬狀風神】

形狀如狗的風神。甲骨卜辭“於帝史風，二犬”。郭沫若釋：“視風爲天帝之使，而祀之以二犬。”漢字“飆”，本作“猋”。《説文·犬部》：“猋，犬走貌，從三犬。”狗奔快如風，與以狗爲風神，當是有關聯的。《山海經·北山經》：“有獸焉，其狀如犬而人面。”又同書云：“其行如風，見則天下大風。”明王逵《蠡海集》：“風雷在天，有聲而無形，故假乾位，戌亥肖屬以配之，是以風伯首像犬，雷公首像豕。”一説見於《龍魚河圖》：“太白之精，下爲風伯之神。”太白之精，有人認爲就是《史記·天官書》中的天狗星。

## 【戌神】

即風神。漢應劭《風俗通義》：“戌之神爲風伯，故以丙戌日祀於西北。”《後漢書·祭祀志》："以丙戌日祠風伯於戌地。"明佚名《法海遺珠》："戌神雷聲動，兌神雷吼噉。"十二地支"戌"與狗相配，風神或形狀如狗，故稱"戌神"。

## 【風伯方天君】

亦稱"方天道彰"。傳說中掌管風的神，即風神。清厲荃《事物異名錄》："風神名巽二，又名風姨，又名方天道彰。今惜塑風伯像，白須老翁，左手持輪，右手執扇，若扇輪狀。稱曰風伯方天君。"

## 【方天道彰】

即風伯方天君。此稱清代已行用。見該文。

## 【靈飆】 2

亦作"靈飇""靈飈""靈飃"。指神風。晉紫微夫人《洞真太上太霄琅書》："宴景玄晨關，流回薄靈飃。匡轡九天外，運駕以逍遙。"南北朝佚名《靈寶無量度人上品妙經》："驂駕鱗鳳，丹炎靈飆。"唐韋應物《雨夜宿清都觀》詩："靈飆動閶闔，微雨灑瑤林。"宋甯全真《靈寶領教濟度金書》："駕朱龍而上邁，允藉靈飈。"宋洪邁《容齋隨筆》卷一三："靈飆遝集，聖日俯昕。"《宋史·樂志》："后祇格思，靈飆肅然。"明謝應芳《龜巢稿》："願恩光普照見旭日於雲中，魂氣超升御靈飈於天上。"明陸仁《思崑崙歌》："靈飃冉冉動卿雲，月出瓊林散金影。"明夏完淳《大哀賦》："溢靈飆而大招，弔五雲而長恨。"明曹學佺《石倉歷代詩選》："凄涼古祠下，日夕靈飃呼。"清納蘭性德《沁園春》詞："遺容在，只靈飆一轉，未許端詳。"清張照等《石渠寶笈》卷三三引章慶《題元王庭凌波圖》："昔年我往湘浦頭，偶逢湘女新出游。靈飃細動青霓裳，黃金淺鋄白玉輈，群嬪扈之如雲稠。"

## 【靈飇】 2

同"靈飆2"。此體晉代已行用。見該文。

## 【靈飈】 2

同"靈飆2"。此體明代已行用。見該文。

## 【靈飃】 2

同"靈飆2"。此體明代已行用。見該文。

## 【孟婆】 2

孟婆原本是個掌管風雨的風神，後又被封爲幽冥之神。大約在北齊時盛行孟婆爲風神之說。宋蔣捷《解佩令·春》詞："春雨如絲，繡出花枝紅裊。怎禁他孟婆合皁。"宋趙佶《月上海棠》詞："孟婆且與我，做些方便，吹個船兒倒轉。"元王奕《和疊山隆興阻風》："殷士莫嗟留楚棹，孟婆久送過河船。"明田藝蘅《留青日札》卷九稱北齊李陶醶問陸士秀："江南有孟婆，是何神也？"士秀曰："《山海經》：帝女游於江，出入必以風雨自隨；以其帝女，故稱孟婆。猶郊祀志以地爲泰媼。"清趙翼《湖上》之二："連日狂飆捲地來，孟婆作意把花摧。"

## 【婆官】

傳說中的風神孟婆。唐元稹《和樂天重題別東樓》詩："鼓催潮戶凌晨擊，笛賽婆官徹夜吹。"唐李肇《唐國史補》卷下："暴風之候有拋車雲，舟人必祭婆官而事僧伽。"

## 【風婆婆】

亦稱"風婆"。即孟婆。《西游記》第四五回："行者道：'不是打你們，但看我這棍子往上一指，就要颳風。'那風婆婆、巽二郎沒口的答應道：'就放風！'慌得那風婆婆攢住布袋，巽二郎簡住口繩。"又同書云："大聖得了司風的風婆、掌雲的推雲童子、打雷的雷公、放電的電母承諾，便放心的落下凡塵來，落到積雷山雲頭上的戰陣之上，對着積雷山衆妖的方嚮喊道："勿那小兒，可敢再戰。"《風婆婆童謠》："風婆婆，送風來，送東風，桃花開，送北風，雪花飛，送來南風，太陽曬。"

【風婆】

即風婆婆。此稱明代已行用。見該文。

【韓婆】[2]

傳説中掌管寒風的風神。明陳士元《俚言解》卷一："俗謂十月十六日韓婆誕辰，此日多風。竊疑'韓'當作'寒'……古字'韓'與'寒'通。古者十月祭司寒之神。風，陰氣也，故稱婆焉。《易》：巽爲風，爲長女。《管輅傳》有少女風。俗呼十月風爲'韓婆'，或以此耳。今稱'韓婆'，蓋猶古稱'孟婆'。"徐珂《清稗類鈔·飲食類》："長汀呼冷風爲韓婆風，鄉人鬻炭者，户祀韓婆，蓋誤以寒爲韓也。"清黎士弘《閩酒曲》："直待韓婆風力軟，一厄陽鳥各寒温。"自注："長汀呼冷風爲韓婆風。鄉人鬻炭者户祀韓婆，蓋誤以寒爲韓也。值歲暖則倒置韓婆水中，謂能變寒風，使其炭速售。"

# 雨神

傳説中掌管雨的神。古代中國民間崇拜的自然神靈之一。從商代開始，中國經濟以農業爲主，雨情與收成關係密切。在生産力極其低下的條件下，人們自然把自然界的雨奉爲神靈。殷商時雨神是女神名媚，西周時稱雨師，西漢之後，奉赤松子爲雨師。唐元稹《雜曲歌辭·出門行》："遣充行雨神，雨澤隨客意。"唐楊筠松《天玉經·外編》："遇向若然行雨神，代代富無貧。"明張淮《牡丹百咏》其十一："十二峰頭行雨神，香魂忽變此花真。"

【雨師】

傳説中掌管雨的神，即雨神。《周禮·大宗伯》："以槱燎祀司中、司命、風師、雨師。"鄭玄注："司中、司命，文星第四、第五星也。雨師：一曰屏翳，一曰號屏，一曰玄冥。"《韓非子·十過》："昔者黄帝合鬼神於西泰山之上，蚩尤居前，風伯進掃，雨師灑道。"《山海經·大荒北經》："蚩尤作兵，伐黄帝，請風伯雨師，縱大風雨。"又同書《海外東經》："雨師妾在其北。"郭璞注："雨師，謂屏翳也。"唐白居易《和微之詩二十三首·和三月三十日四十韵》："雨師習習灑，雲將飄飄翥。"宋吴芾《和魯漕春雨有感三首》其二："可恨雨師頻作惡，直疑春事遂成空。"元述律傑《西洱河》詩："雨師清瘴癘，風伯掃氛煙。"明馮琦《恭陪聖駕步禱南郊紀盛》詩："紅塵都不掃，留待雨師來。"清屈大均《代黔中苦雨曲》其一："千里茫茫煙霧海，雨師偏好貴陽城。"

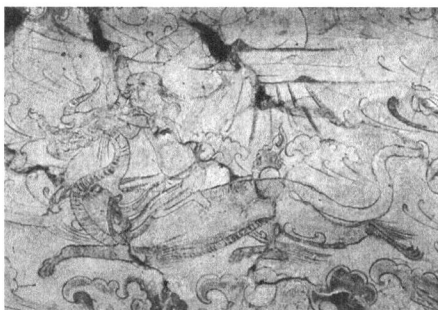

雨　師
（北朝壁畫《升天圖》局部）

【萍翳】

亦稱"荓""荓號""號屏"。即雨神。《楚辭·天問》："荓號起雨，何以興之？"漢王逸注："荓，萍翳，雨師名也。"晉張協《雜詩》之十："飛廉應南箕，豐隆迎號屏。"唐柳宗元《對賀者》："萍號起雨，何以興之？（王逸曰：

萍，萍翳，雨師名也。號，呼也。興，起也。言雨師號呼則雲起而雨下，獨何以興之乎？）”宋劉敞《渴雨示府僚》詩：“吁嗟望雲漢，冥漠想萍翳。”元吾丘衍《招雨師文》：“望凱風之靡至兮，嘑萍翳兮弗興。”明劉基《次韵和石末公七月十五夜月蝕》詩：“今年下土困炎沴，草木焦枯野蕭瑟。荓號喝死龍甲焚，赤熛當衢挂萍實。”

【荓】

即萍翳。此稱漢代已行用。見該文。

【荓號】

即萍翳。此稱漢代已行用。見該文。

【號屏】

即萍翳。此稱晉代已行用。見該文。

【屏翳】[3]

亦即萍翳。即雨神。晉干寶《搜神記》卷四：“雨師一曰屏翳，一曰號屏，一曰玄冥。”晉陸機《贈尚書郎顧彦先》詩之一：“望舒離金虎，屏翳吐重陰。”李善注引王逸曰：“屏翳，雨師名也。”唐張說《喜雨賦》：“屏翳慚其廢職，祝融悔其遷怒。”宋俞德鄰《鵁鶄詞》：“雨師屏翳，雲師豐隆。”元吕誠《五月廿日雨懷有寄》詩：“乍瞻霽色收屏翳，猶訝車聲走阿香。”明劉基《爲韓克銘題畫石鼎聯句圖》詩：“驅叱碣石歸河源，蜚廉屏翳雙挾輈。”清弘曆《恭讀皇祖久旱無雨夙夜彷徨夏至前方得普沾詩敬依原韵》：“驅雨思屏翳，騰風畏石尤。”《古史箴記》中稱雨師屏翳形如七寸細鼉，背生鱗翅，幫助蚩尤一方參加華夏九黎之戰；曾聯合風伯飛廉擊敗冰神應龍。後被女魃擊敗，於涿鹿之戰中被擒殺。

【蔣翳】

傳說中掌管雨的神，即雨神，即萍翳。《楚辭·天問》：“蔣號起雨（一作荓號起雨）。”王逸注曰：“蔣，萍翳，雨師名也。”《廣雅·釋天》：“雨師謂之蔣翳。”

【玄冥】[1]

傳說中掌管雨的神，即雨神。見漢應劭《風俗通·祀典·雨師》。因玄冥是古代五行官中的水官，水與雨相通，故被稱爲雨師。晉干寶《搜神記》卷四：“雨師，一曰屏翳，一曰號屏，一曰玄冥。”宋羅公升《至日見菊花盛開有感》詩：“玄冥用事久，百卉不復餘。”

【畢星】

單稱“畢”。即雨神。《詩·小雅·漸漸之石》：“月離於畢，俾滂沱矣。”《史記·仲尼弟子列傳》：“昔夫子當行，使弟子持雨具，已而果雨。弟子問曰：‘夫子何以知之？’夫子曰：‘詩不云乎？月離於畢，俾滂沱矣。昨暮月不宿畢乎？’”意謂月亮投入畢星，是有雨的徵兆，故以畢星爲雨神。漢蔡邕《獨斷》：“雨師者，畢星也，其像在天，能興雨。”晉干寶《搜神記》卷三：“風伯，雨師，星也。風伯者，箕星也。雨師者，畢星也。”唐皮日休《苦雨雜言寄魯望》詩：“乃知苦雨不復侵，枉費畢星無限力。”元曹伯啓《秋夜聽雨》詩：“里巷歡傳現畢星，中宵急雨換愁生。”明佚名《道法會元》：“箕星好風，畢星好雨，箕星主天雷，畢星主水雷，又主龍雷也。”清姚燮《望雨吟四章》其一：“畢星失次熒惑光，農人仰天泣禾麥。”

【畢】

畢星的單稱。此稱先秦時期已行用。見該文。

**【商羊】**

傳説中能預知下雨的怪鳥，後以之爲雨神。《孔子家語·辯政》：“齊有一足之鳥，飛集於公朝下，止於殿前，舒翅而跳。齊侯大怪之，使使聘魯問孔子。孔子曰：‘此鳥名曰商

商　羊
（清孔憲蘭《孔子聖迹圖》局部）

羊，水祥也。昔童兒有屈其一脚，振訊兩眉而跳，且謠曰：天將大雨，商羊鼓舞。今齊有之，其應至矣。急告民趨治溝渠，修堤防，將有大水爲災。’頃之大霖雨，水溢泛。”漢王充《論衡·變動》：“商羊者，知雨之物也；天且雨，屈其一足起舞矣。”唐白居易《酬鄭侍御多雨春空過詩三十韻（次用本韻）》詩：“却思逢旱魃，誰喜見商羊。”宋蘇軾《次韻章傳道喜雨》詩：“山中歸時風色變，中路已覺商羊舞。”元佚名《三教源流搜神大全》卷七：“雨師者，商羊是也。商羊，神鳥，一足，能大能小，吸則溟渤可枯，雨師之神也。”明石寶《東閣試春日喜雨》詩：“但願淋漓浸田疇，壟頭不獨商羊舞。”清沈樹本《大水嘆》詩之四：“今歲商羊舞，沉浸連千村。”

**【馮脩】**

亦稱“冰夷”“馮夷”“樹德”“陳華天”“陳天君”。即雨神。一説，爲河神。《山海經·海內北經》：“從極之淵，深三百仞，維冰夷恒都焉。冰夷人面，乘兩龍。”郭璞注：“冰夷，馮

夷也。”《史記·封禪書》：“水曰河，祠臨晋。”索隱引韋昭云：“《山海經》云：‘冰夷，人面，乘兩龍也’。《太公金匱》云：‘馮脩也。’《龍魚河圖》云：‘河伯姓吕，名公子，夫人姓馮名夷。河伯，字也。華陰潼鄉隄首人水死，化爲河伯。’”按，《山海經》云冰夷爲河神，郭璞云冰夷即馮夷，《太公金匱》云冰夷爲馮脩，晋代的《搜神記》云河伯過河時淹死了，被天帝任命爲河神管理河川，故“河伯”“冰夷”“馮夷”“馮脩”或爲一人。《龍魚河圖》提到河伯妻姓馮名夷，與此不同。宋張君房《雲笈七籤》卷一八：“雨師神，名馮脩，號曰樹德。”清黄伯禄《集説詮真》：“雨師名馮脩，號曰樹德，又名陳華天。今俗又塑雨師像，烏髯壯漢，左手執盂，内盛一龍，右手若灑水狀，稱曰雨師陳天君。”

**【冰夷】**[1]

即馮脩。此稱先秦已行用。見該文。

**【馮夷】**

即馮脩。此稱漢代已行用。見該文。

**【樹德】**

即馮脩。此稱宋代已行用。見該文。

**【陳華天】**

即馮脩。此稱清代已行用。見該文。

**【陳天君】**

即馮脩。此稱清代已行用。見該文。

**【赤松子】**

亦稱“赤誦子”。亦爲雨神。又名赤誦子，號左聖南極南嶽真人左仙太虚真人。秦漢傳説中的上古仙人，相傳爲神農時雨師。能入火自焚，隨風雨而上下。漢劉安《淮南子·齊俗訓》：“今夫王喬、赤誦子，吹嘔呼吸，吐故納

新，遺形去智，抱素反真，以游玄眇，上通雲天。"高誘注："赤誦子，上谷人也。病厲入山，導引輕舉。"漢劉向《列仙傳》："赤松子者，神農時雨師也，服水玉以教神農，能入火自燒。往往至崑崙山上，常止西王母石室中，隨風雨上下。炎帝少女追之，亦得仙俱去。至高辛時復爲雨師，今之雨師本是焉。"宋俞德鄰《壽沿江黃制置七首》其六："亦有赤松子，駕鴻凌紫霧。"明劉崧《題赤松山房歌爲張思讓賦》："吾聞古有赤松子，云是神農之雨師。"清徐道《列代神仙通鑑》卷一："予號赤松子，留王屋修煉多歲，始隨赤真人南游衡嶽。真人常化赤色神首飛龍，往來其間，予亦化一赤虬，追躡於後。朝謁元始衆聖，因予能隨風雨上下，即命爲雨師，主行霖雨。"

【赤誦子】

即赤松子。此稱漢代已行用。見該文。

【李靖】

亦稱"李衛公"。唐盧肇《唐逸史》中有唐朝大將李靖行雨的故事。相傳李靖曾經遠行於山中，夜晚寄宿於民夫家中。半夜，一婦人將一個水瓶遞給他說："天命行雨，煩汝代勞。"一傭人牽一青驄馬至，對李靖說："汝以水自馬鬃下，三滴乃止，慎勿多滴。"李靖上馬後，正準備滴水，不料馬驚，咆哮躍空，瓶中水一連數滴，次日當地一場大雨，解決了旱情，民感其恩，立廟祀之。《山西通志》："在翼城縣四望村有風雨神廟，其神即爲唐衛公李靖。"

【李衛公】

即李靖。此稱清代已行用。見該文。

【河伯】

亦稱"冰夷""馮夷"。古代神話中的黃

河　伯
（元張渥《九歌圖》局部）

河水神。《莊子·大宗師》："堪坏得之，以襲崑崙；馮夷得之，以游大川；肩吾得之，以處大山。"《山海經·海內北經》："從極之淵，深三百仞，維冰夷恒都焉。"郭璞注："冰夷，馮夷也。"《史記·河渠書》："爲我謂河伯兮何不仁。"張守節正義："河伯，姓馮名夷，浴於河中而溺死，遂爲河伯也。"唐錢起《省試湘靈鼓瑟》詩："馮夷空自舞，楚客不堪聽。"唐段成式《酉陽雜俎·諾皋記上》："太原郡東有崖山，天旱，土人常燒此山以求雨。俗傳崖山神娶河伯女，故河伯見火，必降雨救之。"宋曾豐《梅月客廟山厭潤思霽》詩："非關河伯濫，自是雨師淫。"宋王安石《江》詩："泥沙坼蚌蛤，雲雨暗蛟螭。欲問深何許，馮夷祇自知。"明李東陽《次青溪先生喜雨韻》詩："河伯經春暫啓宮，銀潢飛雨一時通。"明唐順之《己酉八月十八日觀潮作》詩："雷鼓鞂鞳馮夷舞，日車出沒鮫綃漾。"清田雯《苦雨嘆》詩："河伯雨師亦常職，跋扈飛揚太豪縱。"清鄧旭《錢塘看潮》詩："龍吹笛，黿擊鼓，馮夷天吳江上舞。"

【冰夷】[2]

即河伯。此稱先秦時期已行用。見該文。

## 【馮夷】

即河伯。此稱先秦時期已行用。見該文。

## 【公孫勝】

《水滸傳》中公孫勝能呼風喚雨，有支配自然的非凡的本領。《水滸傳》第一四回寫公孫勝曰："爲因學得一家道術，亦能呼風喚雨，駕霧騰雲，江湖上都稱貧道做入雲龍。"

## 【諸葛亮】

《三國演義》寫諸葛亮有呼風喚雨的本領。見書第四九回："亮雖不才，曾遇異人，傳授奇門遁甲天書，可以呼風喚雨。"

## 【巫山之女】

亦稱"巫山女神"。神話傳説中能興雲降雨的巫山女神。相傳赤帝之女名姚姬，未嫁而卒，葬於巫山之陽。楚懷王游高唐，晝寢，夢與其神相遇，自稱"巫山之女"。先秦宋玉《高唐賦》："昔者先王嘗游高唐，怠而晝寢，夢見一婦人曰：'妾在巫山之陽，高丘之阻。旦爲朝雲，暮爲行雨，朝朝暮暮，陽臺之下。'"李善注引《襄陽耆舊傳》："赤帝女曰姚姬（一作瑶姬），未行而卒，葬於巫山之陽，故曰巫山之女。楚懷王游於高唐，晝寢夢見與神遇，自稱是巫山之女。"唐劉方平《巫山神女》詩："今宵爲大雨，昨日作孤雲。"宋王十朋《初入巫山界登羅護關雲霧晦冥默禱之因成一絶》詩："爲向巫山神女道，莫將雲霧惱行人。"明抱甕老人《今古奇觀》卷三八："巫山神女雖相待，雲雨寧知到底諧？"清屈大均《巫山詞》其七："巫山神女湘君似，好色都於諷諫宜。"

## 【巫山神女】

即巫山之女。此稱唐代已行用。見該文。

## 【龍】

中國古代神話傳説中的水族之神异動物，能興雲降雨。《山海經·大荒東經》："大荒東北隅中，有山名曰凶犁土丘。應龍處南極，殺蚩尤與夸父，不得復上，故下數旱，旱而爲應龍之狀，乃得大雨。"先秦孔子《獒操》："竭澤而漁，蛟龍不游。"《詩·鄭風·山有扶蘇》："山有橋松，隰有游龍。"先秦宋玉《九辯》："左朱雀之芳芳兮，右蒼龍之躍躍。"《説文·龍部》："龍，鱗蟲之長，能幽能明，能細能巨，能短能長，春分而登天，秋分而潛淵。"《史記·天官書》："軒轅，黃龍體。"《論衡校釋》："旱而爲應龍之狀，乃得大雨。郭璞曰：'今之土龍本此。氣應自然冥感，非人所能爲也。'《易》曰：'雲從龍，風從虎。'《易》乾卦文言文。以類求之，故設土龍，陰陽從類，雲雨自至。"《楚辭·天問》："應龍何畫？河海何歷？"王逸注："或曰禹治洪水時，有神龍以尾畫地，導水徑所當決者，因而治之。"晋王嘉《拾遺記》卷二："禹盡力溝洫，導川夷嶽，黃龍曳尾於前，玄龜負青泥於後。"唐敦煌曲子《失調名五臺山贊十八首》其一："毒龍雨降如火海，文殊鎮壓不能翻。"宋滕白《山行》詩："長見孤雲能作雨，未應片水不藏龍。"金周昂《北行二首》其一："莫怪龍行數，應知欲洗兵。"《順天府志》："黃龍五采曰應龍。"

## 【龍王】

中國古代神話傳説中統領水族的王，掌管興雲降雨。一説源於漢晋傳入的佛經（疑將蟒蛇翻譯成龍王），有佛教承傳。一説源於戰國，由道教承傳。各處龍王均有守土之責，諸天有龍（天龍八部）；四海有龍（《西游記》中稱東

四海龍王
（元代壁畫《朝元圖》局部）

海龍王敖廣、南海龍王敖欽、北海龍王敖順、西海龍王敖閏）；五方有龍（即青帝、赤帝、白帝、黑帝、黃帝）；三十八山有龍；二十四嚮有龍；以至凡是有水的地方，無論湖海河川，還是淵潭池沼以及井、泉之內都有龍王駐守。有案可查的龍王名字一說有五十四，一說有六十二。唐敦煌曲子《失調名五臺山贊十八首》其十三：“娑伽羅龍王宮裏坐，小龍護法使雷風。”宋趙彥衛《雲麓漫鈔》：“《史記·西門豹傳》說河伯，而《楚辭》亦有河伯詞，則知古祭水神曰河伯。自釋氏書入，中土有龍王之說，而河伯無聞矣。”元佚名《太上說中斗大魁掌算伏魔神咒經》：“十萬龍王大怒，雷公掣電交橫，所逢者吞。”清阮元《龍王廟聯》：“神德庇三農，統天田以乾象；恩膏流百粵，興雲雨於雩壇。”

【龍神】

據道光《鄞縣志》等記載，當地有顯濟廟，則祀天井山五井龍神，全謝山作《碧址龍神廟碑》詳之。象山之廟，當地亦祀鋸門（位於今浙江象山東南鋸門山北側，直面大目洋，距丹城約十五公里）龍神。清人有詩云：“濤聲何處起，龍躍鋸門潮。頃刻爲霖雨，飛騰上碧霄。”

【蒼山龍】

蒼山能興雲的龍。白族民間傳說，蒼山有條能興雲的雌龍，看望被鎮在洱海中的丈夫孽龍時能興起望夫雲。清俞樾《茶香室續鈔·望夫雲》：“國朝無名氏《述異記》云：‘趙州有洱海，土人詣大理府必由之，然風波甚惡。其海中有望夫雲起，則不敢行。相傳鎮一孽龍在海中央，其雌龍在蒼山，每欲相會，則蒼山雲起，排如階級，環二十里，至海中而止。是日狂風拔木，然凝視天上雲，未嘗稍轉移，真怪事也。”

【應龍】

傳說中一種能興雲布雨神龍，有翼，頸細腹大，鱗身，脊上有棘刺，四肢強健。黃帝戰蚩尤的時候，應龍截取靈山河水，秘密蓄積水位，欲一舉淹沒蚩尤的營地；大禹治水前，應龍以尾畫地，爲禹畫出應開挖的水道綫路。據說應龍有布雨的本事。《山海經·大荒東經》：“大荒東北隅中，有山名曰凶犁土丘。應龍處南極，殺蚩尤與夸父，不得復上，故下數旱，旱而爲應龍之狀，乃得大雨。”《楚辭·天問》：“河海應龍，何畫何歷？鯀何所營？禹何所存？”

應　龍

漢班固《答賓戲》："應龍潛於潢汙，魚黿螺之。"呂延濟注："應龍，有翼之龍也。"南朝梁任昉《述異記》卷上："龍，五百年爲角龍，千年爲應龍。"《後漢書·張衡傳》："夫女魃北而應龍翔，洪鼎聲而軍容息。"李賢注："女魃，旱神也。應龍，能興雲雨者也。"宋蘇舜欽《天平山》詩："旱年或播灑，潤可足九土。奈何但泓澄，未爲應龍取。"清龔自珍《尊任》："應龍入智井，不瞑目以待鰍鱔之飽龍肉，而睇淚以哀井上之居民，豈得爲應龍也哉！"

【雨鳩】

鳥名。即斑鳩。因其將雨時鳴聲急，故亦呼爲"雨鳩"。三國吳陸璣《毛詩草木鳥獸蟲魚疏》："鶻鳩，灰色，無繡項，陰則屏逐其匹，晴則呼之。語曰'天將雨，鳩逐婦'是也。"宋黃庭堅《自巴陵無日不雨至黃龍晚晴呈道純》詩："野水自添田水滿，晴鳩却喚雨鳩歸。"元金涓《春曉偶成》詩："一夜好春吹作恨，梨花寂寞雨鳩寒。"明陶益《種瓜四首》其三："近來呼雨鳩無靈，汲古灌成取次青。"清彭孫貽《行海濱望諸山雲起將雨》詩："欲雨雨鳩啼不已，尋春春色斷闌珊。"

# 雷神

傳說中掌管雷的神。俗稱雷公，是古代中國神話中主管打雷的神。相傳在上古時雷澤（今屬山東菏澤）一帶，是雷神居住的地方。《山海經·海內東經》："雷澤中有雷神，龍身而人頭，鼓其腹。在吳西。"在古代中國，雷神的形象是不斷演變的。最初，人們把它塑造成人頭龍身的怪物，敲打它的肚子就會發出雷聲。後來纔漸漸變成尖嘴猴臉狀。《搜神記》："〔雷神〕色如丹，目如鏡，毛角長三尺，狀如六畜，似

雷　神
（北朝壁畫《升天圖》局部）

彌猴。"宋韓琦《苦熱》詩："雷神抱桴逃，不顧車裂鼓。"元馬致遠《薦福碑》第三折："你因甚惱著雷神來。"明王淮《張道玄天師畫降龍圖》詩："雷神伐鼓雲揚旗，火鞭亂打列缺馳。"

【雷公】

即雷神。《楚辭·遠游》："左雨師使徑侍兮，右雷公而爲衛。"漢王充《論衡·雷虛》："圖畫之工，圖雷之狀，纍纍如連鼓之形。又圖一人，若力士之容，謂之雷公。使之左手引連鼓，右手推椎，若擊之狀。其意以爲雷聲隆隆者，連鼓相扣擊之音也。"《漢書·郊祀志》："東方帝太昊青靈勾芒時及雷公、風伯廟、歲星、東宿東宮於東郊兆。"唐韓愈《陸渾山火一首和皇甫湜用其韵》詩："雷公擘山海水翻，齒牙嚼齧舌鰐反。"宋劉敞《和永叔鳴鳩》詩："雷公號呼風伯舞，天借之權作霖雨。"金元好問《游黃華山》詩："雷公怒擊散飛雹，日脚倒射垂長虹。"明董斯張《廣博物志》卷三："雷公江赫冲、電母秀文英、風伯方道彰、雨師陳華夫。"清黃伯祿《集說詮真》："狀若力士，裸胸袒腹，背插兩翅，額具三目，臉赤如猴，下頦長而銳，足如鷹鸇，而爪更厲，左手執楔，右手執槌，作欲擊狀。自頂至傍，環懸連鼓五個，左右盤躡一鼓，稱曰雷公江天君。"在天鼓山（位於今河

北隆化）有與"九天應元雷神"相對應的天然石鼓、石楔以及雷擊石，當地有很濃厚的雷公信仰。黃帝還有位負責醫療的臣子名叫雷公，其事迹已不可考，祇知他曾派使者采藥，使者迷路而化作啄木鳥，或許後世雷公總是一副鳥臉模樣的出處就在這裏。

【雷師】

即雷神。《楚辭·離騷》："鸞皇爲余先戒兮，雷師告余以未具。吾令豐隆乘雲兮，求宓妃之所在。"洪興祖補注："《春秋合誠圖》云：軒轅主雷雨之神。一曰，雷師，豐隆也。"《史記·司馬相如列傳》："時若薆薆將混濁兮，召屏翳誅風伯而刑雨師。"張守節正義引韋昭曰："雷師也。"三國魏阮籍《清思賦》："邁黃妖之崇臺兮，雷師奮而下雨。"唐白居易《白孔六帖》卷二："雲雷者天地之鼓，豐隆、雷師出地奮。"宋周紫芝《題張元明四鬼捕懶龍圖》詩："五月江南地無黍，帝遣雷師下行雨。"元鄭廷玉《楚昭公》第一折："感得雨師灑塵，雷師擊節。"明何景明《告咎文》："禁雨工之濫施兮，屏雷師之妄鷔。"清洪繻《後地震行》："震後赤日行瞳瞳，雷師爲暴驅靈鼉。"

雷　師
（元代壁畫《朝元圖》）

【屏翳】[4]

即雷神。《史記·司馬相如列傳》："時若薆薆將混濁兮，召屏翳誅風伯而刑雨師。"張守節正義引韋昭曰："雷師也。"唐獨孤及《代書寄上裴六冀劉二穎》詩："句芒布春令，屏翳收雷霆。"宋強至《依韵奉和司徒侍中上元遇雨即席》詩："屏翳呼雲何倏忽，嫦娥收月漫徘徊。"明夏完淳《觀濤》詩："雷填填填屏翳怒，海女霓旌乍有無。"清謝震《酬汪儀曹》詩："先聲鼓氣吼屏翳，烈焰助勢燒豐隆。"

【豐隆】[2]

亦作"豐霾"。即雷神。《楚辭·離騷》："吾令豐隆乘雲兮，求宓妃之所在。"《淮南子·天文訓》："季春三月，豐隆乃出，以將其雨。"高誘注："豐隆，雷也。"唐劉禹錫《和河南裴尹侍郎宿齋天平寺詣九龍祠祈雨二十韵》詩："豐隆震天衢，列缺揮火旗。"宋田錫《李謨吹笛歌》："豐隆驚得蛟螭起，雨趁雲隨初嘯嘷。"宋孫因《越問（序）金錫》詩其三："前豐霾爲擊橐兮，後雨師爲灑塵。"元宋褧《塵泥嘆（至元元年乙亥七月久雨後）》詩："豐隆裂缺怒赫赫，天雨下土痛濯滌。"明李昱《喜雨歌》："豐隆砰硼擊天鼓，靈妃翕歘開電光。"清楊紹基《登龍山歌》："豐隆擊碎五色石，墮地橫插成煙巒。"

【豐霾】

同"豐隆"。此體明代已行用。見該文。

【九天應元雷聲普化天尊】

民間稱"雷祖"。是道教尊奉的神仙，爲南極長生大帝之化身，雷部的最高天神，掌管複雜的雷神組織，總部爲神霄玉清府，下設三省九司、三十六内院中司、東西華臺、玄館妙閣、四府六院及諸各司，各分曹局。九天雷公將軍、八方雲雷將軍、五方蠻雷使者、雷部總兵使者都是九天應元雷聲普化天尊的手下，諸司中有三十六名雷公，代天打雷，均聽九天應元雷聲普化天尊的號令。宋白玉蟾《玉樞經》："九天應元雷聲普化天尊聖號之曰：九天者，乃統三十六天總司也。始因東南九炁而生，正出雷門，所以掌三十六雷之令，受諸司府院之印，生善殺惡，不順人情。"《明史·禮志》："雷聲普化天尊者，道家以爲總司五雷。"

雷部三十六神將
（民間彩繪）

## 【陳鸞鳳】

五雷總管。《太平廣記》卷三九四引傳奇："唐元和中，有陳鸞鳳者，海康人也。負氣義，不畏鬼神。海康者，有雷公廟，其應如響。時海康大旱，邑人禱而無應。鸞鳳大怒，曰：'我之鄉，乃雷鄉，爲神不福，焉用廟爲？'遂秉炬之。其風俗，不得以黃魚彘肉相和，食之必震死。鸞鳳持竹炭刀，以所忌物相和啖之，果迅雷急雨震之。鸞鳳以刀上揮，中雷左股而斷。雷墮地，狀類熊猪，毛角，肉翼青色，手執短柄剛石斧，流血注然，雲雨盡滅。"宋謝顯道等人《海瓊白真人語錄》："〔陳鸞鳳〕然亦異哉，陳果何物而弗爲五方蠻雷都總管哉！"明佚名《道法會元》："五雷總管使者陳鸞鳳，頭如老鴉鬼相，兩手執斧，紅袍黃飛帶。"

## 【陳文玉】

民間傳說陳文玉是一位半神半人式的充滿神奇色彩的英雄人物。唐貞觀五年出任雷州首任刺史。任職期間，勵精圖治，使雷州半島人民安居樂業。貞觀八年，他上奏請求改合州爲雷州，并沿用至今。貞觀十六年，陳文玉謝世第四年，唐太宗李世民下令於雷州城西六里峰爲陳文玉立廟，封其爲"雷震王"。今甘肅蘭州金天觀中設有雷壇，供奉的雷祖、雷王是陳文玉和陳鸞鳳。左右分列十大雷神，雷公、電母、風伯、雨師侍立其下。

## 【鄧元帥】

亦稱"天元鄧將軍""鄧天君""飆火大神""欻火"。名燮，字伯溫，爲神霄雷霆三帥（鄧、辛、張）之首。九天應元雷聲普化天尊部下天君，道經中稱爲"雷霆欻火律令大神炎帝鄧天君"或"雷霆元帥鄧伯溫"。宋洪邁《夷堅志補》卷二三："宗室趙善蹈，少時遇九華同先生傳靈寶大法，行持多顯效。築壇行法，見神人火焰繞身，曰：'吾天元考召鄧將軍也。'"宋佚名《靈寶玉鑒》："開道鄧天君，流金火鈴宋元帥，通真使者，玉女靈官。"《道法會元》卷五六："雷部有飆火大神，姓鄧，名伯溫。……見世人不行忠孝，殺害侵欺，以強凌弱，國王輔弼，不能制御。遂日夜發大願，欲爲神雷，代天誅伐此惡逆。念念不絕，怒氣衝天，忽一日變鳳觜銀牙，朱髮藍身，左手持雷鑽，右手執雷槌，身長百丈，兩腋生翅，展開則數百里皆暗，兩目放火光二道，照耀百里，手足皆龍爪，飛游太虛，吞啖精怪，斬伐妖龍。蒙上帝封爲律令大神，隸屬神雷。"又同書云："太昊伏犧氏，風姓，母曰華胥，感履大人之迹而生后。蛇首人身，代燧人氏以木德王天下，受龍圖之瑞，以龍紀官。觀天文，察地理，畫八卦，分九州，造書契，制婚禮，作網罟，教佃漁，養犧牲充庖廚。在位百二十年。有子二人，長曰祝融，字伯庸，即今南斗火官也。次曰鬱光，字伯溫，即今爔火大神也。此鄧帥之所自出也。”

### 【天元鄧將軍】

即鄧元帥。此稱宋代已行用。見該文。

### 【鄧天君】

即鄧元帥。此稱宋代已行用。見該文。

### 【飆火大神】

即鄧元帥。此稱明代已行用。見該文。

### 【爔火】

傳說中掌管雷火的神。全稱爲“九天爔火律令大神炎帝鄧天君”，名燮，字伯溫，爲雷部主帥，形象十分猙獰威猛。宋佚名《靈寶玉鑒》：“右仰爔火律令，開道鄧天君，流金火鈴宋元帥，通真使者，玉女靈官。”元王玠《沁園春·龍》詞：“發通身爔火，飛光走焰，山精鬼怪，絕迹潛蹤。”明程登吉《幼學瓊林·天

鄧伯溫
（明代彩繪）

文卷》：“爔火、謝仙，俱掌雷火；飛廉、箕伯，悉是風神。”明趙弼《鐵面先生傳》：“阿香車動，爔火鼓鳴，龍蛇因而起蟄，草木藉以生萌。”徐珂《清稗類鈔·迷信類》：“爔火律令翻穹窿，鞭擊妖魅驅蛇蟲。”

### 【畢元帥】

原名田華。據《三教源流搜神大全》卷四載，田華原係雷精，藏地中，寄胎於田間，得千年石鐘乳氣而生。出生時，白晝晴空霹靂，火光照天，風雨驟至。大蛇圍其外，群蜂以哺。及長，修煉於漉瀘巖下。女媧補天不成，畢元帥助水火之精，聲吼天地，乃塞天漏。又煉五色火雹風雷陣，助黃帝擊死蚩尤，被拜爲龍師。玉帝封以雷門畢元帥之職，敕掌十二雷庭，助玄天上帝誅瘟役鬼，上管天地潦涸，下糾群魅出沒，中擊不仁不義，等等。明佚名《道法會元》：“火車涌天吹腎存，畢元帥入，轟轟霹靂震動乾坤。”明佚名《法海遺珠》：“北極驅邪院主管雷霆都司軍轄事畢元帥，三十六雷鼓力士，七十二考召神祇。”

### 【辛元帥】

據《三教源流搜神大全》卷四載，辛元帥原名辛興，字震宇，雍州人，爲九天應元雷聲普化天尊主掌的雷部中五名元帥之一。雍州地界有神雷山。辛興之母即爲神雷山霹靂破膽而死，辛興抱母尸而哭，雷神感其至孝，化爲道士而謝罪，并贈辛興十二火丹以啖。辛遂易形，妖其頭，喙其嘴，翼其兩肩，左執尖，右持槌，腳踏五鼓（按，民間彩繪亦有人形者）。玉皇大帝封其爲九天應元雷聲普化天尊主掌的雷部中五名元帥之一，與畢元帥共五方事，往來行天，翦幽冥中邪魔鬼惡。前蜀杜光庭《道門科範大

辛天君
（明代彩繪）

全》："北極闕下列班真宰，雷霆鄧、辛、張三大元帥。"

## 【劉天君】

據《三教源流搜神大全》卷四載，劉天君名後，東晉時人。生於岷江漁渡中，幼時落波心而不死。因貧，送於羅真人爲侍讀，因精於五雷掌訣，能招風捉雨，隨叩即應，濟民助國。是年東京大旱，皇帝禱於劉天君祠，果有大雨。時秋大稔。皇帝敕命其爲"立化慈濟真君"。玉皇大帝亦命劉天君職掌雷部王府的各種事務。前蜀杜光庭《道門科範大全》："北極闕下列班真宰，雷霆鄧、辛、張三大元帥，雷門苟、畢二元帥，虛危二宿神君，黑虎大神劉天君。"宋蔣叔輿《無上黃籙大齋立成儀》："洞玄主帥蒼牙鐵面劉天君。"明佚名《法海遺珠》："雷霆煞伐主執威神，蒼牙鐵面劉天君。"明佚名《道法會元》："主帥三五九陽上將蒼牙鐵面劉天君。"

## 【龐元帥】

據《三教源流搜神大全》卷四載，龐元帥原名龐喬，字長清。龐喬家境貧困，世爲駕渡之工。但龐喬心行善良，對往來渡客無不平等，救人急難。玉帝聞而憐之，敕爲混氣元帥，爲九天應元雷聲普化天尊主掌的雷部中五名元帥之一，手執金刀，唯天門之出入是命，以降陰魔，除舊惡，秋毫不爽。明佚名《道法會元》："上清八卦洞神主法左璇開明大神龐元帥。"

## 【張元伯】

雷霆飛捷使者，或稱太乙捷疾直符使者、雷霆六一直符飛捷報應使者。民間又謂瘟神。他的形象因時而變，頗爲神奇。如朱髮，獬豸冠，青面，三目，出火，緋袍，綠飛天帶，金甲，手仗火戟，鬼形，旁出獠牙。赤足，駕火龍。明佚名《道法會元》："〔張元伯〕肉角，紅髮，青面，雙目，鷹喙，青身，雙肉翅，龍爪手足，紅裙飛仙帶。如遣召雷神，執敕召雷神皂旗，腰懸巨斧，搖撼旗幟。如少刻召雷回壇之時，却插旗於腰間，雙手用力揮執長柄巨斧，開通雷路，猛作奮劈之勢，引領萬萬雷神，喧轟如雲而至。如召遣齎章奏，則交腳幞頭，紅抹額，赤面圓目，紅袍綠靴，左執章奏，右執斧，如直符狀，有破罡、風流、金火鈴、開天門諸神，皆從之。"《法海遺珠》卷四〇："〔張元伯〕豬鼻尖觜，肉翅，紫髮金睛，裸體，赤色，手足腕上皆金鐲，額上金額花，肉角，白頂骨，緋風衣，綠飛帶，左手執公文，右手執皂旗，上有金字敕召雷神，旗腳飄指巽戶，自巽方乘

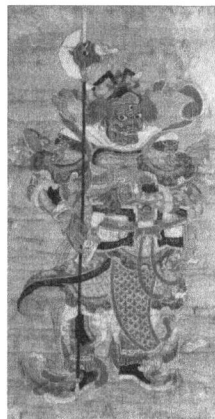

張元伯
（清代彩繪）

金色雷電火花，飛行而降。"

## 【石大將軍】

雷部大將軍石守信。崇禎《松江府志·志餘》："〔弘治二年〕顧草堂營壽域於肇嘉浜上，一夕雷雨大作，磚瓦盡移於河南數十丈外，其鋪砌巧異，非人工可及，倒書白字一行於華表石上，云雷部大將軍石守信。字畫遒勁，有晋人筆意。"但古代文籍中罕有對石守信的記述。

## 【謝僊】

亦稱"謝天君"。雷部中神名。主行火。宋歐陽修《歐陽文粹》："謝僊者，霤部中也。"明佚名《道法會元》："謝僊舉火，木郎排户。"明余象斗《四游記·祖師遇著金刀難》："玉帝大悦，差駕前掌令官責玉旨，封仕榮爲火德謝天君，手持金鞭，架火輪刀，隨師行教。"明程登吉《幼學瓊林·天文卷》："欻火、謝僊，俱掌雷火；飛廉、箕伯，悉是風神。"

## 【謝天君】

即謝僊。此稱明代已行用。見該文。

## 【阿香】

傳說中推雷車的小神。晋陶潛《搜神後記》卷五："永和中，義興人姓周……向一更中，聞外有小兒唤阿香聲，女應諾。尋云：'官唤汝推雷車。'女乃辭行，云：'今有事當去。'夜遂大雷雨。"唐王渙《悼亡》詩："爲怯暗藏秦女扇，怕驚愁度阿香車。"宋唐庚《冬雷行》詩："百蟲蟄處安如家，阿香夜起推雷車。"元李俊民《夜雨》詩其二："夜半天公號令催，即時驚起阿香雷。"明葉顒《金華尉趙德夫祈雨有感》詩："利爪排空怒且雄，阿香推車海若從。"清陸求可《生查子·雷》詞："白晝阿香奔，催起山頭雨。"

## 【夔牛】

傳爲雷獸。《山海經》："東海中有流波山，入海七千里。其上有獸，狀如牛，蒼身而無角，一足，出入水則必風雨，其光如日月，其聲如雷，其名曰夔。黃帝得之，以其皮爲鼓，橛以雷獸之骨，聲聞五百里，以威天下。"《神魔志異·靈獸篇》："上古奇獸，狀如青牛，三足無角，吼聲如雷。久居深海，三千年乃一出世，出世則風雨起，雷電作，世謂之雷神坐騎。"清曹貞吉《水調歌頭·快雨》詞："疑是夔牛鼓震，又恐驅山鐸掣，潑墨蕩雲煙。"

## 【袁千里】

傳爲雷霆判官。東晋干寶《搜神記》："袁勝，字千里，南豐人，王侍宸甥氏子也。有斬勘雷法，仿佛舅氏。端平間，公寓戴顛家。一日謂戴顛曰：吾逝矣，可焚我。言畢而卒。戴焚之，火及屍，煙焰中有旗現金字曰：雷霆第三判官袁千里也。"

## 雷車 [2]

傳說中雷神的車子。《莊子·達生》："其（委蛇）爲物也，惡聞雷車之聲，則捧其首而立。"晋陶潛《搜神後記》卷五："永和中，義興人姓周……向一更中，聞外有小兒唤阿香聲，女應諾。尋云：'官唤汝推雷車。'女乃辭行，云：'今有事當去。'夜遂大雷雨。"唐白居易《酬鄭侍御多雨春空過詩三十韵（次用本韵）》詩："鬼轉雷車響，蛇騰電策光。"宋徐積《閔災詞》："電火燒黑空，雷車震金鼓。"元尚仲賢《單鞭奪槊》第四折："一個似摔碎雷車霹靂鬼，一個似擘開華嶽巨靈神。"明釋德祥《周玄初禱雨》詩："驅逐電雨鞭雷車，玄雲著地手可拿。"清陸求可《西江月・春雷》詞："半夜雷車驚蟄，初春雨腳穿江。"

## 雷斧

亦稱"霹靂鉞"。傳說中雷神用以發霹靂的工具。其形如斧，故稱。唐李咸用《石版歌》："雲根劈裂雷斧痕，龍泉切璞青皮皴。"宋蘇軾《次韵滕大夫三首・雪浪石》詩："畫師爭摹雪浪勢，天工不見雷斧痕。"元洪焱祖《次韵府尹范松石游柯橋》詩："玉虹僵臥衆峰鎖，雷斧剡開一竅明。"明李昱《喜雨行》詩："六丁雷斧開天關，不盡天瓢瀉甘澤。"清紀昀《閱微草堂筆記・灤陽消夏錄四》："時八里莊三官廟，有雷擊蠍虎一事，安問以物久通靈，多嬰雷斧，豈長生亦造物所忌乎。"

## 電神

亦稱"列缺"。掌閃電之神。列缺，本義指打雷閃電之處，後逐漸演變爲"雷神"稱謂。唐善無畏《千手觀音造次第法儀軌》："二十六水火雷神，此四神皆備夫妻。"唐皮日休《霍山賦》："叱豐隆，奔列缺，轟然霹靂，天地俱裂。"宋崔敦禮《太白遠遊》詩："燭龍銜光以照物兮，列缺揮鞭而啓途。"元陳德永《雁蕩吟送秦文學還吳》詩："巨靈運斤鑿鬼竅，列缺吐火施神鞭。"明程登吉《幼學瓊林》："列缺乃電之神，望舒是月之御。"明張岱《夜航船・天文部》："雷，雷神名豐隆。電神名列缺。"清嚴虞惇《小重陽日大雨後續城南登高分得千字》詩："秋行夏令勢淳涸，列缺吐火施其鞭。"

### 【列缺】 [2]

即電神。此稱唐代已行用。見該文。

### 【電父】

傳說中掌管閃電的神。即電神，閃電之神。

一說電父即電母。晋佚名《上清九天上帝祝百神内名經》："電父激氣以雙趺，揭齒歛足。"宋楊伯喦《六帖補》卷一："告命南箕使，召雷公、電父、風伯、雨師，群山吐陰，衆川激精。"清錢大昕《十駕齋養新録・電父》："今人稱電神曰電母，古人則稱電父。《管輅別傳》云：'使召雷公電父，風伯雨師。'"按，今本《三國志・魏書・管輅傳》："今夕當雨。"裴松之注引《管輅別傳》作"電母"。據《十駕齋養新録》引《管輅別傳》，則當時已經有"雷公電父"之稱了。後來，按照人們陰陽對立、男女配對的心理特徵，電父搖身一變成爲女性。電母之稱至遲出於宋代，蘇軾有詩云"麾駕雷車呵電母"。

### 【電母】

傳說中掌管閃電的女神。被封爲敬皇雷府侍中僕射上相真君。電母是中國神話傳說中雷公的妻子，施法助手。傳當雷公與電母吵架時，天上也會雷電交加。她雙手分別拿着一面鏡子，用它們發出電光。宋馮熙載《宣和七年十二月二十一日就睿謨殿張燈預賞元宵曲燕應制》詩："又如電母神鞭馳，金蛇著壁不可捫。"《元史》："電母旗，畫神人爲女人形。"明佚名《道法會元》："雷雲速震，風雨崩摧。電母急降，萬里掣轟。"清宋書升《禱雨行》詩："雷公大怒電母笑，若輩竟號作霖材。"

### 【電母秀天君】

亦稱"電母秀使者""電母秀文英"。明佚名《法海遺珠》："電母秀文瑛，黑髮朱衣，兩手電光。"明方以智《通雅》卷二一："雷公江赫冲、電母秀文英、風伯方道彰、雨師陳華夫俱見道經，《藝苑卮言》載之。"清姚福均《鑄鼎餘聞》："致道觀雷部前殿，列電母秀使者，名文英。"

### 【電母秀文英】

即電母秀天君。此稱明代已行用。見該文。

### 【電母秀使者】

即電母秀天君。此稱清代已行用。見該文。

### 【朱佩娘】

亦稱"影刀娘""金光聖母"。傳説中掌管閃電的神。即電母。家住石雷山下，父親名叫實元，妹妹叫朱字娘。因爲吃飯時丟了冬瓜籽在溝裏，雷使誤認爲是丟的飯，令雷公擊殺之，年僅十六。後被查明冤情，同妹妹一起被雷使度化，授予雷電鏡二面，號影刀娘。後被收爲

金光聖母
（元代壁畫《朝元圖》局部）

真武大帝手下，被玉帝封爲雷部電母。稱"金光聖母"或"朱佩娘"。出自明代《北游記》。明代小説《西游記》《封神演義》中都寫到"金光聖母"或"朱佩娘"。

### 【影刀娘】

即朱佩娘。此稱明代已行用。見該文。

### 【金光聖母】

即朱佩娘。此稱明代已行用。見該文。

## 青女[1]

亦稱"青霄玉女"。傳説中掌管霜的女神，即霜神。一説，雪神。《淮南子·天文訓》："百蟲蟄伏，静居閉户，青女乃出，以降霜雪。"高誘注："青女，天神，青霄玉女，主霜雪也。"南朝梁蕭統《銅博山香爐賦》："於時青女司寒，紅光翳景。"唐杜甫《秋野》詩之四："飛霜任青女，賜被隔南宫。"唐寒山《詩三百三首》其一一五："屢見枯楊荑，常遭青女殺。"宋許景衡《九日》詩："青女飛霜重，黃花挹露鮮。"元吴師道《晚霜曲》："九天青女曳裙帶，笑抛珠露成飛花。"明烏斯道《惠墨歌》詩："青女三五搗玄霜，滿握芳馨喜分得。"清方達聖《秋夜漫興》詩："星拱素娥當碧落，葉隨青女下蒼苔。"

### 【青霄玉女】

即青女[1]。此稱漢代已行用。見該文。

### 【霜女】

亦稱"霜妃"。傳説中主霜之女神。亦稱"霜妃"。《唐文粹》："雷公河伯，或駈騋以脩聳；霜女江妃，乍紛綸而晻暖。"宋張先《南鄉子·送客過餘溪聽天隱二玉鼓胡琴》詞："天碧染衣巾，血色輕羅碎褶裙。百卉已隨霜女妒，東君，暗折雙花惜小春。"元馮子振《十八公賦》："枝不殘於霜妃之慘慄，膚不撓於土伯之瘵痛。"清錢謙益《再疊前韵二首》其一："霜女换青排冷艷，月娥暈白鬥清真。"

### 【霜妃】

即青女。此稱元代已行用。見該文。

## 五里霧張楷

亦稱"張公霧""公超霧""張楷霧"。傳説張楷爲"能作五里霧"之人。張楷，字公超。《後漢書》卷三六："〔張楷〕性好道術，能作五里霧。"唐佚名《對蜀父老問》："門有張公之

霧，突無墨子之煙。"宋文同《華山》詩："巖頭漠漠衛卿雲，谷口紛紛張楷霧。"宋黃庭堅《和范信中寓居崇寧遇雨》詩："它時無屋可藏身，且作五里公超霧。"清弘曆《霧》詩："張公五里裴三里，鷽鳩何異榆枋枝。"

**【張公霧】**

即五里霧張楷。此稱唐代已行用。見該文。

**【公超霧】**

即五里霧張楷。此稱宋代已行用。見該文。

**【張楷霧】**

即五里霧張楷。此稱宋代已行用。見該文。

## 三里霧裴優

傳說裴優爲"能作三里霧"之人。因以"三里霧"指大範圍的濃霧。《後漢書·張楷傳》："時關西人裴優亦能爲三里霧，自以不如楷，從學之，楷避不肯見。"唐李商隱《聖女祠》詩："無質易迷三里霧，不寒長著五銖衣。"元馬祖常《壽郝大參》詩："留客只談三里霧，見人不問五侯鯖。"明夏完淳《大哀賦》："忽焉五斗米之教起，三里霧之術成。"

## 布霧郎君

亦稱"霧子"。傳說中掌管下霧的小神。《西游記》第四五回："那道士又執權杖，燒了符檄，撲的又打了一下，只見那空中雲霧遮滿。孫大聖又當頭叫道：‘布雲的是那個？’慌得那推雲童子、布霧郎君當面施禮。行者又將前事說了一遍，那雲童、霧子也收了雲霧，放出太陽星耀耀，一天萬里更無雲。"

**【霧子】**

即布霧郎君。此稱明代已行用。見該文。

## 滕六

傳說中掌管雪的神。因雪花爲六瓣，故稱。

唐牛僧孺《玄怪錄》："若祈滕六降雪，巽二起風，即不復游獵矣。"宋洪适《漁家傲》詞："滕六晚來方命駕，千山絕影飛禽怕，江上雪如花片下。"元吳景奎《擬李長吉十二月樂辭·十一月》詩："瓊樓仙人喚滕六，夜入銀潢剪瑛琭。"明程登吉《幼學瓊林·天文篇》："雲師係是豐隆，雪神乃是滕六。"清錢謙益《苦雨嘆》詩："玉女忽隨滕六笑，雪師兼把雷車掉。"

**【玄冥】** [2]

傳說中的冬天之神北方玄冥，亦爲掌管雪的神。先秦屈原《遠遊》："歷玄冥以邪徑兮，乘間維以反顧。"晋佚名《玄冥（鄒子樂）》："玄冥陵陰，蟄蟲蓋藏。"唐李白《大獵賦》："若乃嚴冬慘切，寒氣凜冽，不周來風，玄冥掌雪。"宋劉志行《堯山冬雪》詩："玄冥此來事游戲，剪水作花南到地。"元王士熙《竹枝詞十首》其五："昨夜玄冥剪飛雪，雲州山裏盡堆銀。"明劉基《送葉景龍之通州同知任分韵得勳字》詩："北風厲玄冥，霜雪下紛紛。"清戴亨《連夜不寐因成苦調》詩："玄冥作重陰，慘雪紛揚播。"

**玉妃** [2]

傳說中掌管雪的女神。唐曹唐《小游仙詩九十八首》其九六："蛟絲玉綫難裁割，須借玉妃金剪刀。"宋楊萬里《中書胡舍人玉堂夜直用萬里所和湯君雪韵和寄逆旅再和謝焉》詩："玉妃爲作回風舞，金炬高燒帶笑看。"元馮子振《梅花百咏·粉梅》詩："玉妃平碾白朱砂，散作春風六出花。"明龔翊《周廷悦以畫梅二幅求題將勉其義子馬綱》詩："玉妃曾服丹霞釀，冰雪雖寒暈自紅。"

## 【青女】 [2]

傳説中掌管雪的女神。宋范成大《春後微雪一宿而晴》詩："東君未破含春藥，青女先飛翦水花。"宋衛宗武《念奴嬌·山中霜寒有作》詞："青女呈工，玉妃傳信，漸六霙飛動。"清彭孫貽《再和五首》其五："青女倘容分絳雪，不須月下搗玄霜。"

## 李左車

傳説中掌管冰雹的神。《史記》裏的李左車以廣武君的爵號出現在趙軍。之後李左車輔佐韓信收復燕、齊之地，留下了"智者千慮，必有一失；愚者千慮，必有一得"之名言，還著有兵書《廣武君略》一部。《聊齋志異·雹神》寫楚中爲官的王筠蒼到龍虎山拜謁天師，途遇雹神李左車，王聽説家鄉章丘要降雹，即"離席乞免"。天師説這是上帝玉敕。在王哀求不已下，於是天師就囑雹神"其多降山谷，勿傷禾稼可也"。後據説那天章丘雹子下得溝渠皆滿，"而田中僅數枚焉"。至今李左車家鄉山東安丘市有"李左車紀念館"，大門上還有"雹神淵芳"的橫楣。清和邦額《夜譚隨録》卷一二引恩茂先曰："園言其祖誠齋公（明）鎮武威時，秋稼將登，忽爲李左車所虐。公怒，選壯夫百人，向雲頭施火攻迎擊之。雲雷輒退，冰雹頓止。蓋其地近陰山，雹有大於石磴者。自公行此法，數年無雹患。"

## 李坐池

山東安丘市有座雹泉廟。傳説有個雹泉爺爺出生在安丘市雹泉村，人們祇知其姓，不知其名。幼年喪父母，家境貧困，隨兄嫂度日。一天，他拾柴到了村西，用钁頭刨樹根時，泉水突然噴涌而出，大有淹没村莊造成水災之勢。他便一屁股坐在泉眼上，一動不動，堵住了泉眼，避免了水患，但他却死在那裏。人們爲了紀念他，稱他"李坐池"，時間久了，訛傳爲"李左車"。後來，人們又蓋了廟宇，塑了他的像，讓他四時享祭，成了神靈。他經常化解冰雹，普降甘霖，讓莊稼豐收，使人們過着美好的日子。相傳廟宇修成之後，文武官員路過此地都要下轎下馬。唐皇李世民東征高麗凱旋，路過此廟没有下轎，誰知天氣突變，下起冰雹。冰雹直向唐皇的轎裏打，唐皇命轎掉頭轉嚮，然而風嚮隨之而變，没處躲避。唐皇趕緊下轎，拜祭雹神之後，風雹纔平息下來，唐皇隨即降旨重修此廟。

## 降雹武后

神話描寫唐朝武則天有指揮降下冰雹的神通。《女仙外史》第十四回："武后大怒，向空指手劃脚，只見鐃鈸大小的冰雹無數，打將下來，月君又取手帕一方，拋向空中，却像似片大石板，冰雹乒乒乓乓都打在石板上，一塊也不得下來，武后就脱下裙子，也要來裹月君。鮑姑一手接住道：'請各收了神通，我有道理。'"

## 冰神

亦稱"冷神"。傳説中掌管冰雹的烏龍神，雹神。河北平鄉民俗類非物質文化遺產項目"祭冰神"，又叫"祭冷神""冰神祭祀"。用三種黑色動物作祭品燒化後，烏鷄變成頭、烏豬變成身、烏魚變成尾，組成一條烏龍飛走，寓意此地也就没有冰雹之灾。《淵鑑類函》卷三四〇："桐井微微夕渚暗，肅肅暮風冷神行。"

## 【冷神】

即冰神。此稱清代已行用。見該文。

## 吐雹蝦蟆

傳説中能口吐冰雹的蝦蟆。清樂鈞《耳食録》第二編卷八《蝦蟆作雹》："蝦蟆千萬銜岸上土少許，復飲水河中，已，張口岸上，口中皆雹也。大者成大雹，小者成小雹，須臾吐之，風卷而去。"清紀昀《閲微草堂筆記》卷一三："凡妖物皆畏火器。史丈松濤言，山陝間每山中黄雲暴起，則有風雹害稼。以巨砲迎擊，有墮蛤蟆如車輪大者。"

## 吐雹蜥蜴

傳説中能口吐冰雹的蜥蜴。清紀昀《閲微草堂筆記》卷一四："劉道人居一山頂結庵。一日，衆蜥蜴入來，盡吃庵中水。少頃，庵外皆堆雹。明日，山下果雹。有一妻伯劉文，人甚樸實，不能妄語。言過一嶺，聞溪邊林中響，乃無數蜥蜴，各抱一物如水晶去，未數里下雹。"清趙吉士《寄園寄所寄》卷五引《客中間集》："世傳雹者，蜥蜴所吐，而不知虹霓亦有吐之者。伍均澤與其婿劉宏濟行隴間，聞鱗甲珊珊聲，有雙蟲出自樹下，首尾皆蛇，而腹如鼈，四足如虬。並行至樹顛，昂首張口，氣出吻間，一紅一緑，成虹亘天。"

## 虹女

變化爲虹的仙女。南朝齊焦潞《稽神異苑·虹化爲女子》："《江表録》：首陽山有晚虹，下飲溪水，化爲女子。明帝召入宫，曰：'我仙女也，暫降人間。'帝欲逼幸，而有難色，忽有聲如雷，復化爲虹而去。"明楊維楨《花游曲》詩："水天虹女忽當門，午光穿漏海霞裙。"清姚燮《海棠》詩："繚樹春山煙可黛，媚人虹女玉爲璫。"

## 掃晴娘

中國民間祈禱雨止天晴時挂在屋檐下的剪紙婦人像。婦人手携一苕帚，常以紅紙或緑紙剪成，陝西漢中一帶叫"掃天婆"。元李俊民《掃晴娘》詩："卷袖搴裳手持帚，挂向陰空便摇手。"明王彦泓《雜題上元竹枝詞（戊辰年）》其二："風雨元宵意倍傷，畫簪低拜掃晴娘。"清厲鶚《醉太平（正宫）·春雨》詞："掃晴娘拜惜花天，對珠簾暮卷。"

## 旱魃

單稱"魃"，亦稱"女魃""旱鬼""暵魃""獸魃""鬼魃"。中國古代神話傳説中引起旱災的怪物。先秦至漢代的旱魃形象以天女形象爲代表，其形象爲身着青衣的女子。這一時期的旱魃帶有神怪二重的身份，人們將其視爲旱神，但又以日曬、水淹、虎食等方式對其進行驅逐，以實現驅旱求雨的目的。自漢代中後期至明初，天女形象的旱魃逐漸向另一種小鬼形象的旱魃過渡，其形象遂逐漸轉向一種更爲邪惡的面目。明代中期以後，小鬼形象的旱魃逐漸向僵屍形象的旱魃演變。《詩·大雅·雲漢》："旱魃爲虐，如惔如焚。"《山海經·大荒北經》："有人衣青衣，名曰黄帝女魃。蚩尤作兵伐黄帝，黄帝乃令應龍攻之冀州之野。應龍蓄水，蚩尤請風伯雨師縱大風雨。黄帝乃下天女曰魃，雨止，遂殺蚩尤。魃不得復上，所居不雨。"《説文·鬼部》曰："魃，旱鬼也。從鬼，犮聲。"漢東方朔《神異經》："南方有人，長二三尺，袒身而目在頂上，走行如風，名曰魃，所見之國大旱，赤地千里。一名'火監'。遇者得之，投溷中乃死，旱災消。"《明武宗實録》卷一三七："〔正德十一年〕五月辛卯，侍郎石瑤上疏言：去冬以來，四郊無雪，……雨師屯膏，旱魃肆威，狂颸震怒，不悔於昔。霾瞠薑暖，無日無之，畿輔地方，視遠滋甚，河南北數郡，樹無完膚，人民相食。"清袁枚《子不語》卷一八："此旱魃也。猱形披髮一足行者，爲獸魃；繄死屍僵出迷人者，爲鬼魃。獲而焚之，足以致雨。"清袁枚《續子不語》："屍初變旱魃，再變即爲犼。"犼，中國神話傳說中北方食人之獸。

**【女魃】**

即旱魃。此稱先秦時期已行用。見該文。

**【魃】**

旱魃的單稱。此稱先秦時期已行用。見該文。

**【旱鬼】**

即旱魃。此稱漢代已行用。見該文。

**【火監】**

即旱魃。此稱漢代已行用。見該文。

**【犼】**

即旱魃。此稱明代已行用。見該文。

**【鬼魃】**

即旱魃。此稱清代已行用。見該文。

**【獸魃】**

即旱魃。此稱清代已行用。見該文。

## 附錄二：氣候數九習俗

關於"數九"的習俗的文字記載，最早見於公元 550 年南朝梁宗懍所著《荊楚歲時記》，到現在已有一千四百多年的歷史。有人認爲，現在所見古籍傳下來的冬至《九九歌》爲明代所創，夏至《九九歌》爲南宋所創。但夏至《九九歌》是仿照冬至《九九歌》而作，一定是在冬至《九九歌》成功流行多年以後纔能被創作出來的。所以最早的冬至《九九歌》應是創於南宋或更早的時期。

"九"字多取吉祥之義。我國人民自古以來就以"數九"來形容嚴冬的寒冷。俗話說"冷在三九"，因爲"三九"在"九九"中爲最寒冷的時節。"九九"剛去，春天即來。明代《帝京景物略》載，冬至時，"畫素梅一枝，爲瓣八十有一。日染一瓣盡而九九出，則春深矣。曰九九消寒圖，即舊曆冬至後計日之圖"。"數九"的說法，是從冬天的冬至日算起，第一個九天叫"一九"，第二個九天叫"二九"。依此類推，一直到"九九"，即第九個九天，這時冬天已過完，春天來到了。十里不同俗，即使同在黃河流域，也有不同風格的"九九節氣歌"，所以就有多種形式的冬至《九九歌》，當然其中也有不少相同或相似的地方。

## 冬至《九九歌》

現在傳唱的冬至《九九歌》主要流行於北方地區，因載於小學課本而流傳：
"一九二九不出手，三九四九冰上走，五九六九河邊看柳，七九河開（化冰），八九雁來，九九加一九，耕牛遍地走。"

明謝肇淛《五雜俎》記載的《九九歌》："一九二九，相逢不出手；三九二十七，籬頭吹觱篥（指大風吹籬笆發出很大的響聲，觱篥是我國古代北方少數民族的樂器名）；四九三十六，夜眠如露宿（指天冷，在屋內睡覺却像在露天睡覺一樣冷）；五九四十五，太陽開門户；六九五十四，貧兒争意氣；七九六十三，布納擔頭擔（指天熱脱掉衣服擔着）；八九七十二，貓犬尋陰地；九九八十一，犁耙一齊出。"又，明謝肇淛《五雜俎》記載的北京地區流行的《九九歌》："一九二九，相逢不出手；三九四九，圍爐飲酒；五九六九，訪親探友；七九八九，沿河看柳。"

明劉侗、于奕正同撰專門記載北京風物的《帝京景物略》所記的《九九歌》："一九二九，相唤不出手；三九二十七，籬頭吹觱篥；四九三十六，夜眠如露宿；五九四十五，家家堆鹽虎（這裏指所堆的雪人）；六九五十四，口中出暖氣；七九六十三，行人把衣單；八九七十二，貓狗尋陰地；九九八十一，窮漢受罪畢，纔要伸脚睡，蚊蟲虼蚤（跳蚤）出。"

清顧禄《清嘉録》記載的《數九歌》："一九二九，相唤弗出手（手都因怕冷而縮在面袍裏）。三九二十七，籬頭吹觱篥。四九三十六，夜眠如露宿。五九四十五，窮漢街頭舞（窮人衣薄起舞取暖）。不要舞，不要舞，還有春寒四十五。六九五十四，蒼蠅垛屋（透露出一點暖意了）。七九六十三，布袖兩肩攤（天暖厚衣服可以披在肩上了）。八九七十二，貓狗躺凉地。九九八十一，窮漢受罪畢，剛要伸脚眠，蚊蟲跳蚤出。"

河北冬至《九九歌》之一："一九二九不出手，三九四九凌（冰凍）上走，五九六九沿河看柳，七九河開（化冰），八九雁來，九九加一九，耕牛遍地走。"

河北冬至《九九歌》之二："一九二九不出手，三九四九凌上走，五九六九沿河看柳，七九河開，八九雁來，九九八十一，家裏做飯地裏吃（因忙於農活在地裏吃飯）。"

河北（新河縣）冬至《九九歌》之三："一九二九，啞門叫狗（讓狗到屋裏暖和）；三九四九，凍破碌碡（用來軋穀物的大石頭滚子）；五九六九，開門大走；七九河開河不開；八九雁來雁準來；九九河重凍，米麵撑破甕（豐收）。"

河北（蔚縣）冬至《九九歌》之四："一九二九，相喚不出手。三九二十七，籬頭吹觱篥。四九三十六，夜眠如露宿。五九四十五，家家堆鹽虎。六九五十四，口中出暖氣。七九六十三，行人把衣擔。八九七十二，貓狗尋陰地。九九八十一，窮漢受罪畢。"

湖南冬至《九九歌》之一："冬至是頭九，兩手藏袖口。二九一十八，口中似吃辣。三九二十七，見火親如蜜。四九三十六，關住房門把爐守。五九四十五，開門尋暖處。六九五十四，楊柳樹上發青絲。七九六十三，行人脫衣衫。八九七十二，柳絮滿地飛。九九八十一，穿起蓑衣戴斗笠。"

湖南冬至《九九歌》之二："一九二九，懷中抱手；三九二十七，簷前雨不滴；四九三十六，簷前膠蠟燭（冰柱）；五九四十五，家家打年鼓（迎接新年）；六九五十四，春風如榨刺（春寒）；七九六十三，行人把衣寬；八九七十二，看牛兒坐潰潰；九九八十一，安排蓑衣和斗笠。"

湖南（長沙）冬至《九九歌》之三："初九二九，相逢不出手；三九二十七，簷前倒挂筆（冰柱）；四九三十六，行人路途宿；五九四十五，窮漢階前舞；六九五十四，枯椏枝發嫩刺；七九六十三，行人路上脫衣裳；八九七十二，麻拐子（青蛙）田中嗝（叫喚）；九九八十一，穿上蓑衣戴斗笠。"

湖北冬至《九九歌》："一九二九，夾褲換棉褲；三九四九，房中生火爐；五九六九，外面找不到路（下雪）；七九八九，沿河插柳；九九八十一，行人路上把衣披。"

江南冬至《九九歌》："一九二九，相見弗出手；三九二十七，籬頭吹觱篥；四九三十六，夜晚如露宿；五九四十五，太陽開門户；六九五十四，貧兒爭意氣；七九六十三，布袖擔頭擔；八九七十二，貓兒尋陽地；九九八十一，犁耙一齊出。"

江蘇冬至《九九歌》："一九二九，背起糞簍；三九四九，拾糞老漢滿街走；五九六九，修灘挖溝；七九六十三，家家户户把種浸；八九七十二，修車裝板兒；九九又一九，扶着犁耬滿地走。"

江蘇（常州）冬至《九九歌》："頭九二九，相逢不出手；三九四九，凍得索索抖；五九四十五，窮漢街上舞；六九五十四，蚊蠅叫吱吱；七九六十三，行人着衣單；八九七十二，赤腳踩爛泥；九九八十一，花開添綠葉。"

江蘇（徐州）冬至《九九歌》："一九二九不出手；三九四九凌上走；五九六九，河邊看柳；七九河冰開，八九雁歸來；九九加一九，耕牛遍地走。"

浙江冬至《九九歌》之一："一九二九，相呼不出手；三九二十七，籬頭吹觱篥；四九三十六，夜宿如露宿；五九四十五，窮漢街頭舞；不要舞、不要舞，還有春寒四十五；六九五十四，蒼蠅躲層次（天暖有蒼蠅）；七九六十三，布衲（布衫）兩肩攤；八九七十二，豬狗躺海地（濕地不熱）；九九八十一，窮漢受罪畢；剛要伸懶腰，蚊蟲虼蚤出。"

浙江冬至《九九歌》之二："一九二九不出手；三九二十七，芽頭如筆立（冰柱）；四九三十六，夜眠水上宿；五九四十五，太陽開門户；六九五十四，黃狗看陰地；七九六十三，破棉襖用扁擔擔；八九七十二，鯉魚跳過灘（水暖魚活躍）；九九八十一，犁頭鬧田缺（都忙於耕地而缺乏犁頭）。"

浙江（沿海）冬至《九九歌》："一九二九，棒打不走（怕冷不出門）；三九四九，滴水不流；五九四十五，窮漢街頭舞；六九五十四，籬笆抽嫩枝；七九六十三，破衣兩頭擔；八九七十二，貓狗尋陰地；九九八十一，飛爬（會飛和會爬的蟲豸）一起出。"

四川冬至《九九歌》："一九二九，懷中揣手；三九四九，凍死豬狗；五九六九，沿河看柳；七九六十三，行路把衣寬；八九七十二，貓狗臥陰地，九九八十一，莊稼漢在田中立。"

四川（川西壩）冬至《九九歌》："一九二九，懷中插手；三九四九，凍死豬狗；五九六九，沿河看柳；七九六十三，路上行人把衣擔；八九七十二，貓狗臥陰地，九九八十一，莊稼老漢田中立。九九數完，春花也就燦然。"

江西冬至《九九歌》之一："一九二九不出手；三九四九冰上走；五九六九沿河看柳；七九河開；八九燕來；九九歸一，窮人翻身出。"

江西冬至《九九歌》之二："一九二九，吃飯溫手；三九四九，凍破碓臼（舂米的石碓石臼）；五九六九，沿河插柳；七九八九，訪親看友；九九八十一，農忙不休息。"

隴東冬至《九九歌》："一九二九暖；三九四九凍破臉；五九六九溢了河（河水溢出冰面又被凍結），狗都吃的白麵饃（來年年景極好）；七九八九人看柳；九九加一九，耕牛遍地走。"

山西冬至《九九歌》："一九二九，閉門插手，三九四九，隔門喊狗（進屋取暖）。五九六九，沿河看柳，七九河開，八九雁來；九九加一九，耕牛遍地走。"

陝西（鳳翔）冬至《九九歌》："一九二九，凍破牲口；三九四九，門縫裏叫狗（進屋取暖）；交五九消井口，交六九重凍住；七九河開，八九雁來；九九又一九，犁牛遍地走。”

陝西（西鄉）冬至《九九歌》：“一九二九，凍死老狗；三九四九，凍破石頭，五九六九，沿河看柳；七九八九，河邊洗手；九九八十一，下田種地。”“冷在三九，熱在中伏。三九四九拉門叫狗（天太冷，把狗叫到屋裏）。”

河南冬至《九九歌》：“一九二九，不能伸手；三九四九，冰冰上走；五九六九，抬頭看楊柳；七九河凍開（化冰），八九燕子來；九九楊落地，十九杏花開；九盡花不開，果子（水果）擺滿街。”

河南（新鄉）冬至《九九歌》：“一九二九，伸不出手；三九四九，冰上走；五九六九，沿河看柳；七九和八九，牛羊遍地走；九九楊落地，十九杏花開。”

河南（中部）冬至《九九歌》：“一九二九伸不哩（同‘啦’）手，三九四九冰上走，五九六九河邊擺，七九河凍開，八九雁歸來，九九楊落地，十九杏花開。九九八十一，老漢門前立，雖説不老冷，就是肚裏饑。”

福建冬至《九九歌》：“一九二九，伸不哩手；三九四九，沿凌（冰凍）走；五九六九，抬頭看柳；七九六十三，行路客官把衣肩；九九楊落地，十九杏花開。”

雲南冬至《九九歌》：“一九二九，相見不出手；三九四九，冰凌（冰凍）上走；五九六九，沿河看柳；七九六十三，行人路上把衣袒；八九七十二，扇扇撞熱氣；九九八十一，曬破腦頭皮。”

山東冬至《九九歌》：“一九二九不出手；三九四九冰上走；五九半，凌（冰凍）碴散；春打六九頭；七九六十三，走路的君子把衣袒；八九七十二，遍地是牛兒；九九八十一，屋裏做飯院裏吃（天暖到院裏吃飯）。”

吉林冬至《九九歌》：“一九二九，冰上走；三九四九，凍死老狗；五九買年貨；春打六九頭；七九河開（化冰）；八九雁來；九九春分到，莊户把地穰。”

遼寧冬至《九九歌》：“一九二九，灶炕濕朽；三九四九，凍死牲口；五九六九，窮漢伸手；七九河開（化冰）；八九雁來；九九加一九，黃牛遍地走。”

黑龍江冬至《九九歌》：“一九初寒去河東，二九朔風冷颼颼，三九隆冬天氣寒，四九霏霏降雪霜，五九迎春地氣溫，六九融河冰在消，七九河開露水流，八九雁來南北飛，九九山青百鳥鳴。”

## 夏至《九九歌》

冬天的《九九歌》十分流行，因爲寒冷的天氣讓人感到十分難熬。夏天也有《九九歌》。夏天的"九九"與冬天相對應，從夏至日算起，也有九九八十一天。夏至《九九歌》雖然未像冬至《九九歌》那樣廣泛流傳，但它却比冬至《九九歌》適用範圍更廣。除了青藏高原、西北部分地區等不適用外，在我國大部分地區都適用。這是因爲我國南北温差夏季小，冬季大。

（一）古籍中的夏至《九九歌》

宋陸咏《吳下田家志·夏至九九歌》："夏至入頭九，羽扇握在手；二九一十八，脱冠着羅紗；三九二十七，出門汗欲滴；四九三十六，渾身汗濕透；五九四十五，炎秋似老虎；六九五十四，乘凉進廟祠；七九六十三，牀頭摸被單；八九七十二，半夜尋被子；九九八十一，開櫃拿棉衣。"這是目前所能見到的最早反映"夏九九"的歌謡。這首歌謡，用松煙墨寫在湖北老河口市禹王廟正廳榆木大樑上。

宋周遵道《豹隱紀談·夏至九九歌》："夏至後，一九二九，扇子不離手；三九二十七，吃茶如蜜汁；四九三十六，争向街頭宿；五九四十五，樹頭秋葉舞；六九五十四，乘凉不入寺；七九六十三，入眠尋被單；八九七十二，被單添夾被；九九八十一，家家打炭墼（準備取暖）。"

明謝肇淛《五雜俎》記載："一九二九，扇子不離手；三九二十七，冰水甜如蜜（冰窖藏冰）；四九三十六，汗出如洗浴；五九四十五，頭戴秋葉舞；六九五十四，乘凉入佛寺；七九六十三，牀頭尋被單；八九七十二，思量蓋夾被；九九八十一，階前鳴促織（蟋蟀）。"

清張岱《夜航船·九九歌》："一九和二九，扇子不離手；三九二十七，飲水甜如蜜；四九三十六，拭汗如出浴；五九四十五，頭帶黄葉舞；六九五十四，乘凉入佛寺；七九六十三，牀頭尋被單；八九七十二，思量蓋夾被；九九八十一，家家打炭墼（準備取暖）。"

（二）我國各地的夏至《九九歌》

南京夏至《九九歌》："一九至二九，扇子不離手；二九一十八，脱冠着羅衫；三九二十七，出門汗滴滴；四九三十六，捲席露天宿；五九四十五，炎秋似老虎；六九五十四，乘凉莫太遲；七九六十三，牀頭摸被單；八九七十二，半夜蓋夾襖；

九九八十一，家家打煤基（準備取暖）；九九加一九，已經過中秋。”

北方地區的夏至《九九歌》之一：“一九至二九，扇子拿在手；三九二十七，吃茶如蜜汁；四九三十六，汗出如洗浴；五九四十五，樹頭秋葉舞；六九五十四，乘凉不入寺；七九六十三，夜眠尋被單；八九七十二，被單添夾被；九九八十一，階前鳴蟋蟀。”

北方地區的夏至《九九歌》之二：“一九至二九，扇子不離手；三九二十七，冰水甜如蜜（冰窖藏冰）；四九三十六，衣衫汗濕透；五九四十五，樹頭清風舞；六九五十四，乘凉勿太遲；七九六十三，夜眠莫蓋單；八九七十二，當心受風寒；九九八十一，家家找棉衣。”

黃河中下游地區的《夏至九九歌》之一：“一九和二九，扇子勿離手；三九二十七，汗水濕了衣；四九三十六，房頂曬個透；五九四十五，乘凉莫入屋；六九五十四，早晚凉絲絲；七九六十三，夾被替被單；八九七十二，蓋上薄棉被；九九八十一，準備過冬衣。”

黃河中下游地區的《夏至九九歌》之二：“一九二九溫升高，搖扇風扇開空調；三九溫高濕度大，冲凉洗澡來消夏；四九炎熱冠全年，打開風扇汗不斷；五九烈日當頭照，無處躲來無處跑；六九時節過立秋，清晨夜晚凉颼颼；七九炎熱將結束，夜間睡覺防凉肚；八九到來天更凉，男女老幼加衣裳；九九時節過白露，過冬衣被早打譜。”

黃河中下游地區的《夏至九九歌》之三：“一九至二九，楊柳綠幽幽；三九二十七，黃風陣陣急；四九三十六，水中洗個浴；五九四十五，樹頭枝葉舞；六九五十四，西瓜已上市；七九六十三，上牀尋被單；八九七十二，思量蓋夾被；九九八十一，家家打炭墼（準備取暖）。”

## 《九九消寒圖》

《九九消寒圖》源自我國古代的“數九”之說。“數九”之說在我國民間口耳相傳，至於起源於何時，沒有確切的記載。南朝梁宗懍的《荊楚歲時記》：“俗用冬至日數及九九八十一日，爲寒盡。”《九九消寒圖》爲中國北方舊俗冬至後八十一日之計日圖，即根據數九方法繪製的文字式、圓圈式、梅花圖式等形式的圖。從冬至那天起就算進“九”了，以九天作一單元，連數九個九天，到九九共八十一天，以此來說明由寒冷走向溫暖的過程。到了明代，在士紳官宦階層興起“畫九”“寫九”的貼繪《九九消寒圖》的習俗，使“數九”之說所反映的暖長寒消的情況形象化。在文化娛樂生活相對比較貧乏的古代，《九九消寒圖》和燈謎、酒令、對聯等有着异曲同工的妙處，成爲文人墨客、富足之家乃至宮廷中的雅興方式。冬至是清宮三大節之一，這天皇帝親至天壇舉行最高級別的祭天大典，各宮均挂出《九九消寒圖》。同時，《九九消寒圖》也在民間獲得廣泛普及。進入現代社會後，貼繪《九九消寒圖》的民俗曾一度消失，而近年來，中國傳統文化的回歸使《九九消寒圖》又重新回到人們視野。《九九消寒圖》有幾種經典的傳統樣式。

九大方格消寒圖：最早的形式是"畫九"。民間較簡易的方法是將宣紙等分爲九格，每個大方格中，再印橫三縱三九個紅圈或小方格，共八十一個小圈（格），每個小圈（格）代表一天。從冬至日起，每天用墨筆點一個小圈（格），每數一個"九"，正好點完一個大方格，填完九個大方格，即填完八十一個小圈（格），就出"九"了。點時還有個規矩，衹點小圈（格）的一部分，以區別不同的天氣。有詩云："上點爲陰下點晴，左邊塗霧右塗風。若逢下雪當中點，圈中加圈半陰晴。九九八一全點盡，春回大地草青青。"若是陰天，就衹把圈（格）的上面一半塗黑，若是晴天衹塗下面一半，其餘依此類推。塗點時還有用顏色來表示天氣的習慣，"晴塗紅色，陰塗藍色，雨塗綠色，風塗黃色"，塗到最後一天；全幅五顏六色美不勝收，有"焕然五色成文章"的味道，而窗外已是回黃轉綠之際矣。這樣塗點，便於計算陰晴雨雪天數，也有"估來年豐歉"的意思在裏面。

畫銅錢消寒圖：與上述相似，先是用一張白紙先畫縱橫九欄大方格，在每個大方格中，再用竹筆帽印九個紅圈，稱作畫銅錢，共有八十一錢，從冬至日起，每天塗一錢。塗的規則："上畫陰，下畫晴，左風右雨雪當中。"民間歌謠謂："上陰下晴雪當中，左風右雨要分清。九九八十一全點盡，春回大地草青青。"就是說，如果是陰天，就把紅圈圈的上面塗墨，如果是晴天，就把下面一半塗黑，其餘的依此類推。等到把紅圈圈全部塗完了，

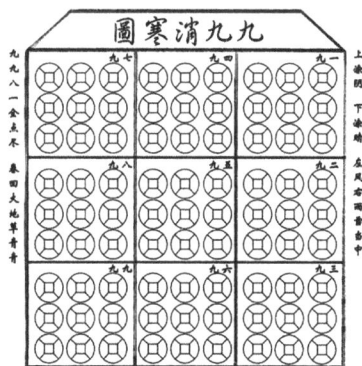

畫銅錢標注陰晴消寒圖

春天也到了。民間還有另一種九九消寒圖諺曰："下點天陰上點晴，左風右霧雪中心；圖中點得墨黑黑，門外已是草茵茵。"是"下陰上晴"，與前面所說"上陰下晴"的規則有些不同。

九朵梅花消寒圖：從農曆冬至這天起，畫一枝素梅，枝上畫九朵梅花，每朵梅花九個花瓣，共八十一瓣，代表"數九天"的八十一天，每朵花代表一個"九"，每瓣代表一天，

每過一天就用顏色染上一瓣，染完九瓣，就過了一個"九"，九朵染完，就出了"九"。這種《九九消寒圖》塗滿後還可繼續挂在室内作爲裝飾。明劉侗、于奕正《帝京景物略·春場》："日冬至，畫素梅一枝，爲瓣八十有一，日染一瓣，瓣盡而九九出，則春深矣，曰九九消寒圖。"

曉妝染梅消寒圖：由婦女繪製的一種《九九消寒圖》。婦女以曉妝染梅，時令的變換與佳人曉妝的胭脂聯繫，由梅而杏、由冬而春。有的消寒圖還有其他"附件"，比如聯語，即在圖旁標出有關的聯句，諸如"試看圖中梅黑黑，自然門外草青青"。有的是在圖上印出《九九消寒歌》以附之。此外還有繪圖、印俏皮話的，如畫"老虎拉碾子"，印歇後語"老虎拉碾子——不聽那一套"。元楊允孚《灤京雜咏》卷下："試數窗間九九圖，餘寒消盡暖回初。梅花點徧無餘白，看到今朝是杏株。"原注："冬至後，貼梅花一枝於窗間，佳人曉妝，日以臙脂圖一圈，八十一圈既足，變作杏花，即回暖矣。"

九朵梅花消寒圖

畫梅標注陰晴消寒圖：從冬至這天起，畫一枝素梅，枝上畫九朵梅花，每朵梅花九個花瓣，共八十一瓣，代表"數九天"的八十一天，每朵花代表一個"九"，每瓣代表一天。每天點染一朵梅花，一般點法是上點陰，下點晴，左風右雨，當中雪。也有不用顏色染而直接在花瓣上用文字和符號注明陰晴雨雪的。它不但記載了一年冬天的天氣變化，同時又是一幅梅花圖。

畫梅標注陰晴消寒圖

這種消寒圖便是記載進"九"以後天氣陰晴的"日曆"，人們寄望於它，預卜來年豐歉，是一種很有傳統特色的、好看的日曆。完顏佐賢《康熙遺俗軼事飾物考》一書中記載："晴塗紅色，陰藍色，雨塗綠色，風塗黃色，雪可以空白不塗，或填鉛粉。九九完成，已是冬去春來，每格筆劃顏色不同，五顏六色，美不勝收。"

雙鈎九字消寒圖：一種文字性的《九九消寒圖》形式。亦稱爲"寫九"，是清代開始出現的，首先是在宮廷内實行。就是選每字九畫的九個字，每畫代表一天，每字代表一

個九,九個字代表九九八十一天。用雙鈎空心字體畫到一張
紙上,每過一天,用色筆填實一畫,填完一個字就過了一個
"九",填完九個字,也就數完了"九"。如常用的九個字是
"庭前垂柳珍重待春風",連成一句話,也表現出人們熬冬盼
春的急切心情。以往較有文化的家庭在《九九消寒圖》的選字
上也很用心思,除去"庭(亭)前垂柳珍重待春風"九個字之
外,還有"春前庭柏風送香盈室""亭前屋後看勁柏風骨"等,
都是九畫,含義亦佳,也是很難得的。徐珂《清稗類鈔·時
令類》:"宣宗(道光)御製詞,有'亭前垂柳,珍重待春風'
二句,句各九言,言各九畫,其後雙鈎之,裝潢成幅,曰九九

雙鈎九字消寒圖

消寒圖,題'管城春色'四字於其端。……自冬至始,日填一畫,凡八十一日而畢事。"這
種"九畫字連句"的消寒圖還可用作對幼童進行識字、寫字,乃至歷史知識、自然常識的
啓蒙教育。舊時曾有教書先生讓學生編製這種"填字式"《九九消寒圖》。具體程式是讓學
生先查字典,找出許多九筆畫的字來,然後編成一"九言詞句",經教師修改,製成紅筆
空心字圖,最後評定優劣。這種寓教於樂的形式,激發了學生的學習興趣,一些孩童挖空
心思製作,以期得到教師好評。曾有一學生,湊了一句"盼春信待看某俏柳染",老師對
其大加贊許,誇他竟然知道"某"是"梅"字的古體。

迎春聯式消寒圖:一種詩詞文字性的九九消寒圖形式。即作九體對聯,每聯九字,每
字九畫,每天在上下聯各填一筆。如上聯寫有"春泉垂春柳春
染春美",下聯對"秋院挂秋柿秋送秋香",等等。

葫蘆形消寒圖:這種風俗在皇宮中也有。在開放的明清皇
家檔案中,就展出過一幅清代皇帝畫的《九九消寒圖》。圖案
是一個吉祥的葫蘆,綫條由工整小楷詩文構成。每九有四句
詩,九盡詩文完。詩的內容除有反映每一九的氣候特點外,還
把我國歷史編在其中,從"三皇浴世萬物生"開始,直至"我
國大清坐金鑾"止,全詩完,九盡,圖成。消寒詩圖每年逢冬
至之前,便挂在宮廷的居室中,是一種用文字筆墨來娛樂記時
之消遣。

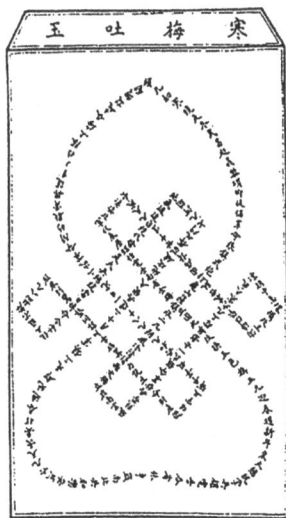

葫蘆形《九九消寒圖》

此外，還有一些特色消寒圖。

清光緒年間《九九消寒圖》：山西一民間藏家手中有一張製作於清光緒二十八年（1902）的《九九消寒圖》。該圖局部有蛀，品相尚可，全圖手繪，大部分是墨書，也有朱文，乍看上去有點像祠堂裏的族譜。該圖上端是三行朱文大字，自上而下分別爲"雷繞外""九九消寒圖""客來到前庭美茶相待"，正下繪有《九九消寒圖》，取類似銅錢的儲存格樣式，中間嵌一個大字，連起來爲"雁南飛柳芽香便是春"。奇怪的是，九字中單單開頭的"雁"字不是九畫。這九字每字周圍各有九個圓圈，其中

清光緒二十八年（1902）《九九消寒圖》

前八字已在不同部位塗黑，由此可見這種消寒圖是已知"銅錢式"和"填字式"消寒圖的結合體。這張圖最爲奇特的地方是它在消寒圖以外的儲存格內填滿了密密麻麻的詩句，算下來共有消寒詩四套三十六首。其中最外圈一套消寒詩，構成整幅圖的外輪廓，內容爲清時所言"中國歷史"；圖上第二套消寒詩在題圖兩側，內容源自《三國演義》；圖中第三套消寒詩在中腰，內容是"勸孝"；第四套消寒詩位於消寒圖內部，內容是歷史典故。在這幅詩圖中，詩句又交叉雙環繞的葫蘆型，圍繞着"雁南飛哉（栽）柳芽待春來"九個字轉寫下來，每字亦均爲九筆，每日一筆，"九九八十一日盡"。

民國時期《九九消寒圖》：據單士元在《小朝廷時代的溥儀》一書中介紹，溥儀在遜位期間使用過三幅《九九消寒圖》。一幅爲《寒梅吐玉消寒圖》，一幅爲《管城春滿消寒圖詩》，另一幅爲《消寒益氣歌圖》。民國時期，長期幽居深宮，憂苦寂寞，爲了排遣寂寞，侍從們特爲他編製了這些九九消寒圖。其中一幅現藏中國第一歷史檔案館《溥儀全宗》案卷中。該幅《九九消寒圖》做成九方格，每格內有九個圓圈，共八十一個圓圈，一天畫一圈，通過陰陽魚，記錄反映冬九九每天的天氣情況。

## 九九消寒圖詩

關於消寒圖詩，目前見諸文字最早的記載是元代楊允孚的《灤京雜咏》卷下載《九九消寒圖》詩："試數窗間九九圖，餘寒消盡暖回初。梅花點徧無餘白，看到今朝是杏株。"原注："冬至後，貼梅花一枝於窗間，佳人曉妝，日以臙脂圖一圈，八十一圈既足，變作

杏花，即回暖矣。"

明代《九九消寒詩圖》：明劉若愚的《明宮史》一書中提到宮中年年都要由司禮監刷印九九消寒詩圖。"每九詩四句，自'一九初寒纔是冬'始，至'日月星辰不住忙'止"。并說此制亦"不知緣何相傳，年久遵而不改"。可惜他們沒有把詩全記下來，認爲是瞽詞、俚語之類，"非詞臣應制所作，又非御製"，不值得記。其實這是風俗志中的好材料，由"一九"說到"九九"，應該都是有些具體内容的，可惜未能流傳下來。

清代《消寒詩圖》：在中國第一歷史檔案館所藏的宮中雜檔中，發現有一幅消寒詩圖，使用年代不詳。但從末句"我國大清坐金鑾"來看，應該是清代人所作。全圖"每九"詩四句，共三十六句，共計二百五十二個字，全詩如下："頭九初寒纔是冬，三皇治世萬物生，堯湯舜禹傳桀事，武王伐紂列國分。二九朔風冷難當，臨潼鬥寶各逞强，王翦一怒平六國，一統江山秦始皇。三九紛紛降雪霜，斬蛇起義漢劉邦，霸王力舉千斤鼎，棄職歸山張子房。四九滴水凍成冰，青梅煮酒論英雄，孫權獨佔江南地，鼎足三分屬晋公。五九迎春地氣通，紅拂私奔出深宮，英雄奇遇張忠儉，李淵出現太原城。六九春分天漸長，咬金聚會在瓦崗，茂公又把江山定，秦瓊敬德保唐王。七九南來雁北飛，探母回令是彦輝，黃夜母子得相會，相會不該轉回歸。八九河開綠水流，洪武永樂南北游，伯溫辭朝歸山去，崇禎無福天下丟。九九八十一日完，闖王造反到順天，三桂令兵下南去，我國大清坐金鑾。"全詩叙述歷史，可惜有些史實與傳說混雜，抓點難及面，而且有些"點"也非要點。

清王之瀚《九九消寒圖詩》：九首絕句分別寫在八十一格的"八卦爻象圖"内。詩云："一九冬至一陽生，萬物自始漸勾萌，莫道隆冬無好景，山川草木玉妝成。二九七日是小寒，田間休息掩紫關，千家共盈享年福，預計來年春不困。三九嚴寒水結冰，釣罷歸來蓑笠翁，雖無雙鯉換新酒，且見牀頭樽不空。四九雪鋪滿地平，溯風冽冽起新晴，朱綈公子休嫌冷，總有樵夫赤足行。五九元旦一歲周，茗香釀酒答神麻，太平天子朝元日，萬國衣冠拜冕旒。六九上元佳景多，滿城燈火迎星河，尋常巷陌皆車馬，到處笙歌表太和。七九至數六十三，堤邊楊柳若含煙，紅梅幾點傳春訊，不待東風二月天。八九風和日日遲，名花先發嚮陽枝，即今河畔冰開日，又是漁翁垂釣時。九九鳥啼上苑東，青春草色含煙蒙，老農教子耕宜早，二月中天起臥龍。"這首九九消寒詩不僅介紹了節段的氣候特點，還叙述了民情風俗及農事活動，被世人稱爲農村的"數九科教詩"。

　　清佚名《九九消寒圖詩》："頭九冬至一陽升，王祥解衣臥寒冰；孝心感動良魚獻，取到家中奉母親。二九雪花飛滿天，尋梅凍死孟浩然；韓愈追封昌黎縣，雪擁攔關馬不前。三九天寒冷清清，唐僧西天去取經；行者沙僧豬八戒，師徒四人往前行。四九邊防説東陽，殘唐五代動刀槍；朱文三世金鑾殿，五龍二虎擒延璋。五九原來是大寒，昭君娘娘賀造番；琵琶挂在馬鞍上，聲聲哭到燕門關。六九頭上是立春，赤壁鏖兵用火焚；諸葛三氣周瑜死，燒死曹操百萬兵。七九河開水長流，宋王天子五臺游；仁美計害楊家死，七郎八虎闖幽州。八九雁南往北飛，正遇孔子哭顏回；七十二賢同學道，徒衆三千誰不知。九九數盡春風濃，家家犁牛遍地耕；五穀雜糧都要種，風調雨順享太平。"

　　清光緒年間《九九消寒詩》：山西一民間藏家所藏清光緒二十八年（1902）九九消寒圖，共有消寒詩四套三十六首。其中最外圈是一套消寒詩，構成整幅圖的外輪廓，內容爲清時所言中國歷史，即"頭九初寒纔是冬，三皇治世萬物生，堯湯舜禹傳桀事，武王伐紂列國分……九九八十一日完，闖王造反到順天，三桂令兵下南去，我國大清坐金鑾。"圖上第二套消寒詩在題圖兩側，內容源自《三國演義》："頭九初寒正是冬，三國英雄趙子龍。長坂坡前抱阿斗，幼主頭上顯真龍……六九迎春地氣溫，草船借箭武侯功。七星臺上東風起，赤壁用火滿江紅……"圖中第三套消寒詩在中腰，內容是"勸孝"："頭九天氣寒，文帝把藥嘗。蔡順真孝母，蘆花於子騫……八九正消冰，求乳到鹿群。楊香拳打虎，董永自賣身。"第四套消寒詩位於消寒圖內部，內容是歷史典故："頭九冬至一陽生，海俊醉臥百花廳。公主贈劍恩情重，點將轅門殺老宮……六九立春天漸長，杏園小姐去和番。日後夫妻重相見，梅開二度世無雙。"

　　民國時期《寒梅吐玉消寒圖詩》："頭九初寒纔是冬，武昌起義黎頌（宋）卿；提倡革命張鎮武，炮打龜山薩鎮冰。二九朔風冷清清，孫文獨立在南京；張勳帶兵抄革命，鐵良一去影無蹤。三九大寒天氣涼，朝中急壞攝政王；洵濤保舉袁世凱，因病請假世中堂。四九天寒冷凄凄，北軍代表唐紹儀；電告南省全獨立，因此改換五色旗。五九迎春過新年，袁大總統掌兵權；電告各省休爭戰，南北共和樂安然。六九天長要打春，遍地都是三鎮軍；正月十二遭兵變，大炮攻破齊化門。七九河開地氣通，連燒代（帶）搶是大兵；總統當日傳命令，拿住土匪不放鬆。八九雁來到驚蟄，同謀幸福算白説；生命財産難保守，五族平等假共和。九九八十一日完，二次革命鬧的歡；黃興運動北伐隊，上海各處設機關。"該詩見於單士元《小朝廷時代的溥儀》一書，所編詞句多爲記錄辛亥革命前後北洋軍閥政府之事。

民國時期《管城春滿消寒圖詩》："冬至頭九天氣寒，項城有意坐金鑾；中華帝國號洪憲，施行專制改江山。二九朔風冷凄凄，楊度進奉衮龍衣；謀殺總統沈金鑒，假造民意梁士怡。三九天寒冷似冰，籌備大典帝制興；滇黔桂粤皆反對，陰謀炸死鄭汝成。四九霜雪飛滿天，誤國害民朱啓鈐；拆毀民房修馬路，萬古千秋罵漢奸。五九天寒冷難當，黃陂不受武義王；溥倫賞食雙王俸，拐款獨立龍濟光。六九迎春地氣通，南海改建新華宮；商界承辦提燈會，帝國萬歲信口稱。七九河開河不開，各省反對不來財；中交兩行停兌現，民國災禍一齊來。八九雁來到驚蟄，登極坐殿算白説；九五未登身先喪，遺下臭名罵董卓。消寒已盡九九完，黎大總統掌兵權。"該詩亦見於《小朝廷時代的溥儀》一書。

民國時期《消寒益氣歌》，每九有一歌名，即七星拱一、左右合和、三星在户、四平八穩、一門五福、六合得正、七財子禄、八方朝貢、九五至尊。其全部歌詞曰："阿彌陀佛第一聲，一九陽回日日增。有位古佛釋迦祖，一個木魚一本經，一意渡衆生。阿彌陀佛第二聲，二九陽回萬物生。二位仙師和合子，二人同意念真經，事事都亨通。阿彌陀佛第三聲，三九陽回喜氣盈。三位星君福禄壽，三陽開泰陽明通，吉人靠天公。阿彌陀佛第四聲，四九陽回四相通。四面觀音四面渡，四時吉慶喜相逢，養氣自然平。阿彌陀佛第五聲，五九陽回嚮陽生。五位古佛正中坐，五倫順序五路通，無處不興隆。阿彌陀佛第六聲，六九陽回地氣通。西來六祖達摩子，面壁十年渡衆生，感化不非輕。阿彌陀佛第七聲，七九陽回動春風。七夕仙子從天降，福禄壽考汾陽公，德厚享高齡。阿彌陀佛第八聲，八九陽回細柳青。八洞仙人八種寶，齊向瑶池祝壽星，仙酒醉長生。阿彌陀佛第九聲，九九陽回遍地青。九星斗姥雲端坐，九如散與帝王宮，九州復大清。"其歌詞内容，除按每九順序配有相應描述節令氣候外，在一定程度上反映了溥儀的思想，不僅有宗教迷信色彩，亦可見其還做着"九州復大清"的復辟美夢。

有關《九九消寒圖》之民間歌謡："上陰下晴雪當中，左風右雨要分清，九九八十一全點盡，春回大地草青青。"另一種版本爲："下點天陰上點晴，左風右霧雪中心；圖中點得墨黑黑，門外已是草茵茵。"

# 附錄三：氣象諺語

## 雲霞之氣象氣候諺語

天上勾勾雲，地下雨淋淋。

天上無根雲，地上雹打人。

天有城堡雲，地上雷雨臨。

天上掃帚雲，三天雨降臨。

天上豆莢雲，不久雨將臨。

天上鐵砧雲，很快大雨淋。

天上有雲絲，晴天便可知。

天上烏雲蓋，大雨來得快。

天上跑臺雲，地上雨淋淋。

天上堡塔雲，地下雨淋淋。

天上花花雲，地上曬死人。

饅頭雲，天氣晴。

天上起了老鱗斑（老魚鱗斑雲），明天曬穀不用翻。

空中魚鱗（魚鱗斑雲）天，不雨也風顛。

雲勢若魚鱗，來朝風不輕。

天上鯉魚斑（魚鱗斑雲），明日曬穀不用翻。

雲交雲，雨淋淋。

雲行北，好曬穀；雲行南，大水漂起船。

雲行東，雨無終；雲行西，雨淒淒。

雲相參，推倒山；雲相磨，水成河。

雲吃霧有雨，霧吃雲好天。

雲吃火有雨，火吃雲晴天。

雲結親（雲彩越積越濃厚），雨更猛。

烏雲腳底白，定有大雨來。

低雲不見走，落雨在不久。

雲低要雨，雲高轉晴。

雲下山，地不乾。

雲隨風雨疾，風雨霎時息。

老雲（濃雲）接了駕（迎接太陽），不陰也要下。

早怕南雲漫，晚怕北雲翻。

早起浮雲走，有雨夜裏頭。

早晨東雲長，有雨不過晌。

早晨雲擋壩，三天有雨下。

早晨浮雲走，午後曬死狗。

早晨棉絮雲，午後必雨淋。

早晨下雨一天晴。

早上朵朵雲，下午曬死人。

日落烏雲漲，半夜聽雨響。

早上紅雲照，不是大風便是雹。

清早寶塔雲，下午雨傾盆。

清早起海雲，風雨霎時臨。

朝怕南雲漲，晚怕北雲堆。

朝有破絮雲，午後雷雨臨。

天早雲下山，飯後大晴天。

早上朵朵雲，下午曬死人。

日出彩雲升，勸君莫遠行。

日落雲裏走，雨在半夜後。

日落紅雲升，來日是天晴。

傍晚火燒雲，明日曬死人。

晚怕北雲翻，夜晚大雨歡。

今晚花花雲，明天曬死人。

黑雲起了煙，雹子在當天。

黑雲是風頭，北風頭上走。

黑雲接駕（迎接太陽），不陰就下。

黑黃雲滾翻，冰雹在眼前。

黑黃雲滾翻，將要下冰蛋。

紅雲夾黃雲，定有冰雹臨。

烏雲攔東，不下雨也有風。

烏雲接日頭，半夜雨不愁。

烏雲接日高，有雨在明朝。

烏雲接日低，有雨在夜裏。

烏雲過崗跑，風大就落雹。

日落烏雲漲，半夜聽雨響。

紅雲變黑雲，必有大雨淋。

紅雲日出升，勸君莫出行。

火燒烏雲蓋，大雨來得快。

滿天亂飛雲，雨雪下不停。

棉花雲，雨快淋。

瓦塊雲，曬死人。

火燒雲，曬死人。

亂雲天頂絞，風雨來不小。

雲從東南漲，有雨不過晌。

西北黃雲現，冰雹到跟前。

西北起黑雲，雷雨必來臨。

西北來雲無好貨，不是風災就下雹。

黑豬（黑豬狀烏雲）過河，大雨滂沱。

高山起雲團，小雨快到邊。（湖北）

山頭帶帳（雲彩），平地淹灶。（湖北）

山頂溢雲，大雨將淋。（廣西）

天上灰布雲，下雨定淋淋。

紅雲日沒時，清朗猶如水。

紅雲日初生，勸君莫遠行；

雲吃火，大雨無處躲。

午後黑雲滾成團，風雨冰雹齊來

雲下東風一日晴，霜加南風連夜雨。

不怕雲裏黑烏烏，就怕雲裏黑夾紅，最怕紅黃雲下長白蟲。

黑雲尾、黃雲頭，冰雹打死羊和牛。

雲行東，雨無終；雲行西，雨淒淒。

惡雲見風長，冰雹隨風落。

南北戴帽（烏雲遮蓋），長工睡午覺。

雲向東，有雨變成風；雲向南，水漣漣；雲向西，下地披蓑衣。

雲走東，颳股風；雲走西，風溝溢；雲走南，長流簷；雲走北，曬破磚。（山西臨汾）

今夜日沒烏雲洞，明朝曬得背皮痛。（江蘇）

雲彩往東，一陣風；雲彩往西，水和泥；雲彩往南，水連天；雲彩往北，一陣黑。（河北）

雲行東，車馬通；雲行西，馬濺泥；雲行南，水漲潭；雲行北，好曬麥。

雲彩東，起股風；雲彩西，披蓑衣；雲彩南，水漣漣；雲彩北，大坑沿上乾死黿。（湖南、河北正定、河南扶溝）

雲彩往東，一場大風；雲彩往西，沒屋脊；雲彩往南，水沒房檐；雲彩往北，一片漆黑。（山東）

雲往南，黑龍潭；雲往北，乾硯墨；雲往西，關老爺騎馬披蓑衣。（河北）

雲向東，一陣風；雲向西，帶蓑衣；雲向南，雨綿綿；雲向北，好曬被。（浙江）

雲往東，一場空；雲往南，水滿田；雲往西，披蓑衣；雲往北，黑一黑。

雲在東，雨不凶；雲在南，河水滿。

雲自東北起，必有風和雨。

雲行北，好曬穀；雲行南，大水漂起船；雲往東，車馬通；雲往西，水漬漬；雲往南，水漲潭；雲往北，好曬麥。

雲行東，雨無終；雲行西，雨淒淒。

雲從東南來，下雨穿雨鞋。雲自東北起，必定有風雨。

早霞不出門，晚霞曬死人。

朝霞不出門，暮霞行千里。

朝起紅霞晚落雨，晚起紅霞曬死魚。

早晨照霞，晚上漚麻。

早上赤霞，等水泡茶；晚上赤霞，無水洗腳丫。

早霞有雨，晚霞晴。（湖北）

朝燒（紅霞）莫洗衣裙，晚燒明日天晴。（青海）

早起燒霞，等水燒茶；晚上燒霞，熱得呀呀。（河北）

朝火（紅霞）燒天，必定沒晴天。

朝燒（紅霞）連陰，晚燒（紅霞）晴。

天空灰布（烏雲）懸，大雨必連綿。

小暑北風水流柴，大暑北風天紅霞（晴天）。

## 雨露之氣象氣候諺語

早雨一日晴，晚雨到天明。

早晨下雨一天晴。

早晨下雨當天晴，晚間下雨到天明。（江蘇）

早雨不會大，衹怕午後下。（湖南）

雨滴雞開口（雞叫），行人不要走；雨滴黃昏頭，行人不要愁。（江西）

早晨落雨晚擔柴，下午落雨打草鞋（過雨天）。（湖南）

白天下雨晚上晴，連續三天不會停。（吉林）

雨下黃昏頭，明天是個大日頭。（陝西）

雨打夜，落一夜。（浙江）

夜雨三日雨。（浙江）

夜裏下雨白天晴，打的糧食沒處盛。

雨打五更，日曬水坑。

雨打五更頭，午時有日頭。（浙江）

有雨山戴帽（山頂有雲），無雨雲攔腰（山腰有雲）。

滿天水上波，有雨跑不脫。

種田靠漏（下雨）伏，種地靠漏（下雨）秋。

雨過生東風，夜裏雨更凶。

不怕陰雨天氣久，祇要西北開了口（晴天）。

雨後東風大，來日雨還下。

開門見雨飯前雨，關門見雨一夜雨。（浙江）

細雨久不晴，大雨不久停（停止落雨）。

細雨不斷綫，大雨明日見。

有雨天邊亮，無雨頂上光。

下雨亮一亮，還要下一丈。

先下牛毛（細雨）沒大雨，後下牛毛不晴天。

有雨山戴帽，無雨雲攔腰。

急雨易晴，慢雨不開（不晴天）。

雨後生東風，未來雨更凶。

雨前有風雨不久，雨後無風雨不停。

對時（一整天）雨，連幾天。

落雨落得慢，近日雨不散。

有雨天邊亮，無雨頂上光。

落雨落得慢，近日雨不散。

急雨易晴，慢雨難開。

時雨時晴，幾天幾夜不停。

久雨必有久晴，久晴必有久雨。

久雨颳南風，天氣將轉晴。

久雨見星光，明日雨更狂。

久雨冷風掃，天晴定可靠。

久雨不晴霹靂鳴，一聲霹靂天轉晴。

久雨西風晴，久晴西風雨。

露水報晴天。

早晨露水重，後響冰雹猛。

白天光照强，夜晚露水狂。

南風多霧露，北風多寒霜。

露水閃，來日晴。

風大夜無露，陰天夜無霜。

霧露在山腰，有雨今明朝。

## 霧虹之氣象氣候諺語

早晨地罩霧，儘管曬稻穀。

清晨霧色濃，天氣必久晴。

早霧陰，晚霧晴。

早霧一散見晴天，早霧不散是雨天。

早起有霧露，晌午曬破葫蘆。

早上地罩霧，儘管洗衣褲。

早晨地罩霧，儘管曬稻穀。

晨霧即收（散去），旭日（晴天）可求

清晨霧色濃，天氣必久晴。

晝霧陰，夜霧晴。

晚霧即時收，天晴有可求。

春霧雨，夏霧熱，秋霧涼風，冬霧雪。

冬寒有霧露，無水做醬醋。重霧三日，必有大雨。

春霧風，夏霧晴，秋霧陰，冬霧雪。

冬寒有霧露，無水做醬醋。

雲吃霧有雨，霧吃雲好天。

夏至三朝霧，出門要摸路。

霧吃霜，風大狂。

十霧九晴，不晴雨緊跟。

久晴大霧必陰，久雨大霧必晴。

重霧三日，必有大雨。

一朝蒙霧三朝雪。

大霧不過三，過三陰雨天。

大霧不過三，過三十八天，十八天不下一冬乾。

黄梅天有霧，搖船不問路。

霧大不見人，大膽洗衣裳（天晴）

霧若不散就是雨。

大霧不過晌，過晌聽雨響。

霧裏日頭，曬破石頭。

雲吃（吞滅）霧下（下雨），霧吃雲晴。

一霧三晴。

霧不散，雨當見。

三朝霧露發西風，若無西風雨不空。

迷霧毒日頭。

霧露在山腰，有雨今明朝。

南風多霧露，北風多寒霜。

霜雪又加霧，旱得受不住。

早虹雨晚虹晴。

下虹垂低，晴明可期，

斷虹晚見，不聞犬吠。

斷虹早挂，有風不怕。

白虹下降，惡霧必散。

東背（虹脊）晴，西背（虹脊）雨。（四川）

早虹雨滴滴，晚虹曬破臉。（河北）

朝虹滿江水，夜虹草頭枯。（廣東）

朝虹晚雨，晚虹曬爛牛欄柱。（廣東）

朝虹雨灑灑，晚虹曬裂瓦。（廣東）

東虹日頭西虹雨，不出三天大風雨。

東虹轟隆（打雷），西虹雨，北虹出來刀槍動，南虹出來賣兒女（灾荒）。

有虹在東，有雨落空；有虹在西，人披蓑衣。（江蘇）

東虹霧露西虹雨，南虹出來摸鯰魚，北虹出來賣兒女（災荒）。

西虹跨過天，有雨在眼前。

東虹日頭，西虹雨，南虹北虹賣兒女。

東虹蘿蔔，西虹菜，起了南虹遭水害。

## 雪雹之氣象氣候諺語

先下小雪後大片，先下大片後晴天。（山東）

夾雨夾雪，無休無歇。

冬雪小麥被，春雪莊稼鬼（禍害）。

江南三足雪，米道十豐年。

冬雪消除四邊草，來年肥多蟲害少。

冬雪是個寶，春雪是根草。（江蘇）

一雪三日晴。（貴州）

下雪不寒化雪寒。（黑龍江）

下雪不冷消雪冷。（山西）

一日泡雪十日乾。（湖南）

泡雪不巴樹，來年有春寒。（湖南）

瑞雪兆豐年，霜重見晴天。

雪滿天，冰在田，明年是個豐收年。（貴州）

臘雪應夏雨，春雪應秋雨。（湖南）

冬季雪滿天，來歲是豐年。（廣東）

重陽無雨看十三，十三無雨一冬乾。

落雪勿冷融雪冷。

雪落有晴天。

大雪半融加一冰，明年蟲害一掃空。

冬有三天雪，人道十年豐。

今年大雪飄，明年收成好。

今年雪水大，明年麥子好。（甘肅）

先下大片無大雪，先下小雪有大片。（河南）

臘雪應夏雨，春雷應秋雨。（湖南）

雪姐久留住，明年好收穀。

要想吃白麵，九九雪不斷。

九裏落雪收麥，伏裏落雨收秋。

冬天有風半夜起，夏天有風隨日消。

九裏沒雪凍死麥，伏裏無雨難種菜。

要吃饃，九裏雪；要吃米，伏裏雨。

大雪不凍倒春寒。（廣西）

雪落高山，霜降平原。

雪打正月節，二月雨不歇。

春天下雪，雨打百天。

今冬大雪落得早，定主來年收成好。（四川）

今年大雪飄，明年收成好。（江蘇）

大雪紛紛是豐年。（四川）

大雪紛紛落，明年吃饃饃。

大雪兆豐年，無雪要遭殃。（浙江）

沙雪打了底，大雪蓬蓬起。（江西）

冬天驟熱下大雪。

大雪三白（雪下三層），有益菜麥。

大雪年年有，不在三九在四九。

今冬大雪飄，來年收成好。

落雪是個名，融雪凍死人。（江西）

落雪見晴天，瑞雪兆豐年。（山西）

冬雪回暖遲，春雪回暖早。（浙江）

冬雪一層麵，春雨滿囤糧。

麥蓋三層被，頭枕饃饃睡。

今冬雪不斷，明年吃白麵。

白雪堆禾塘，明年穀滿倉。

雪蓋山頭一半，麥子多打一石。

雪蓋麥苗收成好。

今年麥子雪裏睡，明年枕着饅頭睡。

今冬麥蓋一尺被，明年饅頭如山堆。

雪在田，麥在倉。

雪多下，麥不差。

冬無雪，麥不結。

臘雪是個寶，瑞雪兆豐年。

雪落有晴天。（湖南）

雪後天易晴。（江蘇）

霜重見晴天，雪多兆豐年。

臘月裏三白雨樹挂，莊户人家説大話。

積雪如積糧。

雹打一條綫，霜殺一大片。

雹來順風走，頂風就扭頭。

雹前風頭亂。

天若怒躁，就下冰雹。

西北惡雲長，冰雹在後晌。

暴熱黑雲起，雹子要落地。

惡雲見風長，冰雹隨風落。

烏雲西北風，冰雹必定凶。

西北黃雲現，冰雹到跟前。

風摶雲轉，雹子成片。

雲中若有白雲掃，雨中雹子必不小。

黑雲尾、黃雲頭，冰雹打死羊和牛。

響雷没有事，悶雷下蛋子（冰雹）。

紅雲夾黃雲，定有冰雹跟。

柳葉翻，下雹天。

鴻雁飛得低，冰雹來得急。

牛羊中午不臥梁（山坡），下午冰雹要提防。

午後黑雲滾成團，風雨冰雹鬧得歡。

草心出白珠，降雹打麥穀。

伏天早上涼颼颼，午後冰雹打破頭。

不颳東風天不潮，不颳南風不下雹。

不颳東風不下雨，不颳南風不降雹。

天黃悶熱烏雲翻，天河水吼防冰雹。

豎閃冒得來，橫閃防雹災。

## 風霜之氣象氣候諺語

風靜又悶熱，雷雨必強烈。

風前暖，風後寒。

風是雨頭，風狂雨收。

風頭一個帆，雨後變晴天。

風靜天熱人又悶，有風有雨不用問。

晌午不止風，颳到點上燈。

急風行雨暴。

頂風上雲，不雨就陰。

無風起橫浪，三天颱風降。

風亂轉，不用算（就會下雨）。

大風怕日落，久雨起風晴。

開門（颳）風，閉門（就會下）雨。

夜夜颳大風，雨雪不相逢（不會颳風下雨）。

好天狂風不過日，雨天狂風時間長。

無風現長浪，不久風必狂。

雨後颳東風，未來雨不停。

早晨下雨當天晴，晚間下雨到天明。（江蘇）

半夜東風起，明日好天氣。

東風濕，西風乾，北風寒，南風暖。

東風急，備斗笠。

不颳東風不雨，不颳西風不晴。

東風不過晌，過晌嗡嗡響（雷聲）。

雨後東風大，來日雨還下。

久旱東風更不雨，久雨東風更不晴。（廣西）

天旱東風是火鳳（久晴不雨），雨澇東風雨太公（久雨不晴）。（寧夏）

旱東風不雨，雨東風不晴。（北京）

旱颳東風不下雨，澇颳東風不晴天。（河北）

旱颳東南不下雨，澇颳東南不晴天。

久旱東風不雨，久澇南風自晴。（上海）

東風下雨東風晴，再颳東風就不靈。

久雨颳南風，天氣將轉晴。

南風轉東風，三天不落空（大雨）。

五月南風下大雨，六月南風乾井底。

南風冷有雨，南風燒有風。

南風暖北風寒，東風多雨西風乾。

南風吹到底，北風來還禮。

南風怕日落，北風怕天明。

南風若過三，不下就陰天。

南風怕水溺，北風怕日辣。

南風腰中（風之中部）硬，北風頭上（風之前部）尖。

日落西風住，不住颳倒樹。

西風隨日落止，不止颳倒樹枝。

西北風，開天鎖（天晴）。

久晴西風雨，久雨西風晴。

常颳西北風，近日天氣晴。

春天颳風多，秋天下雨多。

四季東風四季下（雨），衹怕東風吹不大。

春起東風雨綿綿，夏起東風旱斷泉；秋起東風不相及，冬起東風雪邊天（下雪）。

東風急，雨打壁。

南風轉東風，三天不落空（會下雨）。

六月北風，雨咚咚。

東北風，雨太公（主雨）。

一日南風，三日關門（會下雨）。

東風下雨，西風晴。

七月北風及時雨。

南風不過午，過午連夜吼。

春吹東風雨咚咚，夏吹東風雨瀟瀟。秋吹東風雨無影，冬吹東風雨無踪。

春東風，雨祖宗（主雨），夏東風，一場空。

春時東風雙流水，夏時東風旱死鬼。

五月南風大水漫，六月南風井底乾。

七月秋風雨（主雨），八月秋風涼。

五月有風，月月風。

南風暖，北風寒，東風潮濕西風乾。

南風頭，北風尾。

風靜天熱人又悶，有風有雨不用問。

一日南風，三日關門（下雨）。

東風下雨，西風晴。

寒風迎大雪，三九天氣暖。

四季東風四季晴，衹怕東風起響聲（雷聲）。

九裏一場風，伏裏一場雨。

霜重見晴天，雪多兆豐年。（山西）

落霜有日照。

霜前冷，霜後暖。

霜前冷，雪後寒。

霜雪又加霧，旱得受不住。

一日春霜三日雨，三日春霜九日晴。

春霜雨，冬霜晴。

春霜三日透，低田可種豆。

春霜不打草（不會凍死草）。

南風多霧露，北風多寒霜。

大暑熱得慌，四個月無霜。

霜降没下霜，大雨滿山崗。

雹打一條綫，霜殺一大片。


## 雷電之氣象氣候諺語

雷轟天頂，有雨不猛。

直雷雨小，橫雷雨大。

雷轟天邊，大雨連天。

炸雷雨小，悶雷雨大。

急雷快晴，悶雷難晴。

春雷十日陰，西風隨日止。

雷公先唱歌，有雨也不多。

雷聲繞圈轉，有雨不久遠。

先雷後雨雨必小，先雨後雷雨必大。

雷聲連成片，雨下溝河漫。

悶雷拉磨聲，雹子必定生。

雷聲像拉磨，狂風夾冰雹。

旱雷下大雨，下雨不過晌。

響雷雨不凶，悶雷下滿坑。

雷打天頂雨不大，雷打雲邊大雨下。

先雷後颱風，有雨也不凶。

春雷十日陰，春雷十日寒。

當頭雷無雨，悶雷雨凄凄。

先動雷聲無大雨，後動雷聲雨凄凄。

頂風雷雨大，順風雷雨小。（浙江）

秋雷走得早，雨水多不了。

未雨先雷，船去步歸（無雨）。

雷公先唱歌，有雨也不多。（江蘇）

先雷後雨，下雨不過瓢把水。（廣東）

天低有雨，天高旱。（内蒙古）

響雷沒有事，悶雷下蛋子（冰雹）。

南閃（閃電）四邊打，北閃（閃電）有雨來。

直閃（閃電）雨小，橫閃（閃電）雨大。

南閃（閃電）火開門，北閃（閃電）有雨臨。

南閃火門開，北閃有雨來。（浙江）

曇天（陰冷天）西北閃（閃電），有雨沒多遠。

東閃空（閃電），西閃（閃電）雨。

南閃半年（纔下雨），北閃跟前（馬上下雨）。（江蘇）

電光西南，明日炎炎，電光西北，下雨漣漣。（浙江）

東南方嚮閃電晴，西北方嚮閃電雨。（湖北）

南閃晴，北閃雨。（廣東）

東閃西閃，曬煞泥鰍黃鱔。（浙江）

電光亂明，無雨天晴。（陝西）

東霍（閃電）三年（纔下雨），北霍（閃電）眼前。（江蘇）

東閃西閃是空騙，南閃停三天，北閃在眼前。（江蘇）

電光亂明，無雨天晴。

東拉西拉，泊泥湖裏開拆；南閃一夜，北閃對射。（河北）

豎閃（雲塊中間的閃電）雨得來，橫閃（雲塊與雲塊之間的閃電）防雹災。

## 日月星之氣象氣候諺語

日出太陽黃，午後風必狂。

日出早，淋壞腦；日出晚，曬煞雁。（湖北）

早出日，不晴天。（江蘇）

日頭出得早，天氣難得靠；日頭送了山，預備洗衣衫。（湖南）

日出日落胭脂紅，不是雨來便是風。

日落胭脂紅，無雨便是風。

東邊日出西邊雨，陣雨過後又天晴。

午時有日頭，雨打五更頭。（浙江）

日落山灰黃，來日大風響。

日落射腳，三天內雨落。

日落黃澄澄，明日颳大風。

日落雲裏走，有雨半夜後。

日落西邊明，明天天準晴。

日落西山一點紅，半夜起來搭雨蓬。

太陽暈過午，無水洗腳肚。

日暈過午，曬死老虎；月暈半夜，水流石壁。

黃昏日落黑雲洞，明朝日曬背皮痛。

日落西北一點紅，半夜起來搭雨蓬。（江蘇）

東邊日出西邊雨，陣雨過後又天晴。

日落雲裏走，雨在半夜後。

日頭紅，寒死人。

太陽現一現，三天不見面（即將下雨）。

太陽披襲衣，明天雨淒淒。

老爺兒（太陽）倒照（日落反照）明天晴。

太陽暈圈破，必有大風過。

大暈（日暈）風伯急，小暈忙雨師。

日暈三更雨，月暈午時風。

月亮打傘，曬得鬼喊。

日月有風圈（日暈月暈），無雨也風顛。

月暈日曝，日暈雨來。月亮背弓，必然起風。

月亮撐紅傘，大雨來明天。

月亮帶火，無雨找我。（湖北）

月色胭脂紅，非雨即是風。（江蘇）

月亮帶毛，大雨漂漂。

月亮生毛，大雨冲壕（毛指暈或華）。

月生毛（月暈），水流河（暴雨成河）。

月亮撐紅傘，大雨將不遠。

月亮撐藍傘，多風在明天。

月亮被圈套（月暈），定有大風到。

星星稠曬死牛，星星稀淋死雞。

星星水汪汪，下雨有希望。

星星眨眨眼，出門要帶傘。

星星密，雨滴滴；星星稀，好天氣。

星星明，來日晴。

夜星繁，大晴天。

星光含水雨將臨。（湖北）

星星眨眼天要變（變成陰雨天）。

## 天光聲温之氣象氣候諺語

早看東南黑，午前雨勢急。

早陰陰，晚陰晴，半夜陰天不到明。

天上拉海纖，下雨不過三。

四周天不亮，必定有風浪。

早怕東南黑，晚怕北雲推。

久晴天射綫，不久有雨見。

晚上西北暗，有雨還有閃；晚若西北明，來日天氣晴。

東明西暗，等不到吃飯（會下雨）。

西北天開鎖，午後見太陽。

透早東南黑，午前風夾雨。

日出胭脂紅，無雨也有風。

天色亮一亮，河水漲一丈。

日落胭脂紅，非雨便是風。

晚春天，孩子面（晴陰多變）。

晚看西北黑，半夜見風雨。（浙江）

久晴將久雨，久雨必久晴。

傍晚大水紅，大雨或大風。（浙江）

空山回聲響，天氣晴又朗。

天河水聲響，冰雹來急慌。

冷得早，暖得早。

日暖夜寒，東海也乾。

春寒多雨水，春暖多晴天。

冬暖要防春寒。

早晨涼颼颼，午後打破頭。

天黃悶熱烏雲翻，天河水吼防冰雹。

不怕初一陰，就怕初二下。

早陰陰，晚陰晴，半夜陰天不到明。

晴天不見山，下雨三五天。

蒼天有雨意（天色青蒼要下雨）。

春日長，有三熱三冷；人壽長，有三苦三樂。

## 物候氣象四時諺語

蚊子聚堂中，來日雨盈盈。

蚊子咬的怪，天氣要變壞。

螞蟻成群，大雨淋淋。

螞蟻壘窩要下雨。

螞蟻搬家天將雨。

螞蟻搬家，大雨將下。

螞蟻搬家，早晚要下。

蟋蟀上房叫，莊稼挨水泡。

蚯蚓路上爬，雨水亂如麻。

蚯蚓封洞，有大雨。

螻蛄唱歌，天氣晴和。

蜘蛛結網天放晴。

蜜蜂遲歸，雨來風吹。

蜜蜂歸窠遲，來日好天氣。

蜜蜂采花忙，短期有雨降。

蜻蜓飛得低，出門戴斗笠。

蟑螂亂飛，有陣雨。

黑蜻蜓亂，天氣要旱。

蜻蜓千百繞，不日雨來到。雨中知了叫，報告晴又到。

長蟲（蛇）過道，下雨之兆。

立夏蛇出洞，準備要防洪。（陝西）

魚兒出水跳，風雨就來到。

河裏魚打花（水面翻動），天將有雨下。

泥鰍跳，雨來到。

泥鰍静，天氣晴。

青蛙叫，大雨到。

蛤蟆哇哇叫，大雨就要到。

蛤蟆叫不停，大雨定來猛。

燕子低飛蛇過道，螞蟻搬家山戴帽，大雨要來到。

燕子墊草窩，雨水來多多。

燕子低飛要落雨。

燕子飛低，大雨將至。

燕子低飛蛇過道，明日必有大雨到。

雨天麻雀叫喳喳，雲退晴刮刮。

海雀向上飛，有風不等黑（黑天）。

久晴鵲噪雨，久雨鵲噪晴。

喜鵲搭窩高，當年雨水澇。

喜鵲枝頭叫，出門晴天報。

群雁南飛天將冷，群雁北飛天將暖。

鳥往船上落，雨天要經過。

久雨聞鳥鳴，不久即轉晴。

鴻雁飛得低，冰雹來得急。

鷹飛高空，無雨即風。

雞曬翅，天將雨。

雞遲回窩有雨，雞早回窩大晴。

雞進籠晚兆陰雨。

雞不回籠喜鵲叫，明日必有大雨到。

雞早宿窩天必晴，雞晚進籠天必雨。

豬銜草，寒潮到。

狗泡水，天將雨。

牛羊中午不臥梁（山坡），下午冰雹要提防。

老牛抬頭朝天嗅，雨臨頭。

馬要騎，東風急。馬嘴朝天，大雨在前。

頭髮響，風一場。

腰酸瘡疤癢，有雨在半晌。

棗花多主旱，梨花多主潦。

冬天榕樹不落葉，預兆早春寒意多。

柳葉翻，下雹天。

正月花，二月柳，三月凍腳丫。

草心出白珠（露珠），降雹大麥穀。

水缸穿裙，大雨淋淋。

水缸出汗蛤蟆叫，不久將有大雨到。

水裏泛青苔，天有風雨來。

海水起黃沫，大風不久過。

柱石腳下潮有雨。

鹹（鹽漬）物返潮天將雨。

草灰結成餅，天有風雨臨。

撲地煙，雨連天。

早晚煙撲地，蒼天有雨意。

烟囪不冒煙，一定是陰天。


# 附録四：二十四節氣諺語


## 立春之諺語

立春晴一日，耕田不費力。

立春陽氣轉，雨水落不斷。

立春天氣晴，百物好收成。

立春晴，雨水平（風調雨順）。

立春無雨是豐年。

雨淋春牛頭（立春日下雨），七七四十九天愁。

雷打立春節，驚蟄雨不歇。

立春早，天氣暖；立春晚，天氣寒。

立春打了霜（降霜），當春會爛秧。

立春雪水化一丈，打得麥子無處放。

立春下雨是反春（指春後有冷雨）。

立春北風吹多雨，立春東風常暖日，立春西風回暖遲。

立春三場雨，遍地都是米。

立春天氣晴，百物好收成。

吃了立春飯，一天暖一天。

打春凍人不凍水（結冰）。

立春後斷霜，插柳正相當。

立春雨水到，早起晚睡覺（起早貪黑種田）。

立春一天，百草芽鑽。

立春一天。半分水暖。

立春趕春氣（萬象回春）。

立春熱過勁，轉冷雪紛紛。

春脖短（春節前立春，早春的時間就顯得短了），早回暖，常常出現倒春寒。

春脖不短（春節後立春，早春的時間就顯得不短了）回暖晚，一般少有倒春寒。

春打六九頭，備耕早動手。

雨澆上元（陰曆正月十五）燈，日頭曬清明。

春霧曬死鬼，夏霧發大水。

春天後母面（陰晴冷暖無常）。

春寒雨若泉，冬寒雨四散。

## 雨水之諺語

雨水非降雨，還是降雪期。

雨水春雨貴如油，頂凌（冰凍）耙耕防墒流。

雨水落雨三大碗，大河小河都要滿。（湖南）

雨水落了雨，陰陰沉沉到穀雨。（江西）

雨打雨水節，二月雨不歇。（江西）

雨水明（天晴），夏至晴。（湖南）

冷雨水，暖驚蟄；暖雨水，冷驚蟄。

雨水節，雨水代替雪。

七九八九雨水節，種田老漢不能歇。

雨水到來地解凍，化一層來耙一層。

頂凌麥鋤耪（鋤地），增溫又保墒。

麥田返漿，抓緊松耪（鋤地）。

麥子洗洗臉（下雨），一壟添一碗。

麥潤苗，桑潤條。

一場春雨一場暖，一場秋雨一場寒。

一場春雨一場暖，十場春雨穿薄單。

春雨貴如油，夏雨遍地流（不可惜）。

水是莊稼血，沒有了不得。

水是金湯玉漿，灌滿糧囤穀倉。

上元（農曆正月十五）無雨多春旱，清明無雨少黃梅（黃梅雨）。

雨打元宵燈，日曬清明田。

## 驚蟄之諺語

驚蟄至，雷聲起。

冷驚蟄，暖春分。

驚蟄天暖地氣開，冬眠蟄蟲蘇醒來。

節到驚蟄，春水滿坡（田地）。

春雷響，萬物長。

驚蟄有雨并閃雷，麥積場中如土堆。

驚蟄颳北風，從頭另過冬。

驚蟄吹起土，倒冷四十五（天）。

未到驚蟄雷先鳴，四十五日天不晴。

驚蟄前雷來，四十五天雲不開（陰雨低溫）。

雷響驚蟄前，有水耙旱田。

雷打驚蟄節，早秧放生節（苗被雨水沖走）

驚蟄不動月（指小雨或無風），冷到五月節。

打雷驚蟄前，四十五日不見天。

驚蟄春雷響，農夫活計忙。

驚蟄蛾子春分蠶。

驚蟄節到聞雷聲，震醒蟄伏越冬蟲。

驚蟄不藏牛（要去耕地）。

驚蟄犁一犁，春分通地氣。

驚蟄過，暖和和，蛤蟆百靈唱山歌。

過了驚蟄節，春耕不能歇。

雷打驚蟄前，高山好種田。

驚蟄雷鳴，谷米豐豐。

驚蟄不耙地，好比蒸饃走了氣（蒸饃不熟）。

驚蟄裏打雷兒，河裏斷凌（冰凍）絲兒。

驚蟄烏鴉叫，春分降雨少。

未過驚蟄雷先來，四十九天雲不開（陰雨低溫）。

雷打驚蟄後，挑水去種豆。冬雖過，倒春寒，萬物復蘇很艱難。

二月裏打雷，麥粒兒成堆。

二月莫把棉衣撤，三月還下桃花雪。

## 春分之諺語

春分秋分，晝夜平分。

吃了春分飯，一天長一綫。

春分降雪春播寒，春分有雨是豐年。

春分颳大風，颳到四月中。

春風有雨萬物收。

春分無雨到清明。

春分西風多陰雨。

春分不暖，秋分不涼。

春分雨不斷，清明前後有好天。

春分雨多颶風少，土地解凍春耕好。

春分有雨到清明，清明下雨無路行。

春分不冷清明冷。

春分颶風夏至雨。

春分早報西南風，颶風蟲害有一宗（二者有其一）。

春分前後怕春霜，一見春霜麥苗傷。

春分雨多，有利春播。

春分颶南風，先雨後旱晴。

春分麥起身，一刻值千金。

春不分不暖，夏不至不熱。

春雪填滿溝，小麥要減收。

麥怕二月雪。

## 清明之諺語

清明冷，好年景。

雨灑清明節，黃風颶半月。

清明宜晴明，穀雨宜雨行。（江西）

陰雨下在清明節，斷斷續續三個月。（廣西）

清明一吹西北風，當年天旱多黃風。（寧夏）

清明南風多夏雨，清明北風夏水稀。（福建）

雨打清明前，春雨定頻繁。（山東）

清明颶動土，要颶四十五（天）。（江蘇）

清明難得晴，穀雨難得陰。（山東）

清明不怕晴，穀雨不怕雨。（黑龍江）

雨打清明前，窪地好種田。（黑龍江）

清明雨星星，一棵高粱打一升。（黑龍江）

清明應斷雪，穀雨應斷霜。

麥怕清明霜，穀喜秋來旱。（雲南）

清明有霜梅雨少。（江蘇）

清明有霧，夏秋有雨。（江蘇、湖北）

清明霧濃，多日天晴。（河南）

清明暖，寒露寒。（湖南）

清明一吹西北風，當年天旱多黃風。（寧夏）

清明北風十天寒，春霜結束在眼前。（河北）

陰雨下了清明節，斷斷續續三個月。

清明無雨旱黃梅（黃梅天無雨），清明有雨水黃梅（黃梅天多雨）。

清明有霜梅雨少。

清明起塵，黃土埋人。

清明響雷頭個梅（黃梅天下雨）。

清明高粱穀雨花，立夏穀子小滿瓜。

清明麻，穀雨花，立夏栽稻點芝麻。

清明秫秫（高粱）穀雨花，立夏前後栽地瓜。

清明晴，雨水勻；清明暗，雨水要上岸。

## 穀雨之諺語

穀雨下雨，農夫歡喜。

穀雨有雨棉花肥。

穀雨有雨好種棉。

穀雨雪斷霜未斷，雜糧播種莫遲緩。

穀雨天，忙種煙。

穀雨種棉花，能長好疙瘩（棉桃）。

穀雨過三天，園裏看牡丹。

穀雨前後，種瓜點豆。

穀雨麥挑旗（麥苗長出長葉），立夏麥頭（麥穗）齊。

穀雨麥懷胎（灌漿），立夏長鬍鬚（麥芒）。

穀雨種棉家家忙。

過了穀雨種花生。

棉花種在穀雨前，開得利索苗兒全。

苞米下種穀雨天。

穀雨前後見家吉（魚）。

穀雨下秧，大致相當。

三月雷，麥屹（高聳）堆。

## 立夏之諺語

立夏日晴，必有旱情。（湖南）

立夏汗濕身，當日大雨淋。（廣東）

立夏雷，六月旱。（湖南）

立夏不下雨，犁耙高挂起。（雲南）

立夏落雨，穀米如雨。

立夏日雷鳴，早稻多害蟲。（廣西）

立夏到夏至，熱必有暴雨。（山東）

立夏雨少，立冬雪好。（江蘇）

立夏下雨，夏至少雨。（福建）

立夏小滿田水滿，芒種夏至火燒天。（廣東）

立夏蛇出洞，準備要防洪。（陝西）

立夏雨陣陣，風調雨也順。

立夏小滿青蛙叫，雨水馬上就來到。（雲南）

立夏不下（雨），小滿不滿（籽粒飽滿），芒種不管（收成）。（河南、湖南）

立夏不熱，五穀不結。（浙江）

立夏麥苗節節高，平田整地栽稻苗。

立夏小滿，江河水滿。（江西）

立夏見夏（夏天景象），立秋見秋（秋天景象）。（山西）

立夏栽稻子，小滿種芝麻。

立夏芝麻小滿穀。

立夏種綠豆。

立夏麥咧嘴（開始結穗），不能缺了水。

立夏天氣凉，麥子收得强。

立夏前後連陰天，又生蜜蟲（麥蚜）又生疸（銹病）。

立夏前後天乾燥，火龍（紅蜘蛛）往往少不了。

立夏不下（下雨），無水洗耙；立夏大下（下雨），水水冲壩（指雨水多）。

立夏無雨三伏熱，重陽無雨一冬晴。

豌豆立了夏，一夜一個杈。

風生火龍（紅蜘蛛）霧生疸。

四月插秧（早稻）穀滿倉，五月插秧一場光。

麥秀風搖，稻秀雨澆。

風揚花（麥花），飽嗒嗒；雨揚花，秕（癟）塌塌。

麥拔節，蛾子來，麥懷胎，蟲出來（指黏蟲）。

麥旺四月雨，不如下在三月二十幾。

寸麥不怕尺水，尺麥却怕寸水。

## 小滿之諺語

雨打小滿頭，曬死老黃牛。

小滿大滿（降水量大），江河漲滿。

小滿有雨豌豆收，小滿無雨豌豆丟。

小滿不下（雨），黃梅（雨水）偏少。

小滿無雨，芒種無水。

小滿過後温度升，時時注意防魚病。

小滿節氣到，快把玉米套（串種）。

小滿後，芒種前，麥田串（串種）上糧油棉。

小滿十八天，小麥變成麵。

大麥不過小滿（收割完畢），小麥不過芒種（收割完畢）。

小麥套（套種）棉兩親家，收了麥子又摘花（棉花）。

小滿節氣到，快把玉米套（套種）。

小滿天天趕，芒種不容緩。

麥到小滿日夜黃。

小滿三日望麥黃。

小滿十日滿地黃。

小滿麥漸黃，夏至稻花香。

小滿不起（拔出）蒜，留在地裏爛。

小滿小滿，麥粒漸滿。

小滿未滿，還有風險。

小滿小滿，還得半月二十天（收麥子）。

小滿不滿，芒種開鐮。

小滿桑葚黑，芒種小麥割。

節到小滿，親魚催產（產子）。

小滿見三新：櫻桃、黃瓜、大麥仁。

小滿動三車，忙得不知歇。

小滿溫和春意濃，麥田追肥防蚜蟲。

西瓜怕熱雨，麥子怕熱風。

麥收寒天。

麥黃不喜風，有風減收成。

麥花要晴，稻花要雨。

麥是火裏生金，稻是泥中結子。


## 芒種之諺語

芒種南風揚，大雨滿池塘。（湖南）

芒種火燒天，夏至雨漣漣。（湖北、湖南）

芒種雨漣漣，夏至火燒天。

芒種颳北風，旱情會發生。（湖南）

芒種怕雷公，夏至怕北風。（廣西）

芒種夏至天，走路要人牽（雨多路滑）。

芒種火燒天，夏至水滿田。（遼寧、福建）

芒種雨漣漣，夏至旱燥田。

芒種西南風，夏至雨連天。

芒種火燒雞，夏至草鞋濕。

芒種夏至，水浸禾地。（廣東）

芒種落雨，端午漲水。（湖南）

芒種火燒天，夏至雨淋衫。（廣東）

芒種不下雨，夏至十八河（雨多）。（貴州）

芒種夏至是水節，如若無雨是旱天。（廣東）

芒種雨少氣溫高，玉米間苗稻除草。

芒種栽薯重十斤，夏至栽薯光根根。

芒種忙忙栽，夏至穀懷胎。

芒種芒種，連收帶種。

芒種黃豆夏至秧，想種好麥迎霜降。

芒種鳴雷年成好，黃牛吃穀不吃草。

芒種下雨火燒雞（高溫炎熱），夏至下雨爛草鞋；三麥不如一秋長，三秋不如一麥忙。

麥收有五忙，割拉打曬藏。

杏子黃，麥上場。

棗花開，割小麥。

麥子爭青（勿過熟就要收割）打滿倉，穀子爭青少打糧。

麥子入場晝夜忙，快打快揚快入倉。

麥到芒種穀到秋，豆子寒露用鐮鈎，騎着霜降收芋頭（地瓜）。

大旱小旱，不過五月十三（下雨的日子）。

五月十三磨大刀（指關羽），沾水磨刀殺曹操（下雨日）。

吃了端午粽，寒衣不可送。

麥鬆一場空，秋穩籽粒豐。

麥收時節鬆一鬆，風吹雨打一場空。

## 夏至之諺語

吃了夏至麵，一天短一綫。

夏至有雷三伏熱。

夏至東風搖，麥子水裏撈（雨水多）。

夏至東南風，平地把船撑。

夏至東風多，麥子坐水牢（雨水多）。

夏至有雨三伏熱，重陽無雨一冬晴。

夏至落大雨，八月漲大水。（湖南）

夏至無雲三伏燒。

夏至雨點值千金。

夏至一場雨，千金買一滴。

夏至風起從西邊，瓜菜園中受熬煎（酷熱難耐）。

夏至颳起東南風，十八天后大雨冲。

夏至大爛（雨多爛禾），梅雨當飯。（浙江）

夏至落雨，九場大水。（湖北）

夏至下雨十八河（雨大）。（湖南、貴州）

有錢難買五月旱，六月連陰吃飽飯。

夏至狗，無處走（熱得無處躲避）。

過了夏至節，夫妻各自歇（酷熱難耐）。

日長長到夏至，日短短到冬至。

夏至拔雜選好種，玉米追肥防黏蟲。

夏至水，餓死鬼（農作物歉收）。

夏至響雷三伏冷，夏至無雨曬死人。

夏至三朝霧，出門要摸路。

夏至無雲三伏熱。

## 小暑之諺語

雨打小暑頭，四十五天不用牛。（江蘇）

小暑有雨旱，小寒有雨冷。（廣西）

小暑南風伏裏旱。

小暑起燥風，日夜好晴空。

小暑一聲雷，黃梅（雨）去又回。

小暑若無雨，老鼠都餓死。

小暑若颳西南風，農家忙碌一場空。

小暑一聲雷，倒轉半月做黃梅（梅雨）。

小暑熱過頭，九月早寒流。（河北）

小暑熱過頭，秋天冷得早。（湖南）

小暑北風水流柴，大暑北風天紅霞（晴天）

小暑南風十八朝，曬得南山竹葉焦。

小暑雷，黃梅（梅雨）回；十八天，倒黃梅（梅雨）。

小暑頭上一聲雷，半月黃梅（梅雨）倒轉來。

小暑一聲雷，要做七十二個野黃梅（梅雨）。

小暑過熱，九月早冷。（江蘇）

小暑剛剛過，一日三分熱。

小暑雨如銀，大暑雨如金。（江蘇）

小暑熱得透，大暑涼颼颼。

小暑大暑，灌死老鼠（雨多）。

小暑怕東風，大暑怕紅霞。

小暑南風，大暑旱。

小暑下幾點（雨），大暑沒（淹沒）河岸。（河北）

小暑涼颼颼，大暑熱糾糾。（湖南）

頭伏三場霧，下雨等白露。

小暑不見日頭，大暑曬開石頭。（江蘇、湖南）

小暑大暑不熱，小寒大寒不冷。（廣西）

小暑大暑，有米不願回家煮（酷熱難耐）。

小暑大暑，搶插紅薯。

小暑溫墩（溫而不熱）大暑熱。

小暑熱得透，大暑涼悠悠。（四川、貴州）

小暑進入三伏天，龍口奪食莫等閑。

小暑吃黍，大暑吃穀。

小暑熱不算，大暑正伏天。

穀是泥裏秀穗，麥是火裏生金。

穀子長得乖，無水不懷胎。

卡脖旱，少乾飯。

入伏不種黍和豆。

迎伏種豆子，迎霜種麥子。

棉花入了伏，三天兩頭鋤。

六月無風台（颱風），有雨無路來。

六月十二彭祖忌，無風也雨意。（農曆六月十二是彭祖忌日，海上不是大風，就是有大浪。老人説，這一日叫彭祖忌，"遇到彭祖忌，無風海水移三移"。）

## 大暑之諺語

大暑熱不透，大熱在秋後。

大暑無酷熱，五穀多不結。

大暑大雨，百日見霜。

大暑天連陰，遍地出黃金，

大暑不暑，五穀不熟。

大暑前小暑後，莊户老頭種綠豆。

大暑大熱暴雨增，復種秋菜緊防洪。

大暑颳秋風，秋後熱到狂。

大暑熱得慌，四個月無霜。

六月稻，大水泡。

六月不熱，五穀不結。

六月連陰吃飽飯。

六月六，看穀秀。

伏天雨豐，糧豐棉豐。

伏天大雨下滿塘，玉米高粱啪啪響（拔節快）。

伏裏無雨，囤裏無米。

伏裏雨多，稻裏米多。

淋伏頭，曬伏尾。

三伏不熱，五穀不結，

三伏不受旱，一畝增一石。

頭伏蘿蔔二伏菜，三伏裏頭種白菜。

人在屋裏熱得躁，稻在田裏哈哈笑。

不熱不冷，不成年景。

## 立秋之諺語

立了秋，哪裏有雨哪裏收。

立秋雨淋淋，遍地是黃金。

立秋三場雨，秕稻變成米。

立秋三場雨，夏布衣裳高擱起。

立秋三場雨，河裏無澡洗。

立秋有雨丘丘（山丘、山坡）收，立秋無雨人人憂。

立秋下雨，百日無霜。

立秋雨滴，穀把頭低（穀穗大）。

立秋雨豐，黍子返青。

立秋下雨萬物收，處暑下雨萬物丟。

立秋無雨一半收，處暑有雨也難留。（湖北）

立了秋，涼颼颼。

立了秋，把扇丟。

早晨立秋涼颼颼，晚上立秋熱死牛。

早晨立了秋，晚上涼颼颼。

過了立秋節，夜凉白天熱。

立秋早晚凉，中午汗濕裳。

立了秋，扇莫丟，中午頭上扇汗流。

立秋不立秋，還有一個月的好熱頭。

立秋反比大暑熱，中午前後似烤火。

立了秋棗核天，熱中午凉早晚。

立秋種蕎麥，秋分麥入土。

立秋十八日，寸草結籽粒。

立秋鋤晚田，地鬆籽粒滿。

立秋摘花椒，立冬打軟棗。

立秋無雨甚當憂，作物從來一半收，

立秋落雨又順秋，綿綿雨不休。

立了秋，蘋果梨子陸續揪。

立秋溫度高，果梨灌漿飽。

立秋溫度高，果子着色好。

立秋十日割早黍，處暑三日無青穆（發青未成熟的莊稼）。

立秋前，三四天，白菜下種莫遲延。

早秋丟，晚秋收，中秋熱死牛。

立秋種（白菜），處暑移，十年就有九不離（差）。

立秋的蕾，白露的花（棉花花朵），十年就有九白搭（費力）。

立秋播種處暑栽，霜降灌心冬砍菜（白菜）。

秋不凉，粒不黃。

立秋溫不降，莊稼長旺强。

六月立秋緊溜溜，七月立秋秋後油（出汗）。

今秋蝗蟲產下卵，來年夏季出蝗蝻。

六月壅（堆土），七月上，八月再看蔥發旺。

七月不保墒，種麥打饑荒。

七月初七雨淋淋，牛郎織女淚紛紛。

七月七，掐着吃（早穀）。

七月七，生瓜梨棗都中吃。

七月水連坡，來年螞蚱多。

七月秋風涼，棉花白，稻子黃。

七月半，八月半，蚊子嘴，快起鑽（比鑽頭還尖快）。

七月雨，八月旱，棉花桃子像雞蛋。

七月秋風雨，八月秋風涼。

無驚七月半鬼，祗驚七月半水（下大雨）。

七月菱角八月藕，九月纔吃老雞頭（米）。

三伏有雨好種麥。

高粱扛了槍（生穗），一鋤一成糧。

高粱扛了槍（生穗），不怕水汪汪。

打了老葉耪一遍，高粱粒子眼瞪圓。

## 處暑之諺語

處暑雨，粒粒皆是米（稻）。

處暑若還天不雨，縱然結子難保米。

處暑裏的雨，穀倉裏的米。

處暑有下雨，中稻粒粒米。（閩南）

處暑雷唱歌，陰雨天氣多。（東北）

處暑一聲雷，秋裏大雨來。（東北）

處暑不下雨，幹到白露底。（東北）

處暑有雨十八江，處暑無雨乾斷江。（東北）

處暑東北風，大路做河通。（閩南）

處暑出大日，秋旱曝死鯽。（閩南）

處暑天還暑，好似秋老虎。

處暑天不暑，炎熱在中午。

處暑處暑，熱死老鼠。

處暑不覺熱，水果免想結。（閩南）

節令到處暑，莊稼陸續熟。

處暑三日稻（晚稻）有孕，寒露到來稻入囤。

處暑高粱遍地紅。

處暑高粱白露穀。

處暑穀漸黃，大風要提防。

處暑高粱遍拿鐮。

處暑三日割黃穀。

處暑十日忙割穀。

處暑收黍，白露收穀。

處暑落了雨，秋季雨水多。

處暑無雨一冬晴，處暑有雨一冬淋。

處暑好晴天，家家摘新棉（棉花）。

處暑開花（棉花花朵）不見花。

處暑花，不歸家。

處暑花，撿到家。

處暑就把白菜移（移栽），十年準有九不離（差）。

處暑移（移栽）白菜，猛鋤蹲苗曬。

處暑栽（白菜），白露上（追肥），再晚跟不上。

處暑栽白菜，有利沒有害。

處暑栽（白菜），白露追（追肥），秋分放大水。

處暑見紅棗，秋分打凈了。

處暑三日稻（晚稻）有孕，寒露到來稻入囤。

處暑滿地黃，家家修廩倉。

處暑拔麻摘老瓜。

處暑棉田見新花。

處暑長薯（紅薯）。

七月底，八月邊，家家新米桌上端。

七月秋風涼，棉花白，稻子黃。

七月半，栽早蒜。

七月十五，早蒜入土。

七月棗，八月梨，九月柿子紅了皮。

七月十五棗紅腚，八月十五打乾净。

七月十五花紅棗，八月十五曬紅棗。

潦梨旱棗水栗子，不旱不潦收柿子

### 白露之諺語

白露露水凝，天氣一定晴。

白露露水狂，來日毒太陽。

白露露水大，當日準不下（雨）。

白露露水見晴天。

白露秋分夜，一夜涼一夜。

喝了白露水，蚊子閉了嘴（死去）。

白露早，寒露遲，秋分種麥正當時。

白露種（麥）高山，寒露種河邊，墹裏霜降點（種麥）。

白露滿地紅黃白，上午修棉下午摘。

頭白露割穀，過白露打棗。

白露割穀子，霜降摘柿子。

穀到白露死。

白露穀，寒露豆，花生收在秋分後。

白露節，棉花地裏不得歇。

白露棉花好長相，下吐白絮頂花香。

白露田間和稀泥，紅薯一天長一皮。

白露種葱，寒露種蒜。

白露不低頭（晚稻垂穗），割倒喂老牛。

白露花（棉花花朵），不歸家；

白露花（棉花花朵），温高霜晚纔收花（棉絮）。

棉怕白露連陰天。

過了白露節，夜寒白天熱。

白露秋分頭，棉花纔好收。

中秋前後是白露，棉花開始收進屋。

穀子上場，核桃滿瓢。

穀子上囤，核桃挨棍（打落）。

割穀要穩，收麥要緊。

八月八，冬瓜南瓜回了家。

八月八，還有花（棉絮）。

八月八，秋熱霜晚能見花（棉絮）。

秋後棉花鋤三遍，絮厚絨白粒飽滿。

### 秋分之諺語

秋分前後必有雨。（遼寧）

秋分前後有風霜。（内蒙古）

秋分雨多雷電多，今冬不會多雨雪。（山西）

秋分夜冷天氣旱。（廣西）

秋分有雨來年豐。（江蘇）

秋分東風來年旱。（河北）

秋分青蛙仍在叫，秋末還有大雨到。（山東）

秋分西北風，來年早春多陰雨。（廣西）

秋分西北風，冬天多雨雪。（江蘇）

秋分西北風，來年多雨衝。（安徽）

秋分颳北風，臘月雨水多。（安徽）

秋分過後必有風。（內蒙古）

秋分天晴必久旱。

秋分日晴，萬物不生。

秋分有雨，寒露有冷。

秋分有雨寒露涼。（湖南）

秋分有雨天不乾。（湖南）

秋分北風多寒冷。（湖南）

秋分秋分，雨水紛紛。（河北）

秋分冷雨來春早。（河北）

秋分日出霧，三九前有雪。（河北）

秋分種麥正當時。

秋分種（麥）半山，寒露種沙灘。

淤土秋分前十天種（種麥）不早，沙土秋分後十天（種麥）不晚。

秋分日晴，萬物不生。

秋分收花生，晚了葉落空。

秋分棉花白茫茫。

秋分雨多有雷電，今冬不會雪雨粘。

秋分早涼中午熱，要下雨，得半月。（河南）

秋分收春豆。

秋分稻見黃，大風要提防。

秋分不着"噴"（拾第一次花），到老瞎胡混。

秋分拾不完的棉花，處暑抖不盡的芝麻。

秋分種，立冬蓋（蓋土），來年清明吃菠菜。

秋分種小葱，蓋肥在立冬。

秋分早晚冷，中午熱，下雨還得半個月。（廣東）

八月十五雲遮月，待到來年雪打燈。

八月有雨好種田，十月有雨麥墩盤。

秋分種蒜，寒露種麥。

## 寒露之諺語

寒露有雨冬雨少，寒露無雨冬雨多。（廣西）

寒露若逢下雨天，正二月裏雨漣漣。（湖南）

寒露不算冷，霜降變了天。

寒露天氣晴，來年春雨豐。（河北）

寒露晴天冬雪少，寒露天晴春雨多。（河北）

寒露無雨，百日無霜。（湖南）

寒露起黑雲，嶺雨時間長。（湖南、廣西）

寒露多雨，芒種少雨。（福建）

寒露多雨水，春季無大水。（福建）

寒露有雨雨淋淋。（湖南）

寒露有雨漚霜降（霜降也會許多雨）。（廣東）

寒露落雨爛穀子。（貴州）

寒露日有雨，寒露後多雨。（湖南）

寒露陰雨秋霜晚。（河北）

寒露雨風（颳風下雨），清明晴風（颳風不下雨）。（河北）

寒露到立冬，翻地凍死蟲。

寒露不摘棉，霜打莫怨天。

寒露無青稻（成熟變黃），霜降一齊倒（收割完畢）。

霧天寒露雪前趕（雪提前降落）。（河北）

寒露前後有雷，來年定多雨水。（安徽、湖南）

寒露過三朝，過水要尋橋（水涼不可蹚水過）。（廣東）

寒露受旱一大片，霜降受澇一條綫。（貴州）

寒露有霜，晚稻受傷。（江蘇、湖南）

寒露豆子使鐮鉤，地瓜待到霜降收。

寒露豆子動鐮鈎，騎着霜降（跨霜降時節）收芋頭（地瓜）。

寒露三日無青豆（成熟變黃）。

寒露到，割晚稻；霜降到，割糯稻。

稻怕寒露一朝霜，棉怕八月連陰雨。

寒露不摘煙，霜打甭怨天。

寒露不刨蔥，蔥心必定空。

寒露收山楂，霜降刨地瓜。

寒露柿紅皮，摘下去趕集。

寒露畜不閑，晝夜加班趕。

時到寒露天，捕魚采藕芡。

寒露節到天氣涼，相同魚種要并塘。

寒露時節人人忙，種麥摘花打豆場。

寒露到霜降，種麥莫慌張。

寒露種麥正當時。

寒露霜降麥歸土。

寒露霜降，趕快拋上（種麥）。

寒露前後看早麥。

要得苗兒壯，寒露到霜降（種麥）。

小麥點在寒露口，點一碗，收三斗。

寒露要收豆，花生收在秋分後。

吃了寒露飯，不見單衣漢。

吃了重陽糕，單衫打成包。

九月九，摘石榴。

重陽無雨一冬乾。

大雁不過九月九（飛走），小燕不過三月三（飛回）。

九月不刨蔥，十月蔥心空。

寒露脚不露。

寒露霜降節，緊風就是雪。（江西）

寒露不算寒，霜降變了天。

霜降前後始降霜。

夏雨少，秋霜早。

夏雨淋透，霜期退後。

寒露早，立冬遲，霜降收薯正適宜。

寒露種菜，霜降種麥。

## 霜降之諺語

霜降前後始降霜。

九月霜降無霜打，十月霜降霜打霜。

霜降前降霜，挑米如挑糠。

霜降後降霜，稻穀打滿倉。

霜降不割禾，一天少一籮。

霜降見霜，穀米滿倉。

霜降水，餓死鬼。

霜降沒下霜，大雨滿山岡。

霜降攏菜（攏緊白菜），立冬起菜（收穫白菜）。

霜降拔蔥，不拔就空。

霜降蘿蔔立冬菜（白菜），小雪蔬菜收家來。

霜降摘柿子，立冬打軟棗。

霜降不摘柿，硬柿變軟柿。

霜降播種（小麥），立冬見苗。

霜降到立冬，種麥莫放鬆。

霜降不摘棉，霜打莫怨天。

霜降降霜（早霜）始，來年穀雨（晚霜）止。

霜降前，薯刨完。

已經到霜降，種麥加緊忙。

霜降前，麥種完。

晚麥不過霜降種。

寒露早，立冬遲，霜降收薯正適宜。

已經到霜降，白菜快摟上（攏緊白菜）。

霜降鰻魚白露蟹。

霜降配羊清明羔，天氣暖和有青草。

霜降來臨溫度降，魚種越冬要保障。

秋雨透地，霜降來遲。

輕霜棉無妨，酷霜棉株僵。

風大夜無露，陰天夜無霜。

今夜霜露重，明早太陽紅。

嚴霜出毒日，霧露是好天。

濃霜毒日頭。

霜後暖，雪後寒。

霜重見晴天，霜打紅日曬。

夏雨少，秋霜早。

夏雨淋透，霜期退後。

秋雨透地，降霜來遲。

秋雁當頭叫，必有大風到。

秋雁鳴叫早，霜來緊悄悄。

一夜孤霜，來年有荒。

多夜霜足足，來年豐米穀。

嚴霜單打獨根草，晚稻就怕霜來早。

棉是秋後草，就怕霜來早。

霜早春棉減產少，霜早夏棉不得了。

霜後還有兩噴（番、遍）花。

秋雁來早霜也早。

雪打高山霜打窪，嚴霜單打獨根草。

# 立冬之諺語

立冬晴，一冬晴；立冬雨，一冬雨。

立冬出太陽，今冬無雪霜。（陝西）

立冬北風冰雪多，立冬南風無雨雪。

立冬打雷要反春（天暖）。

立冬東北風，冬季好天空。（福建）

立冬有風，立春有雨。（山西）

立冬落雨會爛冬（一冬多雨），吃得柴盡米糧空。（福建）

立冬那天冷，一年冷氣多。

立冬南風雨，冬季無凋（乾）土。（福建）

立冬有雨防爛冬，立冬無雨防春旱。（福建）

重陽無雨看立冬，立冬無雨一冬乾。（江西）

西風響，蟹脚癢（好動），蟹立冬，影無踪（藏匿）。

立冬封了田，小雪河封嚴。

立冬晴，雪多凝。（貴州）

立冬晴，晴一冬；立冬雨，會爛冬。（江西）

立冬晴，冬雪少。（廣西）

立冬晴，大旱情。（湖南）

立冬之日半天晴，冬季乾得灰塵生。（貴州）

立冬晴，柴禾堆滿城（天暖燒柴少）；立冬陰，柴禾貴如金（天冷燒柴多）。（江西）

立冬晴，茅草放滿坪；立冬雨，茅草貴過金。（廣西）

立冬出日頭，冬天冷死牛。（湖南、廣東）

立冬晴，雨鞋挂斷繩（晴天不用穿雨鞋）。（湖南）

立冬三日陽，穀子堆成倉。（廣西）

立冬陰，一冬陰。（江蘇）

立冬晴，一冬風。（河北）

立冬暗，禾穀倒田坎。（江西）

立冬無雨一冬晴。（江蘇）

立冬無雨滿冬空（無雨）。

立冬無雨多晴天。（福建）

立冬逢晴少雨雪。（湖南）

立冬無雨冬至晴。（江西）

立冬之日半日晴，冬季乾得起灰塵。（貴州）

立冬無雨一冬晴，要落（下雨）三回沒稻根。（上海）

立冬無雨一冬晴，立冬有雨一冬淋。（湖南）

立冬無雨一冬晴，立冬有雨遭過年。（廣東）

立冬落雨一冬落（指爛冬）。

立冬有雨防爛冬，立冬無雨防春旱。（福建）

重陽無雨看立冬，立冬無雨一冬乾。（江西）

立冬發霧冬至雨。

立冬前犁金，立冬後犁銀。

今冬麥蓋三層被，明年枕着饅頭睡。

## 小雪之諺語

小雪不封地，不過三五日（就會下雪封地）。

小雪封地，大雪封河。

節到小雪天下雪。

小雪節到下大雪，大雪節到沒了雪。

小雪大雪不見雪，小麥大麥粒要瘦。

小雪雪滿天，來年必豐年。

小雪不下看大雪，小寒不下看大寒。

小雪不見雪，大雪滿天飛。

小雪無雲天大旱。（浙江）

小雪晴天，雨至年邊。（湖南）

小雪見晴天，有雪到年邊。（湖北）

小雪下了雪，來年旱三月。

小雪地不封，大雪還能耕。

小雪不起菜（收穫白菜），就要受凍害。

小雪封地地不封，老漢繼續把地耕。

小雪不耕地，大雪不行船。

小雪地能耕，大雪船帆撐。

到了小雪節，果樹快剪截。

小雪收葱，不收就空。

小雪點青稻。

小雪天空晴，來年雨水勻。

小雪滿田紅（指農活多，紅火），大雪滿田空。（廣東）

小雪大雪不見雪，來年蟲害定較多。

小雪有雨十八天雨，小雪無雨十八天風。

小雪西北風，當夜要打霜。

小雪不見雪，來年長工歇（無活幹）。

## 大雪之諺語

大雪下雪，來年雨不缺。（安徽）

大雪不凍倒春寒。（廣西）

大雪不寒明年旱。（河北）

大雪河封住，冬至不行船。（黑龍江）

大雪晴天，立春雪多。（河北）

大雪不凍，驚蟄不開。（江蘇）

大雪下一滴，大暑打爛壩。

寒風迎大雪，三九天暖和。（河北）

大雪節氣雪多，來年豐收可說。

大雪到來大雪飄，兆示來年年景好。

## 冬至之諺語

冬至有風，夏至有雨。（山西）

重陽無雨看冬至，冬至無雨晴一冬。（福建）

冬至多風，寒冷年冬。

冬至晴新年雨，中秋有雨冬至晴。（黑龍江）

晴冬至，年必雨。（湖北）

冬至冷春節暖，冬至暖春節寒。（湖南）

冬至晴新年雨，冬至有雨新年晴。（山東）

冬至暖，冷到三月半；冬至冷，明春暖融融。（廣西）

冬至暖，烤火到小滿。（廣西）

冬至黑（陰）過年疏（晴），冬至疏過年黑。（臺灣）

冬至陰天，來年春旱。（山東）

冬至晴，春節陰。（遼寧）

今年冬至晴，明年陰雨多。（廣西）

冬至晴一天，春節雨雪連。（安徽）

冬至晴正月雨，冬至雨正月晴。（浙江）

冬至不冷，夏至不熱。（湖南）

冬至強北風，注意防霜凍。（湖南）

冬至無雪颳大風，來年六月雨水多。（西藏）

冬至沒打（下）霜，夏至乾長江。（湖南）

冬至晴，陰雨落到次（年）清明。

冬至打（下）霜來年旱。（湖南）

冬至有霜，臘雪有望。（浙江）

冬至有霜，過年有雪。（江蘇、湖北）

冬至無雨一冬晴。（安徽、山東）

冬至若無雨，來年夏至旱。（廣西）

冬至無雨過年雨，冬至下雨過年晴。（江西）

一年雨水看冬至。（浙江）

冬至有雨雨水多，冬至無雨雨水少。（廣東）

冬至落雨星不明，大雪紛紛步難行。（江蘇）

冬至有雪來年旱，冬至有風冷半冬。（山西）

冬至有雪，九九有雪。（陝西）

冬至雪一場，夏至水滿江。（湖南）

清爽冬至邋遢年，邋遢冬至清爽年。（江西）

冬至西北風，來年乾一春。（山西）

冬至大如年。

冬至當日回。

吃了冬至飯，一天長一綫。

冬節夜最長，難得到天光。

冬至當日即數九，冬至不離十一月。

冬至全年晝最短，日後白晝漸漸添。

冬至在頭（十一月初），賣被買牛（天不寒賣被買牛備春耕）；冬至在尾（十一月末），賣牛買被（天寒買被）。

冬在頭（十一月初），賣了被置頭牛；冬在腰（十一月中），凍死貓；冬在尾（十一月末），凍死鬼。

冬至在月頭（十一月初），無被不用愁；冬至在月尾（十一月末），大雪起紛飛。（貴州）

冬節（冬至）烏（陰雨），年夜蘇（晴暖）；冬節紅，年夜耽（淋濕陰雨）。

冬至出日頭，過年凍死牛。

冬至天氣晴，來年百果生。

冬至稻無割，一夜脫一籮。

不到冬至不寒，不到夏至不熱。

犁田冬至內，一犁比一金。

冬至前犁金，冬至後犁鐵。

晴冬至，年必雨。

陰過冬至晴過年。

冬至無雪颳大風，來年六月雨水多。（西藏）

冬至有霜年有雪。（江蘇、湖北）

冬至無雨一冬晴。（安徽、山東）

冬至無雨，來年夏至旱。（廣西）

冬至無雨過年雨，冬至下雨過年晴。（江西）

冬至有雨雨水多，冬至無雨雨水少。（廣東）

冬至下場雪，夏至水滿江。（湖南）

冬至陰天，來年春旱。（山東）

冬至南風百日陰。

冬至過，地凍破。

乾冬濕年，濕冬乾年。

冬至強北風，注意防霜凍。

冬至天氣晴，來年果樹行。

冬至暖，冷到三月中；冬至冷，明春暖得早。

## 小寒之諺語

小寒暖，立春雪。

小寒寒，驚蟄暖。

小寒不寒，清明泥潭。

小寒大寒，準備過年。

過了小寒是大寒，過了大寒就是年。

小寒節日霧，來年五穀富。

臘月裏打雷，遍地是賊。

小寒大寒不下雪，小暑大暑田開裂。

小寒大寒，冷成冰團。

小寒不寒，清明泥潭。

小寒大寒寒得透，來年春天天暖和。

臘七臘八，出門凍煞。

臘七臘八，凍死旱鴨。

臘七臘八，凍裂腳丫。

三九不封河，來年雹子多。

小寒勝大寒，常見不稀罕。

小寒暖，春多寒。

小寒大寒多南風，明年六月早颱風。

小寒不寒大寒寒。

小寒濛濛雨，雨水還凍秧。

小寒雨濛濛，雨水驚蟄凍。

小寒無雨，小暑必早。

小寒大寒，無風也寒。

人到小寒衣滿身，牛到大寒草滿欄。

臘月栽桑桑不知（容易成活）。

小寒天氣熱，大寒冷莫說。

小寒大寒，滴水成冰。

小寒大寒連續寒，來年蟲災全完蛋。

## 大寒之諺語

過了大寒，又是一年。

大寒小寒，無風自寒。

大寒不寒，春分不暖；大寒不寒，人馬不安。

大寒三九天。

大寒到頂點，日後天漸暖。

大寒一夜星，穀米貴如金。

大寒見三白，農人衣食足。

大寒天氣暖，寒到二月滿。

大寒大寒，防風禦寒。

大寒東風不下雨。

大寒霧，春頭早。

大寒陰，陰二月。

臘月三場霧，河底踏成路。

臘月三場白，來年收小麥。

臘月三場白，家家都有麥。

臘月三白，適宜麥菜。

臘月大雪半尺厚，麥子還嫌被不够。

該冷不冷，不成年景。

# 附錄五：天降异物考

## 雨穀

　　天空落下五穀狀物。《後漢書・光武帝紀》：〔建武三十一年〕是歲，陳留雨穀，形如稗實。"晋張華《博物志》卷七："竟寧元年，南陽郡中雨穀，小者如黍粟而青黑，味苦；大者如大豆赤黃，味如麥。下三日，生根葉，狀如大豆初生時也。"《遼史・禮志》："天慶元年，天雨穀。"《元史・五行志》："〔至正二十七年〕三月丁丑朔，萊州招遠縣大社里黑風大起，有大鳥自南飛至，其色蒼白，展翅如席，狀類鶴，俄頃飛去，遺下粟、黍、稻、麥、黃黑豆、蕎麥於張家屋上，約數升許。是歲大稔。"萬曆《襄陽府志》卷三三："〔嘉靖十七年〕正月至四月不雨，雨微子如五穀狀。五月雨至七月，傷禾稼。"康熙《孝感縣志》卷六："〔嘉靖十四年〕雨豆麥。"乾隆《黃巖縣志》卷一二："〔宣德七年〕旱饑，邑祖廟前古樹忽雨穀，民賴以播種。"

## 【雨黑黍粟】

　　天空落下物如黑色的小米。《竹書紀年》："梁惠成王八年，雨黍於齊。"漢伏無忌《伏侯古今注》："清河、廣州雨粟，大如莧實，色黑。"又同書云："〔建初二年〕九江、壽春雨粟。"又同書云："〔地節三年〕長安雨黑粟。"又同書云："〔元康四年〕南陽雨豆，長安雨黑黍粟，如米。"晋張華《博物志》卷七："孝武建元四年，天雨粟。"《宋史・五行志》："〔元祐三年〕六月，臨江縣塗井鎮雨白黍，七月又雨黑黍。"《元史・五行志》："〔至正十一年〕邵武大震電，雨黑黍如蘆穄。信州雨黑黍。"萬曆《四川總志》卷二七："〔弘治十五年〕九月，忠州雨黑黍。"康熙《東鄉縣志》卷一："〔正德三年〕雨黑黍。"康熙《順德縣志》卷一三："〔正德十三年〕夏六月，雨粟，色黑而堅。"乾隆《安仁縣志》卷二〇："〔正德五年〕天又雨黑黍。"乾隆《萬年縣志》卷六："〔正德三年〕七月，雨異物，狀如黍，黑色。"

## 【天雨黑子】

天空落下物如黑色籽粒般。《元史·順帝紀》:"〔至正十一年〕十月天雨黑子於饒州，大如黍菽。"正德《襄陽府志》卷九:"〔成化元年〕襄陽府界雨黑子如黍，密處掬之盈把。"嘉靖《廣信府志》卷一:"〔正德七年〕天雨黑子，人試種之，出葉如戈戟。"嘉靖《東鄉縣志》卷下:"〔正德五年〕冬，天雨黑子如黍，撫之地皆有之，東鄉尤多。六年又雨。"萬曆《襄陽府志》卷三三:"〔成化元年〕雨黑子如黍。"萬曆《常山縣志》卷一:"〔正德四年〕三月，雨黑子。"康熙《龍游縣志》卷一二:"〔正德四年〕大饑。是年雨黑子。"康熙《崇仁縣志》卷三:正德五年冬"雨黑子如黍"。康熙《湖廣通志》卷三:正德元年九月丁卯"咸寧天雨黑子至積十日"。康熙《鉛山縣志》卷一:"〔正德六年〕夏，雨黑黍如蘆穄，種之，葉如戈戟。"《罪惟錄》:成化元年五月"襄陽府天雨黑子"。乾隆《廣信府志》卷一:萬曆五年四月"弋陽天雨黑子。"乾隆《善化縣志》卷一二:〔崇禎五年〕"天雨黑子"。乾隆《贛縣志》卷三三:"〔正德十年七月〕贛州府域地震，黑風四塞，下黑子如竹實。"同治《弋陽縣志》卷一四:"〔正德七年〕雨黑子，人試種之，出葉如戈戟。"光緒《襄陽府志·祥異》:〔成化元年二月〕"襄陽南漳雨黑子如黍。"光緒《湖南通志》卷二四四:"〔同治六年二月〕瀏陽、安化雨黑子如黍"。

## 【雨麥】

天空落下物如小麥粒。嘉靖《廣信府志》卷一:"〔弘治十四年〕十月，雨麥。"萬曆《荊門州志》卷六:"〔洪武二十一年〕七月六日夜二鼓，天雨米二石五斗於荊門李子春家，形如小麥，色淡黃，爲飯香甜。"康熙《新修上饒縣志》卷一:"〔正統六年〕十月，雨麥。"

## 【雨蕎麥】

天空落下蕎麥的籽粒。萬曆《襄陽府志》卷三三:"〔嘉靖四十四年〕秋大風，雨蕎麥、黑豆於城北數里，粒極小，種之亦生，不成實。"萬曆《襄陽府志》卷三三:"〔嘉靖四十四年〕秋大風，雨蕎麥、黑豆於城北數里，粒極小，種之亦生，不成實。"康熙《洋縣志》卷一:"〔嘉靖九年〕夏，天雨蕎子，化爲蟲。食禾。"康熙《鍾祥縣志》卷一〇:"〔嘉靖十七年〕春，雨黍、粟、蕎麥。"道光《安陸縣志》卷一四:"〔嘉靖十七年〕雨黍、粟、蕎麥。"

## 【雨黑穀】

天空落下物如黑色的穀子。正德《瑞州府志》卷一一:"〔正德四年〕春，高安調露等鄉雨黑穀，可啖。久之生芽。繼雨黑雨。夏四月，高安穀騰踴，一石價五錢。"嘉靖《興國州志》卷七:"〔正德四年〕是年旱，米貴。天雨黑穀，如棗核，民食草實。"嘉靖《邵武府志》卷一:"〔嘉靖二年〕雨黑黍如蘆穄。"順治《黃梅縣志》卷三:"〔崇禎七年〕天雨黑子，形如五穀。"嘉慶《益陽縣志》卷一三:"〔嘉靖二十四年〕饑。天雨穀，黑色。"

## 【雨米】

天空降下物如米粒。漢伏無忌《伏侯古今注》:"〔漢惠帝三年〕桂宮、楊翟俱雨稻米。"《宋史·五行志》:"〔乾道四年〕春，舒州雨黑米，堅如鐵，破之，米心通黑。"《元史·五行志》:"〔至正十一年〕十月，衢州東北雨米如黍。"成化《廣州志》卷三二:"〔洪武六年〕六月十九日未時，廣州天雨米，如早白穀，米身粗小長，黑色如火燒米，炊蒸之爲飯，甚柔軟，人争掃拾，有取至二三斗者，鷄食亦飽。"嘉靖《廣州志》卷四："〔成化元年〕夏六月，順德天雨米。舊志：六月十七日辰時，邑大澍雨而兼以米，米色黧黑，形小而粒堅，鳥雀皆食，人掃拾之，有聚得升斗者，咸以爲時和歲豐之瑞焉。"

## 【雨豆】

天空落下物如豆子。《金史·五行志》："三月戊申，雨豆於臨潢之境，其形上鋭而赤，食之味頗苦。"《元史·五行志》："〔至正十一年〕鄱陽雨菽豆，郡邑多有，民皆取而食之。"《明史·五行志》："〔弘治八年〕六月甲子，黟縣雨豆，味不可食。"萬曆《合肥縣志》卷上："〔正德七年〕二月，大雪，色微紅；又雨豆，有茶、褐、黑三色，類槐子。"萬曆《杞乘》卷二："〔嘉靖三年〕六月，雨黄餅如豆瓣。八月大水。"康熙《金溪縣志》卷一三："〔正德三年〕天雨黑子如豆。"康熙《儀真縣志》卷三〇："〔崇禎十二年春〕西郊雨黑子如豆。"乾隆《金溪縣志》卷三："〔正德三年〕境内天雨黑子如豆。"光緒《湖南通志》卷二四四："〔同治五年二月〕湘潭雨黑子如豆。"

## 【雨大豆】

天空落下物如大豆。漢伏無忌《伏侯古今注》："〔永平十八年〕下邳雨大豆，似槐實。"晋張華《博物志》卷七："竟寧元年，南陽郡中雨穀，小者如黍粟而青黑，味苦；大者如大豆，赤黄，味如麥。下三日，生根葉，狀如大豆初生時也。"《宋史·五行志》："〔大觀元年〕三月，廬州雨大豆。"

## 【雨小豆】

天空落下物如小豆。嘉靖《漢陽府志》卷二："〔弘治二年〕春三月，雨小豆。"光緒三十年《常昭合志稿》卷四七："〔嘉靖二十五年〕邑城雨赤豆。"

## 【雨黑豆】

天空落下物如黑色的豆子。正德《池州府志》卷六："〔弘治七年〕貴池雨黑豆，秋大疫。"順治《銅陵縣志》卷七："〔弘治七年〕三月朔，日食，雨黑豆。秋大疫。"康熙《泰寧縣志》卷三："〔嘉靖十七年〕二月初十日，天雨黑豆，較種者稍圓。五月，雹。"康熙《江南通志》卷五："〔嘉靖三十一年〕常州雨黑豆。"

## 【雨三色豆】

天空落下物如三色豆子。萬曆《合肥縣志》卷上："〔正德七年〕二月，大雪，色微紅；又雨豆，有茶、褐、黑三色，類槐子。"乾隆《江南通志》卷一九七："〔弘治七年〕廬州大雪，色微紅。又雨豆，茶、黑、褐三色。"

## 【雨麻子】

天空落下物如麻子。《漢書·五行志》："〔建平四年〕四月，山陽湖陵雨血，廣三尺，長五尺，大者如錢，小者如麻子。"順治《偃師縣志》卷二："〔嘉靖四十一年〕夏大旱，五月五日，雨麻子、蕎麥，生苗，秋亦實。"

## 雨黑稗實

天空落下物如黑色的稗草籽實。《後漢書·光武帝紀下》："陳留雨穀，形如稗實。"漢王充《論衡·感虚》："陳留雨穀，下蔽地，案視穀形若茨而黑，有似於稗實也。"《元史·五行志》："〔至正十一年〕十一月，建寧浦城縣雨黑子如稗實。"康熙《建寧府志》卷四六："〔順治十八年五月〕雨黑子如稗實。"黑子，黑色籽粒。稗實，稗草所結的籽實。乾隆《福建通志》卷六五："〔至正十一年十一月〕建寧浦城縣雨黑子如稗實。"

## 天雨梧桐子

天空落下物如黑色的梧桐籽實。嘉靖《廣信府志》卷一："〔正德四年〕天雨黑子，如梧桐子大。"康熙《永豐縣志》卷五："〔正德四年〕天雨黑子，如梧桐子大。"乾隆《廣信府志》卷一："〔正德四年〕天雨黑子如梧實。"梧桐子，亦稱"梧實"。同治《弋陽縣志》卷一四："〔正德四年〕雨黑子，如梧實。自四月至冬，不雨。"

## 雨櫻桃

天空落下物如櫻桃。《罪惟錄》卷一：成化元年五月"天雨泥丸如櫻桃，破之硫磺氣。襄陽府天雨黑子。"

## 雨木

天空落下小木條。唐段成式《酉陽雜俎》前集卷一〇："〔貞元四年正月〕雨木於陳留，大如指，長寸許，每木有孔通中，所下，其立如植，遍十餘里。"

## 雨桂子

天空落下物如桂樹的果實，或如菩提子。《宋史·五行志》："〔元豐三年〕六月己未，饒州長山雨木子數畝，狀類山芋子，味香而辛，土人以爲桂子，又曰菩提子，明道中嘗有之。"同治《祁陽縣志》卷二四："〔正德四年〕九月，祁陽夜雨桂子，又云娑羅樹子，取種之，葉似橄欖，長六七寸即萎。"

## 天雨草

天空落下物如野草。《漢書·五行志》："〔永光二年〕八月，天雨草，而葉相摎結，大如彈丸。"同書又云："〔元始三年〕正月，天雨草，狀如永光時。"

## 雨皂角子

天空落下物如皂角籽。隆慶《永州府志》卷一七："〔正德四年〕秋九月夜，忽大風雨，次早視之，所落者狀如皂角子，較大，有糞草處獨多。"

## 雨土

天空落下泥土。漢伏無忌《伏侯古今注》："〔漢武帝元朔四年〕雨土。"《漢書·五行志》："〔建昭四年〕三月，雨土，燕多死。谷永對曰：'皇后桑蠶以治祭服，共事天地宗廟，止以是日疾風自西北，大寒雨雪，壞敗其功，以章不鄉。'"《舊唐書·懿宗紀》："〔咸通十四年〕三月庚午，詔兩街僧於鳳翔法門寺迎佛骨，是日天雨黃土遍地。"《明史·五行志》："〔嘉靖十三年〕二月己未，雨微土。"萬曆元年《兗州府志》卷一五："〔嘉靖三十年〕雨土如霧，梅李花蕚皆焦落。"萬曆《靈壽縣志》卷九："〔嘉靖二十九年〕三月二十二日，忽黑風大作，霧土天降，對面不能相見，人畜多迷落井中，又有火滾地上，器物舉動皆有火。"順治《陳留縣志》卷一一："〔成化七年〕二月十六日，大風晝晦，雨土盈尺。夏大旱，三伏不雨，禾稼少登。"乾隆《海鹽縣圖經》卷一六：萬曆十四年二月晦"天雨土，即密室中無不颭入，几案間有積厚至一二寸者。"

## 【天雨黃土】

又稱"雨黃塵"。天空落下黃色塵土。《周書·宣帝紀》："〔大象二年〕正月戊申，雨雪。雪止，又雨細黃土，移時乃息。"《南史·梁武帝紀》："〔大同元年〕十月，雨黃塵如雪。"又同書："〔大同二年〕十一月，雨黃塵如雪，攬之盈掬。"《舊唐書·懿宗紀》："〔咸通十四年〕三月庚午，詔兩街僧於鳳翔法門寺迎佛骨，是日天雨黃土遍地。"《新唐書·五行志》："〔咸通十四年〕三月癸巳，雨黃土。"《宋史·五行志》："〔治平元年〕十二月己亥，雨黃土。"弘治《蘭溪縣志》卷九："〔弘治八年〕三月，縣城北黃溢畈中天雨黃土，有大如碗者，然其輕，至地即碎。"乾隆《辰州府志》卷六："〔正德十年〕十一月，辰州府雨黃土，著人衣及樹葉皆成泥。"

### 【雨細黃土】

即天雨黃土。此稱唐代已行用。見該文。

### 【雨黃塵】

即天雨黃土。此稱唐代已行用。見該文。

### 【天雨塵土】

天空落下塵土。《宋史·五行志》："〔元祐七年〕正月戊午，天雨塵土。"又同書云："〔慶元元年〕十一月己丑，天雨塵土。"又同書云："〔慶元三年〕正月丙子，天雨塵土。"光緒《應城志》卷一四：崇禎十四年四月"雨塵，房屋、草木積寸許。"

## 雨灰

天空落下物如草木灰。《梁書·武帝紀》："〔大同三年〕正月壬寅，天無雲，雨灰，黃色。"康熙《鄂縣志》卷八："〔崇禎八年二月初一日〕日赤如血，雨灰。"康熙《陝西通志》卷三〇："〔崇禎八年〕鳳翔縣雨灰三日。"

## 雨石

天空落下小石。《隋書·高祖紀》："〔開皇七年〕五月己卯，雨石於武安、滏陽間十餘里。"康熙《南海縣志》卷三："〔正德八年〕夏六月，日中雨石，是日天忽黯晦，南方黑氣自下騰空，震動有聲。頃刻落石滿城，大者如拳，小者如卵，色赤黑。"康熙《番禺縣志》卷一四："〔正德八年〕夏六月，大水，稻半熟。日中雨石，是日天忽黯黑，南方一道黑氣自下騰空，震動有聲，頃刻落石滿城，大者如拳，小者如卵，其色赤而黑。"光緒《甘肅新通志》卷二："〔弘治三年〕春三月，慶陽雨石無數，大者如鵝卵，小者如芡實。"

## 雨沙

天空落下沙粒。《梁書·簡文帝紀》："〔大寶元年〕正月丁巳，天雨黃沙。自春迄夏，大饑，人相食，京師尤甚。"天啟《東安縣志》卷一："〔嘉靖十七年〕雨沙，晝如夜。"康熙《東安縣志》卷一："〔嘉靖十七年〕雨沙，晝晦如夜。"光緒《大城縣志》卷一五："〔成化六年〕二月二十八日，大風，雨沙，色黃，染人手目，天地晦冥，色映窗牖間如血，已而黯黑，不辨人色。三月三日，微雨，次日大雨，時天或紅或黑。七月，水災，民饑。"

### 【雨紅沙】

天空落下紅色沙粒。《元史·五行志》："〔至元三年〕四月辛未，京師天雨紅沙，晝晦。"康熙《荏平縣志》卷一："〔嘉靖二年〕三月，大風霾，雨紅沙，日暗。夏秋，旱。饑，民多餓殍。"康熙《通州志》卷一一："〔康熙二十四年正月二十一日〕雨紅沙，晝晦，張燈火，自辰刻至明晚乃止。家家篲沙十數石。"康熙《東明縣志》卷七："〔嘉靖十三年〕冬十二月壬寅，大風，晝晦，紅沙漲天如黑夜，移時乃稍正常。"乾隆《夏津縣志》卷九："〔嘉靖二年〕大風霾，雨赤沙。自正月至六月，不雨，無麥。”

【雨黑沙】

《元史·五行志》：“〔大德十年〕二月，大同平地縣雨沙黑霖，斃牛馬二千。”乾隆《建昌府志》卷二：康熙七年六月“雨黑沙”。

【雨粉沙】

天空落下物如白色細粉。康熙《蘇州府志》卷二：“〔弘治十八年〕夏，水。九月，地震有聲，生白毛，雨粉，如沙而膩。”

## 雨紅水 [2]

雨水呈紅色。嘉靖《太倉州志》卷一〇：“〔正德十一年〕三月三日，生員張寅讀書後園，書房二間，天雨紅雨，開門見簷溜盡赤，以甌盛之，色久不變，報父兄暨親友，爭觀之，以爲異。”康熙《浙江通志》卷二：“〔正德三年〕餘杭大水，錢塘雨紅水。湖州、嘉興、處州、金華、台州大旱。”康熙《錢塘縣志》卷一二：“〔正德三年〕六月，雨紅水於錢塘。是月某日天雨，鄰里巷道水皆清，而故都御史錢鉞家獨紅，池塘皆赤。”

【天雨血】 [2]

雨水血紅。《漢書·五行志》：“〔漢惠帝二年〕天雨血於宜陽，一頃所，劉向以爲赤眚也。時又冬雷，桃李華，常奧之罰也。”又同書云：“〔建平四年〕四月，山陽湖陵雨血，廣三尺，長五尺，大者如錢，小者如麻子。”《通鑑外紀》卷一引古本《竹書紀年》：“三苗將亡，天雨血，夏有冰，地坼及泉，青龍生於廟，日夜出，晝日不出。”《文獻通考》卷三〇三：“赧王三十一年，齊千乘、博昌之間方數十里，雨血沾衣。”康熙《廬陵縣志》卷二：“〔正德十四年〕雨血，

人有曬白衣未收者，沾之盡赤。”康熙《開封府志》卷三九：康熙三十二年二月壬辰“大風夜作，黎明天赤如血，雨土竟日”。

## 雨黑雨

雨水呈黑色。正德《瑞州府志》卷一一：“〔正德四年〕春，高安調露等鄉雨黑穀，可啖。久之生芽。繼雨黑雨。夏四月，高安穀騰踴，一石價五錢。”弘治《蘭溪縣志》卷五：“〔弘治六年〕正月初五日夜，大雷，天雨黑水。九月十八日，又雷。”萬曆《襄陽府志》卷三三：“〔嘉靖四十年〕天明復黑，雨黑雨，池魚盡死。”雍正《山西通志》卷一六三：“〔康熙六年正月〕曲沃、垣曲雨黑水。”乾隆《杭州府志》卷五六：“〔正德八年〕十月癸巳，杭州雨黑水。”

【天雨墨】

雨水如墨汁。萬曆《應天府志》卷三：“〔洪武十年〕正月，雨水如墨汁。”順治《龍泉縣志》卷一〇：“〔洪武十年〕春正月十八日丁酉夜，雨黑水，色如墨汁。”康熙《黃州府志》卷一：“〔洪武十年〕正月十八日，雨黑水如墨，池水盡黑。”乾隆《潮州府志》卷一一：“〔嘉靖四十一年〕夏五月，天雨墨，着人衣皆青黯。”嘉慶《安仁縣志》卷一三：“〔嘉靖十三年〕二月二十一日，夜將向晨，忽雨黑雨，溪港田塘水色通如墨。”光緒《黃梅縣志》卷三七：“〔洪武十年〕正月十八夜，雨黑水如墨汁。五月，大水。”

## 雨泥

天空落下像泥土般的東西。雍正《山西通志》卷一六三：“〔康熙四十八年三月甲申〕徐溝雨泥如珠。”康熙《陝西通志》卷三〇：“〔崇

禎七年二月〕文興雨泥。"康熙《安陸府志》卷一："〔嘉靖三十八年〕六月，雨泥。七月，竹盡華。"

## 天落硫黃氣物

天空落下有硫黃氣味的東西。《罪惟錄》卷一："〔成化元年五月〕天雨泥丸如櫻桃，破之硫磺氣。襄陽府天雨黑子。"明王圻《稗史彙編·災祥》："〔成化元年〕五月，京師大風，一時皇墻以西有聲如雨雹，視之皆黃泥丸子，堅净如櫻桃大，破之，中有硫黃氣。"乾隆《沔陽縣志》卷一三："〔康熙七年三月十二日〕雨雪子成硫黃，大如豆。"

## 雨珠 [2]

天空落下物如珍珠。雍正《山西通志》卷一六三："〔康熙四十八年三月甲申〕徐溝雨泥如珠。"雍正《山西通志》卷一六三："〔康熙四十八年三月甲申〕徐溝雨泥如珠。"嘉慶《臨武縣志》卷四五："〔崇禎十一年三月朔〕白霧罩城三晝夜，天雨小珠，純黑爲粟。"

## 雨粉針

天空落下粉白色的像針狀的東西。明葉子奇《草木子》卷三："〔至正十二年〕雨粉針，湖廣民家門户柱壁之間，有粉痕如針樣無數，不知何物，從何而生。"

## 天雨錢

天空落下制錢狀的東西。《宋史·五行志》："〔紹興二年〕七月，天雨錢，或從石甃中涌出，有輪廓，肉好不分明，穿之碎若沙土。"《明史·五行志》："〔嘉靖六年〕五月甲午，京師雨錢。"《明憲宗實錄》卷一六七："〔成化十三年〕六月壬子，雨錢於京師。"同治《畿輔通志》卷二九九："〔成化十三年〕六月九日，京師大雨，雨中往往得錢。"

## 【天降楮幣】

天空降落下來紙幣。正德《松江府志》卷三二："〔洪武三年〕秋七月十六日，大風從海上來，塵沙蔽空，中有物如烏鳶亂飛，又類屋瓦，南橋寺幡竿爲之折，至沙岡漸下，集於里人林彦英家。風息視之，垣屋四周皆楮幣也，人呼鈔飛林。"楮幣，也稱楮券。中國古代紙幣的別稱。因楮皮可以造紙，統稱紙爲楮，故有此名。宋周必大《二老堂雜志》卷四："近歲用會子，蓋四川交子法，特官券耳。不知何人目爲楮幣，……遂入殿試御題。"《宋史·席旦傳》："蜀用鐵錢，以其艱於轉移，故權以楮券。"

## 【鈔飛林】

天空降落下來紙幣環繞房屋四周。被人稱之爲"鈔飛林"。正德《松江府志》卷三二："〔洪武三年〕秋七月十六日，大風從海上來，塵沙蔽空，中有物如烏鳶亂飛，又類屋瓦，南橋寺幡竿爲之折，至沙岡漸下，集於里人林彦英家。風息視之，垣屋四周皆楮幣也，人呼鈔飛林。"

## 【風降金珠古錢】

由於大風吹颺，人們拾得金珠古錢等器物。康熙《具區志》卷一四："〔正德五年〕夏，大風從東南來，自胥口至太湖東偏水涸三十里。群兒從湖濱拾得金珠器物及青綠古錢，大小不一制，漸行漸遠，搜浮泥得磚街闊丈許，湖心有聚磚如突者，有環砌如井者，皆歷歷可辨。時水兩日不返，人共異之，競入淖而搜；至三日，有聲如雷，水如雪山奔隳，搜者無少長皆没。時五月，湖水横漲，五十日始平。"

## 天雨水銀

天空落下物如水銀。《宋史·五行志》："〔紹興二十六年〕七月辛酉夜，天雨水銀。"

## 天雨絮

天空落下棉絮狀物。漢伏無忌《伏侯古今注》："永和中，長安雨綿皆白。"康熙《莆田縣志》卷三四："〔嘉靖三十九年〕五月，郡中雨毛，狀如鵝翎、柳絮，颯颯而下，移時乃止。又雨雹，大風拔木飄瓦，海濱園瓜根盡拔。"同治《上江兩縣志》卷二："〔洪武十九年〕秋九月丙子，天雨絮。"

## 雨毛 [2]

天空落下毛狀物。《新唐書·中宗紀》："〔神龍二年〕四月己亥，雨毛於鄜縣。"《宋史·神宗本紀》：熙寧元年三月"丁酉，潭州雨毛。"《元史·五行志》："〔至元三年〕三月，彰德雨毛，如縷而綠，俗呼云菩薩縷。"

### 【天雨白毛】

天空落下白色毛髮狀物。《漢書·五行志》："〔天漢元年〕三月，天雨白毛。夏，大旱。"《晉書·五行志》："〔泰始八年〕五月，旱，蜀地雨白毛。"《續資治通鑑·元順帝至正六年》："鄜州雨白毛如馬鬃。"《元史·五行志》："至正十三年四月，冀寧榆次縣雨白毛，如馬鬃。"乾隆《威遠縣志》卷一："〔弘治元年〕大旱，天雨白毛。"

### 【天雨黃毛】

天空落下黃色毛髮狀物。《宋史·神宗紀》："〔熙寧八年〕五月丁丑，雨土及黃毛。"

### 【天雨黑毛】

明陸粲《說聽》："〔弘治四年〕四月八十日，西安大雨毛，其長尺許，黛黑色。"

## 天雨棕

天空落下馬鬃毛狀物。嘉慶《資州直隸州志》卷三〇："〔弘治元年〕雨棕，若馬鬃然，白緇色，落土後隨化，地生白毛。是年旱。"道光《富順縣志》卷三七："〔弘治元年〕雨棕，若馬鬃然，白緇色，落土後隨化。是年旱，又連日大火。"

### 【天雨氂】

天空落下鬃毛狀物。《漢書·五行志》："〔天漢三年〕夏，大旱。八月，天雨白氂。"《宋史·五行志》："〔熙寧元年〕是歲，英州因雷震，一山梓樹盡枯而爲龍腦，價爲之賤，至京師一兩縷直錢一千四百。荆、襄間天雨白氂如馬尾，長者尺餘，彌漫山谷。"《元史·順帝紀》："〔至正二十五年〕五月甲子，京師天雨氂，長尺許，或言於帝曰：龍絲也。命拾而祀之。"《元史·五行志》："〔至正二十五年〕五月，東昌聊城縣雨雹，大如拳，小者如鷄子，二麥不登。甲子，京師雨氂長尺許，如馬鬃。"又同書云："〔至正二十七年〕五月，益都雨白氂。益都大雷雨雹。辛巳，大同隕霜殺麥。"嘉靖《定海縣志》卷九："〔嘉靖二十七年〕霜降日，天雨氂，色蒼白，以手撲之，如灰飛散。"

## 雨蟊

天空落下蟲狀物。《春秋·文公三年》："秋，雨蟊於宋。"按，蟊，本意是指一種身體綠色或褐色、善跳躍的昆蟲，引申義指蝗類。雨蟲，或指蝗蟲鋪天蓋地而來。《明史·五行志》："〔弘治六年〕八月己巳，長子雨雹，大者如拳，傷禾稼，人有擊死者。臨晉雨蟲如雪；辛未，雨雹，大如彈丸，平地壅積。"順治《遠安縣志》卷四："〔嘉靖四十五年〕天雨蟲寸許，色黑。

草木盡食。”康熙《洋縣志》卷一：“〔嘉靖九年〕夏，天雨蕎子，化爲蟲，食禾。”

**【蝗雨】**

亦作“雨蝗”。蝗群如雨驟至，極言蝗災之劇。唐瞿曇悉達《開元占經》：“大暑熱。五月上辰日有雨蝗蟲發；一曰：蟲隨雨下，食禾。巳日雨同。”《舊唐書·德宗紀》：“雨蝗自海而至，飛蔽天，每下則草木及畜毛無復孑遺。”宋沈庭瑞等《華蓋山浮丘主郭三真君事實》：“蟲蝗雨旱，官民朝仰。”宋王明清《揮塵錄》：“康定元年，帝以蝗雨之災，詔省去‘睿聖文武’四字。”《清史稿·災異志》：“二十年六月，蘇州大雨蝗。”

**【雨蝗】**

同“蝗雨”。此體唐代已行用。見該文。

**【雨螻蛄】**

天空落下螻蛄。康熙《薊州志》卷一：“〔嘉靖二十九年〕春，黃昏時雨螻蛄，屋瓦門窗飛打有聲，以火照之，遍地皆是。”螻蛄，一種地下昆蟲。

**【天降黑殼蟲】**

天空落下黑色的甲殼蟲。《明孝宗實錄》卷八六：“〔弘治七年〕三月己亥，遼東廣寧等衛狂風大作，晝暝，有黑殼蟲墮地，大如蒼蠅，久之俱入土。”

**【天降巨蛛】**

天空落下大蜘蛛。康熙《重修襄垣縣志》卷九：“〔成化八年〕有大蛛自綿山爲大雷所驅，至東周村曹家墳，天日晦冥，風雨大作，墳木盡拔，須臾有火一塊如碗大，自西南飛來，大霹靂一聲，其物擊碎。明日視之，皮肉滿川，可載十餘車，見今有乾皮在，可貼瘡。是歲大旱，民饑。”

**雨魚**

天空落下鮮魚。《漢書·五行志》：“〔鴻嘉四年〕秋，雨魚於信都，長五寸以下。”唐姚合《酬光祿田卿末伏見寄》詩：“驚颸墜鄰果，暴雨落江魚。”《元史·五行志》：“〔至正二十五年〕六月戊申，京師大雨，有魚隨雨而落，長尺許，人取而食之。”嘉靖《山東通志》卷三九：“〔弘治十年〕冠縣大風，墜魚於市。”

**【天雨毒魚】**

天空落下有毒的魚。雍正《山西通志》卷一六三：“〔正德四年〕冬十月，岢嵐南川口天雨小魚數千尾，食之殺人。”光緒《岢嵐州志》卷一〇：“〔正德十年〕天雨魚，食之殺人。”

**天降白物**

由於大風吹颳，天空降落下來白色物件。嘉靖《定海縣志》卷九：“〔嘉靖四十一年〕六月三日，天日晴麗，忽空中降白物，大小如雪片，晶光映日，以手撲之隨滅。自午至申而止。鄞、定皆然。六月二十四日暮，天西北當翼軫之度，忽隕物如升子，體圓而長，上銳下大，其色黃白，下有紫赤光挾持之，炎炎而墜，瞬息大如斗如石，如數石甕，精光四燭，明徹毫芒，將至地，作踴躍狀，光影起伏者再。後人來自淮揚，亦有自閩至者，所見皆同。蓋類古書所謂天狗，但墜地不聞有聲耳。”

**吹人墜地風**

狂風吹人在別處墜於地。《隋書·五行志》：“〔仁壽二年〕西河有胡人，乘騾在道，忽爲回風所飄，并一車上千餘尺，乃墜，皆碎焉。”宋沈括《夢溪筆談》卷二一：“熙寧九年，恩州武城縣有旋風自東南來，望之插天如羊角，大木盡拔。俄頃旋風卷入雲霄中，既而漸近，乃經縣城，官舍民居略盡，悉卷入雲中。縣令兒女、奴婢卷去復墜地，死傷者數人，民間死傷亡失者不可勝計。"康熙《遵化縣志》卷一："〔嘉靖元年〕童子梅楨，甫十歲，昧爽赴塾，道經城隍廟，忽狂風起，楨以手掩面，頃刻吹至三屯營蘆兒嶺，久之乃蘇，去家六十里矣。"康熙《清河縣志》卷一七："〔嘉靖元年〕旋風雨雹，時城西有男子陳文與數人耘田，猛風旋起，因失文所在；俄而雨雹，文至邑南一百餘里始墜於地。"

## 捲物移地風

狂風吹捲物品在別處墜於地。《續漢書·五行志》："〔建和三年〕七月，北地廉雨肉似羊肋，或大如手。近赤祥也。"《陳書·後主紀》："〔禎明二年〕五月甲午，東冶鑄鐵，有物赤色如數斗，自天墜鎔所，有聲隆隆如雷，鐵飛出牆外燒民家。"《新唐書·五行志》："〔大順二年〕七月癸丑甲夜，汴州相國寺佛閣災。是日暮，微雨震電，或見有赤塊轉門譙藤網中，周而火作。頃之，赤塊北飛，轉佛閣藤網中，亦周而火作。既而大雨暴至，平地水深數尺，火益甚，延及民居，三日不滅。"明陶宗儀《南村輟耕錄》卷八："〔至正十五年〕正月廿三日，日入時，平江在城，忽望東南方，但見黑雲一簇中，仿佛皆類人馬，而前後火光若燈燭者，莫知其算，迤邐由西北方而没。惟葑門至齊門居民屋脊龍要悉揭去，屋内牀榻屏風俱仆，醋坊橋董家雜物鋪失白米十餘石，醬一缸，不知置之何地。"明葉子奇《草木子》卷三："〔至正二十六年〕夏，平江路當午，天大雷雨，有一富家正廳，安置匡牀、胡椅、圓爐、臺桌，廳旁一室

封鎖如故。雷震壁，破一孔如盞大，其牀椅爐桌皆從此孔入，堆疊滿室，人皆不解其異。"嘉靖《永春縣志》卷九："〔嘉靖五年〕五月不雨，至於七月。七月十七日，忽有物如西瓜從天而下，流轉於地，有聲若雷，不甚烈，民駭不識，須臾火發聲震，衆皆昏眩仆地，毛髮衣服焚燒幾盡，有震死者，有傷者，既而雨下如注。"萬曆《揚州府志》卷二二："〔嘉靖三十七年〕七月，江都黑白二龍鬭，起西南折而東向，大風，晝晦星見，所過折樹拔屋，壞縣文廟西南角暨兩廡廟門，民家器什窗扉及津渡木架舞空如蝶，百餘里外始墮。"康熙《郿州志》卷七："〔嘉靖三十二年〕夏六月，州東四莊村忽落大冰如堵牆。"康熙《順德縣志》卷一三："〔景泰二年〕夏六月，雨，狀如牛頭。秋冬大旱。"

## 天降黑眚

亦作"天降黑祥"。指天降黑色似氣似霧恍如人形的怪物。亦稱"天降黑祥"。黑眚，古代謂五行水氣而生的灾禍。五行中水爲黑色，故稱"黑眚"。《漢書·五行志》："厥罰恒寒，厥極貧，時則有黑眚、黑祥。"又同書云："水色黑，故有黑眚黑祥，凡聽傷者病水氣，水氣病則火沴之。"宋蔡絛《鐵圍山叢談》卷三："洛陽古都素號多怪，宣和間，忽有異物如人而黑，遇暮夜輒出犯人，相傳謂掠食人家小兒……此《五行志》中所謂黑眚者是也。"嘉靖《蒲州志》卷三："〔嘉靖三十五年〕六月，有黑眚抓人成傷，居民夜以麻鞭金鼓警之，五十日始息。"萬曆《襄陽府志》卷三三："〔弘治元年〕春，妖氣見，黑色如霧，恍如人形，觸人，小兒中之死，人爲罷市，近黑眚。"康熙《衡水縣志》卷六："〔正德六年〕秋七月，大水傷

稼。黑眚大作。"康熙《重修武强縣志》卷二：
"〔正德七年〕傳有黑眚至，人終夜不寐，鳴金
持兵自衛，旬日乃定。六月，蝗蝻生，食禾稼
殆盡，知縣邢大經奏之。"雍正《陽高縣志》卷
五："〔嘉靖十六年〕雲中黑眚，……遇之者病
死，不利於小兒。傳言畏馬，人多以馬逐之。"
《清史稿·災異志一》："水不潤下，則爲咎徵，
凡恒寒，恒陰……黑眚、黑祥，皆屬之於水。"

### 【天降黑祥】

即天降黑眚。此體漢代已行用。見該文。

## 天降赤眚

指天降紅色怪物。《漢書·五行志》："〔漢
惠帝二年〕天雨血於宜陽，一頃所，劉向以爲
赤眚也。時又冬雷，桃李華，常奧之罰也。"明
沈德符《野獲編·機祥·赤眚黑眚》："後四日復
隕二火塊，燒官民房四十餘家。有一眚見於河
間民家，二十人同死，此赤眚也。"

## 天降雷火

雷雨中有火自天墜下。《元史·順帝紀》：
"〔洪武元年〕六月甲寅，雷雨中有火自天墜，
焚大聖壽萬安寺。七月癸酉，京師紅氣滿空，
如火照人，自旦至辰方息。乙亥，京師黑氣起，
百步內不見人，從寅至巳方消。"《明孝宗實錄》
卷一九七："〔弘治十六年〕三月丙子，遼東鐵
嶺衛初二日夜天降火，大如斗，自西南至東北
而隕，至是日火起總旗陳英家，延燒官民房屋
二千五百六十六間，男婦死者百五十二人。"
《明武宗實錄》卷九五："〔正德七年〕三月己
未，嶧縣有火如斗，自空而隕，大風隨之，毀
官民房千二百餘間及糧畜甚衆，火逸城外，又
焚民居及於丘木。"《明史·五行志》："〔正德七
年〕三月丁卯夜，大風雷電，餘干仙居寨有光
如箭，墜旗竿上，俄如燭龍，光照四野。士卒
撼其旗，飛上杆首，既而其火四散，鎗首皆有
光如星。"

# 索 引

## 索引凡例

一、本索引爲詞條索引，凡正文詞條欄目出現的主詞條均用 "*" 標示，副詞條則無特殊標識。

二、本索引諸詞條收錄順序以漢語拼音音序爲基礎，兼顧古音、方言等差异，然爲方便檢索，又與音序排列法則有异，原則如下：

首先，以詞條首字所對應的拼音字母爲序排列，詞條首字相同（讀音亦同）者爲同一單元；詞條首字不同但讀音相同的各個單元，一般按照各單元詞條首字的筆畫，由簡至繁依次排列。例如以 huáng 爲首字的詞條，則按首字筆畫依次分作 "皇" "黄" 等不同單元；又如以 diāo 爲首字的詞條，則按首字筆畫依次分作 "虭" "蛁" "貂" 等不同單元。此外，爲方便查閱和比較，在對幾個同音且各祇有一個詞條的單元排序時，一般將兩個或幾個含義相同或相近的單元鄰近排列。如 "埋頭蛇" "狸蟲" "薶頭蛇" 都屬於 mái 爲首字的單元，且 "埋頭蛇" 與 "薶頭蛇" 含義相同，因此這三個單元的排列順序是 "狸蟲" "埋頭蛇" "薶頭蛇"。

其次，同一單元内按各詞條第二字讀音之音序排列，第二字讀音相同者則按第三字讀音之音序排列，以此類推。例如以 "皇" 爲首字的單元各詞條的排列依次爲 "皇成、皇帝鹵簿金節……皇貴妃儀仗金節……皇史宬……皇太后儀駕卧瓜……皇庭"。

三、本索引中詞條右側的數字爲該詞條在正文位置的起始頁碼。

四、本索引所收詞條僅限於正文、附錄中明確按主、副詞條格式撰寫的詞條，而在其他行文中涉及的詞條不收錄。

五、多音字、古音字或方言字詞條按其讀音分屬相應的序列或單元，如 "大常" 古音爲 tàicháng，因此歸入音序 T 序列；又如 "葛上亭長"，"葛" 是多音字，此處讀 gé，因此歸入音序 G 序列之 ge 的二聲單元；等等。

六、某些詞條多次出現，在正文中以詞條右上標記數字爲標志，如 "朝[1]" "朝[2]" "百足[1]" "百足[2]" 等，索引中亦按照其右上標記數字的順序排列。詞條相同但讀音不同的則按照其讀音分屬相應的音序序列和單元。如 "蟒[1]"（měng）、"蟒[2]"（mǎng），"蟒[1]" 歸入音序 M 序列之 meng 的三聲單元，"蟒[2]" 則歸入音序 M 序列之 mang 的三聲單元。

七、某些特殊詞條，如數字詞條、外文字母詞條等，則收入《索引附錄》。

# A

# B

## C

## E

## F

# G

## J

## K

## L

## S

## T

## W

## X

## Y

## Z